台湾事务
法律文件选编

（2022年版）

【上册】

国务院台湾事务办公室法规局 编

中国法制出版社
CHINA LEGAL PUBLISHING HOUSE
九州出版社
JIUZHOUPRESS

第三版修订说明

2010年我局编辑出版了《台湾事务法律文件选编》，并于2015年修订再版，受到普遍好评。

2015年以来，因应新形势新变化新任务，有关方面对部分法律法规及规范性文件进行了修改或废止，并制定出台了一系列新的惠台措施。为全面精准呈现涉台法律体系建设丰硕成果，不断强化尊法学法守法用法意识，提升法治工作能力水平，我们对2015年《台湾事务法律文件选编》再次进行修订，增补或更新法律法规及规范性文件143件，清理失效文件20件，共计收录221件。本次修订分上下两册出版，上册包括宪法及宪法相关法、法律、行政法规、部门规章、行政规范性文件、司法解释及两岸有关协议等，下册包括各有关省、自治区、直辖市和计划单列市出台的地方性法规、地方政府规章及行政规范性文件等。

本书在修订过程中，得到了有关部门和地方的大力支持，在此一并表示衷心感谢。

国务院台湾事务办公室法规局

2022年3月16日

第二版修订说明

党的十八届四中全会决定全面推进依法治国，并就新形势下依法推进祖国统一作出战略部署。为贯彻落实四中全会精神，切实增强广大干部群众尊法学法守法用法的意识，我们对2011年出版的《台湾事务法律文件选编》进行了修订，增补涉台法律法规、司法解释、规章及两岸协议等规范性文件44件，清理已失效和修改的文件15件，共计收录文件142件。

国务院台湾事务办公室法规局在修订本书过程中，得到了有关部门的大力支持和协助，在此一并表示衷心感谢。

国务院台湾事务办公室

2015年9月1日

三、行政法类

第二版修订说明

党的十八届四中全会决定全面推进依法治国，并就新形势下依法推进祖国统一作出战略部署。为贯彻落实四中全会精神，切实增强广大干部群众尊法学法守法用法的意识，我们对2011年出版的《台湾事务法律文件选编》进行了修订，增补涉台法律法规、司法解释、规章及两岸协议等规范性文件44件，清理已失效和修改的文件15件，共计收录文件142件。

国务院台湾事务办公室法规局在修订本书过程中，得到了有关部门的大力支持和协助，在此一并表示衷心感谢。

国务院台湾事务办公室

2015年9月1日

编辑说明

根据2010年形成中国特色社会主义法律体系及2014年基本实现建设法治政府目标要求，我们对调整涉及台湾事务的法律、法规、规章及规范性文件进行了汇总编辑，共收录文件107件。

本书按照宪法、经济法、行政法、民法商法、社会法、诉讼法等分类进行编辑。此外，附列两岸协议。希望本书的编辑出版，有助于政府机关及广大民众学法、用法和执法，有利于维护两岸同胞合法权益，开展两岸人员往来及经贸文化等交流，促进两岸关系和平发展，推动祖国和平统一进程。

本书由国务院台湾事务办公室法规局负责编辑审核。编辑过程中，得到国务院法制办公室和有关部门的大力支持和协助，在此表示诚挚的感谢。

国务院台湾事务办公室

2010年12月31日

目 录

上 册

一、宪法、宪法相关法及重要文件类

二、经济法类

（一）投资

（二）贸易

三、行政法类

四、民法商法类

五、社会法类

六、诉讼法类

七、其他

附：两岸协议

下　册

一、宪法、宪法相关法及重要文件类

中华人民共和国宪法

（1982年12月4日第五届全国人民代表大会第五次会议通过 1982年12月4日全国人民代表大会公告公布施行 根据1988年4月12日第七届全国人民代表大会第一次会议通过的《中华人民共和国宪法修正案》、1993年3月29日第八届全国人民代表大会第一次会议通过的《中华人民共和国宪法修正案》、1999年3月15日第九届全国人民代表大会第二次会议通过的《中华人民共和国宪法修正案》、2004年3月14日第十届全国人民代表大会第二次会议通过的《中华人民共和国宪法修正案》和2018年3月11日第十三届全国人民代表大会第一次会议通过的《中华人民共和国宪法修正案》修正）

序　言

中国是世界上历史最悠久的国家之一。中国各族人民共同创造了光辉灿烂的文化，具有光荣的革命传统。

一八四〇年以后，封建的中国逐渐变成半殖民地、半封建的国家。中国人民为国家独立、民族解放和民主自由进行了前仆后继的英勇奋斗。

二十世纪，中国发生了翻天覆地的伟大历史变革。

一九一一年孙中山先生领导的辛亥革命，废除了封建帝制，创立了中华民国。但是，中国人民反对帝国主义和封建主义的历史任务还没有完成。

一九四九年，以毛泽东主席为领袖的中国共产党领导中国各族人民，在经历了长期的艰难曲折的武装斗争和其他形式的斗争以后，终于推翻了帝国主义、封建主义和官僚资本主义的统治，取得了新民主主义革命的伟大胜利，建立了中华人民共和国。从此，中国人民掌握了国家的权力，成为国家的主人。

中华人民共和国成立以后，我国社会逐步实现了由新民主主义到社会主义的过渡。生产资料私有制的社会主义改造已经完成，人剥削人的制度已经消灭，社会主义制度已经确立。工人阶级领导的、以工农联盟为基础的人民民主专政，实质上即无产阶级专政，得到巩固和发展。中国人民和中国人民解放军战胜了帝国主义、霸权主义的侵略、破坏和武装挑衅，维护了国家的独立和安全，增强了国防。经济建设取得了重大的成就，独立的、比较完整的社会主义工业体系已经基本形成，农业生产显著提高。教育、科学、文化等事业有了很大的发展，社会主义思想教育取得了明显的成效。广大人民的生活有了较大的改善。

中国新民主主义革命的胜利和社会主义事业的成就，是中国共产党领导中国各族人民，在马克思列宁主义、毛泽东思想的指引下，坚持真理，修正错误，战胜许多艰难险阻而取得的。我国将长期处于社会主义初级阶段。国家的根本任务是，沿着中国特色社会主义道路，集中力量进行社会主义现代化建设。中国各族人民将继续在中国共产党领导下，在马克思列宁主义、毛泽东思想、邓小平理论、“三个代表”重要思想、科学发展观、习近平新时代中国特色社会主义思想指引下，坚持人民民主专政，坚持社会主义道路，坚持改革开放，不断完善社会主义的各项制度，发展社会主义市场经济，发展社会主义民主，健全社会主义法治，贯彻新发展理念，自力更生，艰苦奋斗，逐步实现工业、农业、国防和科学技术的现代化，推动物质文明、政治文明、精神文明、社会文明、生态文明协调发展，把我国建设成为富强民主文明和谐美丽的社会主义现代化强国，实现中华民族伟大复兴。

在我国，剥削阶级作为阶级已经消灭，但是阶级斗争还将在一定范围内长期存在。中国人民对敌视和破坏我国社会主义制度的国内外的敌对势力和敌对分子，必须进行斗争。

台湾是中华人民共和国的神圣领土的一部分。完成统一祖国的大业是包括台湾同胞在内的全中国人民的神圣职责。

社会主义的建设事业必须依靠工人、农民和知识分子，团结一切可以团结的力量。在长期的革命、建设、改革过程中，已经结成由中国共产党领导的，有各民主党派和各人民团体参加的，包括全体社会主义劳动者、社会主义事业的建设者、拥护社会主义的爱国者、拥护祖国统一和致力于中华民族伟大复兴的爱国者的广泛的爱国统一战线，这个统一战线将继续巩固和发展。中国人民政治协商会议是有广泛代表性的统一战线组织，过去发挥了重要的历史作用，今后在国家政治生活、社会生活和对外友好活动中，在进行社会主义现代化建设、维护国家的统一和团结的斗争中，将进一步发挥它的重要作用。中国共产党领导的多党合作和政治协商制度将长期存在和发展。

中华人民共和国是全国各族人民共同缔造的统一的多民族国家。平等团结互助和谐的社会主义民族关系已经确立，并将继续加强。在维护民族团结的斗争中，要反对大民族主义，主要是大汉族主义，也要反对地方民族主义。国家尽一切努力，促进全国各民族的共同繁荣。

中国革命、建设、改革的成就是同世界人民的支持分不开的。中国的前途是同世界的前途紧密地联系在一起的。中国坚持独立自主的对外政策，坚持互相尊重主权和领土完整、互不侵犯、互不干涉内政、平等互利、和平共处的五项原则，坚持和平发展道路，坚持互利共赢开放战略，发展同各国的外交关系和经济、文化交流，推动构建人类命运共同体；坚持反对帝国主义、霸权主义、殖民主义，加强同世界各国人民的团结，支持被压迫民族和发展中国家争取和维护民族独立、发展民族经济的正义斗争，为维护世界和平和促进人类进步事业而努力。

本宪法以法律的形式确认了中国各族人民奋斗的成果，规定了国家的根本制度和根本任务，是国家的根本法，具有最高的法律效力。全国各族人民、一切国家机关和武装力量、各政党和各社会团体、各企业事业组织，都必须以宪法为根本的活动准则，并且负有维护宪法尊严、保证宪法实施的职责。

第一章　总　　纲

第一条　中华人民共和国是工人阶级领导的、以工农联盟为基础的人民民主专政的社会主义国家。

社会主义制度是中华人民共和国的根本制度。中国共产党领导是中国特色社会主义最本质的特征。禁止任何组织或者个人破坏社会主义制度。

第二条　中华人民共和国的一切权力属于人民。

人民行使国家权力的机关是全国人民代表大会和地方各级人民代表大会。

人民依照法律规定，通过各种途径和形式，管理国家事务，管理经济和文化事业，管理社会事务。

第三条 中华人民共和国的国家机构实行民主集中制的原则。

全国人民代表大会和地方各级人民代表大会都由民主选举产生，对人民负责，受人民监督。

国家行政机关、监察机关、审判机关、检察机关都由人民代表大会产生，对它负责，受它监督。

中央和地方的国家机构职权的划分，遵循在中央的统一领导下，充分发挥地方的主动性、积极性的原则。

第四条 中华人民共和国各民族一律平等。国家保障各少数民族的合法的权利和利益，维护和发展各民族的平等团结互助和谐关系。禁止对任何民族的歧视和压迫，禁止破坏民族团结和制造民族分裂的行为。

国家根据各少数民族的特点和需要，帮助各少数民族地区加速经济和文化的发展。

各少数民族聚居的地方实行区域自治，设立自治机关，行使自治权。各民族自治地方都是中华人民共和国不可分离的部分。

各民族都有使用和发展自己的语言文字的自由，都有保持或者改革自己的风俗习惯的自由。

第五条 中华人民共和国实行依法治国，建设社会主义法治国家。

国家维护社会主义法制的统一和尊严。

一切法律、行政法规和地方性法规都不得同宪法相抵触。

一切国家机关和武装力量、各政党和各社会团体、各企业事业组织都必须遵守宪法和法律。一切违反宪法和法律的行为，必须予以追究。

任何组织或者个人都不得有超越宪法和法律的特权。

第六条 中华人民共和国的社会主义经济制度的基础是生产资料的社会主义公有制，即全民所有制和劳动群众集体所有制。社会主义公有制消灭人剥削人的制度，实行各尽所能、按劳分配的原则。

国家在社会主义初级阶段，坚持公有制为主体、多种所有制经济共同发展的基本经济制度，坚持按劳分配为主体、多种分配方式并存的分配制度。

第七条 国有经济，即社会主义全民所有制经济，是国民经济中的主导力量。国家保障国有经济的巩固和发展。

第八条 农村集体经济组织实行家庭承包经营为基础、统分结合的双层经营体制。农村中的生产、供销、信用、消费等各种形式的合作经济，是社会主义劳动群众集体所有制经济。参加农村集体经济组织的劳动者，有权在法律规定的范围内经营自留地、自留山、家庭副业和饲养自留畜。

城镇中的手工业、工业、建筑业、运输业、商业、服务业等行业的各种形式的合作经济，都是社会主义劳动群众集体所有制经济。

国家保护城乡集体经济组织的合法的权利和利益，鼓励、指导和帮助集体经济的发展。

第九条 矿藏、水流、森林、山岭、草原、荒地、滩涂等自然资源，都属于国家所有，即全民所有；由法律规定属于集体所有的森林和山岭、草原、荒地、滩涂除外。

国家保障自然资源的合理利用，保护珍贵的动物和植物。禁止任何组织或者个人用任何手段侵占或者破坏自然资源。

第十条 城市的土地属于国家所有。

农村和城市郊区的土地，除由法律规定属于国家所有的以外，属于集体所有；宅基地和自留地、自留山，也属于集体所有。

国家为了公共利益的需要，可以依照法律规定对土地实行征收或者征用并给予补偿。

任何组织或者个人不得侵占、买卖或者以其他形式非法转让土地。土地的使用权可以依照法律的规定转让。

一切使用土地的组织和个人必须合理地利用土地。

第十一条 在法律规定范围内的个体经济、私营经济等非公有制经济，是社会主义市场经济的重要组成部分。

国家保护个体经济、私营经济等非公有制经济的合法的权利和利益。国家鼓励、支持和引导非公有制经济的发展，并对非公有制经济依法实行监督和管理。

第十二条 社会主义的公共财产神圣不可侵犯。

国家保护社会主义的公共财产。禁止任何组织或者个人用任何手段侵占或者破坏国家的和集体的财产。

第十三条 公民的合法的私有财产不受侵犯。

国家依照法律规定保护公民的私有财产权和继承权。

国家为了公共利益的需要，可以依照法律规定对公民的私有财产实行征收或者征用并给予补偿。

第十四条 国家通过提高劳动者的积极性和技术水平，推广先进的科学技术，完善经济管理体制和企业经营管理制度，实行各种形式的社会主义责任制，改进劳动组织，以不断提高劳动生产率和经济效益，发展社会生产力。

国家厉行节约，反对浪费。

国家合理安排积累和消费，兼顾国家、集体和个人的利益，在发展生产的基础上，逐步改善人民的物质生活和文化生活。

国家建立健全同经济发展水平相适应的社会保障制度。

第十五条 国家实行社会主义市场经济。

国家加强经济立法，完善宏观调控。

国家依法禁止任何组织或者个人扰乱社会经济秩序。

第十六条 国有企业在法律规定的范围内有权自主经营。

国有企业依照法律规定，通过职工代表大会和其他形式，实行民主管理。

第十七条 集体经济组织在遵守有关法律的前提下，有独立进行经济活动的自主权。

集体经济组织实行民主管理，依照法律规定选举和罢免管理人员，决定经营管理的重大问题。

第十八条 中华人民共和国允许外国的企业和其他经济组织或者个人依照中华人民共和国法律的规定在中国投资，同中国的企业或者其他经济组织进行各种形式的经济合作。

在中国境内的外国企业和其他外国经济组织以及中外合资经营的企业，都必须遵守中华人民共和国的法律。它们的合法的权利和利益受中华人民共和国法律的保护。

第十九条 国家发展社会主义的教育事业，提高全国人民的科学文化水平。

国家举办各种学校，普及初等义务教育，发展中等教育、职业教育和高等教育，并且发展学前教育。

国家发展各种教育设施，扫除文盲，对工人、农民、国家工作人员和其他劳动者进行政治、文化、科学、技术、业务的教育，鼓励自学成才。

国家鼓励集体经济组织、国家企业事业组织和其他社会力量依照法律规定举办各种教育事业。

国家推广全国通用的普通话。

第二十条 国家发展自然科学和社会科学事业，普及科学和技术知识，奖励科学研究成果和技术发明创造。

第二十一条　国家发展医疗卫生事业，发展现代医药和我国传统医药，鼓励和支持农村集体经济组织、国家企业事业组织和街道组织举办各种医疗卫生设施，开展群众性的卫生活动，保护人民健康。

国家发展体育事业，开展群众性的体育活动，增强人民体质。

第二十二条　国家发展为人民服务、为社会主义服务的文学艺术事业、新闻广播电视事业、出版发行事业、图书馆博物馆文化馆和其他文化事业，开展群众性的文化活动。

国家保护名胜古迹、珍贵文物和其他重要历史文化遗产。

第二十三条　国家培养为社会主义服务的各种专业人才，扩大知识分子的队伍，创造条件，充分发挥他们在社会主义现代化建设中的作用。

第二十四条　国家通过普及理想教育、道德教育、文化教育、纪律和法制教育，通过在城乡不同范围的群众中制定和执行各种守则、公约，加强社会主义精神文明的建设。

国家倡导社会主义核心价值观，提倡爱祖国、爱人民、爱劳动、爱科学、爱社会主义的公德，在人民中进行爱国主义、集体主义和国际主义、共产主义的教育，进行辩证唯物主义和历史唯物主义的教育，反对资本主义的、封建主义的和其他的腐朽思想。

第二十五条　国家推行计划生育，使人口的增长同经济和社会发展计划相适应。

第二十六条　国家保护和改善生活环境和生态环境，防治污染和其他公害。

国家组织和鼓励植树造林，保护林木。

第二十七条　一切国家机关实行精简的原则，实行工作责任制，实行工作人员的培训和考核制度，不断提高工作质量和工作效率，反对官僚主义。

一切国家机关和国家工作人员必须依靠人民的支持，经常保持同人民的密切联系，倾听人民的意见和建议，接受人民的监督，努力为人民服务。

国家工作人员就职时应当依照法律规定公开进行宪法宣誓。

第二十八条　国家维护社会秩序，镇压叛国和其他危害国家安全的犯罪活动，制裁危害社会治安、破坏社会主义经济和其他犯罪的活动，惩办和改造犯罪分子。

第二十九条　中华人民共和国的武装力量属于人民。它的任务是巩固国防，抵抗侵略，保卫祖国，保卫人民的和平劳动，参加国家建设事业，努力为人民服务。

国家加强武装力量的革命化、现代化、正规化的建设，增强国防力量。

第三十条　中华人民共和国的行政区域划分如下：

（一）全国分为省、自治区、直辖市；

（二）省、自治区分为自治州、县、自治县、市；

（三）县、自治县分为乡、民族乡、镇。

直辖市和较大的市分为区、县。自治州分为县、自治县、市。

自治区、自治州、自治县都是民族自治地方。

第三十一条　国家在必要时得设立特别行政区。在特别行政区内实行的制度按照具体情况由全国人民代表大会以法律规定。

第三十二条　中华人民共和国保护在中国境内的外国人的合法权利和利益，在中国境内的外国人必须遵守中华人民共和国的法律。

中华人民共和国对于因为政治原因要求避难的外国人，可以给予受庇护的权利。

第二章　公民的基本权利和义务

第三十三条　凡具有中华人民共和国国籍的人都是中华人民共和国公民。

中华人民共和国公民在法律面前一律平等。

国家尊重和保障人权。

任何公民享有宪法和法律规定的权利，同时必须履行宪法和法律规定的义务。

第三十四条　中华人民共和国年满十八周岁的公民，不分民族、种族、性别、职业、家庭出身、宗教信仰、教育程度、财产状况、居住期限，都有选举权和被选举权；但是依照法律被剥夺政治权利的人除外。

第三十五条　中华人民共和国公民有言论、出版、集会、结社、游行、示威的自由。

第三十六条　中华人民共和国公民有宗教信仰自由。

任何国家机关、社会团体和个人不得强制公民信仰宗教或者不信仰宗教，不得歧视信仰宗教的公民和不信仰宗教的公民。

国家保护正常的宗教活动。任何人不得利用宗教进行破坏社会秩序、损害公民身体健康、妨碍国家教育制度的活动。

宗教团体和宗教事务不受外国势力的支配。

第三十七条 中华人民共和国公民的人身自由不受侵犯。

任何公民，非经人民检察院批准或者决定或者人民法院决定，并由公安机关执行，不受逮捕。

禁止非法拘禁和以其他方法非法剥夺或者限制公民的人身自由，禁止非法搜查公民的身体。

第三十八条 中华人民共和国公民的人格尊严不受侵犯。禁止用任何方法对公民进行侮辱、诽谤和诬告陷害。

第三十九条 中华人民共和国公民的住宅不受侵犯。禁止非法搜查或者非法侵入公民的住宅。

第四十条 中华人民共和国公民的通信自由和通信秘密受法律的保护。除因国家安全或者追查刑事犯罪的需要，由公安机关或者检察机关依照法律规定的程序对通信进行检查外，任何组织或者个人不得以任何理由侵犯公民的通信自由和通信秘密。

第四十一条 中华人民共和国公民对于任何国家机关和国家工作人员，有提出批评和建议的权利；对于任何国家机关和国家工作人员的违法失职行为，有向有关国家机关提出申诉、控告或者检举的权利，但是不得捏造或者歪曲事实进行诬告陷害。

对于公民的申诉、控告或者检举，有关国家机关必须查清事实，负责处理。任何人不得压制和打击报复。

由于国家机关和国家工作人员侵犯公民权利而受到损失的人，有依照法律规定取得赔偿的权利。

第四十二条 中华人民共和国公民有劳动的权利和义务。

国家通过各种途径，创造劳动就业条件，加强劳动保护，改善劳动条件，并在发展生产的基础上，提高劳动报酬和福利待遇。

劳动是一切有劳动能力的公民的光荣职责。国有企业和城乡集体经济组织的劳动者都应当以国家主人翁的态度对待自己的劳动。国家提倡社会主义劳动竞赛，奖励劳动模范和先进工作者。国家提倡公民从事义务劳动。

国家对就业前的公民进行必要的劳动就业训练。

第四十三条 中华人民共和国劳动者有休息的权利。

国家发展劳动者休息和休养的设施，规定职工的工作时间和休假制度。

第四十四条 国家依照法律规定实行企业事业组织的职工和国家机关工作人员的退休制度。退休人员的生活受到国家和社会的保障。

第四十五条 中华人民共和国公民在年老、疾病或者丧失劳动能力的情况下，有从国家和社会获得物质帮助的权利。国家发展为公民享受这些权利所需要的社会保险、社会救济和医疗卫生事业。

国家和社会保障残废军人的生活，抚恤烈士家属，优待军人家属。

国家和社会帮助安排盲、聋、哑和其他有残疾的公民的劳动、生活和教育。

第四十六条 中华人民共和国公民有受教育的权利和义务。

国家培养青年、少年、儿童在品德、智力、体质等方面全面发展。

第四十七条 中华人民共和国公民有进行科学研究、文学艺术创作和其他文化活动的自由。国家对于从事教育、科学、技术、文学、艺术和其他文化事业的公民的有益于人民的创造性工作，给以鼓励和帮助。

第四十八条 中华人民共和国妇女在政治的、经济的、文化的、社会的和家庭的生活等各方面享有同男子平等的权利。

国家保护妇女的权利和利益，实行男女同工同酬，培养和选拔妇女干部。

第四十九条 婚姻、家庭、母亲和儿童受国家的保护。

夫妻双方有实行计划生育的义务。

父母有抚养教育未成年子女的义务，成年子女有赡养扶助父母的义务。

禁止破坏婚姻自由，禁止虐待老人、妇女和儿童。

第五十条 中华人民共和国保护华侨的正当的权利和利益，保护归侨和侨眷的合法的权利和利益。

第五十一条 中华人民共和国公民在行使自由和权利的时候，不得损害国家的、社会的、集体的利益和其他公民的合法的自由和权利。

第五十二条 中华人民共和国公民有维护国家统一和全国各民族团结的义务。

第五十三条 中华人民共和国公民必须遵守宪法和法律，保守国家秘密，爱护公共财产，遵守劳动纪律，遵守公共秩序，尊重社会公德。

第五十四条 中华人民共和国公民有维护祖国的安全、荣誉和利益的义务，不得有危害祖国的安全、荣誉和利益的行为。

第五十五条 保卫祖国、抵抗侵略是中华人民共和国每一个公民的神圣职责。

依照法律服兵役和参加民兵组织是中华人民共和国公民的光荣义务。

第五十六条 中华人民共和国公民有依照法律纳税的义务。

第三章 国家机构

第一节 全国人民代表大会

第五十七条 中华人民共和国全国人民代表大会是最高国家权力机关。它的常设机关是全国人民代表大会常务委员会。

第五十八条 全国人民代表大会和全国人民代表大会常务委员会行使国家立法权。

第五十九条 全国人民代表大会由省、自治区、直辖市、特别行政区和军队选出的代表组成。各少数民族都应当有适当名额的代表。

全国人民代表大会代表的选举由全国人民代表大会常务委员会主持。

全国人民代表大会代表名额和代表产生办法由法律规定。

第六十条 全国人民代表大会每届任期五年。

全国人民代表大会任期届满的两个月以前，全国人民代表大会常务委员会必须完成下届全国人民代表大会代表的选举。如果遇到不能进行选举的非常情况，由全国人民代表大会常务委员会以全体组成人员的三分之二以上的多数通过，可以推迟选举，延长本届全国人民代表大会的任期。在非常情况结束后一年内，必须完成下届全国人民代表大会代表的选举。

第六十一条 全国人民代表大会会议每年举行一次，由全国人民代表大会常务委员会召集。如果全国人民代表大会常务委员会认为必要，或者有五分之一以上的全国人民代表大会代表提议，可以临时召集全国人民代表大会会议。

全国人民代表大会举行会议的时候，选举主席团主持会议。

第六十二条 全国人民代表大会行使下列职权：

（一）修改宪法；

（二）监督宪法的实施；

（三）制定和修改刑事、民事、国家机构的和其他的基本法律；

（四）选举中华人民共和国主席、副主席；

（五）根据中华人民共和国主席的提名，决定国务院总理的人选；根据国务院总理的提名，决定国务院副总理、国务委员、各部部长、各委员会主任、审计长、秘书长的人选；

（六）选举中央军事委员会主席；根据中央军事委员会主席的提名，决定中央军事委员会其他组成人员的人选；

（七）选举国家监察委员会主任；

（八）选举最高人民法院院长；

（九）选举最高人民检察院检察长；

（十）审查和批准国民经济和社会发展计划和计划执行情况的报告；

（十一）审查和批准国家的预算和预算执行情况的报告；

（十二）改变或者撤销全国人民代表大会常务委员会不适当的决定；

（十三）批准省、自治区和直辖市的建置；

（十四）决定特别行政区的设立及其制度；

（十五）决定战争和和平的问题；

（十六）应当由最高国家权力机关行使的其他职权。

第六十三条　全国人民代表大会有权罢免下列人员：

（一）中华人民共和国主席、副主席；

（二）国务院总理、副总理、国务委员、各部部长、各委员会主任、审计长、秘书长；

（三）中央军事委员会主席和中央军事委员会其他组成人员；

（四）国家监察委员会主任；

（五）最高人民法院院长；

（六）最高人民检察院检察长。

第六十四条　宪法的修改，由全国人民代表大会常务委员会或者五分之一以上的全国人民代表大会代表提议，并由全国人民代表大会以全体代表的三分之二以上的多数通过。

法律和其他议案由全国人民代表大会以全体代表的过半数通过。

第六十五条　全国人民代表大会常务委员会由下列人员组成：

委员长，

副委员长若干人，

秘书长，

委员若干人。

全国人民代表大会常务委员会组成人员中，应当有适当名额的少数民族代表。

全国人民代表大会选举并有权罢免全国人民代表大会常务委员会的组成人员。

全国人民代表大会常务委员会的组成人员不得担任国家行政机关、监察机关、审判机关和检察机关的职务。

第六十六条 全国人民代表大会常务委员会每届任期同全国人民代表大会每届任期相同，它行使职权到下届全国人民代表大会选出新的常务委员会为止。

委员长、副委员长连续任职不得超过两届。

第六十七条 全国人民代表大会常务委员会行使下列职权：

（一）解释宪法，监督宪法的实施；

（二）制定和修改除应当由全国人民代表大会制定的法律以外的其他法律；

（三）在全国人民代表大会闭会期间，对全国人民代表大会制定的法律进行部分补充和修改，但是不得同该法律的基本原则相抵触；

（四）解释法律；

（五）在全国人民代表大会闭会期间，审查和批准国民经济和社会发展计划、国家预算在执行过程中所必须作的部分调整方案；

（六）监督国务院、中央军事委员会、国家监察委员会、最高人民法院和最高人民检察院的工作；

（七）撤销国务院制定的同宪法、法律相抵触的行政法规、决定和命令；

（八）撤销省、自治区、直辖市国家权力机关制定的同宪法、法律和行政法规相抵触的地方性法规和决议；

（九）在全国人民代表大会闭会期间，根据国务院总理的提名，决定部长、委员会主任、审计长、秘书长的人选；

（十）在全国人民代表大会闭会期间，根据中央军事委员会主席的提名，决定中央军事委员会其他组成人员的人选；

（十一）根据国家监察委员会主任的提请，任免国家监察委员会副主任、委员；

（十二）根据最高人民法院院长的提请，任免最高人民法院副院长、审判员、审判委员会委员和军事法院院长；

（十三）根据最高人民检察院检察长的提请，任免最高人民检察院副检察长、检察员、检察委员会委员和军事检察院检察长，并且批准省、自治区、直辖市的人民检察院检察长的任免；

（十四）决定驻外全权代表的任免；

（十五）决定同外国缔结的条约和重要协定的批准和废除；

（十六）规定军人和外交人员的衔级制度和其他专门衔级制度；

（十七）规定和决定授予国家的勋章和荣誉称号；

（十八）决定特赦；

（十九）在全国人民代表大会闭会期间，如果遇到国家遭受武装侵犯或者必须履行国际间共同防止侵略的条约的情况，决定战争状态的宣布；

（二十）决定全国总动员或者局部动员；

（二十一）决定全国或者个别省、自治区、直辖市进入紧急状态；

（二十二）全国人民代表大会授予的其他职权。

第六十八条　全国人民代表大会常务委员会委员长主持全国人民代表大会常务委员会的工作，召集全国人民代表大会常务委员会会议。副委员长、秘书长协助委员长工作。

委员长、副委员长、秘书长组成委员长会议，处理全国人民代表大会常务委员会的重要日常工作。

第六十九条　全国人民代表大会常务委员会对全国人民代表大会负责并报告工作。

第七十条　全国人民代表大会设立民族委员会、宪法和法律委员会、财政经济委员会、教育科学文化卫生委员会、外事委员会、华侨委员会和其他需要设立的专门委员会。在全国人民代表大会闭会期间，各专门委员会受全国人民代表大会常务委员会的领导。

各专门委员会在全国人民代表大会和全国人民代表大会常务委员会领导下，研究、审议和拟订有关议案。

第七十一条　全国人民代表大会和全国人民代表大会常务委员会认为必要的时候，可以组织关于特定问题的调查委员会，并且根据调查委员会的报告，作出相应的决议。

调查委员会进行调查的时候，一切有关的国家机关、社会团体和公民都有义务向它提供必要的材料。

第七十二条 全国人民代表大会代表和全国人民代表大会常务委员会组成人员，有权依照法律规定的程序分别提出属于全国人民代表大会和全国人民代表大会常务委员会职权范围内的议案。

第七十三条 全国人民代表大会代表在全国人民代表大会开会期间，全国人民代表大会常务委员会组成人员在常务委员会开会期间，有权依照法律规定的程序提出对国务院或者国务院各部、各委员会的质询案。受质询的机关必须负责答复。

第七十四条 全国人民代表大会代表，非经全国人民代表大会会议主席团许可，在全国人民代表大会闭会期间非经全国人民代表大会常务委员会许可，不受逮捕或者刑事审判。

第七十五条 全国人民代表大会代表在全国人民代表大会各种会议上的发言和表决，不受法律追究。

第七十六条 全国人民代表大会代表必须模范地遵守宪法和法律，保守国家秘密，并且在自己参加的生产、工作和社会活动中，协助宪法和法律的实施。

全国人民代表大会代表应当同原选举单位和人民保持密切的联系，听取和反映人民的意见和要求，努力为人民服务。

第七十七条 全国人民代表大会代表受原选举单位的监督。原选举单位有权依照法律规定的程序罢免本单位选出的代表。

第七十八条 全国人民代表大会和全国人民代表大会常务委员会的组织和工作程序由法律规定。

第二节 中华人民共和国主席

第七十九条 中华人民共和国主席、副主席由全国人民代表大会选举。

有选举权和被选举权的年满四十五周岁的中华人民共和国公民可以被选为中华人民共和国主席、副主席。

中华人民共和国主席、副主席每届任期同全国人民代表大会每届任期相同。

第八十条 中华人民共和国主席根据全国人民代表大会的决定和全国人民代表大会常务委员会的决定，公布法律，任免国务院总理、副总理、国务委员、各部部长、各委员会主任、审计长、秘书长，授予国家的勋章和荣誉称号，发布特赦令，宣布进入紧急状态，宣布战争状态，发布动员令。

第八十一条　中华人民共和国主席代表中华人民共和国，进行国事活动，接受外国使节；根据全国人民代表大会常务委员会的决定，派遣和召回驻外全权代表，批准和废除同外国缔结的条约和重要协定。

第八十二条　中华人民共和国副主席协助主席工作。

中华人民共和国副主席受主席的委托，可以代行主席的部分职权。

第八十三条　中华人民共和国主席、副主席行使职权到下届全国人民代表大会选出的主席、副主席就职为止。

第八十四条　中华人民共和国主席缺位的时候，由副主席继任主席的职位。

中华人民共和国副主席缺位的时候，由全国人民代表大会补选。

中华人民共和国主席、副主席都缺位的时候，由全国人民代表大会补选；在补选以前，由全国人民代表大会常务委员会委员长暂时代理主席职位。

第三节　国　务　院

第八十五条　中华人民共和国国务院，即中央人民政府，是最高国家权力机关的执行机关，是最高国家行政机关。

第八十六条　国务院由下列人员组成：

总理，

副总理若干人，

国务委员若干人，

各部部长，

各委员会主任，

审计长，

秘书长。

国务院实行总理负责制。各部、各委员会实行部长、主任负责制。

国务院的组织由法律规定。

第八十七条　国务院每届任期同全国人民代表大会每届任期相同。

总理、副总理、国务委员连续任职不得超过两届。

第八十八条　总理领导国务院的工作。副总理、国务委员协助总理工作。

总理、副总理、国务委员、秘书长组成国务院常务会议。

总理召集和主持国务院常务会议和国务院全体会议。

第八十九条　国务院行使下列职权：

（一）根据宪法和法律，规定行政措施，制定行政法规，发布决定和命令；

（二）向全国人民代表大会或者全国人民代表大会常务委员会提出议案；

（三）规定各部和各委员会的任务和职责，统一领导各部和各委员会的工作，并且领导不属于各部和各委员会的全国性的行政工作；

（四）统一领导全国地方各级国家行政机关的工作，规定中央和省、自治区、直辖市的国家行政机关的职权的具体划分；

（五）编制和执行国民经济和社会发展计划和国家预算；

（六）领导和管理经济工作和城乡建设、生态文明建设；

（七）领导和管理教育、科学、文化、卫生、体育和计划生育工作；

（八）领导和管理民政、公安、司法行政等工作；

（九）管理对外事务，同外国缔结条约和协定；

（十）领导和管理国防建设事业；

（十一）领导和管理民族事务，保障少数民族的平等权利和民族自治地方的自治权利；

（十二）保护华侨的正当的权利和利益，保护归侨和侨眷的合法的权利和利益；

（十三）改变或者撤销各部、各委员会发布的不适当的命令、指示和规章；

（十四）改变或者撤销地方各级国家行政机关的不适当的决定和命令；

（十五）批准省、自治区、直辖市的区域划分，批准自治州、县、自治县、市的建置和区域划分；

（十六）依照法律规定决定省、自治区、直辖市的范围内部分地区进入紧急状态；

（十七）审定行政机构的编制，依照法律规定任免、培训、考核和奖惩行政人员；

（十八）全国人民代表大会和全国人民代表大会常务委员会授予的其他职权。

第九十条 国务院各部部长、各委员会主任负责本部门的工作；召集和主持部务会议或者委员会会议、委务会议，讨论决定本部门工作的重大问题。

各部、各委员会根据法律和国务院的行政法规、决定、命令，在本部门的权限内，发布命令、指示和规章。

第九十一条 国务院设立审计机关，对国务院各部门和地方各级政府的财政收支，对国家的财政金融机构和企业事业组织的财务收支，进行审计监督。

审计机关在国务院总理领导下，依照法律规定独立行使审计监督权，不受其他行政机关、社会团体和个人的干涉。

第九十二条　国务院对全国人民代表大会负责并报告工作；在全国人民代表大会闭会期间，对全国人民代表大会常务委员会负责并报告工作。

第四节　中央军事委员会

第九十三条　中华人民共和国中央军事委员会领导全国武装力量。

中央军事委员会由下列人员组成：

主席，

副主席若干人，

委员若干人。

中央军事委员会实行主席负责制。

中央军事委员会每届任期同全国人民代表大会每届任期相同。

第九十四条　中央军事委员会主席对全国人民代表大会和全国人民代表大会常务委员会负责。

第五节　地方各级人民代表大会和地方各级人民政府

第九十五条　省、直辖市、县、市、市辖区、乡、民族乡、镇设立人民代表大会和人民政府。

地方各级人民代表大会和地方各级人民政府的组织由法律规定。

自治区、自治州、自治县设立自治机关。自治机关的组织和工作根据宪法第三章第五节、第六节规定的基本原则由法律规定。

第九十六条　地方各级人民代表大会是地方国家权力机关。

县级以上的地方各级人民代表大会设立常务委员会。

第九十七条　省、直辖市、设区的市的人民代表大会代表由下一级的人民代表大会选举；县、不设区的市、市辖区、乡、民族乡、镇的人民代表大会代表由选民直接选举。

地方各级人民代表大会代表名额和代表产生办法由法律规定。

第九十八条　地方各级人民代表大会每届任期五年。

第九十九条　地方各级人民代表大会在本行政区域内，保证宪法、法律、行政法规的遵守和执行；依照法律规定的权限，通过和发布决议，审查和决定地方的经济建设、文化建设和公共事业建设的计划。

县级以上的地方各级人民代表大会审查和批准本行政区域内的国民经济和社会发展计划、预算以及它们的执行情况的报告；有权改变或者撤销本级人民代表大会常务委员会不适当的决定。

民族乡的人民代表大会可以依照法律规定的权限采取适合民族特点的具体措施。

第一百条 省、直辖市的人民代表大会和它们的常务委员会，在不同宪法、法律、行政法规相抵触的前提下，可以制定地方性法规，报全国人民代表大会常务委员会备案。

设区的市的人民代表大会和它们的常务委员会，在不同宪法、法律、行政法规和本省、自治区的地方性法规相抵触的前提下，可以依照法律规定制定地方性法规，报本省、自治区人民代表大会常务委员会批准后施行。

第一百零一条 地方各级人民代表大会分别选举并且有权罢免本级人民政府的省长和副省长、市长和副市长、县长和副县长、区长和副区长、乡长和副乡长、镇长和副镇长。

县级以上的地方各级人民代表大会选举并且有权罢免本级监察委员会主任、本级人民法院院长和本级人民检察院检察长。选出或者罢免人民检察院检察长，须报上级人民检察院检察长提请该级人民代表大会常务委员会批准。

第一百零二条 省、直辖市、设区的市的人民代表大会代表受原选举单位的监督；县、不设区的市、市辖区、乡、民族乡、镇的人民代表大会代表受选民的监督。

地方各级人民代表大会代表的选举单位和选民有权依照法律规定的程序罢免由他们选出的代表。

第一百零三条 县级以上的地方各级人民代表大会常务委员会由主任、副主任若干人和委员若干人组成，对本级人民代表大会负责并报告工作。

县级以上的地方各级人民代表大会选举并有权罢免本级人民代表大会常务委员会的组成人员。

县级以上的地方各级人民代表大会常务委员会的组成人员不得担任国家行政机关、监察机关、审判机关和检察机关的职务。

第一百零四条 县级以上的地方各级人民代表大会常务委员会讨论、决定本行政区域内各方面工作的重大事项；监督本级人民政府、监察委员会、人民法院和人民检察院的工作；撤销本级人民政府的不适当的决定和命令；撤销下一级人民代表大会的不适当的决议；依照法律规定的权限决定国家机关工作人员的任免；在本级人民代表大会闭会期间，罢免和补选上一级人民代表大会的个别代表。

第一百零五条　地方各级人民政府是地方各级国家权力机关的执行机关，是地方各级国家行政机关。

地方各级人民政府实行省长、市长、县长、区长、乡长、镇长负责制。

第一百零六条　地方各级人民政府每届任期同本级人民代表大会每届任期相同。

第一百零七条　县级以上地方各级人民政府依照法律规定的权限，管理本行政区域内的经济、教育、科学、文化、卫生、体育事业、城乡建设事业和财政、民政、公安、民族事务、司法行政、计划生育等行政工作，发布决定和命令，任免、培训、考核和奖惩行政工作人员。

乡、民族乡、镇的人民政府执行本级人民代表大会的决议和上级国家行政机关的决定和命令，管理本行政区域内的行政工作。

省、直辖市的人民政府决定乡、民族乡、镇的建置和区域划分。

第一百零八条　县级以上的地方各级人民政府领导所属各工作部门和下级人民政府的工作，有权改变或者撤销所属各工作部门和下级人民政府的不适当的决定。

第一百零九条　县级以上的地方各级人民政府设立审计机关。地方各级审计机关依照法律规定独立行使审计监督权，对本级人民政府和上一级审计机关负责。

第一百一十条　地方各级人民政府对本级人民代表大会负责并报告工作。县级以上的地方各级人民政府在本级人民代表大会闭会期间，对本级人民代表大会常务委员会负责并报告工作。

地方各级人民政府对上一级国家行政机关负责并报告工作。全国地方各级人民政府都是国务院统一领导下的国家行政机关，都服从国务院。

第一百一十一条　城市和农村按居民居住地区设立的居民委员会或者村民委员会是基层群众性自治组织。居民委员会、村民委员会的主任、副主任和委员由居民选举。居民委员会、村民委员会同基层政权的相互关系由法律规定。

居民委员会、村民委员会设人民调解、治安保卫、公共卫生等委员会，办理本居住地区的公共事务和公益事业，调解民间纠纷，协助维护社会治安，并且向人民政府反映群众的意见、要求和提出建议。

第六节 民族自治地方的自治机关

第一百一十二条 民族自治地方的自治机关是自治区、自治州、自治县的人民代表大会和人民政府。

第一百一十三条 自治区、自治州、自治县的人民代表大会中，除实行区域自治的民族的代表外，其他居住在本行政区域内的民族也应当有适当名额的代表。

自治区、自治州、自治县的人民代表大会常务委员会中应当有实行区域自治的民族的公民担任主任或者副主任。

第一百一十四条 自治区主席、自治州州长、自治县县长由实行区域自治的民族的公民担任。

第一百一十五条 自治区、自治州、自治县的自治机关行使宪法第三章第五节规定的地方国家机关的职权，同时依照宪法、民族区域自治法和其他法律规定的权限行使自治权，根据本地方实际情况贯彻执行国家的法律、政策。

第一百一十六条 民族自治地方的人民代表大会有权依照当地民族的政治、经济和文化的特点，制定自治条例和单行条例。自治区的自治条例和单行条例，报全国人民代表大会常务委员会批准后生效。自治州、自治县的自治条例和单行条例，报省或者自治区的人民代表大会常务委员会批准后生效，并报全国人民代表大会常务委员会备案。

第一百一十七条 民族自治地方的自治机关有管理地方财政的自治权。凡是依照国家财政体制属于民族自治地方的财政收入，都应当由民族自治地方的自治机关自主地安排使用。

第一百一十八条 民族自治地方的自治机关在国家计划的指导下，自主地安排和管理地方性的经济建设事业。

国家在民族自治地方开发资源、建设企业的时候，应当照顾民族自治地方的利益。

第一百一十九条 民族自治地方的自治机关自主地管理本地方的教育、科学、文化、卫生、体育事业，保护和整理民族的文化遗产，发展和繁荣民族文化。

第一百二十条　民族自治地方的自治机关依照国家的军事制度和当地的实际需要，经国务院批准，可以组织本地方维护社会治安的公安部队。

第一百二十一条　民族自治地方的自治机关在执行职务的时候，依照本民族自治地方自治条例的规定，使用当地通用的一种或者几种语言文字。

第一百二十二条　国家从财政、物资、技术等方面帮助各少数民族加速发展经济建设和文化建设事业。

国家帮助民族自治地方从当地民族中大量培养各级干部、各种专业人才和技术工人。

第七节　监察委员会

第一百二十三条　中华人民共和国各级监察委员会是国家的监察机关。

第一百二十四条　中华人民共和国设立国家监察委员会和地方各级监察委员会。

监察委员会由下列人员组成：

主任，

副主任若干人，

委员若干人。

监察委员会主任每届任期同本级人民代表大会每届任期相同。国家监察委员会主任连续任职不得超过两届。

监察委员会的组织和职权由法律规定。

第一百二十五条　中华人民共和国国家监察委员会是最高监察机关。

国家监察委员会领导地方各级监察委员会的工作，上级监察委员会领导下级监察委员会的工作。

第一百二十六条　国家监察委员会对全国人民代表大会和全国人民代表大会常务委员会负责。地方各级监察委员会对产生它的国家权力机关和上一级监察委员会负责。

第一百二十七条　监察委员会依照法律规定独立行使监察权，不受行政机关、社会团体和个人的干涉。

监察机关办理职务违法和职务犯罪案件，应当与审判机关、检察机关、执法部门互相配合，互相制约。

第八节 人民法院和人民检察院

第一百二十八条 中华人民共和国人民法院是国家的审判机关。

第一百二十九条 中华人民共和国设立最高人民法院、地方各级人民法院和军事法院等专门人民法院。

最高人民法院院长每届任期同全国人民代表大会每届任期相同，连续任职不得超过两届。

人民法院的组织由法律规定。

第一百三十条 人民法院审理案件，除法律规定的特别情况外，一律公开进行。被告人有权获得辩护。

第一百三十一条 人民法院依照法律规定独立行使审判权，不受行政机关、社会团体和个人的干涉。

第一百三十二条 最高人民法院是最高审判机关。

最高人民法院监督地方各级人民法院和专门人民法院的审判工作，上级人民法院监督下级人民法院的审判工作。

第一百三十三条 最高人民法院对全国人民代表大会和全国人民代表大会常务委员会负责。地方各级人民法院对产生它的国家权力机关负责。

第一百三十四条 中华人民共和国人民检察院是国家的法律监督机关。

第一百三十五条 中华人民共和国设立最高人民检察院、地方各级人民检察院和军事检察院等专门人民检察院。

最高人民检察院检察长每届任期同全国人民代表大会每届任期相同，连续任职不得超过两届。

人民检察院的组织由法律规定。

第一百三十六条 人民检察院依照法律规定独立行使检察权，不受行政机关、社会团体和个人的干涉。

第一百三十七条 最高人民检察院是最高检察机关。

最高人民检察院领导地方各级人民检察院和专门人民检察院的工作，上级人民检察院领导下级人民检察院的工作。

第一百三十八条 最高人民检察院对全国人民代表大会和全国人民代表大会常务委员会负责。地方各级人民检察院对产生它的国家权力机关和上级人民检察院负责。

第一百三十九条 各民族公民都有用本民族语言文字进行诉讼的权利。人民法院和人民检察院对于不通晓当地通用的语言文字的诉讼参与人，应当为他们翻译。

在少数民族聚居或者多民族共同居住的地区，应当用当地通用的语言进行审理；起诉书、判决书、布告和其他文书应当根据实际需要使用当地通用的一种或者几种文字。

第一百四十条 人民法院、人民检察院和公安机关办理刑事案件，应当分工负责，互相配合，互相制约，以保证准确有效地执行法律。

第四章 国旗、国歌、国徽、首都

第一百四十一条 中华人民共和国国旗是五星红旗。

中华人民共和国国歌是《义勇军进行曲》。

第一百四十二条 中华人民共和国国徽，中间是五星照耀下的天安门，周围是谷穗和齿轮。

第一百四十三条 中华人民共和国首都是北京。

反分裂国家法

（2005年3月14日第十届全国人民代表大会第三次会议通过 2005年3月14日中华人民共和国主席令第34号公布 自公布之日起施行）

第一条 为了反对和遏制“台独”分裂势力分裂国家，促进祖国和平统一，维护台湾海峡地区和平稳定，维护国家主权和领土完整，维护中华民族的根本利益，根据宪法，制定本法。

第二条 世界上只有一个中国，大陆和台湾同属一个中国，中国的主权和领土完整不容分割。维护国家主权和领土完整是包括台湾同胞在内的全中国人民的共同义务。

台湾是中国的一部分。国家绝不允许“台独”分裂势力以任何名义、任何方式把台湾从中国分裂出去。

第三条 台湾问题是中国内战的遗留问题。

解决台湾问题，实现祖国统一，是中国的内部事务，不受任何外国势力的干涉。

第四条 完成统一祖国的大业是包括台湾同胞在内的全中国人民的神圣职责。

第五条 坚持一个中国原则，是实现祖国和平统一的基础。

以和平方式实现祖国统一，最符合台湾海峡两岸同胞的根本利益。国家以最大的诚意，尽最大的努力，实现和平统一。

国家和平统一后，台湾可以实行不同于大陆的制度，高度自治。

第六条 国家采取下列措施，维护台湾海峡地区和平稳定，发展两岸关系：

（一）鼓励和推动两岸人员往来，增进了解，增强互信；

（二）鼓励和推动两岸经济交流与合作，直接通邮通航通商，密切两岸经济关系，互利互惠；

（三）鼓励和推动两岸教育、科技、文化、卫生、体育交流，共同弘扬中华文化的优秀传统；

（四）鼓励和推动两岸共同打击犯罪；

（五）鼓励和推动有利于维护台湾海峡地区和平稳定、发展两岸关系的其他活动。

国家依法保护台湾同胞的权利和利益。

第七条 国家主张通过台湾海峡两岸平等的协商和谈判，实现和平统一。协商和谈判可以有步骤、分阶段进行，方式可以灵活多样。

台湾海峡两岸可以就下列事项进行协商和谈判：

（一）正式结束两岸敌对状态；

（二）发展两岸关系的规划；

（三）和平统一的步骤和安排；

（四）台湾当局的政治地位；

（五）台湾地区在国际上与其地位相适应的活动空间；

（六）与实现和平统一有关的其他任何问题。

第八条 “台独”分裂势力以任何名义、任何方式造成台湾从中国分裂出去的事实，或者发生将会导致台湾从中国分裂出去的重大事变，或者和平统一的可能性完全丧失，国家得采取非和平方式及其他必要措施，捍卫国家主权和领土完整。

依照前款规定采取非和平方式及其他必要措施，由国务院、中央军事委员会决定和组织实施，并及时向全国人民代表大会常务委员会报告。

第九条 依照本法规定采取非和平方式及其他必要措施并组织实施时，国家尽最大可能保护台湾平民和在台湾的外国人的生命财产安全和其他正当权益，减少损失；同时，国家依法保护台湾同胞在中国其他地区的权利和利益。

第十条 本法自公布之日起施行。

中华人民共和国全国人民代表大会常务委员会告台湾同胞书

（1978年12月26日中华人民共和国第五届全国人民代表大会常务委员会第五次会议讨论并通过）

亲爱的台湾同胞：

今天是一九七九年元旦。我们代表祖国大陆的各族人民，向诸位同胞致以亲切的问候和衷心的祝贺。

昔人有言："每逢佳节倍思亲"。在这欢度新年的时刻，我们更加想念自己的亲骨肉——台湾的父老兄弟姐妹。我们知道，你们也无限怀念祖国和大陆上的亲人。这种绵延了多少岁月的相互思念之情与日俱增。自从一九四九年台湾同祖国不幸分离以来，我们之间音讯不通，来往断绝，祖国不能统一，亲人无从团聚，民族、国家和人民都受到了巨大的损失。所有中国同胞以及全球华裔，无不盼望早日结束这种令人痛心的局面。

我们中华民族是伟大的民族，占世界人口近四分之一，享有悠久的历史和优秀的文化，对世界文明和人类发展的卓越贡献，举世公认。台湾自古就是中国不可分割的一部分。中华民族是具有强大的生命力和凝聚力的。尽管历史上有过多少次外族入侵和内部纷争，都不曾使我们的民族陷于长久分裂。近三十年台湾同祖国的分离，是人为的，是违反我们民族的利益和愿望的，决不能再这样下去了。每一个中国人，不论是生活在台湾的还是生活在大陆上的，都对中华民族的生存、发展和繁荣负有不容推诿的责任。统一祖国这样一个关系全民族前途的重大任务，现在摆在我们大家的面前，谁也不能回避，谁也不应回避。如果我们还不尽快结束目前这种分裂局面，早日实现祖国的统一，我们何以告慰于列祖列宗？何以自解于子孙后代？人同此心，心同此理，凡属黄帝子孙，谁愿成为民族的千古罪人？

近三十年来，中国在世界上的地位已发生根本变化。我国国际地位越来越高，国际作用越来越重要。各国人民和政府为了反对霸权主义、维护亚洲和世界的和平稳定，几乎莫不对我们寄予极大期望。每一个中国人都为祖国的日见强盛而感到自豪。我们如果尽快结束目前的分裂局面，把力量合在一起，则所能贡献于人类前途者，自更不可限量。早日实现祖国统一，不仅是全中国人民包括台湾同胞的共同心愿，也是全世界一切爱好和平的人民和国家的共同希望。

今天，实现中国的统一，是人心所向，大势所趋。世界上普遍承认只有一个中国，承认中华人民共和国政府是中国唯一合法的政府。最近中日和平友好条约的签订，和中美两国关系正常化的实现，更可见潮流所至，实非任何人所得而阻止。目前祖国安定团结，形势比以往任何时候都好。在大陆上的各族人民，正在为实现四个现代化的伟大目标而同心戮力。我们殷切期望台湾早日归回祖国，共同发展建国大业。我们的国家领导人已经表示决心，一定要考虑现实情况，完成祖国统一大业，在解决统一问题时尊重台湾现状和台湾各界人士的意见，采取合情合理的政策和办法，不使台湾人民蒙受损失。台湾各界人士也纷纷抒发怀乡思旧之情，诉述“认同回归”之愿，提出种种建议，热烈盼望早日回到祖国的怀抱。时至今日，种种条件都对统一有利，可谓万事俱备，任何人都不应当拂逆民族的意志，违背历史的潮流。

我们寄希望于一千七百万台湾人民，也寄希望于台湾当局。台湾当局一贯坚持一个中国的立场，反对台湾独立。这就是我们共同的立场，合作的基础。我们一贯主张爱国一家。统一祖国，人人有责。希望台湾当局以民族利益为重，对实现祖国统一的事业做出宝贵的贡献。

中国政府已经命令人民解放军从今天起停止对金门等岛屿的炮击。台湾海峡目前仍然存在着双方的军事对峙，这只能制造人为的紧张。我们认为，首先应当通过中华人民共和国政府和台湾当局之间的商谈结束这种军事对峙状态，以便为双方的任何一种范围的交往接触创造必要的前提和安全的环境。

由于长期隔绝，大陆和台湾的同胞互不了解，对于双方造成各种不便。远居海外的许多侨胞都能回国观光，与家人团聚。为什么近在咫尺的大陆和台湾的同胞却不能自由来往呢？我们认为，这种藩篱没有理由继续存在。我们希望双方尽快实现通航通邮，以利双方同胞直接接触，互通讯息，探亲访友，旅游参观，进行学术文化体育工艺观摩。

台湾和祖国大陆，在经济上本来是一个整体。这些年来，经济联系不幸中断。现在，祖国的建设正在蓬勃发展，我们也希望台湾的经济日趋繁荣。我们相互之间完全应当发展贸易，互通有无，进行经济交流。这是相互的需要，对任何一方都有利而无害。

亲爱的台湾同胞：

我们伟大祖国的美好前途，既属于我们，也属于你们。统一祖国，是历史赋予我们这一代人的神圣使命。时代在前进，形势在发展。我们早一天完成这一使命，就可以早一天共同创造我国空前未有的光辉灿烂的历史，而与各先进强国并驾齐驱，共谋世界的和平、繁荣和进步。让我们携起手来，为这一光荣目标共同奋斗！

中央人民政府处理“九七”后
香港涉台问题的基本原则和政策

（1995年6月22日国务院副总理钱其琛在香港特别行政区筹备委员会预备工作委员会第五次全体会议上代表国务院宣布）

中华人民共和国政府恢复对香港行使主权，是包括香港同胞、台湾同胞在内的全体中国人民长期以来的共同愿望。“九七”以后香港特别行政区与台湾地区的关系，是两岸关系的特殊组成部分。“九七”后香港的涉台问题，凡属涉及国家主权和两岸关系的事务，由中央人民政府安排处理，或由香港特别行政区政府在中央人民政府的指导下处理。港台两地的民间交往，香港同胞、台湾同胞的正当权益应予以维护，以促进两地共同繁荣。

中央人民政府确定的处理“九七”后香港涉台问题的基本原则和政策是：

一、港、台两地现有的各种民间交流交往关系，包括经济文化交流、人员往来等，基本不变。

二、鼓励、欢迎台湾居民和台湾各类资本到香港从事投资、贸易和其他工商活动。台湾居民和台湾各类资本在香港的正当权益依法受到保护。

三、根据“一个中国”的原则，香港特别行政区与台湾地区间的空中航线和海上运输航线，按“地区特殊航线”管理。香港特别行政区与台湾地区间的海、空航运交通，依双向互惠原则进行。

四、台湾居民可根据香港特别行政区法律进出香港地区，或在当地就学、就业、定居。为方便台湾居民出入香港，中央人民政府将就其所持证件等问题作出安排。

五、香港特别行政区的教育、科学、技术、文化、艺术、体育、专业、医疗卫生、劳工、社会福利、社会工作等方面的民间团体和宗教组织，在互不隶属、互不干涉和互相尊重的原则基础上，可与台湾地区的有关民间团体和组织保持和发展关系。

六、香港特别行政区与台湾地区之间以各种名义进行的官方接触往来、商谈、签署协议和设立机构，须报请中央人民政府批准，或经中央人民政府具体授权，由特别行政区行政长官批准。

七、台湾现有在香港的机构及人员可继续留存，他们在行动上要严格遵守《中华人民共和国香港特别行政区基本法》，不得违背“一个中国”的原则，不得从事损害香港的安定繁荣以及与其注册性质不符的活动。我们鼓励、欢迎他们为祖国的统一和保持香港的繁荣稳定作出贡献。

以上各项政策的依据是“一个中国”的原则和“一国两制”的方针。我们要求台湾当局认清形势，面对现实，采取务实的态度，消除各种障碍，不要企图在港台关系上搞“两个中国”、“一中一台”的活动。我们也要求台湾在港的机构和人员严格遵守《中华人民共和国香港特别行政区基本法》，用以规范自己的行为，不违背“一个中国”的原则，不从事有损香港安定繁荣的事。

中央人民政府处理“九九”后澳门涉台问题的基本原则和政策

（1999年1月15日国务院副总理钱其琛在澳门特别行政区筹备委员会第五次全体会议开幕式上代表国务院宣布）

中华人民共和国政府恢复对澳门行使主权后，是包括澳门同胞、台湾同胞在内的全体中国人民的共同愿望。“九九”以后澳门特别行政区与台湾地区的关系，是两岸关系的特殊组成部分。“九九”后澳门的涉台问题，凡属涉及国家主权和两岸关系的事务，由中央人民政府安排处理，或者由澳门特别行政区政府在中央人民政府的指导下处理。依据“一个中国”的原则和“一国两制”方针，中央人民政府确定的处理“九九”后澳门涉台问题的基本原则和政策是：

一、澳、台两地现有的各种民间交流交往关系，包括经济文化交流、人员往来等，基本不变。

二、鼓励、欢迎台湾居民和台湾各类资本到澳门从事投资、贸易和其他工商活动。台湾居民和台湾各类资本在澳门的正当权益依法受到保护。

三、根据“一个中国”的原则，澳门特别行政区与台湾地区间的空中航线和海上运输航线，按“地区特殊航线”管理。澳门特别行政区与台湾地区间的海、空航运交通，依双向互惠原则进行。

四、台湾居民可根据澳门特别行政区法律进出澳门地区，或在当地就学、就业、定居。现行的入出境方式基本不变。为方便台湾居民出入澳门，中央人民政府将就其所持证件等问题作出安排。

五、澳门特别行政区的教育、科学、技术、文化、新闻、出版、体育、康乐、专业、医疗卫生、劳工、妇女、青年、归侨、社会福利、社会工作等方面的民间团体和宗教组织，在互不隶属、互不干涉和互相尊重的原则基础上，可与台湾地区的有关民间团体和组织保持和发展关系。

六、澳门特别行政区与台湾地区之间以各种名义进行的官方接触往来、商谈、签署协议和设立机构，须报请中央人民政府批准，或经中央人民政府具体授权，由特别行政区行政长官批准。

七、台湾现有在澳门的机构可以适当的名称继续留存，这些机构和人员在行动上要严格遵守《中华人民共和国澳门特别行政区基本法》，不得违背“一个中国”的原则，不得从事损害澳门的安定繁荣以及与其注册性质不符的活动。我们鼓励、欢迎他们为祖国的统一和保持澳门的稳定发展作出贡献。

我们要求台湾方面顺应民心，正视现实，在澳门的活动必须严格遵守“一个中国”的原则，决不允许进行“两个中国”、“一中一台”等破坏祖国统一的分裂活动。我们也要求台湾在澳门以适当名称继续留存的机构和人员严格遵守《中华人民共和国澳门特别行政区基本法》，用它来规范自己的行为，不违背“一个中国”的原则，不从事有损澳门安定发展的事。

二、经济法类

（一）投资

中华人民共和国台湾同胞投资保护法

（1994年3月5日第八届全国人民代表大会常务委员会第六次会议通过　根据2016年9月3日第十二届全国人民代表大会常务委员会第二十二次会议《关于修改〈中华人民共和国外资企业法〉等四部法律的决定》第一次修正　根据2019年12月28日第十三届全国人民代表大会常务委员会第十五次会议《关于修改〈中华人民共和国台湾同胞投资保护法〉的决定》第二次修正）

第一条　为了保护和鼓励台湾同胞投资，促进海峡两岸的经济发展，制定本法。

第二条　台湾同胞投资适用本法；本法未规定的，国家其他有关法律、行政法规对台湾同胞投资有规定的，依照该规定执行。

本法所称台湾同胞投资是指台湾地区的公司、企业、其他经济组织或者个人作为投资者在其他省、自治区和直辖市投资。

第三条　国家依法保护台湾同胞投资者的投资、投资收益和其他合法权益。

台湾同胞投资必须遵守国家的法律、法规。

第四条　国家对台湾同胞投资者的投资不实行国有化和征收；在特殊情况下，根据社会公共利益的需要，对台湾同胞投资者的投资可以依照法律程序实行征收，并给予相应的补偿。

第五条　台湾同胞投资者投资的财产、工业产权、投资收益和其他合法权益，可以依法转让和继承。

第六条 台湾同胞投资者可以用可自由兑换货币、机器设备或者其他实物、工业产权、非专利技术等作为投资。

台湾同胞投资者可以用投资获得的收益进行再投资。

第七条 台湾同胞投资，可以举办全部或者部分由台湾同胞投资者投资的企业（以下简称台湾同胞投资企业），也可以采用法律、行政法规或者国务院规定的其他投资形式。

举办台湾同胞投资企业，应当符合国家的产业政策，有利于国民经济的发展。

第八条 台湾同胞投资企业依法进行经营管理活动，其经营管理的自主权不受干涉。

第九条 在台湾同胞投资企业集中的地区，可以依法成立台湾同胞投资企业协会，其合法权益受法律保护。

第十条 台湾同胞投资者依法获得的投资收益、其他合法收入和清算后的资金，可以依法汇回台湾或者汇往境外。

第十一条 台湾同胞投资者可以委托亲友作为其投资的代理人。

第十二条 台湾同胞投资企业依照国务院关于鼓励台湾同胞投资的有关规定，享受优惠待遇。

第十三条 台湾同胞投资者与其他省、自治区和直辖市的公司、企业、其他经济组织或者个人之间发生的与投资有关的争议，当事人可以通过协商或者调解解决。

当事人不愿协商、调解的，或者经协商、调解不成的，可以依据合同中的仲裁条款或者事后达成的书面仲裁协议，提交仲裁机构仲裁。

当事人未在合同中订立仲裁条款，事后又未达成书面仲裁协议的，可以向人民法院提起诉讼。

第十四条 本法自公布之日起施行。

中华人民共和国台湾同胞投资保护法实施细则

（1999年12月5日中华人民共和国国务院令第274号发布　根据2020年11月29日《国务院关于修改和废止部分行政法规的决定》修订）

第一条　为了保护和鼓励台湾同胞投资，促进海峡两岸的经济发展，实施《中华人民共和国台湾同胞投资保护法》，制定本实施细则。

第二条　本实施细则所称台湾同胞投资是指台湾地区的公司、企业、其他经济组织或者个人作为投资者在其他省、自治区和直辖市（以下简称大陆）的投资。

第三条　国家依法保护台湾同胞投资。

台湾同胞投资者的投资、投资收益和其他合法权益受国家法律保护，任何机关、单位或者个人不得侵占、损害。

第四条　国家依法鼓励台湾同胞投资。

台湾同胞投资依照国家有关法律、行政法规和本实施细则的规定，享受优惠待遇。

第五条　台湾同胞投资适用《中华人民共和国台湾同胞投资保护法》和本实施细则；《中华人民共和国台湾同胞投资保护法》和本实施细则未规定的，比照适用国家有关涉外经济法律、行政法规。

第六条　台湾同胞投资，应当与国家国民经济和社会发展规划相适应，符合国家产业政策和投资导向的要求，比照适用国家关于指导外商投资方向的规定。

第七条　台湾同胞投资者可以用可自由兑换货币、机器设备或者其他实物、工业产权、非专利技术等作为投资。

台湾同胞投资者可以用投资获得的收益进行再投资。

第八条　台湾同胞投资，可以依法采用下列投资形式：

（一）举办全部或者部分由台湾同胞投资者投资的企业（以下简称台湾同胞投资企业）；

（二）合作勘探开发自然资源；

（三）开展补偿贸易、加工装配、合作生产；

（四）购买企业的股票、债券；

（五）购置房产；

（六）取得土地使用权，开发经营；

（七）购买国有小型企业或者集体企业、私营企业；

（八）法律、行政法规允许的其他投资形式。

第九条　台湾同胞投资者进行投资，需要审批的，依照国家有关法律、行政法规规定的程序办理审批手续。

第十条　审批机关审批台湾同胞投资，应当提高办事效率，减少管理层次，简化审批程序，做到管理制度统一、公开、透明。

第十一条　台湾同胞投资企业依照国家有关法律、行政法规的规定，享受税收优惠待遇。

第十二条　投资于大陆中西部地区的台湾同胞投资项目，可以按照国家有关规定给予鼓励或者适当放宽限制。

第十三条　台湾同胞投资企业符合贷款原则的，可以按照国家有关规定给予必要的信贷支持。

第十四条　台湾同胞投资者个人及其随行家属和台湾同胞投资企业中的台湾同胞职工及其随行家属，可以依照国家有关法律、行政法规的规定，向公安机关申请办理一定期限多次入出境手续和相应期限的暂住手续。台湾同胞投资企业中的外籍职工的入出境和暂住手续，依照国家有关法律、行政法规的规定办理。

第十五条　台湾同胞投资者个人的子女和台湾同胞投资企业中的台湾同胞职工的子女，可以按照国家有关规定进入大陆的小学、中学和高等学校接受教育。

台湾同胞投资者或者台湾同胞投资企业协会在台湾同胞投资集中的地区，可以按照国家有关规定申请设立台湾同胞子女学校。经批准设立的台湾同胞子女学校应当接受教育行政部门的监督。

第十六条　台湾同胞投资企业依法享有经营管理的自主权。

台湾同胞投资企业经营管理的自主权受国家法律保护，不受任何机关、单位或者个人的非法干预和侵犯。

第十七条 台湾同胞投资企业在购买机器设备、原材料及辅料等物资以及获得水、电、热、货物运输、劳务、广告、通信等服务方面，享有与大陆其他同类企业同等的待遇。

台湾同胞投资者个人和台湾同胞投资企业中的台湾同胞职工在交通、通信、旅游、旅馆住宿等方面，享有与大陆同胞同等的待遇。

第十八条 台湾同胞投资者投资的财产、工业产权、投资收益和其他合法权益，可以依法转让和继承。

第十九条 台湾同胞投资者依法获得的投资收益、其他合法收入和清算后的资金，可以依法汇回台湾或者汇往境外。

台湾同胞投资企业中的台湾同胞职工的合法收入，可以依法汇回台湾或者汇往境外。

第二十条 台湾同胞投资者可以委托亲友或者他人作为其投资的代理人，代理人应当持有具有法律效力的授权委托书。

第二十一条 国家机关对台湾同胞投资企业收费的项目和标准，应当与大陆其他同类企业相同。任何机关或者单位不得对台湾同胞投资企业另立收费项目或者提高收费标准。

任何机关或者单位不得向台湾同胞投资企业摊派人力、物力、财力，不得对台湾同胞投资企业进行法律、法规规定以外的检查、罚款，不得违反国家规定强制或者变相强制台湾同胞投资企业参加各类培训、评比、鉴定、考核等活动。

台湾同胞投资企业对违反上述规定的行为，有权拒绝并向政府有关部门举报。接受举报的政府部门应当依法作出处理，并为举报人保密。

第二十二条 国家对台湾同胞投资者的投资不实行国有化和征收；在特殊情况下，根据社会公共利益的需要，对台湾同胞投资者的投资可以依照法律程序实行征收，并给予相应的补偿。补偿相当于该投资在征收决定前一刻的价值，包括从征收之日起至支付之日止按合理利率计算的利息，并可以依法兑换外汇、汇回台湾或者汇往境外。

第二十三条 国家依法保护台湾同胞投资者个人及其随行家属和台湾同胞投资企业中的台湾同胞职工及其随行家属的人身自由和人身安全。除依照国家有关法律规定办理的外，不得对台湾同胞采取限制人身自由的强制措施。

第二十四条 在台湾同胞投资企业集中的地区，可以依法成立台湾同胞投资企业协会。

台湾同胞投资企业协会的合法权益以及按照其章程所进行的合法活动，受法律保护。

第二十五条 各级人民政府应当对台湾同胞投资提供优质、规范、方便的服务。各级人民政府台湾事务办事机构应当做好台湾同胞投资的法律宣传与咨询、投诉受理和纠纷解决等工作。

第二十六条 台湾同胞投资者、台湾同胞投资企业、台湾同胞投资企业协会认为行政机关或者行政机关工作人员的具体行政行为侵犯其合法权益的，可以依照国家有关法律、行政法规的规定，申请行政复议或者提起行政诉讼。

第二十七条 台湾同胞投资者与大陆的公司、企业、其他经济组织或者个人之间发生的与投资有关的争议，当事人可以通过协商或者调解解决。

当事人不愿协商、调解的，或者经协商、调解不成的，可以依照合同中的仲裁条款或者事后达成的书面仲裁协议，提交中国的仲裁机构仲裁。大陆的仲裁机构可以按照国家有关规定聘请台湾同胞担任仲裁员。

当事人未在合同中订立仲裁条款，事后又未达成书面仲裁协议的，可以向人民法院提起诉讼。

第二十八条 台湾同胞以其设在其他国家或者地区的公司、企业或者其他经济组织作为投资者在大陆投资的，可以比照适用本实施细则。

第二十九条 本实施细则自发布之日起施行。

关于印发《大陆企业赴台湾地区投资管理办法》的通知

（2010年11月9日国家发展和改革委员会、商务部、国务院台湾事务办公室发改外资〔2010〕2661号）

各省、自治区、直辖市及计划单列市、新疆生产建设兵团发展改革委、商务主管部门、台办，各中央管理企业：

为推动海峡两岸投资合作，实现两岸经济互利共赢，推动两岸关系和平发展，我们联合制定了《大陆企业赴台湾地区投资管理办法》。现印发你们，请按照执行。

附件：

大陆企业赴台湾地区投资管理办法

第一条 为进一步鼓励、引导和规范大陆企业赴台湾地区直接投资，实现两岸经济互利共赢，推动两岸关系和平发展，特制定本办法。

第二条 鼓励和支持大陆企业积极稳妥地赴台湾地区投资，形成互补互利的格局。大陆企业赴台湾地区投资应遵循互利共赢和市场经济原则。

第三条 大陆企业赴台湾地区投资，应主动适应两岸经济和产业发展特点，结合自身优势和企业发展战略，精心选择投资领域和项目；认真了解并遵守当地法律法规，尊重当地风俗习惯，注重环境保护，善尽必要的社会责任。

第四条 大陆投资主体赴台湾地区投资，应符合以下条件：

（一）在大陆依法注册、经营的企业法人；

（二）具备投资所申报项目的行业背景、资金、技术和管理实力；

（三）有利于两岸关系和平发展，不危害国家安全、统一。

第五条 大陆企业赴台湾地区投资项目，地方企业向所在地省级发展改革委提出申请，由省级发展改革委初审后，报国家发展改革委核准。中央企业直接向国家发展改革委申请核准。

第六条 大陆企业赴台湾地区投资设立企业或非企业法人，由商务部核准。地方企业由所在地省级商务主管部门初审后向商务部提出申请；中央企业直接向商务部提出申请。

第七条 国家发展改革委按照《境外投资项目核准暂行管理办法》（国家发展改革委令第21号）对赴台投资项目进行核准，并在审核时征求国务院台办的意见，国家发展改革委的核准文件抄送商务部、国务院台办等有关部门。

第八条 对已经国家发展改革委核准的赴台投资项目，商务部核准时不再征求国务院台办的意见。

第九条 大陆企业赴台湾地区投资设立企业或非企业法人，商务部收到申请后，征求国务院台办意见。在征得国务院台办同意后，商务部按照《境外投资管理办法》（商务部令2009年第5号）进行核准，并颁发《企业境外投资证书》或《企业境外机构证书》。

第十条 大陆企业凭相关部门的投资项目和企业设立（含机构）核准文件、《企业境外投资证书》或《企业境外机构证书》，办理相关人员赴台审批、外汇登记等相关手续。

第十一条 赴台湾地区投资设立的企业或非企业法人在当地注册后，大陆企业应于15个工作日内将有关注册文件报国家发展改革委、商务部和国务院台办备案。

第十二条 对获得核准的赴台湾地区投资，大陆企业可凭核准文件和《企业境外投资证书》或《企业境外机构证书》享受国家有关政策支持。

第十三条 大陆企业如获得服务提供者等相关认证后，可享受两岸签署的有关协议项下给予的待遇。

第十四条 国家发展改革委、商务部、国务院台办加强大陆企业赴台湾地区投资的引导和服务，通过对外投资合作信息服务系统、投资指南等渠道，为企业提供有效指导。

第十五条 国家发展改革委、商务部、国务院台办加强对大陆企业赴台湾地区投资的培训工作，特别是政策、人员和投资环境等方面的培训，提高企业赴台湾地区投资的针对性和可操作性。

第十六条 鼓励各有关协会、商会、咨询机构加强对台湾地区投资环境、市场信息和产业发展状况的研究分析，发布研究和发展报告，为大陆企业赴台湾地区投资提供参考。

第十七条　大陆企业在台湾地区的投资如变更或终止，应按照《境外投资项目核准暂行管理办法》、《境外投资管理办法》办理相关手续。

第十八条　大陆企业通过境外企业到台湾地区投资，应按规定到国家发展改革委履行核准手续，到商务部履行备案手续。

第十九条　大陆企业如违反规定在台湾地区投资，国家发展改革委、商务部将会同国务院台办按有关规定予以处罚。

第二十条　本办法自发布之日起生效。国家发展改革委和国务院台办发布的《关于大陆企业赴台湾地区投资项目管理有关规定的通知》(发改外资〔2008〕3503号)、商务部和国务院台办发布的《关于大陆企业赴台湾地区投资或设立非企业法人有关事项的通知》(商合发〔2009〕219号)同时废止。

台湾投资者经第三地转投资认定暂行办法

（2019年12月31日商务部、国务院台湾事务办公室公告2019年第61号）

第一条　为保护台湾投资者在大陆投资的合法权益，实施《海峡两岸投资保护和促进协议》，根据有关法律、行政法规制定本办法。

第二条　台湾投资者以其直接或间接所有或控制的第三地公司、企业或其他经济组织作为投资者（以下简称第三地投资者）在大陆投资设立企业（以下简称转投资企业），可根据本办法提出申请，将该第三地投资者认定为视同台湾投资者（以下简称转投资认定）。

第三条　商务部会同国务院台湾事务办公室，各省、自治区、直辖市、计划单列市及新疆生产建设兵团商务主管部门（以下简称省级商务主管部门）会同同级台湾事务办公室负责台湾投资者经第三地转投资认定和管理工作。

第四条　本办法中的“台湾投资者”是指以下自然人或企业：

（一）持有台湾地区身份证明文件的自然人；

（二）在台湾地区设立登记的企业，包括公司、信托、商行、合伙或其他组织，不包括大陆和台湾地区以外的国家或地区的自然人、企业或机构在台湾地区设立登记的海外分公司、办事处、联络处以及未从事实质性经营的实体。

第五条　本办法第二条中的“第三地”是指大陆和台湾地区以外的国家或地区，第三地投资者应依照该国家或地区的法律设立。

第六条　本办法第二条中的“所有”是指台湾投资者拥有第三地投资者超过50%的股权。

第七条　本办法第二条中的“控制”是指未满足本办法第六条要求，但存在以下情形之一的：

（一）台湾投资者实际拥有第三地投资者的董事会、股东会等权力机构超过半数以上的表决权；

（二）台湾投资者有权任免第三地投资者董事会等权力机构半数以上的成

员，且第三地投资者的经营决策等事项由该权力机构决定；

（三）台湾投资者有权决定第三地投资者的运营、财务、人事等事项；

（四）商务部会同国务院台湾事务办公室规定的其他情形。

第八条　两个以上符合条件的台湾投资者在同一第三地投资者中拥有股权、表决权，可合并计算其在第三地投资者中的股权、表决权及相关影响，适用本办法第六条、第七条的规定。

第九条　本办法第四条（二）中的“实质性经营”应同时符合以下条件：

（一）在台湾地区有业务经营场所；

（二）在台湾地区有纳税记录；

（三）在台湾地区雇用员工。

第十条　台湾投资者申请转投资认定，应向转投资企业所在地省级商务主管部门提出申请，并报送以下材料：

（一）《台湾投资者经第三地转投资认定申报表》，台湾投资者委托他人申请的，应提交经公证的台湾投资者签署的委托书；

（二）台湾投资者为自然人的，提交经公证的身份证明文件；

（三）台湾投资者为企业的，提交经公证的台湾投资者设立登记证明文件、拥有或租用经营场所的证明文件、上一年度该企业缴纳所得税的证明文件（亏损的企业提供征税机关关于亏损情况的证明文件）和员工保险缴纳证明；

（四）台湾投资者、第三地投资者和转投资企业之间所有和控制关系的说明和证明文件；

（五）负责认定和管理的部门要求提供的其他文件。

第十一条　自收到全部有效材料之日起，省级商务主管部门会同同级台湾事务办公室在20个工作日内进行审核，符合本办法要求的，向台湾投资者出具转投资认定证明；不符合的，出具不予认定意见。省级商务主管部门应将《台湾投资者经第三地转投资认定申报表》录入外商投资综合管理应用，通过该应用向商务部电子备案。

第十二条　在获得转投资认定后，发生以下变化的，台湾投资者应及时将变化情况向原出具认定证明的商务主管部门报告，并提交有关变化的情况说明及证明文件。

（一）台湾投资者不再满足本办法第四条、第九条规定；

（二）台湾投资者对第三地投资者的所有或控制关系不再满足本办法第六

条或第七条规定；

（三）商务部会同国务院台湾事务办公室规定的其他情形。

收到情况说明及证明文件后，商务主管部门会同同级台湾事务办公室在 10 个工作日内取消对该台湾投资者经第三地转投资的认定。

第十三条 获得转投资认定的台湾投资者如遇到投资争端，援引《海峡两岸投资保护和促进协议》中关于投资争端解决的规定，向大陆的两岸投资争端解决机构申请调解解决的，应向大陆的两岸投资争端解决机构提交商务主管部门出具的转投资认定证明。

台湾投资者经第三地转投资书面认定意见上载明的认定日期与向大陆的两岸投资争端解决机构提交投资争端解决申请日期间隔超过 1 年，或者未超过 1 年但期间台湾投资者及其与第三地投资者之间所有或控制关系发生变化的，台湾投资者应向大陆的两岸投资争端解决机构提交商务主管部门出具的关于转投资认定的确认意见。

第十四条 台湾投资者提请转投资认定确认的，应参照本办法第十条有关要求，向省级商务主管部门提交自认定日期到提出确认申请期间，台湾投资者以及台湾投资者对于第三地投资者的所有或控制关系是否发生变化的说明及相关文件，省级商务主管部门会同同级台湾事务办公室在 10 个工作日内完成审核，出具确认意见。

第十五条 本暂行办法自 2013 年 2 月 20 日实施，由商务部会同国务院台湾事务办公室负责解释。

附件：

台湾投资者经第三地转投资认定申报表

申报人	名称					
	联系人		联系电话		电子邮箱	
台湾投资者信息	台湾投资者	投资者名称				
		注册地址				
		雇用员工人数				

续表

<table>
<tr><td rowspan="5">**第三地投资者信息**</td><td>中文名称</td><td colspan="3"></td></tr>
<tr><td>英文名称</td><td colspan="3"></td></tr>
<tr><td>注册地址</td><td colspan="3"></td></tr>
<tr><td rowspan="2">台湾投资者对其所有控制关系</td><td>□所有</td><td colspan="2">□台湾投资者拥有第三地投资者 50%以上股权</td></tr>
<tr><td>□控制</td><td colspan="2">□台湾投资者实际拥有第三地投资者的董事会、股东会等权力机构超过半数以上的表决权；
□台湾投资者有权任免第三地投资者董事会等权力机构半数以上的成员，且第三地投资者的经营决策等事项由该权力机构决定；
□台湾投资者有权决定第三地投资者的运营、财务、人事等事项；
□其他__________</td></tr>
<tr><td rowspan="6">**转投资企业信息**</td><td>中文名称</td><td colspan="3"></td></tr>
<tr><td>英文名称</td><td colspan="3"></td></tr>
<tr><td>注册地址</td><td colspan="3"></td></tr>
<tr><td>统一社会信用代码</td><td colspan="3"></td></tr>
<tr><td>投资总额</td><td></td><td>注册资本</td><td></td></tr>
<tr><td>经营范围</td><td colspan="3"></td></tr>
<tr><td>**台湾投资者承诺**</td><td colspan="4">承诺所提交的文件和有关附件真实、合法、有效，复印件与原件一致，并对因提交虚假文件所引发的后果承担法律责任。

签字（盖章）
年 月 日</td></tr>
<tr><td colspan="5">**以下由商务主管部门填写**</td></tr>
<tr><td>**认定意见**</td><td colspan="2">□ 同意，出具认定证明</td><td colspan="2">□ 不予认定</td></tr>
</table>

注：1. 本表可在商务部网站（www. mofcom. gov. cn）外资司子站中下载。

2. 有两个或两个以上台湾投资者的，可在“台湾投资者信息”中自行增加投资者有关内容，并在“台湾投资者承诺”中共同签署。

关于应对疫情统筹做好支持台资企业发展和推进台资项目有关工作的通知

（2020年5月15日国家发展改革委、国务院台湾事务办公室、工业和信息化部、财政部、人力资源和社会保障部、自然资源部、商务部、人民银行、银保监会、证监会发改厅〔2020〕755号）

各省、自治区、直辖市、新疆生产建设兵团发展改革委、台办、工业和信息化主管部门、财政厅、人力资源社会保障厅、自然资源主管部门、商务厅、银保监局、证监局，中国人民银行上海总部，各分行、营业管理部，省会（首府）城市中心支行：

为贯彻落实党中央、国务院关于统筹推进新冠肺炎疫情防控和经济社会发展工作的决策部署，进一步落细落实《关于促进两岸经济文化交流合作的若干措施》和《关于进一步促进两岸经济文化交流合作的若干措施》，现就相关事项通知如下。

一、持续帮扶台资企业复工复产。根据地方统筹做好疫情防控和复工复产总体安排，协助解决台资企业在生产经营过程中遇到的供应链协同、达产等方面困难，确保台资企业同等享有中央和地方出台的各类援企稳岗政策。

二、统筹协调推进重大台资项目。参照重大外资项目有关机制协调推进重大台资项目，密切跟踪在谈项目进展，充分发挥各类涉台产业园区等发展平台优势，出台具有竞争力和针对性的招商引资政策，加强各级联动和部门协同，建立项目绿色通道，做好工程建设保障、审批事项衔接，开展全流程对接服务，促进台资项目加快落地见效，为台资企业参与本地重大项目提供同等待遇。

三、积极支持台资企业增资扩产。根据地方实际，在法定权限内研究出台用地、用能、用工等方面具体措施，为台资企业增资扩产提供政策支持。全面落实境外投资者以分配利润直接投资暂不征收预提所得税政策规定，支持台资企业以分配利润进行再投资。支持台资企业参与海南自由贸易港建设、粤港澳大湾区建设、长三角一体化发展等区域发展战略和各地自贸试验区建设。支持有产业转移需求的东部地区台资企业优先向中西部和东北地区转移。

四、促进台资企业参与新型和传统基础设施建设。支持台资企业发挥自身优势，与大陆企业共同研发、共建标准、共创品牌、共拓市场，以多种形式参与大陆 5G、工业互联网、人工智能、物联网等新型基础设施的研发、生产和建设。对台资企业和台湾高端人才从事新型基础设施相关的集成电路、工业软件、信息系统等，提供与大陆企业和同胞同等待遇。继续支持台资企业参与交通、能源、水利等传统基础设施建设。

五、支持台资企业稳外贸。鼓励台资企业发展跨境电商，开展线上供采对接，扩大出口业务。指导台资企业充分利用中欧班列开展进出口贸易。落实相关纾困政策，支持台资加工贸易企业统筹内外贸发展。进一步扩大出口信用保险对台资企业的覆盖面。

六、有效引导台资企业拓展内销市场。支持台资企业适应大陆“互联网+”发展和消费升级趋势，借助大陆电商平台开展线上市场营销推广，拓宽对接内需市场的渠道，充分挖掘大陆市场潜力。

七、全面落实税费减免政策。落实好阶段性减免企业社会保险费政策，对符合条件的台资企业按规定免征或减半征收社会保险单位缴费部分。有条件的地方可研究出台减免物业租金、降低生产要素成本、加大企业职工技能培训补贴等支持政策，符合条件的台资企业可同等申请享受。

八、强化金融支持台资企业疫情防控和复工复产。落实金融支持防控疫情相关政策，为受疫情影响较大的台资企业提供优惠的金融服务。发挥国有控股小额贷款公司等地方金融组织的作用，加大信贷支持力度，满足台资企业差异化金融需求。鼓励符合条件的台资企业在大陆上市融资，为符合条件的科创型台资企业在科创板上市提供支持。鼓励台湾金融机构把握大陆金融领域自主开放新机遇，参与两岸金融合作。

九、充分保障台资项目合理用地需求。对于台资企业复工复产、重大投资项目，坚持“要素跟着项目走”，合理安排用地计划指标，按照《国务院关于授权和委托用地审批权的决定》（国发〔2020〕4 号）等政策文件和“放管服”要求依法依规做好用地保障服务。鼓励探索推行“标准地”供应改革，通过区域评价统一化、开发标准公开化、权利义务合同化、履约监管闭环化等方式，加快台资项目落地。

十、有力支持台资中小企业发展。充分发挥各级中小企业公共服务示范平台作用，通过线上培训等形式，为台资中小企业提供政策、技术、管理等方面服务。积极帮助台资中小企业解决受疫情影响造成的合同履行、劳动关系等法律问题。鼓励台资中小企业利用好本级相关资金等支持政策。

十一、主动做好台资企业服务工作。对台资企业一视同仁，着力为台资企业办实事、做好事、解难事。加强与本地台资企业协会、重点台资企业等沟通交流，宣传解读有关政策法规，通报疫情防控和复工复产有关工作要求，认真听取台资企业意见建议，积极回应台资企业关切诉求，妥善化解涉台纠纷，切实维护台资企业合法权益。

各地发展改革委、台办要会同工业和信息化主管部门、财政厅、人力资源社会保障厅、自然资源主管部门、商务厅、人民银行、银保监局、证监局等共同落实好上述工作部署，支持台资企业应对疫情、复工复产和投资发展，防范化解潜在风险，持续促进两岸经济交流合作，深化两岸融合发展。

（二）贸易

关于做好台湾居民在服务贸易创新发展试点地区申请设立个体工商户工作的通知

（2022年3月16日 国务院台湾事务办公室、商务部、市场监督管理总局）

北京、天津、河北、辽宁、吉林、黑龙江、上海、江苏、浙江、安徽、福建、山东、湖北、广东、海南、重庆、四川、贵州、云南、陕西省（直辖市）台办、商务厅（局）、市场监督管理局（厅、委）：

为贯彻落实《全面深化服务贸易创新发展试点总体方案》，依据有关法律法规，现就台湾居民在服务贸易创新发展试点地区申请设立个体工商户工作通知如下：

一、自2022年3月16日起，台湾居民在北京、天津、上海、重庆（涪陵区等21个市辖区）、海南、大连、厦门、青岛、深圳、石家庄、长春、哈尔滨、南京、杭州、合肥、济南、武汉、广州、成都、贵阳、昆明、西安、苏州、威海和河北雄安新区、贵州贵安新区、陕西西咸新区等省、市（区域）全面深化服务贸易创新发展试点地区，可直接申请登记为个体工商户（特许经营除外），试点期限与《全面深化服务贸易创新发展试点总体方案》一致。

二、台湾居民申请设立个体工商户的经营范围为谷物种植等122项（详见开放行业清单），经营范围涉及行政审批的，依照相关规定办理。

三、台湾居民个体工商户的组成形式仅限于个人经营。

四、台湾居民在试点地区以外区域申请设立个体工商户，仍按照2015年12月国务院台办、国家发展改革委等20个部门联合发布的《关于扩大开放台湾居民在大陆申请设立个体工商户的通知》（国台发〔2015〕3号）的规定执行。

五、台湾居民在大陆设立个体工商户的具体登记办法按照原有登记规范执行。

附件：

台湾居民个体工商户在服务贸易创新发展试点地区开放行业清单

序言	行业列举	备注
1	谷物种植	A011
2	蔬菜、食用菌及园艺作物种植	A014
3	水果种植	A015
4	坚果种植	A0161
5	香料作物种植	A0163
6	中药材种植	A017
7	林业	A02
8	牲畜饲养	A031
9	家禽饲养	A032
10	水产养殖	A041
11	灌溉活动	A0513
12	农产品初加工活动（不含植物油脂、大米、面粉加工、粮食收购、籽棉加工）	A0514
13	其他农业专业及辅助性活动	A0519
14	林业专业及辅助性活动	A052
15	畜牧专业及辅助性活动	A053
16	渔业专业及辅助性活动	A054
17	谷物磨制（不含大米、面粉加工）	C131
18	肉制品及副产品加工（3000 吨/年及以下的西式肉制品加工项目除外）	C1353
19	水产品冷冻加工	C1361

续表

序言	行业列举	备注
20	鱼糜制品及水产品干腌制加工（冷冻海水鱼糜生产线除外）	C1362
21	蔬菜、菌类、水果和坚果加工	C137
22	淀粉及淀粉制品制造（年加工玉米30万吨以下、绝干收率在98%以下玉米淀粉湿法生产线除外）	C1391
23	豆制品制造	C1392
24	蛋品加工	C1393
25	焙烤食品制造	C141
26	糖果、巧克力及蜜饯制造	C142
27	方便食品制造	C143
28	乳制品制造［日处理原料乳能力（两班）20吨以下浓缩、喷雾干燥等设施及200千克/小时以下的手动及半自动液体乳罐装设备除外］	C144
29	罐头食品制造	C145
30	味精制造（5万吨/年以下且采用等电离交工艺的味精生产线除外）	C1461
31	酱油、食醋及类似制品制造	C1462
32	其他调味品、发酵制品制造（食盐除外）	C1469
33	营养食品制造	C1491
34	冷冻饮品及食用冰制造	C1493
35	啤酒制造（生产能力小于1.8万瓶/小时的啤酒灌装生产线除外）	C1513
36	葡萄酒制造	C1515
37	碳酸饮料制造［生产能力150瓶/分钟以下（瓶容在250毫升及以下）的碳酸饮料生产线除外］	C1521
38	瓶（罐）装饮用水制造	C1522
39	果菜汁及果菜汁饮料制造（浓缩苹果汁生产线除外）；	C1523
40	含乳饮料和植物蛋白饮料制造	C1524
41	固体饮料制造	C1525
42	茶饮料及其他饮料制造	C1529

续表

序言	行业列举	备注
43	纺织业	C17
44	纺织服装、服饰业	C18
45	皮革、毛皮、羽毛及其制品和制鞋业	C19
46	木材加工和木、竹、藤、棕、草制品业	C20
47	家具制造业	C21
48	造纸和纸制品业（宣纸生产除外）	C22
49	文教办公用品制造	C241
50	乐器制造	C242
51	工艺美术制造及礼仪用品制造（国家重点保护野生动物的雕刻、加工、脱胎漆器生产、珐琅制品生产、墨锭生产除外）	C243
52	体育用品制造	C244
53	玩具制造	C245
54	游艺器材及娱乐用品制造（不包括游戏游艺设备）	C246
55	日用化学产品制造	C268
56	塑料制品业	C292
57	日用玻璃制品制造	C3054
58	日用陶瓷制品制造	C3074
59	金属工具制造	C332
60	搪瓷日用品及其他搪瓷制品制造	C3379
61	金属制日用品制造	C338
62	眼镜制造	C3587
63	自行车制造	C3761
64	非公路休闲车及零配件制造	C378
65	电池制造（锂离子电池制造除外）	C384
66	家用电力器具制造	C385
67	非电力家用器具制造	C386
68	照明器具制造	C387
69	钟表与计时仪器制造	C403

续表

序言	行业列举	备注
70	日用杂品制造	C411
71	污水处理及其再生利用（除环境质量监测、污染源检查服务）	D462
72	林业产品批发	F5115
73	纺织、服装及家庭用品批发	F513
74	文具用品批发	F5141
75	体育用品及器材批发	F5142
76	其他文化用品批发	F5149
77	贸易经纪与代理（不含拍卖）	F518
78	货物、技术进出口	2017 国民经济行业分类无明确对应行业分类，应根据具体情况填写至对应分类中
79	零售业（烟草制品零售、文物收藏品零售除外，并且不包括特许经营）	F52
80	道路货物运输	G543
81	其他水上运输辅助活动，具体指港口货物装卸、仓储，港口供应（船舶物料或生活品），港口设施、设备和港口机械的租赁、维修	G5539
82	运输代理业（不包括航空客货运代理服务和国内水路运输代理业）	G582
83	装卸搬运和仓储业	G59
84	餐饮业	H62
85	软件开发	I651
86	信息系统集成服务	I6531
87	信息处理和存储支持服务（仅限于线下的数据处理服务业务）	I655
88	信息技术咨询服务	I656
89	租赁业	L71
90	社会经济咨询中的经济贸易咨询和企业管理咨询	L7243
91	广告业（广告发布服务除外）	L725

续表

序言	行业列举	备注
92	包装服务	L7292
93	办公服务中的以下项目：标志牌、铜牌的设计、制作服务，奖杯、奖牌、奖章、锦旗的设计、制作服务	L7293
94	翻译服务	L7294
95	其他未列明商务服务业中的2个项目：公司礼仪服务：开业典礼、庆典及其他重大活动的礼仪服务，个人商务服务：个人形象设计服务、个人活动安排服务、其他个人商务服务	L7299
96	研究和试验发展（社会人文科学研究除外）	M73
97	专业技术服务业	M74
98	质检技术服务（动物检疫服务、植物检疫服务、检验检测和认证相关服务、特种设备检验检测服务除外）	M745
99	工程技术与设计服务（规划管理、勘察、设计、监理除外）	M748
100	科技推广和应用服务业	M75
101	知识产权服务（商标代理服务、专利代理服务除外）	M752
102	大气污染治理（除环境质量监测、污染源检查服务）	N7722
103	固体废物治理（不包括放射性固体废物收集、贮存、处置及环境质量监测、污染源检查服务）	N7723
104	噪声与振动控制服务（除环境质量监测、污染源检查服务）	N7727
105	市政设施管理（除环境质量监测、污染源检查服务）	N781
106	环境卫生管理（除环境质量监测、污染源检查服务）	N782
107	洗染服务	O803
108	理发及美容服务	O804
109	洗浴服务	O8051
110	摄影扩印服务	O806
111	婚姻服务（不含婚介服务）	O807
112	其他居民服务业	O809
113	汽车、摩托车等修理与维护	O811

续表

序言	行业列举	备注
114	计算机和辅助设备修理	O8121
115	家用电器修理	O813
116	其他日用产品修理业	O819
117	建筑物清洁服务	O8211
118	宠物服务（仅限在城市开办）	O822
119	体育	R89
120	其他室内娱乐活动中的以休闲、娱乐为主的动手制作活动（陶艺、缝纫、绘画等）	R9019
121	文化娱乐经纪人	R9053
122	体育经纪人	R9054

对台湾地区贸易管理办法

（2000 年 12 月 29 日对外贸易经济合作部令〔2001〕第 9 号公布 自公布之日起施行）

第一条　为了发展大陆与台湾地区间的贸易，维护海峡两岸正常的贸易秩序，促进海峡两岸经济的发展，制定本办法。

第二条　本办法适用于大陆与台湾地区间的货物贸易、技术贸易和服务贸易（以下简称对台贸易）。

第三条　从事对台贸易，应当遵守法律、行政法规和国家其他有关规定，不得损害国家安全和社会公共利益。

第四条　中华人民共和国对外贸易经济合作部是对台贸易的主管机关。

有关省、自治区和直辖市人民政府对外经济贸易主管部门负责管理本行政区域内的对台贸易工作。

第五条　依法从事对外贸易经营活动的法人和其他组织，包括依法设立的外商投资企业，可以在其经营范围内与台湾地区的法人和其他组织或者个人进行对台贸易。

第六条　对台贸易合同以及货物上不得出现违反一个中国原则的字样和标记，不得出现有碍祖国统一的内容。

第七条　对台贸易的货物及其包装上需要标明原产地的，台湾货物及其包装上应当标明原产地为台湾，大陆货物及其包装上根据实际情况可以采用中性包装。

第八条　间接进行对台贸易的，应当通过在香港特别行政区或者澳门特别行政区登记注册的工商企业进行。

第九条　大陆货物经香港特别行政区或者澳门特别行政区转口、转运至台湾地区的，应当遵守国家对香港特别行政区、澳门特别行政区贸易的有关规定。

第十条　对台贸易中涉及国家统一、联合经营或者总量控制的商品，以及许可证、配额管理的商品，按照国家有关进出口的规定办理。

第十一条 对台贸易的货物由海关依照有关法律、行政法规的规定，按照优惠税率征收关税，并依法征收进口环节的税收。

第十二条 对台贸易中发生纠纷时，由当事人通过协议或者调解解决。当事人不愿协商、调解的或者协商、调解不成的，可以依据合同中的仲裁条款或者事后达成的书面仲裁协议，提交中国的仲裁机构仲裁。当事人未在合同中订立仲裁条款，事后又未达成书面仲裁协议的，可以依法向人民法院提起诉讼。

第十三条 大陆与台湾地区间的小额贸易，适用对外贸易经济合作部、海关总署发《对台湾地区小额贸易的管理办法》。

第十四条 对台贸易中的有关事项，本办法未作规定的，参照国家有关货物进出口、技术进出口和国际服务贸易的规定执行。

第十五条 本办法自发布之日起执行。

对台湾地区小额贸易的管理办法

（1993年9月25日对外贸易经济合作部、海关总署〔1993〕外经贸台发第285号）

第一条　为便于大陆沿海省市与台湾地区的货物交流，引导海峡两岸民间小额贸易正常开展，特制定本办法。

第二条　对台湾地区小额贸易（以下简称对台小额贸易）是指台湾地区居民在大陆沿海指定口岸（福建、广东、浙江、江苏、山东、上海）依照有关规定进行的货物交易。

第三条　对台小额贸易只能由台湾地区居民同大陆的对台小额贸易公司进行。

台湾居民是指持有有效、完整的台湾渔民证、身份证等有关身份证明的人员。

第四条　对台小额贸易公司应由对外贸易经济合作部（以下简称外经贸部）授权的沿海省市对外经贸主管机关批准，并在工商行政管理部门登记注册。

对台小额贸易公司只准开展对台湾地区小额贸易，不得经营一般进出口业务。

第五条　对台小额贸易每船每航次进出口限额各为十万美元。

第六条　对台小额贸易所经营的货物限于非国家专营、禁止、限制进出口的，非进出口配额许可证管理的货物。

确需出口少量配额许可证管理货物的，应由对台小额贸易公司报上级外经贸机关按照一般贸易和对台贸易的有关规定办理审批手续，经批准同意后申领出口许可证，海关凭证验收。

第七条　对台小额贸易进口的货物仅限于原产地为台湾的货物。海关必要时应审阅进口货物的产地证明书。

第八条　对台小额贸易只能使用一百吨以下（含一百吨）的台湾船只。台湾船只系指在台湾地区正式登记注册、可供在海上进行正常作业和航行的载体。

对台小额贸易的船只所载未能成交的货物，应原船退回。

第九条 对台小额贸易只能在指定的口岸进行。

对台小额贸易口岸由外经贸部授权的沿海省市对外经贸主管机关商当地公安、边检、海关、交通、台办等部门指定。

经授权的沿海省市对外经贸主管机关应及时将本地区所确定的对台小额贸易公司和口岸情况向外经贸部备案并知会海关总署和国务院台湾事务办公室。外经贸部在收到对台小额贸易公司和口岸全部材料之日起三十天内，若未提出异议，备案自动生效。

第十条 对台小额贸易应以易货形式为主进行，易货货物均需以美元计价。

采用现汇形式进行的对台小额贸易，应以国家允许兑换的外币进行结算。双方所得现汇均应按国家外汇管理的有关规定进行处理。

出口收入的外汇由对台小额贸易公司实行全额留成。

第十一条 所有对台小额贸易进出口的货物和船只及船上人员必须接受当地海关、边检及其它港口联检部门的监管，并照章交纳税、费。

对台小额贸易货物和船只均不得出现违反“一个中国”即中华人民共和国的字样及旗、徽、号等标记。

船员个人携带自用物品应以自用合理数量为限。船员不得携带规定禁止进出境的物品，个人不得利用船舶为他人携带物品。船舶带进的航行必须的设备、燃料、物料，应原船带出。上述物品不得作为货物交易。

未经向海关申报并办理验放手续，不得擅自卸、装货物。

第十二条 除国家另有规定外，对台小额贸易进出口货物由海关按照《中华人民共和国海关进出口税则》的优惠税率和《中华人民共和国产品税条例》、《中华人民共和国增值税条例》征税，并按海关有关征税规定进行管理。

第十三条 对台小额贸易公司如违反本管理办法，原审批机关可视情节轻重分别给予警告、严重警告、撤销其经营权的处罚。作出撤销经营权处罚的，应及时报外经贸部和海关总署备案。

对于不具备开展对台小额贸易条件的对台小额贸易公司和口岸，外经贸部有权予以撤销。

对违反海关规定的，由海关按照《中华人民共和国海关法》及有关法规进行查处。构成犯罪的，移交司法机关追究刑事责任。

第十四条 开展对台小额贸易的省市对外经贸主管机关应于每年一月底前将本省市前一年的对台小额贸易情况总结上报外经贸部。

第十五条 本办法由对外贸易经济合作部、海关总署负责解释并监督执行。

第十六条 本办法自发布之日起施行。以前有关规定与本办法不一致者，以本办法为准。

国务院关于支持福建省加快建设海峡西岸经济区的若干意见

（2009年5月6日 国发〔2009〕24号）

各省、自治区、直辖市人民政府，国务院各部委、各直属机构：

为贯彻落实党的十七大精神、国民经济和社会发展“十一五”规划纲要的部署，支持和推动福建省加快建设海峡西岸经济区，促进该地区又好又快发展，现提出以下意见：

一、充分认识支持福建省加快建设海峡西岸经济区的战略意义，明确总体要求和发展目标

（一）重大意义。海峡西岸经济区东与台湾地区一水相隔，北承长江三角洲，南接珠江三角洲，是我国沿海经济带的重要组成部分，在全国区域经济发展布局中处于重要位置。福建省在海峡西岸经济区中居主体地位，与台湾地区地缘相近、血缘相亲、文缘相承、商缘相连、法缘相循，具有对台交往的独特优势。近年来，福建省大力推进海峡西岸经济区建设，综合实力不断增强，为进一步加快发展奠定了坚实基础。当前，两岸关系出现重大的积极变化，为海峡西岸经济区加快发展和开展与台湾地区合作提供了重要机遇。支持福建省加快海峡西岸经济区建设，是进一步发挥福建省比较优势，实现又好又快发展的迫切需要；是完善沿海地区经济布局，推动海峡西岸其他地区和台商投资相对集中地区发展的重大举措；也是加强两岸交流合作，推进祖国和平统一大业的战略部署，具有重大的经济意义和政治意义。

（二）总体要求。高举中国特色社会主义伟大旗帜，坚持以邓小平理论和“三个代表”重要思想为指导，深入贯彻落实科学发展观，从维护中华民族核心利益、促进祖国统一的大局出发，牢牢把握两岸关系和平发展的主题，着力推进两岸交流合作，促进两岸互利共赢；着力转变经济发展方式和增强自主创新能力，提高经济发展质量和水平；着力统筹城乡和区域发展，提高经济社会发展的协调性；着力深化改革开放，增强发展的动力和活力；着力改善民生，推进社会主义和谐社会建设；着力加强生态文明建设，提高可持续发展能力，将海峡西岸经济区建设成为经济持续发展、文化更加繁荣、综合竞争力不断增强、人民群众安居乐业的和谐区域，为全局做出更大贡献。

（三）战略定位。

——两岸人民交流合作先行先试区域。发挥海峡西岸经济区独特的对台优势和工作基础，努力构筑两岸交流合作的前沿平台，实施先行先试政策，加强海峡西岸经济区与台湾地区经济的全面对接，推动两岸交流合作向更广范围、更大规模、更高层次迈进。

——服务周边地区发展新的对外开放综合通道。从服务、引导和促进区域经济协调发展出发，大力加强基础设施建设，构建以铁路、高速公路、海空港为主骨架主枢纽的海峡西岸现代化综合交通网络，使之成为服务周边地区发展、拓展两岸交流合作的综合通道。

——东部沿海地区先进制造业的重要基地。立足现有制造业基础，加强两岸产业合作，积极对接台湾制造业，大力发展电子信息、装备制造等产业，加快形成科技含量高、经济效益好、资源消耗低、环境污染少、人力资源优势得到充分发挥的在全国具有竞争力的先进制造业基地和两岸产业合作基地。

——我国重要的自然和文化旅游中心。充分发挥海峡西岸经济区的自然和文化资源优势，增强武夷山、闽西南土楼、鼓浪屿等景区对两岸游客的吸引力，拓展闽南文化、客家文化、妈祖文化等两岸共同文化内涵，突出“海峡旅游”主题，使之成为国际知名的旅游目的地和富有特色的自然文化旅游中心。

（四）发展目标。

——到 2012 年，在优化结构、提高效益、降低消耗、保护环境的基础上，人均地区生产总值接近或达到东部地区平均水平，着力科学发展先行，力争在一些领域走在全国前列；城乡居民收入显著提高，基本公共服务水平明显改善；地方财政收入较大幅度增长；单位生产总值能耗持续下降；生态环境继续改善；服务两岸直接“三通”的主要通道基本形成并不断完善，两岸人民交流合作的前沿平台功能更加凸显。

——到 2020 年，率先建立充满活力、富有效率、更加开放、有利于科学发展的体制机制。统筹协调能力明显提高，社会就业更加充分，社会保障体系健全，人民生活更加富足，社会更加和谐。资源利用效率明显提高，生态环境优美，可持续发展能力增强，生态文明建设位居全国前列，科学发展达到新的水平，实现全面建设小康社会的目标。闽台经济融合不断加强，促进形成两岸共同发展的新格局。

二、发挥独特的对台优势，努力构筑两岸交流合作的前沿平台

（五）建设两岸经贸合作的紧密区域。按照同等优先、适当放宽的原则，以信息、石化、机械、船舶、冶金等产业为重点，提升台商投资区和国家级经济技术开发区的载体作用，密切与台湾相关行业协会、企业的联系，促进两岸产业深度对接，形成以厦门湾、闽江口、湄洲湾等区域为主的产业对接集中区。发挥海峡两岸农业合作试验区、现代林业合作实验区的窗口、示范和辐射作用，促进对台农业资金、技术、良种、设备等生产要素的引进与合作。推动对台离岸金融业务，拓展台湾金融资本进入海峡西岸经济区的渠道和形式，建立两岸区域性金融服务中心，推动金融合作迈出实质性步伐。建立海峡两岸旅游合作机制，共推双向旅游线路，培育“海峡旅游”品牌。加强与台湾现代服务业合作，建设海峡西岸物流中心。实行更加开放的对台贸易政策，扩大对台贸易。健全涉台法律法规，依法保护台胞的正当权益，为台胞投资兴业、交往交流提供便利条件和优质服务。制定相关政策措施，鼓励和支持有条件的企业到台湾投资兴业，推动建立两岸产业优势互补的合作机制，促进两岸经济共同发展。

（六）建设两岸文化交流的重要基地。全方位、多层次开展与台湾地区的交往，推动文化交流、人员互动。加快推进闽南文化生态保护实验区建设，提升闽台缘博物馆的交流功能。深入开展两岸文化对口互动活动，深化两岸科技、教育、卫生、体育等方面合作。加强祖地文化、民间文化交流，进一步增强闽南文化、客家文化、妈祖文化连接两岸同胞感情的文化纽带作用。

（七）建设两岸直接往来的综合枢纽。加快完善两岸直接“三通”基础条件，提升对台开放合作整体功能。规划建设对台交通通道，推进对台直接航运。进一步扩大口岸开放，加强口岸基础设施和大通关机制建设，实现福建电子口岸互联互通和信息共享。健全两岸人流、物流往来的便捷有效管理机制，促进海峡西岸经济区与台湾地区直接往来。增设直接往来货运口岸，推动空中直航，把该地区建设成为两岸交流交往、直接“三通”的主要通道和平台。

三、加快现代化基础设施建设，强化发展保障

（八）加强综合交通运输网络与对外通道建设。按照促进海峡西岸经济区发展和两岸直接“三通”的要求，大力推进交通基础设施建设，形成内地到福建的便捷交通走廊。整合港湾资源，形成以厦门港、福州港为主，布局合理的东南沿海地区港口发展格局。集中力量加快海峡西岸经济区高速公路网建设，尽快打通省际间的断头路，加强纵深推进、南北拓展的高速公路建设，加快建设北京至福州高速公路，尽快形成高速公路网络。将海峡西岸经济区铁路发展项目纳入国家中长期铁路网调整规划，加快建设温福、福厦、厦深、龙厦、向莆铁路，规划建设北京至福州、昆明至厦门高速铁路以及城际铁路和一批港口铁路支线，形成连接海峡西岸经济区与长三角、珠三角以及中西部地区的大运力快捷铁路运输通道。完善厦门、福州等机场两岸空中直航的设施条件，合理布局支线机场，开辟国内外新航线，形成以福州、厦门国际机场为主的干支线机场相结合的空港布局。

（九）加强沿海能源基础设施建设。充分利用优良港口条件，积极利用国际国内两种资源，强化能源保障，优化能源结构。结合沿海煤运港口的建设，合理布局沿海大型煤电，适时推进超临界、超超临界火电建设。进一步完善核电厂址前期工作，加快推进宁德、福清核电等项目建设。积极发展风力、潮汐等新能源。进一步完善电网建设，加强与华东电网的联网，加快开展与南方电网联网的前期工作。布局建设石油储备基地和煤炭中转基地。加强台湾海峡油气资源的合作勘探和联合开发。结合液化天然气接收站的布局，加快输气管网建设，逐步提高民用燃气覆盖率。

（十）加强城乡公共设施建设。改善城市间道路交通条件，加强对外交通与内部道路的衔接。完善城市内道路路网结构，提高路网密度。推进福州、厦门、泉州等城市轨道交通发展，提高城市道路标准。进一步健全城市道路桥梁、供水、供气、防洪、污水和垃圾处理等市政基础设施功能，提高人口承载能力。努力改善乡村交通、饮水安全、人居环境等条件。加强水源与供水工程建设，适时开工建设一批具有防洪、灌溉、供水等功能的综合水利枢纽。合理规划和建设跨区域、跨流域水资源配置工程，确保城乡供水安全。切实解决沿海岛屿供水问题，适时推进向金门、马祖等地供水、供电及铺设海底通信缆线工程建设。

四、增强自主创新能力，推进产业结构升级

（十一）加强海峡西岸区域创新体系建设。采取更加有效的政策措施，大力推进集成创新和引进、消化、吸收再创新，努力打造特色鲜明的区域创新体系。健全多元化科技投入体系，建立稳定的各级财政科技投入增长机制。整合科技资源，推动跨部门、跨区域的科技合作。支持信息、医药、生物、新材料、新能源、海洋等领域应用基础研究，加强高技术和产业关键共性技术开发，造就一批竞争力强的优势企业和知名品牌。鼓励、支持台商投资高新技术园区，吸引台湾科研机构和科技人员共同创建创新平台。建设海峡西岸高新技术产业带，使之成为承接台湾高新技术产业与技术转移的载体。加强国家重点实验室、工程技术（研究）中心和公共服务平台建设。加快科技成果转化与应用，提高科技对经济增长的贡献率。

（十二）大力发展现代农业。按照高产、优质、高效、生态、安全的要求，加快转变农业发展方式，促进农业结构优化升级，构建现代农业产业体系。加快农业科技创新，加强农业新品种、新技术、新肥料、新农药、新机具的推广应用。加强对农业的支持和保护。稳定发展粮食生产，努力保持粮食自给能力不降低。大力发展畜牧业、园艺业、林竹产业、水产业等优势产业，积极培育水产品、蔬菜、水果、食用菌、茶叶、花卉等特色农产品。大力发展品牌农业，支持培育一批农产品加工示范园区、示范企业和示范项目，扶持壮大农业产业化龙头企业。加强闽台农业合作，推进农产品出口加工基地建设，扩大特色优势农产品出口。加强农业基础设施建设，提高土地产出率、资源利用率。加快农产品质量安全体系建设，建立健全新型农业社会化服务体系。

（十三）建设海峡西岸先进制造业基地。坚持走新型工业化道路，加快转变经济发展方式，提升产业发展水平。着力发展先进制造业，重点发展电子信息、装备制造、石油化工等产业。加快发展集成电路设计和软件、光电、消费电子、生物医药、精密仪器、环保、新材料等高新技术产业，着力应用高新技术和先进适用技术改造提升建材、冶金、纺织、食品等传统优势产业。实施品牌带动战略，扶持重点骨干企业发展，培育一批拥有自主知识产权、主业突出、竞争力强的大企业、大集团。鼓励建立与台湾产业配套的以及大陆台资企业所需的零部件、原辅材料中心。加快培育特色优势产业，着力培育产业集群，形成具有较强竞争力的现代产业体系。

（十四）加快发展现代服务业。积极承接台湾现代服务业转移，依托中心城市、产业集聚区、货物集散地、交通枢纽和港口资源，建设福州、厦门、泉州等物流节点和一批现代物流中心。依托临港工业和台资企业集中区，合作建设物流配送或专业配送中心。依托保税港区、保税物流园区，建设连结海峡两岸的现代物流中心。依托福州、厦门软件园，发展软件服务外包、动漫游戏产业，培育承接服务外包业务的专业企业，吸引台湾企业乃至世界跨国公司服务外包转移。积极发展信息服务业。大力吸引台湾企业到海峡西岸经济区设立地区总部、配套基地、采购中心、物流中心、营运中心和研发中心。积极发展面向台湾及海外的会展业。以滨海旅游、生态旅游、红色旅游和文化旅游为重点，进一步整合旅游资源，加强旅游景点及配套设施建设，办好各类旅游节庆活动，丰富旅游产品，开拓旅游市场，培育一批有特色、有影响、有效益的旅游精品。

（十五）建设现代化海洋产业开发基地。充分利用海洋资源优势，推进临港工业、海洋渔业、海洋新兴产业等加快发展。坚持高起点规划、高标准建设，将沿海港口作为大型装备制造业项目布局的备选基地，合理布局发展临港工业。以厦门湾、湄洲湾等为依托，建设以石化、船舶修造等为重点的临港工业集中区，成为带动区域经济发展的新增长点。推广名优新品种和生态养殖模式，建设生态型海水养殖和海水产品加工基地。加快渔港建设。加强海上通航和救援合作，推动建立海上救援协作机制，完善台湾海峡防灾减灾体系。加强海洋科技中试基地及研发平台建设，加快培育海洋药品、保健食品、海水综合利用等新兴产业，形成若干以港湾为依托具有较强竞争力的临港经济密集区。

五、统筹区域内协调发展，促进互动融合

（十六）推进形成科学合理的主体功能区。发挥发展基础较好、环境资源承载能力较强等有利条件，把海峡西岸沿海具备条件的地区作为全国主体功能区的重点开发区域，推进新型工业化和城镇化，进一步提高人口与经济聚集程度。在山区贯彻以保护为主、开发为辅的原则，最大限度地保护山川秀美的生态环境。按照贯彻落实科学发展观的要求，做好主体功能区规划编制，科学划分主体功能区域，完善区域发展政策，创新管理体制，强化陆海统筹、山海联动，优化基础设施和产业布局，促进经济社会发展和资源环境相协调。

（十七）统筹城乡协调发展。加强海峡西岸城市群发展的规划协调，提高城市建设与管理水平，增强产业和人口承载能力、辐射带动能力，逐步形成以区域中心城市为骨干、中小城市和小城镇为基础的城镇体系。统筹好土地利用总体规划、城乡规划、基础设施建设、就业、社会保障等的发展，加快建立城乡基础设施共同发展机制、城乡公共服务均等供给制度、城乡衔接的社会保障体系，促进基础设施向农村延伸、公共服务向农村拓展、社会保障向农村覆盖。各大中城市要切实履行市带县、市帮县的责任，加大城市人才、智力、资金等对农村的支持，加快社会主义新农村建设，实现以城带乡，统筹发展，加快形成城乡经济社会一体化发展新格局。

（十八）促进欠发达地区发展。加快海峡西岸经济区的革命老区、原中央苏区县、少数民族地区、海岛、水库库区等欠发达地区的发展，加大财政转移支付力度，增加对这些地区在教育、医疗、社会保障、基础设施等方面投入，不断改善生产生活条件，逐步实现基本公共服务均等化。立足资源优势和市场需求，大力扶持特色产业发展，提高农产品和特色资源深加工水平，推进农村扶贫开发。加大劳动力就业技能培训，合理有序推进农村劳动力转移。进一步完善和落实沿海对山区对口帮扶工作机制。积极推动包括台资企业在内的符合环保要求的沿海地区劳动密集型产业向福建山区转移，促进这些地区加快发展。

（十九）推动跨省区域合作。加强海峡西岸经济区与长三角、珠三角的经济联系与合作，促进优势互补、良性互动、协调发展，进一步完善沿海地区经济布局。发挥闽浙赣、闽粤赣等跨省区域协作组织的作用，加强福建与浙江的温州、丽水、衢州，广东的汕头、梅州、潮州、揭阳，江西的上饶、鹰潭、抚州、赣州等地区的合作，建立更加紧密的区域合作机制。加强重大项目建设的协调，推进跨省铁路、高速公路、港口等重大基础设施项目统筹规划布局和协同建设，畅通海峡西岸经济区港口与腹地的通道。加强电子、机械、旅游、物流等产业的对接，推动产业集群发展和合理布局，形成产业对接走廊。加强市场开发，建设区域共同市场，促进人流、物流、资金流、信息流的无障碍流动。统筹协调区域内对台交流合作的功能分工，提升海峡西岸经济区与台湾地区的对接能力。

六、全面深化改革开放，增强经济社会发展动力活力

（二十）增创体制机制新优势。进一步发挥厦门经济特区在体制机制创新方面的试验区作用。从海峡西岸经济区的实际出发，围绕建立有利于科学发展的体制机制和扩大两岸交流合作的需要，先行试验一些重大改革措施。继续深化农村综合改革，推进城乡统筹综合配套改革试验，建立以工促农、以城带乡的长效机制。在严格执行土地用途管制的基础上，促进农村集体建设用地依法流转，逐步建立城乡统一的建设用地市场。深化金融改革与创新，扩大金融改革试点，在多种所有制金融企业、离岸金融业务等方面进行改革试验，完善创业风险投资机制。深化行政管理体制改革，着力转变政府职能，提高行政效能。加强法制建设，大力推进依法行政，着力构建规范透明的法制环境。进一步改善民营经济发展环境，激发民营经济发展活力。大力推进外贸、港口、社会管理等领域改革，探索建立有利于扩大两岸交流合作的新机制。

（二十一）积极合理有效利用外资。提高利用外资水平，更加注重引进先进技术、管理经验和智力资源。创新外商投资管理方式，简化审批程序。进一步优化外资结构，引导外资投向主导产业、高新技术产业、现代服务业和节能环保等领域。积极研究海峡西岸经济区范围内的国家级开发区扩区、调整区位和省级开发区升级，拓展开发区的功能，提高土地利用率。加强海关特殊监管区域建设，积极推进各类海关特殊监管区域的整合。支持在台商投资区和台资企业密集地区开展海关保税物流中心试点。规范招商引资行为，实行统一的土地、税收政策，营造公平、开放的投资环境。

（二十二）加快转变外贸增长方式。进一步优化进出口结构，鼓励高技术含量高附加值产品、服务产品和农产品出口，大力支持自主知识产权、自主品牌产品出口，严格限制高耗能、高污染、资源性产品出口。积极扩大对台进出口贸易。鼓励经济发展急需的先进技术、关键设备和重要资源进口。加快加工贸易转型升级，引导加工贸易向产业链高端发展。鼓励优势企业参与海外资源开发，建立境外生产、营销和服务网络，带动商品出口和劳务输出。积极推进保税加工、保税物流业发展，大力发展国际中转、配送、采购、转口贸易和加工制造等业务。

（二十三）深化与港澳侨合作。充分利用内地与港澳更紧密经贸关系安排的机制，进一步提升闽港澳经济合作的层次和水平。加强与港澳在服务业领域的合作，引入港澳资金、先进技术和管理经验，加快发展现代服务业。吸引更多的港澳金融机构到福建设立分支机构或投资参股，支持符合条件的福建企业到香港上市融资。利用香港的融资渠道和营销网络，积极开展联合招商，推动福建企业到香港设立营销中心、运营中心，扩大对港贸易和转口贸易。加强福建与港澳的物流业合作，建立跨境物流网络。加强闽港澳旅游合作，推动旅游线路对接延伸。充分发挥福建海外华侨华人众多、爱国爱乡的优势，充分利用各种有效平台作用，积极引进侨智，大力吸引海外侨胞来闽投资，引导更多的华侨华人支持和参与海峡西岸经济区建设。

七、加快社会事业发展，促进社会和谐

（二十四）大力推进人力资源建设。以人才资源能力建设为核心，着力培养学术技术带头人、科技领军人才和一线创新人才，抓紧培养先进制造业和现代服务业所需的高技能应用型人才，为海峡西岸经济区建设提供坚强的人才保证和智力支持。加强人的能力素质建设，支持发展职业教育，培养高素质劳动者和实用性、技能型人才。调整高校学科设置，加快培养经济建设紧缺急需的人才，建立起与两岸产业对接相适应的人才培养结构，提升高等教育质量和水平。进一步拓展两岸职业教育合作，支持开展两岸校际合作、职业培训、资格考试和认证、职称评定、人才引进和人力资源开发等试点工作。健全人才政策体系，鼓励台湾科技、教育等领域人才到海峡西岸经济区创业，形成广纳群贤、充满活力的吸引人才和使用人才的良好风尚。

（二十五）加强文化基础设施建设和文化产业发展。大力推进文化基础设施建设，加快建立覆盖城乡的公共文化服务体系，建立健全运行保障机制。加大投入力度，加强图书馆、博物馆、文化馆、文化站等文化设施建设，积极推进文化信息资源共享、广播电视“村村通”和农村电影放映等文化工程建设，进一步完善城乡公共文化服务网络。加强网络文化建设和管理，营造良好网络环境。整合文化资源，打造一批地域特色明显、展现海峡西岸风貌、在国内外具有影响力的文化品牌，重点保护发展闽南文化、客家文化、妈祖文化、红土地文化、船政文化、畲族文化、朱子文化等特色文化。加强文物、非物质文化遗产保护，完善历史文化名城等基础设施，妥善保护历史文化街区。推动文化与经济融合，大力发展文化创意产业，建立海峡两岸文化产业合作中心，着力培育专、精、特、新文化企业，努力使海峡西岸经济区成为全国重要的文化产业基地。

（二十六）着力改善民生。巩固提高九年义务教育，把义务教育重点放在农村，调整农村义务教育布局结构，完善义务教育经费保障机制。实施积极的就业政策，改革劳动和就业管理体制，完善公共就业服务体系，建立城乡统一、区域协调的人力资源市场和平等的就业制度。加强城市社区、农村卫生服务体系建设，全面推行城镇居民基本医疗保险和新型农村合作医疗。大力推进各项社会救助制度建设，特别要关注对困难台胞台属的救助，加快完善覆盖城乡居民的社会保障体系。健全社会保障性住房制度，切实解决城市低收入家庭住房困难。加强和完善社会管理，维护社会安定团结，保障人民安居乐业。

八、加快生态文明建设，实现经济社会可持续发展

（二十七）全面推进节能减排。落实节能减排目标责任制。强化固定资产投资项目节能评估和审查，对新上项目严把产业政策关、资源消耗关、环境保护关。大力实施重点节能工程，突出抓好高耗能行业和重点耗能企业的节能减排工作。引进台湾先进节能环保技术，积极推进和支持重点台资企业的节能减排。积极发展循环经济，开展国家循环经济试点。建立和完善再生资源回收体系，促进重点行业废弃物再利用和城市生活垃圾资源化利用，提高工业用水循环利用率。建立淘汰补偿机制，加快淘汰落后生产能力。

（二十八）加强生态建设和保护。积极推进集体林权制度改革，提高林地保护和管理能力，加强森林资源的抚育更新，保持森林覆盖率居全国前列；优化森林资源结构，提高森林资源质量，强化森林资源的生态功能。加强水资源管理，完善取水许可和水资源有偿使用制度，加强水资源总量控制和定额管理，健全流域管理和区域管理相结合的管理体制。完善闽江、九龙江等流域上下游生态补偿办法，推动龙岩、汕头、潮州建立汀江（韩江）流域治理补偿机制，推进生态环境跨流域、跨行政区域的协同保护。

（二十九）强化环境综合整治。从源头上控制环境污染，加强污染治理、监测和监管。继续推进自然保护区和生态示范区、生态农业示范县、生态示范区、可持续发展实验区建设。加强台湾海峡海域、重要流域水环境综合治理、重点流域沿岸乡镇垃圾集中处理和规模化畜禽养殖场污染治理，提高流域水环境质量。推进主要江河水源地、严重水土流失区和生态脆弱区的综合治理与生态重建。加强沿海防护林体系工程建设，切实保护近岸海域生态系统。实施对重要生态功能区的抢救性保护、重点资源开发区生态环境强制性保护、生态环境良好区和农村生态环境积极性保护、风景名胜资源严格保护，维护生态平衡，保障生态安全。

九、加强组织领导，落实保障措施

（三十）加强统筹协调。支持海峡西岸经济区加快发展是中央确定的重要工作方针，国务院各有关部门要明确责任，从自身职能出发，抓紧制定细化方案和具体措施，将政策措施落到实处。

加强规划指导。由发展改革委会同福建省及相关地区，商有关部门抓紧编制《海峡西岸经济区发展规划》，以指导和促进海峡西岸经济区充分发挥后发优势，在更高的起点上实现又好又快发展。在规划编制过程中，要注重与其它规划和相关政策的衔接。

加大资金投入和项目支持。中央财政转移支付、中央预算内专项资金和中央预算内投资，以及其他中央专项资金，都要加大对海峡西岸经济区的扶持力度，特别要加大对原中央苏区县、革命老区、少数民族地区的扶持力度。安排中央预算内投资等资金时，福建革命老区、少数民族地区等参照执行中部地区政策，福建原中央苏区县参照执行西部地区政策。适当降低中央投资项目地方投资比例，支持发展特色产业和重大项目建设，对海峡西岸经济区的基础设施建设给予专项补助。对具有全国或区际意义、有助于形成海峡西岸经济区整体竞争力的项目，在项目布点与审批、土地利用等方面给予重点支持。

（三十一）赋予对台先行先试政策。建设海峡西岸经济区，符合两岸人民的根本利益。要以中央对台工作总体方针政策为指导，在两岸综合性经济合作框架下，按照建立两岸人民交流合作先行区的要求，允许在对台经贸、航运、旅游、邮政、文化、教育等方面交流与合作中，采取更加灵活开放的政策，先行先试，取得经验。

支持扩大两岸经贸合作。按照同等优先、适当放宽的原则，鼓励承接台湾产业转移，允许国家禁止之外、不涉及国家安全的各类台商投资项目在海峡西岸经济区落地，加快台商投资项目审批。积极推动海峡两岸双向投资，对赴台投资项目简化审批程序，加快审批和核准节奏。在两岸建立长期、稳定的经贸合作机制过程中，允许海峡西岸经济区在促进两岸贸易投资便利化、台湾服务业市场准入等方面先行试验，适当增加对台合作的用地指标。设立对台农产品出口加工基地和台湾农业技术、新品种推广中心，增设台湾农民创业园。扩大“区港联动”政策覆盖范围，在现有海关特殊监管区域政策的基础上，进一步探索在福建沿海有条件的岛屿设立两岸合作的海关特殊监管区域，实施更加优惠的政策。探索进行两岸区域合作试点。积极推动建立两岸金融业监管合作机制，在此机制下，优先批准台资银行、保险、证券等金融机构在福建设立分支机构或参股福建金融企业，支持设立两岸合资的海峡投资基金，进一步扩大两岸货币双向兑换范围，逐步建立两岸货币清算机制。

支持两岸交流交往。把福建沿海机场、港口等作为两岸直接“三通”的首选地。适时增加福建沿海港口为对台海上货运直航口岸。推动福建机场与台湾实现空中直航，增加航班、航线。支持福建作为对台邮件总包交换中心。支持开拓对台旅游市场，适时扩大大陆居民从福建口岸赴台湾旅游。支持福建试行便利两岸人员往来的管理办法，包括为台湾本岛居民办理来往大陆通行证和大陆居民赴台旅游证件等。进一步发挥福建作为两岸事务重要协商地的作用。

支持平台载体建设。适时推进厦门、福州台商投资区扩区和新设立泉州台商投资区。支持继续办好涉台重大经贸文化活动。推动妈祖文化申报世界非物质文化遗产。设立海峡两岸文化产业园，建设一批对台文化交流与合作基地。

（三十二）强化组织实施。福建省要加强领导，周密部署，进一步解放思想，创新机制，明确工作责任，确保各项任务和政策措施落到实处。对与两岸经济交流比较密切的浙南、粤东、赣东南地区以及其他台商投资相对集中地区，也要予以积极支持。各地区各部门要认真学习贯彻党的十七大精神，深入贯彻落实科学发展观，积极支持配合本意见的实施，同心协力，扎实工作，努力把海峡西岸经济区经济社会发展推向新的阶段，在促进祖国和平统一大业和全国发展大局中发挥更大作用。

中华人民共和国海关关于大嶝对台小额商品交易市场管理办法

（2007年8月31日海关总署令第163号公布　根据2013年12月31日海关总署令第214号第一次修正　根据2017年12月20日海关总署令第235号第二次修正）

第一条　为了加强大嶝对台小额商品交易市场（以下简称交易市场）的管理，维护交易市场的正常经营秩序，促进海峡两岸民间商品交流健康发展，根据《中华人民共和国海关法》（以下简称《海关法》）及其他有关法律、行政法规的规定制定本办法。

第二条　大嶝对台小额商品交易市场是经国家批准在厦门市翔安区大嶝岛内专门设立，用于开展对台民间小额商品交易活动，并且实行封闭管理的海关监管区。

第三条　对进出交易市场的货物、物品、运输工具，以及交易市场的有关场所，海关依法进行监督管理。

第四条　在交易市场内从事经营活动的法人和其他组织应当向海关办理备案登记手续。

第五条　台湾船舶及其人员运输或者携带进入交易市场的货物仅限原产于台湾的土特产品、生活日用小商品以及旅游商品，具体商品范围由海关总署另行确定并且发布。进入交易市场的台湾商品暂不征收进口关税和进口环节海关代征税。

国家限制进出口和实行许可证管理的商品，按照国家有关规定办理。从台湾进口到交易市场的台湾产卷烟，可以免于交验《自动进口许可证》。

国家禁止进出境的货物、物品不得进出交易市场。

第六条　进境运输工具负责人、进口货物收货人及其代理人应当如实向海关申报运进交易市场货物的品名、数量、价格等，并且按照海关要求交验有关单证。

第七条 进入交易市场的人员每日携带出交易市场的台湾商品总值在人民币 6000 元以下的，免征进口关税和进口环节海关代征税。超过人民币 6000 元的，超过部分按照一般贸易的管理规定办理进口手续。

仅限在规定数量内携带出交易市场的商品及数量限制由海关总署另行确定并且发布。超出规定数量的，应当按照一般贸易的管理规定办理进口手续。

第八条 从境外运入交易市场的货物和从交易市场运往境外的货物列入进、出口统计。从交易市场内运往市场外的货物，实施单项统计。

第九条 对台小额贸易公司从交易市场采购商品进口、台湾居民从交易市场采购商品出口以及进出交易市场专用码头的船舶，由海关按照原外经贸部、海关总署发布的《对台湾地区小额贸易的管理办法》进行管理。

第十条 在交易市场与专用码头之间运输台湾商品的运输工具，应当符合海关监管要求，并且办理有关手续。

第十一条 违反本办法，构成走私行为、违反海关监管规定行为或者其他违反《海关法》行为的，由海关依照《海关法》和《中华人民共和国海关行政处罚实施条例》的有关规定予以处理；构成犯罪的，依法追究刑事责任。

第十二条 本办法自 2007 年 10 月 1 日起施行。1999 年 3 月 3 日海关总署批准、1999 年 3 月 26 日厦门海关公布的《厦门海关对大嶝对台小额商品交易市场的监管办法》同时废止。

关于在部分对台小额贸易点试行更开放管理措施的通知

（2007年9月5日商务部办公厅、海关总署办公厅商台字〔2007〕19号）

浙江、福建、山东、广东、海南、宁波、厦门、深圳商务主管部门，杭州、宁波、福州、厦门、青岛、深圳、海口海关：

为进一步规范对台湾地区小额贸易（以下简称对台小额贸易），促进两岸经济贸易交流与发展，依据《对外贸易法》、《海关法》和《对台湾地区小额贸易的管理办法》（以下简称《小额贸易管理办法》）的有关规定，决定在本通知附件所列对台小额贸易试点口岸（以下简称试点口岸）试行新的管理措施。现就有关问题通知如下：

一、对台小额贸易由大陆沿海地区指定口岸经核准的对台小额贸易公司与台湾地区公司或居民间进行，依法办理通关和纳税手续。

二、试点口岸对台小额贸易公司经营权由福建、浙江、广东三省及三省内计划单列市商务主管部门（以下简称商务主管部门）批准，在工商行政管理部门登记注册，并向所在地海关等联检部门办理备案手续。未经批准的，不得从事对台小额贸易。

每个对台小额贸易点只设一家对台小额贸易公司。已在同一小额贸易点设立了多于一家对台小额贸易公司的地区，应经当地商务主管部门核准并报商务部、海关总署备案。

台湾地区居民是指持有合法、有效的台湾渔民证、身份证等身份证明的人员。

三、试点口岸进出的对台小额贸易台湾船舶，放开船舶吨位和交易金额限制。

四、对台小额贸易公司应在指定的地点经营进出口货物，不得跨点经营。如确有特殊情况需临时在同一海关区内的其它小额贸易点经营的，应经原审批部门批准，并经小额贸易点所在地海关同意。对台小额贸易公司不得委托没有对台小额贸易经营权的企业和个人经营对台小额贸易。

五、试点口岸进出口的货物应符合《中华人民共和国货物进出口管理条例》的规定。进出口属于国家实行配额、许可证等管理的货物，海关凭有关主管部门签发的相关证件征税验放。对台小额贸易货物收发货人或其代理人，应当根据《中华人民共和国进出口货物申报管理规定》，以电子数据报关方式向海关申报。

对台小额贸易项下外汇收支，按照国家外汇管理的有关规定办理。

六、在指定对台小额贸易点所有的进出口货物、船只及船上人员应分别接受当地海关等联检部门的管理，并照章交纳税、费。

对台小额贸易货物和船只不得出现违反一个中国原则的字样或标记。

对台小额贸易进口的货物，未能成交的应原船退回。

船员个人携带自用物品以自用合理数量为限。船员不得携带大陆规定禁止携带出入境的物品出入境，个人不得利用船舶为他人携带物品。

船舶带进的航行必备的设备、燃料、物料，应原船带出，不得作为货物交易。船舶需要补充的设备、燃料、物料，限自用合理数量，在海关监管之下装载。上述物品未经向海关、检验检疫部门申报并办理验放手续，不得擅自卸、装。

七、商务部、海关总署按照各自职能，出台便利措施，提高监管能力，加快通关速度，积极支持、推进对台小额贸易健康发展；根据各小额贸易点的业务量变化和监管条件变化适时对试点口岸进行动态调整。

八、对台小额贸易公司如违反本规定，原审批机关可视情节轻重分别给予警告、严重警告、撤销其经营权的处罚。作出撤销经营权处罚的，应及时报商务部、海关总署备案。

对违反海关规定的，由海关按照《中华人民共和国海关法》和《中华人民共和国海关行政处罚实施条例》的有关规定予以处理。构成犯罪的，移交司法机关追究刑事责任。

九、商务主管部门应加强对对台小额贸易工作的指导和管理，于每年三月底前将本省市上一年度的对台小额贸易情况总结报商务部、海关总署和国台办。

十、本通知自2007年10月1日起试行，由商务部、海关总署负责解释并监督执行。第一批试点口岸10月1日开始执行本通知规定，第二批试点口岸待具备电子报关条件，并完善检查设施后执行。对台小额贸易其他事项和其他小额贸易点继续适用《小额贸易管理办法》。

附件：

试点口岸名单

第一批：浙江舟山普陀沈家门、宁波象山石浦、福建福州马尾、泉州南安石井港、广东惠州港。

第二批：福建福清南青屿、长乐松下、东山铜陵、晋江深沪、厦门大嶝、湛江长桥。

关于公布第二批试行更开放管理措施对台小额贸易口岸名单的通知

（2013 年 5 月 27 日商务部办公厅、海关总署办公厅商办台函〔2013〕349 号）

福建省外经贸厅、厦门市商务局，福州、厦门海关：

为进一步规范对台湾地区小额贸易（以下简称对台小额贸易），促进两岸经济贸易交流与发展，依据《对外贸易法》、《海关法》、《对台湾地区小额贸易的管理办法》和《商务部办公厅　海关总署办公厅关于在部分对台小额贸易点试行更开放管理措施的通知》（商台字〔2007〕19 号）的有关规定，综合考虑对台小额贸易业绩、海关监管设施等因素，现公布第二批试行更开放管理措施的对台小额贸易口岸名单，并就有关具体事项通知如下：

一、福建连江黄岐、福建霞浦三沙、福建东山铜陵、福建晋江深沪、厦门同益码头等 5 个对台小额贸易口岸为第二批试行更开放管理措施口岸。

二、上述口岸自 2013 年 7 月 1 日起执行新的更开放管理措施，放开船舶吨位和交易金额限制，具体内容按照《商务部办公厅　海关总署办公厅关于在部分对台小额贸易点试行更开放管理措施的通知》（商台字〔2007〕19 号）的规定执行。

三、本通知由商务部、海关总署负责解释并监督执行。

关于公布第三批试行更开放管理措施对台小额贸易点的通知

（2014年7月11日商务部办公厅、海关总署办公厅商办台函〔2014〕560号）

为进一步规范对台湾地区小额贸易（以下简称对台小额贸易），促进两岸经贸交流与合作，推进对台小额贸易的健康发展，依据《对外贸易法》、《海关法》、《对台湾地区小额贸易的管理办法》和《商务部办公厅　海关总署办公厅关于在部分对台小额贸易点试行更开放管理措施的通知》（商台字〔2007〕19号）的有关规定，综合考虑对台小额贸易业绩、海关监管设施等因素，现公布第三批试行更开放管理措施的对台小额贸易点名单，并就有关具体事项通知如下：

一、浙江苍南霞关港、浙江玉环大麦屿港、浙江台州海门港、福建平潭东澳港等4个对台小额贸易点为第三批试行更开放管理措施点。

二、浙江苍南霞关港、福建平潭东澳港自2014年7月15日起执行新的更开放管理措施，放开船舶吨位和交易金额限制；浙江玉环大麦屿港、浙江台州海门港待其对台小额贸易码头通过海关验收后，执行新的更开放管理措施，放开船舶吨位和交易金额限制。更开放管理措施具体内容按照《商务部办公厅　海关总署办公厅关于在部分对台小额贸易点试行更开放管理措施的通知》（商台字〔2007〕19号）的规定执行。

三、本通知由商务部、海关总署负责解释并监督执行。

关于公布第四批试行更开放管理措施对台小额贸易点的通知

（2016 年 7 月 6 日商务部办公厅、海关总署办公厅商办台函〔2016〕602 号）

福建省商务厅、广东省商务厅，福州海关、湛江海关：

为进一步规范对台湾地区小额贸易（以下简称对台小额贸易），促进两岸经贸交流与合作，推进对台小额贸易的健康发展，依据《对外贸易法》、《海关法》、《对台湾地区小额贸易的管理办法》和《商务部办公厅海关总署办公厅关于在部分对台小额贸易点试行更开放管理措施的通知》（商台字〔2007〕19 号）的有关规定，综合考虑对台小额贸易业绩、海关监管设施等因素，现公布第四批试行更开放管理措施的对台小额贸易点名单，并就有关具体事项通知如下：

一、福建福清南青屿、长乐松下、莆田秀屿、湄洲岛宫下和广东湛江乌石港等 5 个对台小额贸易点为第四批试行更开放管理措施点。

二、以上 5 个对台小额贸易点自 2016 年 8 月 1 日起执行新的更开放管理措施，放开船舶吨位和交易金额限制。更开放管理措施具体内容按照《商务部办公厅 海关总署办公厅关于在部分对台小额贸易点试行更开放管理措施的通知》（商台字〔2007〕19 号）的规定执行。

三、本通知由商务部、海关总署负责解释并监督执行。

关于公布第五批试行更开放管理措施对台小额贸易点的通知

（2021年3月1日商务部办公厅、海关总署办公厅商办台函〔2021〕84号）

广东省商务厅、厦门市商务局、厦门海关、汕头海关：

为进一步规范对台湾地区小额贸易（以下简称对台小额贸易），促进两岸经贸交流与合作，推动对台小额贸易的健康发展，依据《对外贸易法》、《海关法》、《对台湾地区小额贸易的管理办法》和《商务部办公厅 海关总署办公厅关于在部分对台小额贸易点试行更开放管理措施的通知》（商台字〔2007〕19号）的有关规定，现公布第五批试行更开放管理措施的对台小额贸易点，并就有关具体事项通知如下：

一、广东汕头南澳前江、潮州饶平柘林等2个对台小额贸易点为第五批试行更开放管理措施点。其中，汕头南澳前江对台小额贸易点待其通过海关验收后执行新的更开放管理措施，放开船舶吨位和交易金额限制。更开放管理措施具体内容按照《商务部办公厅 海关总署办公厅关于在部分对台小额贸易点试行更开放管理措施的通知》（商台字〔2007〕19号）的规定执行。

二、将厦门东渡港区同益码头对台小额贸易点（第二批试行更开放管理措施点）变更至东渡港区国际邮轮码头。

三、本通知由商务部、海关总署负责解释并监督执行。

关于公布2012年版ECFA货物贸易早期收获产品特定原产地规则

（2011年12月28日　海关总署公告2011年第83号）

根据《海峡两岸经济合作框架协议》（ECFA），现将按照双方2012年税则调整的《ECFA货物贸易早期收获产品的产品特定原产地规则》（以下简称《规则》，见附件）予以公布。该《规则》自2012年1月1日起执行，我署此前公布的2009年版《规则》（海关总署公告2010年第86号）同时停止执行。进口货物收货人及其代理人持有按照2011年税则签发的原产地证书的，可以在证书有效期内继续使用。

大陆出口企业可依法向发证机构申领出口台湾的货物优惠原产地证书。发证机构应依据本公告附件签发出口至台湾的货物优惠原产地证书。

特此公告。

附件：

ECFA货物贸易早期收获产品的产品特定原产地规则（2012年版）

表1：台湾方面早期收获产品清单

序号	2012年税则号列	产品名称	产品特定原产地规则
1	27079100	杂酚油	从其他品目改变至此
2	27101941	燃料油，温度15℃，比重超过0.93	从其他品目改变至此
3	27111990	其他液化碳化氢（烃）	从其他品目改变至此

续表

序号	2012年税则号列	产品名称	产品特定原产地规则
4	27131200	石油焦，已煅烧	从其他品目改变至此
5	28030010	碳烟	从其他品目改变至此
6	28121010	三氯化磷	从其他品目改变至此
7	28151200	氢氧化钠水溶液（鹹水或液碱）	从其他品目改变至此
8	28161010	氢氧化镁	从其他品目改变至此
9	28230090	其他氧化钛	从其他品目改变至此
10	28258000	氧化锑	从其他品目改变至此
11	28273990	其他金属氯化物（氯化钠归列第2501节）	从其他品目改变至此
12	28332400	镍之硫酸盐	从其他品目改变至此
13	28352500	磷酸氢钙（磷酸二钙）	从其他品目改变至此
14	28362010	晶碱	从其他品目改变至此
15	28362090	碳酸钠（纯碱）	从其他品目改变至此
16	28419090	其他氧金属或过氧金属酸盐	从其他品目改变至此
17	29033990	其他非环烃之氟化、溴化或碘化衍生物	从其他品目改变至此
18	29034900	其他含二种或以上不同卤素原子之非环烃卤化衍生物	从其他品目改变至此
19	29055990	其他非环醇之卤化、磺化、硝化或亚硝化衍生物	从其他品目改变至此
20	29094999	其他醚醇及其卤化、磺化、硝化或亚硝化衍生物	从其他品目改变至此
21	29103000	1-氯-2，3-环氧丙烷	从其他品目改变至此
22	29124990	未列名醛醚、醛酚及具有其他氧官能基之醛	从其他品目改变至此
23	29145000	酮酚及具有其他氧官能基之酮	从其他品目改变至此
24	29151100	蚁酸（甲酸）	从其他品目改变至此
25	29152100	醋酸（乙酸）	从其他品目改变至此
26	29153100	醋酸乙酯	从其他品目改变至此
27	29153900	其他醋酸之酯类	从其他品目改变至此

续表

序号	2012年税则号列	产品名称	产品特定原产地规则
28	29159090	其他饱和非环一元羧酸及酸酐、卤化物、过氧化物及过氧酸；其卤化、磺化、硝化或亚硝化衍生物	从其他品目改变至此
29	29161200	丙烯酸之酯类	从其他品目改变至此
30	29161410	甲基丙烯酸甲酯	从其他品目改变至此
31	29163990	其他芳香族一元羧酸、其酐、卤化物、过氧化物、过氧酸及其衍生物	从其他品目改变至此
32	29181400	柠檬酸	从其他品目改变至此
33	29182900	其他具有酚官能基但无其他氧官能基之羧酸，其酐、卤化物、过氧化物、过氧酸及其衍生物	从其他品目改变至此
34	29209049	其他亚磷酸酯及其盐类，及其卤化、磺化、硝化或亚硝化衍生物	从其他品目改变至此
35	29211900	其他非环一元胺及其衍生物；其盐类	从其他品目改变至此
36	29214200	苯胺衍生物及其盐类	从其他品目改变至此
37	29215990	其他芳香族多元胺及其衍生物；其盐类	从其他品目改变至此
38	29222100	胺基羟基萘磺酸及其盐类	从其他品目改变至此
39	29224990	其他胺基酸（含氧官能基超过一种以上者除外）及其酯类；其盐类	从其他品目改变至此
40	29239000	其他第四铵盐类及氢氧化物	从其他品目改变至此
41	29241910	二甲基甲酰胺	从其他品目改变至此
42	29242990	其他环酰胺（包括环状胺甲酸酯）及其衍生物及其盐类	从其他品目改变至此
43	29270010	偶氮二甲酰胺	从其他品目改变至此
44	29270090	其他重氮、偶氮或氧化偶氮化合物	从其他品目改变至此
45	29291020	二异氰酸二苯甲烷	从其他品目改变至此
46	29299000	其他氮官能基化合物	从其他品目改变至此
47	29309090	其他有机硫化物	从其他品目改变至此
48	29310029	有机锡化合物	从其他品目改变至此
49	29321310	呋喃甲醇	从其他品目改变至此

续表

序号	2012 年 税则号列	产品名称	产品特定原产地规则
50	29321320	四氢呋喃甲醇	从其他品目改变至此
51	29321990	其他之结构中含有一未稠合之呋喃环（不论是否氢化）之化合物	从其他品目改变至此
52	29322900	其他内酯	从其他品目改变至此
53	29329900	其他仅具有氧杂原子之杂环化合物	从其他品目改变至此
54	29333990	其他结构中含有一未稠合之吡啶环（不论是否氢化）之化合物	从其他品目改变至此
55	29336990	其他含有一未经稠合之三氮嗪环（不论是否氢化）之化合物	从其他品目改变至此
56	29339990	其他仅具有氮杂原子之杂环化合物	从其他品目改变至此
57	32041120	以分散性染料为基料之调制品	从其他品目改变至此
58	32041210	酸性染料，不论是否已金属预处理	从其他品目改变至此
59	32041220	以酸性染料为基料之调制品	从其他品目改变至此
60	32041230	媒染染料	从其他品目改变至此
61	32041240	以媒染染料为基料之调制品	从其他品目改变至此
62	32041711	有机荧光颜料	从其他品目改变至此
63	32041719	其他合成有机颜料	从其他品目改变至此
64	32041720	以合成有机颜料为基料之调制品	从其他品目改变至此
65	32042000	用作荧光增亮剂之合成有机产品	从其他品目改变至此
66	32061100	以干物质计，含二氧化钛在 80% 或以上之颜料及调制品	从其他品目改变至此，但从品目 2823 改变至此除外。
67	32061900	其他以二氧化钛为基料之颜料及调制品	从其他品目改变至此
68	32141090	其他玻璃匠用之油灰、接合用之油灰、树脂黏合剂，填隙料及其他灰泥；漆匠用之填充物	从其他品目改变至此
69	33073000	沐浴香盐及其他沐浴用剂	从其他品目改变至此
70	33074100	亚珈倍地及其他熏香物品	从其他品目改变至此
71	33074900	其他室内熏香或除臭剂，包括用于宗教仪式之芳香制品	从其他品目改变至此

续表

序号	2012年税则号列	产品名称	产品特定原产地规则
72	33079090	脱毛剂及其他未列名之香料制剂、化妆品或盥洗用制剂，不论是否芳香或有消毒性质者	从其他品目改变至此
73	34021300	非离子性有机界面活性剂	从其他品目改变至此，或区域价值成分不少于40%。
74	34022000	零售包装接口活性制剂、洗涤制剂及清洁制剂	从其他品目改变至此
75	35061000	适于作胶用或粘着剂用之产品，以零售包装当作胶或粘着剂出售，每件净重不逾一公斤者	从其他品目改变至此
76	35069110	热熔胶	从其他品目改变至此
77	35069190	其他以第3901至第3913节之聚合物或以橡胶为基料之粘着剂	从其他品目改变至此
78	35069900	其他调制胶及调制粘着剂	从其他品目改变至此
79	37079030	供照相用调色剂	从其他品目改变至此
80	38021000	活性碳	从其他品目改变至此
81	38061000	松香及树脂酸	从其他品目改变至此
82	38069090	其他松香及树脂酸之衍生物	从其他品目改变至此
83	38121000	调制之橡胶促进剂	从其他品目改变至此
84	38123020	橡胶或塑料用其他复合安定剂	从其他品目改变至此
85	38151900	其他载体上触媒	从其他品目改变至此
86	38159019	其他触媒	从其他品目改变至此
87	38160000	耐火水泥、灰泥、混凝土及类似配制品，不包括第3801节所列者	从其他品目改变至此
88	38243000	未经凝聚之金属碳化物混合物或其与金属黏结剂混合者	从其他品目改变至此
89	38249099	其他化学或相关工业之未列名化学品及化学制品（包括天然产品混合物）	从其他品目改变至此
90	39029090	其他烯烃之聚合物，初级状态	从其他品目改变至此
91	39039090	其他苯乙烯之聚合物，初级状态	从其他品目改变至此
92	39061010	聚甲基丙烯酸甲酯粒，初级状态	从其他品目改变至此
93	39069010	其他丙烯酸聚合物粒，初级状态	从其他品目改变至此

续表

序号	2012年税则号列	产品名称	产品特定原产地规则
94	39069090	其他丙烯酸聚合物乳液，初级状态	从其他品目改变至此
95	39074000	聚碳酸树脂，初级状态	从其他品目改变至此
96	39075000	醇酸树脂，初级状态	从其他品目改变至此
97	39079100	其他聚酯，不饱和者，初级状态	从其他品目改变至此
98	39091000	尿素树脂或硫脲树脂，初级状态	从其他品目改变至此
99	39092000	三聚氰胺树脂，初级状态	从其他品目改变至此
100	39093090	其他胺基树脂，初级状态	从其他品目改变至此
101	39094000	酚树脂，初级状态	从其他品目改变至此
102	39095000	聚胺基甲酸乙酯，初级状态	从其他品目改变至此
103	39100030	硅树脂	从其他品目改变至此
104	39100040	硅橡胶	从其他品目改变至此
105	39111010	石油树脂	从其他品目改变至此
106	40111000	新橡胶气胎，小客车（包括旅行车及赛车）用	从其他品目改变至此，且区域价值成分不少于40%。
107	40112000	新橡胶气胎，大客车及货车用	从其他品目改变至此，且区域价值成分不少于40%。
108	40115000	新橡胶气胎，脚踏车用	从其他品目改变至此
109	52054800	多股（合股）或粗股精梳棉纱，单股纱支数在83.33分德士以下（公制支数超过120支）者	从其他品目改变至此
110	52081300	未漂白棉三枚或四枚斜纹梭织物，含棉重量在85%及以上，每平方公尺重量不超过200公克者	从其他品目改变至此
111	52083200	染色棉平纹梭织物，含棉重量在85%及以上，每平方公尺重量超过100公克，不超过200公克者	从其他品目改变至此
112	52083900	其他染色棉梭织物，含棉重量在85%及以上，每平方公尺重量不超过200公克者	从其他品目改变至此
113	54021900	其他高强力尼龙或聚酰胺丝纱，非供零售用者	从其他章改变至此
114	54022000	高强力聚酯丝纱，非供零售用者	从其他章改变至此

续表

序号	2012年税则号列	产品名称	产品特定原产地规则
115	54024900	其他未加捻或捻度每公尺不超过50捻之其他合成纤维单股丝纱，非供零售用者	从其他章改变至此
116	55039090	其他合成纤维棉，未初梳、未精梳或未另行处理以供纺制用者	从其他章改变至此
117	55081000	合成纤维棉制缝纫线，不论是否供零售用者	从其他章改变至此
118	55092200	多股（合股）或粗股纱，含聚酯纤维棉重量在85%及以上，非供零售用者	从其他品目改变至此
119	56031290	其他不织布，不论是否经浸渍、涂布、被覆或黏合者	从其他品目改变至此
120	56031390	其他不织布，不论是否经浸渍、涂布、被覆或黏合者	从其他品目改变至此
121	56039290	其他不织布，不论是否经浸渍、涂布、被覆或黏合者	从其他品目改变至此
122	56039490	其他不织布，不论是否经浸渍、涂布、被覆或黏合者	从其他品目改变至此
123	58012300	棉制其他纬线圈绒梭织物	从其他章改变至此
124	59021000	尼龙或其他聚酰胺高强力纱制之轮胎帘布	从其他章改变至此
125	59031010	PVC合成皮	从其他章改变至此
126	59031020	其他用聚氯乙烯浸渍、涂布、被覆或黏合之棉纺织物，但第5902节所列者除外	从其他章改变至此
127	59032010	PU合成皮	从其他章改变至此
128	59069990	用橡胶处理之其他纺织物，其他纺织材料制	从其他章改变至此
129	60041010	丝制其他针织品或钩针织品，宽度超过30公分且含弹性纱重量在5%及以上，但不含橡胶线者，第6001节除外	从其他章改变至此
130	70139100	其他铅水晶玻璃器	从其他品目改变至此，或区域价值成分不少于40%。
131	70140011	道路标线及标志用反光玻璃	从其他品目改变至此，或区域价值成分不少于40%。
132	70140019	其他信号用玻璃器，未经光学加工	从其他品目改变至此，或区域价值成分不少于40%。

续表

序号	2012年税则号列	产品名称	产品特定原产地规则
133	70171000	实验室、卫生或医疗用之玻璃器，已否刻度或校正者均在内，属熔凝石英或其他熔化硅砂制者	从其他品目改变至此，或区域价值成分不少于40%。
134	74111000	精炼铜管	从其他品目改变至此
135	78041900	铅板及其他铅片、扁条及箔	从其他品目改变至此
136	82072020	挤压金属用模	从其他章改变至此
137	82073010	冷压及冲压金属片机器用冲头及模；落锤锻模	从其他章改变至此
138	82073090	其他压、冲、撞打工具之可互换工具	从其他章改变至此
139	82075010	可互换之钻孔工具，手工具用	从其他章改变至此
140	82075020	可互换之钻孔工具，工具机用	从其他章改变至此
141	82079010	其他可互换工具，手工具用	从其他章改变至此
142	82089090	其他机器或机械工具用刀及刀片	从其他章改变至此
143	84122110	液压缸	从其他品目改变至此
144	84123110	气压缸	从其他品目改变至此
145	84138190	其他液体泵	从其他品目改变至此
146	84139100	液体泵之零件	从其他品目改变至此
147	84141000	真空泵	从其他品目改变至此
148	84143010	输出功率600瓦特及以上但未达2000瓦特之冷藏设备用压缩机	从其他品目改变至此
149	84143020	其他冷藏设备用之压缩机	从其他品目改变至此
150	84145900	其他风扇	从其他品目改变至此
151	84148011	离心式空气压缩机	从其他品目改变至此
152	84148019	其他压缩机	从其他品目改变至此
153	84148020	鼓风机	从其他品目改变至此
154	84148090	其他第8414节所属之货品	从其他品目改变至此
155	84149010	空气泵及真空泵之零件	从其他品目改变至此
156	84149020	压缩机之零件	从其他品目改变至此
157	84149030	风扇及鼓风机之零件	从其他品目改变至此

续表

序号	2012年税则号列	产品名称	产品特定原产地规则
158	84149090	其他第8414节所属货品之零件	从其他品目改变至此
159	84159000	空气调节器零件	从其他品目改变至此
160	84178090	其他非电热式工业或实验室用炉及烘烤箱	从其他品目改变至此
161	84193200	木材、纸浆、纸或纸板用干燥机	从其他品目改变至此
162	84193900	其他干燥机	从其他品目改变至此
163	84195000	热交换器	从其他品目改变至此
164	84212190	其他水过滤或净化机具	从其他品目改变至此
165	84212900	其他液体过滤或净化机具	从其他品目改变至此
166	84213990	其他气体过滤或净化机具	从其他品目改变至此
167	84219990	其他液体或气体过滤及净化机具之零件	从其他品目改变至此
168	84243000	喷水蒸汽机或喷砂机及类似喷射机器	从其他品目改变至此
169	84388000	其他第8438节所属之机械	从其他品目改变至此，且区域价值成分不少于40%。
170	84392000	纸或纸板制造机械	从其他子目改变至此，且区域价值成分不少于50%。
171	84411000	切纸机	从其他子目改变至此，且区域价值成分不少于50%。
172	84418090	其他第8441节所属之机械	从其他子目改变至此，且区域价值成分不少于50%。
173	84431990	其他印刷机	从其他子目改变至此，且区域价值成分不少于50%。
174	84440000	人造纤维材料射丝、延伸、捻丝或切割机器	从其他品目改变至此，且区域价值成分不少于40%。
175	84471100	环型针织机（圆编机），针筒直径不超过165公厘者	从其他品目改变至此，且区域价值成分不少于40%。
176	84471200	环型针织机（圆编机），针筒直径超过165公厘者	从其他品目改变至此，且区域价值成分不少于40%。
177	84472000	编织针织机；合缝机	从其他品目改变至此，且区域价值成分不少于40%。

续表

序号	2012年税则号列	产品名称	产品特定原产地规则
178	84485900	其他第8447节机器或其辅助机械之零件及附件	从其他品目改变至此，或区域价值成分不少于40%。
179	84514000	洗涤、漂白或染色机器	从其他子目改变至此，且区域价值成分不少于50%。
180	84515090	其他织物之卷取、松卷、折叠、切断或剪边机器	从其他子目改变至此，且区域价值成分不少于50%。
181	84518000	其他第8451节所属之机械	从其他子目改变至此，且区域价值成分不少于50%。
182	84522110	锁边缝纫机（拷克车）	从其他子目改变至此，且区域价值成分不少于50%。
183	84529000	缝纫机之其他零件	从其他品目改变至此，或区域价值成分不少于40%。
184	84729090	其他第8472节所属办公室用机器	从其他品目改变至此
185	84772090	其他押出机	从其他品目改变至此，且区域价值成分不少于40%。
186	84774000	真空成型机及其他热定型机	从其他品目改变至此，且区域价值成分不少于40%。
187	84775900	其他模制或造形用机械	从其他品目改变至此，且区域价值成分不少于40%。
188	84778000	其他第8477节所属之机械	从其他品目改变至此，且区域价值成分不少于40%。
189	84779000	第8477节所属机械之零件	从其他品目改变至此，或区域价值成分不少于40%。
190	84798100	处理金属用机械，包括电线卷绕机	从其他品目改变至此
191	84798200	混合、揉合、轧碎、磨粉、筛分、精选、均质、乳化或搅拌机器	从其他品目改变至此
192	84798990	其他第8479节所属之机械	从其他品目改变至此
193	84799090	其他第8479节所属机械之零件	从其他品目改变至此
194	84804100	金属或金属碳化物用射出模或压缩模	从其他品目改变至此
195	84807900	其他橡胶或塑料用模	从其他品目改变至此

续表

序号	2012年税则号列	产品名称	产品特定原产地规则
196	84812000	油压或气压传动阀	从其他品目改变至此，且区域价值成分不少于50%。
197	84813000	止回（不回流）阀	从其他品目改变至此，且区域价值成分不少于50%。
198	84814000	安全阀或放泄阀	从其他品目改变至此，且区域价值成分不少于50%。
199	84818020	消防栓及消防撒水头	从其他品目改变至此
200	84819020	消防栓之零件	从其他品目改变至此
201	84819090	其他第8481节所属货品之零件	从其他品目改变至此
202	84824090	其他滚针轴承	从其他品目改变至此
203	84829910	轴承用钢圈（未经研磨）	从其他品目改变至此
204	84829920	轴承用保持器	从其他品目改变至此
205	84829990	其他滚珠或滚子轴承之零件	从其他品目改变至此
206	84834090	其他第848340目所属之货品	从其他品目改变至此
207	84839090	其他齿轮、链轮及其他传动组件，单独呈现者；及第8483节所属货品之零件	从其他品目改变至此
208	84841000	密合垫及金属片与其他材料或两层或多层金属片合成之类似接合垫	从其他品目改变至此
209	85011010	防爆型电动机，输出未超过37.5瓦者	从其他品目改变至此
210	85011090	其他电动机，输出未超过37.5瓦者	从其他品目改变至此
211	85030090	其他专用或主要用于第8501或8502节所列机器之零件	从其他品目改变至此
212	85044091	其他交换式电源供应器	从其他品目改变至此
213	85049000	第8504节所属货品之零件	从其他品目改变至此
214	85051100	金属制永久磁铁及经磁化可成永久磁铁之货品	从其他品目改变至此
215	85051900	其他材料制永久磁铁及经磁化可成永久磁铁之货品	从其他品目改变至此
216	85061021	二氧化锰干电池（中性），外体积未超过300毫升者	从其他品目改变至此
217	85061090	其他二氧化锰原电池及原电池组	从其他品目改变至此

续表

序号	2012年税则号列	产品名称	产品特定原产地规则
218	85078000	其他蓄电池	从其他品目改变至此
219	85129010	脚踏车用照明或视觉信号设备之零件	从其他品目改变至此，或区域价值成分不少于40%。
220	85181090	其他有线微音器及其座	从其他品目改变至此
221	85184090	其他声频扩大器	从其他品目改变至此
222	85189090	其他第8518节所属货品之零件	从其他品目改变至此
223	85258010	电视摄影机	从其他品目改变至此，且区域价值成分不少于40%。
224	85285910	其他彩色非阴极射线管监视器	从其他品目改变至此，且区域价值成分不少于50%。
225	85361000	熔丝装置，电压未超过1000伏特者	从其他品目改变至此
226	85371010	专供配合机器使用之电子控制设备（包括数值、程序、计算机及其他类似控制设备），电压未超过1000伏特者	从其他品目改变至此，且区域价值成分不少于50%。
227	85392100	卤素钨丝灯泡	从其他品目改变至此
228	85393920	冷阴极灯管	从其他品目改变至此
229	85393990	其他放电式灯泡	从其他品目改变至此
230	85399000	第8539节所属货品之零件	从其他品目改变至此
231	87120010	二轮脚踏车	从其他品目改变至此，且区域价值成分不少于40%。
232	87120090	其他脚踏车	从其他品目改变至此，且区域价值成分不少于40%。
233	87149120	其他车架及叉及其零件	从其他品目改变至此，且区域价值成分不少于40%。
234	87149200	轮圈及轮辐	从其他品目改变至此，且区域价值成分不少于40%。
235	87149310	轮毂，但倒煞车轮毂及轮毂煞车除外	从其他品目改变至此，且区域价值成分不少于40%。
236	87149320	飞轮之链轮	从其他品目改变至此，且区域价值成分不少于40%。

续表

序号	2012年税则号列	产品名称	产品特定原产地规则
237	87149410	钢线煞车器及其零件	从其他品目改变至此，且区域价值成分不少于40%。
238	87149420	倒煞车轮毂及其零件	从其他品目改变至此，且区域价值成分不少于40%。
239	87149490	其他煞车器及其零件	从其他品目改变至此，且区域价值成分不少于40%。
240	87149500	脚踏车车座	从其他品目改变至此，且区域价值成分不少于40%。
241	87149610	踏板及其零件	从其他品目改变至此，且区域价值成分不少于40%。
242	87149620	曲柄齿轮及其零件	从其他品目改变至此，且区域价值成分不少于40%。
243	87149910	边车零件	从其他品目改变至此，且区域价值成分不少于50%。
244	87149920	车辆用反光片、带	从其他品目改变至此，且区域价值成分不少于50%。
245	87149990	其他第8711至8713节所属车辆之零件及附件	从其他品目改变至此，且区域价值成分不少于50%。
246	87150000	婴儿用车及其零件	从其他品目改变至此，或区域价值成分不少于40%。
247	90015000	其他材料制眼镜用透镜	从其他品目改变至此，或区域价值成分不少于40%。
248	90019090	其他未装配光学组件	从其他品目改变至此，或区域价值成分不少于40%。
249	90021110	可拆卸式交换镜头，供单眼照相机用者	从其他品目改变至此
250	90021190	其他物镜，供照相机、投影机或照相放大器或缩影器用者	从其他品目改变至此
251	90021900	其他物镜	从其他品目改变至此
252	90029032	电视或电影摄影机或放映机用附加镜头	从其他品目改变至此
253	90029090	其他已装配光学组件	从其他品目改变至此
254	90292090	其他第902920目所属之货品	从其他品目改变至此

续表

序号	2012年 税则号列	产品名称	产品特定原产地规则
255	90330090	其他本章未列名之机器、用具、仪器或器具之零件及附件	从其他品目改变至此，或区域价值成分不少于40%。
256	91021100	手表，电动者，仅有机械显时装置者，已列入第9101节者除外	从其他品目改变至此，或区域价值成分不少于40%。
257	94051000	枝形吊灯及其他天花板或墙壁之电照明配件，不包括公共露天场所或街道照明用者	从其他品目改变至此，或区域价值成分不少于40%。
258	94059900	第9405节所属货品之其他材料制零件	从其他品目改变至此
259	95063900	其他高尔夫球设备	从其他品目改变至此
260	95066990	其他球	从其他品目改变至此
261	95069100	一般体能运动、体操或竞技比赛用物品及设备	从其他品目改变至此
262	95089000	其他游乐场回转台、秋千台、射击场及其他游乐场之娱乐设备；巡回剧团	从其他品目改变至此
263	96032100	牙刷，包括假牙床用刷	从其他品目改变至此
264	96039090	其他帚、刷，手操作之机械式地板刷，无动力拖把及羽毛掸帚；T型擦干器（滚筒擦干器除外）	从其他品目改变至此
265	96072000	拉链之零件	从其他品目改变至此，或区域价值成分不少于40%。
266	96081000	原子笔	从其他品目改变至此
267	96091000	铅笔及蜡笔，其笔芯装于硬质护层内者	从其他品目改变至此
268	96170000	具有外壳之保温瓶及其他真空保温器皿；上述物品之零件，不包括玻璃制瓶胆	从其他品目改变至此，或区域价值成分不少于40%。

注：表中产品名称为简称，具体产品范围按台湾2012年税则相应税则号列的规定执行。

表2：大陆方面早期收获清单

序号	2012年税则号列	产品名称	产品特定原产地规则
1	03019492	太平洋蓝鳍金枪鱼	若属养殖产品，从卵或鱼苗养成，且符合下列规定：（1）如鱼类品种为珊瑚鱼（包括龙趸及各种活海斑），鱼苗重量须不超过（含）150克/尾，且在台湾饲养期不得少于（含）6个月；（2）如属其他品种，则鱼苗重量须不超过（含）50克/尾，且在台湾饲养期不得少于（含）6个月。
2	03019999	其他活鱼	若属养殖产品，从卵或鱼苗养成，且符合下列规定：（1）如鱼类品种为珊瑚鱼（包括龙趸及各种活海斑），鱼苗重量须不超过（含）150克/尾，且在台湾饲养期不得少于（含）6个月；（2）如属其他品种，则鱼苗重量须不超过（含）50克/尾，且在台湾饲养期不得少于（含）6个月。
3	03024200	鲜、冷鳀鱼	若属养殖产品，从卵或鱼苗养成，且符合下列规定：（1）如鱼类品种为珊瑚鱼（包括龙趸及各种活海斑），鱼苗重量须不超过（含）150克/尾，且在台湾饲养期不得少于（含）6个月；（2）如属其他品种，则鱼苗重量须不超过（含）50克/尾，且在台湾饲养期不得少于（含）6个月。
4	03024500	鲜、冷对称竹荚鱼、新西兰竹荚鱼及竹荚鱼	若属养殖产品，从卵或鱼苗养成，且符合下列规定：（1）如鱼类品种为珊瑚鱼（包括龙趸及各种活海斑），鱼苗重量须不超过（含）150克/尾，且在台湾饲养期不得少于（含）6个月；（2）如属其他品种，则鱼苗重量须不超过（含）50克/尾，且在台湾饲养期不得少于（含）6个月。

续表

序号	2012年税则号列	产品名称	产品特定原产地规则
5	03024600	鲜、冷军曹鱼	若属养殖产品，从卵或鱼苗养成，且符合下列规定：（1）如鱼类品种为珊瑚鱼（包括龙趸及各种活海斑），鱼苗重量须不超过（含）150克/尾，且在台湾饲养期不得少于（含）6个月；（2）如属其他品种，则鱼苗重量须不超过（含）50克/尾，且在台湾饲养期不得少于（含）6个月。
6	03025400	鲜、冷狗鳕鱼	若属养殖产品，从卵或鱼苗养成，且符合下列规定：（1）如鱼类品种为珊瑚鱼（包括龙趸及各种活海斑），鱼苗重量须不超过（含）150克/尾，且在台湾饲养期不得少于（含）6个月；（2）如属其他品种，则鱼苗重量须不超过（含）50克/尾，且在台湾饲养期不得少于（含）6个月。
7	03025500	鲜、冷狭鳕鱼	若属养殖产品，从卵或鱼苗养成，且符合下列规定：（1）如鱼类品种为珊瑚鱼（包括龙趸及各种活海斑），鱼苗重量须不超过（含）150克/尾，且在台湾饲养期不得少于（含）6个月；（2）如属其他品种，则鱼苗重量须不超过（含）50克/尾，且在台湾饲养期不得少于（含）6个月。
8	03025600	鲜、冷蓝鳕鱼	若属养殖产品，从卵或鱼苗养成，且符合下列规定：（1）如鱼类品种为珊瑚鱼（包括龙趸及各种活海斑），鱼苗重量须不超过（含）150克/尾，且在台湾饲养期不得少于（含）6个月；（2）如属其他品种，则鱼苗重量须不超过（含）50克/尾，且在台湾饲养期不得少于（含）6个月。
9	03025900	鲜、冷其他鳕科鱼	若属养殖产品，从卵或鱼苗养成，且符合下列规定：（1）如鱼类品种为珊瑚鱼（包括龙趸及各种活海斑），鱼苗重量须不超过（含）150克/尾，且在台湾饲养期不得少于（含）6个月；（2）如属其他品种，则鱼苗重量须不超过（含）50克/尾，且在台湾饲养期不得少于（含）6个月。

续表

序号	2012年税则号列	产品名称	产品特定原产地规则
10	03027200	鲜、冷鲶鱼	若属养殖产品，从卵或鱼苗养成，且符合下列规定：（1）如鱼类品种为珊瑚鱼（包括龙趸及各种活海斑），鱼苗重量须不超过（含）150克/尾，且在台湾饲养期不得少于（含）6个月；（2）如属其他品种，则鱼苗重量须不超过（含）50克/尾，且在台湾饲养期不得少于（含）6个月。
11	03027300	鲜、冷鲤科鱼	若属养殖产品，从卵或鱼苗养成，且符合下列规定：（1）如鱼类品种为珊瑚鱼（包括龙趸及各种活海斑），鱼苗重量须不超过（含）150克/尾，且在台湾饲养期不得少于（含）6个月；（2）如属其他品种，则鱼苗重量须不超过（含）50克/尾，且在台湾饲养期不得少于（含）6个月。
12	03027900	鲜、冷尼罗河鲈鱼及黑鱼	若属养殖产品，从卵或鱼苗养成，且符合下列规定：（1）如鱼类品种为珊瑚鱼（包括龙趸及各种活海斑），鱼苗重量须不超过（含）150克/尾，且在台湾饲养期不得少于（含）6个月；（2）如属其他品种，则鱼苗重量须不超过（含）50克/尾，且在台湾饲养期不得少于（含）6个月。
13	03028200	鲜、冷魟鱼及鳐鱼	若属养殖产品，从卵或鱼苗养成，且符合下列规定：（1）如鱼类品种为珊瑚鱼（包括龙趸及各种活海斑），鱼苗重量须不超过（含）150克/尾，且在台湾饲养期不得少于（含）6个月；（2）如属其他品种，则鱼苗重量须不超过（含）50克/尾，且在台湾饲养期不得少于（含）6个月。
14	03028400	鲜、冷尖吻鲈鱼	若属养殖产品，从卵或鱼苗养成，且符合下列规定：（1）如鱼类品种为珊瑚鱼（包括龙趸及各种活海斑），鱼苗重量须不超过（含）150克/尾，且在台湾饲养期不得少于（含）6个月；（2）如属其他品种，则鱼苗重量须不超过（含）50克/尾，且在台湾饲养期不得少于（含）6个月。

续表

序号	2012年税则号列	产品名称	产品特定原产地规则
15	03028500	鲜、冷菱羊鲷	若属养殖产品，从卵或鱼苗养成，且符合下列规定：（1）如鱼类品种为珊瑚鱼（包括龙趸及各种活海斑），鱼苗重量须不超过（含）150克/尾，且在台湾饲养期不得少于（含）6个月；（2）如属其他品种，则鱼苗重量须不超过（含）50克/尾，且在台湾饲养期不得少于（含）6个月。
16	03028990	鲜、冷其他鱼	若属养殖产品，从卵或鱼苗养成，且符合下列规定：（1）如鱼类品种为珊瑚鱼（包括龙趸及各种活海斑），鱼苗重量须不超过（含）150克/尾，且在台湾饲养期不得少于（含）6个月；（2）如属其他品种，则鱼苗重量须不超过（含）50克/尾，且在台湾饲养期不得少于（含）6个月。
17	03032400	冻鲶鱼	若属养殖产品，从卵或鱼苗养成，且符合下列规定：（1）如鱼类品种为珊瑚鱼（包括龙趸及各种活海斑），鱼苗重量须不超过（含）150克/尾，且在台湾饲养期不得少于（含）6个月；（2）如属其他品种，则鱼苗重量须不超过（含）50克/尾，且在台湾饲养期不得少于（含）6个月。
18	03032500	冻鲤科鱼	若属养殖产品，从卵或鱼苗养成，且符合下列规定：（1）如鱼类品种为珊瑚鱼（包括龙趸及各种活海斑），鱼苗重量须不超过（含）150克/尾，且在台湾饲养期不得少于（含）6个月；（2）如属其他品种，则鱼苗重量须不超过（含）50克/尾，且在台湾饲养期不得少于（含）6个月。
19	03032900	冻尼罗河鲈鱼及黑鱼	若属养殖产品，从卵或鱼苗养成，且符合下列规定：（1）如鱼类品种为珊瑚鱼（包括龙趸及各种活海斑），鱼苗重量须不超过（含）150克/尾，且在台湾饲养期不得少于（含）6个月；（2）如属其他品种，则鱼苗重量须不超过（含）50克/尾，且在台湾饲养期不得少于（含）6个月。

续表

序号	2012年税则号列	产品名称	产品特定原产地规则
20	03035500	冻对称竹荚鱼、新西兰竹荚鱼及竹荚鱼	若属养殖产品，从卵或鱼苗养成，且符合下列规定：（1）如鱼类品种为珊瑚鱼（包括龙趸及各种活海斑），鱼苗重量须不超过（含）150克/尾，且在台湾饲养期不得少于（含）6个月；（2）如属其他品种，则鱼苗重量须不超过（含）50克/尾，且在台湾饲养期不得少于（含）6个月。
21	03035600	冻军曹鱼	若属养殖产品，从卵或鱼苗养成，且符合下列规定：（1）如鱼类品种为珊瑚鱼（包括龙趸及各种活海斑），鱼苗重量须不超过（含）150克/尾，且在台湾饲养期不得少于（含）6个月；（2）如属其他品种，则鱼苗重量须不超过（含）50克/尾，且在台湾饲养期不得少于（含）6个月。
22	03036700	冻狭鳕鱼	若属养殖产品，从卵或鱼苗养成，且符合下列规定：（1）如鱼类品种为珊瑚鱼（包括龙趸及各种活海斑），鱼苗重量须不超过（含）150克/尾，且在台湾饲养期不得少于（含）6个月；（2）如属其他品种，则鱼苗重量须不超过（含）50克/尾，且在台湾饲养期不得少于（含）6个月。
23	03036800	冻蓝鳕鱼	若属养殖产品，从卵或鱼苗养成，且符合下列规定：（1）如鱼类品种为珊瑚鱼（包括龙趸及各种活海斑），鱼苗重量须不超过（含）150克/尾，且在台湾饲养期不得少于（含）6个月；（2）如属其他品种，则鱼苗重量须不超过（含）50克/尾，且在台湾饲养期不得少于（含）6个月。
24	03036900	其他冻鳕鱼	若属养殖产品，从卵或鱼苗养成，且符合下列规定：（1）如鱼类品种为珊瑚鱼（包括龙趸及各种活海斑），鱼苗重量须不超过（含）150克/尾，且在台湾饲养期不得少于（含）6个月；（2）如属其他品种，则鱼苗重量须不超过（含）50克/尾，且在台湾饲养期不得少于（含）6个月。

续表

序号	2012年税则号列	产品名称	产品特定原产地规则
25	03038200	冻魟鱼及鳐鱼	若属养殖产品，从卵或鱼苗养成，且符合下列规定：(1) 如鱼类品种为珊瑚鱼（包括龙趸及各种活海斑），鱼苗重量须不超过（含）150克/尾，且在台湾饲养期不得少于（含）6个月；(2) 如属其他品种，则鱼苗重量须不超过（含）50克/尾，且在台湾饲养期不得少于（含）6个月。
26	03038990	其他冻鱼	若属养殖产品，从卵或鱼苗养成，且符合下列规定：(1) 如鱼类品种为珊瑚鱼（包括龙趸及各种活海斑），鱼苗重量须不超过（含）150克/尾，且在台湾饲养期不得少于（含）6个月；(2) 如属其他品种，则鱼苗重量须不超过（含）50克/尾，且在台湾饲养期不得少于（含）6个月。
27	03046290	冻其他鲶鱼片	若属养殖产品，从卵或鱼苗养成，且符合下列规定：(1) 如鱼类品种为珊瑚鱼（包括龙趸及各种活海斑），鱼苗重量须不超过（含）150克/尾，且在台湾饲养期不得少于（含）6个月；(2) 如属其他品种，则鱼苗重量须不超过（含）50克/尾，且在台湾饲养期不得少于（含）6个月。
28	03046300	冻尼罗河鲈鱼片	若属养殖产品，从卵或鱼苗养成，且符合下列规定：(1) 如鱼类品种为珊瑚鱼（包括龙趸及各种活海斑），鱼苗重量须不超过（含）150克/尾，且在台湾饲养期不得少于（含）6个月；(2) 如属其他品种，则鱼苗重量须不超过（含）50克/尾，且在台湾饲养期不得少于（含）6个月。
29	03046900	冻鲤科鱼、鳗鱼、黑鱼片	若属养殖产品，从卵或鱼苗养成，且符合下列规定：(1) 如鱼类品种为珊瑚鱼（包括龙趸及各种活海斑），鱼苗重量须不超过（含）150克/尾，且在台湾饲养期不得少于（含）6个月；(2) 如属其他品种，则鱼苗重量须不超过（含）50克/尾，且在台湾饲养期不得少于（含）6个月。

续表

序号	2012年税则号列	产品名称	产品特定原产地规则
30	03047100	冻鳕鱼片	若属养殖产品，从卵或鱼苗养成，且符合下列规定：（1）如鱼类品种为珊瑚鱼（包括龙趸及各种活海斑），鱼苗重量须不超过（含）150克/尾，且在台湾饲养期不得少于（含）6个月；（2）如属其他品种，则鱼苗重量须不超过（含）50克/尾，且在台湾饲养期不得少于（含）6个月。
31	03047200	冻黑线鳕鱼片	若属养殖产品，从卵或鱼苗养成，且符合下列规定：（1）如鱼类品种为珊瑚鱼（包括龙趸及各种活海斑），鱼苗重量须不超过（含）150克/尾，且在台湾饲养期不得少于（含）6个月；（2）如属其他品种，则鱼苗重量须不超过（含）50克/尾，且在台湾饲养期不得少于（含）6个月。
32	03047300	冻绿青鳕鱼片	若属养殖产品，从卵或鱼苗养成，且符合下列规定：（1）如鱼类品种为珊瑚鱼（包括龙趸及各种活海斑），鱼苗重量须不超过（含）150克/尾，且在台湾饲养期不得少于（含）6个月；（2）如属其他品种，则鱼苗重量须不超过（含）50克/尾，且在台湾饲养期不得少于（含）6个月。
33	03047400	冻狗鳕鱼片	若属养殖产品，从卵或鱼苗养成，且符合下列规定：（1）如鱼类品种为珊瑚鱼（包括龙趸及各种活海斑），鱼苗重量须不超过（含）150克/尾，且在台湾饲养期不得少于（含）6个月；（2）如属其他品种，则鱼苗重量须不超过（含）50克/尾，且在台湾饲养期不得少于（含）6个月。
34	03047500	冻狭鳕鱼片	若属养殖产品，从卵或鱼苗养成，且符合下列规定：（1）如鱼类品种为珊瑚鱼（包括龙趸及各种活海斑），鱼苗重量须不超过（含）150克/尾，且在台湾饲养期不得少于（含）6个月；（2）如属其他品种，则鱼苗重量须不超过（含）50克/尾，且在台湾饲养期不得少于（含）6个月。

续表

序号	2012年税则号列	产品名称	产品特定原产地规则
35	03047900	冻其他鳕鱼片	若属养殖产品，从卵或鱼苗养成，且符合下列规定：(1) 如鱼类品种为珊瑚鱼（包括龙趸及各种活海斑），鱼苗重量须不超过（含）150克/尾，且在台湾饲养期不得少于（含）6个月；(2) 如属其他品种，则鱼苗重量须不超过（含）50克/尾，且在台湾饲养期不得少于（含）6个月。
36	03048100	冻大麻哈鱼、大西洋鲑鱼及多瑙哲罗鱼片	若属养殖产品，从卵或鱼苗养成，且符合下列规定：(1) 如鱼类品种为珊瑚鱼（包括龙趸及各种活海斑），鱼苗重量须不超过（含）150克/尾，且在台湾饲养期不得少于（含）6个月；(2) 如属其他品种，则鱼苗重量须不超过（含）50克/尾，且在台湾饲养期不得少于（含）6个月。
37	03048200	冻鳟鱼片	若属养殖产品，从卵或鱼苗养成，且符合下列规定：(1) 如鱼类品种为珊瑚鱼（包括龙趸及各种活海斑），鱼苗重量须不超过（含）150克/尾，且在台湾饲养期不得少于（含）6个月；(2) 如属其他品种，则鱼苗重量须不超过（含）50克/尾，且在台湾饲养期不得少于（含）6个月。
38	03048300	冻比目鱼片	若属养殖产品，从卵或鱼苗养成，且符合下列规定：(1) 如鱼类品种为珊瑚鱼（包括龙趸及各种活海斑），鱼苗重量须不超过（含）150克/尾，且在台湾饲养期不得少于（含）6个月；(2) 如属其他品种，则鱼苗重量须不超过（含）50克/尾，且在台湾饲养期不得少于（含）6个月。
39	03048600	冻鲱鱼片	若属养殖产品，从卵或鱼苗养成，且符合下列规定：(1) 如鱼类品种为珊瑚鱼（包括龙趸及各种活海斑），鱼苗重量须不超过（含）150克/尾，且在台湾饲养期不得少于（含）6个月；(2) 如属其他品种，则鱼苗重量须不超过（含）50克/尾，且在台湾饲养期不得少于（含）6个月。

续表

序号	2012年税则号列	产品名称	产品特定原产地规则
40	03048700	冻金枪鱼、鲣鱼或狐鲣（鲣）片	若属养殖产品，从卵或鱼苗养成，且符合下列规定：（1）如鱼类品种为珊瑚鱼（包括龙趸及各种活海斑），鱼苗重量须不超过（含）150克/尾，且在台湾饲养期不得少于（含）6个月；（2）如属其他品种，则鱼苗重量须不超过（含）50克/尾，且在台湾饲养期不得少于（含）6个月。
41	03048900	冻其他鱼片	若属养殖产品，从卵或鱼苗养成，且符合下列规定：（1）如鱼类品种为珊瑚鱼（包括龙趸及各种活海斑），鱼苗重量须不超过（含）150克/尾，且在台湾饲养期不得少于（含）6个月；（2）如属其他品种，则鱼苗重量须不超过（含）50克/尾，且在台湾饲养期不得少于（含）6个月。
42	04100090	其他编号未列名的食用动物产品	限从出口方在自然状态或未经加工状态获得。
43	06031300	鲜兰花	从其他章改变至此
44	07095930	鲜或冷的金针菇	从其他章改变至此
45	08031000	鲜或干的芭蕉	从其他章改变至此
46	08039000	鲜或干的其他香蕉	从其他章改变至此
47	08051000	鲜或干橙	从其他章改变至此
48	08055000	鲜或干的柠檬及酸橙	从其他章改变至此
49	08071910	鲜哈密瓜	从其他章改变至此
50	08109080	火龙果	从其他章改变至此
51	09021090	每件净重≤3kg的其他绿茶	限从出口方种植的植物获得
52	09022090	每件净重>3kg的其他绿茶	限从出口方种植的植物获得
53	09023010	每件净重≤3kg的乌龙茶	限从出口方种植的植物获得
54	09023090	每件净重≤3kg的其他发酵、半发酵红茶	限从出口方种植的植物获得
55	09024010	每件净重>3kg的乌龙茶	限从出口方种植的植物获得

续表

序号	2012年税则号列	产品名称	产品特定原产地规则
56	09024090	每件净重>3kg的其他红茶（已发酵）及半发酵茶	限从出口方种植的植物获得
57	25231000	水泥熟料，不论是否着色	从其他品目改变至此
58	25232100	白水泥，不论是否人工着色	从其他品目改变至此
59	25232900	其他硅酸盐水泥，不论是否着色	从其他品目改变至此
60	27101911	航空煤油	从其他品目改变至此
61	27101919	其他煤油馏分产品	从其他品目改变至此
62	27101993	润滑油基础油	从其他品目改变至此
63	27101994	液体石蜡和重质液体石蜡	从其他品目改变至此
64	27102000	石油及从沥青矿物提取的油类以及以上述油为基本成分（按重量计不低于70%）的其他税目未列名制品，含有生物柴油，但废油除外	从其他品目改变至此
65	28030000	碳（碳黑及其他税号未列名的其他形状的碳）	从其他品目改变至此
66	29012200	丙烯	从其他品目改变至此
67	29012410	1，3-丁二烯	从其他品目改变至此
68	29012420	异戊二烯	从其他品目改变至此
69	29024100	邻二甲苯	从其他品目改变至此
70	29024200	间二甲苯	从其他品目改变至此
71	29024300	对二甲苯	从其他品目改变至此
72	29024400	混合二甲苯异构体	从其他品目改变至此
73	29029030	十二烷基苯	从其他品目改变至此
74	29031300	氯仿（三氯甲烷）	从其他品目改变至此
75	29032100	氯乙烯	从其他品目改变至此

续表

序号	2012年税则号列	产品名称	产品特定原产地规则
76	29051220	异丙醇	从其他品目改变至此
77	29051300	正丁醇	从其他品目改变至此
78	29051410	异丁醇	从其他品目改变至此
79	29094100	2，2’-氧联二乙醇（二甘醇）	从其他品目改变至此
80	29094300	乙二醇或二甘醇的单丁醚	从其他品目改变至此
81	29103000	1-氯-2，3-环氧丙烷（表氯醇）	从其他品目改变至此
82	29152111	食品级冰乙酸	从其他品目改变至此
83	29152119	其他冰乙酸（冰醋酸）	从其他品目改变至此
84	29153200	乙酸乙烯酯	从其他品目改变至此
85	29161300	甲基丙烯酸及其盐	从其他品目改变至此
86	29161400	甲基丙烯酸酯	从其他品目改变至此
87	29173200	邻苯二甲酸二辛酯	从其他品目改变至此
88	29173300	邻苯二甲酸二壬酯，邻苯二甲酸二癸酯	从其他品目改变至此
89	29173490	其他邻苯二甲酸酯	从其他品目改变至此
90	29241910	二甲基甲酰胺	从其他品目改变至此
91	29291010	2，4和2，6甲苯二异氰酸酯混合物（甲苯二异氰酸酯TDI）	从其他品目改变至此
92	29321100	四氢呋喃	从其他品目改变至此
93	29333100	吡啶及其盐	从其他品目改变至此
94	32041200	酸性染料（不论是否预金属络合）及以其为基本成分的制品（不论是否已有化学定义）；媒染染料及以其为基本成分的制品（不论是否已有化学定义）	从其他品目改变至此

续表

序号	2012年税则号列	产品名称	产品特定原产地规则
95	32041400	直接染料及以其为基本成分的制品（不论是否已有化学定义）	从其他品目改变至此
96	32041600	活性染料及以其为基本成分的制品（不论是否已有化学定义）	从其他品目改变至此
97	32041700	颜料及以其为基本成分的制品（不论是否已有化学定义）	从其他品目改变至此
98	32041990	由子目号3204.11至3204.19中两个或多个子目所列着色料组成的混合物，（不论是否已有化学定义）	从其他品目改变至此
99	32042000	用作荧光增白剂的有机合成产品（不论是否已有化学定义）	从其他品目改变至此
100	32061110	钛白粉	从其他品目改变至此，但从品目2823改变至此除外。
101	32061900	二氧化钛为基料的颜料及制品，干量计二氧化钛<80%	从其他品目改变至此
102	32064900	其他着色料及其制品；32章注释三所述的制品，但税目32.03，32.04及32.05的货品除外面	从其他品目改变至此
103	32081000	分散或溶于非水介质的聚酯油漆及清漆等	从其他品目改变至此
104	32082010	分散或溶于非水介质的丙烯酸聚合物油漆及清漆	从其他品目改变至此
105	32089090	分散或溶于非水介质其他油漆、清漆溶液	从其他品目改变至此

续表

序号	2012年税则号列	产品名称	产品特定原产地规则
106	32099010	以环氧树脂为基本成分的溶于水介质其他聚合物油漆及清漆	从其他品目改变至此
107	32099090	溶于水介质其他聚合物油漆及清漆	从其他品目改变至此
108	32100000	其他油漆及清漆（包括瓷漆\大漆及水浆涂料）；皮革用水性颜料	从其他品目改变至此
109	32151900	其他印刷油墨（不论是否固体或浓缩），黑色印刷油墨除外	从其他品目改变至此
110	34021300	非离子型有机表面活性剂	从其他品目改变至此或区域价值成分不少于40%
111	35061000	适于作胶或粘合剂的产品，零售包装每件净重≤1kg	从其他品目改变至此
112	35069110	以聚酰胺为基本成份的粘合剂	从其他品目改变至此
113	35069120	以环氧树脂为基本成分的粘合剂	从其他品目改变至此
114	35069190	以其他橡胶或塑料为基本成分的粘合剂	从其他品目改变至此
115	35069900	其他调制胶、粘合剂	从其他品目改变至此
116	38170000	混合烷基苯及混合烷基萘，但税目27.07及29.02的产品除外	从其他品目改变至此
117	39023010	初级形状的乙烯丙烯共聚物（乙丙橡胶丙烯单体单元的含量大于乙烯单体单元）	从其他品目改变至此，且区域价值成分不少于45%。
118	39029000	其他初级形状的烯烃聚合物	从其他品目改变至此

续表

序号	2012年税则号列	产品名称	产品特定原产地规则
119	39032000	初级形状苯乙烯-丙烯腈共聚物	从其他品目改变至此
120	39039000	初级形状的其他苯乙烯聚合物	从其他品目改变至此
121	39052100	乙酸乙烯酯共聚物的水分散体	从其他品目改变至此
122	39053000	初级形状的聚乙烯醇(不论是否含有未水解的乙酸酯基)	从其他品目改变至此
123	39061000	初级形状的聚甲基丙烯酸甲酯	从其他品目改变至此
124	39069010	聚丙烯酰胺	从其他品目改变至此
125	39069090	其他初级形状的丙烯酸聚合物	从其他品目改变至此
126	39071010	初级形状的聚甲醛	从其他品目改变至此
127	39072010	聚四亚甲基醚二醇	从其他品目改变至此
128	39073000	初级形状的环氧树脂	从其他品目改变至此
129	39074000	初级形状的聚碳酸酯	从其他品目改变至此
130	39075000	初级形状的醇酸树脂	从其他品目改变至此
131	39079100	初级形状的不饱和聚酯	从其他品目改变至此
132	39079990	初级形状的其他聚酯	从其他品目改变至此
133	39091000	初级形状的尿素树脂及硫尿树脂	从其他品目改变至此
134	39092000	初级形状的蜜胺树脂	从其他品目改变至此
135	39093090	其他初级形状的其他氨基树脂	从其他品目改变至此
136	39094000	初级形状的酚醛树脂	从其他品目改变至此
137	39095000	初级形状的聚亚氨酯	从其他品目改变至此
138	39100000	初级形状的聚硅氧烷	从其他品目改变至此

续表

序号	2012年税则号列	产品名称	产品特定原产地规则
139	39111000	初级形状的石油树脂、苯并呋喃-茚树脂、多萜树脂	从其他品目改变至此
140	39191099	其他材料制的，宽度≤20cm的其他成卷塑料胶粘板片等	从其他品目改变至此
141	39199090	其他自粘塑料板、片、膜等材料	从其他品目改变至此
142	39201090	其他乙烯聚合物制板、片、带	从其他品目改变至此
143	39202090	其他丙烯聚合物制板、片、带	从其他品目改变至此
144	39203000	非泡沫聚苯乙烯板、片、膜、箔及扁条	从其他品目改变至此
145	39204300	按重量计增塑剂含量不小于6%的聚氯乙烯板、片、膜、箔及扁条	从其他品目改变至此
146	39204900	按重量计增塑剂含量小于6%的聚氯乙烯板、片、膜、箔及扁条	从其他品目改变至此
147	39205100	聚甲基丙烯酸甲酯板片膜箔及扁条	从其他品目改变至此
148	39206100	聚碳酸酯制板、片、膜、箔及扁条	从其他品目改变至此
149	39206200	聚对苯二甲酸乙二酯板片膜箔扁条	从其他品目改变至此
150	39206900	其他聚酯板、片、膜、箔及扁条	从其他品目改变至此
151	39209990	其他塑料制的非泡沫塑料板片	从其他品目改变至此
152	39211210	泡沫聚氯乙烯人造革及合成革	从其他品目改变至此

续表

序号	2012年税则号列	产品名称	产品特定原产地规则
153	39211310	泡沫聚氨酯制人造革及合成革	从其他品目改变至此
154	39211990	其他泡沫塑料板、片、膜、箔及扁条	从其他品目改变至此
155	39219090	未列名塑料板、片、膜、箔及扁条	从其他品目改变至此
156	39231000	塑料制盒、箱及类似品	从其他品目改变至此
157	39235000	塑料制塞子、盖子及类似品	从其他品目改变至此
158	39239000	供运输或包装货物用其他塑料制品	从其他品目改变至此
159	39269010	塑料制机器及仪器用零件	从其他品目改变至此
160	39269090	其他塑料制品	从其他品目改变至此
161	40029911	其他初级形状的合成橡胶	从其他品目改变至此
162	40111000	机动小客车用新的充气橡胶轮胎	从其他品目改变至此，且区域价值成分不少于40%。
163	40112000	客或货运车用新的充气橡胶轮胎	从其他品目改变至此，且区域价值成分不少于40%。
164	40114000	摩托车用新的充气橡胶轮胎	从其他品目改变至此，且区域价值成分不少于40%。
165	40115000	自行车用新的充气橡胶轮胎	从其他品目改变至此
166	40116100	农业或林业车辆及机器用人字形胎面或类似胎面的新充气橡胶轮胎	从其他品目改变至此，且区域价值成分不少于40%。
167	40116900	其他人字形胎面或类似胎面的新充气橡胶轮胎	从其他品目改变至此，且区域价值成分不少于40%。
168	40119200	农业或林业车辆及机器用非人字形胎面或类似胎面的新充气橡胶轮胎	从其他品目改变至此，且区域价值成分不少于40%。

续表

序号	2012年税则号列	产品名称	产品特定原产地规则
169	42021210	以塑料或纺织材料作面的衣箱	从其他品目改变至此
170	42021290	塑料或纺织材料作面的其他箱包	从其他品目改变至此
171	42021900	其他材料制箱包	从其他品目改变至此
172	42022200	以塑料片或纺织材料作面的手提包	从其他品目改变至此
173	52051100	非零售粗梳粗支纯棉单纱	从其他品目改变至此
174	52051200	非零售粗梳中支纯棉单纱	从其他品目改变至此
175	52061200	非零售粗梳中支混纺棉单纱	从其他品目改变至此
176	52062200	非零售精梳中支混纺棉单纱	从其他品目改变至此
177	52062400	非零售精梳较细支混纺棉单纱	从其他品目改变至此
178	52083100	染色的轻质全棉平纹布	从其他品目改变至此
179	52083200	染色的较轻质全棉平纹布	从其他品目改变至此
180	52083900	染色的轻质其他全棉机织物	从其他品目改变至此
181	52084200	色织的较轻质全棉平纹布	从其他品目改变至此
182	52085990	印花的轻质其他全棉机织物	从其他品目改变至此
183	52093100	染色的重质全棉平纹布	从其他品目改变至此
184	52093200	染色的重质全棉三、四线斜纹布	从其他品目改变至此
185	52093900	染色的重质其他全棉机织物	从其他品目改变至此
186	52094100	色织的重质全棉平纹布	从其他品目改变至此
187	52094200	色织的重质全棉粗斜纹布（劳动布）	从其他品目改变至此

续表

序号	2012年税则号列	产品名称	产品特定原产地规则
188	52103100	与化纤混纺染色的轻质平纹棉布	从其他品目改变至此
189	52103900	与化纤混纺染色的轻质其他棉布	从其他品目改变至此
190	52104100	与化纤混纺色织的轻质平纹棉布	从其他品目改变至此
191	52104990	与化纤混纺色织的轻质其他棉布	从其他品目改变至此
192	52113900	与化纤混纺染色的重质其他棉布	从其他品目改变至此
193	54011010	非供零售用合成纤维长丝缝纫线	从其他章改变至此
194	54022000	非零售聚酯长丝高强力纱	从其他章改变至此
195	54023310	非零售聚酯弹力丝	从其他章改变至此
196	54026200	非零售聚酯多股纱线	从其他章改变至此
197	54071010	尼龙或其他聚酰胺高强力纱制机织物	从其他品目改变至此
198	54071020	聚酯高强力纱制机织物	从其他品目改变至此
199	54074100	未漂白或漂白的纯尼龙布	从其他品目改变至此
200	54074200	染色的纯尼龙布	从其他品目改变至此
201	54074300	色织的纯尼龙布	从其他品目改变至此
202	54075100	未漂白或漂白纯聚酯变形长丝布	从其他品目改变至此
203	54075200	染色的纯聚酯变形长丝布	从其他品目改变至此
204	54075300	色织的纯聚酯变形长丝布	从其他品目改变至此
205	54075400	印花的纯聚酯变形长丝布	从其他品目改变至此
206	54076100	其他纯聚酯非变形长丝布	从其他品目改变至此
207	54076900	其他纯聚酯长丝布	从其他品目改变至此
208	54077100	未漂白或漂白其他纯合成纤维长丝布	从其他品目改变至此

续表

序号	2012年 税则号列	产品名称	产品特定原产地规则
209	54077200	染色的其他纯合成纤维长丝布	从其他品目改变至此
210	54078200	染色的与棉混纺合成纤维长丝布	从其他品目改变至此
211	54078300	色织的与棉混纺合成纤维长丝布	从其他品目改变至此
212	54079200	染色的其他混纺合成纤维长丝布	从其他品目改变至此
213	54079300	色织的其他混纺合成纤维长丝布	从其他品目改变至此
214	54082220	纯醋酸长丝制染色机织物	从其他品目改变至此
215	54082290	纯其他人造长丝制染色机织物	从其他品目改变至此
216	54082390	纯其他人造长丝制色织机织物	从其他品目改变至此
217	54083200	染色的人纤长丝混纺布	从其他品目改变至此
218	55039010	聚苯硫醚制未梳的纤维短纤	从其他章改变至此
219	55039090	未梳的其他合成纤维短纤	从其他章改变至此
220	55049000	未梳的其他人造纤维短纤	从其他章改变至此
221	55093200	非零售纯聚丙烯腈短纤多股纱线	从其他品目改变至此
222	55095300	非零售与棉混纺聚酯短纤纱线	从其他品目改变至此
223	55099200	非零售与棉混纺其他合成纤维短纤纱线	从其他品目改变至此
224	55101100	非零售纯人造纤维短纤单纱	从其他章改变至此
225	55101200	非零售纯人造纤维短纤多股纱线	从其他品目改变至此

续表

序号	2012年税则号列	产品名称	产品特定原产地规则
226	55103000	非零售与棉混纺人造纤维短纤纱线	从其他品目改变至此
227	55121100	未漂或漂白的纯聚酯布	从其他品目改变至此
228	55121900	其他纯聚酯布	从其他品目改变至此
229	55129900	其他纯合成纤维布	从其他品目改变至此
230	55132100	与棉混纺染色的轻质聚酯平纹布	从其他品目改变至此
231	55151100	与粘胶纤维短纤混纺的聚酯布	从其他品目改变至此
232	55151200	与化纤长丝混纺的聚酯布	从其他品目改变至此
233	55161200	染色的纯人造纤维短纤布	从其他品目改变至此
234	55162200	与化纤长丝混纺的染色人造纤维布	从其他品目改变至此
235	56012290	化学纤维制的絮胎及其他絮胎制品	从其他品目改变至此
236	56031110	每平米≤25g经浸渍化纤长丝无纺织物	从其他品目改变至此
237	56031290	25g<每平米≤70g其他化纤长丝无纺织物	从其他品目改变至此
238	56031310	70g<每平米≤150g浸渍化纤长丝无纺织物	从其他品目改变至此
239	56031390	70g<每平米≤150g其他化纤长丝无纺织物	从其他品目改变至此
240	56031410	每平米>150g经浸渍化纤长丝无纺织物	从其他品目改变至此
241	56031490	每平米>150g的其他化纤长丝无纺织物	从其他品目改变至此
242	56039290	25g<每平米≤70g其他无纺织物	从其他品目改变至此
243	56039390	70g<每平米≤150g的其他无纺织物	从其他品目改变至此

续表

序号	2012年税则号列	产品名称	产品特定原产地规则
244	56039410	每平米>150g经浸渍其他无纺织物	从其他品目改变至此
245	56039490	每平米>150g的其他无纺织物	从其他品目改变至此
246	56075000	其他合纤制线、绳、索、缆	从其他品目改变至此
247	56081900	化纤材料制成的其他网	从其他品目改变至此
248	58012200	割绒的棉制灯芯绒	从其他章改变至此
249	58013300	其他化纤纬起绒织物	从其他章改变至此
250	58041030	化纤制网眼薄纱及其他网眼织物	从其他章改变至此
251	58041090	其他纺织材料网眼薄纱及其他网眼织物	从其他章改变至此
252	58042100	化纤机制花边	从其他章改变至此
253	58061090	其他材料狭幅起绒织物及绳绒织物	从其他章改变至此
254	58062000	含弹性纱线≥5%的狭幅织物	从其他章改变至此
255	58063200	化纤制其他狭幅机织物	从其他章改变至此
256	58071000	机织非绣制纺织材料标签、徽章等	从其他章改变至此
257	58109200	化学纤维制见底布刺绣品	从其他品目改变至此
258	59031020	用聚氯乙烯浸、涂的人造革	从其他章改变至此
259	59031090	用聚氯乙烯浸、涂的其他纺织物	从其他章改变至此
260	59032020	用聚氨基甲酸酯浸、涂的人造革	从其他章改变至此
261	59032090	用聚氨基甲酸酯浸、涂的其他纺织物	从其他章改变至此

续表

序号	2012年税则号列	产品名称	产品特定原产地规则
262	59039020	用其他塑料浸、涂的人造革	从其他章改变至此
263	59039090	用其他塑料浸、涂的其他纺织物	从其他章改变至此
264	59069100	用橡胶处理的针织或钩编的纺织物	从其他章改变至此
265	59069990	用橡胶处理的其他纺织物	从其他章改变至此
266	59100000	纺织材料制的传动带或输送带及带料	从其他章改变至此
267	60019200	化纤制针织或钩编起绒织物	从其他章改变至此
268	60041030	宽＞30cm，弹性纱线≥5%合成纤维制针织、钩编织物	从其他章改变至此
269	60041090	宽＞30cm，弹性纱线≥5%其他纺织材料针织、钩编织物	从其他章改变至此
270	60049030	宽>30cm含橡胶线的合成纤维制针织、钩编织物	从其他章改变至此
271	60049090	宽>30cm含橡胶线的其他纺织材料针织、钩编织物	从其他章改变至此
272	60053100	未漂白或漂白合成纤维制的其他经编织物	从其他章改变至此
273	60053200	染色合成纤维制的其他经编织物	从其他章改变至此
274	60062400	印花棉制的其他针织、钩编织物	从其他章改变至此
275	60063100	未漂白或漂白合成纤维制的其他针织、钩编织物	从其他章改变至此
276	60063200	染色合成纤维制的其他针织、钩编织物	从其他章改变至此

续表

序号	2012年税则号列	产品名称	产品特定原产地规则
277	60063300	色织合成纤维制的其他针织、钩编织物	从其他章改变至此
278	60063400	印花合成纤维制的其他针织、钩编织物	从其他章改变至此
279	60064200	染色人造纤维制的其他针织、钩编织物	从其他章改变至此
280	61051000	棉制针织或钩编男衬衫	从其他章改变至此
281	61069000	其他纺织材料制针织或钩编女衬衫	从其他章改变至此
282	61101100	羊毛制针织或钩编套头衫等	从其他章改变至此
283	61102000	棉制针织或钩编套头衫等	从其他章改变至此
284	61103000	化纤制针织或钩编套头衫等	从其他章改变至此
285	61124100	合纤制针织或钩编女式游泳服	从其他章改变至此
286	61152200	单丝≥67分特合纤制连裤袜等	从其他章改变至此
287	61152990	其他纺织材料制针织连裤袜及紧身裤袜	从其他章改变至此
288	61159900	其他纺织材料制针织或钩编短袜及其他袜类	从其他章改变至此
289	61178010	针织或钩编领带及领结	从其他章改变至此
290	61178090	针织或钩编其他衣着附件	从其他章改变至此
291	61179000	其他针织或钩编衣着零件	从其他章改变至此
292	62089200	化纤制女式背心、内衣及类似品	从其他章改变至此
293	62121010	化纤制胸罩	从其他章改变至此
294	62121090	其他纺织材料制胸罩	从其他章改变至此
295	62122010	化纤制束腰带及腹带	从其他章改变至此

续表

序号	2012年税则号列	产品名称	产品特定原产地规则
296	62122090	其他纺织材料制束腰带及腹带	从其他章改变至此
297	62129010	化纤制吊裤带、吊袜带等	从其他章改变至此
298	62129090	其他纺织材料制吊裤带、吊袜带等	从其他章改变至此
299	62171010	非针织非钩编袜子及袜套	从其他章改变至此
300	62171020	非针织非钩编和服腰带	从其他章改变至此
301	62171090	非针织非钩编服装或衣着附件	从其他章改变至此
302	62179000	非针织非钩编服装或衣着零件	从其他章改变至此
303	63019000	其他纺织材料制毯子及旅行毯	从其他章改变至此
304	63026010	棉制浴巾	从其他章改变至此
305	63026090	棉制盥洗及厨房用毛巾织物	从其他章改变至此
306	63071000	擦地布、擦碗布等	从其他章改变至此，且区域价值成分不少于40%。
307	64061000	鞋面及其零件，硬衬除外	从其他章改变至此
308	64062010	橡胶制的外底及鞋跟	从其他章改变至此
309	64069090	其他材料制鞋靴、护腿等零件	从其他章改变至此
310	70031900	铸、轧制的其他非夹丝玻璃板、片	从其他品目改变至此
311	70060000	经其他加工税号70.03－70.05的玻璃	从其他品目改变至此
312	70091000	车辆后视镜	从其他品目改变至此
313	70191100	长度≤50mm的短切玻璃纤维	从其他品目改变至此
314	70191900	玻璃纤维、梳条、纱线	从其他品目改变至此

续表

序号	2012年税则号列	产品名称	产品特定原产地规则
315	70193900	玻璃纤维制的网及类似无纺产品	从其他品目改变至此
316	72082790	其他厚度<3mm 的其他经酸洗的热轧卷材	从其他品目改变至此
317	72083890	其他 3mm ≤ 厚度 < 4.75mm 的其他卷材	从其他品目改变至此
318	72083990	其他厚度<3mm 的其他热轧卷材	从其他品目改变至此
319	72091690	其他 1mm<厚度<3mm 的冷轧卷材	从其他品目改变至此，但从品目 7208 改变至此除外。
320	72091790	其他 0.5mm≤厚度≤1mm 的冷轧卷材	从其他品目改变至此，但从品目 7208 改变至此除外。
321	72091890	其他厚度<0.5mm 的冷轧卷材	从其他品目改变至此，但从品目 7208 改变至此除外。
322	72103000	电镀锌的铁或非合金钢宽板材	从其他品目改变至此
323	72104900	镀锌的其他形铁或非合金钢宽板材	从其他品目改变至此
324	72171000	未镀或涂层的铁或非合金钢丝	从其他品目改变至此
325	72191200	4.75mm≤厚度≤10mm 热轧不锈钢卷板	从其他品目改变至此
326	72191319	厚度在 3 毫米及以上，但小于 4.75 毫米的未经酸洗的其他不锈钢卷板	从其他品目改变至此
327	72191329	厚度在 3 毫米及以上，但小于 4.75 毫米的经酸洗的其他不锈钢卷板	从其他品目改变至此
328	72192300	3mm ≤ 厚度 < 4.75mm 热轧不锈钢平板	从其他品目改变至此
329	72192410	1mm<厚度<3mm 热轧不锈钢平板	从其他品目改变至此

续表

序号	2012年税则号列	产品名称	产品特定原产地规则
330	72193100	厚度≥4.75mm冷轧不锈钢板	从其他品目改变至此
331	72193200	3mm≤厚度<4.75mm冷轧不锈钢板材	从其他品目改变至此
332	72193310	1mm<厚度<3mm冷轧按重量计含锰量在5.5%及以上的铬锰系不锈钢板材	从其他品目改变至此
333	72193390	其他1mm<厚度<3mm冷轧不锈钢板材	从其他品目改变至此
334	72193400	0.5mm≤厚度≤1mm冷轧不锈钢板材	从其他品目改变至此
335	72193500	厚度<0.5mm冷轧不锈钢板材	从其他品目改变至此
336	72199000	其他不锈钢冷轧板材	从其他品目改变至此
337	72209000	其他不锈钢带材	从其他品目改变至此
338	72251900	其他硅电钢宽板	从其他品目改变至此
339	74071010	铬锆铜制条、杆及型材及异型材	从其他品目改变至此
340	74071090	其他精炼铜条、杆及型材及异型材	从其他品目改变至此
341	74072111	直线度不大于0.5毫米/米铜锌合金条、杆	从其他品目改变至此
342	74072119	其他铜锌合金条、杆	从其他品目改变至此
343	74072190	其他黄铜条、杆及型材及异型材	从其他品目改变至此
344	74072900	其他铜合金条杆、型材及异型材	从其他品目改变至此
345	74081100	最大截面尺寸>6mm的精炼铜丝	从其他品目改变至此
346	74081900	截面尺寸≤6mm的精炼铜丝	从其他品目改变至此

续表

序号	2012年税则号列	产品名称	产品特定原产地规则
347	74082100	黄铜丝	从其他品目改变至此
348	74091900	其他精炼铜板、片、带	从其他品目改变至此
349	74092100	成卷的黄铜板、片、带	从其他品目改变至此
350	74092900	其他黄铜板、片、带	从其他品目改变至此
351	74093100	成卷的青铜板、片、带	从其他品目改变至此
352	74093900	其他青铜板、片、带	从其他品目改变至此
353	74094000	白铜或德银制板、片、带	从其他品目改变至此
354	74099000	其他铜合金板、片、带	从其他品目改变至此
355	74101100	无衬背的精炼铜箔	从其他品目改变至此
356	74101210	无衬背的白铜或德银铜箔	从其他品目改变至此
357	74101290	无衬背的其他铜合金箔	从其他品目改变至此
358	74102110	印刷电路用覆铜板	从其他品目改变至此，或区域价值成分不少于40%。
359	74102190	有衬背的其他精炼铜箔	从其他品目改变至此，或区域价值成分不少于40%。
360	76061191	其他非合金铝与塑料复合的矩形板片带	从其他品目改变至此
361	76061199	纯铝制矩形的其他板、片及带	从其他品目改变至此
362	76061220	厚度<0.28mm的铝合金制矩形铝板片带	从其他品目改变至此
363	76061230	0.28mm≤厚度≤0.35mm的铝合金制矩形铝板片带	从其他品目改变至此
364	76069100	纯铝制非矩形的板、片及带	从其他品目改变至此
365	76069200	铝合金制非矩形的板、片及带	从其他品目改变至此
366	76071190	轧制后未进一步加工的无衬背铝箔	从其他品目改变至此，或区域价值成分不少于40%。

续表

序号	2012 年税则号列	产品名称	产品特定原产地规则
367	76071900	其他无衬背铝箔	从其他品目改变至此，或区域价值成分不少于 40%。
368	76072000	有衬背铝箔	从其他品目改变至此
369	81130010	金属陶瓷颗粒、粉末	从其他品目改变至此
370	81130090	其他金属陶瓷及其制品，包括废碎料	从其他品目改变至此
371	82032000	钳子、镊子及类似工具	从其他章改变至此
372	82041200	可调式的手动扳手及板钳	从其他章改变至此
373	82052000	手工锤子	从其他章改变至此
374	82054000	手工螺丝刀	从其他章改变至此
375	82055900	其他手工工具	从其他章改变至此
376	82072010	带超硬部件的金属拉拔或挤压用模	从其他章改变至此
377	82072090	其他金属拉拔或挤压用模	从其他章改变至此
378	82073000	锻压或冲压工具	从其他章改变至此
379	82074000	攻丝工具	从其他章改变至此
380	82075010	带超硬材料部件的钻孔工具	从其他章改变至此
381	82075090	带其他材料工作部件的钻孔工具	从其他章改变至此
382	82076010	带超硬材料部件的镗孔或铰孔工具	从其他章改变至此
383	82077010	带有天然或合成金刚石、立方氮化硼制的工作部件的铣削工具	从其他章改变至此
384	82077090	其他铣削工具	从其他章改变至此
385	82078010	带有天然或合成金刚石、立方氮化硼制的车削工具	从其他章改变至此
386	82078090	其他车削工具	从其他章改变至此

续表

序号	2012年税则号列	产品名称	产品特定原产地规则
387	82079010	带超硬材料部件的其他可互换工具	从其他章改变至此
388	82079090	其他可互换工具	从其他章改变至此
389	82082000	木工机械用刀及刀片	从其他章改变至此
390	82084000	农、林业机器用刀及刀片	从其他章改变至此
391	82089000	其他机器或机械器具用刀及刀片	从其他章改变至此
392	84122100	直线作用的液压动力装置(液压缸)	从其他品目改变至此
393	84123100	直线作用的气压动力装置(气压缸)	从其他品目改变至此
394	84138100	其他液体泵	从其他品目改变至此
395	84139100	液体泵用零件	从其他品目改变至此
396	84141000	真空泵	从其他品目改变至此
397	84143013	功率0.4-5kw的空气调节器用压缩机	从其他品目改变至此
398	84143014	功率>5kw的空气调节器用压缩机	从其他品目改变至此
399	84145120	功率≤125瓦的换气扇	从其他品目改变至此，或区域价值成分不少于45%。
400	84145199	功率≤125瓦其他风扇、风机	从其他品目改变至此，或区域价值成分不少于45%。
401	84145990	其他扇，风机	从其他品目改变至此
402	84148090	其他气体压缩机及通风罩或循环气罩	从其他品目改变至此
403	84149019	其他用于制冷设备的压缩机零件	从其他品目改变至此
404	84149020	风机、风扇、通风罩及循环气罩零件	从其他品目改变至此

续表

序号	2012年税则号列	产品名称	产品特定原产地规则
405	84149090	税号84.14其他所列机器零件	从其他品目改变至此
406	84159090	制冷量>4千大卡/时等空调的零件	从其他品目改变至此
407	84178090	其他非电热的工业用炉及烘箱	从其他品目改变至此
408	84191910	太阳能热水器	从其他品目改变至此
409	84191990	其他非电热的快速或贮备式热水器	从其他品目改变至此
410	84193200	木材、纸浆、纸或纸板用干燥器	从其他品目改变至此
411	84193990	其他用途的干燥器	从其他品目改变至此
412	84195000	热交换装置	从其他品目改变至此
413	84199090	税号84.19的其他机器设备用零件	从其他品目改变至此
414	84201000	砑光机或其他滚压机器	从其他品目改变至此
415	84212191	船舶压载水处理设备	从其他品目改变至此
416	84212199	其他过滤或净化水的装置	从其他品目改变至此
417	84212990	其他液体的过滤、净化机器及装置	从其他品目改变至此
418	84213910	家用型气体过滤、净化机器及装置	从其他品目改变至此
419	84213921	工业用静电除尘器	从其他品目改变至此
420	84213923	工业用旋风式除尘器	从其他品目改变至此
421	84213929	工业用其他除尘器	从其他品目改变至此
422	84213940	烟气脱硫装置	从其他品目改变至此
423	84213950	烟气脱硝装置	从其他品目改变至此
424	84213990	其他气体的过滤、净化机器及装置	从其他品目改变至此

续表

序号	2012年税则号列	产品名称	产品特定原产地规则
425	84219990	其他过滤、净化装置用零件	从其他品目改变至此
426	84243000	喷汽机、喷砂机及类似喷射机	从其他品目改变至此
427	84281090	其他升降机及倒卸式起重机	从其他品目改变至此，且区域价值成分不少于40%。
428	84283300	其他带式连续运货升降、输送机	从其他品目改变至此
429	84283910	链式连续运送货物的升降机及输送机	从其他品目改变至此，且区域价值成分不少于40%。
430	84283920	辊式连续运送货物的升降机及输送机	从其他品目改变至此，且区域价值成分不少于40%。
431	84283990	其他未列名连续运货升降、输送机	从其他品目改变至此，且区域价值成分不少于40%。
432	84289031	堆取料机械	从其他品目改变至此，且区域价值成分不少于40%。
433	84289039	其他装卸机械	从其他品目改变至此，且区域价值成分不少于40%。
434	84289090	其他升降、搬运、装卸机械	从其他品目改变至此，且区域价值成分不少于40%。
435	84388000	84章其他未列名食品等加工机器	从其他品目改变至此，且区域价值成分不少于40%。
436	84392000	纸或纸板的抄造机器	从其他子目改变至此，且区域价值成分不少于50%。
437	84393000	纸或纸板的整理机器	从其他子目改变至此，且区域价值成分不少于50%。
438	84411000	切纸机	从其他子目改变至此，且区域价值成分不少于50%。
439	84418090	其他制造纸浆制品、纸制品的机器	从其他子目改变至此，且区域价值成分不少于50%。

续表

序号	2012年税则号列	产品名称	产品特定原产地规则
440	84431922	平网印刷机	从其他子目改变至此，且区域价值成分不少于50%。
441	84431929	其他网式印刷机	从其他子目改变至此，且区域价值成分不少于50%。
442	84431980	其他印刷机	从其他子目改变至此，且区域价值成分不少于50%。
443	84440010	合成纤维长丝纺丝机	从其他品目改变至此，且区域价值成分不少于40%。
444	84463040	所织织物宽度>30cm的喷水织机	从其他品目改变至此，且区域价值成分不少于40%。
445	84471100	圆筒直径≤165mm的圆型针织机	从其他品目改变至此，且区域价值成分不少于40%。
446	84471200	圆筒直径>165mm的圆型针织机	从其他品目改变至此，且区域价值成分不少于40%。
447	84472020	平型纬编机	从其他品目改变至此，且区域价值成分不少于40%。
448	84485900	税号84.47机器用的其他零附件	从其他品目改变至此，或区域价值成分不少于40%。
449	84514000	洗涤、漂白或染色机器	从其他子目改变至此，且区域价值成分不少于50%。
450	84515000	纺织物卷绕、退绕、折叠、剪切或剪齿边机器	从其他子目改变至此，且区域价值成分不少于50%。
451	84518000	税号84.51所列其他未列名的机器	从其他子目改变至此，且区域价值成分不少于50%。
452	84522120	非家用自动包缝机	从其他子目改变至此，且区域价值成分不少于50%。
453	84522130	非家用自动绷缝机	从其他子目改变至此，且区域价值成分不少于50%。
454	84522190	其他非家用自动缝纫机	从其他子目改变至此，且区域价值成分不少于50%。

续表

序号	2012年 税则号列	产品名称	产品特定原产地规则
455	84529099	其他缝纫机用其他零件	从其他品目改变至此，或区域价值成分不少于40%。
456	84581100	切削金属的数控卧式车床	从其他品目改变至此，且区域价值成分不少于50%（注2）。
457	84589100	切削金属的其他数控车床	从其他品目改变至此，且区域价值成分不少于50%（注2）。
458	84592100	切削金属的数控钻床	从其他品目改变至此，且区域价值成分不少于50%（注3）。
459	84601100	数控平面磨床	从其他品目改变至此，且区域价值成分不少于50%（注3）。
460	84604020	研磨机床	从其他品目改变至此，且区域价值成分不少于50%（注3）。
461	84609010	砂轮机	从其他品目改变至此，且区域价值成分不少于50%。
462	84609020	抛光机床	从其他品目改变至此，且区域价值成分不少于50%。
463	84612020	插床	从其他品目改变至此，且区域价值成分不少于50%。
464	84613000	拉床	从其他品目改变至此，且区域价值成分不少于50%。
465	84615000	锯床或切断机	从其他品目改变至此，且区域价值成分不少于50%（注3）。
466	84619011	龙门刨床	从其他品目改变至此，且区域价值成分不少于50%。
467	84619019	其他刨床	从其他品目改变至此，且区域价值成分不少于50%。
468	84621010	数控锻造或冲压机床及锻锤	从其他品目改变至此，且区域价值成分不少于50%（注3）。
469	84621090	非数控锻造或冲压机床及锻锤	从其他品目改变至此，且区域价值成分不少于50%。

续表

序号	2012年税则号列	产品名称	产品特定原产地规则
470	84624900	非数控冲孔、开槽机、冲剪两用机	从其他品目改变至此，且区域价值成分不少于50%。
471	84629910	其他机械压力机	从其他品目改变至此，且区域价值成分不少于50%（注3）。
472	84631019	其他冷拔管机	从其他品目改变至此，且区域价值成分不少于50%。
473	84662000	工件夹具	从其他品目改变至此，且区域价值成分不少于50%。
474	84669400	税号84.62-84.63机器用其他零附件	从其他品目改变至此
475	84772010	塑料造粒机	从其他品目改变至此，且区域价值成分不少于40%。
476	84772090	其他加工橡胶或塑料的挤出机	从其他品目改变至此，且区域价值成分不少于40%。
477	84774010	塑料中空成型机	从其他品目改变至此，且区域价值成分不少于40%。
478	84774020	塑料压延成型机	从其他品目改变至此，且区域价值成分不少于40%。
479	84774090	其他真空模塑及热成型机器	从其他品目改变至此，且区域价值成分不少于40%。
480	84775900	其他橡胶或塑料的模塑机、成型机	从其他品目改变至此，且区域价值成分不少于40%。
481	84778000	其他橡胶或塑料加工机器	从其他品目改变至此，且区域价值成分不少于40%。
482	84798110	绕线机	从其他品目改变至此
483	84798190	其他处理金属的机械	从其他品目改变至此
484	84798200	其他混合、研磨、筛选、均化等机器	从其他品目改变至此
485	84804110	压铸模	从其他品目改变至此
486	84804120	粉末冶金用压模	从其他品目改变至此

续表

序号	2012年税则号列	产品名称	产品特定原产地规则
487	84804190	其他金属、硬质合金用注模或压模	从其他品目改变至此
488	84807900	塑料或橡胶用其他型模	从其他品目改变至此
489	84812010	油压传动阀	从其他品目改变至此，且区域价值成分不少于50%。
490	84813000	止回阀	从其他品目改变至此，且区域价值成分不少于50%。
491	84814000	安全阀或溢流阀	从其他品目改变至此，且区域价值成分不少于50%
492	84818021	电磁换向阀	从其他品目改变至此
493	84818029	其他换向阀	从其他品目改变至此
494	84818031	电子膨胀阀	从其他品目改变至此
495	84818039	其他流量阀	从其他品目改变至此
496	84818040	其他阀门	从其他品目改变至此
497	84819010	阀门用零件	从其他品目改变至此
498	84819090	龙头、旋塞及类似装置的零件	从其他品目改变至此
499	84824000	滚针轴承	从其他品目改变至此
500	84829900	滚动轴承的其他零件	从其他品目改变至此
501	84834010	滚子螺杆传动装置	从其他品目改变至此
502	84834090	其他齿轮及齿轮传动装置	从其他品目改变至此
503	84839000	单独报验的带齿的轮及其他传动元件；零件	从其他品目改变至此
504	84841000	金属片密封垫或类似接合衬垫	从其他品目改变至此
505	84879000	本章其他税号未列名机器零件	从其他品目改变至此
506	85011010	输出功率≤37.5W玩具电动机	从其他品目改变至此

续表

序号	2012年税则号列	产品名称	产品特定原产地规则
507	85011099	其他输出功率≤37.5W微电机	从其他品目改变至此
508	85013100	输出功率≤750瓦直流电动机、发电机	从其他品目改变至此
509	85030010	玩具用电动机微电机零件	从其他品目改变至此
510	85030090	其他电动机、发电机(组)零件	从其他品目改变至此
511	85043110	额定容量≤1KVA的互感器	从其他品目改变至此
512	85043190	额定容量≤1KVA的其他变压器	从其他品目改变至此
513	85049019	其他变压器零件	从其他品目改变至此
514	85049020	稳压电源及不间断供电电源零件	从其他品目改变至此
515	85049090	其他静止式变流器及电感器零件	从其他品目改变至此
516	85051110	稀土永磁体	从其他品目改变至此
517	85051190	其他金属的永磁体	从其他品目改变至此
518	85076000	锂离子蓄电池	从其他品目改变至此
519	85081100	功率不超过1500瓦，且带有容积不超过20升的电动真空吸尘器	从其他子目改变至此，且区域价值成分不少于45%。
520	85094090	食品研磨机及搅拌器或果、菜榨汁器	从其他子目改变至此，且区域价值成分不少于45%。
521	85122010	机动车辆用照明装置	从其他品目改变至此，且区域价值成分不少于40%。
522	85129000	税号85.12所列装置的零件	从其他品目改变至此，或区域价值成分不少于40%。
523	85158000	其他焊接机器及装置	区域价值成分不少于50%
524	85162100	电气储存式散热器	从其他子目改变至此，且区域价值成分不少于45%。

续表

序号	2012年税则号列	产品名称	产品特定原产地规则
525	85164000	电熨斗	从其他子目改变至此，且区域价值成分不少于45%。
526	85166030	电饭锅	从其他子目改变至此，且区域价值成分不少于45%。
527	85166050	电烤箱	从其他子目改变至此，且区域价值成分不少于45%。
528	85167210	家用自动面包机	从其他子目改变至此，且区域价值成分不少于45%。
529	85181000	传声器（麦克风）及其座架	从其他品目改变至此
530	85184000	音频扩大器	从其他品目改变至此
531	85189000	税号85.18所列货品的零件	从其他品目改变至此
532	85258013	非特种用途的其他电视摄像机	从其他品目改变至此，且区域价值成分不少于40%。
533	85299042	非特种用途的取像模块	从其他品目改变至此
534	85299049	其他电视摄像机、静像视频摄像机及其他视频摄录一体机、数字相机零件	从其他品目改变至此
535	85361000	熔断器（电压≤1000V）	从其他品目改变至此
536	85371011	可编程序控制器	从其他品目改变至此，且区域价值成分不少于50%。
537	85371019	其他数控装置	从其他品目改变至此，且区域价值成分不少于50%。
538	85389000	税号85.35、85.36或85.37装置的零件	从其他品目改变至此，或区域价值成分不少于40%。
539	85393990	其他用途的其他放电灯管	从其他品目改变至此
540	85399000	税号85.39所列货品的零件	从其他品目改变至此
541	85408900	其他电子管	区域价值成分不少于50%

续表

序号	2012年税则号列	产品名称	产品特定原产地规则
542	85432010	输出信号频率<1500MHZ的通用信号发生器	从其他品目改变至此
543	85432090	输出信号频率≥1500MHZ的通用信号发生器	从其他品目改变至此
544	85441100	铜制绕组电线	从其他品目改变至此
545	85442000	同轴电缆及其他同轴电导体	从其他品目改变至此
546	85444929	1000V≥耐压>80V 无接头电导体	从其他品目改变至此
547	87081000	缓冲器（保险杠）及其零件	从其他品目改变至此，且区域价值成分不少于50%。
548	87082930	车窗玻璃升降器	从其他品目改变至此，且区域价值成分不少于50%。
549	87082941	汽车电动天窗	从其他品目改变至此，且区域价值成分不少于50%。
550	87082942	汽车手动天窗	从其他品目改变至此，且区域价值成分不少于50%。
551	87082951	侧围	从其他品目改变至此，且区域价值成分不少于50%。
552	87082952	车门	从其他品目改变至此，且区域价值成分不少于50%。
553	87082953	发动机罩盖	从其他品目改变至此，且区域价值成分不少于50%。
554	87082954	前围	从其他品目改变至此，且区域价值成分不少于50%。
555	87082955	行李箱盖（或背门）	从其他品目改变至此，且区域价值成分不少于50%。
556	87082956	后围	从其他品目改变至此，且区域价值成分不少于50%。
557	87082957	翼子板（或叶子板）	从其他品目改变至此，且区域价值成分不少于50%。

续表

序号	2012年税则号列	产品名称	产品特定原产地规则
558	87082959	车身的其他覆盖件	从其他品目改变至此，且区域价值成分不少于50%。
559	87082990	车身的未列名零部件	从其他品目改变至此，且区域价值成分不少于50%。
560	87084010	牵引车、拖拉机用变速箱及零件	从其他品目改变至此，且区域价值成分不少于50%。
561	87084020	大型客车用变速箱及零件	从其他品目改变至此，且区域价值成分不少于50%。
562	87084030	非公路自卸车用变速箱及零件	从其他品目改变至此，且区域价值成分不少于50%。
563	87084040	柴、汽油轻型货车用变速箱及零件	从其他品目改变至此，且区域价值成分不少于50%。
564	87084050	其他柴油型重型货车用变速箱及零件	从其他品目改变至此，且区域价值成分不少于50%。
565	87084060	特种车用变速箱及零件	从其他品目改变至此，且区域价值成分不少于50%。
566	87084099	未列名机动车辆用变速箱及零件	从其他品目改变至此，且区域价值成分不少于50%。
567	87087010	牵引车及拖拉机用车轮及其零附件	从其他品目改变至此，且区域价值成分不少于50%。
568	87087020	大型客车用车轮及其零附件	从其他品目改变至此，且区域价值成分不少于50%。
569	87087030	非公路货运自卸车用车轮及其零件	从其他品目改变至此，且区域价值成分不少于50%。
570	87087040	中小型货车用车轮及其零件	从其他品目改变至此，且区域价值成分不少于50%。
571	87087050	大型货车用车轮及其零件	从其他品目改变至此，且区域价值成分不少于50%。
572	87087060	特种车用车轮及其零件	从其他品目改变至此，且区域价值成分不少于50%。

续表

序号	2012年税则号列	产品名称	产品特定原产地规则
573	87087090	其他车辆用车轮及其零附件	从其他品目改变至此，且区域价值成分不少于50%。
574	87089991	其他税号所列车辆用车架	从其他品目改变至此，且区域价值成分不少于50%。
575	87089992	汽车传动轴	从其他品目改变至此，且区域价值成分不少于50%。
576	87089999	机动车辆用未列名零附件	从其他品目改变至此，且区域价值成分不少于50%。
577	87120020	竞赛型自行车	从其他品目改变至此，且区域价值成分不少于40%。
578	87120030	山地自行车	从其他品目改变至此，且区域价值成分不少于40%。
579	87120041	16、18、20英寸自行车	从其他品目改变至此，且区域价值成分不少于40%。
580	87120049	其他越野自行车	从其他品目改变至此，且区域价值成分不少于40%。
581	87120081	≤16英寸的未列名自行车	从其他品目改变至此，且区域价值成分不少于40%。
582	87120089	其他未列名自行车	从其他品目改变至此，且区域价值成分不少于40%。
583	87120090	其他非机动脚踏车	从其他品目改变至此，且区域价值成分不少于40%。
584	87149100	非机动脚踏车车架、轮叉及其零件	从其他品目改变至此，且区域价值成分不少于40%。
585	87149210	轮圈	从其他品目改变至此，且区域价值成分不少于40%。
586	87149290	辐条	从其他品目改变至此，且区域价值成分不少于40%。
587	87149310	非机动脚踏车的轮毂	从其他品目改变至此，且区域价值成分不少于40%。

续表

序号	2012年税则号列	产品名称	产品特定原产地规则
588	87149320	飞轮	从其他品目改变至此，且区域价值成分不少于40%。
589	87149390	其他非机动脚踏车的飞轮	从其他品目改变至此，且区域价值成分不少于40%。
590	87149400	非机动脚踏车的制动器及其零件	从其他品目改变至此，且区域价值成分不少于40%。
591	87149500	非机动脚踏车的鞍座	从其他品目改变至此，且区域价值成分不少于40%。
592	87149610	非机动脚踏车脚蹬及其零件	从其他品目改变至此，且区域价值成分不少于40%。
593	87149620	非机动脚踏车曲柄、链轮及其零件	从其他品目改变至此，且区域价值成分不少于40%。
594	87149900	非机动脚踏车的其他零附件	从其他品目改变至此，且区域价值成分不少于50%。
595	90021190	其他照相机、投影仪等用物镜	从其他品目改变至此
596	90021990	税号90.02未列名的其他物镜	从其他品目改变至此
597	90029010	照相机用未列名光学元件	从其他品目改变至此
598	90029090	其他光学仪器用未列名光学元件	从其他品目改变至此
599	90213100	人造关节	从其他品目改变至此
600	90318090	未列名测量、检验仪器器具及机器	从其他子目改变至此，且区域价值成分不少于50%。
601	95063900	其他高尔夫球用具	从其他品目改变至此
602	95069111	跑步机	从其他品目改变至此
603	95069119	其他健身及康复器械	从其他品目改变至此
604	96062100	塑料制钮扣，未用纺织材料包裹	从其他品目改变至此
605	96062200	贱金属制，未用纺织材料包裹的纽扣	从其他品目改变至此

续表

序号	2012年税则号列	产品名称	产品特定原产地规则
606	96190010	尿布及尿裤	从其他品目改变至此
607	96190020	卫生巾（护垫）及止血塞	从其他品目改变至此
608	96190090	任何材料制的卫生巾或尿布的类似品	从其他品目改变至此

注：1. 表中产品名称为简称，具体产品范围按大陆2012年税则相应税则号列的规定执行。

2. 本项特定原产地规则自2016年1月1日起调整为“从其他品目改变至此，区域价值成分不少于50%，且数控系统须在一方或双方加工生产并符合子目853710有关标准”。

3. 本项特定原产地规则自2014年1月1日起调整为“从其他品目改变至此，区域价值成分不少于50%，且数控系统须在一方或双方加工生产并符合子目853710有关标准”。

中华人民共和国海关《海峡两岸经济合作框架协议》项下进出口货物原产地管理办法

（2010 年 12 月 29 日海关总署令第 200 号公布　自 2011 年 1 月 1 日起施行）

第一条　为了正确确定《海峡两岸经济合作框架协议》（以下简称《协议》）项下进出口货物原产地，促进两岸的经贸往来，根据《中华人民共和国海关法》（以下简称《海关法》）、《中华人民共和国进出口货物原产地条例》、《协议》的规定，制定本办法。

第二条　本办法适用于大陆与台湾之间《协议》项下进出口货物的原产地管理。

第三条　从台湾直接运输进口的货物，符合下列条件之一的，其原产地为台湾，适用《中华人民共和国进出口税则》（以下简称《税则》）中的《协议》协定税率：

（一）在台湾完全获得的；

（二）在台湾仅由大陆或者台湾原产材料生产的；

（三）在台湾非完全获得，但符合《协议》项下产品特定原产地规则的。

该规则是本办法的组成部分，由海关总署另行公告。

第四条　本办法第三条第（一）项所述“在台湾完全获得”的货物是指：

（一）在台湾出生并饲养的活动物；

（二）在台湾从上述第（一）项所述活动物中获得的货物；

（三）在台湾收获、采摘或者采集的植物、植物产品；

（四）在台湾狩猎、诱捕、捕捞、耕种、采集或者捕获获得的货物；

（五）在台湾采掘的矿物；

（六）在台湾相关的水域、海床或者底土获得的货物；

（七）在台湾注册的加工船上，完全用上述第（六）项所述货物加工、制造的货物；

（八）在台湾加工过程中产生并且仅适用于原材料回收的废碎料，或者在台湾消费后所收集并且仅适用于原材料回收的废品；

（九）在台湾完全从上述第（一）项至第（八）项所述货物获得的货物。

第五条 《协议》项下进口货物在生产过程中使用了非台湾原产材料，非台湾原产材料的税则号列与进口货物的税则号列不同，但是从非台湾原产材料到进口货物的税则归类改变符合《协议》项下产品特定原产地规则中相应税则归类改变标准的，该进口货物应当视为原产于台湾的货物。

第六条 在台湾使用非台湾原产材料生产的货物，符合《协议》项下产品特定原产地规则中该货物所对应的区域价值成分标准的，应当视为原产于台湾的货物。

本条第一款中的区域价值成分应当按照下列公式计算：

$$区域价值成分=\frac{货物船上交货价格（FOB）-非台湾原产材料价格}{货物船上交货价格（FOB）}\times 100\%$$

非台湾原产材料价格，是指非台湾原产材料的进口成本、运至目的港口或者地点的运费和保险费（CIF）。

货物船上交货价格（FOB）和非台湾原产材料价格应当依据《海关估价协定》及公认会计原则进行核定。

第七条 在台湾使用非台湾原产材料生产的货物，符合《协议》项下产品特定原产地规则中该货物对应的加工工序标准的，应当视为原产于台湾的货物。

第八条 原产于大陆的材料在台湾被用于生产另一货物，并构成另一货物组成部分的，在确定另一货物原产地时，该材料应当视为台湾原产材料。

第九条 下列微小加工或者处理不影响货物原产地确定：

（一）为确保货物在运输或者储藏期间处于良好状态而进行的处理，例如通风、干燥、冷藏、冷冻、上油、涂抹防锈漆、包覆保护层、加盐或者水溶液；

（二）为便利托运而对货物进行的拆解、组装；

（三）以销售或者展示为目的的包装、拆包或者重新包装等处理；

（四）动物屠宰、冷冻、分割、切片；

（五）过滤、筛选、挑选、分类、分级、匹配（包括成套物品的组合）、纵切、弯曲、卷绕、展开等作业；

（六）洗涤、清洁、除尘、去除氧化物、除油、去漆以及去除其他涂层；

（七）简单的上漆、磨光、削尖、研磨、切割、装配或者拆卸等作业；

（八）装瓶、装罐、装袋、装箱、装盒、固定于纸板或者木板及其他类似的包装工序；

（九）在产品或者其包装上粘贴或者印刷标志、标签、标识及其他类似的区别标记；

（十）稀释、溶解或者简单混合，未实质改变货物本质的；

（十一）除稻米以外的谷物的去壳、部分或者完全的漂白、抛光及上光；

（十二）食糖上色或者形成糖块的操作；

（十三）纺织品的熨烫或者压平；

（十四）水果、坚果及蔬菜的去皮、去核或者去壳。

第十条 适用《协议》项下产品特定原产地规则中税则改变标准确定原产地的货物，其生产过程中所使用的部分非台湾原产材料未能满足税则归类改变标准，但这部分非台湾原产材料依据本办法第六条计算的价格不超过货物船上交货价格10%，货物同时符合本办法所有其他适用规定的，该货物应当视为原产于台湾。

第十一条 在确定货物原产地时，对性质相同，为商业目的可互换的货物或者材料，仅靠视觉观察无法加以区分的，应当通过下列方法加以区分：

（一）货物的物理分离；

（二）出口方公认会计原则承认的库存管理方法。

依照本条第一款第（二）项规定使用库存管理方法的，应当在其整个会计年度内连续使用该方法对上述货物或者材料进行管理。

第十二条 在确定货物的原产地时，货物生产过程中使用，本身既不构成货物物质成分、也不成为货物组成部件的下列材料或者物品，其原产地不影响货物原产地的确定：

（一）燃料、能源、催化剂及溶剂；

（二）用于测试或者检验货物的设备、装置及相关用品；

（三）手套、眼镜、鞋靴、衣服、安全设备及用品；

（四）工具及模具；

（五）用于维护设备和建筑的备用零件及材料；

（六）在生产过程中使用的其他材料或者物品。

第十三条　属于协调制度归类总规则三规定的成套货品，其中全部货物均原产于台湾的，该成套货品即为原产于台湾；其中部分货物非原产于台湾，但是按照本办法第六条确定的价格不超过该成套货品船上交货价格10%的，该成套货品仍然应当视为原产于台湾。

第十四条　运输期间用于保护货物的包装材料及容器的原产地不影响货物原产地的确定。

适用《协议》项下产品特定原产地规则中税则归类改变标准确定原产地的货物，其零售用包装材料及容器与该货物在《税则》中一并归类的，该零售用包装材料及容器的原产地不影响货物原产地确定。

适用《协议》项下产品特定原产地规则中区域价值成分标准确定原产地的货物，其零售用包装材料及容器的价格应当纳入原产材料价格或者非台湾原产地材料价格予以计算。

第十五条　适用《协议》项下产品特定原产地规则中税则归类改变标准确定原产地的货物，与该货物一同申报进出口的配件、备用零件、工具、说明书及信息资料，在《税则》中与该货物一并归类，并且不单独开具发票的，其原产地不影响货物原产地确定。

适用《协议》项下产品特定原产地规则中区域价值成分标准确定原产地的货物，与该货物一同申报进出口的配件、备用零件、工具、说明书及信息资料，不单独开具发票的，在计算该货物的区域价值成分时，该配件、备用零件、工具、说明书及信息资料的价格应当纳入原产材料价格或者非台湾原产材料价格予以计算。

本条第一款与第二款所述配件、备用零件、工具、说明书及信息资料的数量与价格应当在合理范围之内。

第十六条　本办法第三条所称的“直接运输”是指《协议》项下进口货物从台湾直接运输至大陆，途中未经过大陆、台湾以外的其他第三方。

原产于台湾的货物经过大陆、台湾以外的一个或者多个第三方，不论是否在第三方转换运输工具或者临时储存，同时符合下列条件的，应当视为“直接运输”：

（一）由于地理原因或者运输需要；

（二）货物在该第三方未进行贸易或者消费；

（三）除装卸、重新包装或者使货物保持良好状态所必需的处理外，货物在该第三方未经其他处理；

（四）该货物在第三方作临时储存时，处于该第三方海关监管之下。

本条第二款规定情形下，货物进入第三方停留时间自运抵该方之日起不得超过60日。

第十七条 货物申报进口时，进口货物收货人或者其代理人应当按照海关的申报规定填制《中华人民共和国海关进口货物报关单》，申明适用《协议》协定税率，并同时提交下列单证：

（一）由台湾签证机构签发的有效原产地证书正本（见附件1）。

（二）货物的商业发票正本、装箱单以及相关运输单证。

货物经过大陆、台湾以外的第三方运输至大陆的，应当提交在台湾签发的联运提单、第三方海关出具的证明文件以及海关认可的其他证明文件。

货物申报进口时，进口货物收货人或者其代理人未提交有效原产地证书正本，也未就该进口货物是否具备台湾原产资格向海关进行补充申报，海关应当依法按照该货物适用的最惠国税率、普通税率或者其他税率计征关税及进口环节海关代征税，并按照规定办理进口手续、进行海关统计。收货人或者其代理人在货物征税放行后向海关提交原产地证书的，海关不予受理，已征税款不予调整。

第十八条 原产地申报为台湾的进口货物，收货人或者其代理人在申报进口时未提交原产地证书的，应当在办结海关手续前就该进口货物是否具备台湾原产资格向海关进行补充申报（见附件2）。

进口货物收货人或者其代理人依照本条第一款规定就进口货物具备台湾原产资格向海关进行补充申报的，海关可以根据进口货物收货人或者其代理人的申请，收取相当于应缴税款的等值保证金后放行货物，并按照规定办理进口手续，进行海关统计。依照法律、行政法规规定不得办理担保的情形除外。

第十九条 同时具备下列条件的，进口货物收货人或者其代理人可以自缴纳保证金之日起1年内，向海关申请退还：

（一）进口时已就进口货物具备台湾原产资格向海关进行补充申报，申明适用《协议》协定税率；

（二）提交有效原产地证书及海关要求提供的与货物进口相关的其他文件。

进口货物收货人或者其代理人未在缴纳保证金之日起1年内提出退还保证金申请的，海关应当立即办理保证金转为进口税款手续，海关统计数据同时作相应修改。

第二十条 原产地证书自签发之日起12个月内有效。

第二十一条 进口货物收货人或者其代理人向海关提交的原产地证书应当同时符合下列条件：

（一）由台湾签证机构在货物申报出口前签发；

（二）在有效期内；

（三）以附件1规定的格式正确填制、署名和盖章；

（四）仅有一份正本，并且具有单一证书编号；

（五）所列的货物为同一批次的进口货物，项数不超过20项；

（六）一份进口报关单上所列货物对应一份原产地证书。

第二十二条 具有下列情形之一的，出口商或者生产商可以自货物实际出口之日起90日内申请补发原产地证书：

（一）因不可抗力或者符合台湾规定的正当理由，未能在货物出口报关前申请签发原产地证书的；

（二）签证机构已签发原产地证书，但由于在填制或者签发证书时产生的技术性错误，出口商已申请注销在先原产地证书的；

（三）原产地证书遗失或者损毁，并且未经使用的。

补发的原产地证书应当注明“补发”字样，并自货物实际出口之日起12个月内有效。

本条第一款第（三）项情形下，原产地证书已使用的，补发的原产地证书无效。

第二十三条 海关对《协议》项下原产地证书的真实性，部分或者全部进口货物是否原产于台湾，或者是否符合本办法其他规定产生怀疑时，可以通过以下方式进行核实：

（一）要求进口货物的收货人或者其代理人在《协议》规定的期限内提供补充资料；

（二）通过台湾原产地核查联络机构书面要求出口商、生产商或者签证机构提供相关核查协助；

（三）与台湾海关商定的其他方式。

第二十四条 具有下列情形之一的，该进口货物不适用《协议》协定税率：

（一）进口货物的原产地不符合本办法第三条至第十六条规定的；

（二）货物申报进口时，进口货物收货人或者其代理人未向海关提交有效原产地证书正本，也未就进口货物具备台湾原产资格进行补充申报的；

（三）原产地证书未按照附件 1 规定的格式正确填制、署名和盖章的；

（四）原产地证书所列内容与实际进口货物不符的；

（五）在《协议》规定的期限内，海关未收到进口货物收货人或者其代理人、台湾有关部门答复结果，或者答复结果未包含足以确定原产地证书真实性、货物真实原产地信息的；

（六）原产地证书所列内容与其他申报单证不符的；

（七）原产地证书所列货物名称、8 位级税则号列、数量、重量、包装唛头、编号、包装件数或者种类等内容与进口货物不符的；

（八）进口货物收货人或者其代理人存在其他不遵守本办法有关规定行为的。

第二十五条 出口货物申报时，出口货物发货人或者其代理人应当按照海关的申报规定填制《中华人民共和国海关出口货物报关单》，并向海关提交《协议》项下原产地证书电子数据或者原产地证书正本的复印件。

第二十六条 海关对依照本办法规定获得的商业秘密依法负有保密义务。未经进出口货物收发货人同意，海关不得泄露或者用于其他用途，但是法律、行政法规及相关司法解释另有规定的除外。

第二十七条 违反本办法，构成走私行为、违反海关监管规定行为或者其他违反《海关法》行为的，由海关依照《海关法》和《中华人民共和国海关行政处罚实施条例》的有关规定予以处理；构成犯罪的，依法追究刑事责任。

第二十八条 本办法下列用语的含义：

海关估价协定，是指作为《马拉喀什建立世界贸易组织协定》组成部分的《关于实施 1994 年关税与贸易总协定第七条的协定》；

非台湾原产材料，是指除依据本办法规定具备台湾原产资格的材料以外的其他材料；

生产，是指获得货物的方法，包括但不限于种植、饲养、开采、收获、捕捞、耕种、诱捕、狩猎、捕获、采集、收集、养殖、提取、制造、加工或者装配。

第二十九条 本办法由海关总署负责解释。

第三十条 本办法自 2011 年 1 月 1 日起施行。

附件 1

大陆原产地证书格式

海峡两岸经济合作框架协议原产地证书

正本①

如有任何涂改、损毁或者填写不清均将导致本原产地证书失效

<table>
<tr><td>1. 出口商（名称、地址）：

电话：　　　　传真：

电子邮件：</td><td>编号：

签发日期：

有效期至：</td></tr>
<tr><td>2. 生产商（名称、地址）：

电话：　　　　传真：

电子邮件：</td><td rowspan="2">5. 受惠情况

□ 依据海峡两岸经济合作框架协议给予优惠关税待遇；
□ 拒绝给予优惠关税待遇（请注明原因）

____
进口方海关已获授权签字人签字</td></tr>
<tr><td>3. 进口商（名称、地址）：

电话：　　　　传真：

电子邮件：</td></tr>
</table>

① 注：海关总署 2015 年第 71 号《关于简化已联网优惠贸易安排项下原产地证书提交要求的公告》规定：“对已实现原产地电子数据交换的《内地与香港关于建立更紧密经贸关系的安排》、《内地与澳门关于建立更紧密经贸关系的安排》和《海峡两岸经济合作框架协议》等优惠贸易安排项下进口货物，海关不再要求进口货物收货人或其代理人（以下简称“进口人”）在申报进口时提交原产地证书正本。海关认为有必要时，进口人应当补充提交相关原产地证书正本。”自 2016 年 1 月 1 日起，对《海峡两岸经济合作框架协议》优惠贸易安排项下进口货物，海关不再要求进口货物收货人或其代理人在申报进口时提交原产地证书正本。

续表

<table>
<tr><td colspan="4">4. 运输工具及路线：
离港日期：
船舶/飞机编号等：
装货口岸：
到货口岸：</td><td colspan="3">6. 备注：</td></tr>
<tr><td>7. 项目编号</td><td>8. HS 编码</td><td>9. 货品名称、包装件数及种类</td><td>10. 毛重或者其他计量单位</td><td>11. 包装唛头或者编号</td><td>12. 原产地标准</td><td>13. 发票价格、编号及日期</td></tr>
<tr><td></td><td></td><td></td><td></td><td></td><td></td><td></td></tr>
<tr><td colspan="4">14. 出口商声明
–本人对于所填报原产地证书内容的真实性与正确性负责；
–本原产地证书所载货物，系原产自本协议一方或者双方，且货物属符合海峡两岸经济合作框架协议之原产货物。
____
出口商或者已获授权人签字
____
地点和日期</td><td colspan="3">15. 证明
依据《海峡两岸经济合作框架协议》临时原产地规则规定，兹证明出口商所做申报正确无讹。
____
地点和日期，签字和签证机构印章
电话：　　　　传真：
地址：</td></tr>
</table>

填写须知

第 1 栏：应填写海峡两岸经济合作框架协议下在双方注册登记的海峡两岸双方出口商详细名称、地址、电话、传真和电子邮件等联系方式。如无传真或者电子邮件，应填写“无”。

第 2 栏：应填写海峡两岸经济合作框架协议下在双方注册登记的海峡两岸双方生产商的详细名称、地址、电话、传真和电子邮件等联系方式。如无传真或者电子邮件，应填写“无”。如果证书包含一家以上生产商，应详细列出所有生产商的名称、地址，如果证书填写不下，可以随附生产商清单。如果生产商和出口商相同，应填写“同上”。若本栏资料属机密性资料时，请填写“签证机构或者相关机关要求时提供”。

第3栏：应填写海峡两岸经济合作框架协议下在双方注册登记的海峡两岸双方进口商的详细名称、地址、电话、传真和电子邮件等联系方式，如无传真或者电子邮件，应填写“无”。

第4栏：应填写运输方式及路线，详细说明离港日期、运输工具（船舶、飞机等）的编号、装货口岸和到货口岸。如离港日期未最终确定，可填写预计的离港日期，并注明“预计”字样。

第5栏：不论是否给予优惠关税待遇，进口方海关可在本栏标注（√）。如果不给予优惠关税待遇，请在该栏注明原因。该栏应由进口方海关已获授权签字人签字。

第6栏：如有需要，可填写订单号码、信用证号等。

第7栏：应填写项目编号，但不得超过20项。

第8栏：应对应第9栏中的每项货物填写《协调制度》编码，以进口方8位编码为准。

第9栏：应详细列明货品名称、包装件数及种类，以便于海关关员查验。货品名称可在中文名称外辅以英文，但不能仅以英文填写。货品名称应与出口商发票及《协调制度》上的商品描述相符。如果是散装货，应注明“散装”。当本栏货物信息填写完毕时，加上“＊＊＊”（三颗星）或者“\”（结束斜线符号）。

第10栏：每种货物的数量可依照海峡两岸双方惯例采用的计量单位填写，但应同时填写以国际计量单位衡量的数量，如毛重（用千克衡量），容积（用公升衡量），体积（用立方米衡量）等，以精确地反映货物数量。

第11栏：应填写唛头或者包装号，以便于海关关员查验。

第12栏：若货物符合临时原产地规则，出口商必须按照下列表格中规定的格式，在本证书第12栏中标明其货物申报适用优惠关税待遇所根据的原产地标准。

本表格第9栏列名的货物生产或者制造的详情	填入第12栏
出口方完全获得的货物	“WO”
完全是在一方或者双方，仅由符合本附件的临时原产地规则的原产材料生产	“WP”
（c）符合产品特定原产地标准的货物	“PSR”

此外，如果货物适用的原产地标准依据“累积规则”条款、“微小含量”条款或者“可互换材料”条款，亦应于本栏相应填写“ACU”、“DMI”或者“FG”。

第13栏：应填写海峡两岸经济合作框架协议下海峡两岸双方出口商开具的商业发票所载明的货物实际成交价格、发票编号及发票日期。

第14栏：应由出口商或者已获授权人填写、签名，并应填写签名的地点及日期。

第15栏：应由签证机构的授权人员填写签证地点和日期，并签名、盖章。同时应提供签证机构的电话号码、传真及地址。

证书应以中文填写，必要时辅以英文，但不能仅以英文填写。所有栏目必须填写。证书如有续页，亦按照本须知填写，续页也应填写同一证书编码。同时请在证书下方填写“第×页，共×页”。如果证书仅有1页，亦应填写“第1页，共1页”。

原产地证书续页格式

正本续页

证书编号：　　　　如有任何涂改、损毁或者填写不清均将导致本原产地证书失效

7. 项目编号	8. HS 编码	9. 货品名称、包装件数及种类	10. 毛重或者其他计量单位	11. 包装唛头或者编号	12. 原产地标准	13. 发票价格、编号及日期

14. 出口商声明 -本人对于所填报原产地证书内容的真实性与正确性负责； -本原产地证书所载货物，系原产自本协议一方或者双方，且货物属符合海峡两岸经济合作框架协议之原产货物。 ____________ 出口商或者已获授权人签字 ____________ 地点和日期	15. 证明 依据《海峡两岸经济合作框架协议》临时原产地规则规定，兹证明出口商所做申报正确无讹。 ____________ 地点和日期，签字和签证机构印章 电话：　　　　传真： 地址：

台湾原産地證明書格式

海峡两岸經濟合作架構協議原產地證明書

正本

如有任何塗改、損毀或填寫不清均將導致本原產地證明書失效

1. 出口商（名稱、地址）： 電話：　　　　傳真： 電子郵件：	編號： 簽發日期： 有效期至：

续表

2. 生產商（名稱、地址）：

電話： 傳真：

電子郵件：

3. 進口商（名稱、地址）：

電話： 傳真：

電子郵件：

5. 受惠情況

□ 依據海峽兩岸經濟合作架構協議給予優惠關稅待遇；

□ 拒絕給予優惠關稅待遇（請註明原因）

____

進口方海關已獲授權簽字人簽字

4. 運輸工具及路線：

離港日期：

船舶/飛機編號等：

裝貨口岸：

到貨口岸：

6. 備註：

7. 項目編號	8. HS 編碼	9. 貨品名稱、包裝件數及種類	10. 毛重或其他計量單位	11. 包裝嘜頭或編號	12. 原產地標準	13. 發票價格、編號及日期

14. 出口商聲明

–本人對於所填報原產地證明書內容之真實性與正確性負責；

–本原產地證明書所載貨物，係原產自本協議一方或雙方，且貨物屬符合海峽兩岸經濟合作架構協議之原產貨物。

____

出口商或已獲授權人簽字

____

地點和日期

15. 證明

依據「海峽兩岸經濟合作架構協議」臨時原產地規則規定，茲證明出口商所做申報正確無訛。

____

地點和日期，簽字和簽證機構印章

電話： 傳真：

地址：

第 頁，共 頁

填寫須知

第 1 欄：應填寫海峽兩岸經濟合作架構協議下在雙方註冊登記的海峽兩岸雙方出口商詳細名稱、地址、電話、傳真和電子郵件等聯繫方式。如無傳真或電子郵件，應填寫「無」。

第 2 欄：應填寫海峽兩岸經濟合作架構協議下在雙方註冊登記之海峽兩岸雙方生產商的詳細名稱、地址、電話、傳真和電子郵件等聯繫方式。如無傳真或電子郵件，應填寫「無」。如證明書包含一家以上生產商，應詳細列出所有生產商的名稱、地址，如證明書填寫不下，可以隨附生產商清單。如生產商和出口商相同，應填寫「同上」。若本欄資料屬機密性資料時，請填寫「簽證機構或相關機關要求時提供」。

第 3 欄：應填寫海峽兩岸經濟合作架構協議下在雙方註冊登記之海峽兩岸雙方進口商的詳細名稱、地址、電話、傳真和電子郵件等聯繫方式，如無傳真或電子郵件，應填寫「無」。

第 4 欄：應填寫運輸方式及路線，詳細說明離港日期、運輸工具（船舶、飛機等）的編號、裝貨口岸和到貨口岸。如離港日期未最終確定，得填寫預計的離港日期，並註明「預計」字樣。

第 5 欄：不論是否給予優惠關稅待遇，進口方海關可在本欄標註（√）。如果不給予優惠關稅待遇，請在該欄註明原因。該欄應由進口方海關已獲授權簽字人簽字。

第 6 欄：如有需要，得填寫訂單號碼、信用狀號碼等。

第 7 欄：應填寫項目編號，但不得超過 20 項。

第 8 欄：應對應第 9 欄中的每項貨物填寫「調和制度」編碼，以進口方 8 位碼為準。

第 9 欄：應詳細列明貨品名稱、包裝件數及種類，以便於海關關員查驗。貨品名稱可在中文名稱外輔以英文，但不能僅以英文填寫。貨品名稱應與出口商發票及「調和制度」上的商品描述相符。如果是散裝貨，應註明“散裝”。當本欄貨物資料填寫完畢時，加上“＊＊＊”（三顆星）或“\”（結束斜線符號）。

第 10 欄：每種貨物的數量可依照海峽兩岸雙方慣例採用的計量單位填寫，但應同時填寫以國際計量單位衡量的數量，如毛重（用千克衡量），容積（用公升衡量），體積（用立方米衡量）等，以精確地反映貨物數量。

第 11 欄：應填寫嘜頭或包裝號，以便於海關關員查驗。

第 12 欄：若貨物符合臨時原產地規則，出口商必須按照下列表格中規定的格式，在本證明書第 12 欄中標明其貨物申報適用優惠關稅待遇所根據的原產地標準。

本表格第 9 欄列名的貨物生產或製造的詳情	填入第 12 欄
（a）出口方完全獲得的貨物	“WO”
（b）完全是在一方或雙方，僅由符合本附件的臨時原產地規則的原產材料生產	“WP”
（c）符合產品特定原產地標準的貨物	“PSR”

此外，如果貨物適用的原產地標準依據「累積規則」條款、「微小含量」條款或「可互換材料」條款，亦應於本欄相應填寫“ACU”、“DMI”或“FG”。

第 13 欄：應填寫海峽兩岸經濟合作架構協議下海峽兩岸雙方出口商開具的商業發票所載明的貨物實際成交價格、發票編號及發票日期。

第 14 欄：應由出口商或已獲授權人填寫、簽名，並應填寫簽名的地點及日期。

第 15 欄：應由簽證機構的授權人員填寫簽證地點和日期，並簽名、蓋章。同時應提供簽證機構的電話號碼、傳真及地址。

證明書應以中文填寫，必要時輔以英文，但不能僅以英文填寫。所有欄位必須填寫。證明書如有續頁，亦按照本須知填寫，續頁也應填寫同一證明書編號。同時請在證明書下方填寫「第×頁，共×頁」。如果證明書僅有 1 頁，亦應填寫「第 1 頁，共 1 頁」。

原產地證明書續頁格式

正本續頁

證明書編號：　　　　如有任何塗改、損毀或填寫不清均將導致本原產地證明書失效

7. 項目編號	8. HS 編碼	9. 貨品名稱、包裝件數及種類	10. 毛重或其他計量單位	11. 包裝嘜頭或編號	12. 原產地標準	13. 發票價格、編號及日期

14. 出口商聲明	15. 證明
-本人對於所填報原產地證明書內容之真實性與正確性負責； -本原產地證明書所載貨物，係原產自本協議一方或雙方，且貨物屬符合海峽兩岸經濟合作架構協議之原產貨物。 ________________ 出口商或已獲授權人簽字 ________________ 地點和日期	依據「海峽兩岸經濟合作架構協議」臨時原產地規則規定，茲證明出口商所做申報正確無訛。 ________________ 地點和日期，簽字和簽證機構印章 電話：　　　　傳真： 地址：

第　　頁，共　　頁

附件 2

《海峡两岸经济合作框架协议》项下
进口货物原产资格申明书

本人________（姓名及职务）/本单位____________（单位名称及海关注

册编码）为进口货物收货人（不适用的部分请划去），兹申明编号为________的报关单所列第____项货物原产台湾，且货物符合《海峡两岸经济合作框架协议》原产地规则的要求。

本人/本单位申请对上述货物适用《海峡两岸经济合作框架协议》协定税率，并申请缴纳保证金后放行货物。本人/本单位承诺自货物进口之日起 1 年内补交《海峡两岸经济合作框架协议》原产地证书。

签名：________

日期：________

关于《海峡两岸经济合作框架协议》货物贸易早期收获项下进口货物享受协定税率及通关事宜的公告

（2010年12月31日　海关总署公告2010年第90号）

2011年1月1日起，《海峡两岸经济合作框架协议》（以下简称ECFA）项下货物贸易早期收获计划将开始实施。现就有关事宜公告如下：

一、自2011年1月1日起，对原产于台湾的557个税则号列项下的进口商品（海关总署公告2010年第85号公布）适用协定税率。适用协定税率货物的原产地证书必须是2011年1月1日及以后签发，且货物于2011年1月1日及以后起运。

二、进口货物的收货人或其代理人申报进口原产于台湾并享受协定税率的货物时，应当按照海关的申报规定填制《中华人民共和国海关进口货物报关单》，其“优惠贸易协定代码”应当填写“14”。

三、货物经过大陆、台湾以外的第三方运输至大陆时，进口人除应按《中华人民共和国海关〈海峡两岸经济合作框架协议〉项下进出口货物原产地管理办法》（海关总署令第200号）提交符合规定的单证外，还应提交该第三方海关出具的证明文件。未能提交上述证明文件或者上述证明文件不足以证明相关货物符合海关总署令第200号规定的直接运输规则的，相关货物不能享受ECFA优惠税率。

货物经过香港、澳门的，进口货物的收货人、代理人或承运人应当提前告知香港海关或澳门海关，请香港海关或澳门海关出具相关证明文件，并应确保所施加的关锁完好无损。

四、对于ECFA项下的出口货物，出口货物的发货人或其代理人应当按照海关的申报规定填制《中华人民共和国海关出口货物报关单》，并在随附单证编号栏“<>”内填写优惠贸易协定代码 X+“:”+需证商品序号，同时向海关提交原产地证书复印件或电子数据。①

特此公告。

① 注：海关总署 2016 年第 51 号《关于优惠贸易协定项下进出口货物报关单填制规范的公告》第一条第一款规定：办理海关申报手续时，只能使用原产地证书申请享受协定税率或者特惠税率（以下统称“优惠税率”）的优惠贸易协定项下货物（“无原产地声明模式”），应在报关单“随附单证栏”的“随附单证代码栏”填写“Y”，在“随附单证编号栏”填写“<优惠贸易协定代码>”和“原产地证书编号”。本公告第四条停止执行。

关于《中华人民共和国海关〈海峡两岸经济合作框架协议〉项下进出口货物原产地管理办法》第三方海关证明文件条款适用解释的公告

（2013年4月19日　海关总署公告2013年第22号）

为促进《海峡两岸经济合作框架协议》货物贸易早期收获计划更好地实施，现就《海峡两岸经济合作框架协议》项下货物经过香港、澳门中转时，《中华人民共和国海关〈海峡两岸经济合作框架协议〉项下进出口货物原产地管理办法》（海关总署令第200号公布）第十七条第二款有关“第三方海关出具的证明文件”适用事宜解释如下：

货物经过香港、澳门中转时，第三方海关指香港、澳门海关，有关证明文件指香港、澳门海关签发的《香港海关确认书》、《澳门海关确认书》。其中，对于在香港、澳门中转但未换装运输工具的空运货物，即原飞机经香港、澳门中转货物，有关证明文件可以由香港、澳门海关以与内地海关协商一致的方式统一提交内地海关，进口货物收货人或其代理人在办理进口报关手续时可不再另行提交《香港海关确认书》、《澳门海关确认书》，但应提供承运人证明文件，证明有关货物为原飞机经香港、澳门中转，其中航班号发生改变的应一并明确说明。

特此公告。

关于两岸海关电子信息交换系统上线运行及《海峡两岸经济合作框架协议》项下货物报关单填制规范相关事宜的公告

（2014 年 3 月 27 日　海关总署公告 2014 年第 22 号）

为进一步便利《海峡两岸经济合作框架协议》（以下简称 ECFA）项下货物贸易，两岸海关电子信息交换系统将于 2014 年 4 月 1 日上线运行，实时传输经出口方海关验核的 ECFA 项下货物原产地数据。现就该系统上线后 ECFA 项下进出口货物报关单填制要求及相关事宜公告如下：

一、自 2014 年 4 月 1 日起，进口货物收货人或其代理人（以下简称进口人）须按照以下要求填制《中华人民共和国海关进口货物报关单》（以下简称进口报关单）：

在“随附单证栏”的“随附单证代码栏”填写“Y”，在“随附单证栏”的“随附单证编号栏”填写“<14>”及“原产地证书编号”。在“单证对应关系表”中填写进口报关单申报商品与原产地证书商品之间的对应关系。报关单商品序号与原产地证书项目编号应当一一对应，不要求顺序对应。同一批次项下享受和不享受 ECFA 协定税率的商品可以在同一张报关单中申报。不享受协定税率的商品，其序号不填写在“单证对应关系表”中。“单证对应关系表”填写示例见附件。

二、自 2014 年 4 月 1 日起，对于海关尚未收到有关原产地电子数据的进口货物，进口人申报进口时，报关单预录入客户端将提示不存在原产地证书电子信息。

在 2014 年 4 月 1 日至 6 月 30 日期间（含 6 月 30 日，以下同），对于提示不存在原产地证书电子信息的情况，进口人可忽略提示内容并选择继续申报。

自 2014 年 7 月 1 日起，对于提示不存在原产地证书电子信息的情况，进口人应当按照现行规定申明并申请办理有关货物的担保放行手续。

三、自2014年4月1日起，使用已与海关联网的原产地证书向海关申报的出口货物，出口货物发货人或其代理人（以下简称出口人）须按照本公告第一条的要求填制《中华人民共和国海关出口货物报关单》（以下简称出口报关单）。

自2014年6月2日起，原产地证书预录入系统（以下简称证书系统）证书系统正式运行。使用未与海关联网的原产地证书向海关申报的出口货物，出口人应当在申报前预先通过证书系统录入有关原产地证书电子信息，并按照本公告第一条的要求填制出口报关单。

同一原产地证书项下的出口货物应当在同一份出口报关单申报。

四、对于出口人在货物出口时未按照本公告要求填制出口货物原产地信息的情况，出口人可以按照相关规定办理出口报关单修改手续，补充有关原产地信息。

对于货物出口后原产地证书发生修改的情况，出口人可在签证机构补发有关原产地证书后告知海关有关情况；对于因原产地证书信息发生变化而需要修改出口报关单的，可以按照相关规定办理出口报关单修改手续。

对于使用未与海关联网的原产地证书申报出口的货物，出口人在办理出口报关单修改手续前须通过证书系统补充或修改有关原产地证书电子信息。

特此公告。

附件

"单证对应关系表"填写示例

例如：报关单第1、3、4、5、8、9、10项为享受ECFA协定税率的商品，且其分别对应原产地证书第3、1、4、5、6、7、8项，则"单证对应关系表"应填写为：

报关单项号	对应随附单证项号
1	3
3	1
4	4

续表

报关单项号	对应随附单证项号
5	5
8	6
9	7
10	8

（三）企业

台湾同胞投资企业协会管理暂行办法

（2003年3月20日国务院台湾事务办公室、民政部〔2003〕国台发第1号）

第一条 为了保障台湾同胞投资企业协会（以下简称台资企业协会）的合法权益，促进海峡两岸经济交流与合作，规范管理，依据《中华人民共和国台湾同胞投资保护法》和《社会团体登记管理条例》，制定本办法。

第二条 台资企业协会是指以在祖国大陆登记注册的台湾同胞投资企业（以下简称台资企业）为主体，依法自愿组成的社会团体。

第三条 台资企业协会必须遵守国家宪法、法律、法规，不得危害国家的统一、安全和民族团结，不得损害国家利益、社会公共利益及公民合法权益。

第四条 国家依法保护台资企业协会及其会员的合法权益，以及按照章程所进行的合法活动。

第五条 台资企业协会以服务会员、推动海峡两岸经济交流与合作为宗旨。主要业务范围是：

（一）开展会员间的联谊和交流活动；

（二）为会员提供国家有关法律、法规以及经济信息等方面的咨询服务；

（三）沟通会员与当地政府及有关部门的联系，反映会员有关生产经营等方面的意见、建议和要求，维护会员的合法权益；

（四）促进当地与台湾地区之间的经济交流与合作；

（五）举办社会公益活动；

（六）帮助会员解决工作和生活中的有关困难。

第六条 国务院台湾事务办公室和有关地方人民政府台湾事务部门是台资企业协会的业务主管单位。有关地方人民政府台湾事务部门和民政部门负责本行政区域内台资企业协会的业务指导和登记管理工作。

第七条 台资企业协会分单位会员和个人会员，以单位会员为主体。

单位会员是登记注册地台资企业以本企业名义加入的会员。

个人会员是在登记注册地台资企业从业的台湾同胞以本人名义加入的会员，以及台资企业协会注册地为协会服务的有关人员以适当名义加入的会员。

第八条 成立台资企业协会，应当具备下列条件：

（一）台资企业比较集中的地区；

（二）有50个以上的发起会员，其中单位会员不得少于30个；

（三）有固定的办公地点；

（四）有适应开展业务活动所需要的专职工作人员；

（五）有合法的经费来源；

（六）法律、法规、规章规定的其他条件。

第九条 成立台资企业协会，应当经业务主管单位审查同意，依照有关规定进行登记，并按照程序报国务院台湾事务办公室备案。

第十条 所在地人民政府台湾事务部门履行业务主管单位的职责，为台资企业协会提供服务和帮助。

（一）指导台资企业协会依法开展章程规定的各项活动；

（二）协助台资企业协会联系当地政府及有关部门，安排相关活动；

（三）协助台资企业协会组织有关重要经贸交流活动、重大会务活动；

（四）协助台资企业协会组织有关法律和经济业务等培训；

（五）为台资企业协会举办社会公益活动提供帮助；

（六）为台资企业协会业务活动中遇到的问题，以及会员在生产经营和生活中遇到的困难提供帮助；

（七）提供其他必要的帮助。

第十一条 台资企业协会会长由台商担任。会长、副会长应具备下列条件：

（一）遵守一个中国原则，拥护国家统一，愿意为促进两岸经济交流与合作积极努力；

（二）台商本人投资企业有一定规模，具有一定经济实力；

（三）个人素质较好，在当地台商中有一定威望；

（四）热心协会工作，有较强工作能力；

（五）身体健康，能够坚持正常工作；

（六）未在其他社会团体担任法定代表人；

（七）具有完全民事行为能力。

第十二条　为了便于台资企业协会联系政府有关部门，更好地为会员提供服务，所在地人民政府台湾事务部门相关负责人可接受台资企业协会聘请担任相应职务。受聘人员由台资企业协会按章程规定程序产生，不领取台资企业协会的报酬。

第十三条　台资企业协会聘用一般工作人员，应当按照国家有关规定办理。

第十四条　台资企业协会接待台湾地区重要团组和人士来访，应事先向所在地业务主管单位报备。

台资企业协会举办成立、换届、庆典等重要活动，应报业务主管单位批准。

台资企业协会举办跨地区的活动，应由业务主管单位报上级业务主管单位批准。

第十五条　台资企业协会不得加入外国商会及境外社团组织。

台资企业协会依照章程独立自主开展活动，与其他任何组织没有隶属关系，不得接受任何组织和个人委托从事与章程规定不符的活动。

第十六条　台资企业协会收取会费、接受捐赠和资助必须符合章程规定的宗旨与业务范围，并应当向业务主管单位和登记管理机关报告接受和使用会费、捐赠与资助的有关情况，同时应当将有关情况以适当方式向社会公布。

第十七条　台资企业协会依法开展业务活动做出突出成绩的，业务主管单位和登记管理机关以适当方式予以鼓励和表彰。

第十八条　本办法施行前已经成立的台资企业协会，如与本办法规定不符的，应当自本办法施行之日起六个月内依照本办法有关规定自行修正。

第十九条　本办法没有规定的，依照《社会团体登记管理条例》和国家有关规定执行。

第二十条　本办法由国务院台湾事务办公室负责解释。

第二十一条　本办法自 2003 年 4 月 20 日起施行。

（四）交通运输邮电

台湾海峡两岸直航船舶监督管理暂行办法

（2008 年 12 月 12 日中华人民共和国海事局海船舶〔2008〕597 号）

第一章　总　　则

第一条　为保障人命及财产安全，防止船舶污染水域，促进海峡两岸经贸交流，便利人员往来，依据《海峡两岸海运协议》和相关法律法规的规定以及航海惯例，制定本办法。

第二条　本办法适用于从事两岸间客货直接运输的船舶（以下简称直航船舶）及有关单位和个人。

第三条　海事管理机构按照《关于台湾海峡两岸间海上直航实施事项的公告》的相关要求，依照本办法对直航船舶实施监督管理。

第二章　公司、船舶和船员

第四条　从事两岸间客货直接运输的航运公司应持有《台湾海峡两岸间水路运输许可证》，直航船舶应持有《台湾海峡两岸间船舶营运证》。

第五条　直航船舶应持有符合船籍港规定的有效船舶证书和文书。

在申请核发《台湾海峡两岸间水路运输许可证》、《台湾海峡两岸间船舶营运证》时，直航船舶的船舶证书和文书应经海事管理机构审核。

第六条　直航船舶应至少满足近海航区等级的要求。

在大陆登记直航船舶应按照海事管理机构的要求进行技术条件复核。

第七条　直航船舶应按船籍港的要求配备适任船员，直航船舶的船员所持的适任证书应满足船籍港的规定要求。

第三章 航行、停泊和作业

第八条 直航船舶进出两岸对方港口期间只悬挂公司旗。

第九条 直航船舶航行、停泊和作业，应遵守当地的有关安全和防污染管理规定。

第十条 直航船舶进出港口应配备满足航行安全要求的最新航海图书资料，及时报告船舶动态，接收航行安全信息。

第十一条 直航船舶拟进入大陆港口，船方或具备相应资质的船舶代理人应在直航船舶驶离上一港口时向抵达港的口岸查验部门提出申请，经许可后方可进港。

第十二条 直航船舶进出大陆港口，船方或具备相应资质的船舶代理人应向海事管理机构申请办理进出港查验手续。

船舶在港停泊时间不足24小时的，经海事管理机构同意，进出港查验手续可以同时办理。船舶领取出港许可证后，情况发生变化或者24小时内未能驶离港口的，应重新办理出港手续。

第十三条 海事管理机构在办理直航船舶进出港查验手续时，必须查验下列证书和资料：

（1）船舶登记证书；

（2）船舶检验证书；

（3）船员适任证书（包括其他特殊培训证书）；

（4）《船舶最低安全配员证书》；

（5）危险货物申报单（适用于装载危险货物的船舶）；

（6）《台湾海峡两岸间水路运输许可证》和《台湾海峡两岸间船舶营运证》；

（7）安全监督管理所需要的其他证书。

对未经许可擅自从事两岸间航运业务的船舶，海事管理机构不得为其办理进出港手续，并通报交通主管部门。

第十四条 直航船舶进出港申请、许可和查验使用专用单证格式和专用印章。

第十五条 直航船舶进出中国大陆港口可申请引航。但有下列情形时，应申请引航：

（一）直航船舶的船长首次到港；

（二）按内河航行规定需要引航的船舶；

（三）因安全原因海事管理机构认为需要引航的船舶。

第十六条 直航船舶在港内进行安全作业、危险货物和防污染作业应遵守港口有关安全和防污染管理规定，并办理相关手续。

第十七条 直航船舶在航行途中，因遇险、发生故障、船员或旅客患急病、避风等特殊情况，需临时进港的或者需要进入非直航港口临时停泊的，应事先向海事管理机构报告，经批准后方可进入。

第四章 监督检查

第十八条 海事管理机构应对直航船舶依法实施监督检查，直航船舶应主动接受、配合海事管理机构的监督检查。

第十九条 海事管理机构对直航船舶实施安全检查应依照有关船舶安全检查程序规定并参照船籍港有关船舶、船员管理规定和标准实施。

对在台湾登记的直航船舶实施安全检查后，由具有授权的人员另纸签发《船舶安全检查通知书》。

第二十条 直航船舶有下列情形之一的，海事管理机构有权责令其整改；未按要求整改的，海事管理机构有权禁止其进、离港，并将情况通报有关部门。

（一）处于不适航状态；

（二）船舶证书、船舶配员及其船员适任证书不符合船籍港有关规定的；

（三）发生水上交通或污染事故且事故手续未清的；

（四）未缴付应承担的款项，又未提供适当担保者；

（五）按照规定应禁止进、离港的情形。

第二十一条 直航船舶需要进行临时技术性检验，可以向海事管理机构指定的船舶检验机构提出申请。

第二十二条 直航船舶及其船员违反有关法律法规和本办法规定的，由海事管理机构依据有关法律法规进行处理。

第五章 应急处置和事故调查

第二十三条 直航船舶应熟悉所到港口的防抗台风、搜救、水上污染处置等突发事件应急要求，并按照要求做好防范措施和应急反应。

第二十四条 直航船舶发生水上交通事故和污染事故，应采取一切有效措施组织自救，防止损失扩大，并立即向事故发生地海事管理机构和搜救中心报告。

第二十五条 海事管理机构和搜救中心接到事故报告后，应立即组织救助。直航船舶和参加事故救助的船舶、设施，必须听从指挥。

第二十六条 直航船舶发生水上交通事故，应按规定向事发地或第一个抵达港口的海事管理机构提交海上交通事故报告，并接受调查处理。

第二十七条 海事管理机构接到事故报告后，应立即派员前往现场，进行调查和取证，查明事故发生的原因，判明当事人的责任。

第二十八条 接受海事管理机构调查、取证的有关人员，应当如实提供有关情况和证据，不得谎报或者隐匿、毁灭证据。

第六章 附 则

第二十九条 本办法所称“直航船舶”，是指从事台湾海峡两岸间海上直接运输业务，使用两岸资本并在两岸登记的船舶。

第三十条 属于两岸资本且经许可从事两岸间客货直接运输的外国籍船舶，应持有《台湾海峡两岸间水路运输许可证》和《台湾海峡两岸间船舶营运证》，进出大陆港口按照外国籍船舶实施管理。

第三十一条 属于两岸资本并在香港登记的经许可从事两岸间客货直接运输的船舶，应持有《台湾海峡两岸间水路运输许可证》和《台湾海峡两岸间船舶营运证》，进出大陆港口参照港澳航线船舶实施管理。

第三十二条 福建沿海地区与金门、马祖、澎湖间海上直航的船舶，按照《福建沿海地区与金门、马祖、澎湖间海上直接通航运输管理暂行规定》和相关规定实施监督管理。

第三十三条 本办法未明确的其他事项，按照相关规定执行。

第三十四条 本办法自2008年12月15日起施行。

关于海峡两岸海上直航政策措施的公告

（2011 年 7 月 5 日 交通运输部公告 2011 年第 37 号）

为进一步落实《海峡两岸海运协议》，促进两岸海上直航健康稳定发展，充分发挥直航效益，现就有关政策措施公告如下：

一、关于增加直航港口

大陆方面增加潍坊港、安庆港为两岸海运直航港口。至此，大陆方面共有 70 个直航港口（港区）。

二、关于两岸间不定期海上货物运输

自 2012 年 1 月 1 日起，停止外国企业、经营组织和自然人经第三地从事两岸间不定期海上货物运输。

两岸登记船舶无法满足市场需求时，经特别许可，两岸具有相应直航运输资质的公司，可租用外国籍船舶经第三地从事两岸间单航次不定期货物运输。

关于海峡两岸海上直航发展政策措施的公告

(2012 年 9 月 29 日　交通运输部公告 2012 年第 41 号)

为全面落实《海峡两岸海运协议》，进一步促进两岸海运市场健康、有序发展，现就有关政策措施公告如下：

一、增加直航港口

大陆方面增加烟台港蓬莱港区、深圳港大铲湾港区为两岸海运直航港口(港区)。至此，大陆方面共有 72 个直航港口 (港区)。

二、加强两岸搜救合作

为共同保障两岸海上航行和人身、财产、环境安全，双方建立海上搜救联系机制。现阶段大陆方面指定中国海上搜救中心为两岸搜救联系窗口。

三、加强两岸海运市场监管

进一步加大对未经批准擅自从事两岸运输、为不具备两岸运输资质的船舶提供船舶代理或港口装卸服务等违法行为的打击力度，对外国企业、经营组织和自然人非法从事两岸运输行为严肃查处。

四、维护两岸集装箱运输市场秩序

为保护公平竞争，从根本上遏制“零运价”、“负运价”等恶性杀价竞争行为，决定建立并实施两岸集装箱班轮运价备案制度 (另行发文公布)。

两岸班轮运输经营者要认真落实《关于公布进一步促进海峡两岸海上直航政策措施的公告》(交通运输部公告 2009 年第 54 号) 精神，自本公告发布之日起 30 日内，按规定程序向我部报备出租、互换舱位情况。舱位发生变更的，需自变更之日起 15 日内向我部报备变更情况。

任何企业、组织和个人未经批准不得以租赁舱位等任何方式经营两岸集装箱班轮运输。对于非法从事两岸集装箱运输的，一经发现，要依法查处。

关于促进两岸海上直航政策措施的公告

（2009 年 6 月 19 日　交通运输部公告 2009 年第 21 号）

为贯彻落实《海峡两岸海运协议》，进一步推动海峡两岸全面双向直航，为两岸贸易和人员往来提供更加便利海运服务，我部于 2009 年 5 月 16 日发布了大陆方面促进两岸海上直航的九项政策措施，现公告如下：

一、关于直航港口

大陆方面增加以下 5 个直航港口（港区）：铜陵港，石岛港、莱州港，台州港大麦屿港区，宁波—舟山港沈家门港区。截至目前，大陆方面共有 68 个港口（港区）为两岸海运直航港口。

二、关于运力调控

根据《海峡两岸海运协议》确定的“平等参与、有序竞争，根据市场需求，合理安排运力”的原则，为避免运力盲目增长，导致恶性竞争，交通运输部将根据市场供求关系，以集装箱班轮、客船和散装液货船为重点进行运力宏观调控。

三、关于砂石运输

为两岸砂石贸易提供运输便利，更好地满足台湾方面砂石运输需求，促进两岸经贸发展，不再对天然砂运输船实行单独发证，将天然砂运输船的业务范围统一调整为“砂石运输”，同时加强对老旧船舶安全检查。

四、关于互免税收

自 2008 年 12 月 15 日起，大陆方面对台湾航运公司从事海峡两岸海上直航业务在大陆取得的运输收入和所得，免征营业税和企业所得税。

五、关于互设机构

大陆方面已就落实《海峡两岸海运协议》确定的互设机构做好了安排，欢迎台湾航运公司在大陆投资设立经营性机构，大陆相关部门将积极提供协助和便利。同时，大陆方面支持两岸验船机构开展合作交流，积极促成互在对方设立办事处；在设立办事处前，为验船人员来往两岸开展业务提供便利，及时执行检验和处理紧急事务。

六、关于两岸登记船舶

允许两岸登记的非运输两岸间贸易货物的船舶，从两岸港口或第三地港口进入对方港口，挂旗方式按照《海峡两岸海运协议》规定的船舶识别方式执行。如上述船舶运送两岸之间的贸易货物或中转货物，应按照两岸主管部门对直航船舶的管理规定办理。

七、关于非商业运输船舶

对两岸资本的非商业运输船舶（如：航海教学实习船、海洋科学考察船、工程船、救助打捞船等）进入对方港口，按照《海峡两岸海运协议》确定的精神，予以支持，按个案方式予以审批。

八、关于《海峡两岸海运协议》联系实施机制

大陆方面的海峡两岸航运交流协会将进一步加强与台湾方面相应机构的联系，为两岸相关行业主管部门指定人员提供便利的联络渠道和服务，及时协调处理《海峡两岸海运协议》实施中的相关事务。

九、关于海上安全

大陆方面将继续推动两岸海上安全等方面的交流和合作，加强对口磋商，共同保障海上人命、环境和航行安全，并尽快协商编制两岸直航船舶共同技术标准和监管办法。

关于公布进一步促进海峡两岸海上直航政策措施的公告

（2009年12月14日　交通运输部公告2009年第54号）

为更好地贯彻落实《海峡两岸海运协议》，现将促进两岸海上直航的三项政策措施公告如下：

一、关于两岸间空箱调运

从事国际集装箱班轮运输且在两岸登记的船舶，可在两岸港口间承运经营者自有的、租用的或其他公司拥有的空集装箱。经营者应提前向交通运输部备案，取得《台湾海峡两岸间空箱调运备案证明书》后，方可从事空集装箱调运业务。经营者应在每年1月10日前，将上一年度所运送空集装箱数量报交通运输部。

二、关于两岸间集装箱直航运输

经交通运输部批准从事两岸间集装箱直航运输的船舶，可运输两岸贸易货物，也可运输中转货物。

未经交通运输部批准，取得两岸直航集装箱班轮运输资格的经营者，不得向不具备经营两岸直航集装箱班轮运输资格的经营者出租舱位，或者用两岸直航班轮航线的舱位与其他航线的舱位进行互换；也不得以任何方式将其经营资格转让他人使用。

三、关于两岸间海上客运

从事两岸间海上客运的船舶应经验船机构检验，符合有关公约的技术标准，持有两岸相互认可的有效证书；客船经营公司应建立安全管理体系，并依法办理船东责任和旅客意外伤害有关保险。

根据《海峡两岸海运协议》确定的“平等参与、有序竞争，根据市场需求，合理安排运力”的原则，并有利于两岸间客运市场的培育和发展，目前每条客运航线只投入一艘船舶，自船舶首航之日起，一段时期内原则上不安排新的船舶运力。

关于台湾海峡两岸间海上直航实施事项的公告

（2008年12月10日　交通运输部公告2008年第38号）

根据《海峡两岸海运协议》以及相关法律、行政法规、规章的规定，现将海峡两岸海上客货直接运输的实施事项公告如下：

一、管理模式

两岸间航运业务实行特殊管理，交通运输部对经营两岸间航运业务的航运公司和营运船舶实施行政许可。

二、航运公司

在两岸注册的两岸资本且具有企业法人资格的航运公司，经许可后，方可从事两岸间海上直接运输业务。

三、营运船舶

从事两岸间海上直接运输业务，须使用两岸资本并在两岸登记的船舶。直航船舶在进出直航港口期间，应符合《海峡两岸海运协议》关于船舶识别的约定。

四、直航港口

海峡两岸直航港口名单见附件，今后将根据实际需要，适时增加直航港口。

五、申请程序

在大陆注册的航运公司申请经营两岸间航运业务，应当向交通运输部报送申请文件，同时将申请文件抄报公司所在地的省、自治区、直辖市交通运输主管部门。

其他航运公司应当委托其在大陆的船舶代理人，向交通运输部报送申请文件。

六、申请文件

申请经营两岸间航运业务的航运公司，应当提交下列文件：

（一）申请书（须经公司法定代表人签署）；

（二）营业执照复印件和公司旗标识彩色图案；

（三）公司安全管理符合证明（DOC证书）复印件；

（四）船舶资料（包括：船舶登记证书、检验证书、安全管理证书等复印件；使用期租或光租船舶的，应提交船舶租赁合同复印件；必要时，需提供两岸资本证明材料）；

（五）提单样本；从事集装箱班轮运输的，应提交航线挂港、班期和运价本；从事旅客运输（含邮轮运输）的，还应提交客票样本。

七、审核时限

交通运输部自收到齐全、有效的申请文件之日起20日内，决定许可或者不许可，并书面通知申请人。

省、自治区、直辖市交通运输主管部门应在收到抄报的申请文件后10日内提出意见报送交通运输部。

八、许可证书

获准许可的航运公司及其船舶，由交通运输部分别核发新的《台湾海峡两岸间水路运输许可证》和《台湾海峡两岸间船舶营运证》，并使用“台湾海峡两岸间水路运输审批专用章”。

班轮航线挂港、营运船舶发生变更的，航运公司应提前10日申请换发《台湾海峡两岸间船舶营运证》。

原《台湾海峡两岸间水路运输许可证》和《台湾海峡两岸间船舶营运证》自2009年1月1日起停止使用。

获准许可的航运公司及其船舶名单将在交通运输部网站公布。

九、特别事项

（一）运力投放按照平等参与、有序竞争、双向直航、互惠互利的原则，结合两岸贸易、人员往来需求和航运市场状况，合理安排运力。

（二）两岸资本并在香港特别行政区登记的船舶，经许可，可参与两岸间海上直接运输，在进出两岸直航港口期间，其船舶识别方式应符合《海峡两岸海运协议》附件第一项的规定。

（三）本公告发布前经许可已经从事两岸试点直航运输、两岸三地集装箱班轮运输、砂石运输的两岸资本的方便旗船，航运公司应向交通运输部申请特别许可并换发《台湾海峡两岸间水路运输许可证》和《台湾海峡两岸间船舶营运证》后，方可从事两岸间海上直接运输。

（四）本公告发布前经许可已经取得两岸间不定期船舶运输经营资格的航运公司，符合直航条件的，应向交通运输部申请并换发《台湾海峡两岸间水路运输许可证》和《台湾海峡两岸间船舶营运证》后，方可从事两岸间海上直接运输；不符合直航条件的，经交通运输部特别许可，可临时从事两岸间海上运输，保持原有航行模式不变。

（五）未经特别许可，外国航运公司及外国籍船舶不得从事两岸间航运业务。经个案特别许可，临时经营两岸间单航次贸易货物运输的外国航运公司及外国籍船舶，保持原有航行模式不变。

（六）福建沿海地区与金门、马祖、澎湖间海上直航，仍依照《福建沿海地区与金门、马祖、澎湖间海上直接通航运输管理暂行规定》办理。

（七）经营两岸航运业务，不得有下列行为：以低于正常、合理水平提供运价服务，妨碍公平竞争；在会计账簿之外暗中给予托运人回扣，承揽货物；以歧视性价格或其他限制性条件给交易对方造成损害；其他损害交易对方或者损害航运市场秩序的行为。

十、监管措施

海事管理机构对从事经营两岸间航运业务的船舶依法实施监管。对未经许可擅自从事经营两岸间航运业务的船舶，海事管理机构不得为其办理进出港口手续，对非法从事经营两岸间航运业务的船舶依法处罚。交通运输部将对违规从事经营两岸间航运业务的航运公司及其船舶代理人依法予以查处。

十一、互设机构

两岸航运公司可在对方设立办事机构及经营性机构，开展相关业务。

台湾航运公司申请在大陆设立经营性机构，按照《关于促进台湾海峡两岸海上直航政策措施及实施事项的公告》（交通部 2007 年第 22 号公告）规定办理。

十二、互免税收

两岸航运公司参与两岸船舶运输在对方取得的运输收入，相互免征营业税及所得税。

台湾航运公司应依照大陆财政、税务主管部门的相关规定，办理大陆的免税手续。

十三、联系协商

两岸海上直航实施中需要进一步细化的事项，由海峡两岸航运交流协会和台湾海峡两岸航运协会联系协商后，报请有关单位研究解决。

十四、生效日期

本公告自2008年12月15日起施行。

附件

海峡两岸海上直航大陆港口（港区）名单

（共计63个）

丹东、大连、营口、唐山、锦州、秦皇岛、天津、黄骅、威海、烟台、龙口、岚山、日照、青岛、连云港、大丰、上海、宁波、舟山、台州、嘉兴、温州、福州、松下、宁德、泉州、肖厝、秀屿、漳州、厦门、汕头、潮州、惠州、蛇口、盐田、赤湾、妈湾、虎门、广州、珠海、茂名、湛江、北海、防城、钦州、海口、三亚、洋浦等48个海港，以及太仓、南通、张家港、江阴、扬州、常熟、常州、泰州、镇江、南京、芜湖、马鞍山、九江、武汉、城陵矶等15个河港。

（注：台湾方面直航港口为11个，包括：基隆（含台北）、高雄（含安平）、台中、花莲、麦寮、布袋（先采专案方式办理）等6个港口，以及金门料罗、水头、马祖福澳、白沙、澎湖马公等5个“小三通”港口。）

关于进一步促进台湾海峡两岸海上直航发展政策措施的公告

（2013年7月10日　交通运输部公告2013年第43号）

为进一步拓展两岸海运直航，加快安全、便捷、绿色、高效的两岸运输体系建设，促进两岸经济贸易合作发展和人员交往，现发布促进台湾海峡两岸海上直航发展的政策措施如下：

一、积极促进两岸邮轮运输经济发展，培育和发展两岸资本的邮轮公司。现阶段，两岸资本并在两岸登记的企业，经交通运输部批准可试行包租外籍邮轮多航次从事两岸运输。经交通运输部批准外籍邮轮在国际航线上可直接挂靠两岸港口，但不得作为两岸间旅客运输。

二、在华北至台湾航线上，经交通运输部批准两岸资本并在两岸登记的干线班轮可捎带两岸中转货，每航次装载量不得超过400TEU；经特别许可两岸资本的方便旗干线班轮可捎带两岸自有中转货，每航次装载量不得超过400TEU。

三、简化港区内相关拖架与车辆运营程序，推动两岸机动车辆通过客滚航线上岸、甩挂运输等实现互通行驶。

四、依托两岸高速客滚船和陆海联运，构建两岸小型货物快捷运输通道。

五、推进两岸互设验船机构或办事处，开展船舶营运检验和建造检验。

六、强化海上搜救合作，举行2013年两岸海上搜救学术研讨会及2014年海峡两岸海上联合搜救演练。

七、福建至金、马、澎地区海上运输的审批和监督管理，由福建省交通运输厅负责。

八、增开平潭对台客货滚装运输航线，推动开展船舶保税登记试点。

九、在厦门开展国际船舶保税登记等现代航运服务业的政策创新试点，加强两岸船员培训考试机制和条件建设。

十、支持开通厦金水域的刘五店航道，进一步提高厦门港服务两岸经济社会发展的能力。

十一、在厦门港开展两岸交通物流信息平台建设试点，促进相关运输信息和口岸信息与交通电子口岸连接，逐步实现两岸港航和物流信息交换和共享。

两岸直航船舶技术条件复核实施办法

（2009年3月25日中华人民共和国海事局海船检〔2009〕167号）

第一条 为确保两岸直航船舶技术状况良好，保障水上人命及财产安全、防止水域及环境污染、促进海峡两岸经贸交流、便利人员往来，依据《台湾海峡两岸直航船舶监督管理暂行办法》，制定本实施办法。

第二条 船舶技术条件复核是指通过对申报两岸直航的船舶的图纸资料、证书或证书簿、检验报告或记录等的查阅，并按本实施办法的要求实施实船勘验，确认船舶的技术状况，用以为批准船舶从事两岸直航提供技术上的支持。船舶技术条件复核并不替代正常的船舶检验。

第三条 本办法适用于在大陆登记的拟申报两岸直航的船舶。

第四条 中华人民共和国海事局是两岸直航船舶技术条件复核工作的主管机关。

中国船级社和省、自治区、直辖市船舶检验局（处）具体负责对本机构或其所属机构所检验船舶的技术条件复核实施工作。

第五条 船舶持有有效的法定证书、入级证书（如适用）或相关文件，且注明的航区为国内近海航区及以上者，可以申请核发《台湾海峡两岸间水路运输许可证》、《台湾海峡两岸间船舶营运证》。

第六条 船舶申请核发《台湾海峡两岸间水路运输许可证》、《台湾海峡两岸间船舶营运证》之前，应向其船舶检验机构申请技术条件复核。

第七条 在开始技术条件复核之前，船舶应准备好复核所需的相关文件，并做好实船检查的准备工作。

第八条 实施船舶技术条件复核，船舶检验机构应当：

（一）查阅最近一次特别检验（或初次检验）以来的法定检验记录或报告，船舶结构未批注显著腐蚀或遗留项目。

显著腐蚀系指通过腐蚀状况评估表明其腐蚀量已超过许用极限的75%，但尚处于可接受的范围内的腐蚀程度。

（二）查阅最近一次特别检验（或初次检验）以来的检验记录或报告，船舶机电设备未批注遗留项目。

（三）查阅最近一次特别检验（或初次检验）以来的检验记录或报告，船舶其它相关设备未批注遗留项目。

（四）对船舶图纸的完整性复核满意。

（五）对船舶稳性资料和/或破舱稳性资料复核满意。

（六）结合实船检查，对救生设备布置和配备复核满意。

（七）结合实船检查，对船舶消防设备布置和配备复核满意。

（八）结合实船检查，对船舶航行设备和无线电设备的布置和配备复核满意。

（九）结合实船检查，对船舶防污染设备的布置和配备复核满意。

（十）参照全套法定年度检验范围进行检查，对于船龄为10年以下的船舶，货舱检查、压载舱检查或测厚可视情况进行；对于船龄为10年及以上的船舶，应选择有代表性的货舱、压载舱进行检查，并对呈现普遍腐蚀的结构进行测厚。

普遍腐蚀系指在所考虑的区域中，有超过70%或更大范围的，含有硬质和/或松脱的锈皮的腐蚀包括点腐蚀，并且伴随着厚度减薄。

（十一）在进行实船检查时，可根据船舶状况和检查的情况，提出进一步扩大范围检查的要求。

（十二）实船检查时发现的任何缺陷，经过整改并经复查确认消除。

第九条　完成技术条件复核后，船舶检验机构应当向申请人出具《船舶技术条件复核报告》（格式附后）。

第十条　《船舶技术条件复核报告》应当作为《台湾海峡两岸直航船舶监督管理暂行办法》第五条所述船舶证书和文书审核的必备资料提交给海事管理机构。

第十一条　本办法由中华人民共和国海事局负责解释。

第十二条　本办法自公布之日起实施。

附录：

船舶技术条件复核报告

编号：________

船名		船检登记号		船籍港	
船舶类型		总吨位		建造年月	

兹证明，应__________的申请，下列署名的验船师对标题轮进行了船舶技术条件复核，情况满意。具体情况如下：

1　证书、文件资料

1.1 船舶持有有效的法定证书、入级证书（如有时）或相关文件________

1.2 查阅最近一次特别检验（或初次检验）以来的法定检验记录或报告，船舶结构未批注显著腐蚀或遗留项目________

1.3 查阅最近一次特别检验（或初次检验）以来的检验记录或报告，船舶机电设备未批注遗留项目

1.4 查阅最近一次特别检验（或初次检验）以来的检验记录或报告，船舶其它相关设备未批注遗留项目________

2　图纸资料、布置和配备的复核

2.1 对船舶图纸的完整性复核满意________

2.2 对船舶稳性资料和/或破舱稳性资料复核满意________

2.3 对救生设备布置和配备复核满意________

2.4 对船舶消防设备布置和配备复核满意________

2.5 对船舶航行设备和无线电设备的布置和配备复核满意________

2.6 对船舶防污染设备的布置和配备复核满意________

3　结构、载重线和机电设备检查

3.1 露天甲板、上层建筑端壁和甲板室围壁可见部位无开裂、洞穿、严重腐蚀或变形

3.2 小舱口、风雨密门等关闭设施，无洞穿和严重变形________

3.3 货舱舱盖及舱口围板无开裂、洞穿、严重腐蚀或变形，关闭装置完整________

3.4 舷墙和栏杆无开裂、洞穿、严重腐蚀或变形________

3.5 通风筒和空气管可见部位无严重腐蚀或洞穿________

3.6 货舱检查情况正常________

3.7 压载舱检查情况正常________

3.8 测厚情况正常________

3.9 锚机、起货机和缆机等无明显滑油/液压油漏泄，底座无严重腐蚀或开裂

3.10 了解机舱关键设备是否处于正常状态________

3.11 机器设备无明显油、水和烟气泄漏；高温设备表面热绝缘完整________

3.12 机舱（集油槽、花铁板、舱底等）无过量油污________

4 救生、消防、航行安全、无线电和防污染设备检查

4.1 外观检查救生艇和救助艇，无损坏和严重变形________

4.2 救生艇/救助艇艇架和降落装置外观检查无严重腐蚀或损坏，滑轮和艇索保养良好

4.3 救生筏和释放器外观检查正常，绑扎和连接正确________

4.4 救生圈及附件外观检查正常________

4.5 主/应急消防泵及底座状况良好，无严重腐蚀和明显泄漏，仪表齐全________

4.6 甲板上主消防管系无严重腐蚀和泄漏________

4.7 油水分离器外观检查正常，无非法连接管或可拆卸旁通接头________

4.8 了解航行安全设备是否处于正常状态，航行灯、灯座或支架无明显腐蚀或损坏

4.9 了解无线电设备是否处开正常状态________

5 操作试验

5.1 应急消防泵启动试验，出水压力满足要求________

5.2 应急发电机启动试验，运转正常________

5.3 油水分离器和 15PPM 报警装置及自动停止装置试验正常________

5.4 应急操舵试验正常，相关人员熟悉转换操作________

5.5 船上设备损坏情况已按照要求报告和安排整改________

6 其它：________

地点：__________　　　　　　　　　　（__________）

日期：__________　　　　　　　　　　验船师：____________

复核机构名称：__________

备注："□"内：填"×"正常或良好；填"-"不适用；本报告应加盖复核机构业务章。

台湾海峡两岸间航运管理办法

（1996年8月19日交通部令1996年第6号发布 自1996年8月20日起施行）

第一条 为了促进海峡两岸间航运事业的发展，维护正常航运秩序，发展两岸经贸关系，根据一个中国、双向直航、互惠互利的原则，制定本办法。

第二条 本办法适用于中国大陆港口与台湾地区港口之间的海上直达客货运输（以下简称两岸航运）。

第三条 两岸航运属于特殊管理的国内运输。

第四条 中华人民共和国交通部（以下简称交通部）是两岸航运业务的主管机关。

第五条 在中国大陆和台湾地区登记注册的符合下列条件的航运公司，经交通部批准，方可以其所有的或者经营的船舶，从事两岸航运业务：

（一）中国大陆或者台湾地区的独资航运公司；

（二）中国大陆和台湾地区的合资航运公司。

第六条 申请经营两岸航运业务的，在中国大陆注册的地方航运公司应当经所在的省、自治区、直辖市交通主管部门审核后转报交通部批准；国务院各部门所属的航运公司由有关主管部门核转交通部批准。

在中国台湾地区注册的航运公司应当委托其在大陆的船舶代理公司代为提出申请，经该船舶代理公司所在地省、自治区、直辖市交通主管部门审核后转报交通部批准。

第七条 申请经营两岸航运业务的航运公司，应当提交下列文件：

（一）申请书；

（二）船舶资料；

（三）海运提单样本；

（四）交通部要求的其他文件。

从事班轮运输的，除提供上述文件外，还应当提供港航间班轮运输协议和运价本。

第八条 交通部应当自收到申请文件之日起 45 天内，决定批准或者不批准，并书面通知申请人。

第九条 经批准经营两岸航运业务的航运公司及其船舶，由交通部核发《台湾海峡两岸间水路运输许可证》和《台湾海峡两岸间船舶营运证》。

前款证书有效期为一年。

第十条 非经交通部批准，外国航运公司不得经营台湾海峡两岸间双向直达的或者中转的货物运输和旅客运输。

第十一条 为两岸航运业务提供服务的大陆港口和船舶代理公司，由交通部批准并予公布。

任何大陆港口和船舶代理公司，未经批准，不得从事与两岸航运相关的服务。

第十二条 未经交通部批准从事两岸航运业务的航运公司的船舶，港务监督机构不得为其办理进出港口签证，港口不得为其装卸货物，船舶代理公司不得为其办理代理业务。

第十三条 不符合本办法第五条、第十一条的规定，未经批准擅自经营两岸航运及其相关业务的，由交通部给予警告、没收违法所得。

第十四条 港口经营人、船舶代理公司违反本办法第十二条的规定，为没有两岸航运经营资格的航运公司的船舶提供相关服务的，由交通部给予警告、没收违法所得；情节严重的，可以并处取消其从事与两岸航运相关服务的资格。

第十五条 本办法自 1996 年 8 月 20 日起施行。

关于实施《台湾海峡两岸间航运管理办法》有关问题的通知

（1996 年 10 月 31 日交通部交水发〔1996〕941 号）

各沿海省、直辖市、自治区交通厅（局、委、办）、各直属和双重领导港口、各海监局：

《台湾海峡两岸间航运管理办法》（以下简称《管理办法》）业经交通部令（1996 年第 6 号）颁布实施。现就实施中的有关问题通知如下：

一、关于对中国大陆港口与台湾地区港口之间的海上直达客货运输（以下简称两岸航运）的市场准入管理

（一）经营两岸航运的企业必须是在海峡两岸之一方登记注册，其资本为大陆资本或台湾资本或大陆与台湾合资的航运公司及其全资子公司。

（二）大陆从事两岸航运业务的港口、船舶代理公司和航运公司由交通部指定或批准并公布。

现阶段，厦门港（厦门市行政区划内各对外开放港口码头及其相关水域和漳州港尾中银开发区对外开放码头及其相关水域）、福州港（福州市行政区划内各对外开放港口码头及其相关水域）和中国外轮代理总公司（含中国厦门外轮代理公司、中国福州外轮代理公司）中国船务代理总公司（含中国厦门船务代理公司、中国福州船务代理公司）为大陆经营两岸间航运业务的港口和船舶代理公司。

（三）台湾航运公司及其全资子公司经营两岸航运业务须按《管理办法》规定的程序，委托其在大陆的船舶代理公司代为提出申请，经该船舶代理公司所在的省、自治区、直辖市交通主管部门审核后报交通部批准。大陆航运公司及其全资子公司经营两岸航运业务，应当经所在的省、自治区、直辖市交通主管部门审核后转报交通部批准；国务院各部门所属的航运公司由有关主管部门核转交通部批准。

（四）有关的省、自治区、直辖市交通主管部门在接到齐备的申报材料 9 日内审核转报交通部；交通部在收到核转的齐备申报材料45日内做出批准或不批准的决定，并将决定意见抄送省、自治区、直辖市交通主管部门。

（五）申请经营两岸间双向直达运输的航运公司和船舶，均须按本通知规定的程序事先分别取得交通部颁发的《台湾海峡两岸间水路运输许可证》和《台湾海峡两岸间船舶营运证》（证件样本见附件一）。许可证、营运证有效期为一年，届时如继续经营两岸间航运，应提前四十天按本通知规定的程序提出书面申请。

（六）《台湾海峡两岸间水路运输许可证》、《台湾海峡两岸间船舶营运证》以及“台海峡两岸间水路运输审批专用章”（审批专用章式样见附件二）自本通知下达之日起启用。

（七）未经批准，经营两岸航运的定期班轮不得擅自停航撤线。

二、关于交通部对申请经营台湾海峡两岸间航运的企业要求提供的申报资料

（一）《管理办法》第七条规定的交通部要求的其他申报文件是指：

1. 两岸的航运公司及其全资子公司认证资料：公司资信证明、营业执照、章程、股东或董事会名册、股东或董事身份证明等相关资料的影印件。

2. 两岸的航运公司所有或经营船舶的认证资料：有关船舶所有权或船舶期租合同或相应的文件。期租船舶的租期必须在1年以上。

3. 大陆的航运公司及其全资子公司拟委托的台湾船舶代理公司的资信证明、营业执照、股东或董事会名册、股东或董事身份证明。

台湾航运公司提交的上述资料必须经交通部认可的台湾有关机构或人士提供见证文书。

（二）所有申报资料均需一式两份，经省、自治区、直辖市交通主管部门核转报交通部。

三、关于对台湾海峡两岸航运船舶的管理

（一）在台湾海峡两岸登记的航运公司及其全资子公司在现阶段可用悬挂方便旗的所有或经营船舶在两岸间营运；所租用的船舶必须为两岸航运公司的资本所拥有的方便旗船舶。进出经交通部批准的港口的上述船舶应按交通部对外贸船舶的有关规定进行管理。

（二）两岸航运属于特殊管理的国内航线，按外贸运输进行管理，其货物运输合同适用《中华人民共和国海商法》（简称《海商法》）第四章的规定；从事两岸间运输的船舶按外贸运输船舶进行管理，在大陆港口的费用按外贸船舶标准收取；运输中发生的海事赔偿责任限额，适用《海商法》第七章规定的限额；《海商法》没有规定的，适用大陆有关的涉外法律规定，大陆的法律没有规定的，适用国际惯例。

四、关于台湾海峡两岸航运业务的经营管理

为及时掌握两岸航运市场的动态，各有关船舶代理公司要在每月 10 日前向交通部报送上个月所代理的两岸双向直航船舶统计资料（一式两份，内容见附件三），同时抄报省、直辖市、自治区交通主管部门。

五、检查与处罚

（一）授权厦门、福州港监部门查验交通部颁发的《台湾海峡两岸间水路运输许可证》和《台湾海峡两岸间船舶营运证》，严禁无证营运或超过规定范围营运。

（二）两岸的航运公司、大陆港口经营人、船舶代理公司违反《管理办法》第五条、第十一条的规定，由交通部给予警告、没收违法所得的处罚。上述处罚由交通部委托省、自治区、直辖市交通主管部门负责实施。

（三）违反《管理办法》第十二条、本通知第三条第三款的规定，由交通部给予警告、没收违法所得、并处以取消从事与两岸航运相关服务资格的处罚。上述处罚由交通部委托省、自治区、直辖市交通主管部门负责实施。

（四）凡被取消从事台湾海峡两岸间航运业务资格的港口、船舶代理公司由交通部予以公布。

附件：一、《台湾海峡两岸间水路运输许可证》及《台湾海峡两岸间船舶营运证》样本（略）

二、台湾海峡两岸间水路运输审批专用章式样（略）

三、两岸直航船舶统计资料表（略）

关于台湾海峡两岸间集装箱班轮运价备案实施的公告

（2012年12月19日　交通运输部公告2012第65号）

为维护台湾海峡两岸间集装箱班轮运输市场秩序，维护公平竞争，保护各方运输当事人的合法权益，促进两岸海上直航健康有序发展，依据《台湾海峡两岸间航运管理办法》、《海峡两岸海运协议》等规定和《关于海峡两岸海上直航发展政策措施的公告》（交通运输部公告2012年第41号），建立并实施两岸集装箱班轮运价备案制度。现将有关事项公告如下：

一、基本原则

两岸集装箱班轮运价属于市场调节价，由集装箱班轮经营者自主制定。班轮经营者应遵循依法经营、诚实守信的原则，提高运输服务质量和效率，降低经营成本，根据运输经营成本和航运市场供求状况，以正常、合理的运价提供运输服务。

运价包括海运费和附加费（含码头操作费）。班轮经营者不得在会计账簿之外暗中给予托运人回扣承揽货物。

二、备案范围和义务人

两岸集装箱班轮航线均纳入运价备案。

现阶段，取得两岸直航集装箱班轮运输经营资格的经营者为运价备案义务人。

三、备案内容

运价备案义务人应报备大陆直航港口出口的集装箱货物（含承运第三方的中转货）海运运价。运价包括公布运价和协议运价。备案的运价应正常、合理，按照上海航运交易所报经交通运输部备案同意的格式报备。

备案的公布运价自受理之日起满30日生效。实际执行的运价与公布运价不一致的，按照协议运价的方式报备，协议运价生效时间为受理备案之时起满168个小时（7天）。

本公告生效后首次备案的运价自受理之日起生效。

四、受理机构

交通运输部指定上海航运交易所为运价备案受理机构。上海航运交易所应根据本办法制定运价备案操作指南，并提供相应的技术服务。由上海航运交易所和厦门航运交易所共同编制并发布两岸集装箱运价指数，总体反映运价水平的变化。

上海航运交易所及其工作人员应当保守涉及商业秘密的运价备案信息。

五、监督检查

有关省、自治区、直辖市交通运输主管部门应加强对本地区两岸海运市场监管，加大现场检查力度，对违反本公告的企业，应责令其限期改正，并向交通运输部报告。

六、生效日期

本公告自 2013 年 3 月 1 日起生效。

（五）农业

关于支持台湾同胞台资企业在大陆农业林业领域发展的若干措施

（2021年3月17日 国务院台湾事务办公室、农业农村部、国家林业和草原局、国家发展和改革委员会、财政部、自然资源部、水利部、商务部、中国人民银行、国家市场监督管理总局、全国供销合作总社）

为全面贯彻党的十九届五中全会和习近平总书记在《告台湾同胞书》发表40周年纪念会上的重要讲话精神，深入落实《关于促进两岸经济文化交流合作的若干措施》和《关于进一步促进两岸经济文化交流合作的若干措施》，率先同台湾同胞分享大陆农业林业领域发展机遇，支持台湾同胞台资企业参与乡村振兴战略和农业林业高质量发展，国务院台办、农业农村部、国家林草局、国家发展改革委、财政部、自然资源部、水利部、商务部、人民银行、市场监管总局、供销总社制定支持台湾同胞台资企业在大陆农业林业领域发展的措施如下。

1. 台湾同胞和台资企业通过流转取得的农村土地经营权受国家法律保护，在土地经营权流转合同到期后同等条件下可优先继续租赁。

2. 台湾同胞和台资企业通过流转取得的林地经营权受法律保护，可依法进行登记、办理权属证书和流转，并按照国家和地方政策进行经营管理。

3. 台湾同胞和台资企业从事农业种植养殖配建的与生产农产品直接关联的烘干晾晒、分拣包装、保鲜存储、粪污处置、检验检疫，以及为生产服务的看护房、农资农机具存放场所等设施用地纳入设施农业用地管理，可依法依规使用一般耕地。

4. 台湾同胞和台资企业从事农业生产经营可申请农业保险保费补贴，同等享受农业信贷担保和创业担保贷款贴息支持。鼓励有条件的地区提供贷款贴息补助，重点支持农业生产基地建设、农产品加工设施、农业投入品采购及农产品收购等生产经营贷款。

5. 台资农业企业可发行公司信用类债券，进行直接融资。鼓励商业银行创新信用评价模式，提高台湾同胞和台资农业企业信用贷款比重，根据台湾同胞和台资农业企业融资需求特点设计个性化融资产品。

6. 在福建从事农业生产经营的台湾同胞和台资企业可纳入“台商台胞金融信用证书”和台企台胞征信查询应用范围，鼓励金融机构为其提高审贷、担保与再担保效率。

7. 符合条件的台湾同胞和台资企业可依法依规申请相关涉农补助资金支持。

8. 台湾同胞和台资企业在实施农机深松整地和免（少）耕播种的项目地区开展作业，可按规定同等申请作业补助；依照有关规定报废危及人身财产安全的农业机械，可同等申请补贴。

9. 台湾同胞和台资企业可参与城乡冷链物流基础设施建设和批发市场等项目建设运营，参与产地分拣包装、冷藏保鲜、仓储运输、初加工等设施建设，对其在农村建设的保鲜仓储设施用电实行农业生产用电价格。

10. 鼓励台湾同胞和台资企业发展乡村特色农业、现代农产品加工业、乡村休闲旅游等乡村产业，参与农村一二三产业融合发展。

11. 支持台湾同胞和台资企业参与重型农机、渔业装备、智慧农业、绿色投入品等领域的研发创新、成果转化与技术服务。

12. 鼓励台湾同胞和台资企业依托贫困地区生态资源禀赋优势，参与生态保护修复和生态旅游、木本油料等特色经济林、特色种养业等林草生态产业。

13. 鼓励台资企业申请植物新品种权。台湾同胞和台资企业依法投资畜牧水产养殖业、苗种场等，同等享受农业支持政策和优惠措施；在自由贸易试验区范围内可投资水产品捕捞行业。

14. 台湾同胞和台资企业可依法同等从事林草重点生态工程建设、林木良种培育、造林种草、防沙治沙、经济林生产经营、林草种苗生产经营，可同等参与林草业重点龙头企业推荐、国家林业产业示范园区申报。

15. 台资企业可按规定与农垦企业开展合作，促进资源资产整合、产业优化升级。

16. 支持有条件的地区设立海峡两岸乡村振兴合作基地，深化两岸农业融合发展，促进乡村产业振兴、人才振兴、文化振兴、生态振兴、组织振兴。

17. 支持符合条件的台湾农民创业园按规定申报创建国家现代农业产业园、国家农村产业融合发展示范园。鼓励有条件的地区申报新设台湾农民创业园、加大对园区基础设施和农林业设施投入。

18. 鼓励台湾乡村建设规划设计师到大陆从事规划设计工作。

19. 台湾同胞在大陆从事农渔业生产，可申请接受创业培训，扎根乡村、服务农业、带动农民的纳入农村创新创业带头人培育行动范围。

20. 从事水利领域设备生产的台资企业可将符合条件的产品和技术申报纳入水利先进实用技术重点推广指导目录。

21. 台湾同胞和台资企业可同等参与茶叶、水果、花卉等农林产品的国家标准起草工作，共同促进两岸标准互联互通。

22. 支持台湾同胞、台资企业与供销合作社系统农产品经营企业、协会合作，推介、销售优质农产品。支持台湾同胞和台资企业参与各类线上线下农产品订货会、对接会，拓展大陆内销市场。

关于促进两岸农业合作、惠及台湾农民的若干政策措施

（2007 年 1 月 11 日中共中央台湾工作办公室、财政部、国土资源部、交通部、农业部、商务部、海关总署、国家税务总局、国家工商行政管理总局、国家质量监督检验检疫总局、国家林业局中台发〔2007〕1 号）

一、关于进一步完善海峡两岸农业合作试验区和台湾农民创业园建设方面

1. 欢迎台湾农民合作经济组织、台资农业企业和农民参与大陆海峡两岸农业合作试验区和台湾农民创业园的建设与发展；鼓励和支持台湾农民合作经济组织与大陆农民专业合作经济组织之间开展合作与交流活动。

2. 来园区从事农业合作项目的台湾农民，可依照大陆有关法律、法规和规章直接申请设立个体工商户。具体登记办法由有关部门另行制定。

3. 简化园区台资农业企业在项目核准、企业立项、税务征收、检验检疫通关等相关审批办理手续，降低企业的运营成本。

4. 对台湾农民创业园内的基础设施建设给予积极财政支持。对创业园的重点农业高新技术项目予以优先立项、重点扶持。

5. 积极做好用地服务，支持海峡两岸农业合作试验区和台湾农民创业园的发展建设。对试验区和创业园的用地规模和布局，将在地方土地利用总体规划中统筹安排和落实，予以重点倾斜。对试验区内符合条件的已核准、签约的台资农业发展项目，在依法、节约、高效的前提下，优先协调用地。

6. 经有关部门批准，四川新津、重庆北碚台湾农民创业园，上海郊区、江苏昆山和扬州两岸农业合作试验区正式投入运行。

二、关于鼓励和支持两岸农业合作与技术推广，扩大合作领域方面

7. 为鼓励两岸农业合作与技术推广，大陆有关部门将运用农业技术推广资金予以支持，具体项目由有关省市组织申报。

8. 积极支持台湾各类各级农民合作经济组织、农业企业和台湾农民来大陆

参加农产品的展览及推销活动，并在检疫审批、查验放行、检验检疫监管等方面继续提供便利措施。进一步为台湾农产品进口提供通关便利措施及优质的通关服务。

9. 优先安排台湾产兽药产品在大陆审批和注册，取得《兽药注册证书》后，可通过在大陆设立销售机构或委托符合条件的大陆代理机构在大陆销售。

10. 对台湾渔船自捕水产品进口，在原来允许输往福建的基础上，增加允许输往广东汕头。

11. 充分发挥大陆现有的出口加工区及保税仓库、出口监管仓库的作用，鼓励和支持两岸农业界开展农牧产品、水产品等深加工，促进两岸农业合作和贸易往来。

12. 加强台资农业企业在大陆投资经营的咨询服务工作。农业、商务主管部门和海峡两岸经贸交流协会在网站上设立投资大陆农业政策专栏，向台湾农民介绍有关政策法规。

三、关于优化服务，便利两岸农产品贸易和大陆台资农业企业产品销售方面

13. 为方便大陆台商引进农作物优质种子种苗，增强其在大陆拓展业务的竞争能力，大陆有关行政主管部门缩短台商自岛内引进种子种苗及其栽培介质检疫许可的审批周期，自受理台商进口申请之日起 20 个工作日内完成审批工作。大陆检验检疫机构提供相关检验检疫便捷措施。

14. 在大陆的台资农业企业自岛内进口自用的与农林业生产密切相关的种源品种，经向当地农业行政主管部门提出进口申请并报农业部审批后，可以零关税进口。如果在进口年度计划额度内，可享受免进口环节增值税的优惠政策。

15. 凡涉及野生动植物及其产品（包括人工繁殖、人工培植）贸易，有关台资企业可向省、市、自治区林业或渔业行政主管部门事先备案并提出相应的进出口管理计划（包括种类和数量），大陆野生动植物行政主管部门和大陆濒危物种进出口管理办公室在审批相关计划及核发相关证书时，在依法的前提下，实行最为简便的办理手续，缩短工作时限，便利企业。

16. 凡涉及人工培植来源的蝴蝶兰、大花蕙兰、仙人掌类、仙客来、云木香、天麻、西洋参、芦荟植物种标本贸易，大陆濒危物种进出口管理办公室在各地的办事处可根据林业主管部门批准文件，直接核发相关证书，减少审批环节，提高效率。

17. 对台湾农渔产品进口商提出的“网上支付”申请，海关部门将优先受理、审批并安排相关设备。海关总署深圳原产地管理办公室设立联络人和专线电话，提供台湾农渔产品进口通关涉及相关业务的咨询和答疑。

18. 进一步完善台湾鲜活农产品公路运输“绿色通道”，提供台湾鲜活农产品在大陆的运输服务和通行保障，包括可以享受沿线省级人民政府制定的“绿色通道”通行费优惠政策和通过沿线收费站设置的专用“绿色通道”优先通行。

四、关于保护台湾农产品知识产权，维护台湾农民正当权益方面

19. 为规范台湾水果的市场经营行为，保护台湾水果品牌和形象，工商行政管理机关将加强市场监督管理，严格区分“台湾产地水果”和“台湾品种水果”。凡是销售非原产于台湾岛内的台湾品种水果，均需在包装物和价格标签上注明产地。对以非原产于台湾的水果假冒台湾产地水果进行销售的行为予以制止，并按照《反不正当竞争法》的有关规定予以处罚。加强对相关广告宣传的监管力度，对违法广告行为将依据《广告法》等法律规定予以处罚。

20. 欢迎台湾农产品生产商和经销商在大陆通过注册普通商标、证明商标或集体商标等方式，获得《商标法》的保护。对侵犯台湾农产品注册商标专用权的，按照《商标法》的有关规定予以处罚。

关于扩大台湾水果、蔬菜和水产品准入种类的公告

（2006年4月19日　国家质量监督检验检疫总局公告2006年第58号）

根据有关法律法规的规定，自2006年5月1日起，允许产自台湾地区进入大陆的水果种类从18种增加到22种，具体包括：菠萝、香蕉、番荔枝、木瓜、杨桃、芒果、番石榴、莲雾、槟榔、橘、柚、枣、椰子、枇杷、梅、李、柿子、桃、柠檬、橙、火龙果、哈密瓜；允许产自台湾地区的蔬菜11种进入大陆，具体种类为：莴苣、丝瓜、清江菜、小白菜、苦瓜、芋头、甘蓝、花椰菜、胡萝卜、洋葱、山葵；允许来自台湾渔船自捕的水产品输往福建，参照大陆自捕渔船做法，凭公海自捕鱼许可证、贸易合同、发票等资料向检验检疫部门报检，不再要求提供台湾主管部门出具的卫生证书。

特此公告。

关于对来自台湾水果实施便捷检验检疫措施的通知

（2005年6月1日国家质量监督检验检疫总局国质检动函〔2005〕388号）

各直属检验检疫局：

为促进台湾农产品在大陆销售，总局于2005年5月23日发布第83号公告，允许产自台湾地区进入大陆销售的水果种类由原来的12种增加到18种。为确保台湾水果能够顺利进入大陆市场，请有关检验检疫机构采取以下便捷检验检疫措施：

一、提供热线咨询。总局和有关口岸检验检疫机构开设咨询服务热线或窗口，及时解答有关台湾水果检验检疫问题。总局咨询电话：010－82261905、82261898，传真：010-82260157、82260159。

二、加快检疫审批。入境口岸直属检验检疫机构对台湾水果从快办理检疫预审批，并通过电子审批的方式报总局核批。对到大陆参展水果由总局委托入境口岸直属检验检疫机构直接办理检疫审批手续。

三、快速受理报检。入境口岸检验检疫机构全天候提供预约报检和提前报检服务。

四、实施快速查验。对到港台湾水果实施优先查验、快速查验。对送实验室检测的样品，优先送样、优先检测，保证台湾水果随到随检。

五、加快放行速度。经检验检疫合格的，立即签发《入境货物通关单》；发现疫情的，作检疫除害处理合格后予以放行。

六、加强与台湾企业、协会等有关方面的沟通，及时解决台湾水果在大陆销售中遇到的检验检疫问题。

请各有关检验检疫局高度重视，认真落实上述对台水果便捷检验检疫措施，并尽快将咨询电话、传真报总局动植司，以便统一在总局网站上公布。执行中，如遇问题请及时报告总局。

关于允许台湾大米输往大陆的公告

（2012年6月16日　国家质量监督检验检疫总局公告2012年第89号）

在《海峡两岸农产品检疫检验合作协议》框架下，两岸有关方面通过开展台湾大米有害生物风险分析、实地考察和技术会商，就《台湾大米输往大陆植物检疫管理规范》达成一致，台湾大米获得输往大陆检验检疫准入资格。自本公告发布之日起，允许符合《台湾大米输往大陆植物检验检疫要求》的台湾大米输往大陆。

附件：

台湾大米输往大陆植物检验检疫要求

一、法律法规依据

（一）《中华人民共和国进出境动植物检疫法》、《中华人民共和国进出境动植物检疫法实施条例》。

（二）《中华人民共和国食品安全法》、《中华人民共和国食品安全法实施条例》。

（三）《台湾大米输往大陆植物检疫管理规范》。

二、允许进境的商品范围

大米（HS编码为100620、100630、100640），本要求适用于以一般贸易方式输往大陆的台湾大米，参展或研究用样品、旅客携带及专案输入大米除外。

三、允许的产地

台湾大米产区。

四、批准的加工厂、储藏库

台湾输往大陆大米加工厂及其糙米储藏库必须符合《台湾大米输往大陆植物检疫管理规范》的要求，向台湾农业部门登录，并提供质检总局。大米加工厂及其糙米储藏库名单可在质检总局网站上查询。

五、关注的检疫性有害生物

(一) 谷斑皮蠹 Trogoder magranarium。

(二) 河岸泽兰 Agerat inariparia。

(三) 刺黄花稔 Sidas pinosa。

(四) 印加孔雀草 Tagetes minuta。

六、装运前要求

(一) 田间管理。

如果台湾水稻上发生新的有害生物，台湾农业部门应及时向质检总局通报。

(二) 加工厂管理。

台湾农业部门必须按照大陆法律法规和《台湾大米输往大陆植物检疫管理规范》的要求，采取有效措施，确保没有大陆关注的检疫性有害生物发生。

(三) 包装要求。

台湾输往大陆大米不得带有土壤，不得混有杂草籽。

台湾输往大陆大米必须用符合大陆检验检疫规定的干净、卫生的包装。每一包装应有大米的加工厂、出口商名称和地址的简体中文信息。

(四) 出口前检疫。

台湾农业部门植保组织或其授权人员须按照本规范的要求对台湾输往大陆的大米进行检疫，保证台湾输往大陆的大米不带有本要求第五条所列的大陆关注的检疫性有害生物。

台湾输往大陆的大米在出口前应进行检疫处理，以保证大米中不带有活的有害生物，特别是仓储性有害生物。

台湾输往大陆大米装运前，运输工具要进行彻底的检查和消毒、杀虫处理，防止有害生物混入。

(五) 证明文件要求。

对经检疫合格的每批大米要出具有关证明文件，证明其符合大陆的植物检疫要求，并注明具体产地。每一证明文件都要表明如下附加声明："该批大米符合台湾大米输往大陆植物检疫管理规范，不带大陆关注的检疫性有害生物"。

检疫处理方法应在植物检疫证书中注明或提供相关检疫处理证明。

七、进境要求

各地出入境检验检疫机构按照大陆检验检疫相关法律法规和《台湾大米输

往大陆植物检疫管理规范》的要求，并对台湾大米实施检验检疫，合格后方允许输入。

八、回顾性审查

（一）质检总局根据台湾农业部门提供的信息、进境口岸截获的疫情情况，在必要时可重新进行风险分析。

（二）为确保有关风险管理措施和操作要求的有效落实，质检总局将在贸易开始后每 5 年进行回顾性审查，必要时派专家赴台湾进行考察。

关于对原产于台湾地区的15种进口鲜水果实施零关税的公告

（2005年7月29日 海关总署公告2005年第37号）

经国务院批准，自2005年8月1日起对原产于台湾地区的15种进口鲜水果实施零关税。现就有关事项公告如下：

一、实施零关税的台湾地区水果共计15种，均为鲜（包括冷藏）水果（详见附件1）。

二、海关凭经海关总署认可的台湾地区签发水果产地证明文件的有关机构和民间组织（详见附件2）于2005年8月1日后签发的、能够证明水果原产于台湾地区的产地证明文件，办理享受零关税水果的征税验放手续。原产于台湾地区水果的原产地标准为在台湾地区完全获得，即在台湾地区收获、采摘或采集。

三、享受零关税的台湾地区水果，应符合如下运输要求：

（一）直接从台湾本岛、澎湖、金门或马祖运输到大陆关境口岸。

（二）经过香港、澳门或日本石垣岛转运到大陆关境口岸。

经过上述地点转运到大陆关境口岸的，在进口申报时须向海关提交在台湾地区签发的，并以台湾地区为启运地的运输单证。

四、企业申报进口享受零关税的台湾地区水果时，报关单“随附单据”栏“优惠贸易协定代码”填报“06”，其他具体填制要求，仍按海关总署2004年第34号公告执行。

特此公告。

附件 1

大陆对原产于台湾地区的进口鲜水果实施零关税的产品清单

序号	税则号列	货品名称	最惠国税率（%）	对台湾地区的税率（%）
1	08011990	鲜椰子	12	0
2	08029010	鲜槟榔	10	0
3	08043000	鲜菠萝	12	0
4	08045010	鲜番石榴	15	0
5	08045020	鲜芒果	15	0
6	08054000	鲜柚	12	0
7	08072000	木瓜	25	0
8	08093000	桃	10	0
9	08094000	梅	10	0
10	08109050	番荔枝	20	0
11	08109060	杨桃	20	0
12	08109070	莲雾	20	0
13	08109090	枣	20	0
14	08109090	柿子	20	0
15	08109090	枇杷	20	0

附件 2

海关总署认可的台湾地区签发水果产地证明文件的有关机构和民间组织（第一批）

1. 台湾省商业会
2. 台北市商业会
3. 台北县商业会

4. 台中市商业会
5. 台中县商业会
6. 彰化县商业会
7. 台南市商业会
8. 高雄市商业会
9. 高雄县商业会
10. 屏东县商业会
11. 金门县商业会

关于部分原产于台湾地区的进口农产品免征关税的公告

（2007年3月19日　海关总署公告〔2007〕6号）

经国务院批准，自2007年3月20日起对原产于台湾地区的19种进口农产品免征关税（详见附件）。现就执行中的有关事宜公告如下：

一、免征关税的原产于台湾地区的农产品（以下简称台湾原产农产品）共涉及《中华人民共和国进出口税则》中的27个税则号列，本公告附件清单所列标有“ex”的税则号列，表示该税则号列包括多项商品，其中，只有清单中的列名产品为免征关税的农产品。

二、海关凭台湾地区有关机构和民间组织（详见海关总署2005年第37号公告）签发的产地证明文件，办理免征关税的验放手续。

三、台湾原产农产品的原产地标准为在台湾地区完全获得，即水产品为在台湾地区养殖或由台湾籍渔船在远洋、近海捕捞，蔬菜为在台湾地区收获、采摘或采集。

四、进口货物的收货人或其代理人在申报进口免征关税的台湾原产农产品时，应按照本公告附件所列的对应商品编码填报，报关单“随附单据”栏的“优惠贸易协定代码”应填报为“06”，其他填报要求，按照海关总署2005年第69号公告的规定执行。

五、享受免征关税的台湾原产农产品，应符合海关总署2005年第37号公告的相关运输要求。

特此公告。

附件：

部分原产于台湾地区的进口农产品免征关税的产品清单

序号	税则号列	商品编码	商品名称	最惠国税率（%）	对台湾地区税率（%）
1	03022900	0302290000	其他未列名鲜、冷比目鱼	12	0
	03033900	0303390000	其他未列名冻比目鱼	10	0
2	03024000	0302400000	鲜、冷鲱鱼	12	0
	03035100	0303510000	冻鲱鱼	10	0
3	03026400	0302640000	鲜、冷鲭鱼	12	0
	03037400	0303740000	冻鲭鱼	10	0
4	03026910	0302691000	鲜、冷带鱼	12	0
	03037910	0303791000	冻带鱼	10	0
5	03026930	0302693000	鲜、冷鲳鱼	12	0
	03037930	0303793000	冻鲳鱼	10	0
6	ex 03026990	0302699001	鲜、冷鲈鱼	12	0
	03037700	0303770000	冻尖吻鲈鱼	12	0
	ex 03037990	0303799001	其他冻鲈鱼	10	0
7	03061319	0306131900	其他未列名冻小虾	5	0
	ex 03062399	0306239901	鲜、冷小虾	12	0
8	ex 03073190	0307319001	鲜、冷贻贝	14	0
	ex 03073900	0307390001	冻贻贝	14	0
9	07031010	0703101000	鲜、冷洋葱	13	0
10	ex 07041000	0704100001	鲜、冷硬花甘蓝	10	0
	07042000	0704200000	鲜、冷抱子甘蓝	13	0
	07049010	0704901000	鲜、冷卷心菜	13	0
	ex 07049090	0704909001	鲜、冷其他甘蓝	13	0
11	ex 07041000	0704100002	鲜、冷花椰菜	10	0

续表

序号	税则号列	商品编码	商品名称	最惠国税率（%）	对台湾地区税率（%）
12	07051100	0705110000	鲜、冷结球莴苣	10	0
	07051900	0705190000	鲜、冷其他莴苣	10	0
13	ex 07061000	0706100001	鲜、冷胡萝卜	13	0
14	ex 07099090	0709909001	鲜、冷丝瓜	13	0
15	ex 07099090	0709909002	鲜、冷青江菜	13	0
16	ex 07099090	0709909003	鲜、冷小白菜	13	0
17	ex 07099090	0709909004	鲜、冷苦瓜	13	0
18	ex 07099090	0709909005	鲜、冷山葵	13	0
19	ex 07149030	0714903001	鲜、冷芋头	13	0

关于台湾梨输往大陆植物检验检疫要求的公告

（2011 年 12 月 21 日　国家质量监督检验检疫总局公告 2011 年第 190 号）

在《海峡两岸农产品检疫检验合作协议》框架下，两岸有关方面通过开展台湾鲜梨有害生物风险分析、产地考察和技术会商，就《台湾梨输往大陆检验检疫管理规范》达成一致，台湾梨获得输往大陆检疫准入资格。即日起，允许符合《台湾梨输往大陆植物检验检疫要求》的台湾梨输往大陆。

附件：

台湾梨输往大陆植物检验检疫要求

一、法律法规依据

（一）《进出境动植物检疫法》、《进出境动植物检疫法实施条例》；

（二）《食品安全法》、《食品安全法实施条例》；

（三）《台湾梨输往大陆检验检疫管理规范》。

二、允许进境的商品名称

新鲜梨果实，学名：*Pyrus pyrifolia*，英文名：Pear。

三、允许的产地

台湾梨产区。

四、批准的果园和包装厂

输往大陆的梨果园、包装厂须经台湾农业部门注册。注册名单应在每年出口季节开始前，由台湾方面向大陆提供。梨果园、包装厂名单可在质检总局网站上查询。

五、关注的检疫性有害生物

1. 梨矮蚜	*Aphanostigma piri* (Cholodkovsky)
2. 瓜实蝇	*Bactrocera cucurbitae* Coquillett
3. 桔小实蝇	*Bactrocera dorsalis* (Hendel)
4. 南亚果实蝇	*Bactrocera* (Zeugodacus) *tau* (Walker)
5. 槟栉盾蚧	*Hemiberlesia rapax* (Comstock)
6. 大洋臀纹粉蚧	*Planococcus minor* (Maskell)
7. 黔梨木虱	*Psylla qianli* Li et Yang
8. 梨衰退病	*Candidatus Phytoplasma* Pyri

六、装运前要求

（一）果园管理。

1. 所有注册果园应实施梨良好农业操作规范（GAP 或 TGAP），包括果树适时嫁接、果实直径达到 2.5cm 以前完成套袋等，以及维持果园卫生条件、及时清理落果、季节末剪枝等，并执行有害生物综合防治（IPM），包括病虫害监测、化学或生物防治，以及农事操作等控制措施。

2. 所有注册果园应对梨衰退病（*Candidatus Phytoplasma* Pyri）进行田间监测，确保田间无梨衰退病发生。

3. 所有注册果园必须保留有害生物的监测和防治记录，并应要求向大陆提供。防治记录应包括生长季节使用所有化学药剂的名称、有效成分、使用日期及使用浓度等详细信息。

4. 台湾农业部门应在水果采收前检查所有果园，确保田间防治措施切实有效。任何有梨衰退病症状的果园的水果不得输往大陆。落果、机械伤果不得输往大陆。

5. 果实采收前，每个注册果园必须采样送实验室进行农药残留检测。

（二）包装厂管理。

1. 台湾农业部门需定期对梨包装、储藏和装运过程进行核查。

2. 只有套袋完整的梨方可进入包装厂，纸袋必须在包装厂车间内取掉。包装输往大陆梨时，不得同时从事其他市场梨的包装。

3. 梨在包装前需经高压气枪清理。包装好的梨不得带有昆虫、螨类、植物枝、叶和土壤，并经感观检查不带烂果。

4. 包装好的梨如需储藏应立即入库，并单独存放，或与输往其他市场的梨隔离，避免受到有害生物再次感染。

（三）包装要求。

1. 包装材料不得使用未加工的植物源性材料，应干净卫生、未使用过。

2. 每个包装箱上应标注水果种类、产地（市或县）、果园或其注册号、包装厂和其注册号及生产日期等信息。

（四）出口前检疫。

台湾农业部门植保组织或其授权人员应按2%比例对每批输往大陆的梨进行抽样检疫。如发现关注的检疫性有害生物活体，整批货物不得输往大陆，并采取改进措施。同时，保存检查记录，应要求提供给大陆方面。

（五）证明文件要求。

经检疫合格的，台湾农业部门植保组织或其授权人员应出具有关证明文件，注明集装箱号码，并填写以下附加声明：“该批梨符合台湾梨输往大陆检验检疫管理规范，不带大陆关注的检疫性有害生物。”

七、进境要求

出入境检验检疫机构按照以下要求实施检验检疫。

（一）有关证明文件核查。

1. 核查台湾输往大陆鲜梨是否附有质检总局颁发的《进境动植物检疫许可证》。

2. 核查有关证明文件是否符合本要求第六条第（五）项规定。

（二）进境检验检疫。

根据《检验检疫工作手册》植物检验检疫分册有关规定，对台湾输大陆梨实施检验检疫。经检验检疫合格的，准予输入。

八、不符合要求的处理

（一）经检验检疫发现包装不符合第六条第（三）项有关规定，则该批梨不准输入。

（二）发现有来自未经注册的果园和包装厂的梨，则该批梨不准输入。

（三）如发现第五条所列的检疫性有害生物活体，则该批货物作退运、转口、销毁或检疫处理。同时，质检总局将立即向台湾方面通报，暂停从相关果园、包装厂进口。台湾方面应开展调查，以便查明原因并采取相应改进措施。如多次发现同类问题，将暂停进口台湾梨。根据对改进措施的评估结果，质检总局将决定是否恢复进口台湾梨。

（四）如发现大陆关注的其他检疫性有害生物，对该批梨作退运、转口、销毁或检疫处理，质检总局将及时向台湾方面通报，并视情况采取有关检验检疫措施。

（五）如不符合相关安全卫生标准，则按照《食品安全法》及其实施条例有关规定处理。

九、回顾性审查

（一）根据台湾梨果园有害生物发生动态及检验检疫情况，质检总局将作进一步的风险评估，并与台湾方面协商，调整检疫性有害生物名单及相关检疫措施。

（二）为确保相关风险管理措施得到有效落实，质检总局将定期对《台湾梨输往大陆植物检验检疫要求》执行情况进行回顾性审查。根据审查结果，经双方协商，可对《台湾梨输往大陆植物检验检疫要求》进行修订。

关于调整原产于台湾地区的进口农产品免征关税的产品清单的公告

（2011年12月30日 海关总署公告2011年第85号）

根据国务院关税税则委员会通知，我署对海关总署公告2005年第37号附件1《大陆对原产于台湾地区的进口鲜水果实施零关税的产品清单》及海关总署公告2007年第6号附件《部分原产于台湾地区的进口农产品免征关税的产品清单》进行了调整、合并，制定了《部分原产于台湾地区的进口农产品免征进口关税的产品清单（2012年版）》（见附件），现予以公布，自2012年1月1日起执行。

《部分原产于台湾地区的进口农产品免征进口关税的产品清单（2012年版）》共涉及《中华人民共和国进出口税则》中的49个税则号列，其中，标有“ex”的税则号列是指该税则号列包括多项商品，但仅在清单中列名的产品为免征关税的农产品。

特此公告。

附件

部分原产于台湾地区的进口农产品免征进口关税的产品清单（2012 年版）

序号	ex	2012 年税则号列	商品名称	最惠国税率（%）	对台湾地区税率（%）
1		03022400	鲜、冷大菱鲆	12	0
		03022900	其他鲜、冷比目鱼	12	0
		03033400	冻大菱鲆	10	0
		03033900	其他冻比目鱼	10	0
2		03024100	鲜、冷鲱鱼	12	0
		03035100	冻鲱鱼	10	0
3		03024400	鲜、冷鲭鱼	12	0
		03035400	冻鲭鱼	10	0
4		03028930	鲜、冷鲳鱼	12	0
		03038930	冻鲳鱼	10	0
5		03028910	鲜、冷带鱼	12	0
		03038910	冻带鱼	10	0
6	ex	03027900	鲜、冷尼罗河鲈鱼	12	0
		03028400	鲜、冷尖吻鲈鱼	12	0
	ex	03028990	鲜、冷鲈鱼	12	0
		03038400	冻尖吻鲈鱼	12	0
	ex	03032900	冻尼罗河鲈鱼	10	0
	ex	03038990	其他冻鲈鱼	10	0
7		03061619	其他冻冷水小虾	5	0
		03061719	其他冻小虾	5	0
	ex	03062690	鲜、冷冷水小虾	12	0
	ex	03062790	鲜、冷小虾	12	0

续表

序号	ex	2012 年 税则号列	商品名称	最惠国 税率（%）	对台湾地区 税率（%）
8	ex	03073190	鲜、冷贻贝	14	0
	ex	03073900	冻贻贝	14	0
9		07031000	鲜、冷洋葱	13	0
10	ex	07041000	鲜、冷硬花甘蓝	10	0
		07042000	鲜、冷抱子甘蓝	13	0
		07049010	鲜、冷卷心菜	13	0
	ex	07049090	鲜、冷其他甘蓝	13	0
11	ex	07041000	鲜、冷花椰菜	10	0
12		07051100	鲜、冷结球莴苣	10	0
		07051900	鲜、冷其他莴苣	10	0
13	ex	07061000	鲜、冷胡萝卜	13	0
14	ex	07099990	鲜、冷丝瓜	13	0
15	ex	07099990	鲜、冷青江菜	13	0
16	ex	07099990	鲜、冷小白菜	13	0
17	ex	07099990	鲜、冷苦瓜	13	0
18	ex	07099990	鲜、冷山葵	13	0
19	ex	07144000	鲜、冷芋头	13	0
20		08011200	未去内壳（内果皮）鲜椰子	12	0
		08011990	其他鲜椰子	12	0
21	ex	08028000	鲜槟榔	10	0
22	ex	08043000	鲜菠萝	12	0
23	ex	08045010	鲜番石榴	15	0
24	ex	08045020	鲜芒果	15	0
25	ex	08054000	鲜柚	12	0
26		08072000	木瓜	25	0
27		08093000	桃	10	0
28	ex	08094000	梅	10	0

续表

序号	ex	2012年税则号列	商品名称	最惠国税率（%）	对台湾地区税率（%）
29		08109050	番荔枝	20	0
30		08109060	杨桃	20	0
31		08109070	莲雾	20	0
32	ex	08109090	枣	20	0
33		08107000	柿子	20	0
34	ex	08109090	枇杷	20	0

关于调整原产于台湾地区的进口农产品免征关税的产品清单的公告

（2016年12月30日 海关总署公告2016年第88号）

自2017年1月1日起，我国进出口税则税目转版，大陆对台湾地区部分农产品零关税政策产品清单也相应发生变化。我署对海关总署公告2011年第85号附件《部分原产于台湾地区的进口农产品免征进口关税的产品清单（2012年版）》进行了相应调整，制定了《部分原产于台湾地区的进口农产品免征进口关税的产品清单（2017年版）》（见附件），现予以公布，自2017年1月1日起执行。

《部分原产于台湾地区的进口农产品免征进口关税的产品清单（2017年版）》中，标有“ex”的税则号列是指该税则号列包括多项商品，但仅在清单中列名的产品为免征关税的农产品。

特此公告。

附件

部分原产于台湾地区的进口农产品免征进口关税的产品清单（2017 年版）

序号	ex	2017 年税则号列	商品名称	对台湾地区税率（%）
1		03022400	鲜、冷大菱鲆	0
2		03022900	其他鲜、冷比目鱼	0
3		03024100	鲜、冷鲱鱼	0
4		03024400	鲜、冷鲭鱼	0
5	ex	03027900	鲜、冷尼罗河鲈鱼	0
6		03028400	鲜、冷尖吻鲈鱼	0
7		03028910	鲜、冷带鱼	0
8		03028930	鲜、冷鲳鱼	0
9	ex	03028990	其他鲜、冷鲈鱼	0
10	ex	03029900	鲜、冷大菱鲆鱼鳍、鱼头、鱼尾、鱼鳔及其他可食用鱼杂碎	0
11	ex	03029900	其他鲜、冷比目鱼鱼鳍、鱼头、鱼尾、鱼鳔及其他可食用鱼杂碎	0
12	ex	03029900	鲜、冷鲱鱼鱼鳍、鱼头、鱼尾、鱼鳔及其他可食用鱼杂碎	0
13	ex	03029900	鲜、冷鲭鱼鱼鳍、鱼头、鱼尾、鱼鳔及其他可食用鱼杂碎	0
14	ex	03029900	鲜、冷鲳鱼鱼鳍、鱼头、鱼尾、鱼鳔及其他可食用鱼杂碎	0
15	ex	03029900	鲜、冷带鱼鱼鳍、鱼头、鱼尾、鱼鳔及其他可食用鱼杂碎	0
16	ex	03029900	鲜、冷尼罗河鲈鱼鱼鳍、鱼头、鱼尾、鱼鳔及其他可食用鱼杂碎	0

续表

序号	ex	2017年税则号列	商品名称	对台湾地区税率（%）
17	ex	03029900	其他鲜、冷鲈鱼鱼鳍、鱼头、鱼尾、鱼鳔及其他可食用鱼杂碎	0
18	ex	03029900	鲜、冷尖吻鲈鱼鱼鳍、鱼头、鱼尾、鱼鳔及其他可食用鱼杂碎	0
19	ex	03032900	冻尼罗河鲈鱼	0
20		03033400	冻大菱鲆	0
21		03033900	其他冻比目鱼	0
22		03035100	冻鲱鱼	0
23		03035400	冻鲭鱼	0
24		03038400	冻尖吻鲈鱼	0
25		03038910	冻带鱼	0
26		03038930	冻鲳鱼	0
27	ex	03038990	其他冻鲈鱼	0
28	ex	03039900	冻大菱鲆鱼鳍、鱼头、鱼尾、鱼鳔及其他可食用鱼杂碎	0
29	ex	03039900	其他冻比目鱼鱼鳍、鱼头、鱼尾、鱼鳔及其他可食用鱼杂碎	0
30	ex	03039900	冻鲱鱼鱼鳍、鱼头、鱼尾、鱼鳔及其他可食用鱼杂碎	0
31	ex	03039900	冻鲭鱼鱼鳍、鱼头、鱼尾、鱼鳔及其他可食用鱼杂碎	0
32	ex	03039900	冻鲳鱼鱼鳍、鱼头、鱼尾、鱼鳔及其他可食用鱼杂碎	0
33	ex	03039900	冻带鱼鱼鳍、鱼头、鱼尾、鱼鳔及其他可食用鱼杂碎	0
34	ex	03039900	冻尖吻鲈鱼鱼鳍、鱼头、鱼尾、鱼鳔及其他可食用鱼杂碎	0

续表

序号	ex	2017年税则号列	商品名称	对台湾地区税率（%）
35	ex	03039900	冻尼罗河鲈鱼鱼鳍、鱼头、鱼尾、鱼鳔及其他可食用鱼杂碎	0
36	ex	03039900	其他冻鲈鱼鱼鳍、鱼头、鱼尾、鱼鳔及其他可食用鱼杂碎	0
37		03061619	其他冻冷水小虾	0
38		03061719	其他冻小虾	0
39	ex	03063590	鲜、冷冷水小虾	0
40	ex	03063690	鲜、冷小虾	0
41	ex	03073190	鲜、冷贻贝	0
42		03073200	冻贻贝	0
43		07031010	鲜、冷洋葱	0
44	ex	07041000	鲜、冷硬花甘蓝	0
45	ex	07041000	鲜、冷花椰菜	0
46		07042000	鲜、冷抱子甘蓝	0
47		07049010	鲜、冷卷心菜	0
48	ex	07049090	鲜、冷其他甘蓝	0
49		07051100	鲜、冷结球莴苣	0
50		07051900	鲜、冷其他莴苣	0
51	ex	07061000	鲜、冷胡萝卜	0
52	ex	07099990	鲜、冷丝瓜	0
53	ex	07099990	鲜、冷青江菜	0
54	ex	07099990	鲜、冷小白菜	0
55	ex	07099990	鲜、冷苦瓜	0
56	ex	07099990	鲜、冷山葵	0
57	ex	07144000	鲜、冷芋头	0
58		08011200	未去内壳（内果皮）鲜椰子	0
59		08011990	其他鲜椰子	0

续表

序号	ex	2017 年税则号列	商品名称	对台湾地区税率（%）
60	ex	08028000	鲜槟榔	0
61	ex	08043000	鲜菠萝	0
62	ex	08045010	鲜番石榴	0
63	ex	08045020	鲜芒果	0
64	ex	08054000	鲜柚	0
65		08072000	木瓜	0
66	ex	08093000	桃	0
67	ex	08094000	梅	0
68		08107000	柿子	0
69		08109050	番荔枝	0
70		08109060	杨桃	0
71		08109070	莲雾	0
72	ex	08109090	枣	0
73	ex	08109090	枇杷	0

关于进口原产于台湾地区部分农产品免于提交原产地证书的公告

（2012年1月11日　海关总署公告2012年第2号）

为方便台湾农产品出口大陆，自2012年2月1日起，海关总署2005年第37号公告及2007年第6号公告（2011年第85号公告修改）项下原产于台湾地区的进口农产品，每批货物经海关依法审定的完税价格不超过600美元的，进口货物收货人或其代理人可免予提交原产地证书。对上述货物，进口货物收货人或其代理人应当同时按照本公告附件所列格式，提交原产地声明（详见附件）。

上述原产地声明所列的一项或者多项货物应为同一批次的进口货物，且仅对应一份《进口货物报关单》。

特此公告。

附件

原产地声明

本人为____________________

（打印姓名、职务及企业依法登记的名称、地址）

出口商/生产商/出口商及生产商

（不适用的部分请予勾销）

兹声明发票____________（填写发票号码）所列货物原产自

台湾地区

且上述货物符合有关原产地规则的要求。

签名：____

日期：____

出口商注册号码或纳税登记编号：________________

备注：该声明必须打印，并以上述商业发票随附的单独文件提交。本声明所涉货物不得超过20项。

关于台湾葡萄输往大陆植物检验检疫要求的公告

（2015 年 6 月 9 日　国家质量监督检验检疫总局公告 2015 年第 68 号）

在《海峡两岸农产品检疫检验合作协议》框架下，两岸有关方面通过开展台湾葡萄有害生物风险分析、产地考察和技术会商，就《台湾葡萄输往大陆检验检疫管理规范》达成一致，台湾葡萄获得输往大陆检疫准入资格。即日起，允许符合《台湾葡萄输往大陆植物检验检疫要求》的台湾葡萄输往大陆。

附件

台湾葡萄输往大陆植物检验检疫要求

一、法律法规依据

（一）《进出境动植物检疫法》《进出境动植物检疫法实施条例》；

（二）《食品安全法》、《食品安全法实施条例》；

（三）《台湾葡萄输往大陆检验检疫管理规范》。

二、允许进境的商品名称

新鲜葡萄果穗，学名：*Vitis vinifera* Linn，以下简称葡萄。英文名：Grape。

三、允许的产地

台湾葡萄产区。

四、批准的果园和包装厂

输往大陆的葡萄果园、包装厂须经台湾农业部门注册。注册名单应在每年出口季节开始前，由台湾方面向质检总局提供。葡萄果园、包装厂名单可在质检总局网站上查询。

五、关注的检疫性有害生物

1. 螺旋粉虱 *Aleurodicus dispersus Russell*

2. 橘小实蝇 *Bactrocera dorsalis*（Hendel）

3. 香蕉肾盾蚧 *Aonidiella comperei* McKenzie

4. 槟榔盾蚧 *Hemiberlesia rapax*（Comstock）

5. 刺盾蚧 *Selenaspidus articulatus* Morgan

6. 台湾黄毒蛾 *Euproctis taiwana*（Shiraki）

7. 木槿曼粉蚧 *Maconellicoccus hirsutus*（Green）

8. 丝鳞粉蚧 *Nipaecoccus filamentosus*（Cockerell）

9. 日本臀纹粉蚧 *Planococcus kraunhiae*（Kuwana）

10. 南洋臀纹粉蚧 *Planococcus lilacius* Cockerell

11. 大洋臀纹粉蚧 *Planococcus minor*（Maskell）

12. 腹突皱针蓟马 *Rhipiphorothrips cruentatus* Hood

13. 葡萄苦腐病菌 *Greeneria uvicola*（Berk. & Curtis）Punithalingam

14. 美澳型核果褐腐病菌 *Monilinia fructicola*（Winter）Honey

15. 葡萄枝枯病菌 *Phomopsis vitimegaspora* Kuo & Leu

16. 烟草环斑病毒 Tobacco ringspot virus，TRSV

六、装运前要求

（一）果园管理。

1. 所有注册葡萄园必须通过台湾农业部门良好农业规范认证（包括“吉园圃标识”等），且应维持葡萄园卫生条件、及时清理落果、套袋（果实采收前45天）、季节末剪枝等，并执行有害生物综合防治（IPM），包括病虫害监测、化学或生物防治，以及农事操作等控制措施。

2. 所有注册果园应对葡萄苦腐病菌、美澳型核果褐腐病菌、葡萄枝枯病菌和烟草环斑病毒进行田间监测，确保田间无发生，任何有上述病害发生的葡萄园的葡萄不得输往大陆。

3. 所有注册果园必须保留有害生物的监测和相关防治记录，并应要求向质检总局提供。防治记录应包括生长季节使用的所有化学药剂的名称、有效成分、使用日期及使用浓度等详细信息。

4. 台湾农业部门应在水果采收前检查所有果园，确保田间防治措施切实有效。落果、病果、机械伤果不得输往大陆。

5. 果实采收前，每个注册果园必须采样送实验室进行农药残留检测，重点监控大陆关注的克百威（Carbofuran）、百菌清（Chlorothalonil）、甲霜灵（Metalaxyl）、精甲霜灵（Metalaxyl-M）、己唑醇（Hexaconazole）、霜脲氰（Cymoxanil）、霜霉威盐酸盐（Propamocarb hydrochloride）等监控物质。

（二）包装厂管理。

1. 台湾农业部门需定期对葡萄包装、储藏和装运过程进行核查。

2. 只有套袋完整的葡萄方可进入包装厂，纸袋必须在包装厂车间内取掉。包装输往大陆葡萄时，不得同时从事其他市场葡萄的包装。

3. 在包装过程中，葡萄须经剔除、挑检、分级等工序，包装好的葡萄不得带有昆虫（尤其是蚧虫、粉虱、蓟马等）、螨类以及葡萄枝、叶和土壤，并经感观检查不带病果和烂果。

4. 包装好的葡萄如需储藏应立即入库，并单独存放，或与输往其他市场的葡萄隔离，避免受到有害生物再次感染。

（三）包装要求。

1. 包装材料不得使用未加工的植物源性材料，应干净卫生、未使用过。

2. 每个包装箱上应标注水果名称、产地（市或县）、果园或其注册号、包装厂和其注册号、生产日期等信息。

（四）出口前检疫。

台湾农业部门植保组织或其授权人员应按2%比例对每批输往大陆的葡萄进行抽样检疫。如发现关注的检疫性有害生物活体，整批货物不得输往大陆，并采取改进措施。同时，保存检查记录，应要求提供给大陆方面。

（五）证明文件要求。

经检疫合格的，台湾农业部门植保组织或其授权人员应出具有关证明文件，注明集装箱号码，并填写以下附加声明：“该批葡萄符合台湾葡萄输往大陆检验检疫要求，不带大陆关注的检疫性有害生物。”

七、进境要求

出入境检验检疫机构按照以下要求实施检验检疫。

（一）有关证明文件核查。

1. 核查台湾输往大陆葡萄是否附有质检总局颁发的《进境动植物检疫许可证》。

2. 核查有关证明文件是否符合本要求第六条第（五）项规定。

（二）进境检验检疫。

根据《检验检疫工作手册》植物检验检疫分册有关规定，对台湾输大陆葡萄实施检验检疫。经检验检疫合格的，准予输入。

八、不符合要求的处理

（一）经检验检疫发现包装不符合第六条第（三）项有关规定，则该批葡萄不准输入。

（二）发现有来自未经注册的果园和包装厂的葡萄，则该批葡萄不准输入。

（三）如发现第五条所列的检疫性有害生物活体，则该批货物作退回、销毁或检疫处理。同时，质检总局将立即向台湾方面通报，暂停从相关果园、包装厂进口。台湾方面应开展调查，以便查明原因并采取相应改进措施。如多次发现同类问题，将暂停进口台湾葡萄。根据对改进措施的评估结果，质检总局将决定是否恢复进口台湾葡萄。

（四）如发现大陆关注的其他检疫性有害生物，对该批葡萄作退回、销毁或检疫处理，质检总局将及时向台湾方面通报，并视情况采取有关检验检疫措施。

（五）如不符合相关安全卫生标准，则按照《食品安全法》及其实施条例有关规定处理。

九、预检

本项目启动前，在台湾农业部门的协助下，质检总局将派两名检疫官员赴台湾对输往大陆葡萄有害生物监测与防治、包装与冷藏管理情况进行实地审查，并与台湾农业部门植保组织或其授权官员对首年输出大陆的葡萄进行联合检查。如发现大陆关注的检疫性有害生物活体，此批货物将不得输往大陆，或采取补救处理措施。

十、回顾性审查

（一）根据台湾葡萄果园有害生物发生动态及大陆口岸疫情截获情况，质检总局将作进一步的风险评估，并与台湾方面协商，以调整检疫性有害生物名单及相关检疫措施。

（二）为确保相关风险管理措施和操作要求得到有效落实，质检总局将在贸易开始后每5年对本管理规范执行情况进行回顾性审查，包括派专家赴台湾进行考察。根据考察结果，经双方协商，可对《台湾葡萄输往大陆植物检验检疫要求》进行修订。

（六）工商税务

关于海峡两岸海上直航营业税和企业所得税政策的通知

（2009年1月19日财政部、国家税务总局财税〔2009〕4号）

各省、自治区、直辖市、计划单列市财政厅（局）、国家税务局、地方税务局，新疆生产建设兵团财务局：

为推动海峡两岸海上直航，经国务院批准，现对海峡两岸海上直航业务有关税收政策通知如下：

一、自2008年12月15日起，对台湾航运公司从事海峡两岸海上直航业务在大陆取得的运输收入，免征营业税。

对台湾航运公司在2008年12月15日至文到之日已缴纳应予免征的营业税，从以后应缴的营业税税款中抵减，年度内抵减不完的予以退税。

二、自2008年12月15日起，对台湾航运公司从事海峡两岸海上直航业务取得的来源于大陆的所得，免征企业所得税。

享受企业所得税免税政策的台湾航运公司应当按照企业所得税法实施条例的有关规定，单独核算其从事上述业务在大陆取得的收入和发生的成本、费用；未单独核算的，不得享受免征企业所得税政策。

三、本通知所称台湾航运公司，是指取得交通运输部颁发的“台湾海峡两岸间水路运输许可证”且上述许可证上注明的公司登记地址在台湾的航运公司。

关于海峡两岸空中直航营业税和企业所得税政策的通知

（2010年9月6日财政部、国家税务总局财税〔2010〕63号）

各省、自治区、直辖市、计划单列市财政厅（局）、国家税务局、地方税务局、新疆生产建设兵团财务局：

为推动海峡两岸空中直航，经国务院批准，现对海峡两岸空中直航业务有关税收政策通知如下：

一、自2009年6月25日起，对台湾航空公司从事海峡两岸空中直航业务在大陆取得的运输收入，免征营业税。

对台湾航空公司在2009年6月25日起至文到之日已缴纳应予免征的营业税，从以后应缴的营业税税款中抵减，在2010年内抵减不完的予以退还。

二、自2009年6月25日起，对台湾航空公司从事海峡两岸空中直航业务取得的来源于大陆的所得，免征企业所得税。

对台湾航空公司在2009年6月25日起至文到之日已缴纳应予免征的企业所得税，在2010年内予以退还。

享受企业所得税免税政策的台湾航空公司应当按照企业所得税法实施条例的有关规定，单独核算其从事上述业务在大陆取得的收入和发生的成本、费用；未单独核算的，不得享受免征企业所得税政策。

三、本通知所称台湾航空公司，是指取得中国民用航空局颁发的“经营许可”或依据《海峡两岸空运协议》和《海峡两岸空运补充协议》规定，批准经营两岸旅客、货物和邮件不定期（包机）运输业务，且公司登记地址在台湾的航空公司。

台湾农民在海峡两岸农业合作试验区和台湾农民创业园申办个体工商户登记管理工作的若干意见

（2007年11月16日国家工商行政管理总局工商个字〔2007〕247号）

台湾同胞是发展两岸关系的重要力量。允许来大陆海峡两岸农业合作试验区和台湾农民创业园从事农业合作项目的台湾农民直接申办个体工商户，有利于增进两岸同胞的共同利益，有利于密切两岸经济关系，有利于推进祖国和平统一大业。根据《关于促进两岸农业合作、惠及台湾农民的若干政策措施》（中台发〔2007〕1号）的有关规定（详见附件1），依照《行政许可法》、《台湾同胞投资保护法》、《台湾同胞投资保护法实施细则》、《城乡个体工商户管理暂行条例》、《个体工商户登记程序规定》等有关法律、行政法规和规章，对台湾农民在海峡两岸农业合作试验区和台湾农民创业园申办个体工商户的登记管理工作提出如下意见：

一、自2007年12月1日起，台湾农民在海峡两岸农业合作试验区和台湾农民创业园申请设立个体工商户，由经营所在地的县（市）工商行政管理局以及大中城市的工商行政管理分局（以下简称"登记机关"）依照国家有关法律、行政法规和规章直接予以登记，无需经过外资主管部门审批。（《海峡两岸农业合作试验区和台湾农民创业园目录》见附件2。）

二、台湾农民可以申请登记的经营范围包括：种植业、饲养业、养殖业、农产品及农副产品加工业、农产品等自产产品零售业（不包括烟草零售和特许经营）、农产品和农业技术进出口、农业科技交流和推广。

台湾农民个体工商户的组成形式仅限于个人经营；其从业人员不超过8人；经营场所的面积不超过300平方米，但从事种植业、饲养业或养殖业的不受此限制。

三、台湾农民申请个体工商户设立登记，应当提交下列文件①：

1. 申请人签署的《个体工商户（台湾农民）设立登记申请书》；

2. 申请人的身份证件及农民身份证明文件：①台湾居民身份证件原件及复印件；②台湾居民来往大陆通行证或旅行证原件及复印件；③台湾农民身份有关证明的原件及复印件，包括加入台湾农业组织证明或台湾农民健康保险证明或台湾农民老年津贴证明等；

3. 经营场所证明；

4. 国家法律、行政法规规定提交的其他文件。

在登记机关已预先核准个体工商户字号名称的，应当提交《个体工商户（台湾农民）字号名称预先核准通知书》。

从事法律、行政法规规定须经有关部门审批的业务的，应当提交有关部门的批准文件。

四、台湾农民申请设立的个体工商户可以在设立登记前向登记机关申请个体工商户字号名称预先核准。登记机关参照《企业名称登记管理规定》作出准予个体工商户字号名称预先核准的，应当出具《个体工商户（台湾农民）字号名称预先核准通知书》。

五、台湾农民申请者拟从事法律、行政法规规定须经有关部门审批的业务的，应当持身份证件、身份证明文件及《个体工商户（台湾农民）字号名称预先核准通知书》（字号名称已预先核准的），向有关部门申请前置许可，并按照有关部门的要求，提交有关证件、文件的复印件，办理前置许可手续。

六、登记机关对台湾农民个体工商户有关登记事项按照下列要求核定：

1. 经营范围：按照《国民经济行业分类》（GB/T4754-2002）及其注释的行业分类用语核定。

法律、行政法规规定须办理前置许可的经营项目，按照有关部门许可的经营项目核定经营范围。

不涉及前置许可的经营项目，根据申请人的申请，可以按照国民经济行业分类的中类或者小类核定，如“种植业（须前置许可项目除外）”等。也可以按照国民经济行业分类的注释，具体核定经营项目、商品，如“水果零售”等。

---

① 部分已失效。——编者注

2. 经营者姓名：除了核定经营者姓名外，还应当在经营者姓名后面加注“台湾农民”字样。

3. 组成形式：应当核定为个人经营。

4. 资金数额：按照申请人申报的人民币资金的数额予以核定。

七、登记机关对准予登记的台湾农民个体工商户核发《个体工商户营业执照》，营业执照经营者姓名后面应当加注“台湾农民”字样。

八、台湾农民个体工商户向原登记机关申请变更登记或者注销登记的，登记机关依照《城乡个体工商户管理暂行条例》、《个体工商户登记程序规定》的有关规定，办理变更登记或者注销登记。

九、台湾农民个体工商户设立登记的有关专用表格样式由国家工商行政管理总局统一制定（详见附件3）。除专用表格外，登记工作使用国家工商行政管理总局工商个字〔2004〕第118号文件规定的其他有关表格。

十、登记机关要在登记场所建立台湾农民申办个体工商户的“绿色通道”，提供申请、受理、审批一站式服务，对符合条件的当场准予登记。要免费为台湾农民申办者提供政策法规方面的咨询服务。

十一、台湾农民个体工商户的监管及验照工作依照国家现行有关法律、行政法规和规章的规定执行。要坚决杜绝“搭车收费”现象。

十二、各地要及时组织工作人员认真学习有关政策法规，切实加强执法队伍培训，努力提高登记、监管和服务工作质量。

十三、涉及台湾农民个体工商户登记管理工作的各省、自治区、直辖市工商行政管理局应当按照国家工商行政管理总局的要求，按期上报台湾农民个体工商户登记的有关工作情况。详见附件4《台湾农民个体工商户登记情况统计表》及说明。各单位在开展此项工作中遇到的问题，要及时向国家工商行政管理总局个体私营经济监管司反映。联系电话：010-88650811或88650809。传真：010-68050283。电子邮箱：djc. gts@ saic. gov. cn。

附件1：关于印发《关于促进两岸农业合作、惠及台湾农民的若干政策措施》的通知（中台发〔2007〕1号）（略）

附件 2：

海峡两岸农业合作试验区和台湾农民创业园目录

截至目前，国家共在 11 个省区市设立了海峡两岸农业合作试验区和台湾农民创业园。

一、海峡两岸农业合作试验区

海峡两岸（福建）农业合作试验区

海峡两岸（黑龙江哈尔滨、牡丹江、佳木斯、大庆、农垦示范区）农业合作试验区

海峡两岸（山东平度）农业合作试验区

海峡两岸（海南）农业合作试验区

海峡两岸（陕西杨凌）农业合作试验区

海峡两岸（广东佛山、湛江）农业合作试验区

海峡两岸（广西玉林）农业合作试验区

海峡两岸（上海郊区）农业合作试验区

海峡两岸（江苏昆山、扬州）农业合作试验区

二、台湾农民创业园

福建漳浦台湾农民创业园

山东栖霞台湾农民创业园

四川新津台湾农民创业园

重庆北碚台湾农民创业园

附件 3：个体工商户（台湾农民）设立登记申请有关表格样式（略）

附件 4：台湾农民个体工商户登记情况统计表（略）

关于制止和查处假冒台湾水果行为的通知

（2006年9月13日国家工商行政管理总局工商公字〔2006〕172号）

各省、自治区、直辖市及计划单列市工商行政管理局：

台湾水果进入大陆市场销售以后，在一些地区出现了以非原产于台湾的水果假冒台湾水果进行销售的现象。主要有以下情况：一是台湾果农来到大陆承包果园，租赁土地，开垦荒地，用带来的台湾水果种子和栽培种植技术生产的水果，以台湾水果的名义在市场上销售。二是福建、广东、海南等地的一些果农引进台湾水果的种子和栽培种植技术生产的水果，由于水果的品质、形状、色泽与台湾水果相似，以台湾水果的名义进入市场销售。三是沿海省区一些水果生产者和经营者将本地生产的水果假冒台湾水果销售。这些现象，既影响了台湾水果的品牌形象，也损害了消费者权益。为了制止和查处假冒台湾水果行为，规范水果市场的交易秩序，现将有关问题通知如下：

一、各地工商行政管理机关要切实加强市场监督管理，明确要求水果经营者不得将经营的台湾品种水果简称为台湾水果，应以“台湾产地水果”和“台湾品种水果”予以区别，并注明其产地。

二、各地工商行政管理机关要加强水果批发市场、农副产品批发市场、大型超市等经营场所的检查。凡是销售非原产于台湾的水果，都要在包装物和价格标签上注明产地，保护消费者的知情权。

三、各地工商行政管理机关要督促相关经营者建立专门的台湾水果经营台账，检查其进货渠道和进货凭证，对以非原产于台湾的水果假冒台湾水果进行销售的行为要予以制止，并按照《反不正当竞争法》、《产品质量法》的有关规定予以处罚。

四、广告中对商品的产地有表示的，应当清楚、明白，不得欺骗和误导消费者。对违法广告行为，各地工商行政管理机关要依据《广告法》的有关规定予以处罚。

五、各地工商行政管理机关对侵犯台湾水果商标专用权的行为，应按照《商标法》的有关规定予以处罚。

关于开放台湾居民申请设立个体工商户的通知

（2011年12月27日　国务院台湾事务办公室、国家工商行政管理总局、公安部、人力资源和社会保障部、商务部）

北京、上海、江苏、浙江、福建、湖北、广东、重庆、四川省（市）台办、工商行政管理局、公安厅（局）、人力资源和社会保障厅（局）、商务厅（局）：

为鼓励台湾同胞到大陆投资创业，不断深化两岸经贸合作，根据《个体工商户条例》和《个体工商户登记管理办法》，现对台湾居民到大陆申请设立个体工商户，实行如下政策措施：

一、自2012年1月1日起，台湾居民依照国家有关法律、法规和规章，在北京、上海、江苏、浙江、福建、湖北、广东、重庆、四川等省市可无需经过外资审批，申请登记为个体工商户。

二、台湾居民个体工商户可以申请登记的经营范围包括餐饮业和零售业，不包括特许经营。从业人员不超过8人，营业面积不超过300平方米。自2012年4月1日起，从业人员不超过10人，营业面积不超过500平方米。

三、台湾居民在大陆海峡两岸农业合作试验区和台湾农民创业园申请登记为个体工商户，依照《台湾农民在海峡两岸农业合作试验区和台湾农民创业园申办个体工商户登记管理工作的若干意见》（工商个字〔2007〕247号）执行。

四、台湾居民在大陆设立个体工商户的具体登记办法另行颁布。

关于印发《台湾非企业经济组织在大陆常驻代表机构审批管理工作规则》的通知

（2012年4月12日商务部办公厅、国务院台湾事务办公室秘书局商办台函〔2012〕259号）

各省、自治区、直辖市、计划单列市及新疆生产建设兵团商务主管部门、台办：

根据《国务院关于管理外国企业常驻代表机构的暂行规定》（国发〔1980〕272号）、《国务院对确需保留的行政审批项目设定行政许可的决定》（国务院第412号令）有关规定，商务部会同国务院台湾事务办公室制定了《台湾非企业经济组织在大陆常驻代表机构审批管理工作规则》（以下简称《工作规则》），现予印发，并就有关事项通知如下：

一、做好代表机构的初审和报送工作

（一）地方商务主管部门要高度重视代表机构的初审和报送工作，建立专人负责制，严格按照《工作规则》要求进行初审工作。为方便台湾非企业经济组织的申请，地方商务主管部门可以在本单位网站上公布《工作规则》及其附表。

（二）地方商务主管部门收到台湾非企业经济组织申请后，认真审核台湾非企业经济组织所提交的申请材料是否符合《工作规则》的要求，对符合《工作规则》要求的，及时将申请材料寄送至商务部审批；对申请材料不全或不符合《工作规则》要求的，应及时向该台湾非企业经济组织或其授权的接收人发出申请材料补正通知书，待申请材料补齐后寄送至商务部。

二、做好代表机构的证书发放及档案管理工作

（一）商务部核准台湾非企业经济组织在大陆设立常驻代表机构后，将向地方商务主管部门下发批复文件，地方商务主管部门凭批复文件为代表机构办理批准证书并通知该台湾非企业经济组织或其授权的接收人。

（二）地方商务主管部门为代表机构办理批准证书后，应将批准证书及申请材料复印件存档，做好档案管理工作，同时将复印件抄送同级台办。

三、协助做好代表机构的监管工作

地方商务主管部门、台办应协助商务部、国务院台湾事务办公室加强对代表机构的管理、监督和检查，认真跟踪代表机构的业务开展情况，要求其遵守相关法律、法规及有关涉台规定，遇有重要问题及时上报商务部、国务院台湾事务办公室。

台湾非企业经济组织在大陆常驻代表机构审批管理工作规则

第一章　总　　则

第一条　为规范对台湾非企业经济组织在大陆常驻代表机构（以下简称代表机构）的审批管理，特制定本工作规则。

第二条　本工作规则所称台湾非企业经济组织，是指在台湾地区设立的从事经济、贸易、投资合作等活动（涉及教育、科技、卫生、体育、环保、慈善、公益事业的除外），但又不称为公司、企业、基金会的组织。

第三条　台湾非企业经济组织在大陆设立代表机构由商务部核准。台湾非企业经济组织在大陆代表机构设立、延期、变更（变更代表机构名称、办公地址、业务范围、首席代表及代表）、注销，由所在地省、自治区、直辖市、计划单列市及新疆生产建设兵团商务主管部门（以下简称省级商务主管部门）初审后向商务部（台港澳司）提出书面申请。商务部收到申请后，征求国务院台湾事务办公室的意见。征得国务院台湾事务办公室同意后，商务部进行核准。

第四条　经批准并办理完登记等有关手续的代表机构，可从事与其所属组织业务内容相关的非直接经营性活动，包括代表其所属组织进行业务联络、产品介绍、市场调研和技术交流等。

第五条　代表机构及其成员必须遵守大陆的法律、法规和相关规定。

第六条　台湾非企业经济组织申请设立代表机构的基本条件：

（一）依照台湾地区有关规定，经批准设立登记满 5 年；

（二）台湾地区主管部门批准赴大陆设置代表机构；

（三）须具有明确的业务范围和良好的行业信誉，且其本身或其主要会员从事两岸经贸交流与合作业务；

（四）无违反大陆法律、法规的不良记录。

第二章 设立、延期、变更和注销

第七条 代表机构设立须提供的材料：

（一）由该组织法定代表人签署的申请书，内容包括：该组织简况、设立常驻代表机构的目的、常驻代表机构的名称、派驻人员（首席代表、代表）、业务范围（代表处业务范围不能超出该组织的业务范围）、驻在期限、办公地址等；

（二）台湾地区主管部门批准该组织赴大陆设立代表机构的文件（正本）；

（三）同该组织有业务往来的银行出具的资信证明（正本）；

（四）由该组织法定代表人签署的委任代表机构首席代表和代表的授权书、首席代表和代表的简历及身份证件（复印件）。如该组织法定代表人任首席代表或代表，其授权书必须由该组织理事会2名以上理事签署。不设理事会的组织可由执行理事签署有关文件；

（五）大陆办公地址证明（租房或购房证明，批准后6个月内补报）；

（六）《台湾非企业经济组织常驻代表机构设立申报表》、《台湾非企业经济组织常驻代表机构人员申报表》（见附件1、2）以及商务部认为有必要提供的其他材料。

第八条 商务部自收到省级商务主管部门报送的、本规则第七条所列全部有效材料之日起20个工作日内，作出批准或不予批准的决定。对批准设立的代表机构，通过省级商务主管部门颁发批准证书，省级商务主管部门将批准证书及相关材料（复印件）抄送同级台办；对不予批准的，通过省级商务主管部门将理由告知该台湾非企业经济组织或其授权人。

第九条 代表机构名称以“组织名称+驻在地名称+代表处”的方式确定，并应标明其设立登记地。

“驻在地名称”是指该台湾非企业经济组织代表机构所驻在的设区的市级以上行政区划名称。

代表机构的名称不得含有以下内容和文字：

（一）“大陆总部”、“总部”等类似地区或区域总部的字样；

（二）有损于社会公共利益的；

（三）国际组织名称；

（四）大陆法律、法规或有关规定禁止的；

（五）其他不适宜的文字表述。

台湾非企业经济组织在大陆一个驻在地只能设立一个代表机构，其在不同驻在地之间的代表机构不具隶属关系。

第十条 代表机构经批准后，应即向登记机关申请办理登记手续，并按照公安、人力资源社会保障、税务、海关、外汇管理等部门的规定，办理台湾代表的长期居留、就业许可、税务登记、海关登记以及开立外汇账户等手续。

第十一条 代表机构设立或延期的批准证书有效期限为3年，自批准证书签发之日算起。

第十二条 代表机构申请延期须提供的材料：

（一）由该组织法定代表人签署的延期申请书；

（二）该组织常驻代表机构前一个驻在期的业务活动报告；

（三）同该组织有业务往来的银行出具的资信证明（正本）；

（四）该组织常驻代表机构的批准证书及登记证复印件；

（五）大陆办公地址证明（租房或购房证明）；

（六）《台湾非企业经济组织常驻代表机构延期申报表》（见附件3）以及商务部认为有必要提供的其他材料。

第十三条 代表机构申请变更须提供的材料：

（一）该组织法定代表人签署的变更申请书及与变更相关的材料（变更办公地址是指在同一城市内地址的变动，同一建筑物内房间号的变动可不视为办公地址的变更，变更办公地址需提供新办公地址的租房或购房证明）；

（二）《台湾非企业经济组织常驻代表机构变更申报表》（见附件4）以及商务部认为有必要提供的其他材料。

第十四条 代表机构的延期、变更，应提前60日通过省级商务主管部门向商务部提出申请，商务部自收到本规则第十二、十三条所列全部有效材料之日起20个工作日内，作出批准或不予批准的决定。对批准延期或变更的代表机构，通过省级商务主管部门颁发批准证书，省级商务主管部门将批准证书及相关材料（复印件）抄送同级台办；对不予批准的，通过省级商务主管部门将理由告知该台湾非企业经济组织。

第十五条 代表机构在延期或变更申请获准后，应及时到登记机关和公安、劳动和社会保障、税务、海关、外汇管理等部门办理相关手续。

第十六条 未按本规则向商务部申请办理延期、变更等手续且无正当理由的代表机构，其批准证书视为失效，自批准证书到期日或变更之日的次日起1年内不得开展业务活动，期间补办相关手续并获得批准后方可继续开展业务活动。

连续1年以上未按规定办理延期、变更等手续的代表机构，商务部有权注销其批准证书并予以公布，自被注销之日起3年内，商务部不受理其所属组织设立代表机构的申请。

第十七条 代表机构申请注销须提供的材料：

（一）该组织法定代表人签署的注销申请书；

（二）税务、海关、外汇管理等部门出具的相关事宜清理完结的证明；①

（三）代表机构的批准证书原件和登记证复印件；

（四）商务部认为有必要提供的其他材料。

第十八条 代表机构驻在期限届满，其所属组织不再延期或提前终止代表机构的业务活动，应在代表机构期限届满或业务活动终止前30天通过省级商务主管部门向商务部提出申请。商务部自收到本规则第十七条所列全部有效材料之日起20个工作日内，作出批准或不予批准的决定。经批准注销的代表机构，应当及时向登记机关办理注销登记。未经批准擅自撤离的代表机构，在该代表机构驻在期限届满之日起5年内且其所属组织清理完结相关债权债务及未结事宜前，商务部不再受理其所属组织设立代表机构的申请。

第十九条 申请设立台湾非企业经济组织在大陆常驻代表机构，应当提交台湾非企业经济组织（授权人）与大陆法律文件送达接收人（被授权人）签署的《法律文件送达授权委托书》。该委托书应当明确授权大陆被授权人代为接收法律文件送达，并载明被授权人地址、联系方式。

第二十条 台湾非企业经济组织及其代表机构向商务部提交的申请材料必须真实、有效。必要时，商务部可以要求代表机构提供的全部或部分申报材料须经台湾地区公证机构公证。

---

① 根据2019年3月18日《关于取消一批证明事项的公告》（商务部公告2019年第13号），删除提交有关“相关事宜清理完结的证明”的表述。

第三章　首席代表与代表的资格

第二十一条　台湾非企业经济组织首席代表和代表须符合以下条件：

（一）代表机构的首席代表和代表由其所属组织申请直接派出的，须为持有台湾地区身份证明以及台胞证的台湾同胞；

（二）代表机构的首席代表或代表由其所属组织聘请大陆居民担任的，应根据大陆有关法律和法规办理聘用手续；

（三）代表机构的首席代表或代表不得在依据或参照大陆外商投资企业法律法规成立的企业中兼任董事长、总经理、经理等职务。

第四章　管　　理

第二十二条　商务部依照大陆有关法律、法规，会同有关部门对台湾非企业经济组织常驻代表机构的业务活动进行管理、监督和检查。

第五章　附　　则

第二十三条　本工作规则由商务部负责解释。

第二十四条　本工作规则自印发之日起施行。

附件： 1. 台湾非企业经济组织常驻代表机构设立申报表（略）

2. 台湾非企业经济组织常驻代表机构人员申报表（略）

3. 台湾非企业经济组织常驻代表机构延期申报表（略）

4. 台湾非企业经济组织常驻代表机构变更申报表（略）

关于福建平潭综合实验区个人所得税优惠政策的通知

（2014年3月28日财政部、国家税务总局财税〔2014〕24号）

福建省财政厅、地方税务局：

根据国务院有关批复精神，现就福建平潭综合实验区有关个人所得税政策通知如下：

一、在平潭综合实验区工作的台湾居民，应按照《中华人民共和国个人所得税法》的有关规定，缴纳个人所得税。

二、福建省人民政府根据《国务院关于平潭综合实验区总体发展规划的批复》（国函〔2011〕142号）以及《平潭综合实验区总体发展规划》有关规定，按不超过内地与台湾地区个人所得税负差额，给予在平潭综合实验区工作的台湾居民的补贴，免征个人所得税。

三、本通知所称台湾居民，是指持有《台湾居民来往大陆通行证》的个人。

四、本通知所称平潭综合实验区是指国务院2011年11月批复的《平潭综合实验区总体发展规划》规划的平潭综合实验区范围。

五、本通知自2013年1月1日起至2020年12月31日止执行。

关于延长部分税收优惠政策执行期限的公告

（2021 年 3 月 15 日　财政部、税务总局公告 2021 年第 6 号）

为进一步支持小微企业、科技创新和相关社会事业发展，现将有关税收政策公告如下：

一、《财政部　税务总局关于设备　器具扣除有关企业所得税政策的通知》（财税〔2018〕54 号）等 16 个文件规定的税收优惠政策凡已经到期的，执行期限延长至 2023 年 12 月 31 日，详见附件 1。

二、《财政部　税务总局关于延续供热企业增值税　房产税　城镇土地使用税优惠政策的通知》（财税〔2019〕38 号）规定的税收优惠政策，执行期限延长至 2023 年供暖期结束。

三、《财政部　税务总局关于易地扶贫搬迁税收优惠政策的通知》（财税〔2018〕135 号）、《财政部　税务总局关于福建平潭综合实验区个人所得税优惠政策的通知》（财税〔2014〕24 号）规定的税收优惠政策，执行期限延长至 2025 年 12 月 31 日。

四、《财政部　国家税务总局关于保险公司准备金支出企业所得税税前扣除有关政策问题的通知》（财税〔2016〕114 号）等 6 个文件规定的准备金企业所得税税前扣除政策到期后继续执行，详见附件 2。

五、本公告发布之日前，已征的相关税款，可抵减纳税人以后月份应缴纳税款或予以退还。

特此公告。

附件1：

财税〔2018〕54号等16个文件

序号	文件名称	备注
1	《财政部 税务总局关于设备 器具扣除有关企业所得税政策的通知》（财税〔2018〕54号）	
2	《财政部 税务总局 科技部关于提高研究开发费用税前加计扣除比例的通知》（财税〔2018〕99号）	
3	《财政部 税务总局关于金融机构小微企业贷款利息收入免征增值税政策的通知》（财税〔2018〕91号）	
4	《财政部 税务总局关于延续动漫产业增值税政策的通知》（财税〔2018〕38号）	
5	《财政部 税务总局关于保险保障基金有关税收政策问题的通知》（财税〔2018〕41号）	
6	《财政部 税务总局关于中国邮政储蓄银行三农金融事业部涉农贷款增值税政策的通知》（财税〔2018〕97号）	
7	《财政部 税务总局关于公共租赁住房税收优惠政策的公告》（财政部 税务总局公告2019年第61号）	
8	《财政部 税务总局关于继续实行农村饮水安全工程税收优惠政策的公告》（财政部 税务总局公告2019年第67号）	
9	《财政部 税务总局关于延续免征国产抗艾滋病病毒药品增值税政策的公告》（财政部 税务总局公告2019年第73号）	
10	《财政部 商务部 税务总局关于继续执行研发机构采购设备增值税政策的公告》（财政部 商务部 税务总局公告2019年第91号）	
11	《财政部 税务总局关于民用航空发动机、新支线飞机和大型客机税收政策的公告》（财政部 税务总局公告2019年第88号）	
12	《财政部 税务总局关于明确养老机构免征增值税等政策的通知》（财税〔2019〕20号）	

续表

序号	文件名称	备注
13	《财政部 税务总局关于支持小微企业融资有关税收政策的通知》（财税〔2017〕77号）	
14	《财政部 税务总局 证监会关于支持原油等货物期货市场对外开放税收政策的通知》（财税〔2018〕21号）	
15	《财政部 税务总局关于对页岩气减征资源税的通知》（财税〔2018〕26号）	税收优惠政策于2021年3月31日到期后，执行期限延长至2023年12月31日。
16	《财政部 税务总局 工业和信息化部关于对挂车减征车辆购置税的公告》（财政部 税务总局 工业和信息化部公告2018年第69号）	税收优惠政策于2021年6月30日到期后，执行期限延长至2023年12月31日。

附件2：

财税〔2016〕114号等6个文件

序号	文件名称
1	《财政部 国家税务总局关于保险公司准备金支出企业所得税税前扣除有关政策问题的通知》（财税〔2016〕114号）
2	《财政部 税务总局关于中小企业融资（信用）担保机构有关准备金企业所得税税前扣除政策的通知》（财税〔2017〕22号）
3	《财政部 税务总局关于证券行业准备金支出企业所得税税前扣除有关政策问题的通知》（财税〔2017〕23号）
4	《财政部 税务总局关于上海国际能源交易中心有关风险准备金和期货投资者保障基金支出企业所得税税前扣除政策问题的通知》（财税〔2019〕32号）
5	《财政部 税务总局关于金融企业涉农贷款和中小企业贷款损失准备金税前扣除有关政策的公告》（财政部 税务总局公告2019年第85号）
6	《财政部 税务总局关于金融企业贷款损失准备金企业所得税税前扣除有关政策的公告》（财政部 税务总局公告2019年第86号）

（七）展览

关于台商参加经济技术展览会有关管理事宜的通知

（2004年8月31日商务部、海关总署商台函〔2004〕21号）

根据《国务院关于第三批取消和调整行政审批项目的决定》（国发〔2004〕16号）的规定，台湾企业来祖国大陆参加一般性经济技术展览会（简称台商参展）的审批项目已于2004年7月1日取消。为了做好取消审批后台商参展的管理工作，现就有关问题通知如下：

一、台商参展由原审批方式改为备案方式（备案表附后），即，由各展览会的主办单位向展览所在地的省级商务主管部门一式三份报备，商务主管部门应当在5个工作日内对其备案签章，海关凭签章过的备案文件对台商参展商品办理有关手续。

二、展览会的主办单位应当对展馆和台商的参展资料、展品等进行严格审查，确保展览会不出现“台湾独立”、“两个中国”、“一中一台”等政治问题。

三、商务部和各地省级商务主管部门可根据需要，现场对展馆和台商的参展资料、展品等进行抽检、审查，如发现“台湾独立”、“两个中国”、“一中一台”等政治问题，应当要求主办单位立即纠正，并提出警告。主办单位拒不纠正或在展出中出现政治问题情节严重的，商务部和各地省级商务部门可会同有关部门根据有关规定给予处理或处罚。

四、对台商参展中出现的问题，各地省级商务主管部门和各地海关应当向商务部和海关总署及时报告。各地省级商务主管部门应当每年向商务部（台港澳司）报送一次台商参展的情况总结。

五、海峡两岸经济技术展览会、对台湾出口商品交易会和台湾商品展览会等专门的涉台展览会仍按《在祖国大陆举办对台湾经济技术展览会暂行管理办法》的规定报商务部审批。

特此通知

附件：

台商到祖国大陆参展备案表

××××年××月××日—××月××日××公司在××地举办“××展览会”，其中台商企业××家，展出面积××平方米，具体如下：

序　号	展商名称	面　积	展品名称
合　计			

我公司保证对参展台商的参展资料、展品等进行严格审查，在展览会的筹组和展出工作中，不出现“台湾独立”、“两个中国”、“一中一台”等政治问题。

台湾展品如有留购，按有关规定办理。

附：展览会的批件（复印件）

地方商务主管部门（签章）　　　　××公司（签章）

年　月　日　　　　年　月　日

在祖国大陆举办对台湾经济技术展览会暂行管理办法

（1998年12月1日对外贸易经济合作部〔1998〕外经贸台发第792号）

第一章 总　　则

第一条 为使举办对台湾经济技术展览会规范有序地进行，促进海峡两岸经贸关系的发展，根据《国务院办公厅关于对在我国境内举办对外经济技术展览会加强管理的通知》和对外贸易经济合作部《在境内举办对外经济技术展览会管理暂行办法》，特制定本办法。

第二条 本办法适用于在祖国大陆举办的对台湾经济技术展览会，包括：

（一）海峡两岸的经济技术展览会。

（二）对台湾出口商品交易会。

（三）台湾商品展览会。

（四）台湾厂商参展的国际性展览会、博览会。

（五）台湾厂商参展的全国性展览会。

第二章 举办单位

第三条 对台湾经济技术展览会的举办单位（包括主办单位和承办单位）的责任、资格和展览行为按照对外贸易经济合作部《在境内举办对外经济技术展览会管理暂行办法》的规定执行。

第四条 台湾民间机构在祖国大陆举办对台湾经济技术展览会，须联合或委托大陆具有主办资格的单位举办。在大陆的招商招展由大陆主办单位负责。

台湾的主办单位，应是具有相当规模和办展实力、信誉良好的展览机构、大型公司、经济团体或组织（包括经济贸易促进机构、同业公会、行业协会等）。

第三章 审批和管理

第五条 举办海峡两岸的经济技术展览会，由外经贸部会同国务院台湾事务办公室审批。

第六条 除第五条规定之外，举办其他对台湾经济技术展览会，由对外贸易经济合作部（以下简称外经贸部）负责审批，报国务院台湾事务办公室备案。

第七条 审批举办对台湾经济技术展览会需审查的主要内容：

（一）政治内容

举办对台湾经济技术展览会，不得出现“台湾独立”、“两个中国”、“一中一台”等政治问题。台湾厂商参展的宣传品、杂志、电子出版物等资料中不得有代表“中华民国”的字样、图片、音乐等。

（二）展览会名称、展品内容、展出面积、时间、地点、筹组方案和计划等。

祖国大陆与台湾联合举办的经济技术展览会，应冠以“海峡两岸”的名称；各省（市、区）与台湾省联合举办的经济技术展览会，则应分别冠以该省（市、区）与台湾省之名（如：“闽台××展览会”、“沪台××展览会”等）。

展品应符合国家知识产权保护法和国家产业政策，具有先进水平，有利于扩大海峡两岸经贸交流与合作。

第八条 申请报批的单位应按要求向外经贸部提交有关文件和资料。

邀请台湾厂商参展的国际性及全国性展览会、博览会，应提交有关主管单位的批件、参展台湾厂商的名单（中文）、展品内容、展出面积等详细清单，并提前一个月申请报批；举办海峡两岸的经济技术展览会、对台湾出口商品交易会、台湾商品展览会，应提交展览会的筹组计划和方案、可行性研究报告、参展企业及其展品的有关情况等，并提前六个月申请报批。

第四章 海关监督

第九条 海关凭外经贸部批件，根据《中华人民共和国海关对进口展览品监管办法》，办理进出境手续。

第五章　附　　则

第十条　祖国大陆台资企业参加在大陆举办的对台湾经济技术展览会应以大陆台资企业名义参展。以台湾厂商名义参展；展出从台湾进口商品的，适用本办法。

第十一条　本办法从公布之日起实行并由外经贸部负责解释。本办法未尽事宜，适用对外贸易经济合作部《在境内举办对外经济技术展览会管理暂行办法》的有关规定。

三、行政法类

（一）综合

关于印发《关于促进两岸经济文化交流合作的若干措施》的通知

（2018 年 2 月 28 日国务院台湾事务办公室、国家发展和改革委员会国台发〔2018〕1 号）

各省、自治区、直辖市和新疆生产建设兵团台办、发展改革委：

为深入贯彻党的十九大精神和习近平总书记关于深化两岸经济文化交流合作的重要思想，率先同台湾同胞分享大陆发展的机遇，逐步为台湾同胞在大陆学习、创业、就业、生活提供与大陆同胞同等的待遇，经商中央组织部、中央宣传部、中央网信办、教育部、科技部、工业和信息化部、民政部、财政部、人力资源社会保障部、国土资源部、住房城乡建设部、交通运输部、水利部、农业部、商务部、文化部、卫生计生委、人民银行、税务总局、质检总局、新闻出版广电总局、林业局、旅游局、银监会、证监会、保监会、文物局、全国总工会、全国妇联同意，国务院台办、国家发展改革委牵头研究出台《关于促进两岸经济文化交流合作的若干措施》。自公布之日起施行。

附件：

关于促进两岸经济文化交流合作的若干措施

为深入贯彻党的十九大精神和习近平总书记关于深化两岸经济文化交流合作的重要思想，率先同台湾同胞分享大陆发展的机遇，逐步为台湾同胞在大陆学习、创业、就业、生活提供与大陆同胞同等的待遇，国务院台办、国家发展改革委经商中央组织部、中央宣传部、中央网信办、教育部、科技部、工业和信息化部、民政部、财政部、人力资源社会保障部、自然资源部、住房城乡建设部、交通运输部、水利部、农业部、商务部、文化部、卫生计生委、人民银行、税务总局、质检总局、新闻出版广电总局、林业局、旅游局、银监会、证监会、保监会、文物局、全国总工会、全国妇联，出台若干措施如下。

一、积极促进在投资和经济合作领域加快给予台资企业与大陆企业同等待遇

1. 台湾同胞在大陆投资的企业（以下简称“台资企业”）参与“中国制造2025”行动计划适用与大陆企业同等政策。支持台商来大陆投资设立高端制造、智能制造、绿色制造等企业并设立区域总部和研发设计中心，相应享受税收、投资等相关支持政策。

2. 帮助和支持符合条件的台资企业依法享受高新技术企业减按15%税率征收企业所得税，研发费用加计扣除，设在大陆的研发中心采购大陆设备全额退还增值税等税收优惠政策。

3. 台湾科研机构、高等学校、企业在大陆注册的独立法人，可牵头或参与国家重点研发计划项目申报，享受与大陆科研机构、高等学校、企业同等政策。受聘于在大陆注册的独立法人的台湾地区科研人员，可作为国家重点研发计划项目（课题）负责人申报，享受与大陆科研人员同等政策。对台湾地区知识产权在大陆转化的，可参照执行大陆知识产权激励政策。

4. 台资企业可以特许经营方式参与能源、交通、水利、环保、市政公用工程等基础设施建设。

5. 台资企业可公平参与政府采购。

6. 台资企业可通过合资合作、并购重组等方式参与国有企业混合所有制改革。

7. 台资企业与大陆企业同等适用相关用地政策。对集约用地的鼓励类台商投资工业项目优先供应土地，在确定土地出让底价时，可按不低于所在地土地等别相对应大陆工业用地出让最低价标准的70%执行。

8. 继续在中西部、东北地区设立海峡两岸产业合作区，鼓励台资企业向中西部、东北地区转移并参与“一带一路”建设，拓展内需市场和国际市场。大力推进台商投资区和两岸环保产业合作示范基地建设。

9. 台资农业企业可与大陆农业企业同等享受农机购置补贴、产业化重点龙头企业等农业支持政策和优惠措施。

10. 台湾金融机构、商家可与中国银联及大陆非银行支付机构依法合规开展合作，为台湾同胞提供便捷的小额支付服务。

11. 台湾征信机构可与大陆征信机构开展合作，为两岸同胞和企业提供征信服务。

12. 台资银行可与大陆同业协作，通过银团贷款等方式为实体经济提供金融服务。

二、逐步为台湾同胞在大陆学习、创业、就业、生活提供与大陆同胞同等的待遇

13. 台湾同胞可报名参加53项专业技术人员职业资格考试和81项技能人员职业资格考试（《向台湾居民开放的国家职业资格考试目录》附后，具体执业办法由有关部门另行制定）。

14. 台湾专业人才可申请参与国家“千人计划”。在大陆工作的台湾专业人才，可申请参与国家“万人计划”。

15. 台湾同胞可申报国家自然科学基金、国家社会科学基金、国家杰出青年科学基金、国家艺术基金等各类基金项目。具体办法由相关主管部门制定。

16. 鼓励台湾同胞参与中华经典诵读工程、文化遗产保护工程、非物质文化遗产传承发展工程等中华优秀传统文化传承发展工程。支持台湾文化艺术界团体和人士参与大陆在海外举办的感知中国、中国文化年（节）、欢乐春节等品牌活动，参加“中华文化走出去”计划。符合条件的两岸文化项目可纳入海外中国文化中心项目资源库。

17. 支持中华慈善奖、梅花奖、金鹰奖等经济科技文化社会领域各类评奖项目提名涵盖台湾地区。在大陆工作的台湾同胞可参加当地劳动模范、“五一”劳动奖章、技术能手、“三八”红旗手等荣誉称号评选。

18. 台湾人士参与大陆广播电视节目和电影、电视剧制作可不受数量限制。

19. 大陆电影发行机构、广播电视台、视听网站和有线电视网引进台湾生产的电影、电视剧不做数量限制。

20. 放宽两岸合拍电影、电视剧在主创人员比例、大陆元素、投资比例等方面的限制；取消收取两岸电影合拍立项申报费用；缩短两岸电视剧合拍立项阶段故事梗概的审批时限。

21. 对台湾图书进口业务建立绿色通道，简化进口审批流程。同时段进口的台湾图书可优先办理相关手续。

22. 鼓励台湾同胞加入大陆经济、科技、文化、艺术类专业性社团组织、行业协会，参加相关活动。

23. 支持鼓励两岸教育文化科研机构开展中国文化、历史、民族等领域研究和成果应用。

24. 台湾地区从事两岸民间交流的机构可申请两岸交流基金项目。

25. 鼓励台湾同胞和相关社团参与大陆扶贫、支教、公益、社区建设等基层工作。

26. 在大陆高校就读临床医学专业硕士学位的台湾学生，在参加研究生学习一年后，可按照大陆医师资格考试报名的相关规定申请参加考试。

27. 取得大陆医师资格证书的台湾同胞，可按照相关规定在大陆申请执业注册。

28. 符合条件的台湾医师，可通过认定方式获得大陆医师资格。符合条件的台湾医师，可按照相关规定在大陆申请注册短期行医，期满后可重新办理注册手续。

29. 在台湾已获取相应资格的台湾同胞在大陆申请证券、期货、基金从业资格时，只需通过中华人民共和国法律法规考试，无需参加专业知识考试。

30. 鼓励台湾教师来大陆高校任教，其在台湾取得的学术成果可纳入工作评价体系。

31. 为方便台湾同胞在大陆应聘工作，推动各类人事人才网站和企业线上招聘做好系统升级，支持使用台胞证注册登录。

附件：

向台湾居民开放的国家职业资格考试目录

一、专业技术人员职业资格

1. 教师资格（高等学校）
2. 法律职业资格
3. 注册会计师
4. 民用核安全设备无损检验人员资格
5. 民用核设施操纵人员资格
6. 注册核安全工程师
7. 注册建筑师
8. 监理工程师
9. 房地产估价师
10. 造价工程师
11. 注册城乡规划师
12. 建造师
13. 勘察设计注册工程师〔注册结构工程师、注册土木工程师（岩土）〕
14. 注册验船师
15. 船员资格
16. 兽医资格
17. 拍卖师
18. 演出经纪人员资格
19. 医生资格
20. 护士执业资格
21. 母婴保健技术服务人员资格
22. 出入境检疫处理人员资格
23. 注册设备监理师
24. 注册计量师
25. 新闻记者职业资格
26. 注册安全工程师

27. 执业药师
28. 专利代理人
29. 导游资格
30. 特种设备检验、检测人员资格认定
31. 工程咨询（投资）专业技术人员职业资格
32. 通信专业技术人员职业资格
33. 计算机技术与软件专业技术资格
34. 社会工作者职业资格
35. 会计专业技术资格
36. 资产评估师
37. 经济专业技术资格
38. 土地登记代理专业人员职业资格
39. 环境影响评价工程师
40. 房地产经纪专业人员职业资格
41. 机动车检测维修专业技术人员职业资格
42. 公路水运工程试验检测专业技术人员职业资格
43. 水利工程质量检测员资格
44. 卫生专业技术资格
45. 审计专业技术资格
46. 税务师
47. 认证人员职业资格
48. 出版专业技术人员职业资格
49. 统计专业技术资格
50. 银行业专业人员职业资格
51. 证券期货业从业人员资格
52. 文物保护工程从业资格
53. 翻译专业资格

二、技能人员职业资格

1. 消防设施操作员
2. 焊工
3. 家畜繁殖员

4. 健身和娱乐场所服务人员
5. 轨道交通运输服务人员
6. 机械设备修理人员
7. 通用工程机械操作人员
8. 建筑安装施工人员
9. 土木工程建筑施工人员
10. 房屋建筑施工人员
11. 水产类、输排和水处理人员
12. 气体生产、处理和输送人员
13. 电力、热力生产和供应人员
14. 仪器仪表装配人员
15. 电子设备装配调试人员
16. 计算机制造人员
17. 电子器件制造人员
18. 电子元件制造人员
19. 电线电缆、光纤光缆及电工器材制造人员
20. 输配电及控制设备制造人员
21. 汽车整车制造人员
22. 医疗器械制品和康复辅具生产人员
23. 金属加工机械制造人员
24. 工装工具制造加工人员
25. 机械热加工人员
26. 机械冷加工人员
27. 硬质合金生产人员
28. 金属轧制人员
29. 轻有色金属冶炼人员
30. 重有色金属冶炼人员
31. 炼钢人员（炼钢原料工、炼钢工）
32. 炼铁人员（高炉原料工、高炉炼铁工、高炉运转工）
33. 矿物采选人员
34. 陶瓷制品制造人员

35. 玻璃纤维及玻璃纤维增强塑料制品制造人员
36. 水泥、石灰、石膏及其制品制造人员
37. 药物制剂人员
38. 中药饮片加工人员
39. 涂料、油墨、颜料及类似产品制造人员
40. 农药生产人员
41. 化学肥料生产人员
42. 基础化学原料制造人员
43. 化工产品生产通用工艺人员
44. 炼焦人员
45. 工艺美术品制作人员
46. 木制品制造人员
47. 纺织品和服装剪裁缝纫人员
48. 印染人员
49. 织造人员
50. 纺纱人员
51. 纤维预处理人员
52. 酒、饮料及精制茶制造人员
53. 乳制品加工人员
54. 粮油加工人员
55. 动植物疫病防治人员
56. 农业生产服务人员
57. 康复矫正服务人员
58. 健康咨询服务人员
59. 计算机和办公设备维修人员
60. 汽车摩托车修理技术服务人员
61. 保健服务人员
62. 美容美发服务人员
63. 生活照料服务人员
64. 有害生物防制人员
65. 环境治理服务人员

66. 水文服务人员
67. 水利设施管养人员
68. 地质勘查人员
69. 检验、检测和计量服务人员
70. 测绘服务人员
71. 安全保护服务人员
72. 人力资源服务人员
73. 物业管理服务人员
74. 信息通信网络运行管理人员
75. 广播电视传输服务人员
76. 信息通信网络维护人员
77. 餐饮服务人员
78. 仓储人员
79. 航空运输服务人员
80. 道路运输服务人员
81. 消防和应急救援人员

关于印发《关于进一步促进两岸经济文化交流合作的若干措施》的通知

（2019 年 11 月 4 日国务院台湾事务办公室、国家发展改革委国台发〔2019〕1 号）

各省、自治区、直辖市和新疆生产建设兵团台办、发展改革委：

2018 年 2 月 28 日，国务院台办、国家发展改革委经商有关部门印发《关于促进两岸经济文化交流合作的若干措施》（简称“31 条措施”）。一年多来，在党中央坚强领导和各地区各部门共同努力下，“31 条措施”落实工作扎实推进，提升了广大台湾同胞的获得感，有力促进了两岸交流合作。

为深入贯彻习近平总书记在《告台湾同胞书》发表 40 周年纪念会上的重要讲话精神，继续率先同台湾同胞分享大陆发展机遇，为台湾同胞台湾企业提供同等待遇，国务院台办、国家发展改革委经商中央组织部、外交部、教育部、科技部、工业和信息化部、财政部、人力资源社会保障部、生态环境部、住房城乡建设部、交通运输部、农业农村部、商务部、文化和旅游部、卫生健康委、人民银行、海关总署、市场监管总局、体育总局、银保监会、民航局同意，研究出台《关于进一步促进两岸经济文化交流合作的若干措施》。现予公布，自公布之日起施行。

关于进一步促进两岸经济文化交流合作的若干措施

为深入贯彻落实习近平总书记在《告台湾同胞书》发表 40 周年纪念会上的重要讲话精神，继续率先同台湾同胞分享大陆发展机遇，为台湾同胞台湾企业提供同等待遇，在《关于促进两岸经济文化交流合作的若干措施》基础上，国务院台办、国家发展改革委商中央组织部、外交部、教育部、科技部、工业和信息化部、财政部、人力资源社会保障部、生态环境部、住房城乡建设部、交通运输部、农业农村部、商务部、文化和旅游部、卫生健康委、人民银行、海关总署、市场监管总局、体育总局、银保监会、民航局，出台进一步促进两岸经济文化交流合作的措施如下。

一、为台湾企业提供同等待遇

1. 台资企业可同等参与重大技术装备研发创新、检测评定、示范应用体系建设，可同等参与产业创新中心、工程研究中心、企业技术中心和工业设计中心建设。

2. 台资企业可按市场化原则参与大陆第五代移动通信（5G）技术研发、标准制定、产品测试和网络建设。

3. 台资企业可同等参与大陆城市建筑垃圾资源化利用、园林废弃物资源化利用、城镇污泥无害化处置与资源化利用、再生资源和大宗工业固废综合利用等循环经济项目。

4. 符合条件的台资企业可与大陆企业同等投资航空客货运输、通用航空服务，参与符合相关规划的民航运输机场和通用机场建设，开展咨询、设计、运营维护等业务。

5. 台资企业可投资主题公园，可以特许经营方式参与旅游基础设施和配套服务建设。

6. 支持符合条件的台湾金融机构和企业在台资企业集中地区发起或参与设立小额贷款公司、融资租赁公司和融资担保公司等新型金融组织。

7. 鼓励各地根据地方实际，为台资企业增加投资提供政策支持。

8. 符合条件的台资企业可向地方各级政府性融资担保基金申请担保融资等服务，可通过股权托管交易机构进行融资。允许台资企业在银行间债券市场发行债务融资工具。

9. 台资企业可与大陆企业同等依法享受贸易救济和贸易保障措施。

10. 符合条件的台资企业可与大陆企业同等依法利用出口信用保险等工具，保障出口收汇和降低对外投资风险。

11. 对从台湾输入大陆的商品采取快速验放模式，建立有利于规范和发展第三方检验鉴定机构的管理制度，在风险分析的基础上，科学、稳妥、有序推进台湾输入大陆商品第三方检测结果采信。对来自台湾的符合要求的产品实施风险评估、预检考察、企业注册等管理，推动两岸食品、农产品、消费品安全监管合作。

12. 台资企业可与大陆企业同等参与行业标准的制订和修订，共同促进两岸标准互联互通。

13. 符合条件的海峡两岸青年就业创业基地和示范点可以申报国家级科技企业孵化器、大学科技园和国家备案众创空间。

二、为台湾同胞提供同等待遇

14. 台湾同胞可在中华人民共和国驻外使领馆寻求领事保护与协助，申请旅行证件。

15. 台湾同胞可申请成为农民专业合作社成员，可申请符合条件的农业基本建设项目和财政项目。

16. 台湾同胞可同等使用交通运输新业态企业提供的交通出行等产品。

17. 试点在福建对持台湾居民居住证的台胞使用大陆移动电话业务给予资费优惠。

18. 持台湾居民居住证的台湾同胞在购房资格方面与大陆居民享受同等待遇。

19. 台湾文创机构、单位或个人可参与大陆文创园区建设营运、参加大陆各类文创赛事、文艺展演展示活动。台湾文艺工作者可进入大陆文艺院团、研究机构工作或研学。

20. 在大陆工作的台湾同胞可申报中国文化艺术政府奖动漫奖。

21. 在大陆高校、科研机构、公立医院、高科技企业从事专业技术工作的台湾同胞，符合条件的可同等参加相应系列、级别职称评审，其在台湾地区参与的项目、取得的成果等同等视为专业工作业绩，在台湾地区从事技术工作的年限同等视为专业技术工作年限。

22. 台商子女高中毕业后，在大陆获得高中、中等职业学校毕业证书可以在大陆参加相关高职院校分类招考。

23. 进一步扩大招收台湾学生的院校范围，提高中西部院校和非部属院校比例。

24. 台湾学生可持台湾居民居住证按照有关规定向所在大陆高校同等申请享受各类资助政策。在大陆高校任教、就读的台湾教师和学生可持台湾居民居住证同等申请公派留学资格。

25. 欢迎台湾运动员来大陆参加全国性体育比赛和职业联赛，积极为台湾运动员、教练员、专业人员来大陆考察、训练、参赛、工作、交流等提供便利条件，为台湾运动员备战2022年北京冬奥会和杭州亚运会提供协助。

26. 台湾运动员可以内援身份参加大陆足球、篮球、乒乓球、围棋等职业联赛，符合条件的台湾体育团队、俱乐部亦可参与大陆相关职业联赛。大陆单项体育运动协会可向台湾同胞授予运动技术等级证书。欢迎台湾运动员报考大陆体育院校。

（二）出入境

中国公民往来台湾地区管理办法

（1991年12月17日中华人民共和国国务院令第93号公布　根据2015年6月14日《国务院关于修改〈中国公民往来台湾地区管理办法〉的决定》修订）

第一章　总　　则

第一条　为保障台湾海峡两岸人员往来，促进各方交流，维护社会秩序，制定本办法。

第二条　居住在大陆的中国公民（以下简称大陆居民）往来台湾地区（以下简称台湾）以及居住在台湾地区的中国公民（以下简称台湾居民）来往大陆，适用本办法。

本办法未规定的事项，其他有关法律、法规有规定的，适用其他法律、法规。

第三条　大陆居民前往台湾，凭公安机关出入境管理部门签发的旅行证件，从开放的或者指定的出入境口岸通行。

第四条　台湾居民来大陆，凭国家主管机关签发的旅行证件，从开放的或者指定的入出境口岸通行。

第五条　中国公民往来台湾与大陆之间，不得有危害国家安全、荣誉和利益的行为。

第二章　大陆居民前往台湾

第六条　大陆居民前往台湾定居、探亲、访友、旅游、接受和处理财产、处理婚丧事宜或者参加经济、科技、文化、教育、体育、学术等活动，须向户口所在地的市、县公安局提出申请。

第七条　大陆居民申请前往台湾，须履行下列手续：

（一）交验身份、户口证明；

（二）填写前往台湾申请表；

（三）在职、在学人员须提交所在单位对申请人前往台湾的意见；非在职、在学人员须提交户口所在地公安派出所对申请人前往台湾的意见；

（四）提交与申请事由相应的证明。

第八条　本办法第七条第四项所称的证明是指：

（一）前往定居，须提交确能在台湾定居的证明；

（二）探亲、访友，须提交台湾亲友关系的证明；

（三）旅游，须提交旅行所需费用的证明；

（四）接受、处理财产，须提交经过公证的对该项财产有合法权利的有关证明；

（五）处理婚姻事务，须提交经过公证的有关婚姻状况的证明；

（六）处理亲友丧事，须提交有关的函件或者通知；

（七）参加经济、科技、文化、教育、体育、学术等活动，须提交台湾相应机构、团体、个人邀请或者同意参加该项活动的证明；

（八）主管机关认为需要提交的其他证明。

第九条　公安机关受理大陆居民前往台湾的申请，应当在30日内，地处偏僻、交通不便的应当在60日内，作出批准或者不予批准的决定，通知申请人。紧急的申请，应当随时办理。

第十条　经批准前往台湾的大陆居民，由公安机关签发或者签注旅行证件。

第十一条　经批准前往台湾的大陆居民，应当在所持旅行证件签注的有效期内前往，除定居的以外，应当按期返回。

大陆居民前往台湾后，因病或者其他特殊情况，旅行证件到期不能按期返回的，可以向原发证的公安机关或者公安部出入境管理局派出的或者委托的有关机构申请办理延期手续；有特殊原因的也可以在入境口岸的公安机关申请办理入境手续。

第十二条　申请前往台湾的大陆居民有下列情形之一的，不予批准：

（一）刑事案件的被告人或者犯罪嫌疑人；

（二）人民法院通知有未了结诉讼事宜不能离境的；

（三）被判处刑罚尚未执行完毕的；

（四）正在被劳动教养的；

（五）国务院有关主管部门认为出境后将对国家安全造成危害或者对国家利益造成重大损失的；

（六）有编造情况、提供假证明等欺骗行为的。

第三章　台湾居民来大陆

第十三条　台湾居民要求来大陆的，向下列有关机关申请办理旅行证件：

（一）从台湾地区要求直接来大陆的，向公安部出入境管理局派出的或者委托的有关机构申请；有特殊事由的，也可以向指定口岸的公安机关申请；

（二）到香港、澳门地区后要求来大陆的，向公安部出入境管理局派出的机构或者委托的在香港、澳门地区的有关机构申请；

（三）经由外国来大陆的，依据《中华人民共和国护照法》，向中华人民共和国驻外国的外交代表机关、领事机关或者外交部授权的其他驻外机关申请。

第十四条　台湾居民申请来大陆，须履行下列手续：

（一）交验表明在台湾居住的有效身份证明和出境入境证件；

（二）填写申请表；

（三）提交符合规定的照片。

国家主管机关可以根据具体情况要求台湾居民提交其他申请材料。

第十五条　对批准来大陆的台湾居民，由国家主管机关签发旅行证件。

第十六条　台湾居民来大陆，应当按照户口管理规定，办理暂住登记。在宾馆、饭店、招待所、旅店、学校等企业、事业单位或者机关、团体和其他机构内住宿的，应当填写临时住宿登记表；住在亲友家的，由本人或者亲友在24小时（农村72小时）内到当地公安派出所或者户籍办公室办理暂住登记手续。

第十七条　台湾居民要求来大陆定居的，应当在入境前向公安部出入境管理局派出的或者委托的有关机构提出申请，或者经由大陆亲属向拟定居地的市、县公安局提出申请。批准定居的，公安机关发给定居证明。

第十八条　台湾居民来大陆后，应当在所持旅行证件有效期之内按期离境。所持证件有效期即将届满需要继续居留的，应当向市、县公安局申请换发。

第十九条 申请来大陆的台湾居民有下列情形之一的，不予批准：

（一）被认为有犯罪行为的；

（二）被认为来大陆后可能进行危害国家安全、利益等活动的；

（三）不符合申请条件或者有编造情况、提供假证明等欺骗行为的；

（四）精神疾病或者严重传染病患者；

（五）法律、行政法规规定不予批准的其他情形。

治病或者其他特殊原因可以批准入境的除外。

第四章 出境入境检查

第二十条 大陆居民往来台湾，台湾居民来往大陆，须向开放的或者指定的出入境口岸边防检查站出示证件，填交出境、入境登记卡，接受查验。

第二十一条 有下列情形之一的，边防检查站有权阻止出境、入境：

（一）未持有旅行证件的；

（二）持用伪造、涂改等无效的旅行证件的；

（三）拒绝交验旅行证件的；

（四）本办法第十二条、第十九条规定不予批准出境、入境的。

第五章 证件管理

第二十二条 大陆居民往来台湾的旅行证件系指大陆居民往来台湾通行证和其他有效旅行证件。

第二十三条 台湾居民来往大陆的旅行证件系指台湾居民来往大陆通行证和其他有效旅行证件。

第二十四条 大陆居民往来台湾通行证有效期为10年；台湾居民来往大陆通行证分为5年有效和3个月一次有效两种。

第二十五条 大陆居民往来台湾通行证实行逐次签注。签注分一次往返有效和多次往返有效。

第二十六条 大陆居民遗失旅行证件，应当向原发证的公安机关报失；经调查属实的，可补发给相应的旅行证件。

第二十七条 台湾居民在大陆遗失旅行证件，应当向当地的市、县公安机关报失；经调查属实的，可以允许重新申请领取相应的旅行证件，或者发给一次有效的出境通行证件。

第二十八条 大陆居民前往台湾和台湾居民来大陆旅行证件的持有人，有本办法第十二条、第十九条规定情形之一的，其证件应当予以吊销或者宣布作废。

第二十九条 审批签发旅行证件的机关，对已发出的旅行证件有权吊销或者宣布作废。公安部在必要时，可以变更签注、吊销旅行证件或者宣布作废。

第六章 处 罚

第三十条 持用伪造、涂改等无效的旅行证件或者冒用他人的旅行证件出境、入境的，除依照《中华人民共和国公民出境入境管理法实施细则》第二十三条的规定处罚外，可以单处或者并处 100 元以上、500 元以下的罚款。

第三十一条 伪造、涂改、转让、倒卖旅行证件的，除依照《中华人民共和国公民出境入境管理法实施细则》第二十四条的规定处罚外，可以单处或者并处 500 元以上、3000 元以下的罚款。

第三十二条 编造情况，提供假证明，或者以行贿等手段获取旅行证件的，除依照《中华人民共和国公民出境入境管理法实施细则》第二十五条的规定处罚外，可以单处或者并处 100 元以上、500 元以下的罚款。

有前款情形的，在处罚执行完毕 6 个月以内不受理其出境、入境申请。

第三十三条 机关、团体、企业、事业单位编造情况、出具假证明为申请人获取旅行证件的，暂停其出证权的行使；情节严重的，取消其出证资格；对直接责任人员，除依照《中华人民共和国公民出境入境管理法实施细则》第二十五条的规定处罚外，可以单处或者并处 500 元以上、1000 元以下的罚款。

第三十四条 违反本办法第十六条的规定，不办理暂住登记的，处以警告或者 100 元以上、500 元以下的罚款。

第三十五条 违反本办法第十八条的规定，逾期非法居留的，处以警告，可以单处或者并处每逾期 1 日 100 元的罚款。

第三十六条 被处罚人对公安机关处罚不服的，可以在接到处罚通知之日起 15 日内，向上一级公安机关申请复议，由上一级公安机关作出最后的裁决；也可以直接向人民法院提起诉讼。

第三十七条 来大陆的台湾居民违反本办法的规定或者有其他违法犯罪行为的，除依照本办法和其他有关法律、法规的规定处罚外，公安机关可以缩短其停留期限，限期离境，或者遣送出境。

有本办法第十九条规定不予批准情形之一的，应当立即遣送出境。

第三十八条 执行本办法的国家工作人员，利用职权索取、收受贿赂或者有其他违法失职行为，情节轻微的，由主管部门予以行政处分；情节严重，构成犯罪的，依照《中华人民共和国刑法》的有关规定追究刑事责任。

第三十九条 对违反本办法所得的财物，应当予以追缴或者责令退赔；用于犯罪的本人财物应当没收。

罚款及没收的财物上缴国库。

第七章 附 则

第四十条 本办法由公安部负责解释。

第四十一条 本办法自 1992 年 5 月 1 日起施行。

台湾渔船停泊点边防治安管理办法

（2001年10月25日公安部部长办公会议通过 根据2014年6月29日《公安部关于修改部分部门规章的决定》修订）

第一章 总 则

第一条 为了加强台湾渔船停泊点的边防治安管理，促进两岸同胞交往，维护沿海、港口的治安秩序，根据国家有关法律、法规，制定本办法。

第二条 对台湾渔船及船员的边防治安管理，遵循确保安全、方便往来的原则。

第三条 台湾渔船需要在祖国大陆（以下简称大陆）沿岸停靠的，应当在国务院主管部门批准的台湾渔船停泊点（以下简称停泊点）停泊。因遇台风等不可抗力的事由或者不可预见的紧急情况，台湾渔船可以就近在国家有关部门批准的台湾渔船避风点停泊。不可抗力的事由或者不可预见的紧急情况消除后，应当立即航离。

第四条 凡在停泊点停泊的台湾渔船及随船人员，除法律、法规另有规定外，应当遵守本办法。

第五条 台湾渔船及船员在大陆沿岸停靠期间的边防治安管理工作由公安边防部门负责。

第二章 泊 港

第六条 台湾渔船进入停泊点后，船长应当及时向停泊点边防工作站申报，出示船舶证书、船员证书或其他有效证件，说明来靠原因及泊港时间，接受边防执勤人员的检查。

第七条 边防工作站对进港的台湾渔船，应查验其船舶证书、船员证书及其他有效证件，核对人数；台湾渔船泊港期间，其船舶证书由边防工作站代为保管，离港时发还。

边防工作站对台湾渔船实施检查时，应当对船体及船上货物、行李物品进行重点检查，台湾渔船的船长应当在现场协助边防执勤人员进行检查。

边防执勤人员对台湾渔船实施检查时，应当出示其执勤证件。

第八条 台湾渔船泊港期间，必须在指定的停泊区（段）锚泊，接受边防工作站的监护和管理。

第九条 台湾渔船泊港期间，除遵守国家法律、法规外，还应当遵守下列规定：

（一）不得悬挂、显示有损一个中国原则和祖国统一的标志；

（二）不得播放分裂祖国、破坏祖国统一内容的广播；

（三）不得擅自启用电台；

（四）不得传播、散发各种违禁物品及不利两岸正常往来的物品，不得携带违禁物品上岸；

（五）不得擅自引带大陆居民登船；

（六）不得擅自搭靠其他船舶；

（七）不得从事其他有损两岸关系的活动。

第三章 登陆与登轮

第十条 台湾渔船泊港期间，国家有关部门的工作人员需要登船执行公务的，应当事先通报边防工作站，边防执勤人员凭其本人有效证件放行；其他人员需要登轮的，须经边防工作站同意，并办理临时登轮手续后，方可登轮。

大陆船舶需要搭靠台湾渔船的，应当由船长向边防工作站申请办理搭靠手续。

第十一条 台湾渔船上的台湾居民需要登陆的，应当持船员证书或其他有效身份证件，向边防工作站申请办理《台湾居民登陆证》，在港口所在的县（市、区）范围内活动，不得进入军事禁区和军事管理区。

《台湾居民登陆证》的有效期不超过本航次航行期限。登陆的台湾居民应当在证件有效期内返回登船，并从原上岸停泊点乘原船离港。特殊原因，需要延期或改乘其他台湾船舶的，应当在证件有效期内向上岸停泊点所在地县（市）公安边防部门提出申请，经地（市）公安边防部门批准后，由上岸停泊点边防工作站核发证件。

第十二条 台湾渔船上的人员有下列情形之一的，不予批准上岸：

（一）无证件证明是台湾居民的；

（二）提供假证件的；

（三）依法被限制或者禁止入境的。

第十三条 台湾渔船泊港期间需要从事小额贸易、招聘短期劳务人员、处理海事或渔事纠纷等事务的，由有关部门按照规定办理。

第十四条 应聘到台湾渔船从事近海作业的大陆劳务人员必须持《对台劳务人员登轮作业证》。申办《对台劳务人员登轮作业证》必须具有《渔业船员专业培训合格证》、《外派劳务人员培训合格证》、《出海船民证》和本人身份证件。首次登台轮作业的须持常住户口所在地公安派出所出具没有本办法第十六条规定情形的证明。

第十五条 大陆劳务人员申办《对台劳务人员登轮作业证》，应当由对外贸易经济合作部核准的经营公司凭地方外经贸主管部门的批文和与台湾渔业公司或船东、船长签订的合同及第十四条所规定的相关证件，到经营公司所在地县（市）公安边防部门办理。

第十六条 大陆劳务人员有下列情形之一的，不予办理《对台劳务人员登轮作业证》：

（一）刑事案件的被告人或者犯罪嫌疑人；

（二）人民法院通知有未了结民事案件不能出海的；

（三）被判处刑罚正在服刑的；

（四）出海后有可能给国家安全造成危害或者对国家利益造成重大损失的；

（五）身体和精神状况明显不适合登船作业的。

第十七条 大陆劳务人员应当在指定的停泊点登、离台湾渔船，接受边防工作站的检查和管理。

第十八条 台湾渔船的船长、船员对受聘大陆劳务人员不得歧视、体罚；不得擅自将大陆劳务人员带至台湾地区或者其他国家和地区的港口登岸；劳务合作期满，应当及时将大陆劳务人员送回原登轮港。

第十九条 台湾渔船离港前应当向边防工作站提出申请，经边防执勤人员检查，核对证件、人员，交纳监护费，缴回《台湾居民登陆证》后，方可离港。已办理离港手续的，不得无故滞留。

第二十条　台湾居民遗失《台湾居民登陆证》，大陆劳务人员遗失《对台劳务人员登轮作业证》，应当及时向原签发证件部门报失。经调查核实无误后，由原签发证件部门补发。

第四章　处　　罚

第二十一条　应聘到台湾渔船从事近海作业的大陆劳务人员有下列行为之一的，对其处以人民币（或等值外币，以下同）500元以下的罚款：

（一）申请《对台劳务人员登轮作业证》时编造虚假情况，提供假证明的；

（二）涂改《对台劳务人员登轮作业证》或将证件转让他人使用的；

（三）未在指定的停泊点登、离台湾渔船的；

（四）携带违禁物品及国家机密资料，尚未构成犯罪的。

第二十二条　违反本办法规定有下列行为之一的，对台湾渔船船长和直接责任人处以警告，责令其改正，或处以人民币1000元以下的罚款。拒不改正，不予停泊或强制航离：

（一）擅自启用电台的；

（二）在港内播放分裂祖国、破坏祖国统一内容的广播的；

（三）停泊期间，悬挂、显示有损一个中国原则和祖国统一标志的；

（四）从事其他有损两岸关系的活动的。

第二十三条　违反本办法规定有下列行为之一的，对台湾居民处以人民币1000元以下的罚款，同时，对船长处以人民币2000元以下的罚款：

（一）擅自引带大陆居民登船的；

（二）未经批准擅自上岸的；

（三）涂改证件或者将证件转让他人使用的；

（四）持《台湾居民登陆证》登陆人员，不按规定时间返回或者超出指定范围活动的；

（五）在沿海、港口传播、散发违禁物品及不利两岸正常往来物品或携带违禁物品上岸的；

（六）体罚、殴打大陆劳务人员，未造成轻微伤害的；

（七）不服从管理，扰乱停泊点管理秩序的。

第二十四条　违反本办法规定有下列行为之一的，对台湾渔船船长处以人民币 3000 元以下的罚款：

（一）未按规定办理进出港手续的；

（二）泊港期间擅自搭靠其他船舶的；

（三）擅自雇用大陆居民登船作业的；

（四）擅自将大陆劳务人员带至台湾地区或者其他国家和地区港口登陆的；

（五）未经边防部门检查擅自离港的；

（六）办理离港手续手无故滞留的。

第二十五条 台湾渔船无不可抗力的事由或者不可预见的紧急情况，不在指定的停泊点、避风点停泊的，对其船长处以人民币 10000 元以下的罚款。

第二十六条 对违反本办法的处罚，警告、人民币 200 元以下的罚款，由边防工作站（边防派出所）决定；人民币 200 元以上、3000 元以下的罚款由县（市）公安边防部门决定；人民币 3000 元以上、10000 元以下的罚款由地（市）公安边防部门决定。

第二十七条 台湾渔船及随船人员在大陆沿岸停靠期间有其他违法犯罪行为的，由有关部门依照有关法律、法规处理。

第二十八条 公安边防执法人员违反本办法规定，滥用职权、徇私舞弊或者有其他违法失职行为，情节轻微的，给予行政处分；情节严重，构成犯罪的，依法追究刑事责任。

第五章 附 则

第二十九条 本办法所称“台湾渔船”，是指航靠大陆、在台湾地区注册具有台湾地区港籍与船籍的渔船、小额贸易船等船舶。

第三十条 《台湾居民登陆证》、《对台劳务人员登轮作业证》由公安部统一制作。

第三十一条 本办法中的“等值外币”，是指处罚裁决当日，按照国家外汇管理的规定，相同罚款数额的人民币可兑换的外国货币。

第三十二条 本办法中的以下，包括本数在内。

第三十三条 本办法自 2002 年 3 月 1 日起施行。

关于电子往来台湾通行证收费标准等有关问题的通知

（2016年2月19日国家发展改革委、财政部发改价格〔2016〕352号）

公安部，各省、自治区、直辖市发展改革委、物价局、财政厅（局）：

公安部《关于商请调整电子往来台湾通行证收费标准的函》（公境〔2015〕426号）、《关于商请确定一次有效往来台湾通行证收费标准和分成比例的函》（公境〔2015〕2185号）收悉。经研究，现就电子往来台湾通行证收费标准等有关问题通知如下：

一、公安机关在办理电子往来台湾通行证（卡式）时，向申请人收取通行证工本费，收费标准为每证100元。

二、公安机关在办理一次有效往来台湾通行证时，向申请人收取通行证工本费，收费标准为每证20元。

三、收费单位应按财务隶属关系分别使用中央和省、自治区、直辖市财政部门统一印制的票据。

四、收费单位应严格按照上述规定收费，不得擅自增加收费项目、扩大收费范围、提高收费标准或加收其他任何费用，并自觉接受价格、财政部门的监督检查。

五、上述规定自本通知发布之日起执行。

（三）文化教育

关于调整祖国大陆普通高校和科研院所招收台湾地区学生收费标准及有关政策问题的通知

（2005年8月23日教育部、国家发展和改革委员会、财政部、国务院台湾事务办公室教电〔2005〕333号）

各省、自治区、直辖市教育厅（教委）、发改委、物价局、财政厅（局）、台办，国务院有关部门，教育部部属各高校：

为切实贯彻执行中央对台工作方针，努力推进祖国和平统一大业，进一步鼓励和支持更多的台湾地区学生到大陆普通高校和科研院所学习，现就调整大陆普通高校和科研院所招收台湾地区学生的收费标准及有关政策问题通知如下：

一、调整对台湾学生收费标准

1. 对已录取到大陆普通高校和科研院所学习的台湾地区本科生、专科生、硕士研究生和博士研究生，执行与大陆学生相同的收费标准，即在同一学校、同一科研院所、同一年级、同一专业学习的台湾与大陆的学生学费标准一致；同等住宿条件下，住宿费标准一致。

2. 各有关高校和科研院所必须严格执行国家对台湾学生的收费政策。任何学校和单位不得擅自提高对来大陆就读的台湾学生的学费、住宿费等收费标准，也不得以任何名义和形式设立针对台湾学生的收费项目。

3. 各省、自治区、直辖市价格、财政、教育主管部门要加强对有关高校和科研院所对台湾学生收费的管理和监督，对任何违反国家规定的乱收费行为予以严肃处理，决不姑息。

二、设立台湾学生奖（助）学金

为鼓励更多的台湾地区学生到大陆学习，中央财政安排专项资金设立台湾学生奖（助）学金。台湾学生奖（助）学金专项用于奖励、资助台湾地区到大陆普通高校和科研院所学习的本、专科生、研究生。台湾学生奖（助）学金设在中华教育基金会内，由教育部归口管理。该奖（助）学金的年度资金总额、奖励、资助范围、标准、发放方法由教育部、财政部另行制定、公布。

三、对招收台湾上述学生的大陆普通高校和科研院所给予专项补助

对上述台湾学生收费标准调整后，考虑到他们的实际培养成本，为鼓励大陆普通高校和科研院所招收更多台湾地区学生，国家财政对招收上述台湾学生的有关高校和科研院所，根据每年的招生数量，据实安排财政生均定额补助。

中央财政对中央部委所属高校、科研院所和部分地方高校（北京、上海、天津、广东、江苏、浙江等 6 个不享受一般性转移支付的省、直辖市除外）招收的上述台湾学生，按每生每学年 8000 元给予专项补助。

北京、上海、天津、广东、江苏、浙江等 6 个不享受一般性转移支付的省、直辖市应按照中央财政定额补助标准，对招收上述台湾学生的本地所属高校给予专项补助。

上述规定自 2005 年秋季入学起执行。

请各地、各部门、各有关单位认真贯彻执行以上各项规定，积极做好对台湾学生的各项工作，抓紧时间研究并制定与台湾学生工作相关的各项管理制度和配套措施，确保上述政策落到实处。

大陆普通高校和科研院所招收香港、澳门地区学生的相关政策及具体实施办法，由教育部、国家发展和改革委员会、财政部等有关部门另行制定。

关于将在内地（大陆）就读的港澳台大学生纳入城镇居民基本医疗保险范围的通知

（2013年10月10日教育部、财政部、人力资源和社会保障部、国务院港澳事务办公室、国务院台湾事务办公室教港澳台〔2013〕69号）

各省、自治区、直辖市人民政府，国务院各部委、各直属机构，教育部直属各高等学校：

为了更好地保障在内地（大陆）就读的港澳台大学生权益，经国务院同意，现就将其纳入城镇居民基本医疗保险范围相关事宜通知如下：

一、根据《国务院办公厅关于将大学生纳入城镇居民基本医疗保险试点范围的指导意见》（国办发〔2008〕119号），决定自2013年9月起，将在内地（大陆）各类全日制普通高等学校（包括民办高校）、科研院所接受普通高等学历教育的全日制港澳台学生（含本、专科生及硕士、博士研究生，以下简称港澳台大学生）纳入城镇居民基本医疗保险范围。

二、港澳台大学生按照属地原则，自愿参加高等教育机构所在地城镇居民基本医疗保险，按照与所在高等教育机构内地（大陆）大学生同等标准缴费，并享受同等的基本医疗保险待遇。同时按照现有规定继续做好港澳台大学生日常医疗工作，方便其及时就医。

三、各级财政对港澳台大学生参加城镇居民基本医疗保险按照与所在高等教育机构内地（大陆）大学生相同的标准给予补助。港澳台大学生参加城镇居民基本医疗保险所需政府补助资金以及日常医疗所需资金，与所在高等教育机构内地（大陆）大学生所需资金一并从现有渠道安排。

四、尚未将大学生纳入城镇居民基本医疗保险范围的高等教育机构，原则上应向港澳台大学生提供与所在高等教育机构内地（大陆）大学生同样的医疗保障。

五、请各地区、各有关部门高度重视，切实加强组织领导和宣传工作。各有关高等教育机构要切实抓好港澳台大学生就医工作，为其提供优质服务。

台湾学生奖学金管理办法

（2017年10月13日财政部、教育部财科教〔2017〕140号）

第一章 总 则

第一条 为切实贯彻执行中央对台工作方针，推进祖国和平统一大业，进一步鼓励和支持更多的台湾地区学生来祖国大陆普通高校和科研院所学习，增强他们对祖国的认同感，激励他们勤奋学习、努力进取，特设立台湾学生奖学金。

第二条 台湾学生奖学金资金来源于中央财政，面向在祖国大陆普通高等学校和科研院所就读的台湾地区全日制本专科学生、硕士研究生和博士研究生。

第二章 申请条件

第三条 台湾学生奖学金申请的基本条件：

1. 认同一个中国，拥护祖国统一；
2. 自觉遵守国家法律、法规，遵守学校各项规章制度；
3. 诚实守信，有良好的道德修养；
4. 入学考试成绩优秀或在大陆学习期间勤奋刻苦，成绩优良。

第三章 奖学金类别、等级、名额及奖励标准

第四条 台湾学生奖学金的类别、等级、名额及奖励标准：

1. 本专科学生奖学金，分四个等级，其中，特等奖60名，奖学金每生每学年8000元；一等奖350名，奖学金每生每学年6000元；二等奖500名，奖学金每生每学年5000元；三等奖800名，奖学金每生每学年4000元。

2. 硕士研究生奖学金，分四个等级，其中，特等奖40名，奖学金每生每学年20000元；一等奖60名，奖学金每生每学年10000元；二等奖160名，奖学金每生每学年7000元；三等奖350名，奖学金每生每学年5000元。

3. 博士研究生奖学金，分四个等级，其中，特等奖 50 名，奖学金每生每学年 30000 元；一等奖 60 名，奖学金每生每学年 15000 元；二等奖 160 名，奖学金每生每学年 10000 元；三等奖 310 名，奖学金每生每学年 7000 元。

国家根据情况的变化，适时调整台湾学生奖学金等级、名额和奖励标准。

第四章　奖学金的申请、评审

第五条　台湾学生奖学金按学年申请和评审，每年 10 月开始受理申请，当年 12 月 10 日前评审完毕。

台湾学生根据上述奖学金申请条件，按学年向所在学校或科研院所提出申请，提交《台湾学生奖学金申请表》（见附表）。奖学金每学年评选一次，符合条件的学生可连续申请。

第六条　台湾学生奖学金评审程序：

1. 每年 9 月开学后，各招生单位应及时更新台湾学生学籍信息。

2. 教育部根据各招生单位台湾学生在校人数等有关数据，经商财政部同意后于每年 9 月 30 日前按隶属关系向各有关中央主管部门和省（自治区、直辖市）教育厅（局、委）下达台湾学生奖学金名额。

3. 各有关中央主管部门和省（自治区、直辖市）教育厅（局、委）按照教育部下达的奖学金名额，确定所属各有关单位的奖学金名额。

4. 各有关招生单位根据上级主管部门下达的奖学金名额，受理台湾学生的申请材料，组织等额评审，按照公开、公平、公正的原则，确定初审合格学生名单并公示。

5. 公示结束后，各有关招生单位于每年 11 月 10 日前将建议获奖学生名单按照隶属关系经主管部门初审后报教育部。

第七条　台湾学生奖学金的组织申请评审及审批等管理工作由教育部归口管理。教育部对有关主管部门报来的获奖学生名单进行审批，并将审批通过名单下发各有关单位。

第五章　奖学金的发放

第八条　财政部按照部门预算管理规定，下达教育部年度奖学金经费预算。

第九条　教育部按程序将资金拨付给有关招生单位。

第十条 各有关招生单位应当按照审批通过的获奖学生名单，于每年 12 月 31 日前将奖学金一次性发放给获奖学生。

第六章 监督检查

第十一条 各有关招生单位必须以高度的政治责任感做好台湾学生奖学金有关组织工作，严格执行国家有关财经法规和本办法规定，加强资金管理，确保奖学金全部用于符合条件的台湾学生。

第十二条 各有关中央主管部门和省（自治区、直辖市）教育厅（教委）对奖学金使用情况进行监督检查，确保奖学金按时发放到位。

第十三条 台湾学生奖学金资金管理接受审计、教育、财政等部门的监督检查，一旦发现截留、挤占和挪用等违法违纪行为，依照有关法律法规的规定追究相应责任。

第十四条 各级财政、教育部门及其工作人员在资金审核、分配等审批工作中，存在违反规定分配资金、向不符合条件的单位（或个人）分配资金、擅自超出规定的范围或标准分配资金以及其他滥用职权、玩忽职守、徇私舞弊等违法违纪行为的，按照《中华人民共和国预算法》、《中华人民共和国公务员法》、《中华人民共和国行政监察法》、《财政违法行为处罚处分条例》等国家有关规定追究相应责任；涉嫌犯罪的，移送司法机关处理。

第十五条 对于获奖的台湾学生，学校应继续加强管理和教育，如出现以下情况之一的，应取消其获奖资格并及时向上级主管部门报告：

1. 有反对“一个中国”的言论或行为；
2. 触犯国家法律、法规，参加非法社团组织；
3. 违反校规、校纪。

第七章 附 则

第十六条 本办法由财政部、教育部负责解释。

第十七条 本办法自印发之日起实施。原《台湾学生奖学金管理暂行办法》（财教〔2005〕325 号）同时废止。

附表：台湾学生奖学金申请表（略）

关于印发《普通高等学校招收和培养香港特别行政区、澳门特别行政区及台湾地区学生的规定》的通知

（2016 年 10 月 12 日教育部、公安部、财政部、人力资源社会保障部、国务院台湾事务办公室、国务院港澳事务办公室教港澳台〔2016〕96 号）

各省、自治区、直辖市教育厅（教委）、公安厅（局）、财政厅（局）、人力资源社会保障厅（局）、港澳事务办公室、台湾事务办公室，教育部直属各高等学校：

为进一步促进内地（祖国大陆）与香港特别行政区、澳门特别行政区以及台湾地区（以下简称港澳台）高等教育交流与合作，规范内地（祖国大陆）普通高等学校对港澳台学生的招生、教学、生活管理和服务，保证培养质量，保障港澳台学生合法权益，根据国家相关法律法规，在 1999 年发布的《关于普通高等学校招收和培养香港特别行政区、澳门地区及台湾省学生的暂行规定》基础上，制定《普通高等学校招收和培养香港特别行政区、澳门特别行政区及台湾地区学生的规定》，现印发给你们，请遵照执行。

普通高等学校招收和培养香港特别行政区、澳门特别行政区及台湾地区学生的规定

第一章 总　　则

第一条 为进一步促进内地（祖国大陆）与香港特别行政区、澳门特别行政区以及台湾地区（以下简称港澳台）高等教育交流与合作，规范内地（祖国大陆）普通高等学校对港澳台学生的招生、教学、生活管理和服务，保证培养

质量，依法维护港澳台学生合法权益，根据国家相关法律法规，制定本规定。

第二条　内地（祖国大陆）普通高等学校招收和培养港澳台学生工作适用本规定。

本规定所称普通高等学校（以下简称高校），是指内地（祖国大陆）实施专科以上学历教育的高等学校和经批准承担研究生教育任务的科研机构。

本规定所称港澳台学生，是指报考或入读高校的具有香港或澳门居民身份证和《港澳居民来往内地通行证》的学生，或具有在台湾居住的有效身份证明和《台湾居民来往大陆通行证》的学生。

第三条　高校和相关部门应当坚持“保证质量、一视同仁、适当照顾”的原则，按照内地（祖国大陆）法律法规和国家政策招收、培养、管理和服务港澳台学生。

第四条　教育部按照国家有关法律法规，统筹管理高校招收和培养港澳台学生工作。其职责是：

（一）制定招收和培养港澳台学生政策、规章；

（二）指导和监督高校招收、培养港澳台学生工作，举办高校联合招收港澳台学生考试；

（三）统筹涉及港澳台学生相关事务。

第五条　国务院港澳事务办公室、国务院台湾事务办公室、公安部等部门按照各自职责，参与港澳台学生招收、培养、管理和服务工作。

第六条　省级教育行政部门、教育招生考试机构负责本行政区域内港澳台学生招收、培养、管理和服务工作。其职责是：

（一）贯彻执行国家关于招收、培养港澳台学生政策和管理规定，建立健全本行政区域内港澳台学生招收、培养、管理和服务制度；

（二）监督、评估本行政区域内高校招收和培养港澳台学生工作；

（三）协调本行政区域内港澳台学生其他相关事务。

第七条　招收港澳台学生的高校应当完善培养、管理和服务机制，明确港澳台学生管理机构，归口统筹，建立健全学校相关规章制度。

第八条　中央或省级财政安排财政补助，用于开展对港澳台学生的招生、培养、管理、服务等工作。

第二章 招 生

第九条 高校可以在国家下达的招生计划之外，根据自身办学条件，自主确定招收港澳台学生的数量或比例。高校应当将招生情况报教育部备案。

第十条 教育部设立高校联合招收港澳台学生办公室，组织联合招生宣传考试和录取相关工作。

第十一条 高校应主动开展港澳台学生招生宣传工作，及时公开本校招生信息，确保信息真实、有效。

第十二条 符合报考条件的港澳台学生，通过面向港澳台地区的联合招生考试；或者参加内地（祖国大陆）统一高考、研究生招生考试合格；或者通过香港中学文凭考试、台湾地区学科能力测试等统一考试达到同等高校入学标准；或者通过教育部批准的其他入学方式，经内地（祖国大陆）高校录取，取得入学资格。

第十三条 对未达到本科录取条件但经过一定阶段培养可以达到入学要求的港澳台学生，高校可以按相关要求招收为预科生。预科生学习满一年经学校考核合格后，可转为本科生。

高校招收预科生的条件和标准，应当报省级教育行政部门备案。高校可自行招收港澳台进修生、交换生和旁听生。

第十四条 已获得大专以上学历或在内地（祖国大陆）以外的大学就读本科专业的港澳台学生，可向内地（祖国大陆）高校申请插入就读与原所学专业相同或相近的本科课程，试读一年。试读期满，经所在试读学校考核合格，可转为正式本科生，并升入高一年级就读，报学校所在省级教育行政部门备案。

第三章 培 养

第十五条 高校应保证港澳台学生的培养质量，将港澳台学生教学纳入学校总体教学计划。港澳台学生应与内地（祖国大陆）学生执行统一的毕业标准。

第十六条 对港澳台学生教学事务应趋同内地（祖国大陆）学生，由高校指定部门归口管理。在保证相同教学质量前提下，高校应根据港澳台学生学力情况和心理、文化特点，开设特色课程，有针对性地组织和开展教学工作。政治课和军训课学分可以其他国情类课程学分替代。

第十七条 高校应对港澳台学生开展入学教育，帮助其适应生活环境和学业要求。

第十八条 高校可为港澳台学生适应学业安排课业辅导。

第十九条 高校应当按照教学计划组织港澳台学生参加教学实习和社会实践，适当考虑港澳台学生特点和需求。

第二十条 高校根据有关规定为港澳台学生颁发毕业证书（结业证书、肄业证书）或者写实性学业证明，为符合学位授予条件的港澳台学生颁发学位证书。

第二十一条 国家为港澳台学生设立专项奖学金，地方政府、高校、企事业单位、社会团体及其他组织和公民个人可依法设立面向港澳台学生的奖学金和助学金。

第四章 管理和服务

第二十二条 高校应当制定、完善港澳台学生校内管理的各项规章制度，将港澳台学生的管理和服务纳入本校学生工作整体框架，统一规划部署，统筹实施。根据实际情况配置港澳台学生辅导员岗位，加强管理人员队伍的培训。

港澳台学生应当遵守法律、法规和学校的规章制度。

第二十三条 高校应根据有关规定，按时为港澳台学生注册学籍，统一管理学籍。港澳台学生转专业、转学、退学、休学、复学等事宜应参照内地（祖国大陆）学生的相关规定。

第二十四条 高校应当为港澳台学生建立档案，妥善保管其报考、入学申请及在校期间学习、科研、奖惩等情况资料。

第二十五条 高校应当按照国家有关规定向港澳台学生收取学费及其他费用。高校应公开本校收费项目和标准，对港澳台学生执行与内地（祖国大陆）同类学生相同的收费标准。

第二十六条 高校参照内地（祖国大陆）学生相关政策批准成立、指导和管理港澳台学生社团，并为其活动提供便利。鼓励港澳台学生参加学校学生组织、社团，参与各类积极健康的学生活动，引导港澳台学生与内地（祖国大陆）学生交流融合。

第二十七条 高校应参照内地（祖国大陆）学生的相关政策，为港澳台学生在学期间参加勤工助学、志愿服务、创新创业活动提供服务。

第二十八条 高校应当为港澳台学生提供必要生活服务。港澳台学生与内地（祖国大陆）学生同等住宿条件下，住宿费标准应当一致。高校应当建立健全港澳台学生校内外居住管理制度，按照有关规定做好居住登记手续。

第二十九条 在内地（祖国大陆）就读的港澳台学生与内地（祖国大陆）学生执行同等医疗保障政策，按规定参加高校所在地城镇居民基本医疗保险并享受有关待遇。

第三十条 高校应做好港澳台学生的就业指导工作，完善就业信息渠道建设，提供就业便利。

第三十一条 高校应做好港澳台校友工作，完善工作机制，推进校友组织建设和发展。

第三十二条 高校制定并完善本校港澳台学生突发事件的应急预案。

第三十三条 对在招收培养港澳台学生过程中出现违法违规行为的高校，主管教育行政部门应当责令其限期改正，对于情节严重、造成恶劣影响的，依据国家有关规定追究有关负责人的责任。

第五章 附 则

第三十四条 本规定由教育部负责解释。

第三十五条 本规定自发布之日起施行。《关于高校招收和培养香港特别行政区、澳门地区及台湾省学生的暂行规定》（教外港〔1999〕22号）同时废止。

（四）新闻采访

台湾记者在祖国大陆采访办法

（2008 年 11 月 1 日　国务院台湾事务办公室）

第一条　为方便台湾记者在大陆依法采访，加强海峡两岸新闻交流，以加深两岸人民的相互了解，促进两岸关系和平发展，推进祖国和平统一进程，特制定本办法。

第二条　本办法所称台湾记者，是指在正常出版和发布新闻的台湾新闻机构内从事新闻采访报道业务的职业记者。

第三条　国务院台湾事务办公室（以下简称国务院台办）主管台湾记者在大陆采访事务，依法保障台湾记者的合法权益。各省、自治区、直辖市台办及深圳市、新疆生产建设兵团台办受国务院台办委托，办理本行政区域内台湾记者采访事务。

第四条　台湾记者来大陆采访，应当向主管部门授权的相关机构申请办理台湾居民来往大陆通行证签注手续。

第五条　台湾新闻机构申请在大陆驻点采访，由国务院台办审批。台湾记者来北京驻点采访，向国务院台办申请；来大陆其他地区驻点采访，向相关省、自治区、直辖市台办及深圳市、新疆生产建设兵团台办申请。获准在大陆驻点采访的台湾记者，可申请三个月以内的采访期限；如有需要，经批准可延长一次，期限不得超过三个月，驻点期间可多次往返。

第六条　台湾记者在北京采访，要求延长采访期限的，向中华全国新闻工作者协会申请；在其他地区采访，要求延长采访期限的，向所在省、自治区、直辖市台办及深圳市、新疆生产建设兵团台办申请，并办理相关手续。

第七条　台湾记者在大陆采访，需征得被采访单位和个人的同意。采访时应当随身携带并出示主管部门委托签注机构、中华全国新闻工作者协会和相关省、自治区、直辖市台办及深圳市、新疆生产建设兵团台办代发的台湾记者采访证。

第八条 台湾记者可以通过有关部门指定的服务单位聘用大陆居民从事辅助工作。

第九条 台湾记者因采访报道需要，在依法履行报批手续后，可以临时进口、设置和使用无线电通信设备。

第十条 台湾记者应当遵守国家法律、法规和规章，遵守新闻职业道德，客观、公正地进行采访报道，不得进行与其机构性质或者记者身份不符的活动。

违反本办法，将由主管部门视情节轻重给予相应的处罚；违反国家其他法律、法规和规章的，将依法处理。

第十一条 本办法由国务院台办负责解释。

第十二条 本办法自颁布之日起施行。2002 年 12 月 2 日公布的《关于台湾记者来祖国大陆采访的规定》同时废止。

（五）旅游

大陆居民赴台湾地区旅游管理办法

（2006年4月16日国家旅游局、公安部、国务院台湾事务办公室令第26号公布　根据2011年6月20日《国家旅游局、公安部、国务院台湾事务办公室关于修改〈大陆居民赴台湾地区旅游管理办法〉的决定》第一次修改　根据2017年4月13日《国家旅游局、公安部、国务院台湾事务办公室关于修改〈大陆居民赴台湾地区旅游管理办法〉的决定》第二次修改）

第一条　为规范大陆居民赴台湾地区旅游，根据《旅游法》、《旅行社条例》和《中国公民往来台湾地区管理办法》，制定本办法。

第二条　大陆居民赴台湾地区旅游（以下简称赴台旅游），可采取团队旅游或者个人旅游两种形式。

大陆居民赴台团队旅游应当由指定经营大陆居民赴台旅游业务的旅行社（以下简称组团社）组织，以团队形式整团往返。旅游团成员在台湾期间应当集体活动。

大陆居民赴台个人旅游可自行前往台湾地区，在台湾期间可自行活动。

第三条　组团社由国家旅游局会同有关部门，从取得出境旅游业务经营许可并提出经营赴台旅游业务申请的旅行社范围内指定，但国家另有规定的除外。组团社名单由海峡两岸旅游交流协会公布。

除被指定的组团社外，任何单位和个人不得经营大陆居民赴台旅游业务。

第四条　台湾地区接待大陆居民赴台旅游的旅行社（以下简称地接社），经大陆有关部门会同国家旅游局确认后，由海峡两岸旅游交流协会公布。

第五条　大陆居民赴台团队旅游实行配额管理。配额由国家旅游局会同有关部门确认后下达给组团社。

第六条 组团社在开展组织大陆居民赴台旅游业务前，应当与地接社签订合同、建立合作关系。

大陆居民赴台旅游团队出发前，组团社应当向国家旅游局旅游团队管理和服务信息平台提供符合规定的赴台旅游团队信息。旅游团队信息实行一团一登记。

第七条 组团社应当为每个团队委派领队，并要求地接社派导游全程陪同。

赴台旅游领队应当具备法律、法规规定的领队条件，经省级旅游主管部门培训，由国家旅游局指定。

第八条 大陆居民赴台旅游期间，不得从事或者参与涉及赌博、色情、毒品等内容及有损两岸关系的活动。

组团社不得组织旅游团成员参与前款活动，并应当要求地接社不得引导或者组织旅游团成员参与前款活动。

第九条 组团社应当要求地接社严格按照合同规定的团队日程安排活动；未经双方旅行社及旅游团成员同意，不得变更日程。

第十条 大陆居民赴台旅游应当持有效的《大陆居民往来台湾通行证》，并根据其采取的旅游形式，办理团队旅游签注或者个人旅游签注。

第十一条 大陆居民赴台旅游应当按照有关规定向公安机关出入境管理部门申请办理《大陆居民往来台湾通行证》及相应签注。

第十二条 赴台旅游团队应当凭《大陆居民赴台湾地区旅游团队名单表》，从大陆对外开放口岸整团出入境。

第十三条 旅游团出境前已确定分团入境大陆的，组团社应当事先向有关出入境边防检查总站或者省级公安边防部门备案。

旅游团成员因紧急情况不能随团入境大陆或者不能按期返回大陆的，组团社应当及时向有关出入境边防检查总站或者省级公安边防部门报告。

第十四条 赴台旅游的大陆居民应当按期返回，不得非法滞留。当发生旅游团成员非法滞留时，组团社应当及时向公安机关及旅游主管部门报告，并协助做好有关滞留者的遣返和审查工作。

第十五条 对在台湾地区非法滞留情节严重者，公安机关出入境管理部门自其被遣返回大陆之日起，六个月至三年以内不批准其再次出境。

第十六条 违反本办法规定，未被指定经营大陆居民赴台旅游业务，或者旅行社及从业人员有违反本办法规定行为的，由旅游主管部门根据《旅游法》

和《旅行社条例》等规定予以处罚。有关单位和个人违反其他法律、法规规定的，由有关部门依法予以处理。

第十七条 本办法由国家旅游局、公安部、国务院台湾事务办公室负责解释。

第十八条 本办法自发布之日起施行。

关于开展大陆居民赴台湾地区个人旅游的通知

（2011 年 6 月 22 日国家旅游局旅办发〔2011〕75 号）

各省、自治区、直辖市旅游局（委）：

根据赴台旅游工作的安排，经商国务院台办和公安部，决定于 2011 年 6 月 28 日正式实施大陆居民赴台湾地区个人旅游。现就有关事项通知如下：

一、大陆居民赴台湾地区个人旅游的开放以城市为基础，第一批试点城市为北京市、上海市和厦门市，今后将按照循序渐进的原则，根据市场发展情况逐步增加开放区域。

二、北京、上海、厦门三个城市赴台湾地区个人旅游的居民，为具有当地正式户籍的居民。

三、大陆居民赴台湾地区个人旅游，应严格遵守新修订实施的《大陆居民赴台湾地区旅游管理办法》和《大陆居民赴台湾地区个人旅游注意事项》。

四、大陆居民赴台湾地区个人旅游，应向其户口所在地公安机关出入境管理部门申请办理《大陆居民往来台湾通行证》及个人旅游签注，之后委托本城市指定经营大陆居民赴台湾旅游业务的旅行社，经台湾有接待大陆居民赴台湾旅游资质的旅行社，向台湾相关机构申请、代办入台相关出入境手续。大陆及台湾的代办社应相互确认有关手续的办理情况，并及时向申请个人通报办理进度。

五、大陆居民赴台湾地区个人旅游，可委托本城市指定经营大陆居民赴台湾旅游业务的旅行社代办代订机票、住宿和在台旅游行程安排，也可以自行办理。

六、大陆居民赴台湾地区个人旅游，不得参与涉及赌博、色情、毒品及有损两岸关系的活动；指定经营大陆居民赴台湾旅游业务的旅行社，在提供旅游行程安排等委托服务中，也不得有上述内容，并应要求台湾的接待社不得引导和组织个人游游客参与上述活动。

七、大陆居民赴台湾地区个人旅游，在台湾的停留时间，自入境次日起不超过 15 天，并应在规定时间内返回大陆。因自然灾害、重大疾病等不可抗力因素而在台逾期停留的，应及时通过台湾方面的旅游热线电话报告台湾海峡两岸观光旅游协会，并在不可抗力因素消失后自行返回。

八、大陆居民赴台湾地区个人旅游，无正当理由在台湾非法逾期停留的，双方的相关机构应及时通知查找；情节轻微者可自行返回，情节严重者安排遣返，相关费用由非法逾期停留者自行负担。台湾相关机构遣返非法逾期停留者时，将向大陆有关机构提供信息资料。

九、对在台湾非法逾期停留的个人游游客，大陆公安机关将依据有关规定予以处理。

十、除厦门市的指定经营大陆居民赴台旅游业务的旅行社外，福建省其他地区指定经营大陆居民赴台旅游业务的旅行社和全省经营“金马澎”旅游业务的旅行社，不得提供赴台湾地区个人旅游服务。违反此条规定的，取消其经营相应的赴台旅游业务。

特此通知。

附件：

大陆居民赴台湾地区个人旅游注意事项

为规范大陆居民赴台湾地区个人旅游开放城市的指定经营大陆居民赴台旅游业务旅行社（以下简称“赴台游组团社”）的服务行为，保证大陆居民赴台湾地区个人旅游的服务质量和“规范、有序、安全、健康”的发展，依据新修订实施的《大陆居民赴台湾地区旅游管理办法》，制订本注意事项。

一、赴台游组团社注意事项

（一）赴台游组团社只能接受本地区具有正式户籍居民的委托，经台湾有接待大陆居民赴台湾旅游资质的旅行社，向台湾相关机构申请、代办入台相关出入境手续。

（二）赴台游组团社可接受赴台个人游游客的委托，代办代订机票、住宿和在台旅游行程安排，并就代办事宜与游客签订委托协议，也可告知其自行办理。

（三）赴台游组团社在代办入台相关出入境手续时应按照台方提供的模本，认真审核赴台个人游游客提交的相关申请材料，及时与台湾的代办社确认有关手续的办理情况并通报游客。

（四）赴台游组团社应提示赴台个人游游客不得在台涉及赌博、色情、毒品等内容和有损两岸关系的活动，并监督台湾代办社也不得安排和诱导游客参与上述内容的活动。

（五）赴台游组团社在接受赴台个人游游客咨询时，应提供真实可靠的赴台旅游服务信息，介绍台湾地区的基本情况、相关规定和风俗习惯，提示游客在人身和财物安全防范及文明旅游等方面的注意事项。

（六）赴台游组团社应提示赴台个人游游客不得在台非法逾期停留，获知本社代办入台出入境手续的赴台个人游游客逾期停留后，应及时报告省级旅游行政管理部门，并积极协助有关部门的处理工作。

（七）赴台游组团社应建立赴台个人游业务专门台账，落实领导，明确责任。

二、大陆居民赴台个人旅游注意事项

（八）大陆居民赴台湾地区个人旅游，应当向其户口所在地公安机关出入境管理部门申请办理《大陆居民往来台湾通行证》及个人旅游签注，之后委托本城市的赴台游组团社，向台湾相关机构申请和办理入台相关出入境手续，并按有关规定，提供真实可靠的申报材料。

（九）大陆居民赴台湾地区个人旅游，可委托本城市的赴台游组团社代办代订机票、住宿和在台旅游行程安排，也可以自行办理。

（十）大陆居民赴台湾地区个人旅游，不得参与涉及赌博、色情、毒品及有损两岸关系的活动。

（十一）大陆居民赴台湾地区个人旅游，在台湾的停留时间，自入境次日起不超过15天，并应在规定时间内返回大陆，不得在台非法逾期停留。因自然灾害、重大疾病等不可抗力等因素而在台逾期停留的，应及时通过台方旅游热线电话报告台湾海峡两岸观光旅游协会，并在不可抗力因素消失后自行返回。如无正当理由在台湾非法逾期停留且情节严重的，将被遣返并自行负担相关费用，还将由两岸相关机构依法处理。

（十二）大陆居民赴台湾地区个人旅游，必须按照《中华人民共和国海关对进出境旅客行李物品的监管办法》及有关规定，办理随身携带的行李物品通关手续。

（十三）大陆居民赴台湾地区个人旅游，应当妥善保管个人的旅行证件，一旦发生遗失或被盗抢等意外，应立即通过台方旅游热线电话报告台湾海峡两岸观光旅游协会。

（十四）大陆居民赴台湾地区个人旅游，应当遵守台湾地区的相关规定，尊重当地的风俗习惯，注意言谈举止文明。

（十五）大陆居民赴台湾地区个人旅游，应注意自我安全保护，严格遵守游览地的安全管理要求，服从管理。遇到自然灾害和其他突发事件时，应在尽可能采取措施自救的前提下，及时通过台方旅游热线电话寻求营救保护，服从台湾有关方面的处置指挥，并经由台湾海峡两岸观光旅游协会进行沟通协调。

关于申请办理大陆居民赴台旅游领队证有关事项的通知

（2013年5月14日国家旅游局办公室旅办发〔2013〕83号）

各省、自治区、直辖市旅游局（委）：

为规范管理，提高工作效率和质量，根据《旅行社条例》、《大陆居民赴台湾地区旅游管理办法》、《大陆居民赴台湾地区旅游领队人员管理办法》、《出境旅游领队人员管理办法》，现就申请办理大陆居民赴台旅游领队证的有关事项通知如下：

一、申请办理大陆居民赴台旅游领队证的人员应符合《大陆居民赴台湾地区旅游领队人员管理办法》第二条规定的条件，经省级旅游行政部门资格审查、业务培训和考核合格。

二、省级旅游行政部门申请办理大陆居民赴台旅游领队证，应提交正式的书面申请文件及以下材料：

（一）新办

1. 申请赴台旅游领队证人员登记表（样式见附件）；

2. 申请人员导游证复印件；

3. 申请人员与指定经营赴台旅游业务的旅行社签订的正式劳动合同复印件；

4. 省级旅游局会同省台办组织申请赴台游领队证人员的培训记录材料。

增发领队证的，申请文件中应说明相关组团社已有领队数量、月均组织赴台游团队数量、新申请领队数量。

（二）换发

1. 到期换发的，应提供与指定经营赴台旅游业务的旅行社签订的正式劳动合同复印件和到期领队证原件；

2. 损坏换发的，应提供损坏的领队证原件；

3. 转换组团社换发的，应提供与新转入的指定经营赴台旅游业务的旅行社签订的正式劳动合同复印件和领队证原件。

（三）遗失补办

领队证遗失作废登报（省级以上报纸）证明材料。

（四）注销

领队证原件。

三、大陆居民赴台旅游领队证有效期为三年。如因特殊事由，可申请办理有效期最长不超过三个月的领队证，申领事由结束后此类领队证必须由省级旅游行政部门收回后寄送至国家旅游局监督管理司注销。

四、省级旅游行政部门对赴台游组团社上报材料汇总、审核，加盖省级旅游行政部门公章后，提交给国家旅游局监督管理司。

五、国家旅游局监督管理司对省级旅游行政部门申请材料审核后，认为不合格的，自收到申请材料之日起 5 个工作日内通知相关省级旅游行政部门；认为合格的，自受理申请之日起 15 个工作日内，完成制作、寄送。如需加急制作的，由省级旅游行政部门提出申请，自受理申请 5 个工作日内完成制作、寄送手续。

六、省级旅游行政部门应在本地区赴台游领队证有效期届满前半年内，提出到期换发申请；因故不能在申请换发时提交领队证原件的，须由赴台游组团社提供书面说明，并在有效期届满后 30 日内交回。

七、省级旅游行政部门应按照相关规定，严格审核赴台游领队证申请材料，切实加强对所属赴台游领队人员的管理和培训。对提交虚假材料的，要严肃处理赴台游组团社。

八、省级旅游行政部门应于每年 1 月底前，将上一年度所属赴台游领队名单报国家旅游局监管司。

附件：

申请赴台旅游领队证人员登记表

<table>
<tr><td>姓名</td><td></td><td>性别</td><td></td><td>民族</td><td></td><td rowspan="3">照片
（2 吋彩色证件照）</td></tr>
<tr><td>身份证号码</td><td colspan="5"></td></tr>
<tr><td>户口所在地</td><td colspan="5"></td></tr>
</table>

续表

所在组团社	
导游证号码	
省级旅游局审核	旅游局（章） 年 月 日
省级台办审核	台办（章） 年 月 日

备注：此表可下载或复制使用

（六）殡葬管理

关于台湾同胞在大陆死亡善后处理办法

（1996年7月22日国务院台湾事务办公室、公安部、司法部、民政部国台发〔1996〕10号）

各省、自治区、直辖市台办、公安厅（局）、司法厅（局）、民政厅（局）：

为进一步做好台胞在大陆死亡事件的善后处理工作，本着一个中国的原则，参照有关规定，结合台胞在大陆死亡后处理工作的特点，特制订本办法。

一、死亡的确定

死亡分正常死亡和非正常死亡。因健康原因自然死亡的，谓正常死亡；因意外事故或突发事件死亡的，谓非正常死亡。

台胞在大陆死亡，经当地公安机关验定，如属正常死亡，善后处理工作由台胞接待或聘用单位负责，当地台办必要时予以协助。无接待或聘用单位的（包括零散游客），由台办会同有关部门共同处理。如属非正常死亡，由公安机关进行取证并处理，并通报同级台办，台办提供配合、协助。

二、通知死者家属

台胞在大陆死亡后应尽快通知死者家属。一般由接待或聘用单位直接通知死者家属。如接待或聘用单位无法直接通知死者家属，可通过两岸其他渠道（如红十字会等社团）代为通知。必要时也可通过海峡两岸关系协会（以下简称海协）与台湾海峡交流基金会（以下简称海基会）联系。

三、尸体解剖

正常死亡或死因明确的非正常死亡者，一般不需做尸体解剖。若死者家属提出书面要求做尸体解剖的，有关主管部门可同意。

对死因不明的非正常死亡者，公安机关为查明死因，需进行解剖时，应尽可能通知死者家属到场。家属逾期不到，地（市）级以上公安机关可依法处理。

四、出具证明

正常死亡，由县级以上医院或者授权的医疗机构出具《死亡证明书》。

被羁押的犯罪嫌疑人、被告人或被拘留的人员，在案件侦查、审理、执行期间正常死亡，由办案机关的法医出具确定其死亡的《死亡鉴定书》；办案机关没有法医的，可请公安机关派法医鉴定并出具《死亡鉴定书》。

非正常死亡，由地（市）级以上公安机关的法医出具相关鉴定书。

根据海协会海基会《两岸公证书使用查证协议》的规定，死亡公证属应寄公证书副本的范围。台胞在大陆死亡，除出具相关鉴定书外，同时应由死亡地公证部门出具公证书。

五、尸体处理

台胞尸体的处理应尊重死者家属意愿，可在当地殡仪馆火化或运回台湾。如家属提出就地土葬，需向所在地的省级民政部门提出申请，经批准后葬在指定的公墓内。如需将尸体存放，可由当地殡仪馆妥善保存。

尸体火化，应由死者家属或其委托人持医院或公安机关出具的死亡证明，到当地殡仪馆火化。如确认死者无亲属，接待单位持《死亡证明书》到殡仪馆火化，同时将火化过程拍照并出具相关证明备存在殡仪馆。

对有接待单位的死者，在尸体火化前，可由接待单位酌情为死者举行简单的追悼仪式。如死者生前对我友好，台办及有关单位可送花圈，或将追悼仪式拍照送死者家属。

对家属要求按台湾当地宗教、风俗习惯举办祭奠仪式的，必须遵守国家有关殡葬法规，经省级民政部门批准，在殡仪馆内进行。

办理丧事的费用自理。

六、骨灰和尸体运输出境

骨灰、尸体运输，须持有医院出具的《死亡证明书》或法医出具的《死亡鉴定书》，及殡葬部门出具的《火化证明书》和公证部门出具的《死亡公证书》。

将尸体运出境外的，应严格按照卫生部《实施〈中华人民共和国国境口岸卫生监督办法〉的若干规定》（〔1983〕卫防字第5号）和海关部署《关于对尸体棺柩和骨灰进出境管理问题的通知》（〔84〕署外字第540号）办理尸体出境手续。

骨灰、尸体运输出境均由中国国际运尸网络服务中心负责，具体由北京、天津、上海、广州等四个办事处承办，也可委托当地殡仪馆承办。如亲属提出将尸体运回台湾，运输手续和费用均由亲属自理。在两岸实现直接通航前，死者家属要求通过第三地运送尸体时，由其家属自行办理第三地手续，有关部门应予协助。如台方提出由台湾直接派飞机或船舶运送尸体，应报国务院台办商有关部门后处理。

七、遗物的清点和处理

清点死者遗物应有死者家属或其代表和大陆有关部门人员在场。如家属明确表示不能到场时，公证部门人员应当到场。遗物清点必须造册，列出清单，清点人均应签字。遗物移交前要妥善保管好。移交遗物要开出移交书，一式二份，注明移交时间、地点、在场人、物品件数、种类和特征等，并由公证部门办理遗产移送公证书。如死者有遗嘱，应将遗嘱拍照或复制，原件交死者家属或其代理人。

死者原持有的我出入境证件，由当地公安机关入境管理部门收缴。

八、报告善后处理情况

善后事宜处理结束后，善后处理部门应写出《死亡善后处理情况报告》报上级主管部门，省、自治区、直辖市台办、公安厅（局），抄国台办和海协。

关于台湾同胞回大陆办理丧葬问题的通知

（1988 年 3 月 16 日民政部民〔1988〕民字 8 号）

各省、自治区、直辖市民政厅（局），各计划单列市（区）民政局：

自台湾当局允许一般民众回大陆探亲以来，回大陆探亲的台胞日渐增多。他们中间，有的要求祭扫和修复祖墓，有的提出购买墓地，有的询问回大陆安葬骨灰或遗体等丧葬方面的政策。民政部、国务院侨务办公室 1984 年 5 月 28 日联合下发的《关于华侨去世后回国安葬问题的通知》（民〔1984〕民 20 号）和 1984 年 7 月 23 日联合下发的《关于华侨修复祖墓问题的通知》（〔84〕侨政会字第 042 号）中，已经对台胞回大陆安葬骨灰和修复祖墓的问题作过规定，这些规定仍然有效。对各地工作中遇到的新问题，经征得中央对台办同意，特作如下通知：

一、台胞回大陆探亲、旅游期间要求祭扫祖墓，凡能查找到的，一般应允许祭扫；已经平毁的，可视具体情况加以解释。对祭扫和修复祖墓要加强管理，不得搞封建迷信活动，不得恢复和建立宗族墓地，不得占用耕地或在国家规定保护的范围内修坟造墓，要注意防止坟山以及由此引起的宗族矛盾。如台胞提出政策允许范围以外的要求，应耐心说服，讲明道理，劝告制止，不要简单从事。

二、台胞去世后，其亲属要求回大陆安葬，一般只允许安葬骨灰。要求将遗体运回大陆安葬的，须由其亲属报请其原籍所在地的省、自治区、直辖市民政部门依当地有关规定从严审批，批准后还须经海关卫生检疫合格。安葬地点由民政部门负责安排。当地有公墓的，安葬在公墓内；没有公墓的，可在当地政府指定的荒山荒地或不宜耕种的瘠地埋葬。

三、回大陆探亲、旅游期间去世的台胞，如死者生前或其亲属要求在大陆安葬，应遵守安葬地人民政府有关殡葬管理的规定。如其亲属要求将遗体或骨灰运出大陆以外安葬，一般应予同意，殡葬管理部门要提供方便，做到热情服务，收费合理。对患急性传染病去世或高度腐败的遗体，须就地火化或深埋。

四、为满足台胞落叶归根的愿望，台胞较多的地方可根据需要，选择荒山荒地兴办为台胞服务的骨灰公墓。按国家有关规定批准的公墓中，允许向台胞出售或预售骨灰墓穴。收费标准比照港澳同胞收取，确有困难的，可酌情予以优待。

五、台胞在大陆的丧葬事宜，由民政部门统一管理，遇有重大疑难问题，应与对台部门协商，共同研究确定。

附一：

卫生部实施《中华人民共和国国境口岸卫生监督办法》的若干规定（摘录）

（〔83〕卫防字第5号）

第九条　尸体、棺柩的有关规定。

一、移运前应当出示死亡诊断证明书；

二、尸体必须进行防腐处理；

三、棺柩封闭严格，无腐败液体渗出，无臭味散出；

四、经上述检查后认为满意者，签发进出境尸体棺柩移运许可证后，方准移运。

附二：海关总署关于对尸体、棺柩和骨灰进出境管理问题的通知（略）①

① 根据2007年11月2日《海关总署关于废止部分海关规章的决定》予以废止。

（七）自然资源

国家濒管办2017年第7号公告

（2017年6月7日）

为支持中国（福建）自由贸易试验区（以下简称福建自贸试验区）建设，积极探索濒危物种进出口管理模式创新，着力促进海峡两岸野生动植物进出口贸易的便利化，深入推动与21世纪海上丝绸之路沿线国家和地区的履约交流合作，根据《中华人民共和国濒危野生动植物进出口管理条例》和《野生动植物进出口证书管理办法》的有关规定，我办决定推出福建自贸试验区野生动植物进出口行政许可改革措施。现将有关事宜公告如下：

一、适用条件

（一）在福建自贸试验区注册的企业；

（二）在福建境内口岸以自理或代理方式报关进出口野生动植物或其产品的；

（三）货物进出福建境内口岸。

二、具体措施

（一）简化许可程序

属于下列情形之一的，符合本公告第一条条件的申请人可以凭国务院野生动植物主管部门批准文件和其他申报材料，直接向国家濒管办福州办事处申办允许进出口证明书：

1. 对台湾贸易

1）出口

①非CITES附录的国家重点保护野生动植物及其产品；

2）进口、出口或再出口

①以参展为目的进出口CITES附录I、II野生动物产品；

②来源于在秘书处注册的人工繁殖单位的 CITES 附录 I 野生动物及其产品；

③CITES 附录 II 野生动物及其产品（非洲象 *Loxodonta africana*、白犀指名亚种 *Ceratotherium simum simum*、犀鸟科物种 Bucerotidae spp. 除外）；

④CITES 附录 III 野生动物及其产品；

⑤CITES 附录 I、II 和 III 野生植物及其产品。

2. 对其他国家或地区贸易

1）出口

①非 CITES 附录的国家重点保护野生动植物及其产品；

②人工培植所获的 CITES 附录 II 石斛属物种（*Dendrobium* spp.）的干花。

2）进口

①人工繁殖所获的 CITES 附录 II 鲟形目物种（ACIPENSERIFORMES spp.）的活体（包括受精卵）；

②人工培植所获的 CITES 附录 II 石斛属物种（*Dendrobium* spp.）的茎。

3）再出口

①黄檀属物种（*Dalbergia* spp.）及其产品；

②德米古夷苏木（*Guibourtia demeusei*）、佩莱古夷苏木（*G. pellegriniana*）、特氏古夷苏木（*G. tessmannii*）及其产品；

4）进口或再出口

①CITES 附录 II 珊瑚虫纲物种（ANTHOZOA spp.）及其产品；

②以参展为目的的 CITES 附录 I、II 和 III 野生植物及其产品；

③刺猬紫檀（*Pterocarpus erinacues*）及其产品；

④CITES 附录 III 木材物种及其产品。

5）进口、出口或再出口

①来源于在秘书处注册的人工繁殖单位的 CITES 附录 I 鳄目物种（CROCODYLIA spp.）、美丽硬仆骨舌鱼（*Scleropages formosus*）及其产品；

②人工繁殖所获的 CITES 附录 II 猕猴（*Macaca mulatta*）和食蟹猴（*Macaca fascicularis*）及其产品，以及其他 CITES 附录 II 灵长目物种（PRIMATES spp.）的生物学样品；

③人工繁殖所获的 CITES 附录 II 鲟形目物种（ACIPENSERIFORMES spp.）及其产品（活体包括受精卵除外）；

④CITES附录II野生动物（非洲象 *Loxodonta africana*、白犀指名亚种 *Ceratotherium simum simum*、非洲狮 *Panthera leo* 除外）的毛、毛皮、皮张、羽毛及其产品（包括剥制标本和生态标本）；

⑤CITES附录III野生动物及其产品；

⑥人工培植所获的CITES附录I云木香（*Saussurea costus*）及其产品，以及人工培植所获的CITES附录II蝴蝶兰属物种（*Phalaenopsis* spp.）、大花蕙兰（*Cymbidium* hybrids）、仙人掌科物种（CACTACEA spp.）、仙客来属物种（*Cyclamen* spp.）、天麻（*Gastrodia elata*）、西洋参（*Panax quinquefolius*）、芦荟属物种（*Aloe* spp.）及其产品；

⑦人工培植所获的CITES附录II卡特兰属物种（*Cattleya* spp.）、文心兰属物种（*Oncidium* spp.）、捕蝇草（*Dionaea muscipula*）活体；

⑧人工培植所获的CITES附录II大戟属肉质物种（*Euphorbia* spp.）、棒锤树属物种（*Pachypodium* spp.）、猪笼草属物种（*Nepenthes* spp.）、瓶子草属物种（*Sarracenia* spp.）活体；

⑨人工培植所获的CITES附录II火地亚属物种（*Hoodia* spp.）、酒瓶兰属物种（*Beaucarnea* spp.）及其产品。

（二）放宽许可条件

国家濒管办福州办事处在办理本条第（一）款第2项相关内容的允许进口证明书行政许可时，除存在疑问或者应相关缔约方、秘书处要求的情况外，不需要就境外CITES许可证或证明书进行核实确认。

（三）缩短许可时限

在相关法律法规及规章所规定的时限要求基础上，对办理本条第（一）款内容的允许进出口证明书行政许可时限予以进一步压缩。其中，受理时间上限由五个工作日缩短为二个工作日；审查决定时间上限由二十个工作日缩短为十个工作日。

三、承办单位

承办本公告所述允许进出口证明书行政许可业务的单位为中华人民共和国濒危物种进出口管理办公室福州办事处。联系方式如下：

地址：福建省福州市冶山路10号

邮编：350003

电话：0591-87854975

传真：0591-87877383

四、其他事宜

本公告自2017年7月1日起施行，由国家濒管办负责解释。

特此公告。

关于全面实行野生动植物进出口证书通关作业联网无纸化的通知

（2018 年 5 月 18 日国家濒管办濒办字〔2018〕31 号）

国家濒管办各办事处：

为深化野生动植物进出口证书电子政务建设，加强野生动植物及其产品的进出口管理，保障野生动植物资源的合理利用和相关产业的可持续发展，协同海关做好通关作业无纸化改革工作，经研究，决定推广野生动植物进出口证书通关作业联网无纸化管理试点经验，自 2018 年 6 月 1 日起在全国范围内全面实行野生动植物进出口证书通关作业联网无纸化改革。为确保改革工作顺利进行，现将有关事项通知如下：

一、自 2018 年 6 月 1 日起，各办事处必须全面应用野生动植物进出口证书管理系统实施允许进出口证明书和物种证明行政许可工作。其中，对于出口、再出口（包括台湾地区）《公约》物种及其产品的，以及按照《公约》规定由我国管理机构先核发《公约》允许进出口证明书进口（包括台湾地区）《公约》附录 I 物种及其产品的，应当使用野生动植物进出口证书管理系统 1.0 版本办理；其他情形，应当使用野生动植物进出口证书管理系统 2.0 版本（国际贸易“单一窗口”标准版）办理。

二、自 2018 年 6 月 1 日起，除出口、再出口（包括台湾地区）《公约》物种及其产品的，以及按照《公约》规定由我国管理机构先核发《公约》允许进出口证明书进口（包括台湾地区）《公约》附录 I 物种及其产品的情形外，各办事处原则上不予制发纸质证书。

三、由于系统故障等特殊原因，确需凭纸质野生动植物进出口证书验核通关的，各办事处应当为被许可人制发纸质证书。

四、2018 年 6 月 1 日前未采用野生动植物进出口证书管理系统申办且仍在有效期内的野生动植物进出口证书，各办事处应指导被许可人，通过野生动植物进出口证书管理系统及时为被许可人换发证书。

五、各办事处要高度重视，充分认识野生动植物进出口证书通关作业联网无纸化改革的重要性和紧迫性。积极开展宣传推广，指导申请人正确使用野生动植物进出口证书管理系统，协调解决工作中遇到的各种问题，将简化纸质单证作业各项要求落到实处，共同做好野生动植物进出口履约管理工作。

六、认真做好《野生动植物进出口证书管理系统填报指南》的学习和使用，对辖区内从事相关进出口业务的企事业单位等进行必要的培训。

七、自2018年6月1日起，云南省办事处对松茸出口实行的“一次核发、多次使用、分批核销”的允许进出口证明书核发使用改革试点措施自动停止；《国家濒管办关于进一步加强濒危木材物种进口管理的通知》（濒办字〔2013〕36号）、《国家濒管办关于调整木材进口的非〈进出口野生动植物种商品目录〉物种证明核发政策的通知》（濒办字〔2014〕99号）废止执行。

特此通知。

四、民法商法类

（一）知识产权

关于受理台胞国际申请的通知

（1993年12月18日国专发法字〔1993〕第307号发布　根据2017年3月22日国家知识产权局公告第239号修改）

各专利管理机关、代办处、专利代理机构：

我国于1994年1月1日正式成为《专利合作条约》（PCT）的成员国。根据中国专利局颁布的《关于中国实施专利合作条约的规定》，现就我局受理台胞国际申请的有关事项通知如下：

一、国家知识产权局作为国际申请的受理局，受理台胞提出的国际申请。

二、台胞向国家知识产权局提出国际申请，在国家知识产权局作为国际检索单位或者国际初步审查单位，或者作为指定局或者选定局的程序中，以及处理与国际申请有关的其他事务，应当委托依法设立的专利代理机构办理。

三、台胞向国家知识产权局提交的国际申请，应当使用中文或者英文。

四、国家知识产权局收到台胞提出的、符合《专利合作条约》第十一条第一款规定的国际申请之日为国际申请日。

五、台胞向国家知识产权局提出国际申请，可以依照《专利合作条约》第八条的规定要求在《保护工业产权巴黎公约》缔约国提出或者对于该缔约国有效的一项或者几项在先申请的优先权。

六、台胞在国家知识产权局提交国际申请以及办理国际申请有关事务，应当依照国家知识产权局的规定支付有关费用。

七、本通知适用于台湾地区的公司、企业和其他经济组织。

八、本通知自1994年1月1日起施行。

关于加大台湾农产品商标权保护力度促进两岸农业合作的实施意见

（2006年11月2日国家工商行政管理总局工商标字〔2006〕202号）

各省、自治区、直辖市及计划单列市工商行政管理局：

两岸农业交流与合作是两岸经济关系的重要组成部分。2005年3月，胡锦涛总书记在关于新形势下发展两岸关系的四点意见中指出："台湾农产品在大陆销售的问题，事关广大台湾农民的切身利益，要切实解决"。今年10月17日至24日，由中共中央台湾工作办公室海研中心与中国国民党国政研究基金会共同主办的两岸农业合作论坛系列活动在大陆成功举办，达成了多项共识，取得了丰硕的成果。大陆有关方面提出了有利于进一步扩大台湾农产品在大陆销售、协助台湾农民在大陆创业等多项举措，"保护台湾农产品知识产权，维护台湾农民正当权益"是其中的一项重要内容。为切实贯彻执行中央对台工作方针，努力推进祖国和平统一大业，现就加大台湾农产品商标权保护力度、促进两岸农业合作提出以下实施意见：

一、加强商标注册保护，维护台湾农产品商标注册申请人的合法权益。

（一）通过举办培训班、研讨会和报告会等方式，积极引导台湾农产品生产商和经销商在大陆通过注册普通商标、证明商标或集体商标等方式，获得《商标法》的保护。

（二）在商标审查、异议裁定和争议裁定中保持政治敏感性和工作责任感，坚决制止以不正当手段抢先注册台湾农产品知名商标的行为。

（三）采取有效措施加快台湾农产品商标审查进度，尽力缩短商标注册周期。

二、认真履行市场监管职责，依法保护台湾农产品商标权。

（一）按照国家工商行政管理总局《关于制止和查处假冒台湾水果行为的通知》（工商公字〔2006〕172号）要求，以查处虚假标示产地、虚假广告宣传以及侵犯注册商标专用权等违法行为为重点，规范水果市场的交易秩序。

（二）商标管理、公平交易、广告监管和消费者权益保护等职能部门相互配合，充分发挥 12315 消费者申诉举报网络的作用，引导消费者提高对“台湾产地水果”和“台湾品种水果”的鉴别能力，保护消费者的知情权，及时依法受理和处理消费者申诉和举报，不断提高保护台湾农产品知识产权的整体执法效能。

（三）依法认定驰名商标，加大对台湾农产品知名商标的保护力度，对于情节严重、性质恶劣以及台商反响强烈的案件，要依法予以从重处罚。

（四）要切实做好行政执行与刑事司法的衔接工作，对于涉嫌犯罪、符合移送条件的，要坚决移送公安机关处理。

（五）促成与台湾相关部门和台资企业构建稳定有效的两岸商标保护合作机制，及时通报工商行政管理机关在保护台湾农产品知识产权方面的工作情况和做法，介绍典型案例，加深了解，增进共识。

三、加大涉台商标工作的宣传力度。通过适当渠道，向台湾人民及时通报台湾商标在大陆的注册和保护情况，宣传大陆农产品商标和地理标志保护工作在促进农民增收方面的成功经验。

四、加强信息和案件报送制度。各地要对保护台湾农产品知识产权案件进行单独统计，并及时报送有关情况、经验做法和典型案例。凡罚款金额在 1 万元以上的案件、保护驰名商标的案件、移送公安机关追究刑事责任的案件以及其他有重大社会影响的保护台湾农产品知识产权的案件，处理机关应当在该处罚决定生效后及时将处罚决定书报送国家工商行政管理总局。

各地要根据本实施意见的要求，对辖区涉台商标的注册和使用等情况认真进行摸底排查，制定切实可行的工作措施。只要是对台湾农民有利的事情，只要是对促进两岸农业交流有利的事情都要积极做好。各级工商行政管理机关要尽最大努力保护好台湾农产品商标权，维护好台湾农民正当权益，维护好大陆市场的信誉和形象。

关于台湾同胞专利申请的若干规定

（2010年11月15日国家知识产权局令第58号公布 自2010年11月22日起施行）

第一条 为了方便台湾同胞向国家知识产权局申请专利，制定本规定。

第二条 台湾地区申请人（以下简称申请人）在台湾地区专利主管机构第一次提出发明或者实用新型专利申请之日起十二个月内，或者第一次提出外观设计专利申请之日起六个月内，又在国家知识产权局就相同主题提出专利申请的，可以要求享有其台湾地区在先申请的优先权（以下简称台湾地区优先权）。

申请人根据前款规定要求台湾地区优先权的，其在先申请的申请日应当在2010年9月12日（含当日）以后。

第三条 申请人可以在一件申请中要求一项或者多项台湾地区优先权；要求多项台湾地区优先权的，该申请的台湾地区优先权期限从最早的在先申请的申请日起计算。

第四条 申请人要求台湾地区优先权的，应当在向国家知识产权局提出专利申请的同时在请求书中声明，并且在三个月内提交由台湾地区专利主管机构出具的在先申请文件的副本；未在请求书中声明或者期满未提交在先申请文件副本的，视为未要求台湾地区优先权。

申请人在请求书中声明要求台湾地区优先权的，应当写明在先申请的申请日和申请号，并写明原受理机构为“台湾地区”。

第五条 申请人要求一项或者多项台湾地区优先权而在请求书的声明中未写明或者错写其中某件在先申请的申请日、申请号和原受理机构名称中的一项或者两项内容，但申请人已在规定的期限内提交了在先申请文件副本的，国家知识产权局应当通知申请人补正；申请人期满未答复或者补正后仍不符合规定的，视为未要求该项台湾地区优先权。

第六条 申请人要求多项台湾地区优先权的，应当提交全部在先申请文件副本。

在先申请文件副本至少应当表明原受理机构、申请人、申请日、申请号。在先申请文件副本不符合规定的，国家知识产权局应当通知申请人补正；申请人期满未答复或者补正后仍不符合规定的，视为未提交该在先申请文件副本。

国家知识产权局依据有关协议，通过电子交换途径获得在先申请文件副本的，视为申请人提交了符合规定的在先申请文件副本。

申请人已向国家知识产权局提交过在先申请文件副本，需要再次提交的，可以仅提交该副本的题录，但应当注明在先申请文件副本的原件所在申请案卷的申请号。

第七条 要求台湾地区优先权的申请人与在先申请文件副本中记载的申请人不一致的，应当在向国家知识产权局提出专利申请之日起三个月内提交台湾地区优先权转让证明或者有关说明；期满未提交或者提交的文件不符合规定的，视为未要求台湾地区优先权。

第八条 申请人要求台湾地区优先权后，可以撤回其全部或者其中某一项或者几项台湾地区优先权要求。

申请人撤回其台湾地区优先权要求的，应当提交全体申请人签字或者盖章的撤回台湾地区优先权声明；撤回台湾地区优先权声明不符合规定的，视为未提出撤回台湾地区优先权声明。

申请人撤回其台湾地区优先权要求导致该申请的最早台湾地区优先权日变更，且自该台湾地区优先权日起算的各种期限尚未届满的，其台湾地区优先权期限应当自变更后的最早台湾地区优先权日或者申请日起算；撤回台湾地区优先权的声明是在变更前的最早台湾地区优先权日起十五个月之后到达国家知识产权局的，则在后专利申请的公布期限仍按照变更前的最早台湾地区优先权日起算。

第九条 要求台湾地区优先权的，应当在缴纳申请费的同时，根据专利法实施细则第九十三条的规定缴纳台湾地区优先权要求费；期满未缴纳或者未缴足的，视为未要求台湾地区优先权。

第十条 被视为未要求台湾地区优先权并属于下列情形之一的，申请人可以根据专利法实施细则第六条的规定请求恢复要求台湾地区优先权的权利：

（一）由于未在指定期限内办理补正手续导致视为未要求台湾地区优先权的；

（二）要求台湾地区优先权声明中至少一项内容填写正确，但未在规定的期限内提交在先申请文件副本或者台湾地区优先权转让证明文件或者有关说明的；

（三）要求台湾地区优先权声明中至少一项内容填写正确，但未在规定的期限内缴纳或者缴足台湾地区优先权要求费的；

（四）分案申请的原申请要求了台湾地区优先权的。

除上述情形外，其他原因造成被视为未要求台湾地区优先权的，不予恢复。

第十一条 申请人提出的专利申请文件中，含有与现行法律、法规、规章相抵触的词句的，国家知识产权局应当通知申请人在两个月内删除或者修改，期满不答复的，其申请被视为撤回；申请人拒绝删除、修改或者修改后仍不符合规定的，应当驳回该专利申请。明显不涉及技术内容的词句，国家知识产权局可以依职权删除并通知申请人；申请人不同意删除的，应当驳回该专利申请。

第十二条 国家知识产权局依申请人请求出具申请文件副本的，应当先根据本规定第十一条对申请文件用语进行审查；申请文件中含有与现行法律、法规、规章相抵触的词句的，在初审合格之前不予办理。

第十三条 申请人不愿公布其地址的，可在“申请人地址”栏中注明“中国台湾”。

第十四条 本规定自2010年11月22日起施行。原中国专利局1993年3月29日颁布的《关于受理台胞专利申请的规定》（国专发法字〔1993〕第63号）和1993年4月23日颁布的《关于台胞申请专利手续中若干问题的处理办法》（国专发审字〔1993〕第69号）同时废止。

关于发布《台湾地区商标注册申请人要求优先权有关事项的规定》及相关书式的公告

（2010年11月18日国家工商行政管理总局工商标字〔2010〕220号）

为落实《海峡两岸知识产权保护合作协议》，我局制定了《台湾地区商标注册申请人要求优先权有关事项的规定》，增设了相关的商标注册申请书书式，供台湾地区申请人使用。现一并予以公布，自2010年11月22日起施行。

附件一：

台湾地区商标注册申请人要求优先权有关事项的规定

为落实《海峡两岸知识产权保护合作协议》，保障台湾地区商标注册申请人的优先权权益，现就台湾地区申请人在国家工商行政管理总局商标局申请商标注册要求台湾地区优先权有关事项作如下规定：

一、自2010年11月22日起，台湾地区申请人自其商标在台湾地区第一次提出商标注册申请之日起六个月内，又在国家工商行政管理总局商标局就同一商标在相同商品上提出商标注册申请的，可以要求优先权。其第一次申请的日期可以追溯到2010年9月12日。

二、依照前述规定要求优先权的，应当参照《商标法》第二十四条第二款、《商标法实施条例》第二十条第一款的规定办理。

三、依照前述规定要求优先权的，其商标注册申请书应当使用国家工商行政管理总局发布的商标注册申请书式。

四、台湾地区申请人要求台湾地区优先权的声明，经认可后，其在台湾地区的第一次申请商标注册的日期，即视为在国家工商行政管理总局商标局的申请日期。

附件二：

商 标 注 册 申 请 书

申请人名称：

申请人地址：

是否共同申请： □是 □否

邮政编码：

联系人：

电话（含地区号）：

传真（含地区号）：

代理组织名称：

商标种类： □一般 □集体 □证明 □立体 □颜色

商标说明：

初次申请日期：

初次申请号：

类别：

商品/服务项目：

（附页： 页）

申请人章戳（签字）： 代理组织章戳：

代理人签字：

注：请按背面说明填写

将一张商标图样贴在下框内，另附五份商标图样。有指定颜色的附上着色图样五份和黑白稿一份。商标图样应当不大于10×10cm，不小于5×5cm。

填写说明：

1. 本书式为台湾地区申请人申请商标注册并要求台湾地区优先权时使用的书式。申请人应当按照要求如实填写，不得空项，不得擅自修改格式。申请书应当打字或者印刷，并使用国家公布的中文简化汉字填写。

2. 申请人名称为外文的应当翻译为中文。申请人为自然人的，应当同时在姓名后面填写身份证件号码。申请人地址应当详细填写。

3. 共同申请注册同一商标的，应当在“是否共同申请”一栏选择“是”，申请人名称/地址一栏填写指定的代表人名称/地址，其他共同申请人的名义填写在申请书附页上。未指定代表人的，以申请书首页申请人为代表人。

4. 委托商标代理组织申报的，应当填写代理组织名称并在右下方“代理组织章戳/代理人签字”栏由代理人签字并加盖代理组织章戳。

5. 申请人应当在“商标种类”栏选择所申报的商标的种类。

6. “商标说明”栏填写内容可以包括：商标名称、商标图样外文或少数民族文字的含义、特殊字体的文字表述、立体/颜色商标的说明、商标图样中需要放弃专用权的声明以及其他申请人认为需要说明的事项。

7. 申请人应当详细填写初次申请日期、初次申请号等项目。未填写此栏或内容填写不全的，视为未提出优先权要求。

8. 申请人应当按照《类似商品和服务区分表》填写类别及“商品/服务项目”。一份申请书只能办理一个类别的商标注册申请，商品/服务项目填写不下的可以填写在申请书附页上，并标明所附页数。商品/服务项目前应标明序号。

9. 申请人为法人或其他组织的，应当在“申请人章戳（签字）”处盖章。申请人为自然人的，应当在此栏用钢笔或签字笔签字。共同申请的，此栏由代表人盖章（签字），其他共同申请人在申请书附页上盖章（签字）。所盖章戳或签字应当完整清晰。

10. 商标图样框中应当粘贴一张清晰的商标图样，不得出现除商标图样以外的说明性文字、注册标记、色标说明、章戳、签字等内容，商标图样不得涂改。

11. 收费标准：每份商标注册申请费 1000 元整（限 1 个类别中的 10 个商品/服务项目，每超过 1 个商品/服务项目加收 100 元）。每份集体商标注册申请费 3000 元整，每份证明商标注册申请费 3000 元整。

商标注册申请书（附页）

其他共同申请人名义列表：

关于台湾地区申请人在大陆申请植物新品种权的暂行规定

（2010年11月22日　农业部、国家林业局公告第1487号）

第一条　为保护台湾地区育种者的合法权益，促进植物新品种的培育和使用，制定本规定。

第二条　台湾地区的自然人、法人向大陆植物新品种权审批机关（以下简称审批机关）申请植物新品种权（以下简称品种权）及相关事务，适用本规定。

第三条　台湾地区的品种权申请人（以下简称申请人）向审批机关提出品种权及相关事务申请的，应当委托在大陆依法设立的代理机构办理。

第四条　申请人向审批机关提交的文件应当使用简体中文，日期应当使用公历，但证明文件除外。

第五条　在2010年9月12日（含当日）后，申请人自第一次提出品种权申请之日起12个月内，又在大陆就该植物新品种提出品种权申请，申请人要求将第一次申请日视为在大陆的申请日的，应当在申请时提出书面说明，并在3个月内提交经原审批机关确认的第一次提出的品种权申请文件的副本作为证明文件。未依照本规定提出书面说明或者提交证明文件的，视为未要求此项权利。

申请人在向审批机关提出第一次品种权申请之日起12个月内，又在大陆以外提出品种权申请的，可以请求审批机关出具第一次申请日的证明文件。

第六条　经育种者许可，在大陆销售品种繁殖材料未超过1年的；或者在大陆以外销售藤本植物、林木、果树和观赏树木品种繁殖材料未超过6年，销售其他植物品种繁殖材料未超过4年的，视为申请品种未丧失新颖性。

第七条　申请文件不得含有与现行法律、法规、规章相抵触的词句。

第八条　对不符合本规定第三条、第四条的，审批机关不予受理。

对不符合本规定第七条的，审批机关应当通知申请人在指定期限内予以修改；逾期未答复或者修改后仍不符合前款规定的，驳回其申请。

第九条　品种权申请的其他事宜，依据《中华人民共和国植物新品种保护条例》、《中华人民共和国植物新品种保护条例实施细则（农业部分）》和《中华人民共和国植物新品种保护条例实施细则（林业部分）》办理。

第十条　本规定自发布之日起施行。

（二）婚姻收养

关于进一步加强涉外、涉港澳台居民及华侨婚姻登记管理工作的通知

（2007 年 11 月 14 日民政部民函〔2007〕314 号 根据 2020 年 10 月 20 日《民政部关于修改部分规范性文件的公告》修正）

各省、自治区、直辖市民政厅（局），计划单列市民政局，新疆生产建设兵团民政局：

近来，有关部门陆续向我部通报，有不法分子使用伪造境外身份证件和单身证明在内地骗取婚姻登记，或者利用同一境外身份证件和单身证明在内地多次办理结婚登记，甚至出现专门伪造境外证件和单身证明、通过骗取婚姻登记牟取利益的犯罪团体。为维护婚姻登记工作的严肃性，预防和打击境外当事人骗婚、重婚等不法行为，现就进一步加强涉外、涉港澳台居民及华侨婚姻登记管理工作通知如下：

一、提高认识，切实维护婚姻登记秩序

婚姻登记是社会管理的重要组成部分，是贯彻落实《中华人民共和国民法典》，维护我国婚姻家庭制度的重要保障。预防和打击骗婚、重婚等违法犯罪活动是维护我国婚姻登记制度严肃性、维护内地与境外婚姻健康发展的迫切需要，是强化社会管理和公共服务的具体体现。各地要从构建和谐社会、维护国家形象、保护人民利益的高度，增强责任感和紧迫感，切实维护婚姻登记秩序。

二、加强指导，进一步提高队伍素质

各地要选用政治觉悟高、业务素养好的优秀人才从事涉外、涉港澳台居民及华侨婚姻登记工作。要加强对婚姻登记员的培训、考核和指导力度，提高婚姻登记员业务能力和处理突发事件的能力。婚姻登记员应为行政编制或参照公

务员管理的事业编制人员，婚姻登记机关编制不足的，应当主动向当地编制部门报告，讲明这项工作的重要性，争取配足编制。

三、积极推进婚姻登记工作信息化，预防骗婚、重婚

各地要加快婚姻登记信息化建设，进一步提高管理水平，保证登记质量，防止骗婚、重婚现象发生。要充分利用民政部涉外、涉港澳台居民及华侨婚姻登记信息系统联网优势，同时积极争取与当地公安部门公民身份信息系统实现数据共享，防止当事人在不同地区多次登记或利用虚假身份证件办理登记。

四、严格登记程序，加强审查、询问和告知等程序

婚姻登记机关要加强对境外证件、证明材料的辨认和审查，认真比对当事人和身份证件上的照片，比对港、澳居民单身证明中公证人签名与印发的公证人签名式样，审查单身证明的格式和用语。要加强对当事人的询问，发现有疑点的，要进一步询问或者分别向双方当事人询问，提醒当事人谨防上当受骗。要向当事人履行必要的告知义务，宣传有关政策法规并告知其骗婚、重婚的法律后果，引导涉台婚姻登记当事人登记前阅读民政部编印的《两岸婚姻政策指南》。

五、妥善处理有关事宜，建立可疑信息报告制度

婚姻登记机关发现当事人证件、证明材料有疑问的，应暂缓办理登记，先作进一步核实。对香港居民所持单身证明有疑问的，可以向中国法律服务（香港）有限公司核实（联系人：钱蓓、张芝；咨询电话：00852-28279700；传真：00852-25281771；MSN：china_ legal@ hotmail. com）；对台湾居民所持单身证明有疑问的，可以向省级公证协会核查当事人单身证明副本。确认当事人持有的证件、证明材料为伪造的，或者当事人承认是骗取婚姻登记的，婚姻登记机关应当终止办理程序。婚姻登记机关发现有团伙组织人员办理涉台婚姻登记的，应当及时报告当地台办，并建议其协调有关部门侦查、处理；发生内地一方以假身份结婚，台湾居民要求解除婚姻关系的，应当向当地台办报告，建议其协调地方法院妥善处理。发现有团伙组织人员办理涉外、涉港澳居民及华侨婚姻登记等非正常情况的，应当及时向公安部门反映情况。

六、启用新式香港居民申请结婚声明书格式

经中国委托公证人协会有限公司、中国法律服务（香港）有限公司和我部商定，自2008年1月1日起启用新式香港居民申请结婚声明书格式。新式香港居民申请结婚声明书后附香港居民身份证及港澳居民往来内地通行证复印件、香港婚姻登记处出具的无婚姻记录证明书正本等材料（见附件1-4）。新式香港居民申请结婚声明书正、副本分别加贴防伪标识（防伪技术说明见附件5），该标识压声明书左下角“转递专用章”边线。各婚姻登记机关在办理涉港婚姻登记时要认真审查，自2008年1月1日后香港出具的委托公证声明书应当为新格式。

附件：

1.《申请结婚声明书》适用格式1-1-1（未婚）（略）

2.《申请结婚声明书》适用格式1-1-2（离婚）（略）

3.《申请结婚声明书》适用格式1-1-3（丧偶）（略）

4.《申请补办结婚登记声明书》适用格式1-1-4（未婚）（略）

5. 公证文件防伪标识（审核转递）的技术方案说明（略）

关于持中国护照在台工作人员办理结婚登记所需证件、证明材料问题的复函

（2008年8月20日民政部办公厅民办函〔2008〕181号）

湖北省民政厅：

你厅《关于出国人员无法出具所需证件、证明材料事项的请示》（鄂民政函〔2008〕213号）收悉。

来函称：当事人陈××2004年持中国护照在美国留学两年后，于2006年9月17日到台湾大学物理系从事学术科技研究至今。现陈××持中国护照、台湾地区入出境许可证、切结（宣誓）书（台湾地方法院公证处出具）到武汉市办理结婚登记时遇到困难，即按《婚姻登记条例》规定，如按出国人员身份办理结婚登记，陈××无法（不便）到美国开具无配偶证明；如按台湾居民身份办理结婚登记，当事人又没有台湾身份证和台湾居民来往内地通行证。由于目前没有针对办理此类婚姻登记的法律依据，来函希望能够进行具体指导。

经商国务院台湾事务办公室，现答复如下：考虑到持中国护照的在台工作人员回内地办理结婚登记遇到的实际困难，今后，该类人员出具以下证件和证明材料的，婚姻登记机关应当为其办理结婚登记：（1）本人的有效护照；（2）台湾地区入出境许可证；（3）经台湾公证机构公证的无配偶证明（切结书、宣誓书）；（4）经台湾公证机构公证的在台就业单位出具的当事人在该单位就业的证明。

关于华侨、港澳台居民提交婚姻状况证明问题的复函

（2004 年 11 月 30 日民政部办公厅民办函〔2005〕246 号）

浙江省民政厅：

你厅十月二十七日关于出国人员、华侨、港澳台居民婚姻状况证明问题的函（浙民函〔2004〕83 号）收悉，经研究，现答复如下：

一、2003 年 10 月 1 日实施的《婚姻登记条例》（以下简称《条例》）对华侨、港澳台居民出具的婚姻状况证明的内容作了规定，其中，华侨应当提交“居住国公证机构或者有权机关出具的、经中华人民共和国驻该国使（领）馆认证的本人无配偶以及与对方当事人没有直系血亲和三代以内旁系血亲关系的证明，或者中华人民共和国驻该国使（领）馆出具的本人无配偶以及与对方当事人没有直系血亲和三代以内旁系血亲关系的证明。”目前，我外交部已就贯彻执行《婚姻登记条例》作出规定，要求驻外使（领）馆按照《条例》的规定，为出国人员、华侨办理有关婚姻状况证明的公证、认证，但仍然存在有关申请结婚双方血亲关系的内容被忽略或遗忘，没有在证明中体现的情况。鉴于居住地及使馆并不了解申请结婚双方的血亲关系，完全凭个人声明的客观情况，以及当事人申请结婚登记时填写的《申请结婚登记声明书》中已经包含该项内容，因此，华侨只提交无配偶证明的，无需重新开具双方没有血亲关系的证明，婚姻登记机关可以受理其结婚申请，符合结婚条件的予以登记。

二、《条例》规定，港澳台居民申请结婚登记，应当提交“经居住地公证机关公证的本人无配偶以及与对方当事人没有直系血亲和三代以内的旁系血亲关系的声明”，目前，港澳地区的声明式样，经商中国委托公证人协会（香港）、澳门特别行政区民事登记局已经确定（式样附后），依其式样，声明应由本人作出。另外，香港《宣誓及声明条例》规定：如法律授权或规定任何人作出声明，该声明需按“本人 A. B，现居住于……谨以至诚声明：……”的方式作出和签署。因此，港澳居民申请结婚登记应提交本人作出的声明。台湾居民

委托第三人办理的，表明当事人无配偶以及与对方当事人没有直接血亲和三代以内旁系血亲关系的证明，婚姻登记机关可以接受。

附件：1. 香港居民无配偶以及与对方当事人没有直系血亲和三代以内旁系血亲关系的声明。（适用格式 1-1-1、1-1-2、1-1-3）（略）

2. 香港居民申请补办结婚登记声明（适用格式 1-1-4）（略）

3. 澳门居民无配偶以及与对方当事人没有直系血亲和三代以内旁系血亲关系的声明（略）

4. 澳门居民申请补办结婚登记声明（略）

5. 澳门第一公证署、第二公证署、海岛公证署有权限作出公证认定签名的工作人员名单、职级及其签名式样（略）

华侨以及居住在香港、澳门、台湾地区的中国公民办理收养登记的管辖以及所需出具证明材料的规定

（1999年5月25日民政部令第16号发布　自发布之日起施行）

第一条　根据《中国公民收养子女登记办法》，制定本规定。

第二条　华侨以及居住在香港、澳门、台湾地区的中国公民在内地收养子女的，应当到被收养人常住户口所在地的直辖市、设区的市、自治州人民政府民政部门或者地区（盟）行政公署民政部门申请办理收养登记。

第三条　居住在已与中国建立外交关系国家的华侨申请办理成立收养关系的登记时，应当提交收养申请书和下列证件、证明材料：

（一）护照；

（二）收养人居住国有权机构出具的收养人的年龄、婚姻、有无子女、职业、财产、健康、有无受过刑事处罚等状况的证明材料，该证明材料应当经其居住国外交机关或者外交机关授权的机构认证，并经中国驻该国使领馆认证。

第四条　居住在未与中国建立外交关系国家的华侨申请办理成立收养关系的登记时，应当提交收养申请书和下列证件、证明材料：

（一）护照；

（二）收养人居住国有权机构出具的收养人的年龄、婚姻、有无子女、职业、财产、健康、有无受过刑事处罚等状况的证明材料，该证明材料应当经其居住国外交机关或者外交机关授权的机构认证，并经已与中国建立外交关系的国家驻该国使领馆认证。

第五条　香港居民中的中国公民申请办理成立收养关系的登记时，应当提交收养申请书和下列证件、证明材料：

（一）香港居民身份证、香港居民来往内地通行证或者香港同胞回乡证；

（二）经国家主管机关委托的香港委托公证人证明的收养人的年龄、婚姻、

有无子女、职业、财产、健康、有无受过刑事处罚等状况的证明材料。

第六条　澳门居民中的中国公民申请办理成立收养关系的登记时，应当提交收养申请书和下列证件、证明材料：

（一）澳门居民身份证、澳门居民来往内地通行证或者澳门同胞回乡证；

（二）澳门地区有权机构出具的收养人的年龄、婚姻、有无子女、职业、财产、健康、有无受过刑事处罚等状况的证明材料。

第七条　台湾居民申请办理成立收养关系的登记时，应当提交收养申请书和下列证件、证明材料：

（一）在台湾地区居住的有效证明；

（二）中华人民共和国主管机关签发或签注的在有效期内的旅行证件；

（三）经台湾地区公证机构公证的收养人的年龄、婚姻、有无子女、职业、财产、健康、有无受过刑事处罚等状况的证明材料。

第八条　本规定自发布之日起施行。

五、社会法类

港澳台居民居住证申领发放办法

（2018年8月6日国务院办公厅国办发〔2018〕81号）

第一条 为便利港澳台居民在内地（大陆）工作、学习、生活，保障港澳台居民合法权益，根据《居住证暂行条例》的有关规定，制定本办法。

第二条 港澳台居民前往内地（大陆）居住半年以上，符合有合法稳定就业、合法稳定住所、连续就读条件之一的，根据本人意愿，可以依照本办法的规定申请领取居住证。

未满十六周岁的港澳台居民，可以由监护人代为申请领取居住证。

第三条 港澳台居民居住证登载的内容包括：姓名、性别、出生日期、居住地住址、公民身份号码、本人相片、指纹信息、证件有效期限、签发机关、签发次数、港澳台居民出入境证件号码。

公民身份号码由公安机关按照公民身份号码国家标准编制。香港居民公民身份号码地址码使用810000，澳门居民公民身份号码地址码使用820000，台湾居民公民身份号码地址码使用830000。

第四条 各级公安机关应当积极协调配合港澳事务、台湾事务、发展改革、教育、民政、司法行政、人力资源社会保障、住房城乡建设、交通运输、卫生健康等有关部门，做好居住证持有人的权益保障、服务和管理工作。

第五条 各级公安机关应当建立完善港澳台居民居住证管理信息系统，做好居住证申请受理、审核及证件制作、发放、管理工作。

第六条 港澳台居民居住证的有效期限为五年，由县级人民政府公安机关签发。

第七条 港澳台居民居住证采用居民身份证技术标准制作，具备视读与机读两种功能，视读、机读的内容限于本办法第三条规定的项目。

港澳台居民居住证的式样由公安部商国务院港澳事务办公室、国务院台湾事务办公室制定。

港澳台居民居住证由省级人民政府公安机关统一制作。

第八条 港澳台居民申请领取居住证，应当填写《港澳台居民居住证申领登记表》，交验本人港澳台居民出入境证件，向居住地县级人民政府公安机关指定的公安派出所或者户政办证大厅提交本人居住地住址、就业、就读等证明材料。

居住地住址证明包括房屋租赁合同、房屋产权证明文件、购房合同或者房屋出租人、用人单位、就读学校出具的住宿证明等；就业证明包括工商营业执照、劳动合同、用人单位出具的劳动关系证明或者其他能够证明有合法稳定就业的材料等；就读证明包括学生证、就读学校出具的其他能够证明连续就读的材料等。

第九条 居住证有效期满、证件损坏难以辨认或者居住地变更的，持证人可以换领新证；居住证丢失的，可以申请补领。换领补领新证时，应当交验本人港澳台居民出入境证件。

换领新证时，应当交回原证。

第十条 港澳台居民申请领取、换领、补领居住证，符合办理条件的，受理申请的公安机关应当自受理之日起20个工作日内发放居住证；交通不便的地区，办理时间可以适当延长，但延长的时间不得超过10个工作日。

第十一条 港澳台居民在内地（大陆）从事有关活动，需要证明身份的，有权使用居住证证明身份，有关单位及其工作人员不得拒绝。

第十二条 港澳台居民居住证持有人在居住地依法享受劳动就业，参加社会保险，缴存、提取和使用住房公积金的权利。县级以上人民政府及其有关部门应当为港澳台居民居住证持有人提供下列基本公共服务：

（一）义务教育；

（二）基本公共就业服务；

（三）基本公共卫生服务；

（四）公共文化体育服务；

（五）法律援助和其他法律服务；

（六）国家及居住地规定的其他基本公共服务。

第十三条 港澳台居民居住证持有人在内地（大陆）享受下列便利：

（一）乘坐国内航班、火车等交通运输工具；

（二）住宿旅馆；

（三）办理银行、保险、证券和期货等金融业务；

（四）与内地（大陆）居民同等待遇购物、购买公园及各类文体场馆门票、进行文化娱乐商旅等消费活动；

（五）在居住地办理机动车登记；

（六）在居住地申领机动车驾驶证；

（七）在居住地报名参加职业资格考试、申请授予职业资格；

（八）在居住地办理生育服务登记；

（九）国家及居住地规定的其他便利。

第十四条 国家机关及其工作人员对在工作过程中知悉的居住证持有人个人信息，应当予以保密。

第十五条 港澳台居民居住证持证人有下列情形之一的，其所持居住证应当由签发机关宣布作废：

（一）丧失港澳台居民身份的；

（二）使用虚假证明材料骗领港澳台居民居住证的；

（三）可能对国家主权、安全、荣誉和利益造成危害的；

（四）港澳台居民出入境证件被注销、收缴或者宣布作废的（正常换补发情形除外）。

第十六条 违反规定办理、使用居住证的，依照《居住证暂行条例》的有关规定予以处罚。

国家机关及其工作人员违反居住证管理相关规定的，依法给予处分；构成犯罪的，依法追究刑事责任。

第十七条 首次申请领取居住证，免收证件工本费。换领、补领居住证，应当缴纳证件工本费。具体收费办法参照《居住证暂行条例》的有关规定执行。

第十八条 港澳台居民迁入内地（大陆）落户定居的，按照有关规定办理，不适用本办法。

第十九条 本办法所称“港澳台居民”是“港澳居民”和“台湾居民”的统称。其中，“港澳居民”是指在香港、澳门特别行政区定居且不具有内地户籍的中国公民；“台湾居民”是指在台湾地区定居且不具有大陆户籍的中国公民。

本办法所称“港澳台居民居住证”，包括中华人民共和国港澳居民居住证、中华人民共和国台湾居民居住证。

本办法所称“港澳台居民出入境证件”，包括港澳居民来往内地通行证、五年期台湾居民来往大陆通行证。

第二十条　省、自治区、直辖市人民政府可以结合本行政区域综合承载能力和经济社会发展需要等因素，根据本办法制定实施细则。

第二十一条　本办法自 2018 年 9 月 1 日起施行。

关于为香港澳门台湾居民在内地（大陆）提供就业创业服务的通知

（2018年7月4日人力资源社会保障部办公厅人社厅函〔2018〕170号）

各省、自治区、直辖市人力资源社会保障厅（局）：

为深入贯彻落实党的十九大精神和习近平总书记关于便利香港、澳门居民在内地发展和深化两岸经济文化交流合作的重要指示精神，便利香港、澳门居民和台湾居民（以下简称港澳台人员）在内地（大陆）就业创业，现就有关事项通知如下：

一、各地要将在内地（大陆）求职、工作的港澳台人员纳入基本公共就业创业服务的对象范围，为有在内地（大陆）就业创业意愿的人员提供政策咨询、职业介绍、开业指导、创业孵化等服务。

二、各地要在今年年底前完成对公共就业创业服务系统的改造升级，支持港澳台人员使用港澳居民来往内地通行证、台湾居民来往大陆通行证等有效证件注册登录，提供求职招聘等服务。

三、各地要结合开展人力资源市场日常监管、年度报告公示、人力资源服务行政许可和备案等工作，抓紧推动人力资源服务机构做好在线招聘业务信息系统升级工作，支持港澳台人员注册登录和求职应聘。

四、各地要支持港澳台人员申领、使用社会保障卡，与持卡人员基础信息库对接，实现信息共享，为他们办理人力资源社会保障业务提供基础依托。

各地鼓励港澳台人员在内地（大陆）就业创业的服务措施以及工作中遇到的新情况、新问题，及时报送我司。

关于香港澳门台湾居民在内地（大陆）就业有关事项的通知

（2018年8月23日人力资源社会保障部人社部发〔2018〕53号）

各省、自治区、直辖市人力资源社会保障厅（局）：

2018年7月28日，国务院印发《关于取消一批行政许可事项的决定》（国发〔2018〕28号），取消台港澳人员在内地就业许可。8月23日，人力资源社会保障部颁布《关于废止〈台湾香港澳门居民在内地就业管理规定〉的决定》（人力资源社会保障部令第37号），废止《台湾香港澳门居民在内地就业管理规定》（劳动和社会保障部令第26号）。为进一步做好港澳台人员在内地（大陆）就业有关工作，现就有关事项通知如下：

一、在内地（大陆）求职、就业的港澳台人员，可使用港澳台居民居住证、港澳居民来往内地通行证、台湾居民来往大陆通行证等有效身份证件办理人力资源社会保障各项业务，以工商营业执照、劳动合同（聘用合同）、工资支付凭证或社会保险缴费记录等作为其在内地（大陆）就业的证明材料。

二、各地要完善相关制度，将港澳台人员纳入当地就业创业管理服务体系，参照内地（大陆）劳动者对其进行就业登记和失业登记，加强就业失业统计监测，为有在内地（大陆）就业创业意愿的人员提供政策咨询、职业介绍、开业指导、创业孵化等服务。要在2018年12月31日前完成对公共就业创业服务系统的改造升级，支持港澳台人员使用港澳台居民居住证、港澳居民来往内地通行证、台湾居民来往大陆通行证等有效身份证件注册登录，提供求职招聘服务。

三、各地要加强工作部署和政策宣传，及时帮助辖区内用人单位和港澳台人员了解掌握相关政策规定，依法维护港澳台人员在内地（大陆）就业权益，为港澳台人员在内地（大陆）就业营造良好环境。

四、2018年7月28日起，港澳台人员在内地（大陆）就业不再需要办理《台港澳人员就业证》。8月23日起，各地不再受理《台港澳人员就业证》申请；对此前已受理申请但尚未发放证件的，及时告知用人单位无需再申请办理。

2018 年 12 月 31 日前，处于有效期内的《台港澳人员就业证》仍可同时作为港澳台人员在内地（大陆）就业证明材料；2019 年 1 月 1 日起终止使用。

各地要按照本通知精神，抓紧清理相关法规、政策，做好各项工作衔接。工作中遇到的新情况、新问题，请及时报送我部。

香港澳门台湾居民在内地（大陆）参加社会保险暂行办法

（2019年11月29日人力资源和社会保障部、国家医疗保障局令第41号公布 自2020年1月1日起施行）

第一条 为了维护在内地（大陆）就业、居住和就读的香港特别行政区、澳门特别行政区居民中的中国公民和台湾地区居民（以下简称港澳台居民）依法参加社会保险和享受社会保险待遇的合法权益，加强社会保险管理，根据《中华人民共和国社会保险法》（以下简称社会保险法）等规定，制定本办法。

第二条 在内地（大陆）依法注册或者登记的企业、事业单位、社会组织、有雇工的个体经济组织等用人单位（以下统称用人单位）依法聘用、招用的港澳台居民，应当依法参加职工基本养老保险、职工基本医疗保险、工伤保险、失业保险和生育保险，由用人单位和本人按照规定缴纳社会保险费。

在内地（大陆）依法从事个体工商经营的港澳台居民，可以按照注册地有关规定参加职工基本养老保险和职工基本医疗保险；在内地（大陆）灵活就业且办理港澳台居民居住证的港澳台居民，可以按照居住地有关规定参加职工基本养老保险和职工基本医疗保险。

在内地（大陆）居住且办理港澳台居民居住证的未就业港澳台居民，可以在居住地按照规定参加城乡居民基本养老保险和城乡居民基本医疗保险。

在内地（大陆）就读的港澳台大学生，与内地（大陆）大学生执行同等医疗保障政策，按规定参加高等教育机构所在地城乡居民基本医疗保险。

第三条 用人单位依法聘用、招用港澳台居民的，应当持港澳台居民有效证件，以及劳动合同、聘用合同等证明材料，为其办理社会保险登记。在内地（大陆）依法从事个体工商经营和灵活就业的港澳台居民，按照注册地（居住地）有关规定办理社会保险登记。

已经办理港澳台居民居住证且符合在内地（大陆）参加城乡居民基本养老保险和城乡居民基本医疗保险条件的港澳台居民，持港澳台居民居住证在居住地办理社会保险登记。

第四条 港澳台居民办理社会保险的各项业务流程与内地（大陆）居民一致。社会保险经办机构或者社会保障卡管理机构应当为港澳台居民建立社会保障号码，并发放社会保障卡。

港澳台居民在办理居住证时取得的公民身份号码作为其社会保障号码；没有公民身份号码的港澳居民的社会保障号码，由社会保险经办机构或者社会保障卡管理机构按照国家统一规定编制。

第五条 参加社会保险的港澳台居民，依法享受社会保险待遇。

第六条 参加职工基本养老保险的港澳台居民达到法定退休年龄时，累计缴费不足 15 年的，可以延长缴费至满 15 年。社会保险法实施前参保、延长缴费 5 年后仍不足 15 年的，可以一次性缴费至满 15 年。

参加城乡居民基本养老保险的港澳台居民，符合领取待遇条件的，在居住地按照有关规定领取城乡居民基本养老保险待遇。达到待遇领取年龄时，累计缴费不足 15 年的，可以按照有关规定延长缴费或者补缴。

参加职工基本医疗保险的港澳台居民，达到法定退休年龄时累计缴费达到国家规定年限的，退休后不再缴纳基本医疗保险费，按照国家规定享受基本医疗保险待遇；未达到国家规定年限的，可以缴费至国家规定年限。退休人员享受基本医疗保险待遇的缴费年限按照各地规定执行。

参加城乡居民基本医疗保险的港澳台居民按照与所在统筹地区城乡居民同等标准缴费，并享受同等的基本医疗保险待遇。

参加基本医疗保险的港澳台居民，在境外就医所发生的医疗费用不纳入基本医疗保险基金支付范围。

第七条 港澳台居民在达到规定的领取养老金条件前离开内地（大陆）的，其社会保险个人账户予以保留，再次来内地（大陆）就业、居住并继续缴费的，缴费年限累计计算；经本人书面申请终止社会保险关系的，可以将其社会保险个人账户储存额一次性支付给本人。

已获得香港、澳门、台湾居民身份的原内地（大陆）居民，离开内地（大陆）时选择保留社会保险关系的，返回内地（大陆）就业、居住并继续参保时，原缴费年限合并计算；离开内地（大陆）时已经选择终止社会保险关系的，原缴费年限不再合并计算，可以将其社会保险个人账户储存额一次性支付给本人。

第八条 参加社会保险的港澳台居民在内地（大陆）跨统筹地区流动办理社会保险关系转移时，按照国家有关规定执行。港澳台居民参加企业职工基本养老保险的，不适用建立临时基本养老保险缴费账户的相关规定。已经领取养老保险待遇的，不再办理基本养老保险关系转移接续手续。已经享受退休人员医疗保险待遇的，不再办理基本医疗保险关系转移接续手续。

参加职工基本养老保险的港澳台居民跨省流动就业的，应当转移基本养老保险关系。达到待遇领取条件时，在其基本养老保险关系所在地累计缴费年限满 10 年的，在该地办理待遇领取手续；在其基本养老保险关系所在地累计缴费年限不满 10 年的，将其基本养老保险关系转回上一个缴费年限满 10 年的参保地办理待遇领取手续；在各参保地累计缴费年限均不满 10 年的，由其缴费年限最长的参保地负责归集基本养老保险关系及相应资金，办理待遇领取手续，并支付基本养老保险待遇；如有多个缴费年限相同的最长参保地，则由其最后一个缴费年限最长的参保地负责归集基本养老保险关系及相应资金，办理待遇领取手续，并支付基本养老保险待遇。

参加职工基本养老保险的港澳台居民跨省流动就业，达到法定退休年龄时累计缴费不足 15 年的，按照本条第二款有关待遇领取地的规定确定继续缴费地后，按照本办法第六条第一款办理。

第九条 按月领取基本养老保险、工伤保险待遇的港澳台居民，应当按照社会保险经办机构的规定，办理领取待遇资格认证。

按月领取基本养老保险、工伤保险、失业保险待遇的港澳台居民丧失领取资格条件后，本人或者其亲属应当于 1 个月内向社会保险经办机构如实报告情况。因未主动报告而多领取的待遇应当及时退还社会保险经办机构。

第十条 各级财政对在内地（大陆）参加城乡居民基本养老保险和城乡居民基本医疗保险（港澳台大学生除外）的港澳台居民，按照与所在统筹地区城乡居民相同的标准给予补助。

各级财政对港澳台大学生参加城乡居民基本医疗保险补助政策按照有关规定执行。

第十一条 已在香港、澳门、台湾参加当地社会保险，并继续保留社会保险关系的港澳台居民，可以持相关授权机构出具的证明，不在内地（大陆）参加基本养老保险和失业保险。

第十二条 内地（大陆）与香港、澳门、台湾有关机构就社会保险事宜作出具体安排的，按照相关规定办理。

第十三条 社会保险行政部门或者社会保险费征收机构应当按照社会保险法的规定，对港澳台居民参加社会保险的情况进行监督检查。用人单位未依法为聘用、招用的港澳台居民办理社会保险登记或者未依法为其缴纳社会保险费的，按照社会保险法等法律、行政法规和有关规章的规定处理。

第十四条 办法所称“港澳台居民有效证件”，指港澳居民来往内地通行证、港澳台居民居住证。

第十五条 本办法自 2020 年 1 月 1 日起施行。

关于台湾香港澳门居民办理失业登记的通知

（2013年11月22日人力资源和社会保障部办公厅人社厅发〔2013〕117号）

各省、自治区、直辖市人力资源社会保障厅（局）：

为完善台湾、香港、澳门居民在内地就业的管理制度，现就台湾、香港、澳门居民办理失业登记有关问题通知如下：

《就业服务与就业管理规定》第六十三条规定“在法定劳动年龄内，有劳动能力，有就业要求，处于无业状态的城镇常住人员，可以到公共就业服务机构进行失业登记。其中，没有就业经历的城镇户籍人员，在户籍所在地登记；农村进城务工人员和其他非本地户籍人员在常住地稳定就业满6个月的，失业后可以在常住地登记”。[①] 参照上述规定，台湾、香港、澳门居民在常住地稳定就业满6个月，并依法参加社会保险的，失业后如本人自愿，可到公共就业服务机构办理失业登记。具体程序：

一、办理台港澳人员就业证注销手续

台湾、香港、澳门居民终止就业后，应到台港澳人员就业证发证机关办理证件注销手续，发证机关为其出具失业证明文件。

二、办理失业登记手续

台湾、香港、澳门居民凭失业证明文件及与原单位终止、解除劳动关系或解聘的证明，在常住地公共就业服务机构办理失业登记。台湾、香港、澳门居民凭公共就业服务机构出具的失业登记证明文件，享受就业服务和相应的失业保险待遇。享受就业扶持政策另行规定。

各地应将已办理失业登记的台湾、香港、澳门居民人数统计在城镇登记失

---

① 该规定（2022年1月7日第四次修订）第六十三条为：在法定劳动年龄内，有劳动能力，有就业要求，处于无业状态的城镇常住人员，可以到常住地的公共就业服务机构进行失业登记。——编者注

业人员情况中（表号：人社统 EP2），列入表下栏“报告期内符合规定农村进城务工人员和其他非本地户籍人员登记失业人数”中并单独注明，作为表后补充数据，不计入表内统计数值。

关于在内地高校学习的台港澳毕业生享受职业培训补贴政策的通知

（2013年6月24日人力资源和社会保障部、财政部、国务院港澳事务办公室、国务院台湾事务办公室人社部发〔2013〕45号）

各省、自治区、直辖市人力资源社会保障厅（局）、财政厅（局）、外事（港澳事务）办公室、台湾事务办公室：

为进一步促进台湾、香港、澳门居民在内地就业，对在大陆（内地）高校学习的台湾、香港、澳门毕业生在毕业学年内参加创业培训的，比照本地高校毕业生相关规定，给予职业培训补贴。

此项政策从2014年1月1日起实施。

关于向台湾居民开放部分专业技术人员资格考试有关问题的通知

（2007 年 5 月 30 日人事部、国务院台湾事务办公室国人部发〔2007〕78 号）

各省、自治区、直辖市人事厅（局）、台办，国务院有关部委、有关直属机构人事部门：

为促进海峡两岸专业技术人员的交流与合作，经与国务院有关部门研究，从今年起再向台湾居民开放 15 类（项）专业技术人员资格考试。现将开放专业技术人员资格考试的有关问题通知如下：

一、开放专业技术人员资格考试的 15 类（项）专业名称分别为：经济、会计、卫生、计算机技术与软件、质量管理、翻译、拍卖师、执业药师、棉花质量检验师、注册资产评估师（含珠宝评估专业）、房地产估价师、房地产经纪人、造价工程师、注册咨询工程师（投资）和注册税务师。

二、自本通知发布后，凡符合上述 15 类（项）专业技术人员资格考试报名条件的台湾居民，均可按照就近和自愿的原则，在大陆的任何省、自治区、直辖市相应专业考试考务管理机构指定的地点报名并参加考试。

三、需要报名参加相应专业考试的台湾居民，应按照人事部办公厅发布的本年度专业技术人员资格考试工作计划要求，并根据所在地的省级相应专业考试考务管理机构规定的报名日期、程序和相关要求，到当地考试报名机构办理考试报名手续。

四、在报名时，台湾居民应向当地考试报名机构提交《台湾居民来往大陆通行证》。凡本专业考试报名条件中有专业学历和从事相关专业工作年限规定的，还应提交国务院教育行政部门认可的相应专业学历或学位证书和本人工作单位出具的从事相应专业工作年限的证明。

经本专业考试考务管理机构审查合格后，向申请人核发准考证、安排考场。申请人凭准考证在指定的时间、地点参加本专业考试。

五、由于部分专业考试科目的成绩实行滚动管理办法，台湾居民报名和参加同一专业各科目考试的地点应相对固定。确有特殊情况，需在异地报名并参加剩余科目考试的，在报名时应按规定向当地考试管理机构提交本人上次参加本专业考试的档案号，以便合成考试成绩和颁发资格证书。

六、各省、自治区、直辖市人事厅（局）、台办和相应专业考试管理机构，应积极做好台湾居民报名参加新开放的15类（项）专业技术人员资格考试的相关准备工作，并继续做好已开放的珠宝玉石质量检验师资格和注册建筑师资格考试的相关工作。在开展台湾居民参加专业技术人员资格考试的工作中，要严格执行国家的有关规定，提供热情周到的服务，确保台湾居民顺利有序地参加相应专业的考试。

本次开放考试的15类（项）专业技术人员资格制度规定中，有关条款与本通知精神不符的，以本通知为准。

关于再向台湾居民开放部分专业技术人员资格考试有关问题的通知

（2009年5月27日人力资源和社会保障部、国务院台湾事务办公室人社部发〔2009〕54号）

各省、自治区、直辖市人力资源社会保障（人事、劳动保障）厅（局）、台办，国务院有关部委、有关直属机构人事部门：

为积极推动两岸关系和平发展，深化两岸专业技术人员的交流与合作，经与国务院各有关部门研究，人力资源社会保障部、国务院台办决定再向台湾居民开放10类（11项）专业技术人员资格考试。现将有关问题通知如下：

一、新的开放的10类（11项）专业技术人员资格考试的名称分别为：统计、审计、价格鉴证师、社会工作者、国际商务、土地登记代理人、环境影响评价工程师、企业法律顾问、注册安全工程师、勘察设计领域的注册结构工程师和注册土木工程师（岩土）。

二、自本通知发布之日起，凡符合上述10类（11项）专业技术人员资格考试报名条件的台湾居民，均可按照就近和自愿原则，在大陆的任何省、自治区、直辖市相应专业考试考务管理机构指定的地点参加考试。

三、需要参加相应专业考试的台湾居民，应按照人力资源社会保障部办公厅印发的《2009年度专业技术人员资格考试工作计划》（人社厅发〔2008〕75号）安排，并根据所在地的省级相应专业考试考务管理机构规定的报名日期、报名地点和相关要求，到当地考试报名机构办理报名手续。

四、在报名时，台湾居民应向考试报名机构提交《台湾居民来往大陆通行证》。凡相应专业考试的报名条件中有专业学历和从事相关专业工作年限规定，还应提交国务院教育行政部门认可的相应专业学历（学位）证书和本人工作单位出具的从事相应专业工作年限（或实践要求）的证明。

经考试考务管理机构审查合格后，向考试申请人核发准考证、安排考场。申请人凭准考证指定的时间、地点参加专业的考试。

五、由于部分专业考试科目的成绩实行滚动管理的办法，台湾居民报名和参加同一专业各科目考试的地点应相对固定。确有特殊情况、需在异地报名参加剩余科目考试的，在报名时应按规定向当地考试管理机构提交本人上次参加本专业其他科目考试所用的档案号，以便各科目考试成绩的合成和证书颁发。

六、各省、自治区、直辖市人力资源社会保障（人事、劳动保障）厅（局）、台办和相应专业考试考务管理机构应抓紧做好台湾居民报名参加新开放的10类（11项）专业技术人员资格考试的相关准备工作，并继续做好已开放的17类（项）考试的相关的工作。

在开展台湾居民参加专业技术人员资格考试的工作中，要严格执行国家的有关规定，提供热情周到的服务，确保台湾居民顺利有序地参加相应专业的考试。

本次开放的10类（11项）专业技术人员资格考试制度规定中，有关条款与本通知精神不符的，以本通知为准。

关于继续向台湾居民开放部分专业技术人员资格考试有关问题的通知

（2013年6月28日人力资源和社会保障部、国务院台湾事务办公室人社部发〔2013〕47号）

各省、自治区、直辖市人力资源社会保障厅（局）、台办，国务院各有关部委、有关直属机构人事部门：

为深化海峡两岸专业技术人员的交流与合作，促进两岸关系的和平发展，经与国务院各有关部门研究，人力资源社会保障部、国务院台办决定，2013年继续向台湾居民开放10类（项）专业技术人员资格考试。现将开放部分专业技术人员资格考试有关问题通知如下：

一、继续开放的10类（项）专业技术人员资格考试的名称分别为：通信、出版、投资建设项目管理师、管理咨询师、假肢与矫形器制作师、地震安全性评价工程师、监理工程师、注册验船师、注册设备监理师和注册计量师。

二、自本通知发布之日起，凡符合上述10类（项）专业技术人员资格考试报名条件的台湾居民，均可按照就近和自愿原则，在大陆的任何省、自治区、直辖市相应专业考试考务管理机构指定的地点参加考试。

三、需要参加相应专业考试的台湾居民，应按照人力资源社会保障部办公厅印发的《2013年度专业技术人员资格考试工作计划》（人社厅函〔2012〕448号）安排，并根据所在地的省（区、市）相应专业考试考务管理机构规定的报名日期、报名地点和相关要求，到当地考试报名机构办理报名手续。

四、在报名时，台湾居民应向考试报名机构提交《台湾居民来往大陆通行证》。凡相应专业考试的报名条件中有专业学历和从事相关专业工作年限规定的，还应提交国务院教育行政部门认可的相应专业学历（学位）证书和本人工作单位出具的从事相应专业工作年限（或实践要求）的证明。

经考试考务管理机构对报名人员的资格条件审查核准后，向考试申请人核发准考证、安排考场。申请人凭准考证指定的日期、地点和时间参加相应专业的考试。

五、由于部分专业考试科目的成绩实行滚动管理的办法，台湾居民报名和参加同一专业各科目考试的地区应相对固定。确有特殊情况，需在异地报名参加剩余科目考试的，在报名时应按规定向当地考试考务管理机构提交本人上次参加本专业其他科目考试所用的档案号，以便各科目考试成绩的合成和证书颁发。

六、各省、自治区、直辖市人力资源社会保障厅（局）、台办和相应专业考试考务管理机构应抓紧做好台湾居民报名参加新开放的10类（项）专业技术人员资格考试的相关准备工作，并继续做好已开放的27类（29项）考试的相关工作。

在接受台湾居民参加专业技术人员资格考试的工作中，要严格执行国家的有关规定，提供热情周到的服务，确保台湾居民顺利有序的参加相应专业的考试。

在继续开放的10类（项）专业技术人员资格考试相应的制度规定中，有与本通知精神不符的条款，均以本通知为准。

关于台湾地区居民和获得国外医学学历的中国大陆居民参加医师资格考试有关问题的通知

（2007 年 4 月 3 日　卫生部、国家中医药管理局）

各省、自治区、直辖市卫生厅局、中医药管理局，新疆生产建设兵团卫生局：

现将我国台湾地区居民和取得国外医学学历的中国大陆公民参加医师资格考试的有关问题通知如下。

一、关于我国台湾地区居民参加医师资格考试

自 2007 年起，具备下列条件、符合《中华人民共和国执业医师法》及其有关规定的台湾地区居民，可以报名参加大陆相应类别的医师资格考试。

（一）在台湾地区取得合法行医资质，其学历经过国家教育部留学服务中心认证的，可以报名参加医师资格考试。

（二）在台湾地区未取得合法行医资质，其学历经过国家教育部留学服务中心认证的，应当在大陆三级医院或台湾地区的医院实习期满一年并经实习医院考核合格的，可以报名参加医师资格考试。

（三）在台湾地区医院实习期满并经考核合格的台湾地区居民，可按照就近和自愿的原则，向大陆任何一个考点提出报考申请。在大陆三级医院实习的台湾地区居民应当向实习机构所在地的考点申请。报考提交材料参照《关于香港、澳门永久性居民参加国家医师资格考试的规定》执行。

（四）符合上述规定条件的台湾地区居民，可以申请参加临床、中医和口腔类别的医师资格考试。其考试方式、考试内容、分数线和收费标准，与报考同类别的大陆考生相同。其《医师资格证书》和《医师执业证书》的发放按照有关规定执行。

二、关于取得国外医学学历的中国大陆公民参加医师资格考试

中国大陆公民取得国外医学学历，其学历学位证书经教育部留学服务中心认证，符合《中华人民共和国执业医师法》及其有关文件规定的，可以报名参加医师资格考试。

三、医师资格考试涉及境外学历的其他事项，按照《医师资格考试报名资格规定（2006）版》执行。

关于取得内地医学专业学历的台湾、香港、澳门居民申请参加国家医师资格考试有关问题的通知

（2001年9月3日卫生部、国家中医药管理局、公安部、国务院台湾事务办公室、国务院港澳事务办公室卫医发〔2001〕249号）

各省、自治区、直辖市卫生厅局，中医（药）管理局，公安厅局，台办、港澳办：

根据《中华人民共和国执业医师法》及有关法律、法规的规定，现就取得内地医学专业学历的台湾、香港、澳门居民申请参加国家医师资格考试的有关问题通知如下，请遵照执行。

一、本通知所称内地医学专业学历系指国务院教育行政主管部门认可的内地全日制普通医学专业本科以上学历。

二、台湾、香港、澳门居民取得内地医学专业学历后，若申请参加国家医师资格考试，还应同时具备下列条件：

（一）所学专业符合中国医师资格考试报名资格规定；

（二）取得规定学历后，在内地的医疗机构内，在执业医师指导下接受参加医师资格考试所需的专业训练（以下称“实习”）满一年。

三、台湾、香港、澳门居民可申请参加的中国医师资格考试类别为临床、中医、口腔。

四、台湾、香港、澳门居民在取得内地医学专业学历后，可以向提供其学历教育的所在高等院校提出实习申请，并填写《台湾、香港、澳门居民参加国家医师资格考试实习申请审核表》（见附件）。

提供台湾、香港、澳门居民医学专业学历教育的高等院校收到申请后，按有关规定进行审查。同意后，向申请者发出接受实习通知书。

获准实习的台湾、香港、澳门居民应当在指定机构内不间断完成一年期限

的实习。

五、可接受台湾、香港、澳门居民实习的内地机构，必须是提供台湾、香港、澳门居民内地医学专业学历教育的高等院校附属医院。

六、台湾、香港、澳门居民在内地实习期间，按内地有关法律、法规进行管理。

七、获准实习的台湾居民应当持院校接受实习通知书、来往祖国大陆的有效证件，到实习所在地市、县公安机关出入境管理部门办理相应期限的多次出入境签注及暂住加注手续。

获准实习的香港、澳门居民直接持来往内地的有效证件入出境。

八、符合本通知第一、二条规定的台湾、香港、澳门居民，申请参加中国医师资格考试，应当按照《中华人民共和国执业医师法》和卫生部颁布的《医师资格考试暂行办法》等有关规定，在公告规定的期限内，到实习机构所在地的医师资格考试考点办公室报名，并提交相关材料。经审查符合报考条件的，由考点发放《准考证》。

九、取得国家医师资格考试《准考证》的台湾、香港、澳门居民，方可参加国家医师资格考试。

考试成绩合格的，按规定授予医师资格，由省级卫生行政部门颁发卫生部统一印制的《医师资格证书》。

十、已参加中国医师资格考试而未能通过的台湾、香港、澳门居民，如果再次申请参加考试，并按照有关规定须重新进行实习的，应当按照本通知的要求重新申请实习。

十一、本通知印发前已取得内地医学专业学历，并在提供台湾、香港、澳门居民内地医学专业学历教育的高等院校附属医院接受专业训练，时间满一年的台湾、香港、澳门居民，可以申请参加国家医师资格考试。

十二、从2002年中国医师资格考试报名开始起，接受符合本通知规定条件的台湾、香港、澳门居民参加中国医师资格考试的申请。

附件：台湾、香港、澳门居民参加国家医师资格考试实习申请审核表（略）

台湾地区医师获得大陆医师资格认定管理办法

（2009年4月15日卫生部、国家中医药管理局卫医政发〔2009〕32号）

第一条 根据《中华人民共和国执业医师法》、《卫生部办公厅、国家中医药管理局办公室关于台港澳医师获得大陆医师资格有关问题的通知》及有关法律、法规，制定本办法。

第二条 本办法所称台湾地区医师，是指具有台湾地区合法行医资格并且是台湾地区永久性居民的医师。

台湾地区医师可申请获得的大陆医师资格类别为临床、中医、口腔。

第三条 同时具备下列条件并符合《中华人民共和国执业医师法》及其有关规定的台湾地区永久性居民，可申请大陆医师资格认定。

（一）2007年12月31日前已取得台湾地区合法行医资格满5年的台湾地区永久性居民；

（二）具有台湾地区专科医师资格证书；

（三）在台湾地区医疗机构中执业。

第四条 申请医师资格认定，应当提交下列材料：

（一）台湾地区医师大陆医师资格认定申请审核表；

（二）6个月内二寸免冠正面半身照片2张；

（三）台湾地区永久性居民身份证明材料；

（四）与拟申请医师资格类别相应的医学专业学历证明；

（五）台湾地区行医执照或者行医权证明；

（六）与拟申请医师资格类别相应的台湾地区专科医师执照或者专科医师资格证明；

（七）台湾地区相关医疗机构的在职证明或者执业登记证明；

（八）执业期内无不良行为记录的证明；

（九）无刑事犯罪记录的证明；

（十）省级以上人民政府卫生行政部门规定的其他材料。

前款（三）至（九）项的内容必须经过台湾地区公证机关的公证。

以上材料应当为简体或繁体中文文本或附中文译文。

第五条 省级卫生行政部门负责台湾地区医师申请大陆医师资格认定的受理、审核和认定工作。

第六条 省级卫生行政部门收到申请材料后，对申请人的申请材料进行验证并审核，并签署审核意见。

省级卫生行政部门对审核合格的，予以认定，授予执业医师资格，并颁发卫生部统一印制的《医师资格证书》。

第七条 省级中医药管理部门负责台湾地区中医医师（包括中医、民族医、中西医结合）申请大陆医师资格认定的受理、审核和认定，由省级卫生行政部门颁发卫生部统一印制的《医师资格证书》。

第八条 省级卫生行政部门对取得《医师资格证书》的人员情况予以汇总，报卫生部备案。

第九条 取得大陆医师资格的台湾地区居民《医师资格证书》编码由年度代码、省、自治区、直辖市代码、医师级别代码、医师类别代码、居民有效证件号码和地区代码共 27 位组成。其中，第 1-4 位是取得医师资格证书年度代码，第 5-6 位是核发《医师资格证书》的省、自治区、直辖市代码，第 7 位是执业医师级别代码，第 8-9 位是执业医师类别代码。第 10-19 位是台湾地区居民身份证代码，第 20-24 位为“0”，第 25-27 位是 TWN。

第十条 取得大陆《医师资格证书》的台湾地区居民申请在内地执业注册的，按照《医师执业注册暂行办法》[①]（卫生部令第 5 号）执行。

第十一条 本办法自下发之日起施行。原有规定与本办法不符的，以本办法为准。

附：《台湾地区医师大陆医师资格认定申请审核表》（略）

① 该办法已被《医师执业注册管理办法》（国家卫生和计划生育委员会令第 13 号）废止。——编者注

台湾地区医师在大陆短期行医管理规定

（2009年1月4日卫生部令第63号公布　自2009年3月1日起施行）

第一条　为了加强台湾地区医师（以下简称台湾医师）在大陆短期行医的管理，根据《中华人民共和国执业医师法》（以下简称《执业医师法》）、《医疗机构管理条例》等法律、法规，制定本规定。

第二条　本规定所称台湾医师是指具有台湾地区合法行医资格的医师。台湾医师在大陆短期行医，是指台湾医师应聘在大陆医疗机构从事不超过3年的临床诊疗活动。

第三条　台湾医师在大陆短期行医应当按照本规定进行执业注册，取得《台湾医师短期行医执业证书》。

《台湾医师短期行医执业证书》由卫生部统一制作。

第四条　台湾医师在大陆短期行医，应当符合大陆有关台湾地区人员的就业规定，由大陆具有独立法人资格的医疗机构邀请并作为聘用单位。

第五条　台湾医师在大陆短期行医的执业注册机关为医疗机构所在地设区的市级以上地方人民政府卫生行政部门和中医药管理部门。

台湾医师申请大陆短期行医执业注册的执业类别可以为临床、中医、口腔三个类别之一。执业范围应当符合《执业医师法》和卫生部有关执业范围的规定。

第六条　台湾医师申请在大陆短期行医执业注册，应当提交下列材料：

（一）台湾医师在大陆短期行医执业注册申请；

（二）台湾永久居民身份证明材料；

（三）近6个月内的2寸免冠正面半身照片2张；

（四）与申请执业范围相适应的医学专业最高学历证明；

（五）台湾医师的行医执照或者行医资格证明；

（六）近3个月内的体检健康证明；

（七）无刑事犯罪记录的证明；

（八）大陆聘用医疗机构与台湾医师签订的协议书；

（九）大陆省级以上人民政府卫生行政部门规定的其他材料。

前款（四）、（五）、（六）、（七）项的内容必须经过台湾地区公证机关的公证。

以上材料应当为中文文本。

第七条 台湾医师可以自行办理或者书面委托大陆的聘用医疗机构代其办理短期行医执业注册手续。

第八条 负责受理台湾医师短期行医执业注册申请的执业注册机关应当自受理申请之日起 20 日内进行审核。对审核合格的予以注册，并发给《台湾医师短期行医执业证书》。

第九条 《台湾医师短期行医执业证书》有效期应与台湾医师在大陆医疗机构应聘的时间相同，最长为 3 年。有效期满后，如拟继续执业的，应当重新办理短期行医执业注册手续。

第十条 台湾医师在大陆短期行医必须遵守医疗卫生管理法律、行政法规、部门规章及诊疗护理规范、常规，尊重当地的风俗习惯。

第十一条 台湾医师在大陆短期行医必须在执业有效期内按照注册的执业地点、执业类别、执业范围从事相应的诊疗活动。

第十二条 台湾医师在大陆短期行医应当按照《医师定期考核管理办法》和卫生部有关规定接受定期考核。

第十三条 台湾医师短期行医执业注册后有下列情形之一的，聘用的医疗机构应当在 30 日内报告准予其执业注册的卫生行政部门，卫生行政部门应当注销注册，收回《台湾医师短期行医执业证书》：

（一）医疗机构和台湾医师解除聘用关系的；

（二）身体健康状况不适宜继续执业的；

（三）在考核周期内因考核不合格，被责令暂停执业活动，并在暂停执业活动期满经培训后再次考核仍不合格的；

（四）违反《执业医师法》有关规定，被吊销《台湾医师短期行医执业证书》的；

（五）出借、出租、抵押、转让、涂改《台湾医师短期行医执业证书》的；

（六）死亡或者被宣告失踪的；

（七）受刑事处罚的；

（八）被公安机关取消大陆居留资格的；

（九）卫生部规定不宜从事医疗、预防、保健业务的其他情形的。

第十四条　台湾医师因本办法第十三条第（三）项、第（四）项、第（七）项、第（八）项情形而被注销执业注册的，2 年内不得再次申请在大陆短期行医。

第十五条　卫生部指定的机构设立台湾医师短期行医信息查询系统。

执业注册机关在审核台湾医师短期行医执业注册申请时应当进行有关信息查询。

执业注册机关核发或者注销《台湾医师短期行医执业证书》后 10 日内将有关信息向卫生部指定的查询机构备案。

聘用台湾医师短期行医的医疗机构应当将台湾医师考核和执业情况向注册机关和卫生部指定的查询机构报告。

第十六条　台湾医师在大陆短期行医期间发生医疗事故争议的，按照《医疗事故处理条例》及有关规定处理。

第十七条　医疗机构聘用未经大陆短期行医执业注册的台湾医师从事诊疗活动，视为聘用非卫生技术人员，按照《医疗机构管理条例》第四十八条规定处理。

第十八条　台湾医师未取得《台湾医师短期行医执业证书》行医或者未按照注册的有效期从事诊疗活动的，按照《执业医师法》第三十九条规定处理。

第十九条　台湾医师未按照注册的执业地点、执业类别、执业范围从事诊疗活动的，由县级以上人民政府卫生行政部门责令改正，并给予警告；逾期不改的，按照《执业医师法》第三十七条第（一）项规定处理。

第二十条　取得大陆《医师资格证书》的台湾居民申请在大陆执业注册的，按照《医师执业注册暂行办法》执行。

第二十一条　本规定自 2009 年 3 月 1 日起施行。

关于印发《境外会计师事务所在中国内地临时执行审计业务暂行规定》的通知

（2011年3月21日财政部财会〔2011〕4号）

各省、自治区、直辖市财政厅（局），深圳市财政委员会：

为了进一步规范境外会计师事务所在中国内地临时执行审计业务行为，我部制定了《境外会计师事务所在中国内地临时执行审计业务暂行规定》，现予印发，请遵照执行。自本《暂行规定》发布之日起，一律使用新版《境外会计师事务所临时执行审计业务许可证》。各省级财政部门应当根据需要，及时向我部申领新版证书。

境外会计师事务所在中国内地临时执行审计业务暂行规定

第一条　为了进一步规范境外会计师事务所在中国内地临时执行审计业务的行为，根据《中华人民共和国注册会计师法》和其他有关法律法规，制定本暂行规定。

第二条　本暂行规定所称的境外会计师事务所，是指在香港特别行政区、澳门特别行政区、台湾地区以及外国注册设立的会计师事务所。

本暂行规定所称的临时执行审计业务（以下简称临时执业），是指境外会计师事务所接受境外委托方的委托，对中国内地设立的公司或其他相关机构（以下简称境内相关机构）临时性执行审计业务。

临时执业的业务范围仅限于境外委托方委托的审计业务，临时执业报告在中国内地不具有法律效力。

中国法律法规规定应当由内地会计师事务所及其注册会计师执行的业务，

境外会计师事务所及其注册会计师不得执行。

第三条 境外会计师事务所在中国内地临时执业应当向临时执业所在地的省级财政部门提出书面申请。境外会计师事务所需在中国内地两个或两个以上省、自治区、直辖市临时执业的，应当向财政部提出申请。经财政部门批准并颁发临时执业许可证后，境外会计师事务所方可在中国内地临时执业。

第四条 鼓励境外会计师事务所与内地会计师事务所加强在临时执业中的业务合作，并以签订业务合作协议等方式明确双方的权利和义务。

内地会计师事务所及相关单位和个人，不得与尚未取得临时执业许可证或临时执业许可证已废止的境外会计师事务所开展临时执业方面的合作，也不得向其提供审计工作底稿等相关业务资料。

第五条 申请办理临时执业许可证的境外会计师事务所，应当向财政部门提交下列书面材料：

（一）境外会计师事务所在中国内地临时执行审计业务申请表（附表1）；

（二）境外会计师事务所所在国家或地区的开业证书复印件和营业执照复印件；

（三）境外委托方与境内相关机构信息表（附表2）；

（四）拟派注册会计师和其他境外相关工作人员信息表（附表3）；

（五）拟派注册会计师的执业证书复印件和其他境外相关工作人员的合法身份有效证明复印件；

（六）境外委托方委托书复印件；

（七）境内相关机构接受境外会计师事务所临时执业的确认书复印件。

境外会计师事务所、境外委托方、境内相关机构对上述申请材料的真实性、完整性负责。

第六条 财政部门批准境外会计师事务所在中国内地临时执业，应当按照下列要求办理：

（一）自受理申请之日起20个工作日内作出批准或者不予批准的决定。情况复杂，不能在规定期限内作出决定的，经财政部门负责人批准，可以适当延长，并告知申请人，但是延长期限最多不超过10个工作日。作出批准决定的，应当同时颁发《境外会计师事务所临时执行审计业务许可证》；

（二）财政部门批准临时执业的决定应当予以公告；

（三）财政部门应当自作出批准决定之日起15个工作日内将审批情况录入

注册会计师行业管理信息系统；

（四）省级财政部门应当自作出批准决定之日起15个工作日内将批准文件报送财政部。

第七条 香港、澳门特别行政区会计师事务所临时执业许可证有效期为5年。

台湾地区会计师事务所临时执业许可证有效期为1年。

外国会计师事务所临时执业许可证有效期为半年。

临时执业许可证逾期的，应当重新申请办理。

第八条 境外会计师事务所在临时执业许可证有效期内新增或变更临时执业项目的，以及《境外会计师事务所临时执行审计业务许可证》上载明信息发生变更的，应当及时向审批机关报告。因前述事项变更需换发临时执业许可证的，应当提交相应的证明材料。

第九条 在临时执业许可证有效期内，境外会计师事务所终止经营或被境外相关机构撤销执业资格的，其所取得的在中国内地的临时执业许可证相应废止。

第十条 在中国内地临时执业的境外会计师事务所应当在每年5月31日之前，向临时执业许可证颁发机关报备上年度临时执业业务报告表（附表4）。向省级财政部门报备的，应当同时抄报财政部。

第十一条 临时执业许可证到期前即结束临时执业业务且在临时执业许可证有效期内不再临时执业的，应当在临时执业结束后3个月内报备临时执业业务报告表，交回临时执业许可证，并由财政部门予以公告。

第十二条 财政部门应当加强对境外会计师事务所在中国内地临时执业的监督和管理，采取约谈境外会计师事务所和境内相关机构、现场走访、定期核查等多种形式监督检查临时执业情况。

对临时执业审批和管理中发现的不当行为，按下列规定处理：

（一）未按规定办理临时执业许可证，或者临时执业许可证已过期但仍在中国内地临时执业的，责令其停止执业活动，予以公告，5年以内不再受理其临时执业申请。

（二）在申请临时执业许可证过程中弄虚作假的，不予批准，5年以内不再受理其临时执业申请。

（三）境外会计师事务所终止经营或被境外相关机构撤销执业资格后，仍以原获得的临时执业许可证在中国内地临时执业的，责令其停止执业活动，予以公告。对其执业的注册会计师，予以公告，5 年以内不再受理与其相关的临时执业申请。

（四）未按临时执业申请的时间、地点、人员和境内相关机构名单开展临时执业活动且未及时向审批机关报告的，责令其限期改正；情节较重的，予以公告，5 年以内不再受理其临时执业申请。

（五）未按规定报备临时执业业务活动的，责令其限期改正；情节较重的，予以公告，5 年以内不再受理其临时执业申请。

（六）境外会计师事务所和境内相关机构、个人存在违反中国保密法律法规的，责令其限期改正，不再受理其临时执业申请；涉嫌犯罪的，移交司法机关处理。

第十三条　本规定自发布之日起施行。

第十四条　自本规定施行之日起，财政部于 1993 年 12 月 6 日发布的《外国会计师事务所在中国境内临时执行审计业务的暂行规定》（财会协字〔1993〕119 号）、1993 年 12 月 27 日发布的《〈外国会计师事务所在中国境内临时执行审计业务的暂行规定〉的补充规定》（财会协字〔1993〕134 号）、1994 年 5 月 26 日发布的《港、澳、台地区会计师事务所来内地临时执行审计业务的暂行规定》（财会协字〔1994〕81 号）、2003 年 3 月 10 日发布的《关于使用新版临时执行审计业务许可证书的通知》（财办会〔2003〕10 号）、2003 年 11 月 26 日发布的《〈港、澳、台地区会计师事务所来内地临时执行审计业务的暂行规定〉的补充规定》（财会〔2003〕33 号）、2005 年 11 月 28 日发布的《关于延长临时执行审计业务许可证有效期的通知》（财会〔2005〕21 号）和 2008 年 9 月 16 日发布的《关于延长港澳地区会计师事务所来内地临时执行审计业务许可证有效期的通知》（财会〔2008〕12 号）同时废止。

附表：1. 境外会计师事务所在中国内地临时执行审计业务申请表（略）

2. 境外委托方与境内相关机构信息表（略）

3. 拟派注册会计师和其他境外相关工作人员信息表（略）

4. 境外会计师事务所临时执业业务报告表（略）

关于下放境外会计师事务所在中国内地临时执行审计业务审批项目有关政策衔接问题的通知

（2013年12月27日财政部财会〔2013〕25号）

各省、自治区、直辖市财政厅（局）、深圳市财政委员会，财政部驻各省、自治区、直辖市、计划单列市财政监察专员办事处：

为了认真贯彻落实党的十八届三中全会精神，进一步简政放权，根据《国务院关于取消和下放一批行政审批项目的决定》（国发〔2013〕44号），现就下放境外会计师事务所在中国内地临时执行审计业务（以下简称临时执业）审批有关政策衔接问题通知如下：

《境外会计师事务所在中国内地临时执行审计业务暂行规定》（财会〔2011〕4号）和《关于适当简化港澳会计师事务所来内地临时执行审计业务申请材料的通知》（财会〔2012〕16号）继续执行，同时作出以下调整和补充规定：

一、境外会计师事务所在中国内地临时执业应当向临时执业所在地的省级财政部门提出书面申请。境外会计师事务所需在中国内地两个或两个以上省、自治区、直辖市临时执业的，可自行选择向其中一个省级财政部门提出申请。

二、境外会计师事务所申请办理临时执业许可证，应当按照要求提交申请材料，并说明过去5年申请临时执业许可证的情况。申请材料以中文填写，有关证明文件为外文的，应当按照审批机关的要求提供中文翻译件。

三、省级财政部门办理境外会计师事务所临时执业审批，应当自作出批准决定之日起15个工作日内将批准文件报送财政部，并抄送临时执业业务所涉及的其他有关的省级财政部门。

四、境外会计师事务所在临时执业许可证有效期内发生变更事项的，应当自变更之日起20个工作日内向原审批机关报告。省级财政部门应当自办理变更手续之日起15个工作日内将变更情况报告财政部，并抄送其他有关的省级财政部门。

五、省级财政部门应当在每年6月30日之前向财政部报告上年度临时执业审批和管理情况。

六、在本通知发布之前已取得临时执业许可证的境外会计师事务所，在临时执业许可证有效期内应当继续向原审批机关报备变更情况和临时执业业务报告表。

七、在接受境外会计师事务所临时执业过程中，境内相关机构及个人应当遵守国家保密法律法规的要求，对可能涉及国家秘密的资料和信息，提请保密主管部门进行审查，不得将涉及国家秘密的资料提供给境外会计师事务所使用或携带出境。

八、境外会计师事务所在中国内地临时执业应当遵守中国保密法律法规，不得将境内相关机构的会计档案携带出境，不得将依法获取的有关资料和信息提供给除临时执业境外委托方之外的任何第三方。境外监管机构与财政部签署监管合作协议或备忘录的，有关监管措施、审计工作底稿保存等事项按照协议或备忘录的约定执行。

本通知自2014年1月1日起施行。

关于印发《香港特别行政区、澳门特别行政区、台湾地区居民及外国人参加注册会计师全国统一考试办法》的通知

（2014年6月11日财政部财会〔2014〕22号）

各省、自治区、直辖市财政厅（局）：

根据《财政部关于修改〈注册会计师全国统一考试办法〉的决定》（中华人民共和国财政部令第75号），我部对《香港特别行政区、澳门特别行政区、台湾地区居民及外国人参加注册会计师全国统一考试办法》（财会〔2009〕4号）进行了修订。现将修订后的《香港特别行政区、澳门特别行政区、台湾地区居民及外国人参加注册会计师全国统一考试办法》印发给你们，请遵照执行。

附件：

香港特别行政区、澳门特别行政区、台湾地区居民及外国人参加注册会计师全国统一考试办法

第一条　根据《中华人民共和国注册会计师法》和《注册会计师全国统一考试办法》的规定，制定本办法。

第二条　香港特别行政区、澳门特别行政区、台湾地区（以下简称港澳台地区）居民及按照互惠原则确认的外国人（以下简称外国人）参加注册会计师全国统一考试适用本办法。

第三条　港澳台地区居民及外国人，具有完全民事行为能力，且符合下列条件之一的，可以申请参加注册会计师全国统一考试：

（一）具有中华人民共和国教育行政主管部门认可的高等专科以上学校毕业的学历；

（二）已取得港澳台地区或外国法律认可的注册会计师资格（或其他相应资格）。

第四条 有下列情形之一的人员，不得报名参加注册会计师全国统一考试：

（一）被吊销注册会计师证书自处罚决定之日起至报名截止日止不满5年者；

（二）参加注册会计师全国统一考试违规受到停考处理，期限未满者。

第五条 考试划分为专业阶段考试和综合阶段考试。考生在通过专业阶段考试的全部科目后，才能参加综合阶段考试。

专业阶段考试设会计、审计、财务成本管理、公司战略与风险管理、经济法、税法6个科目；综合阶段考试设职业能力综合测试1个科目。

每科目考试的具体时间，在各年度财政部注册会计师考试委员会（以下简称财政部考委会）发布的报名简章中明确。

考试范围在各年度财政部考委会发布的考试大纲中确定。

第六条 报名的具体时间在各年度财政部考委会发布的报名简章中规定。

第七条 考试为闭卷，采用计算机化考试方式或纸笔考试方式。

第八条 报名人员报名时需交纳考试报名费。

第九条 报名人员可以在一次考试中同时报考专业阶段考试6个科目，也可以选择报考部分科目。

第十条 报名人员应当在财政部注册会计师考试委员会办公室（以下简称财政部考办）指定的地点参加考试。

第十一条 应考人员答卷由财政部考办集中组织评阅，考试成绩由财政部考委会负责认定，由财政部考办发布。

每科考试均实行百分制，60分为成绩合格分数线。

考生对考试成绩有异议的，可提出成绩复核申请，由财政部考办统一组织成绩复核。

第十二条 专业阶段考试的单科考试合格成绩5年内有效。对在连续5个年度考试中取得专业阶段考试全部科目考试合格成绩的考生，财政部考委会颁发注册会计师全国统一考试专业阶段考试合格证书。

对取得综合阶段考试科目考试合格成绩的考生，财政部考委会颁发注册会计师全国统一考试全科考试合格证书。

取得注册会计师全国统一考试全科考试合格证书者，可以申请成为中国注册会计师协会会员。

第十三条　报名人员可以按互惠原则签订的互免协议免予部分考试科目。

第十四条　参加注册会计师全国统一考试的人员及组织考试相关人员，必须遵守注册会计师全国统一考试的相关规则、守则等，违者按照《注册会计师全国统一考试违规行为处理办法》予以处理。

第十五条　注册会计师全国统一考试的试题、参考答案和评分标准按照国家秘密管理。

每科目考试的试题、参考答案和评分标准的保密期限，从该科目当年命题开始至该科目考试结束前允许考生离开考场的时间止。

命题人和评卷人信息，以及经评阅的考生答卷，属于工作过程中的内部管理信息，按照工作秘密管理，不对外公开。

第十六条　本办法自公布之日起施行。2009 年 4 月 7 日财政部发布的《香港特别行政区、澳门特别行政区、台湾地区居民及外国人参加注册会计师全国统一考试办法》（财会〔2009〕4 号）同时废止。

关于港澳人士和台湾同胞在内地（大陆）高校申请教师资格证有关问题的通知

（2012年6月1日教育部办公厅、中共中央台湾工作办公室秘书局、国务院港澳事务办公室秘书行政司教师厅〔2012〕5号）

各省、自治区、直辖市教育厅（教委）、台办、外办（港澳办），新疆生产建设兵团教育局、台办、外办：

根据《教师法》、《教师资格条例》规定，经研究，现就港澳人士和台湾同胞在内地（大陆）高校申请教师资格证有关政策问题通知如下：

在内地（大陆）高校工作的港澳人士和台湾同胞，凡办理了居住证明的，根据自愿原则，可申请认定内地（大陆）高校相应种类的教师资格。申请人应遵守内地（大陆）法律法规。申请认定高校教师资格的条件与程序与内地（大陆）申请人相同。

港澳人士申请教师资格的有效证件为港澳居民身份证；台湾同胞申请教师资格的有效证件为台湾居民来往大陆通行证。

关于台湾居民参加全国房地产估价师资格考试报名条件有关问题的通知

（2007年8月9日人事部办公厅、建设部办公厅国人厅发〔2007〕116号）

各省、自治区、直辖市人事厅（局）、建设厅（建委、房地局），新疆生产建设兵团人事局、建设局：

根据人事部、国务院台湾事务办公室《关于向台湾居民开放部分专业技术人员资格考试有关问题的通知》（国人部发〔2007〕78号）精神，为做好台湾居民报名参加全国房地产估价师资格考试工作，现就报名条件中有关房地产估价相关学科专业学历问题通知如下：

一、符合建设部、人事部联合下发的《房地产估价师执业资格制度暂行规定》（建房〔1995〕147号）中考试报名条件的台湾居民，均可按照就近、自愿的原则和规定的程序，在大陆任何省、自治区、直辖市房地产估价师考试考务管理机构指定的地点，报名参加全国房地产估价师资格考试。

二、经国务院教育行政部门认可的，台湾院校的不动产估价、不动产经营、土地管理、建筑、都市计划（或区域及都市计划）和不动产管理与开发学科的专业学历证书，可视同为全国房地产估价师资格考试报名条件中相关学科的专业学历。

请各省、自治区、直辖市人事行政部门和建设行政主管部门按照国人部发〔2007〕78号文件精神和本通知要求，认真做好台湾居民报名参加考试及有关工作。

台湾地区居民取得注册建筑师资格的具体办法

（2006 年 12 月 4 日人事部、建设部、国务院台湾事务办公室国人部发〔2006〕131 号）

台湾地区居民可通过参加全国统一考试方式取得相应级别注册建筑师资格证书。台湾地区部分知名资深建筑师可通过一次性评估认定方式取得一级注册建筑师资格证书。

一、通过全国统一考试方式取得注册建筑师资格

（一）考试报名条件

在大陆工作的台湾地区居民（以下简称台湾居民），符合注册建筑师条例和全国注册建筑师管理委员会规定的考试报名条件，均可报名参加全国一级、二级注册建筑师资格的考试。

（二）考试科目与成绩管理

1. 一级注册建筑师资格考试设《设计前期与场地设计》、《建筑设计》、《建筑结构》、《建筑物理与建筑设备》、《建筑材料与构造》、《建筑经济、施工与设计业务管理》、《建筑方案设计（作图）》、《建筑技术设计（作图）》和《场地设计（作图）》9 个科目。各科目考试合格成绩实行 5 年滚动管理。在连续 5 个考试年度内，通过全部（9 个）科目的考试，方可获得一级注册建筑师资格证书。

2. 二级注册建筑师资格考试设《建筑结构与设备》、《法律、法规、经济与施工》、《场地与建筑设计（作图）》和《建筑构造与详图（作图）》4 个科目。各科目考试合格成绩实行 2 年滚动管理。在连续 2 个考试年度内，通过全部（4 个）科目的考试，方可获得二级注册建筑师资格证书。

（三）考试有关要求

1. 申请参加注册建筑师资格考试的台湾居民，可按照就近和自愿的原则，向大陆的任何省、自治区、直辖市注册建筑师资格考试考务管理机构提出申请，由该省（区、市）注册建筑师管理委员会进行报名资格审查。经审查合格，由考试考务管理机构核发准考证并安排考场。申请人凭准考证在指定的时间、地点参加考试。

2. 台湾居民在报名时，应提交《台湾居民来往大陆通行证》、所在建设工程设计单位出具的职业年限证明、国务院教育行政部门认可的建筑学专业学历或学位。

3. 对一级注册建筑师资格考试报名条件中有关“完成规定的职业实践”的要求，按照全国注册建筑师管理委员会规定的办法掌握。

4. 由于全国注册建筑师资格考试各科目成绩均实行滚动管理，台湾居民报名和参加考试的地点应相对固定。确因工作原因，需到异地继续参加全国注册建筑师资格剩余科目考试的，在异地报名时，应向当地省（区、市）级注册建筑师资格考试考务管理机构提交本人上次参加相应级别注册建筑师资格考试的档案号，以便合成考试成绩和发放资格证书。

5. 台湾居民参加全国注册建筑师资格考试全部科目合格后，应在最后一个考试科目通过地的省、自治区、直辖市人事厅（局）办理领取相应级别资格证书手续。

6. 注册建筑师资格考试费按照《国家计委办公厅关于调整注册建筑师和注册结构工程师考试、注册收费标准的通知》（计办价格〔2000〕299号）规定执行。考试报名费按照参加考试所在地省（区、市）价格部门批准的标准执行。

二、通过一次性评估认定方式取得一级注册建筑师资格

对部分符合一级注册建筑师资格评估认定条件的台湾地区知名资深建筑师，开展一次性评估认定工作，经评估认定合格人员，可获得一级注册建筑师资格证书。具体时间和安排另行通知。

（一）评估认定的基本条件

1. 取得国务院教育行政部门认可的建筑学专业大学本科以上学历；

2. 从事建筑设计工作满20年，并主持过大型工程项目的建筑设计工作不少于3项（参照大陆建设工程项目规模划分标准）；

3. 具有大陆建筑设计工作经历，参与或合作完成民用建筑工程中型及以上工程项目不少于2项；

4. 参加大陆相关法律法规培训，并经测试合格。

（二）培训与测试

1. 培训（含测试）时间为2天，采用普通话授课方式进行。培训内容包括：相关法律、相关法规、部门规章和制度要求4个部分。

2. 测试包括笔试和面试，笔试时间为120分钟，采用汉语纸笔作答方式进行。面试时间为30分钟。

（三）评估认定工作程序

1. 符合评估认定基本条件的申请人，可向全国注册建筑师管理委员会提交有关评估认定的申请材料。

2. 由全国注册建筑师管理委员会按照规定条件，对申请参加评估认定一级注册建筑师资格的台湾地区知名资深建筑师材料进行审查。

3. 经全国注册建筑师管理委员会审查合格的人员，方可参加全国注册建筑师管理委员会组织进行的相关培训与测试。

4. 参加培训并测试合格的，由全国注册建筑师管理委员会报人事部、建设部、国务院台湾事务办公室批准，颁发一级注册建筑师资格证书，并向社会公布获得资格证书人员名单。

（四）注册执业申请

通过评估认定取得一级注册建筑师资格证书、并在大陆工作的人员，可向全国注册建筑师管理委员会提出注册申请。由全国注册建筑师管理委员会按照注册建筑师条例有关要求对其申请注册的材料进行审核，对符合条件的申请人颁发一级注册建筑师注册证书和执业印章。

取得国家法律职业资格的台湾居民在大陆从事律师职业管理办法

（2008年12月12日司法部令第115号发布　根据2017年9月21日《司法部关于修改〈取得国家法律职业资格的台湾居民在大陆从事律师职业管理办法〉的决定》修正）

第一条　为规范取得国家法律职业资格的台湾居民在大陆从事律师职业的活动及管理，根据《中华人民共和国律师法》（以下简称《律师法》）及《律师执业管理办法》的有关规定，制定本办法。

第二条　参加国家司法考试合格，取得《中华人民共和国法律职业资格证书》的台湾居民，可以依法在大陆申请律师执业。

台湾居民在大陆申请律师执业，还应当符合《律师法》规定的其他条件。

第三条　台湾居民获准在大陆律师事务所执业，可以担任法律顾问、代理、咨询、代书等方式从事大陆非诉讼法律事务，也可以担任诉讼代理人的方式代理涉台民事案件，代理涉台民事案件的范围由司法部以公告方式作出规定。

台湾居民在大陆律师事务所执业，应当遵守国家法律、法规和规章，恪守律师职业道德和执业纪律，接受大陆司法行政机关的监督和管理，接受大陆律师协会的行业管理。

第四条　台湾居民在大陆申请律师执业的，应当根据《律师法》、《律师执业管理办法》和中华全国律师协会制定的《申请律师执业人员实习管理规则》的规定，在大陆律师事务所参加为期一年的实习，并经当地地方律师协会考核合格。

台湾居民在大陆律师事务所实习，应当按照规定参加集中培训和实务训练，实务训练以办理非诉讼法律事务及代理有关涉台民事案件的训练为主，并遵守有关实习规定和纪律。

接收台湾居民实习的律师事务所应当指派擅长办理相关业务的律师指导实务训练。一名指导律师只能指导一名台湾居民实习。

台湾居民实习，应当确保参加实习的时间。因故暂停实习的时间最长不得超过三个月，并应当由接收实习的律师事务所将其暂停实习的原因和时间报所在地地市级律师协会备案。

第五条 台湾居民申请律师执业，应当根据《律师法》和《律师执业管理办法》的有关规定，向设区的市级或者直辖市的区（县）司法行政机关提出申请，并提交与申请执业相关的证明材料。

台湾居民申请律师执业，提交的身份证明和其他在台湾地区出具的证明材料应当经台湾地区的公证机构公证，同时还应当书面说明是否具有台湾、香港、澳门地区或者外国律师资格以及是否受聘于台湾、香港、澳门地区或者外国律师事务所的情况。

第六条 台湾居民申请律师执业，由设区的市级或者直辖市的区（县）司法行政机关受理申请，并进行初审，报省、自治区、直辖市司法行政机关审核，作出是否准予执业的决定。具体许可程序，根据《律师法》和《律师执业管理办法》的规定办理。

第七条 台湾居民获准在大陆执业的，由准予其执业的省、自治区、直辖市司法行政机关自颁发律师执业证书之日起三十日内，将准予执业的决定及相关材料报司法部备案。

第八条 台湾居民在大陆律师事务所执业，依法享有大陆律师相应的执业权利，履行相应的律师义务。

第九条 获准执业的台湾居民，只能在一个大陆律师事务所执业，不得同时受聘于外国律师事务所驻华代表机构或者香港、澳门律师事务所驻内地代表机构。

第十条 获准执业的台湾居民，符合规定条件的，可以成为大陆律师事务所的合伙人。

第十一条 获准执业的台湾居民，应当加入大陆律师协会，享有会员的权利，履行会员的义务，参加大陆律师协会组织的业务培训和交流活动。

第十二条 获准执业的台湾居民，有违反《律师法》、《律师执业管理办法》和本办法规定的行为的，依法给予相应的行政处罚；有违反律师职业道德和执业纪律行为的，给予相应的行业惩戒。

第十三条 在实行国家司法考试前已取得大陆律师资格的台湾居民，在大陆申请律师执业的，依照本办法办理。

第十四条 本办法自 2009 年 1 月 1 日起施行。

关于放宽扩大台湾地区律师事务所在大陆设立代表处地域范围等三项开放措施的通知

（2017年7月31日司法部司发通〔2017〕80号）

上海市、江苏省、浙江省、福建省、广东省司法厅（局）：

为推进两岸法律界交流合作、密切两岸人员往来、深化两岸经济社会融合发展和维护两岸同胞合法权益，营造更加有利的法治环境，我部决定进一步扩大法律服务对台开放。

一、扩大台湾律师事务所在大陆设立代表处的地域范围。将台湾律师事务所在大陆设立代表处的地域范围由现在的福建省福州市、厦门市扩大到福建全省、上海市、江苏省、浙江省、广东省。

二、开放台湾律师事务所按规定以联营方式与大陆律师事务所开展合作。允许已在大陆设立代表机构，且该代表机构成立满3年的台湾律师事务所在其代表机构所在的上海市、江苏省、浙江省、福建省、广东省与大陆律师事务所联营。

三、允许大陆律师事务所聘用台湾执业律师担任法律顾问。允许上海市、江苏省、浙江省、福建省、广东省的律师事务所聘用台湾执业律师担任律师事务所法律顾问，提供台湾地区法律咨询服务。

相关省（市）司法行政部门要依照有关法律法规规定和本通知要求，抓紧制定出台开展试点工作的实施办法，报司法部审定后实施。

试点工作开展情况及遇到的问题请及时报部。

关于台湾居民可以在大陆人民法院代理的涉台民事案件范围的公告

（2017年9月21日 司法部公告第176号）

为了推进大陆与台湾交流合作、密切两岸人员往来、深化两岸经济社会融合发展和维护两岸同胞合法权益，根据司法部2017年9月21日修改的《取得国家法律职业资格的台湾居民在大陆从事律师职业管理办法》第三条的规定，现将取得大陆法律职业资格并获得大陆律师执业证书的台湾居民可以在大陆人民法院代理的涉台民事案件的范围（依据最高人民法院2011年2月18日修改的《民事案件案由规定》中的基准案由即第三级案由确定。如案由规定有变动，则依新规定执行）公告如下：

一、婚姻家庭、继承纠纷

1. 婚约财产纠纷
2. 离婚纠纷
3. 离婚后财产纠纷
4. 离婚后损害责任纠纷
5. 婚姻无效纠纷
6. 撤销婚姻纠纷
7. 夫妻财产约定纠纷
8. 同居关系纠纷
9. 抚养纠纷
10. 扶养纠纷
11. 赡养纠纷
12. 收养关系纠纷
13. 监护权纠纷
14. 探望权纠纷
15. 分家析产纠纷

16. 法定继承纠纷
17. 遗嘱继承纠纷
18. 被继承人债务清偿纠纷
19. 遗赠纠纷
20. 遗赠扶养协议纠纷

二、合同纠纷

21. 缔约过失责任纠纷
22. 确认合同效力纠纷
23. 债权人代位权纠纷
24. 债权人撤销权纠纷
25. 债权转让合同纠纷
26. 债务转移合同纠纷
27. 债权债务概括转移合同纠纷
28. 悬赏广告纠纷
29. 买卖合同纠纷
30. 招标投标买卖合同纠纷
31. 拍卖合同纠纷
32. 房屋买卖合同纠纷
33. 供用电合同纠纷
34. 供用水合同纠纷
35. 供用气合同纠纷
36. 供用热力合同纠纷
37. 赠与合同纠纷
38. 借款合同纠纷
39. 保证合同纠纷
40. 抵押合同纠纷
41. 质押合同纠纷
42. 定金合同纠纷
43. 进出口押汇纠纷
44. 储蓄存款合同纠纷
45. 银行卡纠纷

46. 租赁合同纠纷
47. 融资租赁合同纠纷
48. 承揽合同纠纷
49. 运输合同纠纷
50. 保管合同纠纷
51. 仓储合同纠纷
52. 委托合同纠纷
53. 委托理财合同纠纷
54. 行纪合同纠纷
55. 居间合同纠纷
56. 补偿贸易纠纷
57. 借用合同纠纷
58. 典当纠纷
59. 合伙协议纠纷
60. 种植、养殖回收合同纠纷
61. 彩票、奖券纠纷
62. 服务合同纠纷
63. 演出合同纠纷
64. 劳务合同纠纷
65. 广告合同纠纷
66. 展览合同纠纷
67. 追偿权纠纷
68. 请求确认人民调解协议效力

三、知识产权纠纷

69. 著作权合同纠纷
70. 商标合同纠纷
71. 专利合同纠纷
72. 植物新品种合同纠纷
73. 集成电路布图设计合同纠纷
74. 商业秘密合同纠纷
75. 技术合同纠纷

76. 特许经营合同纠纷
77. 企业名称（商号）合同纠纷
78. 特殊标志合同纠纷
79. 网络域名合同纠纷
80. 知识产权质押合同纠纷
81. 著作权权属、侵权纠纷
82. 商标权权属、侵权纠纷
83. 专利权权属、侵权纠纷
84. 植物新品种权权属、侵权纠纷
85. 集成电路布图设计专有权权属、侵权纠纷
86. 侵害企业名称（商号）权纠纷
87. 侵害特殊标志专有权纠纷
88. 网络域名权属、侵权纠纷
89. 发现权纠纷
90. 发明权纠纷
91. 其他科技成果权纠纷
92. 确认不侵害知识产权纠纷
93. 因申请知识产权临时措施损害责任纠纷
94. 因恶意提起知识产权诉讼损害责任纠纷
95. 专利权宣告无效后返还费用纠纷

四、与公司、证券、保险、票据等有关的民事纠纷

96. 企业出资人权益确认纠纷
97. 侵害企业出资人权益纠纷
98. 企业公司制改造合同纠纷
99. 企业股份合作制改造合同纠纷
100. 企业债权转股权合同纠纷
101. 企业分立合同纠纷
102. 企业租赁经营合同纠纷
103. 企业出售合同纠纷
104. 挂靠经营合同纠纷
105. 企业兼并合同纠纷

106. 联营合同纠纷
107. 企业承包经营合同纠纷
108. 中外合资经营企业合同纠纷
109. 中外合作经营企业合同纠纷
110. 股东资格确认纠纷
111. 股东名册记载纠纷
112. 请求变更公司登记纠纷
113. 股东出资纠纷
114. 新增资本认购纠纷
115. 股东知情权纠纷
116. 请求公司收购股份纠纷
117. 股权转让纠纷
118. 公司决议纠纷
119. 公司设立纠纷
120. 公司证照返还纠纷
121. 发起人责任纠纷
122. 公司盈余分配纠纷
123. 损害股东利益责任纠纷
124. 损害公司利益责任纠纷
125. 股东损害公司债权人利益责任纠纷
126. 公司关联交易损害责任纠纷
127. 公司合并纠纷
128. 公司分立纠纷
129. 公司减资纠纷
130. 公司增资纠纷
131. 公司解散纠纷
132. 申请公司清算
133. 清算责任纠纷
134. 上市公司收购纠纷
135. 入伙纠纷
136. 退伙纠纷

137. 合伙企业财产份额转让纠纷
138. 证券权利确认纠纷
139. 证券交易合同纠纷
140. 金融衍生品种交易纠纷
141. 证券承销合同纠纷
142. 证券投资咨询纠纷
143. 证券资信评级服务合同纠纷
144. 证券回购合同纠纷
145. 证券上市合同纠纷
146. 证券交易代理合同纠纷
147. 证券上市保荐合同纠纷
148. 证券发行纠纷
149. 证券返还纠纷
150. 证券欺诈责任纠纷
151. 证券托管纠纷
152. 证券登记、存管、结算纠纷
153. 融资融券交易纠纷
154. 客户交易结算资金纠纷
155. 期货经纪合同纠纷
156. 期货透支交易纠纷
157. 期货强行平仓纠纷
158. 期货实物交割纠纷
159. 期货保证合约纠纷
160. 期货交易代理合同纠纷
161. 侵占期货交易保证金纠纷
162. 期货欺诈责任纠纷
163. 操纵期货交易市场责任纠纷
164. 期货内幕交易责任纠纷
165. 期货虚假信息责任纠纷
166. 民事信托纠纷
167. 营业信托纠纷

168. 公益信托纠纷
169. 财产保险合同纠纷
170. 人身保险合同纠纷
171. 再保险合同纠纷
172. 保险经纪合同纠纷
173. 保险代理合同纠纷
174. 进出口信用保险合同纠纷
175. 保险费纠纷
176. 票据付款请求权纠纷
177. 票据追索权纠纷
178. 票据交付请求权纠纷
179. 票据返还请求权纠纷
180. 票据损害责任纠纷
181. 票据利益返还请求权纠纷
182. 汇票回单签发请求权纠纷
183. 票据保证纠纷
184. 确认票据无效纠纷
185. 票据代理纠纷
186. 票据回购纠纷
187. 委托开立信用证纠纷
188. 信用证开证纠纷
189. 信用证议付纠纷
190. 信用证欺诈纠纷
191. 信用证融资纠纷
192. 信用证转让纠纷

五、与上述案件相关的适用特殊程序案件

193. 申请宣告公民失踪
194. 申请撤销宣告失踪
195. 申请为失踪人财产指定、变更代管人
196. 失踪人债务支付纠纷
197. 申请宣告公民死亡

198. 申请撤销宣告公民死亡
199. 被撤销死亡宣告人请求返还财产纠纷
200. 申请宣告公民无民事行为能力
201. 申请宣告公民限制民事行为能力
202. 申请宣告公民恢复限制民事行为能力
203. 申请宣告公民恢复完全民事行为能力
204. 申请认定财产无主
205. 申请撤销认定财产无主
206. 申请确定监护人
207. 申请变更监护人
208. 申请撤销监护人资格
209. 申请支付令
210. 申请公示催告
211. 申请诉前停止侵害专利权
212. 申请诉前停止侵害注册商标专用权
213. 申请诉前停止侵害著作权
214. 申请诉前停止侵害植物新品种权
215. 申请诉前财产保全
216. 申请诉中财产保全
217. 申请诉前证据保全
218. 申请诉中证据保全
219. 仲裁程序中的财产保全
220. 仲裁程序中的证据保全
221. 申请中止支付信用证项下款项
222. 申请中止支付保函项下款项
223. 申请确认仲裁协议效力
224. 申请撤销仲裁裁决
225. 申请执行知识产权仲裁裁决
226. 申请执行涉外仲裁裁决
227. 申请认可和执行香港特别行政区法院民事判决
228. 申请认可和执行香港特别行政区仲裁裁决

229. 申请认可和执行澳门特别行政区法院民事判决
230. 申请认可和执行澳门特别行政区仲裁裁决
231. 申请认可和执行台湾地区法院民事判决
232. 申请认可和执行台湾地区仲裁裁决
233. 申请承认和执行外国法院民事判决、裁定
234. 申请承认和执行外国仲裁裁决
235. 案外人执行异议之诉
236. 申请执行人执行异议之诉
237. 执行分配方案异议之诉

关于台湾同胞报名参加大陆船员考试有关事项的公告

（2018 年 8 月 31 日　海事局公告第 14 号）

为方便台湾同胞报名参加大陆船员考试，现将有关事项公告如下：

一、自 2018 年 9 月 1 日起，台湾同胞可凭有效的中华人民共和国台湾居民居住证或台湾居民来往大陆通行证向大陆具有相应船员考试管理权限的海事管理机构报名参加船员考试。

二、台湾同胞报名参加大陆船员考试及相关事项，按照《台湾同胞参加大陆船员培训、考试和申请船员证书实施办法》的规定办理。

台湾同胞参加大陆船员培训、考试和申请船员证书实施办法

（2018年8月31日中华人民共和国海事局海船员〔2018〕401号）

第一条 为方便台湾同胞参加大陆船员培训、考试和申请船员证书，根据大陆船员培训、考试和发证管理的相关规定以及中华人民共和国缔结或者加入的国际公约，制定本办法。

第二条 中华人民共和国海事局负责对台湾同胞参加大陆船员培训、考试和申请船员证书工作实施统一管理。

各级海事管理机构按照授权负责台湾同胞参加大陆船员培训、考试和申请船员证书的具体管理工作。

第三条 台湾同胞可凭中华人民共和国台湾居民居住证或台湾居民来往大陆通行证报名参加大陆船员基本安全培训、适任培训和特殊培训等船员培训。

第四条 台湾同胞报名参加大陆船员考试，应向大陆具有相应船员考试管理权限的海事管理机构申请，并提供以下信息：

（一）有效的中华人民共和国台湾居民居住证或台湾居民来往大陆通行证；

（二）申请考试项目、科目；

（三）符合要求的照片；

（四）已完成的船员培训证明材料。

第五条 台湾同胞申请大陆海船船员适任证书，应当符合下列条件：

（一）持有船员服务簿或船员服务手册；

（二）符合船员任职岗位健康标准；

（三）完成相应的培训；

（四）具备规定的海上任职资历，并且任职表现和安全记录良好；

（五）通过相应的适任考试。

持有效台湾地区船员适任证书的台湾同胞，根据本办法附件1的规定，按照中华人民共和国海事局发布的补差培训大纲要求，完成相应补差培训并通过

考试的，可直接申请换发大陆船员适任证书。

第六条 台湾同胞申请大陆海船船员适任证书，应当向具有相应发证权限的海事管理机构提出，并提交下列材料：

（一）海船船员适任证书申请表（附件2）；

（二）船员服务簿或船员服务手册；

（三）符合经修正的《1978年海员培训、发证和值班标准国际公约》要求的有效健康证明；

（四）有效的中华人民共和国台湾居民居住证或台湾居民来往大陆通行证；

（五）符合要求的照片；

（六）岗位适任培训证明；

（七）船上见习记录簿；

（八）有效的台湾地区船员适任证书；

（九）有效的大陆或台湾地区船员专业技能适任培训合格证；

（十）适任考试合格证明。

申请二副、二管轮适任证书者，免于提交本条第一款第（六）（七）（九）（十）项规定的材料，但按本办法应完成补差培训者需提交补差培训证明。

按照相关规定免于船上见习者，免于提交本条第一款第（七）项规定的材料。

在大陆完成三副、三管轮、电子电气员岗位适任培训，申请海船船员适任证书者，免于提交本条第一款第（八）项规定的材料。

第七条 台湾同胞参加大陆船员培训、考试和申请船员证书的要求，本办法无特别规定的，按照《中华人民共和国船员培训管理规则》《中华人民共和国海船船员适任考试和发证规则》《中华人民共和国内河船舶船员适任考试和发证规则》《中华人民共和国船员注册管理办法》① 及相关规定执行。

第八条 海事管理机构应在台湾同胞首次参加大陆船员培训或报名船员考试或申请船员证书前，完成对其个人信息的采集。

台湾同胞在中国海事综合服务平台中已有相关电子信息的，可免于提交相应纸质材料。

第九条 本办法自2018年9月1日起施行。

---

① 《中华人民共和国船员注册管理办法》已废止（《交通运输部关于废止〈中华人民共和国船员注册管理办法〉的决定》，交通运输部令2020年第16号）。——编者注

附件 1

持台湾地区船员适任证书台湾同胞申请大陆海船船员适任证书的培训、考试和资历要求

申请职务	持台湾地区适任证书要求	基本安全和专业技能适任培训要求	岗位适任培训要求	适任考试要求	资历要求
一等无限航区船长	一等船长适任证书	完成基本安全、救生艇筏及救助艇、高级消防、精通急救、船上医护、保安意识、负有指定保安职责培训	补差培训	补差考试	
二等无限航区船长	二等船长适任证书	完成基本安全、救生艇筏及救助艇、高级消防、精通急救、船上医护、保安意识、负有指定保安职责培训	补差培训	补差考试	
一等无限航区大副	一等大副适任证书	完成基本安全、救生艇筏及救助艇、高级消防、精通急救、船上医护、保安意识、负有指定保安职责培训	补差培训	补差考试	
二等无限航区大副	二等大副适任证书	完成基本安全、救生艇筏及救助艇、高级消防、精通急救、船上医护、保安意识、负有指定保安职责培训	补差培训	补差考试	
一等无限航区二副	一等船副适任证书	完成基本安全、救生艇筏及救助艇、高级消防、精通急救、保安意识、负有指定保安职责培训	补差培训	补差考试	与所持适任证书等级、职务相对应的船副资历满 18 个月
二等无限航区二副	二等船副适任证书	完成基本安全、救生艇筏及救助艇、高级消防、精通急救、保安意识、负有指定保安职责培训	补差培训	补差考试	与所持适任证书等级、职务相对应的船副资历满 18 个月

续表

申请职务	持台湾地区适任证书要求	基本安全和专业技能适任培训要求	岗位适任培训要求	适任考试要求	资历要求
一等无限航区三副	一等船副适任证书	完成基本安全、救生艇筏及救助艇、高级消防、精通急救、保安意识、负有指定保安职责培训	补差培训	补差考试	
二等无限航区三副	二等船副适任证书	完成基本安全、救生艇筏及救助艇、高级消防、精通急救、保安意识、负有指定保安职责培训	补差培训	补差考试	
GMDSS操作员	GMDSS值机员	完成基本安全、救生艇筏及救助艇、高级消防、精通急救、保安意识、负有指定保安职责培训	补差培训	补差考试	
一等无限航区轮机长	一等轮机长适任证书	完成基本安全、救生艇筏及救助艇、高级消防、精通急救、保安意识、负有指定保安职责培训	补差培训	补差考试	
二等无限航区轮机长	二等轮机长适任证书	完成基本安全、救生艇筏及救助艇、高级消防、精通急救、保安意识、负有指定保安职责培训	补差培训	补差考试	
一等无限航区大管轮	一等大管轮适任证书	完成基本安全、救生艇筏及救助艇、高级消防、精通急救、保安意识、负有指定保安职责培训	补差培训	补差考试	
二等无限航区大管轮	二等大管轮适任证书	完成基本安全、救生艇筏及救助艇、高级消防、精通急救、保安意识、负有指定保安职责培训	补差培训	补差考试	
一等无限航区二管轮	一等管轮适任证书	完成基本安全、救生艇筏及救助艇、高级消防、精通急救、保安意识、负有指定保安职责培训	补差培训	补差考试	管轮资历满 18 个月
二等无限航区二管轮	二等管轮适任证书	完成基本安全、救生艇筏及救助艇、高级消防、精通急救、保安意识、负有指定保安职责培训	补差培训	补差考试	管轮资历满 18 个月

续表

申请职务	持台湾地区适任证书要求	基本安全和专业技能适任培训要求	岗位适任培训要求	适任考试要求	资历要求
一等无限航区三管轮	一等管轮适任证书	完成基本安全、救生艇筏及救助艇、高级消防、精通急救、保安意识、负有指定保安职责培训	补差培训	补差考试	
二等无限航区三管轮	二等管轮适任证书	完成基本安全、救生艇筏及救助艇、高级消防、精通急救、保安意识、负有指定保安职责培训	补差培训	补差考试	
电子电气员	电技员适任证书	完成基本安全、救生艇筏及救助艇、高级消防、精通急救、保安意识、负有指定保安职责培训	补差培训	补差考试	

注：1. 已持有台湾地区上述适任证书的，免除在台湾地区已完成的相应岗位适任培训和考试，仅需在大陆完成相应的补差培训和补差考试；

2. 已持有台湾地区基本安全训练、救生艇筏及救难艇操纵、快速救难艇、进阶灭火、医疗急救、船上医护、保全意识、保全职责、船舶保全人员专业训练合格证书的，免除大陆相应的合格证的培训、考试。

附件 2

海船船员适任证书申请表

申请时间： 年 月 日　　　　　　　　　　　　　　No.：________

<table>
<tr><td>姓　　名</td><td></td><td>拼　音</td><td></td><td>性　别</td><td></td><td rowspan="4">贴照片处</td></tr>
<tr><td>出生日期</td><td colspan="2">年　月　日</td><td>文化程度</td><td colspan="2"></td></tr>
<tr><td rowspan="2">证件类型
及号码</td><td colspan="5">□中华人民共和国台湾居民居住证　　号码：</td></tr>
<tr><td colspan="5">□台湾居民来往大陆通行证　　　　号码：</td></tr>
<tr><td rowspan="2">专业学历/
适任培训</td><td colspan="6">院校名称：　　　　　　　　　　专业：</td></tr>
<tr><td colspan="6">毕业证/培训证明编号：　　　　　毕业/结业日期：</td></tr>
<tr><td>联系电话</td><td colspan="2"></td><td>联系地址</td><td colspan="3"></td></tr>
<tr><td rowspan="3">申请适任证书</td><td colspan="6">航　区：　　　　等　级：　　　　职　务：</td></tr>
<tr><td colspan="6">（GMDSS 适任证书）职务：</td></tr>
<tr><td colspan="6">取消限制项目：</td></tr>
<tr><td>申请形式</td><td colspan="6">□初次核发（不持有台湾地区船员证书）　□初次换发（持台湾地区船员证书）
□到期换发　□核发（职务晋升）　□遗失补发　□污损换证</td></tr>
<tr><td rowspan="2">现持台湾地区
船员适任证书</td><td colspan="6">等级/职务：　　　　　　证书编号：
签发日期：　　　　　　有效期截止日期：</td></tr>
<tr><td colspan="6">（GMDSS 适任证书）职务：　证书编号：
签发日期：　　　　　　有效期截止日期：</td></tr>
<tr><td rowspan="2">现持大陆船员
适任证书</td><td colspan="6">航区：　　　　等级：　　　　职务：
证书号码：　　签发日期：　　有效期截止日期：</td></tr>
<tr><td colspan="6">（GMDSS 适任证书）职务：　证书号码：
签发日期：　　　　　　有效期截止日期：</td></tr>
<tr><td>现持培训
合格证
证书号码：</td><td colspan="6">□海船船员基本安全（基本安全训练）
□精通救生艇筏和救助艇（救生艇筏及救难艇操纵）
□精通快速救助艇（快速救难艇）　□高级消防（进阶灭火）
□精通急救（医疗急救）　□船上医护（船上医护）
□保安意识（保全意识 ）　□负有指定保安职责船员（保全职责）
□船舶保安员（船舶保全人员）　□客船船员
备注：在取得有效的合格证的项目前的□内填“√”；未取得合格证的项目前的□内填“×”。</td></tr>
</table>

续表

	职务	船 名	船舶种类	航区/机种	总吨/主机功率	上船任职日期	解职离船日期
最近五年主要海上服务资历							

附送材料：

☐ 1. 船员服务簿或船员服务手册及其复印件；

☐ 2. 符合经修正的《1978 年海员培训、发证和值班标准国际公约》要求的有效健康证明及其复印件；

☐ 3. 有效的中华人民共和国台湾居民居住证或台湾居民来往大陆通行证及其复印件；

☐ 4. 符合要求的照片；

☐ 5. 毕业证或岗位适任培训证明及其复印件；

☐ 6. 船上见习记录簿；

☐ 7. 有效的台湾地区船员适任证书及其复印件（适用于申请换发大陆适任证书）；

☐ 8. 大陆船员适任证书及其复印件（适用于到期换发、职务晋升核发或污损换证）；

☐ 9. 有效的大陆或台湾地区船员培训合格证及其复印件；

☐ 10. 适任考试合格证明；

☐ 11. 其他有关材料及其复印件。

个人声明：本人已知晓申请适任证书的要求，上述填写内容属实，提供的材料真实有效。在上述船舶任职期间无任何海损、机损责任事故，若申请材料内容存在虚假，后果自负。

申请人（个人）：______（签名） 申报单位负责人：______（签章） 年 月 日

港澳台居民参加全国执业兽医资格考试及执业管理规定

（2017 年 6 月 12 日　农业部公告第 2539 号）

第一条　为规范香港、澳门特别行政区居民中的中国公民和台湾居民（以下简称港澳台居民）参加全国执业兽医资格考试及执业管理，根据《〈内地与香港（澳门）关于建立更紧密经贸关系的安排〉服务贸易协议》要求和中央有关精神，以及《中华人民共和国动物防疫法》《执业兽医管理办法》，制定本规定。

第二条　港澳台居民参加全国执业兽医资格考试，其报名时间、报考程序、考试科目、考试内容、考试方式、考试时间、考试纪律、合格标准，适用《执业兽医管理办法》和有关全国执业兽医资格考试的统一规定。

第三条　具有完全民事行为能力，且符合下列条件的港澳台居民，可以申请参加全国执业兽医资格考试：

（一）具有国务院教育行政部门认可的大学专科以上学历；

（二）所学专业符合《执业兽医管理办法》和农业部公布的报考专业目录规定。

第四条　港澳台居民可在内地（大陆）任一考区报名参加全国执业兽医资格考试，考试缴费标准、缴费方式与报考地的内地（大陆）考生一致。

第五条　港澳台居民提交的有效身份证件，应当符合下列条件之一：

（一）香港、澳门居民提交香港、澳门居民身份证和港澳居民来往内地通行证；

（二）台湾居民提交在台湾地区居住的有效身份证明和台湾居民来往大陆通行证。

第六条　港澳台居民提交的有效学历证书，应当符合下列条件之一：

（一）取得内地（大陆）高等院校学历证书的，可以直接提交；

（二）取得香港、澳门、台湾地区或国外高等院校学历证书的，须同时提交由教育部留学服务中心出具的国（境）外学历学位认证书。

第七条 港澳台居民参加全国执业兽医资格考试成绩合格的，应当按照所在考区省级兽医主管部门考试公告要求，在规定时间内提出执业兽医资格授予申请。经审核合格的，由省级兽医主管部门颁发执业兽医资格证书。

第八条 取得执业兽医资格证书的港澳台居民，可以申请在内地（大陆）执业。

第九条 申请在内地（大陆）执业的港澳台居民，应当按照《执业兽医管理办法》和国家有关规定，向注册机关申请执业注册、备案。

第十条 港澳台居民取得执业兽医资格并经注册、备案后在内地（大陆）执业，应当遵守并履行《中华人民共和国动物防疫法》等国家相关法律法规规定义务。

第十一条 港澳台居民取得执业兽医资格并经注册、备案后在内地（大陆）执业的，按照国家法律法规和《执业兽医管理办法》规定管理。

第十二条 本规定自公布之日起施行，《香港和澳门特别行政区居民参加全国执业兽医资格考试实施细则（试行）》（农业部公告第2257号）同时废止。

关于将在内地（大陆）工作的港澳台职工纳入当地劳模等荣誉称号评选范围的通知

（2019年3月1日中华全国总工会、国务院港澳事务办公室、国务院台湾事务办公室总工发〔2019〕9号）

各省（自治区、直辖市）总工会、港澳事务（外事）办公室、台湾事务办公室：

为深入贯彻党的十九大精神和习近平总书记重要指示精神，增强港澳同胞的国家意识及荣誉感和参与感，同时率先同台湾同胞分享大陆发展的机遇，推进港澳台同胞在内地（大陆）享受同等待遇，引导和激励港澳台同胞为实现中华民族伟大复兴的中国梦作出新的更大贡献，各省（自治区、直辖市）总工会应将在内地（大陆）工作的港澳台职工纳入当地劳动模范、五一劳动奖章等荣誉称号的推荐评选范围。

一、在内地（大陆）工作的港澳台职工参加当地劳动模范、五一劳动奖章等荣誉称号的推荐评选工作，以习近平新时代中国特色社会主义思想为指导，充分发挥模范人物的榜样示范导向作用，激励广大港澳台职工爱岗敬业、争创一流，艰苦奋斗、勇于创新，淡泊名利、甘于奉献，为实现中华民族伟大复兴的中国梦贡献智慧和力量。

二、在内地（大陆）工作的港澳台职工参加当地劳动模范、五一劳动奖章等荣誉称号的评选，应符合以下基本条件：热爱祖国；拥护“一国两制”方针，遵守宪法和基本法；坚持体现一个中国原则的“九二共识”，反对“台独”；爱岗敬业，奉献社会，在本职岗位上取得突出业绩，为经济建设、政治建设、文化建设、社会建设、生态文明建设以及维护国家主权和领土完整、推进祖国统一做出突出贡献；在内地（大陆）工作一年以上。

三、推荐在内地（大陆）工作的港澳台职工参加当地劳动模范、五一劳动奖章等荣誉称号的评选，要面向基层、面向一线职工，坚持公开、公平、公正的原则，严格推荐评选审批程序，接受群众监督。

四、参评当地劳动模范、五一劳动奖章等荣誉称号的港澳台职工人选，必须经当地港澳事务主管部门或台湾事务办公室审核同意。

五、获得当地劳动模范、五一劳动奖章等荣誉称号的港澳台职工，其各项待遇参照当地获评职工标准执行。

六、获得当地劳动模范、五一劳动奖章等荣誉称号的港澳台职工，其管理和服务保障工作在中华全国总工会指导下，由所在地区和单位的工会组织负责。

七、发生需要撤销港澳台职工已获得劳动模范、五一劳动奖章等荣誉称号的情形时，经当事人所在地区和单位的工会组织核实情况后，由其原推荐单位会同当地港澳事务主管部门或台湾事务办公室提出书面报告，报审批单位审核撤销。

八、本通知自印发之日起施行。

关于将在内地（大陆）工作的港澳台女性纳入三八红旗手评选表彰范围的通知

（2020年1月19日全国妇联、国务院港澳事务办公室、国务院台湾事务办公室妇字〔2020〕5号）

各省、自治区、直辖市妇联、港澳事务办公室、台湾事务办公室，新疆生产建设兵团妇联、台湾事务办公室：

为深入贯彻习近平新时代中国特色社会主义思想和党的十九大精神，增强港澳台同胞的国家意识、荣誉感和参与感，推进港澳台同胞在内地（大陆）享受同等待遇、分享发展机遇，引导和激励港澳台同胞为实现中华民族伟大复兴的中国梦作出新的更大贡献，各省、自治区、直辖市妇联应将在内地（大陆）工作的港澳台女性纳入三八红旗手称号的推荐评选范围。

一、在内地（大陆）工作的港澳台女性参加三八红旗手推荐评选工作，要以习近平新时代中国特色社会主义思想为指导，充分发挥模范人物的榜样示范导向作用，激励广大港澳台女性弘扬“四自”精神，爱岗敬业、锐意创新、甘于奉献，为实现中华民族伟大复兴的中国梦贡献智慧和力量。

二、在内地（大陆）工作的港澳台女性参加三八红旗手评选，应符合以下基本条件：

1. 热爱祖国，拥护“一国两制”方针，遵守宪法和基本法，坚持体现一个中国原则的“九二共识”，反对“台独”；

2. 爱岗敬业、奉献社会，为经济建设、政治建设、文化建设、社会建设、生态文明建设以及维护国家主权和领土完整、推进祖国统一作出突出贡献；

3. 年满18周岁，在内地（大陆）工作一年以上；

4. 须满足三八红旗手的评选条件。

三、推荐在内地（大陆）工作的港澳台女性参加三八红旗手的评选，要面向基层一线，坚持公开、公平、公正的原则，严格推荐评选审批程序，接受群众监督。

四、参评三八红旗手的港澳台女性人选，必须经当地港澳事务办公室或台湾事务办公室审核同意。

五、获得三八红旗手称号的港澳台女性，其各项待遇参照三八红旗手的待遇标准执行。

六、获得三八红旗手称号的港澳台女性，其管理和服务工作在全国妇联指导下，由所在地区和单位的妇联组织负责。

七、发生需要撤销已获得三八红旗手称号的情形时，经当事人所在地区和单位的妇联组织核实情况后，由其原推荐单位会同当地港澳事务办公室或台湾事务办公室提出书面报告，报审批单位审核撤销。

八、本通知自印发之日起施行。

六、诉讼法类

（一）综合

1991年最高人民法院工作报告（节录）

（1991年4月3日第七届全国人民代表大会第四次会议审议通过）

审理涉台案件，要认真贯彻执行国家的法律、政策以及最高人民法院的有关司法解释。台湾居民在台湾地区的民事行为和依据台湾地区法规所取得的民事权利，如果不违反中华人民共和国法律的基本原则，不损害社会公共利益，可以承认其效力。对台湾地区法院的民事判决，也将根据这一原则，分别不同情况，具体解决承认其效力问题。根据法律的有关规定，高级人民法院经最高人民法院同意，可与台湾省有关方面通过适当途径，妥善解决相互委托代为一定的诉讼行为、送达诉讼文书和执行等问题。……

最高人民法院关于为深化两岸融合发展提供司法服务的若干措施

（2019年3月25日 法发〔2019〕9号）

为依法全面平等保护台湾同胞合法权益，促进两岸经济文化交流合作，深化两岸融合发展，结合人民法院工作实际和实践经验，制定以下措施。

一、公正高效审理案件，全面保障诉讼权利

1. 坚持公正高效司法，维护台湾同胞的各项实体权利和诉讼权利，依法保障台湾同胞在大陆学习、创业、就业、生活逐步享有同等待遇。

2. 加强产权司法保护，依法保障台湾同胞在大陆的投资安全、财产安全，加强知识产权保护，让台湾同胞在大陆专心创业、放心投资、安心经营。

3. 对台湾同胞、台湾企业因涉及在大陆享有国家各项政策优惠、补贴、奖励、激励、准入等同等待遇产生的纠纷，属于人民法院受案范围、符合起诉条件的，应当依法及时受理。

4. 依法慎用强制措施、查封扣押冻结措施、限制出境措施，最大限度降低对台湾同胞、台湾企业正常生活、经营的不利影响。

5. 人民法院决定对台湾当事人采取拘留、指定居所监视居住或者逮捕措施的，应当在二十四小时以内通知其家属；无法通知其家属的，可以通知其在大陆的工作单位、就读学校等。

6. 受审在押的台湾被告人，其监护人、近亲属申请会见，经审查认为不妨碍案件审判的，应当准许。

7. 对因犯罪受审或者执行刑罚的台湾居民，应当依法平等适用缓刑、判处管制、裁定假释、决定或者批准暂予监外执行，实行社区矫正。

8. 向台湾居民送达司法文书，应当采取直接送达、两岸司法互助送达等有利于其实际知悉送达内容、更好行使诉讼权利的送达方式；未采取过直接送达、两岸司法互助送达方式的，不适用公告送达。

9. 对涉台案件当事人及其诉讼代理人因客观原因不能自行收集的证据，应当依申请或者主动依职权调查收集；相关证据在台湾地区的，可以通过两岸司法互助途径调查收集。

10. 根据国家法律和司法解释中选择适用法律的规则，确定适用台湾地区民商事法律的，应当适用，但违反国家法律基本原则和社会公共利益的，不予适用。

11. 依法及时审查认可和执行台湾地区民事判决和仲裁裁决的申请；经裁定认可的台湾地区民事判决，与人民法院的生效判决具有同等效力；经裁定认可的仲裁裁决，应当依法及时执行。

12. 涉台案件判决生效后，督促败诉方及时履行生效裁判确定的义务，提高涉台案件执行效率，保障涉台案件执行效果。

二、完善便民利民措施，提供优质司法服务

13. 完善涉台案件诉前、诉中、诉后全流程便民利民措施，为台湾同胞提供便捷、高效的司法服务。

14. 受理涉台案件较多的人民法院可以设立涉台案件专门立案窗口。为伤病、残疾、老年、未成年的台湾同胞提供立案、送达、调解等方面的便利。适应涉台案件特点，不断完善便利台湾同胞的在线起诉、应诉、举证、质证、参与庭审、申请执行等信息化平台。

15. 不断完善对台湾同胞的诉讼指导，为台湾同胞编制在大陆诉讼的指导材料。涉台案件较多的人民法院可以开设专门网站、电话、微博、微信等涉台司法服务平台。推广在台湾同胞聚集区、台湾同胞投资区、台湾创业园区等设立法院联络点、法官工作室等司法服务机构。

16. 完善各项诉讼服务措施与司法管理设施，便利台湾同胞使用台湾居民居住证、台湾居民来往大陆通行证作为身份证明参与诉讼活动和旁听审判。

17. 持有台湾居民居住证的台湾当事人委托大陆律师或者其他人代理诉讼，代理人向人民法院转交的授权委托书无需公证认证或者履行其他证明手续。

18. 经济确有困难的台湾当事人向人民法院提起民事、行政诉讼的，可以依法准予缓交、减交、免交诉讼费用。

19. 对符合法律援助条件的台湾当事人，主动协调法律援助机构及时提供法律援助。台湾被告人没有委托辩护人的，可以通知法律援助机构指派律师为其提供辩护。

20. 对权利受到侵害无法获得有效赔偿的台湾当事人，符合有关规定条件的，可以提供一次性国家司法救助，帮助解决其生活面临的急迫困难。

21. 台湾当事人申请司法救助和法律援助，依照有关规定应当提交经济困难等有关证明材料，其户籍地难以或者不予提供，而其台湾居民居住证颁发地、在大陆经常居住地的村（居）民委员会或者在大陆的工作单位、就读学校等依照有关规定提供的，可予认可。

三、加强组织机构建设，健全服务保障机制

22. 受理涉台案件较多的人民法院可以设立专门的审判庭、合议庭、审判团队、执行团队等审判、执行组织，负责涉台案件的审理、执行。未设立专门审判、执行组织的法院可以指定相对固定的人员审理和执行涉台案件。探索建立涉台案件综合审判组织，集中负责涉台刑事、民事、行政案件的审理。

23. 涉台案件分散的地区，可以探索实行涉台案件跨区域集中管辖制度。

24. 不断完善便利台湾同胞在互联网法院、知识产权法院、金融法院等新类型法院进行诉讼、维护权利、解决纠纷的制度机制。

25. 建立与涉台案件特点相适应的审判管理机制和绩效考核机制。办理两岸司法互助案件情况纳入司法统计和绩效考核范围。

26. 充分发挥调解机构、仲裁机构作用，完善调解、仲裁、诉讼等有机衔接、相互协调的多元化纠纷解决机制，提高涉台纠纷解决效率，降低纠纷解决成本。

27. 支持涉台案件较多的地区设立台湾地区民商事法律查明专业机构、涉台社区矫正专门机构等。

28. 及时发布涉台审判司法解释、指导性案例、规范性文件和典型案例，探索建立涉台案件审判指导委员会制度，统一涉台案件裁判标准和尺度。

四、扩大参与司法工作，推动两岸司法交流

29. 选任符合条件的台湾同胞担任涉台案件的人民陪审员，为其更好履行职责提供培训等保障。

30. 探索聘请符合相关条件的台湾同胞担任人民法院书记员等司法辅助人员，逐步扩大台湾同胞参与审判工作范围。

31. 依法保障获得大陆律师执业证书的台湾居民的执业权利，鼓励其在人民法院参与律师调解等工作。

32. 聘请台湾同胞担任人民法院监督员、联络员，以及特邀调解员、家事调查员、心理咨询员、缓刑考察员、法庭义工等。

33. 聘请符合条件的台湾同胞担任涉台、知识产权、生态环境、医疗、海事、金融、互联网等审判领域的咨询专家或者鉴定人。聘请对相关法律领域有精深造诣及较大影响力的台湾同胞担任国际商事专家委员会专家委员。

34. 推动人民法院与两岸教学、科研机构共同建立两岸青年学生教学实践基地。鼓励、支持台湾青年学生到人民法院实习，并积极提供相应便利与保障。积极打造两岸青年学生、青年法官的交流交往平台。

35. 鼓励支持台湾法律界人士到国家法官学院及其分院研修、培训、讲学，加入中华司法研究会等专业性社团组织，申报人民法院及其主管的事业单位、社会团体组织发布的司法调研、理论研究课题。

36. 鼓励支持台湾各界人士到人民法院参访、交流，参加人民法院举办的论坛、研讨会等活动。

地方各级人民法院可以根据本规定精神，结合本地区实际情况出台具体落实措施；福建省高级人民法院可以根据中央赋予的先行先试政策统筹谋划，推进落实。各地人民法院出台的有关措施，应当层报最高人民法院台湾司法事务办公室备案。

最高人民法院关于人民法院办理海峡两岸送达文书和调查取证司法互助案件的规定

（2010 年 12 月 16 日最高人民法院审判委员会第 1506 次会议通过 2011 年 6 月 14 日最高人民法院公告公布 自 2011 年 6 月 25 日起施行 法释〔2011〕15 号）

为落实《海峡两岸共同打击犯罪及司法互助协议》（以下简称协议），进一步推动海峡两岸司法互助业务的开展，确保协议中涉及人民法院有关送达文书和调查取证司法互助工作事项的顺利实施，结合各级人民法院开展海峡两岸司法互助工作实践，制定本规定。

一、总 则

第一条 人民法院依照协议，办理海峡两岸民事、刑事、行政诉讼案件中的送达文书和调查取证司法互助业务，适用本规定。

第二条 人民法院应当在法定职权范围内办理海峡两岸司法互助业务。

人民法院办理海峡两岸司法互助业务，应当遵循一个中国原则，遵守国家法律的基本原则，不得违反社会公共利益。

二、职责分工

第三条 人民法院和台湾地区业务主管部门通过各自指定的协议联络人，建立办理海峡两岸司法互助业务的直接联络渠道。

第四条 最高人民法院是与台湾地区业务主管部门就海峡两岸司法互助业务进行联络的一级窗口。最高人民法院台湾司法事务办公室主任是最高人民法院指定的协议联络人。

最高人民法院负责：就协议中涉及人民法院的工作事项与台湾地区业务主管部门开展磋商、协调和交流；指导、监督、组织、协调地方各级人民法院办理海峡两岸司法互助业务；就海峡两岸调查取证司法互助业务与台湾地区业务主管部门直接联络，并在必要时具体办理调查取证司法互助案件；及时将本院和台湾地区业务主管部门指定的协议联络人的姓名、联络方式及变动情况等工作信息通报高级人民法院。

第五条 最高人民法院授权高级人民法院就办理海峡两岸送达文书司法互助案件，建立与台湾地区业务主管部门联络的二级窗口。高级人民法院应当指定专人作为经最高人民法院授权的二级联络窗口联络人。

高级人民法院负责：指导、监督、组织、协调本辖区人民法院办理海峡两岸送达文书和调查取证司法互助业务；就办理海峡两岸送达文书司法互助案件与台湾地区业务主管部门直接联络，并在必要时具体办理送达文书和调查取证司法互助案件；登记、统计本辖区人民法院办理的海峡两岸送达文书司法互助案件；定期向最高人民法院报告本辖区人民法院办理海峡两岸送达文书司法互助业务情况；及时将本院联络人的姓名、联络方式及变动情况报告最高人民法院，同时通报台湾地区联络人和下级人民法院。

第六条 中级人民法院和基层人民法院应当指定专人负责海峡两岸司法互助业务。

中级人民法院和基层人民法院负责：具体办理海峡两岸送达文书和调查取证司法互助案件；定期向高级人民法院层报本院办理海峡两岸送达文书司法互助业务情况；及时将本院海峡两岸司法互助业务负责人员的姓名、联络方式及变动情况层报高级人民法院。

三、送达文书司法互助

第七条 人民法院向住所地在台湾地区的当事人送达民事和行政诉讼司法文书，可以采用下列方式：

（一）受送达人居住在大陆的，直接送达。受送达人是自然人，本人不在的，可以交其同住成年家属签收；受送达人是法人或者其他组织的，应当由法人的法定代表人、其他组织的主要负责人或者该法人、其他组织负责收件的人签收。

受送达人不在大陆居住，但送达时在大陆的，可以直接送达。

（二）受送达人在大陆有诉讼代理人的，向诉讼代理人送达。但受送达人在授权委托书中明确表明其诉讼代理人无权代为接收的除外。

（三）受送达人有指定代收人的，向代收人送达。

（四）受送达人在大陆有代表机构、分支机构、业务代办人的，向其代表机构或者经受送达人明确授权接受送达的分支机构、业务代办人送达。

（五）通过协议确定的海峡两岸司法互助方式，请求台湾地区送达。

（六）受送达人在台湾地区的地址明确的，可以邮寄送达。

（七）有明确的传真号码、电子信箱地址的，可以通过传真、电子邮件方式向受送达人送达。

采用上述方式均不能送达或者台湾地区当事人下落不明的，可以公告送达。

人民法院需要向住所地在台湾地区的当事人送达刑事司法文书，可以通过协议确定的海峡两岸司法互助方式，请求台湾地区送达。

第八条 人民法院协助台湾地区法院送达司法文书，应当采用民事诉讼法、刑事诉讼法、行政诉讼法等法律和相关司法解释规定的送达方式，并应当尽可能采用直接送达方式，但不采用公告送达方式。

第九条 人民法院协助台湾地区送达司法文书，应当充分负责，及时努力送达。

第十条 审理案件的人民法院需要台湾地区协助送达司法文书的，应当填写《〈海峡两岸共同打击犯罪及司法互助协议〉送达文书请求书》附录部分，连同需要送达的司法文书，一式二份，及时送交高级人民法院。

需要台湾地区协助送达的司法文书中有指定开庭日期等类似期限的，一般应当为协助送达程序预留不少于六个月的时间。

第十一条 高级人民法院收到本院或者下级人民法院《〈海峡两岸共同打击犯罪及司法互助协议〉送达文书请求书》附录部分和需要送达的司法文书后，应当在七个工作日内完成审查。经审查认为可以请求台湾地区协助送达的，高级人民法院联络人应当填写《〈海峡两岸共同打击犯罪及司法互助协议〉送达文书请求书》正文部分，连同附录部分和需要送达的司法文书，立即寄送台湾地区联络人；经审查认为欠缺相关材料、内容或者认为不需要请求台湾地区协助送达的，应当立即告知提出请求的人民法院补充相关材料、内容或者在说明理由后将材料退回。

第十二条 台湾地区成功送达并将送达证明材料寄送高级人民法院联络人，或者未能成功送达并将相关材料送还，同时出具理由说明给高级人民法院联络人的，高级人民法院应当在收到之日起七个工作日内，完成审查并转送提出请求的人民法院。经审查认为欠缺相关材料或者内容的，高级人民法院联络人应当立即与台湾地区联络人联络并请求补充相关材料或者内容。

自高级人民法院联络人向台湾地区寄送有关司法文书之日起满四个月，如果未能收到送达证明材料或者说明文件，且根据各种情况不足以认定已经送达的，视为不能按照协议确定的海峡两岸司法互助方式送达。

第十三条 台湾地区请求人民法院协助送达台湾地区法院的司法文书并通过其联络人将请求书和相关司法文书寄送高级人民法院联络人的，高级人民法院应当在七个工作日内完成审查。经审查认为可以协助送达的，应当立即转送有关下级人民法院送达或者由本院送达；经审查认为欠缺相关材料、内容或者认为不宜协助送达的，高级人民法院联络人应当立即向台湾地区联络人说明情况并告知其补充相关材料、内容或者将材料送还。

具体办理送达文书司法互助案件的人民法院应当在收到高级人民法院转送的材料之日起五个工作日内，以“协助台湾地区送达民事（刑事、行政诉讼）司法文书”案由立案，指定专人办理，并应当自立案之日起十五日内完成协助送达，最迟不得超过两个月。

收到台湾地区送达文书请求时，司法文书中指定的开庭日期或者其他期限逾期的，人民法院亦应予以送达，同时高级人民法院联络人应当及时向台湾地区联络人说明情况。

第十四条 具体办理送达文书司法互助案件的人民法院成功送达的，应当由送达人在《〈海峡两岸共同打击犯罪及司法互助协议〉送达回证》上签名或者盖章，并在成功送达之日起七个工作日内将送达回证送交高级人民法院；未能成功送达的，应当由送达人在《〈海峡两岸共同打击犯罪及司法互助协议〉送达回证》上注明未能成功送达的原因并签名或者盖章，在确认不能送达之日起七个工作日内，将该送达回证和未能成功送达的司法文书送交高级人民法院。

高级人民法院应当在收到前款所述送达回证之日起七个工作日内完成审查，由高级人民法院联络人在前述送达回证上签名或者盖章，同时出具《〈海峡两岸共同打击犯罪及司法互助协议〉送达文书回复书》，连同该送达回证和未能成功送达的司法文书，立即寄送台湾地区联络人。

四、调查取证司法互助

第十五条 人民法院办理海峡两岸调查取证司法互助业务，限于与台湾地区法院相互协助调取与诉讼有关的证据，包括取得证言及陈述；提供书证、物证及视听资料；确定关系人所在地或者确认其身份、前科等情况；进行勘验、检查、扣押、鉴定和查询等。

第十六条 人民法院协助台湾地区法院调查取证，应当采用民事诉讼法、刑事诉讼法、行政诉讼法等法律和相关司法解释规定的方式。

在不违反法律和相关规定、不损害社会公共利益、不妨碍正在进行的诉讼程序的前提下，人民法院应当尽力协助调查取证，并尽可能依照台湾地区请求的内容和形式予以协助。

台湾地区调查取证请求书所述的犯罪事实，依照大陆法律规定不认为涉嫌犯罪的，人民法院不予协助，但有重大社会危害并经双方业务主管部门同意予以个案协助的除外。台湾地区请求促使大陆居民至台湾地区作证，但未作出非经大陆主管部门同意不得追诉其进入台湾地区之前任何行为的书面声明的，人民法院可以不予协助。

第十七条 审理案件的人民法院需要台湾地区协助调查取证的，应当填写《〈海峡两岸共同打击犯罪及司法互助协议〉调查取证请求书》附录部分，连同相关材料，一式三份，及时送交高级人民法院。

高级人民法院应当在收到前款所述材料之日起七个工作日内完成初步审查，并将审查意见和《〈海峡两岸共同打击犯罪及司法互助协议〉调查取证请求书》附录部分及相关材料，一式二份，立即转送最高人民法院。

第十八条 最高人民法院收到高级人民法院转送的《〈海峡两岸共同打击犯罪及司法互助协议〉调查取证请求书》附录部分和相关材料以及高级人民法院审查意见后，应当在七个工作日内完成最终审查。经审查认为可以请求台湾地区协助调查取证的，最高人民法院联络人应当填写《〈海峡两岸共同打击犯罪及司法互助协议〉调查取证请求书》正文部分，连同附录部分和相关材料，立即寄送台湾地区联络人；经审查认为欠缺相关材料、内容或者认为不需要请求台湾地区协助调查取证的，应当立即通过高级人民法院告知提出请求的人民法院补充相关材料、内容或者在说明理由后将材料退回。

第十九条　台湾地区成功调查取证并将取得的证据材料寄送最高人民法院联络人，或者未能成功调查取证并将相关材料送还，同时出具理由说明给最高人民法院联络人的，最高人民法院应当在收到之日起七个工作日内完成审查并转送高级人民法院，高级人民法院应当在收到之日起七个工作日内转送提出请求的人民法院。经审查认为欠缺相关材料或者内容的，最高人民法院联络人应当立即与台湾地区联络人联络并请求补充相关材料或者内容。

第二十条　台湾地区请求人民法院协助台湾地区法院调查取证并通过其联络人将请求书和相关材料寄送最高人民法院联络人的，最高人民法院应当在收到之日起七个工作日内完成审查。经审查认为可以协助调查取证的，应当立即转送有关高级人民法院或者由本院办理，高级人民法院应当在收到之日起七个工作日内转送有关下级人民法院办理或者由本院办理；经审查认为欠缺相关材料、内容或者认为不宜协助调查取证的，最高人民法院联络人应当立即向台湾地区联络人说明情况并告知其补充相关材料、内容或者将材料送还。

具体办理调查取证司法互助案件的人民法院应当在收到高级人民法院转送的材料之日起五个工作日内，以“协助台湾地区民事（刑事、行政诉讼）调查取证”案由立案，指定专人办理，并应当自立案之日起一个月内完成协助调查取证，最迟不得超过三个月。因故不能在期限届满前完成的，应当提前函告高级人民法院，并由高级人民法院转报最高人民法院。

第二十一条　具体办理调查取证司法互助案件的人民法院成功调查取证的，应当在完成调查取证之日起七个工作日内将取得的证据材料一式三份，连同台湾地区提供的材料，并在必要时附具情况说明，送交高级人民法院；未能成功调查取证的，应当出具说明函一式三份，连同台湾地区提供的材料，在确认不能成功调查取证之日起七个工作日内送交高级人民法院。

高级人民法院应当在收到前款所述材料之日起七个工作日内完成初步审查，并将审查意见和前述取得的证据材料或者说明函等，一式二份，连同台湾地区提供的材料，立即转送最高人民法院。

最高人民法院应当在收到之日起七个工作日内完成最终审查，由最高人民法院联络人出具《〈海峡两岸共同打击犯罪及司法互助协议〉调查取证回复书》，必要时连同相关材料，立即寄送台湾地区联络人。

证据材料不适宜复制或者难以取得备份的，可不按本条第一款和第二款的规定提供备份材料。

五、附　　则

第二十二条　人民法院对于台湾地区请求协助所提供的和执行请求所取得的相关资料应当予以保密。但依据请求目的使用的除外。

第二十三条　人民法院应当依据请求书载明的目的使用台湾地区协助提供的资料。但最高人民法院和台湾地区业务主管部门另有商定的除外。

第二十四条　对于依照协议和本规定从台湾地区获得的证据和司法文书等材料，不需要办理公证、认证等形式证明。

第二十五条　人民法院办理海峡两岸司法互助业务，应当使用统一、规范的文书样式。

第二十六条　对于执行台湾地区的请求所发生的费用，由有关人民法院负担。但下列费用应当由台湾地区业务主管部门负责支付：

（一）鉴定费用；

（二）翻译费用和誊写费用；

（三）为台湾地区提供协助的证人和鉴定人，因前往、停留、离开台湾地区所发生的费用；

（四）其他经最高人民法院和台湾地区业务主管部门商定的费用。

第二十七条　人民法院在办理海峡两岸司法互助案件中收到、取得、制作的各种文件和材料，应当以原件或者复制件形式，作为诉讼档案保存。

第二十八条　最高人民法院审理的案件需要请求台湾地区协助送达司法文书和调查取证的，参照本规定由本院自行办理。

专门人民法院办理海峡两岸送达文书和调查取证司法互助业务，参照本规定执行。

第二十九条　办理海峡两岸司法互助案件和执行本规定的情况，应当纳入对有关人民法院及相关工作人员的工作绩效考核和案件质量评查范围。

第三十条　此前发布的司法解释与本规定不一致的，以本规定为准。

（二）刑事

最高人民法院、最高人民检察院关于不再追诉去台人员在中华人民共和国成立前的犯罪行为的公告

（1988年3月14日）

台湾同胞来祖国大陆探亲旅游的日益增多。这对于促进海峡两岸的“三通”和实现祖国和平统一大业将起到积极的作用。为此，对去台人员中在中华人民共和国成立前在大陆犯有罪行的，根据《中华人民共和国刑法》第七十六条关于对犯罪追诉时效的规定的精神，决定对其当时所犯罪行不再追诉。

来祖国大陆的台湾同胞应遵守国家的法律，其探亲、旅游、贸易、投资等正当活动，均受法律保护。

最高人民法院、最高人民检察院关于不再追诉去台人员在中华人民共和国成立后当地人民政权建立前的犯罪行为的公告

（1989年9月7日 〔1989〕高检会（研）字第12号）

最高人民法院、最高人民检察院1988年3月14日《关于不再追诉去台人员在中华人民共和国成立前的犯罪行为的公告》发布以后，引起各方面的积极反响。为了进一步发展祖国大陆与台湾地区的经济、文化交流和人员往来，促进祖国和平统一大业，现根据《中华人民共和国刑法》的规定，再次公告如下：

一、对去台人员在中华人民共和国成立后、犯罪地地方人民政权建立前所犯罪行，不再追诉。

二、去台人员在中华人民共和国成立后、犯罪地地方人民政权建立前犯有罪行，并连续或继续到当地人民政权建立后的，追诉期限从犯罪行为终了之日起计算。凡符合《中华人民共和国刑法》第七十六条规定的，不再追诉。其中法定最高刑为无期徒刑、死刑的，经过二十年，也不再追诉。如果认为必须追诉的，由最高人民检察院核准。

三、对于去海外其他地方的人员在中华人民共和国成立前，或者在中华人民共和国成立后、犯罪地地方人民政权建立前所犯的罪行，分别按照最高人民法院、最高人民检察院《关于不再追诉去台人员在中华人民共和国成立前的犯罪行为的公告》精神和本公告第一条、第二条的规定办理。

最高人民法院关于人民法院办理接收在台湾地区服刑的大陆居民回大陆服刑案件的规定

（2015年6月2日最高人民法院审判委员会第1653次会议通过
2016年4月27日最高人民法院公告公布　自2016年5月1日起施行
法释〔2016〕11号）

为落实《海峡两岸共同打击犯罪及司法互助协议》，保障接收在台湾地区服刑的大陆居民回大陆服刑工作顺利进行，根据《中华人民共和国刑法》《中华人民共和国刑事诉讼法》等有关法律，制定本规定。

第一条　人民法院办理接收在台湾地区服刑的大陆居民（以下简称被判刑人）回大陆服刑案件（以下简称接收被判刑人案件），应当遵循一个中国原则，遵守国家法律的基本原则，秉持人道和互惠原则，不得违反社会公共利益。

第二条　接收被判刑人案件由最高人民法院指定的中级人民法院管辖。

第三条　申请机关向人民法院申请接收被判刑人回大陆服刑，应当同时提交以下材料：

（一）申请机关制作的接收被判刑人申请书，其中应当载明：

1. 台湾地区法院认定的被判刑人实施的犯罪行为及判决依据的具体条文内容；

2. 该行为在大陆依据刑法也构成犯罪、相应的刑法条文、罪名及该行为未进入大陆刑事诉讼程序的说明；

3. 建议转换的具体刑罚；

4. 其他需要说明的事项。

（二）被判刑人系大陆居民的身份证明；

（三）台湾地区法院对被判刑人定罪处刑的裁判文书、生效证明和执行文书；

（四）被判刑人或其法定代理人申请或者同意回大陆服刑的书面意见，且法定代理人与被判刑人的意思表示一致；

（五）被判刑人或其法定代理人所作的关于被判刑人在台湾地区接受公正审判的权利已获得保障的书面声明；

（六）两岸有关业务主管部门均同意被判刑人回大陆服刑的书面意见；

（七）台湾地区业务主管部门出具的有关刑罚执行情况的说明，包括被判刑人交付执行前的羁押期、已服刑期、剩余刑期，被判刑人服刑期间的表现、退赃退赔情况，被判刑人的健康状况、疾病与治疗情况；

（八）根据案件具体情况需要提交的其他材料。

申请机关提交材料齐全的，人民法院应当在七日内立案。提交材料不全的，应当通知申请机关在十五日内补送，至迟不能超过两个月；逾期未补送的，不予立案，并于七日内书面告知申请机关。

第四条 人民法院应当组成合议庭审理接收被判刑人案件。

第五条 人民法院应当在立案后一个月内就是否准予接收被判刑人作出裁定，情况复杂、特殊的，可以延长一个月。

人民法院裁定准予接收的，应当依据台湾地区法院判决认定的事实并参考其所定罪名，根据刑法就相同或者最相似犯罪行为规定的法定刑，按照下列原则对台湾地区法院确定的无期徒刑或者有期徒刑予以转换：

（一）原判处刑罚未超过刑法规定的最高刑，包括原判处刑罚低于刑法规定的最低刑的，以原判处刑罚作为转换后的刑罚；

（二）原判处刑罚超过刑法规定的最高刑的，以刑法规定的最高刑作为转换后的刑罚；

（三）转换后的刑罚不附加适用剥夺政治权利。

前款所称的最高刑，如台湾地区法院认定的事实依据刑法应当认定为一个犯罪的，是指刑法对该犯罪规定的最高刑；如应当认定为多个犯罪的，是指刑法对数罪并罚规定的最高刑。

对人民法院立案前，台湾地区有关业务主管部门对被判刑人在服刑期间作出的减轻刑罚决定，人民法院应当一并予以转换，并就最终应当执行的刑罚作出裁定。

第六条 被判刑人被接收回大陆服刑前被实际羁押的期间，应当以一日折抵转换后的刑期一日。

第七条　被判刑人被接收回大陆前已在台湾地区被假释或保外就医的，或者被判刑人或其法定代理人在申请或者同意回大陆服刑的书面意见中同时申请暂予监外执行的，人民法院应当根据刑法、刑事诉讼法的规定一并审查，并作出是否假释或者暂予监外执行的决定。

第八条　人民法院作出裁定后，应当在七日内送达申请机关。裁定一经送达，立即生效。

第九条　被判刑人回大陆服刑后，有关减刑、假释、暂予监外执行、赦免等事项，适用刑法、刑事诉讼法及相关司法解释的规定。

第十条　被判刑人回大陆服刑后，对其在台湾地区已被判处刑罚的行为，人民法院不再审理。

第十一条　本规定自 2016 年 5 月 1 日起施行。

最高人民法院、最高人民检察院、公安部、司法部关于对因犯罪在大陆受审的台湾居民依法适用缓刑实行社区矫正有关问题的意见

（2016年7月26日 法发〔2016〕33号）

为维护因犯罪在大陆受审的台湾居民的合法权益，保障缓刑的依法适用和执行，根据《中华人民共和国刑法》《中华人民共和国刑事诉讼法》和《社区矫正实施办法》① 等有关规定，结合工作实际，制定本意见。

第一条 对因犯罪被判处拘役、三年以下有期徒刑的台湾居民，如果其犯罪情节较轻、有悔罪表现、没有再犯罪的危险且宣告缓刑对所居住社区没有重大不良影响的，人民法院可以宣告缓刑，对其中不满十八周岁的人、怀孕的妇女和已满七十五周岁的人，应当宣告缓刑。

第二条 人民检察院建议对被告人宣告缓刑的，应当说明依据和理由。

被告人及其法定代理人、辩护人提出宣告缓刑的请求，应当说明理由，必要时需提交经过台湾地区公证机关公证的被告人在台湾地区无犯罪记录证明等相关材料。

第三条 公安机关、人民检察院、人民法院需要委托司法行政机关调查评估宣告缓刑对社区影响的，可以委托犯罪嫌疑人、被告人在大陆居住地的县级司法行政机关，也可以委托适合协助社区矫正的下列单位或者人员所在地的县级司法行政机关：

（一）犯罪嫌疑人、被告人在大陆的工作单位或者就读学校；

（二）台湾同胞投资企业协会、台湾同胞投资企业；

---

① 《社区矫正实施办法》已被《中华人民共和国社区矫正法实施办法》（司发通〔2020〕59号）废止。——编者注

（三）其他愿意且有能力协助社区矫正的单位或者人员。

已经建立涉台社区矫正专门机构的地方，可以委托该机构所在地的县级司法行政机关调查评估。

根据前两款规定仍无法确定接受委托的调查评估机关的，可以委托办理案件的公安机关、人民检察院、人民法院所在地的县级司法行政机关。

第四条 司法行政机关收到委托后，一般应当在十个工作日内向委托机关提交调查评估报告；对提交调查评估报告的时间另有规定的，从其规定。

司法行政机关开展调查评估，可以请当地台湾同胞投资企业协会、台湾同胞投资企业以及犯罪嫌疑人、被告人在大陆的监护人、亲友等协助提供有关材料。

第五条 人民法院对被告人宣告缓刑时，应当核实其居住地或者本意见第三条规定的有关单位、人员所在地，书面告知被告人应当自判决、裁定生效后十日内到社区矫正执行地的县级司法行政机关报到，以及逾期报到的法律后果。

缓刑判决、裁定生效后，人民法院应当在十日内将判决书、裁定书、执行通知书等法律文书送达社区矫正执行地的县级司法行政机关，同时抄送该地县级人民检察院和公安机关。

第六条 对被告人宣告缓刑的，人民法院应当及时作出不准出境决定书，同时依照有关规定办理边控手续。

实施边控的期限为缓刑考验期限。

第七条 对缓刑犯的社区矫正，由其在大陆居住地的司法行政机关负责指导管理、组织实施；在大陆没有居住地的，由本意见第三条规定的有关司法行政机关负责。

第八条 为缓刑犯确定的社区矫正小组可以吸收下列人员参与：

（一）当地台湾同胞投资企业协会、台湾同胞投资企业的代表；

（二）在大陆居住或者工作的台湾同胞；

（三）缓刑犯在大陆的亲友；

（四）其他愿意且有能力参与社区矫正工作的人员。

第九条 根据社区矫正需要，司法行政机关可以会同相关部门，协调台湾同胞投资企业协会、台湾同胞投资企业等，为缓刑犯提供工作岗位、技能培训等帮助。

第十条 对于符合条件的缓刑犯，可以依据《海峡两岸共同打击犯罪及司法互助协议》，移交台湾地区执行。

第十一条 对因犯罪在大陆受审、执行刑罚的台湾居民判处管制、裁定假释、决定或者批准暂予监外执行，实行社区矫正的，可以参照适用本意见的有关规定。

第十二条 本意见自 2017 年 1 月 1 日起施行。

（三）民事

最高人民法院关于认可和执行台湾地区法院民事判决的规定

（2015年6月2日最高人民法院审判委员会第1653次会议通过 2015年6月29日最高人民法院公告公布 自2015年7月1日起施行 法释〔2015〕13号）

为保障海峡两岸当事人的合法权益，更好地适应海峡两岸关系和平发展的新形势，根据民事诉讼法等有关法律，总结人民法院涉台审判工作经验，就认可和执行台湾地区法院民事判决，制定本规定。

第一条 台湾地区法院民事判决的当事人可以根据本规定，作为申请人向人民法院申请认可和执行台湾地区有关法院民事判决。

第二条 本规定所称台湾地区法院民事判决，包括台湾地区法院作出的生效民事判决、裁定、和解笔录、调解笔录、支付命令等。

申请认可台湾地区法院在刑事案件中作出的有关民事损害赔偿的生效判决、裁定、和解笔录的，适用本规定。

申请认可由台湾地区乡镇市调解委员会等出具并经台湾地区法院核定，与台湾地区法院生效民事判决具有同等效力的调解文书的，参照适用本规定。

第三条 申请人同时提出认可和执行台湾地区法院民事判决申请的，人民法院先按照认可程序进行审查，裁定认可后，由人民法院执行机构执行。

申请人直接申请执行的，人民法院应当告知其一并提交认可申请；坚持不申请认可的，裁定驳回其申请。

第四条 申请认可台湾地区法院民事判决的案件，由申请人住所地、经常居住地或者被申请人住所地、经常居住地、财产所在地中级人民法院或者专门人民法院受理。

申请人向两个以上有管辖权的人民法院申请认可的，由最先立案的人民法院管辖。

申请人向被申请人财产所在地人民法院申请认可的，应当提供财产存在的相关证据。

第五条 对申请认可台湾地区法院民事判决的案件，人民法院应当组成合议庭进行审查。

第六条 申请人委托他人代理申请认可台湾地区法院民事判决的，应当向人民法院提交由委托人签名或者盖章的授权委托书。

台湾地区、香港特别行政区、澳门特别行政区或者外国当事人签名或者盖章的授权委托书应当履行相关的公证、认证或者其他证明手续，但授权委托书在人民法院法官的见证下签署或者经中国大陆公证机关公证证明是在中国大陆签署的除外。

第七条 申请人申请认可台湾地区法院民事判决，应当提交申请书，并附有台湾地区有关法院民事判决文书和民事判决确定证明书的正本或者经证明无误的副本。台湾地区法院民事判决为缺席判决的，申请人应当同时提交台湾地区法院已经合法传唤当事人的证明文件，但判决已经对此予以明确说明的除外。

申请书应当记明以下事项：

（一）申请人和被申请人姓名、性别、年龄、职业、身份证件号码、住址（申请人或者被申请人为法人或者其他组织的，应当记明法人或者其他组织的名称、地址、法定代表人或者主要负责人姓名、职务）和通讯方式；

（二）请求和理由；

（三）申请认可的判决的执行情况；

（四）其他需要说明的情况。

第八条 对于符合本规定第四条和第七条规定条件的申请，人民法院应当在收到申请后七日内立案，并通知申请人和被申请人，同时将申请书送达被申请人；不符合本规定第四条和第七条规定条件的，应当在七日内裁定不予受理，同时说明不予受理的理由；申请人对裁定不服的，可以提起上诉。

第九条 申请人申请认可台湾地区法院民事判决，应当提供相关证明文件，以证明该判决真实并且已经生效。

申请人可以申请人民法院通过海峡两岸调查取证司法互助途径查明台湾地

区法院民事判决的真实性和是否生效以及当事人得到合法传唤的证明文件；人民法院认为必要时，也可以就有关事项依职权通过海峡两岸司法互助途径向台湾地区请求调查取证。

第十条 人民法院受理认可台湾地区法院民事判决的申请之前或者之后，可以按照民事诉讼法及相关司法解释的规定，根据申请人的申请，裁定采取保全措施。

第十一条 人民法院受理认可台湾地区法院民事判决的申请后，当事人就同一争议起诉的，不予受理。

一方当事人向人民法院起诉后，另一方当事人向人民法院申请认可的，对于认可的申请不予受理。

第十二条 案件虽经台湾地区有关法院判决，但当事人未申请认可，而是就同一争议向人民法院起诉的，应予受理。

第十三条 人民法院受理认可台湾地区法院民事判决的申请后，作出裁定前，申请人请求撤回申请的，可以裁定准许。

第十四条 人民法院受理认可台湾地区法院民事判决的申请后，应当在立案之日起六个月内审结。有特殊情况需要延长的，报请上一级人民法院批准。

通过海峡两岸司法互助途径送达文书和调查取证的期间，不计入审查期限。

第十五条 台湾地区法院民事判决具有下列情形之一的，裁定不予认可：

（一）申请认可的民事判决，是在被申请人缺席又未经合法传唤或者在被申请人无诉讼行为能力又未得到适当代理的情况下作出的；

（二）案件系人民法院专属管辖的；

（三）案件双方当事人订有有效仲裁协议，且无放弃仲裁管辖情形的；

（四）案件系人民法院已作出判决或者中国大陆的仲裁庭已作出仲裁裁决的；

（五）香港特别行政区、澳门特别行政区或者外国的法院已就同一争议作出判决且已为人民法院所认可或者承认的；

（六）台湾地区、香港特别行政区、澳门特别行政区或者外国的仲裁庭已就同一争议作出仲裁裁决且已为人民法院所认可或者承认的。

认可该民事判决将违反一个中国原则等国家法律的基本原则或者损害社会公共利益的，人民法院应当裁定不予认可。

第十六条 人民法院经审查能够确认台湾地区法院民事判决真实并且已经

生效，而且不具有本规定第十五条所列情形的，裁定认可其效力；不能确认该民事判决的真实性或者已经生效的，裁定驳回申请人的申请。

裁定驳回申请的案件，申请人再次申请并符合受理条件的，人民法院应予受理。

第十七条 经人民法院裁定认可的台湾地区法院民事判决，与人民法院作出的生效判决具有同等效力。

第十八条 人民法院依据本规定第十五条和第十六条作出的裁定，一经送达即发生法律效力。

当事人对上述裁定不服的，可以自裁定送达之日起十日内向上一级人民法院申请复议。

第十九条 对人民法院裁定不予认可的台湾地区法院民事判决，申请人再次提出申请的，人民法院不予受理，但申请人可以就同一争议向人民法院起诉。

第二十条 申请人申请认可和执行台湾地区法院民事判决的期间，适用民事诉讼法第二百三十九条的规定，但申请认可台湾地区法院有关身份关系的判决除外。

申请人仅申请认可而未同时申请执行的，申请执行的期间自人民法院对认可申请作出的裁定生效之日起重新计算。

第二十一条 人民法院在办理申请认可和执行台湾地区法院民事判决案件中作出的法律文书，应当依法送达案件当事人。

第二十二条 申请认可和执行台湾地区法院民事判决，应当参照《诉讼费用交纳办法》的规定，交纳相关费用。

第二十三条 本规定自2015年7月1日起施行。《最高人民法院关于人民法院认可台湾地区有关法院民事判决的规定》（法释〔1998〕11号）、《最高人民法院关于当事人持台湾地区有关法院民事调解书或者有关机构出具或确认的调解协议书向人民法院申请认可人民法院应否受理的批复》（法释〔1999〕10号）、《最高人民法院关于当事人持台湾地区有关法院支付命令向人民法院申请认可人民法院应否受理的批复》（法释〔2001〕13号）和《最高人民法院关于人民法院认可台湾地区有关法院民事判决的补充规定》（法释〔2009〕4号）同时废止。

最高人民法院关于认可和执行台湾地区仲裁裁决的规定

（2015年6月2日最高人民法院审判委员会第1653次会议通过　2015年6月29日最高人民法院公告公布　自2015年7月1日起施行　法释〔2015〕14号）

为保障海峡两岸当事人的合法权益，更好地适应海峡两岸关系和平发展的新形势，根据民事诉讼法、仲裁法等有关法律，总结人民法院涉台审判工作经验，就认可和执行台湾地区仲裁裁决，制定本规定。

第一条　台湾地区仲裁裁决的当事人可以根据本规定，作为申请人向人民法院申请认可和执行台湾地区仲裁裁决。

第二条　本规定所称台湾地区仲裁裁决是指，有关常设仲裁机构及临时仲裁庭在台湾地区按照台湾地区仲裁规定就有关民商事争议作出的仲裁裁决，包括仲裁判断、仲裁和解和仲裁调解。

第三条　申请人同时提出认可和执行台湾地区仲裁裁决申请的，人民法院先按照认可程序进行审查，裁定认可后，由人民法院执行机构执行。

申请人直接申请执行的，人民法院应当告知其一并提交认可申请；坚持不申请认可的，裁定驳回其申请。

第四条　申请认可台湾地区仲裁裁决的案件，由申请人住所地、经常居住地或者被申请人住所地、经常居住地、财产所在地中级人民法院或者专门人民法院受理。

申请人向两个以上有管辖权的人民法院申请认可的，由最先立案的人民法院管辖。

申请人向被申请人财产所在地人民法院申请认可的，应当提供财产存在的相关证据。

第五条　对申请认可台湾地区仲裁裁决的案件，人民法院应当组成合议庭进行审查。

第六条 申请人委托他人代理申请认可台湾地区仲裁裁决的，应当向人民法院提交由委托人签名或者盖章的授权委托书。

台湾地区、香港特别行政区、澳门特别行政区或者外国当事人签名或者盖章的授权委托书应当履行相关的公证、认证或者其他证明手续，但授权委托书在人民法院法官的见证下签署或者经中国大陆公证机关公证证明是在中国大陆签署的除外。

第七条 申请人申请认可台湾地区仲裁裁决，应当提交以下文件或者经证明无误的副本：

（一）申请书；

（二）仲裁协议；

（三）仲裁判断书、仲裁和解书或者仲裁调解书。

申请书应当记明以下事项：

（一）申请人和被申请人姓名、性别、年龄、职业、身份证件号码、住址（申请人或者被申请人为法人或者其他组织的，应当记明法人或者其他组织的名称、地址、法定代表人或者主要负责人姓名、职务）和通讯方式；

（二）申请认可的仲裁判断书、仲裁和解书或者仲裁调解书的案号或者识别资料和生效日期；

（三）请求和理由；

（四）被申请人财产所在地、财产状况及申请认可的仲裁裁决的执行情况；

（五）其他需要说明的情况。

第八条 对于符合本规定第四条和第七条规定条件的申请，人民法院应当在收到申请后七日内立案，并通知申请人和被申请人，同时将申请书送达被申请人；不符合本规定第四条和第七条规定条件的，应当在七日内裁定不予受理，同时说明不予受理的理由；申请人对裁定不服的，可以提起上诉。

第九条 申请人申请认可台湾地区仲裁裁决，应当提供相关证明文件，以证明该仲裁裁决的真实性。

申请人可以申请人民法院通过海峡两岸调查取证司法互助途径查明台湾地区仲裁裁决的真实性；人民法院认为必要时，也可以就有关事项依职权通过海峡两岸司法互助途径向台湾地区请求调查取证。

第十条 人民法院受理认可台湾地区仲裁裁决的申请之前或者之后，可以按照民事诉讼法及相关司法解释的规定，根据申请人的申请，裁定采取保全措施。

第十一条 人民法院受理认可台湾地区仲裁裁决的申请后，当事人就同一争议起诉的，不予受理。

当事人未申请认可，而是就同一争议向人民法院起诉的，亦不予受理，但仲裁协议无效的除外。

第十二条 人民法院受理认可台湾地区仲裁裁决的申请后，作出裁定前，申请人请求撤回申请的，可以裁定准许。

第十三条 人民法院应当尽快审查认可台湾地区仲裁裁决的申请，决定予以认可的，应当在立案之日起两个月内作出裁定；决定不予认可或者驳回申请的，应当在作出决定前按有关规定自立案之日起两个月内上报最高人民法院。

通过海峡两岸司法互助途径送达文书和调查取证的期间，不计入审查期限。

第十四条 对申请认可和执行的仲裁裁决，被申请人提出证据证明有下列情形之一的，经审查核实，人民法院裁定不予认可：

（一）仲裁协议一方当事人依对其适用的法律在订立仲裁协议时属于无行为能力的；或者依当事人约定的准据法，或当事人没有约定适用的准据法而依台湾地区仲裁规定，该仲裁协议无效的；或者当事人之间没有达成书面仲裁协议的，但申请认可台湾地区仲裁调解的除外；

（二）被申请人未接到选任仲裁员或进行仲裁程序的适当通知，或者由于其他不可归责于被申请人的原因而未能陈述意见的；

（三）裁决所处理的争议不是提交仲裁的争议，或者不在仲裁协议范围之内；或者裁决载有超出当事人提交仲裁范围的事项的决定，但裁决中超出提交仲裁范围的事项的决定与提交仲裁事项的决定可以分开的，裁决中关于提交仲裁事项的决定部分可以予以认可；

（四）仲裁庭的组成或者仲裁程序违反当事人的约定，或者在当事人没有约定时与台湾地区仲裁规定不符的；

（五）裁决对当事人尚无约束力，或者业经台湾地区法院撤销或者驳回执行申请的。

依据国家法律，该争议事项不能以仲裁解决的，或者认可该仲裁裁决将违反一个中国原则等国家法律的基本原则或损害社会公共利益的，人民法院应当裁定不予认可。

第十五条 人民法院经审查能够确认台湾地区仲裁裁决真实，而且不具有本规定第十四条所列情形的，裁定认可其效力；不能确认该仲裁裁决真实性的，裁定驳回申请。

裁定驳回申请的案件，申请人再次申请并符合受理条件的，人民法院应予受理。

第十六条　人民法院依据本规定第十四条和第十五条作出的裁定，一经送达即发生法律效力。

第十七条　一方当事人向人民法院申请认可或者执行台湾地区仲裁裁决，另一方当事人向台湾地区法院起诉撤销该仲裁裁决，被申请人申请中止认可或者执行并且提供充分担保的，人民法院应当中止认可或者执行程序。

申请中止认可或者执行的，应当向人民法院提供台湾地区法院已经受理撤销仲裁裁决案件的法律文书。

台湾地区法院撤销该仲裁裁决的，人民法院应当裁定不予认可或者裁定终结执行；台湾地区法院驳回撤销仲裁裁决请求的，人民法院应当恢复认可或者执行程序。

第十八条　对人民法院裁定不予认可的台湾地区仲裁裁决，申请人再次提出申请的，人民法院不予受理。但当事人可以根据双方重新达成的仲裁协议申请仲裁，也可以就同一争议向人民法院起诉。

第十九条　申请人申请认可和执行台湾地区仲裁裁决的期间，适用民事诉讼法第二百三十九条的规定。

申请人仅申请认可而未同时申请执行的，申请执行的期间自人民法院对认可申请作出的裁定生效之日起重新计算。

第二十条　人民法院在办理申请认可和执行台湾地区仲裁裁决案件中所作出的法律文书，应当依法送达案件当事人。

第二十一条　申请认可和执行台湾地区仲裁裁决，应当参照《诉讼费用交纳办法》的规定，交纳相关费用。

第二十二条　本规定自 2015 年 7 月 1 日起施行。

本规定施行前，根据《最高人民法院关于人民法院认可台湾地区有关法院民事判决的规定》（法释〔1998〕11 号），人民法院已经受理但尚未审结的申请认可和执行台湾地区仲裁裁决的案件，适用本规定。

最高人民法院关于涉台民事诉讼文书送达的若干规定

（最高人民法院审判委员会第1421次会议通过 2008年4月17日最高人民法院公告公布 自2008年4月23日起施行 法释〔2008〕4号）

为维护涉台民事案件当事人的合法权益，保障涉台民事案件诉讼活动的顺利进行，促进海峡两岸人员往来和交流，根据民事诉讼法的有关规定，制定本规定。

第一条 人民法院审理涉台民事案件向住所地在台湾地区的当事人送达民事诉讼文书，以及人民法院接受台湾地区有关法院的委托代为向住所地在大陆的当事人送达民事诉讼文书，适用本规定。

涉台民事诉讼文书送达事务的处理，应当遵守一个中国原则和法律的基本原则，不违反社会公共利益。

第二条 人民法院送达或者代为送达的民事诉讼文书包括：起诉状副本、上诉状副本、反诉状副本、答辩状副本、授权委托书、传票、判决书、调解书、裁定书、支付令、决定书、通知书、证明书、送达回证以及与民事诉讼有关的其他文书。

第三条 人民法院向住所地在台湾地区的当事人送达民事诉讼文书，可以采用下列方式：

（一）受送达人居住在大陆的，直接送达。受送达人是自然人，本人不在的，可以交其同住成年家属签收；受送达人是法人或者其他组织的，应当由法人的法定代表人、其他组织的主要负责人或者该法人、组织负责收件的人签收；

受送达人不在大陆居住，但送达时在大陆的，可以直接送达；

（二）受送达人在大陆有诉讼代理人的，向诉讼代理人送达。受送达人在授权委托书中明确表明其诉讼代理人无权代为接收的除外；

（三）受送达人有指定代收人的，向代收人送达；

（四）受送达人在大陆有代表机构、分支机构、业务代办人的，向其代表机构或者经受送达人明确授权接受送达的分支机构、业务代办人送达；

（五）受送达人在台湾地区的地址明确的，可以邮寄送达；

（六）有明确的传真号码、电子信箱地址的，可以通过传真、电子邮件方式向受送达人送达；

（七）按照两岸认可的其他途径送达。

采用上述方式不能送达或者台湾地区的当事人下落不明的，公告送达。

第四条 采用本规定第三条第一款第（一）、（二）、（三）、（四）项方式送达的，由受送达人、诉讼代理人或者有权接受送达的人在送达回证上签收或者盖章，即为送达；拒绝签收或者盖章的，可以依法留置送达。

第五条 采用本规定第三条第一款第（五）项方式送达的，应当附有送达回证。受送达人未在送达回证上签收但在邮件回执上签收的，视为送达，签收日期为送达日期。

自邮寄之日起满三个月，如果未能收到送达与否的证明文件，且根据各种情况不足以认定已经送达的，视为未送达。

第六条 采用本规定第三条第一款第（六）项方式送达的，应当注明人民法院的传真号码或者电子信箱地址，并要求受送达人在收到传真件或者电子邮件后及时予以回复，以能够确认受送达人收悉的日期为送达日期。

第七条 采用本规定第三条第一款第（七）项方式送达的，应当由有关的高级人民法院出具盖有本院印章的委托函。委托函应当写明案件各方当事人的姓名或者名称、案由、案号；受送达人姓名或者名称、受送达人的详细地址以及需送达的文书种类。

第八条 采用公告方式送达的，公告内容应当在境内外公开发行的报刊或者权威网站上刊登。

公告送达的，自公告之日起满三个月，即视为送达。

第九条 人民法院按照两岸认可的有关途径代为送达台湾地区法院的民事诉讼文书的，应当有台湾地区有关法院的委托函。

人民法院收到台湾地区有关法院的委托函后，经审查符合条件的，应当在收到委托函之日起两个月内完成送达。

民事诉讼文书中确定的出庭日期或者其他期限逾期的，受委托的人民法院亦应予送达。

第十条 人民法院按照委托函中的受送达人姓名或者名称、地址不能送达的，应当附函写明情况，将委托送达的民事诉讼文书退回。

完成送达的送达回证以及未完成送达的委托材料，可以按照原途径退回。

第十一条 受委托的人民法院对台湾地区有关法院委托送达的民事诉讼文书的内容和后果不负法律责任。

最高人民法院关于审理涉台民商事案件法律适用问题的规定

（2010 年 4 月 26 日最高人民法院审判委员会第 1486 次会议通过　根据 2020 年 12 月 23 日最高人民法院审判委员会第 1823 次会议通过的《最高人民法院关于修改〈最高人民法院关于破产企业国有划拨土地使用权应否列入破产财产等问题的批复〉等二十九件商事类司法解释的决定》修正　2020 年 12 月 29 日最高人民法院公告公布　自 2021 年 1 月 1 日起施行　法释〔2020〕18 号）

为正确审理涉台民商事案件，准确适用法律，维护当事人的合法权益，根据相关法律，制定本规定。

第一条　人民法院审理涉台民商事案件，应当适用法律和司法解释的有关规定。

根据法律和司法解释中选择适用法律的规则，确定适用台湾地区民事法律的，人民法院予以适用。

第二条　台湾地区当事人在人民法院参与民事诉讼，与大陆当事人有同等的诉讼权利和义务，其合法权益受法律平等保护。

第三条　根据本规定确定适用有关法律违反国家法律的基本原则或者社会公共利益的，不予适用。

七、其他

中华人民共和国
香港特别行政区维护国家安全法

（2020年6月30日第十三届全国人民代表大会常务委员会第二十次会议通过　2020年6月30日中华人民共和国主席令第49号公布　自公布之日起施行）

第一章　总　　则

第一条　为坚定不移并全面准确贯彻“一国两制”、“港人治港”、高度自治的方针，维护国家安全，防范、制止和惩治与香港特别行政区有关的分裂国家、颠覆国家政权、组织实施恐怖活动和勾结外国或者境外势力危害国家安全等犯罪，保持香港特别行政区的繁荣和稳定，保障香港特别行政区居民的合法权益，根据中华人民共和国宪法、中华人民共和国香港特别行政区基本法和全国人民代表大会关于建立健全香港特别行政区维护国家安全的法律制度和执行机制的决定，制定本法。

第二条　关于香港特别行政区法律地位的香港特别行政区基本法第一条和第十二条规定是香港特别行政区基本法的根本性条款。香港特别行政区任何机构、组织和个人行使权利和自由，不得违背香港特别行政区基本法第一条和第十二条的规定。

第三条　中央人民政府对香港特别行政区有关的国家安全事务负有根本责任。

香港特别行政区负有维护国家安全的宪制责任，应当履行维护国家安全的职责。

香港特别行政区行政机关、立法机关、司法机关应当依据本法和其他有关法律规定有效防范、制止和惩治危害国家安全的行为和活动。

第四条 香港特别行政区维护国家安全应当尊重和保障人权，依法保护香港特别行政区居民根据香港特别行政区基本法和《公民权利和政治权利国际公约》、《经济、社会与文化权利的国际公约》适用于香港的有关规定享有的包括言论、新闻、出版的自由，结社、集会、游行、示威的自由在内的权利和自由。

第五条 防范、制止和惩治危害国家安全犯罪，应当坚持法治原则。法律规定为犯罪行为的，依照法律定罪处刑；法律没有规定为犯罪行为的，不得定罪处刑。

任何人未经司法机关判罪之前均假定无罪。保障犯罪嫌疑人、被告人和其他诉讼参与人依法享有的辩护权和其他诉讼权利。任何人已经司法程序被最终确定有罪或者宣告无罪的，不得就同一行为再予审判或者惩罚。

第六条 维护国家主权、统一和领土完整是包括香港同胞在内的全中国人民的共同义务。

在香港特别行政区的任何机构、组织和个人都应当遵守本法和香港特别行政区有关维护国家安全的其他法律，不得从事危害国家安全的行为和活动。

香港特别行政区居民在参选或者就任公职时应当依法签署文件确认或者宣誓拥护中华人民共和国香港特别行政区基本法，效忠中华人民共和国香港特别行政区。

第二章 香港特别行政区维护国家安全的职责和机构

第一节 职　　责

第七条 香港特别行政区应当尽早完成香港特别行政区基本法规定的维护国家安全立法，完善相关法律。

第八条 香港特别行政区执法、司法机关应当切实执行本法和香港特别行政区现行法律有关防范、制止和惩治危害国家安全行为和活动的规定，有效维护国家安全。

第九条 香港特别行政区应当加强维护国家安全和防范恐怖活动的工作。对学校、社会团体、媒体、网络等涉及国家安全的事宜，香港特别行政区政府应当采取必要措施，加强宣传、指导、监督和管理。

第十条　香港特别行政区应当通过学校、社会团体、媒体、网络等开展国家安全教育，提高香港特别行政区居民的国家安全意识和守法意识。

第十一条　香港特别行政区行政长官应当就香港特别行政区维护国家安全事务向中央人民政府负责，并就香港特别行政区履行维护国家安全职责的情况提交年度报告。

如中央人民政府提出要求，行政长官应当就维护国家安全特定事项及时提交报告。

第二节　机　　构

第十二条　香港特别行政区设立维护国家安全委员会，负责香港特别行政区维护国家安全事务，承担维护国家安全的主要责任，并接受中央人民政府的监督和问责。

第十三条　香港特别行政区维护国家安全委员会由行政长官担任主席，成员包括政务司长、财政司长、律政司长、保安局局长、警务处处长、本法第十六条规定的警务处维护国家安全部门的负责人、入境事务处处长、海关关长和行政长官办公室主任。

香港特别行政区维护国家安全委员会下设秘书处，由秘书长领导。秘书长由行政长官提名，报中央人民政府任命。

第十四条　香港特别行政区维护国家安全委员会的职责为：

（一）分析研判香港特别行政区维护国家安全形势，规划有关工作，制定香港特别行政区维护国家安全政策；

（二）推进香港特别行政区维护国家安全的法律制度和执行机制建设；

（三）协调香港特别行政区维护国家安全的重点工作和重大行动。

香港特别行政区维护国家安全委员会的工作不受香港特别行政区任何其他机构、组织和个人的干涉，工作信息不予公开。香港特别行政区维护国家安全委员会作出的决定不受司法复核。

第十五条　香港特别行政区维护国家安全委员会设立国家安全事务顾问，由中央人民政府指派，就香港特别行政区维护国家安全委员会履行职责相关事务提供意见。国家安全事务顾问列席香港特别行政区维护国家安全委员会会议。

第十六条　香港特别行政区政府警务处设立维护国家安全的部门，配备执法力量。

警务处维护国家安全部门负责人由行政长官任命，行政长官任命前须书面征求本法第四十八条规定的机构的意见。警务处维护国家安全部门负责人在就职时应当宣誓拥护中华人民共和国香港特别行政区基本法，效忠中华人民共和国香港特别行政区，遵守法律，保守秘密。

警务处维护国家安全部门可以从香港特别行政区以外聘请合格的专门人员和技术人员，协助执行维护国家安全相关任务。

第十七条 警务处维护国家安全部门的职责为：

（一）收集分析涉及国家安全的情报信息；

（二）部署、协调、推进维护国家安全的措施和行动；

（三）调查危害国家安全犯罪案件；

（四）进行反干预调查和开展国家安全审查；

（五）承办香港特别行政区维护国家安全委员会交办的维护国家安全工作；

（六）执行本法所需的其他职责。

第十八条 香港特别行政区律政司设立专门的国家安全犯罪案件检控部门，负责危害国家安全犯罪案件的检控工作和其他相关法律事务。该部门检控官由律政司长征得香港特别行政区维护国家安全委员会同意后任命。

律政司国家安全犯罪案件检控部门负责人由行政长官任命，行政长官任命前须书面征求本法第四十八条规定的机构的意见。律政司国家安全犯罪案件检控部门负责人在就职时应当宣誓拥护中华人民共和国香港特别行政区基本法，效忠中华人民共和国香港特别行政区，遵守法律，保守秘密。

第十九条 经行政长官批准，香港特别行政区政府财政司长应当从政府一般收入中拨出专门款项支付关于维护国家安全的开支并核准所涉及的人员编制，不受香港特别行政区现行有关法律规定的限制。财政司长须每年就该款项的控制和管理向立法会提交报告。

第三章 罪行和处罚

第一节 分裂国家罪

第二十条 任何人组织、策划、实施或者参与实施以下旨在分裂国家、破坏国家统一行为之一的，不论是否使用武力或者以武力相威胁，即属犯罪：

（一）将香港特别行政区或者中华人民共和国其他任何部分从中华人民共和国分离出去；

（二）非法改变香港特别行政区或者中华人民共和国其他任何部分的法律地位；

（三）将香港特别行政区或者中华人民共和国其他任何部分转归外国统治。

犯前款罪，对首要分子或者罪行重大的，处无期徒刑或者十年以上有期徒刑；对积极参加的，处三年以上十年以下有期徒刑；对其他参加的，处三年以下有期徒刑、拘役或者管制。

第二十一条 任何人煽动、协助、教唆、以金钱或者其他财物资助他人实施本法第二十条规定的犯罪的，即属犯罪。情节严重的，处五年以上十年以下有期徒刑；情节较轻的，处五年以下有期徒刑、拘役或者管制。

第二节 颠覆国家政权罪

第二十二条 任何人组织、策划、实施或者参与实施以下以武力、威胁使用武力或者其他非法手段旨在颠覆国家政权行为之一的，即属犯罪：

（一）推翻、破坏中华人民共和国宪法所确立的中华人民共和国根本制度；

（二）推翻中华人民共和国中央政权机关或者香港特别行政区政权机关；

（三）严重干扰、阻挠、破坏中华人民共和国中央政权机关或者香港特别行政区政权机关依法履行职能；

（四）攻击、破坏香港特别行政区政权机关履职场所及其设施，致使其无法正常履行职能。

犯前款罪，对首要分子或者罪行重大的，处无期徒刑或者十年以上有期徒刑；对积极参加的，处三年以上十年以下有期徒刑；对其他参加的，处三年以下有期徒刑、拘役或者管制。

第二十三条 任何人煽动、协助、教唆、以金钱或者其他财物资助他人实施本法第二十二条规定的犯罪的，即属犯罪。情节严重的，处五年以上十年以下有期徒刑；情节较轻的，处五年以下有期徒刑、拘役或者管制。

第三节 恐怖活动罪

第二十四条 为胁迫中央人民政府、香港特别行政区政府或者国际组织或者威吓公众以图实现政治主张，组织、策划、实施、参与实施或者威胁实施以下造成或者意图造成严重社会危害的恐怖活动之一的，即属犯罪：

（一）针对人的严重暴力；

（二）爆炸、纵火或者投放毒害性、放射性、传染病病原体等物质；

（三）破坏交通工具、交通设施、电力设备、燃气设备或者其他易燃易爆设备；

（四）严重干扰、破坏水、电、燃气、交通、通讯、网络等公共服务和管理的电子控制系统；

（五）以其他危险方法严重危害公众健康或者安全。

犯前款罪，致人重伤、死亡或者使公私财产遭受重大损失的，处无期徒刑或者十年以上有期徒刑；其他情形，处三年以上十年以下有期徒刑。

第二十五条　组织、领导恐怖活动组织的，即属犯罪，处无期徒刑或者十年以上有期徒刑，并处没收财产；积极参加的，处三年以上十年以下有期徒刑，并处罚金；其他参加的，处三年以下有期徒刑、拘役或者管制，可以并处罚金。

本法所指的恐怖活动组织，是指实施或者意图实施本法第二十四条规定的恐怖活动罪行或者参与或者协助实施本法第二十四条规定的恐怖活动罪行的组织。

第二十六条　为恐怖活动组织、恐怖活动人员、恐怖活动实施提供培训、武器、信息、资金、物资、劳务、运输、技术或者场所等支持、协助、便利，或者制造、非法管有爆炸性、毒害性、放射性、传染病病原体等物质以及以其他形式准备实施恐怖活动的，即属犯罪。情节严重的，处五年以上十年以下有期徒刑，并处罚金或者没收财产；其他情形，处五年以下有期徒刑、拘役或者管制，并处罚金。

有前款行为，同时构成其他犯罪的，依照处罚较重的规定定罪处罚。

第二十七条　宣扬恐怖主义、煽动实施恐怖活动的，即属犯罪。情节严重的，处五年以上十年以下有期徒刑，并处罚金或者没收财产；其他情形，处五年以下有期徒刑、拘役或者管制，并处罚金。

第二十八条　本节规定不影响依据香港特别行政区法律对其他形式的恐怖活动犯罪追究刑事责任并采取冻结财产等措施。

第四节　勾结外国或者境外势力危害国家安全罪

第二十九条　为外国或者境外机构、组织、人员窃取、刺探、收买、非法提供涉及国家安全的国家秘密或者情报的；请求外国或者境外机构、组织、人员实施，与外国或者境外机构、组织、人员串谋实施，或者直接或者间接接受外国或者境外机构、组织、人员的指使、控制、资助或者其他形式的支援实施以下行为之一的，均属犯罪：

（一）对中华人民共和国发动战争，或者以武力或者武力相威胁，对中华人民共和国主权、统一和领土完整造成严重危害；

（二）对香港特别行政区政府或者中央人民政府制定和执行法律、政策进行严重阻挠并可能造成严重后果；

（三）对香港特别行政区选举进行操控、破坏并可能造成严重后果；

（四）对香港特别行政区或者中华人民共和国进行制裁、封锁或者采取其他敌对行动；

（五）通过各种非法方式引发香港特别行政区居民对中央人民政府或者香港特别行政区政府的憎恨并可能造成严重后果。

犯前款罪，处三年以上十年以下有期徒刑；罪行重大的，处无期徒刑或者十年以上有期徒刑。

本条第一款规定涉及的境外机构、组织、人员，按共同犯罪定罪处刑。

第三十条 为实施本法第二十条、第二十二条规定的犯罪，与外国或者境外机构、组织、人员串谋，或者直接或者间接接受外国或者境外机构、组织、人员的指使、控制、资助或者其他形式的支援的，依照本法第二十条、第二十二条的规定从重处罚。

第五节 其他处罚规定

第三十一条 公司、团体等法人或者非法人组织实施本法规定的犯罪的，对该组织判处罚金。

公司、团体等法人或者非法人组织因犯本法规定的罪行受到刑事处罚的，应责令其暂停运作或者吊销其执照或者营业许可证。

第三十二条 因实施本法规定的犯罪而获得的资助、收益、报酬等违法所得以及用于或者意图用于犯罪的资金和工具，应当予以追缴、没收。

第三十三条 有以下情形的，对有关犯罪行为人、犯罪嫌疑人、被告人可以从轻、减轻处罚；犯罪较轻的，可以免除处罚：

（一）在犯罪过程中，自动放弃犯罪或者自动有效地防止犯罪结果发生的；

（二）自动投案，如实供述自己的罪行的；

（三）揭发他人犯罪行为，查证属实，或者提供重要线索得以侦破其他案件的。

被采取强制措施的犯罪嫌疑人、被告人如实供述执法、司法机关未掌握的本人犯有本法规定的其他罪行的，按前款第二项规定处理。

第三十四条 不具有香港特别行政区永久性居民身份的人实施本法规定的犯罪的，可以独立适用或者附加适用驱逐出境。

不具有香港特别行政区永久性居民身份的人违反本法规定，因任何原因不对其追究刑事责任的，也可以驱逐出境。

第三十五条 任何人经法院判决犯危害国家安全罪行的，即丧失作为候选人参加香港特别行政区举行的立法会、区议会选举或者出任香港特别行政区任何公职或者行政长官选举委员会委员的资格；曾经宣誓或者声明拥护中华人民共和国香港特别行政区基本法、效忠中华人民共和国香港特别行政区的立法会议员、政府官员及公务人员、行政会议成员、法官及其他司法人员、区议员，即时丧失该等职务，并丧失参选或者出任上述职务的资格。

前款规定资格或者职务的丧失，由负责组织、管理有关选举或者公职任免的机构宣布。

第六节 效力范围

第三十六条 任何人在香港特别行政区内实施本法规定的犯罪的，适用本法。犯罪的行为或者结果有一项发生在香港特别行政区内的，就认为是在香港特别行政区内犯罪。

在香港特别行政区注册的船舶或者航空器内实施本法规定的犯罪的，也适用本法。

第三十七条 香港特别行政区永久性居民或者在香港特别行政区成立的公司、团体等法人或者非法人组织在香港特别行政区以外实施本法规定的犯罪的，适用本法。

第三十八条 不具有香港特别行政区永久性居民身份的人在香港特别行政区以外针对香港特别行政区实施本法规定的犯罪的，适用本法。

第三十九条 本法施行以后的行为，适用本法定罪处刑。

第四章 案件管辖、法律适用和程序

第四十条 香港特别行政区对本法规定的犯罪案件行使管辖权，但本法第五十五条规定的情形除外。

第四十一条 香港特别行政区管辖危害国家安全犯罪案件的立案侦查、检控、审判和刑罚的执行等诉讼程序事宜，适用本法和香港特别行政区本地法律。

未经律政司长书面同意，任何人不得就危害国家安全犯罪案件提出检控。但该规定不影响就有关犯罪依法逮捕犯罪嫌疑人并将其羁押，也不影响该等犯罪嫌疑人申请保释。

香港特别行政区管辖的危害国家安全犯罪案件的审判循公诉程序进行。

审判应当公开进行。因为涉及国家秘密、公共秩序等情形不宜公开审理的，禁止新闻界和公众旁听全部或者一部分审理程序，但判决结果应当一律公开宣布。

第四十二条 香港特别行政区执法、司法机关在适用香港特别行政区现行法律有关羁押、审理期限等方面的规定时，应当确保危害国家安全犯罪案件公正、及时办理，有效防范、制止和惩治危害国家安全犯罪。

对犯罪嫌疑人、被告人，除非法官有充足理由相信其不会继续实施危害国家安全行为的，不得准予保释。

第四十三条 香港特别行政区政府警务处维护国家安全部门办理危害国家安全犯罪案件时，可以采取香港特别行政区现行法律准予警方等执法部门在调查严重犯罪案件时采取的各种措施，并可以采取以下措施：

（一）搜查可能存有犯罪证据的处所、车辆、船只、航空器以及其他有关地方和电子设备；

（二）要求涉嫌实施危害国家安全犯罪行为的人员交出旅行证件或者限制其离境；

（三）对用于或者意图用于犯罪的财产、因犯罪所得的收益等与犯罪相关的财产，予以冻结，申请限制令、押记令、没收令以及充公；

（四）要求信息发布人或者有关服务商移除信息或者提供协助；

（五）要求外国及境外政治性组织，外国及境外当局或者政治性组织的代理人提供资料；

（六）经行政长官批准，对有合理理由怀疑涉及实施危害国家安全犯罪的人员进行截取通讯和秘密监察；

（七）对有合理理由怀疑拥有与侦查有关的资料或者管有有关物料的人员，要求其回答问题和提交资料或者物料。

香港特别行政区维护国家安全委员会对警务处维护国家安全部门等执法机构采取本条第一款规定措施负有监督责任。

授权香港特别行政区行政长官会同香港特别行政区维护国家安全委员会为采取本条第一款规定措施制定相关实施细则。

第四十四条 香港特别行政区行政长官应当从裁判官、区域法院法官、高等法院原讼法庭法官、上诉法庭法官以及终审法院法官中指定若干名法官，也可从暂委或者特委法官中指定若干名法官，负责处理危害国家安全犯罪案件。行政长官在指定法官前可征询香港特别行政区维护国家安全委员会和终审法院首席法官的意见。上述指定法官任期一年。

凡有危害国家安全言行的，不得被指定为审理危害国家安全犯罪案件的法官。在获任指定法官期间，如有危害国家安全言行的，终止其指定法官资格。

在裁判法院、区域法院、高等法院和终审法院就危害国家安全犯罪案件提起的刑事检控程序应当分别由各该法院的指定法官处理。

第四十五条 除本法另有规定外，裁判法院、区域法院、高等法院和终审法院应当按照香港特别行政区的其他法律处理就危害国家安全犯罪案件提起的刑事检控程序。

第四十六条 对高等法院原讼法庭进行的就危害国家安全犯罪案件提起的刑事检控程序，律政司长可基于保护国家秘密、案件具有涉外因素或者保障陪审员及其家人的人身安全等理由，发出证书指示相关诉讼毋须在有陪审团的情况下进行审理。凡律政司长发出上述证书，高等法院原讼法庭应当在没有陪审团的情况下进行审理，并由三名法官组成审判庭。

凡律政司长发出前款规定的证书，适用于相关诉讼的香港特别行政区任何法律条文关于“陪审团”或者“陪审团的裁决”，均应当理解为指法官或者法官作为事实裁断者的职能。

第四十七条 香港特别行政区法院在审理案件中遇有涉及有关行为是否涉及国家安全或者有关证据材料是否涉及国家秘密的认定问题，应取得行政长官就该等问题发出的证明书，上述证明书对法院有约束力。

第五章 中央人民政府驻香港特别行政区维护国家安全机构

第四十八条 中央人民政府在香港特别行政区设立维护国家安全公署。中央人民政府驻香港特别行政区维护国家安全公署依法履行维护国家安全职责，行使相关权力。

驻香港特别行政区维护国家安全公署人员由中央人民政府维护国家安全的有关机关联合派出。

第四十九条 驻香港特别行政区维护国家安全公署的职责为：

（一）分析研判香港特别行政区维护国家安全形势，就维护国家安全重大战略和重要政策提出意见和建议；

（二）监督、指导、协调、支持香港特别行政区履行维护国家安全的职责；

（三）收集分析国家安全情报信息；

（四）依法办理危害国家安全犯罪案件。

第五十条 驻香港特别行政区维护国家安全公署应当严格依法履行职责，依法接受监督，不得侵害任何个人和组织的合法权益。

驻香港特别行政区维护国家安全公署人员除须遵守全国性法律外，还应当遵守香港特别行政区法律。

驻香港特别行政区维护国家安全公署人员依法接受国家监察机关的监督。

第五十一条 驻香港特别行政区维护国家安全公署的经费由中央财政保障。

第五十二条 驻香港特别行政区维护国家安全公署应当加强与中央人民政府驻香港特别行政区联络办公室、外交部驻香港特别行政区特派员公署、中国人民解放军驻香港部队的工作联系和工作协同。

第五十三条 驻香港特别行政区维护国家安全公署应当与香港特别行政区维护国家安全委员会建立协调机制，监督、指导香港特别行政区维护国家安全工作。

驻香港特别行政区维护国家安全公署的工作部门应当与香港特别行政区维护国家安全的有关机关建立协作机制，加强信息共享和行动配合。

第五十四条 驻香港特别行政区维护国家安全公署、外交部驻香港特别行政区特派员公署会同香港特别行政区政府采取必要措施，加强对外国和国际组织驻香港特别行政区机构、在香港特别行政区的外国和境外非政府组织和新闻机构的管理和服务。

第五十五条　有以下情形之一的，经香港特别行政区政府或者驻香港特别行政区维护国家安全公署提出，并报中央人民政府批准，由驻香港特别行政区维护国家安全公署对本法规定的危害国家安全犯罪案件行使管辖权：

（一）案件涉及外国或者境外势力介入的复杂情况，香港特别行政区管辖确有困难的；

（二）出现香港特别行政区政府无法有效执行本法的严重情况的；

（三）出现国家安全面临重大现实威胁的情况的。

第五十六条　根据本法第五十五条规定管辖有关危害国家安全犯罪案件时，由驻香港特别行政区维护国家安全公署负责立案侦查，最高人民检察院指定有关检察机关行使检察权，最高人民法院指定有关法院行使审判权。

第五十七条　根据本法第五十五条规定管辖案件的立案侦查、审查起诉、审判和刑罚的执行等诉讼程序事宜，适用《中华人民共和国刑事诉讼法》等相关法律的规定。

根据本法第五十五条规定管辖案件时，本法第五十六条规定的执法、司法机关依法行使相关权力，其为决定采取强制措施、侦查措施和司法裁判而签发的法律文书在香港特别行政区具有法律效力。对于驻香港特别行政区维护国家安全公署依法采取的措施，有关机构、组织和个人必须遵从。

第五十八条　根据本法第五十五条规定管辖案件时，犯罪嫌疑人自被驻香港特别行政区维护国家安全公署第一次讯问或者采取强制措施之日起，有权委托律师作为辩护人。辩护律师可以依法为犯罪嫌疑人、被告人提供法律帮助。

犯罪嫌疑人、被告人被合法拘捕后，享有尽早接受司法机关公正审判的权利。

第五十九条　根据本法第五十五条规定管辖案件时，任何人如果知道本法规定的危害国家安全犯罪案件情况，都有如实作证的义务。

第六十条　驻香港特别行政区维护国家安全公署及其人员依据本法执行职务的行为，不受香港特别行政区管辖。

持有驻香港特别行政区维护国家安全公署制发的证件或者证明文件的人员和车辆等在执行职务时不受香港特别行政区执法人员检查、搜查和扣押。

驻香港特别行政区维护国家安全公署及其人员享有香港特别行政区法律规

定的其他权利和豁免。

第六十一条　驻香港特别行政区维护国家安全公署依据本法规定履行职责时，香港特别行政区政府有关部门须提供必要的便利和配合，对妨碍有关执行职务的行为依法予以制止并追究责任。

第六章　附　　则

第六十二条　香港特别行政区本地法律规定与本法不一致的，适用本法规定。

第六十三条　办理本法规定的危害国家安全犯罪案件的有关执法、司法机关及其人员或者办理其他危害国家安全犯罪案件的香港特别行政区执法、司法机关及其人员，应当对办案过程中知悉的国家秘密、商业秘密和个人隐私予以保密。

担任辩护人或者诉讼代理人的律师应当保守在执业活动中知悉的国家秘密、商业秘密和个人隐私。

配合办案的有关机构、组织和个人应当对案件有关情况予以保密。

第六十四条　香港特别行政区适用本法时，本法规定的“有期徒刑”“无期徒刑”“没收财产”和“罚金”分别指“监禁”“终身监禁”“充公犯罪所得”和“罚款”，“拘役”参照适用香港特别行政区相关法律规定的“监禁”“入劳役中心”“入教导所”，“管制”参照适用香港特别行政区相关法律规定的“社会服务令”“入感化院”，“吊销执照或者营业许可证”指香港特别行政区相关法律规定的“取消注册或者注册豁免，或者取消牌照”。

第六十五条　本法的解释权属于全国人民代表大会常务委员会。

第六十六条　本法自公布之日起施行。

全国人民代表大会关于建立健全香港特别行政区维护国家安全的法律制度和执行机制的决定

（2020 年 5 月 28 日第十三届全国人民代表大会第三次会议通过）

第十三届全国人民代表大会第三次会议审议了全国人民代表大会常务委员会关于提请审议《全国人民代表大会关于建立健全香港特别行政区维护国家安全的法律制度和执行机制的决定（草案）》的议案。会议认为，近年来，香港特别行政区国家安全风险凸显，“港独”、分裂国家、暴力恐怖活动等各类违法活动严重危害国家主权、统一和领土完整，一些外国和境外势力公然干预香港事务，利用香港从事危害我国国家安全的活动。为了维护国家主权、安全、发展利益，坚持和完善“一国两制”制度体系，维护香港长期繁荣稳定，保障香港居民合法权益，根据《中华人民共和国宪法》第三十一条和第六十二条第二项、第十四项、第十六项的规定，以及《中华人民共和国香港特别行政区基本法》的有关规定，全国人民代表大会作出如下决定：

一、国家坚定不移并全面准确贯彻“一国两制”、“港人治港”、高度自治的方针，坚持依法治港，维护宪法和香港特别行政区基本法确定的香港特别行政区宪制秩序，采取必要措施建立健全香港特别行政区维护国家安全的法律制度和执行机制，依法防范、制止和惩治危害国家安全的行为和活动。

二、国家坚决反对任何外国和境外势力以任何方式干预香港特别行政区事务，采取必要措施予以反制，依法防范、制止和惩治外国和境外势力利用香港进行分裂、颠覆、渗透、破坏活动。

三、维护国家主权、统一和领土完整是香港特别行政区的宪制责任。香港特别行政区应当尽早完成香港特别行政区基本法规定的维护国家安全立法。香港特别行政区行政机关、立法机关、司法机关应当依据有关法律规定有效防范、制止和惩治危害国家安全的行为和活动。

四、香港特别行政区应当建立健全维护国家安全的机构和执行机制，强化维护国家安全执法力量，加强维护国家安全执法工作。中央人民政府维护国家安全的有关机关根据需要在香港特别行政区设立机构，依法履行维护国家安全相关职责。

五、香港特别行政区行政长官应当就香港特别行政区履行维护国家安全职责、开展国家安全教育、依法禁止危害国家安全的行为和活动等情况，定期向中央人民政府提交报告。

六、授权全国人民代表大会常务委员会就建立健全香港特别行政区维护国家安全的法律制度和执行机制制定相关法律，切实防范、制止和惩治任何分裂国家、颠覆国家政权、组织实施恐怖活动等严重危害国家安全的行为和活动以及外国和境外势力干预香港特别行政区事务的活动。全国人民代表大会常务委员会决定将上述相关法律列入《中华人民共和国香港特别行政区基本法》附件三，由香港特别行政区在当地公布实施。

七、本决定自公布之日起施行。

附：两岸协议

海峡两岸红十字会组织在金门商谈达成有关海上遣返协议*

海峡两岸红十字组织代表韩长林、陈长文等于本年九月中旬在金门就双方参与见证其主管部门执行海上遣返事宜举行工作商谈，经充分交换意见后，达成协议。协议如下：

一、遣返原则

应确保遣返作业符合人道精神与安全便利的原则。

二、遣返对象

（一）违反有关规定进入对方地区的居民（但因捕鱼作业遭遇紧急避风等不可抗力因素必须暂入对方地区者，不在此列）。

（二）刑事嫌疑犯或刑事犯。

三、遣返交接地点

双方商定为马尾—马祖（马祖—马尾），但依被遣返人员的原居地分布情况及气候、海象等因素，双方得协议另择厦门—金门（金门—厦门）。

---

* 1990年9月12日于金门签署。

四、遣返程序

（一）一方应将被遣返人员的有关资料通知对方，对方应于二十日内核查答复，并按商定时间、地点遣返交接。如核查对象有疑问者，亦应通知对方以便复查。

（二）遣返交接双方均用红十字专用船，并用民用船只在约定地点引导。遣返船、引导船均悬挂白底红十字旗（不挂其他旗帜，不使用其他的标志）。

（三）遣返交接时，应由双方事先约定的代表二方签署交接见证书。

五、其他

双方应尽速解决有关技术问题，以期在短期内付诸实施。如有未尽事宜，双方得另行商定。

汪辜会谈共同协议*

财团法人海峡交流基金会（以下简称海基会）辜振甫董事长与海峡两岸关系协会（以下简称海协）汪道涵会长代表两会于本年4月27日至29日在新加坡进行会谈。本次会议为民间性、经济性、事务性与功能性之会谈，海协常务副会长唐树备、副会长兼秘书长邹哲开与海基会邱进益副董事长等参加会谈。双方达成以下协议：

一、本年度协商议题

双方确定今年内就“违反有关规定进入对方地区人员之遣返及相关问题”、“有关共同打击海上走私、抢劫等犯罪活动问题”、“协商两岸海上渔事纠纷之处理”、“两岸知识产权（智慧财产权）保护”及“两岸有关法院之间的联系与协助（两岸司法机关之相互协助）”（暂定）等议题进行事务性协商。

二、经济交流

双方均认为应加强两岸经济交流，互补互利。双方同意就台商在大陆投资权益及相关问题、两岸工商界人士互访等问题，择时择地继续进行商谈。

三、能源资源开发与交流

双方同意就加强能源、资源之开发与交流进行磋商。

四、文教科技交流

双方同意积极促进青少年互访交流、两岸新闻界交流以及科技交流。在年内举办青少年才艺竞赛及互访。促成青年交流、新闻媒体负责人及资深记者互

---

* 1993年4月29日于新加坡签署。

访。促进科技人员互访、交换科技研究出版物以及探讨科技名词统一与产品规格标准化问题，共同促进电脑及其他产业科技之交流，相关事宜再行商谈。

五、签署生效

本共同协议自双方签署之日起三十日生效实施。

本共同协议于四月二十九日签署，一式四份，双方各执两份。

海峡两岸关系协会	财团法人海峡交流基金会
会长　汪道涵	董事长　辜振甫

两会联系与会谈制度协议*

海峡两岸关系协会（以下简称海协）与财团法人海峡交流基金会（以下简称海基会）为建立联系与会谈制度，经协商达成以下协议：

一、会谈

海协会长与海基会董事长，视实际需要，经双方同意后，就两会会务进行会谈，地点及相关问题另行商定。

海协常务副会长与海基会副董事长或两会秘书长，原则上每半年一次，在两岸轮流和商定之第三地，就两会会务进行会谈。

两会副秘书长、处长、主任级人员，就主管之业务，每季度在两岸择地会商。

二、事务协商

双方同意就两岸交流中衍生且有必要协商之事宜，尽速进行专案协商，并签署协议。

三、专业小组

双方同意因业务需要，各自成立经济小组与综合事务小组。

四、紧急联系

双方同意各自指定副秘书长作为紧急事件之联络人，相互联系并采行适当措施。

---

* 1993年4月29日于新加坡签署。

五、入出境往来便利

双方同意因本协议所定之事由，相互给予经商定之两会会务人员适当之入出境往来与查验通关等便利，其具体办法另行商定。

六、协议履行、变更与终止

双方应遵守协议。

协议变更或终止应经双方协商同意。

七、未尽事宜

本协议如有未尽事宜，双方得以适当方式另行商定。

八、签署生效

本协议自双方签署之日起三十日生效。

本协议于四月二十九日签署，一式四份，双方各执两份。

海峡两岸关系协会	财团法人海峡交流基金会
会长　汪道涵	董事长　辜振甫

两岸公证书使用查证协议*

海峡两岸关系协会、中国公证员协会与财团法人海峡交流基金会，就两岸公证书使用查证事宜，经协商达成以下协议：

一、联系主体

（一）关于寄送公证书副本及查证事宜，双方分别以中国公证员协会或有关省、自治区、直辖市公证员协会与财团法人海峡交流基金会相互联系。

（二）本协议其他相关事宜，由海峡两岸关系协会与财团法人海峡交流基金会联系。

二、寄送公证书副本

（一）双方同意相互寄送涉及继承、收养、婚姻、出生、死亡、委托、学历、定居、扶养亲属及财产权利证明公证书副本。

（二）双方得根据公证书使用需要，另行商定增、减寄送公证书副本种类。

三、公证书查证

（一）查证事由

公证书有下列情形之一，双方应相互协助查证：

1. 违反公证机关有关受理范围规定；

2. 同一事项在不同公证机关公证；

3. 公证书内容与户籍资料或其他档案资料记载不符；

4. 公证书内容自相矛盾；

5. 公证书文字、印鉴模糊不清，或有涂改、擦拭等可疑痕迹；

6. 有其他不同证据资料；

---

* 1993 年 4 月 29 日于新加坡签署。

7. 其他需要查明事项。

（二）拒绝事由

未叙明查证事由，或公证书上另加盖有其他证明印章者，接受查证一方得附加理由拒绝该项查证。

（三）答复期限

接受查证一方，应于收受查证函之日起三十日内答复。

（四）查证费用

提出查证一方应向接受查证一方支付适当费用。

查证费用标准及支付方式由双方另行商定。

四、文书格式

寄送公证书副本、查证与答复，应经双方协商使用适当文书格式。

五、其他文书

双方同意就公证书以外的文书查证事宜进行个案协商并予协助。

六、协议履行、变更与终止

双方应遵守协议。

协议变更或终止，应经双方协商同意。

七、争议解决

因适用本协议所生争议，双方应尽速协商解决。

八、未尽事宜

本协议如有未尽事宜，双方得以适当方式另行商定。

九、签署生效

本协议自双方签署之日起三十日后生效实施。

本协议于四月二十九日签署，一式四份，双方各执两份。

海峡两岸关系协会	财团法人海峡交流基金会
代表　汪道涵、唐树备	代表　辜振甫、邱进益

两岸挂号函件查询、补偿事宜协议*

海峡两岸关系协会、中国通信学会邮政专业委员会与财团法人海峡交流基金会，就两岸挂号函件查询及补偿事宜，经过协商，达成以下协议：

一、开办范围

本协议所称挂号函件系指信函、明信片、邮简、印刷物、新闻纸、杂志及盲人文件。上述开办范围双方得以书面协议增减。

二、联系方式

挂号函件之查询由中国通信学会邮政专业委员会与财团法人海峡交流基金会或其指定之邮件处理中心（航邮中心）相互联系。

其他相关事宜由海峡两岸关系协会与财团法人海峡交流基金会相互联系。

三、传递方法

挂号函件通过第三地转运办理。

四、查询期限

挂号函件查询，应自原寄件人交寄次日起十二个月内提出。

五、答复期限

接受查询一方应于收受查询文件之日起三个月内答复。

---

* 1993 年 4 月 29 日于新加坡签署。

六、缮发验单

一方接收他方封来之函件总包，遇有挂号函件遗失、被窃或毁损等情形，应即缮发验单，由对方迅予查复。

七、各自理赔

挂号函件发生遗失、被窃或毁损等情形，概由原寄一方负责补偿，不相互结算。

八、文件格式

双方各依邮政惯例印制查询表格、验单、答复函及简函，相互认可后使用。

九、协议履行、变更与终止

双方应遵守协议。

协议变更与终止，应经双方协商同意。

十、争议解决

因适用本协议所生争议，双方应尽速协商解决。

十一、未尽事宜

本协议如有未尽事宜，双方得以适当方式另行商定。

十二、生效实施

本协议自双方签署之日起三十日后生效实施。

本协议于四月二十九日签署，一式四份，双方各执两份。

海峡两岸关系协会	财团法人海峡交流基金会
代表　汪道涵、唐树备	代表　辜振甫、邱进益

海峡两岸包机会谈纪要*

海峡两岸关系协会与财团法人海峡交流基金会认为，近年来两岸节日包机、紧急医疗包机、人道包机及专案货运包机相继开通，促进了两岸人民往来和经济交流。为尽早实现两岸直接通航，双方就开通两岸客运包机和货运包机等事宜，经平等协商，形成会谈纪要如下：

一、承运人。双方同意在航班总量相等的情形下，各自指定包机承运人，并事先知会对方。

二、搭载对象。双方同意凡持有效旅行证件往返两岸的旅客均可搭乘客运包机。

三、飞行航路。双方同意尽快协商开通两岸直达航路和建立双方空管方面的直接交接程序。在直达航路开通前，包机航路得暂时绕经香港飞行（航）情报区。

四、通关便利。双方同意简化客、货通关手续，为旅客及机组人员提供便利。

五、保税措施。双方同意对承运人租用机场公共保税仓库储备飞机维修配件，提供便利并予以保税监管。

六、互设机构。双方同意包机承运人得在对方航点设立办事机构。在本纪要签署后，大陆包机承运人即可派出员工驻台，办理有关业务，设立办事机构筹备处。台湾方面同意大陆承运人于六个月内设立办事机构。

七、辅助安排。双方同意有关地面代理、销售途径、票款结算、航空器及机组证照证明与检查、机务及飞行前安全检查、检验检疫等事宜，比照节日包机做法处理。如遇飞行安全、急难救助等特殊情况，双方同意以个案方式协商处理，并提供必要协助。

八、申请程序。包机承运人按照各方规范逐月申请飞行班次，每次飞行前十五日提出申请。

九、准用事项。双方同意节日包机、紧急医疗包机等仍暂按双方已经公布

---

* 2008年6月13日于北京签署。

的框架性安排执行，并得准用本纪要搭载对象等条款。

十、货运事宜。双方同意在周末客运包机实施后三个月内就两岸货运包机进行协商，并尽速达成共识付诸实施。

十一、定期航班。双方同意尽快就开通两岸定期直达航班进行协商，以实现两岸人民的共同愿望、增进两岸人民的福祉。

十二、联系机制。本会谈纪要议定事项，由海峡两岸航空运输交流委员会与台北市航空运输商业同业公会相互联系。必要时，经双方同意得指定其他单位进行联系。

十三、签署生效。本会谈纪要自双方签署之日起七日后生效。纪要的附件与本纪要具有同等效力。

本会谈纪要于六月十三日签署，一式四份，双方各执两份。

海峡两岸关系协会	财团法人海峡交流基金会
会长　陈云林	董事长　江丙坤

附件

海峡两岸周末包机时段、航点及班次

一、时段。周末包机时段为每周五至下周一计四个全天。自七月四日起正式开始实施。

二、航点。大陆方面同意先行开放北京、上海（浦东）、广州、厦门、南京五个航点，并陆续开放成都、重庆、杭州、大连、桂林、深圳，以及其他有市场需求的航点。台湾方面同意开放桃园、高雄小港、台中清泉岗、台北松山、澎湖马公、花莲、金门、台东等八个航点。

三、班次。双方同意在周末包机初期阶段，每周各飞十八个往返班次，共三十六个往返班次。根据市场需求等因素适时增加班次。

每周台湾方面至上海（浦东）的班次不超过九个往返班次；大陆方面至台中清泉岗的班次不超过六个往返班次。

海峡两岸关于大陆居民赴台湾旅游协议*

为增进海峡两岸人民交往，促进海峡两岸之间的旅游，海峡两岸关系协会与财团法人海峡交流基金会，就大陆居民赴台湾旅游等有关两岸旅游事宜，经平等协商，达成协议如下：

一、联系主体

（一）本协议议定事宜，双方分别由海峡两岸旅游交流协会（以下简称海旅会）与台湾海峡两岸观光旅游协会（以下简称台旅会）联系实施。

（二）本协议的变更等其他相关事宜，由海峡两岸关系协会与财团法人海峡交流基金会联系。

二、旅游安排

（一）双方同意赴台旅游以组团方式实施，采取团进团出形式，团体活动，整团往返。

（二）双方同意按照稳妥安全、循序渐进原则，视情对组团人数、日均配额、停留期限、往返方式等事宜进行协商调整。具体安排详见附件一。

三、诚信旅游

双方应共同监督旅行社诚信经营、诚信服务，禁止“零负团费”等经营行为，倡导品质旅游，共同加强对旅游者的宣导。

四、权益保障

（一）双方应积极采取措施，简化出入境手续，提供旅行便利，保护旅游

* 2008年6月13日于北京签署。

者正当权益及安全。

（二）双方同意各自建立应急协调处理机制，相互配合，化解风险，及时妥善处理旅游纠纷、紧急事故及突发事件等事宜，并履行告知义务。

五、组团社与接待社

（一）双方各自规范组团社、接待社及领队、导游的资质，并以书面方式相互提供组团社、接待社及领队、导游的名单。

（二）组团社和接待社应签订商业合作合同（契约），并各自报备，依照有关规定办理业务。

（三）组团社和接待社应按市场运作方式，负责旅游者在旅游过程中必要的医疗、人身、航空等保险。

（四）组团社和接待社在旅游者正当权益及安全受到威胁和损害时，应主动、及时、有效地妥善处理。

（五）双方对损害旅游者正当权益的旅行社，应分别予以处理。

（六）双方应分别指导和监督组团社和接待社保护旅游者正当权益，依合同（契约）承担旅行安全保障责任。

六、申办程序

组团社、接待社应分别代办并相互确认旅游者的通行手续。旅游者持有效证件整团出入。

七、逾期停留

双方同意就旅游者逾期停留问题建立工作机制，及时通报信息，经核实身份后，视不同情况协助旅游者返回。任何一方不得拒绝送回或接受。

八、互设机构

双方同意互设旅游办事机构，负责处理旅游相关事宜，为旅游者提供快捷、便利、有效的服务。

九、协议履行及变更

（一）双方应遵守协议。协议附件与本协议具有同等效力。

（二）协议变更，应经双方协商同意，并以书面形式确认。

十、争议解决

因适用本协议所生争议，双方应尽速协商解决。

十一、未尽事宜

本协议如有未尽事宜，双方得以适当方式另行商定。

十二、签署生效

本协议自双方签署之日起七日后生效。

本协议于六月十三日签署，一式四份，双方各执两份。

海峡两岸关系协会	财团法人海峡交流基金会
会长　陈云林	董事长　江丙坤

附件一

海峡两岸旅游具体安排

依据本协议第二条，议定具体安排如下：

一、接待一方旅游配额以平均每天三千人次为限。组团一方视市场需求安排。第二年双方可视情协商作出调整。

二、旅游团每团人数限十人以上，四十人以下。

三、旅游团自入境次日起在台停留期间不超过十天。

四、自七月十八日起正式实施赴台旅游，于七月四日启动赴台旅游首发团。

附件二

海峡两岸旅游合作规范

依据本协议第四条、第五条、第七条，两岸旅游业者应遵守如下规范：

一、海旅会和台旅会提供的组团社和接待社名单内容包括：旅行社名称、负责人、地址、电话、传真、电子邮件、联系人及其移动电话等信息。若组团社或接待社的相关信息发生变动，应即时以书面方式通知对方。

二、台旅会应设置旅游咨询服务及投诉热线，以便旅游者咨询及投诉。

三、海旅会和台旅会作为处理旅游纠纷、逾期停留、紧急事故及突发事件的联系主体，各自建立应急协调处理机制，及时交换信息，密切配合，妥善解决赴台旅游过程中出现的问题。

四、组团社应向接待社提供旅游团旅客名单及相关信息，组团社应为旅游团配置领队，接待社应为旅游团配置导游。旅游过程中出现的问题，由领队和导游共同协商，妥善处理，并分别向组团社和接待社报告。

五、接待一方应向组团社提供接待旅游团团费参考价。

六、接待社不得引导和组织旅游者参与涉及赌博、色情、毒品及有损两岸关系的活动。

七、组团社、接待社均不得转让配额及旅游团。接待社不得接待非组团社的旅游者，不得接待持其他证件的旅游者。如有违反，应分别予以处理。

八、旅游者未按规定时间返回，均视为在台逾期停留。因自然灾害、重大疾病、紧急事故、突发事件、社会治安等不可抗力因素在台逾期停留之旅游者，接待社和组团社应安排随其他旅游团返回。无正当理由、情节轻微者，接待社和组团社应负责安排随其他旅游团返回。不以旅游为目的、蓄意逾期停留情节严重者，由台旅会和海旅会与双方有关方面联系，安排从其他渠道送回；须经必要程序者，于程序完成后即时送回。

九、旅游者逾期停留期间及送回所需交通等费用，由逾期停留者本人承担。若其无能力支付，由接待社先行垫付，并于逾期停留者送回之日起三十天内，凭相关费用票据向组团社索还。组团社可向逾期停留者追偿。

海峡两岸空运协议*

为促进海峡两岸经贸关系发展，便利两岸人民往来，海峡两岸关系协会与财团法人海峡交流基金会就两岸空运直航事宜，经平等协商，达成协议如下：

一、空中航路

双方同意开通台湾海峡北线空中双向直达航路，建立两岸空（航）管部门的直接交接程序。

双方同意继续磋商开通台湾海峡南线空中双向直达航路及其他更便捷的航路。

二、承运人

双方同意两岸资本在两岸登记注册的航空公司，经许可得从事两岸间航空客货运输业务。

三、直航航点

双方同意根据市场需求开放适宜客货直航的航点。

四、定期航班

双方同意尽可能在本协议实施半年内就定期客货运航班作出安排。

五、货运包机

双方同意开通两岸货运直航包机，运载两岸货物。

---

* 2008年11月4日于台北签署。

六、客运包机

双方同意在两岸周末包机的基础上，增加包机航点、班次，调整为客运包机常态化安排。

七、公务（商务）包机

双方同意视情开办非营利性公务（商务）包机。

八、准用条款

双方同意客货运包机等相关事宜，准用《海峡两岸包机会谈纪要》的规定。

九、联系主体

（一）本协议议定事项，由海峡两岸航空运输交流委员会与台北市航空运输商业同业公会相互联系。必要时，经双方同意得指定其他单位进行联系。

（二）本协议其他相关事宜，由海峡两岸关系协会与财团法人海峡交流基金会联系。

十、协议履行及变更

（一）双方应遵守协议。协议附件与本协议具有同等效力。

（二）协议变更，应经双方协商同意，并以书面方式确认。

十一、争议解决

因适用本协议所生争议，双方应尽速协商解决。

十二、未尽事宜

本协议如有未尽事宜，双方得以适当方式另行商定。

十三、签署生效

本协议自双方签署之日起四十日内生效。

本协议于十一月四日签署，一式四份，双方各执两份。

海峡两岸关系协会　　　　财团法人海峡交流基金会
会长　陈云林　　　　　　董事长　江丙坤

附件：

海峡两岸空中航路、客货运包机安排

依据本协议第一条、第三条、第五条及第六条，议定具体安排如下：

一、直达航路

双方同意由两岸空（航）管部门以适当方式，就建立北线上海与台北飞行（航）情报区直达航路、空（航）管交接程序进行联系并作出具体安排。

北线飞航路线为：

自 B576 BERBA 点（N27°04′41″E123°00′00″）经双方议定之航管交接点 A 点（N27°26′20″E122°25′19″）至东山双向使用。

二、货运包机

（一）承运人：双方同意各自指定二或三家航空公司经营货运包机业务。

（二）航点：大陆方面同意开放上海（浦东）、广州，台湾方面同意开放桃园、高雄小港作为货运包机航点。

（三）班次：双方每月共飞六十个往返班次，每方三十个往返班次。其中，双方上海（浦东）、广州两个航点每月每航点各飞十五个往返班次。在每年十月至十一月间的货运旺季，双方可各自增加十五个往返班次。

（四）商务安排：双方航空公司采商业合作方式经营，并向双方航空主管部门备案后实施。

三、客运包机

（一）航点：大陆方面同意在现有北京、上海（浦东）、广州、厦门、南京五个周末包机航点的基础上，开放成都、重庆、杭州、大连、桂林、深圳、武汉、福州、青岛、长沙、海口、昆明、西安、沈阳、天津、郑州等十六个航点作为客运包机航点。台湾方面同意将已开放的桃园、高雄小港、台中清泉岗、台北松山、澎湖马公、花莲、金门、台东等八个航点作为客运包机航点。

（二）班次：双方每周七天共飞不超过一百零八个往返班次，每方各飞不超过五十四个往返班次。其中台湾方面至上海（浦东）的班次不超过二十个往返班次。今后视市场需求适时增减班次。

（三）其他事宜：客运包机常态化安排实现后，此前的节日包机安排不再执行。春节期间可视情适量增加临时包机。

（四）邮件运输：双方同意利用客运包机运送双方邮件。

海峡两岸海运协议*

为实现海峡两岸海上客货直接运输，促进经贸交流，便利人民往来，海峡两岸关系协会与财团法人海峡交流基金会就两岸海运直航事宜，经平等协商，达成协议如下：

一、经营资格

双方同意两岸资本并在两岸登记的船舶，经许可得从事两岸间客货直接运输。

二、直航港口

双方同意依市场需求等因素，相互开放主要对外开放港口。

三、船舶识别

双方同意两岸登记船舶自进入对方港口至出港期间，船舶悬挂公司旗，船艉及主桅暂不挂旗。

四、港口服务

双方同意在两岸货物、旅客通关入境等口岸管理方面提供便利。

五、运力安排

双方按照平等参与、有序竞争原则，根据市场需求，合理安排运力。

---

* 2008年11月4日于台北签署。

六、税收互免

双方同意对航运公司参与两岸船舶运输在对方取得的运输收入，相互免征营业税及所得税。

七、海难救助

双方积极推动海上搜救、打捞机构的合作，建立搜救联系合作机制，共同保障海上航行和人身、财产、环境安全。发生海难事故，双方应及时通报，并按照就近、就便原则及时实施救助。

八、辅助事项

双方在船舶通信导航、证照查验、船舶检验、船员服务、航海保障、污染防治及海事纠纷调处等方面，依航运惯例、有关规范处理，并加强合作。

九、互设机构

双方航运公司可在对方设立办事机构及营业性机构，开展相关业务。

十、联系主体

（一）本协议议定事项，由海峡两岸航运交流协会与台湾海峡两岸航运协会联系实施。必要时，经双方同意得指定其他单位进行联系。

（二）本协议其他相关事宜，由海峡两岸关系协会与财团法人海峡交流基金会联系。

十一、协议履行及变更

（一）双方应遵守协议。协议附件与本协议具有同等效力。

（二）协议变更，应经双方协商同意，并以书面方式确认。

十二、争议解决

因适用本协议所生争议，双方应尽速协商解决。

十三、未尽事宜

本协议如有未尽事宜，双方得以适当方式另行商定。

十四、签署生效

本协议自双方签署之日起四十日内生效。

本协议于十一月四日签署，一式四份，双方各执两份。

海峡两岸关系协会	财团法人海峡交流基金会
会长　陈云林	董事长　江丙坤

附件：

海峡两岸直航船舶、港口安排

依据本协议第一条、第二条，议定具体安排如下：

一、两岸资本并在香港登记的船舶比照直航船舶从事两岸间海上直接运输，在进出两岸港口期间，其船舶识别方式比照《港台海运商谈纪要》有关香港船舶的规定。

二、目前已经从事两岸试点直航（境外航运中心）运输、两岸三地集装箱（货柜）班轮运输、砂石运输的两岸资本权宜船，经特别许可，可按照本协议有关船舶识别等规定，从事两岸间海上直接运输。

三、双方现阶段相互开放下列港口：

大陆方面为六十三个港口，包括：丹东、大连、营口、唐山、锦州、秦皇岛、天津、黄骅、威海、烟台、龙口、岚山、日照、青岛、连云港、大丰、上海、宁波、舟山、台州、嘉兴、温州、福州、松下、宁德、泉州、肖厝、秀屿、漳州、厦门、汕头、潮州、惠州、蛇口、盐田、赤湾、妈湾、虎门、广州、珠海、茂名、湛江、北海、防城、钦州、海口、三亚、洋浦等四十八个海港，以及太仓、南通、张家港、江阴、扬州、常熟、常州、泰州、镇江、南京、芜湖、马鞍山、九江、武汉、城陵矶等十五个河港。

台湾方面为十一个港口，包括：基隆（含台北）、高雄（含安平）、台中、花莲、麦寮、布袋（先采专案方式办理）等六个港口，以及金门料罗、水头、马祖福澳、白沙、澎湖马公等五个“小三通”港口。

双方同意视情增加开放港口。

海峡两岸邮政协议*

为扩大两岸邮政业务合作，便利两岸人民联系与交流，海峡两岸关系协会与财团法人海峡交流基金会就两岸直接邮政合作事宜，经平等协商，达成协议如下：

一、业务范围

双方同意开办两岸直接平常和挂号函件（包括信函、明信片、邮简、印刷品、新闻纸、杂志、盲人文件）、小包、包裹、特快专递（快捷邮件）、邮政汇兑等业务，并加强其他邮政业务合作。

二、封发局

大陆方面邮件封发局为：北京、上海、广州、福州、厦门、西安、南京、成都；台湾方面邮件封发局为：台北、高雄、基隆、金门、马祖。双方可视需要，增加或调整邮件封发局，并由增加或调整一方通知对方。

三、邮件运输

双方同意通过空运或海运直航方式将邮件总包运送至对方邮件处理中心。

四、规格及限定

双方同意商定邮件尺寸、重量等规格，并尊重对方禁限寄规定。

五、账务结算

双方同意建立邮政业务账务处理直接结算关系。

---

* 2008年11月4日于台北签署。

六、文件格式

处理邮件使用的袋（吊）牌、清单、邮袋、查询表格等，依双方认可之格式。

七、邮件查询

挂号函件、小包、包裹及特快专递（快捷邮件）等邮件业务的查询，由双方邮件处理中心相互联系，并应提供便捷的业务联系渠道。

八、查询期限

挂号函件、包裹之查询，应自原寄件人交寄之次日起六个月内提出；特快专递（快捷邮件）自交寄之次日起三个月内提出。

九、补偿责任

双方对于互相寄递的挂号函件、包裹发生遗失及其内容全部或一部分遗失、被窃或毁损等情形，应由责任方负责补偿，并相互结算。

特快专递（快捷邮件）之遗失、内件被窃或毁损等情形，概由原寄一方自行负责补偿，不相互结算。

十、联系主体

（一）本协议议定事项，由海峡两岸邮政交流协会与财团法人台湾邮政协会相互联系。具体邮政业务由双方邮件处理中心联系实施。

（二）本协议其他相关事宜，由海峡两岸关系协会与财团法人海峡交流基金会联系。

十一、协议履行及变更

双方应遵守协议。

协议变更，应经双方协商同意，并以书面方式确认。

十二、争议解决

因适用本协议所生争议，双方应尽速协商解决。

十三、未尽事宜

本协议如有未尽事宜，双方得以适当方式另行商定。

十四、签署生效

本协议自双方签署之日起四十日内生效。

本协议于十一月四日签署，一式四份，双方各执两份。

海峡两岸关系协会	财团法人海峡交流基金会
会长　陈云林	董事长　江丙坤

海峡两岸食品安全协议*

为增进海峡两岸食品安全沟通与互信，保障两岸人民安全与健康，海峡两岸关系协会与财团法人海峡交流基金会就两岸食品安全事宜，经平等协商，达成协议如下：

一、信息（讯息）通报

双方同意相互通报涉及两岸贸易的食品安全信息（讯息），并就涉及影响两岸民众健康的重大食品安全信息（讯息）及突发事件，进行即时通报，提供完整信息（讯息）。

针对前项查询请求，应迅速回应并提供必要协助。

二、协处机制

双方同意建立两岸重大食品安全事件协处机制，采取下列措施妥善处理：

（一）紧急磋商、交换相关信息（讯息）；

（二）暂停生产、输出相关产品；

（三）即时下架、召回相关产品；

（四）提供实地了解便利；

（五）核实发布信息（讯息），并相互通报；

（六）提供事件原因分析及改善计划；

（七）督促责任人妥善处理纠纷，并就确保受害人权益给予积极协助；

（八）双方即时相互通报有关责任查处情况。

---

* 2008年11月4日于台北签署。

三、业务交流

双方同意建立两岸业务主管部门专家定期会商及互访制度，就双方食品安全制度规范、检验技术及监管措施进行业务交流及信息（讯息）交换。

四、文书格式

双方信息（讯息）通报、查询及业务联系，使用双方商定的文书格式。

五、联系主体

（一）本协议议定事项，由双方食品安全等业务主管部门指定的联络人相互联系实施。必要时，经双方同意得指定其他单位联系实施。

（二）本协议其他相关事宜，由海峡两岸关系协会与财团法人海峡交流基金会联系。

六、协议履行及变更

双方应遵守协议。

协议变更，应经双方协商同意，并以书面方式确认。

七、争议解决

因适用本协议所生争议，双方应尽速协商解决。

八、未尽事宜

本协议如有未尽事宜，双方得以适当方式另行商定。

九、签署生效

本协议自双方签署之日起七日后生效。

本协议于十一月四日签署，一式四份，双方各执两份。

海峡两岸关系协会　　　　财团法人海峡交流基金会

会长　陈云林　　　　董事长　江丙坤

海峡两岸金融合作协议*

为促进海峡两岸金融交流与合作，推动两岸金融市场稳定发展，便利两岸经贸往来，海峡两岸关系协会与财团法人海峡交流基金会就两岸金融监督管理与货币管理合作事宜，经平等协商，达成协议如下：

一、金融合作

双方同意相互协助履行金融监督管理与货币管理职责，加强金融领域广泛合作，共同维护金融稳定。

（一）金融监督管理

双方同意由两岸金融监督管理机构就两岸银行业、证券及期货业、保险业分别建立监督管理合作机制，确保对互设机构实施有效监管。

双方银行业、证券及期货业、保险业等金融监督管理机构得依行业惯例，就合作事宜作出具体安排。

（二）货币管理

双方同意先由商业银行等适当机构，通过适当方式办理现钞兑换、供应及回流业务，并在现钞防伪技术等方面开展合作。逐步建立两岸货币清算机制，加强两岸货币管理合作。

（三）其他合作事项

双方同意就两岸金融机构准入及开展业务等事宜进行磋商。

双方同意鼓励两岸金融机构增进合作，创造条件，共同加强对双方企业金融服务。

---

* 2009年4月26日于南京签署。

二、交换资讯

双方同意为维护金融稳定，相互提供金融监督管理与货币管理资讯。对于可能影响金融机构健全经营或金融市场安定的重大事项，双方尽速提供。

提供资讯的方式与范围由双方商定。

三、保密义务

双方同意对于所获资讯，仅为金融监督管理与货币管理目的使用，并遵守保密要求。

有关第三方请求提供资讯之处理方式，由双方监督管理机构另行商定。

四、互设机构

双方同意在本协议生效后，由两岸金融监督管理机构考量互惠原则、市场特性及竞争秩序，尽快推动双方商业性金融机构互设机构。

有关金融机构赴对方设立机构或参股的资格条件以及在对方经营业务的范围，由双方监督管理机构另行商定。

双方同意对于金融机构赴对方设立机构或参股的申请，相互征求意见。

五、检查方式

双方同意依行业惯例与特性，采取多种方式对互设金融机构实施检查。检查方式由双方监督管理机构另行商定。

六、业务交流

双方同意通过人员互访、培训、技术合作及会议等方式，加强金融监督管理与货币管理合作。

七、文书格式

双方资讯交换、征询意见等业务联系，使用双方商定的文书格式。

八、联系主体

（一）本协议议定事项，由双方金融监督管理机构、货币管理机构指定的联络人相互联系实施。必要时，经双方同意得指定其他单位进行联系。

（二）本协议其他相关事宜，由海峡两岸关系协会与财团法人海峡交流基金会联系。

九、协议履行及变更

双方应遵守协议。

协议变更，应经双方协商同意，并以书面形式确认。

十、争议解决

因执行本协议所生争议，双方应尽速协商解决。

十一、未尽事宜

本协议如有未尽事宜，双方得以适当方式另行商定。

十二、签署生效

本协议自签署之日起各自完成相关准备后生效，最迟不超过六十日。

本协议于四月二十六日签署，一式四份，双方各执两份。

海峡两岸关系协会	财团法人海峡交流基金会
会长　陈云林	董事长　江丙坤

海峡两岸空运补充协议*

海峡两岸关系协会与财团法人海峡交流基金会，根据《海峡两岸空运协议》第一条、第三条、第四条规定，就开通两岸定期客货运航班等事宜，经平等协商，达成补充协议如下：

一、飞行航路

双方同意在台湾海峡北线航路的基础上开通南线和第二条北线双向直达航路，并继续磋商开通其他更便捷的新航路。

二、运输管理

双方同意两岸定期航班使用的运输凭证及责任条款，参照两岸现行作业方式管理。

三、承运人

双方同意可各自指定两岸资本在两岸登记注册的航空公司，在本补充协议附件规定的航点上经营分别或混合载运旅客、行李、货物及邮件的定期和不定期航空运输业务，并事先知会对方。撤销或更改上述指定时亦同。

四、通航航点

双方同意两岸通航航点沿用《海峡两岸空运协议》的规定，并可根据市场需求经双方协商确定增开新的航点。

---

* 2009 年 4 月 26 日于南京签署。

五、航空运价

双方同意两岸航空公司应向两岸航空主管部门提交定期航班的运价。

六、代表机构

双方同意两岸航空公司可在对方区域通航地点设立代表机构，并自行或指定经批准的代理人销售航空运输凭证、从事广告促销及运行保障（运务）等与两岸航空运输有关的业务。上述代表机构的工作人员应遵守所在地规定。

七、互免税费

双方同意在互惠的基础上，磋商对两岸航空公司与经营活动有关的设备和物品，相互免征关税、检验费和其他类似税费，具体免税费项目及商品范围由双方共同商定，并对两岸航空公司参与两岸航空运输在对方取得之运输收入，相互免征营业税及所得税。

八、收入汇兑

双方同意两岸航空公司可随时将其在对方区域内取得的收入按照所在地规定的程序兑换并汇至公司总部所在地或其他指定地点。

九、航空安全

双方同意建立航空安全联系机制，相互提供一切及时和必要的协助，共同保障两岸航空运输的飞行安全及旅客的人身财产安全。发生危及航空安全事件或威胁时，双方应相互协助，采取适当的措施，以便迅速、安全地结束上述事件或威胁。

十、辅助事项

双方同意有关证照查验、适航认证、机场安检、检验检疫、地面代理、资料提供、服务费率等事宜，参照航空运输惯例和有关规定办理，并加强合作，相互提供便利。

十一、适用规定

双方同意两岸航空公司在对方区域内从事两岸航空运输，应适用所在地有关规定。

十二、联系机制

双方同意两岸航空主管部门建立联系机制，视必要随时就两岸航空运输的相关事宜进行沟通并交换意见。

十三、实施方式

本补充协议议定事项的实施，由双方航空主管部门指定的联络人，使用双方商定的文书格式相互联系，并相互通报信息、答复查询等。

双方对协议的实施或者解释发生争议时，由两岸航空主管部门协商解决。

十四、签署生效

本补充协议自签署之日起各自完成相关准备后生效，最迟不超过六十日。

本补充协议于四月二十六日签署，一式四份，双方各执两份。

附件

海峡两岸航路及航班具体安排

依据本协议第一条、第三条、第四条，议定具体安排如下：

一、新辟航路

双方同意由两岸空（航）管部门以适当方式，就建立南线广州与台北飞行（航）情报区直达航路、第二条北线上海与台北飞行（航）情报区直达航路及空（航）管直接交接程序进行联系并作出具体安排。

南线飞航路线为：

自 N22°57′00″ E116°21′36″经双方议定管制交接点 N23°00′00″ E117°30′00″至 N22°36′15″ E117°57′16″双向使用。

第二条北线飞航路线为：

自 N30°45′46″ E123°41′39″经双方议定管制交接点 N28°41′57″ E123°41′39″至 N27°56′18″ E123°41′39″双向使用。

二、客运

（一）承运人

除上海（浦东）与桃园和台北松山机场航线双方各指定四家航空公司外，

其余航点每条航线双方各指定二家航空公司承运。

（二）航点

1. 大陆方面同意在现有北京、上海（浦东）、广州、厦门、南京、成都、重庆、杭州、大连、桂林、深圳、武汉、福州、青岛、长沙、海口、昆明、西安、沈阳、天津、郑州等二十一个航点基础上，新增合肥、哈尔滨、南昌、贵阳、宁波、济南等六个航点。上述二十七个航点可经营定期航班。

2. 台湾方面同意桃园与高雄航点可经营定期航班，其余台北松山、台中、澎湖（马公）、花莲、金门、台东等六个航点为客运包机航点。

（三）班次

双方同意客运定期航班和包机班次总量为每周共二百七十个往返班次，每方每周一百三十五个往返班次。其中以下航点每方每周往返班次不超过：

1. 大陆方面：上海（浦东）二十八班；北京十班；深圳十班；广州十四班；昆明十四班；成都十四班。

2. 台湾方面：台北松山二十一班。

其他航点可根据市场需求在航班总量范围内安排定期航班或包机。

三、货运

（一）承运人

每条航线双方各指定二家航空公司承运。

（二）航点

1. 大陆方面同意上海（浦东）、广州航点可经营定期航班。

2. 台湾方面同意桃园、高雄航点可经营定期航班。

（三）班次

双方同意货运定期航班和包机班次总量为每周共二十八个往返班次，每方每周十四个往返班次。其中广州每方每周七个往返班次，上海（浦东）每方每周七个往返班次。

（四）腹舱载货

双方同意相互开放客运定期航班腹舱载货。

四、其他事宜

双方同意在有定期航班飞行的航线上原则上不再许可包机飞行。

海协会与海基会就陆资赴台投资达成共识*

双方一致认为，目前两岸关系面临难得的历史机遇，为促进两岸双向直接投资创造了良好的环境，尤其是面对国际金融危机对两岸经济的影响和冲击，双方应秉持优势互补、互利双赢的原则，积极鼓励并推动大陆企业赴台考察、投资，以利于加强和深化两岸产业合作，实现两岸经贸关系正常化和制度化。

双方希望两岸业务主管部门以适当方式建立沟通机制，共同推动大陆企业赴台投资。

海基会表示：台湾方面诚挚地欢迎陆资来台投资。将尽速发布相关规定及配套措施，并循序渐进扩大开放投资领域，持续推动相关工作，协助解决投资所衍生之问题，以利陆资来台投资。

海协会表示：大陆方面将积极支持大陆企业赴台投资。鼓励有条件的大陆企业赴台考察，了解投资环境，寻找投资机会。根据颁布的有关规定，为大陆有实力的企业赴台投资提供便利。

---

* 2009年4月26日于南京。

海峡两岸共同打击犯罪及司法互助协议*

为保障海峡两岸人民权益，维护两岸交流秩序，海峡两岸关系协会与财团法人海峡交流基金会就两岸共同打击犯罪及司法互助与联系事宜，经平等协商，达成协议如下：

第一章　总　　则

一、合作事项

双方同意在民事、刑事领域相互提供以下协助：

（一）共同打击犯罪；

（二）送达文书；

（三）调查取证；

（四）认可及执行民事裁判与仲裁裁决（仲裁判断）；

（五）移管（接返）被判刑人（受刑事裁判确定人）；

（六）双方同意之其他合作事项。

二、业务交流

双方同意业务主管部门人员进行定期工作会晤、人员互访与业务培训合作，交流双方制度规范、裁判文书及其他相关资讯。

三、联系主体

本协议议定事项，由各方主管部门指定之联络人联系实施。必要时，经双方同意得指定其他单位进行联系。

本协议其他相关事宜，由海峡两岸关系协会与财团法人海峡交流基金会联系。

---

* 2009年4月26日于南京签署。

第二章　共同打击犯罪

四、合作范围

双方同意采取措施共同打击双方均认为涉嫌犯罪的行为。

双方同意着重打击下列犯罪：

（一）涉及杀人、抢劫、绑架、走私、枪械、毒品、人口贩运、组织偷渡及跨境有组织犯罪等重大犯罪；

（二）侵占、背信、诈骗、洗钱、伪造或变造货币及有价证券等经济犯罪；

（三）贪污、贿赂、渎职等犯罪；

（四）劫持航空器、船舶及涉恐怖活动等犯罪；

（五）其他刑事犯罪。

一方认为涉嫌犯罪，另一方认为未涉嫌犯罪但有重大社会危害，得经双方同意个案协助。

五、协助侦查

双方同意交换涉及犯罪有关情资，协助缉捕、遣返刑事犯与刑事嫌疑犯，并于必要时合作协查、侦办。

六、人员遣返

双方同意依循人道、安全、迅速、便利原则，在原有基础上，增加海运或空运直航方式，遣返刑事犯、刑事嫌疑犯，并于交接时移交有关证据（卷证）、签署交接书。

受请求方已对遣返对象进行司法程序者，得于程序终结后遣返。

受请求方认为有重大关切利益等特殊情形者，得视情决定遣返。

非经受请求方同意，请求方不得对遣返对象追诉遣返请求以外的行为。

第三章　司法互助

七、送达文书

双方同意依己方规定，尽最大努力，相互协助送达司法文书。

受请求方应于收到请求书之日起三个月内及时协助送达。

受请求方应将执行请求之结果通知请求方，并及时寄回证明送达与否的证明资料；无法完成请求事项者，应说明理由并送还相关资料。

八、调查取证

双方同意依己方规定相互协助调查取证，包括取得证言及陈述；提供书证、物证及视听资料；确定关系人所在或确认其身分；勘验、鉴定、检查、访视、调查；搜索及扣押等。

受请求方在不违反己方规定前提下，应尽量依请求方要求之形式提供协助。

受请求方协助取得相关证据资料，应及时移交请求方。但受请求方已进行侦查、起诉或审判程序者，不在此限。

九、罪赃移交

双方同意在不违反己方规定范围内，就犯罪所得移交或变价移交事宜给予协助。

十、裁判认可

双方同意基于互惠原则，于不违反公共秩序或善良风俗之情况下，相互认可及执行民事确定裁判与仲裁裁决（仲裁判断）。

十一、罪犯移管（接返）

双方同意基于人道、互惠原则，在请求方、受请求方及被判刑人（受刑事裁判确定人）均同意移交之情形下，移管（接返）被判刑人（受刑事裁判确定人）。

十二、人道探视

双方同意及时通报对方人员被限制人身自由、非病死或可疑为非病死等重要讯息，并依己方规定为家属探视提供便利。

第四章　请求程序

十三、提出请求

双方同意以书面形式提出协助请求。但紧急情况下，经受请求方同意，得以其他形式提出，并于十日内以书面确认。

请求书应包含以下内容：请求部门、请求目的、事项说明、案情摘要及执行请求所需其他资料等。

如因请求书内容欠缺致无法执行请求，可要求请求方补充资料。

十四、执行请求

双方同意依本协议及己方规定，协助执行对方请求，并及时通报执行情况。

若执行请求将妨碍正在进行之侦查、起诉或审判程序，可暂缓提供协助，并及时向对方说明理由。

如无法完成请求事项，应向对方说明并送还相关资料。

十五、不予协助

双方同意因请求内容不符合己方规定或执行请求将损害己方公共秩序或善良风俗等情形，得不予协助，并向对方说明。

十六、保密义务

双方同意对请求协助与执行请求的相关资料予以保密。但依请求目的使用者，不在此限。

十七、限制用途

双方同意仅依请求书所载目的事项，使用对方协助提供之资料。但双方另有约定者，不在此限。

十八、互免证明

双方同意依本协议请求及协助提供之证据资料、司法文书及其他资料，不要求任何形式之证明。

十九、文书格式

双方同意就提出请求、答复请求、结果通报等文书，使用双方商定之文书格式。

二十、协助费用

双方同意相互免除执行请求所生费用。但请求方应负担下列费用：

（一）鉴定费用；

（二）笔译、口译及誊写费用；

（三）为请求方提供协助之证人、鉴定人，因前往、停留、离开请求方所生之费用；

（四）其他双方约定之费用。

第五章　附　　则

二十一、协议履行与变更

双方应遵守协议。

协议变更，应经双方协商同意，并以书面形式确认。

二十二、争议解决

因适用本协议所生争议，双方应尽速协商解决。

二十三、未尽事宜

本协议如有未尽事宜，双方得以适当方式另行商定。

二十四、签署生效

本协议自签署之日起各自完成相关准备后生效，最迟不超过六十日。

本协议于四月二十六日签署，一式四份，双方各执两份。

海峡两岸关系协会	财团法人海峡交流基金会
会长　陈云林	董事长　江丙坤

海峡两岸渔船船员劳务合作协议*

为维护海峡两岸渔船船员、渔船船主正当权益，促进两岸渔船船员劳务合作，海峡两岸关系协会与财团法人海峡交流基金会就两岸渔船船员劳务合作事宜，经平等协商，达成协议如下：

一、合作范围

双方同意在符合双方各自雇用渔船船员规定下，进行近海、远洋渔船船员（以下简称船员）劳务合作，并对近海与远洋劳务合作分别采取不同的管理方式。

二、合作方式

双方同意两岸船员劳务合作应通过双方各自确定的经营主体办理，并各自建立风险保证制度约束其经营主体。

三、合同（契约）要件

双方同意商定船员劳务合作合同（契约）要件。

四、权益保障

（一）双方同意保障船员以下基本权益：

1. 船员受签订合同（契约）议定的工资保护；
2. 同船同职务船员在船上享有相同福利及劳动保护；
3. 在指定场所休息、整补或回港避险；
4. 人身意外及医疗保险；

---

* 2009年12月22日于台中签署。

5. 往返交通费；

6. 船主应履行合同（契约）的义务；

7. 双方商定的其他权益。

（二）双方同意保障渔船船主（以下简称船主）以下基本权益：

1. 船员体检及技能培训应符合双方各自规定；

2. 船员应遵守相关管理规定；

3. 船员应接受船主、船长合理的指挥监督；

4. 船员应履行合同（契约）的义务；

5. 双方商定的其他权益。

五、核发证件

双方同意各自核发船员身份或查验证件。

六、协调机制

双方同意各自建立船员、船主申诉制度和两岸船员劳务合作突发事件处理机制，并指导经营主体解决劳务纠纷和突发事件。

如遇重大安全事件等情形，双方应及时通报，共同采取措施，妥善处理。并严格处理违反协议的经营主体。

七、交流互访

双方同意定期进行工作会晤、交流互访，评估协议执行情况。

八、文书格式

双方同意信息通报、查询及业务联系，使用商定的文书格式。

九、联系主体

（一）本协议议定事项，由双方业务主管部门指定的联络人相互联系实施，经双方同意可指定其他单位负责实施。

（二）本协议其他事宜，由海峡两岸关系协会与财团法人海峡交流基金会联系。

十、协议履行及变更

（一）双方应遵守协议。协议附件与本协议具有同等效力。

（二）协议变更，应经双方协商同意，并以书面方式确认。

十一、争议解决

因适用本协议所生争议，双方应尽速协商解决。

十二、未尽事宜

本协议如有未尽事宜，双方可以适当方式另行商定。

十三、签署生效

本协议自签署之日起各自完成相关准备后生效，最迟不超过九十日。

本协议于十二月二十二日签署，一式四份，双方各执两份。

海峡两岸关系协会　　　　财团法人海峡交流基金会
会长　陈云林　　　　　　董事长　江丙坤

附件：

海峡两岸渔船船员劳务合作具体安排

根据本协议第二条、第三条、第四条、第五条、第六条，双方议定具体安排如下：

一、经营主体

大陆方面经营主体为业务主管部门核准的渔船船员劳务合作经营公司，台湾方面经营主体为业务主管部门核准的中介机构。

双方将在协议签署后尽快交换并公布经营主体名单。

二、合同（契约）种类

两岸船员劳务合作须签订以下合同（契约）：

（一）经营公司与中介机构签订劳务合作合同（契约）；

（二）经营公司与船员签订外派劳务合同（契约）；

（三）船主与船员签订劳务合同（契约）；

（四）中介机构与船主签订委托劳务合同（契约）。

三、合同（契约）要件

（一）经营公司与中介机构签订劳务合作合同（契约）要件如下：

1. 船主名称、服务船舶名称、作业渔场区域、拟雇佣船员的职务及合同（契约）期限；

2. 船员资格条件及应遵守事项；

3. 应给付船员工资额度及支付方式；船员人身意外及医疗保险；船员往返双方口岸及返乡交通费分担标准；

4. 船员及船主基本权益保障事项；

5. 船主及船员违约处理；

6. 可归责船员或船主的故意或重大过失行为造成对方损失，由经营公司与船员或中介机构与船主负连带赔偿责任；

7. 纠纷调处及违反合同（契约）处理；

8. 其他经双方议定事项。

（二）船主与船员签订劳务合同（契约）要件如下：

1. 船主名称、船员姓名及其住址、服务船舶名称、作业渔场区域、船员的职务及合同（契约）期限；

2. 船员工资、人身意外及医疗保险、交通费和支付方式；

3. 船员劳动保护、在暂置场所休息和避险的权利、食宿、福利；

4. 船员遵守事项；

5. 船主提供福利；

6. 纠纷调处及违反合同（契约）处理；

7. 其他经双方议定事项。

四、证件查验

近海船员须持登轮作业证件领取当地查验证件；远洋船员须持海员证件。在双方商定的过渡期内，近海船员可持登轮作业证件或身份证件领取当地查验证件。

五、船员人身意外及医疗保险

双方共同议定船员人身意外及医疗保险等事项。

六、转船程序

双方同意严格界定船员合理转船和违规转船事项，具体程序由双方商定。

七、接驳船舶

双方同意船员接驳船舶须符合对客船等有关技术安全标准要求，并持有相关主管部门颁发的可搭载非本船船员人数的证明文件。

八、近海船员登船港口

大陆方面近海船员登船港口为：福建省福州平潭东澳、厦门东渡同益、漳州漳浦旧镇、泉州惠安崇武、莆田湄洲宫下、宁德霞浦三沙、宁德福鼎沙埕；浙江省舟山沈家门、温州霞关。

近海登船港口可视需要调整，并知会对方。

九、暂置场所

（一）台湾方面岸置处所为：宜兰县南方澳渔港、基隆市八斗子渔港、新竹市新竹渔港、台中县梧栖渔港、高雄市前镇渔港及屏东县东港渔港。

（二）台湾方面划设暂置区域之渔港为：基隆市长潭里渔港、外木山渔港；台北县淡水第二渔港、富基渔港、磺港渔港、野柳渔港、东澳渔港、龟吼渔港、万里渔港、深澳渔港、鼻头渔港、龙洞渔港、澳底渔港；桃园县永安渔港；云林县箔子寮渔港；台南县将军渔港；台南市安平渔港；高雄县兴达渔港；台东县伽蓝渔港、新港渔港、大武渔港、小港渔港；花莲县花莲渔港；宜兰县大溪渔港、大里渔港、石城渔港、乌石渔港、梗枋渔港；澎湖县马公渔港、锁港渔港、桶盘渔港、山水渔港、龙门渔港、鸟屿渔港、竹湾渔港、风柜东渔港、潭门渔港、七美渔港、虎井渔港、南北寮渔港、沙港东渔港、赤崁渔港、吉贝渔港、横礁渔港、合界渔港、小门渔港、大池渔港、赤马渔港、内埯北渔港、内埯南渔港、外埯渔港、将军南渔港、东屿坪渔港、花屿渔港；连江县东引中柱港、莒光青帆渔港、福澳渔港、北竿后澳渔港。

（三）船员第一次进港台湾方面查验渔港为：宜兰县南方澳渔港、大溪第二渔港；基隆市八斗子渔港；台北县淡水第二渔港、澳底渔港、野柳渔港、磺港渔港、深澳渔港；桃园县永安渔港；新竹市新竹渔港；台中县梧栖渔港；云林县箔子寮渔港；台南县将军渔港；台南市安平渔港；高雄县兴达渔港；高雄市高雄港第二港口；屏东县东港渔港；台东县伽蓝渔港、新港渔港；花莲县花莲渔港；澎湖县马公渔港、桶盘渔港、龙门渔港、鸟屿渔港、潭门渔港、七美渔港、虎井渔港、赤崁渔港、吉贝渔港、小门渔港、内埯南渔港、外埯渔港、将军南渔港、东屿坪渔港、花屿渔港；连江县东引中柱港、福澳渔港。

暂置场所可视需要调整，并知会对方。

十、过渡安排

本协议签署生效后，双方应尽快交换经营主体风险保证制度等相关规定。台湾方面负责将已在台湾近海渔船工作的大陆船员进行登记并与大陆方面交流有关资讯。同时，台湾船主应根据规定为已在台湾近海渔船作业尚未办理保险的大陆船员办理保险，并要求上述船员合同（契约）期满后返回大陆。如需雇用，需依本协议办理。

海峡两岸农产品检疫检验合作协议*

为保障海峡两岸农业生产安全与人民健康，促进两岸农产品贸易发展，海峡两岸关系协会与财团法人海峡交流基金会就两岸农产品检疫检验合作事宜，经平等协商，达成协议如下：

一、合作原则与目标

双方同意本着互信互惠原则，在科学务实的基础上，加强检疫检验合作与交流，协商解决农产品（含饲料）贸易中的检疫检验问题，防范动植物有害生物传播扩散，确保农产品质量安全。

二、业务交流

双方同意建立业务会商、研讨、互访、考察及技术合作机制。必要时，可成立工作小组开展检疫检验专项领域技术合作研究。

三、讯息查询

（一）双方同意提供检疫检验规定、标准、程序等讯息查询，并给予必要协助。

（二）双方同意加强农药及动物用药残留等安全卫生标准交流，协调处理标准差异问题。

四、证明文件核查

双方同意建立检疫检验证明文件核查及确认机制，防范伪造、假冒证书行为。

---

* 2009年12月22日于台中签署。

五、通报事项

（一）双方同意及时通报进出口农产品重大疫情及安全卫生事件讯息。

（二）双方同意定期通报进出口农产品中截获的有害生物、检出的有毒有害物质及其他不合格情况。

六、紧急事件处理

双方同意建立重大检疫检验突发事件协处机制，及时通报，快速核查，紧急磋商，并相互提供协助。

七、考察确认

双方同意建立农产品安全管理追溯体系，协助进口方到出口农产品生产加工场所考察访问，对确认符合检疫检验要求的农产品，实施便捷的进口检疫检验措施。

八、文书格式

双方同意讯息通报、查询及业务联系，使用商定的文书格式。

九、联系主体

（一）本协议议定事项，由双方业务主管部门指定的联络人相互联系实施。必要时，经双方同意可指定其他单位联系实施。

（二）本协议其他相关事宜，由海峡两岸关系协会与财团法人海峡交流基金会联系。

十、协议履行及变更

（一）双方应遵守协议。

（二）协议变更，应经双方协商同意，并以书面方式确认。

十一、争议解决

因适用本协议所生争议，双方应尽速协商解决。

十二、未尽事宜

本协议如有未尽事宜，双方得以适当方式另行商定。

十三、签署生效

本协议自签署之日起各自完成相关准备后生效，最迟不超过九十日。

本协议于十二月二十二日签署，一式四份，双方各执两份。

海峡两岸关系协会	财团法人海峡交流基金会
会长　陈云林	董事长　江丙坤

海峡两岸标准计量检验认证合作协议*

为便利海峡两岸经贸往来，促进两岸产业合作，创造良好投资环境，提升两岸贸易产品质量（品质）及安全，保护消费者权益，海峡两岸关系协会与财团法人海峡交流基金会就两岸标准、计量、检验、认证认可（验证认证）及消费品安全合作事宜，经平等协商，达成协议如下：

一、合作范围

双方同意共同采取措施，开展下列领域的交流合作：

（一）标准领域：积极探索和推动重点领域共通标准的制定；开展标准信息（资讯）交换，并推动两岸标准信息（资讯）平台建设；加强标准培训资源共享。

（二）计量领域：促进两岸法制（法定）计量合作、计量技术和计量管理信息（资讯）交流；合作研究最高量值准确可靠的装置，并开展相关装置的比对；推动测量仪器溯源校准（校正）的技术合作。

（三）检验领域：沟通两岸检验标准和程序；建立两岸贸易中商品检验合作与磋商机制；开展商品安全检验检测技术合作。

（四）认证认可（验证认证）领域：沟通两岸认证认可（验证认证）标准和程序；共同推动两岸新领域认证认可（验证认证）制度的建立和实施；推动两岸认证认可（验证认证）结果的互信，就双方同意的项目作出具体安排。

（五）消费品安全领域：建立两岸消费品安全信息（讯息）通报联系机制；建立两岸贸易消费品安全协处机制；加强对不合格消费品处理的沟通与协调。

（六）加强上述合作领域内相关制度规范的信息（资讯）交换。

（七）双方同意的其他合作事项。

---

* 2009年12月22日于台中签署。

二、合作形式

双方同意就前述合作领域采取如下措施：

（一）分别成立两岸标准、计量、检验、认证认可（验证认证）及消费品安全合作工作组，共同商定具体实施计划，明确活动范围等，并可根据需要形成相关领域的合作文件。

（二）以技术合作、专家会议、信息（资讯）交流、人员互访及业务培训等方式开展标准、计量、检验、认证认可（验证认证）及消费品安全领域的交流与合作。

（三）双方业务主管部门负责指导、协调各工作组开展工作，并指定联络人负责各领域业务的日常联络及工作方案的实施。

三、相互协助

双方同意对执行本协议的相关活动提供必要的协助。

四、保密义务

双方同意对于在执行本协议相关活动中所获信息（资讯），遵守约定的保密要求。

五、文书格式

双方同意信息（资讯）交换、通报、查询及业务联系，使用商定的文书格式。

六、联系主体

（一）本协议议定事项，由双方业务主管部门指定的联络人相互联系实施。

（二）本协议其他事宜，由海峡两岸关系协会与财团法人海峡交流基金会联系。

七、协议履行及变更

双方应遵守协议。

协议变更，应经双方协商同意，并以书面方式确认。

八、争议解决

因适用本协议所生争议，双方应尽速协商解决。

九、未尽事宜

本协议如有未尽事宜，双方可以适当方式另行商定。

十、签署生效

本协议自签署之日起各自完成相关准备后生效，最迟不超过九十日。

本协议于十二月二十二日签署，一式四份，双方各执两份。

海峡两岸关系协会	财团法人海峡交流基金会
会长　陈云林	董事长　江丙坤

海峡两岸经济合作框架协议*

序　言

海峡两岸关系协会与财团法人海峡交流基金会遵循平等互惠、循序渐进的原则，达成加强海峡两岸经贸关系的意愿；

双方同意，本着世界贸易组织（WTO）基本原则，考虑双方的经济条件，逐步减少或消除彼此间的贸易和投资障碍，创造公平的贸易与投资环境；通过签署《海峡两岸经济合作框架协议》（以下简称本协议），进一步增进双方的贸易与投资关系，建立有利于两岸经济繁荣与发展的合作机制；

经协商，达成协议如下：

第一章　总　则

第一条　目标

本协议目标为：

一、加强和增进双方之间的经济、贸易和投资合作。

二、促进双方货物和服务贸易进一步自由化，逐步建立公平、透明、便利的投资及其保障机制。

三、扩大经济合作领域，建立合作机制。

第二条　合作措施

双方同意，考虑双方的经济条件，采取包括但不限于以下措施，加强海峡两岸的经济交流与合作：

一、逐步减少或消除双方之间实质多数货物贸易的关税和非关税壁垒。

二、逐步减少或消除双方之间涵盖众多部门的服务贸易限制性措施。

三、提供投资保护，促进双向投资。

---

* 2010年6月29日于重庆签署。

四、促进贸易投资便利化和产业交流与合作。

第二章 贸易与投资

第三条 货物贸易

一、双方同意，在本协议第七条规定的“货物贸易早期收获”基础上，不迟于本协议生效后六个月内就货物贸易协议展开磋商，并尽速完成。

二、货物贸易协议磋商内容包括但不限于：

（一）关税减让或消除模式；

（二）原产地规则；

（三）海关程序；

（四）非关税措施，包括但不限于技术性贸易壁垒（TBT）、卫生与植物卫生措施（SPS）；

（五）贸易救济措施，包括世界贸易组织《关于实施1994年关税与贸易总协定第六条的协定》、《补贴与反补贴措施协定》、《保障措施协定》规定的措施及适用于双方之间货物贸易的双方保障措施。

三、依据本条纳入货物贸易协议的产品应分为立即实现零关税产品、分阶段降税产品、例外或其他产品三类。

四、任何一方均可在货物贸易协议规定的关税减让承诺的基础上自主加速实施降税。

第四条 服务贸易

一、双方同意，在第八条规定的“服务贸易早期收获”基础上，不迟于本协议生效后六个月内就服务贸易协议展开磋商，并尽速完成。

二、服务贸易协议的磋商应致力于：

（一）逐步减少或消除双方之间涵盖众多部门的服务贸易限制性措施；

（二）继续扩展服务贸易的广度与深度；

（三）增进双方在服务贸易领域的合作。

三、任何一方均可在服务贸易协议规定的开放承诺的基础上自主加速开放或消除限制性措施。

第五条 投资

一、双方同意，在本协议生效后六个月内，针对本条第二款所述事项展开磋商，并尽速达成协议。

二、该协议包括但不限于以下事项：

（一）建立投资保障机制；

（二）提高投资相关规定的透明度；

（三）逐步减少双方相互投资的限制；

（四）促进投资便利化。

第三章　经济合作

第六条　经济合作

一、为强化并扩大本协议的效益，双方同意，加强包括但不限于以下合作：

（一）知识产权保护与合作；

（二）金融合作；

（三）贸易促进及贸易便利化；

（四）海关合作；

（五）电子商务合作；

（六）研究双方产业合作布局和重点领域，推动双方重大项目合作，协调解决双方产业合作中出现的问题；

（七）推动双方中小企业合作，提升中小企业竞争力；

（八）推动双方经贸社团互设办事机构。

二、双方应尽速针对本条合作事项的具体计划与内容展开协商。

第四章　早期收获

第七条　货物贸易早期收获

一、为加速实现本协议目标，双方同意对附件一所列产品实施早期收获计划，早期收获计划将于本协议生效后六个月内开始实施。

二、货物贸易早期收获计划的实施应遵循以下规定：

（一）双方应按照附件一列明的早期收获产品及降税安排实施降税；但双方各自对其他所有世界贸易组织成员普遍适用的非临时性进口关税税率较低时，则适用该税率；

（二）本协议附件一所列产品适用附件二所列临时原产地规则。依据该规则被认定为原产于一方的上述产品，另一方在进口时应给予优惠关税待遇；

（三）本协议附件一所列产品适用的临时贸易救济措施，是指本协议第三条第二款第五项所规定的措施，其中双方保障措施列入本协议附件三。

三、自双方根据本协议第三条达成的货物贸易协议生效之日起，本协议附件二中列明的临时原产地规则和本条第二款第三项规定的临时贸易救济措施规则应终止适用。

第八条　服务贸易早期收获

一、为加速实现本协议目标，双方同意对附件四所列服务贸易部门实施早期收获计划，早期收获计划应于本协议生效后尽速实施。

二、服务贸易早期收获计划的实施应遵循下列规定：

（一）一方应按照附件四列明的服务贸易早期收获部门及开放措施，对另一方的服务及服务提供者减少或消除实行的限制性措施；

（二）本协议附件四所列服务贸易部门及开放措施适用附件五规定的服务提供者定义；

（三）自双方根据本协议第四条达成的服务贸易协议生效之日起，本协议附件五规定的服务提供者定义应终止适用；

（四）若因实施服务贸易早期收获计划对一方的服务部门造成实质性负面影响，受影响的一方可要求与另一方磋商，寻求解决方案。

第五章　其　　他

第九条　例外

本协议的任何规定不得解释为妨碍一方采取或维持与世界贸易组织规则相一致的例外措施。

第十条　争端解决

一、双方应不迟于本协议生效后六个月内就建立适当的争端解决程序展开磋商，并尽速达成协议，以解决任何关于本协议解释、实施和适用的争端。

二、在本条第一款所指的争端解决协议生效前，任何关于本协议解释、实施和适用的争端，应由双方通过协商解决，或由根据本协议第十一条设立的“两岸经济合作委员会”以适当方式加以解决。

第十一条　机构安排

一、双方成立“两岸经济合作委员会”（以下简称委员会）。委员会由双方指定的代表组成，负责处理与本协议相关的事宜，包括但不限于：

（一）完成为落实本协议目标所必需的磋商；

（二）监督并评估本协议的执行；

（三）解释本协议的规定；

（四）通报重要经贸信息；

（五）根据本协议第十条规定，解决任何关于本协议解释、实施和适用的争端。

二、委员会可根据需要设立工作小组，处理特定领域中与本协议相关的事宜，并接受委员会监督。

三、委员会每半年召开一次例会，必要时经双方同意可召开临时会议。

四、与本协议相关的业务事宜由双方业务主管部门指定的联络人负责联络。

第十二条　文书格式

基于本协议所进行的业务联系，应使用双方商定的文书格式。

第十三条　附件及后续协议

本协议的附件及根据本协议签署的后续协议，构成本协议的一部分。

第十四条　修正

本协议修正，应经双方协商同意，并以书面形式确认。

第十五条　生效

本协议签署后，双方应各自完成相关程序并以书面通知另一方。本协议自双方均收到对方通知后次日起生效。

第十六条　终止

一、一方终止本协议应以书面通知另一方。双方应在终止通知发出之日起三十日内开始协商。如协商未能达成一致，则本协议自通知一方发出终止通知之日起第一百八十日终止。

二、本协议终止后三十日内，双方应就因本协议终止而产生的问题展开协商。

本协议于六月二十九日签署，一式四份，双方各执两份。四份文本中对应表述的不同用语所含意义相同，四份文本具有同等效力。

海峡两岸关系协会　　财团法人海峡交流基金会

会长　陈云林　　董事长　江丙坤

附件一：

货物贸易早期收获产品清单及降税安排

大陆方面早期收获产品清单

序号	2009年 税则号列	产品名称（简称）	2009年 进口税率（%）
1	03019999	其他活鱼	10.5
2	03026990	其他鲜、冷鱼	12
3	03037990	其他未列名冻鱼	10
4	03042990	其他冻鱼片	10
5	04100090	其他编号未列名的食用动物产品	20
6	06031300	鲜兰花	10
7	07095930	鲜或冷的金针菇	13
8	08030000	鲜或干的香蕉，包括芭蕉	10
9	08051000	鲜或干橙	11
10	08055000	鲜或干的柠檬及酸橙	11
11	08071910	鲜哈密瓜	12
12	08109080	火龙果	20
13	09021090	每件净重≤3千克的其他绿茶	15
14	09022090	每件净重>3千克的其他绿茶	15
15	09023010	每件净重≤3千克的乌龙茶	15
16	09023090	每件净重≤3千克的其他发酵、半发酵红茶	15
17	09024010	每件净重>3千克的乌龙茶	15
18	09024090	每件净重>3千克的其他红茶（已发酵）及半发酵茶	15
19	25231000	水泥熟料，不论是否着色	8
20	25232100	白水泥，不论是否人工着色	6
21	25232900	其他硅酸盐水泥，不论是否着色	8

续表

序号	2009 年税则号列	产品名称（简称）	2009 年进口税率（%）
22	27101911	航空煤油	9
23	27101919	其他煤油馏分产品	6
24	27101993	润滑油基础油	6
25	27101994	液体石蜡和重质液体石蜡	6
26	28030000	碳（碳黑及其他税号未列名的其他形状的碳）	5.5
27	29012200	丙烯	2
28	29012400	1，3-丁二烯及异戊二烯	2
29	29024100	邻二甲苯	2
30	29024200	间二甲苯	2
31	29024300	对二甲苯	2
32	29024400	混合二甲苯异构体	2
33	29029030	十二烷基苯	2
34	29031300	氯仿（三氯甲烷）	10
35	29032100	氯乙烯	5.5
36	29051220	异丙醇	5.5
37	29051300	正丁醇	5.5
38	29051410	异丁醇	5.5
39	29094100	2，2′-氧联二乙醇（二甘醇）	5.5
40	29094300	乙二醇或二甘醇的单丁醚	5.5
41	29103000	1-氯-2，3-环氧丙烷（表氯醇）	5.5
42	29152110	冰乙酸（冰醋酸）	5.5
43	29153200	乙酸乙烯酯	5.5
44	29161300	甲基丙烯酸及其盐	6.5
45	29161400	甲基丙烯酸酯	6.5
46	29173200	邻苯二甲酸二辛酯	6.5
47	29173300	邻苯二甲酸二壬酯，邻苯二甲酸二癸酯	6.5

续表

序号	2009年税则号列	产品名称（简称）	2009年进口税率（%）
48	29173490	其他邻苯二甲酸酯	6.5
49	29241910	二甲基甲酰胺	6.5
50	29291010	2，4和2，6甲苯二异氰酸酯混合物（甲苯二异氰酸酯TDI）	6.5
51	29321100	四氢呋喃	6
52	29333100	吡啶及其盐	6
53	32041200	酸性染料（不论是否预金属络合）及以其为基本成分的制品（不论是否已有化学定义）；媒染染料及以其为基本成分的制品（不论是否已有化学定义）	6.5
54	32041400	直接染料及以其为基本成分的制品（不论是否已有化学定义）	6.5
55	32041600	活性染料及以其为基本成分的制品（不论是否已有化学定义）	6.5
56	32041700	颜料及以其为基本成分的制品（不论是否已有化学定义）	6.5
57	32041990	由子目号3204.11至3204.19中两个或多个子目所列着色料组成的混合物（不论是否已有化学定义）	6.5
58	32042000	用作荧光增白剂的有机合成产品（不论是否已有化学定义）	6.5
59	32061110	钛白粉	6.5
60	32061900	二氧化钛为基料的颜料及制品，干量计二氧化钛<80%	10
61	32064900	其他着色料及其制品；32章注释三所述的制品，但税目32.03，32.04及32.05的货品除外	6.5
62	32081000	分散或溶于非水介质的聚酯油漆及清漆等	10

续表

序号	2009年税则号列	产品名称（简称）	2009年进口税率（%）
63	32082010	分散或溶于非水介质的丙烯酸聚合物油漆及清漆	10
64	32089090	分散或溶于非水介质其他油漆、清漆溶液	10
65	32099010	以环氧树脂为基本成分的溶于水介质其他聚合物油漆及清漆	10
66	32099090	溶于水介质其他聚合物油漆及清漆	10
67	32100000	其他油漆及清漆（包括瓷漆、大漆及水浆涂料）；皮革用水性颜料	10
68	32151900	其他印刷油墨（不论是否固体或浓缩），黑色印刷油墨除外	6.5
69	34021300	非离子型有机表面活性剂	6.5
70	35061000	适于作胶或粘合剂的产品，零售包装每件净重≤1千克	10
71	35069110	以聚酰胺为基本成分的粘合剂	10
72	35069120	以环氧树脂为基本成分的粘合剂	10
73	35069190	以其他橡胶或塑料为基本成分的粘合剂	10
74	35069900	其他调制胶、粘合剂	10
75	38170000	混合烷基苯及混合烷基萘，但税目27.07及29.02的产品除外	6.5
76	39023010	初级形状的乙烯丙烯共聚物（乙丙橡胶丙烯单体单元的含量大于乙烯单体单元）	6.5
77	39029000	其他初级形状的烯烃聚合物	6.5
78	39032000	初级形状苯乙烯-丙烯腈共聚物	12
79	39039000	初级形状的其他苯乙烯聚合物	6.5
80	39052100	乙酸乙烯酯共聚物的水分散体	10
81	39053000	初级形状的聚乙烯醇（不论是否含有未水解的乙酸酯基）	14
82	39061000	初级形状的聚甲基丙烯酸甲酯	6.5

续表

序号	2009年税则号列	产品名称（简称）	2009年进口税率（%）
83	39069010	聚丙烯酰胺	6.5
84	39069090	其他初级形状的丙烯酸聚合物	6.5
85	39071010	初级形状的聚甲醛	6.5
86	39072010	聚四亚甲基醚二醇	6.5
87	39073000	初级形状的环氧树脂	6.5
88	39074000	初级形状的聚碳酸酯	6.5
89	39075000	初级形状的醇酸树脂	10
90	39079100	初级形状的不饱和聚酯	6.5
91	39079990	初级形状的其他聚酯	6.5
92	39091000	初级形状的尿素树脂及硫尿树脂	6.5
93	39092000	初级形状的蜜胺树脂	6.5
94	39093090	其他初级形状的其他氨基树脂	6.5
95	39094000	初级形状的酚醛树脂	6.5
96	39095000	初级形状的聚亚氨酯	6.5
97	39100000	初级形状的聚硅氧烷	6.5
98	39111000	初级形状的石油树脂、苯并呋喃-茚树脂、多萜树脂	6.5
99	39191099	其他材料制的，宽度≤20厘米的其他成卷塑料胶粘板片等	6.5
100	39199090	其他自粘塑料板、片、膜等材料	6.5
101	39201090	其他乙烯聚合物制板、片、带	6.5
102	39202090	其他丙烯聚合物制板、片、带	6.5
103	39203000	非泡沫聚苯乙烯板、片、膜、箔及扁条	6.5
104	39204300	按重量计增塑剂含量不小于6%的聚氯乙烯板、片、膜、箔及扁条	6.5

续表

序号	2009年税则号列	产品名称（简称）	2009年进口税率（%）
105	39204900	按重量计增塑剂含量小于6%的聚氯乙烯板、片、膜、箔及扁条	6.5
106	39205100	聚甲基丙烯酸甲酯板片膜箔及扁条	6.5
107	39206100	聚碳酸酯制板、片、膜、箔及扁条	6.5
108	39206200	聚对苯二甲酸乙二酯板片膜箔扁条	6.5
109	39206900	其他聚酯板、片、膜、箔及扁条	10
110	39209990	其他塑料制的非泡沫塑料板片	6.5
111	39211210	泡沫聚氯乙烯人造革及合成革	9
112	39211310	泡沫聚氨酯制人造革及合成革	9
113	39211990	其他泡沫塑料板、片、膜、箔及扁条	6.5
114	39219090	未列名塑料板、片、膜、箔及扁条	6.5
115	39231000	塑料制盒、箱及类似品	10
116	39235000	塑料制塞子、盖子及类似品	10
117	39239000	供运输或包装货物用其他塑料制品	10
118	39269010	塑料制机器及仪器用零件	10
119	39269090	其他塑料制品	10
120	40029911	其他初级形状的合成橡胶	7.5
121	40111000	机动小客车用新的充气橡胶轮胎	10
122	40112000	客或货运车用新的充气橡胶轮胎	10
123	40114000	摩托车用新的充气橡胶轮胎	15
124	40115000	自行车用新的充气橡胶轮胎	20
125	40116100	农业或林业车辆及机器用人字形胎面或类似胎面的新充气橡胶轮胎	17.5
126	40116900	其他人字形胎面或类似胎面的新充气橡胶轮胎	17.5

续表

序号	2009年税则号列	产品名称（简称）	2009年进口税率（%）
127	40119200	农业或林业车辆及机器用非人字形胎面或类似胎面的新充气橡胶轮胎	25
128	42021210	以塑料或纺织材料作面的衣箱	20
129	42021290	塑料或纺织材料作面的其他箱包	20
130	42021900	其他材料制箱包	20
131	42022200	以塑料片或纺织材料作面的手提包	10
132	52051100	非零售粗梳粗支纯棉单纱	5
133	52051200	非零售粗梳中支纯棉单纱	5
134	52061200	非零售粗梳中支混纺棉单纱	5
135	52062200	非零售精梳中支混纺棉单纱	5
136	52062400	非零售精梳较细支混纺棉单纱	5
137	52083100	染色的轻质全棉平纹布	10
138	52083200	染色的较轻质全棉平纹布	10
139	52083900	染色的轻质其他全棉机织物	10
140	52084200	色织的较轻质全棉平纹布	10
141	52085990	印花的轻质其他全棉机织物	10
142	52093100	染色的重质全棉平纹布	10
143	52093200	染色的重质全棉三、四线斜纹布	10
144	52093900	染色的重质其他全棉机织物	10
145	52094100	色织的重质全棉平纹布	10
146	52094200	色织的重质全棉粗斜纹布（劳动布）	10
147	52103100	与化纤混纺染色的轻质平纹棉布	10
148	52103900	与化纤混纺染色的轻质其他棉布	10
149	52104100	与化纤混纺色织的轻质平纹棉布	10
150	52104990	与化纤混纺色织的轻质其他棉布	10

续表

序号	2009 年 税则号列	产品名称（简称）	2009 年 进口税率（%）
151	52113900	与化纤混纺染色的重质其他棉布	10
152	54011010	非供零售用合成纤维长丝缝纫线	5
153	54022000	非零售聚酯长丝高强力纱	5
154	54023310	非零售聚酯弹力丝	5
155	54026200	非零售聚酯多股纱线	5
156	54071010	尼龙或其他聚酰胺高强力纱制机织物	10
157	54071020	聚酯高强力纱制机织物	10
158	54074100	未漂白或漂白的纯尼龙布	10
159	54074200	染色的纯尼龙布	10
160	54074300	色织的纯尼龙布	10
161	54075100	未漂白或漂白纯聚酯变形长丝布	10
162	54075200	染色的纯聚酯变形长丝布	10
163	54075300	色织的纯聚酯变形长丝布	10
164	54075400	印花的纯聚酯变形长丝布	10
165	54076100	其他纯聚酯非变形长丝布	10
166	54076900	其他纯聚酯长丝布	10
167	54077100	未漂白或漂白其他纯合成纤维长丝布	10
168	54077200	染色的其他纯合成纤维长丝布	10
169	54078200	染色的与棉混纺合成纤维长丝布	10
170	54078300	色织的与棉混纺合成纤维长丝布	10
171	54079200	染色的其他混纺合成纤维长丝布	10
172	54079300	色织的其他混纺合成纤维长丝布	10
173	54082220	纯醋酸长丝制染色机织物	10
174	54082290	纯其他人造长丝制染色机织物	10
175	54082390	纯其他人造长丝制色织机织物	10

续表

序号	2009年税则号列	产品名称（简称）	2009年进口税率（%）
176	54083200	染色的人纤长丝混纺布	10
177	55039000	未梳的其他合成纤维短纤	5
178	55049000	未梳的其他人造纤维短纤	5
179	55093200	非零售纯聚丙烯腈短纤多股纱线	5
180	55095300	非零售与棉混纺聚酯短纤纱线	5
181	55099200	非零售与棉混纺其他合成纤维短纤纱线	5
182	55101100	非零售纯人造纤维短纤单纱	5
183	55101200	非零售纯人造纤维短纤多股纱线	5
184	55103000	非零售与棉混纺人造纤维短纤纱线	5
185	55121100	未漂或漂白的纯聚酯布	16.9
186	55121900	其他纯聚酯布	10
187	55129900	其他纯合成纤维布	10
188	55132100	与棉混纺染色的轻质聚酯平纹布	10
189	55151100	与粘胶纤维短纤混纺的聚酯布	10
190	55151200	与化纤长丝混纺的聚酯布	10
191	55161200	染色的纯人造纤维短纤布	10
192	55162200	与化纤长丝混纺的染色人造纤维布	10
193	56012290	化学纤维制的絮胎及其他絮胎制品	12
194	56031110	每平米≤25克经浸渍化纤长丝无纺织物	10
195	56031290	25克<每平米≤70克其他化纤长丝无纺织物	10
196	56031310	70克<每平米≤150克浸渍化纤长丝无纺织物	10
197	56031390	70克<每平米≤150克其他化纤长丝无纺织物	10
198	56031410	每平米>150克经浸渍化纤长丝无纺织物	10
199	56031490	每平米>150克的其他化纤长丝无纺织物	10
200	56039290	25克<每平米≤70克其他无纺织物	10

续表

序号	2009 年 税则号列	产品名称（简称）	2009 年 进口税率（%）
201	56039390	70 克<每平米≤150 克的其他无纺织物	10
202	56039410	每平米>150 克经浸渍其他无纺织物	10
203	56039490	每平米>150 克的其他无纺织物	10
204	56075000	其他合纤制线、绳、索、缆	5
205	56081900	化纤材料制成的其他网	12
206	58012200	割绒的棉制灯芯绒	10
207	58013300	其他化纤纬起绒织物	10
208	58041030	化纤制网眼薄纱及其他网眼织物	12
209	58041090	其他纺织材料网眼薄纱及其他网眼织物	10
210	58042100	化纤机制花边	10
211	58061090	其他材料狭幅起绒织物及绳绒织物	10
212	58062000	含弹性纱线≥5%的狭幅织物	10
213	58063200	化纤制其他狭幅机织物	10
214	58071000	机织非绣制纺织材料标签、徽章等	10
215	58109200	化学纤维制见底布刺绣品	10
216	59031020	用聚氯乙烯浸、涂的人造革	10
217	59031090	用聚氯乙烯浸、涂的其他纺织物	10
218	59032020	用聚氨基甲酸酯浸、涂的人造革	10
219	59032090	用聚氨基甲酸酯浸、涂的其他纺织物	10
220	59039020	用其他塑料浸、涂的人造革	10
221	59039090	用其他塑料浸、涂的其他纺织物	10
222	59069100	用橡胶处理的针织或钩编的纺织物	10
223	59069990	用橡胶处理的其他纺织物	10
224	59100000	纺织材料制的传动带或输送带及带料	8
225	60019200	化纤制针织或钩编起绒织物	10

续表

序号	2009年税则号列	产品名称（简称）	2009年进口税率（%）
226	60041030	宽>30厘米，弹性纱线≥5%合成纤维制针织、钩编织物	10
227	60041090	宽>30厘米，弹性纱线≥5%其他纺织材料针织、钩编织物	10
228	60049030	宽>30厘米含橡胶线的合成纤维制针织、钩编织物	10
229	60049090	宽>30厘米含橡胶线的其他纺织材料针织、钩编织物	10
230	60053100	未漂白或漂白合成纤维制的其他经编织物	10
231	60053200	染色合成纤维制的其他经编织物	10
232	60062400	印花棉制的其他针织、钩编织物	10
233	60063100	未漂白或漂白合成纤维制的其他针织、钩编织物	10
234	60063200	染色合成纤维制的其他针织、钩编织物	10
235	60063300	色织合成纤维制的其他针织、钩编织物	10
236	60063400	印花合成纤维制的其他针织、钩编织物	10
237	60064200	染色人造纤维制的其他针织、钩编织物	10
238	61051000	棉制针织或钩编男衬衫	16
239	61069000	其他纺织材料制针织或钩编女衬衫	16
240	61101100	羊毛制针织或钩编套头衫等	14
241	61102000	棉制针织或钩编套头衫等	14
242	61103000	化纤制针织或钩编套头衫等	16
243	61124100	合纤制针织或钩编女式游泳服	17.5
244	61152200	单丝≥67分特合纤制连裤袜等	16
245	61152990	其他纺织材料制针织连裤袜及紧身裤袜	14
246	61159900	其他纺织材料制针织或钩编短袜及其他袜类	14
247	61178010	针织或钩编领带及领结	14

续表

序号	2009年税则号列	产品名称（简称）	2009年进口税率（%）
248	61178090	针织或钩编其他衣着附件	14
249	61179000	其他针织或钩编衣着零件	14
250	62089200	化纤制女式背心、内衣及类似品	16
251	62121010	化纤制胸罩	16
252	62121090	其他纺织材料制胸罩	14
253	62122010	化纤制束腰带及腹带	16
254	62122090	其他纺织材料制束腰带及腹带	14
255	62129010	化纤制吊裤带、吊袜带等	16
256	62129090	其他纺织材料制吊裤带、吊袜带等	14
257	62171010	非针织非钩编袜子及袜套	14
258	62171020	非针织非钩编和服腰带	14
259	62171090	非针织非钩编服装或衣着附件	14
260	62179000	非针织非钩编服装或衣着零件	14
261	63019000	其他纺织材料制毯子及旅行毯	16
262	63026010	棉制浴巾	14
263	63026090	棉制盥洗及厨房用毛巾织物	14
264	63071000	擦地布、擦碗布等	14
265	64061000	鞋面及其零件，硬衬除外	15
266	64062010	橡胶制的外底及鞋跟	15
267	64069900	其他材料制鞋靴、护腿等零件	15
268	70031900	铸、轧制的其他非夹丝玻璃板、片	17.5
269	70060000	经其他加工税号 70.03-70.05 的玻璃	15
270	70091000	车辆后视镜	10
271	70191100	长度≤50毫米的短切玻璃纤维	12
272	70191900	玻璃纤维、梳条、纱线	10
273	70193900	玻璃纤维制的网及类似无纺产品	10.5

续表

序号	2009 年税则号列	产品名称（简称）	2009 年进口税率（%）
274	72082790	其他厚度<3 毫米的其他经酸洗的热轧卷材	5
275	72083890	其他 3 毫米≤厚度<4.75 毫米的其他卷材	5
276	72083990	其他厚度<3 毫米的其他热轧卷材	3
277	72091690	其他 1 毫米<厚度<3 毫米的冷轧卷材	6
278	72091790	其他 0.5 毫米≤厚度≤1 毫米的冷轧卷材	3
279	72091890	其他厚度<0.5 毫米的冷轧卷材	6
280	72103000	电镀锌的铁或非合金钢宽板材	8
281	72104900	镀锌的其他形铁或非合金钢宽板材	4
282	72171000	未镀或涂层的铁或非合金钢丝	8
283	72191200	4.75 毫米≤厚度≤10 毫米热轧不锈钢卷板	4
284	72191319	厚度在 3 毫米及以上，但小于 4.75 毫米的未经酸洗的其他不锈钢卷板	4
285	72191329	厚度在 3 毫米及以上，但小于 4.75 毫米的经酸洗的其他不锈钢卷板	4
286	72192300	3 毫米≤厚度<4.75 毫米热轧不锈钢平板	10
287	72192410	1 毫米<厚度<3 毫米热轧不锈钢平板	10
288	72193100	厚度≥4.75 毫米冷轧不锈钢板	10
289	72193200	3 毫米≤厚度<4.75 毫米冷轧不锈钢板材	10
290	72193300	1 毫米<厚度<3 毫米冷轧不锈钢板材	10
291	72193400	0.5 毫米≤厚度≤1 毫米冷轧不锈钢板材	10
292	72193500	厚度<0.5 毫米冷轧不锈钢板材	10
293	72199000	其他不锈钢冷轧板材	10
294	72209000	其他不锈钢带材	10
295	72251900	其他硅电钢宽板	6
296	74071000	精炼铜条、杆及型材及异型材	4
297	74072100	黄铜条、杆及型材及异型材	7

续表

序号	2009 年税则号列	产品名称（简称）	2009 年进口税率（%）
298	74072900	其他铜合金条杆、型材及异型材	7
299	74081100	最大截面尺寸>6 毫米的精炼铜丝	4
300	74081900	截面尺寸≤6 毫米的精炼铜丝	4
301	74082100	黄铜丝	7
302	74091900	其他精炼铜板、片、带	4
303	74092100	成卷的黄铜板、片、带	7
304	74092900	其他黄铜板、片、带	7
305	74093100	成卷的青铜板、片、带	7
306	74093900	其他青铜板、片、带	7
307	74094000	白铜或德银制板、片、带	7
308	74099000	其他铜合金板、片、带	7
309	74101100	无衬背的精炼铜箔	4
310	74101210	无衬背的白铜或德银铜箔	7
311	74101290	无衬背的其他铜合金箔	7
312	74102110	印刷电路用覆铜板	4
313	74102190	有衬背的其他精炼铜箔	4
314	76061190	纯铝制矩形的其他板、片及带	6
315	76061220	厚度<0. 28 毫米的铝合金制矩形铝板片带	6
316	76061230	0. 28 毫米≤厚度≤0. 35 毫米的铝合金制矩形铝板片带	6
317	76069100	纯铝制非矩形的板、片及带	6
318	76069200	铝合金制非矩形的板、片及带	10
319	76071190	轧制后未进一步加工的无衬背铝箔	6
320	76071900	其他无衬背铝箔	6
321	76072000	有衬背铝箔	6

续表

序号	2009年 税则号列	产品名称（简称）	2009年 进口税率（%）
322	81130000	金属陶瓷及其制品，包括废碎料	8.4
323	82032000	钳子、镊子及类似工具	10.5
324	82041200	可调式的手动扳手及板钳	10
325	82052000	手工锤子	10
326	82054000	手工螺丝刀	10.5
327	82055900	其他手工工具	10
328	82072010	带超硬部件的金属拉拔或挤压用模	8
329	82072090	其他金属拉拔或挤压用模	8
330	82073000	锻压或冲压工具	8
331	82074000	攻丝工具	8
332	82075010	带超硬材料部件的钻孔工具	8
333	82075090	带其他材料工作部件的钻孔工具	8
334	82076010	带超硬材料部件的镗孔或铰孔工具	8
335	82077000	铣削工具	8
336	82078000	车削工具	8
337	82079010	带超硬材料部件的其他可互换工具	8
338	82079090	其他可互换工具	8
339	82082000	木工机械用刀及刀片	8
340	82084000	农、林业机器用刀及刀片	8
341	82089000	其他机器或机械器具用刀及刀片	8
342	84122100	直线作用的液压动力装置（液压缸）	12
343	84123100	直线作用的气压动力装置（气压缸）	14
344	84138100	其他液体泵	8
345	84139100	液体泵用零件	5
346	84141000	真空泵	8
347	84143013	功率0.4-5千瓦的空气调节器用压缩机	10

续表

序号	2009 年税则号列	产品名称（简称）	2009 年进口税率（%）
348	84143014	功率>5 千瓦的空气调节器用压缩机	10
349	84145120	功率≤125 瓦的换气扇	20
350	84145199	功率≤125 瓦其他风扇、风机	10
351	84145990	其他扇，风机	8
352	84148090	其他气体压缩机及通风罩或循环气罩	7
353	84149019	其他用于制冷设备的压缩机零件	8
354	84149020	风机、风扇、通风罩及循环气罩零件	12
355	84149090	税号 84. 14 其他所列机器零件	7
356	84159090	制冷量>4 千大卡/时等空调的零件	10
357	84178090	其他非电热的工业用炉及烘箱	10
358	84191900	其他非电热的快速或贮备式热水器	35
359	84193200	木材、纸浆、纸或纸板用干燥器	9
360	84193990	其他用途的干燥器	9
361	84195000	热交换装置	10
362	84199090	税号 84. 19 的其他机器设备用零件	4
363	84201000	研光机或其他滚压机器	8. 4
364	84212190	其他过滤或净化水的装置	5
365	84212990	其他液体的过滤、净化机器及装置	5
366	84213910	家用型气体过滤、净化机器及装置	15
367	84213921	工业用静电除尘器	5
368	84213923	工业用旋风式除尘器	5
369	84213929	工业用其他除尘器	5
370	84213990	其他气体的过滤、净化机器及装置	5
371	84219990	其他过滤、净化装置用零件	5
372	84243000	喷汽机、喷砂机及类似喷射机	8. 4
373	84281090	其他升降机及倒卸式起重机	6

续表

序号	2009 年 税则号列	产品名称（简称）	2009 年 进口税率（%）
374	84283300	其他带式连续运货升降、输送机	5
375	84283910	链式连续运送货物的升降机及输送机	5
376	84283920	辊式连续运送货物的升降机及输送机	5
377	84283990	其他未列名连续运货升降、输送机	5
378	84289090	其他升降、搬运、装卸机械	5
379	84388000	84 章其他未列名食品等加工机器	8. 5
380	84392000	纸或纸板的抄造机器	8. 4
381	84393000	纸或纸板的整理机器	8. 4
382	84411000	切纸机	12
383	84418090	其他制造纸浆制品、纸制品的机器	12
384	84431922	平网印刷机	10
385	84431929	其他网式印刷机	10
386	84431980	其他印刷机	8
387	84440010	合成纤维长丝纺丝机	10
388	84463040	所织织物宽度>30 厘米的喷水织机	8
389	84471100	圆筒直径≤165 毫米的圆型针织机	8
390	84471200	圆筒直径>165 毫米的圆型针织机	8
391	84472020	平型纬编机	8
392	84485900	税号 84. 47 机器用的其他零附件	6
393	84514000	洗涤、漂白或染色机器	8. 4
394	84515000	纺织物卷绕、退绕、折叠、剪切或剪齿边机器	8
395	84518000	税号 84. 51 所列其他未列名的机器	12
396	84522190	其他自动缝纫机	12
397	84529099	其他缝纫机用其他零件	14
398	84581100	切削金属的数控卧式车床	9. 7
399	84589100	切削金属的其他数控车床	5

续表

序号	2009年税则号列	产品名称（简称）	2009年进口税率（%）
400	84592100	切削金属的数控钻床	9.7
401	84601100	数控平面磨床	9.7
402	84604020	研磨机床	13
403	84609010	砂轮机	15
404	84609020	抛光机床	15
405	84612020	插床	15
406	84613000	拉床	12
407	84615000	锯床或切断机	12
408	84619011	龙门刨床	15
409	84619019	其他刨床	15
410	84621010	数控锻造或冲压机床及锻锤	9.7
411	84621090	非数控锻造或冲压机床及锻锤	12
412	84624900	非数控冲孔、开槽机、冲剪两用机	10
413	84629910	其他机械压力机	10
414	84631019	其他冷拔管机	10
415	84662000	工件夹具	7
416	84669400	税号84.62-84.63机器用其他零附件	6
417	84772010	塑料造粒机	5
418	84772090	其他加工橡胶或塑料的挤出机	5
419	84774010	塑料中空成型机	5
420	84774020	塑料压延成型机	5
421	84774090	其他真空模塑及热成型机器	5
422	84775900	其他橡胶或塑料的模塑机、成型机	5
423	84778000	其他橡胶或塑料加工机器	5
424	84798110	绕线机	9.5
425	84798190	其他处理金属的机械	9.5

续表

序号	2009年 税则号列	产品名称（简称）	2009年 进口税率（%）
426	84798200	其他混合、研磨、筛选、均化等机器	7
427	84804100	金属、硬质合金用注模或压模	8
428	84807900	塑料或橡胶用其他型模	5
429	84812010	油压传动阀	5
430	84813000	止回阀	5
431	84814000	安全阀或溢流阀	5
432	84818010	其他阀门	7
433	84819010	阀门用零件	8
434	84819090	龙头、旋塞及类似装置的零件	8
435	84824000	滚针轴承	8
436	84829900	滚动轴承的其他零件	6
437	84834010	滚子螺杆传动装置	8
438	84834090	其他齿轮及齿轮传动装置	8
439	84839000	单独报验的带齿的轮及其他传动元件；零件	8
440	84841000	金属片密封垫或类似接合衬垫	8
441	84879000	本章其他税号未列名机器零件	8
442	85011010	输出功率≤37.5瓦玩具电动机	24.5
443	85011099	其他输出功率≤37.5瓦微电机	9
444	85013100	输出功率≤750瓦直流电动机、发电机	12
445	85030010	玩具用电动机微电机零件	12
446	85030090	其他电动机、发电机（组）零件	8
447	85043110	额定容量≤1千伏安的互感器	5
448	85043190	额定容量≤1千伏安的其他变压器	5
449	85049019	其他变压器零件	8
450	85049020	稳压电源及不间断供电电源零件	8
451	85049090	其他静止式变流器及电感器零件	8

续表

序号	2009 年税则号列	产品名称（简称）	2009 年进口税率（%）
452	85051110	稀土永磁体	7
453	85051190	其他金属的永磁体	7
454	85078020	锂离子电池	12
455	85081100	功率不超过 1500 瓦，且带有容积不超过 20L 的电动真空吸尘器	10
456	85094090	食品研磨机及搅拌器或果、菜榨汁器	10
457	85122010	机动车辆用照明装置	10
458	85129000	税号 85. 12 所列装置的零件	8
459	85158000	其他焊接机器及装置	8
460	85162100	电气储存式散热器	35
461	85164000	电熨斗	35
462	85166030	电饭锅	15
463	85166050	电烤箱	15
464	85167210	家用自动面包机	32
465	85181000	传声器（麦克风）及其座架	10
466	85184000	音频扩大器	12
467	85189000	税号 85. 18 所列货品的零件	10. 5
468	85258013	非特种用途的其他电视摄像机	35
469	85299042	非特种用途的取像模块	12
470	85299049	其他电视摄像机、静像视频摄像机及其他视频摄录一体机、数字相机零件	12
471	85361000	熔断器（电压≤1000 伏）	10
472	85371011	可编程序控制器	5
473	85371019	其他数控装置	5
474	85389000	税号 85. 35、85. 36 或 85. 37 装置的零件	7
475	85393990	其他用途的其他放电灯管	8
476	85399000	税号 85. 39 所列货品的零件	8

续表

序号	2009年税则号列	产品名称（简称）	2009年进口税率（%）
477	85408900	其他电子管	8
478	85432010	输出信号频率<1500兆赫的通用信号发生器	15
479	85432090	输出信号频率≥1500兆赫的通用信号发生器	8
480	85441100	铜制绕组电线	10
481	85442000	同轴电缆及其他同轴电导体	10
482	85444929	80伏<耐压≤1000伏无接头电导体	12
483	87081000	缓冲器（保险杠）及其零件	10
484	87082930	车窗玻璃升降器	10
485	87082941	汽车电动天窗	10
486	87082942	汽车手动天窗	10
487	87082951	侧围	10
488	87082952	车门	10
489	87082953	发动机罩盖	10
490	87082954	前围	10
491	87082955	行李箱盖（或背门）	10
492	87082956	后围	10
493	87082957	翼子板（或叶子板）	10
494	87082959	车身的其他覆盖件	10
495	87082990	车身的未列名零部件	10
496	87084010	牵引车、拖拉机用变速箱及零件	6
497	87084020	大型客车用变速箱及零件	10
498	87084030	非公路自卸车用变速箱及零件	6
499	87084040	柴、汽油轻型货车用变速箱及零件	10
500	87084050	其他柴油型重型货车用变速箱及零件	10
501	87084060	特种车用变速箱及零件	10
502	87084099	未列名机动车辆用变速箱及零件	10
503	87087010	牵引车及拖拉机用车轮及其零附件	6

续表

序号	2009 年 税则号列	产品名称（简称）	2009 年 进口税率（%）
504	87087020	大型客车用车轮及其零附件	10
505	87087030	非公路货运自卸车用车轮及其零件	6
506	87087040	中小型货车用车轮及其零件	10
507	87087050	大型货车用车轮及其零件	10
508	87087060	特种车用车轮及其零件	10
509	87087090	其他车辆用车轮及其零附件	10
510	87089991	其他税号所列车辆用车架	10
511	87089992	汽车传动轴	10
512	87089999	机动车辆用未列名零附件	10
513	87120020	竞赛型自行车	13
514	87120030	山地自行车	13
515	87120041	16、18、20 英寸自行车	13
516	87120049	其他越野自行车	13
517	87120081	≤16 英寸的未列名自行车	13
518	87120089	其他未列名自行车	13
519	87120090	其他非机动脚踏车	23
520	87149100	非机动脚踏车车架、轮叉及其零件	12
521	87149200	非机动脚踏车轮圈及辐条	12
522	87149310	非机动脚踏车的轮毂	12
523	87149320	飞轮	12
524	87149390	其他非机动脚踏车的飞轮	12
525	87149400	非机动脚踏车的制动器及其零件	12
526	87149500	非机动脚踏车的鞍座	12
527	87149610	非机动脚踏车脚蹬及其零件	12
528	87149620	非机动脚踏车曲柄、链轮及其零件	12
529	87149900	非机动脚踏车的其他零附件	12
530	90021190	其他照相机、投影仪等用物镜	15

续表

序号	2009 年税则号列	产品名称（简称）	2009 年进口税率（%）
531	90021990	税号 90.02 未列名的其他物镜	15
532	90029010	照相机用未列名光学元件	15
533	90029090	其他光学仪器用未列名光学元件	15
534	90213100	人造关节	4
535	90318090	未列名测量、检验仪器器具及机器	5
536	95063900	其他高尔夫球用具	14
537	95069110	健身及康复器械	12
538	96062100	塑料制纽扣，未用纺织材料包裹	21
539	96062200	金属制纽扣，未用纺织材料包裹	15

注：表中产品名称为简称，具体产品范围按大陆 2009 年税则相应税则号列的规定执行。

大陆方面早期收获产品降税安排

	2009 年进口税率（X%）	协议税率		
		早期收获计划实施第 1 年	早期收获计划实施第 2 年	早期收获计划实施第 3 年
1	0<X≤5	0		
2	5<X≤15	5	0	
3	X>15	10	5	0

注：1. 2009 年进口税率指大陆 2009 年对其他所有世界贸易组织成员普遍适用的非临时性进口关税税率。

2. 《海峡两岸经济合作框架协议》如在上半年生效，早期收获计划的实施时间为当年的 7 月 1 日；如在下半年生效，早期收获计划的实施时间为次年的 1 月 1 日。

3. 早期收获计划产品的协议税率在该计划实施后不超过 2 年的时间内最多分 3 次降为零，第 1 年开始降税时间为早期收获计划实施时，第 2 年、第 3 年的降税时间为当年的 1 月 1 日。

台湾方面早期收获产品清单

序号	2009 年 税则号列	产品名称（简称）	2009 年 进口税率（%）
1	27079100	杂酚油	1.0
2	27101941	燃料油，温度 15℃，比重超过 0.93	5.0
3	27111990	其他液化碳化氢（烃）	5.0
4	27131200	石油焦，已煅烧	1.0
5	28030010	碳烟	2.5
6	28121010	三氯化磷	5.0
7	28151200	氢氧化钠水溶液（鹹水或液碱）	2.5
8	28161010	氢氧化镁	5.0
9	28230090	其他氧化钛	2.0
10	28258000	氧化锑	2.5
11	28273990	其他金属氯化物（氯化钠归列第 2501 节）	3.4
12	28332400	镍之硫酸盐	2.7
13	28352500	磷酸氢钙（磷酸二钙）	5.0
14	28362010	晶碱	5.5
15	28362090	碳酸钠（纯碱）	3.5
16	28419090	其他氧金属或过氧金属酸盐	5.0
17	29033990	其他非环烃之氟化、溴化或碘化衍生物	5.0
18	29034900	其他含二种或以上不同卤素原子之非环烃卤化衍生物	5.5
19	29055990	其他非环醇之卤化、磺化、硝化或亚硝化衍生物	2.5
20	29094999	其他醚醇及其卤化、磺化、硝化或亚硝化衍生物	5.0
21	29103000	1-氯-2，3-环氧丙烷	1.0
22	29124990	未列名醛醚、醛酚及具有其他氧官能基之醛	2.5
23	29145000	酮酚及具有其他氧官能基之酮	2.5
24	29151100	蚁酸（甲酸）	2.5
25	29152100	醋酸（乙酸）	1.0

续表

序号	2009年 税则号列	产品名称（简称）	2009年 进口税率（%）
26	29153100	醋酸乙酯	2.5
27	29153900	其他醋酸之酯类	2.5
28	29159090	其他饱和非环一元羧酸及酸酐、卤化物、过氧化物及过氧酸；其卤化、磺化、硝化或亚硝化衍生物	4.0
29	29161200	丙烯酸之酯类	2.5
30	29161410	甲基丙烯酸甲酯	2.5
31	29163990	其他芳香族一元羧酸、其酐、卤化物、过氧化物、过氧酸及其衍生物	5.0
32	29181400	柠檬酸	3.5
33	29182900	其他具有酚官能基但无其他氧官能基之羧酸，其酐、卤化物、过氧化物、过氧酸及其衍生物	5.0
34	29209049	其他亚磷酸酯及其盐类，及其卤化、磺化、硝化或亚硝化衍生物	5.0
35	29211900	其他非环一元胺及其衍生物；其盐类	1.0
36	29214200	苯胺衍生物及其盐类	2.5
37	29215990	其他芳香族多元胺及其衍生物；其盐类	5.0
38	29222100	胺基羟基萘磺酸及其盐类	5.0
39	29224990	其他胺基酸（含氧官能基超过一种以上者除外）及其酯类；其盐类	5.0
40	29239000	其他第四铵盐类及氢氧化物	5.0
41	29241910	二甲基甲酰胺	2.5
42	29242990	其他环酰胺（包括环状胺甲酸酯）及其衍生物及其盐类	5.0
43	29270010	偶氮二甲酰胺	5.0
44	29270090	其他重氮、偶氮或氧化偶氮化合物	5.0
45	29291020	二异氰酸二苯甲烷	1.2

续表

序号	2009 年税则号列	产品名称（简称）	2009 年进口税率（%）
46	29299000	其他氮官能基化合物	4.0
47	29309090	其他有机硫化物	2.5
48	29310029	有机锡化合物	4.0
49	29321310	呋喃甲醇	2.5
50	29321320	四氢呋喃甲醇	5.0
51	29321990	其他之结构中含有一未稠合之呋喃环（不论是否氢化）之化合物	5.0
52	29322900	其他内酯	5.0
53	29329900	其他仅具有氧杂原子之杂环化合物	5.0
54	29333990	其他结构中含有一未稠合之吡啶环（不论是否氢化）之化合物	5.0
55	29336990	其他含有一未经稠合之三氮嗪环（不论是否氢化）之化合物	5.0
56	29339990	其他仅具有氮杂原子之杂环化合物	5.0
57	32041120	以分散性染料为基料之调制品	5.0
58	32041210	酸性染料，不论是否已金属预处理	5.0
59	32041220	以酸性染料为基料之调制品	5.0
60	32041230	媒染染料	5.0
61	32041240	以媒染染料为基料之调制品	5.0
62	32041711	有机荧光颜料	5.0
63	32041719	其他合成有机颜料	5.0
64	32041720	以合成有机颜料为基料之调制品	5.0
65	32042000	用作荧光增亮剂之合成有机产品	5.0
66	32061100	以干物质计，含二氧化钛在 80%或以上之颜料及调制品	2.0
67	32061900	其他以二氧化钛为基料之颜料及调制品	2.0

续表

序号	2009年 税则号列	产品名称（简称）	2009年 进口税率（%）
68	32141090	其他玻璃匠用之油灰、接合用之油灰、树脂黏合剂，填隙料及其他灰泥；漆匠用之填充物	5.0
69	33073000	沐浴香盐及其他沐浴用剂	5.0
70	33074100	亚珈倍地及其他熏香物品	5.0
71	33074900	其他室内熏香或除臭剂，包括用于宗教仪式之芳香制品	5.0
72	33079090	脱毛剂及其他未列名之香料制剂、化妆品或盥洗用制剂，不论是否芳香或有消毒性质者	5.0
73	34021300	非离子性有机界面活性剂	4.0
74	34022000	零售包装接口活性制剂、洗涤制剂及清洁制剂	4.0
75	35061000	适于作胶用或粘着剂用之产品，以零售包装当作胶或粘着剂出售，每件净重不逾一公斤者	6.5
76	35069110	热熔胶	6.5
77	35069190	其他以第3901至第3913节之聚合物或以橡胶为基料之粘着剂	6.5
78	35069900	其他调制胶及调制粘着剂	6.5
79	37079030	供照相用调色剂	3.5
80	38021000	活性碳	6.5
81	38061000	松香及树脂酸	1.2
82	38069090	其他松香及树脂酸之衍生物	1.2
83	38121000	调制之橡胶促进剂	5.0
84	38123020	橡胶或塑料用其他复合安定剂	5.0
85	38151900	其他载体上触媒	1.0
86	38159019	其他触媒	1.0
87	38160000	耐火水泥、灰泥、混凝土及类似配制品，不包括第3801节所列者	2.5

续表

序号	2009 年 税则号列	产品名称（简称）	2009 年 进口税率（%）
88	38243000	未经凝聚之金属碳化物混合物或其与金属黏结剂混合者	5.0
89	38249099	其他化学或相关工业之未列名化学品及化学制品（包括天然产品混合物）	5.0
90	39029090	其他烯烃之聚合物，初级状态	2.5
91	39039090	其他苯乙烯之聚合物，初级状态	2.5
92	39061010	聚甲基丙烯酸甲酯粒，初级状态	2.5
93	39069010	其他丙烯酸聚合物粒，初级状态	1.0
94	39069090	其他丙烯酸聚合物乳液，初级状态	4.0
95	39074000	聚碳酸树脂，初级状态	2.5
96	39075000	醇酸树脂，初级状态	5.0
97	39079100	其他聚酯，不饱和者，初级状态	2.5
98	39091000	尿素树脂或硫脲树脂，初级状态	5.0
99	39092000	三聚氰胺树脂，初级状态	5.0
100	39093090	其他胺基树脂，初级状态	5.0
101	39094000	酚树脂，初级状态	5.0
102	39095000	聚胺基甲酸乙酯，初级状态	2.5
103	39100030	硅树脂	4.0
104	39100040	硅橡胶	4.0
105	39111010	石油树脂	5.0
106	40111000	新橡胶气胎，小客车（包括旅行车及赛车）用	10.0
107	40112000	新橡胶气胎，大客车及货车用	10.0
108	40115000	新橡胶气胎，脚踏车用	5.0
109	52054800	多股（合股）或粗股精梳棉纱，单股纱支数在83.33分德士以下（公制支数超过120支）者	4.0

续表

序号	2009年税则号列	产品名称（简称）	2009年进口税率（%）
110	52081300	未漂白棉三枚或四枚斜纹梭织物，含棉重量在85%及以上，每平方公尺重量不超过200公克者	7.5
111	52083200	染色棉平纹梭织物，含棉重量在85%及以上，每平方公尺重量超过100公克，不超过200公克者	10.0
112	52083900	其他染色棉梭织物，含棉重量在85%及以上，每平方公尺重量不超过200公克者	10.0
113	54021900	其他高强力尼龙或聚酰胺丝纱，非供零售用者	1.5
114	54022000	高强力聚酯丝纱，非供零售用者	1.5
115	54024900	其他未加捻或捻度每公尺不超过50捻之其他合成纤维单股丝纱，非供零售用者	1.5
116	55039090	其他合成纤维棉，未初梳、未精梳或未另行处理以供纺制用者	1.5
117	55081000	合成纤维棉制缝纫线，不论是否供零售用者	4.0
118	55092200	多股（合股）或粗股纱，含聚酯纤维棉重量在85%及以上，非供零售用者	4.0
119	56031290	其他不织布，不论是否经浸渍、涂布、被覆或黏合者	5.0
120	56031390	其他不织布，不论是否经浸渍、涂布、被覆或黏合者	5.0
121	56039290	其他不织布，不论是否经浸渍、涂布、被覆或黏合者	5.0
122	56039490	其他不织布，不论是否经浸渍、涂布、被覆或黏合者	5.0
123	58012300	棉制其他纬线圈绒梭织物	10.0
124	59021000	尼龙或其他聚酰胺高强力纱制之轮胎帘布	5.0

续表

序号	2009年税则号列	产品名称（简称）	2009年进口税率（%）
125	59031010	PVC合成皮	5.0
126	59031020	其他用聚氯乙烯浸渍、涂布、被覆或黏合之棉纺织物，但第5902节所列者除外	8.0
127	59032010	PU合成皮	5.0
128	59069990	用橡胶处理之其他纺织物，其他纺织材料制	10.0
129	60041010	丝制其他针织品或钩针织品，宽度超过30公分且含弹性纱重量在5%及以上，但不含橡胶线者，第6001节除外	10.0
130	70139100	其他铅水晶玻璃器	6.5
131	70140011	道路标线及标志用反光玻璃	10.0
132	70140019	其他信号用玻璃器，未经光学加工	10.0
133	70171090	其他实验室、卫生或医疗用之玻璃器，已否刻度或校正者均在内，属熔凝石英或其他熔化硅砂制者	5.0
134	74111000	精炼铜管	3.0
135	78041900	铅板及其他铅片、扁条及箔	1.2
136	82072020	挤压金属用模	4.0
137	82073010	冷压及冲压金属片机器用冲头及模；落锤锻模	10.0
138	82073090	其他压、冲、撞打工具之可互换工具	5.0
139	82075010	可互换之钻孔工具，手工具用	4.0
140	82075020	可互换之钻孔工具，工具机用	5.0
141	82079010	其他可互换工具，手工具用	4.0
142	82089090	其他机器或机械工具用刀及刀片	5.0
143	84122110	液压缸	5.0
144	84123110	气压缸	5.0
145	84138190	其他液体泵	3.0
146	84139100	液体泵之零件	3.0

续表

序号	2009 年税则号列	产品名称（简称）	2009 年进口税率（%）
147	84141000	真空泵	3.0
148	84143010	输出功率 600 瓦特及以上但未达 2000 瓦特之冷藏设备用压缩机	5.0
149	84143020	其他冷藏设备用之压缩机	5.0
150	84145900	其他风扇	4.7
151	84148011	离心式空气压缩机	2.5
152	84148019	其他压缩机	4.0
153	84148020	鼓风机	4.0
154	84148090	其他第 8414 节所属之货品	4.0
155	84149010	空气泵及真空泵之零件	3.0
156	84149020	压缩机之零件	3.4
157	84149030	风扇及鼓风机之零件	3.4
158	84149090	其他第 8414 节所属货品之零件	4.0
159	84159000	空气调节器零件	1.5
160	84178090	其他非电热式工业或实验室用炉及烘烤箱	4.0
161	84193200	木材、纸浆、纸或纸板用干燥机	4.0
162	84193900	其他干燥机	4.0
163	84195000	热交换器	3.0
164	84212190	其他水过滤或净化机具	4.0
165	84212900	其他液体过滤或净化机具	3.0
166	84213990	其他气体过滤或净化机具	4.0
167	84219990	其他液体或气体过滤及净化机具之零件	3.0
168	84243000	喷水蒸汽机或喷砂机及类似喷射机器	4.0
169	84388000	其他第 8438 节所属之机械	4.0
170	84392000	纸或纸板制造机械	4.0
171	84411000	切纸机	3.0
172	84418090	其他第 8441 节所属之机械	4.0

续表

序号	2009年税则号列	产品名称（简称）	2009年进口税率（%）
173	84431990	其他印刷机	3.0
174	84440000	人造纤维材料射丝、延伸、捻丝或切割机器	3.0
175	84471100	环型针织机（圆编机），针筒直径不超过165公厘者	3.0
176	84471200	环型针织机（圆编机），针筒直径超过165公厘者	3.0
177	84472000	编织针织机；合缝机	3.0
178	84485900	其他第8447节机器或其辅助机械之零件及附件	2.5
179	84514000	洗涤、漂白或染色机器	3.0
180	84515090	其他织物之卷取、松卷、折叠、切断或剪边机器	4.0
181	84518090	其他第8451节所属之机械	4.0
182	84522110	锁边缝纫机（拷克车）	2.0
183	84529000	缝纫机之其他零件	2.5
184	84729090	其他第8472节所属办公室用机器	3.5
185	84772090	其他押出机	3.0
186	84774000	真空成型机及其他热定型机	3.0
187	84775900	其他模制或造形用机械	3.0
188	84778000	其他第8477节所属之机械	3.0
189	84779000	第8477节所属机械之零件	2.5
190	84798100	处理金属用机械，包括电线卷绕机	3.0
191	84798200	混合、糅合、轧碎、磨粉、筛分、精选、均质、乳化或搅拌机器	2.5
192	84798990	其他第8479节所属之机械	4.0
193	84799090	其他第8479节所属机械之零件	2.5
194	84804100	金属或金属碳化物用射出模或压缩模	4.0

续表

序号	2009年税则号列	产品名称（简称）	2009年进口税率（%）
195	84807900	其他橡胶或塑料用模	2.5
196	84812000	油压或气压传动阀	3.0
197	84813000	止回（不回流）阀	3.0
198	84814000	安全阀或放泄阀	3.0
199	84818020	消防栓及消防撒水头	2.5
200	84819020	消防栓之零件	2.5
201	84819090	其他第8481节所属货品之零件	5.0
202	84824090	其他滚针轴承	10.0
203	84829910	轴承用钢圈（未经研磨）	2.5
204	84829920	轴承用保持器	2.5
205	84829990	其他滚珠或滚子轴承之零件	2.5
206	84834090	其他第848340目所属之货品	5.0
207	84839090	其他齿轮、链轮及其他传动组件，单独呈现者；及第8483节所属货品之零件	5.0
208	84841000	密合垫及金属片与其他材料或两层或多层金属片合成之类似接合垫	5.0
209	85011010	防爆型电动机，输出未超过37.5瓦者	5.0
210	85011090	其他电动机，输出未超过37.5瓦者	5.0
211	85030090	其他专用或主要用于第8501或8502节所列机器之零件	1.0
212	85044091	其他交换式电源供应器	5.0
213	85049000	第8504节所属货品之零件	1.7
214	85051100	金属制永久磁铁及经磁化可成永久磁铁之货品	2.5
215	85051900	其他材料制永久磁铁及经磁化可成永久磁铁之货品	1.7
216	85061021	二氧化锰干电池（中性），外体积未超过300毫升者	7.5

续表

序号	2009年税则号列	产品名称（简称）	2009年进口税率（%）
217	85061090	其他二氧化锰原电池及原电池组	2.5
218	85078000	其他蓄电池	2.5
219	85129010	脚踏车用照明或视觉信号设备之零件	5.0
220	85181090	其他有线微音器及其座	7.5
221	85184090	其他声频扩大器	10.0
222	85189090	其他第8518节所属货品之零件	1.0
223	85258010	电视摄影机	5.0
224	85285910	其他彩色非阴极射线管监视器	10.0
225	85361000	熔丝装置，电压未超过1000伏特者	6.0
226	85371010	专供配合机器使用之电子控制设备（包括数值、程序、计算机及其他类似控制设备），电压未超过1000伏特者	1.0
227	85392100	卤素钨丝灯泡	5.0
228	85393920	冷阴极灯管	1.0
229	85393990	其他放电式灯泡	5.0
230	85399000	第8539节所属货品之零件	1.7
231	87120010	二轮脚踏车	6.0
232	87120090	其他脚踏车	5.0
233	87149120	其他车架及叉及其零件	5.0
234	87149200	轮圈及轮辐	5.0
235	87149310	轮毂，但倒煞车轮毂及轮毂煞车除外	5.0
236	87149320	飞轮之链轮	5.0
237	87149410	钢线煞车器及其零件	5.0
238	87149420	倒煞车轮毂及其零件	5.0
239	87149490	其他煞车器及其零件	5.0
240	87149500	脚踏车车座	5.0
241	87149610	踏板及其零件	5.0

续表

序号	2009年税则号列	产品名称（简称）	2009年进口税率（%）
242	87149620	曲柄齿轮及其零件	5.0
243	87149910	边车零件	5.0
244	87149920	车辆用反光片、带	5.0
245	87149990	其他第8711至8713节所属车辆之零件及附件	5.0
246	87150000	婴儿用车及其零件	5.0
247	90015000	其他材料制眼镜用透镜	3.0
248	90019090	其他未装配光学组件	5.0
249	90021100	物镜，供照相机、投影机或照相放大器或缩影器用者	5.0
250	90021900	其他物镜	3.4
251	90029032	电视或电影摄影机或放映机用附加镜头	3.4
252	90029090	其他已装配光学组件	5.0
253	90292090	其他第902920目所属之货品	7.5
254	90330090	其他本章未列名之机器、用具、仪器或器具之零件及附件	1.7
255	91021100	手表，电动者，仅有机械显时装置者，已列入第9101节者除外	5.0
256	94051000	枝形吊灯及其他天花板或墙壁之电照明配件，不包括公共露天场所或街道照明用者	3.4
257	94059900	第9405节所属货品之其他材料制零件	3.4
258	95063900	其他高尔夫球设备	5.0
259	95066990	其他球	3.3
260	95069100	一般体能运动、体操或竞技比赛用物品及设备	3.0
261	95089000	其他游乐场回转台、秋千台、射击场及其他游乐场之娱乐设备；巡回剧团	5.0
262	96032100	牙刷，包括假牙床用刷	5.0

续表

序号	2009年 税则号列	产品名称（简称）	2009年 进口税率（%）
263	96039090	其他帚、刷，手操作之机械式地板刷，无动力拖把及羽毛掸帚；T型擦干器（滚筒擦干器除外）	3.3
264	96072000	拉链之零件	2.5
265	96081000	原子笔	3.4
266	96091000	铅笔及蜡笔，其笔芯装于硬质护层内者	3.4
267	96170000	具有外壳之保温瓶及其他真空保温器皿；上述物品之零件，不包括玻璃制瓶胆	5.0

注：表中产品名称为简称，具体产品范围按台湾2009年税则相应税则号列的规定执行。

台湾方面早期收获产品降税安排

	2009年进口税率（X%）	协议税率		
		早期收获计划实施第1年	早期收获计划实施第2年	早期收获计划实施第3年
1	0<X≤2.5	0		
2	2.5<X≤7.5	2.5	0	
3	X>7.5	5	2.5	0

注：1. 2009年进口税率指台湾2009年对其他所有世界贸易组织会员普遍适用的非临时性进口关税税率。

2. 《海峡两岸经济合作框架协议》如在上半年生效，早期收获计划的实施时间为当年的7月1日；如在下半年生效，早期收获计划的实施时间为次年的1月1日。

3. 早期收获计划产品的协议税率在该计划实施后不超过2年的时间内最多分3次降为零，第1年开始降税时间为早期收获计划实施时，第2年、第3年的降税时间为当年的1月1日。

附件二：

适用于货物贸易早期收获产品的临时原产地规则

第一条 定义

就本规则而言：

海关估价协定是指作为《马拉喀什建立世界贸易组织协定》组成部分的《关于实施 1994 年关税与贸易总协定第七条的协定》。

可互换材料是指在商业上可互换的材料，其性质实质相同，仅凭目视无法加以区分。

公认的会计原则是指一方有关记录收入、支出、成本、资产及负债、信息披露以及编制财务报表方面公认的实质上具有权威性的会计准则。上述准则包括普遍适用的概括性指引、详细的标准、惯例及程序。

材料是指构成另一货物的一部分或用于生产另一货物的货物，包括组成成分、零件、部件、组件及半组装件。

中性成分是指在另一货物的生产、测试或检验过程中使用，但本身不构成该货物组成成分的货物。

非原产材料是指除依据本规则规定具备原产资格的材料以外的其他材料。

原产材料或原产货物是指依据本规则规定具备原产资格的材料或货物。

生产是指获得货物的方法，包括但不限于种植、饲养、开采、收获、捕捞、耕种、诱捕、狩猎、捕获、采集、收集、养殖、提取、制造、加工或装配。

协调制度是指世界海关组织编制的《商品名称及编码协调制度》。

品目是指协调制度使用的四位数编码。

子目是指协调制度使用的六位数编码。

第二条 原产货物

除本规则另有规定外，符合下列情况之一的货物应认定为原产于一方：

（一）该货物是依据本规则第三条的规定，在一方完全获得；

（二）该货物完全是在一方或双方，仅由原产材料生产；

（三）该货物是在一方或双方使用非原产材料生产，符合第四条产品特定规则。

第三条 完全获得货物

依据本规则第二条（一）的规定，下列货物应认定为在一方完全获得：

（一）在一方出生并饲养的活动物；

（二）在一方从上述（一）所述活动物中获得的产品；

（三）在一方收获、采摘或采集的植物或植物产品；

（四）在一方狩猎、诱捕、捕捞、耕种、采集或捕获获得的货物；

（五）在一方采掘的矿物；

（六）一方在相关的水域、海床或底土获得的产品；

（七）在一方注册的加工船上，完全用上述（六）所述货物加工、制造的货物；

（八）在一方加工过程中产生且仅用于原材料回收的废碎料，或在一方消费后所收集且仅用于原材料回收的废品；

（九）在一方完全从上述（一）至（八）所述货物获得的货物。

第四条 产品特定原产地规则

除本规则另有规定外，在一方或双方使用非原产材料生产的货物，应依据本规则附件规定的税则归类改变、区域价值成分、加工工序标准或其他标准确定其原产资格。

上述附件由双方原产地规则磋商小组另行商定后实施。

第五条 税则归类改变

在适用本规则第四条所称的税则归类改变标准时，货物生产过程中所使用的非原产材料，在一方或双方经过生产后，均须发生本规则附件所规定的税则归类改变。

第六条 区域价值成分

一、在适用本规则第四条所规定的区域价值成分（RVC）标准时，其区域价值成分应依据下列公式计算：

$$RVC=\frac{FOB-VNM}{FOB}\times 100\%$$

上述 VNM 是指非原产材料的价格。该价格应以到岸价格（CIF）为基础进行确定。

二、本规则所述的离岸价格（FOB）和到岸价格（CIF）应依据《海关估价协定》及公认会计原则进行核定。

第七条　加工工序

在适用本规则第四条所规定的加工工序标准时，货物只有在一方或双方经过本规则附件所规定的加工工序后，方能赋予原产资格。

第八条　累积规则

一方的原产材料在另一方构成另一货物的组成部分时，该材料应视为原产于该另一方。

第九条　微小加工

一、本条所称“简单”是指既不需要专业技能，也不需要专用的机器、仪器或设备即可进行加工或处理。

二、对货物的本质特性影响轻微的简单加工或处理，无论是单独或合并，均应认定为微小加工，不得赋予原产资格。其中包括但不限于：

（一）为确保货物在运输或储藏期间处于良好状态而进行的处理，例如通风、干燥、冷藏、冷冻、上油、涂抹防锈漆、包覆保护层、加盐或水溶液；

（二）为便利托运而对货物进行的拆解、组装；

（三）以销售或展示为目的的包装、拆包或重新包装等处理；

（四）动物屠宰、冷冻、分割、切片；

（五）过滤、筛选、挑选、分类、分级、匹配（包括成套物品的组合）、纵切、弯曲、卷绕、展开等作业；

（六）洗涤、清洁、除尘、去除氧化物、除油、去漆以及去除其他涂层；

（七）简单的上漆、磨光、削尖、研磨、切割、装配或拆卸等作业；

（八）装瓶、装罐、装袋、装箱、装盒、固定于纸板或木板及其他类似的包装工序；

（九）在产品或其包装上粘贴或印刷标志、标签、标识及其他类似的区别标记；

（十）稀释、溶解或简单混合，未实质改变货物本质的；

（十一）除稻米以外的谷物的去壳、部分或完全的漂白、抛光及上光；

（十二）食糖上色或形成糖块的操作；

（十三）纺织品的熨烫或压平；

（十四）水果、坚果及蔬菜的去皮、去核或去壳。

第十条　微小含量

货物不符合本规则附件规定的税则归类改变标准，但同时符合下列条件的，仍应视为原产货物：

一、对于不符合税则归类改变的非原产材料，其依据第六条规定核定的价值不超过该货物离岸价格的百分之十；

二、该货物符合其所适用的本规则所有其他规定。

第十一条　可互换材料

一、在确定货物是否为原产货物时，任何可互换材料应据实加以区分；或依据出口方公认会计原则承认的库存管理方法择一办理。

二、上述经择定的库存管理方法，应在其整个会计年度内，连续使用该方法对上述货物或材料进行管理。

第十二条　中性成分

在确定货物是否为原产货物时，下列中性成分的原产地应不予考虑：

（一）燃料、能源、催化剂及溶剂；

（二）用于测试或检验货物的设备、装置及相关用品；

（三）手套、眼镜、鞋靴、衣服、安全设备及用品；

（四）工具及模具；

（五）用于维护设备和建筑的备用零件及材料；

（六）在货物生产过程中使用，虽未构成该货物组成成分，但能合理表明为该货物生产过程一部分的其他货物。

第十三条　成套货品

协调制度归类总规则三规定的成套货品，如果各组成货品均原产于一方，则该成套货品应认定为原产于该方；若部分组成货品非原产于一方，依第六条规定所确定的非原产材料价格不超过该成套货品离岸价格的百分之十，该成套货品仍应认定为原产于该方。

第十四条　包装材料及容器

一、对于应适用本规则附件所列税则归类改变标准的货物，如果零售用包装材料及容器与该货物归在同一税号，则在确定该货物的原产地时，零售用包装材料及容器应不予考虑。但对于必须符合区域价值成分标准的货物，在确定该货物原产地时，零售用包装材料及容器的价值应视实际情况认定为原产材料或非原产材料后予以核计。

二、在确定货物原产地时，用于货物运输的包装材料及容器应不予考虑。

第十五条　配件、备用零件及工具

一、对于本规则附件规定的原产地所需税则归类改变标准，在货物进口时，货物的配件、备用零件、工具、说明书及信息资料等，与该货物一并报关，并与该货物归入同一税号，且不单独开具发票，则在确定该货物原产地时，上述配件、备用零件、工具、说明书及信息资料等应不予考虑。

二、对于必须符合区域价值成分标准的货物，如果配件、备用零件、工具、说明书及信息资料等，与该货物一并报关，且不单独开具发票，则在计算该货物的区域价值成分时，上述配件、备用零件、工具、说明书及信息资料的价值应视实际情况认定为原产材料或非原产材料后予以核计。

三、上述配件、备用零件、工具、说明书及信息资料的数量和价值，应符合该货物的惯例。

第十六条　直接运输

一、申请适用优惠关税待遇的一方原产货物，应在双方之间直接运输。

二、货物运经双方以外的一个或多个第三方，不论是否在第三方转换运输工具或临时储存，若同时符合下列条件，仍应视为在双方之间直接运输：

（一）基于地理原因或运输需要；

（二）货物在该第三方未发生贸易、商业或消费的情况；

（三）除装卸、重新包装或使货物保持良好状态所需的处理外，货物在该第三方未经任何其他处理。

三、在本条第二款规定情形下，货物在第三方临时储存的停留时间，自运抵该方之日起不得超过六十天，并且货物在停留期间必须处于该第三方海关监管之下。

四、对于本条第二款所述货物，在货物申报进口时，应提交中转方海关出具的证明文件以及进口方海关认可的其他证明文件。

第十七条　原产地相关操作程序

执行本规则所需的操作程序由双方原产地规则磋商小组另行商定后实施。

附件三：

适用于货物贸易早期收获产品的双方保障措施

一、进口方因履行早期收获计划，导致从另一方进口特定产品的数量绝对增加或与其产量相比相对增加，且此种情况已对其生产同类或直接竞争产品的产业造成严重损害或严重损害威胁，进口方可要求与另一方进行磋商，以寻求双方满意的解决方案。

根据上述规定，经调查，如一方决定采取双方保障措施，可将所涉产品适用的关税税率提高至采取双方保障措施时实施的普遍适用于世界贸易组织成员的非临时性进口关税税率。

二、双方保障措施的实施期限应尽可能缩短，并以消除或防止进口方产业受到损害的范围为限，最长不超过一年。

三、当一方终止针对某一产品实施的双方保障措施时，该产品的关税税率应根据《海峡两岸经济合作框架协议》附件一所规定的降税模式，按照该措施终止时的关税税率执行。

四、实施双方保障措施时，对于本附件中未规定的规则，双方应对相关条款作必要修改后适用世界贸易组织《保障措施协定》，但世界贸易组织《保障措施协定》第五条所列的数量限制措施及第九条、第十三条、第十四条不适用。

五、本附件适用世界贸易组织《保障措施协定》条款时所称的“货物贸易理事会”或“保障措施委员会”均指《海峡两岸经济合作框架协议》所称的“两岸经济合作委员会”。

六、一方不得对另一方同一产品同时实施以下措施：

（一）双方保障措施；

（二）《1994 年关税与贸易总协定》第十九条及世界贸易组织《保障措施协定》规定的措施。

附件四：

服务贸易早期收获部门及开放措施

大陆方面非金融服务部门的开放承诺①

服务提供模式：(1) 跨境交付 (2) 境外消费 (3) 商业存在

部门或分部门	市场开放承诺	其他承诺
1. 商业服务		
A. 专业服务 b. 会计、审计和簿记服务(CPC862)	(1) 没有限制 (2) 没有限制 (3) 除在加入世界贸易组织时承诺的内容外，不作承诺。	允许台湾会计师事务所在大陆临时开展审计业务时申请的《临时执行审计业务许可证》的有效期为1年。
B. 计算机及其相关服务 b. 软件实施服务（CPC842）	(1) 没有限制 (2) 没有限制 (3) 在加入世界贸易组织时承诺的基础上，允许台湾服务提供者在大陆设立独资企业，提供软件实施服务。	
c. 数据处理服务（CPC843，不包括CPC8439）	(1) 没有限制 (2) 没有限制 (3) 在加入世界贸易组织时承诺的基础上，允许台湾服务提供者在大陆设立独资企业，提供数据处理服务。	
C. 研究和开发服务 -自然科学和工程学的研究和实验开发服务（CPC8510）	(1) 没有限制 (2) 没有限制 (3) 允许台湾服务提供者在大陆设立合资、合作或独资企业，提供自然科学和工程学的研究和实验开发服务。	

① 部门分类使用世界贸易组织《服务贸易总协定》服务部门分类（GNS/W/120），部门的内容参考相应的联合国临时中央产品分类（CPC，United Nations Provisional Central Product Classification，ST/ESA/STAT/SER.M/77）。

续表

服务提供模式：(1) 跨境交付 (2) 境外消费 (3) 商业存在

部门或分部门	市场开放承诺	其他承诺
F. 其他商业服务 s. 会议服务（CPC87909）	(1) 没有限制 (2) 没有限制 (3) 在加入世界贸易组织时承诺的基础上，允许台湾服务提供者在大陆设立独资企业，提供会议服务。	
F. 其他商业服务 -专业设计服务（CPC87907）	(1) 没有限制 (2) 没有限制 (3) 允许台湾服务提供者在大陆设立合资、合作或独资企业，提供专业设计服务。	
2. 通讯服务		
D. 视听服务 -录像的分销服务，包括娱乐软件及（CPC83202） -录音制品分销服务	(1) 没有限制 (2) 没有限制 (3) 除在加入世界贸易组织时承诺的内容外，不作承诺。	根据台湾有关规定设立或建立的制片单位所拍摄的、拥有50%以上的电影片著作权的华语电影片经大陆主管部门审查通过后，不受进口配额限制在大陆发行放映。该电影片主要工作人员组别①中台湾居民应占该组别整体员工数目的50%以上。
8. 与健康相关的服务和社会服务（除专业服务中所列以外）		
A. 医院服务（CPC9311）	(1) 不作承诺 (2) 不作承诺 (3) 允许台湾服务提供者在大陆设立合资、合作医院；允许台湾服务提供者在上海市、江苏省、福建省、广东省、海南省设立独资医院。②	

① 主要工作人员组别包括导演、编剧、男主角、女主角、男配角、女配角、监制、摄影师、剪接师、美术指导、服装设计、动作/武术指导以及原创音乐。

② 应符合大陆关于外商投资设立合资、合作或独资医院的有关规定。

续表

服务提供模式：(1) 跨境交付 (2) 境外消费 (3) 商业存在

部门或分部门	市场开放承诺	其他承诺
11. 运输服务		
C. 航空运输服务 d. 飞机的维修和保养服务① (CPC8868)	(1) 不作承诺② (2) 没有限制 (3) 在加入世界贸易组织时承诺的基础上，允许台湾服务提供者以独资或合资形式投资大陆航空器维修领域，台湾服务提供者必须为法人或多个台湾服务提供者共同投资时其主要投资者必须为法人。	

大陆方面金融服务部门的开放承诺

部门名称	具体承诺
保险及其相关服务	允许台湾保险公司经过整合或战略合并组成的集团，参照外资保险公司市场准入条件（集团总资产50亿美元以上，其中任何一家台湾保险公司的经营历史在30年以上，且其中任何一家台湾保险公司在大陆设立代表处2年以上）申请进入大陆市场。
银行及其他金融服务(不包括证券期货和保险)	1. 台湾的银行比照大陆《外资银行管理条例》的有关规定，在大陆申请设立独资银行或分行（非独资银行下属分行），提出申请前应在大陆已经设立代表处1年以上。 2. 台湾的银行在大陆的营业性机构申请经营人民币业务，应具备下列条件：提出申请前在大陆开业2年以上且提出申请前1年盈利。 3. 台湾的银行在大陆的营业性机构具备下列条件可申请经营在大陆的台资企业人民币业务：提出申请前在大陆开业1年以上且提出申请前1年盈利。 4. 台湾的银行在大陆设立的营业性机构可建立小企业金融服务专营机构。具体要求参照大陆相关规定执行。 5. 为台湾的银行申请在大陆中西部、东北部地区开设分行（非独资银行下属分行）设立绿色通道。 6. 主管部门审查台湾的银行在大陆分行的有关盈利性资格时，采取多家分行整体考核的方式。

① 适用世界贸易组织《服务贸易总协定〈关于空运服务的附件〉》的定义。
② 由于缺乏技术可行性，因此不作承诺。

续表

部门名称	具体承诺
证券、期货及其相关服务	1. 对符合条件的台资金融机构在大陆申请合格境外机构投资者资格给予适当便利。 2. 尽快将台湾证券交易所、期货交易所列入大陆允许合格境内机构投资者投资金融衍生产品的交易所名单。 3. 简化台湾证券从业人员在大陆申请从业人员资格和取得执业资格的相关程序。

台湾方面非金融服务业的开放承诺①

服务提供模式：(1) 跨境提供服务 (2) 境外消费 (3) 商业据点呈现

行业或次行业别	市场开放承诺	其他承诺
一、商业服务业		
C. 研究与发展服务业 (CPC851、852、853)	(1) 没有限制。 (2) 没有限制。 (3) 允许大陆服务提供者在台湾以独资、合资、合伙及设立分公司等形式设立商业据点，提供研究与发展服务。	
F. 其他商业服务业 (s) 会议服务业 (CPC87909 *) - * 指为会议或类似事件提供计划、组织、管理及行销等营业性活动（包括外烩及饮料服务）	(1) 没有限制。 (2) 没有限制。 (3) 允许大陆服务提供者在台湾以独资、合资、合伙及设立分公司等形式设立商业据点，提供会议服务。	
F. 其他商业服务业 (s) 展览服务业 (CPC87909) - 限合办之专业展览		允许大陆企业、事业单位、与会展相关之社团或基金会等来台从事与台湾会展产业之企业或公会、商会、协会等团体合办之专业展览，惟须符合相关规定。

① 行业分类使用世界贸易组织《服务贸易总协定》服务行业分类（GNS/W/120），行业的内容参照联合国中央产品分类暂行版（CPC，United Nations Provisional Central Product Classification，ST/ESA/STAT/SER. M/77）。

续表

服务提供模式：(1) 跨境提供服务 (2) 境外消费 (3) 商业据点呈现

行业或次行业别	市场开放承诺	其他承诺
F. 其他商业服务业 (t) 其他 v. 特制品设计服务业 (CPC87907) - 凡从事室内设计以外专门设计服务之行业均属之，如服装、珠宝、家具等商品及其他个人或家庭物品之设计、视觉传达（平面）设计及包装设计等服务	(1) 没有限制。 (2) 没有限制。 (3) 允许大陆服务提供者在台湾以独资、合资、合伙及设立分公司等形式设立商业据点，提供特制品设计服务。	
二、通讯服务业		
D. 视听服务业 (b) 电影放映服务业 - 华语电影片和合拍电影片		根据大陆有关规定设立的制片单位所拍摄、符合台湾相关规定所定义之大陆电影片，经台湾主管机关审查通过后，每年以 10 部为限，可在台湾商业发行映演，并应符合大陆电影片进入台湾发行映演相关规定。
四、配销服务业		
A. 经纪商服务业（活动物除外） (CPC 621) -凡以按次计费或依合约计酬方式，从事有形商品买卖居间说合而收取佣金之行业均属之。经由网际网路从事商品经纪亦归入本类	(1) 没有限制。 (2) 没有限制。 (3) 允许大陆服务提供者在台湾以独资、合资、合伙及设立分公司等形式设立商业据点，提供经纪商服务。	
十、娱乐、文化及运动服务业（视听服务业除外）		
D. 运动及其他娱乐服务业 (CPC96411、96412、96419)	(1) 没有限制。 (2) 没有限制。 (3) 允许大陆服务提供者在台湾以独资、合资、合伙及设立分公司等形式设立商业据点，提供运动休闲服务。	

续表

服务提供模式：(1) 跨境提供服务　(2) 境外消费　(3) 商业据点呈现

行业或次行业别	市场开放承诺	其他承诺
十一、空运服务业		
(c) 电脑订位系统①	(1) 没有限制。 (2) 没有限制。 (3) 允许大陆服务提供者在台湾以独资、合资、合伙及设立分公司等形式设立商业据点，提供电脑订位系统服务。	

台湾方面金融服务业的开放承诺

行业别名称	具体承诺
银行及其他金融服务（不包括证券期货和保险）	大陆的银行经许可在台湾设立代表人办事处且满 1 年，可申请在台湾设立分行。

附件五：

适用于服务贸易早期收获部门及开放措施的服务提供者定义

双方同意，就《海峡两岸经济合作框架协议》附件四（以下简称附件四）所列并超出各自在世界贸易组织承诺的服务部门及开放措施制定适用的服务提供者定义②如下：

一、适用于服务贸易早期收获部门及开放措施的服务提供者，指为另一方提供服务的一方自然人或一方法人。③

（一）“一方自然人”指持有两岸任一方身份证明文件的自然人；

① 适用世界贸易组织《服务贸易总协定〈空运服务业附则〉》的定义。

② 仅适用于以商业存在模式提供服务的服务提供者。

③ 不包括在一方登记的分公司、办事处、联络处和其他非法人机构。

（二）“一方法人”指根据两岸任一方相关规定在该方设立的实体，包括任何公司、信托、合伙企业、合资企业、独资企业或协会（商会）。

二、一方法人服务提供者应同时具备下列条件：

（一）在该方提供服务的性质和范围，应包含其拟在另一方提供服务的性质和范围；[①]

（二）在该方从事实质性商业经营，应符合下列规定：

1. 在该方从事与拟在另一方提供服务的性质和范围相同的商业经营持续三年以上[②]。其中：

从事银行及其他金融服务（不包括证券期货和保险）的一方银行机构，应在该方获得银行业监督管理机构营业许可并注册或登记设立且从事商业经营持续五年以上；

从事证券期货及其相关服务的一方证券期货公司，应在该方获得证券期货监督管理机构营业许可并注册或登记设立且从事商业经营持续五年以上；

从事保险及其相关服务的一方保险公司，应在该方获得保险业监督管理机构营业许可并注册或登记设立且从事商业经营持续五年以上；

2. 在该方缴纳所得税；

3. 在该方拥有或租用经营场所。

三、一方服务提供者为享有附件四所列并超出在世界贸易组织承诺的优惠待遇，应按下列规定向该方业务主管部门或其委托机构提供文件、资料，申请“服务提供者证明书”：

（一）一方自然人服务提供者应提供身份证明文件，及业务主管部门或其委托机构认为需要提供的其他文件、资料；

（二）一方法人服务提供者应提供：

1. 注册登记证明副本；

2. 最近三年或五年的完税证明副本；

3. 最近三年或五年经审计的财务报表；

4. 拥有或租用经营场所的证明文件或其副本；

5. 其他证明提供服务性质和范围的文件或其副本；

---

① 就台湾方面医疗服务提供者而言，包括：（1）法人医疗机构；（2）医疗机构的设置人；（3）医疗机构设置的特定目的公司。

② 就台湾方面医疗服务提供者而言，注1规定的医疗机构应符合此项规定。

6. 业务主管部门或其委托机构认为需要提供的其他文件、资料。

四、一方服务提供者按本附件第三条规定提供相关文件、资料，业务主管部门或其委托机构认为符合本附件规定，向其核发服务提供者证明书。

五、一方服务提供者申请在另一方提供附件四所列并超出在世界贸易组织承诺的服务时，应向另一方的相关业务主管部门提交有效的服务提供者证明书，及申请所涉服务部门规定的文件、资料。

六、已在另一方提供服务的一方服务提供者可按照本附件的相关规定申请取得服务提供者证明书，以享有附件四所列并超出在世界贸易组织承诺的优惠待遇。

海峡两岸知识产权保护合作协议*

为保障海峡两岸人民权益，促进两岸经济、科技与文化发展，海峡两岸关系协会与财团法人海峡交流基金会就两岸知识产权（智慧财产权）保护合作事宜，经平等协商，达成协议如下：

一、合作目标

双方同意本着平等互惠原则，加强专利、商标、著作权及植物新品种权（植物品种权）（以下简称品种权）等两岸知识产权（智慧财产权）保护方面的交流与合作，协商解决相关问题，提升两岸知识产权（智慧财产权）的创新、应用、管理及保护。

二、优先权利

双方同意依各自规定，确认对方专利、商标及品种权第一次申请日的效力，并积极推动作出相应安排，保障两岸人民的优先权权益。

三、保护品种

双方同意在各自公告的植物品种保护名录（植物种类）范围内受理对方品种权的申请，并就扩大植物品种保护名录（可申请品种权之植物种类）进行协商。

四、审查合作

双方同意推动相互利用专利检索与审查结果、品种权审查和测试等合作及协商。

---

* 2010年6月29日于重庆签署。

五、业界合作

双方同意促进两岸专利、商标等业界合作，提供有效、便捷服务。

六、认证服务

双方同意为促进两岸著作权贸易，建立著作权认证合作机制，于一方音像（影音）制品于他方出版时，得由一方指定之相关协会或团体办理著作权认证，并就建立图书、软件（电脑程式）等其他作品、制品认证制度交换意见。

七、协处机制

双方同意建立执法协处机制，依各自规定妥善处理下列知识产权（智慧财产权）保护事宜：

（一）打击盗版及仿冒，特别是查处经由网络（网路）提供或帮助提供盗版图书、音像（影音）及软件（电脑程式）等侵权网站，以及在市场流通的盗版及仿冒品；

（二）保护驰名（著名）商标、地理标志或著名产地名称，共同防止恶意抢注行为，并保障权利人行使申请撤销被抢注驰名（著名）商标、地理标志或著名产地名称的权利；

（三）强化水果及其他农产品虚伪产地标识（示）之市场监管及查处措施；

（四）其他知识产权（智慧财产权）保护事宜。

在处理上述权益保护事宜时，双方可相互提供必要的资讯，并通报处理结果。

八、业务交流

双方同意开展知识产权（智慧财产权）业务交流与合作事项如下：

（一）推动业务主管部门人员进行工作会晤、考察参访、经验和技术交流、举办研讨会等，开展相关业务培训；

（二）交换制度规范、数据文献资料（资料库）及其他相关资讯；

（三）推动相关文件电子交换合作；

（四）促进著作权集体管理组织交流与合作；

（五）加强对相关企业、代理人及公众的宣导；

（六）双方同意之其他合作事项。

九、工作规划

双方同意分别设置专利、商标、著作权及品种权等工作组，负责商定具体工作规划及方案。

十、保密义务

双方同意对于在执行本协议相关活动中所获资讯予以保密。但依请求目的使用者，不在此限。

十一、限制用途

双方同意仅依请求目的使用对方提供之资料。但双方另有约定者，不在此限。

十二、文书格式

双方同意交换、通报、查询资讯及日常业务联系等，使用商定的文书格式。

十三、联系主体

本协议议定事项，由双方业务主管部门指定的联络人相互联系实施。必要时，经双方同意得指定其他单位进行联系。

本协议其他相关事宜，由海峡两岸关系协会与财团法人海峡交流基金会联系。

十四、协议履行与变更

双方应遵守协议。

本协议变更，应经双方协商同意，并以书面形式确认。

十五、争议解决

因适用本协议所生争议，双方应尽速协商解决。

十六、未尽事宜

本协议如有未尽事宜，双方得以适当方式另行商定。

十七、签署生效

本协议签署后，双方应各自完成相关程序并以书面通知对方。本协议自双方均收到对方通知后次日起生效。

本协议于六月二十九日签署，一式四份，双方各执两份。

海峡两岸关系协会　　　　财团法人海峡交流基金会
会长　陈云林　　　　　　董事长　江丙坤

海峡两岸医药卫生合作协议*

本于维护人的健康价值，保障海峡两岸人民健康权益，促进两岸医药卫生合作与发展，海峡两岸关系协会与财团法人海峡交流基金会就两岸医药卫生合作事宜，经平等协商，达成协议如下：

第一章　总　　则

一、合作领域

双方同意本着平等互惠原则，在下列领域进行交流合作：

（一）传染病防治；

（二）医药品安全管理及研发；

（三）中医药研究与交流及中药材安全管理；

（四）紧急救治；

（五）双方同意的其他领域。

二、合作方式

双方同意以下列方式进行医药卫生业务交流与合作：

（一）推动业务主管部门人员定期工作会晤、考察参访、技术交流及举办研讨会等；

（二）交换、通报、查询及公布相关业务资讯、制度规范及实际运作措施；

（三）双方同意的其他合作方式。

三、联系主体

本协议议定事项，由双方相关业务主管部门指定的联络人相互联系实施。必要时，经双方同意得指定其他单位进行联系。

本协议其他相关事宜，由海峡两岸关系协会与财团法人海峡交流基金会联系。

---

* 2010年12月21日于台北签署。

四、工作规划

双方同意分别设置下列工作组，负责商定具体工作规划、方案：

（一）传染病防治工作组；

（二）医药品安全管理及研发工作组；

（三）中医药研究与交流及中药材安全管理工作组；

（四）紧急救治工作组；

（五）检验检疫工作组；

（六）双方商定设置的其他工作组。

各工作组应于本协议生效后三个月内召开会议，商讨资讯交换和通报项目、内容、格式、频率及联系窗口等相关事宜。

必要时，各工作组得商定变更相关事宜，并得另设工作分组。

第二章 传染病防治

五、合作范围

双方同意就可能影响两岸人民健康之传染病的检疫与防疫、资讯交换与通报、重大传染病疫情处置、疫苗研发及其他事项，进行交流与合作。

传染病范围、类别依双方各自规定及商定办理。

六、检疫与防疫措施

双方同意依循公认检疫防疫准则所规范的核心能力，加强合作，采取必要检疫及防疫措施，避免或减少传染病传播至对方。

双方同意对在己方发现对方的疑似或确诊传染病病人，进行适当处置或协助返回原居住地治疗。

七、传染病疫情资讯交换与通报

双方同意平时应以书面方式定期互相交换传染病疫情及卫生检疫等资讯。

双方同意尽速通报可能或已构成重大突发公共卫生事件的传染病疫情，并持续沟通及通报相关资讯。如接获对方查询时，应尽速给予回应与协助。

重大疫情通报的内容，包括病例定义、实验室检验数据、疫情来源、病例数、死亡数及采取的防治措施等。必要时，双方得商定变更通报内容。

如有对方人民在发生重大疫情方受感染的资讯，该方应通报对方。

八、重大疫情处置

发生重大疫情方，应即时采取有效监测及处置措施；必要时，得请求对方积极提供协助。

发生重大疫情方，于对方请求时，应提供疫情调查情况，并积极考量协助对方实地了解疫情。

九、共同关切的传染病防治交流与合作

双方同意就共同关切的传染病防治策略、检疫标准、处置措施及其实务演练、检验技术与实验室标本以及疫苗研发等，进行交流与合作。

第三章　医药品安全管理及研发

十、合作范围

本协议所称医药品，指药品、医疗器材、保健食品（健康食品）及化妆品，不包括中药材。

双方同意就两岸医药品的非临床检测、临床试验、上市前审查、生产管理、上市后管理等制度规范，及技术标准、检验技术与其他相关事项，进行交流与合作。

十一、品质与安全管理

双方同意就下列两岸医药品事项，建立合作机制：

（一）非临床试验管理规范（GLP）、临床试验管理规范（GCP）及生产管理规范（GMP）的检查；

（二）不良反应及不良事件通报、处置与追踪；

（三）伪、劣、禁及违规医药品的稽查，并交换资讯及追溯其来源。

十二、协处机制

双方同意建立两岸重大医药品安全事件协处机制，采取下列措施妥善处理：

（一）紧急磋商，交换相关资讯；

（二）采取控制措施，防止事态蔓延；

（三）提供实地了解便利；

（四）核实发布资讯，并相互通报；

（五）提供事件原因分析，及时通报调查及处理结果；

（六）督促应负责的厂商及其负责人妥善处理纠纷，并就受损害厂商及消费者权益的保障，给予积极协助。

十三、标准规范协调

双方同意在医药品安全管理公认标准（ICH、GHTF 等）的原则下，加强合作，积极推动双方技术标准及规范的协调性，以提升医药品的安全、有效性。

在上述基础上，进行医药品检验、审批（查验登记）及生产管理规范检查合作，探讨逐步采用对方执行的结果。

十四、临床试验合作

双方同意就彼此临床试验的相关制度规范、执行机构及执行团队的管理、受试者权益保障和临床试验计划及试验结果审核机制等，进行交流与合作。

在符合临床试验管理规范（GCP）标准下，以减少重复试验为目标，优先以试点及专案方式，积极推动两岸临床试验及医药品研发合作，并在此基础上，探讨逐步接受双方执行的结果。

第四章　中医药研究与交流及中药材安全管理

十五、合作范围

双方同意就中药材品质安全保障措施、中医药诊疗方法研究、中医药学术研究及其他相关事项，进行交流与合作。

十六、品质安全

双方同意进行下列合作：

（一）中药材品质安全标准及检验方法的交流合作；

（二）相互协助中药材检验证明文件查核及确认。

十七、输出检验措施

双方同意采取措施，保障输往对方的中药材符合品质安全要求：

（一）输入方应及时通知输出方最新制度规范、检验标准、检测方法及限量要求，并由输出方转知相关机构及企业，要求企业对输往对方的中药材，依输入方要求取得检验证明文件，保证品质和安全；

（二）输出方应对申报输出的中药材实施检验，并对输入方多次通报的品质安全不合格项目，根据需要实施密集输出检验。

十八、通报及协处机制

双方同意建立两岸中药材重大的安全事件、不良反应及品质安全问题通报及协处机制，并依第十二条所定措施妥善处理。

十九、中医药研究与交流

双方同意共同商定中医药研究与交流优先合作项目，建立交流平台，积极举办交流活动，促进中医药发展。

第五章　紧急救治

二十、合作范围

双方同意就两岸重大意外事件所致伤病者的紧急救治措施、资讯交换及伤病者转送等事项，进行交流与合作。

二十一、紧急救治措施

双方同意对在己方因重大意外事件所致伤病的对方人民，提供紧急救治，协助安排收治医院，并采取其他适当医疗措施。

二十二、紧急救治资讯交换

双方同意重大意外事件发生方，应尽速提供对方伤病者名册、伤病情形、收治医院和联系方式，以及其他相关资讯。

二十三、紧急伤病者转送协助

双方同意重大意外事件发生方，于对方请求时，应积极协助办理伤病者转送事宜。

第六章　附　　则

二十四、保密义务

双方同意对于执行本协议相关活动所获个人资料、营业秘密及其他资讯予以保密。但依请求目的使用者，不在此限。

二十五、限制用途

双方同意仅依请求目的使用对方提供的资料。但双方另有规定者，不在此限。

二十六、文书格式

双方同意资讯交换、通报、查询及业务联系等，使用商定的文书格式。

二十七、协议履行与变更

双方应遵守协议。

本协议变更，应经双方协商同意，并以书面形式确认。

二十八、争议解决

因适用本协议所生争议，双方应尽速协商解决。除另有约定外，协商应于请求提出后十五个工作日内举行。

二十九、未尽事宜

本协议如有未尽事宜，双方得以适当方式另行商定。

三十、签署生效

本协议签署后，双方应各自完成相关程序并以书面通知对方。本协议自双方均收到对方通知后次日起生效。

本协议于十二月二十一日签署，一式四份，双方各执两份。

海峡两岸关系协会	财团法人海峡交流基金会
会长　陈云林	董事长　江丙坤

海峡两岸核电安全合作协议*

"安全第一"是核电应用普遍遵守的基本原则，攸关人的健康、安全、财产及环境。为保障两岸人民福祉，提升两岸核电运转安全，加强核电安全资讯透明化，促进两岸核电安全资讯及经验交流，海峡两岸关系协会与财团法人海峡交流基金会就两岸核电安全合作事宜，经平等协商，达成协议如下：

一、合作范围

双方同意本着平等互惠原则，就两岸核电安全及事故紧急通报等事宜，在下列领域进行交流合作：

（一）核电安全法规与标准

核电安全相关之法规、标准、导则、参考文献等资讯交流。

（二）核电安全分析与审查评估经验

核电安全分析与审查评估之方法、流程、报告、参考文献及安全分析审查评估所需使用之相关工具发展等资讯交换及经验交流。

（三）核电安全监督方法与经验

核电安全监督架构作业方式、报告、参考文献等资讯交换及经验交流。

（四）核电厂基本资讯

核电厂机组运转、工作人员辐射剂量、环境辐射监测、安全指标、异常事件及机组兴建进度等相关基本资讯定期交换。

（五）核安事件安全评估与运转经验回馈

就国际核安事件分级（INES）各级之重要核电机组异常事件，定期交换调查报告、改进措施及后续安全监督报告，并进行经验交流。

---

* 2011年10月20日于天津签署。

（六）核电厂老化管理

核电厂老化管理、评估、监督、现场查证等资讯交换及经验交流。

（七）核电安全研究经验

核电安全研究发展，包含燃料安全、热传流力、数位仪控、防火安全、人因工程、风险评估、地震与海啸防护、事故分析与评估及非破坏检测品质验证等资讯交换及经验交流。

（八）核电厂事故紧急通报

任一方发生国际核安事件分级（INES）二级及二级以上或引发大众关注之事件，事故（件）方在通报相关方面的同时，应通报对方，并持续沟通及通报完整即时之相关资讯，如接获对方查询时，应尽速给予回应与协助。双方指定联系及事故通报的单位与人员，平时定期进行通报测试。

核电厂事故通报内容包括事故电厂名称、事故发生时间及可能原因、机组最新状况、放射性物质外释状况、未来可能影响及进行评估的相关资料、已采取的防护措施等。必要时，双方得商定增加通报内容。

事故方应积极协助确认对方人民在事故方受影响地区的安全情况，并提供必要协助。

（九）核电厂环境辐射监测资讯

进行环境辐射监测资讯交换及符合公认标准之环境样品放射性分析比对之交流。

（十）核电厂事故紧急应变及准备之经验

核电厂事故紧急应变经验交流，包含应变计划、平时准备、民众防护行动、复原规划等。

（十一）核电安全资讯公开之经验

核电安全资讯公开，包含资讯透明化、民众参与、科普实务等经验交流。

（十二）双方同意之其他核电安全合作事项。

二、合作方式

双方同意核电安全及紧急应变主管部门以下列方式进行核电安全事宜的交流与合作：

（一）双方人员每年至少举行一次工作业务交流会议，由双方轮流主办。

（二）推动人员参访、举办研讨会等交流活动。

（三）发生核电厂重要事件或紧急事故时，进行通报、资讯交换、查询与公开。

（四）双方同意的其他增进核电安全之合作方式。

三、联系主体

本协议议定事项，由双方核电安全及紧急应变主管部门指定的联络人相互联系实施。

本协议其他事宜，由海峡两岸关系协会与财团法人海峡交流基金会联系。

四、工作规划

双方同意设置工作组，负责商定具体工作规划、方案。

工作组应于本协议生效后二个月内召开首次会议，商讨双方联系及事故通报窗口、资讯交换与通报的项目、内容、格式、方式、频率及工作业务交流会议、交流活动等相关事宜。

五、限制用途

双方同意仅依请求目的使用对方提供的资料。但双方另有约定者，不在此限。

六、文书格式

双方同意资讯交换、通报、查询及业务联系等，使用商定的文书格式。

七、协议履行及变更

双方应遵守协议。

协议变更，应经双方协商同意，并以书面方式确认。

八、争议解决

因适用本协议所生争议，双方应尽速协商解决。除另有约定外，协商应于请求提出后十个工作日内举行。

九、未尽事宜

本协议如有未尽事宜，双方得以适当方式另行商定。

十、签署生效

本协议签署后，双方应各自完成相关程序并以书面通知对方。本协议自双方均收到对方通知后次日起生效。

本协议于十月二十日签署，一式四份，双方各执两份。

海峡两岸关系协会	财团法人海峡交流基金会
会长　陈云林	董事长　江丙坤

海协会与海基会关于加强两岸产业合作的共同意见*

海峡两岸关系协会会长陈云林与海峡交流基金会董事长江丙坤20日在天津举行会谈。会谈中，双方讨论了加强两岸产业合作事宜，就合作愿景、目标及先期合作项目达成如下共同意见：

双方同意，合作愿景包括继续完善两岸投资环境，发挥产业互补优势，研究双方产业合作布局，扩大产业合作范围，提高产业合作层次，强化合作创新能力，发展自主品牌，促进两岸产业转型升级，共同培育两岸企业参与国际竞争合作的新优势和竞争力，繁荣两岸经济。

双方表示，将积极推动重大项目合作，协调解决合作中出现的问题，促进中小企业发展，增加两岸人民就业机会。

双方选定，以LED照明、无线城市、冷链物流、TFT-LCD和电动汽车作为先期合作项目，并将继续优先在双方的重点发展产业中选择合作项目。

双方同意，将定期举办两岸产业合作论坛，协助推动产业合作，以达到凝聚共识、加强交流和深化合作的成效。

---

* 2011年10月20日于天津。

海峡两岸海关合作协议*

为促进两岸经贸交流与发展，海峡两岸关系协会与财团法人海峡交流基金会依据《海峡两岸经济合作框架协议》（以下简称 ECFA）第六条有关规定，就两岸海关合作事宜，经平等协商，达成协议如下：

第一章　总　　则

第一条　定义

在本协议中，

海关程序指双方海关及行政相对人应遵守的相关程序及规定；

海关合作指双方为执行海关规定而进行的各项合作；

运输工具指用以载运人员、货物、物品进出境的各种船舶、车辆及航空器；

请求方海关指请求协助的一方海关；

被请求方海关指被请求协助的一方海关。

第二条　范围

本协议适用于执行海关程序及进行海关合作的相关事宜。

第三条　目标

本协议目标为：

一、促进双方海关程序的简化及协调，提高通关效率，便利 ECFA 的执行。

二、便利两岸人员及货物的往来，促进两岸贸易便利与安全。

第二章　海关程序

第四条　便利化

一、双方应确保海关程序及其执行具有可确定性、一致性及透明性，其海关估价、商品归类等规定应与世界贸易组织或世界海关组织有关规定相一致。

---

* 2012 年 8 月 9 日于台北签署。

二、双方应采取适当措施，以便利货物、物品及运输工具的通关，并逐步应用信息技术，促进无纸化通关的发展。

第五条　风险管理

双方海关应注重识别高风险企业及货物，实施经认证的经营者（以下简称AEO）认证制度，便利货物通关。

第六条　透明度

双方海关应采取包括但不限于以下措施提高透明度：

一、公布与行政相对人权利义务有关的规定。

二、设置必要的咨询点，受理行政相对人相关业务咨询。

三、一方海关规定有重大修正，且可能对本协议的实施产生实质影响时，应及时通知另一方海关。

四、应一方海关请求，另一方海关应就已公布并影响行政相对人规定的变动情况提供信息。

第七条　行政救济

双方海关的规定应赋予行政相对人对海关作出的决定申请行政救济的权利。

第三章　海关合作

第八条　合作内容

双方海关在包括但不限于以下领域内进行合作：

一、相互通报有关海关规定；及时交换与ECFA货物贸易有关的海关估价、商品归类及原产地确定所需的证件、文书等相关资料。

二、为正确计征ECFA货物贸易进口货物关税，主动或应请求提供及核查海关估价、商品归类及原产地确定有关信息。

三、进行查处走私相关合作与技术交流，主动或应请求提供查处走私及其他违反海关规定行为的情报资料与协助。

四、对通关过程中产生的问题应及时进行沟通协调，采取必要措施予以解决。

五、对各自海关监管中应用的风险管理方法，选取可行项目进行合作。

六、逐步实施AEO相互承认并给予通关便利。

七、对各自海关监管中应用无线射频识别技术（RFID）的方法，进行交流与合作。

八、加强在海关特殊监管区域海关管理方面的交流与合作。

九、建立与 ECFA 货物贸易有关的海关电子信息交换系统。

十、对暂准货物通关事项进行合作。

十一、进行海关贸易统计合作，定期交换贸易统计数据，进行贸易统计制度、方法、统计数据差异分析等技术交流。

十二、进行人员互访、交流、观摩学习及专题研讨。

第四章 请求程序

第九条 请求的方式

请求方海关应以书面方式提出请求，并附所需文件。如情况紧急，请求方海关可提出口头请求，但应尽速以书面方式加以确认。

第十条 请求的内容

一、依据本协议所提出的请求应包括下列内容：

（一）提出请求的海关；

（二）请求的目的及理由；

（三）请求事项的相关情况；

（四）请求采取的措施；

（五）涉及有关规定的说明；

（六）答复时限及联络方式；

（七）其他经双方海关同意应说明的事项。

二、被请求方海关必要时可要求请求方海关对上述请求进行更正或补充。

第十一条 请求的执行

一、被请求方海关应在其权限及能力范围内采取合理的执行措施。

二、被请求方海关可依请求提供经过适当认证的文件资料及其他物件。除被特别要求书面文件外，被请求方海关可传送电子信息并提供必要的说明。

三、若请求事项涉及被请求方海关以外的其他相关部门，被请求方海关应将该项请求转送相关部门，并将处理情况通知请求方海关。

四、被请求方海关可按请求方海关的要求执行有关请求，除非该要求与被请求方海关的规定或做法相抵触。

第五章 其　　他

第十二条　联系机制

一、双方同意，由两岸经济合作委员会海关合作工作小组负责处理本协议及海关合作相关事宜，由双方海关各自指定的联络人负责联络，并建立联络热线，以保障协议的顺利实施。必要时，经双方同意，可指定其他单位负责联络特定事项。

二、海关合作工作小组可视需要成立工作分组负责处理本协议有关事宜，并向海关合作工作小组报告。

三、双方海关视需要举行会议，以评估本协议执行情况及研究解决有关问题。

第十三条　保密义务

一、依据本协议所取得的任何信息，应受到在接受方取得同类信息所应受到相同程度的保护。

二、一方海关对所提供信息的保密性有特殊要求并说明理由，另一方海关应给予特殊保护。

三、如未事先获得被请求方海关的书面同意，请求方海关不得将取得的信息转交其他单位及人员，亦不得在司法及行政程序中作为证据使用。

第十四条　费用

一、双方海关就执行请求所产生的一切费用，原则上应放弃获得补偿的要求。如执行请求需要支付巨额或特别性质的费用，双方海关应商定执行该项请求的条件及有关费用负担的办法。

二、双方海关可就执行本协议第八条规定的合作事项所产生费用的补偿问题另行商定。

第十五条　文书格式

基于本协议所进行的业务联系，应使用双方商定的文书格式。

第十六条　修正

本协议修正，应经双方协商同意，并以书面形式确认。

第十七条　生效

本协议签署后，双方应各自完成有关程序并以书面通知另一方。本协议自双方均收到对方通知后次日起生效。

本协议于八月九日签署，一式四份，双方各执两份。四份文本中对应表述的不同用语所含意义相同，四份文本具有同等效力。

海峡两岸关系协会　　财团法人海峡交流基金会
会长　陈云林　　董事长　江丙坤

海峡两岸投资保护和促进协议*

为保护海峡两岸投资者权益，促进相互投资，创造公平投资环境，增进两岸经济繁荣，依据《海峡两岸经济合作框架协议》第五条规定，海峡两岸关系协会与财团法人海峡交流基金会经平等协商，达成协议如下：

第一条　定义

本协议内：

一、“投资”指一方投资者依照另一方的规定，在该另一方所投入的具有投资特性的各种资产，包括但不限于：

（一）动产、不动产及其他财产权利；

（二）企业的股份或出资额及其他形式的参股；

（三）金钱请求权或其他具有经济价值的履行请求权；

（四）知识产权、企业名称及商号、商誉；

（五）交钥匙、工程建造、管理、生产、收益分配及其他类似合同权利；

（六）经营特许权，包括培育、耕作的特许权利，以及勘探、开采、提炼或开发自然资源的特许权利；

（七）各种担保债券、信用债券、贷款及其他形式的债。

投资特性指资本或其他资源的投入、对收益或利润的期待和对风险的承担。作为投资的资产发生任何符合投资所在地相关规定的形式上变化，不影响其作为投资的特性。

二、“投资者”指在另一方从事投资的一方自然人或一方企业：

（一）一方自然人指持有一方身份证明文件的自然人；

（二）一方企业指根据一方规定在该方设立的实体，包括公司、信托、商行、合伙或其他组织；

---

* 2012年8月9日于台北签署。

（三）根据第三方规定设立，但由本款第一项或第二项的投资者所有或控制的任何实体，亦属一方企业。

三、“收益”指投资所产生的收入，包括利润、股息、利息、资本利得、提成费和其他合法收入。

四、“措施”指包括任何影响投资者或投资的规定、政策或其他行政行为。

五、“两岸投资争端解决机构”指本协议生效后，经双方确认并书面通知的仲裁机构、调解中心及其他调解机构。

第二条　适用范围和例外

一、本协议应适用于一方对另一方投资者及其投资采取或维持的措施。

二、本协议应适用于一方投资者在另一方于本协议生效前或生效后的投资，但不适用于本协议生效前已解决的本协议第十三条第一款所指的“投资争端”。

三、本协议适用于任一方各级主管部门及该类部门授权行使行政职权的机构所采取或维持的措施。

四、一方可采取、维持或执行其认为必要的任何措施，以确保其重大的安全利益。

五、一方基于非任意与非不合理歧视的原则，且对贸易或投资不构成隐性限制，可于下列情形采取或维持对投资的限制措施：

（一）为遵守与本协议不相抵触的规定所采取的必要措施；

（二）为保护人类、动物或植物的生命或健康所采取的必要措施；

（三）为保护可耗尽的自然资源所采取的必要措施。

六、一方基于审慎理由可采取或维持与金融服务有关的措施。该等措施包括但不限于：

（一）为保护投资者、存款人、保单持有人或金融服务提供者对其负有忠实义务的人所采取的措施；

（二）为确保金融体系运作与稳定所采取的措施。

七、本协议不适用于：

（一）公共采购；

（二）由一方提供的补贴或补助。

八、除下列情形外，本协议不适用于任一方的税收措施：

（一）如一方投资者以书面形式向另一方税收主管部门主张该另一方的

税收措施涉及本协议第七条的规定，双方税收主管部门应于六个月内共同决定该措施是否构成征收。如该税收措施构成征收，则本协议应适用于该措施。

（二）如双方税收主管部门未能在六个月内一致认定该税收措施不构成征收，该一方投资者可依本协议第十三条及附件的规定寻求解决。

第三条 投资待遇

一、一方应确保给予另一方投资者及其投资公正与公平待遇，并提供充分保护与安全：

（一）“公正与公平待遇”指一方的措施应符合正当程序原则，且不得对另一方投资者拒绝公正与公平审理，或实行明显的歧视性或专断性措施。

（二）“充分保护与安全”指一方应采取合理、必要的措施，保护另一方投资者及其投资的安全。

一方违反本协议其他条款，不构成对本款的违反。

二、双方应加强投资者及相关人员在投资中的人身自由与安全保障，依各自规定的时限履行与人身自由相关的通知义务，完善既有通报机制。

三、一方对另一方投资者就其投资的运营、管理、维持、享有、使用、出售或其他处置所给予的待遇，不得低于在相似情形下给予该一方投资者及其投资的待遇。

四、一方对另一方投资者就其投资的设立、扩大、运营、管理、维持、享有、使用、出售或其他处置所给予的待遇，不得低于在相似情形下给予任何第三方投资者及其投资的待遇。

五、本条第三款及第四款不适用于一方现有的不符措施及其修改，但一方应逐步减少或消除该等不符措施，且对该等不符措施的任何修改或变更，不得增加对另一方投资者及其投资的限制。

六、另一方投资者不得援引本条第四款的规定，要求适用本协议以外的争端解决程序。

第四条 透明度

一、一方应依其规定及时公布或用其他方式使公众知悉普遍适用的或针对另一方与投资有关的规定、措施、程序等。

二、应另一方请求，一方应依其规定，就已公布并影响另一方投资者的规定、措施、程序的变化提供讯息。

第五条　逐步减少投资限制

一、双方同意，本着互利互惠的原则接受并保护相互投资。

二、双方同意，逐步减少或消除对相互投资的限制，创造公平的投资环境，努力促进相互投资。

第六条　投资便利化

一、双方同意逐步简化投资申请文件和审核程序。

二、双方同意相互提供投资便利，包括：

（一）一方对另一方投资者取得投资讯息、相关营运证照，以及人员进出和经营管理等提供便利；

（二）一方对另一方及其投资者举办说明会、研讨会及其他有利于投资的活动提供便利。

第七条　征收

一、除符合下列所有条件外，一方不得对另一方投资者在该一方的投资或收益采取征收（包括直接征收和间接征收）：

（一）基于公共利益；

（二）依照一方规定及正当程序；

（三）非歧视性且非任意的；

（四）依据本条第四款给予补偿。

二、间接征收指效果等同于直接征收的措施。确定一项或一系列措施是否构成间接征收应以事实为依据逐案评估，并应考虑以下因素：

（一）该措施对投资的经济影响，但仅对投资的经济价值有负面影响，不足以推断构成间接征收；

（二）该措施在范围或适用上对另一方投资者及其投资的歧视程度；

（三）该措施对另一方投资者明显、合理的投资期待的干预程度；

（四）该措施的采取是否出于善意并以公共利益为目的，且措施和目的之间是否符合比例原则。

三、双方为保护公众健康与安全、环境等正当公共福利所采取的非歧视性管制措施，不构成间接征收。

四、本条第一款所称的补偿应以征收时或征收为公众所知时（以较早者为准）被征收投资或收益的公平市场价值为基准，并应加计征收之日起至补偿支付之日止，按合理商业利率计算的利息。补偿的支付不应迟延，并应可有效实现、兑换及自由转移。

第八条 损失补偿

一方投资者在另一方的投资或收益，如因发生在该另一方的武装冲突、紧急状态或其他类似事件而遭受损失，另一方给予其恢复原状、补偿或其他解决方式的待遇，应不低于相似条件下给予该另一方投资者或任何第三方投资者的待遇中最优者。

第九条 代位

一、一方指定的机构根据其与投资有关的货币汇兑、征收等非商业风险的担保、保证或保险合同给付一方投资者后，可以在与投资者同等的范围内代位行使该投资者的权利和请求权，并承担该投资者与投资相应的义务。

二、一方应将其依本条第一款指定的机构及其变更通知另一方。

第十条 转移

一、一方应依其规定准许另一方投资者转移其投资及收益，包括但不限于：

（一）设立、维持和扩大投资的资本；

（二）利润、股息、利息、资本利得、提成费及其他与知识产权相关的费用；

（三）与投资合同相关的支付，包括贷款协议产生的相关款项；

（四）出售或清算全部或部分投资所得款项；

（五）自然人投资者与该项投资相关的收入和报酬；

（六）根据第七条和第八条所获得的款项；

（七）依本协议附件第三款所获得的补偿。

二、除本协议另有规定外，双方应保证本条第一款转移以可自由兑换的货币或双方同意且按当时规定可汇兑的货币，以转移当日的市场汇率不延迟地进行。

三、基于公平、公正、非歧视的原则，一方可于下列情况下，诚信适用相关规定阻止或延迟转移，不受本条第一款及第二款的限制：

（一）破产、无力偿还或保护债权人利益；

（二）有价证券、期货、期权和其他衍生品的发行、买卖、交易、处理；

（三）刑事犯罪侦查或行政处罚调查中的必要保全措施；

（四）现金或其他货币工具必要的转移申报；

（五）确保司法裁判或行政处罚决定的执行。

四、一方对外收支出现或可能出现严重失衡时，可依规定或惯例暂时限制转移，但实施该等限制应遵循公平、非歧视和善意的原则。

第十一条 拒绝授予利益

第三方的自然人或企业所有或控制的一方企业如在该一方未从事实质性商业经营，则另一方有权拒绝授予该企业在本协议项下的利益。

第十二条 本协议双方的争端解决

双方关于本协议解释、实施和适用的争端，应依《海峡两岸经济合作框架协议》第十条规定处理。

第十三条 投资者与投资所在地一方争端解决

一、一方投资者主张另一方相关部门或机构违反本协议规定的义务，致该投资者受到损失所产生的争端（以下称“投资争端”），可依下列方式解决：

（一）争端双方友好协商解决；

（二）由投资所在地或其上级的协调机制协调解决；

（三）由本协议第十五条所设投资争端协处机制协助解决；

（四）因本协议所产生的投资者与投资所在地一方的投资补偿争端，可由投资者提交两岸投资争端解决机构通过调解方式解决，两岸投资争端解决机构应每半年将投资补偿争端的处理情况通报本协议第十五条的投资工作小组；

（五）依据投资所在地一方行政复议或司法程序解决。

二、投资者根据本条第一款第四项解决投资补偿争端，适用本协议附件的规定。

三、协议生效后，双方应尽快交换并公布本条第一款第四项规定的两岸投资争端解决机构名单。双方经协商可调整该机构名单。

四、如投资者已选择依本条第一款第五项解决，除非符合投资所在地一方相关规定，投资者不得再就同一争端提交两岸投资争端解决机构调解。

五、本协议生效前已进入司法程序的本条第一款所指的“投资争端”，除非当事双方同意并符合投资所在地一方相关规定，不适用本条第一款第四项规定的调解程序。

第十四条 投资商事争议

一、双方确认，一方投资者与另一方自然人、法人、其他组织依相关规定及当事人意思自治原则签订商事合同时，可约定商事争议的解决方式和途径。

二、一方投资者与另一方自然人订立商事合同时，可就有关投资所产生的商事争议订立仲裁条款。如未订立仲裁条款，可于争议发生后协商提交仲裁解决。

三、一方投资者与另一方法人或其他组织订立商事合同时，可就有关投资所产生的商事争议订立仲裁条款。如未订立仲裁条款，可于争议发生后协商提交仲裁解决。

四、商事争议的当事双方可选择两岸的仲裁机构及当事双方同意的仲裁地点。如商事合同中未约定仲裁条款，可于争议发生后协商提交两岸的仲裁机构，在当事双方同意的仲裁地点解决争议。

五、双方确认，商事合同当事人可依据相关规定申请仲裁裁决的认可与执行。

第十五条　联系机制

一、双方同意由两岸经济合作委员会投资工作小组负责处理本协议相关事宜，由双方业务主管部门各自指定的联络人负责联络。

二、投资工作小组设立下列工作机制，处理与本协议相关的特定事项：

（一）投资争端协处机制：协助处理投资者与投资所在地一方的投资争端，并相互通报处理情况；

（二）投资咨询机制：交换投资讯息、开展投资促进、推动投资便利化、提供纠纷处理及与本协议相关事项的咨询；

（三）经双方同意的其他与本协议相关的工作机制。

第十六条　文书格式

基于本协议所进行的业务联系，应使用双方商定的文书格式。

第十七条　修正

本协议的修正，应经双方协商同意，并以书面形式确认。

第十八条　生效

本协议签署后，双方应各自完成相关程序并以书面通知另一方。本协议自双方均收到对方通知后次日起生效。

本协议于八月九日签署，一式四份，双方各执两份。本协议的附件构成本协议的一部分。四份文本中对应表述的不同用语所含意义相同，四份文本具有同等效力。

海峡两岸关系协会	财团法人海峡交流基金会
会长　陈云林	董事长　江丙坤

附件

投资补偿争端调解程序

一、调解原则及程序

（一）一方投资者依据本协议第十三条第一款第四项提出调解申请后，两岸投资争端解决机构应依其规则受理申请，启动调解程序。两岸投资争端解决机构应客观、公正、公平及合理地处理投资补偿争端。争端双方应积极、诚信参与调解，不得无故拖延。

（二）除争端双方另有约定外，调解过程不公开。

（三）除争端双方同意公开的事项外，两岸投资争端解决机构及其工作人员、调解员对投资争端案件应保守秘密。

二、调解成立

（一）调解员应保持中立，促使争端双方达成合意。

（二）争端双方经调解达成合意，调解员应根据合意内容制作调解协议，由争端双方及调解员在调解协议上签字或盖章，并加盖两岸投资争端解决机构印章。

（三）双方应确保建立、完善与调解协议执行相关的制度。投资者可依据执行地一方相关规定申请调解协议的执行。

三、补偿方式

投资补偿争端的补偿方式以下列类型为限：

（一）金钱补偿及适当利息；

（二）返还财产，或以补偿金和相应利息代替财产返还；

（三）争端双方同意的其他合法补偿方式。

四、调解请求权的消灭

自投资者知道或应当知道另一方违反本协议义务之日起，如超过三年未行使调解请求权，则该请求权消灭。但因不可抗力导致的延误，不计入前述三年期间内。

五、调解信息的使用限制

如投资补偿争端依本协议第十三条第一款第四项所规定的程序仍无法解决，除争端双方另有约定外，任何一方均不得在其后就同一争端进行的行政或司法程序中，援引对方当事人和调解员在前述程序中所做出的任何陈述、承认和让步，作为不利于对方当事人的资料或证据。

六、调解规则的通报

两岸投资争端解决机构的调解规则应向本协议第十五条的投资工作小组进行通报。

海峡两岸服务贸易协议*

为加强海峡两岸经贸关系，促进服务贸易自由化，依据《海峡两岸经济合作框架协议》及世界贸易组织《服务贸易总协定》，海峡两岸关系协会与财团法人海峡交流基金会经平等协商，达成协议如下：

第一章 总 则

第一条 目标

本协议致力于：

一、逐步减少或消除双方之间涵盖众多部门的服务贸易限制性措施，促进双方服务贸易进一步自由化及便利化；

二、继续扩展服务贸易的广度和深度；

三、增进双方在服务贸易领域的合作。

第二条 定义

就本协议而言：

一、“服务贸易”指：

（一）自一方内向另一方内提供服务；

（二）在一方内向另一方的服务消费者提供服务；

（三）一方服务提供者通过在另一方内的商业存在提供服务；

（四）一方服务提供者通过在另一方内的自然人存在提供服务。

二、“服务部门”指：

（一）对于一具体承诺，指一方承诺表中列明的该项服务的一个、多个或所有次部门；

（二）在其他情况下，指该服务部门的全部，包括其所有的次部门。

---

* 2013 年 6 月 21 日于上海签署。

三、“人”指自然人或法人。

四、“法人”指根据两岸任一方相关规定在该方设立的实体。

五、“服务提供者”指两岸任一方提供服务的任何人。如该服务不是由法人直接提供，而是通过分支机构或代表处等其他形式的商业存在提供，则该服务提供者（即该法人）仍应通过该商业存在享有本协议所给予的待遇。此类待遇应扩大至提供该服务的存在方式，但不需扩大至该服务提供者位于提供服务的一方之外的任何其他部分。

六、“服务消费者”指接受或使用服务的任何人。

七、“措施”指两岸任一方的规定、规则、程序、决定或任何其他形式的措施。

八、“一方影响服务贸易的措施”包括关于下列事项的措施：

（一）服务的购买、支付或使用；

（二）与服务提供有关，且该方要求向公众普遍提供的服务的获得和使用；

（三）另一方的人为在该方内提供服务的存在，包括商业存在。

九、“商业存在”指任何类型的商业或专业机构，包括以下列方式在一方内提供服务：

（一）设立、收购或维持一法人，或

（二）设立或维持一分支机构或代表处。

第三条　范围

一、本协议适用于双方影响服务贸易的措施。

二、本协议不适用于：

（一）公共采购；

（二）在一方内为行使公共部门职权时提供的服务；

（三）一方提供的补贴或补助，或者附加于接受或持续接受这类补贴的任何条件。但如果前述补贴显著影响一方在本协议下所作具体承诺，另一方可请求磋商，以友好解决该问题。应另一方请求，一方应尽可能提供与本协议下所作具体承诺有关的补贴讯息；

（四）两岸间航空运输安排，即《海峡两岸空运协议》与《海峡两岸空运补充协议》及其后续修正文件所涵盖的措施及内容；

（五）与两岸间航空运输安排的行使直接有关的服务，但不包括《海峡两岸经济合作框架协议》及其后续协议项下的服务贸易市场开放承诺表所列措施；

（六）双方有关海运协议的相关措施，但不包括《海峡两岸经济合作框架协议》及其后续协议项下的服务贸易市场开放承诺表所列措施；

（七）双方同意的其他服务或措施。

三、世界贸易组织《服务贸易总协定》关于自然人流动的附件经必要调整后适用于本协议。

四、双方各级业务主管部门及其授权的机构应履行本协议项下的义务和承诺。

第二章 义务与规范

第四条 公平待遇

一、一方对于列入其在世界贸易组织中所作服务贸易具体承诺减让表、《海峡两岸经济合作框架协议》附件四“服务贸易早期收获部门及开放措施”及本协议附件一“服务贸易具体承诺表”的服务部门，在遵守前述减让表、开放措施或承诺表所列任何条件和资格的前提下，就影响服务提供的所有措施而言，对另一方的服务和服务提供者所给予的待遇，不得低于其给予该一方同类服务和服务提供者的待遇。

二、本条第一款不适用于一方现有的不符措施及其修改，但该一方应逐步减少或消除该等不符措施，且对该等不符措施的任何修改或变更，不得增加对另一方服务和服务提供者的限制。

三、根据本条第一款所作的具体承诺不得解释为要求任一方对于因相关的服务或服务提供者的非当地特性而产生的任何固有的竞争劣势作出补偿。

四、一方可对另一方的服务和服务提供者给予与该一方同类服务和服务提供者形式上相同或不同的待遇，以满足本条第一款要求。如此类形式上相同或不同的待遇改变竞争条件，且与另一方的同类服务或服务提供者相比有利于该一方的服务或服务提供者，则应被视为较为不利的待遇。

五、关于一方影响服务贸易的措施，除符合世界贸易组织《服务贸易总协定》第二条第二款规定的豁免外，该一方对另一方的服务和服务提供者所给予的待遇，不得低于该一方给予的普遍适用于其他任何世界贸易组织成员的同类服务和服务提供者的待遇。

六、本条第五款不适用于一方现有的不符措施及其修改，但该一方应逐步减少直至消除该等不符措施，且对该等不符措施的任何修改或变更，不得增加对另一方服务和服务提供者的限制。

第五条 讯息公开与提供

一、一方应依其规定，及时公布或用其他方式使公众知悉普遍适用的或针对另一方与服务贸易有关的措施。

二、应另一方请求，一方应依其规定，及时就已公布并影响另一方服务提供者的措施的变化提供讯息。

三、一方不得要求另一方提供一经披露即妨碍执行相关规定或有违公共利益，或损害特定企业正当商业利益的机密讯息。

第六条　管理规范

一、一方对已作出具体承诺的部门，应确保所有影响服务贸易的普遍适用措施以合理、客观且公正的方式实施。

二、双方应依其规定赋予受影响的服务提供者对业务主管部门作出的决定申请行政救济的权利，并确保该行政救济程序提供客观和公正的审查。

三、对已作出具体承诺的服务，如提供此种服务需要取得许可，则一方业务主管部门应依其规定在申请人提出完整的申请资料后的一定期间内，将申请的审核结果通知申请人。应申请人请求，该一方业务主管部门应提供有关申请的讯息，不得有不当迟延。

四、为确保有关资格要求、资格程序、技术标准和许可要求的各项措施不构成不必要的服务贸易壁垒，对于一方已作出具体承诺的部门，该方应致力于确保上述措施：

（一）依据客观及透明的标准，例如提供服务的能力；

（二）不得比为确保服务品质所必需的限度更难以负担；

（三）如属许可程序，则该程序本身不成为对服务提供的限制。

五、一方可依其规定或其他经双方同意的方式，承认另一方服务提供者在该另一方已获得的实绩、经历、许可、证明或已满足的资格要求。

六、在已就专业服务作出具体承诺的部门，一方应提供适当程序，以验证另一方专业人员的能力。

第七条　商业行为

一、一方应确保该方内的任何垄断服务提供者在相关市场提供垄断服务时，并未采取违反其在本协议附件一及《海峡两岸经济合作框架协议》附件四中所作承诺的行为。

二、一方的垄断服务提供者直接或经关联企业，参与其垄断权范围外且属该方具体承诺表中服务的竞争时，该方应确保该服务提供者不滥用其垄断地位在该方内采取违反此类承诺的行为。

三、一方有理由认为另一方的垄断服务提供者的行为违反本条第一款或第二款规定时，在该方请求下，经双方协商，可由另一方提供有关经营的讯息。

四、一方在形式上或事实上授权或设立且实质性阻止少数几个服务提供者在该方内相互竞争时，本条第一款及第二款规定应适用于此类服务提供者。

五、除本条第一款至第四款所指的商业行为外，服务提供者的相关商业行为可能会抑制竞争，从而限制服务贸易。在此情形下，一方应就另一方请求进行磋商，以期消除此类商业行为。被请求方对此类请求应给予充分和积极的考虑，并尽可能提供与所涉事项有关且可公开获得的非机密讯息。被请求方依其规定，在与请求方就保障机密性达成一致的前提下，应向请求方提供其他可获得的讯息。

第八条　紧急情况的磋商

若因实施本协议对一方的服务部门造成实质性负面影响，受影响的一方可要求与另一方磋商，积极寻求解决方案。

第九条　支付和转移

除本协议第十条规定的情况外，一方不得对与其具体承诺有关的经常项目交易的对外资金转移和支付实施限制。

第十条　确保对外收支平衡的限制

一方对外收支出现或可能出现严重失衡时，可依规定或惯例暂时限制与服务贸易相关的资金转移和支付，但实施该等限制应遵循公平、非歧视和善意的原则。

第十一条　例外

本协议的任何规定不得解释为妨碍一方采取或维持与世界贸易组织《服务贸易总协定》规则相一致的例外措施。

第十二条　合作

双方应本着互惠互利的原则，加强各个服务部门的合作，以进一步提升双方服务部门的能力、效率与竞争力。

第三章　具体承诺

第十三条　市场开放

对于本协议第二条第一款所指的服务提供模式的市场开放，一方对另一方的服务和符合本协议附件二及本协议其他所列条件的服务提供者给予的待遇，不得低于该方在本协议附件一及《海峡两岸经济合作框架协议》附件四中列明的内容和条件。对以本协议第二条第一款第一项、第三项所指模式提供的服务，如一方就其作出市场开放承诺，则该方应允许相关的资本移动。

第十四条　其他承诺

双方可就影响服务贸易，但不属于依本协议第十三条列入具体承诺表的措施，包括资格、标准、许可事项或其他措施，展开磋商，并将磋商结果列入具体承诺表。

第十五条　具体承诺表

一、双方经过磋商达成的具体承诺表，作为本协议附件一。

二、具体承诺表应列明：

（一）作出承诺的部门或次部门；

（二）市场开放承诺；

（三）本协议第十四条所述其他承诺；

（四）双方同意列入的其他内容。

三、本协议附件一所列金融服务部门的开放承诺方式不受本条第二款规定的限制。

四、本协议附件一及《海峡两岸经济合作框架协议》附件四所列服务部门及市场开放承诺适用本协议附件二关于服务提供者的具体规定。

第十六条　逐步减少服务贸易限制

一、为逐步减少或消除双方之间涵盖众多部门的服务贸易限制性措施，促进服务贸易自由化，经双方同意，可在互惠互利的基础上，就服务贸易的进一步市场开放展开磋商。

二、依据本条第一款展开磋商形成的结果，构成本协议的一部分。

三、任一方均可在本协议规定的开放承诺的基础上自主加速开放或消除限制性措施。

第十七条　承诺表的修改

一、在承诺表中任何承诺实施之日起三年期满后的任何时间，一方可依照本条规定修改或撤销该承诺。如该承诺不超出其在世界贸易组织承诺水平，则对该承诺的修改不得比修改前更具限制性。

二、修改一方应将本条第一款所述修改或撤销承诺的意向，在不迟于实施修改或撤销的预定日期前三个月通知另一方。

三、应受影响一方的请求，修改一方应与其进行磋商，以期就必要的补偿性调整达成一致，调整后结果不得低于磋商前具体承诺的总体开放水平。

四、如双方无法就补偿性调整达成一致，可根据本协议第二十条规定解决。修改一方根据争端解决结果完成补偿性调整前，不得修改或撤销其承诺。

第四章 其他条款

第十八条 联系机制

一、双方同意由两岸经济合作委员会服务贸易工作小组负责处理本协议及与服务贸易相关事宜，由双方业务主管部门各自指定的联络人负责联系，必要时，经双方同意，可指定其他单位负责联络。

二、服务贸易工作小组可视需要设立工作机制，处理本协议及与服务贸易相关的特定事项。

第十九条 审议

自本协议生效之日起十二个月后，双方可每年召开会议审议本协议，以及双方同意的其他与服务贸易相关的议题。

第二十条 争端解决

双方关于本协议解释、实施和适用的争端，应依《海峡两岸经济合作框架协议》第十条规定处理。

第二十一条 文书格式

基于本协议所进行的业务联系，应使用双方商定的文书格式。

第二十二条 附件

本协议的附件构成本协议的一部分。

第二十三条 修正

本协议修正，应经双方协商同意，并以书面形式确认。

第二十四条 生效

一、本协议签署后，双方应各自完成相关程序并以书面通知另一方。本协议自双方均收到对方通知后次日起生效。

二、本协议附件一所列内容应于本协议生效后尽速实施。

本协议于六月二十一日签署，一式四份，双方各执两份。四份文本中对应表述的不同用语所含意义相同，四份文本具有同等效力。

海峡两岸关系协会	财团法人海峡交流基金会
会长 陈德铭	董事长 林中森

附件一：

服务贸易具体承诺表

大陆方面非金融服务部门的开放承诺①

服务提供模式：（1）跨境交付　（2）境外消费　（3）商业存在　（4）自然人流动

部门或次部门	市场开放承诺	其他承诺
1. 商业服务		
A. 专业服务 b. 会计、审计和簿记服务（CPC862）	（1）没有限制 （2）没有限制 （3）允许台湾会计师在大陆设立的符合大陆《代理记账管理办法》规定的中介机构从事代理记账业务。从事代理记账业务的台湾会计师应取得大陆会计从业资格，主管代理记账业务的负责人应当具有大陆会计师以上（含会计师）专业技术资格。 （4）除加入世界贸易组织水平承诺中内容外，不作承诺。	①对已持有大陆注册会计师执业资格并在大陆执业的台湾会计师（包括合伙人）每年在大陆的工作时间要求比照大陆注册会计师实行。 ②台湾会计师事务所在大陆临时开展审计业务时申请的《临时执行审计业务许可证》有效期为2年；适当简化对台湾会计师事务所在大陆临时执业的申报材料要求。

① 部门分类使用世界贸易组织《服务贸易总协定》服务部门分类（GNS/W/120），部门的内容参考相应的联合国临时中央产品分类（CPC，United Nations Provisional Central Product Classification，ST/ESA/STAT/SER. M/77）。

续表

服务提供模式：(1) 跨境交付 (2) 境外消费 (3) 商业存在 (4) 自然人流动

部门或次部门	市场开放承诺	其他承诺
A. 专业服务 d. 建筑设计服务 (CPC8671) e. 工程服务 (CPC8672) f. 集中工程服务 (CPC8673)	(1) 对于方案设计没有限制 要求与大陆专业机构进行合作，方案设计除外。 (2) 没有限制 (3) ①台湾服务提供者在大陆设立建设工程设计企业，对于个人业绩，其在台湾和大陆的业绩可共同作为评定依据，但在台湾完成的业绩规模标准应符合大陆建设项目规模划分标准。 ②允许台湾服务提供者在大陆设立的建设工程设计企业聘用台湾注册建筑师、注册工程师，并将其作为本企业申请建设工程设计资质的主要专业技术人员，在资质审查时不考核其专业技术职称条件，只考核其学历、从事工程设计实践年限、在台湾的注册资格、工程设计业绩及信誉。 ③台湾服务提供者在大陆设立的建设工程设计企业中，出任主要技术人员且持有台湾方面身份证明文件的自然人，不受每人每年在大陆累计居住时间应当不少于6个月的限制。 ④台湾服务提供者在大陆以合资、合作形式设立建设工程设计企业时，其大陆合营者出资额占注册资本的比例不受限制。 (4) 除加入世界贸易组织水平承诺中内容和下列内容外，不作承诺： 合同服务提供者——为履行雇主从大陆获取的服务合同，进入大陆提供临时性服务的持有台湾方面身份证明文件的自然人。其雇主为在大陆无商业存在的台湾的公司/合伙人/企业。合同服务提供者在外期间报酬由雇主支付。合同服务提供者应具备与所提供服务相关的学历和技术（职业）资格。在大陆停留期间每次可申请不超过两年多次有效来往大陆签注；如有需要可申请延期。在大陆停留期间不得从事与合同无关的服务活动。	①注册建筑师继续教育中选修课部分台湾服务提供者可以在台湾完成或由大陆派师资授课，选修课继续教育方案须经大陆认可。 ②允许符合相关规定的持有台湾方面身份证明文件的自然人参加大陆监理工程师资格考试，成绩合格者，发给资格证书。 ③允许取得大陆监理工程师资格的台湾专业人士在福建省注册执业，不受在台湾注册执业与否的限制。

续表

服务提供模式：(1) 跨境交付　(2) 境外消费　(3) 商业存在　(4) 自然人流动

部门或次部门	市场开放承诺	其他承诺
B. 计算机及其相关服务 b. 软件实施服务 (CPC842)	(1) 没有限制 (2) 没有限制 (3) 允许台湾服务提供者在大陆设立独资、合资企业，提供软件实施服务。 (4) 除加入世界贸易组织水平承诺中内容和下列内容外，不作承诺： 合同服务提供者——为履行雇主从大陆获取的服务合同，进入大陆提供临时性服务的持有台湾方面身份证明文件的自然人。其雇主为在大陆无商业存在的台湾的公司/合伙人/企业。合同服务提供者在外期间报酬由雇主支付。合同服务提供者应具备与所提供服务相关的学历和技术（职业）资格。在大陆停留期间每次可申请不超过两年多次有效来往大陆签注；如有需要可申请延期。在大陆停留期间不得从事与合同无关的服务活动。	允许在台湾注册的企业法人按照大陆有关规定参加大陆计算机信息系统集成企业资质认定。 申请大陆计算机信息系统集成企业资质，按照下列条件进行评定： a. 不考核职称要求，但应考核相关学历及从业经历； b. 系统集成的业绩包括在大陆和台湾从事的项目； c. 应在大陆设立相应的分支机构。 其他评定条件按照大陆有关规定执行。
D. 房地产服务 b. 以收费或合同为基础的房地产服务 (CPC822)	(1) 没有限制 (2) 没有限制 (3) 台湾服务提供者在大陆设立的独资物业服务企业，在申请企业资质时，可以将在台湾和大陆承接的物业建筑面积共同作为评定依据，但在大陆承接的面积不得低于50%，在台湾承接的面积不得用于其在大陆设立的多家企业申请资质时重复计算。 (4) 除加入世界贸易组织水平承诺中内容和下列内容外，不作承诺： 合同服务提供者——为履行雇主从大陆获取的服务合同，进入大陆提供临时性服务的持有台湾方面身份证明文件的自然人。其雇主为在大陆无商业存在的台湾的公司/合伙人/企业。合同服务提供者在外期间报酬由雇主支付。合同服务提供者应具备与所提供服务相关的学历和技术（职业）资格。在大陆停留期间每次可申请不超过两年多次有效来往大陆签注；如有需要可申请延期。在大陆停留期间不得从事与合同无关的服务活动。	

续表

服务提供模式：(1) 跨境交付 (2) 境外消费 (3) 商业存在 (4) 自然人流动

部门或次部门	市场开放承诺	其他承诺
F. 其他商业服务 b. 市场调研服务 (CPC86401 **，限于市场分析、消费者态度和偏好的分析)	(1) 不作承诺 (2) 不作承诺 (3) 允许台湾服务提供者在大陆设立合资、合作企业，提供市场调研服务。 (4) 除加入世界贸易组织水平承诺中内容外，不作承诺，且须设立商业存在。	
F. 其他商业服务 e. 技术测试和分析服务 (CPC8676) 及 CPC749 涵盖的货物检验服务，不包括货物检验服务中的法定检验服务	(1) 没有限制 (2) 没有限制 (3) ①允许台湾服务提供者在大陆设立合资与独资认证机构、检查机构和实验室，并提供内外销和当地检测服务。 ②在参与认证检测活动中比照大陆认证机构、检查机构和实验室给予台湾服务提供者在大陆设立的合资与独资认证机构、检查机构和实验室同等待遇。 ③在互信互利的基础上，允许在台湾的认证检测机构与大陆认证检测机构开展检测数据（结果）的接受合作。具体合作安排另行商定。 (4) 除加入世界贸易组织水平承诺中内容和下列内容外，不作承诺： 合同服务提供者——为履行雇主从大陆获取的服务合同，进入大陆提供临时性服务的持有台湾方面身份证明文件的自然人。其雇主为在大陆无商业存在的台湾的公司/合伙人/企业。合同服务提供者在外期间报酬由雇主支付。合同服务提供者应具备与所提供服务相关的学历和技术（职业）资格。在大陆停留期间每次可申请不超过两年多次有效来往大陆签注；如有需要可申请延期。在大陆停留期间不得从事与合同无关的服务活动。	

续表

服务提供模式：(1) 跨境交付　(2) 境外消费　(3) 商业存在　(4) 自然人流动

部门或次部门	市场开放承诺	其他承诺
F. 其他商业服务 o. 建筑物清洁服务（CPC874）	(1) 不作承诺① (2) 没有限制 (3) 允许台湾服务提供者在大陆设立合资、合作或独资企业，提供建筑物清洁服务。 (4) 除加入世界贸易组织水平承诺中内容和下列内容外，不作承诺： 合同服务提供者——为履行雇主从大陆获取的服务合同，进入大陆提供临时性服务的持有台湾方面身份证明文件的自然人。其雇主为在大陆无商业存在的台湾的公司/合伙人/企业。合同服务提供者在外期间报酬由雇主支付。合同服务提供者应具备与所提供服务相关的学历和技术（职业）资格。在大陆停留期间每次可申请不超过两年多次有效来往大陆签注；如有需要可申请延期。在大陆停留期间不得从事与合同无关的服务活动。	
F. 其他商业服务 p. 摄影服务（CPC875）	(1) 没有限制 (2) 没有限制 (3) 允许台湾服务提供者在大陆设立合资、合作或独资企业，提供摄影服务。 (4) 除加入世界贸易组织水平承诺中内容和下列内容外，不作承诺： 合同服务提供者——为履行雇主从大陆获取的服务合同，进入大陆提供临时性服务的持有台湾方面身份证明文件的自然人。其雇主为在大陆无商业存在的台湾的公司/合伙人/企业。合同服务提供者在外期间报酬由雇主支付。合同服务提供者应具备与所提供服务相关的学历和技术（职业）资格。在大陆停留期间每次可申请不超过两年多次有效来往大陆签注；如有需要可申请延期。在大陆停留期间不得从事与合同无关的服务活动。	

① 由于缺乏技术可行性，因此不作承诺。

续表

服务提供模式：(1) 跨境交付 (2) 境外消费 (3) 商业存在 (4) 自然人流动

部门或次部门	市场开放承诺	其他承诺
F. 其他商业服务 r. 印刷及其辅助服务 (CPC88442**)	(1) 不作承诺 (2) 不作承诺 (3) ①允许台湾服务提供者在大陆设立合资、合作企业，从事出版物和其他印刷品的印刷业务，大陆方投资者应当控股或占主导地位。 ②允许台湾服务提供者在大陆设立合资、合作或独资企业，从事包装装潢印刷品的印刷业务。 ③台湾服务提供者在大陆设立包装装潢印刷品印刷企业的最低注册资本要求，比照大陆企业实行。 ④允许台湾服务提供者在大陆设立合资、合作或独资企业，从事图书的校对、设计、排版等印前工作。 (4) 除加入世界贸易组织水平承诺中内容和下列内容外，不作承诺： 合同服务提供者——为履行雇主从大陆获取的服务合同，进入大陆提供临时性服务的持有台湾方面身份证明文件的自然人。其雇主为在大陆无商业存在的台湾的公司/合伙人/企业。合同服务提供者在外期间报酬由雇主支付。合同服务提供者应具备与所提供服务相关的学历和技术（职业）资格。在大陆停留期间每次可申请不超过两年多次有效来往大陆签注；如有需要可申请延期。在大陆停留期间不得从事与合同无关的服务活动。	简化台湾图书进口审批程序，建立台湾图书进口绿色通道。
F. 其他商业服务 s. 会议服务和展览服务 (CPC87909**)	(1) 会议服务没有限制 展览服务除与本部门“其他承诺”有关者外，不作承诺。 (2) 没有限制 (3) 允许台湾服务提供者在大陆以合资、合作或独资形式设立会议展览公司，依规定提供会议服务和展览服务。 (4) 除加入世界贸易组织水平承诺中内容和下列内容外，不作承诺： 合同服务提供者——为履行雇主从大陆获取的服务合同，进入大陆提供临时性服务的持有台湾方面身份证明文件的自然人。其雇主为在大陆无商业存在的台湾的公司/合伙人/企业。合同服务提供者在外期间报酬由雇主支付。合同服务提供者应具备与所提供服务相关的学历和技术（职业）资格。在大陆停留期间每次可申请不超过两年多次有效来往大陆签注；如有需要可申请延期。在大陆停留期间不得从事与合同无关的服务活动。	①允许台湾服务提供者以跨境交付方式，在上海市、福建省、广东省试点举办展览。 ②委托江苏省、浙江省、福建省、山东省、广东省、重庆市、四川省商务主管部门审批在当地举办的涉台经济技术展览会，但须符合相关规定。

续表

服务提供模式：(1) 跨境交付 (2) 境外消费 (3) 商业存在 (4) 自然人流动

部门或次部门	市场开放承诺	其他承诺
F. 其他商业服务 t. 其他 -复制服务(CPC87904)	(1) 不作承诺 (2) 没有限制 (3) 允许台湾服务提供者在大陆设立合资、合作或独资企业，提供复制服务。 (4) 除加入世界贸易组织水平承诺中内容和下列内容外，不作承诺： 合同服务提供者——为履行雇主从大陆获取的服务合同，进入大陆提供临时性服务的持有台湾方面身份证明文件的自然人。其雇主为在大陆无商业存在的台湾的公司/合伙人/企业。合同服务提供者在外期间报酬由雇主支付。合同服务提供者应具备与所提供服务相关的学历和技术（职业）资格。在大陆停留期间每次可申请不超过两年多次有效来往大陆签注；如有需要可申请延期。在大陆停留期间不得从事与合同无关的服务活动。	
F. 其他商业服务 t. 其他 -笔译和口译服务(CPC87905)	(1) 没有限制 (2) 没有限制 (3) 允许台湾服务提供者在大陆设立合资、合作或独资企业，提供笔译和口译服务。 (4) 除加入世界贸易组织水平承诺中内容和下列内容外，不作承诺： 合同服务提供者——为履行雇主从大陆获取的服务合同，进入大陆提供临时性服务的持有台湾方面身份证明文件的自然人。其雇主为在大陆无商业存在的台湾的公司/合伙人/企业。合同服务提供者在外期间报酬由雇主支付。合同服务提供者应具备与所提供服务相关的学历和技术（职业）资格。在大陆停留期间每次可申请不超过两年多次有效来往大陆签注；如有需要可申请延期。在大陆停留期间不得从事与合同无关的服务活动。	

续表

服务提供模式：(1) 跨境交付 (2) 境外消费 (3) 商业存在 (4) 自然人流动

部门或次部门	市场开放承诺	其他承诺
2. 通讯服务		
C. 电信服务 增值电信服务，包括： -因特网接入服务 -呼叫中心 -离岸呼叫中心	(1) 见模式 (3) (2) 没有限制 (3) ①允许台湾服务提供者在大陆设立合资企业，提供因特网接入服务业务、呼叫中心业务，无地域限制，台资股权比例不超过50%。 ②新增福州市作为试点城市，允许台湾服务提供者设立独资或合资企业，经营离岸呼叫中心业务，台资股权比例不设限制。 (4) 除加入世界贸易组织水平承诺中内容和下列内容外，不作承诺： 合同服务提供者——为履行雇主从大陆获取的服务合同，进入大陆提供临时性服务的持有台湾方面身份证明文件的自然人。其雇主为在大陆无商业存在的台湾的公司/合伙人/企业。合同服务提供者在外期间报酬由雇主支付。合同服务提供者应具备与所提供服务相关的学历和技术（职业）资格。在大陆停留期间每次可申请不超过两年多次有效来往大陆签注；如有需要可申请延期。在大陆停留期间不得从事与合同无关的服务活动。	
C. 电信服务 增值电信服务 -在线数据处理与交易处理（仅限于经营性电子商务网站）	(1) 见模式 (3) (2) 没有限制 (3) 允许台湾服务提供者在福建省设立合资企业，提供在线数据处理与交易处理业务，台资股权比例不超过55%。 (4) 除加入世界贸易组织水平承诺中内容和下列内容外，不作承诺： 合同服务提供者——为履行雇主从大陆获取的服务合同，进入大陆提供临时性服务的持有台湾方面身份证明文件的自然人。其雇主为在大陆无商业存在的台湾的公司/合伙人/企业。合同服务提供者在外期间报酬由雇主支付。合同服务提供者应具备与所提供服务相关的学历和技术（职业）资格。在大陆停留期间每次可申请不超过两年多次有效来往大陆签注；如有需要可申请延期。在大陆停留期间不得从事与合同无关的服务活动。	

续表

服务提供模式：（1）跨境交付 （2）境外消费 （3）商业存在 （4）自然人流动

部门或次部门	市场开放承诺	其他承诺
D. 视听服务 -电影或录像带制作服务（CPC96112）	（1）不作承诺 （2）除下列内容外，不作承诺： 允许大陆电影片及合拍片在台湾进行后期制作及冲印作业。 （3）不作承诺 （4）除加入世界贸易组织水平承诺中内容和下列内容外，不作承诺： 合同服务提供者——为履行雇主从大陆获取的服务合同，进入大陆提供临时性服务的持有台湾方面身份证明文件的自然人。其雇主为在大陆无商业存在的台湾的公司/合伙人/企业。合同服务提供者在外期间报酬由雇主支付。合同服务提供者应具备与所提供服务相关的学历和技术（职业）资格。在大陆停留期间每次可申请不超过两年多次有效来往大陆签注；如有需要可申请延期。在大陆停留期间不得从事与合同无关的服务活动。	允许台湾影片因剧情需要，在影片中如有方言，可以原音呈现，但须加注标准汉语字幕。
D. 视听服务 -录像的分销服务，包括娱乐软件及（CPC83202） -录音制品分销服务	（1）没有限制 （2）没有限制 （3）允许台湾服务提供者在大陆设立合资、合作或独资企业，从事音像制品的分销服务。 （4）除加入世界贸易组织水平承诺中内容和下列内容外，不作承诺： 合同服务提供者——为履行雇主从大陆获取的服务合同，进入大陆提供临时性服务的持有台湾方面身份证明文件的自然人。其雇主为在大陆无商业存在的台湾的公司/合伙人/企业。合同服务提供者在外期间报酬由雇主支付。合同服务提供者应具备与所提供服务相关的学历和技术（职业）资格。在大陆停留期间每次可申请不超过两年多次有效来往大陆签注；如有需要可申请延期。在大陆停留期间不得从事与合同无关的服务活动。	①允许台湾与大陆合拍影片的方言话版本，经大陆主管部门批准，在大陆发行放映。 ②允许台湾影片的方言话版本，经大陆主管部门审查批准通过后，由中影集团进出口公司统一进口，在大陆发行放映，但均须加注标准汉语字幕。

续表

服务提供模式：(1) 跨境交付 (2) 境外消费 (3) 商业存在 (4) 自然人流动

部门或次部门	市场开放承诺	其他承诺
3. 建筑和相关的工程服务（CPC511，512，513①，514，515，516，517，518②）	(1) 不作承诺③ (2) 没有限制 (3) ①台湾服务提供者在大陆设立的建筑业企业可以聘用台湾专业技术人员作为企业经理，但须具有相应的从事工程管理工作经历。可以聘用台湾营造业专业人员作为工程技术和经济管理人员，但须满足相应的技术职称要求。 ②台湾服务提供者在大陆投资设立的建筑业企业申报资质应按大陆有关规定办理，凡取得建筑业企业资质的，可依规定在大陆参加工程投标。 ③台湾服务提供者在大陆投资设立的独资建筑业企业按照加入世界贸易组织承诺承揽合营建设项目时，不受建设项目的合营方投资比例限制。 ④台湾服务提供者在大陆设立的建筑业企业中，出任工程技术人员和经济管理人员且持有台湾方面身份证明文件的自然人，不受每人每年在大陆累计居住时间应当不少于3个月的限制。 (4) 除加入世界贸易组织水平承诺中内容和下列内容外，不作承诺： 合同服务提供者——为履行雇主从大陆获取的服务合同，进入大陆提供临时性服务的持有台湾方面身份证明文件的自然人。其雇主为在大陆无商业存在的台湾的公司/合伙人/企业。合同服务提供者在外期间报酬由雇主支付。合同服务提供者应具备与所提供服务相关的学历和技术（职业）资格。在大陆停留期间每次可申请不超过两年多次有效来往大陆签注；如有需要可申请延期。在大陆停留期间不得从事与合同无关的服务活动。	

① 包括与基础设施建设有关的疏浚服务。

② CPC518的涵盖范围仅限于为台资建筑企业在其提供服务过程中所拥有和所使用的配有操作人员的建筑和/或拆除机器的租赁服务。

③ 由于缺乏技术可行性，因此不作承诺。

续表

服务提供模式：(1) 跨境交付　(2) 境外消费　(3) 商业存在　(4) 自然人流动

部门或次部门	市场开放承诺	其他承诺
4. 分销服务		
B. 批发服务① (CPC622，不包括盐和烟草) C. 零售服务(CPC631+632+6111+6113+6121，不包括烟草)	(1) 批发服务不作承诺 零售服务除邮购外，不作承诺。 (2) 没有限制 (3) ①对于同一台湾服务提供者在大陆累计开设店铺超过30家的，如经营商品包括农药、农膜、化肥、粮食、植物油、食糖、棉花等商品，且上述商品属于不同品牌，来自不同供应商的，台湾服务提供者的出资比例不得超过65%。 ②对台湾服务提供者在大陆设立的出版物分销企业的最低注册资本要求，比照大陆企业实行。 (4) 除加入世界贸易组织水平承诺中内容和下列内容外，不作承诺： 合同服务提供者——为履行雇主从大陆获取的服务合同，进入大陆提供临时性服务的持有台湾方面身份证明文件的自然人。其雇主为在大陆无商业存在的台湾的公司/合伙人/企业。合同服务提供者在外期间报酬由雇主支付。合同服务提供者应具备与所提供服务相关的学历和技术（职业）资格。在大陆停留期间每次可申请不超过两年多次有效来往大陆签注；如有需要可申请延期。在大陆停留期间不得从事与合同无关的服务活动。	

① 对模式（1）下的限制不应损害世界贸易组织成员在大陆加入世界贸易组织议定书第5条中规定的贸易权。

续表

服务提供模式：(1) 跨境交付 (2) 境外消费 (3) 商业存在 (4) 自然人流动

部门或次部门	市场开放承诺	其他承诺
6. 环境服务（不包括环境质量监测和污染源检查）		
A. 排污服务(CPC9401) B. 固体废物处理服务(CPC9402) C. 废气清理服务(CPC9404) D. 降低噪音服务(CPC9405) E. 自然和风景保护服务(CPC9406) F. 其他环境保护服务(CPC9409) G. 卫生服务(CPC9403)	(1) 除环境咨询服务外，不作承诺。 (2) 没有限制 (3) ①台湾服务提供者在台湾和大陆从事环境污染治理设施运营的实践时间，可共同作为评定其在大陆申请企业环境污染治理设施运营资质的依据。 ②允许台湾服务提供者在大陆设立合资、合作或独资企业，提供环保服务。 (4) 除加入世界贸易组织水平承诺中内容和下列内容外，不作承诺： 合同服务提供者——为履行雇主从大陆获取的服务合同，进入大陆提供临时性服务的持有台湾方面身份证明文件的自然人。其雇主为在大陆无商业存在的台湾的公司/合伙人/企业。合同服务提供者在外期间报酬由雇主支付。合同服务提供者应具备与所提供服务相关的学历和技术（职业）资格。在大陆停留期间每次可申请不超过两年多次有效来往大陆签注；如有需要可申请延期。在大陆停留期间不得从事与合同无关的服务活动。	

续表

服务提供模式：(1) 跨境交付 (2) 境外消费 (3) 商业存在 (4) 自然人流动

部门或次部门	市场开放承诺	其他承诺
8. 与健康相关的服务和社会服务（除专业服务中所列以外）		
A. 医院服务	(1) 没有限制 (2) 没有限制 (3) ①台湾服务提供者在大陆可以与大陆的医疗机构、公司、企业和其他经济组织以合资、合作形式，或者以独资形式设置医疗机构。 ②台湾服务提供者在大陆设置独资医院、疗养院的，其设置地点限于省会城市和直辖市，由大陆卫生主管部门审批。 ③台湾服务提供者在大陆设置合资、合作医疗机构以及除独资医院、独资疗养院外其他独资医疗机构的，其设置的标准和要求按照大陆单位或个人设置医疗机构办理。 ④台湾服务提供者在大陆设置合资、合作医疗机构以及除独资医院、独资疗养院外其他独资医疗机构的，由省级卫生主管部门审批。 (4) 除加入世界贸易组织水平承诺中内容和下列内容外，不作承诺： 合同服务提供者——为履行雇主从大陆获取的服务合同，进入大陆提供临时性服务的持有台湾方面身份证明文件的自然人。其雇主为在大陆无商业存在的台湾的公司/合伙人/企业。合同服务提供者在外期间报酬由雇主支付。合同服务提供者应具备与所提供服务相关的学历和技术（职业）资格。在大陆停留期间每次可申请不超过两年多次有效来往大陆签注；如有需要可申请延期。在大陆停留期间不得从事与合同无关的服务活动。	

续表

服务提供模式：（1）跨境交付 （2）境外消费 （3）商业存在 （4）自然人流动

部门或次部门	市场开放承诺	其他承诺
C. 社会服务 -通过住宅机构向老年人和残疾人提供的社会福利（CPC93311） -非通过住宅机构提供的社会福利（CPC93323）	（1）不作承诺① （2）没有限制 （3）①允许台湾服务提供者在福建省、广东省以独资民办非企业单位形式举办养老机构。 ②允许台湾服务提供者在福建省、广东省以独资民办非企业单位形式举办残疾人福利机构。 （4）除加入世界贸易组织水平承诺中内容和下列内容外，不作承诺： 合同服务提供者——为履行雇主从大陆获取的服务合同，进入大陆提供临时性服务的持有台湾方面身份证明文件的自然人。其雇主为在大陆无商业存在的台湾的公司/合伙人/企业。合同服务提供者在外期间报酬由雇主支付。合同服务提供者应具备与所提供服务相关的学历和技术（职业）资格。在大陆停留期间每次可申请不超过两年多次有效来往大陆签注；如有需要可申请延期。在大陆停留期间不得从事与合同无关的服务活动。	
9. 旅游和与旅游相关的服务		
B. 旅行社和旅游经营者（CPC7471）	（1）没有限制 （2）没有限制 （3）①台湾服务提供者在大陆投资设立旅行社，无年旅游经营总额的限制。 ②对台湾服务提供者在大陆设立旅行社的经营场所要求、营业设施要求和最低注册资本要求，比照大陆企业实行。 （4）除加入世界贸易组织水平承诺中内容和下列内容外，不作承诺： 合同服务提供者——为履行雇主从大陆获取的服务合同，进入大陆提供临时性服务的持有台湾方面身份证明文件的自然人。其雇主为在大陆无商业存在的台湾的公司/合伙人/企业。合同服务提供者在外期间报酬由雇主支付。合同服务提供者应具备大陆承认的与所提供服务相关的学历和技术（职业）资格。在大陆停留期间每次可申请不超过两年多次有效来往大陆签注；如有需要可申请延期。在大陆停留期间不得从事与合同无关的服务活动。	

① 由于缺乏技术可行性，因此不作承诺。

续表

服务提供模式：（1）跨境交付 （2）境外消费 （3）商业存在 （4）自然人流动

部门或次部门	市场开放承诺	其他承诺
10. 娱乐、文化和体育服务		
A. 文娱服务（除视听服务以外）（CPC9619 * *）	（1）不作承诺 （2）不作承诺 （3）允许台湾服务提供者在大陆设立由台方控股或占主导地位的合资、合作音乐厅、剧场等演出场所经营单位。 （4）除加入世界贸易组织水平承诺中内容和下列内容外，不作承诺： 合同服务提供者——为履行雇主从大陆获取的服务合同，进入大陆提供临时性服务的持有台湾方面身份证明文件的自然人。其雇主为在大陆无商业存在的台湾的公司/合伙人/企业。合同服务提供者在外期间报酬由雇主支付。合同服务提供者应具备与所提供服务相关的学历和技术（职业）资格。在大陆停留期间每次可申请不超过两年多次有效来往大陆签注；如有需要可申请延期。在大陆停留期间不得从事与合同无关的服务活动。	在申请材料齐全的情况下，对进口台湾研发的网络游戏产品进行内容审查（包括专家审查）的工作时限为2个月。
D. 体育和其他娱乐服务（CPC96411，96412，96413）	（1）没有限制 （2）没有限制 （3）允许台湾服务提供者在大陆设立合资、合作或独资企业，提供体育活动的推广、组织和体育设施（高尔夫球场除外）的经营服务。 （4）除加入世界贸易组织水平承诺中内容和下列内容外，不作承诺： 合同服务提供者——为履行雇主从大陆获取的服务合同，进入大陆提供临时性服务的持有台湾方面身份证明文件的自然人。其雇主为在大陆无商业存在的台湾的公司/合伙人/企业。合同服务提供者在外期间报酬由雇主支付。合同服务提供者应具备与所提供服务相关的学历和技术（职业）资格。在大陆停留期间每次可申请不超过两年多次有效来往大陆签注；如有需要可申请延期。在大陆停留期间不得从事与合同无关的服务活动。	

续表

服务提供模式：(1) 跨境交付 (2) 境外消费 (3) 商业存在 (4) 自然人流动

部门或次部门	市场开放承诺	其他承诺
11. 运输服务		
A. 海洋运输服务 -货物装卸服务（CPC741） -集装箱堆场服务	(1) 不作承诺① (2) 没有限制 (3) ①允许台湾服务提供者在福建省设立独资企业，经营港口装卸、堆场业务。 ②台湾服务提供者投资建设港埠设施并经营港口装卸、堆场和仓储业务，其资本额和设立分公司的条件比照大陆企业实行。 (4) 除加入世界贸易组织水平承诺中内容和下列内容外，不作承诺： 合同服务提供者——为履行雇主从大陆获取的服务合同，进入大陆提供临时性服务的持有台湾方面身份证明文件的自然人。其雇主为在大陆无商业存在的台湾的公司/合伙人/企业。合同服务提供者在外期间报酬由雇主支付。合同服务提供者应具备与所提供服务相关的学历和技术（职业）资格。在大陆停留期间每次可申请不超过两年多次有效来往大陆签注；如有需要可申请延期。在大陆停留期间不得从事与合同无关的服务活动。	
C. 航空运输服务② -空运服务的销售和营销服务 (仅限于航空运输销售代理)	(1) 没有限制 (2) 没有限制 (3) 允许台湾服务提供者在大陆以合资、合作或独资形式设立航空运输销售代理企业，最低注册资本要求比照大陆企业实行。 (4) 除加入世界贸易组织水平承诺中内容和下列内容外，不作承诺： 合同服务提供者——为履行雇主从大陆获取的服务合同，进入大陆提供临时性服务的持有台湾方面身份证明文件的自然人。其雇主为在大陆无商业存在的台湾的公司/合伙人/企业。合同服务提供者在外期间报酬由雇主支付。合同服务提供者应具备与所提供服务相关的学历和技术（职业）资格。在大陆停留期间每次可申请不超过两年多次有效来往大陆签注；如有需要可申请延期。在大陆停留期间不得从事与合同无关的服务活动。	

① 由于缺乏技术可行性，因此不作承诺。

② 适用世界贸易组织《服务贸易总协定〈关于空运服务的附件〉》的定义。

续表

服务提供模式：（1）跨境交付 （2）境外消费 （3）商业存在 （4）自然人流动

部门或次部门	市场开放承诺	其他承诺
F. 公路运输服务 b. 公路卡车和汽车货运（CPC7123）	（1）没有限制 （2）没有限制 （3）允许台湾服务提供者在大陆设立合资、合作或独资企业，提供公路卡车和汽车货运服务。对在福建省、广东省投资的生产型企业从事货运方面的道路运输业务立项和变更的申请，分别委托福建省、广东省省级交通运输主管部门进行审核或审批。 （4）除加入世界贸易组织水平承诺中内容和下列内容外，不作承诺： 合同服务提供者——为履行雇主从大陆获取的服务合同，进入大陆提供临时性服务的持有台湾方面身份证明文件的自然人。其雇主为在大陆无商业存在的台湾的公司/合伙人/企业。合同服务提供者在外期间报酬由雇主支付。合同服务提供者应具备与所提供服务相关的学历和技术（职业）资格。在大陆停留期间每次可申请不超过两年多次有效来往大陆签注；如有需要可申请延期。在大陆停留期间不得从事与合同无关的服务活动。	
F. 公路运输服务 -城市间定期旅客服务（CPC71213） -道路客货运站（场）	（1）不作承诺① （2）没有限制 （3）①允许台湾服务提供者在大陆设立合资企业，提供城市间定期旅客运输服务。 ②允许台湾服务提供者在大陆设立合资（台资股权比例不超过49%）或合作道路客货运站（场）和独资货运站（场）。对在福建省、广东省设立道路客货运站（场）项目和变更的申请，分别委托福建省、广东省省级交通运输主管部门进行审核或审批。 （4）除加入世界贸易组织水平承诺中内容和下列内容外，不作承诺： 合同服务提供者——为履行雇主从大陆获取的服务合同，进入大陆提供临时性服务的持有台湾方面身份证明文件的自然人。其雇主为在大陆无商业存在的台湾的公司/合伙人/企业。合同服务提供者在外期间报酬由雇主支付。合同服务提供者应具备与所提供服务相关的学历和技术（职业）资格。在大陆停留期间每次可申请不超过两年多次有效来往大陆签注；如有需要可申请延期。在大陆停留期间不得从事与合同无关的服务活动。	

① 由于缺乏技术可行性，因此不作承诺。

续表

服务提供模式：(1) 跨境交付 (2) 境外消费 (3) 商业存在 (4) 自然人流动

部门或次部门	市场开放承诺	其他承诺
H. 所有运输方式的辅助服务 c. 货物运输代理服务（CPC748，749，不包括货检服务）	(1) 没有限制 (2) 没有限制 (3) 允许台湾服务提供者在大陆设立的合资、合作或独资货物运输代理企业在缴齐全部注册资本后设立分公司。 (4) 除加入世界贸易组织水平承诺中内容和下列内容外，不作承诺： 合同服务提供者——为履行雇主从大陆获取的服务合同，进入大陆提供临时性服务的持有台湾方面身份证明文件的自然人。其雇主为在大陆无商业存在的台湾的公司/合伙人/企业。合同服务提供者在外期间报酬由雇主支付。合同服务提供者应具备与所提供服务相关的学历和技术（职业）资格。在大陆停留期间每次可申请不超过两年多次有效来往大陆签注；如有需要可申请延期。在大陆停留期间不得从事与合同无关的服务活动。	
12. 其他地方没有包括的服务		
-商标代理	(1) 不作承诺 (2) 没有限制 (3) 允许台湾服务提供者在工商行政管理机关登记并取得法定经营主体资格后，在大陆从事商标代理业务。 (4) 除加入世界贸易组织水平承诺中内容和下列内容外，不作承诺： 合同服务提供者——为履行雇主从大陆获取的服务合同，进入大陆提供临时性服务的持有台湾方面身份证明文件的自然人。其雇主为在大陆无商业存在的台湾的公司/合伙人/企业。合同服务提供者在外期间报酬由雇主支付。合同服务提供者应具备与所提供服务相关的学历和技术（职业）资格。在大陆停留期间每次可申请不超过两年多次有效来往大陆签注；如有需要可申请延期。在大陆停留期间不得从事与合同无关的服务活动。	

续表

服务提供模式：(1) 跨境交付 (2) 境外消费 (3) 商业存在 (4) 自然人流动

部门或次部门	市场开放承诺	其他承诺
-殡葬设施	(1) 不作承诺① (2) 没有限制 (3) 允许台湾殡葬业者在大陆以独资或合资等方式投资并经营除具有火化功能的殡仪馆以外的殡仪悼念和骨灰安葬设施。 (4) 除加入世界贸易组织水平承诺中内容和下列内容外，不作承诺： 合同服务提供者——为履行雇主从大陆获取的服务合同，进入大陆提供临时性服务的持有台湾方面身份证明文件的自然人。其雇主为在大陆无商业存在的台湾的公司/合伙人/企业。合同服务提供者在外期间报酬由雇主支付。合同服务提供者应具备与所提供服务相关的学历和技术（职业）资格。在大陆停留期间每次可申请不超过两年多次有效来往大陆签注；如有需要可申请延期。在大陆停留期间不得从事与合同无关的服务活动。	

大陆方面金融服务部门的开放承诺

部门名称	具体承诺
保险及其相关服务	积极支持符合资格的台湾保险业者经营交通事故责任强制保险业务，对台湾保险业者提出的申请，将根据有关规定积极考虑，并提供便利。
银行及其他金融服务（不包括证券期货和保险）	1. 大陆的商业银行从事代客境外理财业务时，可以投资符合条件的台湾金融产品。 2. 符合条件的台湾的银行可以按照现行规定申请在大陆发起设立村镇银行。 3. 台湾的银行在福建省设立的分行可以参照大陆关于申请设立支行的规定提出在福建省设立异地（不同于分行所在城市）支行的申请。 4. 若台湾的银行在大陆设立的法人银行已在福建省设立分行，则该分行可以参照大陆关于申请设立支行的规定提出在福建省设立异地（不同于分行所在城市）支行的申请。 5. 在符合相关规定的前提下，支持两岸银行业进行相关股权投资合作。 6. 台湾的银行在大陆的营业性机构，经批准经营台资企业人民币业务时，服务对象可包括依规定被认定为视同台湾投资者的第三地投资者在大陆设立的企业。

① 由于缺乏技术可行性，因此不作承诺。

续表

服务提供模式：（1）跨境交付　（2）境外消费　（3）商业存在　（4）自然人流动

部门名称	具体承诺
证券、期货及其相关服务	1. 允许台资金融机构以人民币合格境外机构投资者方式投资大陆资本市场。 2. 为台资证券公司申请大陆合格境外机构投资者（QFII）资格进一步提供便利，允许台资证券公司申请 QFII 资格时，按照集团管理的证券资产规模计算。 3. 允许符合条件的台资金融机构按照大陆有关规定在大陆设立合资基金管理公司，台资持股比例可达 50%以上。 4. 允许符合设立外资参股证券公司条件的台资金融机构按照大陆有关规定在上海市、福建省、深圳市各设立 1 家两岸合资的全牌照证券公司，台资合并持股比例最高可达 51%，大陆股东不限于证券公司。 5. 允许符合设立外资参股证券公司条件的台资金融机构按照大陆有关规定在大陆批准的“在金融改革方面先行先试”的若干改革试验区内，各新设 1 家两岸合资全牌照证券公司，大陆股东不限于证券公司，台资合并持股比例不超过 49%，且取消大陆单一股东须持股 49%的限制。 6. 允许符合外资参股证券公司境外股东资质条件的台资证券公司与大陆具备设立子公司条件的证券公司，在大陆设立合资证券投资咨询公司。合资证券投资咨询公司作为大陆证券公司的子公司，专门从事证券投资咨询业务，台资持股比例最高可达 49%。 7. 在大陆批准的“在金融改革方面先行先试”的若干改革试验区内，允许台资证券公司在合资证券投资咨询公司中的持股比例达 50%以上。 8. 允许符合条件的台资期货中介机构按照大陆有关规定，在大陆申请设立合资期货公司，台资合并持股比例最高可达 49%。

台湾方面非金融服务部门的开放承诺①

服务提供模式：（1）跨境提供服务　（2）境外消费　（3）商业据点呈现　（4）自然人呈现

部门或次部门	市场开放承诺	其他承诺
一、商业服务业		
B. 电脑及其相关服务业		
（a）与电脑硬体安装有关之咨询服务（CPC841） （b）软体执行服务（CPC842） （c）资料处理服务（CPC843） （d）资料库服务（CPC844） （e）其他（CPC845+849）	（1）没有限制。 （2）没有限制。 （3）允许大陆服务提供者在台湾以独资、合资、合伙及设立分公司等形式设立商业据点，提供电脑及其相关服务。 （4）除有关下列各类自然人之进入台湾及短期停留措施外，不予承诺： i. 商业访客进入台湾停留期间不得超过三个月。 （商业访客系指为参加商务会议、商务谈判、筹建商业据点或其他类似活动，而在台湾停留的自然人，且停留期间未接受来自台湾方面支付的酬劳，亦未对大众从事直接销售的活动。） ii. 跨国企业内部调动人员进入台湾初次停留期间为三年，惟可申请展延，每次不得逾三年，且展延次数无限制。 （跨国企业内部调动人员系指被其他世界贸易组织会员的法人雇用满一年，透过在台湾设立的分公司、子公司或分支机构，以负责人、高级经理人员或专家身份，短期进入台湾以提供服务的自然人。 "负责人"系指董事、总经理、分公司经理或经董事会授权得代表公司的部门负责人。 "高级经理人员"系指有权任免或推荐公司人员，且对日常业务有决策权的部门负责人或管理人员。 "专家"系指组织内拥有先进的专业技术，且对该组织的服务、研发设备、技术或管理拥有专门知识的人员。专家包括，但不限于，取得专门职业证照者。） iii. 在台湾无商业据点的大陆企业所雇用的人员得依下列条件进入台湾及停留：	

① 服务部门的分类使用世界贸易组织《服务贸易总协定》服务部门分类（GNS/W/120），服务部门的内容参照联合国中央产品分类暂行版（CPC，United Nations Provisional Central Product Classification，ST/ESA/STAT/SER. M/77）。

续表

服务提供模式：(1) 跨境提供服务 (2) 境外消费 (3) 商业据点呈现 (4) 自然人呈现

部门或次部门	市场开放承诺	其他承诺
	(i) 该大陆企业已与在台湾从事商业活动的企业签订验货、售后服务、技术指导等，及其他与左列服务相关的服务契约。 (ii) 此类人员应符合前述“专家”的定义。 (iii) 此类人员在台湾期间不得从事其他与服务契约无关的服务活动。 (iv) 本项承诺仅限于契约所定的服务行为。并未给予此类人员以取得专业证照的身份，在台湾广泛执业的资格。 每次停留的期间不得超过三个月或契约期间，以较短者为准。此类进入许可的有效期间自核发的翌日起算为三个月至三年。符合条件者可在许可有效期间内多次进入台湾。	
E. 未附操作员之租赁服务业		
(b) 航空器租赁（涉及航空权者除外）(CPC83104 **)	(1) 没有限制。 (2) 没有限制。 (3) 允许大陆服务提供者在台湾以独资、合资、合伙及设立分公司等形式设立商业据点，提供航空器租赁服务。 (4) 同“电脑及其相关服务业”的承诺。	
(c) 自用小客车租赁（CPC83101 **)	(1) 没有限制。 (2) 没有限制。 (3) 允许大陆服务提供者在台湾以独资、合资、合伙及设立分公司等形式设立商业据点，提供自用小客车租赁服务。 (4) 同“电脑及其相关服务业”的承诺。	
(d) 其他机器与设备租赁 (CPC83106-83109)（电信设备及电力设备租赁除外）	(1) 没有限制。 (2) 没有限制。 (3) 允许大陆服务提供者在台湾以独资、合资、合伙及设立分公司等形式设立商业据点，提供其他机器与设备租赁服务。 (4) 同“电脑及其相关服务业”的承诺。	
F. 其他商业服务业		
(a) 广告服务业（CPC871 ** ）（广播电视广告业除外）	(1) 没有限制。 (2) 没有限制。 (3) 允许大陆服务提供者在台湾以独资、合资、合伙及设立分公司等形式设立商业据点，提供广告服务。 (4) 同“电脑及其相关服务业”的承诺。	

续表

服务提供模式：(1) 跨境提供服务　(2) 境外消费　(3) 商业据点呈现　(4) 自然人呈现

部门或次部门	市场开放承诺	其他承诺
(b) 市场研究服务业 (CPC86401 **，限于市场分析、消费者态度和偏好的分析)	(1) 没有限制。 (2) 没有限制。 (3) 允许大陆服务提供者在台湾设立合资、合伙企业，提供市场研究服务。 (4) 同“电脑及其相关服务业”的承诺。	
(c) 管理顾问服务业 (CPC865)	(1) 没有限制。 (2) 没有限制。 (3) 允许大陆服务提供者在台湾以独资、合资、合伙及设立分公司等形式设立商业据点，提供管理顾问服务。 (4) 同“电脑及其相关服务业”的承诺。	
(e) 技术检测与分析服务业 (CPC8676) - 车辆、机械、电机、电子、化工、度量衡、酒类产品及环境检测的技术检测及分析服务	(1) 没有限制。 (2) 没有限制。 (3) i. 允许大陆服务提供者在台湾以独资、合资、合伙及设立分公司等形式设立商业据点，提供技术检测与分析服务。 ii. 在互信互利的基础上，允许在大陆的检测验证机构与台湾检测验证机构展开检测数据（结果）的接受合作。具体合作安排另行商定。 (4) 同“电脑及其相关服务业”的承诺。	
(e) 技术检测与分析服务业 (CPC8676) - 医疗器材的非临床试验检验的技术检测及分析服务	(1) 没有限制。 (2) 没有限制。 (3) 允许大陆服务提供者在台湾以独资、合资、合伙及设立分公司等形式设立商业据点，提供非强制性检验的技术检测与分析服务。 (4) 同“电脑及其相关服务业”的承诺。	
(f) 附带于畜牧业之顾问服务业（非涉及家禽孵育及家畜禽配种者）(CPC88120 **)	(1) 没有限制。 (2) 没有限制。 (3) 允许大陆服务提供者在台湾以独资、合资、合伙及设立分公司等形式设立商业据点，提供附带于畜牧业之顾问服务。 (4) 同“电脑及其相关服务业”的承诺。	

续表

服务提供模式：(1) 跨境提供服务 (2) 境外消费 (3) 商业据点呈现 (4) 自然人呈现

部门或次部门	市场开放承诺	其他承诺
(h) 附带于矿业之服务业 (CPC883、5115)	(1) 没有限制。 (2) 没有限制。 (3) 允许大陆服务提供者在台湾以独资、合资、合伙及设立分公司等形式设立商业据点，提供附带于矿业之服务。 (4) 同“电脑及其相关服务业”的承诺。	
(m) 与科学技术有关之顾问服务业 - 限地质、矿物及其他科学勘察服务 (CPC86751)	(1) 没有限制。 (2) 没有限制。 (3) 允许大陆服务提供者在台湾以合资形式设立商业据点，且允许大陆服务提供者拥有多数股权，提供与科学技术有关之顾问服务。 (4) 同“电脑及其相关服务业”的承诺。	
(n) 设备维修服务业 (CPC633、8861-8866) (海运船只、航空器及其他运输设备除外)	(1) 没有限制。 (2) 没有限制。 (3) 允许大陆服务提供者在台湾以独资、合资、合伙及设立分公司等形式设立商业据点，提供设备维修服务。 (4) 同“电脑及其相关服务业”的承诺。	
(o) 建筑物清理服务业 (CPC874)	(1) 技术上不可行。 (2) 没有限制。 (3) 允许大陆服务提供者在台湾以独资、合资、合伙及设立分公司等形式设立商业据点，提供建筑物清理服务。 (4) 同“电脑及其相关服务业”的承诺。	
(p) 摄影服务业 (CPC875)	(1) 没有限制。 (2) 没有限制。 (3) 允许大陆服务提供者在台湾以独资、合资、合伙及设立分公司等形式设立商业据点，提供摄影服务。 (4) 同“电脑及其相关服务业”的承诺。	
(q) 包装服务业 (CPC876)	(1) 没有限制。 (2) 没有限制。 (3) 允许大陆服务提供者在台湾以独资、合资、合伙及设立分公司等形式设立商业据点，提供包装服务。 (4) 同“电脑及其相关服务业”的承诺。	

续表

服务提供模式：(1) 跨境提供服务　(2) 境外消费　(3) 商业据点呈现　(4) 自然人呈现

部门或次部门	市场开放承诺	其他承诺
(r) 印刷及其辅助服务业 (CPC88442 **)	(1) 不予承诺。 (2) 没有限制。 (3) 允许大陆服务提供者在台湾设立合资企业，提供印刷及其辅助服务。大陆服务提供者限投资台湾现有事业。大陆服务提供者总股权比例不超过50%。 (4) 同"电脑及其相关服务业"的承诺。	
(s) 展览服务业 (CPC87909 **)	(1) 不予承诺，但与《海峡两岸经济合作架构协议》附件四的开放承诺有关者除外。 (2) 没有限制。 (3) 允许大陆服务提供者在台湾以独资、合资、合伙及设立分公司等形式设立商业据点，与台湾会展产业的企业或公会、商会、协会等团体合办展览。 (4) 同"电脑及其相关服务业"的承诺。	
(t) 其他		
ii. 复制服务业 (CPC87904)	(1) 没有限制。 (2) 没有限制。 (3) 允许大陆服务提供者在台湾以独资、合资、合伙及设立分公司等形式设立商业据点，提供复制服务。 (4) 同"电脑及其相关服务业"的承诺。	
iii. 翻译及传译服务业 (CPC87905)	(1) 没有限制。 (2) 没有限制。 (3) 允许大陆服务提供者在台湾以独资、合资、合伙及设立分公司等形式设立商业据点，提供翻译及传译服务。 (4) 同"电脑及其相关服务业"的承诺。	
iv. 邮寄名单编辑服务业 (CPC87906 **)	(1) 没有限制。 (2) 没有限制。 (3) 允许大陆服务提供者在台湾以独资、合资、合伙及设立分公司等形式设立商业据点，提供邮寄名单编辑服务。 (4) 同"电脑及其相关服务业"的承诺。	

续表

服务提供模式：(1) 跨境提供服务 (2) 境外消费 (3) 商业据点呈现 (4) 自然人呈现

部门或次部门	市场开放承诺	其他承诺
二、通讯服务业		
B. 快递服务陆地运送部分（现行由台湾邮政主管部门依规定保留之服务除外）	(1) 没有限制。 (2) 没有限制。 (3) 允许大陆服务提供者在台湾以独资、合资、合伙及设立分公司等形式设立商业据点，提供包裹等物品的快递服务。 (4) 同“电脑及其相关服务业”的承诺。	
C. 电信服务业 第二类电信事业特殊业务 (1) 存转网路服务 (2) 存取网路服务 (3) 数据交换通信服务	(1) 见模式（3）。 (2) 没有限制。 (3) 允许大陆服务提供者在台湾投资左列业务。大陆服务提供者须为在海外或大陆上市之电信业者；大陆服务提供者总持股比例不超过50%，不具控制力。 (4) 同“电脑及其相关服务业”的承诺。	
D. 视听服务业 (a) 电影或录影带之行销服务业 - 进口大陆电影片 (CPC96113)	(1) 除与“其他承诺”有关者外，不予承诺。 (2) 没有限制。 (3) 除与“其他承诺”有关者外，不予承诺。 (4) 除与“其他承诺”有关者外，不予承诺。	根据大陆有关规定设立的制片单位所拍摄、符合台湾相关规定所定义之大陆电影片，经台湾主管机关审查通过后，每年以15部为限，可在台湾商业发行映演，并应符合大陆电影片进入台湾发行映演之相关规定。

续表

服务提供模式：(1) 跨境提供服务 (2) 境外消费 (3) 商业据点呈现 (4) 自然人呈现

部门或次部门	市场开放承诺	其他承诺
三、营造及相关工程服务业		
A. 建筑物的一般建筑工作(CPC512) B. 土木工程的一般建筑工作(CPC513) C. 安装和组装工作（CPC514+516) D. 建筑物竣工和最后修整工作（CPC517) E. 其他(CPC511+515+518)	(1) 技术上不可行。 (2) 没有限制。 (3) 允许大陆服务提供者在台湾以合资形式设立商业据点，提供营造及相关工程服务。大陆服务提供者总持股比例不超过12%，不具控制力。 (4) 同“电脑及其相关服务业”的承诺。	
四、配销服务业		
B. 批发交易服务业（CPC622，武器警械及军事用品、农产品市场交易法所称之农产品批发市场除外)	(1) 没有限制。 (2) 没有限制。 (3) 允许大陆服务提供者在台湾以独资、合资、合伙及设立分公司等形式设立商业据点，提供批发交易服务。 (4) 同“电脑及其相关服务业”的承诺。	
C. 零售服务业(CPC631、632、6111、6113、6121，武器警械、军事用品、药局及药房除外)	(1) 没有限制。 (2) 没有限制。 (3) 允许大陆服务提供者在台湾以独资、合资、合伙及设立分公司等形式设立商业据点，提供零售交易服务。 (4) 同“电脑及其相关服务业”的承诺。	

续表

服务提供模式：（1）跨境提供服务　（2）境外消费　（3）商业据点呈现　（4）自然人呈现

部门或次部门	市场开放承诺	其他承诺
D. 经销（CPC8929）	（1）没有限制。 （2）没有限制。 （3）允许大陆服务提供者在台湾以独资、合资、合伙及设立分公司等形式设立商业据点，提供经销服务。 （4）同“电脑及其相关服务业”的承诺。	
六、环境服务业		
A. 污水处理服务业（CPC9401） B. 废弃物处理服务业（CPC9402） D. 其他 - 废气清理服务业（CPC9404） - 噪音与振动防制服务业（CPC9405） - 土壤及地下水污染整治服务业（CPC9409 ** ）	（1）技术上不可行。 （2）没有限制。 （3）允许大陆服务提供者在台湾以独资、合资、合伙及设立分公司等形式设立商业据点，提供环境服务。 （4）同“电脑及其相关服务业”的承诺。	
八、健康与社会服务业		
A. 医院服务业（CPC9311）	（1）没有限制。 （2）没有限制。 （3）允许大陆服务提供者在台湾以合资形式捐助设立非营利的医疗财团法人医院，提供医院服务。此外：（i）未持有台湾方面身份证明文件的自然人担任董事会董事合计不得超过全体董事的三分之一；（ii）全体董事的三分之一以上必须具有台湾医事人员资格。 （4）除模式（3）所列内容外，不予承诺。	

续表

服务提供模式：(1) 跨境提供服务 (2) 境外消费 (3) 商业据点呈现 (4) 自然人呈现

部门或次部门	市场开放承诺	其他承诺
其他 - 无操作员医疗设备之出租或租赁服务业	(1) 没有限制。 (2) 没有限制。 (3) 允许大陆服务提供者在台湾以独资、合资、合伙及设立分公司等形式设立商业据点，提供无操作员医疗设备租赁服务。 (4) 同“电脑及其相关服务业”的承诺。	
C. 社会服务业 - 老人及身心障碍者福利机构	(1) 技术上不可行。 (2) 没有限制。 (3) 允许大陆服务提供者在台湾以合伙形式设立小型老人及身心障碍福利机构。大陆服务提供者出资比例须低于50%，不具控制力。 (4) 同“电脑及其相关服务业”的承诺。	
九、观光及旅游服务业		
A. 旅馆及餐厅		
(a) 旅馆（限于观光旅馆）（CPC64110 ** ）	(1) 没有限制。 (2) 没有限制。 (3) 允许大陆服务提供者在台湾以独资、合资、合伙及设立分公司等形式设立商业据点，提供观光旅馆服务。 (4) 同“电脑及其相关服务业”的承诺。	
(c) 提供食物服务（CPC642）（包括提供相关饮料服务）	(1) 没有限制。 (2) 没有限制。 (3) 允许大陆服务提供者在台湾以独资、合资、合伙及设立分公司等形式设立商业据点，提供餐馆服务。 (4) 同“电脑及其相关服务业”的承诺。	
B. 旅行社及旅游服务业（CPC7471）	(1) 没有限制。 (2) 没有限制。 (3) 允许大陆服务提供者在台湾以独资、合资、合伙及设立分公司等形式设立商业据点，提供旅行社及旅游服务。大陆服务提供者在台湾设立的商业据点总计以 3 家为限。经营范围限居住于台湾的自然人在台湾的旅游活动。 (4) 同“电脑及其相关服务业”的承诺。	

续表

服务提供模式：(1) 跨境提供服务　(2) 境外消费　(3) 商业据点呈现　(4) 自然人呈现

部门或次部门	市场开放承诺	其他承诺
十、娱乐、文化及运动服务业（视听服务业除外）		
A. 娱乐服务业 - 演出场所经营	(1) 没有限制。 (2) 没有限制。 (3) 允许大陆服务提供者在台湾以合资、合伙形式设立剧场、音乐厅演出场所的经营单位。大陆服务提供者总持股比例须低于50%，不具控制力。 (4) 同“电脑及其相关服务业”的承诺。	
D. 运动及其他娱乐服务业 -运动场馆营运（CPC96413）	(1) 没有限制。 (2) 没有限制。 (3) 允许大陆服务提供者在台湾以独资、合资、合伙及设立分公司等形式设立商业据点，提供运动场馆营运服务（高尔夫球场除外）。 (4) 同“电脑及其相关服务业”的承诺。	
E. 其他 -游乐园及主题乐园（非属森林游乐区者）	(1) 没有限制。 (2) 没有限制。 (3) 允许大陆服务提供者在台湾以独资、合资、合伙及设立分公司等形式设立商业据点，提供游乐园及主题乐园服务。 (4) 同“电脑及其相关服务业”的承诺。	
十一、运输服务业		
A. 海运服务业 (f) 海运辅助性服务业（CPC745） - 港埠业 - 其他水上运输辅助业（船舶货物装卸承揽业、拖驳船业） - 货柜集散站经营业 - 船舶理货业 - 船舶小修业	(1) 没有限制。 (2) 没有限制。 (3) 允许大陆服务提供者在台湾以合资形式设立商业据点，提供海运辅助性服务①。大陆服务提供者总持股比例须低于50%。 (4) 同“电脑及其相关服务业”的承诺。	

① 营运区域及业务范围限依据台湾有关投资公共建设的相关规定办理。

续表

服务提供模式：(1) 跨境提供服务　(2) 境外消费　(3) 商业据点呈现　(4) 自然人呈现

部门或次部门	市场开放承诺	其他承诺
C. 空运服务业		
(b) 空运服务之销售及行销①	(1) 没有限制。 (2) 没有限制。 (3) 允许经双方民航主管机关核准营运之大陆民用航空运输业者，在台湾设立商业据点销售及行销其空运服务。 (4) 同“电脑及其相关服务业”的承诺。	
航空货物集散站经营业	(1) 没有限制。 (2) 没有限制。 (3) 允许大陆服务提供者在台湾以合资形式设立商业据点，提供航空货物集散站经营服务。大陆服务提供者总持股比例不超过10%。 (4) 同“电脑及其相关服务业”的承诺。	
F. 公路运输服务业		
(a) 旅客运输(限于小客车租赁业)	(1) 技术上不可行。 (2) 没有限制。 (3) 允许大陆服务提供者在台湾以独资、合资、合伙及设立分公司等形式设立商业据点，提供旅客运输服务。 (4) 同“电脑及其相关服务业”的承诺。	
(b) 货物运输	(1) 技术上不可行。 (2) 没有限制。 (3) 允许大陆服务提供者在台湾以独资、合资、合伙及设立分公司等形式设立商业据点，提供货物运输服务。 (4) 同“电脑及其相关服务业”的承诺。	
(d) 公路运输设备维修(CPC6112+8867)	(1) 没有限制。 (2) 没有限制。 (3) 允许大陆服务提供者在台湾以独资、合资、合伙及设立分公司等形式设立商业据点，提供公路运输设备维修服务②。 (4) 同“电脑及其相关服务业”的承诺。	

① 适用世界贸易组织《服务贸易总协定〈空运服务业附则〉》的定义。

② 营运区域及业务范围限依据台湾有关投资公共建设的相关规定办理，或系投资汽车制造业、汽车批发业所附带经营。

续表

服务提供模式：(1) 跨境提供服务　(2) 境外消费　(3) 商业据点呈现　(4) 自然人呈现

部门或次部门	市场开放承诺	其他承诺
(e) 公路运输支援服务业 (CPC7441) - 限公路客运的转运站、车站、调度站	(1) 技术上不可行。 (2) 没有限制。 (3) 允许大陆服务提供者在台湾以独资、合资、合伙及设立分公司等形式设立商业据点，提供公路客运的转运站、车站、调度站服务①。 (4) 同“电脑及其相关服务业”的承诺。	
(e) 公路运输支援服务业 (CPC7442) - 限公路桥梁及隧道管理	(1) 技术上不可行。 (2) 没有限制。 (3) 允许大陆服务提供者在台湾以合资形式设立商业据点，提供公路桥梁及隧道管理服务②。大陆服务提供者总持股比例须低于 50%，不具控制力。 (4) 同“电脑及其相关服务业”的承诺。	
(e) 公路运输支援服务业 (CPC7443) - 限停车场业	(1) 技术上不可行。 (2) 没有限制。 (3) 允许大陆服务提供者在台湾以独资、合资、合伙及设立分公司等形式设立商业据点，提供停车场服务。 (4) 同“电脑及其相关服务业”的承诺。	
空中缆车运输服务 (CPC71219 **)	(1) 技术上不可行。 (2) 没有限制。 (3) 允许大陆服务提供者在台湾以独资、合资、合伙及设立分公司等形式设立商业据点，提供空中缆车运输服务。 (4) 同“电脑及其相关服务业”的承诺。	
H. 各类运输之辅助性服务业		
(b) 仓储服务业 (CPC742)	(1) 技术上不可行。 (2) 没有限制。 (3) 允许大陆服务提供者在台湾以合资形式设立商业据点，提供仓储服务③。大陆服务提供者总持股比例须低于 50%，不具控制力。其中属保税仓储者仅限位于港区内。 (4) 同“电脑及其相关服务业”的承诺。	

① 营运区域及业务范围限依据台湾有关投资公共建设的相关规定办理。

② 营运区域及业务范围限依据台湾有关投资公共建设的相关规定办理。

③ 港区内仓储的营运区域及业务范围限依据台湾有关投资公共建设的相关规定办理。

续表

服务提供模式：(1) 跨境提供服务 (2) 境外消费 (3) 商业据点呈现 (4) 自然人呈现

部门或次部门	市场开放承诺	其他承诺
(c) 货运承揽服务业 (CPC7480)	(1) 没有限制。 (2) 没有限制。 (3) 允许大陆服务提供者在台湾以合资形式设立商业据点，提供货运承揽服务，投资航空、海运货运承揽业总持股比例须低于50%，不具控制力。 (4) 同“电脑及其相关服务业”的承诺。	
十二、其他		
洗衣及染色服务业 (CPC9701)	(1) 技术上不可行。 (2) 没有限制。 (3) 允许大陆服务提供者在台湾以独资、合资、合伙及设立分公司等形式设立商业据点，提供洗衣及染色服务。 (4) 同“电脑及其相关服务业”的承诺。	
美发和其他美容服务业 (CPC9702)	(1) 技术上不可行。 (2) 没有限制。 (3) 允许大陆服务提供者在台湾以独资、合资、合伙及设立分公司等形式设立商业据点，提供美发和其他美容服务。 (4) 同“电脑及其相关服务业”的承诺。	
殡仪馆及火化场	(1) 技术上不可行。 (2) 没有限制。 (3) 允许大陆服务提供者在台湾以独资及合资形式设立殡仪馆及火化场。 (4) 同“电脑及其相关服务业”的承诺。	
线上游戏业 - 限制作与研发服务	(1) 不予承诺。 (2) 没有限制。 (3) 允许大陆服务提供者在台湾以独资、合资、合伙及设立分公司等形式设立商业据点，提供线上游戏制作与研发服务。 (4) 同“电脑及其相关服务业”的承诺。	

台湾方面金融服务部门的开放承诺

部门名称	具体承诺
保险及其相关服务	积极审慎修正有关大陆保险业在台湾设立代表处及参股评等之规定。
银行及其他金融服务（不包括证券期货和保险）	1. 尽速取消大陆的银行来台湾设立分支机构及参股投资的 OECD 条件。 2. 已在台湾设有分行的大陆的银行符合条件者，可申请增设分行。 3. 单一大陆的银行得申请投资台湾上市（柜）银行、金控公司的持股比率提高至 10%（如加计大陆合格境内机构投资者为 15%）；投资未上市（柜）银行、金控公司的持股比率提高至 15%；参股投资金控公司子银行的持股比率可达 20%。参股投资金控公司或其子银行，维持现行二者择一规定。 4. 大陆的银联公司得申请来台湾设立分支机构。
证券、期货及其相关服务	1. 大陆证券期货机构按照台湾有关规定申请在台湾设立代表人办事处须具备的海外证券、期货业务经验为 2 年以上，且包括香港及澳门。 2. 循序放宽大陆合格境内机构投资者投资台湾证券之限额，初期可考虑由 5 亿美元提高至 10 亿美元。 3. 积极研议放宽大陆证券期货机构参股投资台湾证券期货机构的有关限制。 4. 积极研议大陆合格境内个人投资者投资台湾资本市场。

附件二：

关于服务提供者的具体规定

双方同意，关于本协议附件一和《海峡两岸经济合作框架协议》附件四所列并超出各自在世界贸易组织承诺的服务部门及市场开放承诺中的服务提供者①，具体规定如下：

一、本规定所指的服务提供者，指为另一方提供服务的一方自然人或一方法人。②

（一）“一方自然人”指持有两岸任一方身份证明文件的自然人；

（二）“一方法人”指根据两岸任一方相关规定在该方设立的实体，包括任

① 仅适用于拟以商业存在模式提供服务的服务提供者。

② 不包括在一方登记的分公司、办事处、联络处和其他非法人机构。

何公司、信托、合伙企业、合资企业、独资企业或协会（商会）。

二、一方法人服务提供者应同时具备下列条件：

（一）在该方提供服务的性质和范围，应包含其拟在另一方提供服务的性质和范围；①

（二）在该方从事实质性商业经营，应符合下列规定：

1. 在该方从事与拟在另一方提供服务的性质和范围相同的商业经营持续三年以上②，其中：

从事建筑和相关的工程服务的一方服务提供者，应已在该方注册或登记设立且从事商业经营持续五年以上；

从事银行及其他金融服务（不包括证券期货和保险）的一方银行机构，应在该方获得银行业监督管理机构营业许可并注册或登记设立且从事商业经营持续五年以上；

从事证券期货及其相关服务的一方证券期货公司，应在该方获得证券期货监督管理机构营业许可并注册或登记设立且从事商业经营持续五年以上；

从事保险及其相关服务的一方保险公司，应在该方获得保险业监督管理机构营业许可并注册或登记设立且从事商业经营持续五年以上；

2. 在该方缴纳所得税；

3. 在该方拥有或租用经营场所。

三、一方服务提供者为享有本协议附件一和《海峡两岸经济合作框架协议》附件四所列并超出在世界贸易组织承诺的优惠待遇，应按下列规定向该方业务主管部门或其委托机构提供文件、资料，申请"服务提供者证明书"：

（一）一方自然人服务提供者应提供身份证明文件，及业务主管部门或其委托机构认为需要提供的其他文件、资料；

（二）一方法人服务提供者应提供：

1. 注册登记证明副本；

2. 最近三年或五年的完税证明副本；

3. 最近三年或五年经审计的财务报表；

4. 拥有或租用经营场所的证明文件或其副本；

---

① 就台湾方面医疗服务提供者而言，包括：（1）法人医疗机构；（2）医疗机构的设置人；（3）医疗机构设置的特定目的公司。

② 就台湾方面医疗服务提供者而言，注3规定的医疗机构应符合此项规定。

5. 其他证明提供服务性质和范围的文件或其副本；

6. 业务主管部门或其委托机构认为需要提供的其他文件、资料。

四、一方服务提供者按本附件第三条规定提供相关文件、资料，业务主管部门或其委托机构认为符合本附件规定，向其核发服务提供者证明书。

五、一方服务提供者申请在另一方提供本协议附件一和《海峡两岸经济合作框架协议》附件四所列并超出在世界贸易组织承诺的服务时，应向另一方的相关业务主管部门提交有效的服务提供者证明书，及申请所涉服务部门规定的文件、资料。

六、已在另一方提供服务的一方服务提供者可按本附件相关规定申请取得服务提供者证明书，以享有本协议附件一和《海峡两岸经济合作框架协议》附件四所列并超出在世界贸易组织承诺的优惠待遇。

海峡两岸气象合作协议*

为保障两岸人民福祉及生命财产安全，提升两岸气象观测、预报及气象灾害警报能力，促进两岸气象合作与发展，海峡两岸关系协会与财团法人海峡交流基金会就两岸气象合作事宜，经平等协商，达成协议如下：

一、合作范围

双方同意进行下列交流合作：

（一）气象业务交流与合作：

1. 灾害性天气业务合作；

2. 气象资料与信息交换；

（二）气象业务技术交流合作；

（三）气象业务人员交流；

（四）双方同意的其他气象合作事项。

二、合作事宜

（一）气象业务交流与合作

1. 灾害性天气业务合作

就台风、暴雨、热浪、寒潮等重大灾害性天气系统，在观测、监测、预测、预报及警报等方面进行及时、持续通报与沟通。如接获对方查询，应尽快给予回应及协助。

双方指定联系及通报沟通的单位与人员，应建立通报业务流程，平时定期进行通报沟通测试。

---

* 2014年2月27日于台北签署。

2. 气象资料与信息交换

就气象业务相关规定及制度规范等信息进行交流。

就气象观测、监测、预测、预报及警报等信息与产品，定期进行交换及经验交流。

双方商定的其他气象资料和产品的交换。

（二）气象业务技术交流合作

就开发气象相关业务系统、灾害潜势预报警报、气候资源利用、气象灾害风险评估等业务技术进行交流及合作开发。

就气象业务发展，包括最新气象业务技术、天气监测和预报在防灾减灾的应用、特定或个案天气监测及预报等成果进行交流。

就台风、暴雨及强对流天气进行联合观测实验，并针对两岸共同关注的气象业务技术进行合作研究。

（三）气象业务人员交流

双方人员每年原则上举行一次工作业务交流会议，或气象业务相关研讨会，由双方轮流主办。

积极推动气象业务人员互访，进行技术交流以提升业务人员的专业素质。

（四）双方同意的其他气象合作事项。

三、联系主体

本协议议定事项，由双方气象业务主管部门指定的联络人相互联系实施。

本协议其他事宜，由海峡两岸关系协会与财团法人海峡交流基金会联系。

四、工作规划

双方同意设置工作组，负责商定具体工作规划、方案。

工作组应于本协议生效后二个月内召开首次会议，商讨双方联系及通报沟通窗口等相关事宜。

五、保密义务

双方同意对于执行本协议相关活动所获相关资料及其他信息予以保密。但依请求目的使用者，不在此限。

六、限制用途

双方同意仅依请求目的使用对方提供的资料，不得以任何形式转让、提供给第三方。但双方另有约定者，不在此限。

七、文书格式

双方同意信息交换、通报、查询及业务联系等，使用商定的文书格式。

八、协议履行及变更

双方应遵守协议。

本协议变更，应经双方协商同意，并以书面形式确认。

九、争议解决

因适用本协议所生争议，双方应尽速协商解决。除另有约定外，协商应于请求提出后十五个工作日内举行。

十、未尽事宜

本协议如有未尽事宜，双方得以适当方式另行商定。

十一、签署生效

本协议签署后，双方应各自完成相关程序并以书面通知对方。本协议自双方均收到对方通知后次日起生效。

本协议于二月二十七日签署，一式四份，双方各执两份。四份文本中对应表述的不同用语所含意义相同，四份文本具有同等效力。

海峡两岸关系协会　　财团法人海峡交流基金会

会长　陈德铭　　董事长　林中森

海峡两岸地震监测合作协议*

为保障两岸人民福祉及生命财产安全，提升两岸地震防灾减灾能力，促进两岸地震合作与发展，海峡两岸关系协会与财团法人海峡交流基金会就两岸地震监测合作事宜，经平等协商，达成协议如下：

一、合作范围

双方同意本着平等互惠原则，就两岸地震监测业务等事宜进行下列交流合作：

（一）地震监测业务合作：

1. 地震活动监测合作；

2. 灾害性地震的沟通；

（二）地震监测应用技术交流合作；

（三）地震防灾宣传和科普教育；

（四）双方同意的其他地震合作事项。

二、合作事宜

双方同意地震监测业务主管部门进行下列地震监测交流与合作事宜：

（一）地震监测业务合作

1. 地震活动监测合作

通过双方商定的地震站数据资料及时交换，监测台湾海峡及邻近地区地震活动。

就地震监测技术进行经验交流及合作开发。

双方地震速报信息交换，任一方发布地震相关信息时，依双方商定方式立

---

* 2014年2月27日于台北签署。

即传达相关报告。

2. 灾害性地震的沟通

任一方发生灾害性地震，应通知对方。如接获对方查询时，应尽速给予响应及协助，双方可就余震相关信息交换意见。

双方加强地震预测研究的交流，但任一方不得以任何形式发布对方可能发生灾害性地震的预测讯息。

双方指定联系及通报沟通的单位和人员，应建立通报沟通作业流程，平时定期进行通报沟通测试。

（二）地震监测应用技术交流合作

就地震监测的前瞻性发展、地震速报预警的技术开发、地震背景与前兆分析、地震预测研究及地震监测在防灾减灾的应用等议题进行经验交流与合作开发。

（三）地震防灾宣传和科普教育

定期交流地震防灾宣传和科普教育经验，交换最新公众宣传资料。

（四）双方同意的其他地震合作事项。

三、合作方式

双方同意就上述合作范围与事宜采取如下方式：

（一）以合作研究、工作会议、考察访问、技术人员交流及举办研讨会等方式进行交流与合作；

（二）原则上每年举行一次工作业务交流会议或研讨会，由双方轮流主办；

（三）双方同意的其他增进地震合作方式。

四、联系主体

本协议议定事项，由双方地震业务主管部门指定的联络人相互联系实施。

本协议其他事宜，由海峡两岸关系协会与财团法人海峡交流基金会联系。

五、工作规划

双方同意设置工作组，负责商定具体工作规划、方案。

工作组应于本协议生效后三个月内召开首次会议，商讨双方联系及通报沟通窗口、信息交换与通报的项目、内容、格式、方式、频率及工作业务交流会议、交流活动等相关事宜。

六、保密义务

双方同意对于执行本协议相关活动所获得信息，遵守约定的保密要求。

七、限制用途

双方同意仅依请求目的使用对方提供的资料，不得以任何形式转让、提供给第三方。但双方另有约定者，不在此限。

八、文书格式

双方同意信息交换、通报、查询及业务联系等，使用商定的文书格式。

九、协议履行及变更

双方应遵守协议。

本协议变更，应经双方协商同意，并以书面形式确认。

十、争议解决

因适用本协议所生争议，双方应尽速协商解决。除另有约定外，协商应于请求提出后十五个工作日内举行。

十一、未尽事宜

本协议如有未尽事宜，双方得以适当方式另行商定。

十二、签署生效

本协议签署后，双方应各自完成相关程序并以书面通知对方。本协议自双方均收到对方通知后次日起生效。

本协议于二月二十七日签署，一式四份，双方各执两份。四份文本中对应表述的不同用语所含意义相同，四份文本具有同等效力。

海峡两岸关系协会	财团法人海峡交流基金会
会长　陈德铭	董事长　林中森

海峡两岸避免双重课税及加强税务合作协议*

为促进海峡两岸经济合作，海峡两岸关系协会与财团法人海峡交流基金会就避免双重课税及加强税务合作事宜，经平等协商，达成协议如下：

一、适用范围

双方同意本协议适用于海峡两岸一方或双方居民（居住者）及对其所得征收的所有税收。

二、税款征收

双方同意对一方居民（居住者）来源于另一方的所得按下列规定课税。

（一）营业利润

一方居民（居住者）企业在另一方营业取得的利润，在未构成常设机构的情况下，另一方予以免税或不予课税。一方如对关联企业间交易进行转让定价（移转订价）调整，另一方应作合理对应调整。

（二）海运及空运收入

一方海、空运输企业在另一方经营取得的收入及利润，另一方予以免税或不予课税（包括营业税、增值税或类似税收）。

（三）投资所得及财产收益

一方居民（居住者）从另一方取得的股息（股利）、利息及特许权使用费（权利金），另一方可以课税，但可相互给予优惠税率。

一方居民（居住者）从另一方取得的财产转让收益及不动产使用收益，另一方可以课税。

---

* 2015年8月25日于福州签署。

（四）个人劳务所得

一方居民（居住者）以独立身份或以受雇形式在另一方从事个人劳务活动取得的所得，另一方可以课税。

（五）其他所得

本协议上述未列举的其他所得按各自规定办理。

三、消除双重课税方法

双方同意当一方居民（居住者）在另一方取得所得并依本协议规定在另一方缴税时，该一方应依有关规定消除双重课税。

四、非歧视待遇

双方同意一方居民（居住者）在相同情况下，在另一方负担的税收或有关条件，应与另一方居民（居住者）可能负担的税收或有关条件一致。

五、相互协商

双方同意建立两岸税务联系机制，由双方税务主管部门协商解决因解释或实施本协议时所发生的困难或疑义，以及消除双重课税等事宜。

六、资讯交换

双方同意相互交换为实施本协议或为课征本协议所含税种（税目）相关且必要的资讯，并负保密义务。所交换的资讯不可用于任何其他用途。

七、协助征税

双方同意在各自有关规定均可以进行协助征税时，双方税务主管部门将进一步协商确定具体协助征收方式。

八、文书格式

基于本协议所进行的业务联系，应使用双方商定的文书格式。

九、业务交流

双方同意通过人员互访、培训或工作会议等形式，加强两岸税务方面的交流与合作。

十、联系主体

（一）本协议议定事项，由双方税务主管部门指定的联络人相互联系实施。

（二）本协议其他相关事宜，由海峡两岸关系协会与财团法人海峡交流基金会联系。

十一、协议履行与变更

（一）双方应遵守协议。协议附件与本协议具有同等效力。

（二）协议变更，应经双方协商同意，并以书面形式确认。

十二、未尽事宜

本协议如有未尽事宜，双方得以适当方式另行商定。

十三、生　　效

本协议签署后，双方应各自完成相关程序并以书面通知另一方。本协议自双方均收到对方通知后次日起生效。

本协议之规定适用于：

（一）源泉（就源）扣缴税款：本协议生效之次年一月一日（含当日）以后实际给付金额。

（二）其他税款：本协议生效之次年一月一日（含当日）以后开始之课税年度之所得。

（三）资讯交换：本协议生效之次年一月一日（含当日）以后开始之课税年度之资讯。

本协议于八月二十五日签署，一式四份，双方各执两份。本协议的附件构成本协议的一部分。四份文本中对应表述的不同用语所含意义相同，四份文本具有同等效力。

海峡两岸关系协会	财团法人海峡交流基金会
会长　陈德铭	董事长　林中森

附件

海峡两岸避免双重课税及加强税务合作具体安排

为实施本协议，双方议定具体安排如下：

一、适用范围

（一）适用对象

1. 本协议所称居民（居住者），按各自税务规定对居民（居住者）的定义处理。但不包括仅就该一方所得而负有该一方纳税义务的人。

2. 虽有前述规定，依第三方法律设立的任何实体，其实际管理机构（处所）在协议一方者，视为该一方的居民（居住者）。

3. 前述实际管理机构（处所），指企业实际作出其整体营业所必须的重大管理及经营决策的机构（处所）。所称实际管理机构（处所）在协议一方，指企业同时符合下列规定者：

（1）作出重大经营管理、财务管理及人事管理决策的人为该一方居住的个人或总机构在该一方的企业，或作出该等决策的机构（处所）在该一方。

（2）财务报表、会计账簿记录、董事会议记录（董事会议事录）或股东会议记录（股东会议事录）的制作或储存机构（处所）在该一方。

（3）实际执行主要经营活动的机构（处所）在该一方。

4. 个人同为双方居民（居住者）时，其身份按永久住所、主要利益中心所在地、经常居所依序决定。对居民（居住者）个人身份的决定如有疑义，或个人以外的人同为双方居民（居住者）时，由双方税务主管部门商定。

（二）适用现行税种（税目）

大陆方面为个人所得税及企业所得税。

台湾方面为营利事业所得税、综合所得税及所得基本税额。

二、常设机构及营业利润

（一）常设机构

1. 本协议所称常设机构，指企业从事全部或部分营业的固定营业场所。包括：管理处、分支机构、办事处、工厂、工作场所、矿场、油井或气井、采石场或任何其他天然资源开采场所。

2. 建筑工地、建筑（营建）或安装工程或与其有关的监督管理活动，以存续期间超过十二个月者，构成常设机构。

3. 一方企业直接或通过雇员或雇用的其他人员，在另一方为同一个项目（计画案）或相关联的项目（计画案）提供的劳务（服务），包括咨询劳务（服务），仅以在有关纳税年度开始或结束的任何十二个月连续或累计超过一百八十三天者，构成常设机构。

4. 常设机构不包括下列情形：

（1）专为储存、展示或交付（运送）属于该企业的货物或商品的目的而使用的设施。

（2）专为储存、展示或交付（运送）的目的，或专为供其他企业加工的目的，而储备属于该企业的货物或商品。

（3）专为该企业采购货物或商品或搜集资讯的目的，或专为该企业从事广告、资讯提供、科学研究或具有准备或辅助性质的类似活动，所设置的固定营业场所。

（4）专为从事以上活动的结合所设置的固定营业场所。但以该结合的固定营业场所整体活动具有准备或辅助性质者为限。

5. 代表一方企业的人（具有独立身份的代理人除外），有权以该企业的名义在另一方签订契约，并经常行使该权力，其为该企业所从事的任何活动，视为该企业在另一方有常设机构。但其经由固定营业场所仅从事前述常设机构不包括情形的活动，该固定营业场所不视为常设机构。

6. 一方企业仅通过经纪人、一般佣金代理人或其他具有独立身份的代理人，以常规的经营方式（以通常的营业方式），在另一方从事营业者，不得视为在另一方有常设机构。

7. 一方居民（居住者）公司，控制或受控于另一方居民（居住者）公司或在另一方从事营业的公司（不论其是否通过常设机构或其他方式），此项事实不使任何一方公司构成另一方公司的常设机构。

（二）营业利润

1. 一方居民（居住者）企业如经由其在另一方的常设机构从事营业，另一方可就该企业的利润课税，但以归属于该常设机构的利润为限。

2. 一方居民（居住者）企业通过其在另一方的常设机构从事营业，双方在归属该常设机构的利润时，应将该常设机构视为在相同或类似条件下从事相同或类似活动的独立企业，并以完全独立的方式与该常设机构所属的企业从事交易所应获得的利润相同。

3. 计算常设机构的利润时，应准予减除为该常设机构营业目的而发生的费用，包括行政及一般管理费用，不论该费用在何处发生。

4. 如果一方惯例依企业总利润按比例分配予所属各单位利润的方法，计算确定应归属于常设机构的利润，前述规定不得排除该一方的分配惯例。但采用该分配方法所得到的结果，应与前述规定的原则一致。

5. 常设机构仅为该企业采购货物或商品，不得对该常设机构归属利润。

6. 前述有关常设机构利润的归属，除有正当且充分的理由外，每年应采用相同方法确定。

7. 利润中如包括本协议营业利润以外的所得项目，各该所得项目的规定不受本规定影响。

三、关联企业

（一）本协议所称关联企业，指企业间有下列情况之一：

1. 一方企业直接或间接参与另一方企业的管理、控制或资本。

2. 同一人直接或间接参与一方企业及另一方企业的管理、控制或资本。

（二）关联企业间商业或财务关系方面所设定的条件不同于独立企业，以致本应归属而未归属于其中一企业的利润，可以计入该企业的利润，据以课税。

（三）一方已对前述本应归属而未归属于该企业的利润课税时，另一方如认为该项调整符合独立交易（常规交易）原则，应对该部分利润所课征的税额作适当调整。在确定此项调整时，应考虑（考量）本协议其他相关规定，如有必要，双方税务主管部门应相互协商。

四、海运及空运收入

（一）本协议所称海运及空运收入，指以船舶或航空器经营海、空运输业务的收入及利润，并包括下列项目：

1. 以计时、计程或光船方式出租船舶或航空器。

2. 使用、维护或出租运送货物或商品的货柜（包括货柜运输的拖车及相关设备）。

前述使用、维护或出租应以船舶或航空器经营海、空运输业务的附带活动为限。

（二）参与联营或其他经营机构取得的收入及利润，属于本协议规定的海运及空运收入及利润范围，但以归属于参与上述经营的比例所取得的收入及利润为限。

五、投资所得

（一）股息（股利）

1. 股息（股利）受益所有人如为一方居民（居住者），在受益所有人为公司且直接持有给付股息（股利）的公司百分之二十五以上资本的情况下，另一方所课征税额不超过股息（股利）总额的百分之五；在其他情况下，所课征税额不超过股息（股利）总额的百分之十。本规定不影响对该公司用以发放股息（股利）的利润的课税。

2. 本协议所称股息（股利），指以股份或非债权关系参与利润分配的其他权利所取得的所得，以及按照分配利润的公司是其居民（居住者）一方的税务规定，视同股份所得同样课税的其他公司权利取得的所得。

3. 一方居民（居住者）公司从另一方取得利润或所得，其所给付的股息（股利）或其未分配利润（未分配盈余），即使全部或部分来自另一方的利润或所得，另一方不得对该给付的股息（股利）或未分配利润（未分配盈余）课税。但给付予另一方居民（居住者）的股息（股利），或据以给付股息（股利）的股份与另一方常设机构或固定处所有实际关联者除外。

（二）利息

1. 利息受益所有人如为一方居民（居住者），另一方所课征税额不超过利息总额的百分之七。

2. 下列范围的利息，利息来源地一方应予免税：

（1）给付予另一方的公共服务部门或另一方公共服务部门完全所有的金融机构的利息，或给付予该等部门或机构为促进出口（外销）所提供、担保（保证）或保险的贷款利息。

（2）经双方税务主管部门确认为促进出口（外销）目的的金融机构所提供、担保（保证）或保险的贷款利息。

3. 本协议所称利息，指从各种债权所取得（孳生）的所得，不论有无抵押担保及是否有权参与债务人利润的分配，尤指债券或信用债券的所得，包括附属于该等债券的溢价收入及奖金。但延迟给付的违约金，非本协议所称利息。

4. 利息给付人与受益所有人间，或上述二者与其他人间有特殊关系，所给付的利息数额，超过给付人与受益所有人在无特殊关系时所同意的数额，本协议有关利息的规定仅适用于后者的数额。在此情况下，对该超过给付数额的部分，应按各方规定课税，但应考虑（考量）本协议其他相关规定。

（三）特许权使用费（权利金）

1. 特许权使用费（权利金）受益所有人如为一方居民（居住者），另一方所课征税额不超过特许权使用费（权利金）总额的百分之七。

2. 本协议所称特许权使用费（权利金），指使用或有权使用文学、艺术或科学作品（包括电影影片、供广播或电视使用的影片、磁带、录音带）的著作权、专利权、商标权，设计或模型、计划、秘密配方或制造程序，或有关工业、商业、科学经验的资讯，所给付的各种款项。其不包括因使用或有权使用任何工业、商业或科学设备所给付的款项。

3. 特许权使用费（权利金）给付人与受益所有人间，或上述二者与其他人间有特殊关系，所给付的特许权使用费（权利金）数额，超过给付人与受益所有人在无特殊关系时所同意的数额，本协议有关特许权使用费（权利金）的规定仅适用于后者的数额。在此情况下，对该超过给付数额的部分，应按各方规定课税，但应考虑（考量）本协议其他相关规定。

（四）股息（股利）、利息、特许权使用费（权利金）的受益所有人如为一方居民（居住者），经由其所得来源的另一方的常设机构从事营业或固定处所从事独立个人劳务（执行业务），且与该所得给付有关的股份、债务、权利或财产与该常设机构或固定处所有实际关联时，应适用有关营业利润或独立个人劳务（执行业务）的规定。

（五）由一方居民（居住者）所给付的利息及特许权使用费（权利金），视为源自该一方。利息及特许权使用费（权利金）给付人如在一方有常设机构或固定处所，而与利息及特许权使用费（权利金）给付有关的债务及权利与该常设机构或固定处所有关联，且该利息及特许权使用费（权利金）由该常设机构或固定处所负担，不论该利息及特许权使用费（权利金）给付人是否为该一方居民（居住者），该利息及特许权使用费（权利金）视为源自该常设机构或固定处所所在的一方。

六、财产收益

（一）一方居民（居住者）使用或转让位于另一方的不动产所产生的所得（包括农业或林业所得），另一方可以课税。

（二）一方企业转让其在另一方常设机构营业资产中的动产而取得的收益，或一方居民（居住者）转让其在另一方从事独立个人劳务（执行业务）的固定处所的动产而取得的收益，包括转让该常设机构（单独或连同整个企业）或固定处所而取得的收益，另一方可以课税。

（三）转让经营海、空运输业务的船舶或航空器，或附属于该等船舶或航空器营运的动产而取得的收益，仅由转让人为其居民（居住者）的一方课税。

（四）一方居民（居住者）转让股份，且该股份的百分之五十以上价值直接或间接来自另一方的不动产，其取得的收益，另一方可以课税。

（五）除前述转让股份规定外，一方居民（居住者）转让其在另一方居民（居住者）公司资本中的股份或其他权利取得的收益，仅由转让人为其居民（居住者）的一方课税。但是如果转让人为其居民（居住者）的一方对来自于另一方的该项收益免税，且该转让人在转让行为前的十二个月内，曾经直接或间接持有该另一方公司至少百分之二十五资本，另一方可以课税。

（六）转让上述财产以外的其他财产所取得的收益，仅由该转让人为其居民（居住者）的一方课税。

七、个人劳务所得

（一）独立个人劳务（执行业务）

1. 一方居民（居住者）在另一方因从事独立个人劳务（执行业务）或其他具有独立性质活动所取得的所得，有下列情况之一，另一方可以课税：

（1）该居民（居住者）为执行活动而在另一方有固定处所。但另一方仅就归属于该固定处所的所得课税。

（2）该居民（居住者）在有关纳税年度开始或结束的任何十二个月期间，在另一方连续或累计居留一百八十三天以上。但另一方仅就该居民（居住者）在另一方执行该等活动而取得的所得课税。

2. 本协议所称独立个人劳务（执行业务），指具有独立性质的科学、文学、艺术、教育或教学等活动，及医师、律师、工程师、建筑师、牙医师及会计师等独立性质的活动。

（二）受雇劳务

一方居民（居住者）因受雇而在另一方提供劳务所取得的报酬，同时符合下列三个条件时，仅由该一方课税：

1. 该居民（居住者）在有关纳税年度开始或结束的任何十二个月期间，在另一方连续或累计居留不超过一百八十三天。

2. 该项报酬非由为另一方居民（居住者）的雇主所给付或代表雇主给付。

3. 该项报酬非由该雇主在另一方的常设机构或固定处所负担。

（三）董事报酬

一方居民（居住者）因担任另一方居民（居住者）公司董事职务而取得报酬及其他类似给付，另一方可以课税。

（四）表演人及运动员

1. 一方居民（居住者）为表演人，如音乐家或戏剧、电影、广播、电视演艺人员，或为运动员，在另一方从事个人活动而取得的所得，另一方可以课税，不受有关独立个人劳务（执行业务）及受雇劳务规定的限制。

2. 表演人或运动员从事个人活动的所得，如不归属于该表演人或运动员本人而归属于其他人，活动举行地的一方可以课税，不受有关营业利润、独立个人劳务（执行业务）及受雇劳务规定的限制。

3. 表演人或运动员在一方从事活动所取得的所得，如该活动完全或主要由双方或任一方的公共服务部门所资助，或基于公益慈善目的所举办，该一方应予免税。

（五）养老金

因过去雇佣关系，源自一方而给付予另一方居民（居住者）的养老金或其他类似给付，及依一方社会保险制度规定给付予另一方居民（居住者）的养老金或其他给付，仅由该一方课税。

（六）公共服务

一方公共服务部门给付予其派驻另一方为该等部门提供劳务的一方人民的报酬，仅由派驻方课税。但为一方公共服务部门所经营的事业提供劳务而取得的薪津、工资或其他类似报酬及养老金，不适用本规定。

（七）学生

学生专为教育或训练目的而在一方停留，且在停留该一方时或之前为另一方的居民（居住者），其为生活、教育或训练目的而取得的所得，该一方应予免税。

八、其他所得

其他所得的所得人如为一方居民（居住者），经由其所得来源的另一方的常设机构从事营业或固定处所从事独立个人劳务（执行业务），且与该所得给付有关的权利或财产与该常设机构或固定处所有实际关联时，应适用有关营业利润或独立个人劳务（执行业务）的规定。

九、消除双重课税方法

（一）在大陆

1. 大陆居民（居住者）从台湾取得的所得，按照本协议规定在台湾缴纳的税额，允许在对该居民（居住者）征收的大陆税收中抵免。但抵免额不应超过对该项所得按照大陆税务规定计算的税额。

2. 从台湾取得的所得是台湾居民（居住者）公司给付予大陆居民（居住者）公司的股息（股利），而大陆居民（居住者）公司直接或间接持有给付股息（股利）的公司股份不少于百分之十的，该项抵免应考虑给付该股息（股利）公司就该项所得缴纳的台湾税收。

（二）在台湾

台湾居民（居住者）取得来自大陆的所得，依本协议规定在大陆就该所得缴纳的税额，应准予扣抵大陆对该居民（居住者）所课征的税额（如系股息（股利），不包括用以发放该股息（股利）的利润所缴纳的税额）。但扣抵数额不得超过台湾依其税务规定对该所得课征的税额。

十、非歧视待遇

（一）一方的居民（居住者）在另一方所负担的税收或相关要求，不应较另一方的居民（居住者）在相同情况下，负担不同或较重的任何税收或相关要求。

（二）一方企业在另一方设有常设机构，另一方对该常设机构不应课征较从事相同活动的另一方企业不利的税收。

（三）一方企业给付予另一方居民（居住者）的利息、特许权使用费（权利金）及其他款项，在计算该企业应课税利润时，应与在相同情况下给付该一方居民（居住者）同样准予扣除（减除）。

（四）一方企业的资本全部或部分由一个或一个以上的另一方居民（居住者）直接或间接持有或控制者，该企业不应较该一方其他类似企业负担不同或较重的任何税收或相关要求。

（五）非歧视待遇规定不应解释为一方给予其居民（居住者）的税收优惠或抵免税规定，应同样给予另一方的居民（居住者）。

（六）前述规定仅适用于本协议适用的税种（税目）。

十一、相互协商

（一）任何人如认为一方或双方的行为，导致或将导致对其不符合本协议规定的课税时，可以不论各自救济规定，向其为居民（居住者）一方的税务主管部门提出申诉。此项申诉应于首次接获不符合本协议规定的课税通知起三年内提出。

（二）一方税务主管部门如认为该申诉合理，且其本身无法获致适当的解决，应致力与另一方税务主管部门相互协商解决，以避免发生不符合本协议规定的课税。达成的协商决定应予执行，不受各自规定的期间限制。

十二、资讯交换

（一）一方依本协议所取得的任何资讯，应比照该一方依有关规定取得的资讯作密件处理，且仅能提供给与本协议规定税种（税目）的核定、征收、执行、行政救济有关人员或部门。上述人员或部门应仅为前述税务目的而使用该资讯，包括不得将该资讯用于刑事案件。

（二）前述规定不得解释为一方有下列义务：

1. 执行与一方或另一方有关规定或行政惯例不一致的行政措施。

2. 提供依一方或另一方有关规定或正常行政程序无法获得的资讯。

3. 提供可能泄露任何贸易、营业、工业、商业、专业秘密或贸易过程的资讯，或有违公共政策的资讯。

4. 执行自动或自发性资讯交换。

十三、其他规定

（一）一方居民（居住者）或与该居民（居住者）有关的人，以取得本协议的利益为主要目的或主要目的之一者，该居民（居住者）不可以享受本协议规定的减税或免税。

（二）本协议不应被解释为排除一方执行其关于防止规避税负的规定及措施。如上述规定导致双重课税时，双方税务主管部门应相互协商，以避免双重课税。

海峡两岸民航飞行安全与适航合作协议*

为保障海峡两岸民用航空飞行安全与维护公众利益，促进民用航空发展，海峡两岸关系协会与财团法人海峡交流基金会就两岸民航飞行安全与适航合作事宜，经平等协商，达成协议如下：

一、合作原则与目标

双方同意本着保障飞行安全与平等互惠原则，在专业务实的基础上，加强飞行安全与适航业务交流与合作，共同推动建立两岸飞行安全与适航监管机制，增进两岸民用航空发展。

二、合作范围

双方同意开展海峡两岸民用航空飞行安全与适航领域的交流与合作，采取包括但不限于以下措施：

（一）规范领域

参照航空惯例加强合作，建立两岸飞行标准与适航业务交流合作平台，积极推动飞行标准与适航管理合作。

（二）监管机制

建立两岸飞行标准与适航监督管理合作机制，确保飞行标准与适航有效监管。

（三）证照管理

就两岸航空机构、航空产品及航空人员等证照管理有关事宜，作出具体安排。

（四）专业认可

就飞行标准与适航有关专业认可事项，作出具体安排。

---

* 2015年8月25日于福州签署。

（五）信息交换与通报

加强上述合作领域相关信息交换与通报。

（六）其他合作事项

三、合作形式

双方同意就前述交流与合作领域采取如下措施：

（一）成立专业工作小组，共同商定具体实施计划，并可根据需要形成相关领域的合作文件。

（二）以技术合作、专家会议、信息交流、人员互访及业务培训等方式，开展两岸飞行标准与适航的交流与合作。

（三）指定专业工作小组联络人负责相关领域业务的日常联络及工作方案的实施。

四、相互协助

双方同意对执行本协议的相关活动提供必要的协助和便利。

五、通报事项

双方同意建立联系与通报机制，及时通报意外事件信息，相互提供一切及时和必要的协助，共同保障航空运输及旅客人身财产安全。

六、紧急事件处理

双方同意建立意外突发事件协调处理机制，及时通报，快速核查，紧急磋商，并相互提供协助。

七、文书格式

双方同意信息交换、通报、查询及业务联系，使用商定的文书格式。

八、联系主体

（一）本协议议定事项，由双方业务主管部门指定的联络人相互联系实施。

（二）本协议其他相关事宜，由海峡两岸关系协会与财团法人海峡交流基金会联系。

九、协议履行及变更

双方应遵守协议。

协议变更，应经双方协商同意，并以书面方式确认。

十、争议解决

因适用本协议所生争议，双方应尽速协商解决。除另有约定外，协商应于请求提出后30个工作日内举行。

十一、未尽事宜

本协议如有未尽事宜，双方得以适当方式另行商定。

十二、签署生效

本协议签署后，双方应各自完成有关程序并以书面通知对方，本协议自双方均收到对方通知后次日起生效。

本协议于八月二十五日签署，一式四份，双方各执两份。四份文本中对应表述的不同用语所含意义相同，四份文本具有同等效力。

海峡两岸关系协会	财团法人海峡交流基金会
会长　陈德铭	董事长　林中森

台湾事务

法律文件选编

（2022年版）

【下册】

国务院台湾事务办公室法规局 编

中国法制出版社
CHINA LEGAL PUBLISHING HOUSE
九州出版社
JIUZHOUPRESS

目 录

下 册

北京市

关于深化京台经济文化交流合作的若干措施

（2018年10月19日北京市人民政府台湾事务办公室、北京市发展和改革委员会京台发〔2018〕2号）

为深入贯彻党的十九大精神和习近平总书记“两岸一家亲”理念，率先同台湾同胞分享大陆发展的机遇，深化两岸经济文化交流合作，逐步为台湾同胞在大陆学习、创业、就业、生活提供与大陆同胞同等待遇，增进台湾同胞福祉，根据国务院台湾事务办公室和国家发展和改革委员会下发《关于促进两岸经济文化交流合作的若干措施》（国台发〔2018〕1号）的精神，结合两岸经济文化交流合作实际，以及北京市经济社会发展和首都城市战略定位，北京市人民政府台湾事务办公室、北京市发展和改革委员会经商市委组织部、市委宣传部、市委教工委、市教委、市科委、市经济信息化委、市公安局、市民政局、市司法局、市财政局、市人力社保局、市规划国土委、市住房城乡建设委、市城市管理委、市交通委、市农委、市水务局、市商务委、市文化局、市卫生计生委、市社会办、市国资委、国家税务总局北京市税务局、市文资办、市新闻出版广电局、市知识产权局、中关村管委会、市农业局、市中医局、市投资促进局、市住房公积金管理中心、中国人民银行营业管理部、北京证监局、北京银监局、市总工会、团市委、市妇联、市文联等单位同意，研究出台《关于深化京台经济文化交流合作的若干措施》，已经市政府同意，具体措施如下：

一、积极为台资企业在京投资和经济合作提供同等待遇

1. 台湾同胞在大陆投资的企业（以下简称“台资企业”）按照市委市政府《关于印发加快科技创新构建高精尖经济结构系列文件的通知》要求，在新一代信息技术、医药健康、智能装备、节能环保、新能源智能汽车、新材料等领域，可以通过人才、资金、技术等形式，参与投资符合北京城市功能定位和产业发展要求的高端、智能、绿色制造企业，与在京注册的大陆企业享受同等政策。(市经济信息化委、市投资促进局)

2. 运用京台科技论坛品牌活动，加强京台两地工商团体联系，聚焦高新技术产业和创新发展，促进项目洽谈对接，深化两地经贸科技交流合作。(市台办、市商务委)

3. 台资企业在京设立总部，符合总部经济政策条件要求的，可以享受资金奖励和补助。(市商务委、市财政局)

4. 在京注册的台资企业，按照《高新技术企业认定管理办法》及相关规定，被认定为本市高新技术企业的，减按15%税率征收企业所得税；企业符合研发费用加计扣除规定条件的，可以在企业所得税税前加计扣除。设在本市的研发中心经审核认定采购大陆设备，享受全额退还增值税，并可享受企业所在区或科技园区所给予的支持政策。(市科委、市商务委、国家税务总局北京市税务局、各区政府)

5. 台资企业与大陆企业同等适用相关用地政策。鼓励台商投资符合首都功能定位的高精尖产业，土地出让底价与大陆企业执行统一标准。(市规划国土委)

6. 在京注册台资企业可以通过投标、竞争性谈判等竞争方式参与本市在能源、交通、水利、市政公用工程等基础设施建设中的特许经营项目，依法与特许经营实施机构签订特许经营协议，按照协议约定履行义务，其合法权利受法律保护。(市发展改革委、市财政局、市城市管理委、市交通委、市水务局)

7. 支持在京注册台资企业公平参与本市政府采购，与大陆供应商享受同等政策，按照法律规定的采购方式、采购程序参与政府采购，与采购人依法签订采购合同。(市财政局)

8. 台资企业可以通过合资合作、并购重组等方式参与本市国有企业混合所有制改革。(市国资委、市发展改革委)

9. 在京注册台资农业企业与大陆农业企业同等条件享受农机购置补贴等农业支持政策和优惠措施，同等条件申报北京市产业化重点龙头企业。(市农委、市农业局)

10. 支持台资企业和台湾同胞依法保护其知识产权。在京注册台资企业在申请专利试点、示范单位，办理专利优先审查推荐，参与北京市发明专利奖评

选，申报海外知识产权预警、专利商用化项目，享受与本市大陆企业同等待遇。(市知识产权局)

11. 鼓励中关村示范区台资企业以知识产权质押方式向银行贷款，通过评审的项目，按照当年所需支付利息的50%给予最高不超过20万元的补贴。(市知识产权局)

12. 新一代信息技术、高端装备制造、新材料、生物医药产业领域在京注册的台资企业，申请中国（北京）知识产权保护中心和中国（中关村）知识产权保护中心快速审查、快速确权、快速维权相关服务，享受同本市大陆企业同等待遇。(市知识产权局)

13. 支持在京注册的台湾金融机构、商家与中国银联北京分公司及在京注册的非银行支付机构依法合规开展合作，为台湾同胞提供便捷的小额支付服务。(中国人民银行营业管理部)

14. 台湾征信机构可与在京企业征信机构开展合作，为两岸企业提供征信服务。(中国人民银行营业管理部)

15. 在大陆地区注册且经营贷款业务的台资银行可与在京同业协作，通过银团贷款等方式为实体经济提供金融服务。(中国人民银行营业管理部、北京银监局)

二、鼓励京台两地教育文化交流合作

16. 鼓励台湾各界人士和机构，在教育、文化、卫生、体育、法律、青年、妇女、社区、旅游、养老等领域参与北京文化周、北京文博会、北京特色周、京台社区发展论坛、京台美丽乡村文化论坛、女性论坛、体育交流会、养老交流会等各类旨在促进京台两地融合发展，弘扬中华优秀传统文化的交流活动。(市台办、市农委、市社会办、市妇联等有关单位)

17. 台湾科研机构、高等学校、企业在京注册的独立法人，可被推荐牵头或参与国家重点研发计划项目申报，亦可参与北京市科技计划项目申报，享受与在京科研机构、高等学校、企业同等政策。(市科委)

18. 受聘于在京注册的独立法人的台湾地区科研人员，可被推荐作为国家重点研发计划项目（课题）负责人申报，亦可参与北京市科技计划项目申报，享受与大陆科研人员同等政策。(市科委)

19. 在京从事教学、科研工作的台湾同胞，依照申请条件和程序，可以申报北京市自然科学基金项目、社会科学基金项目。(市科委)

20. 台湾教师通过聘用方式在京高校任教，其在台湾取得的学术成果可以纳入工作评价体系。(市人力社保局、市教委)

21. 鼓励台湾基础教育机构、台湾中小学校长参加京台基础教育校长峰会，建立京台基础教育学校交流合作机制，促进京台两地基础教育共同发展。(市台办、市教委)

22. 支持台湾青年参加两岸青年交流合作北京峰会、京台青年交流周、两岸大学生系列交流营、两岸大学生职业技能大赛等京台两地青年交流活动。(市台办、市教工委、市教委、团市委)

23. 在京注册从事文艺创作、文化交流的台资企业，可依照申请条件和程序，申报北京市文化艺术基金项目。(市文化局)

24. 支持台湾文化艺术界团体和人士参与北京市在海外举办的各类中华文化交流活动。(市委宣传部、市台办、市文化局、市文资办、市文联)

25. 在北京市文化创意大赛中单独设立台湾赛区，设立单独奖项。(市委宣传部、市文资办、市文促中心)

26. 鼓励台湾同胞来京发展文化创意产业，兴办文化创意产业园区，开办文化创意企业，给予同等的政策扶植。(市委宣传部、市文资办)

27. 台湾同胞可以按照相关规定申请加入北京市经济、科技、文化、艺术类专业性社团组织、行业协会，参加相关活动。(市民政局)

28. 台湾同胞根据国家有关规定在京参与广播电视节目和电影、电视剧制作，可不受数量限制。(市新闻出版广电局)

29. 北京市电影发行机构、广播电视台、视听网站和有线电视网，根据国家有关规定引进台湾生产的电影、电视剧，不做数量限制。(市新闻出版广电局)

30. 支持京台两地开展电影、电视剧等方面的合作，按照国家有关规定做好审批工作。(市新闻出版广电局)

31. 对北京市图书进出口经营单位申报的台湾地区进口图书建立绿色通道，简化审批、备案流程。同时段申请的台湾图书可优先办理相关手续。(市新闻出版广电局)

三、逐步为在京学习、创业、就业、生活的台湾同胞提供同等待遇

32. 支持符合条件的台湾专业人才申请参与国家“千人计划”和“万人计划”、北京市“海外人才聚集工程”和“高层次创新创业人才支持计划”、中关村“高聚工程”等。入选市、区或园区优秀人才计划（项目）的台湾专业人才，在住房支持、子女教育、医疗服务等方面可享受相应政策。（市委组织部、市科委、市人力社保局、中关村管委会）

33. 在京高校就读的台湾学生，在教学管理、城镇居民基本医疗保险等方面，享受与大陆学生同等待遇。（市教委、市人力社保局）

34. 在台湾高校就读学生或已毕业的创业青年可参加京台青年创新创业大赛，入围决赛团队可按规定申请入驻北京高校大学生创业园、京台青年创业基地等在京创业孵化机构，享受创业企业支持政策。（市台办、市教委）

35. 在京高校就读的台湾学生作为工商注册法人或项目负责人组建的创业企业或创业团队，可按规定申请入驻北京高校大学生创业园，在办公场地、孵化服务、宣传推广等方面与大陆学生享受同等待遇。（市台办、市教委）

36. 北京市事业单位（不含参照公务员管理的事业单位）可以通过公开招聘、人才引进等方式聘用符合条件的台湾居民就业，聘用单位与台湾居民应当签订聘用合同，明确聘用期限、双方权利义务等事项。在北京市事业单位就业台湾居民与在北京市事业单位就业大陆居民同等待遇。（市人力社保局）

37. 在北京工作的台湾同胞可参加北京市三八红旗手、劳动模范、五一劳动奖章、北京青年五四奖章、北京市有突出贡献的高技能人才、享受市政府技师特殊津贴人员等荣誉称号的评选。（市台办、市人力社保局、市总工会、团市委、市妇联）

38. 台湾同胞可以报名参加依照国家相关法律法规规定，由北京市相关主管单位及国家相关行业主管部门组织实施的53项专业技术人员和81项技能人员职业资格考试，经考试合格的颁发国家职业资格证书。（市人力社保局、相关行业主管部门）

39. 在京高校就读临床医学专业硕士学位的台湾籍学生，在参加研究生实习一年后，可按照大陆医师资格考试的相关规定申请参加医师资格考试。（市卫生计生委）

40. 通过医师执业资格考试并获得大陆《医师资格证书》的台湾同胞，可按照相关规定在北京市申请执业注册。（市卫生计生委）

41. 已经在台湾地区取得医师执业资格的台湾医师，可按照有关规定申请在京短期行医职业注册或通过认定方式获得大陆《医师资格证书》。（市卫生计生委）

42. 台湾同胞在北京市以师承方式学习中医的，可在本市申请参加中医医术确有专长医师资格考核。(市中医局)

43. 在台湾已获取相应资格的台湾同胞在大陆申请证券、期货、基金从业资格时，只需通过大陆法律法规考试合格，无需参加专业知识考试，可在京从事相关领域工作。(北京证监局)

44. 建立台湾青年来京实习、就业、创业服务平台和微信公众号，为在京台湾青年提供实习、就业、创业信息服务，进一步推动做好台湾同胞人事人才网站和企业线上招聘，支持使用台胞证注册登录。(市台办、市人力社保局)

45. 建立在京台生台师政策信息沟通机制，每季度面向在京台生台师发布实习、就业岗位信息，进行政策信息解读。(市台办、市教委)

46. 设立北京涉台商事纠纷调解中心，聘请台籍相关专业人士担任调解员，从事涉台商事纠纷调解工作。(市台办)

47. 鼓励在京执业的台籍律师参与北京市法律援助咨询服务工作。(市司法局、市台办)

48. 支持台湾同胞和相关社团参与北京市扶贫、支教等基层工作。(市扶贫办、市民政局)

49. 鼓励在京居住台湾同胞参加公益活动和基层社区服务活动。(市民政局、市社会办)

50. 在京合法稳定就业的台湾同胞可以按照相关规定申请参加社会保险，缴纳社会保险费，并享受有关社会保险待遇。(市人力社保局)

51. 在京合法稳定就业台湾同胞可以按照相关政策规定缴存住房公积金，在缴存和使用等方面与本市职工享受同等待遇。(市住房公积金管理中心)

52. 在京工作居住台湾同胞的台籍未成年子女，持有区教委开具的《台胞子女就读批准书》的适龄儿童，在义务入学中按本市户籍学生对待。(市教委、市台办)

53. 在京创业、就业的台湾同胞，符合条件的，可以申请公共租赁住房。(市住房城乡建设委)

54. 在京工作、居住台湾同胞依照《港澳台居民居住证申领发放办法》，可以到居住地派出所申领台湾居民居住证。(市公安局)

55. 取得台湾居民居住证的台湾同胞，在京可以享受劳动就业、社会保险、缴存和使用住房公积金等3项权利及6项基本公共服务、9项便利措施，与北京

市居民享受同等待遇。(市人力社保局、市住房公积金管理中心等相关单位)

除以上各项措施外，对于国家部委和北京市制定出台的各项惠台措施，请各有关单位结合本部门、本地区工作实际予以贯彻落实。

本措施自公布之日起执行。

天津市

天津市人民政府办公厅转发市台办、市发展改革委关于进一步深化津台经济社会文化交流合作若干措施的通知

（2018年7月3日天津市人民政府办公厅津政办发〔2018〕17号）

各区人民政府，各委、局，各直属单位：

市台办、市发展改革委《关于进一步深化津台经济社会文化交流合作的若干措施》已经市人民政府同意，现转发给你们，请照此执行。

关于进一步深化津台经济社会文化交流合作的若干措施

市台办　市发展改革委

为深入贯彻落实党的十九大精神和习近平总书记对台工作重要思想，进一步深化津台经济社会文化交流合作，促进台资企业在天津更好更快发展，逐步为台湾同胞在天津学习、创业、就业、生活提供与大陆同胞同等的待遇，根据国务院台办、国家发展改革委《关于促进两岸经济文化交流合作的若干措施》（国台发〔2018〕1号）精神，结合本市实际，提出以下措施。

一、关于津台经济交流合作方面

（一）在津台资企业与大陆企业同等参与“中国制造2025”行动计划，并按规定申请享受政策支持。

（二）在津投资符合条件的台资企业，依法享受《天津市关于加快推进智能科技产业发展的若干政策》（津政办发〔2018〕9号），可申请市工业和信息

化委专项资金。

（三）支持符合条件的台资企业依法享受高新技术企业减按15%税率征收企业所得税，研发费用加计扣除，设在大陆的研发中心采购大陆设备全额退还增值税等税收优惠政策。对首次获批国家高新技术企业的台资企业，按照规模大小给予30万元至50万元奖励，其中区财政对于申请认定国家高新技术企业的，先按上述标准50%的比例给予补助，待认定后，市财政再按上述标准50%的比例给予奖励。对完成股份制改造的台资科技型企业，经审核认定后，市财政按照股份制改造实际发生费用的50%给予最高不超过30万元的补贴，区财政按市财政补贴额给予1：1比例配套补贴。

（四）符合条件的在津注册的台湾科研机构、高等学校、企业等独立法人机构，可牵头或参与国家和本市重点研发计划项目申报，享受与大陆科研机构、高等学校、企业同等政策。受聘于在大陆注册的具有独立法人资格的机构的台湾地区科研人员，可作为本市重点研发计划项目（课题）负责人申报，享受与大陆科研人员同等政策。

（五）台资企业在津设立区域总部和功能性机构、研发中心，符合条件的享受有关鼓励政策。

（六）推进津台冷链物流试点，对台资冷链项目与大陆企业给予同等政策支持。

（七）支持台资企业在本市以特许经营等方式参与能源、交通、水利、环保、市政公用工程等基础设施建设。

（八）台资农业企业可申报农业产业化龙头企业，在发展休闲农业与乡村旅游、农产品加工、农机购置补贴等方面与本市农业企业享有同等待遇。

（九）台资企业可以采取长期租赁、租让结合、先租后让、弹性年期出让等方式取得工业用地。

（十）台资工业企业在符合规划、不改变用途的前提下，现有工业生产用地提高土地利用率和增加容积率的，不再增收土地出让价款。

（十一）对集约用地的鼓励类台商投资工业项目优先供应土地，土地行政主管部门根据确认的评估结果和其他相关因素，拟定土地使用权出让底价，出让底价可按国家和本市规定的最低价标准执行。

（十二）支持台资工业企业退出节余工业用地，土地收购价格协商确定，可在原出让价格基础上，增加适当的财务成本和管理费用，原则上不得高于上一年度区域内工业用地平均价格。

（十三）台资工业企业转型为先进制造业企业，以及利用存量房产进行制造业与文化创意、科技服务业融合发展的，可实行继续按原用途和土地权利类型使用土地的过渡期政策。

（十四）支持台资中小企业培育“专、精、特、新”产品，加强小微企业创业创新基地建设。

（十五）对台资的科技领军企业和领军培育企业实施重大创新项目、创新平台建设，分别给予最高500万元和300万元财政科技资金补助；对开发“杀手锏”产品的台资企业，给予不超过100万元资助；对在本市注册的台资企业建设的重点实验室，经认定验收通过后给予100万元支持。

（十六）支持台资企业参与国有企业混合所有制改革。

（十七）协助在台湾已获取相应资格的台湾同胞在津申请大陆证券、期货、基金从业资格。

（十八）推动符合条件的在津台资企业在大陆资本市场上市挂牌。

（十九）支持台资银行与大陆同业协作，通过银团贷款等方式为实体经济提供金融服务。

（二十）鼓励在津台资银行依法合规与母行集团开展境内外业务协作，发挥全球服务优势，为客户在境外发债、上市、并购、融资等活动提供综合金融服务，投资入股陆资金融机构和金融资产管理公司，开展承销政府债券业务。

（二十一）台资银行同等享受《中国银监会办公厅关于自由贸易试验区银行业监管有关事项的通知》（银监办发〔2015〕62号）有关政策。

（二十二）允许货物贸易外汇管理分类等级为A类的台资企业贸易外汇收入（不含退汇业务及离岸转手买卖业务）暂不进入出口收入待核查账户，可直接进入经常项目外汇账户或结汇。

（二十三）在津台资企业可以办理人民币结算业务；中国银联天津分公司、非银行支付机构可以为符合资质的在津台资企业提供收单服务和线上支付服务。

（二十四）推动本市征信机构与台湾征信机构开展合作，扩充征信产品种类，拓宽征信服务渠道，为两岸同胞和企业提供征信服务。

二、关于津台社会文化交流合作方面

（二十五）正式受聘于在本市注册的具有独立法人资格的机构的台湾同胞，可申报天津市自然科学基金，包括重点基金项目、面上基金项目、青年科学基金项目和杰出青年科学基金项目。

（二十六）台湾地区知识产权在津转化，可以按照本市知识产权专项资金管理的相关规定，执行本市知识产权激励政策。

（二十七）台资企业可以在津投资养老服务业，养老机构用电、用水、用气、用热按居民生活类价格执行，同等享有税收等优惠政策。

（二十八）台湾同胞和台资企业可以按照本市推行政府购买服务加强基层社会救助经办服务能力的相关规定参与政府购买社会救助服务工作。

（二十九）台湾同胞和台资企业可以加入涉及经济、科技、文化、艺术类专业性社团组织、行业协会，可以参与扶贫、支教、公益等工作。

（三十）在津工作的台湾同胞可以参加天津市劳动模范、天津市五一劳动奖章评选。

（三十一）在津工作的女性台湾同胞可以参加三八红旗手等荣誉称号评选。

（三十二）将天津、台湾影视制作机构合拍电影、电视剧、电视动画片、纪录片，纳入《天津市促进影视剧繁荣发展扶持奖励办法》申报范围，同等条件下优先入选。

（三十三）台湾同胞可以参与本市广播电视节目及在津创作电影、电视剧、电视动画片、纪录片等；鼓励天津广播电视台、视听网站引进台湾地区生产的电影、电视剧、电视动画片、纪录片等。

（三十四）天津博物馆、天津美术馆、天津自然博物馆、平津战役纪念馆、周恩来邓颖超纪念馆、元明清天妃宫遗址博物馆、天津鼓楼博物馆、李叔同故居纪念馆可继续凭台胞证免费领票参观。支持两岸教育文化科研机构开展中国文化、历史、民族等领域研究和成果应用。

（三十五）对台湾进口图书开设绿色通道，并标注“台湾图书进口”，简化进口审批流程。推动天津市公共图书馆、高校图书馆等机构馆配台湾进口图书。

三、关于台湾同胞在津学习实习就业创业方面

（三十六）台湾专业人才可以申报国家“千人计划”，可以申报天津市“千人计划”、“特支计划”。在大陆工作的台湾专业人才，可以申请参与国家“万人计划”。

（三十七）台湾同胞在津创办的企业可以申报天津市“千企万人”企业，入选企业研发平台升级为国家级的，给予50万元至100万元专项资金资助。

（三十八）对小微企业吸纳本市高校毕业2年内的台湾学生并与其签订1年

以上劳动合同的，按照本市当年社会保险最低缴费基数给予1年社会保险补贴。对初创期科技型中小企业吸纳本市高校毕业2年内的台湾学生并与其签订1年以上劳动合同的，给予1年岗位补贴和社会保险补贴。对大学生创业企业吸纳本市高校毕业2年内的台湾学生并与其签订1年以上劳动合同的，给予1年岗位补贴和3年社会保险补贴。

（三十九）在本市全日制普通高等学校就读的台湾学生取得大陆全日制普通高等学校本科及以上学历后，可以按照面向社会公开的招聘方案和招聘条件，自主应聘本市事业单位（不含参照公务员法管理的事业单位），一经聘用，与大陆普通高等学校毕业生在工资福利、社会保险等方面享有同等待遇。

（四十）高校毕业的台湾学生来津创业，可享受本地高校毕业生同等优惠政策。符合规定条件的，可申请最高30万元的创业担保贷款；对已成功创业且带动就业5人以上、经营稳定的创业者，可给予最高50万元贷款再扶持。

（四十一）高校毕业的台湾学生在津创办企业，给予1年岗位补贴和3年社会保险补贴。高校毕业的台湾学生在津领取工商营业执照，且租赁房屋正常生产经营的，按照每月1800元的标准，给予最长24个月的房租补助。

（四十二）在本市各类企业工作的台湾同胞、在本市本科高等学校学习的台湾大学生，可同等参加职业技能培训，取得职业资格证书并符合条件的可享受相应培训补贴。

（四十三）在津台湾同胞可报名参加53项专业技术人员职业资格考试和81项技能人员职业资格考试（详见国台发〔2018〕1号文件附件《向台湾居民开放的国家职业资格考试目录》）。

（四十四）台湾专家、学者、教师可在本市高校、职业院校从事专业学科教学工作，在台湾取得的学术成果可以纳入工作评价体系。

（四十五）台湾学生可以参加大陆医师资格考试，在大陆高校就读临床医学专业硕士学位的台湾学生，参加研究生学习一年后可按规定参加考试。

（四十六）取得大陆医师资格证书的台湾同胞，按照有关规定可在津申请执业注册，与大陆医师享有同等权利和义务。符合条件的台湾医师可通过认定方式获得大陆医师资格。符合条件的台湾医师可在津申请注册短期行医，有效期3年。

四、关于台湾同胞在津生活方面

（四十七）台湾同胞与本市用人单位形成劳动（聘用）关系的，在协商一致的基础上，可按有关规定缴存住房公积金，与本市缴存职工同等享有提取住房公积金和申请住房公积金贷款等权利。

（四十八）台湾同胞个人按照本市规定的缴费比例和标准实际缴付的住房公积金允许在个人应纳税所得额中扣除，其支付的个人住房公积金贷款利息可从每月个人工资、薪金所得的应纳税所得额中减除；领取原提存的住房公积金及其利息，免交个人所得税。

（四十九）为在津台湾同胞就医提供便捷服务，对急危重症等就医台湾同胞，各级医院开辟绿色通道，协调好就医有关事项。

（五十）台商社会力量可以在津举办医疗机构，消除非公立医疗机构发展的政策障碍，鼓励有资质人员依法开办个体诊所。

（五十一）台湾学生在义务教育阶段享受本市市民待遇。

（五十二）在津居住满1年的台湾同胞在本市购买住房（包括新建商品住房和二手住房），在购房资格、按揭贷款等方面享受与本市户籍居民同等待遇。

天津市人民政府办公厅转发市台办、市发展改革委关于进一步促进津台经济文化交流合作具体措施的通知

（2020年1月12日天津市人民政府办公厅津政办规〔2020〕1号）

各区人民政府，各委、局，各直属单位：

市台办、市发展改革委《关于进一步促进津台经济文化交流合作的具体措施》已经市人民政府同意，现转发给你们，请照此执行。

关于进一步促进津台经济文化交流合作的具体措施

市台办　市发展改革委

为深入贯彻落实习近平总书记在《告台湾同胞书》发表40周年纪念会上的重要讲话精神，持续深化津台经济文化交流合作，根据国务院台办、国家发展改革委《关于进一步促进两岸经济文化交流合作的若干措施》（国台发〔2019〕1号）精神，结合本市实际，提出以下措施。

一、为台湾企业提供同等待遇

1. 在津注册的台资企业，同等参与本市重大技术装备的研发创新，并按照不同领域，申报本市科技计划项目。（市科技局负责）

2. 积极协调国家市场监管总局，帮助台资企业同等参与国家首台（套）重大技术装备检测评定工作。（市市场监管委负责）

3. 在津注册的台资企业，同等参与本市重大技术装备示范应用体系、企业技术中心、工业设计中心建设，并按照不同层级，申报国家级和市级工业设计中心。（市工业和信息化局负责）

4. 台资企业同等参与本市产业创新中心、工程研究中心建设。（市发展改革委负责）

5. 台资企业按照市场化原则，重点从第五代移动通信（5G）网络建设、应用发展、产业聚集三方面，同等参与本市5G产品测试和网络建设。（市工业和信息化局、市通信管理局负责）

6. 台资企业同等参与本市建筑垃圾资源化利用项目，市城市管理部门对台资企业处理建筑垃圾的设施规划、日常管理治理、政策扶持等予以帮助；同等参与本市园林废弃物处理项目，或单独竞标园林废弃物处理项目，或与大陆企业组成联合体，竞标不需有关资质等级证书，完成的境外同类项目作为业绩加分。（市城市管理委负责）

7. 台资企业同等参与本市城镇污泥无害化处置与资源化利用项目。（市水务局负责）

8. 台资企业同等参与本市再生资源回收体系建设。（市商务局负责）

9. 台资企业同等参与本市工业固废资源化综合利用项目。（市工业和信息化局负责）

10. 台资企业同等投资航空客货运输、通用航空服务；同等参与符合相关规划的民航运输机场和通用机场建设，开展咨询、设计、运营维护等业务，市相关部门提供协助。（市发展改革委、市住房城乡建设委、市交通运输委负责）

11. 台资企业投资本市主题公园，以特许经营方式参与本市旅游基础设施和配套服务建设，享受同等待遇。本市将在台资投资主题公园项目前期工作中，做好相关投资建设项目服务工作，具备条件后，加快核准项目审核，推动项目实施。（市发展改革委、市文化和旅游局负责）

12. 助力台湾金融机构和企业发起或参与设立小额贷款公司、融资租赁公司和融资担保公司等地方金融组织。助力台资租赁企业参与本市国家租赁创新示范区建设，打造租赁业发展升级版。（市金融局负责）

13. 台资企业与本市海河产业基金按照市场化原则，通过合作设立基金以及引导已设立基金开展项目投资等方式，在人工智能科技、生物医药健康、新能源新材料等重点领域开展合作。（市金融局负责）

14. 落实《外商投资准入特别管理措施（负面清单）（2019年版）》，台资企业在本市服务业、制造业、采矿业、农业等行业依法享受优惠政策。台湾投资者享受使用可自由兑换货币、机器设备或者其他实物、工业产权、非专利技术等作为投资相关政策。落实“一制三化”审批制度改革，对台商服务做到“不能说不行、最多跑一次”。在本市市、区政务服务中心推行台湾同胞习惯使

用的“注音”输入法等便民措施，加强服务引导，切实提升在津台湾同胞办事便利度。（市发展改革委、市政务服务办负责）

15. 帮助台资企业在本市扩大经营，扎根发展。台湾投资者从本市台资企业分配的利润再投资，符合相关条件的，暂不征收预提所得税。（市税务局负责）

16. 台资企业在本市投资建设农产品流通、放心食品工程等项目，同等享受政策支持。（市商务局负责）

17. 对台商和台资企业同等利用自由贸易账户（“FT”账户）政策做好宣传推介服务。（人民银行天津分行、市金融局负责）

18. 台资企业向本市政府性融资担保机构申请融资担保服务享受同等政策。市融资担保发展基金对纳入再担保业务合作范围的政府性融资担保机构因支持台资企业发展产生的担保贷款损失，按照20%的比例承担代偿责任。（市财政局、市工业和信息化局、天津市中小企业信用融资担保中心负责）

19. 在津注册的台资企业通过股权托管交易机构进行融资享受同等政策。充分发挥天津滨海柜台交易市场股份公司融资服务对接功能，推动天津滨海柜台交易市场探索开发符合台资企业特点的融资产品，满足台资企业融资需要。（市金融局负责）

20. 台资企业在银行间债券市场发行债务融资工具进行直接融资享受同等政策。加大宣传培训工作力度，增进台资企业对银行间债券市场融资政策及产品的了解。（人民银行天津分行负责）

21. 台资企业同等依法享受贸易救济和贸易保障措施。充分发挥天津市相关联席会议制度作用，切实保护在津台商和台资企业合法权益，为台资企业应诉国际贸易摩擦案件提供政策服务。（市商务局、市贸促会负责）

22. 台资企业同等依法利用出口信用保险等工具，保障出口收汇和降低对外投资风险。对于在本市依法合规设立的台资企业，提供中长期出口信用保险、海外投资保险、短期出口信用保险、国内信用保险、与出口信用保险相关的信用担保和再保险、应收账款管理、商账追收、信息咨询等出口信用保险产品和服务，为台资企业出口和对外投资提供收汇风险保障、融资便利支持、开拓市场、收汇损失补偿等支持保障。（天津银保监局、市商务局、中国出口信用保险公司天津分公司负责）

23. 提高台湾输入天津商品的口岸通关效率，推广进出口货物“提前申报”，开展进口货物“两步申报”改革试点，对进口货物分段实施准入监管，加快口岸验放；落实海关“顺势、嵌入式”物流监管理念，实施“船边直提”作业模式，推进海关顺势机检监管，稳步提升非侵入、非干扰式查验比例；从台湾进口货物的企业凭金融机构担保，享受“先放后税”便捷通关措施，提高汇总征税缴税比例，深化关税保证保险在汇总征税领域的应用。(天津海关负责)

24. 在天津自贸试验区，对台湾输入天津的特殊物品实施风险分级和信用分类管理，实施“一次审批、分批核销”制度，实行限时审批；对台湾输入天津的成套设备检验监管中，认可境外装运前检验机构按照大陆标准实施检验的结果，并对照装运前检验报告进行安装后核查，不再实施到货检验。(天津海关、市商务局负责)

25. 台资企业同等参与本市地方标准制修订工作，依法制定企业标准并实行企业标准自我声明公开，享受同等标准化资助政策。(市市场监管委负责)

26. 本市海峡两岸青年就业创业基地和示范点发展建设同等享受相关扶持政策。(市科技局负责)

（1）申报市级科技企业孵化器。市科技局定期对市级孵化器开展考核评价工作，对考核评价结果为优秀和良好的市级孵化器，分别一次性给予20万元人民币和10万元人民币的财政奖励。

（2）申请备案本市众创空间。市科技局定期开展众创空间绩效评估工作，对新备案的众创空间，首次获评优秀的，一次性给予20万元人民币的财政奖励；累计3年考评优秀的，再给予30万元人民币的财政奖励。

27. 为台资来津办医提供政策扶持。助力台资举办营利性大型、高端、专科医疗机构，助力台资医疗机构与本市公立医疗机构合资合作举办新的非营利性医疗机构。(市卫生健康委负责)

28. 台资企业享受天津自贸试验区“复制推广试点经验和创新实践案例”的所有政策。(市商务局负责)

29. 在本市从事农业生产的台资经营主体，所经营的农业综合生产能力提升工程、质量兴农工程、现代农业经营体系培育工程、农村绿色发展工程等项目，享受同等扶持政策。(市农业农村委负责)

30. 在津注册的台资企业，在本市从事农业产业生产过程中，在推进集约化、规模化、标准化生产等方面进行产业提升等基础设施建设，享受同等扶持

政策。（市农业农村委负责）

二、为台湾同胞提供同等待遇

31. 协调中华人民共和国驻外使领馆为在津工作和生活并具有台湾居民居住证的台湾同胞提供领事保护与协助。（市外办负责）

32. 为台湾同胞申请成为本市农民专业合作社成员提供帮助。（市市场监管委负责）

33. 在本市从事农业生产的台资经营主体和台湾同胞，同等享受耕地地力保护补贴、农机购置补贴等支农政策。台资企业和台湾同胞通过申办或入股、合作等形式投资农民专业合作社等农业新型经营主体，享受同等扶持政策。（市农业农村委负责）

34. 在本市从事农业产业化经营项目的台资企业和台湾同胞，向本市政策性农业信贷担保机构同等申请贷款担保。台资农业新型经营主体享受同等涉农保险优惠政策。（市农业农村委负责）

35. 台湾同胞持台湾居民来往大陆通行证或本市公安机关签发的台湾居民居住证等身份证明，依据《天津市小客车总量调控管理办法》（津政发〔2019〕31 号），申请本市小客车增量指标。台湾同胞在本市同等使用交通运输新业态企业提供的交通出行等产品。（市交通运输委负责）

36. 台湾同胞持台湾居民来往大陆通行证或台湾居民居住证等身份证明，在本市购买住房（包括新建商品住房和二手住房），在购房套数等方面享受本市户籍居民同等待遇。（市住房城乡建设委负责）

37. 本市常住台湾同胞，按照本市解决新市民住房困难的相关规定，同等享受公共租赁住房以及租房补贴等住房保障政策。（市住房城乡建设委负责）

38. 台湾文创机构、单位或个人，同等参与本市文创园区建设营运、参加各类文创赛事；参加大陆文艺展演展示活动，由演出经纪机构向文化和旅游部文化市场平台申报，市文化和旅游部门对以上事项予以协助。（市文化和旅游局负责）

39. 台湾文艺工作者进入本市文艺院团、研究机构工作或研学，市文化和旅游部门积极推动，帮助对接涉及人才引进等工作的部门；为在津台湾同胞申报中国文化艺术政府奖动漫奖做好推荐、审核、服务工作。（市文化和旅游局负责）

40. 在本市高校、科研机构、公立医院、高科技企业从事专业技术工作的台湾同胞，与本市专业技术人员同等参加相应系列、级别职称评审；台湾青年来津就业、创业或参加职业技能培训，享受本市相关政策。(市人社局负责)

41. 本市相关部门督促医疗机构进行信息系统和阅读机具软件升级，为在津台湾同胞使用台湾居民居住证就医提供便捷服务。(市卫生健康委负责)

42. 台湾同胞子女在津高中毕业后获得高中、中等职业学校毕业证书的，在本市自愿参加相关高职院校分类招考；台湾同胞子女在外省市获得高中、中等职业学校毕业证书的，持本市公安机关签发的台湾居民居住证自愿参加本市相关高职院校分类招考。本市职业院校与台湾地区职业院校积极合作开展交流访学、技能夏令营等活动。(市教委负责)

43. 在本市高校学习的台湾学生，持台湾居民居住证，按照教育部有关规定，向所在高校申请同等享受各类资助政策；在本市高校任教、就读的台湾教师和学生，持台湾居民居住证，按照国家留学基金管理委员会有关规定同等申请公派留学资格。(市教委负责)

44. 欢迎台湾运动员参加本市主办或举办的体育比赛。本市相关体育训练基地为台湾运动员、教练员、专业人员来津考察、训练、参赛、工作、交流等提供便利条件和优质服务，为台湾运动员备战 2022 年北京冬奥会和杭州亚运会提供协助。鼓励台湾同胞、民间团体和协会，在津台体育赛事、体育文化、后备人才培养、体育产业、体育教育、体育科研和体育医疗等领域开展深层次合作。欢迎台湾运动员报考天津体育学院。(市体育局、市教委负责)

45. 台湾运动员以内援身份加入本市足球、篮球、乒乓球、围棋等职业队，台湾体育团队、俱乐部参与大陆相关职业联赛，台湾同胞向大陆单项体育运动协会申请运动技术等级证书，市体育部门均予以帮助。(市体育局负责)

46. 积极为持有台湾居民居住证的台湾同胞办理银行开户等相关业务提供便捷服务。(人民银行天津分行负责)

河北省

关于印发《河北省港澳台居民居住证申领发放实施细则》的通知

（2018年10月22日河北省人民政府办公厅冀政办字〔2018〕165号）

各市（含定州、辛集市）人民政府，各县（市、区）人民政府，雄安新区管委会，省政府各部门：

《河北省港澳台居民居住证申领发放实施细则》已经省政府同意，现印发给你们，请认真贯彻执行。

河北省港澳台居民居住证申领发放实施细则

第一条　为做好我省港澳台居民居住证申领发放工作，便利港澳台居民在我省工作、学习、生活，保障港澳台居民合法权益，根据《居住证暂行条例》、《国务院办公厅关于印发〈港澳台居民居住证申领发放办法〉的通知》（国办发〔2018〕81号）有关规定，结合我省实际，制定本实施细则。

第二条　港澳台居民前往内地（大陆）居住半年以上，符合有合法稳定就业、合法稳定住所、连续就读条件之一的，根据本人意愿，可以依照本实施细则的规定申请领取港澳台居民居住证。

未满十六周岁的港澳台居民，可以由监护人代为申请领取港澳台居民居住证。

第三条　港澳台居民居住证是持证人在内地（大陆）居住、享受居住地基本公共服务和便利的证明。

第四条　港澳台居民居住证登载的内容包括：姓名、性别、出生日期、居住地住址、公民身份号码、本人相片、指纹信息、证件有效期限、签发机关、签发次数、港澳台居民出入境证件号码。

公民身份号码由公安机关按照公民身份号码国家标准编制，香港居民公民身份号码地址码使用 810000，澳门居民公民身份号码地址码使用 820000，台湾居民公民身份号码地址码使用 830000。

第五条　县级以上公安机关应当积极协调配合港澳事务、台湾事务、发展改革、教育、民政、司法行政、人力资源社会保障、住房城乡建设、交通运输、卫生计生等有关部门，共同做好港澳台居民居住证持有人权益保障、服务和管理工作。

第六条　公安机关应当建立完善港澳台居民居住证管理信息系统，做好港澳台居民居住证申请受理、审核及证件制作、发放、管理工作。

第七条　港澳台居民居住证采用居民身份证技术标准制作，具备视读与机读两种功能，视读、机读的内容限于本办法第四条规定的项目。

港澳台居民居住证的式样由公安部商国务院港澳事务办公室、国务院台湾事务办公室制定。

港澳台居民居住证由省级政府公安机关统一制作。

第八条　港澳台居民居住证的有效期限为五年，由县级政府公安机关签发。

第九条　港澳台居民申领港澳台居民居住证，应当填写《港澳台居民居住证申领登记表》，向居住地县级政府公安机关指定的公安派出所或者户政办证大厅提交本人港澳台居民出入境证件以及居住地住址、就业、就读等证明材料。

居住地住址证明包括房屋租赁合同、房屋产权证明文件、购房合同或者房屋出租人、用人单位、就读学校出具的住宿证明等；就业证明包括工商营业执照、劳动合同、用人单位出具的劳动关系证明或者其他能够证明有合法稳定就业的材料等；就读证明包括学生证、就读学校出具的其他能够证明连续就读的材料等。

第十条　港澳台居民居住证有效期满、证件损坏难以辨认或者居住地变更的，持证人可以换领新证。换领新证时，应当交验本人港澳台居民出入境证件。领取新证时，应当交回原证。

第十一条　港澳台居民申领、换领、补领港澳台居民居住证，符合办理条件的，受理申请的公安机关应当自受理之日起 20 个工作日内发放；交通不便的地区，办理时间可以适当延长，但延长的时间不得超过 10 个工作日。

第十二条　公安派出所或者户政办证大厅在申请受理及发放港澳台居民居

住证时，应当积极为港澳台居民提供便民服务措施；对申领材料不全的，应当一次性告知申领人需要补充的材料。

第十三条　对因丢失或忘记携带港澳台居民居住证急需登机、乘坐火车、入住旅馆人员，机场、火车站公安派出所和旅馆辖区公安派出所应当为其开具临时身份证明，用于当次乘机、乘坐火车和入住旅馆。

第十四条　港澳台居民居住证持证人有下列情形之一的，其所持港澳台居民居住证应当由签发机关宣布作废：

（一）迁入内地（大陆）定居落户、加入外国国籍等丧失港澳台居民身份的；

（二）使用虚假证明材料骗领港澳台居民居住证的；

（三）可能对国家主权、安全、荣誉和利益造成危害的；

（四）港澳台居民出入境证件被注销、收缴或者宣布作废的（正常换补发情形除外）。

第十五条　港澳台居民在内地（大陆）从事有关活动，需要证明身份的，有权使用港澳台居民居住证证明身份，有关单位及其工作人员不得拒绝。

第十六条　港澳台居民居住证持有人在居住地依法享受下列权利：

（一）劳动就业的权利；

（二）参加社会保险的权利；

（三）缴存、提取和使用住房公积金的权利；

（四）国家规定的其他权利。

第十七条　县级以上政府及其有关部门应当为港澳台居民居住证持有人提供下列基本公共服务：

（一）义务教育；

（二）基本公共就业服务；

（三）基本公共卫生服务；

（四）国家规定的生育基本服务；

（五）公共文化体育服务；

（六）法律援助和其他法律服务；

（七）按照规定提供住房保障服务；

（八）国家及居住地规定的其他基本公共服务。

第十八条　港澳台居民居住证持有人在内地（大陆）享受下列便利：

（一）乘坐国内航班、火车等交通运输工具；

（二）住宿旅馆；

（三）办理银行、保险、证券和期货等金融业务；

（四）与内地（大陆）居民同等待遇购物、购买公园及各类文体场馆门票、进行文化娱乐商旅等消费活动；

（五）在居住地办理机动车登记；

（六）在居住地申领机动车驾驶证；

（七）在居住地报名参加职业资格考试、申请授予职业资格；

（八）在居住地办理生育服务登记；

（九）子女可以按照规定在居住地接受义务教育后参加中考；

（十）在居住地办理工商登记（不作为港澳台居民对外投资的身份证明）；

（十一）国家及居住地规定的其他便利。

第十九条 地方各级政府及其有关部门应当积极创造条件，逐步扩大为港澳台居民居住证持有人提供公共服务和便利的范围，提高服务标准，并定期向社会公布。

第二十条 国家机关及其工作人员对在工作过程中知悉的港澳台居民居住证持有人个人信息，应当予以保密。

第二十一条 违反规定办理、使用港澳台居民居住证的，依照《居住证暂行条例》的有关规定予以处罚。

国家机关及其工作人员违反港澳台居民居住证管理相关规定的，依法给予处分；构成犯罪的，依法追究刑事责任。

第二十二条 首次申领港澳台居民居住证，免收证件工本费。换领、补领港澳台居民居住证，应当缴纳证件工本费。具体收费办法由省政府财政、价格主管部门按照国家有关规定制定。

第二十三条 本办法所称“港澳台居民”是“港澳居民”和“台湾居民”的统称。其中，“港澳居民”是指在香港、澳门特别行政区定居且不具有内地户籍的中国公民；“台湾居民”是指在台湾地区定居且不具有大陆户籍的中国公民。

本办法所称“港澳台居民居住证”，包括中华人民共和国港澳居民居住证、中华人民共和国台湾居民居住证。

本办法所称“港澳台居民出入境证件”，包括港澳居民来往内地通行证、五年期台湾居民来往大陆通行证。

第二十四条 本实施细则自发布之日起施行。

关于印发《关于进一步深化冀台经济文化交流合作的若干措施》的通知

（2018年12月5日河北省人民政府台湾事务办公室、河北省发展和改革委员会冀台发〔2018〕2号）

各市（含定州、辛集市）台办、发展改革委（局），雄安新区党群部、改革发展局：

为深入贯彻党的十九大精神和习近平总书记对台工作重要论述，积极落实国务院台办、国家发展改革委《关于促进两岸经济文化交流合作的若干措施》，率先同台湾同胞分享河北发展机遇，逐步为台湾同胞在冀投资、创业、就业、学习和生活提供与河北企业、居民同等待遇，进一步促进冀台经济文化交流合作，经商省委组织部、省委宣传部、省教育厅等37个省直有关单位和各市（含定州、辛集市）政府、雄安新区管委会，省台办、省发展改革委牵头制订出台《关于进一步深化冀台经济文化交流合作的若干措施》，报经省政府同意，现印发你们，请结合当地实际认真贯彻执行。

关于进一步深化冀台经济文化交流合作的若干措施

为进一步贯彻落实党的十九大精神和习近平总书记对台工作重要论述，率先同台湾同胞分享河北发展机遇，逐步为其在冀投资、创业、就业、学习和生活提供与河北企业、居民同等待遇，进一步促进和深化冀台经济文化交流合作，根据国务院台办、国家发展改革委《关于促进两岸经济文化交流合作的若干措施》，结合我省实际，提出以下措施。

一、冀台经贸合作方面

1. 鼓励台湾同胞积极分享京津冀协同发展、雄安新区规划建设、“一带一路”发展战略以及2022年冬奥会等重大历史机遇。重点投向先进装备制造、新一代信息技术、生命健康、新能源和清洁能源、新材料、节能环保、特种机器人等新兴产业集群以及环京津休闲旅游、健康养老、文化创意、金融服务等现代服务业。参与钢铁、石化、建材等传统产业改造升级。积极发展滑雪装备制造、人才培训等冰雪体育产业。(责任单位：省发展改革委、省商务厅、省工信厅、省农业农村厅、省文化和旅游厅、省地方金融监督管理局、省卫生健康委、省民政厅、雄安新区管委会、省冬奥办、各市政府)

2. 鼓励台湾同胞参与雄安新区规划建设，重点在高端高新产业、金融、物流以及科技研发领域开展合作。各项开放政策同等适用于台资企业。(责任单位：雄安新区管委会)

3. 鼓励台湾同胞参与我省各类基础设施 PPP 项目合作，重点投向煤改气、煤改电等大气污染防治项目，参与京津冀交通一体化、扶贫公路等交通设施建设，发展轨道交通，开发海上风电等绿色能源，参与防洪抗旱水利工程和城市地下综合管廊建设，支持台资依法依规以特许经营方式等参与管理运营，同等适用有关支持政策。(责任单位：省财政厅、省发展改革委、省交通运输厅、省水利厅、省住建厅、省生态环境厅、各市政府)

4. 台资企业参与“中国制造 2025”行动计划，与省内企业享受同等优惠政策。我省各级政府、各部门设立的各类扶持资金和各项优惠政策等，同等适用于台资企业。(责任单位：省工信厅、省有关部门、各市政府)

5. 鼓励台湾同胞参与我省乡村振兴战略，支持台资企业和台湾专业技术人员在推进全省乡村产业振兴、人才振兴、文化振兴、生态振兴等领域的项目合作、运营管理，并同等享受相关政策支持。(责任单位：省农业农村厅、省台办、省发展改革委、省委组织部、省商务厅、省文化和旅游厅、省林业和草原局、省生态环境厅、省科技厅、省工信厅、各市政府)

6. 支持台资企业通过合资合作、并购重组等方式参与省内国有企业改革。(责任单位：省国资委)

7. 鼓励台资设立地区总部和功能性机构。对在我省设立地区总部及财务中心、采购中心等功能性机构，由所在地对其办公场所、经营设施、开办费用等给予补助。支持台资研发机构、台资企业在我省设立研发机构，面向我省企业转化推广先进技术成果。台资机构转让技术，开展技术咨询服务业务，经认定的合同享受技术交易税收优惠政策。(责任单位：省商务厅、省发展改革委、省财政厅、省科技厅)

8. 对列入省市重点建设计划的台资项目从招商到竣工投产实行“保姆式”

全程领办、代办制，建立专人负责制。创建跟踪服务档案，畅通上门服务、企业免跑的绿色通道，逐企逐项解决实际问题。(责任单位：各市政府)

9. 台资企业在我省办理工商注册、外汇登记、业务牌照、资质许可、政府特许、标准制定等方面，与省内企业统一标准、统一时限、统一程序。在申请各类财政资金支持、申办各类资质和证书方面享受同等待遇。各地各部门未经法律授权不得擅自增加对台资企业的限制。台湾同胞可以在我省设立个体工商户从事经营活动。(责任单位：省市场监督管理局、省商务厅、省财政厅、省有关部门、各市政府)

10. 台资企业与省内企业同等适用相关用地政策。我省确定的优先发展产业且用地集约的工业项目，在确定土地出让底价时可按不低于所在地土地等别相对应全国工业用地出让最低价标准的70%执行。按比例计算后低于该项目土地实际取得成本、土地前期开发成本和按规定应收取费用之和，应按不低于实际各项目成本费用之和的原则确定出让底价。(责任单位：省自然资源厅)

11. 经认定为高新技术企业的在冀台资企业，依法享受减按15%税率征收企业所得税。符合条件的台资企业依法同等享受国家有关研发费用加计扣除、国家高新技术企业、技术先进型服务企业、固定资产加速折旧、技术转让所得减免，设在河北的研发中心采购大陆设备全额退还增值税等税收优惠政策。(责任单位：省科技厅、省财政厅、省税务局)

12. 鼓励台资企业扩大投资，其所得利润再投资鼓励类项目时，按省内企业同等待遇，暂不征收预提所得税。(责任单位：省税务局)

13. 实施“源头管理、口岸验放”的两岸商品快速验放模式，建立有利于第三方检验鉴定机构发展和规范的管理制度。简化台湾地区特殊物品入境审批手续，来自台湾地区的入境特殊物品实施境外风险评估，符合卫生安全要求的，实现即报即批。(责任单位：石家庄海关、省发展改革委)

14. 支持台湾同胞在农业高效种养、农产品精深加工等领域进行先进技术的交流合作。在我省的台资农业企业可与省内农业企业同等享受农机购置补贴，鼓励台资农业企业申报农业产业化重点龙头企业，享受农业产业化重点龙头企业相关优惠政策。(责任单位：省农业农村厅、省财政厅)

15. 鼓励各市（含定州、辛集市）及省级以上开发区在法定权限内制定出台有针对性的吸引台资优惠政策。(责任单位：各市政府)

16. 拓宽企业融资渠道。重点支持在冀台资企业的境外母公司或子公司按规定在境内发行人民币债券。鼓励符合条件的在冀台资企业依法依规在主板、中小板和创业板上市，在新三板挂牌。（责任单位：省地方金融监督管理局、省发展改革委、人行石家庄中心支行、河北证监局）

17. 支持省内银行业金融机构与台资银行协作，通过银团贷款等方式为我省实体企业提供金融服务，支持省内金融机构为在冀台资企业提供综合金融服务。（责任单位：省地方金融监督管理局、人行石家庄中心支行、河北银保监局）

18. 支持台资金融机构、商户等与在冀清算机构及河北省非银行支付机构依法展开合作，为台湾同胞提供便捷的小额支付服务。（责任单位：人行石家庄中心支行、河北银保监局）

19. 支持我省征信机构与台湾征信机构依法开展业务合作，为冀台两地同胞和企业提供征信服务。（责任单位：人行石家庄中心支行）

20. 台资企业和台湾同胞来河北办展参会，同等享受相关支持政策。（责任单位：省商务厅、石家庄海关）

21. 支持台资企业公平参与政府采购。（责任单位：省财政厅、各市政府）

22. 依法严格保护台商投资企业知识产权。建立企业知识产权信用信息系统，完善知识产权纠纷多元解决机制和知识产权侵权查处快速反应机制。加强知识产权执法、维权援助和仲裁调解工作，促进行政执法与司法有效衔接。（责任单位：省科技厅、省知识产权局）

二、来冀就业创业方面

23. 鼓励台湾同胞来我省创业。各级政府出台的创业项目扶持、融资支持、科技创新、市场开拓、生产经营场所和住房租金补贴等优惠政策，对台湾同胞同等适用。（责任单位：省人力资源和社会保障厅、各市政府）

24. 取得祖国大陆全日制普通高校学历的台湾学生，以及取得祖国大陆承认学历的其他台湾居民，均可报名应聘我省事业单位（不含参照公务员法管理的事业单位）。对于我省急需的高层次、短缺专业人才，可采取选聘方式招聘。聘后按照国家现行事业单位工作人员的管理制度进行管理，享受同等待遇。（责任单位：省人力资源和社会保障厅及相关部门）

25. 台湾专业人才可按规定申请参与国家“千人计划”。在冀工作的台湾专业人才，可按规定申请参与国家“万人计划”。台湾同胞可按规定参评河北省的特聘专家或特聘专业人才。（责任单位：省委组织部）

26. 台湾专业人才在我省就业创业、符合国家和省有关规定，可同等享受我省支持本地人才培养和引进海外人才的有关政策，以及在冀落户安居、子女教育、交通出行等人才服务保障方面的政策。(责任单位：省委组织部、省人力资源和社会保障厅)

27. 鼓励台湾教师来我省院校任教。对符合招聘条件并任教的，与我省高校教师享受同等待遇。对符合高层次人才条件的，可按同等条件申请专家称号，在台湾地区取得的学术成果可以纳入工作评价体系。在台湾地区获得教师资格的台湾教师可通过特聘、购买服务、短期双向交流等方式，在我省幼儿园和中小学从事音乐、体育、美术、外语学科教学工作。(责任单位：省教育厅)

28. 鼓励和支持台湾社会团体与我省相关社会团体合作，参与我省的扶贫、支教、公益、社区建设等基层工作。对有意愿到农村中小学校支教的台湾教师，积极协助安排工作岗位，并纳入全省“三区”教师支教计划，给予一定的资金补助。(责任单位：省民政厅、省教育厅、省扶贫办)

29. 台湾同胞参加职称评审，使用《中华人民共和国台湾居民居住证》或《台湾居民来往大陆通行证》，即可申报参加职称评审。(责任单位：省人力资源和社会保障厅)

30. 鼓励符合对应专业技术资格考试报名条件的台湾同胞，在我省报名参加由省人社厅及各市人社局考试管理机构负责组织实施《向台湾居民开放的国家职业资格考试目录》的53项专业技术人员职业资格考试和81项技能人员职业资格考试。(责任单位：省人力资源和社会保障厅)

31. 鼓励支持在我省的台湾同胞加入省内经济、科技、文化、艺术类专业性社团组织、行业协会，参加相关活动。在我省台湾科技人员可在科技学会、研究会内任除法定代表人以外的理事及以上职务。(责任单位：省民政厅)

32. 鼓励支持台湾地区投资者在我省合资（合作）设立医疗机构，享受所在地公立医院同等待遇。(责任单位：省卫生健康委)

33. 支持符合条件的台湾同胞在我省考取大陆执业医师资格和护士执业资格；支持取得大陆医师资格和护士职业资格的台湾同胞在我省办理执业注册。支持符合条件的台湾地区医师，按照相关规定在我省申请办理短期行医执业证书，期满后重新办理注册手续。(责任单位：省卫生健康委、省人力资源和社会保障厅)

34. 支持在台湾已获取相应资格的台湾同胞根据国家有关规定在我省申请

证券、期货、基金从业资格。（责任单位：河北证监局）

三、冀台文化交流合作方面

35. 支持两岸教育文化科研机构开展中国文化、历史、民族等领域研究和成果应用。鼓励两岸高等院校共同在我省设立两岸合作研究机构。鼓励参与中华经典诵读工程、文化遗产保护工程、非物质文化遗产传承发展工程等中华优秀传统文化传承发展工作。（责任单位：省教育厅、省文化和旅游厅、省民族事务委）

36. 支持台湾地区从事两岸民间交流的机构申请两岸交流基金项目。鼓励台湾青少年来河北开展研学旅行，参加各类夏令营和青少年交流活动。（责任单位：省台办、省教育厅）

37. 鼓励冀台专业院校开展对口交流和校际协作，开展职业技能培训，合作培训人才。（责任单位：省教育厅）

38. 支持台湾文化机构、艺术团体和各界人士参与我省举办的河北文化宝岛行、中国文化年（节）、欢乐春节等品牌活动，参与“中华文化走出去”计划、符合条件的双方文化合作项目可纳入海外中国文化中心项目资源库。（责任单位：省文化和旅游厅）

39. 鼓励台湾地区高层次文化人才与我省文艺院团、研究机构采取签约、项目合作、岗位聘任等方式进行合作。协助台湾地区文化艺术团体来我省举办台湾文化艺术节，为台湾地区优质演出项目提供展示平台。（责任单位：省委宣传部、省文化和旅游厅）

40. 支持台湾同胞根据国家有关规定参与我省广播电视节目和电影、电视制作，可不受数量限制。我省电影发行机构、广播电视台、视听网站和有线电视网引进台湾生产的电影、电视剧不做数量限制。放宽冀台合拍电影、电视剧在主创人员比例、大陆元素、投资比例等方面的限制；取消收取冀台电影合拍立项申报费用；缩短两岸电视剧合拍立项阶段故事梗概的审批时限。（责任单位：省委宣传部、省广播电视局）

41. 对台湾图书进口业务建立绿色通道，简化进口审批流程。同时段进口的台湾图书可优先办理相关手续。（责任单位：省委宣传部）

42. 支持台湾媒体与我省媒体在节目制作、记者互访、新媒体运用等方面建立多层次多角度的合作关系。定期邀请台湾媒体到河北参访交流。（责任单位：省委宣传部、省台办、省广播电视局）

43. 在我省工作的台湾同胞符合条件的可参加省、市劳动模范、五一劳动奖章、技术能手、三八红旗手、青年五四奖章等荣誉称号评选。(责任单位：省委宣传部、省台办、省民政厅、省总工会、省妇联、团省委)

44. 支持我省台资企业依法组建工会组织，台湾同胞加入工会组织可享受与全省现有工会组织及工会会员同等待遇，享受各级工会组织的文化、体育、技能培训、技能大赛、疗养休养等活动。(责任单位：省总工会、省妇联)

45. 在我省长期居住，对推动当地经济发展具有突出贡献的台湾同胞可依照有关规定列席、旁听省市政协会议，并参加部分议题的讨论。(责任单位：省台办、省政协港澳台侨委)

四、生活宜居方面

46. 在我省期间，台湾同胞凭《台湾居民来往大陆通行证》或《中华人民共和国台湾居民居住证》可在全省所有合法经营的旅馆业单位登记住宿。(责任单位：省公安厅)

47. 在我省工作的台湾同胞，可办理机动车注册登记及其他机动车业务，也可申请办理初次或增驾机动车驾驶证、境外驾驶证更换及其他驾驶证业务。(责任单位：省公安厅)

48. 在我省工作的台湾同胞共同居住的子女，可按照有关规定统筹安排就近就学，享有同等待遇，其学籍根据自愿可设置为大陆统一学籍。(责任单位：省教育厅)

49. 在我省各高校就读的台湾籍大学生在助学金、奖学金等方面，与其他学生一样享受同等待遇。(责任单位：省教育厅)

50. 在我省工作的台湾同胞可办理京津冀一卡通，与京津冀居民同等享受公共交通、景点游览等待遇。来我省参访旅游的台湾同胞，持有效台胞证件与我省居民同等享受省内旅游景点门票价格优惠待遇。(责任单位：省文化和旅游厅、省交通厅)

51. 在我省台湾同胞及其家属享有与我省居民同等的医疗卫生服务。医疗机构应根据就诊的台湾同胞申请，依法依规为其提供符合台湾地区健保机构核退费用所需的证明文件。(责任单位：省卫生和健康委、省人力资源和社会保障厅)

52. 在我省工作的台湾同胞，凭《中华人民共和国台湾居民居住证》享受依法提供的劳动就业、社会保险、住房公积金以及各项金融业务、交通住宿等

各项基本公共服务和便利保障。(责任单位：省直相关部门及各市政府)

53. 在我省设立台胞服务中心，聘请法律顾问，为台湾同胞来我省投资、学习、创业、就业、生活提供政策咨询、辅导服务和紧急救助服务。符合条件的台湾同胞同等享有向河北有关部门申请法律援助的权利。(责任单位：省台办、省司法厅)

山西省

关于印发山西省促进晋台经济文化交流合作具体措施的通知

（2021年2月26日山西省人民政府办公厅晋政办发〔2021〕21号）

各市、县人民政府，省人民政府各委、办、厅、局：

《山西省促进晋台经济文化交流合作具体措施》已经省委、省政府同意，现印发给你们，请认真贯彻执行。

山西省促进晋台经济文化交流合作具体措施

为促进晋台经济文化交流合作，根据国务院台办、国家发展改革委等部门《关于促进两岸经济文化交流合作的若干措施》（国台发〔2018〕1号）、《关于进一步促进两岸经济文化交流合作的若干措施》（国台发〔2019〕1号）精神，结合我省实际，制定以下具体措施。

一、推进经济合作

1. 鼓励台资企业参与我省国家资源型经济转型综合配套改革试验区建设和能源革命综合改革试点建设，符合条件的，同等享受我省相关政策。

2. 鼓励台资企业投资高端装备制造、新材料、新能源、数字产业、节能环保、现代金融、现代物流、节能与新能源汽车、现代医药和大健康、数字创意等新兴产业，参与有色金属、绿色建材、特色轻工、通航、康养、文化、旅游、农产品加工等特色优势产业，符合条件的，同等享受我省在投资、财税、土地、金融及人才建设等方面的政策。

3. 台资企业可同等参与重大技术装备研发创新、检测评定、示范应用体系建设，可同等参与产业创新中心、工程研究中心、企业技术中心和工业设计中心建设。可按市场化原则参与大陆第五代移动通信（5G）技术研发、标准制定、产品测试和网络建设。可同等参与我省城市建筑垃圾资源化利用、园林废弃物资源化利用、城镇污泥无害化处置与资源化利用、再生资源和大宗工业固废综合利用等循环经济项目。

4. 符合条件的台资企业可与大陆企业同等投资通用航空服务，参与符合相关规划的民航通用机场建设，开展咨询、设计、运营维护等业务。

5. 台资企业和台湾同胞可同等享受我省各级政府设立的各类产业扶持资金和各项产业优惠政策。

6. 推动海峡两岸产业园区、台湾产业园区等建设，建设运营达标的园区可授予山西省海峡两岸产业园示范基地或山西省台湾产业园示范基地称号。符合条件的海峡两岸青年就业创业基地和示范点可以申报国家级科技企业孵化器、大学科技园和国家备案众创空间。引导台资企业集中集聚海峡两岸产业园区、台湾产业园区发展，园区内项目可申请在境内外发行债券。积极推动申报设立国家级台商投资产业合作区。

7. 鼓励台资企业入驻山西综改示范区、国家级及省级各类园区发展，入驻园区的台资企业与园区内大陆企业享受同等待遇。

8. 支持符合条件的台湾金融机构和企业在我省台资企业集中地区发起或参与设立小额贷款公司、融资租赁公司和融资担保公司等新型金融组织。支持符合条件的台资基金管理公司落地我省，支持台资企业参与我省各级政府发起设立的 PPP 项目融资支持基金，享受与大陆企业同等优惠政策。

9. 台资企业牵头组建的国家级、省级创新平台基地可以享受同等优惠补助政策。

10. 对总投资额 1 亿元以上的台资项目，按照“同等优先、适当放宽”的原则，纳入省级重点项目，在产业布局、注册登记、经营许可、资金扶持等方面，适用与大陆企业同等政策。

11. 台资企业可以特许经营方式参与我省能源、交通、水利、环保、市政公用工程等基础设施建设，以及主题公园、园林景观、森林康养、旅游基础设施和配套服务建设等，符合资质要求的可依法参与建设项目的设计、施工、监理等。

12. 台资企业可以平等参与我省各级政府采购招标，支持符合条件的台资企业参与省内重大项目和工程建设招标，在准入条件、准入程序、审批权责清单等方面享受同等待遇。

13. 支持台资企业和台湾同胞在我省以合资（合作）等形式设立医疗机构，与我省公立医院在许可准入等方面享受同等待遇。鼓励台湾医养惠民项目落地山西。鼓励台湾中医药企业在山西设厂，在医药审批等方面享受绿色通道。

14. 鼓励台资企业和台湾同胞在我省设立高端养老机构。台湾同胞在我省投资养老服务业，享有行业同等待遇。

15. 支持台资企业在我省设立区域总部和研发设计中心。

16. 在台湾地区注册的建筑业企业可在我省申请建筑业企业资质证书，取得证书后可从事相关行业，并与我省建筑业企业享有同等待遇。

17. 台资企业和台湾同胞可通过合资合作、并购重组、收购股权、认购可转债、股权置换等多种方式，平等参与我省国有企业混合所有制改革。

18. 台资企业与大陆企业同等适用相关用地政策。对集约用地的鼓励类台商投资工业项目优先供应土地，在确定土地出让底价时，可按不低于所在地土地等别相对应工业用地出让最低价标准的70%执行。

19. 鼓励台资企业在我省投资涉林产业，并与大陆林木花卉类相关企业享受同等政策和优惠措施。鼓励台湾现代农业企业和技术管理人员参与民俗民宿、休闲农业、乡村旅游等美丽乡村建设。

20. 台资企业可与我省企业同等依法享有贸易救济和贸易保障措施。

21. 支持台资农业企业申报农业产业化重点龙头企业，在支持政策和优惠措施上与我省农业企业享有同等待遇。台资农业企业同等享有我省农机购置补贴、受灾补助等待遇。

22. 台湾投资者凭大陆公安部门颁发的台湾居民居住证、大陆出入境管理部门颁发的台湾居民来往大陆通行证进行各类市场主体登记注册，台湾自然人无需再作公证。

23. 支持鼓励台资企业申报高新技术企业或技术先进型服务企业，经认定通过后，减按15%税率征收企业所得税。鼓励台资企业持续扩大在我省的投资，对其从我省居民企业分配的利润用于我省直接投资符合规定条件的，暂不征收预提所得税。

24. 支持台资企业和台湾同胞进行专利申请、商标注册、著作权登记等活动。依法严格保护台资企业和台湾同胞的知识产权。台资企业在我省申请专利资助、知识产权维权援助和申报省专利工作试点示范单位，与我省企业享有同等待遇。台湾同胞来我省创业，以其专利、专有技术等科技成果作价入股的，科技成果作价金额占注册资本的比例不受限制。

25. 支持台资银行在我省设立金融机构或在太原市设立营业性机构，经批准的台资银行营业性机构可经营人民币业务。鼓励台资银行与山西同业协作，通过银团贷款等方式为我省实体经济提供金融服务。台湾金融机构、商家可与中国银联山西分支机构及山西非银行支付机构依法合规开展合作，为台湾同胞提供便捷的小额支付服务。

26. 支持我省金融机构为台资企业、台湾同胞提供各类金融服务，对符合国家产业政策和信贷条件的台资项目和台商台企，可优先予以信贷支持。

27. 台资企业同等享有我省及各市对民营企业上市“新三板”挂牌和区域性股权交易市场融资的相关扶持政策。

28. 符合条件的台资企业可向我省各级政府性融资担保基金申请融资担保等服务，可通过股权托管交易机构进行融资。支持台资企业在银行间债券市场发行债务融资工具。

29. 金融机构可为中小微台资企业、台湾同胞提供金融和融资担保服务。

30. 符合条件的台资企业可与大陆企业同等依法利用出口信用保险等工具，保障出口收汇和降低对外投资风险。

31. 允许台湾征信机构按照规定与我省相关征信机构开展业务合作，为两岸同胞和企业提供征信服务。

32. 台资企业在我省办理市场主体登记注册、外汇登记、业务牌照、资质许可、政府特许、标准制定、申请各类财政资金支持等方面，与我省企业享有同等待遇。台湾同胞可以在我省设立个体工商户，从事经营活动。各地、各部门未经法律授权不得擅自增加对台资企业的限制。

二、鼓励创业就业

33. 鼓励台湾青年来晋创业就业。将台湾青年来晋创业就业纳入我省创业就业管理体系，享受与本地青年同等待遇。

34. 加大台湾青年来晋创新创业载体建设力度，鼓励两岸有实力的团体、企业创办两岸或台湾创业载体，载体内企业达到 50 家以上（其中台资企业不少于 20 家）且创业成功率 40%以上，有关部门可联合授予山西省海峡两岸青年创新创业基地、台湾青年实习就业基地、海峡两岸青年小微企业创业创新基地等称号，享受省级基地同等待遇。

35. 支持台湾企业和台湾同胞在我省以独资、合资（合作）等形式设立职业培训机构。台湾同胞参加就业技能培训或创业培训，符合条件的按照规定享受相关待遇。

36. 支持在我省就业创业的台湾专业人才申请参与国家重大人才计划。支持全职在晋工作的台湾同胞申报我省各类人才支持计划，享受我省各项人才优惠政策。

37. 台湾同胞可按照《向台湾居民开放的国家职业资格考试目录》参加专业技术人员职业资格考试、技能人员职业资格考试和职业技能等级认定。在台湾已获取相应资格的台湾同胞在我省申请证券、期货、基金从业资格时，只需通过大陆法律法规考试，无需参加专业知识考试。加快推动山西公共招聘网以及企业线上招聘网站系统升级，台湾居民来往大陆通行证、居住证可注册登录，方便台湾同胞求职应聘。

38. 鼓励和支持有意愿来我省工作的台湾同胞，自主应聘或受雇到我省高等院校、公共文化服务机构、医疗卫生机构等事业单位就业，在招聘中享有同等公平竞争权。

39. 取得大陆《医师资格证书》的台湾同胞可在我省申请执业注册。符合条件的台湾医师可在我省申请《台湾医师短期行医执业证书》。

40. 鼓励获准在大陆律师事务所执业的台湾同胞在我省担任法律顾问。鼓励台湾同胞在我省担任调解员、仲裁员、陪审员、缓刑考察员、执行监督员、人民监督员等职务。支持我省律师事务所聘用获得国家统一法律职业资格的台湾同胞从事律师执业。鼓励晋台民间调解组织合作，为在我省的台资企业和个人提供调解服务。

41. 对推动当地经济建设和招商引资有重大贡献的台湾同胞，可授予荣誉市民或经济顾问等称号。对居住满 3 年以上、对当地经济作出较大贡献的台籍高管，可比照引进人才政策给予适当奖励。

42. 在我省工作的台湾同胞可参加当地或全省劳动模范、五一劳动奖章、青年五四奖章、三八红旗手等称号评选。

43. 在我省就业的台湾同胞可申报省级自然科学基金、省级社会科学基金及技术创新、科技成果转化、创新创业服务能力建设等省级专项项目。允许在我省工作的台湾同胞用台湾居民居住证或台湾居民来往大陆通行证注册省级科技计划项目申报账号，申报省级自然科学基金等科技计划项目。

44. 台湾同胞在我省注册的具有独立法人资格的科研院所和企业，可牵头或参与省级科技计划项目和创新平台的申报，享受与我省科研院所和企业同等政策。在我省工作的台湾科研人员可申报我省科技专家库专家，参与省级科研项目的评审和决策咨询，可申报各类科技计划项目负责人，享受与我省科研人员同等政策。

45. 在我省就业的台湾专业技术人员，可按规定申报职称，在台湾取得的学术成果可作为其职称评审的依据，在台湾地区从事技术工作的年限同等视为专业技术工作年限。

46. 在台湾地区获得教师资格证的台湾教师，可以通过特聘、购买服务、短期双向交流等方式，在我省幼儿园和中小学从事音乐、体育、美术学科教学工作。

47. 支持鼓励台湾青年来我省从事文创、电竞等领域的工作，鼓励两岸有实力的团体企业在我省创办电子竞技俱乐部、电子竞技小镇和电竞旅馆。台湾青年在我省创设相关公司，享受与我省企业同等待遇。

48. 台湾文创机构或个人可参与我省文创园区建设营运，参加我省各类文创赛事、文艺展演展示活动。台湾文艺工作者可进入我省文艺院团、研究机构工作或研学。

49. 鼓励台湾同胞参与山西省文化遗产保护工程、非物质文化遗产传承发展工程及相关活动。支持具备条件的台资企业和相关专业机构申报文物保护工程资质。

50. 鼓励台湾民间机构参与我省尧文化、神农炎帝文化、关公文化、根祖文化、黄河文化、民俗文化、晋商文化等重点发展项目，支持晋台宗教文化交流。

51. 鼓励晋台教育文化科研机构以及在我省高校工作的台湾教师积极开展中国文化、历史等领域研究和成果应用，在申报项目经费时具有同等资格。

52. 鼓励台湾地区知识产权在我省实施转化。鼓励台湾同胞经相关考试取得大陆专利代理人资格后，在我省专利代理机构执业。

三、加强文化交流

53. 支持台湾同胞根据国家有关规定参与我省广播电视节目和电影、电视剧制作，数量不受限制。我省电影发行机构、广播电视台、视听网站和有线电视网引进台湾生产的电影、电视剧不作数量限制。放宽晋台合拍电影、电视剧在主创人员比例、大陆元素、投资比例等方面的限制。

54. 建立台湾图书进口业务绿色通道，简化进口审批流程，同时段进口的台湾图书可优先办理相关手续。

55. 鼓励台湾同胞加入我省经济、科技、文化、艺术类等专业性社团组织、行业协会，并担任相应职务或荣誉职务。

56. 支持台湾同胞和台湾相关社团参与我省扶贫、支教、公益等基层工作。

四、提供便利待遇

57. 在我省长期居住、对推动当地经济发展作出突出贡献的台湾同胞，可依照有关规定列席、旁听省市政协会议，并参加部分议题的讨论。

58. 台湾同胞可申请成为农民专业合作社成员，可申请符合条件的农业基本建设项目和财政项目。

59. 鼓励各地积极探索将在我省居住并符合一定条件的台湾同胞，纳入城镇住房保障体系。持台湾居民居住证的台湾同胞在购房资格方面与大陆居民享受同等待遇。支持符合条件的台湾同胞申请我省各市、县的保障性住房。

60. 在我省的台湾同胞及其家属享有与我省居民同等的医疗卫生服务待遇。医疗机构在按照规定书写和保存医疗文书的同时，还应为就诊的台湾同胞提供符合台湾地区健保机构核退费用要求的证明文件。

61. 台湾同胞在我省就业、居住和就读期间，可按照国家及我省社会保险政策规定，参加各项社会保险，与我省参保人员享受同等社会保险待遇。

62. 台湾同胞可凭台湾居民来往大陆通行证或台湾居民居住证，在我省享受购买火车票、机票等生活便利化服务，有关单位要对互联网购票、自助售取票等系统进行升级。

63. 台湾老年同胞凭台湾居民来往大陆通行证或台湾居民居住证可以免费进入公园、公共文化体育设施和场所。65 岁以上者免费乘坐市内公共交通工具、免收普通门诊挂号费。70 岁以上者免费进入风景区、已开放的文物点、教育基地、宗教活动场所。

64. 台湾同胞子女在我省幼儿园、小学、初中、高中就读，享受与当地学生同等待遇。鼓励台湾学生到我省高校就读，在学费、学生资助等方面享受同等待遇。我省高校可设立台湾大学生助学金专门账户，接受社会捐赠，帮助家庭条件困难的台湾学生完成学业。在我省高校任教、就读的台湾教师和学生可持台湾居民居住证同等申请公派留学资格。

65. 台湾户籍考生可享受与台湾省籍考生同等考试加分政策。台商子女高中毕业后，在大陆获得高中、中等职业学校毕业证书的，可以参加我省相关高职院校分类招考。

66. 台湾同胞可购买自住商品房，在购房资格、按揭贷款、住房公积金使用等方面与我省居民享有同等待遇。符合条件的，可申请当地公共租赁住房。

67. 设立台胞权益保障、青年就业创业服务窗口，开设服务热线、微信公众号，及时发布涉台政策信息，为台湾同胞来我省投资、学习、创业、就业、生活提供政策咨询、辅导服务和紧急救助服务。台湾同胞同等享有向我省有关部门申请法律援助的权利。

68. 台湾同胞持台湾居民来往大陆通行证或台湾居民居住证，可以在我省所有依法取得公安机关特种行业许可的宾馆、酒店、家庭旅馆、房车营地等旅馆登记住宿。可按照有关规定换领本地驾照。

附件

促进晋台经济文化交流合作具体措施分工表

序号	事　　项	牵头单位	配合单位
1	推动海峡两岸产业园区、台湾产业园区等的建设，建设运营达标的园区可授予山西省海峡两岸产业园示范基地或山西省台湾产业园示范基地称号。引导台资企业集中集聚海峡两岸产业园区、台湾产业园区发展，园区内项目可申请在境内外发行债券。积极推动申报设立国家级台商投资产业合作区	省台办	省发展改革委、省教育厅、省科技厅、省工信厅、省商务厅、省财政厅、省农业农村厅
2	支持台资企业和台湾同胞在我省以合资（合作）等形式设立医疗机构，与我省公立医院在许可准入等方面享受同等待遇。鼓励台湾医养惠民项目落地山西。鼓励台湾中医药企业在山西设厂，在医药审批等方面享受绿色通道	省卫健委	省发展改革委、省工信厅、省市场监管局、省商务厅

续表

序号	事　　项	牵头单位	配合单位
3	台资企业与大陆企业同等适用相关用地政策。对鼓励类台商投资工业项目优先供应土地，在确定土地出让底价时，可按不低于所在地土地等别相对应工业用地出让最低价标准的70%执行	省自然资源厅	
4	支持鼓励台资企业申报高新技术企业或技术先进型服务企业，经认定通过后，减按15%税率征收企业所得税。鼓励台资企业持续扩大在我省的投资，对其从我省居民企业分配的利润用于我省直接投资符合规定条件的，暂不征收预提所得税	省科技厅	省税务局
5	加大台湾青年来晋创新创业载体建设力度，鼓励两岸有实力的团体、企业创办两岸或台湾创业载体，载体内企业达到50家以上（其中台资企业不少于20家）且创业成功率40%以上，有关部门可联合授予山西省海峡两岸青年创新创业基地、台湾青年实习就业基地、海峡两岸青年小微企业创业创新基地等称号，享受省级基地同等待遇	省台办	省人社厅、省财政厅、省科技厅、省小企业局
6	在台湾已获取相应资格的台湾同胞在我省申请证券、期货、基金从业资格时，只需通过大陆法律法规考试，无需参加专业知识考试。加快推动山西公共招聘网以及企业线上招聘网站系统升级，台湾居民来往大陆通行证、居住证可注册登录，方便台湾同胞求职应聘	省人社厅	省教育厅、省国资委、山西证监局、省地方金融监管局
7	对推动当地经济建设和招商引资有重大贡献的台湾同胞，可授予荣誉市民或经济顾问等称号。对居住满3年以上、对当地经济作出较大贡献的台籍高管，可比照引进人才政策给予适当奖励	各市、县政府	
8	在我省工作的台湾同胞可参加当地或全省劳动模范、五一劳动奖章、青年五四奖章、三八红旗手等称号评选	省台办	省总工会、省妇联、团省委、省人社厅
9	放宽晋台合拍电影、电视剧在主创人员比例、大陆元素、投资比例等方面的限制	省委宣传部	省广电局

续表

序号	事　项	牵头单位	配合单位
10	建立台湾图书进口业务绿色通道，简化进口审批流程，同时段进口的台湾图书可优先办理相关手续	省委宣传部	
11	鼓励各地积极探索将在我省居住并符合一定条件的台湾同胞，纳入城镇住房保障体系。持台湾居民居住证的台湾同胞在购房资格方面与大陆居民享受同等待遇。支持符合条件的台湾同胞申请我省各市、县的保障性住房	省住建厅、省自然资源厅	各市、县政府
12	医疗机构在按照规定书写和保存医疗文书的同时，还应为就诊的台湾同胞提供符合台湾地区健保机构核退费用要求的证明文件	省卫健委	省医保局
13	台湾同胞可凭台湾居民来往大陆通行证或台湾居民居住证，在我省享受购买火车票、机票等生活便利化服务，有关单位要对互联网购票、自助售取票等系统进行升级	省公安厅	太原铁路局等相关单位
14	台湾同胞可购买自住商品房，在购房资格、按揭贷款、住房公积金使用等方面与我省居民享有同等待遇。符合条件的，可申请当地公共租赁住房	省住建厅	各市、县政府
15	设立台胞权益保障、青年就业创业服务窗口，开设服务热线、微信公众号，及时发布涉台政策信息，为台湾同胞来我省投资、学习、创业、就业、生活提供政策咨询、辅导服务和紧急救助服务。台湾同胞同等享有向我省有关部门申请法律援助的权利	省台办	省司法厅

关于印发《涉台园区认定管理办法（暂行）》的通知

（2021年5月18日山西省人民政府台湾事务办公室、山西省发展和改革委员会、山西省科学技术厅、山西省工业和信息化厅、山西省财政厅、山西省农业农村厅、山西省商务厅晋台字〔2021〕7号）

各市台港澳办、发展和改革委、科技局、工信局、财政局、农业农村局、商务局：

为全面贯彻党的十九届五中全会精神和习近平总书记关于对台工作重要论述特别是在《告台湾同胞书》发表40周年纪念会上的重要讲话精神，深入落实省委十一届十次、十一次全会精神和省委省政府有关决策部署，细化《山西省促进晋台经济文化交流合作具体措施》（晋政办发〔2021〕21号）实施，加强我省涉台园区建设管理，推动台资企业在山西集聚发展，省台办、省发改委、省科技厅、省工信厅、省财政厅、省农业农村厅、省商务厅制定了《涉台园区认定管理办法（暂行）》。现予印发，请遵照执行。

涉台园区认定管理办法（暂行）

第一章　总　　则

第一条　为全面贯彻落实省委“四为四高两同步”总体思路和要求，规范涉台园区建设管理，促进园区健康快速可持续发展，根据《山西省开发区条例》（山西省第十三届人民代表大会第二次会议于2019年1月30日通过）、《海峡两岸经济合作园区管理办法（暂行）》（国台发〔2019〕2号）、《山西省促进晋台经济文化交流合作具体措施》（晋政办发〔2021〕21号）等文件精神，结合我省涉台园区发展情况，特制定本办法。

第二条 本办法所指的涉台园区范围

（一）国台办及其它国家部委批准在我省设立的国家级涉台园区。

（二）省级业务主管部门批准设立的省级海峡两岸产业园、台湾产业园和台湾农民创业园等园区。

第三条 本办法适用于省级海峡两岸产业园、台湾产业园和台湾农民创业园的申报、认定和管理；在我省的国家级涉台园区可参照本办法进行管理、复核并享受相关优惠政策。

第二章 涉台园区的申报

第四条 申请设立省级海峡两岸产业园、台湾产业园的条件

（一）拟申报的园区必须是在省综改示范区或国家级、省级开发区（含代管区）内台资企业比较集中的区域，有 5 家以上具有一定规模的台资企业，或园内台资企业工业总产值占园区比重 10%以上，入园台资企业在投资强度、主要能耗指标等方面达到相关要求。

（二）制定有省级海峡两岸产业园、台湾产业园的整体建设规划。

（三）所在市或县（市、区）制定有加快省级海峡两岸产业园、台湾产业园建设、支持鼓励台资企业发展的优惠政策及措施，无重大台商投诉纠纷，有较好的发展环境。

第五条 申报省级海峡两岸产业园、台湾产业园的程序

（一）申报设立省级海峡两岸产业园、台湾产业园的市或县（市、区），经由市人民政府向省台办提出书面申请，申请及附件内容应包括拟设立园区建设发展可行性研究报告、产业发展方向、建设规划及优惠政策措施、管理服务机构以及园区内现有台资企业基本情况（企业统计表、工商登记注册及企业负责人台胞证复印件）等。省台办对园区内台资企业进行初步审核后，会同有关单位进行审核和认定。

（二）省台办组织各有关单位专家进行现场考察和评审。

（三）省台办会同有关单位联合下文批准设立省级海峡两岸产业园、台湾产业园并授牌。

（四）产业园区命名方式：海峡两岸（所在市或县（市、区）名称）产业园、（所在市或县（市、区）名称）台湾产业园。

第六条 已批准设立的省级海峡两岸产业园、台湾产业园的区位、区域面积如需调整和变更的，由园区所在市人民政府按园区设立程序申报，经审核同意后，方可调整和变更。

第七条 申请设立台湾农民创业园的条件

(一) 拟申报的台湾农民创业园，须入驻5家以上台资农业企业或从事农业生产的台湾个体经营户。

(二) 制定有台湾农民创业园整体建设规划，产业发展符合国家政策。

(三) 所在市或县（市、区）制定有促进台湾农民创业园发展和支持鼓励台资农业企业、台湾农业个体经营户发展的优惠政策及措施，无重大台商投诉纠纷，有较好的发展环境。

(四) 产业园区命名方式：海峡两岸（所在市或县（市、区）名称）台湾农民创业园、(所在市或县（市、区）名称）台湾农民创业园。

第八条 申报台湾农民创业园的程序

(一) 申报设立台湾农民创业园的市、县，须由市人民政府向省台办提出书面申请，申请及附件内容应包括拟设立园区建设发展可行性研究报告、产业发展方向、优惠政策措施及管理服务机构。拟设立园区内台资农业企业及项目基本情况（企业及项目统计表、工商登记注册及企业、项目负责人台胞证复印件等)，省台办接到申请后，商省农业农村厅进行认定。

(二) 省台办组织各有关单位专家进行现场考察和评审。

(三) 省台办会同省农业农村厅批复设立台湾农民创业园并授牌。

第九条 已批准设立的台湾农民创业园的区位、区域面积如需调整和变更的，由园区所在市人民政府按园区设立程序申报，经审核同意后，方可调整和变更。

第三章 涉台园区的建设和管理

第十条 省台办、省发改委、省科技厅、省工信厅、省财政厅、省农业农村厅、省商务厅组成涉台园区指导小组，负责全省涉台园区的指导、协调工作。省台办负责涉台园区的日常管理协调，加强对涉台园区的指导和服务，促进园区健康快速可持续发展。

第十一条 涉台园区应坚持新发展理念，统筹经济社会效益，不断完善基础设施，推进机制创新、管理创新和服务创新。

第十二条 涉台园区管理服务可由所在开发区或海峡两岸有实力的园区运营企业负责。所在地台港澳办参与园区指导服务工作。有关开发区要加大对涉台园区支持力度，设立台资企业绿色通道，给涉台园区提供优质服务，切实提升园区管理运营能力。

第十三条 涉台园区所在开发区要为入园台商提供就医、子女入学等生活便利服务，统筹规划好园区基础设施建设，不断完善园区道路、供电、供水、仓储、物流、通信等硬件配套设施建设。进一步创新园区管理服务机制，为入驻企业提供工商注册、财税咨询、市场营销、企业融资、品牌建设、网络电商平台等多方面优质服务，为台资项目落户提供良好的生产、生活环境，形成良好的基础设施支撑和公共服务体系，切实提升园区综合发展能力。

第十四条 涉台园区要加强对台招商引资工作，尤其要进一步加大对园区内台湾高新技术产业、战略性新兴产业、现代农业、现代服务业企业的扶持力度，形成一批产业链完整、产业特色鲜明、规模可观的台资企业集群，力争把园区建设成为全面承接台湾优势产业转移的重要基地，园区内台资企业与大陆企业享受同等待遇。

第十五条 涉台园区管理服务机构应充分利用台湾先进技术、人才、管理优势与我省涉台园区资源优势相结合，促进企业转型升级。台湾农民创业园应结合新农村示范区的建设，积极推进晋台农业新品种、新技术合作，多渠道、多方式开展晋台农业从业人员交流往来。

第十六条 涉台园区内项目可申请在境内外发行债券，省发改委按照国家有关规定，做好服务指导工作。

第四章　涉台园区的考评

第十七条 建立健全激励约束的园区考核机制，实行奖优汰劣动态管理。省台办将会同省发改委、省科技厅、省工信厅、省财政厅、省农业农村厅、省商务厅等相关部门，每两年对涉台园区的经济规模、发展质量、综合效益、投资环境、环境保护等进行综合复核，对园区建设成效显著、管理规范以及台商满意的涉台园区进行表彰奖励，并给予重点扶持。

第十八条 建立园区退出机制。对出现以下情况之一的园区，视情节轻重给予警告、限期整改等相应处罚。对长期发展滞后、限期整改 1 年不到位、失去功能的园区，对园区进行摘牌（国家级涉台园区报国家有关部委研究处理）：

（一）园区对台招商引资力度不大，台资项目进展缓慢，连续三年未引进台资新项目的（含增资项目）。

（二）园区发展规划滞后并未及时调整上报，园区基础设施建设不完善，台资企业硬件设施配套较差的。

（三）投资环境不佳，台商投诉较多，发生重大投资纠纷，且未及时妥善解决的。

（四）发生涉及台商的重大刑事案件，造成恶劣影响的。

（五）其他不利于涉台园区及台资企业建设发展的情况。

第五章 附　　则

第十九条 本办法由省台办负责解释。

第二十条 本办法自印发之日起执行。

吉林省

关于促进吉台经济文化交流合作的实施办法

（2019 年 9 月 26 日吉林省人民政府台湾事务办公室、吉林省发展和改革委员会吉台发〔2019〕1 号）

为深入贯彻党的十九大精神和习近平总书记关于深化两岸经济文化交流合作的重要思想，率先同台湾同胞分享振兴吉林的发展机遇，逐步为台湾同胞在吉林省投资、就业、创业、就学、生活提供与吉林省居民同等待遇，促进吉台经济文化交流合作，省台办、省发展改革委经商省委组织部、省委宣传部、省委统战部、省总工会、团省委、省妇联、省科协、省教育厅、省科技厅、省工信厅、省公安厅、省民政厅、省司法厅、省财政厅、省人社厅、省自然资源厅、省生态环境厅、省住建厅、省交通运输厅、省水利厅、省农业农村厅、省商务厅、省文化和旅游厅、省卫生健康委员会、省市场监督管理厅、省国资委、省广电局、省地方金融管理局、省扶贫办、省税务局、省贸促会、人民银行长春中心支行、吉林银保监局、吉林证监局，根据国务院台湾事务办公室、国家发展和改革委员会《关于促进两岸经济文化交流合作的若干措施》（国台发〔2018〕1 号），结合吉林省实际，经省政府同意，制定本实施办法。

一、努力为台资企业在吉林省投资和经济合作领域给予与本省企业同等待遇

1. 鼓励台资企业参与“一带一路”建设和“振兴东北老工业基地”战略，享受相关政策支持。（省发展改革委、各地方人民政府分别负责）

2. 支持在吉林省的台资企业依法进入装备制造业、新一代信息技术、新材料、农业、旅游、生物科技等行业，享受与吉林省企业同等政策。（省工业和信息化厅、省农业农村厅、省文化和旅游厅、省科技厅等负责）

3. 支持台商来吉林省投资设立高端制造、智能制造、绿色制造等企业并设立区域总部和研发设计中心，吉林省各级政府设立的各类扶持资金和出台的各项优惠政策，台资企业和台湾同胞享有同等待遇。（省工业和信息化厅、省科技厅、省财政厅等相关部门，各地方人民政府按职能分工分别负责）

4. 帮助和支持符合条件的台资企业依法享受高新技术企业减按15%税率征收企业所得税等税收优惠政策。（省税务局、省科技厅按职能分工分别负责）

5. 台湾科研机构、高等学校、企业在吉林省注册的独立法人，可牵头或参与国家重点研发计划项目申报，享受与吉林省科研机构、高等学校、企业同等政策。受聘于在吉林省注册的独立法人的台湾地区科研人员，可作为国家重点研发计划项目（课题）负责人申报，享受与吉林省科研人员同等政策。对台湾地区知识产权在吉林省转化的，可参照执行我国知识产权激励政策。（省科技厅、省市场监管厅负责）

6. 支持台资企业在吉林省以特许经营方式参与能源、交通、水利、环保、市政公用工程等基础设施建设。取得国家住房和城乡建设部发放的相应资质的台资企业可在本省参与建设项目的承包。（省发展改革委、省交通运输厅、省水利厅、省生态环境厅、省住房城乡建设厅等按职能分工分别负责）

7. 台资企业可公平参与吉林省各级政府采购。（省财政厅、各地方人民政府分别负责）

8. 支持台资企业通过合资合作、并购重组等多种方式参与吉林省国有企业混合所有制改革。（省发展改革委、省国资委按职能分工分别负责）

9. 台资企业与吉林省企业同等适用相关用地政策。对集约用地的鼓励类台商投资工业项目优先供应土地，在确定土地出让底价时，可按不低于所在地土地等别相对应吉林省工业用地出让最低价标准的70%执行。（省自然资源厅负责）

10. 鼓励在吉林省的台资企业同等享受吉林省在开拓市场、境外投资等方面出台的相关扶持支持。大力推进台商投资区和两岸环保产业合作示范基地建设。（省发展改革委、省商务厅按职能分工分别负责）

11. 台资企业和台湾同胞在吉林省从事农业生产活动，同等适用吉林省惠农政策。在吉林省的台资农业企业可与吉林省农业企业同等享受农机购置补贴、产业化重点龙头企业等农业支持政策和优惠措施。（省农业农村厅负责）

12. 台湾金融机构、商家可与吉林省非银行支付机构依法合规开展合作，

为台湾同胞提供便捷的小额支付服务。(人民银行长春中心支行负责)

13. 支持吉林省相关征信机构按照规定与台湾征信机构开展业务合作，优先给予业务对接、商议渠道、资质认定和合作目录，为在吉林省的台湾同胞和台资企业提供征信服务。(人民银行长春中心支行负责)

14. 台资银行可与吉林省同业协作，通过银团贷款等方式为实体经济提供金融服务。(吉林银保监局牵头，省地方金融监管局、省内各银行业机构配合)

15. 支持台资企业和台湾同胞来吉林省办展办会，同等享受吉林省相关支持政策。(省贸促会、省商务厅按职能分工分别负责)

16. 设立吉林省涉台法律咨询机构，聘请法律顾问，依法保护台商合法权益，妥善解决涉台纠纷。(省台办负责)

二、逐步为台湾同胞在吉林省学习、创业、就业、生活提供与吉林省同胞同等待遇

17. 支持台湾同胞参加吉林省专业技术和技能人员职业资格考试。台湾同胞可报名参加 53 项专业技术人员职业资格考试和 81 项技能人员职业资格考试，做好在吉林省就业的台湾同胞参加职业资格考试的报名组织工作。(省人力资源和社会保障厅、省教育厅、省司法厅、省卫生健康委等按职能分工分别负责)

18. 推荐符合条件的在吉林省的台湾专业人才申报国家“千人计划”。鼓励在吉林省工作的台湾专业人才申请参与国家“万人计划”。(省委组织部、省委宣传部、省人力资源和社会保障厅、省教育厅、省科技厅按职能分工分别负责)

19. 积极协助在吉林省的台湾同胞申报国家自然科学基金、国家社会科学基金、国家杰出青年科学基金、国家艺术基金等各类基金项目。(省科技厅、省文化和旅游厅按职能分工分别负责)

20. 支持在吉林省的台湾同胞参与中华经典诵读工程、文化遗产保护工程、非物质文化遗产传承发展工程等中华优秀传统文化传承发展工程。支持在吉林省的台湾文化艺术界团体和人士参与吉林省在海外举办的感知中国、中国文化年（节）、欢乐春节等品牌活动，参加“中华文化走出去”计划。符合条件的两岸文化项目可纳入海外中国文化中心项目资源库。(省委宣传部、省文化和旅游厅、省广电局按职能分工分别负责)

21. 积极协助在吉林省的台湾同胞参评中华慈善奖、梅花奖、金鹰奖等国家经济科技文化社会领域各类评奖项目。积极协助在吉林省工作的台湾同胞参加当地劳动模范、五一劳动奖章、技术能手、三八红旗手等荣誉称号评选。

（省总工会、省妇联按职能分工分别负责）

22. 支持台湾同胞根据国家有关规定，参与吉林省广播电视节目和电影、电视剧制作。（省委宣传部、省广电局负责）

23. 支持吉台两岸合拍电影、电视剧，根据国家有关规定做好审批工作。（省委宣传部、省广电局负责）

24. 为台湾图书进口业务提供便利。在全省建立绿色通道，简化台湾图书进口审批流程。优先审核全省出版物进口经营单位申报的台湾地区进口图书备案申请，对一般的进口图书申请在5个工作日内完成备案手续。（省委宣传部负责）

25. 鼓励台湾同胞加入吉林省经济、科技、文化、艺术类专业性社团组织、行业协会，参加相关活动。支持台湾地区商协会、社团、行业协会等来吉林省设立办事机构。（省台办、省公安厅、省民政厅、省科协按职能分工分别负责）

26. 支持鼓励吉台教育文化科研机构开展中国文化、历史、民族等领域研究和成果应用。（省教育厅、省文化和旅游厅按职能分工分别负责）

27. 在吉林省投资和工作的台湾同胞的子女，在吉林省接受义务教育的，由居住地县级教育行政部门按照相对就近原则，统筹安排到公办学校就学，并按有关规定做好学籍管理工作。（省教育厅负责）

28. 设立联系窗口，为在吉林省的台湾同胞提供相关服务。（省台办负责）

29. 支持台湾地区从事两岸民间交流的机构根据国家有关规定申请两岸交流基金项目。（省台办负责）

30. 支持台湾同胞和相关社团参与吉林省扶贫、支教、公益、社区建设等基层工作。（省扶贫办、省教育厅、省民政厅、团省委等按职能分工分别负责）

31. 在吉林省高校就读临床医学专业硕士学位的台湾学生，在参加研究生学习一年后，可按照吉林省医师资格考试报名的相关规定申请参加考试。（省卫生健康委、省教育厅负责）

32. 取得大陆医师资格证书的台湾同胞，可按照相关规定在吉林省申请执业注册。（省卫生健康委负责）

33. 符合条件的台湾医师，可通过认定方式获得吉林省医师资格。符合条件的台湾医师，可按照相关规定在吉林省申请注册短期行医，期满后可重新办理注册手续。（省卫生健康委负责）

34. 协助已在台湾获取相应资格的在吉林省的台湾同胞根据国家有关规定

申请证券、期货、基金从业资格。(吉林证监局负责)

35. 支持鼓励台湾教师来吉林省任教，为其在吉林省期间提供教学和生活便利。(省教育厅、省台办负责)

36. 对在大陆（内地）高校学习的台湾毕业生在毕业学年内参加创业培训的，比照高校毕业生相关规定，给予创业培训补贴。（省人力资源和社会保障厅、省财政厅、省台办、省台联负责)

上海市

上海市台湾同胞投资权益保护规定

（2015年9月24日上海市第十四届人民代表大会常务委员会第二十三次会议通过　根据2018年5月24日上海市第十五届人民代表大会常务委员会第四次会议《关于修改本市部分地方性法规的决定》修正）

第一条　为了保护台湾同胞投资权益，鼓励台湾同胞在本市投资，促进本市与台湾地区经贸往来和经济融合发展，根据《中华人民共和国台湾同胞投资保护法》以及其他法律、行政法规，结合本市实际，制定本规定。

第二条　本规定所称的台湾同胞投资，是指台湾同胞在台湾地区或者大陆其他区域、其他国家或者地区投资设立的公司、企业或者其他经济组织，以及个人作为投资者，在本市投资设立公司、企业以及其他经济组织，或者按照国家有关规定在本市的公司、企业以及其他经济组织投资参股的行为。

第三条　在本市行政区域内台湾同胞的投资权益保护，以及其他相关权益保护，适用本规定。

第四条　本市对台湾同胞投资权益保护，遵循平等、公正、透明的原则。

第五条　市和区人民政府应当加强对台湾同胞投资权益保护工作的领导，建立和完善相应的工作机制，促进台湾同胞投资权益保护工作。

市和区人民政府台湾事务主管部门负责台湾同胞投资权益保护的组织、指导、管理、协调工作。

本市发展改革、经济信息化、商务、教育、科技、公安、民政、财政、人力资源社会保障、规划国土资源、卫生计生、税务、工商行政、知识产权、住房和城乡建设管理、金融服务、文广影视等有关部门按照各自职责，共同做好台湾同胞投资权益保护工作。

第六条　台湾同胞投资者的投资、投资收益和其他合法权益依法受到保护。台湾同胞投资设立或者投资参股的公司、企业以及其他经济组织（以下统称台湾同胞投资企业），依法享有经营管理的自主权。

任何机关或者单位不得对台湾同胞投资企业进行法律、法规、规章规定之外的检查，不得违反国家规定强制或者变相强制台湾同胞投资企业参加各类培训、评比、鉴定、考核活动，不得向其摊派或者另立收费项目、提高收费标准。

台湾同胞投资企业应当依法开展生产经营活动，建立健全管理制度，开展诚信经营，承担社会责任。

第七条　依法设立的市台湾同胞投资企业协会应当依照法律、法规和协会章程开展活动，加强会员与政府有关部门的联系，为会员提供政府产业政策辅导、咨询评估、教育培训、开拓市场等服务，维护会员的投资权益。

市人民政府台湾事务主管部门以及其他有关部门为市台湾同胞投资企业协会提供指导和服务。

第八条　市台胞服务中心通过法律咨询、政策咨询、投诉和纠纷协调处理等方式，为台湾同胞和台湾同胞投资企业提供公共事务服务。

第九条　本市建立统一的台湾同胞投资公共信息服务平台，建立信息数据共享机制。商务、工商行政、公安出入境等相关部门应当向台湾同胞投资公共信息服务平台提供与台湾同胞投资相关的信息数据资料。

台湾同胞投资公共信息服务平台应当为台湾同胞和台湾同胞投资企业提供各类信息和政策咨询服务。

第十条　本市依法登记设立的仲裁机构应当依据法律、法规和国际惯例，对台湾同胞投资者与其他主体的合同争议或者其他争议进行仲裁。鼓励本市仲裁机构设立涉台仲裁服务窗口，为台湾同胞投资者提供与仲裁相关的法律服务。

符合条件的台湾同胞可以受聘为本市仲裁机构仲裁员。

第十一条　支持台湾同胞投资设立金融机构、金融专业服务机构、融资性担保机构、小额贷款公司。对台湾同胞投资的金融机构分支机构改制成法人金融机构后注册或者迁入本市的，以及在本市新注册设立或者新迁入的金融机构总部，可以给予相关政策扶持。

第十二条　台湾同胞投资企业在本市设立地区总部的，按照有关规定，在资金管理、出入境管理、就业许可、人才引进等方面给予便利。

第十三条　支持台湾同胞投资企业参与本市科技创新中心建设。鼓励台湾同胞投资企业设立研发中心，参与研发公共服务平台建设，承接政府科研项目，与相关单位联合开展产业链核心技术攻关，并在科技成果转化、创新创业人才激励等方面给予相关政策扶持。

第十四条　在中国（上海）自由贸易试验区内鼓励台湾同胞投资金融服务、航运服务、商贸服务、专业服务、文化服务、社会服务以及先进制造业等领域。

第十五条　引导和鼓励台湾同胞投资企业按照国家和本市创新转型的战略要求，加快实施产业的转型升级，支持其中的传统制造业企业开展产业结构调整、节能减排技术改造和清洁生产。支持台湾同胞投资“专精特新”（专业化、精细化、特色化、新颖化）的中小企业，在能源供应等方面予以保障。

台湾同胞投资企业可以按照有关规定利用其存量房屋和土地，兴办信息服务业、研发设计、创意产业等现代服务行业。

第十六条　支持金融机构为本市台湾同胞投资企业提供专项授信。金融机构可以通过知识产权质押、股权质押、供应链融资、出口信用保险融资等服务，支持台湾同胞投资企业发展。

支持台湾同胞投资企业拓宽直接融资渠道。鼓励台湾同胞投资企业在证券市场上市或者再融资。鼓励台湾同胞投资企业发行企业债、公司债、可转换债券、中长期票据、短期融资券等筹措资金。鼓励台湾同胞投资企业通过本市股权托管交易机构进行融资。

支持台湾同胞投资的中小企业发行集合债券和集合票据。发行集合债券和集合票据所承担的评级、审计、担保和法律咨询等中介服务费用，可以向市中小企业工作主管部门申请资金支持。

第十七条　支持台湾同胞投资企业进行专利申请、商标注册和著作权登记。

台湾同胞投资企业进行专利申请，可以按照本市有关规定获得资助。台湾同胞投资企业可以通过本市知识产权援助中心获得一般咨询、维权咨询等援助服务，符合条件的可以申请专项援助。支持台湾同胞投资企业通过知识产权转让交易市场，进行知识产权评估、登记、交易转让等活动。

市和区人民政府有关部门应当加强对台湾同胞投资企业知识产权的保护力度，依法处理侵犯台湾同胞投资企业知识产权的行为。

第十八条　对台湾同胞投资者的投资不实行国有化和征收；在特殊情况下，

根据社会公共利益的需要，对台湾同胞投资者的投资可以依照法律程序实行征收，并给予相应的补偿。补偿相当于该投资在征收决定前一刻的价值，包括从征收之日起至支付之日止按合理利率计算的利息，并可以依法兑换外汇，汇回台湾或者汇往境外。

市和区人民政府及其有关部门为应对突发事件依法征用台湾同胞投资者的动产或者不动产的，应当依法予以补偿。被征用的不动产或者动产使用后，应当返还被征用人。被征用的不动产或者动产损毁、灭失的，应当依法予以补偿。

第十九条 本市设立的青年创业类基金可以为台湾青年在本市创业提供咨询服务、项目评估和资金支持。

本市各类大学生实训基地可以为在本市高校就读的台湾大学生提供实习和训练机会。

在台湾高校、其他国家和地区高校就读或者毕业的台湾学生在本市企事业单位实习、就业的，人力资源社会保障、公安出入境等相关部门按照规定提供便利。

市台胞服务中心应当为有意愿在本市就业的台湾青年提供就业咨询和指导服务。

第二十条 台湾同胞投资者、在本市合法就业的台湾同胞，以及他们在本市共同居住的配偶、子女、父母，享有与本市常住人口同等的医疗卫生服务待遇，并按照本市有关规定，享受国家免疫规划项目的预防接种等基本公共卫生服务。医疗机构应当按照规定书写和保存医疗文书，并为就诊的台湾同胞申请台湾地区健保机构核退费用提供便利。

台湾同胞投资者在本市共同居住的子女、在本市合法就业的台湾同胞在本市共同居住的子女可以按照有关规定，进入本市幼儿园、中小学（含中等职业学校）就读，与本市学生享有同等待遇，并可以根据相关政策享受适当照顾。

在本市创业、合法就业的台湾同胞可以按照规定申请本市公共租赁住房。

第二十一条 台湾同胞投资者、在本市合法就业的台湾同胞根据相关规定参加社会保险。

台湾同胞投资者在本市共同居住的配偶、子女，在本市合法就业的台湾同胞在本市共同居住的配偶、子女，符合本市有关规定的可以参加本市城镇居民基本医疗保险。

第二十二条 拥有本市房屋所有权的台湾同胞依法享有业主的相关权益。

支持在本市居住的台湾同胞投资者和合法就业的台湾同胞参与社区公益活动，保障其依法享有社区公共事务的知情权、建议权和参与权。

第二十三条　台湾同胞投资者与其他主体发生投资权益争议，或者认为其合法权益受到侵害的，可以通过下列途径解决：

（一）协商和解或者调解解决；

（二）申请仲裁；

（三）向政府有关部门投诉；

（四）申请行政裁决、行政复议；

（五）向人民法院提起诉讼。

第二十四条　市和区人民政府台湾事务主管部门或者其他有关部门接到台湾同胞、台湾同胞投资企业的投诉后，除法律、法规另有规定外，应当在六十日内将处理情况回复投诉人。

对应当由政府其他有关部门处理的投诉事项，市和区人民政府台湾事务主管部门应当在十五日内转交其他有关部门处理。其他有关部门应当依照前款规定的时限处理投诉，并在回复投诉人的同时，将处理情况书面通报同级台湾事务主管部门。

第二十五条　市和区人民政府有关部门及其工作人员违反本规定，有下列行为之一的，由上级主管部门或者监察机关对直接负责的主管人员和其他责任人员，依法给予处分：

（一）未依法处理台湾同胞、台湾同胞投资企业投诉事项的；

（二）未按照本规定向台湾同胞投资信息公共服务平台提供信息数据的；

（三）违法对台湾同胞投资企业实施检查的；

（四）违法强制或者变相强制台湾同胞投资企业参加各类培训、评比、鉴定、考核活动的；

（五）违法向台湾同胞投资企业摊派或者另立收费项目、提高收费标准的；

（六）违法对台湾同胞投资者的投资或者动产、不动产实行征收、征用的。

第二十六条　本规定自2015年11月1日起施行。

关于促进沪台经济文化交流合作的实施办法

（2018年5月31日　上海市人民政府台湾事务办公室、上海市发展和改革委员会）

为深入贯彻党的十九大精神和习近平总书记关于深化两岸经济文化交流合作的重要思想，率先同台湾同胞分享上海发展机遇，逐步为台湾同胞在上海投资、就业、创业、就学、生活提供与大陆同胞同等待遇，促进沪台经济文化交流合作，根据国务院台办、国家发展改革委制订的《关于促进两岸经济文化交流合作的若干措施》(国台发〔2018〕1号)，结合本市实际，制订本实施办法。

一、努力为台资企业在上海投资及经济合作领域给予与本市企业同等待遇

（一）支持台资企业在本市从资金、人才、技术等方面参与“上海服务、上海制造、上海购物、上海文化”四大品牌建设。(市发展改革委、市商务委、市经济信息化委、市文广影视局、市金融办负责)

（二）台资企业参与“中国制造2025”行动计划，在本市投资先进制造业、战略性新兴产业和生产性服务业等重点领域享受与本市企业同等待遇。支持台资企业实施产业转型升级和技术改造。(市经济信息化委负责)

（三）支持台湾地区企业在本市设立总部、金融机构、营运中心、采购中心、物流中心。(市商务委、市金融办、各区政府负责)

（四）注册在本市的台资企业，按照有关规定适用研发费用税前加计扣除优惠政策。对经认定的本市台资高新技术企业，按照15%的税率，征收企业所得税。按照研发机构采购设备税收政策，经认定符合条件的本市台资研发中心进口科技开发用品免征进口关税和进口环节增值税、消费税，采购大陆设备全额退还增值税。(市科委、市地税局、市商务委、市财政局、上海海关、市国税局负责)

（五）支持台资企业及台湾同胞在本市从事科技、文创等产业研发活动，鼓励台湾地区知识产权在本市转化。台资企业可在本市设立开放式联合创新平台，参与本市研发公共服务平台建设及与本市单位联合开展产业核心技术攻关，

其具有自主知识产权的技术成果可进入本市技术交易等平台进行交易。(市商务委、市科委、市知识产权局负责)

（六）支持台资企业在本市设立具有独立法人资格的研发中心和升级为全球研发中心，对研发人员超过100人的全球研发中心和具有独立法人资格的研发中心，给予开办资助和租房资助。对经认定的市级企业技术中心，符合条件的按规定给予专项资金支持。(市商务委、市经济信息化委、市财政局、各区政府负责)

（七）支持台资企业在本市参与战略性新兴产业领域的重大研发类项目，按照规定适用专项资金支持政策。(市发展改革委、市财政局、市科委、市经济信息化委负责)

（八）支持台资企业和台湾同胞依法保护其专利、商标等知识产权。台资企业在本市申请、授权专利等费用资助和申报上海市专利工作试点示范单位等方面，享受与本市企业同等待遇。支持台资研发中心申请PCT国际专利和国内发明专利，对通过PCT途径获得授权的发明专利，每项给予最高不超过25万元人民币的资助；对获得授权的高质量国内专利，每项给予最高不超过1.5万元人民币的资助。(市知识产权局、市财政局负责)

（九）支持台资企业在本市以特许经营方式参与能源、交通、水利、环保、市政公用工程等城市基础设施建设。符合相应资质要求的台资企业在本市可参与建设项目的总包和分包。(市发展改革委、市财政局、市住房城乡建设管理委、市水务局等负责)

（十）支持符合资质要求的台资企业在本市公平参与政府采购的招投标。(市财政局负责)

（十一）支持台资企业通过收购股权、认购可转债、股权置换等多种方式，参与本市经批准的国企改制重组并获得合法权益。(市国资委负责)

（十二）支持符合产业导向的台资企业在本市按照规划开展技术改造，存量工业和研发用地按照规划提高容积率的，各区政府可以根据产业类型和土地利用绩效等情况，按照一定比例，收取土地出让价款。对集约用地的鼓励类项目优先供应土地，在确定土地出让底价时，与本市企业适用同等政策。(市规划国土资源局、各区政府负责)

（十三）支持注册在本市的台资企业根据自身发展需求，参与本市服务“一带一路”倡议，以及服务中西部、东北等重点地区建设，在考察、对接、

项目落地等方面，给予优先协调和专业辅导。（市发展改革委、市政府合作交流办、市台办、各区政府负责）

（十四）注册在本市的台资农业企业可享受本市同等的农机购置补贴政策。（市农委负责）

（十五）加强国台办和农业部授牌的上海台湾农产品交易中心和商务部授牌的海峡两岸（上海）台湾农产品交易物流中心建设，提供台湾地区农产品进入上述中心的便利，支持台湾农业企业参加上海组织的境内外农产品展示和销售活动。（市农委负责）

（十六）支持台资企业参与农业创业示范园建设，支持台资农业企业申报本市产业化龙头企业和国家级产业化龙头企业。（市农委负责）

（十七）支持台资金融机构、商户等与在沪清算机构及上海市非银行支付机构依法开展合作，为台湾同胞提供便捷的小额支付服务。（人民银行上海总部、上海银监局、市金融办负责）

（十八）支持台湾金融机构在本市设立总部及分支机构。台资金融机构分支机构改制成法人金融机构后注册或者迁入本市的，以及在本市新注册设立或者新迁入的金融机构总部的，适用相关扶持政策。（市金融办、市财政局负责）

（十九）支持本市相关征信机构按照规定与台湾征信机构开展业务合作，优先给予业务对接、商议渠道、资质认定和合作目录。（人民银行上海总部、市发展改革委负责）

（二十）支持台资银行在本市利用本地市场和跨境渠道，扩大人民币资金来源；支持各类金融机构为本市中小微台资企业、台湾同胞提供金融服务。支持台资银行及其大陆分支机构在本市开展各类同业业务交流，分享本市金融机构信息。（上海银监局、人民银行上海总部、市金融办负责）

（二十一）支持注册在本市的优质台资企业在大陆上市融资。加强对本市拟上市台资企业专业辅导。台资企业注册所在地的区政府按照政策给予财政补贴。（各区政府负责）

（二十二）支持注册在本市的台资企业通过股权托管交易机构进行融资。（市金融办负责）

（二十三）支持注册在本市的台资企业发行集合债券和集合票据，产生的相关中介服务费用，可向本市中小企业的主管部门申请资金补助。（市经济信息化委负责）

（二十四）优化台资企业工商注册登记审批手续。简化从事连锁经营的台资企业分支机构经营范围审核和台资企业中自然人股东身份认证材料，对需要开具合规证明的台资企业实行网上申请、网上下载。（市工商局负责）

（二十五）支持台资企业参加中国国际进口博览会的展示、销售和采购。（中国国际进口博览局、国家会展中心（上海）、市商务委、市台办负责）

（二十六）支持台资企业参加中国（上海）自贸试验区台湾商品中心产品展示和销售。（两岸企业家峰会、浦东新区政府、上海自贸试验区管委会、市台办负责）

（二十七）支持台资企业参与中国（上海）自贸试验区对外开放领域的产业项目投资建设。（浦东新区政府、上海自贸试验区管委会负责）

（二十八）支持上海中小微企业政策性融资担保基金与本市金融机构加强合作，为本市符合政府产业导向的中小微台资企业、符合条件的台湾创业青年提供融资担保服务。（市台办、市财政局、市金融办、市台协会负责）

二、逐步为台湾同胞在上海学习、创业、就业、生活提供与大陆同胞同等的待遇

（二十九）支持台湾同胞参加本市专业技术和技能人员职业资格考试。台湾同胞可报名参加53项专业技术人员职业资格考试和81项技能人员职业资格考试，做好在本市就业的台湾同胞参加职业资格考试的报名组织工作。（市人力资源社会保障局、市教委、市司法局、市卫生计生委等负责）

（三十）支持符合条件的台湾专业人才申报国家“千人计划”和“万人计划”、上海“千人计划”、上海领军人才以及青年英才计划等人才计划。（市委组织部、市委宣传部、市人力资源社会保障局、市科委负责）

（三十一）支持台湾专业技术人员来沪就业。在职称评定、人才支持政策等方面享有与本市居民同等待遇。对高层次台湾专业技术人员，可通过“直通车”，直接申报评审高级职称。对业绩突出、贡献重大的台湾专业技术人员，可通过“绿色通道”破格申报评审高级职称。（市人力资源社会保障局负责）

（三十二）支持在沪台湾同胞申请科研项目。依托上海高校、科研机构联合开展科学研究、技术转化，参与上海研发公共服务平台建设。（市科委、市教委负责）

（三十三）支持台湾同胞在本市参与中华经典诵读工程等文化项目。支持台湾同胞参与在沪举办的各类文化遗产保护和非物质文化遗产传承领域交流活动。支持台湾文化艺术界团体和人士参与本市在海外举办的中国文化年（节）、“欢乐春节”等品牌活动。支持在本市就读的台湾学生参与学校组织的各类文化活动项目。（市文广影视局、市教委负责）

（三十四）支持台湾同胞参与本市有关专门奖项及荣誉称号的评选。支持台湾同胞参与本市劳动模范、三八红旗手、上海市科技精英、上海青年科技英才等荣誉称号和技术能手的评选。（市总工会、市妇联、市科协负责）

（三十五）支持台湾同胞根据国家有关规定，参与本市广播电视节目和电影、电视剧制作。（市文广影视局负责）

（三十六）支持本市电影发行机构、广播电视台、视听网站和有线电视网，根据国家有关规定引进台湾生产的电影、电视剧。（市文广影视局负责）

（三十七）支持沪台两地合拍电影、电视剧，根据国家有关规定，做好审批工作。（市文广影视局负责）

（三十八）为台湾图书进口业务提供便利。在本市建立绿色通道，简化台湾图书进口审批流程。优先审核本市出版物进口经营单位申报的台湾地区进口图书的备案申请，对一般的进口图书申请在5个工作日内完成备案手续。（市新闻出版局负责）

（三十九）鼓励台湾同胞加入本市经济、科技、文化、艺术类专业性社团组织、行业协会，参加相关活动。（市台办、市经济信息化委、市文广影视局、市民政局、市科协等负责）

（四十）支持本市高校与台湾地区高校建立机制化交流平台，开展学术研究、学术论坛、学生交流、学校互访等方面的交流。（市教委负责）

（四十一）支持台湾地区从事两岸民间交流的机构根据国家有关规定申请两岸交流基金项目。（市台办、市金融办负责）

（四十二）支持台湾同胞和相关社团参与本市组织的公益活动和基层社区服务。（市民政局负责）

（四十三）支持台湾同胞参加本市医师资格考试。符合条件的台湾同胞可参加本市医师资格考试，考试方式、考试内容、分数线、收费标准等均与报考同类别的大陆考生相同。（市卫生计生委负责）

（四十四）支持通过医师资格考试或认定方式取得大陆《医师资格证书》的台湾同胞在本市申请执业注册。（市卫生计生委负责）

（四十五）支持符合条件的台湾医师在本市申请《台湾医师短期行医执业

证书》。(市卫生计生委负责)

(四十六)支持在台湾已获取相应资格的台湾同胞根据国家有关规定在本市申请证券、期货、基金从业资格。(上海证监局负责)

(四十七)支持台湾同胞在本市取得护士执业资格和参加卫生专业技术资格考试。取得执业资格后,可按照规定申请在本市执业。(市卫生计生委负责)

(四十八)支持台湾教师来本市高校任教,结合所任教的本市高校实际,其在台湾取得的学术成果可纳入工作评价体系。(市教委负责)

(四十九)根据国家有关规定,推动各类人事人才网站和企业为台湾同胞在本市应聘工作提供便利。(市人力资源社会保障局负责)

(五十)支持本市各区向符合准入条件的台湾同胞提供公共租赁住房。(市房屋管理局、各区政府负责)

(五十一)支持本市有条件的企事业单位为台湾青年提供实习、就业岗位。支持符合条件的台湾同胞在沪申领海外人才居住证。支持台湾青年来沪创新创业,按照规定给予初创期创业场地房租补贴、创业担保贷款贴息等政策扶持。(各区政府、市国资委、市人力资源社会保障局、市科委、市台协会负责)

(五十二)支持台湾专业人士参与本市涉台商事案件的调解。本市法院可在立案前或者审理中,将涉台商事纠纷委托市台办进行调解。市台办聘请台湾相关专业人士担任调解员,调解协议经法院审查确认后,具有法律效力。(市高法院负责)

(五十三)支持本市仲裁机构聘请台湾专业人士担任仲裁员,扩大聘请台湾专业人士担任仲裁员的范围,开展对口专业交流合作。(市司法局负责)

(五十四)积极开展台湾地区律师事务所在本市设立代表机构、台湾地区律师事务所与本市律师事务所联营、台湾执业律师受聘于本市律师事务所担任法律顾问三项试点工作。支持取得国家法律职业资格的台湾居民担任本市各类企业法律顾问,符合条件的,可申请颁发公司律师证书。(市司法局负责)

(五十五)设立联系窗口,为在沪台湾同胞提供紧急救助服务。(市台办、市民政局、市公安局出入境管理局、市卫生计生委负责)

本实施办法由相关主管部门负责解释。

本实施办法自 2018 年 6 月 1 日起实施。

江苏省

江苏省保护和促进台湾同胞投资条例

（2012年9月26日江苏省第十一届人民代表大会常务委员会第三十次会议通过）

第一条　为了保护和鼓励台湾同胞在本省投资，促进江苏与台湾两地经济合作和发展，根据《中华人民共和国台湾同胞投资保护法》等有关法律、行政法规，结合本省实际情况，制定本条例。

第二条　台湾地区的企业、其他经济组织或者个人（以下简称台湾同胞投资者）在本省投资的，适用本条例。

第三条　台湾同胞投资者的人身权、财产权和其他合法权益受法律保护。

任何组织或者个人不得侵占和损害台湾同胞投资者的投资和投资收益。

台湾同胞投资应当遵守国家法律、法规，不得损害国家利益和社会公共利益。

第四条　地方各级人民政府应当依法履行职责，改善投资环境，提供有效服务，保障台湾同胞投资者合法权益。

县级以上地方人民政府台湾事务办事机构负责台湾同胞投资合法权益保护的组织、指导、管理、协调工作。

县级以上地方人民政府其他各有关部门应当按照各自职责，做好台湾同胞投资和投资保障的服务、管理工作。

第五条　省、设区的市和台湾同胞投资集中的县（市、区）人民政府应当设立台湾同胞投资权益保障协调委员会，负责协调解决台湾同胞投资权益保障的重大问题。台湾同胞投资权益保障协调委员会由有关部门组成，其日常工作由同级人民政府台湾事务办事机构承担。

第六条 县级以上地方人民政府可以根据实际情况和工作需要，在台湾同胞投资集中的开发（园）区设立为台湾同胞投资者服务的机构。

第七条 台湾同胞投资集中的设区的市、县（市、区）可以依法成立台湾同胞投资企业协会。

台湾同胞投资企业协会依照法律、法规和章程活动，其合法权益受法律保护。

台湾事务办事机构应当依法为台湾同胞投资企业协会开展活动做好服务工作和业务指导。

第八条 台湾同胞投资者在本省投资设立企业或者个体工商户的，应当提交有效身份证明等文件，依照法定条件和程序办理审批、登记手续。

有关审批、登记机关应当将审批、登记设立的台湾同胞投资企业或者个体工商户的有关信息及时告知台湾事务办事机构。

第九条 实际出资人与登记出资人不一致，作为实际出资人的台湾同胞投资者请求确认其为出资人身份的，可以向有关国家机关提出申请，有关国家机关应当依法处理。

第十条 台湾同胞投资者在本省可以依法举办合资经营企业、合作经营企业、全部资本由其投资的企业，也可以采用法律、行政法规规定的其他投资形式。

台湾同胞投资者在本省可以依法设立有限责任公司、股份有限公司、合伙企业、个体工商户。

第十一条 台湾同胞投资者可以依法进行下列投资：

（一）合作勘探、开采、提炼或者开发自然资源；

（二）开展补偿贸易、加工装配、合作生产；

（三）购买股票、债券，或者以企业的股份、出资额投资及其他形式的参股；

（四）知识产权的开发和利用；

（五）购买、租赁或者承包企业；

（六）购置房产；

（七）取得土地使用权，开发经营；

（八）国家允许的其他投资。

第十二条 台湾同胞投资者在本省投资应当符合国家和本省的产业政策、投资导向要求，有利于本省经济和社会发展。

鼓励和引导台湾同胞投资者在高新技术和现代农业、先进制造业、现代服务业等领域投资创业。

县级以上地方人民政府可以根据实际需要，依法制定和公布鼓励台湾同胞投资的重点产业目录。

第十三条 地方各级人民政府应当支持台湾同胞投资者投资的中小企业发展。

鼓励台湾同胞投资者在本省设立营运总部。

第十四条 鼓励台湾地区的银行、证券、期货、保险等金融机构依法在本省投资，设立分支机构或者参股本省金融机构。

鼓励台湾同胞投资者依照国家有关规定成立融资租赁或者担保公司，提供融资租赁、担保服务。

第十五条 鼓励台湾同胞投资者在本省依法设立各种形式的研究开发机构，研究开发或者与本省其他研究开发机构、高等院校、企业等共同研究开发具有自主知识产权的新技术、新产品、新工艺。

第十六条 台湾同胞投资企业或者个体工商户享受本省颁布的投资及与投资相关的各项扶持发展的政策和服务。

第十七条 台湾同胞投资企业或者个体工商户可以依法申请专利、驰名商标、著名商标、农产品认证等，自主研发的科技成果可以申报科学技术奖。台湾同胞投资企业可以依法申请认定高新技术企业。

第十八条 地方各级人民政府及其有关部门应当依法为台湾同胞投资企业或者个体工商户的合格产品进入市场提供服务，不得限制其合格产品进入本地市场，符合条件的产品纳入政府采购目录。

台湾同胞投资企业或者个体工商户生产的合格产品出口销售与本省其他企业或者个体工商户享受同等政策和服务。

第十九条 台湾同胞投资者对投资获得的合法利润、股息、利息、租金、特许权使用费、清算后的资金和其他合法收入，可以依法自主处置。

台湾同胞投资者可以以合法获得的境外人民币进行直接投资。

第二十条 对台湾同胞投资者的投资不实行国有化。

因公共利益的需要，确需对台湾同胞投资者的投资进行征收的，应当按照法定程序和权限处理，并给予补偿。政府有关部门在拟订征收补偿方案时应当征求台湾同胞投资者的意见。

征收实施前，征收方应当和被征收方签订征收补偿协议。征收补偿包括被征收资产的补偿，因征收造成的停产停业损失的补偿，搬迁、临时安置的补偿等。需要搬迁的，征收补偿费用应当在搬迁之前足额补偿到位。

对被征收资产的补偿，不得低于征收决定公告之日的市场价格，并加计从征收之日起至支付之日止按合理商业利率计算的利息。

第二十一条 台湾同胞投资者个人及其随行家属和台湾同胞投资企业中的台湾同胞职工及其随行家属，可以依照国家有关法律、行政法规的规定，向公安机关申请办理一定期限多次入出境手续和相应期限的暂住手续。

从其他省（区、市）口岸入境，在本省居住、工作三个月以上的，应当及时向当地公安机关申请办理暂住证件。

第二十二条 台湾同胞投资者个人和台湾同胞投资企业中的台湾同胞职工，可以依照国家和本省的有关规定，参加相关专业技术职称、职业资格的评审或者考试，取得专业技术职称、职业资格证书，并可受聘从业或者自主创业。

第二十三条 台湾同胞投资者个人及其随行家属和台湾同胞投资企业中的台湾同胞职工及其随行家属，可以凭在台湾地区取得的有效机动车驾驶证，在当地公安机关按规定申领同类型机动车驾驶证。

第二十四条 台湾同胞投资者个人的子女和台湾同胞投资企业中的台湾同胞职工的子女在本省就学，与当地学生享受同等待遇，并可获适当照顾。

台湾同胞投资者经批准可以在台湾同胞投资企业集中的地区兴办台湾同胞子女学校。

第二十五条 台湾同胞投资企业或者个体工商户的生产经营自主权受法律保护，任何组织或者个人不得非法干预和侵犯。

任何组织或者个人不得对台湾同胞投资企业或者个体工商户进行法律、法规规定之外的检查，不得违反国家规定强制要求其参加各类培训、评比、考核活动，不得向其摊派、劝捐和非法收费。

第二十六条 地方各级人民政府及有关部门应当按照规定及时公布与台湾同胞投资有关的规定、措施、程序等，及时公布和通报当地经济、社会发展的信息，为台湾同胞投资者提供法律政策咨询。

第二十七条 台湾同胞投资企业应当支持职工依法参加和组织工会，支持工会开展工作，保障职工的合法权益。

第二十八条 台湾同胞投资企业协会和台湾同胞投资者可以就台湾同胞投

资的相关事项，向当地人民政府、台湾同胞投资权益保障协调委员会、台湾事务办事机构提出建议、意见或者投诉。当地人民政府、台湾同胞投资权益保障协调委员会、台湾事务办事机构应当受理并在五个工作日内回复办理情况，办理难度较大的应当在十五个工作日内回复。

第二十九条 台湾同胞投资者个人及其随行家属和台湾同胞投资企业中的台湾同胞职工及其随行家属，依照国家有关规定享受法律援助服务。

第三十条 台湾同胞投资者与企业、其他经济组织或者个人之间发生的与投资相关的争议，当事人可以通过协商或者调解解决。

当事人不愿协商、调解的，或者经协商、调解不成的，可以依照合同中的仲裁条款或者事后达成的书面仲裁协议，提交仲裁机构仲裁。

当事人未在合同中订立仲裁条款，事后又未达成书面仲裁协议的，可依法向人民法院提起诉讼。

第三十一条 国家机关工作人员损害台湾同胞投资者合法权益的，台湾同胞投资权益保障协调委员会、县级以上地方人民政府台湾事务办事机构可以向其所在机关或者上级主管部门提出追究其责任的意见和建议，所在机关或者上级主管部门应当及时办理并告知办理结果。

第三十二条 国家机关及其工作人员有下列情形之一的，由上级行政机关或者有关部门责令改正，对直接负责的主管人员和其他直接责任人员依法给予处分：

（一）违反法定权限和程序，征收台湾同胞投资者的投资，或者不依照协议及时足额进行征收补偿的；

（二）向台湾同胞投资企业或者个体工商户摊派、劝捐或者非法收费的；

（三）非法干涉台湾同胞投资企业或者个体工商户自主生产经营的；

（四）其他侵害台湾同胞投资企业或者个体工商户合法权益的情形。

国家机关工作人员玩忽职守、徇私舞弊、滥用职权，侵害台湾同胞投资企业或者个体工商户合法权益，构成犯罪的，应当依法追究刑事责任。对台湾同胞投资企业或者个体工商户遭受的损失，应当依法予以赔偿。

第三十三条 台湾同胞投资者以其在其他国家、地区所有或者控制的企业、其他经济组织在本省投资的，依照本条例执行。

第三十四条 本条例自 2012 年 12 月 31 日起施行。

昆山深化两岸产业合作试验区条例

（2020年11月27日江苏省第十三届人民代表大会常务委员会第十九次会议通过）

第一章　总　　则

第一条　为了推进和保障昆山深化两岸产业合作试验区建设，促进两岸交流合作，深化两岸融合发展，根据有关法律、行政法规和国务院相关批复，结合实际，制定本条例。

第二条　昆山深化两岸产业合作试验区（以下简称试验区）坚持改革创新、开放合作、先行先试、互利共赢的原则，探索全方位高水平开放的新机制、新路径、新模式，建设成为两岸产业合作转型升级的先行先试区、两岸中小企业深度合作的重要载体、两岸交流合作模式创新的示范平台。

第三条　鼓励和支持试验区在现行法治框架内先行先试，探索改革创新。

对在试验区改革创新中作出突出贡献的单位和个人，由省人民政府根据有关规定予以表扬和奖励。

对国家机关及其工作人员在试验区改革创新中出现失误，但是改革创新举措符合国家和本省确定的改革方向，决策程序符合规定，且勤勉尽责、未牟取私利的，依法免予追究责任。

第二章　管理体制

第四条　试验区应当坚持简政放权、放管结合、优化服务的原则，建立事权划分科学、结构扁平优化、管理高效统一、运行公开透明的行政管理体制。

第五条　省人民政府应当加强对试验区工作的领导，通过试验区议事协调机制统筹协调试验区建设，研究决定试验区改革发展的重大事项。省发展和改革部门承担试验区议事协调日常工作，省人民政府台湾事务办事机构协同做好相关工作。

省人民政府应当通过试验区部省际联席会议机制，争取国家对试验区发展的政策支持，协调国家有关部门推动试验区先行先试、创新发展。

第六条 省人民政府支持试验区创新行政管理体制机制，推动建立试验区与行政区一体化治理模式。

省人民政府、苏州市人民政府采用赋权清单形式，在试验区内赋予昆山市人民政府有关省和设区的市经济社会管理权限。对下放的权力事项同步调整监管层级，对委托的权力事项依法履行委托手续，并明确事中事后监管措施。

昆山市人民政府行使省级、设区的市经济社会管理权限的具体目录和实施机构，应当向社会公布。

第七条 省人民政府、苏州市人民政府应当支持试验区与中国（江苏）自由贸易试验区联动创新发展，促进试验区与自由贸易试验区在制度创新、开放创新、金融创新、科技创新等方面的融合，推动人才、资本、科技、资源的有机联动。

省人民政府、苏州市人民政府支持自由贸易试验区发展的有关政策以及相关试点活动，可以授权在试验区同步推进。

第八条 昆山市人民政府具体负责试验区的开发、建设、管理和服务等事务。

根据优化行政管理和加强社会服务需要，可以依法在试验区设立街道办事处。

第九条 支持试验区创新选人用人机制，建立灵活的人员交流、职务任免、绩效激励等机制。

试验区可以设立由台湾地区和其他境内外相关团体、知名人士、专家学者等组成的顾问机构，为试验区建设和发展提供咨询。

第三章 开发建设

第十条 省人民政府在土地利用计划分配中对试验区给予支持，优先保障试验区重大基础设施以及重大产业项目用地需求。

第十一条 省人民政府支持试验区开展乡村振兴综合改革试点。鼓励试验区在农业文化旅游融合发展、闲置宅基地盘活利用、集体经济创新发展等方面先行先试。

支持台湾地区个人、企业或者其他组织依法参与试验区美丽宜居乡村、农村人居环境整治等项目建设。

第十二条　试验区应当加快落实长江三角洲区域一体化发展等国家战略，加强与长江三角洲等区域在资本、技术、人才、市场等方面的合作，推动发展规划、基础设施、公共服务、创新要素等方面衔接互通，实现试验区资源要素的优化配置。

第十三条　支持试验区开展自然资源管理综合改革试点，在资源节约利用、城市更新改造、土地二级市场监管、生态保护修复等方面先行先试。

支持试验区推动土地复合开发利用，用途合理转换，探索增加混合产业用地供给，提升节约集约用地水平。

试验区内的企业因产业转型和科技创新，需要建设研发设计以及生产性服务设施的，在符合国土空间规划前提下，可以调整研发设计以及生产性服务设施的用地和建筑面积的控制指标。

第四章　产业发展

第十四条　试验区应当按照突出重点、优势互补、合作双赢、高质量发展的要求，加强与台湾地区的产业合作，引进和发展新一代信息技术、智能制造、生物医药等重点产业，打造先进制造业集群。

第十五条　试验区应当深化两岸现代服务业开放和合作。鼓励发展金融服务、科技服务、文化创意、会展经济、旅游休闲、体育健身、健康养老等现代服务业，支持发展数字经济、共享经济等新业态新模式。

支持台资企业在试验区内设立全球总部、地区总部以及营运、研发、结算等功能性总部。

第十六条　试验区应当深化与台湾地区在医疗卫生、健康、护理、医疗保险、养老保险等领域的交流合作，完善多元化办医体制，支持台湾地区投资者在试验区内依照规定设立独资医疗机构，支持引进符合条件的台湾地区药品和医疗器械。

第十七条　支持台湾地区投资者参与试验区旅游发展。鼓励台湾地区投资者在试验区内设立旅行社，依照规定开展旅游业务。

第十八条　试验区鼓励发展现代都市农业。支持台湾地区个人、企业或者其他组织依法参与海峡两岸（昆山）农业合作试验区、国家农业综合开发现代化示范区建设。

试验区应当加强两岸农业科技交流与合作，引进和推广台湾地区的农业新品种、新技术、新肥料、新农药和新机具。

第十九条 试验区应当推动区内传统工业区向科创产业园转型。支持光电产业园、生物医药产业园、机器人及智能制造产业园等园区建设，支持培育进口贸易促进创新示范区，鼓励昆山综合保税区功能延伸和转型升级。

第五章 投资贸易

第二十条 昆山市人民政府应当优化试验区营商环境，完善投资促进、项目跟踪服务等工作机制，在法定权限内制定台湾地区投资者投资促进政策，推广市场化招商模式，培育投资促进和企业服务队伍。

第二十一条 支持试验区参与“一带一路”建设。

试验区应当加强与境外经贸合作区在招商引资、科技创新等领域的合作，探索境外园区合作模式，为台资企业参与“一带一路”建设创造条件、提供便利。

第二十二条 试验区应当建立高效便捷的商事登记制度。全面实行多证合一、一照一码商事登记模式，实现企业登记全程电子化。探索一业一证商事登记改革。

第二十三条 试验区应当加快推进政务服务规范化、标准化和信息化建设，精简审批事项，优化审批流程，缩短审批时限，提高审批效率。

第二十四条 试验区按照通关便利、安全、高效的原则，推广应用国际贸易“单一窗口”。

推进建立跨部门综合管理机制，实现海关、税务、外汇管理等部门之间信息互换、监管互认、执法互助。

深化服务贸易创新发展试点，促进仓储物流、研发设计、检验检测、维修、国际结算、分销、展览等服务贸易发展。

第二十五条 试验区建设两岸电子商务经济合作区，推动与台湾地区在电子商务相关领域的投资与合作。

第二十六条 试验区制定涉及市场主体相关政策，应当征求区内企业、行业协会、商会等方面意见。

对依法应当由市场主体自主决策的各类事项，任何单位和个人不得干预。

第六章　金 融 财 税

第二十七条　推进昆山市金融支持深化两岸产业合作改革创新试验区建设，建立与试验区开放型经济相适应、特色鲜明、功能齐备的具有两岸特色的重要金融合作区域。

支持不同层级、不同功能、不同类型、不同所有制的金融机构进入试验区，引导和鼓励台资、民间资本投资试验区内金融业。

鼓励金融机构根据国家规定，在试验区开展金融产品、业务、服务和风险管理等方面创新。

第二十八条　试验区探索与台湾地区在金融机构准入、金融业务、金融市场、金融产品等方面合作的具体途径，拓展两岸金融合作领域。

第二十九条　支持试验区扩大人民币跨境使用。试验区可以按照国家有关规定开展个人经常项下跨境人民币业务、台资企业集团内部人民币跨境双向借款业务、台湾地区金融机构跨境直接投资人民币结算业务等跨境人民币业务。

支持试验区在满足真实性、合规性相关管理规定和风险可控前提下，开展线上审核跨境人民币结算电子单证业务。

第三十条　支持试验区在风险可控前提下，探索以资本项目可兑换为重点的外汇管理改革。

支持试验区内符合条件的企业开展跨国公司跨境资金集中运营管理。

支持试验区内银行利用数字外管平台开放的企业资信、收付汇率等信息，开展合规经营和业务创新，做好对中小微涉外企业的金融服务。

第三十一条　试验区探索创新两岸货币合作的方式和途径。支持试验区内符合条件的银行机构为境外企业和个人开立新台币账户，支持试验区内银行与台湾地区银行之间开立新台币同业往来账户等业务。探索丰富人民币对新台币交易、避险产品。

第三十二条　支持试验区内符合条件的企业在境内外上市。试验区内企业和金融机构可以根据国家有关规定在境外发行本外币债券。

第三十三条　试验区支持发展绿色金融。鼓励银行业金融机构加大对绿色企业的信贷支持，探索排污权和碳排放权等与环境保护相关权益的抵押、质押融资模式。支持保险业金融机构开展环境污染责任险、安全生产责任险等促进环境保护与安全生产的保险业务。

第三十四条 支持试验区按照国家规定开展财政和税收政策试点，探索更加有效的促进投资增长、贸易发展、科技进步和金融创新的财政和税收政策。

第三十五条 支持昆山综合保税区开展企业增值税一般纳税人资格试点，并结合试点开展情况出台相关支持措施。

对备案的试点企业从境外入区以及从特殊监管区非试点企业进口的应检物，按照一般进口程序实施管理，其出区应检物不再实施检验监管和验证管理。

第七章 人 才 科 创

第三十六条 试验区应当重点培育和引进产业链关键企业和领军企业，鼓励和支持区内企业引进境内外核心技术，开展技术创新，培育自主品牌，参与制定国际标准、国家标准、地方标准和行业标准。

支持试验区加大对国家高新技术企业培育和扶持力度。试验区内企业申请国家高新技术企业认定的，省有关部门应当提供便利化服务。

第三十七条 试验区鼓励境内外科学技术研究开发机构、高等院校、企业在试验区共同设立合作研发平台，联合建设重点实验室、工程技术研究中心、工程研究中心、企业技术中心等科学技术创新平台，开展基础研究、应用基础研究、前沿技术和共性关键技术研究，联合培养研发团队和技术人才。

鼓励境内外相关机构在试验区设立技术转移、技术培训、成果转化、企业孵化等科学技术服务机构。

第三十八条 试验区应当建立境内外人才引进、使用、评价和激励机制，为在试验区工作的人才提供创新创业、配偶就业、子女教育、房屋购买或者租赁、医疗保障等方面的便利和帮助。

第三十九条 允许试验区按照不超过境内高于境外个人所得税税负差额的标准，给予在区内工作的境外高端人才、紧缺人才补贴。

第四十条 试验区建设对台科技合作与交流基地、两岸人才合作试验区、和谐劳动关系综合试验区，推动两岸科技和人才合作交流。

试验区应当发挥两岸青年就业创业基地和示范点等平台作用，鼓励台湾地区青年创新创业，并提供配套服务和政策支持。

第四十一条　在试验区内推进台湾地区职业资格与大陆专业技术职称比照认定。已取得台湾地区执业资格的机构和人员，经认定可以在试验区从事与该资格相对应的专业服务活动；依法需要办理营业执照的，应当办理营业执照。

第八章　社会服务

第四十二条　试验区探索实行与台湾地区人员往来更加开放、便利的出入境管理措施。

第四十三条　在试验区内工作生活的台湾地区居民及其配偶、子女、父母，符合规定条件的，与本地居民在医疗、教育、养老等基本公共服务方面享受同等待遇。法律、法规另有规定的，从其规定。

第四十四条　试验区建设两岸教育交流与合作基地，加强与台湾地区优质教育资源合作。

支持台资企业举办或者参与举办的院校在试验区依法办学，在招生就业、学科建设、专业设置、项目申报、校企合作和实习实训基地建设等方面加大支持力度，提升学校办学水平。

第四十五条　试验区应当深化与台湾地区在文化、体育和宗教等领域的交流合作。

建立两岸文化交流合作项目快速联合审批通道，鼓励台湾地区文化艺术界团体和人士参与交流活动。

第四十六条　试验区可以创新社区治理模式，鼓励社区内居住的台湾地区居民积极参与本社区事务。

第九章　法治环境

第四十七条　试验区改革创新需要暂时调整或者停止适用地方性法规或者政府规章的，可以向制定机关提出建议，由制定机关依法作出决定。

第四十八条　支持探索建立涉台案件综合审判组织、检察组织，集中办理涉台刑事、民事、行政等案件。

符合条件的台湾地区居民可以担任人民陪审员、人民监督员、人民调解员，参与办理涉台案件、处理涉台纠纷。

第四十九条　支持试验区开展仲裁工作，完善民商事纠纷多元化解决机制。

鼓励仲裁机构在试验区设立联系点。支持两岸仲裁机构在试验区开展合作。

具有经济贸易、科学技术、法律等专门知识的台湾地区居民，可以受聘担任仲裁员，依法参与涉台民商事纠纷仲裁。

第五十条　试验区支持培育和发展专业化、国际化的律师事务所以及调解、公证、鉴定等法律服务机构。

推进境内外律师事务所联营、合作，促进仲裁、调解、公证、鉴定等法律服务提供方式多元化，为试验区建设提供优质、高效的法律服务。

第五十一条　试验区应当加强知识产权保护，开展重大经济科技活动和境内外人才引进项目知识产权评议，建立支撑创新发展的知识产权运行和保障机制；完善跨部门知识产权执法协作机制，实现知识产权行政保护与司法保护的有效衔接。

第十章　附　　则

第五十二条　本条例自 2021 年 1 月 1 日起施行。

浙江省

浙江省台湾同胞投资保障条例

（1997 年 6 月 28 日浙江省第八届人民代表大会常务委员会第三十七次会议通过　根据 2001 年 12 月 28 日浙江省第九届人民代表大会常务委员会第三十次会议《关于修改〈浙江省台湾同胞投资保障条例〉的决定》第一次修正　根据 2004 年 5 月 28 日浙江省第十届人民代表大会常务委员会第十一次会议《关于修改〈浙江省台湾同胞投资保障条例〉的决定》第二次修正　根据 2009 年 12 月 30 日浙江省第十一届人民代表大会常务委员会第十五次会议《关于修改〈浙江省台湾同胞投资保障条例〉的决定》第三次修正　2017 年 9 月 30 日浙江省第十二届人民代表大会常务委员会第四十四次会议修订　根据 2021 年 3 月 26 日浙江省第十三届人民代表大会常务委员会第二十八次会议《关于修改〈浙江省防震减灾条例〉等五件地方性法规的决定》第四次修正）

第一条　为了鼓励台湾同胞在本省投资，保障台湾同胞投资者的合法权益，促进本省与台湾地区经济社会融合发展，根据《中华人民共和国台湾同胞投资保护法》等有关法律、行政法规，结合本省实际，制定本条例。

第二条　本条例所称台湾同胞投资，是指台湾地区的企业、其他经济组织或者个人作为投资者在本省的投资。

台湾同胞在大陆和台湾地区以外投资设立的企业、其他经济组织作为投资者在本省的投资，可以按照国家有关规定认定为台湾同胞投资。

台湾同胞在大陆投资设立的企业、其他经济组织作为投资者在本省再投资的，可以视同台湾同胞投资。具体认定办法由省台湾事务主管部门会同省商务、发展改革、市场监督管理部门制定。

第三条 县级以上人民政府应当优化投资环境，鼓励台湾同胞在本行政区域内投资，建立健全台湾同胞投资权益保障机制，保障台湾同胞投资者的合法权益。

台湾事务主管部门负责台湾同胞投资及其权益保护的组织、指导、协调、管理工作。

县级以上人民政府其他有关部门按照各自职责，做好台湾同胞投资的服务、管理和权益保障工作。

第四条 台湾同胞投资应当遵守法律、法规，符合国家和省产业政策，不得损害国家利益、社会公共利益和他人合法权益。

第五条 台湾同胞投资，可以举办全部或者部分由台湾同胞投资者投资的企业（以下简称台湾同胞投资企业），也可以采用法律、行政法规或者国务院规定的其他投资形式。

第六条 台湾同胞在本省投资的，可以根据国家和省有关规定，享受本省扶持民营企业和外商投资企业经营发展的有关待遇。

第七条 鼓励和引导台湾同胞投资者在现代农业、生产性服务业和信息、环境保护、健康、旅游、时尚、金融、高端装备制造、文化、养老产业等领域投资创业。

第八条 鼓励台湾高层次人才及其创新创业团队带技术、成果、项目来本省投资创业，对符合国家和省规定条件的高层次人才，按照有关规定给予相应工作条件和生活待遇。

鼓励台湾同胞投资项目入驻本省特色小镇、开发区（园区）和科技企业孵化器、大学科技园、众创空间等科技企业孵化机构，并按照国家和省有关规定给予用地、资金等支持。

鼓励和引导台湾同胞投资企业按照国家和省有关规定，加快实施产业转型升级，开展科技创新、智能制造、节能减排技术改造和清洁生产等。

第九条 国家和省批准设立的各类浙台经济合作园区，应当有一定比例的生产经营场所或者土地用于台湾同胞投资项目。

支持符合条件的台湾同胞投资项目纳入省重大产业项目库，并按照规定给予新增建设用地计划指标奖励；对符合产业导向的战略性新兴产业、先进制造业等优先发展且用地集约的工业项目，土地出让底价可以按照国家和省有关规定给予优惠。

第十条　鼓励和支持台湾同胞投资者在本省依法建立或者与高等院校、研究开发机构、企业联合设立研究开发机构，研究开发具有自主知识产权的新技术、新工艺、新材料、新产品，并在科技成果转化、创新创业人才激励等方面给予政策扶持。

鼓励高等院校、中等职业技术学校与台湾同胞投资企业进行人才培养、职业培训、实习实训等产学研合作。

鼓励和支持本省企业事业单位和各类大学生实训基地为台湾学生提供实习实训机会，教育、人力资源社会保障、公安等相关部门应当按照规定提供便利。

第十一条　县级以上人民政府及有关部门应当为台湾青年创业就业提供政策解读、创业就业项目推荐、培训教育等服务，并可以为在本行政区域内创业的台湾青年提供创业项目扶持、融资支持、生产经营场所或者租金补贴。

本省设立的科技企业孵化机构、青年创业基地等平台，应当为台湾青年创业提供创业辅导、研究开发与管理咨询等服务，对符合条件的台湾青年创业项目提供孵化场地、融资等支持。

本省设立的青年创业类基金可以为台湾青年在本省创业提供咨询服务、项目评估和资金支持。

第十二条　台湾同胞投资企业或者个体工商户的产品和服务，可以按照国家和省有关规定进入本省的政府采购市场，任何单位和个人不得阻挠和限制。

台湾同胞投资企业或者个体工商户生产的合格产品出口、销售，与本省其他企业或者个体工商户享受同等待遇和服务。

第十三条　支持台湾同胞投资企业按照国家和省有关规定参与政府投资的重大工程建设，并给予相关优惠政策。

第十四条　支持台湾同胞投资企业在本省设立区域总部，并按照有关规定在企业资金管理、出入境、人才引进等方面给予便利。

第十五条　台湾事务主管部门应当会同商务、市场监督管理、税务、发展改革、经济和信息化、科技、公安等部门建立台湾同胞投资信息共享机制，为台湾同胞投资者提供信息和政策咨询等服务。

第十六条　支持金融机构为台湾同胞投资企业提供专项授信。

支持台湾同胞投资企业在多层次资本市场上市、挂牌或者再融资。鼓励台湾同胞投资企业通过在本省设立的股权交易中心挂牌、培育、融资。鼓励台湾同胞投资企业通过发行企业债券、公司债券、可转换债券和运用非金融企业债务融资工具进行融资。

第十七条 省和台湾同胞投资企业集中的市、县（区），应当在政府人力资源信息网站上设立台湾同胞投资企业招聘信息专栏。

鼓励台湾同胞投资企业集中的市、县（区）组织台湾同胞投资企业专场招聘会。

第十八条 在台湾同胞投资企业集中的地方，可以依法成立台湾同胞投资企业协会。台湾同胞投资企业协会应当依照法律、法规和协会章程开展活动，加强与有关部门、行业协会等联系，为会员提供产业政策辅导、咨询评估、教育培训、市场开拓、技术合作与交流等服务，维护会员的合法权益。

第十九条 台湾同胞投资者和随行家属，以及在本省合法就业的台湾同胞和随行家属，在购买或者租赁住房、住宿、医疗、旅游、交通、通讯等方面，按照规定享受所在地居民同等待遇。

台湾同胞投资者在本省共同居住的子女，以及在本省合法就业的台湾同胞在本省共同居住的子女，可以按照有关规定进入所在地幼儿园、中小学（含中等职业技术学校）就读，与所在地学生享有同等待遇。

第二十条 台湾同胞投资者和随行家属，以及在本省合法就业的台湾同胞和随行家属，可以按照相关规定参加社会保险。

台湾同胞投资者和在本省合法就业的台湾同胞，可以按照相关规定缴存住房公积金，并享受有关待遇。

台湾同胞投资者和随行家属，以及在本省合法就业的台湾同胞和随行家属，按照相关规定享受基本公共卫生服务；在本省医疗机构就诊的，有关医疗机构应当为其报销医疗费用提供便利。

第二十一条 台湾同胞投资者和随行家属，以及在本省合法就业的台湾同胞和随行家属，已经在台湾地区或者其他国家和地区取得有效机动车驾驶证的，可以按照有关规定在所在地公安机关申请换领机动车驾驶证。

第二十二条 支持台湾同胞投资企业进行专利申请、商标注册、著作权登记等活动。支持台湾同胞投资企业通过知识产权转让交易市场进行知识产权评估、登记、交易、转让等活动。

县级以上人民政府有关部门应当加强对台湾同胞投资企业的知识产权保护，依法处理侵犯台湾同胞投资企业知识产权的行为。人民法院应当为台湾同胞投资企业维护知识产权提供高效便捷的司法服务。

第二十三条 对台湾同胞投资者的投资不实行国有化和征收；在特殊情况下，为了公共利益的需要，对台湾同胞投资者的投资可以依照法律程序实行征收，并按照所在地同等标准给予补偿。

第二十四条 台湾同胞投资者和随行家属，以及在本省合法就业的台湾同胞和随行家属，发生与投资有关的纠纷或者认为其合法权益受到侵害的，可以依法通过以下途径解决：

（一）协商和解或者调解；

（二）申请仲裁；

（三）向台湾事务主管部门和其他有关部门投诉；

（四）申请行政裁决、行政复议；

（五）向人民法院提起诉讼。

人民法院、仲裁机构及有关部门在处理涉及台湾同胞和随行家属的纠纷时，可以邀请台湾同胞投资企业协会和具有一定知名度、法律知识的台湾同胞协助调解。

第二十五条 台湾同胞投资者和随行家属，以及在本省合法就业的台湾同胞和随行家属，向台湾事务主管部门投诉，或者向其他有关部门投诉的，应当客观、真实地反映情况，并提交身份证明和有关材料。

台湾事务主管部门和其他有关部门应当公布本部门投诉电话，方便台湾同胞和随行家属投诉。

第二十六条 台湾事务主管部门接到投诉后，对属于本部门职责的，应当及时受理、核实，并及时反馈办理结果；对不属于本部门职责的，应当及时移交其他有关部门办理，并告知投诉人。对移交的投诉事项，应当督促有关部门及时办理。

县级以上人民政府其他有关部门接到投诉后，对当场能够办理的事项，应当当场办理；对需要调查、取证、协调的事项，应当自受理之日起十五个工作日内将处理意见答复投诉人，同时告知同级台湾事务主管部门。

投诉事项重大、复杂的，台湾事务主管部门可以提请同级人民政府或者上级台湾事务主管部门处理。

第二十七条 台湾同胞投资者和随行家属，以及在本省合法就业的台湾同胞和随行家属，可以按照国家和省有关规定享受法律援助服务。

第二十八条　台湾事务主管部门可以通过聘请法律顾问、设立公职律师等，加强台湾同胞投资的法律宣传与咨询、投诉受理和纠纷解决等工作。

第二十九条　国家机关工作人员在办理台湾同胞投资的审批、办证、投诉等工作中，有下列情形之一的，由有权机关对直接负责的主管人员和其他直接责任人员依法给予处分：

（一）非法干涉台湾同胞投资企业或者个体工商户经营管理自主权的；

（二）违法对台湾同胞投资企业或者个体工商户实施检查的；

（三）违法强制或者变相强制台湾同胞投资企业或者个体工商户参加培训、评比、鉴定、考核的；

（四）违法对台湾同胞投资者的投资或者动产、不动产实行征收、征用的；

（五）未依法处理投诉事项的；

（六）向台湾同胞投资企业或者个体工商户摊派或者违法收费的；

（七）其他损害台湾同胞投资者合法权益的情形。

国家机关及其工作人员违法行使职权，造成台湾同胞投资者损失的，台湾同胞投资者可以依照《中华人民共和国国家赔偿法》的规定要求赔偿。

第三十条　本条例自 2017 年 12 月 1 日起施行。

关于印发《浙江省台湾同胞再投资认定办法》的通知

（2018 年 4 月 8 日浙江省人民政府台湾事务办公室、浙江省商务厅、浙江省工商行政管理局浙政台发〔2018〕1 号）

各市、县（市、区）台办、商务局、市场监管（工商）局：

根据《浙江省台湾同胞投资保障条例》有关规定，浙江省人民政府台湾事务办公室会同浙江省商务厅、浙江省工商行政管理局制定了《浙江省台湾同胞再投资认定办法》，现印发给你们，请认真贯彻执行。

浙江省台湾同胞再投资认定办法

第一条 为鼓励台湾同胞在本省再投资，切实保障台湾同胞的合法权益，根据《浙江省台湾同胞投资保障条例》等有关规定，制定本办法。

第二条 本办法所称台湾同胞再投资认定，是指台湾同胞在大陆投资设立的企业、其他经济组织作为投资者在本省再投资的，根据本办法有关规定，经认定为台湾同胞投资。

第三条 本办法所称的台湾同胞是指作为投资者的台湾地区企业、其他经济组织或者个人。

第四条 本办法所称的台湾同胞在大陆投资设立的企业、其他经济组织是指台湾同胞直接在大陆投资设立的企业、其他经济组织，或台湾同胞经第三地投资设立的企业、其他经济组织在大陆投资设立的企业、其他经济组织。

第五条 省、市、县（市、区）各级台湾事务主管部门会同同级商务主管部门、市场监管部门（工商部门）负责台湾同胞再投资认定和管理工作。

第六条 申请台湾同胞再投资认定的，台湾同胞须通过其在大陆投资设立的企业、其他经济组织间接拥有再投资企业中 25%以上（含 25%）的股权。

第七条 申请台湾同胞再投资认定，应当由台湾同胞再投资企业提出。台湾同胞再投资企业在设立时同时提出认定申请的，可由台湾同胞在大陆投资的企业或其他经济组织提出。

申请人应当对申请材料的真实性、合法性、有效性承担法律责任。

第八条 台湾同胞再投资认定，应向其再投资企业所在地的市场监管部门（工商部门）提出申请，并报送以下材料：

（一）申请人签字或者盖章的《浙江省台湾同胞再投资认定申请书》；

（二）台湾同胞的身份证明文件；

（三）台湾同胞在大陆投资设立的企业、其他经济组织和其再投资企业的主体资格证明，其再投资企业在设立时同时提出认定申请的免于提交再投资企业的主体资格证明；

（四）《指定代表或者共同委托代理人授权委托书》及指定代表或者委托代理人的身份证复印件；

（五）能够证明台湾同胞在大陆投资设立企业、其他经济组织股权关系的其他材料。

第九条 自收到全部有效材料之日起，市场监管部门（工商部门）会同同级台湾事务主管部门、商务主管部门在 7 个工作日内进行材料审核，符合本办法要求的，向申请人出具台湾同胞再投资认定证明；不符合的，向申请人说明不予认定理由。

第十条 有关台湾事务主管部门、商务主管部门、市场监管部门（工商部门）应当建立经认定的台湾同胞再投资企业信息登记（备案）管理制度。商务主管部门根据利用外资统计制度规定，将符合条件的台湾同胞再投资企业的台资部分纳入统计。

经认定的台湾同胞再投资企业享受我省台湾同胞投资的相关待遇。

第十一条 台湾同胞再投资经认定后，发生以下变化的，台湾同胞再投资企业应当及时将变化情况向原出具认定证明的市场监管部门（工商部门）报告，并提交有关情况说明及证明文件：

（一）台湾同胞再投资企业不再满足本办法第六条规定；

（二）台湾同胞再投资企业的登记机关发生变化；

（三）台湾同胞再投资企业申请注销登记。

收到情况说明及证明文件后，市场监管部门（工商部门）会同同级台湾事务主管部门、商务主管部门在 7 个工作日内撤销对该台湾同胞再投资企业的认定。

台湾事务主管部门、商务主管部门、市场监管部门（工商部门）任何一方发现台湾同胞再投资企业不再符合条件的，应当将情况及时抄告给同级相关部门，由市场监管部门（工商部门）会同同级台湾事务主管部门、商务主管部门在7个工作日内共同作出撤销决定。

第十二条 本办法由省台湾事务主管部门会同省商务主管部门、工商行政管理部门负责解释。

附件1

浙江省台湾同胞再投资认定申请书

注：请仔细阅读本申请书《填写说明》，按要求填写。

<table>
<tr><td rowspan="5">再投资企业信息</td><td>企业名称</td><td colspan="2"></td></tr>
<tr><td>住所</td><td colspan="2"></td></tr>
<tr><td>注册资本</td><td>（万元）</td><td>其中，台湾同胞投资设立的企业或其他经济组织出资　　（万元），占再投资企业注册资本的　　%；台湾同胞在再投资企业中实际出资　　（万元），间接拥有再投资企业　　%股权。</td></tr>
<tr><td>企业类型</td><td colspan="2"></td></tr>
<tr><td>经营范围</td><td colspan="2"></td></tr>
<tr><td rowspan="3">台湾同胞信息</td><td>台湾同胞名称</td><td colspan="2"></td></tr>
<tr><td>股东（出资人）姓名及台胞证号码</td><td colspan="2"></td></tr>
<tr><td>注册地址（住所）</td><td colspan="2"></td></tr>
<tr><td rowspan="4">再投资企业投资主体（台湾同胞投资设立的企业或其他经济组织）信息</td><td>企业名称</td><td colspan="2"></td></tr>
<tr><td>住所</td><td colspan="2"></td></tr>
<tr><td>注册资本</td><td>（万元）</td><td>其中，台湾同胞出资　　（万元），占企业注册资本的　　%。</td></tr>
<tr><td>备注</td><td colspan="2">若在大陆设立的其他经济组织，其资金数额（万元），台湾同胞拥有其中　　%股权。</td></tr>
</table>

续表

申请人承诺	承诺所提交的文件和有关附件真实、合法、有效，复印件与原件一致，并对因提交虚假文件所引发的后果承担法律责任。若发生不再满足《浙江省台湾同胞再投资认定办法》所规定的认定条件，应及时向所在地的市场监管部门（工商部门）报告，并提交有关变化的书面情况说明及证明文件。 签字（盖章） 年　月　日

填写说明

注：以下说明供填写申请书参照使用，不需向登记机关提供。

1. 本申请书适用于台湾同胞在大陆投资设立的企业或其他经济组织在浙江省再投资认定登记。

2. 申请再投资认定登记，“申请人声明”由再投资企业负责人签字（盖章）；当再投资企业在设立同时提出认定申请的，则由台湾同胞在大陆设立的企业、其他经济组织负责人签字（盖章）。

3. 有两个或两个以上台湾同胞的，可在“台湾同胞信息”中自行增加有关内容，并在“申请人承诺”中共同签署。

4. 申请人提交的申请书应当使用A4型纸。依本表打印生成的，使用黑色钢笔或签字笔签署；手工填写的，使用黑色钢笔或签字笔工整填写、签署。

5. 本申请书可在浙江省政务服务网中下载。

附件2

浙江省台湾同胞再投资认定审核表

再投资企业信息	企业名称		
	住所		
	注册资本	（万元）	其中，台湾同胞投资设立的企业或其他经济组织出资　　（万元），占再投资企业注册资本的　　%；台湾同胞在再投资企业中实际出资　　（万元），间接拥有再投资企业　　%股权。
	企业类型		
	经营范围		

续表

<table>
<tr><td rowspan="3">台湾同胞
信息</td><td>台湾同胞名称</td><td colspan="2"></td></tr>
<tr><td>股东（出资人）
姓名及台胞证号码</td><td colspan="2"></td></tr>
<tr><td>注册地址（住所）</td><td colspan="2"></td></tr>
<tr><td rowspan="4">再投资企业投资主体（台湾同胞投资设立的企业或其他经济组织）信息</td><td>企业名称</td><td colspan="2"></td></tr>
<tr><td>住所</td><td colspan="2"></td></tr>
<tr><td>注册资本</td><td>（万元）</td><td>其中，台湾同胞出资　　（万元），占企业注册资本的　　%。</td></tr>
<tr><td>备注</td><td colspan="2">若在大陆设立的其他经济组织，其资金数额　　（万元），台湾同胞拥有其中　　%股权。</td></tr>
<tr><td>市场监管部门（工商部门）审核意见</td><td colspan="3">□ 同意，出具认定证明
□ 不予认定，__________
签名：
盖章：
年　　月　　日</td></tr>
<tr><td>台湾事务主管部门审核意见</td><td colspan="3">□ 同意，出具认定证明
□ 不予认定，__________
签名：
盖章：
年　　月　　日</td></tr>
<tr><td>商务主管部门审核意见</td><td colspan="3">□ 同意，出具认定证明
□ 不予认定，__________
签名：
盖章：
年　　月　　日</td></tr>
<tr><td>认定证明文号</td><td colspan="3"></td></tr>
<tr><td>归档日期</td><td colspan="3"></td></tr>
</table>

（一式三份）

附件 3

浙江省台湾同胞再投资认定证明

编号：

经审核，认定____________________为台湾同胞再投资企业。

×××台湾事务办公室　　　　　　　　×××商务局

×××市场监管局

年　月　日

附件 4

指定代表或者共同委托代理人授权委托书

申请人：____

指定代表或者委托代理人：__________________________

委托事项及权限：

1. 办理__________________（企业名称）的浙江省台湾同胞再投资 □认定 □撤销认定手续；

2. 同意□不同意□核对登记材料中的复印件并签署核对意见；

3. 同意□不同意□修改企业自备文件的错误；

4. 同意□不同意□修改有关表格的填写错误；

5. 同意□不同意□领取再投资认定证明或有关文书。

指定或者委托的有效期限：自　　年　　月　　日至　　年　　月　　日

指定代表或委托代理人 或者经办人信息	签字：
	固定电话：
	移动电话：
（指定代表或委托代理人、具体经办人身份证明复印件粘贴处）	

（申请人签字或盖章）　　　　　　　　　　年　月　日

填写说明

1. 本委托书适用于台湾同胞在大陆设立的企业、其他经济组织作为投资者在本省再投资的企业在当地登记机关办理再投资认定、撤销认定业务。

2. 本委托书中申请人应由再投资企业担任。再投资企业在设立时同时提出认定申请的，可由台湾同胞在大陆投资的企业或其他经济组织担任。

3. 指定代表或者委托代理人可以是自然人，也可以是其他组织；指定代表或者委托代理人是其他组织的，应当另行提交其他组织证照复印件及其指派具体经办人的文件、具体经办人的身份证件。

4. 委托事项及权限：第 1 项应当选择相应的项目并在□中打√；第 2、3、4、5 项选择"同意"或"不同意"并在□中打√。

5. 申请人提交的申请书应当使用 A4 型纸。依本表打印生成的，使用黑色钢笔或签字笔签署；手工填写的，使用黑色钢笔或签字笔工整填写、签署。

6. 本委托书可在浙江省政务服务网中下载。

关于印发《浙江省贯彻〈关于促进两岸经济文化交流合作的若干措施〉的实施意见》的通知

（2018 年 7 月 6 日浙江省人民政府台湾事务办公室、浙江省发展和改革委员会浙政台发〔2018〕4 号）

各市、县（市、区）台办、发展改革委：

为深入贯彻党的十九大精神和习近平总书记对台工作重要思想，积极落实国务院台办、国家发展改革委《关于促进两岸经济文化交流合作的若干措施》，率先同台湾同胞分享浙江发展的机遇，逐步为台湾同胞在浙江学习、创业、就业、生活提供与本省居民同等待遇，进一步促进浙江与台湾经济文化交流合作，经商省委组织部、省委宣传部、省委网信办、省农办、省经信委、省教育厅、省科技厅、省公安厅、省民政厅、省司法厅、省财政厅、省人力社保厅、省国土资源厅、省环保厅、省建设厅、省交通运输厅、省水利厅、省农业厅、省林业厅、省商务厅、省文化厅、省文物局、省卫生计生委、省国资委、省税务局、省工商局、省质监局、省新闻出版广电局、省旅游局、省总工会、省妇联、省文联、省金融办、人民银行杭州中心支行、省银监局、省证监局同意，省台办、省发展改革委牵头制订出台《浙江省贯彻〈关于促进两岸经济文化交流合作的若干措施〉的实施意见》。经报省委、省政府同意，现予以印发，请遵照执行。

附件

浙江省贯彻《关于促进两岸经济文化交流合作的若干措施》的实施意见

为深入贯彻党的十九大精神和习近平总书记对台工作重要思想，率先同台湾同胞分享浙江发展机遇，逐步为台湾同胞来浙江学习、创业、就业、生活提供与本省居民、企业同等待遇，进一步促进浙江与台湾经济文化交流合作，根据国务院台办、国家发展改革委发布的《关于促进两岸经济文化交流合作的若干措施》，结合本省实际，制定本实施意见。

一、投资合作方面

1. 台资企业（台湾同胞在浙江投资设立的企业）可根据国家和本省有关规定，享受本省扶持民营企业和外资企业经营发展的有关待遇。台资企业可同等享受省级和各地设立的各类扶持资金和出台的各项优惠政策。（省级有关部门负责）

2. 推进“最多跑一次”改革全面惠及台资企业，健全重大台资项目跟踪服务机制和重点台资企业服务机制，降低台资企业制度性交易成本。台资企业同等享受本省企业减负担降成本政策。（省发展改革委、省经信委、省商务厅负责）

3. 台资企业同等适用“中国制造2025浙江行动纲要”等推动转型升级和高质量发展的系列政策措施。支持台湾优势产业和全球行业龙头企业投资我省“八大万亿”产业，达到一定规模的，可采取“一事一议”方式给予支持，享受相关优惠扶持政策。（省经信委、省发展改革委、省税务局负责）

4. 台资企业参与“一带一路”、长江经济带、大湾区、大花园、大通道、大都市区建设的重大项目和列入省市县长项目工程的台资项目，采取“一事一议”方式给予支持。（省发展改革委负责）

5. 鼓励台资企业参与我省特色小镇规划建设、运营管理和投资创业。支持台资企业和台湾专家学者积极参与我省乡村振兴战略实施，重点支持在乡村建设、休闲农业、特色民宿等领域进行投资合作，参与乡村振兴实施项目策划、设计和建设，同等享受相关支持政策。（省发展改革委、省农办负责）

6. 支持台资企业参与中国（浙江）自由贸易试验区和跨境电商综合试验区建设，开展飞机、船舶等经营性租赁业务，参与经营性租赁收取外币租金业务试点。（省商务厅负责）

7. 鼓励台资企业在本省投资设立全球或区域总部、研发设计中心、运营中心，并按照有关规定享受相应的投资、税收、资金等支持政策。（省商务厅、省发展改革委、省经信委、省科技厅、省税务局负责）

8. 台资企业可同等享受国家关于放宽银行业、证券业、保险业和汽车等制造业企业股比限制等规定。同等享受本省服务业发展专项规划中涉企、涉项目政策。（省发展改革委、省商务厅负责）

9. 符合条件的台资项目可纳入本省年度重大利用外资计划和重大产业项目，享受相应的政策支持和重点服务。（省发展改革委、省经信委、省商务厅负责）

10. 简化台资企业设立程序，建立商务部门、工商和市场监管部门的信息数据共享机制，实施台资企业商务备案和工商登记“一口办理”。（省商务厅、省工商局负责）

11. 推进台资企业名称自主申报改革试点，进一步简化名称登记程序，优化名称准入环境。（省工商局负责）

12. 全面落实台资企业“多证合一”。在“五证合一”的基础上，将 19 项涉企证照事项进一步融合到营业执照上，不再要求台资企业提供关于整合证照事项的额外证明材料。（省工商局负责）

13. 支持台资企业以特许经营方式参与能源、环保、水利、市政公用工程等基础设施建设，同等适用相关支持政策。（省发展改革委、省环保厅、省水利厅、省建设厅负责）

14. 支持台资企业共同参与本省收费公路、沿海港口、物流园区等交通基础设施投资建设。支持从事交通设计、施工、监理等方面的台资企业参与本省交通基础设施建设。（省交通运输厅负责）

15. 台资企业或者台湾同胞个体工商户的产品和服务，可以按照国家和省有关规定进入本省的政府采购市场。（省财政厅负责）

16. 台资企业与本省企业同等适用相关用地政策。对符合产业导向的战略性新兴产业、先进制造业等优先发展且用地集约的台资项目，可按不低于所在地等别工业用地最低价标准的 70%确定土地出让底价。（省国土资源厅负责）

17. 加大台资项目用地支持力度。支持符合条件的台资项目优先纳入本省重大产业项目库，对其中特别重大的制造业台资项目，省给予全额用地计划指标奖励；对龙头类台资项目，省给予60%用地计划指标奖励；对于示范类台资项目，省给予40%用地计划指标奖励。对传统工业企业转为先进制造业的台资企业，以及利用存量房产进行制造业与文化创意、科技服务业融合发展的台资企业，可实行继续按原用途和土地权利类型使用土地的过渡期政策。（省国土资源厅、省发展改革委负责）

18. 国家和省批准的各类涉台园区和基地，应当有一定比例的生产经营场所或者土地用于台湾同胞投资项目。（省国土资源厅、省商务厅、省农业厅、省台办负责）

19. 符合条件的台资企业可通过多种方式参与省属企业混合所有制改革。鼓励台资企业与省属国有企业加强数字经济等领域业务合作。（省国资委负责）

20. 符合条件的台资农业企业同等享受农机购置补贴、产业化重点龙头企业等农业支持政策。支持台湾同胞独资和浙台合作企业申报农业产业化龙头企业和品牌农业企业，申报无公害农产品、绿色食品和有机食品标志使用权。（省农业厅、省财政厅负责）

21. 台资企业可申报国家级、省级林业龙头企业。支持台湾同胞和台资企业参加中国义乌国际森林产品博览会，在展馆设置、展位数量、展位费补助等方面给予充分保障。（省林业厅负责）

22. 台资企业可在境内和境外发行债券，允许其在境外发债资金回流。支持台资企业开展本外币全口径跨境融资，在一定倍数净资产额度内获得本外币融资。（省发展改革委、人行杭州中心支行、省商务厅、省金融办负责）

23. 支持符合条件的台资企业在大陆上市、“新三板”挂牌和区域性股权交易市场融资。（省金融办、省证监局负责）

24. 支持台资企业在浙设立金融机构。鼓励台资银行与在浙同业协作，通过银团贷款等方式为实体经济提供金融服务。（省银监局负责）

25. 支持省内金融机构为台资企业提供专项授信，支持台资企业在银行间债券市场发行债务融资工具。（人行杭州中心支行负责）

26. 推动省内符合条件的非银行支付机构开展跨境外汇支付业务和跨境人民币结算业务，优化台湾同胞金融服务，为台湾同胞提供开户和小额支付服务。（人行杭州中心支行负责）

27. 鼓励台湾征信机构依照相关规定与本省征信机构开展合作，为两岸同胞和企业提供征信服务。(人行杭州中心支行负责)

28. 支持台湾同胞投资参与本省公建民营、社会化运营等领域的养老服务产业。鼓励台湾同胞及其发起设立的慈善组织和慈善项目申报“浙江慈善奖”。(省民政厅负责)

29. 支持和加强浙台经贸合作区等涉台园区建设，积极申报设立国家级两岸产业合作区，推动两岸产业深度合作。(省商务厅、省发展改革委、省台办负责)

30. 鼓励支持浙江省海峡两岸经济文化发展促进会台商台企专门委员会积极发挥作用，完善台资企业、台协会交流联系平台，服务台资企业创业创新。(省台办负责)

31. 支持台资企业在本省再投资，经认定的台湾同胞再投资企业享受本省台湾同胞投资的相关政策待遇。(省台办、省商务厅、省工商局负责)

32. 支持台资企业和台湾同胞维护合法权益，加强台湾同胞投资的法律宣传与咨询、投诉受理和纠纷解决等工作。台湾同胞投资者和随行家属，以及在本省合法就业的台湾同胞和随行家属，可以按照国家和省有关规定享受法律援助服务。(省台办、省司法厅负责)

二、科技创新方面

33. 帮助和支持符合条件的台资企业申报高新技术企业、科技型中小企业，支持符合条件的台资企业认定为省级创新型企业，依法享受高新技术企业减按15%税率征收企业所得税，研发费用加计扣除，设在本省的研发中心采购大陆设备全额退还增值税等税收优惠政策。(省科技厅、省税务局负责)

34. 鼓励台资企业参与国家和浙江省新型工业化产业示范基地、浙江省国家信息经济示范区、两化融合示范区、中国制造2025试点示范城市（包括示范县市区）等建设，并享受有关扶持政策。(省经信委负责)

35. 支持台资企业组织实施高端装备创新工程，加快首台（套）产品推广应用，对获得年度浙江省首台（套）新产品认定的台资企业，由财政部门给予相关专项资金奖励。(省经信委、省财政厅负责)

36. 台湾科研机构、高等学校、企业在本省注册的独立法人，可牵头或参与国家重点研发计划项目、省级科技计划项目（含省级自然科学基金）申报。受聘于在本省注册的独立法人的台湾地区科研人员，可作为国家重点研发计划项目（课题）、省级科技计划项目或课题（含省级自然科学基金）负责人申报。鼓励和支持台资企业引进的科技人才团队申报省级领军型创新创业团队。（省科技厅、省财政厅负责）

37. 台资企业可申报省级重点实验室（工程技术研究中心）、省级企业研究院（重点企业研究院）、省级高新技术企业研究开发中心等省级科技研发机构。符合免税资格条件的台资研发中心，可按规定享受科技创新进口免税政策。重大台资研发总部项目，可“一事一议”制定具体支持举措。（省科技厅、省商务厅负责）

38. 台资企业及台湾同胞对本省的科学技术创新、成果转化利用做出贡献，符合条件的，可按规定推荐参与省科学技术奖评比。（省科技厅负责）

39. 台资企业可通过中国浙江网上技术市场转移转化知识产权和科技成果，对符合条件的产业化项目予以支持。（省科技厅负责）

40. 依法依规严格保护台资企业知识产权，支持台资企业进行专利申请、商标注册、著作权登记等活动，加强知识产权执法、维权援助和纠纷调解工作。（省科技厅、省工商局负责）

41. 鼓励和支持台资企业申请领用创新券开展创新创业活动。（省科技厅负责）

42. 鼓励符合条件的台资企业积极参与“品字标浙江制造”品牌建设，支持申报浙江省人民政府质量奖、浙江标准创新贡献奖，获奖企业由省政府颁发荣誉证书和奖金。（省质监局负责）

三、就业创业方面

43. 支持台湾同胞在本省报名参加《向台湾居民开放的国家职业资格考试目录》中的53项专业技术人员国家职称资格考试和81项技能人员职业资格考试，本省相关部门应当做好考试的组织、服务工作。（省人力社保厅、省教育厅、省卫生计生委等相关部门负责）

44. 台湾专业人才在本省就业创业，符合国家和省有关规定，可同等享受浙江支持本地人才培养和引进海外人才的有关政策，以及在浙落户、安居、子女教育、交通出行等人才服务保障方面的政策。（省委组织部负责）

45. 积极支持台湾专业人才申报国家“千人计划”“万人计划”。符合条件的台湾专业人才，可申报省特级专家、“千人计划”“万人计划”、省151人才培养计划、钱江人才计划等省级人才项目，相关资格条件中对海外学习经历、

海外工作经历有特别要求的，台湾地区学习经历、工作经历可参照适用。（省委组织部、省人力社保厅、省科技厅负责）

46. 台湾同胞在浙实习就业创业，同等享受见习补贴、就业补贴、一次性创业补贴、创业带动就业补贴、创业担保贷款及贴息等各类扶持政策。符合条件的台湾同胞可应聘本省事业单位。（省人力社保厅负责）

47. 对在本省从事专业技术工作的台湾同胞，符合条件的可参加相应系列、级别专业技术职务任职资格评审，其在台湾地区参与的项目、取得的成果等可视为专业工作业绩，在台湾地区从事技术工作的年限可视为专业技术工作年限。（省人力社保厅负责）

48. 支持本省设立的科技企业孵化机构、青年创业基地等平台，为台湾青年提供创业辅导、政策解读、项目推荐、孵化场地、融资支持等方面的服务。（省科技厅、省人力社保厅、省台办负责）

49. 台湾同胞可在本省开设会计师事务所（分所），报名参加注册会计师考试，报名参加本省会计专业技术资格考试、会计专业技术高级资格评审、会计领军人才选拔、先进会计工作者评选。（省财政厅负责）

50. 台湾同胞来浙江高校从事教学研究工作，在职称评聘、课题项目申报等方面享受同等待遇，其在台湾地区高校的任职年限予以承认，在台湾地区取得的学术成果可纳入专业技术职务评聘等工作评价体系。首次评聘的台湾地区高层次人才，可参照从国（境）外引进人才晋升专业技术职务的政策执行。（省教育厅负责）

51. 鼓励两岸高等院校共同在浙江设立合作研发机构，联合建设重点实验室等科研平台，联合开展基础研究、前沿技术和共性关键技术研究，联合培养科技创新团队和技术人才。（省教育厅、省科技厅负责）

52. 支持符合条件的在浙台湾同胞取得医师资格和护士执业资格，协助其办理执业注册手续。支持符合条件的台湾地区医师，按照相关规定在浙江申请注册短期行医，期满后重新办理注册手续。（省卫生计生委负责）

53. 支持取得相关从业资格的台湾同胞来本省从事证券、期货、基金等方面的工作。（省证监局负责）

54. 鼓励台湾同胞在浙江参加全国导游资格考试，持证执业。支持台湾学生来本省开展研学旅游，引导省内企业为台湾学生提供旅游行业实习机会。（省旅游局负责）

55. 在浙工作的台湾同胞符合条件的可参加浙江省劳动模范、省五一劳动奖章、浙江工匠、省三八红旗手、巾帼建功标兵等荣誉称号评选，可参加本单位工会组织的文化、体育、技能培训、技能大赛、疗休养等活动。（省总工会、省妇联负责）

四、文化交流方面

56. 台湾同胞可按国家有关规定，参与本省广播电视节目和电影、电视剧制作。（省委宣传部、省新闻出版广电局负责）

57. 本省电影发行机构、广播电视台、视听网站和有线电视网，可按照国家有关规定引进台湾生产的电影和电视剧。支持浙台两地合拍电影、电视剧。（省委宣传部、省新闻出版广电局负责）

58. 在省内建立对台湾地区图书进口业务办理绿色通道，同时段进口的台湾地区图书可优先办理相关手续，简化审批流程。（省委宣传部、省新闻出版广电局负责）

59. 鼓励台湾同胞参与中华经典诵读工程、文化遗产保护工程、非物质文化遗产传承发展工程，在文物考古研究、文物保护和活化利用、传统工艺振兴等方面进行合作。支持台湾地区文化艺术团体和人士参与本省在海外举办的欢乐春节、中国文化周、浙江文化年（节）等品牌交流活动，共同推动中华优秀文化走出去。（省委宣传部、省教育厅、省文化厅、省文物局负责）

60. 支持台资企业入驻本省文化创意产业园区。台湾同胞可在中国（浙江）自由贸易试验区内设立互联网上网服务营业场所、演出经纪机构、演出场所经营单位、娱乐场所等。（省文化厅负责）

61. 支持台湾地区文化艺术界团体来浙举办台湾文化节，为台湾地区优质展览、演出项目提供展示平台。（省文化厅负责）

62. 鼓励采取签约、项目合作、岗位聘任等方式，多渠道引进台湾地区高层次文化人才。台湾地区文艺工作者可进入浙江的文艺院团、研究机构任职或研学，合作开展舞台艺术作品的编导、创作，符合条件的纳入海外中国文化中心项目资料库。（省文化厅负责）

63. 台湾同胞可享受与本省居民同等公共文化服务待遇，全省各级公共文化设施根据其功能、特点，按照有关规定，免费或优惠向台湾同胞开放。（省文化厅负责）

64. 鼓励在浙长期工作、居住的台湾同胞加入浙江省相关艺术类协会（社团）等专业团体，参加各类展览、展示、展演等艺术活动，可参加省文联序列艺术门类评奖活动。支持取得省级艺术奖项的台湾同胞申报国家级艺术奖。（省文联负责）

五、生活待遇方面

65. 在本省学习、创业、就业、生活的台湾同胞凭居住证明、工作或学习证明等，可以按照规定在当地购买或租赁住房，享受所在地居民同等待遇，具体操作细则由各地制定明确。（省建设厅负责）

66. 保障台湾同胞同等享受住房公积金权益，台湾同胞与所在单位解除终止劳动聘用关系并返回台湾地区的，可按照相关规定提取个人住房公积金帐户余额。（省建设厅负责）

67. 台湾同胞可凭台胞证在本省合法经营的宾馆、酒店、家庭旅馆等登记住宿。（省公安厅、省旅游局负责）

68. 台湾同胞在台湾地区或者其他国家和地区取得有效机动车驾驶证的，可以按照有关规定在所在地公安机关申请换领机动车驾驶证。（省公安厅负责）

69. 符合条件的台湾同胞，可享受乘坐省内公共交通设施相关优惠。（省交通运输厅负责）

70. 台湾同胞凭台胞证、收入证明并由工作所在单位提供担保，银行予以办理信用卡，凭台胞证可当场办理银行储蓄借记卡。（人行杭州中心支行负责）

71. 台湾同胞投资者在本省共同居住的子女，以及在本省合法就业的台湾同胞在本省共同居住的子女，可以按照有关规定进入所在地幼儿园、中小学（含中等职业技术学校）就读，与所在地学生享有同等待遇。（省教育厅负责）

72. 支持本省各地为在本地学习、创业、就业、生活的台湾同胞及其随行家属，提供办理市民卡服务，与当地居民同等享受公共交通、景点游览、金融支付等待遇。（省台办、省发展改革委负责）

73. 符合条件的台湾同胞，可申请入住本省养老服务机构。台湾同胞在浙死亡且在省内殡仪馆火化的，享受本省四项基本殡葬服务费用免费的惠民殡葬政策。（省民政厅负责）

74. 在浙台湾同胞及其家属享有与本省居民同等的医疗卫生服务待遇；在本省医疗机构就诊需要返回台湾地区报销的，有关医疗机构应当为其报销医疗费用提供便利。（省卫生计生委负责）

75. 鼓励台湾同胞加入本省经济、科技、文化类等专业性社团组织、行业

协会，参加相关交流合作活动。（省民政厅负责）

76. 设立联系服务窗口，为台湾同胞来浙投资、学习、创业、就业、生活提供政策咨询和辅导服务。利用省内重点新闻网站及时发布与台湾同胞来浙学习、实习、创业、就业、生活等方面相关的政策规定、工作措施、办事流程，方便台湾同胞了解掌握相关信息。（省台办、省发展改革委、省委宣传部、省委网信办及相关部门负责）

省级有关部门根据各自职能制订细化具体实施办法，明确并公布联系服务窗口（网站、公众号等）。各地可进一步制定细化相关政策措施。

本实施意见自 2018 年 7 月 8 日起正式施行。

安徽省

安徽省保护和促进台湾同胞投资条例

（2015 年 11 月 19 日安徽省第十二届人民代表大会常务委员会第二十四次会议通过）

第一条　为了保护和促进台湾同胞在本省投资，根据《中华人民共和国台湾同胞投资保护法》及有关法律、行政法规，结合本省实际情况，制定本条例。

第二条　本条例适用于台湾同胞在本省的投资活动。

本条例所称台湾同胞投资是指台湾地区的企业、其他经济组织或者个人作为投资者（以下简称台湾同胞投资者）在本省的投资。

第三条　台湾同胞投资者的投资、投资收益和其他合法权益受法律保护，任何组织或者个人不得侵占和损害。

台湾同胞投资应当遵守法律、法规，不得损害国家利益和社会公共利益。

第四条　各级人民政府应当优化投资环境，鼓励台湾同胞投资，做好台湾同胞投资合法权益的保护工作。

县级以上人民政府台湾事务办事机构负责台湾同胞投资合法权益保护的组织、指导、管理、协调工作。

县级以上人民政府其他有关部门应当按照各自职责，做好台湾同胞投资的服务工作。

第五条　省、设区的市和台湾同胞投资集中的县（市、区）人民政府应当建立台湾同胞投资保护协调处理机制，负责组织、协调、督促有关部门处理台湾同胞投资合法权益保护的重大问题。

第六条　台湾同胞投资集中的设区的市、县（市、区）可以依法成立台湾同胞投资企业协会。

台湾同胞投资企业协会依照法律、法规和章程活动，其合法权益受法律保护。

第七条　在本省投资的台湾同胞与本省居民享有同等待遇，并享有国家和本省规定的其他优惠待遇。

第八条　台湾同胞投资者投资设立企业或者申请登记为个体工商户的，应当按照国家规定办理。

有关审批、登记机关应当将审批、登记设立的台湾同胞投资企业或者个体工商户的有关信息及时告知同级人民政府台湾事务办事机构。

第九条　实际出资人与登记出资人不一致，作为实际出资人的台湾同胞投资者请求确认其为出资人身份的，可以依照有关规定，向工商、司法等有关国家机关提出申请，有关国家机关应当依法处理。

第十条　台湾同胞投资者可以依法开办合资经营企业、合作经营企业、全部资本由其投资的企业，也可以采用法律、行政法规允许的其他投资形式。

第十一条　省人民政府设立台湾产业园区发展资金，用于鼓励、支持和引导台湾工业园、台湾农民创业园和台湾青年创业园等园区的发展。

省人民政府应当统筹制定台湾工业园、台湾农民创业园和台湾青年创业园在土地使用、基础设施等方面的支持政策。

第十二条　台湾同胞投资者投资应当符合国家和本省的产业政策和投资导向，投资下列行业的，依照国家和省有关规定享受优惠：

（一）电子信息、节能环保、新能源汽车和新能源产业；

（二）生物、新材料、高端装备制造产业；

（三）现代服务业；

（四）文化产业；

（五）现代农业；

（六）养老服务等社会事业；

（七）本省鼓励的其他行业。

第十三条　支持台湾同胞投资者在本省设立企业总部、研发机构和技术转移平台，入驻创新综合试验区、集中示范园区和各类开发园区等。

第十四条　鼓励台湾地区的银行、证券、期货、保险等金融机构依法在本省投资，设立金融机构或者参股本省金融机构。

鼓励台湾同胞投资者依照国家有关规定成立融资租赁或者融资担保公司等，

提供融资服务。

第十五条　台湾同胞投资企业协会可以依法设立台湾同胞投资企业信贷风险补偿基金，引导金融机构扩大对台湾同胞投资企业信贷投放。

第十六条　台湾同胞投资者可以依法申请专利、著名商标、农产品认证、农业产业化龙头企业等。台湾同胞投资企业可以依法申请认定高新技术企业，申请各类科技计划项目，在本省自主研发的科技成果可以申报科学技术奖。

第十七条　县级以上人民政府及其有关部门应当将符合条件的台资企业产品纳入政府采购目录，依法为台湾同胞投资者的合格产品进入市场提供服务。

第十八条　台湾同胞投资者投资获得的合法利润、股息、利息、租金、特许权使用费、清算后的资金和其他合法收入，可以依法汇回台湾地区或者汇往境外，也可以依法转让、继承或者再投资。

第十九条　各级公共就业人才服务机构免费向台湾同胞投资者提供相关政策法规及职业供求信息、职业培训信息、招聘用人指导等公共就业服务。

鼓励和支持台湾同胞投资企业开展岗位培训，提升职工技能。对符合条件的台湾同胞投资企业，可以按有关政策规定申请获得职业培训补贴。指导台湾同胞投资企业完善用工管理制度，建立和谐劳动关系。

第二十条　对台湾同胞投资者的投资不实行征收和国有化。在特殊情况下，确因社会公共利益的需要，对台湾同胞投资者的投资可以依照法律程序实行征收，并给予相应的补偿。政府有关部门在拟订征收补偿方案时应当征求台湾同胞投资者的意见。

征收实施前，征收方应当和被征收方签订征收补偿协议，约定补偿款兑现期限。征收补偿包括被征收资产的补偿，因征收造成的停产停业损失的补偿，搬迁、临时安置的补偿等。需要搬迁的，征收补偿费用应当在搬迁之前足额补偿到位。

对被征收资产的补偿，不得低于征收决定公告之日的市场价格，并加计从征收之日起至支付之日止按合理商业利率计算的利息。

第二十一条　公安机关应当依照有关法律、行政法规的规定，为台湾同胞投资者个人及其随行家属和台湾同胞投资企业中的台湾同胞职工及其随行家属办理台湾居民来往大陆通行证件，并提供出入境及居留便利。

第二十二条　台湾同胞投资企业中的职工，按规定参加企业所在地的城镇职工社会保险，并享受社会保险的相关待遇。

第二十三条 台湾同胞投资者个人的子女和台湾同胞投资企业中的台湾同胞职工的子女就学，与当地学生享受同等待遇，并可获适当照顾。

第二十四条 台湾同胞投资者个人及其随行家属和台湾同胞投资企业中的台湾同胞职工及其随行家属，可以凭在台湾地区取得的有效机动车驾驶证，向当地公安交通管理部门申领同类型机动车驾驶证，公安交通管理部门应当提供便利。

第二十五条 台湾同胞投资者个人和台湾同胞投资企业中的台湾同胞职工，可以依照国家和本省的有关规定，参加相关专业技术、职业技能资格评审或者考试，取得相关资格证书。

第二十六条 设区的市和台湾同胞投资集中的县（市、区）人民政府应当指定医疗保健服务定点医院，为台湾同胞就诊提供便利。

第二十七条 台湾同胞投资者个人及其随行家属和台湾同胞投资企业中的台湾同胞职工及其随行家属，依照国家和本省有关规定享受法律援助服务。

第二十八条 台湾同胞投资者的生产经营自主权受法律保护，任何组织或者个人不得非法干预和侵犯。

任何组织或者个人不得对台湾同胞投资者摊派和非法收费，不得进行法律、法规规定之外的检查、罚款，不得违反国家规定强制或者变相强制台湾同胞投资者参加各类培训、评比、鉴定、考核等活动。

第二十九条 县级以上人民政府及其有关部门应当按照规定及时公布与台湾同胞投资有关的规定、措施、程序等，及时公布和通报当地经济、社会发展信息，为台湾同胞投资者提供法律政策咨询。

第三十条 县级以上人民政府台湾事务办事机构或者其他有关部门接到台湾同胞、台湾同胞投资企业的投诉后，除法律、行政法规另有规定外，应当在六十日内将处理情况回复投诉人。

对应当由政府其他有关部门处理的投诉事项，县级以上人民政府台湾事务办事机构应当在十五日内转交其他有关部门处理。其他有关部门应当按照前款规定的时限处理投诉，并在回复投诉人的同时，将处理情况书面通报同级人民政府台湾事务办事机构。

第三十一条 台湾同胞投资者与企业、其他经济组织或者个人发生的与投资相关的争议，当事人可以通过协商或者调解解决。

当事人不愿协商、调解的，或者经协商、调解不成的，可以依照合同中的仲裁条款或者事后达成的书面仲裁协议，提交仲裁机构仲裁。

当事人未在合同中订立仲裁条款，事后又未达成书面仲裁协议的，可以依法向人民法院提起诉讼。

第三十二条 国家机关及其工作人员有下列情形之一的，由上级行政机关或者有关部门责令改正，对直接负责的主管人员和其他直接责任人员依法给予处分：

（一）违反法律程序，征收台湾同胞投资者的投资，或者不依照协议及时足额进行征收补偿的；

（二）非法干涉台湾同胞投资者自主生产经营的；

（三）向台湾同胞投资者摊派或者非法收费，非法检查、罚款的；

（四）强制或者变相强制台湾同胞投资者参加各类培训、评比、鉴定、考核的；

（五）其他损害台湾同胞投资者合法权益的。

国家机关工作人员玩忽职守、徇私舞弊、滥用职权，侵害台湾同胞投资者合法权益，构成犯罪的，应当依法追究刑事责任。对台湾同胞投资者遭受的损失，应当依法予以赔偿。

第三十三条 台湾同胞投资者以其在其他国家、地区以及大陆其他区域的企业或者其他经济组织在本省投资的，依照本条例执行。

第三十四条 本条例自 2016 年 1 月 1 日起施行。

关于印发促进皖台经济文化交流合作若干措施的通知

（2018年10月12日安徽省人民政府台湾事务办公室、安徽省发展和改革委员会皖政台〔2018〕78号）

各市人民政府，省直有关部门和单位：

省台办、省发展改革委牵头制订的《关于促进皖台经济文化交流合作的若干措施》，已经省政府同意，现印发给你们。请结合实际，认真贯彻执行。

关于促进皖台经济文化交流合作的若干措施

为深入贯彻党的十九大精神，积极促进皖台经济文化交流合作，与台湾同胞分享安徽发展机遇，逐步为其提供与我省本地企业和居民在投资、就业创业、学习和生活等方面同等待遇，根据国务院台办、国家发展改革委《关于促进两岸经济文化交流合作的若干措施》（国台发〔2018〕1号），结合我省实际，制定如下措施。

一、扩大皖台经济合作

1. 台资企业参与《“中国制造2025”安徽篇》建设，在我省投资新一代电子信息、集成电路、高端装备、智能家电、新能源汽车、新材料、节能环保、生物医药和高性能医疗器械等优势产业和重点领域，享受我省本地企业专项资金支持和补助政策。

2. 台资企业参与“三重一创”、“四个一”创新主平台、技工大省、皖江城市带承接产业转移示范区、皖南国际文化旅游示范区等建设，享受我省本地企业同等支持政策。

3. 支持台资企业在我省创新创业，将在皖台资企业纳入“四送一服”双千工程活动范围，享受我省本地企业同等政策服务。

4. 鼓励台资企业参加世界制造业大会、中国国际徽商大会、中国安徽名优农产品暨农业产业化交易会、中国（芜湖）科普产品博览交易会、海峡两岸（马鞍山）电子信息博览会等各类综合性展会，积极为台资企业搭建交流合作平台。

5. 引导台资企业集中集聚我省的国家级、省级台湾产业园区发展。对台湾产业园区发展给予专项资金支持。

6. 帮助和支持符合条件的在皖台资企业依法享受高新技术企业减按 15%税率征收企业所得税，研发费用加计扣除，设在大陆的研发中心采购大陆设备全额退还增值税等税收优惠政策。

7. 台资企业享受我省本地企业同等适用的相关用地政策。对集约用地的鼓励类台商投资工业项目，在确定土地出让底价时，可按不低于所在地土地等别相对应大陆工业用地出让最低价标准的 70%执行。

8. 台资企业可通过合资合作、并购重组等方式参与我省国有企业混合所有制改革。

9. 台资企业可以特许经营方式参与我省能源、交通、水利、环保、市政公用工程等基础设施建设。

10. 按照《中国银监会外资银行行政许可事项实施办法》等有关规定，支持符合条件的台资企业在我省设立金融机构。鼓励台资银行与在皖的同业协作，通过银团贷款等方式为安徽实体经济提供金融服务。

11. 允许台湾征信机构与我省本地征信机构开展合作，为皖台两地居民和企业提供征信服务。

12. 鼓励符合条件的在皖台资企业在大陆主板、中小企业板、创业板上市。支持符合条件的在皖台资企业在大陆新三板挂牌并融资。支持注册地在皖台资企业依法到安徽省股权托管交易中心挂牌。支持安徽省股权托管交易中心为挂牌的台资企业提供股权转让和发行可转换债券等相关服务。

13. 台资企业可公平参与政府采购。

14. 在皖台资企业可参与国际标准、国家标准、行业标准制（修）订，享受我省本地企业同等奖励政策。

15. 鼓励在皖台资企业加强品牌培育，对争创中国质量奖、安徽省政府质量奖、安徽名牌的台资企业，享受我省本地企业同等奖励政策。对住所在我省且具有自主商标品牌的台资企业，在商标品牌建设费用资助和奖励方面，享受我省本地企业同等待遇。

16. 依法依规严格保护台资企业知识产权，支持台资企业进行专利申请、商标注册、著作权登记等活动。加强知识产权执法、维权援助和纠纷调解工作。

17. 鼓励台资企业和台湾同胞参与乡村振兴战略，在皖发展现代农业。台资企业可申报我省各级农业、林业产业化龙头企业，享受我省本地企业同等的农机购置补贴、产业化重点龙头企业等支持政策和优惠措施。

18. 台资企业和台湾同胞在我省参与林业增绿增效行动、现代林业示范区建设、林业特色项目建设、林下经济经营活动，从事营造林、种植业、林产品加工业等行业，同等享受财政资金奖补和林业贷款贴息，并可申报林业特色项目专项资金。

19. 台资企业注册资本可以自主选择人民币、美元、欧元、日元等币种，并按规定自主选择经营范围。

20. 台湾地区自然人来皖投资的，提交《台湾居民来往大陆通行证》或《台湾居民居住证》等有效证件原件并经查验后，可免交投资者主体资格公证和认证证明。

21. 台湾地区世界500强企业、全球行业龙头企业在皖新设立具有独立法人资格的台资研发机构，新设年实际台资金额超过1亿美元的制造业项目，以及新设年实际台资金额不低于3000万美元的新一代信息技术、人工智能、生物医药和新能源、新材料制造业项目，可按照“一项目一议”方式给予重点支持。

二、支持台胞在皖就业创业

22. 来皖工作的台湾同胞可凭就业证明材料，依法享有各项劳动保障权益。失业后可按规定进行失业登记，依法享受公共就业服务。

23. 台湾科研机构、高校、企业在皖注册的独立法人，申报省工程研究中心（实验室）、牵头或参与申报国家及我省科技计划项目、承担各类科技创新平台建设，与本省科研机构、高校、企业享受同等待遇。

24. 台湾科研机构、高校、企业在皖注册的独立法人，建设重大科技基础设施、交叉前沿平台、产业创新转化平台等，可按照《合肥综合性国家科学中心项目支持管理办法（试行）》规定申报项目，申报入库成功的项目享受相关政策支持，承担相应义务。

25. 在皖工作的台湾专业人才可申请各级各类人才支持计划，同等享受我省本地人才支持政策。对纳入我省“百人计划”的台湾专业人才，实行特殊支持政策。

26. 台湾同胞可在皖报名参加《向台湾居民开放的国家职业资格考试目录》中的53项专业技术人员国家职称资格考试和81项技能人员职业资格考试，相关部门应当做好考试的组织、服务工作。取得执业资格的，可在皖执业。

27. 在皖长期生活的台湾同胞可以按照规定程序旁听、列席人大、政协会议。

28. 鼓励和支持具有社会工作专业资质的台湾同胞加入我省社会工作专业性社团组织、行业协会，参加我省组织的公益创投、政府购买社会工作服务、社会工作学术研究等相关活动，并可报考我省基层服务类岗位。具有从业资格的台湾社会工作专业人才来皖就业，在职称评定等方面享有我省居民同等待遇。

29. 鼓励台湾教师来我省高校任教，受聘在我省高校工作的台湾教师可独立或合作申请科研项目，其在台湾取得的学术成果可纳入工作评价体系。

30. 我省各用人单位与聘雇的台湾同胞应当签订劳动合同。在皖就业的台湾专业技术人才，可按规定参加职称评审。

31. 通过认定方式取得大陆《医师资格证书》的台湾同胞可在皖申请执业注册。符合条件的台湾医师可在皖申请《台湾医师短期行医执业证书》。

32. 台资企业和台湾同胞可参与我省农民林业专业合作社建设，对入社成员达到100人以上且高于我省同行业农民林业专业合作社成员平均水平、农民占成员总数80%以上、企业事业单位和社会团体成员不超过成员总数5%的专业合作社，可按规定认定为省级农民林业专业合作社示范社。

33. 台湾同胞申请登记个体工商户，由经营所在地的县（市、区）工商和市场监督管理部门依照规定直接予以登记，取消外资审批（不包括特许经营），提交申办材料中的身份证明为其本人《台湾居民来往大陆通行证》或《台湾居民居住证》。

34. 在台湾已获取相应资格的台湾同胞，通过大陆法律法规考试后，在皖申请证券、期货、基金从业资格时，免予专业知识考试。

35. 加强法律宣传与咨询、投诉受理和纠纷解决等工作，切实维护台资企业和台湾同胞合法权益。台湾同胞可按照国家及省有关规定享受法律援助服务。

36. 台湾青年在我省各类台湾产业园区实习、就业、创业，可享受台湾产业园区发展专项资金支持。

三、深化皖台文化交流

37. 鼓励台湾同胞参与我省中华经典诵读、文化遗产保护、非物质文化遗产传承发展等中华优秀传统文化传承发展工程。支持台湾文化艺术界团体和有关人士参与我省在海外举办的安徽文化年、安徽文化周、欢乐春节等活动。

38. 符合条件的台湾文化机构和个人可参加我省黄梅戏展演周、文化产业博览会、中国（安庆）黄梅戏艺术节、中国农民歌会等文化节庆活动。鼓励台湾文化艺术界团体和有关人士与我省合作举办文艺演出活动。

39. 协助台湾地区有关机构、人士从事皖台文化交流活动，为在我省举办两岸文化交流活动提供便利服务，推荐申报文化交流项目。

40. 鼓励我省高校与台湾地区高校建立机制化交流平台，在学术研究、学术论坛、师资培训和管理、高校管理、师生交流等方面开展交流合作。

41. 允许台湾同胞加入我省经济、科技、文化、艺术、体育类专业性社团组织、行业协会。台湾同胞和相关社团可参与我省组织的公益活动和基层社区服务。

42. 引导和鼓励台湾同胞参与我省扶贫、支教、公益等工作。

43. 台湾同胞可根据国家有关规定，参与我省广播电视节目和电影、电视剧制作。

44. 我省电影发行机构、广播电视台、视听网站和有线电视网，可根据国家有关规定引进台湾生产的电影、电视剧，不受数量限制。

45. 皖台两地可合拍电影、电视剧，放宽皖台合作影视剧的主创人员比例、大陆元素、投资比例等方面限制；缩短皖台合拍电视剧立项阶段故事梗概的审查时限；鼓励放映皖台合拍的影视剧。

46. 建立台湾图书进口业务绿色通道，简化进口审批流程，优化办理相关手续。优先审核我省出版物进口经营单位的台湾进口图书备案申请，对一般的进口图书申请在1个工作日内完成备案手续。

47. 允许在皖台湾青年加入我省各类青年社团、协会，在省青年企业家协会设立台湾创业青年联谊沙龙。

48. 在皖工作的台湾同胞可参评各级劳动模范、五一劳动奖章、三八红旗手、巾帼建功标兵、青年五四奖章、青年岗位能手等称号。

四、方便台湾同胞在皖学习居住和生活

49. 台湾同胞可凭居住证在居住地依法享受劳动就业、参加社会保险、依法缴存提取和使用住房公积金的权利，乘坐国内航班、火车等交通运输工具，住宿旅馆，办理银行、保险、证券和期货等金融业务，与大陆居民同等待遇购物、购买公园及各类文化场馆门票、进行文化娱乐商旅等消费活动，在居住地办理机动车登记、报名参加职业资格考试、申请授予职业资格、办理生育服务登记。居住地县级以上人民政府及其有关部门应当为其提供义务教育、基本公共就业、基本公共卫生、公共文化体育和法律援助及其他法律服务，以及国家及居住地规定的其他基本公共服务。

50. 在皖学习、创业、就业、生活的台湾同胞可按规定在当地购买或租赁住房，享受所在地居民同等待遇，具体操作细则由各地制定。在实施住房限购政策的城市购房的，应符合当地政策规定。

51. 台资金融机构、商户等可与在皖清算机构及非银行支付机构依法开展合作，为台湾同胞提供便捷支付服务。

52. 在皖投资和合法就业的台湾同胞共同居住的子女，可按照有关规定进入所在地幼儿园、中小学（含中等职业技术学校）就读，享受所在地学生的同等待遇。

53. 在皖台湾同胞享有与我省居民同等的医疗卫生服务待遇；在我省医疗机构就诊需要返回台湾地区报销的，各级医疗机构应当为其回台报销健保费用提供符合要求的医疗文书。

54. 台湾同胞可凭居住证在我省所有合法经营的宾馆、酒店、家庭旅馆等登记住宿。

55. 台湾同胞在台湾地区或者其他国家和地区取得有效机动车驾驶证的，可按规定在我省的所在地公安机关申请换领机动车驾驶证。

福建省

福建省促进闽台职业教育合作条例

（2015年9月25日福建省第十二届人民代表大会常务委员会第十七次会议通过）

第一条　为了促进闽台职业教育合作，提高劳动者素质，增强职业教育服务经济和社会发展的能力，根据有关法律、法规，结合本省实际，制定本条例。

第二条　在本省行政区域内从事闽台职业教育合作及其相关活动，适用本条例。

第三条　闽台职业教育合作应当遵循政府推动、市场引导、优势互补、资源共享、共同发展的原则。

第四条　台湾同胞从事闽台职业教育合作的，与本省居民享有同等待遇，并享有国家和本省规定的其他优惠待遇。

第五条　县级以上地方人民政府应当将闽台职业教育合作纳入国民经济和社会发展规划，统筹协调闽台职业教育合作中的相关问题，所需经费纳入同级财政预算。

第六条　县级以上地方人民政府教育行政部门负责本行政区域内闽台职业教育合作的规划、管理及其他相关工作。

县级以上地方人民政府人力资源和社会保障、台湾事务及其他有关行政部门按照各自职责负责本行政区域内的闽台职业教育合作相关工作。

第七条　鼓励台湾地区的组织、个人与大陆的企业、学校、科研机构等组织合作，在本省设立闽台职业教育合作办学机构、职业技能培训机构。

申请设立闽台职业教育合作办学机构、职业技能培训机构的，应当按照国家规定的设立条件，由县级以上人民政府教育、人力资源和社会保障行政部门依法批准。

台湾地区的组织、个人依法在中国（福建）自由贸易试验区内单独设立职业技能培训机构，报省人力资源和社会保障行政部门备案。

第八条 鼓励在台湾地区具有优势且符合本省发展需求的专业领域开展闽台职业教育合作。

开展闽台职业教育合作可以采取以下形式：

（一）举办各种层次学历和非学历的职业教育；

（二）开展科学研究和科技开发；

（三）举办职业技能培训；

（四）建立职业教育教学与科研资源共享平台；

（五）建设师资培训基地和学生实训基地；

（六）举办各类职业技能竞赛；

（七）法律、法规未禁止的其他合作形式。

第九条 省、设区的市人民政府发展和改革、教育、人力资源和社会保障等行政部门应当加强产业转型升级的技术技能人才需求预测，引导闽台职业教育合作的专业设置、办学规模，规范办学标准，提高人才培养质量，促进就业创业。

第十条 鼓励台湾同胞投资企业设立职业教育办学机构、职业技能培训机构，引进台湾地区职业教育的办学模式和专业课程、教材，培养符合本行业、企业发展需求的技术技能人才。

第十一条 鼓励台湾地区的职业院校和本省的普通高等学校、职业学校、职业技能培训机构与企业联合培养技术技能人才，县级以上地方人民政府有关部门应当通过政府补贴、购买服务、助学贷款、基金奖励、捐资激励等方式予以支持。

鼓励企业、社会团体和个人以参股、租赁、托管等形式参与闽台职业教育合作办学与管理。

第十二条 鼓励现有各类园区、企业设立闽台职业技能师资培训基地和学生实训基地，县级以上地方人民政府及有关部门应当给予政策支持。

第十三条 台湾地区的职业院校可以受托管理本省职业学校或者普通高等学校的部分院系，并根据有关规定在专业设置、专业课程和教材使用、人事管理、教师评聘、收入分配等方面享有办学自主权。

第十四条　从事闽台职业教育合作相关专业技术工作且符合相关规定的台湾同胞可以申报评聘相关专业技术职务（职称）、申请参加职业技能等级鉴定。

第十五条　从事闽台职业教育合作且符合相关规定的台湾同胞可以受聘于相关单位任职，不受本单位现有编制的限制，聘任时不受评聘时限和岗位职数的限制。

第十六条　台湾地区有关机构颁发的职业教育及相关技能证书，经省、设区的市人民政府教育、人力资源和社会保障行政部门确认，可以在本省适用。

第十七条　受聘于从事闽台职业教育合作的院校、科研机构的台湾同胞可以作为项目负责人申请本省相关学科领域的科研项目。

第十八条　鼓励金融机构开发、创新适合闽台职业教育合作项目的金融产品，为闽台职业教育合作提供服务。

从事闽台职业教育合作的台湾地区的组织、个人，可以依法将建筑物和其他地上附着物、建设用地使用权、知识产权等作为抵押财产，向金融机构申请贷款。

第十九条　县级以上地方人民政府有关部门应当在住房、医疗、子女就学、养老等方面为从事闽台职业教育合作的台湾同胞提供服务。

第二十条　县级以上地方人民政府及有关部门应当安排资金，用于闽台职业教育合作的实训基地建设、技术研发、师资培训和人才引进等方面。

第二十一条　县级以上地方人民政府及有关部门应当为闽台职业教育合作提供政策咨询和信息服务，建立闽台职业教育师资人才数据库，依法及时公开相关信息。

第二十二条　省、设区的市人民政府教育、人力资源和社会保障行政部门应当制定闽台职业教育师资培训规划，组织本省普通高等学校、职业学校、职业技能培训机构的教师赴台培训。

县级以上地方人民政府有关部门对闽台职业教育合作项目赴台学习培训的教师和学生，应当简化办理手续；因紧急事件需要出入境的，应当予以优先办理。

第二十三条　县级以上地方人民政府教育行政部门应当将闽台职业教育纳入教育督导范围；根据实际需要，可以委托第三方机构对闽台职业教育合作项目的办学条件、教育质量进行评估，并向社会公布。

第二十四条 从事闽台职业教育合作的台湾地区的组织、个人合法权益受到侵害时，可以向县级以上地方人民政府教育行政部门和其他有关部门投诉，有关部门应当依法处理，涉及重大事项的，应当告知同级人民政府台湾事务主管部门。

第二十五条 本条例自 2015 年 12 月 1 日起施行。

平潭综合实验区条例

（2016年4月1日福建省第十二届人民代表大会常务委员会第二十二次会议通过）

第一章　总　　则

第一条　为了促进和保障平潭综合实验区的开放开发，根据有关法律、法规和国务院批准的《平潭综合实验区总体发展规划》，结合实际，制定本条例。

第二条　在平潭综合实验区（以下简称实验区）从事开放开发及相关活动，适用本条例。

实验区是经国家批准实行灵活、开放、包容政策，开展两岸交流合作、对外开放先行先试的综合实验区域。

第三条　实验区应当坚持创新、协调、绿色、开放、共享的发展理念，构建新兴产业区、高端服务区、宜居生活区和国际旅游岛，建设两岸同胞共同家园，加快形成体制先进、政策开放、文化包容、经济多元、生态优美的现代化、国际化综合实验区。

第四条　实验区应当按照先行先试、改革创新、统筹协调、分步推进的原则，立足全方位开放，突出对台特色，积极探索两岸合作和对外开放新模式。

省人民政府对实验区具有示范作用的创新举措，予以复制推广，对在实验区开放开发中作出突出贡献的单位或者个人，予以表彰和奖励。

第五条　实验区坚持保护优先、规划先行、统筹推进的原则，建立政府引导、市场运作、社会参与的开发建设机制。

实验区管委会可以根据实际需要，创新与台湾地区和其他境内外相关机构合作开发建设模式。

第六条　实验区借鉴境内外有关市场运行、城市发展、社会管理等方面的国际通行规则，营造国际化、市场化、法治化的开放开发环境，建设法治之区。

第二章 管理体制

第七条 实验区应当按照深化行政体制改革的要求，遵循精简、统一、效能的原则，建立事权划分科学、结构扁平优化、管理高效统一、运行公开透明的行政管理体制。

第八条 省人民政府应当加强对实验区工作的领导，协调解决、督促落实实验区开放开发中的重大问题。

省人民政府有关行政管理部门应当支持实验区的开放开发，为实验区开放开发提供便捷优质的服务。

第九条 实验区管委会是省人民政府派出机构，行使设区的市人民政府经济社会管理权限以及国务院、省人民政府赋予的特殊管理权限，履行以下职责：

（一）组织编制和实施实验区国民经济和社会发展规划、计划；

（二）负责实验区经济调节、公共服务、市场监管、社会管理和环境保护等行政管理工作；

（三）经依法授权或者委托行使省人民政府及其有关部门的行政审批权限；

（四）负责配合管理国家和省级有关部门、单位设在实验区的分支机构；

（五）探索建立有利于促进自由贸易发展、加强与台湾地区及对外交流合作、先行先试的体制机制；

（六）国家、省人民政府赋予的其他职责。

第十条 实验区根据《平潭综合实验区总体发展规划》确定的功能区，结合实际情况，探索实行灵活多样的管理模式。

第十一条 实验区设立由台湾地区和其他境内外相关团体、知名人士、专家学者等组成的顾问机构，为重大决策事项提供咨询。

第十二条 实验区管委会应当积极推进行政机构改革，依法自主决定公务员和事业单位人员的职务任免、调动等，探索建立新型的人事薪酬制度。

实验区管委会工作机构、各功能区管理机构、公共服务机构的管理人员可以从符合条件的台湾地区和其他境内外居民中选聘，聘请条件、年限由实验区管委会确定。

第十三条 实验区管委会应当深化行政审批制度改革，推行行政权力清单和责任清单制度，强化公共服务职能，注重事中事后监管，建立统一的监管信息共享平台，实行综合审批、协同监管和相对集中行政处罚。

第十四条　实验区采取购买服务等方式，鼓励和吸引民间资本或者其他社会力量提供公共服务。

鼓励依法设立社会组织、市场中介组织、志愿团体等各类社会服务机构和组织。支持台湾地区行业协会、社会团体在实验区依法设立分支机构。台港澳居民可以在实验区依法参与各类社会组织活动。

第十五条　创新实验区内社区治理的模式，借鉴台湾地区的社区治理机制，鼓励社区内居住的台湾地区居民积极参与本社区事务。

在实验区规划建设台湾地区居民小区，允许自主管理。具体办法由实验区管委会制定，报省人民政府批准后实施。

第三章　规划建设

第十六条　实验区管委会组织编制本辖区国民经济和社会发展规划、城市总体规划，经省人民政府批准后实施。其他规划由实验区管委会组织编制实施，并报省人民政府备案。

省人民政府可以根据实验区开发建设的实际需要，将相邻地区纳入实验区国民经济和社会发展规划范围，实行规划控制。

编制专项规划应当符合《平潭综合实验区总体发展规划》框架要求，借鉴境内外先进经验，并可以邀请台湾地区和其他境外规划机构、专家学者共同参与。

实验区建立多种规划融合统一的协调、衔接机制。经依法批准的各类规划，是实验区建设和管理的依据，未经法定程序不得更改。

第十七条　实验区的土地利用应当坚持集约高效原则，合理安排开发用地，科学控制开发强度，实现可持续发展。重点区域应当依据修建性详细规划进行土地开发。

实验区开展土地管理改革综合试验，土地、海域使用权可以采取租赁等方式开发利用，对入驻的台湾地区企业项目用地，可以根据实际需要采取创新措施。

实验区开发建设用地、用海、用林计划指标实行单列管理。

第十八条　实验区城市风貌与景观建设应当体现海岛生态和地域文化特色。

划定传统石厝民居保护区，建立规划、利用和保护的有效机制。

实验区建设应当合理安排建筑布局，控制建筑高度、密度，维护城市天际线和空间形象。沿海区域自平均大潮高潮线起向陆地延伸二百米范围内、特殊岸段一百米范围内，除防灾减灾项目建设需要外，不得新建、改建、扩建其他建筑物、构筑物。禁止圈占沙滩，严格维护沙滩资源公共性。

第十九条 实验区建设应当坚持城乡一体、地上与地下统筹开发，完善地下综合管网，构建绿色交通系统，积极应用节能环保新材料、新技术，提高城市建成区绿化覆盖率。

第四章 产业发展

第二十条 实验区的产业项目应当符合经国家批准的产业发展指导目录的要求。符合实验区产业发展方向的项目，可以享受资金扶持、土地供应和物业使用等方面的相关优惠政策。

实验区管委会可以根据产业发展需要，及时提出调整产业发展指导目录的意见。

第二十一条 实验区按照突出重点、优势互补、高端发展的要求，鼓励发展高新技术产业、旅游业、现代商贸物流业、金融业、文化创意产业和海洋产业等低碳环保、高附加值的产业。禁止发展污染环境、资源能源消耗大的项目。

第二十二条 实验区鼓励引进高新技术产业，建设产业培育孵化平台和服务体系，构建技术研发、投资融资、人才培养等公共服务平台。

鼓励境内外科学技术研究开发机构、高等院校、企业在实验区共同设立合作研发平台，联合建设重点实验室、工程技术研究中心等科学技术创新平台，开展基础研究、应用技术研究、前沿技术和共性关键技术研究，联合培养研发团队和技术人才。鼓励台湾地区和其他境外相关机构在实验区设立技术转移、技术培训、成果转化、企业孵化等科学技术服务机构。

第二十三条 实验区实行内外贸一体化发展，鼓励区内企业统筹开展国际贸易和国内贸易，创新贸易发展业态。

第二十四条 实验区应当按照建设国际旅游岛的要求，优化旅游产业布局，提高海岛休闲度假旅游现代服务业水平，推行国际通行的旅游服务标准，加强旅游基础设施建设，并在用地、投资融资等方面对旅游产业发展予以政策支持。

第二十五条 支持实验区与台湾地区和其他境内外相关机构合作发展海岛旅游、邮轮旅游等旅游业态，引导境内外投资者参与实验区旅游发展和建设，推进旅游交流合作。

实验区管委会和省人民政府相关行政管理部门应当配合国家有关部门推进支持国际旅游岛建设相关政策的落实，推动实施口岸过境免签、境外旅游团入境免签等更加便捷的出入境措施，提升旅游业开放水平。

第二十六条 发挥实验区与周边主要海港、空港枢纽的联动作用，加强与区外航运产业集聚区协同发展，培育新型航运业态，完善航运服务发展环境。

在实验区实行以“中国平潭”为船籍港的国际船舶登记制度，建立高效率的船舶登记流程。

第二十七条 除国家法律、行政法规禁止的以外，实验区内企业可以自行确定、自主选择经营模式，创新经营范围。

第二十八条 实验区内企业开展涉及国家经济安全的创新业务的，应当在国家监管部门的指导和监督下，先行试点，逐步推进。

实验区管委会和省人民政府相关行政管理部门应当配合国家监管部门总结试点经验，协调有关政策的落实。

第五章 投资贸易促进

第二十九条 实验区建立与国际投资贸易规则相适应的体制机制，在货物、服务、资金、人员往来方面实施更加自由便利的措施。

实验区按照国家有关规定实行外商投资准入前国民待遇加负面清单管理模式。负面清单之外的领域，按照内外资一致的原则，外商投资项目实行备案制，但国务院规定对国内投资项目保留核准的除外。外商投资企业设立、变更及合同章程审批实行备案管理。

第三十条 实验区应当根据发展需要，建立与国际惯例相衔接的商事登记制度，推进注册登记便利化。

台湾地区经济类社团法人视同经济组织，可以凭社团法人组织主体资格证明，在实验区投资设立企业。

第三十一条 实验区内海关特殊监管区域与境外之间为“一线”管理，区内海关特殊监管区域与境内区外之间为“二线”管理，按照“一线放开、二线安全高效管住”的原则，开展海关监管和检验检疫制度创新，实现通关安全便利化：

（一）建立货物状态分类监管制度；

（二）境外进入区内的货物，可以先进区、后报关；

（三）区内企业不实行加工贸易银行保证金台账制度；

（四）允许境外入区货物在保税状态下按规定进行保税展示交易；

（五）其他海关通关监管创新措施。

第三十二条 在实验区按照国家有关规定开展以下检验检疫监管制度创新，实现通关安全便利化：

（一）实施进出境货物分线分类分级的检验检疫监管制度，推行检验检疫通关全程无纸化、低风险、最大限度快速放行；

（二）建立出入境质量安全风险管理机制；

（三）对从境外进入区内并在区内销售的台湾地区食品、农产品，简化申报手续，实施以风险管理为基础的分级管理；

（四）建立有利于第三方检验鉴定机构发展和规范的管理制度，按照国际通行规则，采信第三方检测结果；

（五）其他检验检疫监管创新措施。

第三十三条 实验区建立国际贸易单一窗口，形成区内跨部门的贸易、运输、加工、仓储等业务的综合管理服务平台，实现部门之间信息互换、监管互认、执法互助。

第六章 金融财税创新

第三十四条 实验区创新投融资体制机制，构建多元化的投融资体系，保障重点建设项目和产业发展的资金需求。

第三十五条 符合条件的银行业金融机构可以在实验区内依照国家有关规定开展离岸金融业务。

支持实验区内的居民或者其他组织扩大人民币跨境使用，促进企业跨境贸易和投资便利化；设立股权投资基金，开展跨境人民币双向投资业务；开展个人经常项下跨境人民币结算及包括证券投资在内的各类人民币境外投资。

在实验区逐步推进利率市场化，完善利率市场化定价监测机制，符合条件的金融机构可以优先发行大额可转让存单，放开外币小额存款利率上限。

第三十六条　在实验区内创造条件实行人民币资本项下可兑换、人民币跨境使用和外汇管理改革等方面的先行先试。

金融要素市场、金融机构可以根据国家规定进行实验区金融产品、业务、服务和风险管理等方面的创新。

第三十七条　支持实验区内企业上市。实验区内企业和金融机构可以根据国家有关规定在境外发行本外币债券，并将募集资金调回境内使用。

经金融管理部门批准，不同层级、不同功能、不同类型、不同所有制的金融机构可以进入实验区，引导和鼓励民间资本投资金融业。实验区促进互联网金融发展，建立面向国际的金融交易以及服务平台，提供登记、托管、交易和清算等服务。

第三十八条　实验区探索两岸金融机构准入、金融业务、金融市场、金融产品等方面合作的具体途径，拓展两岸金融合作领域。

第三十九条　实验区视同设区的市实行财政单列管理，一定期限内在实验区实行地方级全留的财政体制，缴入省级的地方级收入以及省级有关部门列收列支的规费，由省财政予以全额拨补。

省人民政府设立专项补助资金，在一定期限内每年专项补助实验区开发建设。

第四十条　实验区按照国家有关规定，在优惠期限内实行以下税收优惠政策：

（一）在制定产业准入及优惠目录的基础上，对实验区内符合国家规定的鼓励类产业企业减按15%税率征收企业所得税；

（二）注册在实验区的保险企业向注册在实验区的企业提供国际航运保险业务取得的收入，免征营业税；

（三）注册在实验区的企业从事离岸服务外包业务取得的收入，免征增值税；

（四）按不超过内地与台湾地区个人所得税税负差额，给予在实验区工作的台湾地区居民的补贴，免征个人所得税；

（五）除相关规定明确不予免税或者保税的货物外，对从境外进入实验区与生产有关的货物实行备案管理，给予免税或者保税；

（六）除相关规定明确不予退税的货物外，区外与生产有关的货物销往实验区视同出口，按规定实行退税；

（七）对实验区企业生产、加工并经“二线”销往区外的保税货物，根据企业申请实行对该内销货物按其对应进口料件或者按实际报验状态征收关税；

（八）除用于商业性房地产开发项目的货物外，实验区企业之间销售其在区内的货物，免征增值税和消费税；

（九）国家规定的其他税收优惠政策。

第四十一条 实验区按照国家有关规定，实施促进投资、贸易和金融的财税政策。在符合税制改革方向和国际惯例的前提下，按照国家有关规定建立支持境外股权投资和离岸业务发展的税收制度。

税务机关应当在实验区推行网上办税，开展税收征管现代化试点，运用税收信息系统进行税收风险监测，提高税收管理水平。

第七章 社会建设

第四十二条 实验区应当建立城乡均衡发展的养老、医疗、住房等各项社会保障制度，实行科学技术、教育、文化、卫生、体育、旅游等各项资源的优化配置和共同分享，推进与台湾地区在医疗保险、养老保险等社会保障体系方面的对接。

第四十三条 在实验区创业就业的台湾地区居民及其在实验区居住的配偶、子女与实验区居民享有同等待遇，并享有国家和本省规定的其他优惠待遇。

第四十四条 对台湾地区居民和车辆来往实验区实行更加开放与便利的出入境管理措施。

第四十五条 实验区应当建立境内外人才引进、使用、评价和激励机制，为在实验区工作的人才提供创新创业、户口迁移、配偶就业、子女教育、住房购买或租赁、办公用房、医疗保障等方面的优惠、便利和帮助。

第四十六条 实验区设立台湾青年创业基地，形成集聚示范效应的，由省级财政给予奖励。

实验区为台湾青年创业提供法律咨询、项目对接、贷款融资、办理工商税务登记等配套服务，并在资金扶持、场地补贴、融资担保、中介引进奖励等方面给予支持。

第四十七条 在实验区内推动台湾地区学历和技能人员执业资格采认，简化执业许可审批手续。已取得台湾地区执业资格的机构和人员，可以在实验区从事与资格相对应的专业服务活动。

推动两岸有关组织在实验区对技能人员执业资格互认。

第四十八条 引进台湾地区和其他境外优质的教育资源，开展合作办学、科研，探索建立境内外教育合作发展新模式。

第四十九条 加强实验区文化遗产保护，支持实验区与台湾地区开展民间信仰、族谱对接、寻根之旅等多种形式的民间文化交往交流，弘扬中华优秀传统文化，发展相关的文化业态。

第五十条 完善多元化办医体制，支持境外资本在实验区独资兴办医疗机构。

医疗机构在按照规定书写和保存医疗文书时，应当为就诊的台湾地区居民提供符合台湾地区健保机构核退费用要求的医疗文书。

第八章 生态保护

第五十一条 实验区严格保护辖区及周边海域生态环境，实行生态环境保护目标责任制。省人民政府将资源消耗、环境损害、生态效益等指标纳入实验区经济社会发展综合评价体系和领导干部综合考核评价体系，并建立实验区与周边区域环境保护的协调机制。

实验区应当加强对重点生态功能区和生态环境敏感区域、生态脆弱区域等特殊区域的有效保护，划定生态保护红线，并向社会公布。

第五十二条 实验区应当构建水资源集约利用与优化配置体系，优先保护饮用水源地，加强饮用水源地及其他地表水体、地下水源的水质监测和综合治理，加大对饮用水源地保护的投入，加强区外调水，提高区内供水质量。

第五十三条 实验区应当构建完善的沿海防护林体系，并对沿海基干林带实行永久性保护，禁止开发建设及采砂等破坏防护林的活动。

第五十四条 实验区应当统一规划岸线资源，严格实施自然岸线控制制度，加强海蚀地貌景观、深水岸线、沙滩岸线资源保护，促进岸线资源的合理利用。

实验区严格保护沙滩资源，禁止非法采挖海砂、擅自设置排污口等破坏沙滩资源的行为。

第五十五条 实验区应当加强海洋环境及灾害的监测和预警预报工作，组织对海岸侵蚀、海水入侵、海洋污染等生态破坏或功能退化区域进行综合治理和生态修复，并定期向社会公布海洋环境质量状况。

第五十六条 实验区推进与台湾地区、境外其他国家和地区环境保护交流合作，积极引进台湾地区和其他境外资金、环境保护技术和管理机制。

第九章 法治保障

第五十七条 实验区管委会可以根据发展需要，在坚持国家法制统一原则和不违背本省地方性法规基本原则的前提下，就开放开发有关事项制定规范性文件，在实验区范围内先行先试，并报省人民政府备案。

第五十八条 实验区行政执法机关依照有关规定，加强与台湾地区执法单位的交流与合作。

第五十九条 实验区的仲裁机构可以依法聘任具有经济贸易、科学技术、法律等专门知识的台湾地区居民担任仲裁员，并单独设立台湾地区仲裁员名册。支持两岸仲裁机构在实验区开展合作。

第六十条 实验区司法机关应当依法公正高效地保障境内外当事人合法权益。

符合条件的台湾地区居民可以依法作为陪审员参与实验区涉台案件的审理。

实验区司法机关可以聘请符合条件的台湾地区居民担任涉台案件调解员、检察事务联络员，协助处理涉台案件。

第六十一条 鼓励与台湾地区合作建立法律服务平台，为涉台民商事活动提供法律查明等服务。

台湾地区律师事务所可以在实验区试点设立代表机构并开展业务。本省律师事务所可以向台湾地区律师事务所驻实验区代表机构派驻大陆律师担任大陆法律顾问。

台湾地区纠纷调处机构、会计师事务所、报关报检机构、检验检测机构、认证机构、公证机构、鉴定机构等专业机构可以在实验区开展业务。

实验区与台湾地区民间组织可以合作设立商事调解机构，聘请具有经济贸易、科学技术、法律等专门知识的台湾地区居民作为调解员，为实验区的企业提供商事调解服务。

第六十二条 除法律、行政法规另有规定外，国家工作人员在实验区为推进改革创新出现失误，符合以下情形的，可以免予追究有关人员的责任：

（一）改革创新方案的制定和实施程序未违反有关规定的；

（二）个人和所在单位没有牟取非法利益的；

（三）未与其他单位和个人恶意串通，损害公共利益的。

第十章　附　　则

第六十三条　本条例自公布之日起施行。

关于加快推进平潭综合实验区开放开发的决定

（2013 年 7 月 25 日福建省第十二届人民代表大会常务委员会第四次会议通过）

为了加快推进平潭综合实验区开放开发，促进海峡西岸经济区发展，推动两岸交流合作向更广范围、更大规模、更高层次迈进，根据国务院关于支持福建省加快建设海峡西岸经济区的战略部署和平潭综合实验区总体发展规划的要求，结合平潭综合实验区实际，制定本决定。

一、平潭综合实验区是经国家批准的开展两岸交流合作和对外开放先行先试的综合实验区域。平潭综合实验区开放开发，应当实行灵活、开放、包容的对台政策，实施全方位高水平大开放的对外战略，加快与国际惯例接轨，建设两岸交流合作的先行区、体制机制改革创新的示范区、两岸同胞共同生活的宜居区、海峡西岸科学发展的先导区，构建两岸同胞共同参与国际竞争的合作平台和宜居宜业的共同家园，形成机制先进、政策开放、文化包容、经济多元的现代化、国际化综合实验区。

二、推进平潭综合实验区开放开发，必须深入贯彻落实科学发展观，牢牢把握两岸关系和平发展的主题，解放思想、大胆实验，科学规划、严格实施，产业为先、合理布局，加强监管、绿色发展，坚持开发和保护相结合，突出开放、智慧、低碳、生态特色，严格保护海岛及周边海域生态环境，坚持节约集约利用土地、水、岸线等资源，实现经济、社会、环境的可持续发展。

三、平潭综合实验区管理委员会是省人民政府的派出机构，按照省人民政府的授权，依法行使设区的市人民政府经济社会管理权限以及中央、省人民政府特别赋予的管理权限，统一领导和管理实验区开放开发。平潭综合实验区行政管辖范围为海坛岛及附属岛屿。平潭综合实验区管理委员会管理体制和机构设置遵循精简、统一、高效、灵活的原则，探索多种管理模式，减少行政层级，提高行政效能。

四、加强法制建设，为平潭综合实验区先行先试提供制度保障。省人民代表大会及其常务委员会根据法律和国家授权积极行使地方立法权，适时制定促进平潭综合实验区开放开发的地方性法规。

本省制定的地方性法规，省人民政府可以提请省人民代表大会或其常务委员会就其在平潭综合实验区的适用问题作出相应规定；省人民政府制定的规章，平潭综合实验区管理委员会可以提请省人民政府就适用问题作出相应决定。

五、省人民政府应当加强对平潭综合实验区开放开发工作的领导，统筹指导、协调、督促、推进实验区开放开发，推动产业、资金、人才向实验区集聚，统筹平潭综合实验区与相邻地区、国内其他地区联动发展。在坚持国家法制统一原则和不违背本省地方性法规基本原则的前提下，省人民政府可以就平潭综合实验区开放开发有关事项作出决策，制定规章、决定或命令，在实验区范围内先行先试，并报省人民代表大会常务委员会备案。

六、鼓励、支持和保护平潭综合实验区探索经济、社会、行政管理等方面的体制机制改革创新，开展两岸经济、文化、社会等领域交流合作综合试验。平潭综合实验区在开放开发过程中，应当抢抓机遇，积极作为，坚持先行先试和依法行政，注重借鉴国际及台湾等地区在经济、社会管理方面的先进理念和成功经验，遵循国际通行规则和国际惯例，让开放开发成果惠及两岸同胞。

平潭综合实验区管理委员会可以根据发展需要，在坚持国家法制统一原则和不违背本省地方性法规基本原则的前提下，制定促进与台湾地区和对外交流合作的规范性文件，在实验区范围内先行先试，并报省人民政府备案。

七、全省各级国家机关应当把思想和行动统一到中央的决策部署上来，把平潭综合实验区开放开发作为推进福建先行先试的重要抓手和突破口，充分利用一切有利条件，支持和促进实验区全方位开放开发。各级人民政府应当发挥各自优势，主动融入，主动对接，采取有效措施与实验区互动发展。各有关部门应当探索实践，认真落实有关实验区的政策举措，进一步简政放权，坚持特事特办，新事新办。鼓励企业事业单位、人民团体和两岸同胞建言献策，积极参与实验区开发建设，努力把平潭综合实验区建成两岸同胞合作建设、先行先试、科学发展的共同家园，为推进两岸关系和平发展，实现中华民族伟大复兴发挥更大作用。

本决定自公布之日起施行。

福建沿海地区与金门、马祖、澎湖间海上运输管理暂行规定

（2013年8月27日福建省交通运输厅闽交台〔2013〕11号）

第一条 为维护福建沿海地区与金门、马祖、澎湖间海上运输秩序，保障运输安全，推动诚信经营，促进节约能源，减少污染物排放，依据《台湾海峡两岸间航运管理办法》（交通部令1996年第6号）、《海峡两岸海运协议》、《关于台湾海峡两岸间海上直航实施事项的公告》（交通运输部2008年第38号公告）等有关规定，制定本管理规定。

第二条 福建省交通运输主管部门对从事福建沿海地区与金门、马祖、澎湖间海上运输的航运企业实施行政许可制度，并根据国家有关政策和市场供需情况决定许可或者不许可。

第三条 在两岸注册的两岸资本且具有企业法人资格的航运公司使用两岸资本并在两岸登记的船舶，经许可后，方可从事福建沿海地区与金门、马祖、澎湖间海上运输。

运力投放按照平等参与、有序竞争、双向直航、互惠互利的原则，结合两岸贸易、人员往来需求和航运市场状况，合理安排运力。

第四条 申请经营福建沿海地区与金门、马祖、澎湖间海上运输的航运公司，应向福建省交通运输主管部门提交申请书。航运公司提交申请书时应同时提供下列材料：

一、船舶资料，包括所有权证书、船籍证书、吨位证书、适航证书，租船的还应提供光租或期租合同复印件；

二、海运提单（样本），从事旅客运输的，还应提交客票样本和船东责任、旅客意外伤害有关保险；

三、公司资信证明；

四、公司营业执照（复印件）；

五、董事会成员名单（无董事会可免交）；

六、董事长或公司法人代表身份证明；

七、公司旗标识图案。

第五条 大陆地区航运公司直接向福建省交通运输主管部门提出申请；台湾地区航运公司委托其在大陆的船舶代理公司向福建省交通运输主管部门提出申请。

福建省交通运输主管部门在收到齐全、有效的申请文件之日起 20 个工作日内做出许可或不许可。

第六条 经许可从事福建沿海地区与金门、马祖、澎湖间海上运输业务的航运公司及船舶，由福建省交通运输主管部门核发《台湾海峡两岸间水路运输许可证》和《台湾海峡两岸间船舶营运证》，同时报备国务院交通运输主管部门，并抄送设区市交通运输主管部门。

前款证书有效期满需继续经营的，航运公司应按第四条和第五条的规定提前 30 个工作日提交申请。

第七条 福建沿海地区与金门、马祖、澎湖间海上运输的船舶代理业务，由具有代理外贸运输船舶经营权的船舶代理公司经营。船舶代理公司由航运公司在上述公司中自行选择。

第八条 船舶代理公司与所代理的航运公司签订代理合同后 15 日内，应将所代理的航运公司的公司名称、船舶名称、公司旗标识图案、船舶航线等情况报福建省口岸工作办公室和福建省交通运输主管部门备案。

船舶代理公司应在每月 10 日前将上一月所代理船舶的统计资料报送福建省交通运输主管部门，由福建省交通运输主管部门汇总后，按季度报送国务院交通运输主管部门。

第九条 直航船舶在双方通航港口间航行和进出对方港口时只挂公司旗，不升挂对方旗。

直航船舶进出港口，除航行安全、防止污染或其他特殊原因外，不强制引航。

直航船舶在福建省沿海港口的费用参照现行《交通部港口收费规则》（外贸部分）标准计收，相关港口可根据本港具体情况和金门、马祖、澎湖港口对大陆船舶的收费情况制定优惠办法，报国务院交通运输主管部门、福建省交通运输主管部门、福建省价格主管部门备案后施行。

第十条 从事福建沿海地区与金门、马祖、澎湖间海上直接通航业务的公司及船舶，应严格按照许可范围经营，并随船携带福建省交通运输主管部门核发的《台湾海峡两岸间船舶营运证》，接受海事部门监督检查，严禁无证营运或超范围营运。

第十一条 违反本规定的，由相关主管部门按照国家有关规定实施处罚。

第十二条 本规定由福建省交通运输主管部门负责解释，具体实施意见由福建省交通运输主管部门另行制定。

本规定自发布之日起实施。

福建省台湾船舶停泊点管理办法

（1994年7月15日福建省第八届人民代表大会常务委员会第十一次会议通过　根据2018年7月26日福建省第十三届人民代表大会常务委员会第四次会议修正　2018年7月27日福建省人民代表大会常务委员会公告公布　本决定自公布之日起施行）

第一条　为加强台湾船舶停泊点的管理，确保来靠台湾船舶的安全，方便台湾居民往来，促进闽台经济、文化交流，根据《中国公民往来台湾地区管理办法》以及有关法律、法规，结合本省实际，制定本办法。

第二条　进入福建沿海的台湾船舶，应当在省人民政府批准的台湾船舶停泊点停泊（以下简称停泊点）。

第三条　凡在停泊点停泊的台湾船舶及入出境的台湾居民，除法律、法规另有规定外，均应遵守本办法。

第四条　台湾船舶因台风等不可抗力无法停靠停泊点的，可就近在避风点停泊，不可抗力解除，应当立即离港。

第五条　台湾船舶及船上人员、货物、行李物品进出停泊点，由公安边防、海关等部门依法监管。

台湾船舶进入停泊点后，船长应当主动向公安边防执勤人员出示船舶证书、船员证书或其他有效证件，说明来靠原因及泊港时间，协助检查人员对船体、货物和行李物品进行检查。

第六条　公安边防部门发现船上人员有下列情形之一的，不予批准上岸：

（一）无任何证件证明是台湾居民的；

（二）有提供假证等欺骗行为的；

（三）被遣送出境人员在不准入境期限内的；

（四）严重传染病患者和无人照料的精神病患者。

第七条　台湾船舶泊港期间，船上人员应当遵守下列规定：

（一）不得擅自调整泊位；

（二）不得悬挂、显示有损于祖国统一的标志；

（三）不得擅自启用电台；

（四）不得向港内倾倒污物；

（五）不得携带危禁物品上岸；

（六）不得扰乱港口治安秩序和从事违法犯罪活动；

（七）不得擅自接大陆人员登船；

（八）船上必须留有足以保证安全的船员值班。

第八条　台湾船舶泊港期间，海关等部门工作人员需要登船执行公务的，应事先通报当地公安边防部门；其他人员需办理有关手续后方可登船。

台湾船舶和台湾居民在停泊点发生事故或者险情的，停泊点所在地县级以上地方人民政府有关部门应当简化相关手续，并按照各自职责及时给予救援、帮助。

第九条　台湾船舶、台湾居民泊港期间的事务，由有关部门、单位按照规定办理：

（一）避风、求医、探亲访友、洽谈投资、谒祖、旅游和修船、补给的，由停泊点所在地人民政府台湾事务办公室接待处理；

（二）从事小额贸易的，由停泊点所在地人民政府台湾事务办公室介绍给经省人民政府商务主管部门批准的对台贸易公司接洽；

（三）要求处理海事、渔事纠纷的，由停泊点所在地人民政府台湾事务办公室联系渔政、港监等部门处理；

（四）需要聘请短期渔工的，由停泊点所在地人民政府台湾事务办公室介绍给经省人民政府批准的有对台劳务合作经营权的公司接洽。

停泊点管理事务涉及多个部门的，由所在地人民政府台湾事务办公室负责协调。

第十条　台湾居民需上岸的，应当持有效身份证件，向停泊点所在地公安边防部门申请办理《台湾居民登陆证》；持有《台湾居民来往大陆通行证》的，经公安边防部门登记后，不再办理《台湾居民登陆证》。

第十一条　台湾居民应当在限定的范围内活动。

持《台湾居民登陆证》的台湾居民，可在停泊点所在的县（市、区）范围内活动；持《台湾居民来往大陆通行证》的台湾居民，可前往停泊点所在的县（市、区）以外地区从事探亲、旅游、投资、贸易等活动。

第十二条 台湾居民应当在证件登记有效期内登船出境。

《台湾居民登陆证》的登记有效期限不超过台湾船舶本航次停靠期限。台湾居民因特殊原因不能随原船出境或者需要延长居留期限的，应当在证件登记有效期内向上岸停泊点所在地县（市、区）人民政府台湾事务办公室提出申请。上岸停泊点所在地县（市、区）人民政府台湾事务办公室应当商公安边防部门审批。

第十三条 台湾居民应当从原上岸停泊点乘原船出境。

因特殊原因需要改从本省其他停泊点或者改乘其他台湾船舶出境的，应当在证件登记有效期内向拟出境停泊点所在地县（市、区）人民政府台湾事务办公室提出申请。拟出境停泊点所在地县（市、区）人民政府台湾事务办公室应当商公安边防部门审批。

第十四条 台湾居民遗失《台湾居民登陆证》《台湾居民来往大陆通行证》的，应当向原发证部门报失；经调查属实的，由原发证部门补发。

第十五条 台湾船舶应当经公安边防执勤人员检查、核对证件和人员，按规定办结相关手续后，方可离港出境。已办离港手续的，不得无故滞留。

第十六条 台湾船舶、台湾居民违反法律、法规的，依照有关法律、法规处理；法律、法规未作规定的，由省、市（地）、县（市）公安边防部门依照本办法处理：

（一）违反本办法第七条（一）、（二）、（三）、（四）、（七）、（八）项规定的，对船长、直接责任人员予以劝告，责令其改正。拒不改正的，处人民币一千元以上三千元以下罚款；

（二）违反本办法第十一条、第十二条、第十三条、第十五条规定的，处人民币三千元以上五千元以下罚款；

（三）台湾居民雇用船舶偷（私）渡出入境的，涂改、伪造、冒用他人证件出入境或者将证件转让他人使用的，处人民币五千元以上一万元以下罚款；

（四）进入本省沿海的台湾船舶不在停泊点停泊的，处人民币一万元以上三万元以下罚款。

公安边防部门按照本办法作出的处罚，应当填写由省公安厅统一印制的裁决书。

被处罚人对处罚决定不服的，可依法申请复议或向人民法院提起诉讼。

第十七条 公安边防、海关等部门工作人员玩忽职守、滥用职权、徇私舞弊的，视情节轻重，给予处分；构成犯罪的，依法追究刑事责任。

第十八条 本办法所称停泊点和避风点，由省人民政府公布。

第十九条 本办法由省人民政府台湾事务办公室负责应用解释。

第二十条 本办法自公布之日起施行。

福建省闽台近洋渔工劳务合作办法

（1996年1月28日福建省第八届人民代表大会常务委员会第二十一次会议通过 1996年1月28日福建省人民代表大会常务委员会公布 自公布之日起施行 闽人大常〔1996〕08号）

第一条 为促进闽台近洋渔工劳务合作，保障双方的合法权益，维护正常的经营秩序，根据国家有关法律、法规，结合本省实际，制定本办法。

第二条 从事闽台近洋渔工劳务合作活动，应遵守国家法律、法规及本办法。

第三条 省对外贸易经济合作行政部门是本省闽台近洋渔工劳务合作的业务主管部门。地（市）、县（市、区）对外贸易经济合作行政部门负责本辖区近洋渔工劳务合作业务的监督管理。

公安边防部门负责闽台近洋渔工劳务证件的签发及台湾渔轮、渔工的边防管理。

海关负责对渔工携带的行李物品进行监管。

人民政府台湾事务办公室负责闽台近洋渔工劳务合作的政策指导和相关涉台事务的协调。

第四条 开展闽台近洋渔工劳务合作的经营口岸（以下简称“经营口岸”），应是台湾船舶停泊点，并经省人民政府批准。

第五条 闽台近洋渔工劳务合作的聘用方（以下简称“聘用方”），应是台湾近洋渔轮的船主、船长或渔业公司及其授权代理人。

台湾近洋渔轮已在台湾注册并处适航状态。

台湾渔业公司经业务主管部门商省人民政府台湾事务办公室批准，可在指定的经营口岸设立办事处，负责近洋渔工劳务合作业务的联络事宜。

第六条 闽台近洋渔工劳务合作的应聘渔工（以下简称“渔工”），须是身体健康，具有海上渔轮操作技术，持有《中华人民共和国居民身份证》和《出海船民证》，年满18周岁的公民。

有未了结刑、民事案件者，不得应聘。

第七条　具有对外劳务经营资格的公司，经省人民政府确认，可经营闽台近洋渔工劳务合作业务（以下简称“经营公司”）。

具有办理近洋渔工劳务合作业务能力的公司，经业务主管部门批准，受经营公司委托，可承办闽台近洋渔工劳务合作业务（以下简称“承办公司”）。

第八条　聘用方应与经营公司或其委托的承办公司依法签订《近洋渔工劳务合作合同》。

经营公司或承办公司应与渔工依法签订《近洋渔工劳务合同》。

《近洋渔工劳务合作合同》应经业务主管部门或其授权的地（市）、县（市、区）对外贸易经济合作行政部门见证后生效。

第九条　经营公司及承办公司应遵守下列规定：

（一）在指定的经营口岸开展业务；

（二）执行业务主管部门规定的渔工劳务价格及渔工工资标准；

（三）组织渔工接受相关的培训；

（四）为渔工办理人身安全保险；

（五）维护和保障渔工合法权益。

第十条　聘用方应遵守下列规定：

（一）不得直接招聘渔工或与非经营、承办公司签约招聘渔工；

（二）不得超出渔轮定员的缺额聘用渔工；

（三）不得单方改变渔工的作业船只；

（四）聘用渔工的合同期限每次不得超过一年；

（五）不得中途遗弃渔工；

（六）不得强迫渔工违章或超负荷作业；

（七）不得有侵犯渔工人身权利的行为；

（八）不得欺骗、引诱、胁迫渔工从事违法犯罪活动。

聘用方遇有特殊情况，需将渔工调换到其他台湾近洋渔轮作业，应征得渔工本人及经营公司或承办公司同意，并由经营公司或承办公司到所在地公安边防部门办理手续。

第十一条　渔工应遵守下列规定：

（一）不得编造情况、提供假证明；

（二）持有县级以上公安边防部门签发的《福建省台湾渔轮聘用劳务证》，

在经营口岸接受边防工作站检查验证后出入境；

（三）遇特殊情况需从原出境地以外口岸入境的，应在返回后十日内向原出境地边防工作站申报；

（四）不得参与走私、贩毒和偷私渡等违法犯罪活动；

（五）不得携带违禁物品及涉及国家机密的资料。

第十二条　经营公司、承办公司未办理渔工人身安全保险而造成渔工损失的，应承担相应的赔偿责任。

渔工合法权益受到聘用方损害的，经营公司、承办公司应协助渔提起诉讼。

第十三条　闽台近洋渔工劳务合作当事人之间发生合同纠纷，由所在地对外贸易经济合作行政部门调解；调解不成的，可依法提请仲裁或向经营口岸所在地人民法院提起诉讼。

第十四条　从事闽台近洋渔工劳务合作的当事人违反国家法律、法规的，依照有关法律、法规处罚；国家法律、法规未作规定的，依照本办法予以处罚。

第十五条　有下列情形之一的，由县级以上公安边防部门予以处罚：

（一）违反本办法第十条（一）、（二）、（三）、（四）、（五）、（六）项规定之一的，处聘用方或直接责任人人民币一万元以上、三万元以下罚款。拒不执行处罚的，经省公安边防部门批准，可限制台湾渔船离境，接受处罚或提供足额保证金后应予当日放行；

（二）违反本办法第十一条（一）、（二）、（三）项规定之一的，处渔工人民币二百元以上、五百元以下罚款；

（三）私自组织人员上台湾渔轮从事劳务活动的，没收其非法所得，并处人民币五千元以上、二万元以下罚款。

第十六条　有下列情形之一的，由县级以上对外贸易经济合作行政部门予以处罚：

（一）未获批准经营、承办闽台近洋渔工劳务合作业务的，没收其非法所得，依法取缔，并处人民币一万元以上、三万元以下罚款；

（二）违反本办法第九条规定之一的，处公司人民币五千元以上、三万元以下或其非法所得二倍以下的罚款；情节严重的，经业务主管部门批准，停止该公司经营、承办闽台近洋渔工劳务合作业务。

第十七条　被处罚人对处罚决定不服的，可依法申请行政复议或向人民法院提起行政诉讼。

被处罚人在法定期限不履行处罚决定，又不申请复议或向人民法院提起诉讼的，处罚机关可依法向人民法院申请强制执行。

第十八条 对外经贸、公安边防、海关等部门工作人员玩忽职守、滥用职权、徇私舞弊的，视情节轻重，给予行政处分；构成犯罪的，依法追究刑事责任。

第十九条 本办法自公布之日起施行。

福建省接受台湾同胞捐赠管理办法

（1996年9月27日福建省第八届人民代表大会常务委员会第二十五次会议通过　根据2010年7月30日福建省第十一届人民代表大会常务委员会第十六次会议《关于修改部分地方性法规的决定》修订）

第一条　为加强对接受台湾同胞捐赠的管理，规范捐赠、受赠行为，保护捐赠人的爱国爱乡热情和合法权利，促进本省经济发展和社会进步，根据国家有关法律、法规，结合本省实际，制定本办法。

第二条　本办法所称台湾同胞捐赠，是指台湾同胞自愿无偿为我省教育、科技、文化、卫生、体育、环境保护、社会福利等公益事业和公共设施、工农业生产设备捐赠款、物的行为。

本办法所称受赠单位，系指接受捐赠的社会团体和事业机构。国家机关不得接受供本单位自用的台湾同胞捐赠，用于前款规定范围的捐赠除外。

第三条　台湾同胞捐赠应遵循捐赠人自愿和受赠单位自用的原则。

捐赠人对捐赠的方式、数额和受赠对象有自主权，对捐赠款、物的使用有检查监督的权利。任何单位和个人不得违背台湾同胞意愿索取捐赠。

第四条　台湾同胞捐赠兴办的事业受国家法律保护。

捐赠人和受赠单位应遵循国家法律、法规，符合国家和社会公共利益。

第五条　地方各级人民政府台湾事务办公室负责对台湾同胞捐赠的指导和管理。

受赠单位的主管部门对受赠款、物的使用和管理，负有协调和监督的责任。

第六条　台湾同胞捐赠应由捐赠人向受赠单位提出捐赠意愿书。捐赠双方认为有必要的，应签订协议。协议内容由双方商定。

受赠单位接受台湾同胞捐赠，应当提出受赠申请书，征得主管部门同意后，向县级以上人民政府台湾事务办公室申报。

第七条　受赠单位接受台湾同胞捐赠款额应按下列权限申报：

（一）一次接受一百万元（人民币，下同）以下（不含本数，下同）的捐赠，向县（市、区）人民政府台湾事务办公室申报。

（二）一次接受一百万元以上（含本数，下同）、二百万元以下的捐赠，向设区的市人民政府台湾事务办公室申报。

（三）一次接受二百万元以上的捐赠，向省人民政府台湾事务办公室申报。

省直属单位接受台湾同胞捐赠，直接向省人民政府台湾事务办公室申报。

台湾同胞捐赠的进口物资，由省人民政府台湾事务办公室审批。捐赠属于实行进口许可证管理和专卖专营物资的，按国家规定，由省人民政府台湾事务办公室会同有关部门核报国家主管部门审批。

第八条 地方各级人民政府台湾事务办公室自接到受赠单位申报之日起十五日内，将办理结果通知申报单位。逾期未做出答复的，视为批准。

第九条 受赠单位对受赠款、物，应建立账目，年终汇总报送主管部门和同级人民政府台湾事务办公室备案。

第十条 台湾同胞捐赠的款项，受赠单位应按捐赠意愿书或协议规定专款专用。捐赠现汇的，在指定解汇银行办理结汇；捐赠协议规定用于境外支付的解汇，经当地外汇管理部门批准，可以保留现汇，在外汇指定银行开立账户。

第十一条 台湾同胞捐赠用于科教的进口物资，根据国家有关减免关税的优惠规定办理。

第十二条 台湾同胞将在我省投资经营所得的利润捐赠兴办公益事业的，在报经税务部门批准后，可退还捐赠部分已缴纳的所得税款。

第十三条 台湾同胞捐赠款、物的使用，受赠单位应当尊重捐赠人的意愿，履行捐赠意愿书或协议规定的义务，保证实现捐赠的目的，并应向捐赠人反馈其捐赠款、物的使用情况。

第十四条 台湾同胞捐赠兴建的工程项目，必须符合城乡建设规划和社会发展计划，讲求社会、经济和环境效益，所需土地，依照国家有关规定办理报批手续。属于公益事业和公共设施项目的，免征城市基础设施配套费和土地使用费。

第十五条 台湾同胞捐赠兴建的工程项目，受赠单位应按基建程序和建设行政主管部门的有关规定施工，确保工程质量，未经捐赠人或受赠单位主管部门同意，不得更改捐赠工程项目的规模和标准。工程竣工后，必须经当地建筑工程质量监督机构检验合格，方可交付使用。投入使用后，受赠单位应加强管理，充分发挥其效益。

第十六条　因经济建设、社会发展必需拆迁台湾同胞捐赠兴建的公益性建筑物和公共设施，应根据拆迁有关规定和城乡规划要求按原规模、用途就近予以复建，或依法给予合理补偿。补偿款项使用应符合原捐赠用途。

第十七条　地方各级人民政府对作出贡献的捐赠人，应给予表彰。表彰的方式要尊重受表彰者的意愿。具体表彰办法，由省人民政府制定。

第十八条　违反本办法的，视情节由县级以上人民政府台湾事务办公室责令纠正，或由同级人民政府台湾事务办公室提请行政监察机关及受赠单位上级主管部门给予行政处分；构成犯罪的，依法追究刑事责任。

第十九条　台湾同胞赈灾捐赠由各级人民政府台湾事务办公室会同民政、红十字会等有关单位按国家有关规定办理。

第二十条　本办法应用解释权属福建省人民政府台湾事务办公室。

第二十一条　本办法自 1997 年 1 月 1 日起施行。

福建省招收台湾学生若干规定

（1999年6月1日福建省第九届人民代表大会常务委员会第十次会议通过　根据2010年9月30日福建省第十一届人民代表大会常务委员会第十七次会议《福建省人民代表大会常务委员会关于修改〈福建省华侨捐赠兴办公益事业管理条例〉等八项地方性法规的决定》修改）

第一条　为便利台湾学生来福建省就学，根据《中华人民共和国教育法》等有关法律、法规，结合本省实际，制定本规定。

第二条　本规定所称台湾学生，系指来福建省就学的台湾居民。

第三条　台湾学生的合法权益受国家法律保护，任何单位和个人不得侵犯。

台湾学生应当遵守国家法律、法规，尊重社会公德。

第四条　各级教育行政主管部门应当做好对台湾学生的指导、咨询和服务工作。

第五条　台湾学生来福建省就学，应当向当地教育行政主管部门或者其指定的学校交验下列证件：

（一）有效的身份证明和有效的台湾人出境证件；

（二）台湾居民来往大陆通行证；

（三）学历证明；

（四）体格检查证明。

第六条　台湾学生来福建省就学，可以按国家规定接受学历教育，也可以接受非学历教育。

第七条　经县级以上教育行政主管部门批准，台湾学生可在当地的中学、小学就学，与当地学生一视同仁，并可适当照顾。

第八条　报考福建省高等学校的台湾学生，可以按国家规定参加全国联合招生考试，也可以参加经国家批准的本省单独招生考试或者院校自主招生考试。考试合格的，予以录取。

有关部门和学校单独招收台湾学生，应当在报名、考试、录取、入学等方面简化手续，提供便利。

第九条 参加招生考试未被录取的台湾学生，符合条件的可以进入有关学校开设的预科班学习。

第十条 经批准招收台湾学生的福建省高等学校，可以为台湾学生举办补习班、进修班、培训班和函授班等。

第十一条 台湾学生的学籍管理，各级教育行政主管部门和学校参照国家有关规定执行。

学校应当做好教学和管理工作，保证教育教学质量。

在高等学校就学的台湾学生可以申请免修政治理论和军训课程。

第十二条 按国家规定招收台湾学生的学校，培养台湾学生所需的经费，各级人民政府可以比照所在学校的学生经费标准予以安排。

第十三条 台湾学生入学后，由所在学校向所在地的公安机关办理就学期间的多次有效入出境签注和暂住手续，公安机关应当及时办理。

第十四条 台湾学生修业期满，按教学计划完成所修课程、成绩合格的，准予毕业，发给毕业证书。获得高等学校毕业证书的台湾学生，经审核符合《中华人民共和国学位条例》规定的，授予相应的学位，发给学位证书。

第十五条 本规定由福建省教育行政主管部门负责应用解释。

第十六条 本规定自公布之日起施行。

福建省促进闽台农业合作条例

（2009年5月23日福建省第十一届人民代表大会常务委员会第九次会议通过）

第一章 总　　则

第一条 为了促进闽台农业全面合作，推进海峡两岸合作与交流，加快海峡西岸经济区建设，根据国家有关法律、法规，结合本省实际，制定本条例。

第二条 在本省行政区域内从事闽台农业合作，适用本条例。

本条例所称农业是指种植业、林业、畜牧业和渔业等产业，包括与其直接相关的产前、产中、产后服务。

第三条 闽台农业合作应当遵循优势互补、互利共赢、全面合作、共同发展的原则。

从事闽台农业合作活动，应当遵守有关法律、法规。

第四条 从事闽台农业合作的台湾同胞，与本省居民享有同等的投资待遇，享受同等的优惠政策和优质服务。

第五条 省人民政府应当将闽台农业合作纳入本省国民经济和社会发展规划，制定促进闽台农业合作的政策措施。

省人民政府应当发挥海峡两岸农业合作试验区、现代林业合作实验区的窗口、示范和辐射作用，促进对台农业资金、技术、良种、设备等生产要素的引进与合作。

第六条 县级以上地方人民政府主管闽台农业合作工作的部门负责本行政区域内闽台农业合作的组织、协调和服务工作。

县级以上地方人民政府其他有关部门根据各自职责，负责闽台农业合作的相关工作。

第二章 合作与交流

第七条 地方各级人民政府应当根据当地实际情况，采取有效措施，促进闽台农业合作与交流。

第八条 鼓励从事下列闽台农业合作项目：

（一）农业综合开发；

（二）良种引进、繁育、试验、示范和推广；

（三）特色农产品生产经营；

（四）农业高新技术；

（五）农产品精深加工业；

（六）新型农用工业；

（七）农产品物流业；

（八）休闲农业；

（九）国家和本省鼓励的其他项目。

从事前款规定合作项目的，享受国家和本省相应的扶持政策。

第九条 台湾同胞可以代理闽台农业合作招商业务，开展闽台农业合作项目的策划，参与举办农业经贸活动。

第十条 从事闽台农业合作的台湾同胞，可以依法发起或者参加农民专业合作经济组织。

第十一条 台湾同胞可以在市、县（区）工商行政主管部门直接登记申请设立个体工商户，依法从事闽台农业合作活动。

第十二条 鼓励企业、教学科研机构和个人开展闽台农业合作与交流。

鼓励台湾同胞在本省从事农业科研、教学、培训、咨询等活动。

台湾同胞可以单独或者与企业、教学科研机构等组织合资、合作在本省设立农业科技研发、推广机构。

台湾同胞可以依托其所在的企业、教学科研机构作为项目负责人，申请农业科研项目。

鼓励本省科技人员、经营管理人员和教学人员赴台开展农业合作与交流活动。

第十三条 鼓励引进和推广适宜本省的台湾农业新品种、新技术、新农药、新肥料和新机具，设立台湾农业技术、新产品推广中心。

第十四条　鼓励开展闽台农业劳务合作与交流，有关部门应当提供相应的劳务培训服务和经费支持。

第十五条　鼓励台湾同胞开展闽台农业合作与交流的信息服务。

鼓励本省单位和个人建设闽台农业合作与交流的信息服务网站。

第十六条　鼓励开展闽台农业知识产权领域的合作与交流，依法保护知识产权。

第三章　服务与保障

第十七条　地方各级人民政府及其有关部门应当加强闽台农业合作的服务工作，改善投资环境，提高办事效率，严格依法办事，切实保障台湾同胞和闽台农业合作企业的合法权益。

第十八条　省人民政府设立闽台农业合作专项资金，市、县（区）人民政府根据需要设立闽台农业合作专项资金。闽台农业合作专项资金列入同级财政预算。

闽台农业合作专项资金用于闽台农业合作重点项目建设、交流平台建设、科技研发与推广、人员培训与交流活动等。

第十九条　经国务院有关部门或者省人民政府批准，县级以上地方人民政府可以设立台湾农民创业园和闽台现代农业合作示范区。

县级以上地方人民政府对台湾农民创业园和闽台现代农业合作示范区的基础设施建设、重点农业高新技术项目给予资金支持。

对台湾农民创业园的用地规模和布局，县级以上地方人民政府在土地利用总体规划中予以统筹安排；对台湾农民创业园内符合条件且已核准的闽台农业合作项目，在依法、节约、高效的前提下，优先协调用地。

第二十条　闽台农业合作企业可以申报农业产业化龙头企业和品牌农业企业，经认定后享受县级以上地方人民政府相应的优惠政策。

闽台农业合作企业可以申报无公害农产品、绿色食品和有机食品标志使用权，经法定认证机构认证后，享受县级以上地方人民政府相应的优惠政策。

闽台农业合作企业可以申报中国驰名商标、中国名牌产品、中国名牌农产品、福建省著名商标、福建省名牌产品等，经认定后享受县级以上地方人民政府相应的优惠政策。

第二十一条 县级以上地方人民政府应当为闽台农业合作引进人才智力提供相应服务。

台湾同胞在本省直接从事农业专业技术工作且符合相关规定的，可以申报评审农业专业技术职务任职资格，或者申请职业技能鉴定。

第二十二条 闽台农业合作开发具有自主知识产权的农业高新技术和产品，进行成果转化的，经认定后可享受本省的优惠政策。

第二十三条 省人民政府主管农业机械化工作的部门应当将适宜在本省推广使用的台湾农业机械产品，列入本省支持推广的农业机械产品目录。列入目录的台湾农业机械产品，享受本省的优惠政策。

第二十四条 台湾同胞从事闽台农业合作的，在农业保险、救济救助方面，与本省居民、企业享受同等待遇。

第二十五条 鼓励金融机构开发、创新适合闽台农业合作项目的金融产品和服务，增加对闽台农业合作项目的信贷投入。

台湾同胞可以依法将其生产设备，交通运输工具，建筑物和其他土地附着物，建设用地使用权，以招标、拍卖、公开协商等方式取得的荒山、荒滩等土地承包经营权，海域使用权等作为抵押财产，向金融机构申请贷款。

第二十六条 鼓励金融机构在闽台农业合作集中地区设立分支机构。

台湾同胞可以依照国家有关规定成立专业性担保公司，为台湾同胞提供融资担保服务。

第二十七条 闽台农业合作项目需要使用农村家庭承包经营土地的，可以按照依法自愿有偿原则，通过流转方式取得农村土地承包经营权；需要使用其他农村集体土地的，可以通过招标、拍卖、公开协商等方式取得荒山、荒滩等土地承包经营权。所在地人民政府在农民自愿和维护承包农户权益的前提下，依法做好农村土地承包经营权流转的相关服务。

农村集体经济组织及其成员可以依法以集体土地使用权、土地承包经营权、林地使用权或者海域使用权入股与台湾同胞合作从事农业开发。

第二十八条 闽台农业合作项目需要使用海域的，可以依法申请取得海域使用权。

台湾同胞投资海水养殖业的，经依法批准可以减缴或者免缴海域使用金。

第二十九条 闽台现代农业合作示范区内的土地整理、标准农田建设、农田水利等基础设施建设项目，符合条件的，有关部门应当列入相关计划。

第三十条　县级以上地方人民政府和有关部门应当依法及时公开相关信息，为闽台农业合作提供政策咨询和信息服务。

第三十一条　台湾同胞从事闽台农业合作的，可凭其合法、有效的主体资格证明或者身份证明及相关文件材料办理工商登记；在大陆和台湾地区以外第三地投资设立公司并以其名义来闽投资的，在办理登记时经大陆和台湾地区以外第三地相关部门证明确属台资控股或者独资的，其投资主体资格证明可免予公证和认证。

第三十二条　海关、检验检疫等有关部门应当依法为闽台农业合作提供通关便利和优质服务。

第三十三条　涉及闽台农业合作的行政事业性收费项目和标准，应当按照法律、法规、规章的规定执行。

禁止向闽台农业合作企业违法集资、征收财物、摊派费用或者违法要求履行其他义务。

除法律、法规、规章和省人民政府规定或者授权外，任何单位或者个人不得到闽台农业合作企业检查，不得强制闽台农业合作企业参加培训班或者评比活动。

第三十四条　闽台农业合作企业和台湾同胞个体工商户的财产权、经营权受法律保护。

闽台农业合作企业和台湾同胞个体工商户依法取得的土地承包经营权、建设用地使用权、林地使用权和海域使用权，因公共利益需要依法被收回的，有权获得相应的补偿。

第三十五条　闽台农业合作企业和台湾同胞个体工商户的合法权益受到侵害时，可以向有关部门反映，或者向台湾同胞投诉协调机构投诉，有关部门和台湾同胞投诉协调机构应当在三十日内给予答复、处理；也可以依法向人民法院提起诉讼。

第四章　附　　则

第三十六条　省人民政府根据本条例规定制定实施细则。

第三十七条　本条例自公布之日起施行。

江西省

江西省贯彻关于促进两岸经济文化交流合作若干措施的实施办法

（2018 年 8 月 3 日江西省人民政府办公厅赣府厅字〔2018〕81 号）

为深入贯彻落实习近平总书记关于对台工作的重要论述和党的十九大精神，促进赣台经济社会融合发展，不断增进两地同胞亲情和福祉，根据国务院台办、国家发展改革委《关于印发〈关于促进两岸经济文化交流合作的若干措施〉的通知》（国台发〔2018〕1 号）精神，结合本省实际，制定本实施办法。

一、积极促进在投资和经济合作领域加快给予台资企业与本省企业同等待遇

1. 台资企业参与实施江西制造强省建设，适用与本省企业同等政策。鼓励台商和台资企业到江西投资设立先进制造业企业和企业区域总部、研发设计中心等，支持投资建设高端制造、智能制造、绿色制造和服务型制造等重大项目，相应享受与本省企业同等支持政策。（责任单位：省工信委）

2. 支持台资企业实施产业转型升级和技术改造，江西台资企业在申报省财政性资金支持的项目上享有本省企业同等待遇。（责任单位：省财政厅、省工信委）

3. 属于增值税一般纳税人的江西台资企业，销售其自行开发生产的软件产品，按适用税率征收增值税后，对其增值税实际税负超过 3%的部分实行即征退税政策。（责任单位：省税务局）

4. 江西台资企业提供技术转让、技术开发和与之相关的技术咨询、技术服务免征增值税。（责任单位：省税务局）

5. 对台湾投资者从在江西居民企业分配的利润，直接投资于鼓励类投资项

目，凡符合规定条件的，实行递延纳税政策，暂不征收预提所得税。（责任单位：省税务局）

6. 支持符合条件的江西台资企业依法享受高新技术企业减按15%税率征收企业所得税，研发费用加计扣除，设在江西的研发中心采购大陆设备全额退还增值税等税收优惠政策。（责任单位：省税务局）

7. 江西台资企业适用与本省企业同等的出口退税优惠政策，简化江西台资企业退税手续，符合条件的优先试行出口退税无纸化管理，取消退（免）税预申报。（责任单位：省税务局）

8. 支持符合条件的江西台资企业通过“银税互动”项目获得无抵押信用贷款，降低融资成本。（责任单位：省税务局）

9. 支持台资企业开展预约定价安排，为其与关联方之间的业务往来提供确定的税收经营环境。（责任单位：省税务局）

10. 支持台资企业申报江西省专利申请资助等相关项目。对台湾地区知识产权在江西转化的，可参照执行大陆知识产权激励政策。（责任单位：省科技厅、省知识产权局）

11. 根据《江西省中小微企业知识产权质押融资管理办法》，支持在江西注册的台资企业按照江西中小微企业知识产权质押融资相关规定进行知识产权质押融资。（责任单位：省知识产权局、人行南昌中心支行、省银监局）

12. 台资企业可以以特许经营方式参与江西防洪、灌溉、排涝、引（供）水、滩涂治理、水土保持、水利枢纽等水利项目建设，参与江西污水处理、中水回用、雨水收集、环卫保洁、道路桥梁、园林绿化、垃圾清运和处理等项目的建设和运营。取得台湾地区资质（资格）证书的台湾交通基础设施建设企业经批准可以参与江西交通基础设施建设。（责任单位：省发改委、省水利厅、省住房城乡建设厅、省交通运输厅）

13. 对于台资企业报送的项目环评，与本省企业一视同仁，同等要求。列入江西省重点项目范围的台资项目，项目环评纳入省环保厅环评审批绿色通道。（责任单位：省环保厅）

14. 支持台资企业公平参与江西政府采购项目投标。（责任单位：省财政厅）

15. 鼓励台商参加江西国有企业招商引资专项活动。每年筛选、整理江西国有企业重点招商引资项目，通过省政府网站、重点招商活动等多种途径向台商推介，推动台资企业与江西国有企业开展合资合作。（责任单位：省国资委）

16. 台资企业与本省企业同等适用相关用地政策。对优先发展产业且用地集约的工业项目，土地出让底价可按不低于所在地土地等别相对应标准的 70%执行。(责任单位：省国土资源厅)

17. 台资企业投资以农、林、牧、渔业产品初加工为主的工业项目，土地出让底价可按不低于所在地土地等别相对应标准的 70%执行。(责任单位：省国土资源厅)

18. 台资企业使用土地利用总体规划确定的城镇建设用地范围外的国有未利用地，且土地前期开发由土地使用者自行完成的工业项目，土地出让底价可按不低于所在地土地等别相对应标准的 15%执行；使用土地利用总体规划确定的城镇建设用地范围内的国有未利用地，出让底价可按不低于所在地土地等别相对应标准的 50%执行。(责任单位：省国土资源厅)

19. 台资企业投资的工业项目，按照第 16、17、18 条规定拟定的出让底价低于该项目实际土地取得成本、土地前期开发成本和按规定应收取的相关费用之和的，应按不低于实际各项成本费用之和的原则确定出让底价。(责任单位：省国土资源厅)

20. 推动江西台商投资产业合作区及产业合作示范基地建设，支持江西台资企业发展绿色环保产业。支持鼓励台资企业与江西企业合作，共同参与“一带一路”沿线投资、“长江经济带”及国际产能合作项目建设，共享“一带一路”“长江经济带”发展红利。(责任单位：省发改委、省工信委、省商务厅)

21. 台资农业企业在江西成立农业生产经营组织，购买符合江西省农机购置补贴政策的机具，均可享受与本省农业企业同等的农机购置补贴优惠政策。(责任单位：省农业厅)

22. 台资农业企业在江西投资建厂、实际运行良好，并且符合《江西省农业产业化省级龙头企业认定和运行监测管理办法》要求的，可认定为农业产业化省级龙头企业，享受相应优惠和扶持政策。(责任单位：省农业厅)

23. 符合申报条件的江西台资企业可以参评省级林业龙头企业，获评后享受国家和省有关林业优惠和扶持政策。(责任单位：省林业厅)

24. 支持具备资质的江西非银行支付机构与台湾开展支付业务合作，为台湾同胞提供便捷的小额支付服务。(责任单位：人行南昌中心支行)

25. 支持彰化银行等台资银行来江西设立分支机构，鼓励江西省内银行与台资银行建立有效的沟通交流机制，开展业务合作，通过银团贷款、“外保内

贷”等方式，为在江西的台资企业、台湾青年创业解决融资问题。（责任单位：省政府金融办、人行南昌中心支行、省银监局）

26. 支持台资企业与江西省金融机构开展合作。定期结合“精准服务台企月”等活动，组织开展“百家银行进千企”金融定向帮扶台资企业专场政银企对接会等活动。（责任单位：省政府金融办、人行南昌中心支行、省银监局、省证监局、省保监局）

27. 加大窗口指导，鼓励江西省内银行机构通过大力发展供应链融资等方式，积极支持参与制造强省建设计划的中小型江西台资企业发展。（责任单位：人行南昌中心支行）

28. 落实原产地签证无纸化和一体化等便利措施，支持帮助江西台资出口企业充分利用原产地优惠政策开拓国际市场，扩大出口，提高国际竞争力。（责任单位：南昌海关）

29. 根据《江西名牌产品认定和保护办法》，将符合条件的台资企业，纳入“江西名牌产品”认定范围。（责任单位：省质量技术监督局）

30. 鼓励江西台资企业申报各类标准化试点示范项目和“中国标准创新贡献奖”。（责任单位：省质量技术监督局）

31. 积极帮助江西台资企业采用赣欧班列运输出口货物，引导企业通过国际贸易“单一窗口”开展申报业务，提高通关效率。（责任单位：省商务厅）

32. 积极保障江西台资企业的人才需求。江西台资企业开展职业培训，设立院士工作站、海智工作站、博士后科研工作站、申报“远航工程”等，符合条件的享受本省企业人才同等的政策待遇。引进和培养的高层次人才，纳入江西省引进培养创新创业高层次人才“双千计划”申报范围，符合条件的推荐省级人才创新创业引导基金项目支持。（责任单位：省委组织部、省人社厅、省财政厅、省科协）

33. 设立江西省涉台商事仲裁中心，依法保护台商合法权益，妥善解决涉台纠纷。（责任单位：省台办）

二、逐步为台湾同胞在江西学习、创业、就业、生活提供与本省居民同等待遇

34. 台湾同胞在江西省可以直接参加国家职业资格目录清单内的专业技术职业考试和职业技能人员职业资格考试。（责任单位：省人社厅）

35. 支持在江西工作的台湾专业人才申请参与国家“千人计划”“万人计

划”。鼓励江西省重点实验室、工程技术研究中心等科技创新平台和台湾高校、研究院及企业加强合作，围绕国际前沿和江西战略性新兴产业开展协同创新。支持在江西高校任教的台湾全职教师开展科学研究和技术开发，承接国家科研项目。（责任单位：省委组织部、省委宣传部、省教育厅、省科技厅、省人社厅）

36. 台湾科研机构、高等学校、企业在江西注册的独立法人，可牵头或参与国家、省级重点研发计划项目申报，享受与本省科研机构、高等院校、企业同等政策。受聘于在江西注册的独立法人机构的台湾地区科研人员，可作为国家、省级重点研发计划项目（课题）负责人申报，享受与本省科研人员同等政策；鼓励受聘于江西高校、科研院所，以及在江西省内注册的独立法人机构的台湾地区科研人员（聘期一年及以上）申报江西省自然科学基金和江西省社会科学基金各类项目。（责任单位：省科技厅、省社联）

37. 鼓励台湾同胞参与江西举办的文化遗产保护工程、非物质文化遗产传承发展工程等中华优秀传统文化传承发展工程。支持台湾文化艺术界团体和人士参与江西在海外举办的文化活动和“文化走出去”项目。（责任单位：省委宣传部、省文化厅）

38. 支持举办赣台职工创新论坛，开展两岸职工职业技能比赛。在江西工作的台湾同胞、江西台资企业可以参加江西省劳动模范、五一劳动奖章、三八红旗手等个人、集体荣誉称号评选。在江西工作的台湾同胞可以在江西省参加相应的职业技能竞赛，并按规定授予江西省技术能手称号。（责任单位：省总工会、省妇联、省人社厅）

39. 台湾人士参与江西省广播影视节目制作的人数和比例不受限制，两岸合拍的电视剧可以进入省内各类电视台黄金时段播出。（责任单位：省新闻出版广电局）

40. 鼓励江西与台湾图书业交流合作，对台湾图书进口业务开辟绿色通道。自受理出版物进口经营单位进口台湾图书备案申请材料之日起，原则上5个工作日内完成备案手续。（责任单位：省新闻出版广电局）

41. 鼓励台湾同胞加入江西省经济、科技、文化、艺术类专业性社团组织、行业协会，参加相关活动。（责任单位：省民政厅）

42. 支持江西高校开展两岸教育科研交流，支持本省中小学校、幼儿园开展两岸间教育文化交流，建立若干个省级对台教育文化交流基地，增进人员往

来沟通，实现教育智慧分享。（责任单位：省教育厅）

43. 各级公共文化场馆免费向台湾同胞开放，台湾同胞在江西各类公共文化服务场馆可以享受和当地居民同等的公共文化服务待遇。（责任单位：省文化厅）

44. 支持台湾艺术团体和个人来江西演出，优化流程，简化程序，办理时限缩减为 14 个工作日。（责任单位：省文化厅）

45. 支持符合条件的台资文化企业申报文化产业发展资金。支持台湾艺术团体和个人纳入江西省艺术基金的申报主体范围，可以申报江西省艺术基金。（责任单位：省文化厅）

46. 积极协助台湾地区从事两岸民间交流的机构申请两岸交流基金项目。（责任单位：省台办、省财政厅）

47. 支持台湾同胞和相关社团参与江西扶贫、公益、社区建设等基层工作。（责任单位：省扶贫和移民办、省民政厅）

48. 支持符合条件且在江西高校就读临床医学专业学位的台湾学生，在参加研究生学习一年后，按照有关规定在江西报名参加医师资格考试。（责任单位：省卫生计生委）

49. 取得大陆医师资格证书的台湾同胞，可按照相关规定在江西申请执业注册，并在 15 个工作日内完成审核办理。（责任单位：省卫生计生委）

50. 符合条件的台湾医师在江西申请大陆医师资格认定，在 20 个工作日内完成回复。支持符合条件的台湾医师在江西申请短期行医，期满后可重新办理注册手续，并在 15 个工作日内完成执业注册和重新注册。（责任单位：省卫生计生委）

51. 在江西的台湾同胞及其家属享有与本省居民同等医疗卫生服务待遇。在台胞人员较多的市、县（区），由当地卫生计生行政部门指定至少 1 家医疗机构为当地台胞就医定点医疗机构，为台湾同胞就诊开辟绿色通道，提供相应医疗服务便利措施。（责任单位：省卫生计生委）

52. 支持满足江西产业发展急需人才培养需要的台湾优秀教师到江西高校任教，其在台湾取得的学术成果可纳入工作评价体系，享受本省教师同等待遇。（责任单位：省教育厅）

53. 台湾同胞子女在江西就读义务教育阶段学校由居住所在地教育主管部门统筹安排，享受所在地学生入学同等待遇。台湾学生参加江西中等学校招生考试和普通高校招生考试，享受优惠加分政策。（责任单位：省教育厅）

54. 积极为台湾同胞在江西应聘工作提供便利，现场求职设立台胞求职人员绿色通道，优先推荐，免费登记入库。在江西人才人事网设立台湾同胞招聘求职服务专栏，台湾同胞求职人员免费登记注册。（责任单位：省人社厅）

55. 支持台湾青年以独资、合资或者合伙等形式在江西创业，台湾青年在江西学习、生活享受与本省青年同等政策。（责任单位：省人社厅）

56. 对无法识别、读取台胞证信息的系统设备限期进行完善升级，逐步实现电子台胞证在江西与大陆居民身份证同等使用。（责任单位：省公安厅、中国铁路南昌局集团有限公司、省机场集团公司等窗口单位）

57. 对居住满一年的台湾同胞在当地购买商品房时，按当地政策缴存住房公积金后，住房公积金使用方面享受当地居民同等待遇；购房资格方面可以根据国家相关政策购买符合实际需要的自用、自住商品房，对于实施住房限购政策的城市，台湾同胞购房应当符合当地政策规定。（责任单位：省住房城乡建设厅、各设区市政府）

58. 在江西居住满一年的台湾同胞凭台胞证办理当地旅游年卡，享受相关优惠旅游服务。持抵达南昌昌北机场的登机牌和身份证件的台湾同胞，在一周内到江西省内5A景区享受门票优惠。（责任单位：省旅发委、各设区市政府）

59. 在江西居住满一年且年满65周岁的台湾同胞，参照所在地居民标准，可以享受乘坐市内公共交通设施相关优惠。（责任单位：各设区市政府）

60. 在江西工作的台湾同胞可按照国家规定参加“五险一金”，并享受与当地居民同等的社会保障待遇。在江西的台湾同胞缴交的住房公积金、基本养老保险个人账户储存额，在大陆离职时经个人申请可以依据相关规定一次性支取。（责任单位：省人社厅、省住房城乡建设厅、各设区市政府）

关于印发海峡两岸产业合作区（江西）建设总体方案的通知

（2020年9月17日江西省人民政府赣府字〔2020〕69号）

各设区市人民政府，省政府各部门：

现将《海峡两岸产业合作区（江西）建设总体方案》印发给你们，请结合实际认真贯彻实施。

海峡两岸产业合作区（江西）建设总体方案

为深入贯彻习近平总书记关于对台工作的重要论述和视察江西重要讲话精神，认真落实中央对台工作部署及省委、省政府工作要求，切实加快海峡两岸产业合作区（江西）建设，按照《国务院台湾事务办公室国家发展和改革委员会工业和信息化部商务部关于设立海峡两岸产业合作区的函》（国台函〔2020〕39号）的要求和海峡两岸产业合作区“一区三园”模式，结合南昌产业园（南昌高新技术产业开发区）、赣州产业园（赣州经济技术开发区、定南工业园区）、吉安产业园（井冈山经济技术开发区）发展实际，制定本方案：

一、总体思路

（一）指导思想。

以习近平新时代中国特色社会主义思想为指导，贯彻落实习近平总书记视察江西重要讲话精神，坚持贯彻新发展理念，以推动赣台两地产业深度融合发展为目标，充分发挥内陆开放型经济试验区建设优势，全面融入共建“一带一路”、长江经济带发展和粤港澳大湾区建设，以更加开放、更加有效的举措进一步深化赣台经济合作交流，拓宽合作领域，提升合作层次，着力打造在全国有特色、有影响、有示范性的两岸产业合作平台，为推动两岸经济社会深度融合发展作出江西贡献。

（二）基本原则。

1. 坚持高质量发展。加强赣台交流合作，提升对台招商引资水平，结合我省“2+6+N”产业高质量跨越式发展行动计划和战略性新兴产业“倍增计划”，大力发展航空、电子信息、装备制造、中医药、新能源、新材料等优势产业，充分利用台资企业在技术、管理和品牌建设等方面丰富经验，推动两地在重点产业、重要领域的深层次交流合作，吸引一批台湾知名企业、优势产业落户海峡两岸产业合作区。

2. 坚持融合发展。秉持“两岸一家亲”理念，加快推出系列优惠政策，为广大台胞尤其是台湾青年就业创业提供更多施展才华、展现抱负的舞台，分享江西发展机遇。讲好台胞在“31条措施”“26条措施”“11条措施”和“江西惠台60条”等系列惠企利民政策中受益故事，增进赣台同胞亲情，推进两地经济社会融合发展，促进两岸同胞心灵契合。

3. 坚持开放发展。聚焦聚力构建大开放格局，充分利用毗邻长珠闽的区位优势，深度融入共建“一带一路”，积极参与长江经济带发展，对接长三角、粤港澳大湾区、海峡西岸城市群，提升产业承接水平，以大开放促进大发展。坚持公平开放，合作共赢，为台资企业发展提供一流营商环境，不断扩大海峡两岸产业合作区的影响力和吸纳力，强化我省承东启西的“桥头堡”功能。

4. 坚持绿色发展。积极探索台资企业绿色发展新模式、新路径，在严守生态环境保护红线基础上，做好退和进两篇文章。大力引进台湾智能终端制造、集成电路、精密机械以及现代农业、服务业等产业，重点发展先进装备制造业和新兴产业。

5. 坚持共享发展。发挥海峡两岸产业合作区引领和示范作用，强化共同市场，采取切实措施，逐步为台湾同胞在大陆学习、创业、就业、生活提供与大陆同胞同等待遇，增进台湾同胞福祉，使发展更具公平性、普惠性，营造共建共享的良好环境，不断提升共建共享水平。

（三）发展定位。

1. 打造产业转移重要承接平台。聚焦电子信息、先进制造等特色产业，有效承接台湾地区优势产业和东莞、深圳、昆山、厦门等地区台资企业转移，实现台资企业集聚发展。

2. 打造助推转型发展重要创新平台。发挥龙头企业转型带头作用，推进对台合作业态、模式、政策创新，以一流营商环境和开放包容发展氛围，助推我省高质量跨越式发展。

3. 打造国家政策倾斜重要对接平台。用好推动赣南等原中央苏区振兴发展等国家战略，发挥部委对口支援优势，争取更多政策、资金和项目向产业园倾斜。

4. 打造青年创业深化交流重要示范平台。支持台湾青年、技术人才、研发团队到产业园发展，深化与台湾相关领域的深度合作，为推进赣台融合发展发挥示范带头作用。

二、发展目标

强化海峡两岸产业合作区影响力和吸纳力，围绕电子信息、汽车及新能源汽车、新材料、先进制造等优势产业，引进一批带动能力强、发展潜力大的台资企业落户，促进赣台两地产业链、供应链融合，对台引资引智引技能力显著提升，实现产业合作区区域布局更加合理，产业特色更加突出，服务功能更加完善，台资聚集效应更加明显。各产业园两年内新入驻台资项目不少于 5 个。到 2025 年，产业合作区内台资企业数量达到 100 家，台资企业产值约 120 亿元，实际进资达到 100 亿元，吸引 500 名台湾青年到产业合作区就业创业，推动 1000 余名台湾青年到产业合作区交流。到 2035 年，产业合作区内台资企业数量达到 200 家，台资企业产值约 300 亿元，实际进资达到 250 亿元，与台湾地区各领域交流交往更加常态化、制度化，赣台经济合作迈向更深层次更高水平。

三、建设任务

（一）完善规划布局。组织有关地方政府编制产业园发展规划，把产业合作区建设纳入本地区经济发展整体规划和“十四五”发展规划。进一步优化空间布局，明确产业引导和未来发展方向，提升各产业园综合配套和产业发展承载能力，推动产业园差异化、协同化、集聚化发展。

（二）推动产业集群。针对各产业园产业发展现状和特点，找准产业链的关键领域和薄弱环节，引进一批壮链强链补链型台资企业，建立和完善产业集群发展推进服务体系，培育壮大一批优势特色产业链，推动大中小企业、内外贸配套协作各环节协同发展。南昌产业园重点打造移动智能终端、航空制造、医药健康、新材料等产业类台资企业集群；赣州产业园重点发展半导体、新能源汽车、高端装备、临港经济等产业台资企业集群，其中定南工业园主要推进有色金属和新材料产业集群；吉安产业园重点发展电子信息、LED、智能硬件、装备制造及配套产业台资企业集群。

（三）开展精准招商。各园区围绕各自首位产业和主导产业，不定期赴昆山、东莞、厦门等地区开展“一对一”“点对点”精准对接，有针对性地承接沿海发达地区台资产业转移。紧盯台资世界500强企业、台湾百大企业、行业龙头企业及台湾知名商协会组织，积极赴台湾地区开展产业推介、项目对接等活动，深化与台湾工商界合作交流。

（四）加快科技创新。推进对台科技合作交流和产业技术攻关，深入实施科技型台资企业梯次培育计划，积极引导和帮助台资企业申报各类研发计划，落实研发费用税前加计扣除等政策，支持园区科技创新平台建设，促进科技成果在园区转移转化，大力培育一批经济实力较强、发展潜力较大，具有辐射和带动作用的台资企业。

（五）做好人才保障。对产业合作区重点产业发展能够产生重大影响、具有经济社会生产效益的台湾一流或顶尖人才团队的引进，实行“特事特办、一人一策”。打造一批产业特色鲜明、体制机制灵活的台湾特色“园中园”和台湾创新创业服务平台，鼓励支持台湾青年、技术人才、研发团队到产业合作区就业创业。

（六）促进青年交流。发挥产业合作区平台优势，以交流互访、高校联盟、考察调研、论坛、研讨会等形式，加强两地青年交流互动，增进台湾青年对大陆的了解认识。鼓励产业合作区企业、组织等牵头举办对台湾青年人才交流活动，为台湾青年在江西就业创业提供便利。

（七）推进部省互动。探索建立部省对接联系机制，用好国家支持赣南等原中央苏区发展各类政策，加强与对口支援国家部委尤其是国务院台湾事务办公室、国家发展改革委、工业和信息化部、商务部的沟通联络，争取产业政策、资金项目向产业合作区倾斜，联合在省内及沿海发达地区举办海峡两岸产业合作区专题推介交流活动。

（八）推行区域合作。积极推进与沿海发达地区台资企业跨区域合作，以共建飞地园区的形式在加工制造、高新技术、创新研发等领域分工协作。加强与省内台资企业聚集地区的协同合作和联动，促进台资企业优势互补，推动资源优化配置。

（九）提供政策支持。全面贯彻落实中央和省市各级惠企利民政策，发挥现有政策叠加效应，按照“管用、好用、实用”的原则，省市出台实施意见，对产业合作区在用地审批、规划调整、增存挂钩方面开辟绿色通道，在投资和税收、对外开放等方面制订可行性措施。

（十）优化营商环境。纵深推进“放管服”改革，按照集成化原则，加快推进各类政策系统化、具体化、可操作化，完善服务体系和台商权益保护机制，大力推行“容缺审批+承诺制”办理模式，支持在投资、贸易、金融、事中事后等方面积极开展体制机制改革创新，先行先试，营造更加开放便利的环境。

（十一）加大资金支持。依托省发展升级引导基金，加大基础设施建设资金投入，引导企业通过发行公司债券、企业债券、债务融资工具等方式，吸引更多社会资本参与产业园建设，实现投资主体多元化。

（十二）做好金融服务。完善产业合作区多元化融资模式，构建智能化金融服务体系，鼓励金融机构对产业合作区台资企业在专项资金、担保服务、利率优惠上予以支持。推广应用省“一站式”金融综合服务平台与江西省小微客户融资服务平台，推动银企线上对接常态化，降低企业融资成本。

（十三）扩大园区影响。借助重大涉台活动和各类媒体资源，广泛开展对产业合作区特色优势、发展愿景、建设成效的宣传，加强对政策措施的宣传解读，积极邀请台商到产业合作区参观考察，深化与其他海峡两岸产业合作联盟成员单位的联动，进一步扩大产业合作区的影响力和吸纳力。

四、保障措施

（一）健全组织机制。加强合作区的统一指导与协调，搭建网络化组织形式，优化组织结构，实现高效管理。建立产业合作区重点工作调度机制和信息共享、联动协商、常态性联席会议等制度，定期召开联席会议听取产业园工作汇报，推行重大项目领导定点联系机制、协调会议机制和纠纷处理机制等各项机制建设，及时协调解决产业合作区建设中存在的问题。

（二）加强部门协同。加强省直部门间、省直部门与地方政府间的沟通协作，特别是台办、发展改革、商务、工业和信息化等部门要发挥牵头带领作用，发挥职能特点和优势，积极为产业合作区建设服务，推动更多更好台资项目在产业合作区落户投产。

（三）强化跟踪问效。对照产业合作区建设要求，研究制定产业合作区综合评价体系和评价办法，实施绩效管理考核，建立健全督查和通报机制，加强任务跟踪和督促工作，确保产业合作区建设取得实效。各产业园需于每年年底前报送本年度产业园建设运行情况，省台办调度汇总后于次年 1 月上旬前上报省政府。

关于加快推进海峡两岸产业合作区（江西）建设的实施意见

（2021年6月28日江西省人民政府办公厅赣府厅字〔2021〕12号）

各设区市人民政府，省政府各部门：

为深入贯彻落实习近平总书记关于对台工作的重要论述和中央对台工作方针，按照省委、省政府工作部署要求，根据《江西省人民政府关于印发海峡两岸产业合作区（江西）建设总体方案的通知》（赣府字〔2020〕69号）关于加快推进我省海峡两岸产业合作区（以下简称合作区）建设，促进赣台经济社会融合发展，助推江西高质量跨越式发展的精神，结合南昌产业园（南昌高新技术产业开发区）、赣州产业园（赣州经济技术开发区和定南工业园区）、吉安产业园（井冈山经济技术开发区）发展实际，经省政府同意，现提出如下实施意见。

一、打造台企产业转移重要承接平台

（一）坚持规划引领。把产业园规划建设列入本地区经济发展整体规划同部署、同落实。优化产业布局，推动产业园各具特色、协作互补、错位发展。南昌产业园重点发展移动智能终端、航空制造、医药健康等产业台资企业集群；赣州产业园重点发展半导体、新能源及新能源汽车、高端装备、临港经济等产业台资企业集群，其中定南工业园主要推进智能制造和新材料产业集群；吉安产业园重点发展电子信息、LED、智能硬件、装备制造及配套产业台资企业集群。支持产业园在文化创意、现代物流、健康养老等领域与台湾地区加强开放合作，主动承接台湾产业转移。（责任单位：省发展改革委、省台办、省工业和信息化厅、省民政厅、省商务厅、省财政厅、省自然资源厅、省农业农村厅、省文化和旅游厅、省卫生健康委、省金融监管局、人行南昌中心支行，南昌市、赣州市、吉安市人民政府）

（二）瞄准承接重点。用好全省招商信息资源，紧盯世界500强台资企业、台湾百大企业集团和行业龙头企业，开展“一对一”“点对点”精准对接，加强与产业链中台资领军企业的合作。支持产业园组团赴台湾地区开展经贸交流活动，重点对接智能终端制造、电子信息、集成电路、精密机械以及现代农业、服务业等产业。加强与沿海发达地区交流，组织合作区赴沿海台资企业聚集地区开展定向招商，对接重点产业。邀请全国台企联、沿海台协和台湾工商团体、知名台企赴合作区参观考察，推进赣台经贸合作。深化与海外台商台企联络，加强与海外台商台企及经第三地转投资台资企业的跟踪对接。（责任单位：省台办、省商务厅、省发展改革委、省工业和信息化厅、省财政厅，南昌市、赣州市、吉安市人民政府）

（三）强化项目支撑。支持重大产业项目优先规划布局在合作区，协调推进重大台资项目，对计划开工重大台资项目设计的用地、用能、环评等前期要件办理一律实行审批“绿色通道”，做好工程建设保障、审批事项衔接，开展全流程对接服务。加快引进和培育行业龙头和“隐形冠军”企业、科技小巨人企业、关键零部件和中间品制造企业。支持合作区内新能源汽车产业链协同发展，壮大产业规模，加快电子信息、新材料等产业标准厂房建设和利用，加大对中医药产业台资企业的政策支持和帮助，推动重点产业工业企业实施智能化、绿色化、信息化改造等技术改造项目建设。台资制造业龙头企业在合作区投资总额超过2亿美元（新设或增资）或30亿元人民币，具体投向优势型、成长型和培育型产业，新设企业投产、增资企业扩产后，省财政按核定的实际引资金额2%的比例一次性奖励当地政府，最高奖励5000万元人民币，用于招商引资。支持符合条件的台资企业在省内新设地区总部和总部型机构，各地对开办、购房和租房等给予资助；企业正常运营后，省财政给予一次性奖励，最高奖励3000万元人民币。（责任单位：省发展改革委、省工业和信息化厅、省财政厅、省商务厅、省卫生健康委、省中医药局，南昌市、赣州市、吉安市人民政府）

（四）推动集群发展。支持产业园用好各级产业发展相关专项资金，按照开发区集群式项目“满园扩园”行动的要求，推动产业园加强涉台项目谋划，瞄准“5020”项目，着力引进一批高科技、高效益、高附加值的台资企业和关联度较强的涉台产业配套项目，培育壮大一批优势特色产业链，推动大中小企业、内外贸配套协作各环节协同发展。（责任单位：省工业和信息化厅、省科技厅、省发展改革委、省商务厅、省财政厅，南昌市、赣州市、吉安市人民政府）

二、打造助推转型发展重要创新平台

（五）加快科技创新。推进对台科技合作交流和产业技术攻关，引导和帮助台资企业申报各类研发计划，落实制造业企业研发费用按照实际发生额的100%、其他符合条件的企业研发费用按照实际发生额的75%在税前加计扣除等政策。支持符合条件的台资企业在产业链重要环节打造技术创新中心，鼓励符合条件的台资企业参与申报省级科技计划项目。对首次入选的江西省独角兽企业、潜在独角兽企业、种子独角兽企业、瞪羚企业、潜在瞪羚企业分别给予400万元人民币、150万元人民币、100万元人民币、20万元人民币、10万元人民币的一次性奖励用于科技创新活动。对认定为国家级、省级制造业单项冠军企业、专业化“小巨人”企业，按政策给予奖励。（责任单位：省科技厅、省工业和信息化厅、省发展改革委、省财政厅、省税务局，南昌市、赣州市、吉安市人民政府）

（六）提升承载能力。强化亩产论英雄导向，推动产业链供应链优化升级，鼓励产业园与相关开发区协同发展，形成影响力强、产出效率高、发展后劲足、辐射带动大的竞争优势。支持产业园与台湾相关机构和资本采取“区中园”“园中园”模式，合作共建战略性新兴产业、先进装备制造业、数字经济“飞地经济”园区。（责任单位：省发展改革委、省工业和信息化厅、省商务厅，南昌市、赣州市、吉安市人民政府）

（七）打造绿色园区。严格执行负面清单管理制度，严防落后产能、过剩产能和高污染项目向合作区转移。对合作区内符合生态环保要求的台资项目予以积极支持。在水环境、大气污染、生态环境保护、土壤修复、产业园规划环评等方面为合作区提供技术帮扶，为园区及入驻项目提供环保咨询，提升园区环境竞争优势。（责任单位：省发展改革委、省生态环境厅，南昌市、赣州市、吉安市人民政府）

（八）用活引导基金。发挥财政资金的杠杆效应，主动对接有意向的项目方、投资机构，有关部门或企业可通过市场化基金管理机构向省发展升级引导基金提供合作方案。根据项目情况，对符合申报要求的子基金，省发展升级引导基金予以配资设立，支持重大台资企业落户园区。依托省发展升级引导基金，扶持合作区内台资企业发展壮大。（责任单位：省财政厅、省工业和信息化厅，南昌市、赣州市、吉安市人民政府）

三、打造国家政策倾斜重要对接平台

（九）深化省部合作。加强与国台办、国家发展改革委、工业和信息化部、商务部等部委的互动，积极开展省部对接，用好国家支持原中央苏区振兴发展各类资源，加强与对口支援的中央和国家部委沟通联络，积极争取支持，加快培育壮大工业互联网、VR、物联网、北斗等产业，加快建设“物联江西”“智联江西”，力争在产业政策、资金项目等方面向合作区倾斜。推动中央“31条措施”“26条措施”“11条措施”“农林22条措施”和“江西60条”等惠台措施以及江西省优化营商环境政策措施落地见效，促进台资企业同等享受中央和地方的各类纾困惠企政策，降低企业费用、融资、物流、制度交易等成本。（责任单位：省台办、省发展改革委、省工业和信息化厅、省商务厅、省财政厅、省金融监管局、人行南昌中心支行、江西银保监局、江西证监局，南昌市、赣州市、吉安市人民政府）

（十）落实税收政策。对国家需要重点扶持的高新技术的台资企业，减按15%的税率征收企业所得税。对设在赣州市的鼓励类产业的台资企业，按规定减按15%税率征收企业所得税。全面落实境外投资者以分配利润直接投资暂不征收预提所得税政策规定，支持台资企业以分配利润进行再投资。对合作区内符合条件的台资企业，可以向主管税务机关申请退还增值税增量留抵税额。自2020年1月1日起至2022年12月31日止，对物流企业自有（包括自用和出租）或承租的大宗商品仓储设施用地，按规定减按所属土地等级适用税额标准的50%计征城镇土地使用税。自2019年1月1日至2021年12月31日止，对合作区内的国家、省级科技企业孵化器和国家备案众创空间，自用以及无偿或通过出租等方式提供给在孵对象使用的房产、土地，按规定免征房产税和城镇土地使用税；对其向孵化对象提供孵化服务取得的收入，免征增值税。对有限合伙制创业投资企业和天使投资个人采取股权投资方式直接投资于初创科技型企业满2年的，按规定享受税收优惠政策。自2019年1月1日至2023年12月31日止，符合规定的创投企业（含创投基金）可以选择按单一投资基金核算或者按创投企业年度所得整体核算两种方式之一，对其个人合伙人来源于创投企业的所得计算个人所得税应纳税额。推行网上办、自助办、邮寄送、线上答的“非接触式”服务，帮助纳税人缴费人安全方便快捷办税缴费。对合作区内出口企业正常出口退税在平均7个工作日内办结。（责任单位：省税务局，南昌市、赣州市、吉安市人民政府）

（十一）做好用地保障。鼓励合作区探索推行“标准地”供应改革，通过区域评价统一化、开放标准公开化、权利义务合同化、履约监管闭环化等方式，加快台资项目落地。支持合作区开展城乡建设用地增减挂钩、城镇低效用地再开发等工作，对重大建设项目用地予以倾斜。支持将合作区统筹纳入当地国土空间规划，科学合理选址，集约用地布局。按国家计划管理要求，对项目用地予以分类保障。对纳入国家和省政府重大项目清单的单独选址项目积极争取国家用地计划指标支持。支持合作区内以长期租赁、先租后让、租让结合方式供应工业、旅游及公共服务项目用地，对工业、仓储、物流等产业项目用地，按规定实施弹性年期出让。在符合规划、不改变用途的前提下，对现有工业用地通过厂房加层、厂区改造、内部用地整理等途径提高土地利用率和增加容积率的，不再增收土地价款。（责任单位：省自然资源厅、省发展改革委，南昌市、赣州市、吉安市人民政府）

四、打造台青创业交流重要示范平台

（十二）加大资金支持。鼓励产业园与台湾青年团体和人力资源服务机构开展青年交流合作，对积极开展赣台青年交流、台湾青年就业创业成效突出的产业园给予适当奖励。符合条件的台籍自主创业人员可申请创业担保贷款。从事个人创业的，贷款额度最高不超过20万元人民币；具有大专以上学历、初级以上专业技术职称、高级工以上职业资格的，贷款额度最高不超过30万元人民币；合伙创业或组织共同创业的，可根据符合条件的合伙创业人数适当提高贷款额度，按合计最高额再提高不超过10%确定，贷款金额最高不超过200万元人民币；对符合条件的小微企业，贷款额度最高不超过600万元人民币；以上贷款按财政规定给予贴息。（责任单位：省人力资源社会保障厅、省财政厅、省金融监管局、省台办，南昌市、赣州市、吉安市人民政府）

（十三）做好创业孵化。加速小型微型台资企业创立成长，吸引台湾技术人才和研发团队来赣创业发展，推动产业园打造基础设施完备、综合服务规范、示范带动作用强的小型微型企业创新创业服务平台。加大对创业孵化基地扶持，对每年新认定和通过复核的江西省创业孵化示范基地给予补助100万元人民币，对推选获评为全国创业孵化示范基地的给予补助200万元人民币，对入驻台资企业、台籍自主创业人员在创业孵化基地发生的物管费、卫生费、房租费、非生产性水电费进行补贴，补贴标准为每个月实际费用的60%，每个入驻实体每季最高补贴不超过1万元人民币，补贴期限不超过3年。（责任单位：省人力资源社会保障厅、省工业和信息化厅、省发展改革委、省科技厅、省财政厅、省商务厅，南昌市、赣州市、吉安市人民政府）

（十四）加强招才引智。支持合作区引进台湾地区人才，对符合条件的台湾地区人才，支持申报国家和省级有关人才引进、培养计划。对合作区内台资企业和台湾高端人才从事新型基础设施相关的集成电路、工业软件、信息系统等，提供与大陆企业和同胞同等待遇，对合作区重点产业发展能够产生重大影响、具有重大经济社会效益的台湾一流或顶尖人才团队的引进，实行“专人专班、对接服务”。安排人力资源服务业发展专项扶持资金，用于支持人力资源服务龙头企业培育、知名企业引进和人才培养、产业园和孵化基地建设等工作。资助补贴合作区符合条件的创业者和创业项目，做好就业创业培训服务，统筹使用就业补助资金和技能提升行动专项资金。在符合当地城乡规划的前提下，支持合作区管理机构利用园区配套用地建设公共租赁住房和保障性租赁住房，为园区内创业就业的台籍技术人才和台资企业员工提供住房保障。鼓励和支持驻园台资企业建设和运营租赁性住房，为员工提供人才公寓和集体宿舍。合作区台籍人才的子女需在我省入园或在中小学就读的，本着“就近就便、租购同权”的原则，由居住地所在教育行政部门统筹安排。（责任单位：省人力资源社会保障厅、省委组织部、省科技厅、省财政厅、省住房城乡建设厅、省教育厅，南昌市、赣州市、吉安市人民政府）

五、优化开放法治营商环境

（十五）强化政务服务。深化“放管服”改革，深入开展政务服务提升行动，落实好政务服务“好差评”、帮办代办导办、延时错时预约服务等制度，全面实施公平竞争审查制度、市场准入负面清单制度、外商投资准入前国民待遇加负面清单管理制度，根据实际情况推行“容缺审批+承诺制”办理模式，及时回应台资企业诉求，支持企业健康发展。履行在招商引资、政府与社会资本合作等活动中与台资企业依法签订的各类合同。对台资企业因国家利益、公共利益或其他法定事由需要改变政府承诺和合同约定而受到的损失，要依法予以补偿。支持产业园深入复制推广自由贸易试验区改革试点经验，在投资、贸易、事中事后监管等方面开展体制机制改革创新，先行先试，营造更加开放便利的环境。（责任单位：省政务服务办、省发展改革委、省工业和信息化厅、省住房城乡建设厅、省商务厅、省台办、省金融监管局、省市场监管局、人行南昌中心支行、省司法厅，南昌市、赣州市、吉安市人民政府）

（十六）做好金融服务。推动重大项目和金融机构合作对接，鼓励和引导银行在风险可控的前提下，以企业和项目为合作纽带，在专项资金、担保服务、利率优惠上支持合作区建设。发挥国有控股小额贷款公司等地方金融组织的作用，加大信贷支持力度，满足合作区内台资企业差异化金融需求。加大国家开发银行等金融机构与产业园的合作力度，为台商投资创造良好投融资环境，为园区基础设施建设、产业转型升级等提供信贷支持。在依法合规的基础上，鼓励台湾金融机构参与赣台两地金融合作。落实上市奖励政策，对符合条件的台资企业上市公司，省财政按照相关规定给予上市奖励。推动合作区内符合条件的企业在境内外资本市场上市、新三板或区域性股权市场挂牌，支持合作区龙头上市公司再融资、重点企业开展债券融资，推广应用江西省普惠金融综合服务平台，推动银企线上对接常态化，降低企业融资成本。支持合作区实施开发区金融创新“5313”工程，支持符合条件的企业在合作区发起设立地方金融组织，建设符合产业特点和需求的金融要素聚集区。用好“财园信贷通”等财政金融工具，由当地政府牵头为台资企业做好融资服务工作。（责任单位：省金融监管局、人行南昌中心支行、江西银保监局、江西证监局、省台办、省发展改革委、省工业和信息化厅、省财政厅、省人力资源社会保障厅、国家开发银行江西省分行，南昌市、赣州市、吉安市人民政府）

（十七）优化海关监管。对合作区内的海关高级认证企业开展“点对点”精准服务，“一对一”协调解决进出口业务发展难题。推广汇总征税报关模式，将适用范围扩大至除失信企业外的产业园内台资企业，为企业节省资金成本；鼓励保险公司在风险可控前提下，为企业提供增信支持，发展关税保证保险，助力贸易通关便利化。在 ECFA 有效期内继续落实对台优惠贸易安排，做好优惠贸易协定的解读和分析评估，帮助产业园内台资企业用好协定税率。发挥“数据+研究”的优势，开展分析研究，加强赣台外贸发展统计预警监测，提供辅助决策参考。（责任单位：南昌海关、省金融监管局、人行南昌中心支行、江西银保监局，南昌市、赣州市、吉安市人民政府）

（十八）扩大对外贸易。支持合作区台资企业融入国内国际双循环相互促进的新发展格局，利用江西数字外贸服务平台，参加江西出口商品网上交易会，宣传推介企业、产品，开展线上洽谈、线上交易。鼓励合作区台资企业开展跨境电商，扩大贸易规模。支持产业园利用中国国际进口博览会、中国进出口商品交易会、中国加工贸易产品博览会等国家级对外贸易展会平台，支持合作区台资企业采用江西开行的铁海联运、赣欧班列、水水联运承运进出口货物，享受口岸“三同”政策红利，加强对台对外贸易合作。引导合作区台资企业用好出口信用保险政策工具，支持台资企业投保短期出口信用保险，加强海外市场风险防范，鼓励台资企业积极融入“一带一路”建设，拓展国际市场空间。（责任单位：省商务厅、省台办、省金融监管局、南昌铁路局、人行南昌中心支行、江西银保监局、南昌海关，南昌市、赣州市、吉安市人民政府）

（十九）拓展内需市场。支持合作区台资企业适应大陆“互联网+”发展和消费升级趋势，借助大陆电商平台开展线上市场营销推广，推荐合作区内台资企业参加各级政府部门组织举办的线上线下对接活动，拓宽对接内需市场渠道。探索建立合作区台资企业联盟，开展转型升级、创新发展等专题研讨，实现共闯市场、共享资源、共同发展。（责任单位：省商务厅、省台办、省发展改革委、省工业和信息化厅等，南昌市、赣州市、吉安市人民政府）

六、建立常态长效工作机制

（二十）完善招商机制。支持产业园依据相关法律法规规定，在政策允许和权限范围内制定有竞争力的招商引资优惠政策，对台资重大产业项目、科技创新类项目实行“一企一策”“一业一策”优惠激励措施。建立市场化招商奖励机制，鼓励产业园与专业化、市场化社会组织、招商机构加强合作，采取委托招商方式，着力引进符合产业发展导向的台资项目，产业园可按照其引进项目对本园区的经济社会综合贡献度给予奖励补助。探索建立招商顾问机制，聘请一批有影响、有经验、懂政策的台湾企业家、知名人士和工商团体负责人作为对台招商引资顾问，参与招商项目的谋划、咨询、中介、协调等工作。对有项目对接洽谈等实质性招商引资任务的厅级以下团组赴台审批自收件日起不超过3个工作日。（责任单位：省台办、省商务厅、省发展改革委、省工业和信息化厅、省财政厅，南昌市、赣州市、吉安市人民政府）

（二十一）强化协同合作。加强合作区的统一指导与协调，建立联席会议制度和重点工作调度机制，完善台商台企权益保护机制，及时协调解决合作区建设中存在的问题。加强省直部门间、省直部门与地方政府间的沟通协作，省台办、省发展改革委、省商务厅、省工业和信息化厅发挥牵头带领作用以及职能特点、优势，积极为合作区建设服务。（责任单位：省台办、省发展改革委、省工业和信息化厅、省商务厅等，南昌市、赣州市、吉安市人民政府）

（二十二）发挥示范效应。举办合作区专题推介，讲好台商台企投资兴业、创业发展故事，增强合作区示范带动效应。及时总结推广合作区建设经验，宣传产业园建设成效及特色优势。组织两岸媒体到合作区采访报道，扩大合作区的影响力和知晓度，吸引更多台商台企关注合作区、投资产业园。加强与省内其他开发区和海峡两岸产业合作区联盟成员单位的交流合作及互学互鉴，促进共同发展。（责任单位：省台办、省发展改革委、省工业和信息化厅、省商务厅，南昌市、赣州市、吉安市人民政府）

（二十三）推行动态管理。赋予合作区更大改革自主权，依法精简投资项目准入手续，简化审批程序，属于国家级开发区的，依法赋予省市级经济管理权限，实施先建后验管理新模式。对照合作区建设要求，研究制定合作区综合评价体系和评价办法，对合作区建设取得明显成效的产业园，积极支持将其纳入省政府开发区改革创新领域及时奖励。实施绩效管理考核，各产业园两年内新入驻台资项目（单个不低于1亿元人民币）不少于5个。建立健全督促和通报机制，加强任务跟踪和督促工作，确保合作区建设取得实效。（责任单位：省发展改革委、省政务服务办、省商务厅、省台办、省工业和信息化厅，南昌市、赣州市、吉安市人民政府）

山东省

山东省台湾同胞投资保护条例

（2018年11月30日山东省第十三届人民代表大会常务委员会第七次会议通过）

第一条 为了保护和鼓励台湾同胞投资，推动本省与台湾地区经济社会融合发展，根据《中华人民共和国台湾同胞投资保护法》等法律、行政法规，结合本省实际，制定本条例。

第二条 台湾同胞在本省行政区域内的投资和相关合法权益保护，适用本条例。

第三条 本条例所称台湾同胞投资，是指台湾地区的企业、其他经济组织或者个人作为投资者在本省的投资。

台湾同胞在大陆投资和境外其他区域投资设立的企业、其他经济组织作为投资者在本省的投资，可以认定为台湾同胞投资。

第四条 台湾同胞投资者的投资、投资收益和其他合法权益受法律保护，任何单位和个人不得侵犯。

台湾同胞投资应当遵守法律、法规，不得损害国家利益、公共利益和他人合法权益。

第五条 县级以上人民政府应当优化投资环境，建立健全台湾同胞投资合法权益保护机制，协调解决台湾同胞投资和相关合法权益保护中的重大问题，依法维护台湾同胞投资者的合法权益。

县级以上人民政府负责台湾事务的办事机构（以下统称台湾事务办事机构）具体负责组织、指导、管理、协调台湾同胞投资和相关合法权益保护工作；发展改革、教育、公安、民政、司法行政、人力资源社会保障、住房城乡建设、交通运输、卫生健康等部门按照各自职责做好有关工作。

第六条 台湾同胞投资，可以举办合资经营企业、合作经营企业、全部资本由台湾同胞投资者投资的企业（以下统称台湾同胞投资企业），也可以采用法律、行政法规规定的其他投资形式。

台湾同胞投资企业可以通过合资合作、并购重组等方式参与国有企业混合所有制改革，除国家规定必须保持国有资本控股的企业外，台湾同胞投资企业可以成为控股股东。

第七条 台湾同胞投资应当符合国家和本省产业政策规定，依法平等进入除市场准入负面清单和国家规定实施特别管理以外的行业、领域。台湾同胞投资企业可以以特许经营方式参与能源、交通、水利、环境保护、市政公用工程等基础设施建设。

第八条 鼓励、支持台湾同胞参与本省经济高质量发展、新旧动能转换重大工程、乡村振兴战略和海洋强省建设，在新一代信息技术、高端装备、新能源新材料、现代海洋、医养健康、高端化工、现代高效农业、文化创意、精品旅游和现代金融服务等产业领域投资创业，并按照国家和本省有关规定给予优惠和便利。

第九条 县级以上人民政府对台湾同胞投资企业与本省企业执行同等用地政策。对集约用地的鼓励类台湾同胞投资工业项目优先供应土地，在确定土地出让底价时，可以按照不低于所在地土地等别相应的工业用地出让最低价标准的百分之七十执行。

第十条 台湾同胞投资按照国家有关规定享受税收优惠。

第十一条 鼓励、支持台湾同胞投资企业在本省设立企业总部、地区总部、结算中心或者职能型总部机构；对符合条件的，县级以上人民政府根据本省有关总部机构奖励规定给予财政奖励，并在人才引进、出境入境、资金结算、用电用气等方面提供便利服务。

第十二条 鼓励台湾地区高层次人才及其团队以技术、成果、项目到本省投资创业，并申请参与国家和省高层次人才引进培育计划。符合条件的，按照本省促进高层次人才引进的有关规定享受相应的资金支持和生活补助。

台湾地区科研机构、高等学校、企业在本省注册的独立法人，可以牵头或者参与申报国家和省重点研发计划项目和科学基金项目，并享受与本省科研机构、高等学校、企业同等待遇。

第十三条　台湾地区的银行、证券、保险等金融机构可以依法在本省投资设立金融机构或者参股本省金融机构，并按照本省支持台湾同胞投资金融机构发展的有关规定享受扶持政策。

台湾同胞投资企业可以依法在本省设立小额贷款公司、民间融资机构和创业投资机构。

第十四条　台湾同胞投资企业可以依法通过发行债券或者股票上市挂牌融资，并按照本省支持台湾同胞投资企业融资的有关规定享受资金补助。

鼓励、支持本省产业发展引导基金投向台湾同胞投资的重大项目。

第十五条　鼓励、支持台湾同胞投资企业积极参与丝绸之路经济带和21世纪海上丝绸之路建设；对符合条件的企业，按照国家和本省有关财政政策规定给予奖励。

台湾同胞投资企业实施技术改造和转型升级的，在扶持资金、项目用地、税收优惠等方面享受与本省企业同等待遇。

第十六条　县级以上人民政府及其有关部门应当依法为台湾同胞投资者的合格产品进入市场提供服务和便利。

台湾同胞投资企业以及个体工商户可以依法参与政府采购。

第十七条　县级以上人民政府可以设立专业性两岸产业合作区或者台湾投资企业园区，统筹财政、投资、税收、人才、产业、医疗、教育、金融等政策，吸引台湾同胞投资企业集聚发展，并对入园企业提供便利。

第十八条　对台湾同胞投资者的投资不实行国有化和征收；在特殊情况下，根据公共利益的需要，确需对台湾同胞投资者的投资实行征收的，应当依法进行并予以相应补偿。有关部门在拟订征收补偿方案时应当征求台湾同胞投资者的意见。

第十九条　鼓励台湾同胞投资者申请、办理专利、商标和著作权等知识产权的注册、登记，并依法进行知识产权评估和交易转让。

台湾地区知识产权在本省运用的，可以参照执行本省知识产权激励政策。

第二十条　县级以上人民政府台湾事务办事机构应当会同发展改革、商务、市场监督管理等部门，建立健全台湾同胞投资信息共享机制和信息服务平台，及时公布与台湾同胞投资有关的规定或者以其他方式告知台湾同胞投资者有关规定，为台湾同胞投资者提供信息和法律咨询、政策解读、风险提示等服务。

第二十一条　各级人民政府向台湾同胞投资者依法作出的政策承诺，以及在招商引资、政府与社会资本合作等活动中与台湾同胞投资者依法签订的合同，不得以政府换届、负责人更替等理由违约毁约；因违约毁约侵犯台湾同胞投资者合法权益的，依法承担法律责任。

因国家利益、公共利益或者其他法定事由确需改变政府承诺和合同约定的，应当依照法定权限和程序进行，并对台湾同胞投资者因此受到的财产损失依法予以补偿。

第二十二条　在台湾同胞投资企业集中的设区的市，可以依法成立台湾同胞投资企业协会。

台湾同胞投资企业协会应当依照法律、法规和协会章程开展活动，加强与有关部门、行业协会的联系，为会员提供产业政策辅导、咨询评估、教育培训、市场开拓等服务，维护会员的合法权益。

第二十三条　台湾同胞投资者和台湾同胞投资企业中的台湾同胞职工以及随行家属，在住宿、医疗、交通、通讯以及旅游、养老、文化、健身、娱乐等生活消费方面，按照规定享受与所在地居民同等待遇。

第二十四条　台湾同胞投资者和台湾同胞投资企业中的台湾同胞职工可以加入本省经济、科技、文化、艺术类专业性社会团体组织，并可以参加所在地劳动模范、五一劳动奖章、青年五四奖章、三八红旗手、先进工作者、技术能手等评选。

第二十五条　台湾同胞投资者和台湾同胞投资企业中的台湾同胞职工的子女，需要就读学前教育机构的，由居住地县（市、区）人民政府教育行政部门统筹安排，与居住地幼儿享受同等待遇；需要就读义务教育阶段公办学校的，由居住地县（市、区）人民政府教育行政部门按照居住地就近入学原则予以安排，与居住地学生享受同等待遇。当地人民政府对台湾同胞子女就读义务教育学校有优惠政策的，适用其规定。

第二十六条　台湾同胞投资者和台湾同胞投资企业中的台湾同胞职工可以根据社会保险、住房公积金管理的有关规定参加社会保险和缴存、提取、使用住房公积金，并与所在地居民享有同等权利。

第二十七条　台湾同胞投资者和台湾同胞投资企业中的台湾同胞职工可以按照国家规定参加相关职称和职业资格的评审、考试或者认定，其在台湾地区取得的工作经历、学术和专业技术贡献可以作为参评依据。

台湾同胞投资者和台湾同胞投资企业中的台湾同胞职工在本省期间，可以凭在台湾地区或者其他国家、地区取得的有效机动车驾驶证申请换领同类型机动车驾驶证。

第二十八条 台湾同胞投资者认为其合法权益受到侵害的，可以通过下列途径解决：

（一）协商和解或者调解；

（二）向县级以上人民政府台湾事务办事机构或者其他有关部门投诉；

（三）申请仲裁；

（四）申请行政裁决；

（五）申请行政复议；

（六）向人民法院提起诉讼；

（七）法律、法规规定的其他途径。

第二十九条 人民法院、仲裁机构和有关部门在处理涉及台湾同胞投资的纠纷、投诉时，可以邀请台湾同胞投资企业协会和相关机构、组织予以协助。

第三十条 县级以上人民政府台湾事务办事机构接到台湾同胞投资者投诉，应当自接到投诉之日起十五日内将处理意见回复投诉人；对不属于本机构职责的，应当自接到投诉之日起五日内移交有权处理的部门办理，并将移交情况及时告知投诉人。

投诉事项重大、复杂的，台湾事务办事机构可以提请本级人民政府或者上级台湾事务办事机构处理。

第三十一条 国家机关及其工作人员有下列行为之一的，由主管机关责令改正；情节严重的，对直接负责的主管人员和其他直接责任人员依法给予处分：

（一）未依法处理台湾同胞投资者投诉事项的；

（二）限制台湾同胞投资者合格产品进入市场的；

（三）阻挠或者限制台湾同胞投资企业以及个体工商户依法参与政府采购的；

（四）就向台湾同胞投资者作出的政策承诺或者与台湾同胞投资者签订的合同，以政府换届、负责人更替等理由违约毁约的；

（五）其他侵犯台湾同胞投资者合法权益造成损失的行为。

第三十二条 本条例自 2019 年 1 月 1 日起施行。

关于促进鲁台经济文化交流合作的若干措施

（2018 年 7 月 31 日　鲁台办〔2018〕18 号）

为深入贯彻习近平新时代中国特色社会主义思想和党的十九大精神，率先同台湾同胞分享山东发展机遇，逐步为台湾同胞在山东学习、创业、就业、生活提供与山东居民同等待遇，进一步促进鲁台经济文化交流合作，根据国务院台办、国家发改委出台的《关于促进两岸经济文化交流合作的若干措施》，结合山东实际，省台办、省发改委商省委组织部、省委宣传部、省委统战部、省总工会、团省委、省妇联、省经济和信息化委、省教育厅、省科技厅、省公安厅、省民政厅、省司法厅、省财政厅、省人力资源社会保障厅、省国土资源厅、省住房城乡建设厅、省交通运输厅、省水利厅、省农业厅、省海洋与渔业厅、省林业厅、省商务厅、省文化厅、省卫生计生委、省环保厅、省旅游发展委、省国资委、省新闻出版广电局、省工商局、省质监局、省金融办、省文物局、人民银行济南分行、山东银监局、省税务局、山东证监局、山东保监局、民航山东监管局、中国铁路济南局集团有限公司，现提出以下措施。

一、促进鲁台经济合作方面

1. 省、市、县（市、区）政府在制定各项发展规划、设立各类扶持资金和出台支持政策时，创造公平竞争环境，保障符合条件的台资企业和台湾同胞享有同等待遇。（省发展改革委、省财政厅、省商务厅、各级政府负责）

2. 支持台资企业和台湾资本参与实施推进《山东省新旧动能转换重大工程实施规划》、《山东省乡村振兴战略规划》、《山东海洋强省建设行动方案》。（省发展改革委、省农业厅、省海洋与渔业厅、各市政府负责）

3. 台资企业参与“中国制造 2025”行动计划适用与山东企业同等政策。支持台湾同胞在新一代信息技术、高端装备、新能源新材料、现代海洋、医养健康、高端化工、现代高效农业、文化创意、精品旅游、现代金融服务等产业领域投资创业，对重点项目采取“一企一策”、“一事一议”的办法。支持在鲁台资企业加快转型升级，享受同等扶持政策。（省经济和信息化委、省发展改革

委、省财政厅、省商务厅、各市政府负责）

4. 支持台资企业在山东加快设立总部、金融机构、营运中心、采购中心、物流中心。经商务部门或地方金融监管部门审核认定为新设台资企业区域总部或职能型总部的，省财政一次性奖励500万元。（省商务厅、省财政厅、省金融办、省发展改革委、省经济和信息化委负责）

5. 经认定为高新技术企业的在鲁台资企业，依法享受减按15%税率征收企业所得税的优惠政策。符合条件的在鲁台资企业可享受研发费用加计扣除、企业研发投入后补助等优惠政策。台资企业设在山东的符合条件的研发中心采购大陆设备享受全额退还增值税等税收优惠政策。（省科技厅、省经济和信息化委、省财政厅、省税务局负责）

6. 支持在鲁台资企业参与“一带一路”建设和“境外百展市场开拓计划”，完善银企合作平台、公共信息服务平台和风险保障平台，提供与山东企业同等待遇和服务保障。（省发展改革委、省商务厅负责）

7. 支持台资企业以特许经营方式参与山东高速公路、轨道交通、港口运输、垃圾污水处理、水利工程、燃气供应、市政公用工程等基础设施建设。（省发展改革委、省住房城乡建设厅、省交通运输厅、省水利厅、省环保厅、各级政府负责）

8. 台资企业可通过出资入股、认购可转债、股权置换等方式参与山东国有企业混合所有制改革。支持台湾民间资本与山东国有资本共同设立股权投资基金、产业投资基金。（省国资委、省发展改革委负责）

9. 符合资质要求的台资企业可以依法公平参与政府采购。（省财政厅、各级政府负责）

10. 台资企业与山东企业同等适用相关用地政策。对集约用地的鼓励类台商投资工业项目优先供应土地，在确定土地出让底价时，可按不低于所在地土地等别相对应大陆工业用地出让最低价标准的70%执行。在坚持依法自愿的基础上，海峡两岸（平度）农业合作试验区、栖霞台湾农民创业园及鲁台农渔业合作交流示范基地内的台资农渔业企业实施土地流转合同到期后优先续租政策。（省国土资源厅、省农业厅、省海洋与渔业厅、省林业厅负责）

11. 鼓励台湾科研机构、高等院校、企业在山东设立研发中心、孵化器等各类创新平台，与山东科研机构、高校、企业进行联合研发。台湾科研机构、高等院校、企业在山东注册的独立法人单位，可牵头或参加山东省省级科技计划申报，享受与山东科研机构、高等院校、企业同等政策。受聘于山东省内单位的台湾地区科研人员，可作为省级科技计划项目负责人，享受与山东科研人员同等政策。（省科技厅、省教育厅、省人力资源社会保障厅负责）

12. 加大对台资企业和台湾同胞依法获得的知识产权的保护力度，严格实行“同保护”原则。台资小微企业知识产权通过质押融资在山东转化实施，享受单笔贷款60%贴息支持，一个年度最高20万元。台湾高等院校、科研机构的知识产权在山东转化实施并取得显著经济社会效益的，择优给予10-20万元奖励。（省科技厅、省财政厅负责）

13. 支持台资企业依法在山东设立第三方检验检测、认证机构，参与标准化技术组织建设，依法开展计量、标准、检验检测、认证业务，参与国家、国际、行业标准和山东地方标准的制修订，检验检测认证服务平台示范区建设。在标准、质量、品牌等领域享受与山东企业同等的支持和奖励政策待遇。（省质量技术监督局负责）

14. 县级以上人民政府可以设立各类专业性对台产业合作区、示范基地，制定发展规划，统筹财政、投资、税收、人才、产业、金融等政策，对入园企业发展提供便利。鼓励台湾科研机构、科技园区等与山东高新技术产业开发区、农业高新技术产业开发区合作建设鲁台科技产业合作园区。（省商务厅、省科技厅、各级政府负责）

15. 支持台资企业“退城进园”，进入各市经济开发区、高新技术产业开发区和台湾园区发展，切实保障台资企业搬迁中应享合法权益。（省发展改革委、省经济和信息化委、省科技厅、省财政厅、省国土资源厅、省商务厅、省环保厅、省税务局、各级政府负责）

16. 台湾同胞在山东从事农业生产，投资山东现代农业产业体系、生产体系、经营体系构建及休闲农业等新业态，同等适用山东各项惠农政策。（省农业厅、省财政厅负责）

17. 在鲁从事农业生产的台资企业，同等享受农机购置补贴。在鲁台资企业生产的农机产品符合条件的列入农机购置补贴产品目录。支持台资农业企业申报国家和山东农业产业化重点龙头企业。（省农业厅、省财政厅负责）

18. 支持台资企业和组织机构投资乡镇商贸中心、村落公共生活空间，参与文旅类、产业类特色小镇建设，符合条件的享受相关专项资金和产业基金扶持。（省发展改革委、省住房城乡建设厅、省旅游发展委负责）

19. 支持台资金融机构、商家与银联山东分公司加强合作，推动山东非银行支付机构拓展互联网业务种类，在支付服务等领域与台资金融机构、商家开展业务合作。鼓励金融机构优化台湾同胞金融服务，为台湾同胞办卡开户提供便利，方便台湾同胞在大陆使用电子支付服务。(省金融办、人民银行济南分行负责)

20. 支持台湾征信机构、省内征信机构跨岸开设分支机构，为两岸企业融资贷款提供便利。(省金融办、人民银行济南分行负责)

21. 鼓励山东银行业金融机构与台资银行同业合作，通过银团贷款等形式参与全省新旧动能转换重大工程建设，为优质项目提供融资支持。(省金融办、人民银行济南分行、山东银监局负责)

22. 支持符合条件的在鲁台资企业在大陆上市融资。加强对拟上市台资企业的支持力度，并按照政策给予财政补贴。(省金融办、省财政厅、山东证监局、各市政府负责)

23. 鼓励支持台湾地区投资者在山东合资（合作）设立医疗机构、养老机构，享受所在地公立医疗机构、养老机构同等政策待遇。(省卫生计生委、省民政厅负责)

二、促进鲁台文教交流方面

24. 推动鲁台加强孔子文化、齐文化、泰山文化、海洋文化、黄河文化、妈祖文化等领域研究和成果应用，鼓励台湾同胞和台湾高校、民间社团参与山东有关文化工程项目、文化活动和学术研究。(省委宣传部、省文化厅负责)

25. 支持台资企业依托齐鲁文化资源，加快在文化产业领域投资和承接文化产业项目。台湾同胞在山东创办各类文化企业，享受和山东文化企业同等文化产业政策。(省委宣传部、省文化厅、省商务厅负责)

26. 台湾文艺工作者可以进入山东的文艺院团、研究机构任职或研学。鼓励台胞参与山东省相关文学艺术评奖活动。鼓励台湾文化艺术界团体和人士参与山东文化产业博览交易会，开展文化产品进出口业务。(省委宣传部、省商务厅、省文化厅、省人力资源社会保障厅负责)

27. 鼓励台湾同胞参与中华经典诵读、文化遗产保护、非物质文化遗产传承发展等工程，共同传承发展中华优秀传统文化。支持在山东的台湾文化艺术界团体和人士参与大陆在海外举办的感知中国、中国文化年（节）、欢乐春节、齐鲁文化丝路行等品牌活动，参加“中华文化走出去”计划。（省委宣传部、

省文化厅、省文物局负责)

28. 鼓励台湾地区知名高校、研究机构中儒学研究高端人才到山东开展儒学研究和传播工作，符合条件的纳入我省人才引进、奖励、培养的支持范围，给予相应支持政策和待遇。(省委组织部、省教育厅、省人力资源社会保障厅、省文化厅、济宁市政府负责)

29. 为台湾图书进口业务建立绿色通道，简化台湾图书合同登记备案流程。对山东省出版物进口经营单位的图书进口备案申请，同时段优先审核从台湾地区进口的图书备案申请并最大限度缩短备案办理时限。(省委宣传部、省新闻出版广电局负责)

30. 鼓励山东电影发行放映机构、广播电视台、视听网站和有线电视网，根据国家有关规定引进或参与发行更多台湾地区生产的电影、电视剧，并积极协助向上级部门申报审批。(省委宣传部、省新闻出版广电局负责)

31. 支持台湾机构在山东开展广播电视、电影、电视剧等方面的合作，鼓励鲁台两地合拍电影、电视剧。在鲁台合作制作的电影、电视剧中主创人员比例、大陆元素、投资比例等方面放宽限制。最大限度缩短鲁台电视剧合拍立项阶段故事梗概的审批时限。鼓励台湾地区服务提供者依据国家有关规定在山东设立台资企业从事电影后期制作服务，打造鲁台影视产业基地。(省委宣传部、省新闻出版广电局、省文化厅负责)

32. 支持鲁台两地教育文化科研机构开展中国文化、历史、民族等领域研究和成果应用。鼓励和支持台湾地区高校参与海峡两岸大学校长论坛、鲁台职业院校长研讨会等活动。(省教育厅、省文化厅负责)

33. 支持山东具有招收台湾地区学生资格的高校，积极面向台湾地区招生，通过增设奖助学金等措施，吸引台湾学生来山东高校就读。(省教育厅负责)

34. 接纳台湾高校加入山东高校在线课程联盟，对鲁台高校联合开展教学改革项目、课题研究及课程建设优先支持；鼓励支持台湾优质职业院校与山东职业院校、职业教育机构建立合作关系，共同开发专业人才培养标准、专业课程、教材体系、数字化教育资源和开展职业技能培训，合作培养培训专业人才。(省教育厅负责)

35. 鼓励支持山东高校与台湾高校、企业、科研机构等共同申报研究生联合培养基地；对在鲁台湾研究生指导教师和台湾研究生申报研究生教育质量提升计划和研究生教育创新计划，同等条件下优先支持。(省教育厅负责)

36. 协助台湾地区从事两岸文化、教育等民间交流的机构申请两岸交流基金项目。（省台办负责）

37. 开展“感知山东”文化交流活动，邀请台湾媒体界人士来山东参观体验；鼓励台湾青少年来山东开展研学旅游，参加鲁台青年交流季等各类青少年交流活动，提供相应的接待便利服务。（省委宣传部、省委统战部、省旅游发展委、省台办、省教育厅负责）

三、支持台湾同胞在鲁学习创业就业生活方面

38. 台湾同胞可按国家规定在山东报名参加有关专业技术人员、技能人员职业资格考试和职称评审。进一步完善台湾同胞参加职业资格考试的工作流程，为其在山东参加各类职业资格考试提供便利条件。简化职称评审手续，台湾同胞没有个人履历档案的，可以使用台胞证或其他证明文件代替。台湾专业技术人员在台湾地区取得的学术成果可以纳入工作评价体系。鼓励台湾同胞在山东报名参加导游资格考试。（省人力资源社会保障厅、省教育厅、省科技厅、省司法厅、省卫生计生委、省旅游发展委负责）

39. 台湾专业人才可申请参与国家“千人计划”。积极协助推荐在山东创业创新的台湾专业人才申请参与国家“万人计划”、泰山学者、泰山产业领军人才等重大人才工程。（省委组织部、省发展改革委、省经济和信息化委、省人力资源社会保障厅、省教育厅、省科技厅负责）

40. 鼓励支持在山东工作的台湾同胞申报国家和山东自然科学、社会科学、艺术等方面的基金项目。（省委宣传部、省教育厅、省科技厅、省文化厅负责）

41. 在鲁台湾同胞子女就读幼儿园、义务教育阶段学校由居住地所属市、县（市、区）教育行政部门统筹安排入学，与所在地学生享有同等待遇。（省教育厅负责）

42. 积极为台湾毕业生提供职业生涯规划和就业指导。对于有留鲁创业意愿的台湾毕业生，可享受大学生创业扶持政策，并可优先入驻创业孵化基地、创业园区。（省人力资源社会保障厅、省教育厅、省财政厅负责）

43. 支持台湾青年来山东创业，按规定给予一次性创业补贴、一次性创业岗位开发补贴、一次性创业场所租赁补贴、创业担保贷款贴息，支持台湾青年创业项目、创业企业入驻省级创业孵化示范基地、创业示范园区孵化发展。（省人力资源社会保障厅、省财政厅负责）

44. 支持山东有条件的企事业单位为台湾青年提供实习、就业岗位。（省人

力资源社会保障厅、省国资委负责）

45. 支持台湾同胞在山东参加医师资格考试、卫生专业技术资格考试。在山东就读临床医学专业硕士学位的台湾学生，在参加研究生学习一年后，可按照大陆医师资格考试报名的相关规定申请参加考试。取得大陆医师资格证的台湾同胞，可按照有关规定在山东申请执业注册。符合条件的台湾医师，可按照规定在山东申请注册短期行医，期满后可重新办理注册手续。（省卫生计生委、省教育厅、省人力资源社会保障厅负责）

46. 在山东工作的台湾同胞可参评五一劳动奖章、劳动模范和先进工作者、青年五四奖章、三八红旗手、技术能手等称号。对在鲁台湾同胞参评中华慈善奖、梅花奖、金鹰奖等经济科技文化社会领域各类评奖项目的积极予以协助。（省委宣传部、省总工会、团省委、省妇联、省科技厅、省民政厅、省人力资源社会保障厅、省文化厅负责）

47. 鼓励台湾同胞加入山东经济、科技、文化、艺术类专业性社会组织、行业协会，积极参加相关活动。（省民政厅、各相关社会组织业务主管单位负责）

48. 鼓励台湾同胞和相关社团参与山东扶贫、支教、公益、社区建设等基层工作。支持在山东长期居住的台湾同胞受聘担任相关社会组织管理人员。（省民政厅、省教育厅负责）

49. 在鲁台资企业中的台籍职工同等参与工会开展的各类活动，符合条件的台籍职工可参加劳动模范疗休养和职工疗休养活动。（省总工会负责）

50. 在山东投资、就业的台湾同胞及其家属、子女在公共交通、景点门票、公共文化服务等方面享受与当地居民同等优惠。（省交通运输厅、省文化厅、省文物局、各级政府负责）

51. 台湾同胞在山东就业期间，可按规定参加各项社会保险或住房租赁补贴，享受与山东居民同等政策。（省人力资源和社会保障厅负责）

52. 支持符合条件的台湾同胞申请山东省各市、县（市、区）的公共租赁住房或住房租赁补贴，享受所在地居民同等待遇。在山东学习、创业、就业、生活的台湾同胞，按照政策规定购买自住商品房的首付比例、贷款申请、办理时限等享受当地居民同等待遇。（省住房城乡建设厅、人民银行济南分行负责）

53. 台湾同胞缴存使用住房公积金、申请住房公积金贷款，享受与山东省内职工同等待遇，与用人单位解除或终止劳动关系并离开大陆的，可一次性提取个人住房公积金账户余额。（省住房城乡建设厅负责）

54. 在山东人才改革试验区内，对持台湾地区有关机构颁发的执业证书的台湾专业技术人员，允许其按有关规定和证书许可范围开展相应业务。（省人力资源社会保障厅负责）

55. 在山东居住的台湾同胞与山东居民享有同等医疗服务待遇。台胞定点医院为急危重症就医台胞开通绿色通道。各级医疗机构为台湾同胞回台报销健保费用提供符合要求的医疗文书。在山东居住的台湾同胞的子女享有与山东居民同等的预防接种服务，由居住地接种单位为在鲁台湾同胞共同生活子女建立预防接种卡，免费为其接种免疫规划疫苗。（省卫生计生委负责）

56. 相关服务管理机构应将台胞证作为身份认证的有效证件，逐步实现与大陆居民身份证同等使用，便利台胞在山东办理银行开户、入住酒店宾馆、办理搭乘飞机火车手续、网上预约就医、网上应聘等。（省公安厅、省人力资源社会保障厅、省卫生计生委、省旅游发展委、人民银行济南分行、中国铁路济南局集团有限公司、民航山东监管局负责）

河南省

河南省人民政府办公厅转发省台办省发展改革委关于促进两岸经济文化交流合作实施意见的通知

（2018年10月29日　豫政办〔2018〕62号）

各省辖市、省直管县（市）人民政府，省人民政府有关部门：

省台办、发展改革委制定的《关于促进两岸经济文化交流合作的实施意见》已经省政府同意，现转发给你们，请结合实际，认真贯彻执行。

关于促进两岸经济文化交流合作的实施意见

省台办　省发展改革委

（2018年10月22日）

根据国务院台办、国家发展改革委《关于印发〈关于促进两岸经济文化交流合作的若干措施〉的通知》（国台发〔2018〕1号）精神，为促进豫台经济文化交流合作，结合我省实际，制定以下实施意见。

一、总体要求

全面贯彻党的十九大精神，以习近平新时代中国特色社会主义思想为指导，秉持“两岸一家亲”理念，同台湾同胞分享我省发展机遇，持续推动豫台经贸合作、文化交流向宽领域、深层次发展，逐步为台湾同胞在豫投资、创业、就业、学习和生活提供与我省企业、居民同等待遇，增进同胞亲情福祉，进一步促进豫台经济社会融合发展。

二、具体措施

（一）积极推动豫台经贸合作交流。

1. 支持台湾同胞在大陆投资的企业（以下简称台资企业）从资金、技术、人才等方面参与郑州航空港经济综合实验区、中国（河南）自由贸易试验区、郑洛新国家自主创新示范区、中原城市群等国家战略平台建设，加快融入我省四条“丝绸之路”建设，享受与我省企业同等待遇。

2. 支持台湾电子信息、金融、生物医药、现代物流、现代农业等优势产业向我省转移，享受鼓励类投资优惠政策；持续办好两岸智能装备制造郑州论坛，支持高端装备、数控机床、机器人、智能制造领域合作项目落户我省，设立省级1亿元两岸智能装备产业基金；加大对我省26个台商投资园区的扶持力度，支持建设专题性台商投资园区。

3. 台资企业参与《中国制造2025河南行动纲要》适用我省企业同等政策。支持台商在我省投资先进制造业、战略性新兴产业和生产性服务业等领域，享受与我省企业同等待遇。在我省设立地区总部、金融机构、营运中心、采购中心、物流中心的台资企业享受税收、投资等相关支持政策。

4. 注册地在我省的台资企业，适用研发费用税前加计扣除优惠政策。帮助和支持符合条件的台资企业依法享受高新技术企业减按15%税率征收企业所得税，并按规定享受延长亏损结转年限相关政策。在我省的台资企业研发机构，采购大陆不能生产或性能不能满足需要的科技研发用品，免征进口关税、进口环节增值税、消费税；采购大陆设备全额退还增值税。符合条件的在豫台资企业按规定享受创业企业和天使投资个人有关税收优惠政策。

5. 支持台资企业和台湾同胞在我省从事科技、文化创意等研发活动。鼓励台湾地区知识产权在我省转化，我省未上市的台资企业申请省重点产业知识产权运营基金项目，享受与我省企业同等待遇。

6. 支持台资企业牵头组建国家级创新平台和省级创新平台，帮助其申报“全国创新争先奖”“质量之光”“河南省创新争先奖”等称号，经认定后享受相关优惠政策。对依托台资企业新获批的国家级重点实验室、工程技术研究中心等重大创新研发平台载体，省财政一次性奖励300万元；在郑洛新国家自主创新示范区内新获批的国家级创新平台载体，省财政一次性奖励500万元。对依托台资企业新获批的省级创新研发平台，省财政补助研发费用限额提高至200万元。

7. 台湾科研机构、高等学校、企业在我省注册的独立法人，可牵头或参与申报国家和我省各类科技计划项目，享受与我省科研机构、高等学校、企业同等政策。在我省工作的台湾科研人员，可申报各类科技计划项目负责人，享受与我省科研人员同等政策。

8. 支持台资企业和台湾同胞依法保护专利权、商标权等知识产权。台资企业在我省申请专利资助、知识产权维权援助和申报省专利工作试点示范单位，享受与我省企业同等待遇。

9. 鼓励台资企业在我省建设或运营科技企业孵化器，对符合条件的给予奖补。台湾创投基金企业可参与我省创业项目辅导、孵化工作。

10. 台资企业在我省可通过特许经营方式参与能源、交通、水利、环保、市政公用工程等城市基础设施建设。可通过 PPP（政府和社会资本合作）模式参与我省基础设施和公共服务建设。支持台资企业参与我省百城建设提质工程。

11. 台资企业可公平参与我省各级政府采购。

12. 台资企业可通过收购股权、认购可转债、股权置换等方式参与我省国有企业改革。

13. 在豫台资企业与我省企业同等适用相关用地政策。在豫制造业台资企业，在符合规划、不改变土地用途的前提下，提高工业用地容积率的不再增缴土地价款；对纳入城镇低效用地再开发改造开发范围和规划的台资企业用地，享受与当地企业同等用地政策；对集约用地的鼓励类台商投资工业项目优先供应土地，在确定土地出让底价时，可按不低于所在地土地等别相对应工业用地出让最低价标准的 70%执行。

14. 鼓励注册地在我省的台资企业根据发展需求，参与“一带一路”建设。

15. 支持台资农业企业申报农业产业化国家重点龙头企业和省重点龙头企业。注册地或实际从事农业生产经营在我省的台资农业企业，享受与我省农业企业同等农机购置补贴政策；符合条件的台资企业生产的农机产品，可列入农机购置补贴范围。

16. 鼓励台资企业、关联企业入驻我省台湾农民创业园区，享受生产用电优惠电价、土地流转合同优先续租等政策。

17. 鼓励台湾现代农业企业和技术管理人员参与我省特色民宿、休闲农业、特色小镇、乡村旅游开发建设。

18. 鼓励台资企业积极参加中国（河南）国际投资贸易洽谈会、中国（驻马店）农产品加工业投资贸易洽谈会、中国（漯河）食品博览会等活动，不断拓宽交流、展示渠道。

19. 注册地或主要经营资产在我省的台资企业投资涉林产业，可享受与我省林业企业同等政策和优惠措施。

20. 台湾金融机构、商家可与在豫清算机构、非银行支付机构依法合规开展合作，为台湾同胞提供便捷的小额支付服务。

21. 台湾金融机构落户我省享受与大陆金融机构同等金融招商优惠政策。统筹运用省金融业发展专项奖补资金，对在我省新设立的台资金融机构总部或地区总部，按照规定给予一定金额的奖补。

22. 台湾征信机构可与我省征信机构开展合作，为两岸同胞和企业提供征信服务。

23. 在我省设立的台资银行可利用本地市场和跨境渠道扩大人民币资金来源；可备案开展跨境人民币业务，为客户提供跨境贸易结算和投融资等服务；可获取金融市场业务资质，提升投融资能力。金融机构可为我省中小微台资企业、台湾同胞提供金融和融资担保服务。台资银行及其大陆分支机构可在我省开展各类同业业务交流。

24. 支持台资企业在大陆主板、中小企业板、创业板和境外上市，在新三板和区域性股权交易市场挂牌，享受扶持企业上市有关政策，可给予适当财政补助。支持符合条件的台资企业发行债券和运用非金融企业债券融资工具进行融资。

25. 简化台资企业工商注册登记，优化审批流程，实施“多证合一”，简化住所登记，推行“互联网+政务服务”，实现“一网通办”前提下的“最多跑一次”。

26. 在中国（河南）自由贸易试验区内新设立的台资企业，可用台湾居民来往大陆通行证（以下简称台胞证）或中华人民共和国台湾居民居住证（以下简称居住证）作为法人代表身份证明，注册资本以人民币表示，可选择人民币、美元、欧元、日元等币种注册，按规定自主选择经营范围。

27. 台湾投资者从我省居民企业分配的利润直接投资于鼓励类投资项目，符合国家相关规定的，享受递延纳税政策，暂不征收预提所得税；按规定可享受暂不征收预提所得税政策但未实际享受的，可在实际缴纳相关税款之日起三年内申请追补享受该政策，退还已缴税款。

28. 依照国家相关规定，台湾投资者可在我省举办医疗机构，与我省公立医院在许可准入方面享受同等待遇。

29. 在台湾地区注册的建筑业企业可在我省申请建筑业企业资质证书，从事相关建筑活动，享受与我省建筑业企业同等待遇。

30. 鼓励台湾同胞在我省注册登记个体工商户，从事工商业经营活动。在我省设区的市注册登记时，除从事特许经营外，无需经过外资审批，根据规定可直接进行登记。

31. 鼓励台资企业和台湾同胞在我省举办高端养老机构。台湾同胞在我省投资养老服务业，享受与我省民间资本投资养老服务业同等待遇。

32. 加强豫台两地海关等口岸部门在食品农产品安全、进口消费品安全防范等方面的交流合作，逐步建立信息互换、执法互助工作机制，推动实现检验检测结果互认。

33. 支持台湾同胞依法在我省设立第三方检验检测机构，与我省同业开展质量、标准、认证等方面合作。

（二）深化豫台文化交流。

34. 支持台湾同胞参与华夏历史文明传承创新区建设以及在我省举办的各类文化遗产保护、非物质文化遗产传承交流活动。支持台湾文化艺术界团体和人士参与我省特色文化节庆活动。

35. 台湾同胞可参与我省非物质文化遗产项目代表性传承人评选活动和文化遗产保护工程。支持豫台文化企业共同开展文化产品展示、展销活动。

36. 根据国家有关规定，积极协助台湾地区从事两岸民间交流的机构申请两岸交流基金项目。继续扩大“黄帝故里拜祖大典”“河南省两岸青年交流月”等活动的影响力，对台湾地区参加活动的机构、组织给予优先支持。鼓励台湾同胞来豫参访交流，邀请单位应提供便利服务。

37. 支持豫台两地教育、文化、科研机构、民间文化团体和个人，开展姓氏、民俗、武术、戏曲、书画等领域的研究和成果应用。

38. 对台湾图书进口业务建立“绿色”通道，简化进口审批流程。同时段进口的台湾图书可优先办理进口图书备案申请。

39. 根据国家有关规定，台湾人士参与我省广播电视节目和电影、电视剧制作，可不受数量限制；我省电影发行机构、广播电视台、视听网站和有线电视网引进台湾生产的电影、电视剧不受数量限制。放宽豫台两地合拍电影、电视剧在主创人员比例、大陆元素、投资比例等方面的限制。

（三）为台湾同胞在豫实习、就业、创业提供便利条件。

40. 在我省就业的台湾同胞可申报我省自然科学基金项目和高新科技成果

转化项目，支持使用台胞证或居住证注册科技计划项目账号。

41. 鼓励豫台两地高等学校建立交流机制，开展学术研究、学生交流、学校互访等活动。

42. 鼓励台湾高等学校教师到我省任教，结合任职学校实际，其在台湾取得的学术成果可纳入工作评价体系。

43. 鼓励台湾青年到我省高等学校就学，享受与我省在校大学生同等待遇。

44. 台湾各类人才来豫就业、创业享受我省关于人才引进、培养和服务保障的各项政策待遇。卫生计生、教育等部门结合实际情况，每年为台湾同胞来豫就业提供一定数量的岗位。

45. 支持符合条件的台湾专业人才申请参与“中原千人计划”“名校英才入豫计划”“海外引智计划”。支持台湾专业技术人员来豫就业，在职称评定、政策支持等方面享受与我省居民同等待遇。

46. 我省企事业单位可为台湾同胞提供实习、就业岗位。支持台湾同胞来豫创业、就业，符合条件的可享受社保补贴、岗位补贴、创业补贴和创业担保贷款等优惠政策。

47. 台湾同胞可在我省报名参加 53 项专业技术人员职业资格考试和 81 项技能人员职业资格考试。

48. 通过考试或认定方式取得大陆医师资格的台湾同胞，可按照规定在我省申请执业注册。

49. 在我省注册的台资机构和企业经批准可兴办学前教育机构。在台湾获取教师资格证的台湾教师，可通过特聘、购买服务、短期双向交流等方式，在我省幼儿园、中小学从事音乐、体育、美术等教学工作。

50. 根据国家有关规定，在台湾获取相应资格的台湾同胞可在我省申请证券、期货、基金从业资格。

51. 可聘请台湾专业人士担任涉台商事案件调解员，调解协议经法院审查认定后，具有法律效力。省法院可在立案前或审理中，委托省台办调解涉台商事纠纷。我省仲裁机构可聘请台湾专业人士担任仲裁员。

52. 支持取得大陆法律职业资格的台湾同胞依法在我省律师事务所从事律师执业，代理大陆非诉讼法律事务和涉台民商事案件。

（四）方便台湾同胞在豫学习、生活。

53. 台湾同胞子女在我省就读义务教育阶段学校，由居住地设区的市教育主管部门统筹安排。台湾同胞投资者及随行眷属、所聘台湾管理人员凭《台湾同胞投资证书》，其子女报考我省普通高中照顾10分录取。

54. 在豫学习、工作的台湾同胞可购买自住商品房，在购房资格、按揭贷款、住房公积金使用等方面享受与我省居民同等待遇。符合条件的，可申请当地公共租赁住房。

55. 在豫工作的台湾同胞可参加社会保险，与我省居民享受同等待遇。社会保险经办机构按照政策规定及时进行参保登记、核定缴费基数、办理社会保险关系转移接续手续。台湾同胞离开大陆时，可按照国家有关规定办理终止基本养老保险关系手续，并全额退还个人账户存储额。

56. 在豫台湾同胞个人住房公积金账户可办理异地转移接续手续；与用人单位解除或终止劳动（聘用）关系并离开大陆的，可根据国家有关规定提取个人住房公积金账户余额。

57. 在豫台湾同胞与我省居民享受同等医疗服务待遇。各级医疗机构为台湾同胞回台报销医药费用提供符合要求的医疗文书。

58. 在豫工作的台湾同胞可参加劳动模范、五一劳动奖章、三八红旗手、五四青年奖章等荣誉称号评选。鼓励在豫工作的台湾高技能人才参加“中原大工匠”“中原技能大师”“河南省技术能手”等评选。积极协助在豫台湾同胞参评中华慈善奖、梅花奖、金鹰奖等。

59. 台湾同胞持台胞证或居住证，可在我省依法设立的宾馆、酒店、家庭旅馆、房车营地等登记住宿，可在我省申请办理初次或增驾机动车驾驶证、机动车登记注册等业务。

60. 鼓励台湾同胞加入我省经济、科技、文化、艺术类社团、行业协会，参与我省扶贫、支教、公益、社区建设等基层工作。

三、工作要求

各地、各有关部门要充分认识加强豫台经济文化交流合作的重要意义，根据工作职责，结合工作任务，抓好本实施意见的贯彻落实。要注重协同推进，优化办事流程，深化“放管服”改革，持续改善营商环境，让在豫台湾同胞切实感受到优质、高效、便捷的服务。要开展宣传工作，利用报刊、电视、广播、新媒体等渠道，采取灵活多样、主题突出、贴近群众的方式加大惠台政策的宣传力度，营造“同等、信任、诚意、机遇”的舆论氛围。

湖南省

湖南省实施《中华人民共和国台湾同胞投资保护法》办法

（2010年11月27日湖南省第十一届人民代表大会常务委员会第十九次会议通过　根据2020年7月30日湖南省第十三届人民代表大会常务委员会第十九次会议《关于修改〈湖南省燃气管理条例〉等十件地方性法规的决定》修正）

第一条　为了鼓励台湾同胞在本省投资，保护台湾同胞投资者合法权益，根据《中华人民共和国台湾同胞投资保护法》和其他相关法律、行政法规，结合本省实际，制定本办法。

第二条　台湾地区的公司、企业、其他经济组织或者个人作为投资者来本省投资，适用本办法。

台湾同胞以其设在其他国家或者地区的公司、企业或者其他经济组织作为投资者来本省投资的，可以比照适用本办法。

第三条　各级人民政府鼓励、引导、支持台湾同胞来本省投资，依法保护其合法权益。

县级以上对台工作机构负责台湾同胞投资保护的指导、协调、服务工作；其他有关部门按照各自职责，做好台湾同胞投资保护的相关工作。

县级以上人民政府应当将有关部门保护台湾同胞投资合法权益情况纳入绩效评估范围。

第四条　任何单位或者个人不得侵占台湾同胞的投资和投资收益，损害其合法权益。

台湾同胞投资应当遵守国家法律法规，不得损害国家利益和社会公共利益，不得损害劳动者的合法权益。

第五条 对台湾同胞投资者的投资不实行国有化和征收；在特殊情况下，根据社会公共利益的需要，可以依照法律规定对台湾同胞投资者的投资实行征收并给予补偿。

台湾同胞投资者投资的财产、工业产权、投资收益和其他合法权益，可以依法转让和继承。

台湾同胞投资者依法获得的投资收益、其他合法收入以及清算后的资金和台湾同胞投资企业中的台湾同胞职工的合法收入，可以依法汇回台湾或者汇往境外。

第六条 台湾同胞投资应当符合国家产业政策和投资导向要求，比照适用指导外商投资方向的规定。鼓励台湾同胞投资具有资源、产业优势和发展潜力的项目。

第七条 台湾同胞以下列方式再投资的，不受人民币出资比例限制，依照国家规定需要审批的，依照规定进行审批：

（一）以企业资本公积金、盈余公积金、未分配利润等转增企业资本出资；

（二）以从已投资的企业先行回收投资、清算、股权转让、减资等所得再投资；

（三）其他允许的来源合法的人民币。

第八条 台湾同胞可以依法采取兴办企业、合作勘探开发自然资源、开展补偿贸易或者加工装配、取得土地使用权开发经营和法律法规允许的其他形式投资。

第九条 鼓励台湾同胞在各类开发园区兴办符合园区产业规划的企业。

引导、支持台湾同胞投资企业在本省设立总部或者地区总部。

第十条 县级以上人民政府及其有关部门在审批或者登记台湾同胞投资事项时，应当在规定期限内办理相关手续；能够当场办理的，应当当场办理。

台湾同胞以个体工商户形式投资农业和居民服务业的，可以直接持台湾居民来往大陆通行证办理工商登记，法律、行政法规另有规定的除外。

第十一条 县级以上人民政府及其有关部门应当依法做好政府信息公开工作，免费提供法律、政策等咨询服务，为台湾同胞投资提供便利。

第十二条 台湾同胞投资，享受下列优惠政策：

（一）比照适用外商投资的优惠政策；

（二）国家促进中部地区发展的优惠政策；

（三）国家和本省支持企业、产业发展的相关优惠政策；

（四）国家和本省规定的其他鼓励台湾同胞投资的优惠政策。

台湾同胞在本省享受西部大开发优惠政策的地区投资的，享受西部大开发的优惠政策。

第十三条　对符合国家产业政策和各地产业布局的台湾同胞投资项目，有关部门应当依法及时办理用地手续。对台湾同胞投资建设非营利性的教育、医疗、文化、科技、体育设施等所需用地，符合划拨用地目录的，可以依法采用划拨方式提供。

台湾同胞投资种植、养殖业需要使用农村集体土地（含林地、水面）的，可以依法获得土地经营权。台湾同胞可以租赁农业高科技园区、现代农业示范园区已经成片流转的土地。

第十四条　台湾同胞投资企业申请上市的，享受省内其他企业同等待遇。

鼓励境内外创业类投资企业或者机构对本省台湾同胞投资企业进行股权投资。

第十五条　支持各类信用担保机构为台湾同胞投资企业融资提供担保。鼓励金融机构面向台湾同胞投资企业提供知识产权质押、股权质押、应收款质押、动产抵押等多种金融担保贷款服务。

鼓励台湾同胞投资企业及其协会依照国家有关规定组建融资性担保机构，为台湾同胞投资企业贷款提供担保。

第十六条　鼓励台湾同胞投资企业独立或者联合高等院校、科研院所建立科技研发中心，研发具有自主知识产权的新技术、新产品、新工艺。

鼓励台湾同胞投资企业申报国家或者本省各类科技计划项目和技术创新计划项目，其自主研发的科技成果可以申报科学技术奖。

台湾同胞投资企业申请认定高新技术企业的程序和条件与省内其他企业相同。

第十七条　县级以上人民政府知识产权保护部门应当为台湾同胞投资企业提供知识产权维权援助，指导台湾同胞投资企业申请专利。

第十八条　县级以上人民政府及其有关部门应当为台湾同胞投资企业的产品进入市场提供便利，不得限制台湾同胞投资企业产品进入本地市场。对符合规定的台湾同胞投资企业产品，纳入政府采购范围。

第十九条 县级以上人民政府商务部门和外汇管理等有关部门应当指导台湾同胞投资企业调整出口结构和出口产品品牌建设，支持台湾同胞投资企业利用政策性出口信用保险手段开拓境外市场，并在出口融资、信息咨询等方面提供服务。

省人民政府商务部门和税务、海关等部门（单位）应当落实台湾同胞投资企业出口退税政策。

第二十条 口岸联检单位应当采取预约通关等措施方便台湾同胞投资企业或者投资者个人办理通关业务。

第二十一条 任何单位不得向台湾同胞投资企业摊派人力、物力、财力，不得对台湾同胞投资企业进行法律法规规定以外的检查、罚款，不得违反国家和省有关规定强制或者变相强制台湾同胞投资企业参加各类培训、评比、鉴定、考核等活动。

对台湾同胞投资企业收费的项目和标准，应当与本省其他同类企业相同，任何单位不得向台湾同胞投资企业另立收费项目或者提高收费标准。

第二十二条 中介机构为台湾同胞投资企业或者投资者个人提供服务，其收费标准不得高于当地居民或者企业。有关部门不得向台湾同胞投资企业或者投资者个人指定中介服务机构或者实行强制服务、强制收费。

第二十三条 台湾同胞投资企业或者投资者个人及其随行家属和台湾同胞投资企业中的台湾同胞职工及其随行家属在生产、生活消费或者接受服务等方面，享受当地居民和企业同等待遇。

第二十四条 台湾同胞投资者个人及其随行家属和台湾同胞投资企业中的台湾同胞职工及其随行家属可以按照有关规定，持台湾地区或者其他国家、地区的有效机动车驾驶证，到公安交通管理部门申请换领机动车驾驶证或者临时机动车驾驶证。

第二十五条 台湾同胞投资者个人及其随行家属和台湾同胞投资企业中的台湾同胞职工及其随行家属在办理台湾居民来往大陆通行证时，持台湾地区或者其他国家、地区有关机构出具的有效健康证明，经出入境检验检疫部门验证后，可以免作健康检查。

第二十六条 台湾同胞投资者个人的子女和台湾同胞投资企业中的台湾同胞职工的子女可以依照国家有关规定进入本省的幼儿园、小学、中学和高等学校接受教育。就读小学、初中的，享受本省义务教育学生的同等待遇。

第二十七条 台湾同胞投资者个人及其随行家属和台湾同胞投资企业中的台湾同胞职工及其随行家属乘坐直接入境航班至本省的，可以按照国家有关规定在机场办理台湾居民来往大陆通行证或者签注。

第二十八条 台湾同胞投资者个人及其随行家属或者台湾同胞投资企业中的台湾同胞职工及其随行家属因参加经贸活动需要多次出入境的，可以按照国家有关规定向公安机关申请办理一定期限多次有效出入境手续。

第二十九条 台湾同胞投资企业或者投资者个人及其随行家属和台湾同胞投资企业中的台湾同胞职工及其随行家属的合法权益受到侵害或者发生民事纠纷时，可以通过协商、调解、行政复议、仲裁、诉讼等途径解决。

第三十条 对台工作机构负责受理、协调本行政区域内台湾同胞投资企业或者投资者个人及其随行家属和台湾同胞投资企业中的台湾同胞职工及其随行家属的投诉事项。

对台工作机构收到投诉后，按照下列方式处理：

（一）依法应当通过诉讼、仲裁、行政复议等途径解决的，告知投诉人依照有关法律、法规向有关机关（机构）提出；

（二）除前项外，属于有关机关处理的投诉事项，及时转送有关机关处理。有关机关应当在二十个工作日内将办理结果或者办理进展情况告知对台工作机构和投诉人；

（三）投诉事项需要由几个行政机关共同处理的，报请同级人民政府协调处理。

第三十一条 案件承办单位应当及时办理台湾同胞投资企业或者投资者个人及其随行家属和台湾同胞投资企业中的台湾同胞职工及其随行家属投诉案件。案件承办单位可以邀请台湾同胞旁听案件的审理。仲裁委员会可以依法聘请台湾同胞担任仲裁员。

人民法院应当采取措施执行生效的判决、裁定、仲裁裁决，保障台湾同胞的合法权益。

第三十二条 国家机关及其工作人员有下列行为之一的，由有关机关责令改正；情节严重的，对直接负责的主管人员和其他直接责任人员依法给予处分；构成犯罪的，依法追究刑事责任：

（一）不按照规定时间办理台湾同胞投资企业或者投资者个人及其随行家属和台湾同胞投资企业中的台湾同胞职工及其随行家属申请事项手续的；

（二）不按照规定时间或者不公正处理台湾同胞投资企业或者投资者个人及其随行家属和台湾同胞投资企业中的台湾同胞职工及其随行家属投诉事项的；

（三）不依法查处侵害台湾同胞投资企业或者投资者个人及其随行家属和台湾同胞投资企业中的台湾同胞职工及其随行家属合法权益行为的；

（四）其他徇私舞弊、玩忽职守、滥用职权的行为。

台湾同胞投资企业或者投资者个人及其随行家属和台湾同胞投资企业中的台湾同胞职工及其随行家属的合法权益因国家机关及其工作人员违法行使职权受到损害的，可以向有关国家机关举报，并依法要求国家赔偿。

第三十三条 本办法自 2011 年 1 月 1 日起施行。

关于深化湘台经济文化交流合作的实施意见

（2018年10月16日湖南省人民政府办公厅湘政办发〔2018〕61号）

各市州、县市区人民政府，省政府各厅委、各直属机构：

为深入贯彻习近平新时代中国特色社会主义思想和党的十九大精神，进一步深化湘台经济文化交流合作，逐步为台湾同胞在湘学习、创业、就业、生活提供与湖南居民同等待遇，根据国务院台办、国家发展改革委《关于促进两岸经济文化交流合作的若干措施》（国台发〔2018〕1号）精神，经省人民政府同意，制定以下实施意见。

一、拓宽投资领域，提升湘台经贸合作水平

1. 支持台资企业在湘以特许经营等方式参与能源、交通、水利、环保、市政公用工程等基础设施建设。（责任单位：省发改委、省交通运输厅、省水利厅、省环保厅、省住房城乡建设厅）

2. 支持台资企业参与国有企业混合所有制改革。支持在湘台资企业，尤其是高端制造、智能制造、绿色制造企业做强做大。（责任单位：省发改委、省国资委、省财政厅、省政府金融办）

3. 台资企业可公平参与我省各级政府采购。（责任单位：省财政厅）

4. 在湘台资企业与湖南企业享有同等用地政策。对符合产业导向的战略性新兴产业、先进制造业等优先发展且用地集约的台资项目，可按不低于所在地土地等别相对应的工业用地最低价标准的70%确定土地出让底价。（责任单位：省国土资源厅）

5. 台资企业可采取长期租赁、租让结合、先租后让、弹性年期出让等方式取得工业用地；在符合规划、不改变用途且符合第4条要求的前提下，利用现有工业生产用地提高土地利用率和增加容积率的，不再增收土地出让价款。（责任单位：省国土资源厅）

6. 支持符合条件的台资项目优先纳入我省重大产业项目库，给予用地计划指标保障。对传统工业企业转为先进制造业，以及利用存量房产进行制造业与文化创意、科技服务业融合发展的台资企业，可实行继续按原用途和土地权利类型使用土地的过渡期政策。(责任单位：省国土资源厅)

7. 支持在湘台资企业参与“一带一路”建设，将其重大境外投资项目纳入我省“一带一路”重大项目库。(责任单位：省发改委)

8. 为台湾地区商品出口欧亚大陆提供过境通关便利，支持台湾地区商品通过中欧班列经我省过境运输出口。(责任单位：省商务厅、长沙海关)

9. 对台湾工业园及园区内重点企业申报国家和我省有关扶持资金、试点示范项目，给予重点倾斜。(责任单位：省发改委、省台办)

10. 台湾同胞和台资企业在湘参与乡村振兴建设，发展民俗民宿、休闲农业、乡村旅游等产业，享有同等优惠政策。(责任单位：省农委、省旅发委)

11. 台资农业企业在湘购置农机、申报产业化龙头企业，享有同等优惠政策。(责任单位：省农委)

12. 台资林业企业在湘参与油茶、竹木、森林旅游与康养、林下经济等林业产业建设，可依规申报林业产业龙头企业、现代林业特色产业园、林下经济示范基地、森林康养示范基地等项目，同等享有林业产业建设、林业贷款贴息等优惠政策。(责任单位：省林业厅)

13. 对符合条件的融资担保公司，为在湘台资企业提供中小微、“三农”融资担保业务发生的代偿，按相关政策给予代偿补偿。(责任单位：省财政厅、省政府金融办)

14. 支持在湘台资企业在沪深交易所上市，或在新三板、湖南股权交易所挂牌。(责任单位：省政府金融办、湖南证监局)

15. 支持台湾金融机构按规定申请在湘设立总部和机构。在湘新设立的台资金融机构，省级财政予以一次性开办费奖励。支持在湘台资银行在获得许可和授权的前提下，开展人民币业务、债券承销、衍生品交易。(责任单位：省财政厅、省政府金融办、湖南银监局)

16. 鼓励台资银行与湖南同业协作，通过银团贷款、联合授信等为我省实体经济提供金融服务；支持金融机构为在湘台湾同胞、中小微台资企业提供金融服务；银行机构、非银行支付机构应为符合资质的在湘台资企业提供收单服务及电子支付服务。(责任单位：湖南银监局、湖南保监局、人民银行长沙中心支行)

17. 支持台湾征信机构按规定在湘开展业务，为两岸企业提供征信服务。(责任单位：人民银行长沙中心支行)

二、鼓励科技创新，推动科技成果转化运用

18. 台资企业参与制造强省行动计划，享有我省企业同等政策。鼓励台资企业参与制造强省 12 大重点产业和 20 个工业新兴优势产业链等领域重大关键技术研发创新。支持台商来湘投资设立高端制造、智能制造、绿色制造等企业，设立区域总部和研发设计中心。对在湘设立独立法人资格、符合我省产业发展方向的区域总部和研发机构，引入核心技术并配置核心研发团队，符合政策规定的，择优给予财政支持。(责任单位：省经信委、省科技厅、省财政厅)

19. 台湾科研机构、高等学校、企业在湘注册的独立法人，可牵头或参与国家重点研发计划项目、省级科技创新计划项目申报，享有同等政策。受聘于在湘注册的独立法人的台湾地区科研人员，可作为国家重点研发计划项目（课题）负责人、省级科技创新计划项目负责人申报，享有我省科研人员同等政策。(责任单位：省科技厅)

20. 鼓励引进台湾地区的人才创新团队，在长株潭自主创新示范区内，给予顶尖人才创新团队最高 1 亿元、杰出人才创新团队最高 3000 万元支持，用于科技攻关和科研平台建设。对各类科技创新创业优秀人才（团队）创办的企业建设实验室和生产线，按项目总支出的 30%给予资助，单个企业最高补贴 500 万元。为创新人才分档提供科研经费、补贴、奖励等支持，对顶尖人才给予最高 1000 万元科研经费、最高 300 万元生活补助。(责任单位：省委组织部、省财政厅、省经信委、省科技厅)

21. 台湾地区知识产权在湘转化，可参照执行我省知识产权激励政策。产业化投资额度超过 3000 万元的，在投资额的 10%以内择优给予补助，最高补助 500 万元；对省战略性新兴产业目录下企业计划投资额度 5000 万元以上的新上重大技改项目，按规定和程序给予一次性补助，最高补助 500 万元；对符合《湖南工业新兴优势产业链行动计划》方向、投资规模 1 亿元以上的重大产业项目，给予一次性补助，最高补助 1000 万元。(责任单位：省委组织部、省财政厅、省经信委、省科技厅、省知识产权局)

22. 符合条件的在湘台资企业依法享受高新技术企业减按 15%税率征收企业所得税，研发费用税前加计扣除，设在我省的研发中心采购大陆设备全额退还增值税等税收优惠政策。(责任单位：省科技厅、省税务局)

三、提高服务质量，畅通就业创业发展渠道

23. 帮助和支持台资企业在湘创办科技企业孵化器、众创空间等创业孵化

平台，同等享有国家科技企业孵化器税收优惠政策、省科技创新计划补助政策。（责任单位：省科技厅、省发改委、省经信委、省人力资源社会保障厅、省财政厅）

24. 支持台湾同胞在湘参加专业技术人员和技能人员职业资格考试，符合条件的可参加《向台湾居民开放的国家职业资格考试目录》的53项专业技术人员职业资格考试和81项技能人员职业资格考试。（责任单位：省人力资源社会保障厅、省教育厅、省旅发委、省住房城乡建设厅、省安监局）

25. 台湾专业人才可申请参与国家“千人计划”、“万人计划”和我省“百人计划”。台湾同胞来湘就业创业，符合我省人才引进条件的，享有同等优惠政策。（责任单位：省委组织部、省人力资源社会保障厅、省教育厅、省科技厅、省台办）

26. 在湘台湾同胞可申报国家自然科学基金、国家社会科学基金、国家杰出青年科学基金、国家艺术基金等基金项目。鼓励在湘工作的台湾同胞申报湖南省哲学社会科学基金项目、湖南自然科学基金项目、湖南省文化艺术基金等省级基金项目。（责任单位：省委宣传部、省科技厅、省文化厅、省社科联）

27. 在湘台湾同胞可参评中华慈善奖、金鹰奖等经济科技文化社会领域评奖项目；可参与我省劳动模范、五一劳动奖章、三八红旗手、湖南青年五四奖章、湖南省技术能手、湖湘青年英才等评选。（责任单位：省委宣传部、省委组织部、省人力资源社会保障厅、省新闻出版广电局、省总工会、省妇联、团省委）

28. 在湘台湾同胞可以申报湖南省科学技术杰出贡献奖、湖南省自然科学奖、湖南省科学技术进步奖（含创新团队奖）、湖南省专利奖、湖南省“五个一工程”奖、湖南文学艺术奖等奖项。（责任单位：省委宣传部、省科技厅、省文化厅、省知识产权局、省社科联）

29. 支持在湘工作的台湾同胞参与湖南省优秀社会科学专家、湖南省优秀青年社会科学专家、湖南省专业特色智库专家评选。支持在湘台资企业和在湘定居的台湾同胞加入经济、科技、文化、艺术类社团组织、行业协会。（责任单位：省人力资源社会保障厅、省社科联、省民政厅、省科技厅）

30. 鼓励台湾同胞和相关社团组织参与我省脱贫攻坚、支教、公益、社区建设等基层工作。（责任单位：省教育厅、省民政厅、省扶贫办、省台办）

31. 鼓励有资质的台湾社会力量按照有关规定在我省创办医疗机构。（责任单位：省卫生计生委）

32. 符合条件的台湾医师，可按有关规定在湘申请认定医师资格和注册短期行医，期满后可重新办理注册手续。取得大陆医师资格证书的台湾同胞，与大陆医师同等享有申请医师执业注册政策。（责任单位：省卫生计生委）

33. 在台湾已获取相应资格的台湾同胞，根据相关政策规定，在湘申请证券、期货、基金从业资格时，只需通过法律法规考试，无需参加专业知识考试。（责任单位：湖南证监局）

34. 鼓励台湾教师到我省高校任教，按规定为其办理台港澳人员工作许可。来自台湾地区的教师，在聘用、教师资格认定、职称评聘、学术成果认定等方面享有我省教师同等待遇。（责任单位：省人力资源社会保障厅、省教育厅）

35. 推进招聘网站系统升级，支持台湾同胞使用中华人民共和国台湾居民居住证注册登录。（责任单位：省人力资源社会保障厅）

36. 支持台湾青年自主应聘或受雇到我省高等院校、公共文化服务机构、医疗卫生机构等事业单位就业，与大陆同类人员同等享有公平竞争权。（责任单位：省人力资源社会保障厅、省教育厅、省文化厅、省卫生计生委、省台办）

四、深化交流合作，促进湘台文化融合发展

37. 鼓励台湾同胞参与中华经典诵读工程、文化遗产保护工程、非物质文化遗产传承发展工程等中华优秀传统文化传承发展工程。支持台湾民间文物单位参与我省文物研究与传承重点发展项目。支持具备条件的台资企业和专业机构申报文物保护工程资质。（责任单位：省委宣传部、省文化厅、省文物局、省台办）

38. 鼓励支持台湾文化企业进驻中国（长沙）马栏山视频文创产业园。（责任单位：省委宣传部、省发改委、长沙市人民政府）

39. 推荐湘台文化交流项目申请纳入海外中国文化中心项目资源库。支持台湾文化艺术界团体和人士参与我省举办、承办的各类文化活动。对在湘举办的涉台营业性演出，做好审批服务。（责任单位：省委宣传部、省文化厅、省台办）

40. 支持台湾文化科研机构、团体和我省有关机构合作开展湖湘文化、中医药文化、炎帝神农文化、芷江和平文化、少数民族文化等研究。（责任单位：省文化厅、省教育厅、省台办）

41. 鼓励台湾教育文化科研机构与我省高校智库、社科基地等机构合作，开展学术交流，申报项目经费具有同等资格。（责任单位：省文化厅、省教育厅、省台办）

42. 深化湘台媒体交流，支持在节目制作、新媒体运用等方面开展合作。（责任单位：省委宣传部、省台办、省新闻出版广电局）

43. 台湾同胞参与我省电影、电视剧制作可不受数量限制。支持我省电影发行机构、广播电视台、视听网站和有线电视网引进台湾生产的电影、电视剧。（责任单位：省委宣传部、省新闻出版广电局）

44. 支持湘台两地合拍电影、电视剧，在主创人员比例、大陆元素、投资比例等方面放宽限制。协助湘台两地合拍电影、电视剧的相关手续办理，并向上级部门申报审批。（责任单位：省委宣传部、省新闻出版广电局）

45. 优先进行拟进口经营的台湾图书目录审查备案，为台湾图书从我省口岸进口建立绿色通道，简化审批流程。（责任单位：省委宣传部、省新闻出版广电局、长沙海关）

46. 支持台湾地区从事湘台民间交流的机构根据国家有关规定申报两岸交流基金项目。（责任单位：省台办）

47. 台湾同胞和台湾高校、民间机构可参与我省大型文化工程项目、惠民文化项目、民间文化交流活动和学术研究。支持台湾文化团体和知名人士来湘举办书画展、笔会交流、炎帝陵舜帝陵祭祀祭祖、芷江和平文化之旅等活动。（责任单位：省文化厅、省教育厅、省台办）

48. 支持开展湘台文化产业交流和贸易活动，搭建湘台文化贸易平台。充分发挥湖湘文化特色和优势，顺应台湾同胞文化生活需求，推动湘版图书、戏剧、影视等文化产品走进台湾，惠及台湾同胞。（责任单位：省委宣传部、省文化厅、省台办、省商务厅）

五、优化学习生活环境，携手台胞共享幸福湖南

49. 常住我省的台湾同胞子女到幼儿园、小学、初中、高中就读，享有当地学生同等待遇。（责任单位：省教育厅）

50. 鼓励台湾学生到我省高校就读，在招生录取等方面给予政策倾斜，在学费、奖学金等方面享有同等待遇。在台湾学生较集中的高校，设立台湾大学生助学金专门账户，帮助家庭条件困难的台湾学生完成学业。（责任单位：省教育厅）

51. 支持台湾青少年来湘见习、研学，参加夏令营及青少年学习交流活动，落实来湘实习生实习补助相关政策。（责任单位：省教育厅、省旅发委、省人力资源社会保障厅、团省委、省台办）

52. 在我省高校就读临床医学专业硕士学位的台湾学生，在参加研究生学习一年后，可按照大陆医师资格考试报名的相关规定申请参加考试。（责任单位：省卫生计生委、省教育厅）

53. 设立台湾同胞权益保障、联系服务窗口，开设服务热线及平台，为台湾同胞来湘学习、创业、就业、生活提供政策咨询和服务。（责任单位：省委宣传部、省台办、省发改委、省委网信办）

54. 台湾同胞持中华人民共和国台湾居民居住证，可在我省旅馆登记住宿；可乘坐国内航班、火车等交通工具；可在我省居住地办理机动车登记、申领机动车驾驶证、生育服务登记；可在公共文化体育服务场馆享有本地居民同等服务。（责任单位：省公安厅、省文化厅、省新闻出版广电局、省卫生计生委、省体育局）

55. 对在湘生活的台湾老年同胞，凭老年人优待证或中华人民共和国台湾居民居住证，可与我省老年居民同等享有公园、公共文化体育设施、市内公共交通工具、旅游景区、海峡两岸交流基地等优惠待遇。（责任单位：省民政厅、省文化厅、省交通运输厅、省卫生计生委、省旅发委、省体育局、省台办）

56. 对长期在湘居住、突遭变故致生活困难的台湾同胞，按照政策规定给予临时救助。（责任单位：省民政厅）

57. 对来湘就业创业的台湾青年，符合条件的可以纳入公共租赁住房保障范围。（责任单位：省住房城乡建设厅）

58. 在湘居住并办理中华人民共和国台湾居民居住证的台湾同胞，根据相关购房政策可以购买商品房，在购房资格、按揭贷款、住房公积金存缴使用等方面，享有我省居民同等待遇；可参加社会保险；缴存的住房公积金、社保个人账户储存额，离湘时，经个人申请，可办理异地转移接续或提取。（责任单位：省住房城乡建设厅、省人力资源社会保障厅）

59. 在湘居住并办理中华人民共和国台湾居民居住证的台湾同胞，享有与我省居民同等就医待遇。（责任单位：省卫生计生委）

广东省

关于进一步深化粤台经贸合作和支持台资企业转型升级的意见

（2013年7月25日广东省人民政府办公厅粤府办〔2013〕30号）

各地级以上市人民政府，各县（市、区）人民政府，省政府各部门、各直属机构：

为深入贯彻落实党的十八大和习近平总书记视察广东重要讲话精神，根据省委有关部署要求，经省人民政府同意，现就进一步深化粤台经贸合作和支持在粤台资企业转型升级提出以下意见。

一、指导思想

按照国家决策部署，紧紧围绕粤台合作发展共同需要，落实《海峡两岸经济合作框架协议》，积极把握台商投资新趋势，不断优化台商投资营商环境，在支持现有台资企业加快发展的同时，加大对台招商引资力度，加强粤台产业对接，努力拓展粤台合作空间，不断提升粤台经贸合作水平。重点在高技术产业、新兴产业、服务业、现代农业、产业链条对接、企业转型升级、发展总部经济、对台投资、营商服务等方面深化合作。

二、支持在粤台资企业转型升级

（一）支持台资企业拓展境内外市场。鼓励和支持台资企业参与中国加工贸易产品博览会、中国国际高新技术成果交易会、中国（深圳）国际文化产业博览交易会和政府采购招标等活动，利用有关电子商务平台积极开拓境内外市场。台资加工贸易企业扩大内销份额可按有关规定申请省财政专项资金资助。在粤注册并依法取得进出口经营资格或办理对外贸易经营者备案登记的台资企业，为拓展国际市场参加境内外展览的，可按规定申请“国际市场开拓专项资金”补助；符合条件的台资企业法人投保短期出口信用保险和进口保险的，可按有关规定申请进出口信用保险专项资金扶持，申请程序和条件与内资企业相同。

（二）支持台资企业科技创新。台资研发机构的研发成果可按规定申请科技进步奖。台商投资建设并经认定的国家级技术中心、工程中心、工程技术研究中心，免征其进口规定范围内科研用品的关税和进口增值税。台资企业在粤设立经认定的省级以上工程实验室，按规定享受国家和省相关扶持政策。在粤注册登记的台资企业以一般贸易方式进口我省鼓励进口的技术和产品时，可按规定申请“省促进进口专项资金”贴息支持。支持台资企业创建自主品牌和申请专利，保护台商知识产权。

（三）加大对台资企业融资支持。支持银行业金融机构利用台湾银行信用体系，通过“外保内贷”为台资企业提供融资服务。允许台资企业通过发行短期融资券、中期票据、可转换公司债券等债务融资工具募集资金。台资企业募集资金再投资的项目，符合条件的可申请列入省重点建设项目，享受省相关优惠政策，申请程序和条件与内资企业相同。在粤注册台资企业在境内外上市或在资本市场发行债券的，按有关规定给予一次性奖励。鼓励台湾金融机构或粤台合资金融机构在粤设立中小企业专营机构，增强对台资中小型企业金融服务能力。

（四）鼓励台资企业在粤设立总部机构。台资企业在我省新设研发中心、培训中心、营销中心、物流中心、采购中心、结算中心等功能机构并经认定的，按规定给予相应奖励和补贴，并享受相关便利条件和优惠政策。

三、深化粤台产业合作

（一）加强粤台高科技产业和新兴产业合作。重点推进粤台在计算机网络、光电、信息软件服务和无碳能源开发、生物技术、环保、海洋等方面的产业合作。鼓励和支持粤台两地高校、科研院所、企业联合开展产业技术研发、联合攻关，并推动科研成果产业化；对共建高技术重点实验室、工程技术研究中心等产业技术创新平台的，“省科技计划”给予重点支持。台资企业围绕高端新型电子信息、新能源汽车、半导体照明、生物、高端装备制造、节能环保、新能源、新材料等新兴产业领域实施的重点产业化项目，按规定享受相关贷款贴息政策。

（二）推动粤台服务业合作。积极落实《海峡两岸服务贸易协议》，争取粤台服务贸易合作先行先试，推动粤台在金融、物流、信息等生产性服务业方面的深度合作与发展。支持台商在粤以独资、合资、合作等方式开设综合性医院、专科医院、相关医疗科研机构和养老机构，对已开设的台商独资、合资、合作医疗机构的专科设置、医疗设备准入、人员引进和科研立项等，实行与公立医院同等待遇和政策。支持符合条件的台资企业参加我省再生资源回收体系、现代物流服务业等项目建设，并按规定享受相关优惠政策。推动粤台在旅游资源开发、市场监督、人才培养等领域的交流合作。

（三）促进粤台金融合作。落实《两岸金融监管合作谅解备忘录》，推动两岸金融合作相关政策在粤先行先试。鼓励台资金融机构和台资企业参与珠江三角洲金融改革创新综合试验区建设，鼓励台资金融机构在广东金融高新技术服务区设立后援服务基地，加快推进莞台金融合作试验区建设。积极推进人民币和新台币双向兑换业务。支持台资企业开展人民币跨境投融资业务，鼓励台资企业的外方股东使用人民币注入资本金，允许台资金融机构以人民币合格境外机构投资者方式投资广东资本市场。支持符合条件的台资金融机构和台资企业依法参与发起新型金融机构（组织），参股地方法人金融机构和设立合资证券公司、期货公司、基金管理公司和证券投资咨询公司等；支持符合条件的台湾银行在粤申请发起设立村镇银行。

（四）提升粤台农业合作水平。鼓励台商参与我省海峡两岸农业合作试验区、台湾农民创业园等涉台农业园区的规划建设和经营管理。支持台商租赁或转包我省农业园区、现代农业示范园区等已成片流转的土地及办理土地使用权流转手续。支持台资企业参与农村流通网络、农产品流通体系建设，符合条件的予以资金补助。为台湾农产品参加我省现代农业博览会提供适量的免费摊位。深化粤台海洋经济技术合作，鼓励在粤台资企业投资水产经济鱼类及观赏鱼养殖、水产品加工合作和海岛开发等。推动建设台湾农产品大陆集散和展销中心。

（五）加强粤台产业链合作。按照我省建设现代产业体系的目标要求，制订产业链对台招商计划，鼓励台资投向我省新兴产业“建链”、现代服务业“补链”和传统优势产业“强链”的重点项目及上下游项目。支持粤台两地企业以资本、技术、项目合作促进产业链整合。支持依托我省现有园区建设台湾产业园，大力承接台湾产业转移。推动建立粤台两地产业合作协调机制，探讨研究两地产业功能定位与互补，推动两地产业协调发展，研究制订年度产业链合作工作要点并确定重大合作项目。

四、优化台商投资营商环境

（一）推进台商投资便利化。除国家法律、法规禁止的行业外，均向台资开放。鼓励台资按国家产业政策参与铁路干线路网、民用机场、公路、独立桥梁、隧道、港口公用码头设施等建设、经营。允许台湾居民在粤申办个体工商户，经营范围与港澳居民个体工商户相同。允许台湾居民凭所在地有效身份证明及有效入境证明复印件办理投资注册登记，免于提交公证、认证文件。台商以货币、实物或专利、非专利技术等知识产权出资设立企业，非货币出资额最高可占注册资本的70%。对已缴付首期注册资本、无违法记录但暂无法按时出资的台资企业，可申请延长出资期限。符合条件的重大台资项目，可按程序申报纳入省重点项目管理。

（二）简化行政审批手续。按国家和省有关深化行政审批制度改革的精神，进一步取消和下放涉及台商的生产经营活动审批事项。对省级管理权限内的鼓励类、允许类外商投资项目由核准制改为备案制。除需报国家核准的项目外，其余鼓励类、允许类的总投资3亿美元以下的台商投资项目由核准制改为备案制，涉及公共资源开发利用的项目实行竞争性配置。除依法应由省级以上工商管理部门核准登记的外，台资企业等外商投资企业由其所在地级以上市或具有市级管理权限的工商管理部门登记管辖。对台资企业部分涉及自动进口许可证管理的料件、残次品需内销的，由省外经贸部门授权各地级以上市外经贸部门办理自动进口许可证（含机电自动进口许可证）。

（三）落实税收优惠政策。在粤台资企业与内资企业同等享有小微型企业减税、困难企业减（免、缓）征房地产税和城镇土地使用税等税收优惠政策。降低国税部门的出口企业退（免）税分类管理等级评定标准，对被评为A类管理等级的台资出口企业，给予优先受理和审核退（免）税申报、凭比对无误的报关单等电子信息办理退税的便利。对符合产业政策、信誉良好、规模较大的台资出口企业，按国家相关规定实施“先退税后核销”的管理办法。

（四）规范涉企行政事业性收费。继续实施对小微型企业减免行政事业性收费的优惠政策，对省级产业转移园内的企业，2013年起再减（免、缓）征32项行政事业性收费。贯彻落实国家和省已有的取消和免收行政事业性收费的政策，进一步清理省定行政事业性收费，加快推进堤围防护费合理计征制度改革。

（五）减轻台资企业有关保险缴费负担。进一步完善省内各地级以上市的社保政策，将包括台资企业在内的各类企业基本养老保险缴费比例逐步降至

15%。对困难台资企业，各地级以上市可适当降低职工基本医疗保险单位缴费费率，期限最长不超过6个月，并确保参保人基本医疗保险待遇水平不降低、基金累计结余足以支付9个月以上待遇。

（六）加大台资企业用工保障力度。支持台资在粤设立或与省内院校联合设立职业学校和培训机构。台资企业在岗职工参加职业培训并取得人力资源社会保障部门认定的职业资格或专项职业能力等证书的，可按规定给予职业技能培训和鉴定补贴。台资研发机构聘请的研发人员，符合条件的可列入企业所在地政府"人才引进计划"，并申请享受相关优惠政策。

（七）保障台资企业项目用地需求。台商投资符合国家发展改革委、商务部《外商投资产业指导目录（2011年修订）》的国家、省重点建设项目，可根据实际需要依法申请修改土地利用总体规划。各地通过"三旧"改造依法收回台资企业用地，并经招标拍卖挂牌方式出让的，在扣除收回土地补偿等费用后，其土地出让纯收益可按不高于60%的比例依照有关规定专项用于支持该台资企业异地发展。依法拥有土地产权的台资企业在符合土地利用规划条件下异地转型升级建设的，可采取土地置换方式为其重新安排用地，置换的土地使用权价额折抵不足的，可以货币补齐。对符合《广东省优先发展产业目录》且集约用地的台资工业用地，在确定土地出让底价时可按不低于所在地土地等别相对应《全国工业用地出让最低标准》的70%执行。

（八）完善通关便利措施。允许符合条件的台资加工贸易企业享受外发加工"集中审批"、内销货物"集中申报"等海关优惠政策。加快推进海关、检验检疫部门"一次申报、一次查验、一次放行"通关模式在全省口岸的扩大推广，加快海关分类通关改革，扩大海关"属地申报、口岸验放"模式适用范围，鼓励符合条件的台资企业选择上述模式加快通关速度。深化检验检疫通关模式改革和监管模式改革，为相关台资企业提供便捷的检验检疫通关服务。

（九）优化台商生产生活环境。推动增设粤台直航点和台胞落地签注点，支持揭阳潮汕机场和东莞市申请为台湾居民落地签注点。在粤就读幼儿园及高中段教育的台湾学生，按当地教育部门有关规定入学，台湾学生就读义务教育阶段学校的，享受与本地区户籍适龄子女入学同等待遇。支持有条件的地区开设台商子弟学校或东莞台商子弟学校分教点。台资企业协会筹建台商会馆、台商医院和台商子弟学校等改善台商后勤保障条件的项目，符合条件的可申请列入重点建设项目，在项目审批、用地等方面重点保障。

五、促进对台投资

（一）搭建对台投资服务平台。鼓励和支持我省企业加强与台湾相关部门、专业咨询机构的交流合作，共同搭建促进和服务我省企业赴台投资的平台，及时发布赴台投资产业指引、投资障碍或风险等信息，引导企业谋划选择投资领域和项目。依托国家有关政策性金融机构数据收集渠道和技术分析，为省内企业赴台投资提供资信调查、信用评级、行业风险分析咨询等服务。

（二）支持实力较强的企业赴台发展。充分利用台湾技术研发、市场开拓、企业管理等优势，促进企业赴台投资发展。鼓励省属大型国有企业赴台投资，并发挥其带动作用。对省内企业赴台投资项目，通过贷款贴息、以奖代补等方式在省“走出去”专项资金中予以支持。推动在台规划建设一批广东商品销售和物流中心，提高“广货”在台销售的规模化、集聚化、品牌化水平。

六、推进粤台交流合作机制和载体建设

（一）加快推进粤台经贸交流合作机制建设。加强粤台相关部门、中介机构、商协会之间的联系交流，推动粤台共同组建产业对接合作机制。推动粤台农会等民间组织的交流合作。积极引导台湾渔业企业加入我省各种渔业协会，密切台湾水产相关协会与我省水产行业协会的联系。推进建立粤台经济双向交流合作机制。

（二）推动粤台经贸交流合作载体建设。充分发挥在粤台商资源优势，按照共同规划管理原则，鼓励台资参与台商服务中心、产业合作发展中心、产品展示展销中心等经贸交流合作载体建设。推进东莞松山湖“台湾高科技园区”和“海峡两岸生物技术与产业合作试验区”等载体加快建设，并打造成两岸经贸合作的示范性载体。梅州、潮州、汕头、揭阳四市要加强对国家有关海峡西岸经济区建设政策的研究，用足用好国家有关海峡西岸经济区建设的优惠政策和我省推动四市跨越式发展的有关政策措施，深入推进对台经贸交流合作。

七、加强工作保障

（一）加强组织领导。省政府建立由省台办牵头，省有关单位参加的对台经贸工作协调机制，负责协调解决粤台经贸交流合作中的重大事项。各地要建立相应的工作协调机制。省有关部门在研究制订相关经济发展规划时，要统筹考虑深化粤台经贸合作相关内容。省台办要会同省外经贸、统计等部门，加强对我省台资经济发展情况的统计、研究和分析，并及时报告省政府。

（二）加强政策指引服务。省台办要会同省有关部门适时梳理我省促进粤

台经贸交流合作的相关政策措施，并通过电子公共服务平台、政策宣讲等形式，帮助台商及时掌握相关政策。要建立与在粤台资企业协会的沟通联络机制，及时了解台资企业相关诉求，并积极予以协调解决。

（三）保护台商合法权益。贯彻落实《中华人民共和国台湾同胞投资保护法》和《海峡两岸投资保护和促进协议》。修订完善我省关于台商投资权益保护的相关地方性法规。健全台商权益保障联络协调机制，充分发挥“广东省台商投诉协调中心”、“广东省台资企业律师服务团”等机构作用，依法妥善办理台胞投诉事项，为台资企业和台商台胞提供优质高效的法律服务。

关于印发《广东省人民政府台湾事务办公室广东省发展和改革委员会关于促进粤台经济文化交流合作的若干措施》的通知

（2018 年 7 月 26 日广东省人民政府台湾事务办公室、广东省发展和改革委员会粤府台发〔2018〕1 号）

各地级以上市台办、发展改革局（委）：

为深入贯彻党的十九大精神和习近平总书记对台工作重要思想，积极落实国务院台办、国家发展改革委《关于促进两岸经济文化交流合作的若干措施》，率先同台湾同胞分享广东发展机遇，逐步为台湾同胞在粤投资、创业、就业、学习和生活提供与本省企业、居民同等待遇，进一步促进粤台经济文化交流合作，经商省委组织部、省委宣传部、省委统战部、省委农办（省扶贫办）、省政府办公厅、省经济和信息化委、省教育厅、省科技厅、省民族宗教委、省公安厅、省民政厅、省司法厅、省财政厅、省人力资源社会保障厅、省国土资源厅、省环境保护厅、省住房城乡建设厅、省交通运输厅、省水利厅、省农业厅、省林业厅、省海洋渔业厅、省商务厅（省口岸办）、省文化厅、省卫生计生委、省审计厅、省国资委、广东省税务局、省工商局、省质监局、省新闻出版广电局、省食品药品监管局、省统计局、省知识产权局、省旅游局、省法制办、省金融办、省总工会、团省委、省妇联、省科协、省文联、省社科联、省贸促会、省红十字会、省科学院、省社科院、海关总署广东分署、民航中南管理局、省邮政管理局、中国人民银行广州分行（外汇管理局广东分局）、广东银监局、广东证监局、广东保监局同意，省台办、省发展改革委牵头制订出台《关于促进粤台经济文化交流合作的若干措施》。现印发你们，请结合当地实际认真贯彻执行。

附件：

广东省人民政府台湾事务办公室 广东省发展和改革委员会关于促进粤台经济文化交流合作的若干措施

为深入贯彻党的十九大精神和习近平总书记对台工作重要思想，落实国务院台办、国家发展改革委发布的《关于促进两岸经济文化交流合作的若干措施》，率先同台湾同胞分享广东发展机遇，逐步为台湾同胞在粤投资、创业、就业、学习和生活提供与本省企业、居民同等待遇，促进粤台经济文化交流合作，结合我省实际，制定若干措施如下。

一、积极促进在投资和经济合作领域加快给予台资企业与我省企业同等待遇

（一）项目支持

1. 符合条件的台资企业，可申请享受省对新一代信息技术、高端智能装备、绿色低碳、生物医药、数字经济、新材料、海洋经济等制造业新兴支柱产业的标志性重大项目落地、关键核心技术攻关、重大兼并重组、颠覆性创新成果转化等按“一项目一议”，给予重点企业新技术研发及产业化、扩产增效、产业链上下游配套协作等补助的重点支持政策。（省经济和信息化委、省科技厅、省商务厅）

2. 2022年前，符合《广东省人民政府关于印发广东省进一步扩大对外开放积极利用外资若干政策措施的通知》（粤府〔2017〕125号，以下简称“外资十条”）第二条规定条件的在粤台资企业，可享受“一项目一议”及省财政最高1亿元奖励的优惠政策。各地可在以上基础上另行安排支持和奖励措施。（省商务厅、省科技厅、省财政厅）

3. 对国家级开发区内新设的台资项目，可参照深圳前海、珠海横琴企业所得税优惠目录，按项目直接经济贡献的一定比例予以奖励。在省产业园（含省产业转移工业园及享受省产业转移政策的园区）新设的台资项目，可比照享受省产业共建财政扶持政策。（省经济和信息化委、省商务厅）

4. 符合条件的台资制造业企业的总机构和分支机构不在同一市（县、区）的，可按规定申请汇总缴纳增值税，分支机构可就地入库。（广东省税务局、省

财政厅）

5. 台商从境内居民企业分配的利润直接投资于鼓励类投资项目的，可按规定申请享受递延纳税政策，暂不征收预提所得税。（广东省税务局、省财政厅）

6. 简化台资企业相关行政许可事项办理程序。将台资企业设立、变更备案委托至市（县、区）商务部门实施。将台资企业在医疗机构、旅行社、加油站等领域设立、变更等 18 项省级行政许可事项依法委托各地级以上市政府相关部门实施，条件成熟的可委托国家级开发区管委会实施。（省商务厅）

（二）扩大准入

7. 全面取消台资保险公司设立前需开设 2 年代表处的要求，放开台资保险经纪公司经营范围，取消银行和金融资产管理公司的台资持股比例限制，扩大台资银行业务范围，允许台资银行在粤同时设立分行和子行；允许符合条件的台湾投资者来粤经营保险代理业务和保险公估业务；鼓励符合条件的台湾专业投资者来粤投资信托、金融租赁、汽车金融、货币经纪、消费金融等银行业金融领域。（省金融办、广东银监局、广东保监局）

8. 台湾同胞在我省申办个体工商户经营范围参照港澳居民执行（经营范围详见附件）。（省工商局、省台办）

9. 台资可在粤设立或与省内院校联合设立职业学校和培训机构，开展师资培训、科技研发与应用、专业建设、课程设计、学生交流等领域的交流与合作。（省商务厅、省教育厅、省人力资源社会保障厅）

10. 台湾地区律师事务所可在广东省内设立代表机构，可与广东省内的律师事务所联营，广东省内律师事务所可以聘用台湾执业律师担任法律顾问。（省司法厅）

11. 符合条件的台湾法人可申请独资或与内地法人合资、合作申办营利性或非营利性医疗机构。（省卫生计生委）

（三）技术研发

12. 支持在粤台资企业技术改造。2020 年前，省财政对企业开展数字化、网络化、智能化和绿色化技术改造的，给予重点支持。将技术改造普惠性事后奖补政策享受范围，放宽到省内符合国家产业政策和《广东省工业企业技术改造指导目录》、取得技术改造投资项目备案证，且主营业务收入 1000 万元以上的工业企业，台资企业申请条件与我省企业相同。（省经济和信息化委、省财政厅）

13. 加大台资研发机构的支持力度。2022 年前，符合“外资十条”第四条规定条件的在粤台资研发机构（含企业内设研发机构），可享受“一项目一议”及省财政最高1000万元奖励的优惠政策。各地可在以上基础上另行安排支持和奖励措施。（省科技厅）

14. 经认定的台资研发中心，进口科技开发用品免征进口环节关税、增值税、消费税，采购国产设备全额退还增值税。台资企业提供技术转让、技术开发及与之相关的技术咨询、技术服务，符合条件的可按规定免征增值税。台资研发中心进口研发设备、试剂、样品，可选择提前报检、预约报关和实物放行通关模式。允许台资研发中心保税进口二手研发专用关键设备（入境期限不超过1年）。台资研发机构有研发成果的，可按规定与我省企业同等条件申请科技进步奖，并享受相关优惠待遇。（省科技厅、广东省税务局、海关总署广东分署）

15. 帮助和支持符合条件的台资企业依法享受高新技术企业减按15%税率征收企业所得税、研发费用加计扣除和我省激励企业创新的优惠政策。（省科技厅、省财政厅、广东省税务局）

16. 台湾科研机构、高等学校、企业在粤注册的独立法人，可牵头或参与国家重点研发计划项目申报，享受与我省科研机构、高等学校、企业同等政策。受聘于在粤注册的独立法人的台湾地区科研人员，可作为国家重点研发计划项目（课题）负责人申报，享受与我省科研人员同等政策。对台湾地区知识产权在广东转化的，可参照执行我省知识产权激励政策。（省科技厅、省教育厅、省财政厅、省知识产权局、广东省税务局）

17. 台资药品上市许可持有人在广东生产结算国家大品种一类新药的，可申请省医疗保险药品目录绿色通道，享受相关优惠政策。（省人力资源社会保障厅、省食品药品监管局）

（四）基建、采购和混改

18. 台资企业可以特许经营方式参与我省的能源、交通、水利、环保、市政公用工程等基础设施建设，可与我省企业等各类资本同等条件参与省内各级政府的交通基础设施PPP项目等合作建设。（省发展改革委、省交通运输厅、省财政厅、省水利厅、省住房城乡建设厅）

19. 符合《政府采购法》第22条规定的台资企业均可申请参与广东省政府采购活动。台资企业可按我省企业同等条件申请纳入广东省创新产品清单，并享受政府采购鼓励措施。（省财政厅、省发展改革委、省科技厅）

20. 符合外商投资产业指导目录和负面清单管理要求的台资企业，可以通

过产权交易市场公平、公开方式参与广东省国有企业混合所有制改革。（省国资委、省财政厅）

（五）用地保障

21. 台资企业与我省企业同等条件适用省土地保障政策。符合省确定的优先发展产业且用地集约的台资企业，可按所在地土地等别对应工业用地最低价标准的70%，确定其工业项目用地出让底价。（省国土资源厅）

22. 台资企业可按"外资十条"第三条相关规定享受用地有关优惠政策。（省国土资源厅）

（六）拓展市场

23. 鼓励台资企业向粤东西北地区转移和参与"一带一路"建设。台资企业可加入广东国际商会，参加广东国际商会组织的推介会、交流会、展览等各类经贸活动，拓展"一带一路"沿线国家和地区的市场。（省商务厅、省环境保护厅、省贸促会）

（七）农业和金融

24. 台资农业企业可与我省农业企业同等条件享受农机购置补贴，同等条件参与农村流通网络、农产品流通体系建设，参加广东省有关农业展会扩展农产品销售市场，申报广东省重点农业龙头企业并享受相关政策扶持。（省农业厅、省商务厅、省财政厅、省邮政管理局、广东省税务局）

25. 台湾金融机构、商家可与中国银联及省内非银行支付机构依法合规开展合作，为台湾同胞提供便捷的小额支付服务。（人民银行广州分行、省金融办）

26. 台湾征信机构可与省内征信机构开展合作，为两岸同胞和企业提供征信服务。（人民银行广州分行）

27. 台资银行可与省内同业协作，通过银团贷款等方式为实体经济提供金融服务。（人民银行广州分行）

28. 广东自贸试验区内的台资企业，可开展本外币全口径跨境融资，台资企业可在区内和境外发行债券；台资融资租赁公司可按相关规定，在符合相关条件的情况下在境内以外币形式收取租金。（人民银行广州分行、省金融办）

二、逐步为台湾同胞在粤学习、创业、就业、生活提供与我省居民同等的待遇

（八）职业资格

29. 在粤台湾同胞可报名参加53项专业技术人员职业资格考试和81项技能

人员职业资格考试，可按规定参加由各级职业技能鉴定机构组织开展的职业技能鉴定。在粤工作的台湾同胞可参加各类职业技能竞赛，按规定获得广东省技术能手证书。（省人力资源社会保障厅、有关业务主管部门）

30. 鼓励和支持符合条件的台湾同胞在粤参加大陆医师资格考试，相关部门做好服务保障工作。（省卫生计生委）

31. 符合条件的台湾医师，通过认定方式获得大陆医师资格的，可按照相关规定在粤申请医师执业注册。（省卫生计生委）

32. 鼓励和支持符合条件的台湾同胞在粤参加证券、期货、基金从业资格考试，相关部门做好服务保障工作。（省金融办、广东证监局）

33. 台湾教师可在省内高校任教和开展学术交流等活动，其在台湾取得的学术成果可纳入工作评价体系，并可按国家相关规定，申请认定大陆高校相应种类的教师资格。（省教育厅）

（九）人才支持

34. 支持来粤工作的台湾人才申报国家“千人计划”“万人计划”以及我省的“珠江人才计划”“广东特支计划”“扬帆计划”，并按规定享受相关人才优惠待遇。鼓励支持台湾有重大原始创新能力的科学家和能够推动重大技术革新的科技领军人才全职来粤工作。台湾高层次人才可在广东高等院校、科研机构、企业、商业金融机构等单位就业。符合条件的台湾人才可申请“人才优粤卡”，凭卡可享受住房、子女入学、医疗、养老等便利服务。（省委组织部、省科技厅、省人力资源社会保障厅、省教育厅、省科学院）

（十）基金、评奖

35. 支持在粤台湾同胞申报国家自然科学基金、国家社会科学基金、国家杰出青年科学基金、国家艺术基金等各类基金项目。（省文化厅、省社科联）

36. 台湾同胞、剧团、影视公司可在我省参评中华慈善奖、梅花奖、金鹰奖等国家经济科技文化社会领域各类评奖项目；台湾同胞可参评广东省劳动模范、五一劳动奖章、青年岗位能手、青年文明号、三八红旗手等评选活动。（省新闻出版广电局、省总工会、团省委、省妇联、省文联）

（十一）文化学术民间交流

37. 台湾同胞、在粤台资企业可按相关规定加入我省各级经济、科技、文化、艺术类专业性社团组织、行业协会；台湾地区各社团组织、行业协会可与我省相关机构开展两地经贸、科技、文化等交流活动。（省民政厅、省台办、省

科协、省文联）

38. 台湾同胞可参与由我省组织的中华经典诵读工程、文化遗产保护工程、非物质文化遗产传承发展工程等中华优秀传统文化传承发展工程。台湾同胞、文化艺术团体和企业可参与我省文化机构开展的文化研究，可参与我省在境外举办的中国文化年（节）、欢乐春节等品牌活动和“中华文化走出去”计划，以及广东省艺术节、广东国际青年音乐周等活动。符合条件的粤台文化精品项目可申请纳入海外中国文化中心项目资源库。（省文化厅、省教育厅）

39. 鼓励和支持粤台教育文化科研机构开展中国文化、历史、民族、宗教等领域研究和成果应用，支持鼓励台湾同胞和高等院校、科研机构来粤开展孙中山、中国文化、中国历史、社会经济发展等方面的学术交流合作。（省民族宗教委、省社科院）

40. 台湾地区从事两岸民间交流的机构可在我省申请两岸交流基金项目。对在我省开展具有岭南文化特色的粤台民间交流项目优先推荐列入省级年度重点交流项目，对参与活动的两岸机构给予优先政策支持。（省台办）

41. 台湾同胞和慈善机构、农业社团等，可通过公益捐赠捐助、提供志愿服务等方式，参与我省精准扶贫、山区计划、基层支教义诊帮扶、灾后重建、美丽乡村社区建设等基层救灾、救助公益类服务项目。鼓励和支持台湾红十字组织等机构与我省相关机构合作，来粤联合开展卫生防病救护知识宣传普及、应急救护师资培训、水上安全救生培训等活动。符合条件的台湾同胞可参加选聘并担任我省相关机构的红十字救护员、仲裁员等。（省委统战部、省教育厅、省民政厅、省住房城乡建设厅、省委农办、省农业厅、省卫生计生委、省扶贫办、省司法厅、团省委、省红十字会）

（十二）影视合作及图书进口

42. 台湾人士按规定审批后可参与省内的广播电视节目和电影、电视剧制作，数量可不受限制。（省新闻出版广电局）

43. 省内具备资质的广播电视台引进台湾生产的影视剧不作数量限制，我省各级具备资质的视听网站和有线电视网等引进台湾地区生产的各类优质电视剧、综艺等节目不受数量限制，引进机构需依相关规定申报。（省委宣传部、省新闻出版广电局）

44. 台湾地区影视机构与省内影视制作机构合拍影视作品的，其作品的主创

人员比例、大陆元素、投资比例等按相关规定放宽限制。（省新闻出版广电局）

45. 推动建立台湾图书从我省口岸进口绿色通道，优先审批从台湾进口的图书，逐步简化进口审批流程。（省新闻出版广电局）

（十三）就业创业学习生活便利化

46. 完善台湾同胞在粤居留、出入境、人事人才招聘、银行开户、子女入学、医疗保险、房产、就医、住宿、值机、高铁动车等各类服务管理体系，实行网络系统升级，开放台胞证注册登录、证件识别。有意向来粤工作的台湾同胞，可凭台胞证注册登录“广东省人力资源和社会保障厅网上服务平台”，或直接登录“广东就业网”“广东人才网”，查询适合的岗位招聘服务及相关信息。（省人力资源社会保障厅、省府办公厅、省委组织部、省公安厅等相关业务主管部门）

47. 在粤就读幼儿园及高中段教育的台湾学生，可按当地有关规定入学；在我省义务教育阶段学校就读的台湾学生，享受与本地户籍适龄子女同等待遇。（省教育厅）

48. 各地可结合当地实际进一步制订落实落地措施，在政务和民生服务信息系统及平台中体现惠台政策措施。全省各级台办作为联系窗口，为台湾同胞在粤投资、创业、就业、学习和生活提供更便捷的服务。（省台办、省发展改革委、各地级以上市人民政府及相关部门）

本措施自2018年7月26日起实施，有效期为5年。

附件

台湾居民在粤申办个体工商户经营范围

序号	行业列举	备注
1	谷物种植	A011 中类
2	蔬菜、食用菌及园艺作物种植	A014 中类
3	水果种植	A015 中类
4	坚果种植	A0161 小类
5	香料作物种植	A0163 小类

续表

序号	行业列举	备注
6	中药材种植	A017 中类
7	林业（开展油茶、核桃、油橄榄、杜仲、油用牡丹、长柄扁桃等木本油料经济林种植业需经当地省级林业主管部门审批）	A02 大类
8	牲畜饲养	A031 中类
9	家禽饲养	A032 中类
10	水产养殖	A041 中类
11	灌溉服务	A0512 小类
12	农产品初加工服务（不含籽棉加工）	A0513 小类
13	其他农业服务	A0519 小类
14	林业服务业	A052 中类
15	畜牧服务业	A053 中类
16	渔业服务业（需要水产苗种生产许可）	A054 中类
17	谷物磨制（不含大米、面粉加工）	C131 中类
18	肉制品及副产品加工（3000 吨/年及以下的西式肉制品加工项目除外）	C1353 小类
19	水产品冷冻加工	C1361 小类
20	鱼糜制品及水产品干腌制加工（冷冻海水鱼糜生产线除外）	C1362 小类
21	蔬菜、水果和坚果加工	C137 中类
22	淀粉及淀粉制品制造（年加工玉米 30 万吨以下、绝干收率在 98% 以下玉米淀粉湿法生产线除外）	C1391 小类
23	豆制品制造	C1392 小类
24	蛋品加工	C1393 小类
25	焙烤食品制造	C141 中类
26	糖果、巧克力及蜜饯制造	C142 中类
27	方便食品制造	C143 中类
28	乳制品制造［日处理原料乳能力（两班）20 吨以下浓缩、喷雾干燥等设施及 200 千克/小时以下的手动及半自动液体乳罐装设备除外］	C144 中类
29	罐头食品制造	C145 中类
30	味精制造	C1461 小类
31	酱油、食醋及类似制品制造	C1462 小类

续表

序号	行业列举	备注
32	其他调味品、发酵制品制造（食盐除外）	C1469 小类
33	营养食品制造	C1491 小类
34	冷冻饮品及食用冰制造	C1493 小类
35	啤酒制造（生产能力小于 1.8 万瓶/时的啤酒灌装生产线除外）	C1513 小类
36	葡萄酒制造	C1515 小类
37	碳酸饮料制造［生产能力 150 瓶/分钟以下（瓶容在 250 毫升及以下）的碳酸饮料生产线除外］	C1521 小类
38	瓶（罐）装饮用水制造	C1522 小类
39	果菜汁及果菜饮料制造	C1523 小类
40	含乳饮料和植物蛋白饮料制造	C1524 小类
41	固体饮料制造	C1525 小类
42	茶饮料及其他饮料制造	C1529 小类
43	纺织业	C17 大类
44	窗帘布艺制品制造	C1773 小类
45	纺织服饰、服饰业	C18 大类
46	皮革、毛皮、羽毛及其制品和制鞋业	C19 大类
47	木材加工和木、竹、藤、棕、草制品业	C20 大类
48	家具制造业	C21 大类
49	造纸和纸制品业（宣纸生产除外）	C22 大类
50	文教办工用品制造	C241 中类
51	乐器制造	C242 中类
52	工艺美术制造（象牙雕刻、虎骨加工、脱胎漆器生产、珐琅制品生产、宣纸及墨锭生产除外）	C243 中类
53	体育用品制造	C244 中类
54	玩具制造	C245 中类
55	游艺器材及娱乐用品制造	C246 中类
56	日用化学产品制造	C268 中类
57	塑料制品业	C292 中类
58	日用玻璃制品制造	C3054 小类

续表

序号	行业列举	备注
59	日用陶瓷制品制造	C3073 小类
60	金属工具制造	C332 中类
61	搪瓷日用品及其他搪瓷制品制造	C3379 小类
62	金属制日用品制造	C338 中类
63	自行车制造	C376 中类
64	非公路休闲车及零配件制造	C377 中类
65	电池制造	C384 中类
66	家用电力器具制造	C385 中类
67	非电力家用器具制造	C386 中类
68	照明器具制造	C387 中类
69	钟表与计时仪器制造	C403 中类
70	眼镜制造	C4042 小类
71	日用杂品制造	C411 中类
72	林业产品批发	F5115 小类
73	纺织、服装及家庭用品批发	F513 中类
74	文具用品批发	F5141 小类
75	体育用品批发	F5142 小类
76	其他文化用品批发	F5149 小类
77	贸易代理	F5181 小类
78	其他贸易经纪与代理	F5189 小类
79	货物、技术进出口	为 CEPA 补充协议二开放项目。2011 国民经济行业分类无明确对应行业分类，应根据具体情况填写至对应分类中
80	零售业（烟草制品零售除外，并且不包括特许经营）	F52 大类

续表

序号	行业列举	备注
81	图书报刊零售	F5243 小类
82	音像制品及电子出版物零售	F5244 小类
83	工艺美术品及收藏品零售（文物收藏品零售除外）	F5246 小类
84	道路货物运输	G543 中类
85	其他水上运输辅助活动，具体指港口货物装卸、仓储，港口供应（船舶物料或生活品），港口设施、设备和港口机械的租赁、维修	G5539 小类
86	装卸搬运和运输代理业（不包括航空客货运代理服务和国内水路运输代理业）	G58 大类
87	仓储业	G59 大类
88	餐饮业	H62 大类
89	软件开发	I651 中类
90	信息系统集成服务	I652 中类
91	信息技术咨询服务	I653 中类
92	数据处理和存储服务（仅限于线下的数据处理服务业务）	I654 中类
93	租赁业	L71 大类
94	社会经济咨询中的经济贸易咨询和企业管理咨询	L7233 小类
95	广告业	L724 中类
96	知识产权服务（商标代理服务、专利代理服务除外）	L725 中类
97	包装服务	L7293 小类
98	办公服务中的以下项目：标志牌、铜牌的设计、制作服务，奖杯、奖牌、奖章、锦旗的设计、制作服务	L7294 小类
99	办公服务中的翻译服务	L7294 小类
100	其他未列明商务服务业中的 2 个项目：①公司礼仪服务：开业典礼、庆典及其他重大活动的礼仪服务；②个人商务服务：个人形象设计服务、个人活动安排服务、其他个人商务服务	L7299 小类
101	研究和试验发展（社会人文科学研究除外）	M73 大类
102	专业技术服务业	M74 大类
103	质检技术服务（动物检疫服务、植物检疫服务、检验检测和认证相关服务、特种设备检验检测服务除外）	M745 中类
104	工程技术（规划管理、勘察、设计、监理除外）	M748 中类

续表

序号	行业列举	备注
105	摄影扩印服务	M7492 小类
106	科技推广和应用服务业	M75 大类
107	技术推广服务	M751 中类
108	科技中介服务	M752 中类
109	污水处理及其再生利用（除环境质量监测、污染源检查服务）	N7721 小类
110	大气污染治理（除环境质量监测、污染源检查服务）	N7722 小类
111	固体废物治理（除环境质量监测、污染源检查服务）	N7723 小类
112	其他污染治理中的降低噪音服务和其他环境保护服务（除环境质量监测、污染源检查服务）	N7729 小类
113	市政设施管理（除环境质量监测、污染源检查服务）	N781 中类
114	环境卫生管理（除环境质量监测、污染源检查服务）	N782 中类
115	洗染服务	O793 中类
116	理发及美容服务	O794 中类
117	洗浴服务	O795 中类
118	居民服务中的婚姻服务（不含婚介服务）	O797 中类
119	其他居民服务业	O799 中类
120	机动车维修（主要指汽车、摩托车修理与维护）	O801 中类
121	计算机和辅助设备修理	O8021 小类
122	家用电器修理	O803 中类
123	其他日用产品修理业	O809 中类
124	建筑物清洁服务	O8111 小类
125	其他未列明服务业：宠物服务（仅限在城市开办）	O819 中类
126	门诊部（所）	Q833 中类
127	体育	R88 大类
128	其他室内娱乐活动中的以休闲、娱乐为主的动手制作活动（陶艺、缝纫、绘画等）	R8919 小类
129	文化娱乐经纪人	R8941 小类
130	体育经纪人	R8942 小类
131	食品、饮料批发	F512 中类

续表

序号	行业列举	备注
132	一般旅馆	H612 中类
133	其他住宿业	H619 中类
134	房地产中介服务	K703 中类
135	自有房地产经营活动	K704 中类

关于印发《关于支持台湾同胞台资企业在粤农业林业领域发展的若干措施》的通知

(2021年5月28日广东省人民政府台湾事务办公室、广东省农业农村厅、广东省林业局、广东省发展和改革委员会、广东省科学技术厅、广东省工业和信息化厅、广东省财政厅、广东省自然资源厅、广东省水利厅、广东省商务厅、广东省市场监督管理局、广东省地方金融监督管理局、广东省供销合作联社、广东省农垦集团公司、海关总署广东分署、中国人民银行广州分行、中国银行保险监督管理委员会广东监管局、中国证券监督管理委员会广东监管局粤府台发〔2021〕1号)

各地级以上市对台、农业农村、林业、发展改革、科技、工业和信息化、财政、自然资源、水利、商务、市场监管、金融监管工作部门，各市供销社、农垦集团所属分支机构，广州、深圳、拱北、汕头、黄埔、江门、湛江海关，人民银行广东省内各地市中心支行、各银保监分局：

为贯彻党的十九届五中全会和习近平总书记在《告台湾同胞书》发表40周年纪念会上的重要讲话精神，落实《关于支持台湾同胞台资企业在大陆农业林业领域发展的若干措施》，根据省委、省政府工作部署，省政府台办、农业农村厅、林业局、发展改革委、科技厅、工业和信息化厅、财政厅、自然资源厅、水利厅、商务厅、市场监管局、地方金融监管局、供销社、农垦集团、海关总署广东分署、人民银行广州分行、广东银保监局、广东证监局制定了《关于支持台湾同胞台资企业在粤农业林业领域发展的若干措施》。现予发布，自发布之日起施行，有效期五年。

附件：

关于支持台湾同胞台资企业在粤农业林业领域发展的若干措施

为贯彻党的十九届五中全会和习近平总书记在《告台湾同胞书》发表40周年纪念会上的重要讲话精神，落实《关于支持台湾同胞台资企业在大陆农业林业领域发展的若干措施》，率先同台湾同胞分享大陆农业林业领域发展机遇，支持台湾同胞台资企业参与广东乡村振兴战略和农业林业高质量发展，广东省政府台办、农业农村厅、林业局、发展改革委、科技厅、工业和信息化厅、财政厅、自然资源厅、水利厅、商务厅、市场监管局、地方金融监管局、供销社、农垦集团、海关总署广东分署、人民银行广州分行、广东银保监局、广东证监局制定支持台湾同胞台资企业在粤农业林业领域发展的措施如下。

1. 台湾同胞和台资企业通过流转取得的农村土地经营权受国家法律保护，在土地经营权流转合同到期后同等条件下可优先继续租赁。（省农业农村厅、省自然资源厅、省林业局）

2. 台湾同胞和台资企业可以根据《森林法》《农村土地承包法》有关规定，通过招标、拍卖、公开协商等方式依法流转林地经营权、林木所有权和使用权。（省自然资源厅、省林业局）

3. 台湾同胞和台资企业依法取得林地经营权、林木所有权以及林木使用权的，可以依照不动产登记有关规定申请不动产权登记，由不动产登记机构依法完成登记后，核发不动产权属证书。台湾同胞和台资企业经依法登记取得权属证书的，可以依法采取出租、入股、抵押或者其他方式流转林地经营权。（省自然资源厅、省林业局）

4. 台湾同胞和台资企业可以依据《土地管理法》《基本农田保护条例》及国家和省设施农业、林业用地管理政策规定，从事农业种植养殖生产活动。将与生产农产品直接关联的烘干晾晒、分拣包装、保鲜存储、粪污处置、检验检疫，以及为生产服务的看护房、农资农机具存放场所等设施用地纳入设施农业用地管理，可依法依规使用一般耕地。以上范围之外设施农业用地类型可由县级农业农村部门会同自然资源部门结合实际确定，但不包括屠宰和肉类加工等农村二三产业用地。(省自然资源厅、省农业农村厅、省林业局)

5. 台湾同胞和台资企业在我省从事农林领域生产经营且按规定投保政策性农业、林业保险的，按广东居民和企业同等条件享受农业、林业保险保费补贴等相关惠农政策。各级财政部门按规定给予保费补贴，补贴资金由同级财政部门与承保的有关保险经办机构定期进行结算拨付。(省财政厅、省农业农村厅、省林业局)

6. 台湾同胞和台资企业在我省从事农林领域生产经营的，可按广东居民和企业同等条件申请信贷担保和创业担保贷款贴息，符合条件的，可按规定分别与农业、林业信贷担保机构商谈担保业务需求或向财政部门提出创业担保贴息申请，相关单位按规定对符合条件的项目给予支持。鼓励有条件的地市对台湾同胞和台资企业进行农业生产基地建设、农产品加工设施、农业投入品采购及农产品收购等生产经营贷款的给予贷款贴息补助。(省财政厅、省农业农村厅、省林业局)

7. 符合条件的台资农业企业可发行公司信用类债券，进行直接融资。鼓励和支持金融机构创新信用评价模式，在有效做好风险防范的前提下，针对台湾同胞和台资农业企业融资需求特点，加大涉农融资产品创新和信用贷款投放力度，提高台湾同胞和台资农业企业信用贷款比重。(省发展改革委、省地方金融监管局、人民银行广州分行、广东银保监局、广东证监局。不分牵头单位，按各自职责分工。)

8. 台湾同胞和台资企业在我省农林领域发展并从事相关业务，符合涉农补助资金支持条件的，可与我省居民和企业同等条件申请相关涉农补助资金支持。(省农业农村厅、省林业局、省财政厅)

9. 在我省从事农业生产经营的台资经营主体，所经营的农业综合生产能力提升工程、质量兴农工程、现代农业经营体系培育工程、农村绿色发展工程等项目，可与我省经营主体同等条件申请享受相关扶持政策。(省农业农村厅、省财政厅)

10. 台湾同胞和台资企业在实施农机深松整地和免（少）耕播种的项目地区开展作业，可按规定同等申请作业补助。(省农业农村厅、省财政厅)

11. 台湾同胞和台资企业在我省报废危及人身财产安全的农业机械，符合《农业机械报废更新补贴实施指导意见》明确的补贴种类和报废条件的，可与

我省居民和企业同等条件申请报废回收和补贴。（省农业农村厅、省财政厅）

12. 台湾同胞和台资企业在我省从事农业生产经营的，可与我省居民和企业同等条件申请享受农机购置补贴。（省农业农村厅、省财政厅）

13. 鼓励和支持台湾同胞和台资企业来粤发展高效种养、冷链物流和农产品加工。台湾同胞和台资企业参与我省城乡冷链物流基础设施建设和批发市场等项目建设运营，参与产地分拣包装、冷藏保鲜、仓储运输、初加工等设施建设且符合条件的，可与我省居民和企业同等条件申请享受冷链物流基础设施建设、批发市场等项目运营的相关资金支持。对台湾同胞和台资企业在我省农村建设的保鲜仓储设施用电实行农业生产用电价格。（省农业农村厅、省发展改革委、省商务厅、省财政厅）

14. 鼓励台资企业从事农业生产经营活动，支持台资企业来粤投资生态农业、观光农业、精致农业、体验农业、现代农产品加工业，参与广东农村一二三产业融合发展。（省农业农村厅、省发展改革委）

15. 鼓励台湾同胞和台资企业参与我省乡村振兴战略实施。台湾同胞和台资企业参与广东优势特色农产品开发、农村人居环境（含农房）整治、美丽乡村、乡村旅游、传统村落和历史文化名镇名村保护利用等方面的乡村生态宜居建设项目，符合项目申报指南的，可与我省居民和企业同等条件申请享受相关支持政策。（省发展改革委、省农业农村厅、省财政厅）

16. 鼓励和支持台湾同胞和台资企业在我省参与重型农机、渔业装备、智慧农业、绿色投入品等领域的研发创新、成果转化与技术服务。鼓励和支持台湾科研人员和企业牵头或参与申报国家级、省级重点科研项目，鼓励台湾科研人员参与广东省相关科研项目，并在农业先进技术、人才、设备、管理等方面加强交流合作。（省农业农村厅、省科技厅）

17. 鼓励和支持台湾同胞、台资企业参与我省造林绿化、生态保护修复和森林生态旅游、森林康养、木本粮油以及林下经济等林业生态产业。（省林业局）

18. 支持在粤台湾同胞台资企业申请植物新品种权。（省农业农村厅、省林业局）

19. 台湾同胞和台资企业依法投资我省畜牧水产养殖业、苗种场等，可与我省居民和企业同等条件申请享受农业林业相关优惠政策措施支持。（省农业农村厅、省林业局）

20. 台湾同胞和台资企业可依法同等从事林草重点生态工程建设，简化审核流程和申请材料，加快审核进度，工程建设、林木良种培育、造林种草、防沙治沙、经济林生产经营、林草种苗生产经营，可同等参与林草业重点龙头企业推荐、国家林业产业示范园区申报。(省林业局)

21. 符合审批条件的台湾同胞和台资企业可以依法办理在粤林木种子生产经营许可证和申请林木品种审定。从事林木种苗生产经营和申请品种审定的具体事项，可在各级林业主管部门政务服务网查询。(省林业局)

22. 在粤办理了营业执照登记的台资企业申请办理进出口林木种子生产经营许可证，需经过省林业局审核出具意见后报国家林草局审批。自贸区办理苗木进出口许可证及其事项的，可以直接报国家林草局审批。省林业局将大力支持台湾同胞从事林木种苗进出口工作，简化审核流程和申请材料，加快审核进度。(省林业局)

23. 台湾同胞和台资企业可以按照自愿、平等、互利的原则，与广东农垦包括农场在内的各级企业开展合作，重点鼓励在高品质农产品新品种培育、高效环保农业新技术开发及应用等方面合作，合作方式包括租用农垦土地设立独资企业，或以货币资金、实物资产、土地、有价证券、专利或专有技术等不同资产形式共同设立新项目企业或合作双方互相参股、控股等合作，促进粤台两地农业资源资产整合、产业优化升级。(省农垦集团)

24. 支持有条件的地区设立海峡两岸乡村振兴合作基地，深化两岸农业融合发展，促进乡村产业振兴、人才振兴、文化振兴、生态振兴、组织振兴。(省农业农村厅)

25. 台湾同胞可申请成为农民专业合作社成员，可申请符合条件的农业基本建设项目和财政项目。台资企业和台湾同胞可参与我省农民农业专业合作社建设，运营管理规范、服务成效明显、市场竞争力强的合作社，可按规定申报省级农民农业专业合作社示范社。(省农业农村厅)

26. 鼓励和支持我省国家和省政府批准的涉台农业园区发展，支持台湾农民、台湾农民合作经济组织和台资农业企业参与涉台农业园区建设，入园台资农业企业可享受促进涉台农业园区发展的优惠政策。我省符合条件的涉台农业园区可按规定申报创建国家现代农业产业园、国家农村产业融合发展示范园。鼓励有条件的市县按规定申报新设台湾农民创业园，统筹资金加大对园区基础设施和农林业设施投入。(省农业农村厅、省林业局、省发展改革委、省财政厅)

27. 鼓励和支持台湾乡村建设规划设计师按照国家有关规定，来粤从事规

划设计工作。（省自然资源厅、省农业农村厅）

28. 台湾同胞在我省从事农渔业生产，可与我省居民同等条件申请接受创业培训，扎根乡村、服务农业、带动农民的纳入农村创新创业带头人培育行动范围。（省农业农村厅）

29. 支持我省拥有水利先进实用技术的台资企业积极申报先进实用技术纳入“水利科技推广指南”，并通过“水利科技推广指南”提高科研技术成果转化水平。符合条件的台资企业，可与我省企业同等条件直接向广东省水利水电技术中心申报，或通过企业所在地水行政主管部门推荐申报。（省水利厅）

30. 支持我省从事工业节水工艺、技术、装备研发和生产的台资企业申报国家工业节水工艺、技术、装备。（省水利厅、省工业和信息化厅）

31. 鼓励支持台湾同胞和台资企业在我省参与茶叶、水果、花卉等农林产品的国家标准、行业标准、地方标准、团体标准和企业标准制定、实施，共同促进两岸标准互联互通。（省市场监管局、省农业农村厅、省林业局）

32. 台资农业企业可与我省企业同等条件申报农业产业化重点龙头企业，创立自主品牌。鼓励本地企业与台湾农业技术管理研发团队合作，台商台企可以技术、人才、管理的形式入股合作创办合资企业。（省农业农村厅、省林业局）

33. 鼓励台资农业企业参与我省组织的境内外农产品展示和销售活动。支持台资企业采取网上销售、直播带货、场景体验等拓展内销市场；支持台资企业对接电商平台；鼓励各大电商平台设立台资企业“外贸转内销”专区；支持台资企业参与出口产品转内销线上展会；支持台资企业参与中国加工贸易产品博览会和“粤贸全国”活动。（省商务厅、省市场监管局、省农业农村厅、海关总署广东分署）

34. 支持台湾同胞和台资企业对接广东省供销社电子商务平台，为在粤台资企业优质农副产品销售提供高效便捷渠道；支持在粤台资企业农副产品进入东西部协作市场广东供销馆、供销社系统农副产品销售企业的线下实体店销售，并参与特色农副产品进社区、进机关、进企业、进医院、进学校等系列活动。支持台湾同胞和台资企业与粤港澳大湾区（广东·惠州）绿色农产品生产供应基地、广东供销农产品股份有限公司进行业务对接，开拓粤港澳大湾区市场。（省供销社）

广西壮族自治区

自治区台办　自治区发展改革委印发《关于促进桂台经济文化交流合作的若干措施（修订版）》的通知

（2019年5月5日广西壮族自治区人民政府台湾事务办公室、广西壮族自治区发展和改革委员会桂台发〔2019〕1号）

各市、县（区、市）台办、发展改革委：

为进一步落实台湾同胞在广西投资、创业、就业、学习和生活提供与广西居民同等待遇相关政策措施，促进桂台经济文化交流合作，根据机构改革后的新情况、新政策，自治区台办、自治区发展改革委经商自治区组织部、自治区党委宣传部等单位，对《关于促进桂台经济文化交流合作的若干措施》（桂台发〔2018〕1号）进行修订，形成《关于促进桂台经济文化交流合作的若干措施（修订版）》。经自治区人民政府同意，现印发你们，请认真贯彻执行。

附件

关于促进桂台经济文化交流合作的若干措施（修订版）

为深入贯彻党的十九大精神和习近平总书记对台工作重要论述，率先同台湾同胞分享广西发展机遇，逐步为台湾同胞在广西投资、创业、就业、学习和生活提供与广西居民同等待遇，进一步促进桂台经济文化交流合作，根据国务院台办、国家发展改革委《关于促进两岸经济文化交流合作的若干措施》，结合我区实际，制定若干措施如下。

一、推动台资企业在投资和经济合作领域与广西企业同等待遇

1. 支持台资企业参与广西北部湾经济区、珠江—西江经济带、桂林国际旅游胜地、广西乡村振兴、广西特色型知识产权强区和广西海峡两岸产业合作区建设。鼓励台湾地区企业在广西设立总部、金融机构、研发中心、设计中心、运营中心、采购中心、物流中心等，并同等享受广西优化营商环境相关政策和配套措施。〔自治区发展改革委、科技厅（外国专家局）、工业和信息化厅、财政厅、自然资源厅、生态环境厅、住房城乡建设厅、交通运输厅、水利厅、农业农村厅、商务厅、文化和旅游厅、市场监管局、林业局、地方金融监管局、扶贫办、北部湾办、投资促进局、广西博览局、人民银行南宁中心支行、广西银保监局、广西证监局〕

2. 台资企业参与“一带一路”发展计划、“中国制造 2025”行动计划和广西系列经济发展计划，在广西投资高端制造、智能制造、绿色制造、加工贸易、冷链物流、休闲农业、高效节水灌溉、会展服务等重点领域产业，相应享有与广西企业同等支持政策。〔自治区发展改革委、科技厅（外国专家局）、工业和信息化厅、财政厅、自然资源厅、生态环境厅、住房城乡建设厅、交通运输厅、水利厅、农业农村厅、商务厅、文化和旅游厅、市场监管局、林业局、扶贫办、北部湾办、投资促进局、广西博览局、广西壮族自治区税务局〕

3. 支持台资企业参与广西“一带一路”项目建设，在考察、对接、项目落地等方面，给予优先协调和辅导。支持符合条件的台资企业项目纳入广西“一带一路”重大项目储备库，并优先向国家“一带一路”建设重大项目跟踪库推荐。〔自治区发展改革委、科技厅（外国专家局）、工业和信息化厅、住房城乡建设厅、交通运输厅、水利厅、农业农村厅、商务厅、市场监管局、北部湾办、投资促进局、广西壮族自治区税务局〕

4. 支持在广西中越跨境劳务合作试点范围内的台资企业同等享受广西中越跨境劳务合作政策。（自治区公安厅、人力资源社会保障厅、商务厅、北部湾办）

5. 支持台资企业和台湾同胞参与中国—东盟博览会、中国—东盟商务与投资峰会，进行会展筹备、商品贸易、技术贸易、服务贸易、投资合作及展会链延伸投资。（广西博览局、广西贸促会、自治区发展改革委、财政厅、商务厅、北部湾办、投资促进局）

6. 鼓励台资企业从事农业生产经营活动，支持广西农业发展。

（1）台资农业企业可按规定申请广西农机购置补贴。

（2）台资农业企业可申报广西各级产业化重点龙头企业和国家级产业化重点龙头企业。

（3）台资企业农业项目中符合设施农用地范围的生产设施、附属设施用地，按照设施农用地有关规定管理，实行县级备案制。

（4）对进入广西农产品外贸转型升级基地的台资企业给予相应支持。

（5）台资企业在广西农业项目中进行直接投资、股权投资、农业保险、产业链延伸等方面同等适用广西有关惠农政策。

（6）支持引进台湾大型农业项目，合作培育精致农业、生态农业，促进桂台农业合作高端化。

（7）支持在广西建设两岸农业产业合作示范基地和两岸农业技术引进示范交流基地。

（自治区农业农村厅、商务厅、财政厅、自然资源厅、北部湾办、投资促进局、扶贫办、农机中心、广西壮族自治区税务局）

7. 鼓励台资企业、机构法人进行创新产品研发、科研项目申报和团队人才培养等。

（1）符合条件的台资企业可培育、认定为高新技术企业。

（2）广西台资企业参与战略性新兴产业和高新科技领域的重大研发类项目，按照规定适用专项资金政策。

（3）台湾地区科研机构、高等学校、企业在广西注册的独立法人，可牵头或参与广西重点研发计划项目、国家重点研发计划项目申报，享受与广西科研机构、高等学校、企业同等政策。

（4）受聘于在广西注册的独立法人的台湾地区科研人员，可作为国家重点研发计划项目（课题）负责人申报，享受与广西科研人员同等政策。

（5）桂台科研机构、高等学校、企业可合作设立研发机构，建设重点实验室，开展基础研究、前沿技术和共性关键技术研究，联手培养研发团队和技术人才。

（6）台资企业在广西设立研发平台，符合《广西加快科技创新平台和载体建设实施办法》规定条件的，相关部门评审时择优对应用基础研究类、应用开发类和高端智库类创新研发平台分别给予不低于 800 万、1000 万和 800 万元的项目资助。对获认定的国家级创新研发平台给予一次性奖励补助1000万元。

〔自治区科技厅（外国专家局）、发展改革委、工业和信息化厅、教育厅、财政厅、北部湾办、公共资源交易中心〕

8. 支持广西台资企业知识产权的申请、运用、保护和管理。

（1）鼓励广西台资企业设立知识产权联盟、专利池，开展知识产权合作。

（2）支持广西台资企业、研发中心申请PCT国际专利和国内发明专利、实用新型专利和外观设计专利。

（3）支持广西台资企业依法使用地理标志商标。

（4）鼓励台资企业进行软件著作权登记。

（5）支持台资企业具有自主知识产权的技术成果进入广西技术交易平台进行交易。

（6）支持台湾地区知识产权在广西转化，参照执行相关知识产权激励政策。

（自治区市场监管局、财政厅、党委宣传部）

9. 帮助和支持台资企业依法享受与广西企业同等的税收优惠政策。

（1）设在广西且符合免税条件的台资研发中心进口科技开发用品免征进口关税和进口环节增值税、消费税，采购大陆设备全额退还增值税。

（2）符合条件的台资企业依法享受高新技术企业减按15%税率征收企业所得税，研发费用加计扣除。

（3）符合西部大开发战略税收优惠政策条件的国家鼓励类产业企业减按15%税率征收企业所得税。

（4）符合促进北部湾经济区开放开发及加快珠江—西江经济带发展税收优惠政策条件的台资企业可享受相应的税收优惠。

〔广西壮族自治区税务局、自治区科技厅（外国专家局）、北部湾办、南宁海关〕

10. 维护台资企业在广西土地市场的平等主体待遇，保障台资企业投资项目用地供应。

（1）台资企业投资自治区确定的优先发展产业且用地集约的工业项目，以及以农、林、牧、渔业产品初加工为主的工业项目，可按不低于所在地土地等别相对应《全国工业用地出让最低价标准》的70%确定土地出让底价。对其他工业用地项目，在不低于国家统一规定工业用地出让最低价标准的前提下，可适当调低出让底价。

（2）台资企业投资公共码头项目以及港口、仓储物流项目建设用地，土地出让金最低标准可按出让地块所在地基准地价的70%执行。

（3）在符合土地利用总体规划和城镇总体规划、不改变原用途的前提下，台资企业投资工业项目使用土地利用总体规划确定的城镇建设用地范围外的国有未利用地，且土地前期开发由土地使用者自行完成的工业项目用地，在确定土地出让价格时可按不低于所在地土地等别相对应《标准》的15%执行。使用土地利用总体规划确定的城镇建设用地范围内的国有未利用地，可按不低于所在地土地等别相对应《标准》的50%执行。

（4）台资投资建设项目按上述（1）、（2）、（3）款拟定的出让底价低于该项目实际土地取得成本、土地前期开发成本和按规定应收取的相关费用之和的，应按不低于实际各项成本费用之和的原则确定出让底价。

（5）允许在出让合同中约定，土地出让价款在首次缴纳不低于50%的前提下最多分3期缴纳，一年内全部缴清，经当地土地出让协调决策机构集体认定，特殊项目可以约定在两年内全部缴清。

（6）鼓励符合国家和自治区产业导向的台资企业开展技术改造，在符合土地利用总体规划和城镇总体规划的前提下，在经批准的原工业用地范围内进行新建、改建、扩建的工业项目，且投资强度、建筑容积率等指标符合规定的，其增加建筑面积部分不再补缴土地出让金。

（自治区自然资源厅）

11. 支持台资企业依法参与广西国有企业混合所有制改革。

（1）台资企业可通过合资合作、并购重组等方式参与广西国有企业混合所有制改革，经有关主管部门批准后获得合法权益。

（2）改制企业可依法使用原国有企业以划拨、出让、租赁、国家作价出资方式取得的土地使用权。

（3）改制后的用地符合《划拨用地目录》的，可继续按划拨方式使用；不符合《划拨用地目录》的，应依法办理土地有偿使用手续。

（4）企业改革涉及的划拨土地使用权处置，按照土地审批权限经有批准权的人民政府土地管理部门批准后，可参照执行国有企业改制土地资产处置优惠政策。

（自治区国资委、发展改革委、自然资源厅、市场监管局）

12. 支持台资企业在广西以特许经营方式参与能源、交通、水利、环保、市政公用工程等基础设施建设。符合相应资质要求的台资企业在广西可参与建设项目的总包和分包。（自治区发展改革委、财政厅、自然资源厅、生态环境厅、住房城乡建设厅、交通运输厅、水利厅、商务厅、市场监管局）

13. 支持符合资质要求的台资企业公平参与广西各级政府采购活动。（各级各部门）

14. 支持台资金融机构、商家与中国银联广西分公司及广西非银行支付机构依法开展合作，拓展互联网业务品种。支持各类金融机构为广西中小微台资企业、台湾同胞提供便捷的办卡开户、电子支付、融资等金融服务。（自治区地方金融监管局、发展改革委、财政厅、商务厅、人民银行南宁中心支行）

15. 支持广西征信机构和信用评级机构与台湾征信机构、信用评级机构依法开展业务合作，为桂台两地同胞和企业提供征信服务。（人民银行南宁中心支行、自治区发展改革委、台办、财政厅、商务厅）

16. 支持台资银行通过广西市场和跨境渠道，扩大人民币资金来源。台资银行可与在桂同业协作，通过银团贷款等方式为实体经济提供金融服务。〔自治区地方金融监管局、人民银行南宁中心支行（国家外汇管理局广西分局）、广西银保监局〕

17. 加快台资企业项目建设，落实“五个简化”、“五个优化”措施。

（1）进一步简化台资企业项目投资许可、用地审批、规划许可、施工许可及其他事项。

（2）对于符合条件的台资企业重大项目，由自治区层面统筹推进，优化重大项目投资许可、用地报批、施工许可、中介服务和监管激励。

（自治区发展改革委、工业和信息化厅、自然资源厅、住房城乡建设厅、商务厅、投资促进局等）

18. 提升行政审批服务效率，推动涉台资企业行政审批及服务事项简化办理环节、优化办理流程、强化部门协同，实现并联办理，大幅压缩办理时限。

（1）企业开办（涉及企业登记、印章刻制、发票申领办结）办结时限压缩至1个工作日内。

（2）除历史遗留问题、继承（受遗赠）、居民独栋建筑、商铺、车位等类型的转移登记和在建建筑物抵押登记外，新建商品房转移登记、已有《不动产权证书》商品房买卖的转移登记、实体经济企业不动产登记、抵押权首次登记办结时限压缩至1个工作日内。

（3）实现备案类工程建设项目办理时限压缩至50个工作日内，核准类工程建设项目办理时限压缩至60个工作日内。

（自治区发展改革委、市场监管局、公安厅、广西壮族自治区税务局、自然资源厅、民政厅、司法厅、财政厅、住房城乡建设厅、大数据发展局、工业和信息化厅、人力资源社会保障厅、生态环境厅、交通运输厅、水利厅、文化和旅游厅、林业局、人防边海防办、地震局、气象局，各市、县人民政府，各园区管委会）

19. 加大台资企业融资支持力度。

（1）支持台湾银行、保险、金融租赁公司等金融机构在广西设立总部、分支机构，同等享受云南—广西沿边金融改革试验区政策。

（2）支持注册地在广西的台资企业在主板、中小企业板、创业板上市，在新三板挂牌，以及发行企业债券、公司债券、可转换债券和运用非金融企业债务融资工具进行融资。

（自治区地方金融监管局、财政厅、发展改革委、人民银行南宁中心支行、广西银保监局、广西证监局）

20. 降低台资企业建设生产经营成本。

（1）全面落实工商用电同价措施。

（2）支持电力用户通过市场化交易降低用电成本，按需量计费的大工业电力用户的基本电费按照实际需量收取。

（3）鼓励供气企业采取直供方式对工业企业供气。

（4）严禁供水、供气企业向市场主体收取接入费、碰口费。

（5）取消用水报装过程中的收费（或预收费）环节，改为施工验收后结算方式。

（6）供电供水供气企业要进一步明确收费标准，切实降低用户报装工程费用。

（自治区发展改革委、住房城乡建设厅）

21. 优化台资企业工商注册登记审批手续。

（1）简化台资企业申请设立程序，实施商务备案与工商登记“一口办理”制度。

（2）简化对从事连锁经营的台资企业分支机构经营范围审核。

（自治区商务厅、市场监管局）

22. 经县级以上人民政府认定的台资重点企业，新开发就业岗位并与新增就业人员签订6个月以上劳动合同的，按其为新增就业人员缴纳的社会保险费给予最长不超过2年的相应补贴，所需资金从就业补助资金和同级财政预算中列支。（自治区人力资源社会保障厅、广西壮族自治区税务局、医保局、财政厅）

23. 广西制定产业、行业地方标准时，可吸收台湾地区标准内容，台湾地区标准高于大陆标准的，可经转化后直接采用。（自治区商务厅、卫生健康委、市场监管局、药监局）

二、促进台湾同胞学习、创业、就业与广西居民同等待遇

24. 台湾同胞可按规定在广西参加各项专业技术人员职业资格考试和技能人员职业资格考试、进行职业技能等级和专项职业能力考核、参加相关职业培训。相关考试、考核及培训的具体事项，由主管部门根据国家部署制定。（自治区司法厅、财政厅、人力资源社会保障厅、卫生健康委、文化和旅游厅）

25. 促进台湾籍医师在广西依法执业。

（1）支持符合条件的台湾同胞报名参加大陆医师资格考试，考试方式、考试内容、分数线、收费标准等均与报考同类别的广西考生相同。

（2）支持符合条件的台湾医师，通过认定方式获得大陆医师资格。

（3）支持通过考试或认定方式取得大陆医师资格证书的台湾同胞，按照相关规定在广西申请执业注册。

（4）支持符合条件的台湾医师，按照相关规定在广西申请注册短期行医，期满后可重新办理注册手续。

（自治区卫生健康委）

26. 在台湾已获取相应资格的台湾同胞在广西申请证券、期货、基金从业资格时，只需通过大陆法律法规考试，无需参加专业知识考试。（广西证监局）

27. 台湾同胞到广西创业同等享受创业担保贷款、创业扶持补贴等政策。

（1）毕业5年内的台籍高校毕业生来广西创业，可按规定申请国家创业担保贷款，贷款额度最高为10万元，期限最高为3年，并按规定享受贴息。

（2）对首次在广西创办小微企业，且所创企业自工商注册登记之日正常运行1年以上的毕业5年内台籍高校毕业生，给予一次性创业扶持补贴。补贴期标准为5000元/户。

（3）成立2年以内的台资企业可申请入驻广西各级人力资源社会保障部门认定的创业孵化基地，按规定享受最高1300元/户/月的场地和水电补贴、2000

元/户的一次性创业补贴、1500元/人—2000元/人的吸纳就业困难群体一次性补助；每新招用1名就业人员还可给予1年社保补贴。

（4）对招用毕业年度高校毕业生、与之签订1年以上劳动合同并为其缴纳社会保险费的台资小微企业，给予1年的社会保险补贴和1000元/人的带动就业补贴。

（5）在桂台资企业可申请设立为就业见习基地，对吸纳符合条件高校毕业生参加就业见习的台资企业，给予以1200元/人/月的就业见习补贴，对留用率达到50%以上的单位，就业见习补贴提高至1500元/人/月。

（自治区人力资源社会保障厅、广西壮族自治区税务局、医保局、教育厅）

28. 支持广西有条件的企事业单位为台籍高校毕业生提供实习、就业岗位。在广西就读的台籍高校毕业生同等享受相关灵活就业政策。对灵活就业后缴供社会保险费的离校1年内未就业台籍高校毕业生，给予一定数额的社会保险补贴，补贴标准不超过其实际缴纳的2/3。

（自治区人力资源社会保障厅、广西壮族自治区税务局、医保局、教育厅）

29. 将台湾籍高校毕业生纳入我区就业创业政策享受范围，同等享受区内公共就业创业服务。（自治区人力资源社会保障厅、教育厅）

30. 支持符合条件的台湾同胞到广西有关事业单位就业。

（1）台湾同胞取得祖国大陆认可的大学本科以上学历，符合事业单位公开招聘岗位条件的，可以通过公开招聘应聘到全区各级政府直属及政府部门所属事业单位（不含参照公务员法管理的事业单位）就业。

（2）对在事业单位就业的台湾同胞，用人单位要切实保障其在人才引进、聘用管理、工资福利、项目申报、社会保险、住房公积金、职称评审、职业资格证申请（国家规定可以申请的种类和专业）、子女教育等方面的权益，为其办理相关手续。

（自治区人力资源社会保障厅、广西壮族自治区税务局、医保局、自治区党委编办、教育厅、文化和旅游厅）

31. 符合条件的台湾优秀博士、硕士和本科毕业生或其他台湾人才来广西工作，可参照执行《广西壮族自治区高层次人才认定办法（试行）》、《广西壮族自治区优秀专家评选管理办法》、《广西壮族自治区八桂学者制度实施办法》、《广西壮族自治区特聘专家制度实施办法》、《广西壮族自治区引进海外人才工作实施办法》和《广西青年创新创业人才培养计划实施方案》等人才政策。

〔自治区党委组织部、教育厅、财政厅、科技厅（外国专家局）〕

32. 实施急需紧缺人才优惠住房政策，全区各级人民政府提供的人才公寓对台籍急需紧缺人才给予租金减收或免收优惠，有条件的地方，租住人在租住满5年后可按入住时市场价格购买所租住房；未入住人才公寓的台籍急需紧缺人才，可享受各级人民政府提供的租房、购房补贴，具体标准由各级人民政府确定。(各市、县人民政府，自治区人力资源社会保障厅、住房城乡建设厅)

33. 全区各级人民政府为台籍急需紧缺人才提供医疗和子女入学便利，当地卫生健康部门协调定点医院开辟急需紧缺人才诊疗“绿色通道”，提供优诊医疗服务；台籍急需紧缺和高层次人才子女在学前教育和义务教育阶段年龄的，可由所在地教育行政部门就近就便优先安排入学。〔自治区教育厅、财政厅、人力资源社会保障厅、科技厅（外国专家局)、卫生健康委〕

34. 企事业单位引进的台籍急需紧缺人才，解决重大问题并产生较好经济社会效益的，经主管部门核定后，可向自治区人力资源社会保障厅申请通过“绿色通道”直接申报评审高级职称。(自治区人力资源社会保障厅、教育厅)

35. 台湾专家、学者、教师来广西的本科高校、职业院校从事专业学科教学工作，在台湾地区取得的学术成果可以纳入工作评价体系。〔自治区教育厅、科技厅（外国专家局)、人力资源社会保障厅、文化和旅游厅〕

36. 支持台湾专业人才申报国家“千人计划”和“万人计划”、广西“八桂学者”和“特聘专家”等重大人才项目。具体申报条件和支持方式按照相关人才项目政策的规定执行。〔自治区党委组织部、教育厅、财政厅、人力资源社会保障厅、科技厅（外国专家局）〕

37. 受聘于在广西注册的独立法人的台籍科研人员可在广西申报国家自然科学基金、国家社会科学基金、国家杰出青年科学基金、国家艺术基金等各类基金项目。具体办法按国家相关主管部门的规定执行。〔自治区党委宣传部、科技厅（外国专家局)、文化和旅游厅〕

三、为台湾同胞来广西生活发展提供便利

38. 完善广西机场、港口建设，建立便捷的桂台直航运输体系，增加北部湾港到台湾各港口的班轮航线。(自治区财政厅、交通运输厅、北部湾办、交通运输厅)

39. 符合来大陆定居申请条件的台湾同胞，可在绿色通道优先办理相关审批手续。(自治区公安厅)

40. 对无法识别、读取台湾居民居住证、台胞证信息的银行、医院、交通等公共场所服务方面的系统设备进行完善升级，实现台湾居民居住证、台胞证在广西与大陆居民身份证同等使用。（自治区公安厅、财政厅、交通运输厅、卫生健康委、人民银行南宁中心支行）

41. 推动“广西人才网”等各类人事人才网站和企业线上招聘做好系统升级，支持使用台湾居民居住证、台胞证注册登录。（自治区人力资源社会保障厅）

42. 为来广西创业就业的台湾同胞提供相关政策咨询服务。（自治区人力资源社会保障厅）

43. 为台籍学生在广西就学提供便利。

（1）台籍学生在广西各级教育部门的指导下统筹安排就学。

（2）幼儿园、小学由居住地所属区教育局就近统筹安排就学。

（3）支持广西高校根据台湾地区大学入学考试学科能力测试成绩免试招收台湾高中毕业生。

（自治区教育厅）

44. 支持广西各地向符合条件的台湾同胞提供公共租赁住房。（自治区住房城乡建设厅）

45. 支持在广西就业的台湾同胞缴存和使用住房公积金。

（1）广西就业的台湾同胞可按《住房公积金管理条例》和相关政策的规定缴存住房公积金。缴存基数、缴存比例、办理流程等实行与广西当地缴存职工一致的政策规定。

（2）已缴存住房公积金的台湾同胞与广西当地缴存职工同等享有提取个人住房公积金、申请个人公积金住房贷款等权利。

（3）在大陆跨城市就业的，可以办理住房公积金异地转移接续。

（4）与用人单位解除或终止劳动（聘用）关系并返回台湾的，可按照相关规定提取个人住房公积金账户余额。

（自治区住房城乡建设厅）

46. 在广西就业的台湾同胞按照规定参加社会保险，享受我区社会保险参保人同等的保险待遇。（自治区人力资源社会保障厅、医保局、广西壮族自治区税务局）

47. 在广西的台湾同胞及其家属享有与广西居民同等的医疗卫生服务待遇。医疗机构在按照规定书写和保存医疗文书的同时，还应为就诊的台湾同胞提供

符合台湾地区健保机构核退费用要求的医疗文书。（自治区卫生健康委）

48. 长期在广西生活的且符合救助条件的困难台湾同胞可同等享受低保待遇，突遭变故致生活困难的，可申请临时救助，在广西亡故的，适用与当地居民同等的惠民殡葬政策。（自治区民政厅）

49. 台湾同胞参照广西居民标准，可享受乘坐区、市、县内公共交通设施相关优惠。（自治区交通运输厅）

50. 台湾同胞持台湾居民居住证、台胞证可在广西所有合法经营的宾馆、酒店、家庭旅馆、房车等登记住宿。（自治区公安厅）

51. 台湾同胞凭台湾居民居住证、台胞证可减免广西指定景点门票，可同等享受广西当地旅游景点年卡服务。（自治区文化和旅游厅）

52. 台湾同胞在广西各类公共文化服务场馆可享受和广西居民同等的公共文化服务待遇。（自治区文化和旅游厅）

53. 为台湾同胞在广西提供便利的法律服务。

（1）设立公职律师，定期为在广西的台湾同胞提供义务法律咨询服务，普及法律法规知识。

（2）符合条件的台湾同胞同等享有向广西有关部门申请法律援助的权利。

（3）探索开展台资企业公司律师试点，在广西的台资企业符合设立“公司律师办公室”条件并提出申请的，有关部门给予协调指导，并及时办理。

（自治区司法厅、台办）

54. 设立微信公众号（桂台之声），发布广西涉台政策信息。设立联系窗口，开通服务热线，为台湾同胞提供咨询和紧急救助服务。（自治区台办）

四、深化桂台社会文化交流合作

55. 支持桂台两地开展中国传统文化交流、两地少数民族文化交流、青少年交流和民间交流等。

（1）支持在广西的台湾同胞参与中华经典诵读工程、文化遗产保护工程、非物质文化遗产传承发展工程等中华优秀传统文化传承发展工程。

（2）支持在广西的台湾文化艺术界团体和人士参与大陆在海外举办的感知中国、中国文化年（节）、欢乐春节等品牌活动。

（3）邀请台湾同胞参加广西“壮族三月三·八桂嘉年华”、龙舟赛活动等广西举办的民俗文体联谊活动。

（4）鼓励台湾青少年来广西开展研学旅行，参加各类夏令营及青少年交流活动，将相关经费按有关规定纳入主管部门年度预算中统筹保障。

（5）符合条件的桂台文化项目可申报纳入海外中国文化中心项目资源库。

（6）协助台湾地区从事两岸民间交流的机构申请两岸交流基金项目。

（自治区台办、党委宣传部、总工会、共青团广西区委、自治区妇联、教育厅、财政厅、文化和旅游厅、广电局、体育局）

56. 支持台湾同胞参加国家和广西经济、科技、文化、社会领域各类专门奖项和荣誉称号的评选。

（1）协助在广西的台湾同胞参加中华慈善奖、梅花奖、金鹰奖等国家奖项的评选。

（2）支持符合申报条件的台湾同胞和台资企业参评广西“八桂慈善奖”、五一劳动奖章、劳动模范、三八红旗手、技术能手等。

（自治区台办、总工会、党委宣传部、妇联、文联、民政厅、人力资源社会保障厅）

57. 支持台湾同胞根据国家有关规定，参与广西广播电视节目和电影、电视剧制作。

（1）台湾同胞按规定审批后参与广西广播电视节目和电影、电视剧制作可不受数量限制。

（2）广西广播电视台、视听网站和有线电视网引进台湾地区生产的电影、电视剧不受数量限制。

（3）放宽桂台合拍电影、电视剧在主创人员比例、大陆元素、投资比例等方面的限制。

（4）取消收取桂台合拍电影立项申报费用。缩短两岸电视剧合拍立项阶段故事梗概的审批时限。

（5）审查通过的桂台合拍剧可以进入黄金时段播出。

（自治区党委宣传部、自治区广电局）

58. 依法开展台湾图书的进口初审工作，并协助向上级部门申报审批。鼓励台湾地区图书从广西口岸进口并建立绿色通道，简化进口审批流程，优先办理相关手续。（自治区党委宣传部）

59. 鼓励台湾同胞加入广西经济、科技、文化、艺术类专业性社团组织、行业协会，参加相关活动。（自治区民政厅、总工会、共青团广西区委、妇联、文联等）

60. 支持台湾同胞和相关社团参加广西组织的公益活动和基层社区服务。

(1) 支持在广西长期居住的台湾同胞参与广西的社区建设和社区服务，受聘担任社区及相关社会组织负责人。

(2) 鼓励台湾同胞参与组建社区志愿服务队，并担任负责人。

(3) 有条件的社区可以建立以台湾同胞个人命名的社区服务工作室。

(自治区民政厅、总工会、共青团广西区委、妇联、教育厅、人力资源社会保障厅、文化和旅游厅、扶贫办等)

61. 鼓励桂台教育文化科研机构开展中国文化、历史、民族等领域研究和成果应用。(自治区教育厅、民宗委、文化和旅游厅)

62. 鼓励台湾优质职业院校与广西职业院校（含技工院校）、职业培训机构合作开展职业技能培训。桂台合作学校与广西企业共同培养初级工、中级工、高级工、预备技师（技师），除享受国家资助政策外，用工双方签订6个月以上劳动合同并缴纳3个月以上社会保险费的，分别给予学校每人每年补贴0.1万元、0.2万元、0.8万元、1.2万元。(自治区人力资源社会保障厅、广西壮族自治区税务局、医保局、教育厅)

63. 支持桂台人力资源机构互设分支机构，深化桂台人力资源服务机构交流合作。

(1) 对成功引进急需紧缺人才的人力资源服务机构，由全区各级人民政府给予奖励，奖励方式和标准由各自确定，所需资金从同级财政预算中列支。

(2) 桂台人力资源服务机构为广西县级以上人民政府认定的重点企业输送产业工人，且用人双方签订6个月以上劳动合同并按时足额缴纳社会保险费的，按500元/人—1500元/人的标准给予输送单位奖励。(自治区人力资源社会保障厅、广西壮族自治区税务局、医保局、财政厅)

64. 支持台湾会计师事务所在广西设立代表机构。(自治区财政厅、人力资源社会保障厅)

65. 支持台湾医疗机构和医药企业到广西共建海峡两岸大健康产业集聚区，共同建设一批专科医院、培育一批医疗装备和生物医药产业。〔自治区卫生健康委、科技厅（外国专家局）〕

66. 支持台湾文艺团体、经纪公司到广西共建中国—东盟影视基地、艺人工作室等。(自治区文化和旅游厅、广电局)

67. 支持桂台青年组织加强交流合作，开展桂台青年创新创业活动，参与

桂台青年创新创业基地建设。(共青团广西区委、自治区台办)

68. 支持桂台教育机构加强交流合作，共建桂台合作学校。以教育论坛为平台，加强桂台教师的深度交流。以校际交流为渠道，推动桂台学生交流常态化。(自治区教育厅、台办)

69. 支持桂台法律事务交流与合作。

（1）支持台湾地区律师事务所依法在广西设立代表机构。

（2）鼓励台湾地区的仲裁机构依法在广西设立联络点。

（3）鼓励桂台民间调解组织合作，依法设立民间服务机构，提供调解服务。

（4）支持符合条件的台湾同胞在广西担任调解员、仲裁员、陪审员、缓刑考察员、执行监督员、检察联络员、法律顾问、公司律师等。

（5）鼓励桂台合作建立法律查明机制，为相关商事活动提供境外法律的查明服务。

(自治区司法厅、公安厅、检察院、高级法院、广西贸促会等)

五、推进广西海峡两岸产业合作区建设

70. 自治区及各相关市财政部门将广西海峡两岸产业合作区（以下简称“合作区”）建设经费纳入各级财政统筹保障，主要用于合作区宣传推介、招商引资、考察调研、编制规划、办公经费等，在符合条件的前提条件下对合作区基础设施、城市配套、产业发展等给予支持。(自治区财政厅、防城港市人民政府、钦州市人民政府、崇左市人民政府)

71. 鼓励合作区先行先试，重点支持台资企业参与面向东盟的跨境服务业集聚区建设，发展金融、航运、物流、通信、医疗、文化创意等现代服务业和服务贸易业务，建设大宗商品交易市场和资源配置平台，推动产业园区软件信息、管理咨询、数据服务等服务外包产业发展。合作区内符合条件的台资企业和台湾同胞可优先享受广西各项支持政策。合作区各市政府和园区可根据实际在财政、金融、加工贸易、土地、厂房、办公、人才、物流、劳务、边贸、政府服务等方面制定更加灵活优惠的配套政策，促进合作区台资企业和台湾人才集聚。(自治区发展改革委、商务厅、工业和信息化厅、北部湾办、台办、钦州保税港区管委会、凭祥综合保税区管委会、中马钦州产业园区管委会、东兴试验区管委会、防城港市人民政府、钦州市人民政府、崇左市人民政府)

72. 积极承接台资产业转移，鼓励台湾各类投融资平台、高科技和战略性新兴产业到合作区投资，重点引进台湾石油化工、人工智能、电子科技、纺织服装、生物医药、精密仪器、数控机床、医疗器械、休闲农业、港航物流、大健康、“互联网+”、金融服务等产业。（自治区投资促进局、商务厅、北部湾办、台办、钦州保税港区管委会、凭祥综合保税区管委会、中马钦州产业园区管委会、东兴试验区管委会、防城港市人民政府、钦州市人民政府、崇左市人民政府）

73. 适时推动按市场化方式设立台资企业产业投资基金，与合作区各市、金融机构、台资企业合作，以股权投资方式支持台资企业在合作区的产业项目。发挥股权投资优势，支持合作区科技企业孵化器和加速器平台建设。（自治区财政厅、发展改革委、北部湾办、钦州保税港区管委会、凭祥综合保税区管委会、中马钦州产业园区管委会、东兴试验区管委会、防城港市人民政府、钦州市人民政府、崇左市人民政府）

74. 大力支持合作区边境落地加工。

（1）支持与指导合作区各市政府依托现有的边境经济合作区等工业园区，建设互市商品加工园区或边贸扶贫产业园，引进加工企业落地产业园，带动贫困边民就业。对进入园区的台资企业视为本地企业，同等给予土地、税收、生活配套等优惠政策。

（2）指导合作区各市政府在加大资金扶持、简化项目审批、保障土地供应、用电用水厂房补助等方面对加工企业给予优惠和扶持。

（自治区商务厅、发展改革委、北部湾办、钦州保税港区管委会、凭祥综合保税区管委会、中马钦州产业园区管委会、东兴试验区管委会、防城港市人民政府、钦州市人民政府、崇左市人民政府）

75. 大力支持合作区加工贸易产业发展。落户合作区的加工贸易台资企业可参照《广西壮族自治区人民政府关于促进加工贸易产业创新发展的实施意见》的规定，同等享受以下产业扶持政策：

（1）总投资额在5000万元人民币以上且其投资项目列入《西部地区鼓励类产业目录》的，截至2020年12月31日，减按15%税率征收企业所得税，并免除企业所得税地方分享部分。

（2）暂停征收水利建设基金。

（3）争取实行加工贸易内销货物选择性征税试点。

（自治区商务厅、发展改革委、广西壮族自治区税务局、北部湾办、钦州保税港区管委会、凭祥综合保税区管委会、中马钦州产业园区管委会、东兴试验

区管委会、防城港市人民政府、钦州市人民政府、崇左市人民政府）

76. 合作区产业项目用地由自治区统筹保障，在不改变土地性质的前提下，合作区内各类产业用地均可以采取长期租赁、先租后让、租让结合、弹性年期出让等方式使用土地。（自治区自然资源厅、钦州保税港区管委会、凭祥综合保税区管委会、中马钦州产业园区管委会、东兴试验区管委会、防城港市人民政府、钦州市人民政府、崇左市人民政府）

77. 组织落实广西与越南签订的跨境劳务合作协议，建立完善合作区跨境劳务合作机制，支持合作区内台资企业享受广西中越跨境劳务合作政策。（自治区商务厅、人力资源社会保障厅、公安厅、北部湾办、钦州保税港区管委会、凭祥综合保税区管委会、中马钦州产业园区管委会、东兴试验区管委会、防城港市人民政府、钦州市人民政府、崇左市人民政府）

78. 大力支持合作区开展招商引资。

（1）对符合自治区有关招商引资规定的园区内重大招商引资项目业主，按项目当年招商引资实际到位资金的 0.5%给予一次性奖励；项目资本金分批注入的，可累计计算最多不超过 2 年；项目投资建设期较长的，在建设期内形成固定资产可累计计算最多不超过 3 年；单个项目奖励资金不超过 1000 万人民币。奖励资金由各级财政按比例进行安排，具体为：对选址在设区市本级的招商引资项目，自治区与设区市财政按照 4∶6 的比例承担奖励资金；对选址在设区市所属县（市）的招商引资项目，由自治区与项目所在县（市）财政按照 6∶4 的比例承担奖励资金。奖励申领程序按照广西招商引资相关激励办法执行。

（2）对参与合作区招商引资的台湾商协会、台胞组织机构和台胞个人，以资鼓励，具体办法由各相关市人民政府及其有关部门负责组织制定与实施。

（自治区投资促进局、台办、财政厅、北部湾办、钦州保税港区管委会、凭祥综合保税区管委会、中马钦州产业园区管委会、东兴试验区管委会、防城港市人民政府、钦州市人民政府、崇左市人民政府）

六、附则

79. 以上政策措施与自治区现行其他政策出现交叉或不一致的，可选择最优惠的政策执行。

80. 以上政策措施，与国家现行其他规定有冲突的，以国家规定为准，执行期限内，国家和自治区有新规定的，从其规定。

关于联合印发《关于在疫情防控常态化形势下促进广西台资企业稳步发展的实施方案》的通知

（2020年9月15日广西壮族自治区发展和改革委员会、广西壮族自治区人民政府台湾事务办公室、广西壮族自治区工业和信息化厅、广西壮族自治区司法厅、广西壮族自治区财政厅、广西壮族自治区人力资源和社会保障厅、广西壮族自治区自然资源厅、广西壮族自治区交通运输厅、广西壮族自治区商务厅、广西壮族自治区地方金融监督管理局、广西壮族自治区医疗保障局、广西壮族自治区投资促进局、中国人民银行南宁中心支行、国家税务总局广西壮族自治区税务局、中国银行保险监督管理委员会广西监管局、中国证券监督管理委员会广西监管局桂发改外资〔2020〕1031号）

各设区市人民政府，各市县（区）发展改革委（局）、台办、工业和信息化局、司法局、财政局、人力资源社会保障局、自然资源局、交通运输局、商务局、金融办、医保局、投资促进局、税务局、银保监分局，中国人民银行广西区各市中心支行、南宁市各县支行：

《关于在疫情防控常态化形势下促进广西台资企业稳步发展的实施方案》已经自治区人民政府同意，现印发你们，请认真贯彻执行。

关于在疫情防控常态化形势下促进广西台资企业稳步发展的实施方案

为贯彻落实国家发展和改革委员会、国务院台湾事务办公室等十部委印发的《关于应对疫情统筹做好支持台资企业发展和推进台资项目有关工作的通知》（发改厅〔2020〕755号）精神，支持广西台资企业（以下简称台企）应对疫情、复工复产和投资发展，持续促进桂台经济交流合作，现提出如下实施方案。

一、统筹协调推进重大项目，持续帮扶台企复工复产和增资扩产

（一）根据广西统筹做好疫情防控和复工复产总体安排，全面落实自治区进一步加快工业企业复工复产的若干措施，打通桂台合作重点产业链、供应链关键堵点，帮助龙头骨干台企进一步加快复工复产，带动桂台合作产业链、供应链上下游企业协同复工达产。（自治区工业和信息化厅、发展改革委、财政厅等各有关部门和各设区市人民政府按职责分工负责）

（二）参照广西重大外资项目有关机制，统筹协调推进重大台资项目。对符合条件的项目，由自治区层面统筹推进，在投资项目审（核）核（准）备（案）、用地报批、施工许可、中介服务和监管激励等方面落实“五个优化”措施。密切跟踪在谈项目进展，加强各级联动和部门协同，充分发挥广西海峡两岸产业合作区等涉台产业园区发展平台优势，按照“谁出台，谁落实”原则，落实好已出台的招商引资政策，出台具有竞争力和针对性的招商引资政策，明确具体的政策兑现办法，开展全流程对接服务，促进台资项目加快落地见效。（自治区发展改革委、台办、工业和信息化厅、自然资源厅、商务厅、投资促进局等各有关部门和各设区市人民政府按职责分工负责）

（三）全面落实境外投资者以分配利润直接投资暂不征收预提所得税政策规定，支持台企以分配利润进行再投资。支持台企参与广西海峡两岸产业合作区及其他涉台园区、中国（广西）自由贸易试验区建设。积极鼓励各类广西开放平台与有产业转移需求的东部地区台企合作，共同发展新兴产业。（自治区财政厅、广西税务局、自治区发展改革委、台办、商务厅等各有关部门和各设区市人民政府按职责分工负责）

（四）深入实施“千企技改”工程，支持台企加快技术改造，推动工业企业采用新设备、新工艺、新材料、新产品、新模式实施技术改造，对符合条件的项目给予支持。（自治区工业和信息化厅等各有关部门和各设区市人民政府按职责分工负责）

二、鼓励台企积极参与新型和传统基础设施建设，促进台企高质量发展

（五）制定广西“新基建”发展政策，为台企和台湾高端人才从事新型基础设施相关的集成电路、工业软件、信息系统等提供同等待遇。支持台企发挥自身优势，积极参与实施广西推进工业互联网发展行动计划，与广西企业共同研发、共建标准、共创品牌、共拓市场，以多种形式参与5G、工业互联网、人工智能、物联网等新型基础设施的研发、生产和建设，促进制造业与互联网融合发展。（自治区发展改革委、工业和信息化厅等各有关部门和各设区市人民政府按职责分工负责）

（六）继续支持台企依法以特许经营方式参与能源、交通、水利、环保、市政公用工程等基础设施建设。符合相应资质要求的台企可参与建设项目的总包和分包。（自治区发展改革委、交通运输厅等各有关部门和各设区市人民政府按职责分工负责）

三、支持台企稳外贸，有效引导台企拓展内销市场

（七）支持台企入驻广西（南宁）跨境电子商务综合试验区和广西（崇左）跨境电子商务综合试验区开展跨境电商。支持台企建设跨境冷链仓储项目，打造面向东盟的跨境电商供应链体系。指导台企充分利用中欧班列和西部陆海新通道海铁联运班列开展进出口贸易。（自治区商务厅等各有关部门和各设区市人民政府按职责分工负责）

（八）帮助台资外贸企业统筹内外贸发展，支持台企借助大陆电商平台开展线上市场营销推广，拓宽对接内需市场的渠道，充分挖掘大陆市场潜力。支持台企线上线下融合发展，鼓励台企参加广西“壮族三月三·暖心生活节”、“八桂优品、桂品出乡”等活动，鼓励发挥各级各地区活动平台作用，积极帮助台企开拓市场。（自治区商务厅等各有关部门和各设区市人民政府按职责分工负责）

四、全面落实税费减免政策，确保相关优惠政策惠及台企

（九）全面落实国家和自治区已出台的支持疫情防控、推动复工复产、促进北部湾经济区开放开发、加快珠江—西江经济带发展和促进中国（广西）自

由贸易试验区高质量发展等一揽子税费优惠政策。（广西税务局、自治区财政厅等各有关部门和各设区市人民政府按职责分工负责）

（十）支持有条件的地方进一步研究出台减免物业租金、降低生产要素成本等相关优惠政策，加强宣传，确保符合条件的台企应享尽享广西相关优惠政策。（各有关部门和各设区市人民政府按职责分工负责）

（十一）对我区中小微企业和以用人单位身份参保缴费的个体工商户，免征2020年2月至12月的养老、失业、工伤三项社会保险费单位缴费部分。对大型企业等其他参保单位，减半征收2020年2月至6月的三项社会保险费单位缴费部分。因受疫情影响，连续3个月亏损的参保台企可按规定申请缓缴社会保险费，缓缴期间免收滞纳金。（自治区人力资源社会保障厅、财政厅等各有关部门和各设区市人民政府按职责分工负责）

（十二）自2020年2月起，统筹地区根据医保基金运行情况，在确保基金收支中长期平衡的前提下，对企业及其他参保单位（不含机关事业单位）参加职工基本医疗保险（不含生育保险）单位缴费部分实行减半征收。减征期限最多不超过5个月。困难企业可按规定申请缓缴职工基本医疗保险费（含生育保险费），缓缴期间免收滞纳金。（自治区医保局、财政厅、广西税务局等各有关部门和各设区市人民政府按职责分工负责）

（十三）2020年5月1日至2021年4月30日，继续延长实施阶段性降低失业保险和工伤保险费率政策，具体办法按《广西壮族自治区人力资源和社会保障厅 广西壮族自治区财政厅关于印发降低社会保险费率实施方案的通知》（桂人社规〔2019〕9号）有关规定执行。（自治区人力资源社会保障厅、财政厅等各有关部门和各设区市人民政府按职责分工负责）

五、强化金融支撑，着力支持台资中小企业发展

（十四）鼓励符合条件的台资银行入驻广西，设立分支机构。支持台企参与面向东盟的金融开放门户建设，对于符合条件的台企，按规定可同等享受最高6000万元人民币的财政奖补政策。（自治区地方金融监管局、广西银保监局等各有关部门和各设区市人民政府按职责分工负责）

（十五）进一步完善企业上市培育长效机制，鼓励符合条件的台企在大陆上市或到新三板挂牌，利用资本金开展境内股权投资，发行公司债券，扩大直接融资。为符合条件的科创型台企在科创版上市提供支持。（广西证监局、自治区地方金融监管局、人民银行南宁中心支行等各有关部门和各设区市人民政府

按职责分工负责)

（十六）建立健全区市县三级政金企融资对接机制、推送重点企业清单，金融机构按照市场化、法治化原则给予支持。鼓励银行机构通过设立线上服务、绿色通道、减免服务收费、适当下调贷款利率、增加信用贷款和中长期贷款占比、提高首贷率、调整还款付息安排等方式，加大金融支持台企力度，尽快恢复生产经营。(人民银行南宁中心支行、广西银保监局、自治区财政厅、地方金融监管局等各有关部门和各设区市人民政府按职责分工负责)

（十七）鼓励和引导银行机构、台企通过“国家外汇管理局政务服务网上办理系统”办理外汇业务，降低脚底成本。取消单笔等值5万美元（含）以下的特殊退汇业务登记，将符合条件的内保外贷和境外放款注销登记下放至银行办理，放宽业务审核签注手续。支持符合条件的台企申请经常项目跨境外汇轧差净额结算试点，帮助台企减少资金占用及汇兑量。(人民银行南宁中心支行等各有关部门和各设区市人民政府按职责分工负责)

（十八）支持符合条件的跨境电子商务台企在宏观审慎管理框架下从境外融入人民币资金。在台企出口确实无法按期收汇且无其他外汇资金用于偿还国内外汇贷款时，允许贷款银行为台企办理购汇偿还手续。简化小微跨境电商台企货物贸易收支手续，允许年度货物贸易收汇或付汇累计金额低于20万美元的（不含）小微跨境电商企业，无需到外汇局办理“贸易外汇收支企业名录”登记。(人民银行南宁中心支行等各有关部门和各设区市人民政府按职责分工负责)

（十九）对有资金需求且符合续贷条件的台企，特别是疫情前经营正常、受疫情冲击经营困难的台资中小微企业，鼓励银行机构提前做好展期或续贷安排，在贷款到期前完成续贷手续。对于2020年6月1日至12月31日期间到期的普惠小微贷款本金、存续的应付利息，只要企业提出延期还本付息申请，根据商业原则保持有效担保安排或提供替代安排，且承诺保持就业岗位基本稳定，各金融机构应当予以办理、应延尽延，最长延长至2021年3月31日，免收罚息，对其他特殊困难企业贷款协商延期。用好用足普惠小微企业贷款延期支持工具和信用贷款支持计划。用好财政贴息稳企贷政策，对符合条件的台企贷款“应贴尽贴”。(人民银行南宁中心支行、广西银保监局、自治区财政厅、地方金融监管局等各有关部门和各设区市人民政府按职责分工负责)

（二十）鼓励保险机构通过适当优化保险费率等方式，降低企业费用支出，进一步扩大出口信用保险、进口预付款保险的覆盖面。支持保险机构开发出口信用保险新产品、新模式，在贸易真实和债权金额确定的前提下，适当放宽理赔条件，帮助台企更好地应对因新冠肺炎疫情影响遭受的订单取消、货物拒收、货款拒付、进口国政治风险等外部冲击。鼓励保险机构采取顺延保障期限、延后保费缴纳时间、缩短定损核赔流程、预付保险金等方式，缓解受疫情影响较大的交通运输、旅游等台企经营压力。（广西银保监局、自治区地方金融监管局等各有关部门和各设区市人民政府按职责分工负责）

六、统筹做好台资项目用地规划，保障台企合理用地需求

（二十一）开通涉台企业建设用地审批“绿色通道”，即报即审，推行建设项目涉及使用林地行政许可的容缺受理、容缺审查，切实加快审批进度；深化建设用地审查报批“三级联审”制度改革，优化用地审批系统，提高审批效率。（自治区自然资源厅等各有关部门和各设区市人民政府按职责分工负责）

（二十二）统筹做好急需项目的规划保障，在国土空间规划编制和审批完成之前的过渡时期内，指导项目单位依据国土空间规划（现行土地利用总体规划和城乡规划）进行选址，根据项目建设年限、建设时序、项目进度等情况，合理分期用地。对不符合规划但符合规划修改（调整）条件的，积极指导各地加强国土空间规划编制和审批过渡时期土地利用总体规划和城乡规划实施管理的协调性，依法依规做好规划修改工作。（自治区自然资源厅等各有关部门和各设区市人民政府按职责分工负责）

（二十三）坚持“要素跟着项目走”原则，合理安排用地计划指标，逐步推行“标准地”供应改革。按照“集中统筹、分级保障”的原则，统筹做好台企项目新增建设用地指标保障工作。除按自治区规定的商服、商住用地须购买增减挂钩节余指标保障外，自治区统筹推进重大项目、“五网”建设重大项目、“双百双新”项目、“5个50”项目及单独选址基础设施项目中的台企项目试行用地指标核销制，由自治区统筹保障；其他项目由各市在自治区切块下达的新增建设用地指标中优先保障。（自治区自然资源厅等各有关部门和各设区市人民政府按职责分工负责）

（二十四）指导各地加强对土地市场的研判，对受疫情影响不能如期缴纳土地出让金的，经本级人民政府批准同意后，可适当延期缴纳。疫情防控期间，采取“先租后让”“租让结合”方式供地的企业，可申请暂缓缴纳土地出让租金；承租国有土地从事生产经营活动的企业，可申请减免土地租金。允许矿业权出让收益分期缴纳，对受疫情影响缴纳矿业权出让收益确有困难的，矿业权

人可申请分期缴纳矿业权出让收益。（自治区自然资源厅等各有关部门和各设区市人民政府按职责分工负责）

（二十五）鼓励台企与原国有土地使用权人通过联营、合作等方式对城镇低效用地进行改造开发。支持土地节约集约利用水平高的台企申报节地技术和节地模式典型案例，大力推广台企节约集约用地经验和做法。（自治区自然资源厅等各有关部门和各设区市人民政府按职责分工负责）

七、优化实施援企稳岗政策，缓解台企用工难题

（二十六）落实失业保险一般稳岗返还和应急稳岗返还政策。适当放宽2020年参保中小微台企稳岗返还审核指标，允许裁员率放宽至不高于2019年全国城镇调查失业率控制目标5.5%；对参保职工30人（含）以下的台企，裁员率放宽至不超过20%。面临暂时性生产经营困难的参保台企，坚持不裁员或少裁员的，按规定享受失业保险应急返还，返还标准为2019年度3个月的企业及其职工实际月平均缴纳社会保险费（不含补缴的历年欠费和滞纳金），政策执行期限至2020年12月31日。（自治区人力资源社会保障厅、财政厅等各有关部门和各设区市人民政府按职责分工负责）

（二十七）开展“民营企业招聘周”、“金秋招聘月”等公共就业服务专项活动，多渠道收集和发布劳动力资源供求信息。组织广西区内技工院校和优质培训机构主动对接台企，签订“双千结对”岗位技能培训协议，帮助台企提升职工技能水平。支持台企对职工开展“以工代训”，符合条件的按规定给予“以工代训”补贴。（自治区人力资源社会保障厅、财政厅等各有关部门和各设区市人民政府按职责分工负责）

八、建立联系服务台企工作制度，主动做好台资企业服务工作

（二十八）加强对台企投资动态监测，加强与本地台资企业协会、重点台企等沟通交流，及时通报疫情防控和复工复产有关工作要求，认真听取台企关于落实惠台利民政策措施的意见和建议。（自治区发展改革委、台办、商务厅等各有关部门和各设区市人民政府按职责分工负责）

（二十九）扎实推进《中华人民共和国民法典》等有关法律法规的实施运用，探索开展台企公司律师试点，支持符合条件的台企设置“公司律师”岗位，主动帮助台企解决受疫情影响造成的合同履行、劳动关系等法律问题，积极回应台企关切诉求，妥善化解涉及台企的矛盾纠纷，切实维护台企合法权益。（自治区台办、司法厅等各有关部门和各设区市人民政府按职责分工负责）

（三十）建立应对疫情支持广西台企发展部门联动机制。各级发展改革委（局）和台办牵头，各相关职能部门通力配合，共同落实好支持广西台企应对疫情、复工复产和投资发展各项举措，有效防范化解潜在风险，持续促进桂台经济交流合作。（自治区发展改革委、台办、工业和信息化厅、财政厅、人力资源社会保障厅、自然资源厅、商务厅、地方金融监管局、人民银行南宁中心支行、广西银保监局、证监局等各有关部门和各设区市人民政府按职责分工负责）

海南省

关于印发《贯彻落实〈关于促进两岸经济文化交流合作的若干措施〉实施意见》的通知

（2018年12月11日中共海南省委统一战线工作部、海南省发展和改革委员会琼统通〔2018〕54号）

各市、县、自治县党委统战部（台办）、发展改革委：

为深入贯彻党的十九大精神和习近平总书记关于对台工作重要论述，同台湾同胞分享建设中国（海南）自由贸易试验区、中国特色自由贸易港发展机遇，让台湾同胞在海南投资、创业、就业、学习和生活有更多的获得感，根据国务院台办、国家发改委《关于促进两岸经济文化交流合作的若干措施》，经商省委组织部、省委宣传部、省人大常委会办公厅、省自然资源和规划厅、省旅游和文化广电体育厅、省农业农村厅、省工业和信息化厅、省商务厅、省科技厅、省财政厅、省人力资源和社会保障厅、省教育厅、省卫生健康委、省公安厅、省司法厅、省民政厅、省民宗委、省住房和城乡建设厅、省交通运输厅、省水务厅、省国资委、省地方金融监督管理局、省市场监督管理局、省扶贫办、省政府政务服务中心、省供销合作联社、省政协办公厅、省高级人民法院、省人民检察院、团省委、省社科联、省科协、省工商联、海口海关、国家税务总局海南省税务局、人行海口中心支行、海南银保监局筹备组、海南证监局、省农垦投资控股集团有限公司同意，省委统战部、省发展改革委牵头研究出台《贯彻落实〈关于促进两岸经济文化交流合作的若干措施〉实施意见》。自公布之日起施行。

附件

中共海南省委统一战线工作部　海南省发展和改革委员会贯彻落实《关于促进两岸经济文化交流合作的若干措施》实施意见

为深入贯彻党的十九大精神和习近平总书记关于对台工作重要论述，同台湾同胞分享建设中国（海南）自由贸易试验区、中国特色自由贸易港发展机遇，让台湾同胞在海南投资、创业、就业、学习和生活有更多的获得感，根据国务院台办、国家发改委《关于促进两岸经济文化交流合作的若干措施》，结合我省实际，提出以下实施意见。

一、促进投资和经济合作

1. 台资企业和台湾同胞在海南同等享受中央和我省出台的内外贸、投融资、进出境、财税金融政策及城乡融合、人才引进、收入分配、国企混改、资本交易、经营场地及可以特许经营方式参与能源等基础设施建设等政策和制度便利。台资企业在海南投资适用《自由贸易试验区投资准入特别管理措施（负面清单）（2018年版）》。支持台湾金融机构在海南设立总部及分支机构，鼓励符合条件的台湾金融机构在海南发起设立台资银行。

2. 鼓励台资企业重点在海口（江东新区）、三亚等地发展总部经济，对经认定的总部企业，同等适用《海口市支持总部经济发展若干政策》《三亚市促进总部经济发展暂行办法》，给予经营贡献奖励、管理人员奖励、办公用房租房补贴、培育企业发展奖励等政策支持。

3. 支持海南省现有园区根据各自发展规划设立涉台产业合作区域和平台。鼓励各市县、农垦系统根据自身条件设立各类涉台园区。继续推动“海峡两岸农业合作试验区澄迈示范基地”建设。海南生态软件园设立海峡两岸（海南）科技文创产业基地，发起设立10亿元人民币的海峡两岸（海南）科技文创产业发展基金，首期规模1亿元，作为支持台胞创业专项资金。

4. 在琼台资企业可申报高新技术企业，经认定后同等适用《海南省促进高新技术产业发展的若干规定》，给予50万元专项资金等相关政策扶持。

5. 海南博鳌乐城国际医疗旅游先行区内的台资企业，同等适用《临床急需进口医疗器械管理暂行规定》等先行区内先行先试的政策，打造琼台医疗康养产业集聚区。

6. 发挥海南各台资企业协会作用，通过协会平台积极推广台湾新技术、新品种、新材料。支持台资企业平等竞标海南省政府采购项目。

7. 符合条件的台湾同胞在海南可以独资形式申办个体医院和医学检验实验室，纳入政府医保体系。鼓励台资企业和台湾同胞以独资、合资、合作等方式在海南发展健康产业，举办康养服务机构，鼓励台湾同胞参与公建康养服务机构的经营。

8. 支持台资中小微企业同等申报我省中小企业发展专项资金，同等享受海南担保融资“两补一奖励”奖补政策。支持符合条件的台资企业到主板、中小板、创业板、境外市场和全国股转系统、区域股权市场上市或挂牌融资。

9. 台湾同胞可在海南设立个体工商户从事经营活动。台湾同胞、台资企业可组织或参与海南农民专业合作社等各种形式的农民合作社。支持台胞和台资企业依法承租土地，投资开发现代农业产业。台资农业企业与海南农业企业同等享受农机购置补贴等惠农扶持政策。在海南的台资企业农业项目直接用于或服务于农业生产的生产设施、附属设施用地，符合设施农用地要求的，可以按设施农用地有关规定管理。支持海峡两岸（海南）农业合作服务示范中心建设。

10. 推动琼台两地口岸通关与监管、食品农产品安全、消费品等领域合作，优化琼台商品快速验放模式，建立有利于第三方检验鉴定机构规范和发展的管理制度，扩大台湾进口商品第三方检测结果采信范围。简化台湾地区低风险特殊物品入境审批手续，对来自台湾地区的低风险特殊物品实行快检快放。支持台资企业建设台湾商品城，并给予通关便利。

二、促进社会文化交流合作

11. 依托博鳌亚洲论坛两岸企业家圆桌会议，建立两岸企业家助力中国（海南）自由贸易试验区、中国特色自由贸易港建设的交流合作平台。继续推动保亭“海峡两岸交流基地”建设，促进两岸少数民族交流。支持海峡两岸（海南）文创艺术交流中心建设。

12. 鼓励台湾青少年来海南开展研学旅行，参加各类夏（冬）令营及青少年交流活动，由海南各级政府台湾事务主管部门、涉台单位对主办单位予以资助。

13. 鼓励两岸科研机构、高等学校、企业共同在海南设立两岸合作研发机构，联合建设重点实验室。支持台湾地区科研机构、高等学校、企业在海南注册的独立法人，同等申报我省重点研发计划项目，鼓励产、学、研联合申报。受聘于在海南注册的独立法人的台湾地区科研人员，符合相关条件，由聘用单位提供聘用有效证明，可作为重点研发计划项目（课题）负责人申报，享受与海南科研人员同等政策。

14. 鼓励台湾同胞参与海南文化发展项目，符合条件的可申报我省文化产业发展专项资金，给予绩效奖励、贷款贴息、保费补贴、项目补助等扶持。鼓励台湾职业院校与海南职业院校、职业教育机构合作开展职业技能培训，合作培训专业人才并予以经费支持。

15. 支持取得国家法律职业资格的台湾居民担任本省各类企业法律顾问，符合条件的，可申请颁发公司律师证书。鼓励台湾地区的仲裁机构在海南设立联络点。

16. 在海南工作的台湾同胞和台资企业可以参与海南的各项荣誉称号评选、专门奖项评选。鼓励台湾同胞加入海南经济、科技、文化、艺术类专业性社团组织、行业协会，参加相关活动。支持台湾地区商业协会、社团、行业协会等依照相关规定，来海南设立办事机构。支持各级台湾同胞联谊会、台资企业协会、台商联谊会、各涉台社会团体和组织，推动海南和台湾的交流合作。

三、促进台湾同胞在琼学习实习、就业创业

17. 支持海南航空控股股份有限公司、海口泰龙城等创建海峡两岸和琼台青年就业创业平台。

18. 鼓励企业提供更多岗位给予台湾学生实习见习，并参照海南生源毕业生职业见习补贴标准，给予台湾学生实习见习补贴、租房补贴（限 1 年）。

19. 鼓励在琼来琼工作的台湾同胞同等参评我省人才项目和进行人才认定。在我省工作的台湾专业技术人才，可按规定参加职称评审，其在台湾的工作经历和业绩成果可作为职称评审的重要依据。

20. 台湾同胞子女就读我省幼儿园的，享受本地居民同等待遇；申请就读义务教育阶段中小学校的，按照“免试就近入学”原则，由各市县教育行政管理部门统筹协调在其居住地相对就近的公办学校就读；报考高中阶段学校的，享受本地居民同等待遇。被认定为我省高层次人才的台湾同胞，其子女入学适用《海南省高层次人才子女入学实施办法（试行）》等入学优惠政策。

21. 台湾同胞可以报考、应聘海南事业单位编内工作人员。台湾同胞及其配偶可以竞聘事业单位管理岗位。

22. 在台湾地区获得教师资格证的台湾教师可以通过应聘、购买服务、短期双向交流等方式，在海南的幼儿园、小学至普通初高中学校从事音乐、舞蹈、体育、美术、数理化生学科教学工作。鼓励台湾专家、学者、教师来海南的高校、职业院校从事专业学科教学工作，在台湾地区取得的学术成果可以纳入工作评价体系。

四、保障台湾同胞在琼居住生活便利

23. 允许台湾技术技能人员在海南永久居留。鼓励台胞根据本人意愿，依法申领《台湾居民居住证》，确保台胞持居住证享有法定的权利、基本公共服务及便利。

24. 鼓励台湾同胞和相关社团在海南参与扶贫、支教、慈善、公益、社区建设、志愿者等公益性服务活动。在海南长期居住的台湾同胞可以依照规定程序受邀作为政协特邀委员或顾问并参加会议，可以依照规定程序列席、旁听各级人大、政协会议。鼓励台湾同胞在海南担任调解员、仲裁员、陪审员、缓刑考察员、执行监督员、检察联络员、法律顾问等。

25. 台湾同胞可以个人身份参加职工基本养老保险或城乡居民养老保险，可按规定参加失业保险和工伤保险，享受与海南居民同等保险待遇。在海南工作并缴交相应年份的社保后，因取得台湾地区户籍而放弃大陆户籍的大陆配偶，回海南再就业时，可以将不同时段在海南缴交的社保转移合并。台湾同胞缴交的住房公积金、社保个人账户储存额，在其离开大陆时经个人申请可以一次性支取。

26. 在海南居住的台湾同胞在购房资格、按揭贷款、住房公积金使用等方面享受大陆其他省份居民同等待遇；在海南领取《台湾居民居住证》，且其家庭在海南无房和无购房记录的，可在海南购买一套商品住房。符合市县规定条件的外来务工住房困难台胞可纳入海南公共租赁住房保障范围。符合条件的台湾各类引进人才，可按海南省委办公厅、省政府办公厅《关于引进人才住房保障的指导意见》（琼办发〔2018〕41 号）有关规定，通过申请人才公寓、住房租赁补贴或购房补贴等方式解决住房问题。医疗机构在按照规定书写和保存医疗文书的同时，应为就诊的台湾同胞提供符合台湾地区健保机构核退费用要求的医疗文书。台湾同胞可以在海南所有合法经营的宾馆、酒店、家庭旅馆、房车、民宿等登记住宿。在海南居住的台湾同胞，纳入社区居民工作站公共服务代理代办项目服务对象。

27. 在海南连续生活三年以上的台湾同胞，可与本省户籍居民同等享受入住非营利性养老机构，并参照本省居民给予补贴。在海南亡故，如死者生前或其亲属要求在我省安葬，可执行与我省居民同等殡葬政策。如其亲属要求将遗体或骨灰运出大陆以外安葬，除患急性传染病去世或高度腐败的遗体外，一般应予同意。留有孤儿的，由未成年人救助保护机构或儿童福利机构履行临时监护义务，并配合相关部门做好长期安置工作。突遭变故致生活困难的台湾同胞同等享受海南临时救助。

28. 涉台投诉（涉台信访）按照“属地管理、分级负责、谁主管谁负责”原则，依法解决纠纷，切实维护台湾同胞合法权益。

五、其他

29. 省委统战部、省发改委牵头建立各有关单位参与的联席会议机制，共同推动落实有关工作。

30. 本实施意见未尽事宜，按照国务院台办、国家发改委《关于促进两岸经济文化交流合作的若干措施》执行。如涉及政策调整，按照国家和省有关最新政策执行。

港澳台地区专业人才在中国（海南）自由贸易试验区、海南自由贸易港执业管理办法

（2020年3月11日中共海南省委统一战线工作部、中共海南省委人才发展局琼统通〔2020〕12号）

第一条　为鼓励港澳台地区专业人才在海南就业创业，助力中国（海南）自由贸易试验区、海南自由贸易港建设，根据《中国（海南）自由贸易试验区总体方案》（国发〔2018〕34号）、《关于支持海南开展人才发展体制机制创新的实施方案》（中组发〔2019〕14号）和《港澳台居民居住证申领发放办法》（国办发〔2018〕81号）等有关规定，制定本办法。

第二条　本办法所称专业人才，是指具有港澳台地区金融、建筑、规划、专利代理等行业执业资格，持有香港或澳门居民身份证或台湾身份证且不具有内地（大陆）户籍的中国公民。

第三条　港澳台地区专业人才经海南相关行业主管部门备案后，按海南相关行业主管部门备案指引作为员工为相关的行业事务所、企业工作，或依法依规在海南单独开办相关的行业事务所，为中国（海南）自由贸易试验区、海南自由贸易港企业提供专业服务。

第四条　符合下列条件的港澳台地区专业人才可在海南执业备案：

（一）遵守国家法律法规；

（二）具有金融、建筑、规划、专利代理等行业执业资格；

（三）本人承诺最近3年内个人执业行为无违法违规记录，且个人信用良好。

第五条　港澳台地区专业人才在海南执业备案，需要按海南相关行业主管部门备案指引提供相应资料。

第六条　海南省金融、建筑、规划、专利代理等行业主管部门根据本办法制定相应备案指引，并对外公布。对港澳台专业人才在中国（海南）自由贸易试验区、海南自由贸易港执业业务进行行业监督管理。备案指引包括申请流程、

执业范围、执业规范、监督管理等内容。

第七条 港澳台地区专业人才若在中国（海南）自由贸易试验区、海南自由贸易港执业期间违反内地法律法规或在履约和诚信方面存在不良行为，海南省行业主管部门依法依规处理。

第八条 本办法自 2020 年 4 月 15 日起施行。

第九条 本办法由中共海南省委统一战线工作部负责解释。

中共海南省委统一战线工作部
中共海南省委人才发展局鼓励港澳台地区人才服务海南发展若干意见

（2020年11月6日中共海南省委统一战线工作部、中共海南省委人才发展局琼统通〔2020〕46号）

为深入贯彻落实习近平总书记关于海南自由贸易港建设的系列重要讲话和重要指示批示精神，认真贯彻落实《海南自由贸易港建设总体方案》的各项部署要求，同港澳台地区人才分享海南自由贸易港建设机遇，进一步鼓励和支持港澳台地区人才在海南学习实习、就业创业，为港澳台地区人才在海南发展创造更加便利的条件和环境，吸引和汇聚更多港澳台地区人才参与、助力和服务海南自由贸易港建设，制定本意见。

一、构建更加开放的港澳台地区人才引进机制

（一）允许符合条件的港澳台地区人才担任海南自由贸易港内法定机构、事业单位、国有企业的法定代表人。

（二）允许具有港澳台地区相关行业职业资格的人才，按照《海南自由贸易港境外人员执业管理办法（试行）》相关要求，经海南省相关行业主管部门进行技能认定后，按规定范围和有效期限为海南自由贸易港内企业和居民直接提供专业服务。

（三）允许港澳台地区人才按规定在海南省报名参加相关专业技术人员职业资格考试。

（四）允许港澳台地区人才按规定参加海南省事业单位公开招聘。本人及其配偶可以竞聘事业单位管理岗位。

二、促进港澳台地区人才在海南学习实习、就业创业

（五）鼓励企业提供更多岗位给予港澳台学生实习、就业见习，并按规定给予实习、就业见习补贴。

（六）港澳台地区人才在海南创办企业时，在企业注册、土地使用、税务、商检、进出口代理、商务、公用事业、劳动人事等方面提供便利服务。经认定为国家高新技术企业后，可同等享受相关政策扶持。

（七）港澳台地区人才在海南投资实行市场准入承诺即入制，在办理注册登记时提交港澳居民来往内地通行证、台湾居民来往大陆通行证或港澳台居民居住证复印件，并在复印件上承诺符合相关要求并提交相关材料进行备案，即可开展投资经营活动。

（八）港澳台地区人才在海南创办的实质经营的鼓励类产业企业，实行企业所得税优惠税率。对符合条件的个人，按规定享受个人所得税优惠政策。

（九）港澳台地区人才在海南创办的科技企业按规定获得科技经费扶持，鼓励参加海南省科技奖励评选。鼓励各类企业通过股权、期权、分红等方式，吸引在港澳台地区或国际上获得各类科技奖项的港澳台地区青年来海南创业就业，加大对科技成果转化的支持。

（十）港澳台地区人才在海南就业创业的报酬，可根据其所任职务和本人贡献情况，由聘用单位与本人协商后确定。鼓励高校、科研院所探索各类要素参与分配，采用年薪工资、协议工资、项目工资等方式聘任港澳台地区高层次人才，所需人员经费不纳入绩效工资总额调控范围。提高科研项目人员经费比例。

（十一）发挥海口江东新区、海口国家高新区、三亚崖州湾科技城、博鳌乐城国际医疗旅游先行区、洋浦经济开发区和海南生态软件园等6个海南自贸港重点园区设立的港澳台侨服务工作站作用，为港澳台地区人才来海南投资创业提供政策咨询和沟通协调服务，为港澳台地区人才在海南就业创业搭建平台，打造聚集港澳台地区人才和企业的创新创业基地。

（十二）依托海口观澜湖旅游园区打造琼港澳服务业合作示范区，着力发展旅游服务、文化贸易、影视服务、体育服务、创新金融等五大产业，打造港澳服务企业在琼投资聚集区、港澳优势服务企业在琼集中展示区、琼港澳三地交流和活动聚集平台、港澳专业人士在琼工作生活聚集区。

（十三）推动“台胞台企之家”建设，为在琼台胞台商提供贴心服务。创建涉台法律服务合作机制，为台胞台商提供法律咨询，协助依法处置相关法律事务。鼓励台胞到海南生态软件园设立的“海峡两岸（海南）科技文创产业基地”创业，符合条件的可享受园区优惠政策。

（十四）对作出突出贡献的港澳台地区人才，按规定给予表彰奖励。鼓励港澳台地区人才参加海南省人才奖评选，依托海南省杰出人才荣誉制度，大力表彰创新创业的杰出港澳台地区人才。

三、优化港澳台地区人才在海南居住生活保障

（十五）港澳台地区人才在海南就业创业，按照国家和海南省有关规定，依法参加海南省各项社会保险。其灵活就业且办理了港澳台居民居住证的配偶及子女，可按照《海南省城乡从业人员基本养老保险条例》的规定参加职工基本养老保险，并享受基本养老保险待遇；其未就业且办理了港澳台居民居住证的配偶及在校（园）子女，可按照《海南省城乡居民基本养老保险暂行办法》参加海南省城乡居民基本养老保险，并享受基本养老保险待遇。

（十六）港澳台地区人才在海南就业创业住房保障按照海南省引进人才住房保障有关政策执行，通过人才公寓、租赁补贴、购房补贴等方式多渠道解决住房问题。

（十七）港澳台地区人才在海南就业创业，其子女教育享受本地居民同等待遇。港澳台地区人才随迁子女按规定享受居住地学前教育和义务教育服务，按当地政策参加中考，入读高中。港澳台地区人才经有关部门认定为海南省高层次人才的，其子女入学参照高层次人才子女入学相关规定执行。

（十八）海南引进的港澳台地区高层次人才，提供担保和雇佣合同，可聘雇外籍家政服务人员并为其办理私人事务类居留许可。

四、其他

（十九）中共海南省委统一战线工作部、中共海南省委人才发展局牵头相关部门共同推动落实有关工作。

（二十）本意见未尽事宜，按照国家和省有关政策执行，如涉及政策调整，按照国家和省有关最新政策执行。

重庆市

重庆市台湾同胞投资保护条例

（1998年8月1日重庆市第一届人民代表大会常务委员会第十次会议通过 2005年5月27日重庆市第二届人民代表大会常务委员会第十七次会议第一次修正 2010年7月23日重庆市第三届人民代表大会常务委员会第十八会议第二次修正）

第一章 总 则

第一条 为了鼓励台湾同胞在本市投资，保护台湾同胞投资者合法权益，根据《中华人民共和国台湾同胞投资保护法》等有关法律、法规，结合本市实际，制定本条例。

第二条 本条例所称台湾同胞投资，是指台湾同胞在台湾地区的公司、企业、其他经济组织或者个人作为投资者在本市的投资。

第三条 市和区县（自治县）人民政府应当认真执行《中华人民共和国台湾同胞投资保护法》，改善投资环境，做好台湾同胞投资者合法权益的保障工作。

第四条 市和区县（自治县）台湾事务主管部门应当按照规定职责，办理台湾同胞投资的有关事宜，做好组织、指导、协调、管理工作。

市和区县（自治县）对外经贸、发展改革、经济、工商、税务、国土资源和房屋、公安、劳动和社会保障、海关、进出境检验检疫、金融等行政主管部门应当按照各自职责，做好台湾同胞投资的管理、保护和服务工作。

第五条 台湾同胞投资者及其在重庆市投资兴办企业，必须遵守国家法律、法规和本条例，不得损害国家利益和社会公共利益。

第二章 投资范围

第六条 台湾同胞投资者以公司、企业或者其他经济组织名义投资的，应当提供下列文件：

（一）企业营业执照副本或注册登记证明；

（二）能够证明其法定代表人的台湾同胞身份证件或者其他证明；

（三）商业资信证明材料。

台湾同胞投资者以个人名义投资的，应当提供下列证件：

（一）台湾地区居民身份证或者其他能够证明个人身份的证件；

（二）台湾居民来往大陆通行证；

（三）资信证明。

第七条 台湾同胞投资者可以委托他人作为其投资代理人。授权委托书应当载明代理人的姓名或名称、代理事项、权限和期间等内容，并由委托人签名或盖章。

第八条 台湾同胞投资者可以依法采取下列投资形式：

（一）举办拥有全部资本的企业、合资经营企业、合作经营企业；

（二）取得土地使用权，开发经营；

（三）购买、租赁或者承包企业；

（四）购买企业股票、债券；

（五）购置房产；

（六）法律、法规允许的其他投资形式。

第九条 鼓励台湾同胞投资者投资下列项目：

（一）能源、交通、城市市政公用等基础设施和基础原材料工业项目；

（二）农业、林业、畜牧业、水产养殖业开发和新技术、优良品种引进，以及农业基础设施建设、农业综合开发项目；

（三）环境保护项目；

（四）技术含量高的高新技术项目；

（五）适应国际市场需求的出口创汇型项目；

（六）对需要技术改造的国有企业嫁接改造的项目；

（七）三峡库区移民开发、移民安置的综合长期发展项目；

（八）少数民族地区具有民族特色的地方民族项目；

（九）本市经济技术开发区和高新技术产业开发区的项目。

第十条　经国务院规定的部门或者国务院规定的地方人民政府批准，台湾同胞投资者可以投资下列项目：

（一）以 BOT 方式投资基础设施项目；

（二）合资、合作举办超级市场、连锁店和商业零售企业；

（三）合资、合作举办农副产品批发、零售企业；

（四）台湾金融机构申请设立银行或者非银行金融机构；

（五）设立信息、咨询等中介机构；

（六）举办医疗、体育和教育等公益事业；

（七）投资旅游事业；

（八）国家允许的其他投资项目。

第三章　企业设立

第十一条　台湾同胞投资者申请设立企业，应当向审批机关提出申请；审批机关自接到全部申请文件之日起，应当在三十日内作出批准或者不批准的决定。

台湾同胞投资者自接到批准证书之日起，应当在三十日内依法向工商行政管理机关核准登记；工商行政管理机关自接到全部申请文件之日起，应当在十五日内作出准予登记或者不准予登记的决定。

第十二条　台湾同胞投资者拥有全部资本的企业，经营期限由投资者自行依法确定；合资经营企业、合作经营企业的经营期限由合资、合作各方依法协商确定。

台湾同胞投资企业的经营期限，不超过该企业的土地使用期限。

第十三条　合资经营企业董事会、合作经营企业董事会或者联合管理机构的组成人员，以及董事长、联合管理机构主管的委派，可以参照出资比例、合作章程，由合资、合作各方依法协商决定。

第十四条　台湾同胞投资企业可以依法在境内外招收员工，并签订劳动合同。

第四章 投资待遇

第十五条 台湾同胞投资，在投资领域、税收、工商登记、外汇管理和信贷、土地和房产、生产经营、物资进出口、人事劳动、矿产资源开发、开发性移民等方面，执行国家法律、法规和享受市人民政府规定的外商投资企业的优惠政策。

第十六条 台湾同胞投资企业生产经营所需的原材料、水、电、气、货物运输、广告、劳务、通讯等服务，应当在价格或其他方面给予与本市企业相同的待遇。

第十七条 台湾同胞投资企业在本市委托公证机关、会计师事务所、审计师事务所、律师事务所等中介服务机构办理有关事务的费用以及办理各类年审、年检、体检的费用，按照本市同行业企业相同标准支付。

第十八条 台湾同胞投资者和台湾同胞投资企业，可以参加同行业的评定、评比活动；做出突出成绩的，可以获得本市各级人民政府及有关团体颁发的荣誉称号和奖励。

第十九条 任何部门和单位不得侵犯台湾同胞投资企业依照法律、法规和经审查批准机关批准的合同、章程享有的经营管理自主权。合资、合作企业本市投资方的上级主管部门不得干涉企业的经营管理自主权。

第二十条 对台湾同胞投资者的投资不实行国有化和征收。

因社会公共利益特殊需要进行征收的，需经重庆市人民政府批准，并根据评估机构的评估价值，给予相应的补偿。

第二十一条 依法保护台湾同胞投资及其投资企业的著作权、专利权和商标权等知识产权，依法处理侵权的单位和个人。

第二十二条 台湾同胞投资者、台湾同胞投资企业、台湾同胞投资企业协会认为行政机关和行政机关工作人员的具体行政行为侵犯了其合法权益的，可以依据行政复议或行政诉讼等相关法律、法规的规定，申请复议或提起行政诉讼。

第二十三条 国家机关及其工作人员行使职权不当，侵害台湾同胞投资者、台湾同胞投资企业的合法权益造成经济损失的，可以依照《中华人民共和国国家赔偿法》请求取得有关国家机关的赔偿。

第五章　居 民 待 遇

第二十四条　在本市投资的台湾同胞和随行眷属，以及受聘于台湾同胞投资企业的台湾员工，需要多次往返本市的，可以申请办理多次有效的来往签注；需要在本市停留三个月以上的，应当办理暂住手续。

第二十五条　在本市投资的台湾同胞和随行眷属，以及受聘于台湾同胞投资企业的台湾员工，已办理暂住手续的，在购买或者租赁住房、旅馆住宿、医疗、游览、交通、通讯等生活消费方面享受本市居民同等待遇。

第二十六条　在本市投资的台湾同胞的子女在本市就学，依照国民教育办理，可以申请就近入中小学读书，与本市居民子女同等收费。在本市投资的台湾同胞子女可以按照国家的规定报考有关高等院校。

第二十七条　允许台湾同胞投资者或台湾同胞投资企业协会在台湾同胞投资企业集中的地区，按照国家规定申请合作开办台胞子弟学校或台胞子弟班。经批准设立的台胞子弟学校或台胞子弟班接受所在地教育行政部门的管理和指导。

第二十八条　在本市投资的台湾同胞以及受聘于台湾同胞投资企业的台湾员工，已在台湾地区取得有效小型机动车驾驶证的，可以按有关规定在本市申请换领同类型机动车驾驶证。

第二十九条　台湾同胞在台湾地区或者其他国家、地区取得有效的健康证明，经本市口岸卫生检疫机构确认合格的，可以免予健康检查，并发给验证证明。

第三十条　扰乱台湾同胞投资企业正常生产经营和侵害台湾同胞投资者人身安全，违反《中华人民共和国治安管理处罚法》规定的，由公安机关予以处罚；构成犯罪的，依法追究刑事责任。

台湾同胞投资者及其随行眷属的个人合法财产及其转让与继承，受国家法律保护。

第六章　投 诉 处 理

第三十一条　台湾同胞投资者在本市发生的与投资有关的纠纷，当事人可以通过协商或者调解解决。

当事人不愿协商、调解，或者经协商、调解不成的，可以按照《中华人民共和国仲裁法》的规定申请仲裁，或者按照《中华人民共和国民事诉讼法》的规定向人民法院提起诉讼。

第三十二条 设立重庆市台商投诉协调中心，负责受理台湾同胞投资者、台湾同胞投资企业的投诉事项，履行下列职责：

（一）对投诉事项进行调查；

（二）明确投诉事项的处理期限；

（三）组织、协调有关部门处理投诉事项；

（四）对侵害台湾同胞投资者、台湾同胞投资企业合法权益的行政行为，有权建议有关主管部门对其负责人和直接责任人员追究行政责任；

（五）对重大责任事件，提出处理建议。

市台商投诉协调中心的日常工作，由市台湾事务主管部门承担，有关部门应予配合。

第三十三条 对台湾同胞投资者、台湾同胞投资企业的投诉，有关部门应在三十日内处理完毕，并回复投诉者。因特殊原因在期限内不能处理完毕的，应在期限内向投诉者书面说明原因。

第三十四条 台商投诉协调中心接到台湾同胞投资者投诉后，应当及时调查，依法办理。

台商投诉协调中心对应当由政府有关行政管理部门处理的投诉事项，转有关行政管理部门处理，并负责督促办理。

有关行政管理部门在接到台湾同胞投资者投诉或者接到台商投诉协调中心转交的投诉后，必须及时调查，依法处理，在三十日内将处理意见答复投诉人，并同时告知同级台商投诉协调中心。

台湾同胞投资者的投诉事项重大，或者投诉事项需由几个部门共同处理的，台商投诉协调中心可以提请人民政府处理。

第三十五条 投诉事项调查处理完毕，主要责任应由行政机关及其工作人员承担的，由任免机关或行政监察机关对行政机关负责人和直接责任人员依法给予行政处分。

第三十六条 国家机关工作人员在办理台湾同胞投资的审批、办证、投诉等工作中徇私舞弊、玩忽职守、滥用职权、收受贿赂的，由所在单位或者上级主管部门给予行政处分；构成犯罪的，依法追究刑事责任。

第七章　附　　则

第三十七条　台湾同胞在港澳地区或境外投资的公司、企业或其他经济组织在本市投资的，依照本条例规定实施保护。

第三十八条　本条例自 1998 年 9 月 1 日起施行。

重庆市人民政府办公厅转发市台办市发展改革委关于促进渝台经济文化交流合作若干措施的通知

（2018年8月21日重庆市人民政府办公厅渝府办发〔2018〕117号）

各区县（自治县）人民政府，市政府有关部门，有关单位：

市台办、市发展改革委《关于促进渝台经济文化交流合作的若干措施》已经市政府同意，现转发给你们，请认真贯彻执行。

关于促进渝台经济文化交流合作的若干措施

市台办　市发展改革委

为深入贯彻党的十九大精神和习近平总书记关于对台工作的重要论述，积极给予台资企业在投资和经济合作领域与重庆企业同等待遇，逐步为台湾同胞在渝学习、创业、就业、生活提供与重庆居民同等待遇，按照国务院台办、国家发展改革委《关于印发〈关于促进两岸经济文化交流合作的若干措施〉的通知》（国台发〔2018〕1号）要求，依据《重庆市台湾同胞投资保护条例》等规定，结合重庆实际，制定如下措施。

一、关于经济交流合作方面

1. 台湾同胞在重庆投资的企业（以下简称台资企业）参与“中国制造2025”行动计划适用与重庆企业同等政策。支持台湾同胞来重庆投资设立高端制造、智能制造、绿色制造等企业并设立区域总部和研发设计中心，在投资、税收等方面与重庆企业享受同等支持政策。（牵头单位：市经济信息委；配合单位：市发展改革委、市商务委、市科委、市税务局）

2. 支持符合条件的台资企业依法享受高新技术企业和西部大开发税收优惠政策，按15%的税率征收企业所得税。台资企业申报高新技术企业经认定后，免缴科研与生产建设用房城市建设配套费。设在重庆的台资研发中心采购国产设备享受全额退还增值税等税收优惠政策。（牵头单位：市科委；配合单位：市税务局）

3. 台湾科研机构、高等学校、企业在重庆登记注册的独立法人，根据相关规定，可牵头或参与申报国家和重庆重点研发计划项目，享受与重庆科研机构、高等学校、企业同等政策。受聘于在重庆注册的独立法人的台湾地区科研人员，根据相关规定，可作为国家和重庆重点研发计划项目（课题）负责人申报享受与重庆科研人员同等政策。对台湾地区知识产权在重庆转化的，可参照执行大陆知识产权激励政策。（牵头单位：市科委；配合单位：市教委、市人力社保局）

4. 台资企业可以特许经营方式参与重庆能源、交通、水利、环保、市政公用工程等基础设施建设。进一步深化“放管服”改革，简化审批流程，提高服务效率，降低台资企业制度性交易成本。（牵头单位：市发展改革委；配合单位：市经济信息委、市城乡建委、市交委、市城管委、市水利局、市环保局）

5. 支持符合条件的台资企业在主板、中小企业板、创业板上市。支持符合条件的台资企业在新三板挂牌，利用发行公司债券进行融资。支持注册地在重庆的台资企业依法到重庆区域性股权市场挂牌。支持重庆股份转让中心为台资企业非公开发行、转让企业股票和发行可转换为股票的公司债券等相关活动提供服务。（牵头单位：市金融办；配合单位：重庆证监局）

6. 台资企业可公平参与政府采购，台湾同胞和台资企业可以按照相关规定参与政府购买社会救助服务工作。（牵头单位：市财政局、市民政局；配合单位：市经济信息委）

7. 支持台资企业通过合资合作、并购重组等方式参与国有企业混合所有制改革，有关登记机关派专人对其进行跟踪指导服务，优化登记手续，自受理申请材料后 3 个工作日内完成审核。（责任单位：市国资委、市工商局）

8. 台资企业与重庆企业同等适用相关用地政策。对集约用地的鼓励类台商投资工业项目优先供应土地，在确定土地出让底价时，可按不低于所在地土地等别相对应重庆工业用地出让最低价标准的 70% 执行。对符合城市规划和不改变用途的存量工业用地，经批准在原用地范围内进行技术改造、建设多层厂房、实施厂房改造加层或开发利用地下空间而提高容积率的，不再增收土地价款。台资工业企业利用存量房产、土地兴办先进制造业、生产性及高科技服务业、创业创新平台等国家支持的新产业、新业态建设项目的，经批准可在 5 年过渡期内继续按原用途和土地权利类型使用土地，过渡期满后，依法按新用途办理用地手续。根据国家和我市的产业政策、产业生命周期和降低企业初始用地成本等情况，可灵活设定10—50年的工业用地出让年期，对符合规划的堆场、仓储等项目以及不适宜以出让方式供地的项目，可以租赁方式供地，根据项目具体情况实行短期租赁、长期租赁和先租后让、租让结合等供地模式。（牵头单位：市国土房管局；配合单位：市规划局）

9. 积极推进海峡两岸产业合作区设立工作，鼓励台资企业向重庆转移并参与“一带一路”建设和长江经济带发展，鼓励台资企业参与重庆“三大攻坚战”和“八项行动计划”，拓展内需市场和国际市场，同等享受重庆在开拓市场、境外投资等方面出台的相关扶持政策。（牵头单位：市台办；配合单位：市发展改革委、市商务委）

10. 支持符合条件的台资农业企业申报市级农业产业化龙头企业，经认定为市级农业产业化龙头企业的台资企业，同等享受农业企业贷款贴息、项目资金补助等农业支持政策和优惠措施。支持重庆台资农业企业同等享受农机购置补贴。积极支持重庆台湾农民创业园建设。（牵头单位：市农委；配合单位：市台办、市财政局）

11. 经有关金融监管部门批准，台湾金融机构可以在重庆设立银行或者非银行金融机构。台湾征信机构可与重庆征信机构开展合作，为两岸同胞和企业提供征信服务。支持台资银行重庆机构接入金融信用信息基础数据库，满足征信需求。直接向台湾同胞和台资企业提供金融信用信息基础数据库信息查询服务。（牵头单位：市金融办；配合单位：人行重庆营管部、重庆银监局、重庆证监局）

12. 支持台资企业和台湾同胞在重庆设立企业时以人民币作为资本注册金。支持台湾同胞将在重庆就业获取的以人民币结算工资汇出。（牵头单位：市金融办；配合单位：人行重庆营管部）

13. 支持各类金融机构为本市中小微台资企业和台湾同胞提供金融服务。台资银行可与重庆有关银行协作，通过银团贷款等方式为重庆实体经济提供金融服务。（牵头单位：市金融办；配合单位：人行重庆营管部、重庆银监局）

14. 将台资企业纳入《重庆市公安局关于服务民营经济发展30条》服务范畴，积极为因紧急商务活动需办理出入境证件的台资企业人员开通“绿色通道”，提供24小时急事急办服务。对台资企业较集中地区定期开展上门走访服

务。(责任单位：市公安局)

15. 取得台湾地区资质（资格）证书的台湾建筑业企业，根据相关规定可以在重庆从事相关建筑活动。(牵头单位：市城乡建委；配合单位：市国土房管局、市环保局)

16. 鼓励、支持台资企业转型升级，提供帮扶资金和政策支持，与重庆企业享受同等待遇。(牵头单位：市经济信息委；配合单位：市财政局、市科委)

17. 本着平等互惠原则，加强渝台著作权、专利权、商标权及植物新品种权等两岸知识产权（智慧财产权）保护方面的合作，依法保护台湾同胞及其投资企业的知识产权。(责任单位：市知识产权局)

二、关于社会文化交流合作方面

18. 积极协助在重庆的台湾同胞申报国家自然科学基金、国家社会科学基金、国家杰出青年科学基金、国家艺术基金等各类基金项目，与重庆科研人员、文艺工作者享受同等政策。有关部门向其提供政策咨询和业务指导服务。(牵头单位：市科委；配合单位：市文化委、市社科联)

19. 鼓励台湾同胞参与中华经典诵读工程、文化遗产保护工程、非物质文化遗产传承发展工程等中华优秀传统文化传承发展工程，支持台湾同胞在重庆依法开展非物质文化遗产传习活动，与重庆市民享受同等政策。支持在重庆的台湾文化艺术界团体和个人参与大陆在海外举办的感知中国、中国文化年(节)、欢乐春节等品牌活动，参加“中华文化走出去”计划。积极协助符合条件的渝台文化项目纳入海外中国文化中心项目资源库。鼓励台湾同胞结合重庆抗战遗址、大足石刻等优秀文化遗产开展文化交流活动。鼓励台湾同胞参与武陵山区（渝东南）土家族苗族文化生态保护实验区建设，参与非物质文化遗产项目的保护传承工作。(牵头单位：市文化委；配合单位：市教委)

20. 积极协助在重庆的台湾同胞参评中华慈善奖、梅花奖、金鹰奖等国家经济科技文化社会领域各类奖励项目。符合条件的台湾同胞和台资企业可以参加同行业的评定、评比活动，作出突出贡献的可以获得劳动模范、五一劳动奖章、青年五四奖章、青年岗位能手、三八红旗手、杰出青年企业家等重庆各级政府及有关团体颁发的荣誉称号和奖励。支持台湾同胞参与重庆市内各级文化类奖项的评选。(牵头单位：市台办；配合单位：市民政局、市文化委、市总工会、市妇联、团市委、市文联)

21. 鼓励台湾同胞参与重庆广播电视节目的制作，台湾同胞参与重庆广播

电视节目和电影、电视剧制作可不受数量限制。（责任单位：市文化委）

22. 鼓励重庆广播电视台、视听网站和有线电视网引进更多台湾生产的电影、电视剧，鼓励合拍剧在黄金时段播出，推动电影发行机构对引进台湾生产的电影不作数量限制。（责任单位：市文化委）

23. 放宽渝台合拍电影、电视剧在主创人员比例、大陆元素、投资比例等方面的限制，积极协助台湾同胞办理在重庆制作电影、电视剧相关手续。落实取消两岸电影合拍立项申报收费。协助缩短渝台电视剧合拍立项阶段故事梗概的审批时限。（责任单位：市文化委）

24. 建立台湾图书进口业务绿色通道，支持简化进口审批流程。支持同时段进口的台湾图书优先办理相关手续。（牵头单位：市文化委；配合单位：重庆海关）

25. 鼓励台湾同胞加入重庆经济、文化、科技、艺术类专业性社团组织、行业协会，参加相关活动。鼓励涉及渝台交流的社会组织充分发挥作用，促进渝台经济、文化、科技、艺术等交流合作。（牵头单位：市台办；配合单位：市民政局）

26. 支持台湾地区基金会、社会团体、智库机构等非营利、非政府的社会组织按相关法律、法规和程序来重庆设立办事机构和开展活动。（责任单位：市公安局）

27. 支持鼓励渝台教育文化科研机构合作开展中国文化、历史、民族、科学技术等领域研究和成果应用。（责任单位：市教委、市科委、市文化委）

28. 创新渝台合作办学模式，支持重庆高校与台湾高校开展校际交流与合作，联合开展中华文化、历史、民族等领域的研究和学术交流。（责任单位：市教委）

29. 积极协助台湾地区从事两岸民间交流的机构根据国家有关规定，申请两岸交流基金项目。继续办好“重庆·台湾周”等品牌活动，对台湾地区参与活动的相关机构给予优先支持。（责任单位：市台办）

30. 支持台湾同胞同等享受重庆公共文化服务，鼓励台湾同胞和台资企业参与重庆公共文化服务体系建设。台湾同胞在重庆创办各类文化企业，和重庆文化企业同等享受文化产业政策。（牵头单位：市文化委；配合单位：市发展改革委）

31. 鼓励两岸科研机构、高等学校、企业在重庆设立两岸合作研发机构，

开展基础研究、前沿技术和共性关键技术研究，联合培养研发团队和技术人才。（责任单位：市教委、市科委）

三、关于台湾同胞在渝学习实习方面

32. 积极协助在重庆高校就读临床医学专业硕士学位的台湾学生，在参加研究生学习1年后，按照相关规定申请参加大陆医师资格考试。（牵头单位：市卫生计生委；配合单位：市人力社保局）

33. 建立渝台人才培训合作机制，鼓励台湾优质职业院校与重庆职业院校、职业教育机构合作开展职业技能培训和人才联合培养。（责任单位：市教委、市人力社保局）

34. 鼓励企业提供更多岗位供台湾学生实习见习，将台湾高校毕业生纳入就业见习人员范围，并参照重庆生源毕业生给予同等待遇，按规定落实就业见习补贴。（牵头单位：市人力社保局；配合单位：市财政局）

35. 在重庆生活、工作、学习的台湾同胞的子女可在本市按就近原则申请就读中小学，与重庆居民子女同等交费并享受中考降分录取政策；可按照国家规定报考大陆高等学校。（牵头单位：市教委；配合单位：市财政局）

四、关于台湾同胞在渝就业创业方面

36. 在重庆的台湾同胞可报名参加53项专业技术人员职业资格考试和81项技能人员职业资格考试。在重庆企业工作的台湾同胞由企业统一组织实施岗位技能提升培训，并按规定给予培训补贴。对吸纳实名登记离校2年内未就业台湾高校毕业生就业并组织开展定向就业培训的企业，在其与聘用的台湾高校毕业生签订1年以上劳动合同且缴纳社会保险后，按规定给予定向就业培训补贴。（责任单位：市人力社保局）

37. 积极协助符合条件的台湾专业人才申报国家“千人计划”“万人计划”和重庆市重点人才项目。（牵头单位：市委组织部；配合单位：市委宣传部、市经济信息委、市教委、市科委、市人力社保局、市卫生计生委、市国资委、市金融办、市工商联）

38. 加快推动各类人事人才网站和企业线上招聘系统升级服务工作，支持使用台胞证注册登录。（牵头单位：市人力社保局；配合单位：市工商联）

39. 鼓励台湾同胞和相关社团参与重庆扶贫、支教、公益、社区建设等基层工作并为其提供相应支持。（牵头单位：市台办；配合单位：市民政局、市扶贫办、团市委）

40. 在重庆就读的台湾学生可参加大中专学生志愿者暑期文化科技卫生“三下乡”社会实践活动，可成为注册志愿者参加相关的志愿服务活动，可申请参加大学生志愿服务西部计划。(责任单位：团市委)

41. 取得大陆医师资格证书的台湾同胞，可按照相关规定申请执业注册。符合条件的台湾医师，可通过认定方式在重庆获得大陆医师资格，也可在重庆办理短期行医资格，期满后可重新办理注册手续。支持台湾同胞在重庆取得护士执业资格和参加卫生专业技术资格考试，取得执业资格后，可按照规定申请在重庆执业。(责任单位：市卫生计生委)

42. 鼓励支持台湾同胞来重庆投资设置医疗机构，鼓励有资质人员依法开办个体诊所。(责任单位：市卫生计生委)

43. 鼓励台湾青年来重庆创业就业，可申请“青创培训”等帮扶项目，参加青年创新创业赛事。支持台湾青年创办的企业入驻重庆各类青创空间，挂牌重庆青年创新创业板。(责任单位：团市委)

44. 在台湾已获取相应资格的台湾同胞在重庆申请证券、期货、基金从业资格时，只需通过大陆法律法规考试，无需参加专业知识考试。(牵头单位：市金融办；配合单位：市人力社保局、重庆证监局)

45. 鼓励重庆高校积极引进台湾高水平专家从事专业学科教学或开展科研合作。鼓励取得资质的台湾教师通过特聘、购买服务、短期双向交流等方式来重庆高校任教，其在台湾取得的学术成果可纳入工作评价体系，在重庆任教或从事科研期间享受重庆高校教学科研人员同等待遇。(责任单位：市教委)

46. 鼓励和支持台湾同胞在重庆创办养老服务机构。(责任单位：市民政局)

47. 台湾同胞来重庆创业，以其拥有的可用货币估价并能依法转让的高新科技成果、知识产权等出资入股的，其作价金额占注册资本的比例不超过70%。(牵头单位：市工商局；配合单位：市财政局)

48. 取得国家承认学历的台湾高校毕业生毕业5年内来重庆创业，可申请个人最高10万元（人民币，下同）、合伙经营实体最高75万元、小微企业最高200万元的创业担保贷款。重庆高校在校台湾大学生可参加GYB（创业意识培训），并按规定享受补贴。(责任单位：市人力社保局)

五、关于台湾同胞在渝居住生活方面

49. 鼓励台湾金融机构、商户与中国银联及重庆非银行支付机构依法依规开展合作，督导重庆有关非银行支付机构根据业务许可范围加强与台湾商户业务合作，多措并举满足台湾同胞日常生活消费领域移动支付服务需求。（牵头单位：市金融办；配合单位：人行重庆营管部）

50. 支持在重庆长期居住的台湾同胞参与重庆社区建设、社区服务。凡涉及台湾同胞利益相关的社区事务，邀请台湾同胞参与协商。（牵头单位：市民政局；配合单位：市台办）

51. 在重庆长期居住的台湾同胞可参与社会管理，列席重庆各级政协会议，受邀担任警风监督员，加入重庆市青年企业家协会、重庆市青年商会、重庆市青年志愿者协会、重庆市青年创新创业促进会等社团组织。（牵头单位：市台办；配合单位：市委统战部、市公安局、市民政局、团市委）

52. 台湾同胞在重庆申请公租房享有重庆居民同等待遇。（责任单位：市国土房管局）

53. 逐步实现台湾居民居住证与大陆居民身份证在重庆享有同等法律效用，并对无法识别、读取台胞证件信息的系统设备限期进行完善升级。（责任单位：市公安局）

54. 台湾同胞在重庆与用人单位依法建立劳动关系后，用人单位依法为其办理城镇企业职工基本养老保险、城镇职工基本医疗保险、生育保险、工伤保险、失业保险，享受与重庆居民同等保险待遇；在协商一致的基础上，可按有关规定缴存住房公积金，与本市职工同等享有提取住房公积金和申请住房公积金贷款等权利。因取得台湾地区户籍而放弃大陆户籍的台胞配偶，回重庆再就业时，可将其以前不同时段在重庆缴纳的社保按规定进行转移合并。（牵头单位：市人力社保局、市国土房管局；配合单位：市财政局）

55. 在重庆的台湾同胞及其家属凭借台胞证可享受重庆居民同等医疗服务，市卫生计生委指定全市 10 家三甲医院为对台湾同胞医疗服务定点医院（特需门诊）。医疗机构按照相关法律法规要求，为就诊的台湾同胞提供符合台湾地区健保机构核退费用要求的医疗文书。（责任单位：市人力社保局、市卫生计生委）

56. 台湾同胞可在重庆合法经营的宾馆、酒店、家庭旅馆、民宿登记住宿。（责任单位：市公安局）

57. 年满 60 周岁的台湾同胞，在重庆公园、旅游景区可半价购买门票，年满 65 周岁的台湾同胞在重庆公园、旅游景区可免门票游览。在重庆居住 1 年以上的年满 70 周岁以上台湾同胞可享受乘坐市内公共交通工具相关优惠。（牵头

单位：市物价局；配合单位：市财政局、市交委)

58. 在市台办设立联系窗口，为在重庆的台湾同胞提供紧急救助服务，在定点医院开设紧急救助“绿色通道”。(牵头单位：市台办；配合单位：市公安局、市民政局、市卫生计生委)

四川省

四川省《中华人民共和国台湾同胞投资保护法》实施办法

（2001 年 11 月 23 日）

第一条　为了保护和鼓励台湾同胞投资者在四川省投资，依据《中华人民共和国台湾同胞投资保护法》、国务院《中华人民共和国台湾同胞投资保护法实施细则》及有关法律、法规，结合四川的实际，制定本办法。

第二条　本办法适用于台湾同胞投资者在四川省投资。

第三条　本办法所称台湾同胞投资者是指台湾地区的公司、企业、其他经济组织或个人在四川省的投资者。

台湾同胞以其在港澳地区和外国投资的公司、企业、其他经济组织或个人名义在四川省的投资可视为台湾同胞投资。

台湾同胞投资于四川省内企业，投资比例占 25%以上的，视为台湾同胞投资企业并享有同等待遇。

第四条　台湾同胞投资者以公司、企业、其他经济组织名义在四川省投资的须出具国家规定的有效的证明文件；以个人身份在四川省投资的须出具国家规定的能够证明个人身份的文件或证书。

第五条　台湾同胞投资者的主体资格，由省、市、州人民政府台湾事务办公室确认。台湾同胞投资者凭全省统一制定的确认证书享受在四川省投资待遇，并依法受到保护。

第六条　台湾同胞投资者及其在四川省投资兴办的企业，必须遵守国家法律、法规和本办法，不得损害国家利益和社会公共利益。

第七条　台湾同胞在我省设立台湾同胞投资企业，其经营管理自主权受国家法律、法规保护，任何单位或个人不得非法干预和侵犯。

台湾同胞投资者及其随行家属、台湾同胞投资企业中的台湾同胞职工及其随行家属的人身权和财产权依法受到保护。除依照国家有关法律规定外，不得对台湾同胞采取限制人身自由的强制措施。

第八条 依据《中华人民共和国台湾同胞投资保护法》第四条的规定，对台湾同胞投资者的投资不实行国有化和征收。

因社会公共利益特殊需要进行征收时，须经四川省人民政府批准，并根据评估机构的评估作价，给予相应的补偿。

资产评估按照国家有关规定执行，补偿款额从实施征收之日起计算，并计算利息，征收方应在实施征收之日起90日内付清补偿本金和到期利息。

被征收方对补偿标准有异议，经协商未达成协议的，可依法向人民法院提起诉讼。

第九条 鼓励台湾同胞投资者用投资获得的收益进行再投资，其中以人民币进行再投资的，享受以外币投资同等待遇。

第十条 台湾同胞在我省投资，按照国家和我省有关规定，给予鼓励，适当放宽限制，并享受有关优惠待遇。

第十一条 台湾同胞投资者可以在四川省依法采用下列形式投资：

（一）开展补偿贸易和来料、来件加工装配；

（二）承包经营或租赁经营企业；

（三）购买股票、债券或参股经营；

（四）购买公司、企业；

（五）购置房产；

（六）依法取得土地使用权，开发经营；

（七）经批准允许的其他投资形式。

第十二条 台湾同胞投资者在四川省按国家规定经批准后，可以在以下方面投资：

（一）兴办商业、保险、金融、信息、咨询、中介等第三产业和教育、体育、卫生等事业；

（二）设立投资公司、高科技风险基金、技术改造基金等；

（三）根据生产经营需要依法设立保税仓库。

第十三条 鼓励台湾同胞投资者投资于以下项目：

（一）四川省人民政府确定的重点发展项目；

（二）农业、林业、畜牧业、水产养殖业的开发及其基础设施建设、产品深加工等项目；

（三）能源、交通、基础工业、基础设施及紧缺原材料工业项目；

（四）先进技术项目；

（五）大中型企业的技术进步项目；

（六）适应国际市场需要，增加出口创汇的出口型项目；

（七）提高产品档次，适应市场需要的新设备、新材料等项目；

（八）本省鼓励投资的其他项目。

第十四条 鼓励台湾同胞投资者投资于以下地域：

（一）盆周山区；

（二）少数民族地区；

（三）台湾同胞投资开发区；

（四）高新技术开发区、经济技术开发区、旅游开发区等。

第十五条 台湾同胞投资者投资企业所需水、电、热、气、通讯、川内和出川铁路、水路、航空运输，有关部门应统筹优先安排，收费标准视同本省同类企业；符合本办法第十三条和第十四条规定的，按有关规定给予综合补偿。

第十六条 台湾同胞投资者兴办的水、电、热、气等公用事业项目，其产品经检验合格后可以直接进入市场。

第十七条 台湾同胞投资者投资总额在500万美元以上的生产型项目，经批准可降低其注册资产与总投资的比例，并优先提供配套的生活设施用地。

第十八条 台湾同胞投资者在四川省投资申办企业，有关部门应一次性告知应申领批准文件或许可证所需文件清单和要求，并在接到全部申请文件之日起30日内作出批准或不批准决定；工商行政管理部门应在接到全部申请文件之日起15日内作出准予登记或不准予登记决定。

第十九条 台湾同胞投资者及其企业可以依法招收员工，有关部门应依法办理手续。

台湾同胞投资兴办的企业应依法建立工会，维护员工的合法权益，并为开展工会工作提供必要的条件。

第二十条 台湾同胞投资者及其企业与员工的劳动争议，依照《中华人民共和国劳动法》、《中华人民共和国企业劳动争议处理条例》处理。

第二十一条 台湾同胞投资者委托亲友作为其投资代理人时，代理人应当持有经公证机关证明的授权委托书。代理人应认真履行自己的责任和义务，依法承担法律和民事责任。

第二十二条 台湾同胞投资者依法投资、经营获得的利润、股息、红利、租金、清算后的资金及其他合法收益，可以依法汇回台湾或汇往境外。

受聘于台湾同胞投资企业的台湾人士及境外人员的工资和其他合法收益，可依法汇回台湾或汇往境外。

第二十三条 台湾同胞投资企业在四川省委托公证机关、会计师事务所、审计师事务所、律师或律师事务所办理有关事务，享受本省企业同等待遇。

第二十四条 台湾同胞投资者及其随行家属和台湾同胞投资企业中的台湾同胞职工及其随行家属，享受下列待遇：

（一）申请办理暂住和多次出入境证件。

（二）凭台湾同胞投资者确认证书在四川乘坐车、船、川航飞机，及购物、住宿、就医、参观旅游点、安装私用电话等，其支付费用与本省居民相同。

（三）在台湾地区取得的有效小型汽车驾驶证，经公安车辆管理部门确认，领取机动车驾驶证副证，可以在四川省内驾驶小型汽车。

（四）台湾同胞投资者本人、所聘台湾人士的亲属、子女可在四川省入学入托，享受本省居民同等待遇；在台湾同胞投资企业集中的地方，经批准，可以建立台湾同胞投资者生活小区，试办台湾同胞投资者子女学校。

（五）居住在四川省的台湾同胞投资者本人、所聘台湾人士和台湾同胞投资企业，做出突出成绩的，可以获得四川省各级人民政府及有关团体颁发的荣誉证书。

第二十五条 各级人民政府及其职能部门应依法办理台湾同胞投资者的投资事宜，依法做好台湾同胞投资企业的管理和服务工作，提供优质、高效、规范的服务。

第二十六条 县级以上人民政府应在台湾同胞投资企业较多的地方指定或设立专门投诉机构，负责受理台湾同胞投资者的投诉事项。

专门投诉机构行使如下职权：

（一）对投诉事项进行调查；

（二）组织、协调有关部门处理投诉事项；

（三）对侵害台湾同胞投资者合法权益的行政行为，有权建议有关主管部门对其负责人和直接责任人员追究其行政责任；

（四）对重大事件，可向上级提出处理建议；

（五）对构成犯罪的行为，转向司法机关受理。

专门投诉机构应在收到投诉状后30日内处理完毕，限期内确不能处理完毕的，应向投诉人说明情况，延期处理，但延期一般不得超过30日。

第二十七条 除法律、法规、省人民政府规章明文规定外，任何部门或单位不得对台湾同胞投资企业另立收费项目或标准，不得擅自对台湾同胞投资企业进行检查或强制其参加各类培训、评比、赞助、捐献财物等活动。

违反上述规定的，台湾同胞投资者及其企业有权拒绝、举报或投诉。

第二十八条 台湾同胞投资者合法权益受侵害或发生民事纠纷时，可根据不同情况依法选择下列途径解决：

（一）协商或调解解决；

（二）向投诉机构投诉；

（三）申请行政复议；

（四）提交仲裁机构仲裁；

（五）向人民法院提起诉讼；

（六）向人民检察院提出申诉。

第二十九条 国家机关及其工作人员行使职权不当侵犯台湾同胞投资者合法权益造成经济损失的，台湾同胞投资者可依照《中华人民共和国国家赔偿法》请求取得有关国家机关赔偿。

对违反《中华人民共和国台湾同胞投资保护法》和本办法的直接责任人员，视其情节轻重，分别给予批评教育或处罚。构成犯罪的，由司法机关追究责任。

各级人民政府有关行政主管机关处理本办法规定内涉台事项，应告知同级人民政府台湾事务办公室；对重大涉台事件的处理，应事先告知省人民政府台湾事务办公室。

第三十条 各级人民政府台湾事务办公室应当做好有关台湾同胞投资的宣传咨询、投诉受理及纠纷调解等工作。

第三十一条 本办法自2002年1月1日起施行；四川省各级国家机关过去制发的有关规定与本办法不一致的，以本办法为准。

关于促进川台经济文化交流合作的若干措施

（2018年9月3日四川省人民政府台湾事务办公室、四川省发展和改革委员会川台发〔2018〕112号）

为深入贯彻党的十九大精神和习近平总书记关于对台工作重要论述，落实国务院台办、国家发展改革委出台的《关于促进两岸经济文化交流合作的若干措施》（国台发〔2018〕1号），积极促进在投资和经济合作领域加快给予台资企业与大陆企业同等待遇，逐步为台湾同胞在大陆学习、创业、就业、生活提供与大陆同胞同等的待遇，经商省委组织部、省委宣传部、省委农工委、省经济和信息化委、教育厅、科技厅、公安厅、民政厅、司法厅、财政厅、人力资源社会保障厅、国土资源厅、环境保护厅、住房城乡建设厅、交通厅、水利厅、农业厅、林业厅、商务厅、文化厅、省卫生计生委、省旅游发展委、省税务局、省工商局、省质监局、省新闻出版广电局、省金融工作局、省知识产权局、省投资促进局、成都海关、人行成都分行、四川银监局、四川证监局、四川保监局、省总工会、团省委、省妇联，结合四川实际，制订若干措施如下。

一、扩大川台经贸合作，积极促进在投资和经济合作领域给予台资企业与大陆企业同等待遇

（一）台资企业参与“中国制造2025四川行动计划”，适用与本地企业同等政策。支持台资企业在川投资电子信息、装备制造、食品饮料、先进材料、能源化工等支柱产业和数字经济，支持台资企业在川设立区域总部、研发设计中心、运营和物流中心，相应享受税收、投资等相关支持政策。

（二）台资企业和台胞来川投资兴业，享受省政府《关于扩大开放促进投资若干政策措施意见的通知》（川府发〔2017〕36号）中扩大开放领域、强化招商引资政策支持、促进投资便利化等方面的支持政策。支持台资企业创新升级转型发展，对符合条件的在川台资企业技术改造类项目，与本地企业同等适用相应支持政策。加强台资企业生产要素保障，对符合条件的在川台资企业纳入全省直购电、丰水期富余电量等政策实施范围。

（三）支持台资企业在四川以特许经营方式参与能源、交通、水利、环保、市政公用工程等基础设施建设。以合资、合作形式投资四川道路运输经营及相关业务。

（四）台资企业可通过合资、合作、并购重组等方式参与国有企业混合所有制改革。

（五）支持台资企业参与四川推进“一带一路”建设，向“海峡两岸产业合作区”以及国家级、省级涉台园区（基地）集中集聚发展。大力推进环保产业合作示范基地建设。

（六）支持台湾地区货物经中欧班列、“泸州—武汉—台湾”江海联运及“厦蓉欧”运输进出口，为台资企业和台湾地区商品进出口提供通关便利。

（七）加强税收政策宣传和纳税服务，支持符合条件的台资企业依法享受高新技术企业减按15%税率征收企业所得税，研发费用加计扣除，设在四川的研发中心采购大陆设备全额退还增值税等税收优惠政策。切实落实西部大开发、购置环境保护节能节水等专用设备投资额税额抵免。落实台资企业从大陆居民企业分配的利润直接投资于鼓励类投资项目，符合条件的暂不征收预提所得税政策。台资企业因有特殊困难不能按期缴纳税款的，可按法定程序申请延期缴纳税款。

（八）台资企业来川投资或扩大投资与本地企业同等适用相关用地政策。在符合土地利用总体规划和产业规划的前提下，按照“保落地、保开工、保当期”及轻重缓急原则，积极保障台资企业合理用地需求。台资企业用地涉及土地征收的，对项目用地，提前介入，主动服务，优化、规范报批程序和材料，开辟绿色通道，提高审批效率。

（九）支持台资企业符合条件的项目列入省重点项目名单。对纳入省级重点推进项目名单的项目，所需用地计划省上配套70%、地方配套30%，其他省重点项目用地由项目所在地政府负责保障。对符合国家产业政策、投资强度大、用地节约且对全省稳增长有重大影响的其他台资投资产业项目，按照一事一议予以保障。在国家用地计划下达前，各市（州）、扩权强县试点县（市）可按不超过上一年下达新增建设用地计划指标的50%预安排报征使用，保障各类项目及时落实。

（十）符合《划拨用地目录》的项目用地，可采取划拨方式供地，鼓励根据产业政策和项目类别采取租赁、先租后让、租让结合和弹性年期出让等供应措施。对台资企业与政府共同投资建设项目，可使用划拨土地的医疗、养老、教育、文化、体育等公共服务项目，可以国有建设用地作价出资或入股的方式供应土地。对集约用地的鼓励类台商投资工业项目优先供应土地，在确定土地出让底价时，可按不低于所在地土地等别相对应工业用地出让最低价标准的70%执行。

（十一）做好台资农业项目用地服务。开展新一轮土地利用总体规划编制时，要尽量将涉台农业园区（基地）用地布局纳入各地土地利用总体规划，统筹安排。台资企业经营的农业产业化项目配套设施用地，可使用现有的农村集体建设用地指标，按照《国土资源部　农业部关于进一步支持设施农业健康发展的通知》（国土资发〔2014〕127号）及相关政策规定匹配建设用地。投资种养业需占用农村集体土地的，经批准可采取转包、租赁等方式取得土地经营权。对符合产业导向、技术含量高、产业带动性强的龙头型、出口型、技术先进型及总投资较大的企业，其用地指标由市、县在土地利用年度计划中优先安排。

（十二）支持台资企业和台胞积极参与乡村振兴战略。台资企业和台胞来川发展现代农业，同等享受农业补贴，完善农业“三项补贴”改革政策，鼓励台资农业企业和台胞从事粮食适度规模经营，支持政策性农业信贷担保机构对符合条件的台资企业和台胞从事的农业产业化经营项目给予贷款担保。落实农机购置补贴政策，对直接从事农业生产的台资企业和台胞，购置补贴范围内的先进农业机械，按规定给予农业机械购置补贴。

（十三）完善农业保险制度。将台资农业新型经营主体纳入农业政策性保险保障范围，优化理赔程序。鼓励商业性保险机构积极开发适合台资农业新型经营主体的农业保险新品种，支持各地将台资农业新型经营主体纳入地方特色农业保险范围。台资农业新型经营主体与本省农业新型经营主体同等享受各种涉农保险优惠政策。

（十四）加强信贷政策支持。鼓励金融机构加大对台资企业信贷支持力度，开发适合台资企业的金融产品和服务，积极为台资企业搭建政银企融资对接活动平台。鼓励农业政策性金融机构、小额贷款公司、融资担保公司加大对台资企业的信贷支持力度，鼓励农业投资公司对台资农业企业给予资金支持。省级财政安排专项资金，对为生产性台资农业企业提供融资和担保的机构，按相关规定给予定向业务补贴，帮助解决台资农业企业的贷款问题。

（十五）支持台资企业和台胞通过入股、合作等形式依法按照相关规定投资农业产业化龙头企业。鼓励台资企业和台胞创办农业企业、家庭农场。在川台资农业企业在评定各级农业产业化龙头企业、示范家庭农场，申报中央、省、市（州）各级农业项目，获得财政贴息贴费及奖补等方面与大陆农业新型经营主体享有同等权利。

（十六）支持台胞按照相关规定申办设立个体工商户，从事种养殖业、农产品仓储业和农业科技中介服务等，与大陆居民同等享受各项优惠政策。支持台资企业和台胞以农业新技术、新品种、新专利入股龙头企业。鼓励台资企业和台胞积极申报创业孵化园种子项目，各地在同等条件下优先予以支持。

（十七）支持台湾农民创业园建设，支持台资企业和台胞投资兴建农业园区，继续设立“川台农业合作示范基地”，加大台湾农民创业园基础设施配套、产业发展等政策支持。在国家级、省级农业园区投资兴业的台资企业和台胞均与本地企业和居民同等享受各项优惠政策。

（十八）支持开展品牌创建。鼓励台资农业新型经营主体开展“三品一标”认证申报和各类质量体系建立、品牌创建活动。对首次获得国家和四川省名牌产品、有机食品、绿色食品认证的台资企业和台胞，按照相关规定同等给予奖励。对台资新型经营主体投资符合我省现代农业发展规划的农业项目，与大陆农业新型经营主体同等对待，按规定享受相关扶持政策。

（十九）对台资企业和台胞放开农业社会化服务领域市场准入，减少农业生产性服务业重点领域前置审批和资质认定项目，由先证后照改为先照后证或事后备案登记。支持台资企业和台胞创办农业新技术新品种研发中心、农技培训学校、农业生产服务公司，鼓励本地台资优质涉农企业入股村镇银行、农业融资担保公司、现代农业发展投资公司等农业社会化服务机构，依法享有与大陆企业同等权利和各项优惠政策。

（二十）支持台资企业以多种方式参与四川林业建设。支持台资企业在四川以特许经营方式参与林业工程建设或生态经济开发建设。

（二十一）支持台资企业和台胞在四川从事木竹、特色经济林、林下经济、生态旅游与森林康养产业、苗木花卉、野生动植物驯养繁育等林业生产活动，在投融资、林地使用、森林采伐等方面同等适用四川各种补助补贴和优惠政策。

（二十二）在中国（四川）自贸试验区、海峡两岸产业合作区、台湾农民创业园、海峡两岸青年创业基地新设立的台资企业可按大陆企业申请注册，可用台湾居民居住证或台胞证作为身份证明，注册资本以人民币表示，可选择人民币、美元、欧元、日元等币种注册，可按规定自主选择经营范围。

（二十三）支持台资企业和台胞来川合资、合作设立医院及其他医疗机构。

（二十四）支持符合条件的台资企业公平参与四川各级政府采购的招投标。

（二十五）支持台湾征信机构与四川征信机构开展业务合作，优先给予业务对接、商议渠道、资质认定和合作目录。

（二十六）支持注册地或主要经营资产在四川的台资企业申请在大陆上市，享受我省各级政府出台关于支持企业上市优惠政策，台资企业通过大陆上市募集资金在川投资的，符合申报条件的优先列入省重点项目。

（二十七）支持台湾地区符合条件的金融机构按规定申请在川设立银行、保险、证券、基金和期货公司等机构。台资银行营业性机构经批准可经营人民币业务，支持台资银行与在川同业协作，通过银团贷款等方式为实体经济提供金融服务。

（二十八）推动川台两地海关、检验检疫、食品安全、质量标准认证合作，逐步实现信息互换、监管互认、执法互助等。

（二十九）严格保护台资企业知识产权。加强知识产权综合执法、举报投诉、维权援助和仲裁调解工作。开展跨部门、跨区域知识产权联合执法，加大对知识产权侵权行为惩处力度，提高知识产权侵权赔偿额。加强知识产权案件快审，保障知识产权案件裁判尺度统一、裁判标准明确。

（三十）支持在川台资企业创新创造，帮助获取自主知识产权，享受《四川省专利资助资金管理办法》（川财建〔2017〕18号）中鼓励发明创造、专利资助资金方面的政策支持。对台湾地区知识产权在川转化的，执行四川知识产权激励政策，享受省级知识产权运营基金、知识产权风险补偿基金的政策支持，享受省级知识产权专项资金管理办法（川财建〔2017〕18号）中关于知识产权（专利）转移、转化、激励、保护、促进等方面的专项资金支持，享受《四川省专利权质押贷款管理办法》（成银发〔2012〕160号）等规定中通过专利权质押获得银行贷款的支持政策。对四川省行政区域内台资企业作为专利实施项目单位的，享受申报四川省专利实施与产业化奖等支持政策。

（三十一）建立健全台资企业知识产权市场化评估、运营机制，探索建立科技计划知识产权目标评估制度，鼓励台资企业和台胞来川投资设立专业化知识产权服务机构，以专利技术、植物新品种等知识产权入股我省优势特色产业、战略性新兴产业、龙头企业等。

二、推进川台人文交流，逐步为台湾同胞在川学习、创业、就业、生活提供与大陆同胞同等的待遇

（三十二）支持川台两地在文化创意、文化会展、文化贸易、演艺娱乐、舞台、音乐、书画艺术、文博、出版、数字内容和动漫等领域的交流合作，支持台湾同胞参与打造川台影视产业合作基地。

（三十三）支持台湾同胞在川参与中华经典诵读工程、文化遗产保护工程、非物质文化遗产传承发展工程等中华优秀传统文化传承发展工程。支持台湾文化艺术界团体和人士参与四川在海外举办的巴蜀文化周、欢乐春节等品牌人文交流活动。

（三十四）对台湾图书进口业务建立绿色通道，简化进口审批流程，优先审核办理在川出版物进口经营单位申报的台湾地区进口图书的备案手续。

（三十五）支持台湾同胞根据国家有关规定，参与四川广播电视节目和电影、电视剧制作，不受数量限制。

（三十六）支持四川各级广播电视台、视听网站、有线电视网和电影发行机构根据国家有关规定引进台湾生产的电影、电视剧，不做数量限制。

（三十七）支持川台两地合拍电影、电视剧，根据国家有关规定，放宽川台合拍电影、电视剧在主创人员比例、大陆元素、投资比例等方面的限制，缩短川台电视剧合拍立项阶段故事梗概的审批时限。

（三十八）支持川台教育文化科研机构开展文化、历史、民族等领域研究和成果应用。支持在川台湾同胞申请科研项目，依托四川高校、科研机构联合开展科学研究、技术转化，参与四川公共研发服务平台建设。

（三十九）支持省内高校、研究机构与台湾地区高校建立机制化交流平台，开展学术研究、学术论坛、学生交流、学校互访等方面的交流。

（四十）支持台湾学生来川学习、实习，参加在川举办的夏令营、研习营、实习营等各类参访交流、学习实习体验活动。

（四十一）支持在川居住台湾同胞子女在属地就读幼儿园、小学、中学，参加中考、高考按照国家有关政策加分，按规定参保缴费，并享受医疗保险待遇。

（四十二）支持省内有条件的企事业单位为台湾青年学生提供实习岗位。

（四十三）支持台湾同胞在川参加专业技术和技能人员职业资格考试，台湾同胞可报名参加《向台湾居民开放的国家职业资格考试目录》规定的53项专业技术人员职业资格考试和81项技能人员职业资格考试。台湾专业技术人员持台湾地区有关机构颁发的会计、规划、建筑、咨询、金融、医疗、旅游等执业证书，按其证书许可范围，可在中国（四川）自贸试验区内按有关规定开展相应业务。

（四十四）鼓励支持从台湾地区引进高层次人才，支持符合急需紧缺条件的台湾高层次人才，可通过考核招聘的方式，引进到相关事业单位工作。支持符合条件的台湾专业人才申报国家和四川省“千人计划”“天府高端引智计划”“留学人员回国服务四川计划”“企业博士集聚计划”等专项计划，并按规定同等享受相应优惠政策和生活补贴、医疗保障、子女入学等人才待遇。

（四十五）鼓励符合条件的台湾教师、医师到四川高校、医院（含民营、台资等医疗机构）工作，其在台湾地区取得的学术成果纳入工作评价体系。对引进到四川高校、公立医院工作的台湾专业技术人才，所在单位可根据实际需要，直接认定其专业技术水平，自主聘任相应专业技术职务（职称）。

（四十六）支持和进一步方便台湾同胞在四川应聘就业，拓展全省人力资源机构在线招聘业务，推动各类人事人才网站和企业线上招聘，做好系统升级，支持使用台湾居民居住证或台胞证注册登录，为台湾同胞在川应聘工作提供便利。

（四十七）协助台湾同胞申报国家和我省自然科学、社会科学、艺术等方面的基金项目。协助台湾地区从事川台民间交流的机构申请两岸交流基金项目。

（四十八）在四川高校就读所学专业符合国家医师资格考试报名资格的台湾学生，在提供学历教育的高等院校附属医院实习一年并取得试用期考核证明，可按照大陆医师资格考试报名的相关规定申请参加考试。

（四十九）取得大陆医师资格证书的台湾同胞，可到拟执业的机构所在县（市、区）卫生计生局办理执业注册手续。

（五十）已取得台湾地区合法行医资格的台湾医师，可按照相关规定在川申请注册，期限为3年，期满后可重新办理注册手续。

（五十一）支持在台湾已获取证券、期货、基金相应资格的台湾同胞，通过大陆法律法规考试后在川执业。

（五十二）为在川高校就读的台湾学生提供就业创业指导和服务，对在川高校学习的台湾毕业生，在毕业学年内参加创业培训的，给予一次性职业培训补贴。

（五十三）具有本科及以上学历（含台湾高校）的台湾同胞，符合岗位条件要求，可报考四川省面向社会公开招考的有关事业单位岗位。

（五十四）在四川就业满6个月的台湾同胞，失业后可到当地公共就业服务机构办理失业登记，享受相应就业服务。

（五十五）鼓励台湾同胞以独资、合资（台资比例应占25%以上）等形式来川创新创业，并在川登记注册，可同等享受四川各类创新创业优惠政策。支持台湾同胞和相关团体参与“天府·宝岛”工业设计大赛，鼓励开展“川台联合创客实践活动”，对成功产业化的企业给予政策支持。

（五十六）台湾科研机构、高等学校、企业在川注册的独立法人，可牵头或参与国家重点研发计划、四川省科技计划项目申报，享受与四川科研机构、高等学校、企业同等政策。受聘于在川注册的独立法人的台湾地区科研人员，可作为国家重点研发计划项目（课题）和四川省科技计划项目（课题）负责人申报，享受与四川科研人员同等政策。在川注册的台资机构和企业经批准可兴办学前教育。

（五十七）台湾同胞在川创新创业，根据创业团队综合能力、项目技术水平和市场前景等综合评价，可给予创业团队创业启动资金支持，对台湾同胞创业企业获得贷款的可给予利息补贴。

（五十八）台湾同胞在川新建服务台湾青年就业创业服务机构（青创基地、园区等），创新特征明显，成效突出的，园区所在地政府可提供一次性装修补贴，每年给予运营补助。

（五十九）鼓励台湾青年到海峡两岸青年创业基地创业，基地所在地政府按照创业企业实际使用面积给予办公用房1—3年房租补贴，对台湾青年创业企业中无固定居所的台湾籍员工，提供1—3年的住房支持。

（六十）对在海峡两岸青年创业基地创业的台湾同胞，荣获中国专利奖、四川专利奖，基地所在地政府给予奖励。

（六十一）台湾居民居住证和台胞证是台湾同胞身份认证的有效证件，对无法识别、读取相关证件信息的服务管理系统进行完善升级，便利台胞在川办理银行开户、搭乘飞机动车（高铁）手续、网上预约就医、入住各类经营性酒店宾馆等。

（六十二）支持符合条件的台湾同胞在川申请公共租赁房、购买商品房，购房方式、首付比例、办理时限、贷款申请等享受当地居民同等待遇。

（六十三）在川工作的台湾同胞可按照规定参加“五险一金”，享受与当地居民同等劳动保障待遇，在川台湾同胞缴交住房公积金、城镇职工基本养老保险个人账户储存额，在大陆离职离境时经个人申请可以依据相关规定一次性支取。

（六十四）在川工作并缴交相应年份的社保后，因取得台湾地区户籍而放弃大陆户籍的川籍人士，回川再就业或回川定居时，可重新建立参保关系并缴纳社会保险费或按照国家和省有关规定办理社会保险关系转移接续。

（六十五）在川台湾同胞与四川居民享有同等医疗服务待遇，各级医疗机构为台湾同胞回台报销健保费用提供符合要求的医疗文书。在川台湾同胞的子女享有与四川居民同等的预防接种服务，由居住地接种单位为其建立预防接种卡。

（六十六）支持在四川工作的台湾同胞参与四川省劳动模范、五一劳动奖章、三八红旗手、青年五四奖章、技术能手、优秀教师、杰出企业家、慈善奖等荣誉称号的评选。鼓励台胞参与四川文学艺术等相关评奖活动。协助在川台湾同胞参评中华慈善奖、梅花奖、金鹰奖等经济科技文化社会领域各类评奖项目。

（六十七）在川长期生活的台湾同胞可以依照规定程序旁听、列席人大、政协会议。符合条件的台湾同胞可通过相关选聘程序担任我省人民陪审员、调解员、仲裁员、监督员、法律顾问等。

（六十八）积极协助台湾同胞和相关社团在川参与扶贫、支教、支医、公益、社区建设等基层工作。支持在川长期居住的台湾同胞参与当地社区建设、社区服务。

（六十九）鼓励台湾同胞加入四川经济、科技、文化、艺术类等专业性社团组织、行业协会，参加相关活动。

（七十）为在川台湾同胞提供紧急救助服务。给予突遭变故致生活困难的在川台湾同胞临时救助。遇在川台湾同胞亡故后无法联系其亲属或亲属困难的，按殡葬惠民政策减免相关丧葬服务费用。

四川省贯彻落实《关于支持台湾同胞台资企业在大陆农业林业领域发展的若干措施》操作指南

（2021年6月16日四川省人民政府台湾事务办公室、四川省农业农村厅、四川省林业和草原局、四川省发展和改革委员会、四川省财政厅、四川省自然资源厅、四川省水利厅、四川省商务厅、中国人民银行成都分行、四川省市场监督管理局、四川省供销合作社联合社川台发〔2021〕6号）

第1条　台湾同胞和台资企业通过流转取得的农村土地经营权受国家法律保护，在土地经营权流转合同到期后同等条件下可优先继续租赁。

为规范有序流转土地经营权，保护流转当事人合法权益，近年来，大陆出台了关于土地经营权流转的相关政策措施，修订了《农村土地承包法》等政策法规，在依法保护集体所有权和农户承包权的前提下，平等保护包括台胞台企在内的经营主体依流转合同取得的土地经营权。流转合同到期后，包括台胞台企在内的流入方可在同等条件下优先续租，保障其有稳定经营预期。

主责单位：农业农村厅、自然资源厅

第2条　台湾同胞和台资企业通过流转取得的林地经营权受法律保护，可依法进行登记、办理权属证书和流转，并按照国家和地方政策进行经营管理。

为适应林业改革发展需要，满足权利主体登记需求，大陆有关部门出台了《关于进一步规范林权类不动产登记做好林权登记与林业管理衔接的通知》，明确依法流转和再流转林地经营权期限5年以上（含5年）的，依据合同约定，可申请办理林地经营权/林木所有权或林地经营权/林木使用权登记，并强调除法定不予受理的情形外，不动产登记机构不得拒绝受理。台胞台企能够依法获得集体林地经营权以及林地上的林木所有权、使用权，可依据《农村土地承包法》相关规定开展林地经营权登记，也可依规再次流转。

主责单位：自然资源厅、省林草局

第 3 条　台湾同胞和台资企业从事农业种植养殖配建的与生产农产品直接关联的烘干晾晒、分拣包装、保鲜存储、粪污处置、检验检疫，以及为生产服务的看护房、农资农机具存放场所等设施用地纳入设施农业用地管理，可依法依规使用一般耕地。

为改进设施农业用地管理，促进现代农业健康发展，大陆有关部门出台了《关于设施农业用地管理有关问题的通知》，将用于种养殖生产和为生产服务的看护房、农资农机具存放场所等，以及与生产农产品直接关联的烘干晾晒、分拣包装、保鲜存储、粪污处置、检验检疫等设施用地纳入设施农业用地范围，明确设施农业属于农业内部结构调整，可以使用一般耕地，由各地根据本地实际细化操作要求、作出具体规定。符合要求的台胞台企，可根据农业生产实际需求，依法依规使用设施农业用地。

主责单位：自然资源厅、农业农村厅

第 4 条　台湾同胞和台资企业从事农业生产经营可申请农业保险保费补贴，同等享受农业信贷担保和创业担保贷款贴息支持。鼓励有条件的地区提供贷款贴息补助，重点支持农业生产基地建设、农产品加工设施、农业投入品采购及农产品收购等生产经营贷款。

关于农业保险保费补贴。为引导和支持农户参加农业保险，中央财政自 2007 年起实施农业保险保费补贴政策并不断加大补贴力度。目前，补贴险种已增加至水稻、玉米、小麦等 16 个，基本涵盖了关系国计民生和粮食安全的主要大宗农产品。2017 年 3 月，我省出台了《四川省农业保险保险费补贴管理办法》。我们支持在四川从事农业生产经营投资的台胞台企用好相关补贴政策，实现更好发展。

关于农业信贷担保。为解决农业适度规模经营中的融资难、融资贵问题，大陆 2015 年启动建立财政支持的农业信贷担保体系，除前期资本金注入外，财政对农担政策性业务给予担保费用补助和业务奖补。符合条件的台胞台企可依规定向所在地政策性农担公司申请。

关于创业担保贷款贴息。创业担保贷款贴息政策在切实减轻创业者和用人单位负担、助力大众创业万众创新、扩大有效就业等方面发挥了良好的引导和带动作用。符合条件的创业者个人或吸纳重点群体就业的小微企业申请的贷款，由创业担保贷款担保基金提供担保，财政部门给予贴息。2020 年 6 月，我省出台了《关于进一步加大创业担保贷款贴息力度全力支持重点群体创业就业的通知》。符合条件的台胞台企可按规定申请创业担保贷款及贴息支持。

关于鼓励有条件的地区提供贷款贴息补助。2015 年以来，福建省为台资农业企业提供贷款贴息补助，支持台胞台企在当地发展。贴息后贷款利率平均由6%降至 1%左右，有效缓解了相关园区内台胞台企融资贵问题，受到台胞台企的欢迎和肯定。鼓励有条件的地区参照福建省相关做法为台胞台企提供贷款贴息补助。

主责单位：财政厅、人民银行成都分行

第 5 条　台资农业企业可发行公司信用类债券，进行直接融资。鼓励商业银行创新信用评价模式，提高台湾同胞和台资农业企业信用贷款比重，根据台湾同胞和台资农业企业融资需求特点设计个性化融资产品。

目前，台资企业发行公司信用类债券进行直接融资没有政策障碍。支持符合条件的台资企业依法依规在境内债券市场注册发行公司信用类债券。鼓励银行业金融机构对台资农业企业积极开办新兴质押贷款业务，探索厂房、大型农机具、活体畜禽抵押和应收质押、农业保单融资；探索林业经营收益权和公益林补偿收益市场化质押担保贷款，推广“林权抵押+林权收储+森林保险”贷款等模式，配合相关部门开展绿色保险产品创新。目前我省在深入实施乡村振兴金融服务“川农贷”工程，不断推动金融机构依托金融科技创新金融产品和服务模式。符合条件的台资企业可根据自身需要向银行申请信用贷款和选择融资产品。

主责单位：人民银行成都分行、省发展改革委、四川证监局

第 6 条　在福建从事农业生产经营的台湾同胞和台资企业可纳入“台商台胞金融信用证书”和台企台胞征信查询应用范围，鼓励金融机构为其提高审贷、担保与再担保效率。

第 7 条　符合条件的台湾同胞和台资企业可依法依规申请相关涉农补助资金支持。

涉农补助主要包括农业生产发展与流通、农业绿色生产与农业资源保护利用、农田建设、新型经营主体培育和乡村建设等方面。符合条件的台胞台企可依法依规申请农机购置补贴等相关政策补助，享受新型经营主体培育相关政策支持；可作为服务主体申请参与农业社会化服务的政策补助；可作为建设或投资主体享受农村一二三产业融合发展等相关优惠政策。相关补助可根据各地农业农村主管部门有关要求，按程序申请领取。

主责单位：农业农村厅、财政厅

第 8 条　台湾同胞和台资企业在实施农机深松整地和免（少）耕播种的项目地区开展作业，可按规定同等申请作业补助；依照有关规定报废危及人身财产安全的农业机械，可同等申请补贴。

四川省不属于农机深松整地和免（少）耕播种的项目地区。四川先后出台了《关于加快推进农业机械化和农机装备产业转型升级的实施意见》《四川省农业机械报废更新补贴实施方案》等政策措施，利用中央农机购置补贴资金对农机报废更新进行补贴。符合条件的台胞台企可依规定向所在地农业农村主管部门申请相关补助。

主责单位：农业农村厅、财政厅、商务厅

第 9 条　台湾同胞和台资企业可参与城乡冷链物流基础设施建设和批发市场等项目建设运营，参与产地分拣包装、冷藏保鲜、仓储运输、初加工等设施建设，对其在农村建设的保鲜仓储设施用电实行农业生产用电价格。

四川有关部门积极开展骨干冷链物流基地建设工作，聚焦鲜活农产品主产区、特色农产品优势区，开展农产品仓储保鲜冷链物流设施建设；开展产地分拣包装、冷藏保鲜、仓储运输、初加工等设施及配套设备建设，积极落实农业设施用地和农业生产用电价格优惠政策。2020 年 7 月，我省出台了《关于农村保鲜仓储设备用电价格政策有关问题的通知》，台企已能同等享受用电价格优惠。台胞台企可加强与大陆企业的市场化合作，参与大陆城乡冷链物流基础设施建设和批发市场等项目建设运营。

主责单位：省发展改革委、农业农村厅、商务厅

第 10 条　鼓励台湾同胞和台资企业发展乡村特色农业、现代农产品加工业、乡村休闲旅游等乡村产业，参与农村一二三产业融合发展。

四川高度重视农村产业融合发展，并就推进星级现代农业园区、现代农业示范区、现代农业产业园，支持创建农村产业融合发展示范园等作出部署。有关部门支持创建集标准原料基地、集约加工转化、区域主导产业、紧密利益联结于一体的农业产业强镇，打造乡村产业发展高地，示范带动乡村产业高质量发展。鼓励台胞台企积极参与乡村产业发展，共同打造一批推动农村产业融合发展的有效载体和示范平台，助力农村一二三产业融合发展，促进乡村产业兴旺，实现互利共赢。

主责单位：省发展改革委（国家农村产业融合发展示范园建设）、经济和

信息化厅（农产品精深加工）、文化和旅游厅（乡村旅游）、农业农村厅（休闲农业）

第 11 条　支持台湾同胞和台资企业参与重型农机、渔业装备、智慧农业、绿色投入品等领域的研发创新、成果转化与技术服务。

2021 年，农业农村厅牵头，联合相关部门发布四川省丘陵山区机械化生产技术装备需求、主要农作物机械化生产技术装备薄弱环节需求两个目录，抓好农机装备创新需求侧的引领。推动组建丘陵山区农机装备制造业创新中心，推动建立四川省农机装备产业联盟，搭建现代农机装备产学研用交流平台，引导鼓励台胞台企积极向加快补齐现代农业装备及粮食生产机械化薄弱环节两个突出短板用力，支持鼓励台胞台企在有条件的市（州）发展和建设农机装备园区或产业集中区，引进台企农机装备优势企业和项目落地四川，培育一批专精特“新小巨人”农机装备龙头企业。

主责单位：科技厅（农机等研发创新、成果转化）、经济和信息化厅（农机企业在生产中的研发、成果转化）、农业农村厅（农机在农业生产中的推广应用）

第 12 条　鼓励台湾同胞和台资企业依托贫困地区生态资源禀赋优势，参与生态保护修复和生态旅游、木本油料等特色经济林、特色种养业等林草生态产业。

关于参与生态保护修复。近年来，大陆启动了大规模国土绿化行动。台胞台企可通过自主投资、与政府合作、公益模式等方式同等参与造林、退化修复、抚育、管护等生态保护修复任务；利用生态修复后林木等自然资源使用权或特许经营权发展适宜产业，获得收益；对植树造林等生态修复产生的碳汇等生态产品享有通过合法市场交易的权利；通过公益模式，获得修复区域内具有宣传价值的冠名权、授予荣誉称号，提高影响力。

关于参与生态旅游。在保护各类自然资源的前提下，台胞台企可以按照相关法律、法规、规划等要求，通过获得特许经营等方式，从事贫困地区生态旅游经营活动（有关申请特许经营的政策文件正在制定过程中）。我们鼓励台胞台企引进生态旅游先进理念和做法，积极打造以体验、健康、教育、运动、文化为主题的生态旅游产品，吸纳周边人口就业和开展人才培训等。

关于参与林草生态产业。大陆有关部门印发《关于科学利用林地资源 促进木本粮油和林下经济高质量发展的意见》，鼓励促进相关领域发展。鼓励台胞台企投资建设木本油料经济林，特色种养殖基地，加工、冷链储运和营销企业。

主责单位：省林草局

第 13 条　鼓励台资企业申请植物新品种权。台湾同胞和台资企业依法投资畜牧水产养殖业、苗种场等，同等享受农业支持政策和优惠措施；在自由贸易试验区范围内可投资水产品捕捞行业。

关于植物新品种权申请。植物新品种权作为知识产权的一个重要领域，是激励育种创新、促进林草高质量发展的重要支撑。我们欢迎台胞台企积极参与植物新品种权的创造、保护与利用。符合条件的台胞台企，可登录农业农村部政务服务平台、林草植物新品种保护网站了解品种权申请流程及相关信息，依法依规进行申请。

关于依法投资畜牧水产养殖业、苗种场等。台胞台企在依法投资畜牧水产养殖业、建立林木种苗生产基地、培育优质林木良种苗木等方面同等享受相关支持政策。

关于在自由贸易试验区投资水产品捕捞行业。我省有关部门联合发布《四川省长江流域重点水域禁捕范围和时间通告》。

主责单位：农业农村厅、省林草局

第 14 条　台湾同胞和台资企业可依法同等从事林草重点生态工程建设、林木良种培育、造林种草、防沙治沙、经济林生产经营、林草种苗生产经营，可同等参与林草业重点龙头企业推荐、国家林业产业示范园区申报。

关于林草重点生态工程建设、造林种草。大陆高度重视生态保护建设，“十四五”期间，将专项开展相关重大工程，统筹中央、地方各级财力推进工程实施，鼓励社会资本特别是民间资本参与工程建设运营等；安排中央预算内投资支持有关省区通过人工种草、退化草原改良等措施开展草原生态修复治理，对具备条件的坡耕地和严重沙化耕地因地制宜地实施退耕还林还草。台胞台企可通过参与地方政府组织的相关工程的招投标从事林草重点生态工程建设。

关于林木良种培育和林草种苗生产经营。鼓励台胞台企开展林木良种选育，依法按照《四川省主要林木品种审定办法》申报良种审定，并在适宜区域推广种植。为保障大规模国土绿化和现代林业产业发展的种苗需求，提高主要造林树种良种使用率，对符合相关政策规定培育林木良种苗木的育苗单位给予政策支持。鼓励和支持台胞台企按照《种子法》等相关法律规定，在获取林草种子生产经营等许可后，依法从事林草种苗生产经营活动，依法投资林木种苗生产基地，在良种适宜生态区域，培育优质林木良种苗木。

关于防沙治沙。近年来，大陆一直鼓励扶持各种社会主体参与防沙治沙，积极营造公平竞争环境，为各种社会主体开展防沙治沙提供条件。支持台胞台企按照有关法律法规规定，同等从事防沙治沙工作。

关于经济林生产经营。《森林法》鼓励发展以生产果品、油料、饮料、调料、工业原料和药材等林产品为主要目的的森林。鼓励台胞台企结合大规模国土绿化和重点生态工程项目，建设经济林生产基地。

关于参与国家林业重点龙头企业推荐。根据《国家林业重点龙头企业推选和管理工作实施方案》规定，国家林业重点龙头企业每两年推荐和选定一次，每三年进行一次国家林业重点龙头企业运行监测评价，省林草局负责组织推荐，国家林草局对各地推荐的企业进行评审和选定。支持有基础、有优势、有特色、有前景的台资企业积极申请。

关于参与国家林业产业示范园区申报。根据《国家林业产业示范园区认定命名管理办法》规定，国家林草局负责国家林业产业示范园区的认定命名，并每三年对国家林业产业示范园区运行情况进行一次全面考核。国家林业产业示范园区由省林草局提出申报，国家林草局对各地申报的示范园区进行评审和认定。符合条件的台胞台企可与省林草局沟通咨询。

主责单位：省林草局

第 15 条　台资企业可按规定与农垦企业开展合作，促进资源资产整合、产业优化升级。

农垦是大陆农业经济的骨干和代表，是推进特色新型农业现代化的重要力量。台资企业可根据自身发展需要，遵循市场规律，围绕农垦主业，在土地经营、技术共享、产品营销、农产品加工等方面与农垦企业开展合作，拓宽发展领域，促进资源资产整合、产业优化升级。

主责单位：农业农村厅

第 16 条　支持有条件的地区设立海峡两岸乡村振兴合作基地，深化两岸农业融合发展，促进乡村产业振兴、人才振兴、文化振兴、生态振兴、组织振兴。

近年来，我省制定实施了一批对台农业合作的政策、措施和项目，为推进乡村振兴起到了积极促进作用。四川支持有条件的地区申请设立海峡两岸乡村振兴合作基地，深化两岸农业融合发展。

主责单位：省台办、农业农村厅

第 17 条 支持符合条件的台湾农民创业园按规定申报创建国家现代农业产业园、国家农村产业融合发展示范园。鼓励有条件的地区申报新设台湾农民创业园、加大对园区基础设施和农林业设施投入。

2017 年以来，四川大力推进农村产业融合发展示范园、现代农业产业园建设，推动农村一二三产业融合发展。目前，我省已创建新津台湾农民创业园和攀枝花盐边台湾农民创业园两个国家级台湾农民创业园，批准设立 30 个“川台农业合作示范基地”。支持台湾农民创业园聚焦县域优势特色主导产业，申报创建国家现代农业产业园，积极参与农村产业融合发展示范园项目建设。鼓励有条件的地区申报新设台湾农民创业园，为台湾农民和青年在大陆就业创业创造更好的条件。

主责单位：农业农村厅、省台办、财政厅、省发展改革委、省林草局

第 18 条 鼓励台湾乡村建设规划设计师到大陆从事规划设计工作。

根据国土空间规划服务现行管理办法，台湾乡村建设规划设计师可积极参与市县及以下详细规划（包括村庄规划）编制，以及法定规划以外的城市设计和法定规划编制的前期方案研究，有关部门已将该部分技术市场完全交由市场机制调节，不再另设规划资质要求。台湾乡村建设规划设计师可以用好乡村振兴的机遇，积极参与乡村规划编制、美丽乡村营造、传统村落和历史文化名镇名村保护利用等工作。

主责单位：自然资源厅

第 19 条 台湾同胞在大陆从事农渔业生产，可申请接受创业培训，扎根乡村、服务农业、带动农民的纳入农村创新创业带头人培育行动范围。

近年来，一批台湾同胞在乡村投资兴业，从事农渔业生产、农产品加工，发展乡村休闲旅游、乡土特色产业等，四川省将根据《关于深入实施农村创新创业带头人培育行动的意见》，把台湾同胞纳入农村创业创新带头人培育行动支持范围，鼓励其入乡创业创新。

主责单位：农业农村厅

第 20 条 从事水利领域设备生产的台资企业可将符合条件的产品和技术申报纳入水利先进实用技术重点推广指导目录。

四川欢迎并支持拥有水利先进实用技术的台资企业积极向水利部科技推广中心申报先进实用技术纳入《水利先进实用技术重点推广目录》，取得《水利先进实用技术推广证书》。对持有《水利先进实用技术推广证书》且适宜在四

川推广的水利先进实用技术，由技术持有单位自愿申报，纳入《四川省水利先进实用技术推广目录》，鼓励台资企业参加四川省水利先进实用技术推介会，推进水利科技成果推广转化。

主责单位：水利厅

第 21 条 台湾同胞和台资企业可同等参与茶叶、水果、花卉等农林产品的国家标准起草工作，共同促进两岸标准互联互通。

2019 年以来，有关部门积极开展两岸标准化领域互联互通相关政策措施研究、制订、落实工作，推动《台式乌龙茶》（GB/T 39563-2020）《台式乌龙茶加工技术规范》（GB/T 39562-2020）两项国家标准批准发布。大陆鼓励台胞台企参与茶叶、水果、花卉等农林产品国家标准起草工作，在标准立项、征求意见、标准实施等过程中提出意见和建议，促进两岸标准互联互通。

2017 年 9 月，省林草局支持台企冕宁元升农业科技有限公司参与了《油橄榄矮化密植丰产栽培技术规程》编制，出台了四川省地方标准。鼓励台胞台企参与茶叶、水果、花卉等农林产品四川省级标准起草工作。

主责单位：省市场监督管理局、农业农村厅、省林草局

第 22 条 支持台湾同胞、台资企业与供销合作社系统农产品经营企业、协会合作，推介、销售优质农产品。支持台湾同胞和台资企业参与各类线上线下农产品订货会、对接会，拓展大陆内销市场。

近年来，为帮助台胞台企拓展大陆内销市场，商务部、供销总社等部门指导举办各类线上线下农产品订货会、对接会，助力台胞台企与优质农产品流通企业进行对接，取得积极成效。2020 年，省供销社销售台湾农产品上千万元。2021 年 1 月，商务厅与省台办成功举办台企拓内销四川专场活动，未来还会继续推动。将继续支持台胞台企与果品流通协会、茶叶流通协会等行业协会对接，邀请台胞台企参加在川和大陆举办的果品、茶叶等采购对接、展示展销和技术交流等活动，开拓大陆内销市场。

主责单位：省供销社、商务厅、农业农村厅、省台办

贵州省

关于印发《关于促进黔台经济文化交流合作的实施意见》的通知

（2018年9月29日贵州省人民政府台湾事务办公室、贵州省发展和改革委员会黔台发〔2018〕1号）

各市（州）、县（区、市）台办、发展改革委，贵安新区政治部、经发局：

为深入贯彻落实党的十九大精神和习近平总书记关于深化两岸经济文化交流合作的重要思想，认真贯彻落实国务院台办、国家发展改革委《关于促进两岸经济文化交流合作的若干措施》，与台湾同胞共同分享贵州发展机遇，逐步为在黔台胞学习、创业、就业、生活提供与大陆同胞同等待遇，进一步促进黔台经济文化交流合作。经商省委组织部、省委宣传部、省教育厅、省科技厅、省经济和信息化委、省民族宗教事务委、省公安厅、省民政厅、省司法厅、省财政厅、省人力资源社会保障厅、省国土资源厅、省环境保护厅、省住房城乡建设厅、省交通运输厅、省农委、省商务厅、省文化厅、省卫生计生委、省旅游发展委、省林业厅、省税务局、省工商局、省质监局、省新闻出版广电局、省体育局、省食品药品监管局、省扶贫办、省投资促进局、省公安厅交通管理局、省公务员局、省政府金融办、省知识产权局、省大数据局、省总工会、省妇联、省社科联、省台联、贵阳海关、人行贵阳中心支行、贵州银监局、贵州证监局、贵州保监局同意，省台办、省发展改革委牵头制订出台了《关于促进黔台经济文化交流合作的实施意见》。自公布之日起施行。

附件

关于促进黔台经济文化交流合作的实施意见

为深入贯彻落实党的十九大精神和习近平总书记关于深化两岸经济文化交流合作的重要思想，与台湾同胞共同分享贵州发展机遇，逐步为在黔台胞学习、创业、就业、生活提供与大陆同胞同等待遇，进一步促进黔台经济文化交流合作。根据国务院台办、国家发展改革委等出台的《关于促进两岸经济文化交流合作的若干措施》（国台发〔2018〕1号），结合我省实际，特制定以下实施意见。

一、促进黔台经济合作

1. 放宽市场准入条件，按照“非禁即准、非限即可”的原则，除国家规定外商投资准入负面清单禁止的外，我省所有行业向台资企业全面开放。（责任单位：省直相关职能部门）

2. 支持台资企业参与我省大扶贫和乡村振兴战略行动，参与特色小镇、美丽乡村规划建设和营运管理，合力推进我省乡村振兴和农村产业革命，同等享受相关政策支持。

（1）支持台资企业来黔发展生态农业、观光农业、创意农业、体验农业等农业产业项目，参与农、旅、文等多形式的贵州新农村建设。

（2）支持台资企业参与发展贵州特色农业，推进特色农产品产业化，构建生产、加工、销售一体化运营体系，打造贵州农产品知名品牌，申报认证无公害农产品、绿色食品、有机产品、地理标志产品等。

（3）鼓励支持本地企业与台湾农业技术管理研发团队合作，台商台企可以技术、人才、管理的形式入股合作创办合资企业。

（4）鼓励支持台资企业来黔发展冷链物流业和农产品加工业，并在人才、技术、设备、管理等方面加强合作。

（责任单位：省发改委、省科技厅、省住建厅、省交通厅、省农委、省商务厅、省质监局、省扶贫办）

3. 鼓励台资企业推动我省农业转型发展。

（1）台资农业企业可申请我省农机购置补贴。

（2）台资农业企业可申报我省各级农业产业化重点龙头企业和国家级产业化重点龙头企业，并可申请相应的补助补贴。

（3）涉农台资企业项目中符合设施用地范围的生产设施、附属设施用地，按照设施农业用地有关规定管理，实行县级备案制。

（4）台资企业在我省农业项目中进行直接投资、股权投资、农业保险、产业链延伸等方面项目，同等适用我省有关惠农政策。

（5）支持黔台农业合作示范基地和农业科研机构建设，推广台湾优良品种、适用技术，建立农民技术培训和市场服务平台。

（6）支持现有涉农台资企业发展壮大。涉台农业园区和台资项目所在地把相关项目基础设施建设纳入总体规划优先给予支持，为台资企业和台胞发展创造良好条件，统筹整合并用好现有符合管理要求的相关涉农项目资金，支持台资企业积极发展现代山地高效特色农业。

（责任单位：省科技厅、省财政厅、省国土厅、省住建厅、省农委、省扶贫办、省投促局）

4. 支持台资企业在我省发展农业、林业、牧业、渔业等涉农产业，符合条件的项目所得按相关规定可以免征或减征企业所得税。从事国家非限制和禁止行业的小型微利企业，其年应纳税所得额低于100万元（含），其所得减按50%计入应纳税所得额，按20%的税率缴纳企业所得税。（责任单位：省税务局）

5. 支持台资企业参与我省大数据电子信息产业发展，推进我省大数据综合试验区建设。在黔投资大数据产业项目的，均享受我省相关政策扶持。

（1）鼓励支持台湾半导体产业、显示器面板产业、芯片产业等来黔合作发展，共同开展设计、研发、制造、销售等业务。

（2）鼓励支持我省大数据电子信息企业加强与台湾电子信息企业在技术、人才、管理等等方面的合作，符合条件的给予技术奖励和人才政策待遇。

（3）台湾大数据电子信息企业在黔可以采取独资、合资或以技术、专利等入股形式创办企业。

（4）鼓励支持黔台大数据产业融合发展，推进大数据+工业、大数据+农业、大数据+现代服务业项目建设，推进大数据与实体经济深度融合，推动企业发展大数据应用新业态，培育创新型大数据台资企业。

（责任单位：省发改委、省科技厅、省经信委、省农委、省商务厅、省大数据局、各市州人民政府、贵安新区管委会）

6. 鼓励支持台资企业参与我省大生态战略行动，推进生态文明试验区建设发展，享有同等扶持政策。

（1）发挥贵州“大生态”优势，推进黔台绿色产业合作，推进大生态+绿色农业、大生态+大健康、大生态+文创旅游等新兴产业发展，成就生产、生活、生态和谐共生的多彩贵州。

（2）鼓励支持台资企业投资我省涉林产业，享有与我省林木花卉类相关企业同等政策和优惠待遇。

（3）鼓励支持台资企业来黔发展绿色产业、绿色经济，共同推进贵州生态环境建设。

（4）鼓励支持台湾有关民营机构和企业团体参与我省绿色环境保护，建立相关研究机构和平台，加强环保、科研、技术合作。

（责任单位：省发改委、省科技厅、省环保厅、省农委、省旅发委、省林业厅）

7. 鼓励支持台资企业参与“健康贵州”战略行动，深化黔台健康医药医疗、健康养老、健康运动、健康管理、健康旅游、健康食材等产业项目的合作，并享有同等待遇。（责任单位：省发改委、省经信委、省卫计委、省旅发委、省体育局、省食药监局）

8. 鼓励支持台资企业参与本省公建民营、社会化运营等领域的养老服务产业。（责任单位：省民政厅）

9. 鼓励支持台资企业投资我省“5 个 100 工程”和重点产业，参与“五大新兴产业”重大项目研发和新一代信息技术、高端制造、智能机器、新能源汽车、农机装备、新材料等领域重大关键技术研发创新的，同等享受专项资金扶持、企业技术改造项目和科技计划项目资助。（责任单位：省发改委、省科技厅、省经信委、省财政厅、省住建厅、省农委）

10. 落实国家支持台资企业投资政策，贯彻执行《国务院关于扩大对外开放积极利用外资若干措施的通知》（国发〔2017〕5 号）、《国务院关于促进外资增长若干措施的通知》（国发〔2017〕39 号）、《国务院关于积极有效利用外资推动经济高质量发展若干措施的通知》（国发〔2018〕19 号）。鼓励台资企业在贵州设立区域总部，加强黔台两地经济交流合作，落实《贵州促进开发区改革和创新发展的意见》（黔委厅〔2018〕25 号），台商投资企业享受开发区政策待遇。（责任单位：省发改委、省经信委、省财政厅、省商务厅、省投促局）

11. 支持台资企业在我省设立研发中心、投资营运中心、采购中心，并按照有关规定享有相应的投资、税收、资金等支持政策；支持符合资质要求的台资企业在我省公平参与政府采购和工程建设招投标，和以特许经营方式参与能源、交通、环保、市政工程等城市基础设施建设项目的总承包和专业分包，同等适用相关支持政策。（责任单位：省发改委、省住建厅、省环保厅、省财政厅、省商务厅、省税务局）

12. 鼓励台资企业在黔设立具有独立法人资格的研发机构，符合我省引进和建设资助办法规定条件的，按有关规定给予一次性最高500万元专项经费补助，并在创新项目上给予重点倾斜。（责任单位：省科技厅）

13. 对经认定符合资质的高新技术企业，减按15%的税率征收企业所得税。支持促进重点群体创业就业的企业，按实际招用人数定额依次扣减增值税、城市维护建设税、教育费附加、地方教育附加和企业所得税。（责任单位：省科技厅、省财政厅、省人社厅、省税务局）

14. 符合条件的软件和集成电路台资企业，可享受企业所得税“两免三减半”或者“五免五减半”优惠政策；企业自行开发的软件产品，按16%税率征收增值税后，对其增值税实际税负超过3%的部分实行即征即退政策。（责任单位：省税务局）

15. 支持科技型中小企业开展研发活动，实际发生的研发费用按照实际发生额的75%加计扣除，形成无形资产的，按照无形资产成本的175%推销。符合规定条件的国内企业进口符合条件的重大技术装备和产品，免征关税和进口环节增值税。（责任单位：省科技厅、省税务局、贵阳海关）

16. 支持符合条件的台资研发机构，提供技术转让、技术开发和与之相关的技术咨询、技术服务免征增值税。生产销售资源综合利用产品的，可享受免征、减征或即征即退优惠政策。2018年12月31日前，台资研发中心采购国产设备的全额退还增值税。（责任单位：省科技厅、省税务局）

17. 支持台资企业在我省开办节能服务公司，对从事符合条件的环保、节能项目台资企业，自项目取得第一笔生产经营收入所属纳税年度起，享受“三免三减半”税收优惠。（责任单位：省发改委、省环保厅、省商务厅、省税务局）

18. 新设立的在黔台资企业自营业执照颁发之日起两年内到资的给予奖励；符合条件的在黔台资企业按规定享受创业投资企业和天使投资个人有关税收优

惠政策。(责任单位：各市、州、县人民政府、贵安新区管委会)

19. 鼓励台资企业持续扩大在我省投资，其在大陆居民企业分配的利润直接投资我省鼓励类项目时，符合规定条件的，暂不征收预提所得税。(责任单位：省商务厅、省税务局、省投促局)

20. 支持台资企业和台湾同胞依法保护其专利、商标等知识产权，在我省申请 PCT 国际专利和国内发明专利、授权专利等费用资助享受与本省企业同等待遇。(责任单位：省科技厅、省知识产权局)

21. 支持台资企业及台商在我省设立开放式联合创新平台，从事农业科技、生物科技、环保科技、电子科技、文化创意等产业研发，参与我省公共服务平台建设和与相关单位联合开展核心技术攻关；鼓励台湾地区知识产权在我省转化，对获得自主知识产权的技术成果，允许进入我省技术交易平台交易。(责任单位：省科技厅、省经信委、省文化厅)

22. 支持台胞在我省设立集成电路、高端医疗器械、精密机械、生物科技、现代农业、现代物流、文化创意等产业，在产业布局、注册登记、经营许可、资金扶持等方面，采取“一事一议、个案处理”的办法给予积极支持，享有我省企业待遇。(责任单位：省发改委、省商务厅、省工商局)

23. 支持在黔台资企业根据自身发展需求，参与“一带一路”和西部大开发等重点项目建设，在考察、对接、项目落地等方面给予优先协调和专业辅导。(责任单位：省发改委、省台办)

24. 支持符合条件的台资企业与我省国有企业协作发展，共同开展国际市场并购重组，鼓励台资企业参与我省国有企业混合所有制改革。符合条件的享受我省对企业兼并重组重大项目前期经费、并购贷款利息等补助政策，以及相关股权激励政策。(责任单位：省财政厅、省国资委)

25. 支持台资企业通过股权质押、动产抵押、商标专用权质押等多种方式融资，参与我省经批准的国企改制重组并获得合法权益。(责任单位：省国资委、省工商局)

26. 台资企业在我省综合保税区申请海关注册登记享受与大陆企业同等的待遇，在不违背现行法律规定的前提下，企业从事行业种类范围可根据其工商营业执照的经营范围自主选择。(责任单位：省商务厅、省工商局、贵阳海关)

27. 符合条件的台湾法人可与内地法人合资合作，在我省申办营利性或非营利性医疗机构。(责任单位：省卫计委)

28. 对缴纳房产税、城镇土地使用税确有困难且符合有关税收减免政策的台资企业，经按规定申请可定期减免房产税、城镇土地使用税。（责任单位：省国土厅、省住建厅、省税务局）

29. 支持台湾金融机构在我省设立总部及分支机构开展各类同业交流，利用本地市场和跨境渠道扩大人民币资金来源，为台胞提供小额支付服务。（责任单位：省政府金融办、人行贵阳中心支行、贵州银监局、贵州证监局、贵州保监局）

30. 鼓励在黔金融机构对符合国家政策和贷款条件的台资企业通过股权托管交易机构进行融资。（责任单位：人行贵阳中心支行、贵州证监局）

31. 支持符合条件的台资银行在黔设立分支机构，鼓励台资银行与在黔同业合作，通过银团贷款等方式为实体经济提供金融服务。（责任单位：贵州银监局）

32. 贵州制定产业行业地方标准时，可吸收台湾地区标准内容，台湾地区标准高于大陆标准的，可经转化后直接采用。（责任单位：省直相关职能部门）

33. 在黔工作台胞可参与本省劳动模范、红旗手等有关专门奖项及荣誉冠名的评选活动。（责任单位：省公务员局、省总工会、省妇联）

二、鼓励来黔创新创业

34. 鼓励台湾高层次人才来黔创新创业，符合《贵州省“百千万人才引进计划”实施办法》（黔人发〔2013〕8号）相关条件的，可申报贵州省“百人领军人才”、“千人创新创业人才”，入选当年分别给予100万元、50万元的奖励，第二、三年考核为“优秀”的继续分别给予100万元、50万元的奖励，并按照相关政策配套提供工作场所、科研启动资金、必要仪器设备、工作助手和住房等，办理“高层次人才绿卡”享受子女入学、配偶安置、医疗保障等相关优待。（责任单位：省委组织部、省教育厅、省科技厅、省人社厅、省住建厅、省卫计委、省台办）

35. 支持台资企业实施科技创新，对落户我省的高新技术企业，购买发明专利技术和核心技术到我省进行产业化并取得实效的项目，以及创新创业领军人才，经认定后享受相关优惠政策并予以奖励。（责任单位：省科技厅）

36. 鼓励台资企业开发新技术、新产品、新工艺，对获得创新性、创意性、突破性产品进行创意设计活动，对发生的研究开发费用符合《关于完善研究开发费用税前加计扣除政策的通知》（财税〔2015〕119号）相关规定的，给予

税前加计扣除。(责任单位：省科技厅、省税务局)

37. 台胞来黔创业，以其拥有的专利、专有技术等科技成果作价出资入股的，科技成果作价金额占注册资本的比例不受限制。(责任单位：省科技厅、省商务厅、省工商局)

38. 鼓励聘请符合条件的台湾教师、医师到我省高校、医院工作，台湾教师、医师在台湾地区取得的学术成果纳入工作评价体系，相应享受我省引进人才政策。(责任单位：省委组织部、省教育厅、省人社厅、省卫计委)

39. 符合相关条件的台湾高校教师，可通过认定方式获得我省教师资格，在高校教师职称评定方面与所在地高校教师享有同等待遇。(责任单位：省教育厅、省人社厅)

40. 台胞可按规定参加专业技术人员职业资格和技能人员职业资格考试，取得从业资格证的，享有同等从业资格待遇。获得贵州省法律职业资格证书的台湾居民，可申请颁发我省律师执业证。(责任单位：省直相关职能部门)

41. 符合条件的台湾医师，可通过认定方式获得贵州省医师资格。符合规定条件的台湾居民、在我省高校就读临床医学专业硕士学位的台湾学生，可申请临床、中医和口腔类别的医师资格考试，其考试方式、内容、录取分数线和收费标准与报考同类别的贵州考生享有同等待遇。(责任单位：省卫计委)

42. 支持省内有条件的企业事业单位为台湾青年提供实习、就业岗位，台湾青年来黔创新创业的，符合相关条件的可享有与在地青年自主创业补贴、创业场所租赁补贴、创业担保贷款等同等待遇。对台湾青年入驻的实习实训、创业就业基地，给予一定数额的奖励补助。(责任单位：省发改委、省科技厅、省财政厅、省人社厅)

43. 鼓励台湾青少年来我省开展研学旅行，参加各类夏令营及青少年文化交流活动，相关经费按有关规定在部门年度预算中统筹保障。(责任单位：省教育厅、省财政厅、省文化厅、省旅发委、省台办、省台联)

三、推进黔台文化交流合作

44. 支持台资企业参与我省文化工程项目、文化遗产保护和非物质文化遗产传承工程项目，共同举办黔台有关文化交流活动。(责任单位：省文化厅)

45. 鼓励黔台高等院校及有关社科研究机构，联合开展中华优秀传统文化研究并推动相关成果的应用转化，积极支持台湾学者申报或者参与申报贵州省哲学社会科学规划国学单列课题，并给予台湾学者同等资格。鼓励两地学者开

展宗教文化交流。(责任单位：省委宣传部、省教育厅、省民宗委、省社科联)

46. 支持我省高校、职校与台湾地区高校、职校建立常态化交流合作机制，开展有关研讨交流活动。(责任单位：省教育厅)

47. 鼓励台胞加入我省经济、科技、文化、艺术类专业性社团组织、行业协会，支持台胞和相关社团参与本省组织的公益活动和基层社区服务。(责任单位：省公安厅、省民政厅)

48. 鼓励在黔台资企业和台胞根据国家规定参与我省广播电视节目和电影、电视剧制作。(责任单位：省委宣传部、省新闻出版广电局、省台办)

49. 按规定简化台湾地区图书进口审批流程，对台湾地区图书业务建立绿色通道，优先办理相关手续。(责任单位：省新闻出版广电局、省台办)

四、提供台胞工作生活便利

50. 简化台湾地区投资者来黔投资主体资格证明或身份证明手续，台胞凭台胞证或投资主体资格开业证明等有效材料直接办理工商登记，台湾居民可在我省申办个体工商户。(责任单位：省商务厅、省工商局)

51. 简化台资企业设立程序，建立商务部门、工商（市场监管）部门的信息数据共享机制，实行负面清单以外领域台资企业商务备案与工商登记“一口办理”。(责任单位：省商务厅、省工商局)

52. 推进“最多跑一次”改革全面惠及台资企业，健全重大台资项目跟踪服务机制和重点台资企业服务机制，降低台资企业制度性交易成本。台资企业同等享受本省企业减负担降成本政策。(责任单位：省发改委、省商务厅、省税务局、省投促局)

53. 台胞凭台胞证、收入证明并由工作所在单位提供担保，银行予以办理信用卡，凭台胞证可办理银行储蓄借记卡。(责任单位：人行贵阳中心支行)

54. 台湾从事两岸民间交流的机构根据国家规定可在黔申请两岸交流基金项目，按规定取得人力资源服务许可后可在黔建立人才信息网站为台胞来黔工作提供便利。(责任单位：省人社厅、省台办)

55. 逐步实现台湾居民居住证与大陆居民身份证享有同等法律效用，各职能部门对无法识别、读录台胞证信息的系统设备完善升级，便利台胞工作生活。(责任单位：省直相关职能部门)

56. 在我省学习、创业、就业、生活的台胞，凭台胞证、工作或学习证明，可以按照规定在当地购买或租赁住房，享受当地居民同等待遇。(责任单位：省

住建厅、省台办）

57. 在黔工作生活的台胞同等享有住房公积金缴存权益，可以使用公积金贷款购房。台胞与所在单位解除劳动聘用关系并返回台湾居住的，可按照相关规定提取个人住房公积金帐户余额。（责任单位：省住建厅）

58. 在黔台胞及其家属享有与本省居民同等的医疗卫生服务待遇，凭台胞证或台湾居民居住证可以开展医疗预约服务，在我省医疗机构就诊需要返回台湾地区报销的，有关医疗机构应当为其报销医疗费用提供便利，台胞子女享有与我省居民同等的免疫疫苗预防接种服务。（责任单位：省卫计委）

59. 在本省台湾投资者以及合法就业的台湾同胞在我省共同居住的子女，可以按照有关规定进入所在地幼儿园、小学、初中、高中（含中等职业技术学校）就读，与所在地学生享有同等待遇；鼓励台湾高中毕业生报考我省高校，就读的台湾学生同等享有奖学金申请权益。（责任单位：省教育厅）

60. 支持在黔工作的台胞按照规定参加“五险一金”，享受当地居民同等劳动保障。（责任单位：省人社厅）

61. 为在黔工作的台胞提供驾驶证更换绿色通道服务。在黔工作的台胞在我省限牌地区购买本人名下首台小型汽车的，享受免摇号上牌指标。（责任单位：省交通管理局）

62. 台湾居民在贵州居住半年以上的，符合有合法就业、合法稳定住所、连续就读条件之一的，根据本人意愿，可以依照《港澳台居民居住证申领发放办法》的规定申请领取台湾居民居住证。持证人在内地享有依法提供基本公共服务与便利的权利。（责任单位：省直相关职能部门）

63. 加快台湾特殊物品入境审批手续办理，对符合卫生安全要求的低风险特殊物品，实行快速审批。（责任单位：贵阳海关）

64. 设立联系服务窗口，为台湾同胞来黔投资、学习、创业、就业、生活提供政策咨询和辅导服务。利用省内重点新闻网站及时发布相关的政策规定、工作措施、办事流程，便于台胞了解掌握相关信息。（责任单位：省委宣传部、省发改委、省公安厅、省卫计委、省台办）

本实施意见涉及的政策支持由相关责任单位依规负责解释，自发布之日起施行。

云南省

关于促进云台经济文化交流合作的若干措施

（2019 年 5 月 20 日　云政办发〔2019〕51 号）

为深入贯彻党的十九大精神和习近平总书记关于深化两岸经济文化交流合作的重要论述，率先同台湾同胞分享云南发展的机遇，逐步为台湾同胞在我省学习、创业、就业、生活提供与我省居民同等待遇，根据国务院台办、国家发展改革委《关于印发〈关于促进两岸经济文化交流合作的若干措施〉的通知》（国台发〔2018〕1 号）精神，结合我省实际，制定以下措施。

一、深化云台经贸交流合作，积极促进在投资和经济合作领域给予台资企业与我省企业同等待遇

1. 鼓励支持台湾同胞来我省投资参与“制造强国”行动计划适用与我省企业同等政策。鼓励台商来我省投资设立高端制造、智能制造、绿色制造等企业并设立区域总部和研发中心。鼓励和帮助台商参与我省打造世界一流“绿色能源”、“绿色食品”、“健康生活目的地”等相关产业建设。符合条件的，依法享受税收、投资等优惠政策和有关部门提供“一对一”服务，对集约用地的鼓励类台商投资工业项目优先供应土地，在确定土地出让底价时，可按不低于所在地土地等别相对应全国工业用地出让最低价标准的 70%执行，按比例计算后低于该项目实际土地取得成本、土地前期开发成本和按规定应收取的相关费用之和的，应按不低于实际各项成本之和的原则确定出让底价。对台资投资我省医疗大健康产业，直接投资额超过 5000 万美元的，若明确为工业项目，可享受工业用地相关优惠政策。如租赁国有企业房产投资建设三级特色医院及康养产业的，同等条件下房屋租金可优先享受相关政策优惠。台资企业工业用地可采取长期租赁、先租后让、租让结合、弹性年期出让等方式使用土地。（省发展改革

委、省工业和信息化厅、省自然资源厅、省农业农村厅、省卫生健康委牵头负责；省科技厅、省商务厅、省税务局等按职责分工配合）

2. 支持在我省注册且符合条件的台资企业申报高新技术企业，对经认定符合高新技术企业条件的台资企业，减按15%税率征收企业所得税。符合条件的研发机构采购人陆设备按国家规定享受税收优惠。鼓励台资企业开展技术转让、技术服务业务，一个纳税年度内符合条件的技术转让所得不超过500万元人民币的部分，免征企业所得税；超过500万元人民币的部分，减半征收企业所得税。鼓励台资企业进行新产品、新技术、新工艺研发，研发活动中实际发生的研发费用，符合条件的可享受研发费用加计扣除优惠政策。（省税务局牵头负责；省科技厅等按职责分工配合）

3. 对在我省新设或增资的年实际台资金额超过2000万美元，且投资“绿色能源”、“绿色食品”、“健康生活目的地”的台资项目，按“一项目一议”的方式报经省人民政府批准给予重点支持。（省发展改革委、省农业农村厅、省卫生健康委牵头负责；省工业和信息化厅、省科技厅、省财政厅、省商务厅、省税务局等按职责分工配合）

4. 积极有效全面提升我省对外开放水平，优化营商环境，激发投资活力，促进台资增长。按《云南省人民政府关于积极有效利用外资促进外资增长推动经济高质量发展的实施意见》（云政发〔2018〕46号）规定，来我省台资可享受财税、用地、物流、人才、服务保障等各项相关优惠政策。（省商务厅牵头负责；省发展改革委、省投资促进局等按职责分工配合）

5. 对在我省设立的年实际台资金额（不含股东贷款，下同）超过5000万美元的新项目（房地产业、金融业及类金融业项目除外，下同），超过3000万美元的增资项目和超过1000万美元的跨国公司总部或地区总部，可同等按我省现行支持市场主体政策的规定，以“一项目一议”的方式报经省人民政府批准给予重点支持。（省财政厅、省直有关行业主管部门按职责分工负责）

6. 对世界500强、全球行业龙头台资企业在我省新设或增资，且年实际台资超过1亿美元的制造业项目，以及新设的年实际台资金额不低于3000万美元的IAB（新一代信息技术、智能装备、生物医药）和NEM（新能源、新材料）项目，可同等按我省现行支持市场主体政策的规定，以“一项目一议”的方式报经省人民政府批准给予重点支持。（省财政厅、省直有关行业主管部门按职责分工负责）

7. 台湾小微企业增值税小规模纳税人销售货物或加工、修理修配劳务月销售额不超过3万元（按季纳税9万元）人民币，销售服务、无形资产月销售额不超过3万元（按季纳税9万元）人民币的，可分别享受小微企业暂免征收增值税优惠政策。（省税务局负责）

8. 对按月纳税的月销售额或营业额不超过10万元人民币，按季度纳税的季度销售额或营业额不超过30万元人民币的台资企业免征教育费附加、地方教育附加、水利建设基金。（省税务局负责）

9. 台湾科研机构、高等学校、企业在我省注册的独立法人，享受与我省科研机构、高等学校、企业同等的科研政策。受聘于我省注册的独立法人机构的台湾科研人员，享受与我省科研人员同等的科研政策。对台湾地区知识产权在我省转化的，可参照执行大陆知识产权激励政策。鼓励两岸科研机构、高等学校、企业共同在我省设立两岸合作研发机构，开展基础研究、前沿技术和共性关键技术研究，联合培养研发团队和技术人才。（省科技厅牵头负责；省教育厅、省人力资源社会保障厅、省知识产权局等按职责分工配合）

10. 台资企业可以特许经营方式参与我省能源、交通、水利、环保、口岸建设、旧城改造、市政公用工程等基础设施建设项目，公平参与招投标。（省发展改革委牵头负责；省工业和信息化厅、省自然资源厅、省生态环境厅、省住房城乡建设厅、省交通运输厅、省水利厅、省商务厅等按职责分工配合）

11. 台资企业可公平参与政府采购。（省财政厅牵头负责；省工业和信息化厅等按职责分工配合）

12. 台资企业可通过合资合作、并购重组等多种方式同等参与我省国有企业混合所有制改革。审批机关、企业登记机关可派专人对其进行跟踪指导服务，自申请材料齐备后5个工作日内完成审核。（省商务厅牵头负责；省国资委、省市场监管局等按职责分工配合）

13. 凡涉及负面清单以外的台商投资项目（含股权并购），实行商务备案与工商登记“一口办理”。（省商务厅牵头负责；省市场监管局等按职责分工配合）

14. 健全重大台资项目跟踪服务机制和重点台资企业服务机制，降低台资企业制度性交易成本。台资企业同等享受我省企业减负担降成本政策。（省发展改革委牵头负责；省商务厅、省税务局等按职责分工配合）

15. 鼓励和引导台资企业依托各类园区、口岸等平台参与“一带一路”和辐射中心建设，吸引台商台企以加工贸易、跨境贸易等多种形式参与中越、中老、中缅经济合作区建设，拓展东盟、南亚市场，并享受边境合作区、跨境合作区、沿边金融综合改革试验区、边境自由贸易区优惠政策。（省商务厅牵头负责；省发展改革委、省工业和信息化厅、省地方金融监管局、省投资促进局、昆明海关等按职责分工配合）

16. 鼓励支持台湾同胞在滇中新区发展电子信息、精密机械、生物医药、高端装备制造等产业，按照《关于促进台湾企业落户云南滇中新区招商引资工作的意见》（云政台发〔2018〕3 号）规定，相应享受税收、投资、用地、厂房、设备、资金、出口、物流、技术、人才等相关优惠政策。（滇中新区管委会牵头负责；省台办等按职责分工配合）

17. 鼓励和引导台资企业投资云南高原特色现代农业。支持符合条件的台资企业申报农业产业化省级重点龙头企业和农业产业化项目，支持台资农业企业申报品牌农产品和无公害农产品、绿色食品、有机食品，创立自主品牌。支持台资农业企业参加中国—南亚博览会及中国昆明国际农业博览会，促进海峡两岸农业企业交流合作。台资农业企业可与我省农业企业同等享受农机购置补贴、产业化重点龙头企业等农业支持政策和优惠措施。（省农业农村厅牵头负责；省商务厅、贸促会云南省分会等按职责分工配合）

18. 鼓励支持台湾农民、台湾农民合作经济组织和台资农业企业参与台湾农民创业园建设，入园台资农业企业可享受第 17 条支持政策和优惠措施的同时，在不重复享受的原则下可享受促进台创园发展的有关政策。（省台办、省农业农村厅牵头负责；省财政厅等按职责分工配合）

19. 对台资农业企业和台湾同胞放开农业社会化服务领域市场准入，减少农业生产性服务业重点领域前置审批和资质认定项目，除农业农村部门负责审批登记的事项外，有法律法规、规章及政策依据的，由先证后照改为先照后证或事后备案登记。支持台资农业企业和台湾同胞与我省农业社会化服务机构合作，与大陆农业企业享受同等农机购置补贴、产业化重点龙头企业等农业支持政策和优惠措施。（省农业农村厅牵头负责；省台办、省市场监管局等按职责分工配合）

20. 支持台资企业以多种方式参与我省林业和草原建设。支持台资企业在我省以特许经营方式参与林业和草原工程建设或生态经济开发建设。（省林草局牵头负责；省发展改革委、省台办等按职责分工配合）

21. 经国务院规定的部门或国务院规定的地方人民政府批准，台湾金融机构可以在我省设立银行或非银行金融机构，支持台资银行云南机构接入金融信用信息基础数据库，满足征信需求。（人民银行昆明中心支行牵头负责；省地方金融监管局等按职责分工配合）

22. 推动云台征信机构交流合作，扩充征信产品种类，拓宽征信服务渠道，为两岸同胞和企业提供征信服务。（人民银行昆明中心支行负责）

23. 推动云台两地海关、检验检疫、食品安全、质量标准认证合作，逐步实现信息互换、监管互认、执法互助等。（昆明海关牵头负责；省台办、省市场监管局等按职责分工配合）

24. 台资企业和台湾同胞在我省设立企业时可以选择使用美元或人民币作为注册资本金，在我省经营活动中可以享受大陆企业同等待遇。台湾同胞来我省创业，以其拥有的专利、专有技术等科技成果作价出资入股的，科技成果作价金额占注册资本的比例不受限制。（省商务厅牵头负责；省市场监管局、省地方金融监管局、人民银行昆明中心支行等按职责分工配合）

25. 支持中小台资企业培育“专、精、特、新”产品，加强小微企业创业创新基地建设。（省科技厅牵头负责；省工业和信息化厅等按职责分工配合）

26. 完善台资企业产品进出口通关管理机制，实行“一体化通关”模式。对符合条件的台资企业，海关提供相应的通关便利化服务。支持台资企业充分利用保税区、特殊监管区和海关政策开展贸易业务。（昆明海关牵头负责；省台办、省商务厅等按职责分工配合）

27. 在我省注册符合条件的台资企业在出口退税、技术改造、环保、小微企业担保贷款及贴息方面享受与我省企业同等的优惠政策。（省工业和信息化厅牵头负责；省台办、省税务局、昆明海关等按职责分工配合）

28. 建立健全台湾同胞投资云南协调服务机制，建立台商台企维权工作联络员制度，针对台商台企在投资中遇到的融资难、用工难等问题开展个性化精准帮扶服务。建立服务台资企业联席会议制度，定期召开服务台资企业专题会议，帮助协调解决台企在生产经营中遇到的困难和问题。（省台办牵头负责；省人力资源社会保障厅、省地方金融监管局、人民银行昆明中心支行等按职责分工配合）

29. 积极引进台湾土壤污染防治技术，鼓励支持台湾土壤治理与修复企业或科研机构参与我省土壤污染防治试点示范项目。（省生态环境厅牵头负责；省自然资源厅、省农业农村厅等按职责分工配合）

30. 鼓励支持在我省投资的台资企业转型升级，符合条件的给予政策和资金支持。（省工业和信息化厅牵头负责；省财政厅等按职责分工配合）

31. 按照《云南省培育绿色食品产业龙头企业鼓励投资办法（试行）》，鼓励支持台资企业来我省投资绿色食品产业。新增种植、养殖、加工、冷链物流等资产性投资5亿元（含）—10亿元人民币，按5%给予一次性奖补；10亿元人民币（含）以上，按10%给予一次性奖补。（省工业和信息化厅、省财政厅、省农业农村厅、省商务厅、省林草局、省投资促进局等按职责分工负责）

32. 加强台资企业生产要素保障，符合条件的云南台资企业可同等享受重点产业发展、沿边重点地区开发开放等方面的用电扶持政策。（省发展改革委负责）

33. 鼓励台资农业企业参与云南名优农产品品牌评选。（省农业农村厅牵头负责；省工业和信息化厅等按职责分工配合）

34. 按规定举办优秀台资企业评选活动，获奖企业可享受相关产业政策支持，获奖企业申报项目的，项目评审优先给予支持。（省台办、省直有关行业主管部门按职责分工负责）

二、扩大云台社会文化交流合作，逐步为台湾同胞提供与我省居民同等待遇

35. 鼓励支持台湾高校教师，工程、科技等领域专家在我省设立工作室，开展学术交流。（省教育厅牵头负责；省台办、省科技厅等按职责分工配合）

36. 鼓励支持台资企业和台湾同胞来我省举办或参加符合我省重点产业培育方向且具有规模和影响力的展会，提供同等相关支持政策。（省商务厅牵头负责；贸促会云南省分会等按职责分工配合）

37. 在我省生活满6个月的台湾同胞可依照规定程序旁听、列席人大、政协相关会议。符合条件的台湾同胞可通过相关选聘程序担任特邀调解员、仲裁员、企业法律顾问等。（省人大常委会办公厅、省政协办公厅、省法院、省检察院、省司法厅、省台办等按职责分工负责）

38. 积极协助台湾同胞和相关社团在我省参与扶贫、支教、支医、公益、社会建设等基层工作。鼓励在我省长期居住的台湾同胞参与当地社区建设和服务工作。（省民政厅牵头负责；省台办、省教育厅、省卫生健康委、省扶贫办等按职责分工配合）

39. 深化云台劳工界交流合作，推动两地工匠广泛交流切磋技能，共同弘

扬中华工匠精神。（省总工会牵头负责；省台办等按职责分工配合）

40. 在我省工作的台湾同胞可参加省级劳动模范、五一劳动奖章、技术能手、三八红旗手等表彰奖励活动评选。（省总工会、省妇联牵头负责；省人力资源社会保障厅等按职责分工配合）

41. 鼓励台湾同胞根据国家规定参与我省电影、广播电视节目的制作，可不受数量限制。（省委宣传部牵头负责；省广电局等按职责分工配合）

42. 支持开展台湾图书进口业务，为合法进口的台湾图书提供优先报关服务。（省委宣传部牵头负责；昆明海关等按职责分工配合）

43. 鼓励台湾同胞加入我省经济、科技、文化、艺术类专业性社团组织、行业协会，参加相关活动。（省民政厅、省台办等按职责分工负责）

44. 鼓励台湾同胞、民间团体和协会在群众体育、竞技体育、体育产业和体育文化等领域与我省开展深层次合作。（省体育局牵头负责；省台办等按职责分工配合）

45. 创新云台合作办学模式，鼓励支持云台两地高校、中小学、学前教育和特殊教育机构开展校际交流合作，互派教师、学生开展研学活动，重点开展中国文化、历史、民族等领域的研学交流。（省教育厅负责）

46. 继续扩大“云台会”等品牌活动的影响力，对台湾协会、企业参与活动给予优先支持。（省台办牵头负责；省商务厅等按职责分工配合）

三、逐步为台湾同胞在我省学习实习提供与我省居民同等待遇

47. 定期组织台资企业骨干等开展专题涉台政策辅导培训，帮助台商台胞熟悉了解相关政策。（省台办负责）

48. 开设热线电话和微信公众号，向台湾同胞发布政策信息，主动为台湾同胞提供咨询服务。（省台办负责）

49. 建立云台人才培训合作机制，鼓励台湾优质职业院校与我省职业院校、技能培训机构合作开展职业技能培训。（省人力资源社会保障厅牵头负责；省教育厅等按职责分工配合）

50. 台湾同胞享受就医定点绿色通道。（省卫生健康委负责）

51. 台湾同胞子女入园、入学和升学条件、学校安排、收费等方面与居住地居民子女享受同等待遇，享受当地对台湾同胞子女高中阶段学校招生录取加分政策；可按国家规定报考有关高校。（省教育厅牵头负责；省发展改革委、省台办、省人力资源社会保障厅等按职责分工配合）

52. 鼓励我省高校招收台湾学生，可与大陆学生同等申报各类奖学金、助学金。（省教育厅牵头负责；省发展改革委、省人力资源社会保障厅等按职责分工配合）

53. 支持我省有条件的企事业单位为台湾青年学生提供实习岗位。（省教育厅、省台办、省人力资源社会保障厅、团省委等按职责分工负责）

四、逐步为台湾同胞在我省就业创业提供与我省居民同等待遇

54. 协助来我省工作且符合条件的台湾专业人才申报国家人才计划，鼓励来我省工作且符合条件的台湾专业人才申报云南省人才计划。（省委组织部牵头负责；省委宣传部、省发展改革委、省工业和信息化厅、省教育厅、省科技厅、省人力资源社会保障厅、省卫生健康委、省国资委、省地方金融监管局、省工商联等按职责分工配合）

55. 方便台湾同胞在我省求职就业，加快推动各类人事人才网站和企业线上招聘系统升级，支持使用中华人民共和国台湾居民居住证或台湾居民来往大陆通行证注册登录。（省人力资源社会保障厅负责）

56. 鼓励台湾教师来我省高校任教，其在台湾取得的学术成果可纳入工作评价体系。（省教育厅牵头负责；省台办等按职责分工配合）

57. 台湾同胞可凭中华人民共和国台湾居民居住证或5年有效期台湾居民来往大陆通行证，可自愿申请参加中小学教师资格考试，认定中小学教师资格。（省教育厅牵头负责；省台办等按职责分工配合）

58. 支持获得博士学位或副高以上职称的台湾同胞及近3年在现工作岗位取得突出业绩和成果的高层次人才，在我省申报政府购房补贴和工作经费资助。（省人力资源社会保障厅牵头负责；省财政厅等按职责分工配合）

59. 鼓励台湾青年来我省就业创业，同等享受省、州、市人民政府出台的各类创业项目扶持、融资支持、科技创新、市场开拓、生产经营场所和住房租金补贴等优惠政策。（省人力资源社会保障厅牵头负责；省财政厅等按职责分工配合）

60. 鼓励各类开发区、产业园区、企业、高校等通过自建、合建、联建等方式，建设以台湾大学生为重点的“台湾青年创业示范园”，省人民政府适时对优秀示范园给予奖补。（省工业和信息化厅、团省委按职责牵头负责；省教育厅、省财政厅等按职责分工配合）

61. 鼓励台湾青年来我省就业创业，参加青年创新创业赛事，支持入驻各

类“双创”基地。(省台办、省投资促进局、团省委等按职责分工负责)

62. 鼓励符合条件的台湾同胞和台湾法人与大陆同胞和大陆法人合资合作，在我省申办营利性或非营利性医疗机构和养老机构。（省民政厅、省卫生健康委、省市场监管局等按职责分工负责)

63. 支持符合条件的台湾同胞参加大陆医师资格考试。取得大陆医师资格证书的台湾同胞，可按相关规定申请执业注册。符合条件的台湾医师，可根据《台湾地区医师在大陆短期行医管理规定》取得在我省的行医资格。(省卫生健康委负责)

64. 支持台湾同胞在我省取得护士执业资格和参加卫生专业技术资格考试。取得执业资格的，可按规定申请在我省执业。(省卫生健康委负责)

65. 在我省就业满 6 个月的台湾同胞，失业后可到当地公共就业服务机构办理失业登记，享受相应就业服务。(省人力资源社会保障厅负责)

66. 台湾同胞可报名参加《向台湾居民开放的国家职业资格考试目录》规定的 53 项专业技术人员职业资格考试、81 项技能人员职业资格考试和当地职业技能等级评价。(省人力资源社会保障厅负责)

五、逐步为台湾同胞在我省居住生活提供与我省居民同等待遇

67. 鼓励在我省的金融机构优化台湾同胞金融服务，为台湾同胞办卡开户提供便利，方便台湾同胞在大陆使用电子支付服务。(人民银行昆明中心支行牵头负责；省地方金融监管局等按职责分工配合)

68. 保障台湾同胞与大陆员工同等享受按《住房公积金管理条例》缴存住房公积金待遇，在其与用人单位解除劳动（聘用）关系并离开大陆时，个人账户内的公积金余额经本人申请可一次性支取。(省住房城乡建设厅牵头负责；省台办等按职责分工配合)

69. 台湾同胞在我省创业、就业申请公租房时享受当地居民同等待遇。(省住房城乡建设厅负责)

70. 台湾同胞在我省居住期间，可按相关规定参加各类社会保险并享受相应待遇。(省人力资源社会保障厅牵头负责；省财政厅等按职责分工配合)

71. 台湾同胞可持中华人民共和国台湾居民居住证或台湾居民来往大陆通行证在我省所有合法经营的宾馆、酒店、家庭旅馆、房车等登记住宿。(省公安厅负责)

72. 鼓励台湾同胞来我省旅游，在台湾游客中大力推广使用“一部手机游

云南”（“游云南”APP），通过旅游综合服务平台，体验权威便捷的智能服务。（省文化和旅游厅负责）

73. 台湾游客与大陆游客同等享受我省游览参观点门票及景区内交通运输服务价格；在我省居住一年以上的台湾同胞可办理我省各地旅游年卡，享受前往指定景点一整年不限次数的入园游览服务。（省发展改革委、省财政厅、省住房城乡建设厅、省交通运输厅、省文化和旅游厅等按职责分工负责）

74. 台湾同胞在我省与同龄当地居民同等享受乘坐市内公共交通工具相关优惠政策。（省发展改革委、省民政厅、省财政厅、省交通运输厅、省卫生健康委等按职责分工负责）

75. 在我省长期生活的台湾同胞，遭遇突发事件、意外伤害或重大疾病时，在居住地居住一年以上且符合临时救助条件的纳入临时救助范围，帮助解决其基本生活问题。（省民政厅牵头负责；省台办、省应急厅等按职责分工配合）

陕西省

关于印发《关于促进陕台经济文化交流合作的实施意见》的通知

（2018年9月7日陕西省人民政府台湾事务办公室、陕西省发展和改革委员会陕政台发〔2018〕3号）

各设区市、韩城市台办、发展改革委，杨凌示范区管委会台办、发展改革局：

为深入贯彻党的十九大精神和习近平总书记关于深化两岸经济文化交流合作的重要论述，认真落实国务院台办、国家发展改革委《关于促进两岸经济文化交流合作的若干措施》（国台发〔2018〕1号），率先同台湾同胞分享陕西发展机遇，逐步为台湾同胞在陕投资、创业、就业、学习、生活提供与我省居民同等待遇，促进陕台经济文化交流合作，经商省委组织部、省委宣传部、省教育厅、省科技厅、省工业和信息化厅、省公安厅、省民政厅、省财政厅、省人力资源和社会保障厅、省国土资源厅、省环境保护厅、省住房和城乡建设厅、省交通运输厅、省水利厅、省农业厅、省林业厅、省商务厅、省文化厅、省卫生计生委、省旅游发展委、省国资委、省税务局、省工商局、省质监局、省新闻出版广电局、省文物局、省知识产权局、省总工会、省妇联、省文联 、西安海关、人民银行西安分行、陕西银监局、陕西证监局、省口岸办同意，省台办、省发展改革委牵头制订了《关于促进陕台经济文化交流合作的实施意见》，已经省政府同意，现予以印发，请依照执行。

附件

关于促进陕台经济文化交流合作的实施意见

（2018 年 9 月 7 日）

为深入贯彻党的十九大精神和习近平总书记关于深化两岸经济文化交流合作的重要论述，率先同台湾同胞分享陕西发展机遇，逐步为台湾同胞在陕投资、创业、就业、学习、生活提供与我省居民同等待遇，促进陕台经济文化交流合作，根据国务院台办、国家发展改革委《关于促进两岸经济文化交流合作的若干措施》（国台发〔2018〕1 号），结合我省实际，制订本实施意见。

一、关于促进经济合作方面

1. 鼓励台资企业参与“一带一路”建设和“西部大开发”战略，享受相关政策支持。（责任单位：省发展改革委）

2. 在陕台资企业与大陆企业同等参与“中国制造 2025”行动计划，并可按规定申请享受政策支持。（责任单位：省工业和信息化厅）

3. 支持台湾同胞来陕投资设立高端制造、智能制造、绿色制造等企业，相应享受税收、投资等相关支持政策。对符合国家和我省产业发展方向和重点培育领域的台资企业，在项目建设、产业配套等方面提供支持和服务。将符合要求的台资企业推荐给省级产业基金管理机构，协调给予融资支持。（责任单位：省工业和信息化厅、省发展改革委、省财政厅、省税务局）

4. 支持台资企业在我省设立区域总部和研发设计中心。享受研发机构采购大陆设备增值税退税等各项税收政策。（责任单位：省商务厅、省工业和信息化厅、省税务局）

5. 支持符合条件的台资企业申报高新技术企业认定。通过认定的台资企业依法享受减按 15%税率征收企业所得税、研发费用税前加计扣除等政策。（责任单位：省科技厅、省税务局）

6. 支持台资企业参与中国（陕西）自由贸易试验区建设，适用《自由贸易试验区外商投资准入特别管理措施（负面清单）》，享受自贸试验区出台的相关政策措施。大力推广应用国际贸易“单一窗口”货物申报等各项业务功能，加快提升陕西口岸跨境贸易便利化水平，进一步提高通关效率和降低通关成本，鼓励并帮助台资企业通过中欧班列扩大进出口货物规模。（责任单位：省商务厅、省口岸办、西安海关）

7. 鼓励台资企业和台湾同胞在我省投资涉林产业，并与我省企业和居民享受同等政策和优惠措施。（责任单位：省林业厅）

8. 鼓励台湾现代农业企业和技术管理人员参与我省精致农业、民俗民宿、休闲农业、特色小镇、美丽乡村建设。（责任单位：省农业厅、省林业厅、省旅游发展委）

9. 台资企业在我省依法设立的以农产品生产、加工或流通为主业，具有独立法人资格的企业，包括合资经营、合作经营、独资经营等，可申报农业产业化经营重点龙头企业。依据《陕西省人民政府关于支持农业产业化龙头企业发展的实施意见》（陕政发〔2012〕54号）享受政策支持。（责任单位：省农业厅、省财政厅）

10. 凡在我省注册从事农业生产的台资农业生产经营组织，在注册地补贴实施县（区）购置补贴范围内的农机具，均可与我省农业企业同等享受农机购置补贴政策。（责任单位：省农业厅、省财政厅）

11. 台资企业可平等参与我省各级政府采购。任何单位和个人不得采用任何方式，阻挠和限制台资企业进入我省政府采购市场。（责任单位：省财政厅）

12. 台资企业可通过合资合作、并购重组等多种方式，参与我省国有企业混合所有制改革。（责任单位：省国资委、省发展改革委）

13. 台资企业在我省依法依规以特许经营等方式参与能源、交通、水利、环保、市政公用工程等基础设施建设，在项目入库、前期工作费用补助等方面享受我省企业同等政策。（责任单位：省发展改革委、省交通运输厅、省水利厅、省环境保护厅、省住房和城乡建设厅等）

14. 符合条件的在陕注册的台湾科研机构、高等学校、企业等独立法人机构，可牵头或参与国家和我省的重点研发计划项目申报，享受与大陆科研机构、高等学校、企业同等政策。受聘于在陕注册具有独立法人机构的台湾科研人员，可参与实施我省重点研发计划项目（课题），享受与我省科研人员同等政策。（责任单位：省科技厅、省教育厅）

15. 支持台资企业和台湾同胞以专利作价入股等方式来陕投资。其在大陆的授权专利在我省实施转化，可享受专利权质押融资、专利保险等相关补助和

政策。(责任单位：省知识产权局)

16. 支持台资企业和台湾同胞依法保护其专利、商标等知识产权。台资企业和台湾同胞在我省申请、授权专利等费用资助和申报我省知识产权项目，享受与我省企业和居民同等待遇。(责任单位：省知识产权局)

17. 支持台资在我省合资（合作）设立医疗机构。鼓励有资质人员依法开办个体诊所。(责任单位：省卫生计生委)

18. 对依法注册的台资企业，无论规模大小，在土地利用方面均享受与大陆企业同等待遇。对符合优先发展且集约利用的工业项目，在确定土地出让底价时可按照不低于所在地土地等别相对应工业用地出让最低价标准的70%执行。积极推行先租后让、租让结合、弹性年限出让的土地供应方式，通过盘活利用“存量”房产和提供标准化厂房的办法，解决台资企业起步难的问题。对土地出让金一次性缴纳有困难的企业，可采取分期缴纳的办法。对养老、医疗、新兴文化及科技产业等项目用地可参照工业用地政策。对新产业、新业态项目用地，符合划拨用地目录的，实行划拨方式供地。鼓励加工制造企业以租赁方式使用土地。(责任单位：省国土资源厅等)

19. 台湾金融机构和商家与中国银联陕西分公司和省内非银行支付机构在依法合规的前提下开展合作，为台湾同胞提供便捷的小额支付服务。（责任单位：人民银行西安分行)

20. 鼓励台湾征信机构与我省征信机构开展合作与交流，为两岸同胞和企业提供征信服务。台湾征信机构在我省办理企业征信机构备案工作，与大陆征信机构享受同等待遇。(责任单位：人民银行西安分行)

21. 鼓励台资银行在我省设立分支机构，加强与我省银行业金融机构的合作，通过银团贷款等方式为实体经济提供金融服务。(责任单位：陕西银监局)

22. 优化台资企业工商注册登记手续，凡能够通过现有证照、凭证证明的台湾自然人，由所在市（区）人民政府台湾事务办公室出具投资者身份证明，无需再作公证。(责任单位：省台办、省工商局)

二、关于促进文化交流方面

23. 鼓励台湾同胞参与我省文化遗产保护工程，在文物考古研究、文物保护和活化利用等方面进行合作。鼓励台湾民间文物单位、文化协会参与陕台博物馆交流及文物展览。支持具备条件的台资企业和相关专业机构申报文物保护资质。(责任单位：省文物局、省文化厅)

24. 鼓励两岸科研机构、高等学校、企业共同在我省高校设立两岸合作研发机构，联合建设重点实验室，开展基础研究、前沿技术和共性关键技术研究，联手培养研发团队和技术人才。(责任单位：省科技厅、省教育厅)

25. 支持鼓励两岸教育文化科研机构开展中国文化、历史、民族等领域研究和成果应用。(责任单位：省文化厅、省教育厅)

26. 支持我省高校与台湾高校建立合作交流平台，开展学术研究、学术论坛、学生交流、学生互访等方面的交流合作。(责任单位：省教育厅)

27. 鼓励支持台湾文化艺术界团体和台湾同胞来陕与我省文化机构进行交流与合作。鼓励支持台湾文艺工作者与我省文艺院团合作开展艺术创作，为台湾优质展览、演出项目提供展示平台。(责任单位：省文化厅)

28. 按照国家有关政策规定，支持陕台媒体在节目制作、记者互访、新媒体运用等方面建立多层次多角度的合作关系。定期邀请台湾媒体到我省参访交流。(责任单位：省台办、省委宣传部、省新闻出版广电局)

29. 鼓励台湾同胞参与中华经典诵读工程、非物质文化遗产传承发展工程等中华优秀传统文化传承发展工程。支持台湾文化艺术界团体和人士参与陕西在海外举办的中国文化年（节）、欢乐春节等品牌活动。参加“中华文化走出去”计划。鼓励、支持符合条件的陕台合作文化项目申请纳入海外中国文化中心项目资源库。(责任单位：省文化厅)

30. 推荐常住我省的台湾同胞参评中华慈善奖、梅花奖、金鹰奖等经济科技文化社会领域各类评奖项目。(责任单位：省民政厅、省文联)

31. 支持、指导符合条件的台湾同胞申报国家自然科学基金、国家社会科学基金、国家杰出青年科学基金、国家艺术基金等各类基金项目。(责任单位：省委宣传部、省科技厅、省文化厅)

32. 支持台湾地区从事陕台民间交流的机构根据国家有关规定申报两岸交流基金项目。(责任单位：省台办)

33. 台湾同胞参与我省广播电视节目和电影、电视剧制作，对人员数量不作限制。放宽两岸合拍电影、电视剧在主创人员比例、大陆元素、投资比例等方面的限制。取消收取两岸电影合拍立项申报费用。缩短两岸电视剧合拍立项阶段故事梗概的审批时限。(责任单位：省新闻出版广电局)

34. 对台湾图书进口业务建立绿色通道，简化进口审批流程，同时段进口的台湾图书可优先办理相关手续。(责任单位：省新闻出版广电局)

35. 鼓励台湾同胞加入陕西经济、科技、文化、艺术类专业性社团团体和行业协会。（责任单位：省民政厅）

36. 支持台湾同胞和相关社团参与陕西扶贫、支教、公益、小区建设等基层工作。（责任单位：省台办）

三、关于鼓励创业就业方面

37. 支持台湾青年创业就业基地的建设。经国台办、省台办批准的基地，符合省人力资源社会保障厅、省财政厅《关于印发〈陕西省创业孵化基地（返乡创业园区）认定管理暂行办法〉的通知》（陕人社发〔2017〕43号）精神的，按规定给予补贴。（责任单位：省台办、省人力资源社会保障厅、省财政厅）

38. 各级公共就业人才服务机构要积极为台湾青年提供创业就业服务。鼓励我省有条件的企事业单位、社会组织为符合条件的台湾青年提供就业见习岗位，对参加就业见习的台湾大学生按规定给予就业见习补贴。（责任单位：省人力资源社会保障厅、省教育厅、省国资委、省卫生计生委等）

39. 鼓励台湾青年和专业技术人员来陕就业，在职称评定、人才支持政策等方面享受与我省居民同等待遇。（责任单位：省人力资源社会保障厅、省教育厅、省国资委、省卫生计生委等）

40. 对已与我省用人单位达成意向性合作协议的，或已来我省进行创新工作不满1年的台湾专业人才，由用人单位推荐，省委人才办审核，符合条件的推荐国家“千人计划”相应平台；已在我省创办企业满2年但不超过5年的，可推荐申报国家“千人计划”创业人才项目；已来我省工作超过1年的台湾专业人才，可推荐申报国家“万人计划”相应子项目。（责任单位：省委组织部）

41. 鼓励和支持常住陕西的台湾同胞参加我省开展的各项职业技能竞赛活动，对在各项技能竞赛中获奖的选手，按照我省大赛表彰奖励有关规定，参与“陕西省技术能手”“陕西省技术标兵”等评比活动。（责任单位：省人力资源社会保障厅）

42. 支持常住陕西的台湾同胞参加“陕西省劳动模范”（先进工作者）“陕西省五一劳动奖章”的评选，同等条件下优先考虑台湾同胞。（责任单位：省总工会）

43. 鼓励在陕工作的台湾女性同胞或女性集体参加“三八红旗手”“三八红旗集体”“巾帼建功标兵”“巾帼建功先进集体”等荣誉称号的评选。鼓励在陕台胞家庭、台湾配偶家庭参加“五好家庭”评选。支持台湾女性同胞和相关社

团参与我省公益服务项目。（责任单位：省妇联）

44. 执行《向台湾居民开放的国家职业资格考试目录》。在陕台胞可通过网上报名参加 53 项专业技术人员职业资格考试和 81 项技能人员职业资格考试。利用我省人事考试证书邮寄系统向台湾同胞寄送资格证书。（责任单位：省人力资源社会保障厅、省教育厅、省质量技术监督局、省旅游发展委等）

45. 支持台湾同胞使用台胞证登录“陕西公共招聘网（www. snjob. gov. cn）”来陕应聘工作，对暂时无法提供大陆手机号码的台湾同胞，允许使用台湾地区手机号码在“陕西公共招聘网”上注册简历。（责任单位：省人力资源社会保障厅）

46. 支持符合条件的台湾同胞参加医师资格考试，考试方式、考试内容、分数线、收费标准等均与报考同类别的我省考生相同。（责任单位：省卫生计生委）

47. 支持通过医师资格考试或认定方式取得大陆《医师资格证书》的台湾同胞，可按照相关规定，在我省申请执业注册。支持符合条件的台湾医师申请《台湾医师短期行医执业证书》，开展医疗服务。（责任单位：省卫生计生委）

48. 支持在台湾已获取相应资格的台湾同胞在大陆申请证券、期货、基金从业资格，只需通过大陆相应法律法规考试，无需参加专业知识考试。（责任单位：陕西证监局）

49. 支持台湾教师来我省高校任教，其在台湾地区取得的学术成果可纳入工作评价体系。（责任单位：省教育厅）

50. 支持台湾专家、学者、教师来我省高校、职业院校从事专业学科教学工作。在台湾地区获得教师资格证后，可以在我省幼儿园、中小学从事音乐、体育、美术学科教学工作。（责任单位：省教育厅）

51. 支持台湾同胞在陕参加大陆专利代理人资格考试，取得资格后，可在我省专利代理机构执业。加强陕台知识产权高端人才合作交流。（责任单位：省知识产权局）

四、关于便利学习生活方面

52. 在我省就业的台湾同胞，均可按照《住房公积金管理条例》（国务院令第 350 号）和相关政策的规定缴存住房公积金。缴存基数、缴存比例、办理流程等实行与我省缴存职工一致的政策规定。（责任单位：省住房建设厅、省财政厅、人民银行西安分行）

53. 已缴存住房公积金的台湾同胞，与我省缴存职工同等享有提取个人住房公积金、申请住房公积金个人住房贷款等权利。在大陆地区跨城市就业的，可以办理住房公积金异地转移接续。与用人单位解除或终止劳动（聘用）关系并返回台湾地区时，可以按照相关规定提取个人住房公积金账户余额。(责任单位：省住房建设厅、省财政厅、人民银行西安分行)

54. 在陕居住满 1 年的台湾同胞购买住房（包括新建商品住房和二手住房），在购房资格、首付比例、办理时限、按揭贷款等方面享受与我省户籍居民同等待遇。(责任单位：省住房和城乡建设厅)

55. 常住陕西的台湾同胞子女到我省幼儿园、小学、初中、高中就读，享受与当地学生同等待遇。鼓励台湾学生到我省高校就读，在学费、奖学金、助学金、国家助学贷款等方面与大陆学生享受同等待遇。(责任单位：省教育厅)

56. 台湾同胞在我省居住生活期间，可按照陕西省社会保险政策规定，参加各项社会保险，并享受与我省参保人员同等待遇。(责任单位：省人力资源和社会保障厅)

57. 台湾同胞在台湾地区或者其他国家和地区取得有效机动车驾驶证的，可以按照有关规定在所在地公安机关申请换取机动车驾驶证。(责任单位：省公安厅)

58. 在我省长期生活的台湾同胞，在各类公共文化服务场馆，可享受和我省居民同等的公共文化服务待遇，可以办理旅游年卡，享受指定景点期限内不限次数的入园游览服务。(责任单位：省文化厅、省旅游发展委)

59. 我省所有免费博物馆可凭台胞证免费领票参观。(责任单位：省文物局)

60. 台湾同胞凭居住证、收入证明并由工作所在单位提供担保，银行予以办理信用卡，凭居住证可当场办理银行储蓄借记卡。(责任单位：陕西银监局)

关于加强陕台经济合作的意见

（2018年1月27日陕西省人民政府办公厅陕政办发〔2018〕7号）

各设区市人民政府，省人民政府各工作部门、各直属机构：

为深入贯彻落实党中央、国务院和省委、省政府关于做好新形势下对台经济工作的部署，促进陕台经贸交流合作，经省政府同意，现提出如下意见。

一、指导思想

以习近平新时代中国特色社会主义思想为指导，贯彻落实中央对台工作方针政策，紧抓“一带一路”、中国（陕西）自由贸易试验区建设机遇，加强产业对接，深化经贸合作，拓展陕台合作空间，支持台资企业在陕健康发展，服务两岸关系大局、服务全省开放型经济发展，为实现追赶超越目标作出积极贡献。

二、工作重点

（一）深化产业合作。在夯实集成电路、液晶面板等产业合作的基础上，进一步加强陕台电子信息、精密机械制造、新材料及生物技术应用、能源化工等领域的投资贸易合作。支持海峡两岸（杨凌）农业合作示范区建设，以精致农业、观光农业、休闲农业为切入点，促进陕台农业合作。以加强旅游、文化创意合作为重点，带动陕台金融、物流、电子商务、医疗养老等现代服务业领域的合作。

（二）强化合作基础。建立与台湾相关行业协会、投资咨询机构的协调机制，加强与台湾工业总会、商业总会、工商建研会、工商协进会、华聚基金会、两岸共同市场基金会、电机电子工业同业公会、银行公会、券商公会、半导体产业协会、农业协会、物流协会等相关机构的联系沟通，积极开展互动交流，务实推动产业转移和龙头项目合作。

（三）积极开展对台招商引资。围绕主导产业和优势产品，积极开展对台招商。充分发挥丝绸之路国际博览会、欧亚经济论坛、中国杨凌农业高新科技成果博览会等开放合作平台作用，调动西安台资企业协会等台商协会积极性，有针对性地邀请台湾优势企业参会参展，举办专项交流对接活动，开展产业链招商、精准招商，形成产业集群。各地要建立对台招商引资项目跟踪落地服务机制，促进台资企业在陕投资发展，为台资企业创造良好的营商环境。

（四）完善陕台经贸合作载体。各级开发区要发挥好载体作用，结合自身功能定位，引导台资项目集聚发展、互补发展。支持各地新建或在现有开发区内以“园中园”形式建设“台湾产业园区”“台湾科技园区”等，推动高新技术、高端产业和专业人才集中。各级开发区可结合重点产业发展，在政策允许和权限范围内制定对台经贸合作优惠政策。

（五）积极承接台资企业产业转移。各市（区）要根据自身产业优势，加强与“长三角”“珠三角”等沿海发达地区台资企业协会的交流互动，积极承接台资企业产业梯度转移。主动与东中部地区台资企业对接，加强区域互动合作，促进台资企业优势产业向我省转移。

（六）积极促进陕台贸易。扩大陕台在高新技术、制造设备、关键零部件、优势农产品等方面的进出口，鼓励有条件的省内企业赴台开展贸易投资合作。发挥我省科技、人才、区位优势，大力发展面向台湾的软件服务外包、国际物流承运等服务贸易业务，促进陕台贸易合作稳定健康持续发展。引导在陕台资企业积极融入“一带一路”建设，拓展国际市场空间，不断扩大贸易规模。

（七）推进台湾青年创业基地建设。鼓励和扶持台湾青年来陕就业创业，有条件的开发区可创建台湾青年就业创业示范基地。支持杨凌农业示范区建立海峡两岸职业农民培训中心。引导省内企业优先接收台湾青年实习和就业。各市（区）要把支持台湾青年来陕就业创业纳入本地“大众创业、万众创新”工作内容，为台湾青年在陕学习、就业、创业、生活创造便利条件。

（八）扩大对台宣传。加强与台湾媒体的交流合作，有计划、有重点地邀请台湾主流媒体来陕专题采访。通过电视、报纸、网络新媒体等积极宣传我省历史文化、产业优势、经济社会发展成就和发展机遇，营造良好的陕台经贸合作氛围。

三、保障措施

（一）加强领导。各市（区）要建立对台经济合作协调推进机制，切实加强对台经济工作的组织领导，明确分工，加强统筹，策划开展一批对台经贸合作项目和活动，研究协调台资项目落地及当地台资企业发展中存在的困难和问题，推动陕台经贸合作持续健康发展。

（二）优化营商环境。除法律法规或国家明令禁止的行业外，全面向台商投资企业开放。各市（区）和各有关部门要贯彻落实《陕西省人民政府关于深化“放管服”改革全面优化提升营商环境的意见》（陕政发〔2017〕26号）各项部署，不断提升行政效能，全力打造更具吸引力的法治化、国际化、便利化营商环境。各地要认真处理涉台投诉案件，依法保护台商和台资企业的合法权益。

（三）完善政策服务。省台办要会同有关部门认真落实各类涉及支持台资企业投资、经营、发展、技术进步等方面政策措施。要及时了解台商相关诉求，为台商在陕居住生活、社保医疗、子女就学、就业创业等提供便利。支持台资企业协会开展会员交流、政策辅导、信息共享、教育培训等工作。鼓励有条件的市（区）成立台资企业协会。

大连市

关于促进连台经济文化交流合作的实施办法

（2018 年 12 月 7 日）

为深入贯彻党的十九大精神和习近平总书记关于对台工作的重要论述，率先同台湾同胞分享大连发展机遇，逐步为台湾同胞在连投资、学习、创业、就业、生活提供与大连居民同等待遇，促进连台经济文化交流合作，根据国务院台办、国家发展改革委《关于促进两岸经济文化交流合作的若干措施》和省台办、省发展改革委制订的《辽宁省贯彻〈关于促进两岸经济文化交流合作的若干措施〉的实施意见》，结合本市实际，制订本实施办法。

一、扩大连台经贸合作

1. 支持台资企业参与本市“一带一路”和中国（辽宁）自由贸易试验区大连片区建设以及长兴岛国家级石化产业基地、国家自主创新示范区、跨境电子商务综合试验区等平台建设，对其同等适用相关支持政策。（市发展改革委、市经信委、市商务局、各区市县政府、各开放先导区管委会负责）

2. 台资企业参与实施《中国制造 2025 大连行动计划》，在本市投资先进制造业、战略性新兴产业和生产性服务业等重点领域享受与本市企业同等待遇。支持台资企业实施产业转型升级和技术改造。（市经信委、市发展改革委负责）

3. 鼓励支持台资企业、台商台胞来连投资创业，对于符合条件的台资企业和台商台胞投资企业，参照《大连市扩大对外开放积极利用外资若干政策措施》（大委发〔2018〕26 号）给予政策支持。（市商务局、各相关单位及区市县政府、先导区管委会负责）

4. 支持台湾地区企业在本市设立区域总部和营运中心、物流中心。（市商务局、市港口口岸局负责）

5. 鼓励台资企业参与国有企业混合所有制改革，通过收购股权、认购可转债等多种方式，参与本市经批准的国企改革重组并获得合法权益。(市国资委负责)

6. 支持台资企业参与政府与社会资本合作（PPP）项目投资、运营和管理。(市发展改革委、市财政局负责)

7. 支持台资企业以特许经营方式参与能源、交通、水利、环保、市政公用工程等基础设施建设。符合相应资质要求的台资企业在本市可参与建设项目的总包和分包。(市发展改革委、市财政局、市交通局、市环保局、市建委、市城建局、市水务局等负责)

8. 支持在连注册台资企业公平参与本市政府采购，与大陆供货商享受同等政策，按照法律规定的采购方式、采购程序参与政府采购，与采购人依法签订采购合同。(市财政局负责)

9. 在连注册的从事农业生产的台资农业企业可与大陆农业企业同等条件享受农机购置补贴等农业支持政策和优惠措施，同等条件申报本市产业化重点龙头企业。(市农委负责)

10. 台资企业与大连企业同等适用相关用地政策。对集约用地的鼓励类台商投资工业项目优先供应土地，在确定土地出让底价时，可按不低于所在地土地等别相对应工业用地出让最低价标准的70%执行。(市国土房屋局、市规划局、各区市县政府、各开放先导区管委会负责)

11. 积极争取上级国土部门支持，对实际投资金额超过10亿元的制造业台资项目用地以及行业龙头企业总部或地区总部自建办公物业用地，优先安排土地利用计划指标。(市国土房屋局负责)

12. 对台湾同胞从大陆境内居民企业分配的利润直接投资于鼓励类投资项目，凡符合规定条件的，实行递延纳税政策，暂不征收预提所得税。(市税务局、市财政局负责)

13. 鼓励支持台资企业申报高新技术企业或技术先进型服务企业，经认定通过后，减按15%的税率征收企业所得税，职工教育经费支出不超过工资薪金总额8%的部分，准予在计算应纳税所得额时扣除，超过部分准予在以后纳税年度结转扣除。(市科技局、市财政局、市税务局负责)

14. 台资企业提供技术转让、技术开发及与之相关的技术咨询、技术服务，符合条件的可按规定免征增值税。(市税务局、市科技局、市财政局负责)

15. 支持和鼓励台商在连设立研发中心，依据《大连市支持科技创新若干政策》（大政发〔2017〕52号）有关规定，对新获批省级重点实验室、产业技术创新平台等创新平台依托单位，给予100万元一次性补助；对新获批市级重点实验室、工程研究中心、临床医学研究中心、企业技术中心等创新平台依托单位，给予50万元一次性补助。（市科技局、市发改委、市经信委、市财政局负责）

16. 研发中心进口研发设备、试剂、样品，可选择通关一体化模式通关，享受提前报关、预约通关等便利措施。（大连海关负责）

17. 支持台资研发中心开展相关科技活动。对符合企业研发投入后补助政策条件的，根据台资研发中心在税务部门享受研发费用税前加计扣除政策的研发经费数额，给予最高10%、最多100万元的补助。（市科技局、市财政局、市税务局负责）

18. 台湾科研机构、高等学校、企业在连注册的独立法人，依据国家、省、市具体申报要求牵头或参与各类科技项目申报，享受与大连市科研机构、高等学校、企业同等政策待遇。受聘于在连注册的独立法人的台湾地区科研人员，按办法规定参与大连市科技项目，享受与大陆科研人员同等政策待遇。（市科技局、市财政局负责）

19. 依法依规严格保护产权，加强行政执法、维权援助和纠纷调解工作。支持在连台资企业在专利申请、商标注册、著作权登记及知识产权在连转化等方面享受与本市企业同等的支持和奖励政策。（市工商局、市文广局、市知识产权局负责）

20. 充分发挥我市产业（创业）投资引导基金的带动作用，以股权投资等方式重点支持台湾企业在我市的投资，符合条件的台资项目可纳入本市年度重大产业项目，享受相应的政策支持和重点服务。（市发展改革委、市经信委、市商务局负责）

21. 支持在连台资企业在标准、质量、品牌等方面享受与本市企业同等的支持和奖励政策。（市质监局负责）

22. 支持符合条件的台资企业在大陆上市、“新三板”挂牌和区域性股权交易市场融资。台商投资企业同等享受我市对民营企业上市、“新三板”挂牌和区域性股权市场融资的相关扶持政策。（市金融局、大连证监局负责）

23. 支持台湾金融机构落户大连，协助做好机构申报、办公场所购租、人

员招募等方面服务工作，与大陆金融机构同等享受金融招商优惠政策。（市金融局、大连银保监局负责）

24. 鼓励台资银行与在连同业协作，通过银团贷款等方式为实体经济提供金融服务。（市金融局、大连银保监局负责）

25. 鼓励在连各类金融机构为本市中小微台资企业、台湾同胞提供金融服务，为台湾同胞办卡开户提供便利。（市金融局、大连银保监局负责）

26. 支持本市相关征信机构按照规定与台湾征信机构开展业务合作，优先给予业务对接和商议渠道。（人民银行大连市中心支行负责）

27. 鼓励各类金融机构支持台资银行及其大陆分支机构在本市开展各类同业业务交流。（市金融局、人民银行大连市中心支行、大连银保监局负责）

28. 营造良好政策环境，支持已在连设立的台湾保险机构发展，鼓励台湾保险机构开展多种形式的业务交流活动。（市金融局、大连银保监局负责）

29. 支持台湾地区投资者在连合资（合作）设立医疗机构，享受相关优惠政策。（市发展改革委、市环保局、市民政局、市卫生计生委负责）

30. 支持台湾地区投资者独资或合资（合作）在连设立养老机构，享受本市同类型养老机构同等政策。（市民政局负责）

31. 充分发挥大连市服务台商法律顾问团作用，为在连台商台企提供法律咨询服务。（市台办负责）

二、支持台湾同胞在连实习就业创业

32. 支持台湾同胞参加本市专业技术和技能人员职业资格考试。台湾同胞可报名参加 53 项专业技术人员职业资格考试和 81 项技能人员职业资格考试。做好在本市就业的台湾同胞参加职业资格考试的组织服务工作。（市人社局、市司法局、市卫生计生委等相关部门负责）

33. 积极支持符合条件的台湾专业人才申报国家“千人计划”、“万人计划”。符合条件的高层次人才和高水平创新团队，可申报市级、省级优秀专家等人才项目。相关资格条件中对海外学习经历、海外工作经历有特别要求的，台湾地区学习经历、工作经历可参照适用。（市委组织部、市人社局、市科技局负责）

34. 鼓励支持在连工作的台湾同胞按规定申报国家和省、市自然科学、社会科学、艺术等方面的基金项目。（市科技局、市社科联、市文广局负责）

35. 支持台湾专业技术人员来连就业。对在连从事专业技术工作的台湾同胞，符合条件的可申报参加相应系列、级别专业技术职务任职资格评审，其在台湾地区参与的项目、取得的成果等可视为专业工作业绩，在台湾地区从事技术工作的年限可视为专业技术工作年限。（市人社局负责）

36. 鼓励台湾同胞来本市高校从事教学研究工作，在职称评聘、课题项目申报等方面享受同等待遇，其在台湾地区高校的任职年限予以承认，在台湾地区取得的学术成果可纳入专业技术职务评聘等工作评价体系。首次评聘的台湾地区高层次人才，可参照从境外引进人才晋升专业技术职务的政策执行。（市人社局负责）

37. 台湾籍适龄儿童少年在大连接受义务教育享受市民待遇，由各区市县教育行政部门安排在公办学校就读，初中毕业可在连参加中考，享受中考加分政策（以本年度公布的具体政策为准）。（市教育局负责）

38. 支持台湾同胞和相关社团参与本市组织的公益活动和基层社区服务。（市民政局负责）

39. 支持台湾同胞在本市参加医师资格考试。符合条件的台湾同胞可参加本市医师资格考试，考试方式、考试内容、分数线、收费标准等均与报考同类别的大陆考生相同。（市卫生计生委负责）

40. 支持通过医师资格考试或认定方式取得大陆《医师资格证书》的台湾同胞在本市申请执业注册。（市卫生计生委负责）

41. 支持台湾同胞在本市取得护士执业资格和参加卫生专业技术资格考试。取得执业资格后，可按照规定申请在本市执业。（市卫生计生委负责）

42. 鼓励台湾导游领队在大连参加全国导游资格考试，持证执业。支持台湾学生来本市开展研学旅游，引导市内企业为台湾学生提供旅游行业实习机会。（市旅发委负责）

43. 在连工作的台湾同胞可参评五一劳动奖章、劳动模范和先进工作者、三八红旗手等称号。协助台湾同胞参评中华慈善奖、梅花奖、金鹰奖等经济科技文化社会领域各类评奖项目。（市委宣传部、市总工会、市妇联、市科技局、市民政局负责）

44. 在连台湾同胞职工同等参与工会开展的各类活动，符合条件的台湾同胞职工可参加劳动模范疗休养和职工疗养活动。（市总工会负责）

45. 鼓励台湾同胞依法、依规，按照各社会组织章程的规定，参加本市经济、科技、文化、艺术类专业性社会组织、行业协会等组织的相关活动。（市民政局、市经信委、市文广局、市科协负责）

46. 根据国家、省有关规定，推动各类人事人才网站和企业为台湾同胞在本市应聘工作提供便利。(市人社局负责)

47. 支持本市有条件的企事业单位为台湾青年提供实习、就业岗位。支持台湾青年来连创新创业，市政府出台的各类创业项目扶持、融资支持、创业培训、孵化平台申请等各项优惠政策，台湾同胞同等享有。(市国资委、市人社局、市科技局、市创促办负责)

三、深化连台教育文化交流合作

48. 鼓励在连的台湾同胞参与中华经典诵读工程、文化遗产保护工程、非物质文化遗产传承发展工程等，在文物考古研究、文物保护和活化利用、传统工艺振兴等方面进行合作。支持在本市就读的台湾学生参与学校组织的各类文化活动项目。(市委宣传部、市教育局、市文广局负责)

49. 积极推荐在连台湾文化艺术界团体和人士参与大陆在海外举办的感知中国、中国文化年（节）、欢乐春节等品牌活动。(市文广局负责)

50. 鼓励台湾机构与本市开展广播电视、电影电视剧等方面合作。支持连台合作拍摄影视剧，根据国家有关规定，做好审核报批工作。(市委宣传部、市文广局负责)

51. 支持本市电影发行机构、广播电视台、视听网站和有线电视网，根据国家有关规定引进台湾生产的电影、电视剧。(市委宣传部、市文广局负责)

52. 支持连台两地加强教育合作。鼓励连台两地职业教育机构加强交流合作，共同培养专业人才。支持本市中小学校与台湾同类学校建立友好关系，开展师生互访等多形式交流。(市教育局负责)

53. 在连居住的台湾同胞，符合条件的可选聘为特邀调解员、仲裁员，参与本市涉台民商事案件的调解、仲裁工作。(市中级人民法院、市仲裁办负责)

四、方便台湾同胞在连居住生活

54. 在本市学习、创业、就业、生活的台湾同胞凭居住证明、工作或学习证明等，可以按照规定在当地购买或租赁住房，享受我市居民同等待遇。(市国土房屋局负责)

55. 保障台湾同胞同等享受住房公积金权益，台湾同胞与所在单位解除终止劳动聘用关系并返台的，可按照相关规定提取个人住房公积金账户余额。(市公积金中心、市财政局负责)

56. 台湾同胞可凭台胞证在本市合法经营的宾馆、酒店、家庭旅馆等登记

住宿。(市公安局负责)

57. 台湾同胞在台湾地区或者其他国家和地区取得有效机动车驾驶证的，可以按照有关规定在所在地辖区公安机关申请换领机动车驾驶证。(市公安局负责)

58. 台湾同胞持台湾居民居住证或往来大陆通行证、收入证明及相关银行要求提供的其他材料，本地银行予以办理信用卡；持台湾居民居住证或往来大陆通行证可以办理银行借记卡。(人民银行大连市中心支行负责)

59. 支持在本市学习、就业、创业、生活的台湾同胞与当地居民同等享受公共交通、景点游览、金融支付等待遇。其中老年人可按照有关规定办理《老年证》《优待证》，享受乘车、进公园等优待。(市发展改革委、市交通局、市旅发委、市民政局负责)

60. 在连台湾同胞及其家属享有与本市居民同等的医疗卫生服务待遇；在本市医疗机构就诊需要返回台湾地区报销的，有关医疗机构应当为其报销医疗费用提供便利。(市卫生计生委负责)

61. 设立联系窗口，为在连台湾同胞提供紧急救助服务。(市台办、市民政局、市公安局出入境管理局、市卫生计生委负责)

本实施办法由相关主管部门负责解释。

青岛市

关于支持台资企业发展扩大青台经贸合作的意见

（2013年6月21日青岛市人民政府办公厅青政办发〔2013〕18号）

各区、市人民政府，市政府各部门，市直各单位：

为深入贯彻落实省政府办公厅《关于支持台资企业发展扩大鲁台经贸合作的意见》（鲁政办发〔2012〕64号），深化青岛与台湾的经贸交流与合作，促进经济社会建设和两岸关系发展，经市政府同意，现就支持台资企业发展、扩大青台经贸合作提出以下意见：

一、支持台资企业向更宽领域发展

（一）支持发展战略性新兴产业。发挥财政资金引导作用，鼓励金融机构向战略性新兴产业加大资源配置，重点支持台资企业进行有关战略性新兴产业的关键共性技术研发、产业化示范工程建设、创新能力建设、产业链和产业基地培育等。优先保障战略性新兴产业项目用地，对属于优先发展产业且用地集约，经规划部门批准为工业用途的，在确定土地出让底价时，可按不低于所在土地等别相对应工业用地出让最低价标准的70%执行。

（二）支持转型升级。对台资企业技术改造项目的固定资产贷款，市财政安排专项资金给予贴息扶持。利用市级工业转型升级专项资金、科技资金、品牌发展专项资金、软件与信息产业发展专项资金等扶持资金，支持台资企业开展自主创新、人才引进及培养、工业设计、品牌培育、信息化建设和管理创新。支持台资企业在青岛设立地区性总部或研发中心等功能性机构，经有关部门认定后按有关政策给予相应奖励。将台资企业生产的高新技术产品等纳入政府采购目录，优先采购列入国家节能产品政府采购清单或环境标志产品政府采购清单的相关产品。

（三）支持发展生产性服务业。对符合条件的台资金融、现代物流、信息服务、科技研发、设计检测、软件服务外包等生产性服务业项目，优先给予财政资金支持。支持和帮助台资企业开展加工贸易，对符合条件的台资企业优先推荐实施“绿色通道”和“直通放行”制度。允许台胞以独资、合资、合作等方式在青岛市举办养老机构，非营利普惠性养老机构可享受有关财政补助和税费优惠。

（四）支持发展文化产业。对文化创新型和文化高新技术台资企业，可享受市级高新技术开发项目政策，符合条件的文化企业可享受市级文化产业发展专项资金支持。放宽台湾投资者投资未禁止文化产业的企业名称核准条件，生产性文化企业注册资本可按法定最低限额执行。凡法律、法规和国务院未禁止非公有经济经营的文化产业项目，均允许台资企业经营。

（五）支持发展农业产业。支持台湾投资者参与海峡两岸农业合作试验区建设，对园区内获得国家级和省级认定的农业产业化龙头企业，可申请享受省、市级农业产业化资金扶持；对园区内台湾农民合作经济组织开展农业项目建设，可享受与青岛市农民合作经济组织同等的财政扶持政策。优先推荐台资企业申报国家和省级农业产业化重点龙头企业，符合条件的可给予财政贷款贴息扶持。完善海峡两岸（青岛）农产品交易物流中心功能，对入驻台商场地租赁费实行相关优惠政策。支持台资企业参与青岛市农村流通网络、农产品流通体系和“万村千乡市场工程”建设，对符合条件的项目给予资金补助。

二、加大对台资企业的金融支持

（一）按照国家政策规定，积极推动成立青台合资银行及其他各类金融机构。支持符合条件的台资企业参与设立小额贷款公司、融资性担保公司和创业投资机构。对来青设立创业投资机构的，市级创业投资引导基金优先给予支持。引导行业协会、重点园区、创业基地、企业互助组织等设立面向台资小微企业的互助基金，开展台资小微企业互助担保业务，其中由独立法人机构负责运营的，经相关部门审批后，视同担保机构予以相应的补助。

（二）对新设立的总部性台资金融机构，按照相关政策给予一次性补助；对区域性管理总部，依据其经济贡献能力和业务跨区域管辖范围大小，给予不超过300万元的一次性补助；对在青岛市设立分行、中心分（支）行、分公司的金融机构，给予不超过50万元的一次性补助；对在农村增设分支机构的，给予不超过50万元的一次性补助。

（三）鼓励商业银行在私人银行业务、个人银行业务、公司银行业务、电子银行业务、国际结算业务等多个领域加强对台湾投资者、台资企业的金融服务。商业银行对符合信贷条件的台资文化企业，可在国家允许的贷款利率浮动幅度内给予利率优惠。

（四）支持有条件的台资企业上市发行股票，对拟上市的给予政策重点支持。鼓励台资中小企业与大中型企业捆绑发债，通过债券市场融资，优化台资企业资金结构。对符合条件的台资小微企业免收反担保费。采取政府部分补贴的方式，依托符合条件的投融资机构，利用自有资金为台资企业提供低收费过桥资金服务，保证企业资金链的接续。

三、加大对台资企业的财税支持

（一）增值税扶持政策

1. 台资企业小规模纳税人的增值税征收率为3%。台资农业生产企业销售自产的农产品，按规定可免征增值税。对台资企业开办节能服务公司、实施符合条件的合同能源管理项目，将项目中的增值税应税货物转让给用能企业的，按规定可暂免征收企业增值税。台资企业生产销售资源综合利用产品，符合规定条件的，可享受免征增值税或增值税即征即退的税收优惠。

2. 台资企业在青举办医疗卫生机构的，按有关规定享受优先支持政策。对其中的非营利性医疗机构按照国家规定的价格取得的医疗服务收入，按规定享受税收减免，对其自产自用的制剂，免征增值税；对其中符合条件的营利性医疗机构自产自用的制剂，自其取得执业登记之日起3年内免征增值税。

3. 加快台资企业出口退（免）税进度，确保将应退税款及时退付给企业。对台资企业外购的货物，符合视同自产产品条件的可办理退（免）税，不符合的可申请免税；对生产周期1年以上的交通运输工具和机器设备，符合条件的，实行在货物出口前先行退（免）税。增值税一般纳税人销售其自行开发生产的软件产品，属于增值税一般纳税人的动漫企业销售其自主开发生产的动漫软件，符合相关条件的，按17%的法定税率征收增值税后，对其增值税实际税负超过3%的部分，按规定可即征即退。

4. 增值税一般纳税人外购固定资产（不包括用于非增值税应税项目、免征增值税项目、集体福利或者个人消费的固定资产）的进项税额可以从销项税额中抵扣。当期未抵扣完的进项税额，可结转下期继续抵扣。

（二）企业所得税扶持政策

1. 台资企业从事农林牧渔业项目的所得，可以免征、减征企业所得税。对台湾航运公司从事海峡两岸海上直航业务取得的来源于大陆的所得，免征企业所得税。1个纳税年度内，台资企业从事技术转让所得不超过500万元的部分，免征企业所得税；超过500万元的部分，减半征收企业所得税。

2. 经认定符合条件的台资高新技术企业，依规定可减按15%的税率征收企业所得税。经认定符合条件的台资技术先进型服务企业，采取财政资金奖励的方式给予相应支持。对符合条件的台资小型微利企业，依规定可减按20%税率征收企业所得税，2015年年底前，对年应纳税所得额低于6万元的台资小微企业，其所得依规定可减按50%计入应纳税所得额，按照20%的税率缴纳企业所得税。

3. 台资软件生产企业的职工培训费用，可按实际发生额在计算应纳所得税额时扣除。台资企业综合利用资源，生产符合国家产业政策规定的产品取得的收入，可以在计算应纳税所得额时减按90%计入收入总额。台资企业的固定资产由于技术进步等原因，确需加速折旧的，可以缩短折旧年限或者加速折旧。台资企业为开发新技术、新产品、新工艺发生的研究开发费用，未形成无形资产计入当期损益的，在按照规定据实扣除的基础上，按照研究开发费用的50%加计扣除；形成无形资产的，按照无形资产成本的150%摊销。台资企业购置并实际使用规定范围内的专用设备，该专用设备投资额的10%可以从当年的企业所得税应纳税额中抵免，当年不足抵免的，可以在以后5个纳税年度结转抵免。

4. 台资企业从事符合条件的环境保护、节能节水项目的所得，自项目取得第一笔生产经营收入所属纳税年度起，第一年至第三年免征企业所得税，第四年至第六年减半征收企业所得税。新办台资软件生产企业经认定，可享受自获利年度起第一年、第二年免征企业所得税，第三年至第五年减半征收企业所得税等一系列国家规定的税收优惠政策。支持台资企业参与基础设施和重大工程建设，同等条件下对台资企业优先。台资企业从事规定的国家重点扶持的公共基础设施项目的投资经营的所得，自项目取得第一笔生产经营收入所属纳税年度起，第一年至第三年免征企业所得税，第四年至第六年减半征收企业所得税。

四、加大对台资企业用工支持

（一）加大对台资企业人员招聘的支持力度，根据企业的实际需求定期举办台资企业专场人员招聘会，帮助台资企业招聘人员。对台资企业新录用城镇登记失业人员、农村转移就业劳动者、毕业年度高校毕业生、城乡未继续升学的应届初高中毕业生，并与其签订6个月以上劳动合同，自劳动合同签订之日起6个月内，由企业自行组织或委托当地人力资源社会保障部门认定的职业培训机构开展岗前就业技能培训的，按规定给予企业定额职业培训补贴。

（二）对台资企业招用就业困难人员和就业困难高校毕业生，与其签订劳动合同并交纳社会保险费的，按规定在相应期限内给予社会保险补贴和岗位补贴；对认定为高校毕业生就业见习基地的台资企业吸纳离校未就业高校毕业生参加就业见习的，按规定给予企业就业见习补贴。

（三）对台资商贸企业、服务型企业（除广告业、房屋中介、典当、桑拿、按摩、氧吧外）在新增加的岗位中招用失业人员，与其签订1年以上期限劳动合同并依法缴纳社会保险费的，在3年内按实际招用人数予以定额依次扣减营业税、城市维护建设税、教育费附加和企业所得税优惠。

五、强化各项涉台服务

（一）推行网上审批、并联审批和“一个窗口对外”“一站式服务”，规范对台资企业的相关行政审批。建立台资企业登记注册绿色通道，在政策咨询、投资指导、受理核准、标准认证、产品检验、设备检测等方面为台湾企业和台湾投资者提供高效、便捷、优质的服务。

（二）台资工业项目落户青岛市各省级以上开发区及市级工业功能区的，享受落地审批涉企收费的扶持政策。清理规范经营性收费，对实行政府定价、政府指导价的经营服务性收费，要严格按照规定的收费范围和收费标准执行，禁止指定收费、违规收费、变相收费、垄断收费。加大对《海峡两岸经济合作框架协议（ECFA）》等政策的宣传引导力度，引导台资企业及时了解并用足用好相关税收优惠政策，切实降低企业成本。

（三）优化生产、生活环境。营造公正高效的司法环境，依法维护和保障台资企业、台湾投资者的合法权益。严厉打击干扰台资企业经营的行为，确保台资企业经济安全和生产、经营、工作秩序稳定。加强涉及台资企业重点区域的综合治理，大力解决涉企治安热点问题，依法及时处理台资企业和台湾投资者的行政复议和投诉，为台资企业创造良好的周边环境。台商子女就学，入学条件、升学条件、毕业条件、收费等与本地学生享受同等待遇；持市台胞联谊会出具的有关证明并经毕业学校盖章认定，台湾籍子女依据国家有关规定可享受在青岛市升高中优待政策。在定点医院开设台商、台胞就医“绿色通道”，提供便捷优质的医疗服务。

六、支持青岛企业赴台投资和开展交流合作

（一）落实《海峡两岸投资保障及促进协议》，支持青岛企业赴台投资和设立分支机构，与台湾企业联合拓展国际市场。通过国家对外经济技术合作专项资金和省、市外经贸发展专项资金，对赴台投资项目前期费用、境外人员和境外投资保险费、项目贷款贴息等予以支持。

（二）加强与台湾相关部门、商会、中介组织的合作，定期举办研讨会、展览会、交流会及企业互访，增进双方交流合作。加快建立对台投资项目信息库，开展人才培训，提供专家咨询，搭建对台投资合作服务平台。

以往青岛市有关台资企业政策、规定与本意见不一致的，以本意见为准。本意见的相关政策，国家和省有规定且有实施年限的，按国家和省的规定执行。本意见执行期内，若国家和省出台优于本意见的新政策，按从优原则执行，不重复享受。本意见自发布之日起实施。本意见各项政策由相应的职能部门负责解释。

关于促进青台经济文化交流合作的若干措施

（2018 年 10 月 30 日）

为深入贯彻党的十九大精神和习近平总书记关于深化两岸经济文化交流合作的重要论述，根据国务院台办、国家发展改革委《关于促进两岸经济文化交流合作的若干措施》和山东省台办、省发展改革委《贯彻促进鲁台经济文化交流合作的若干措施》，结合青岛市工作实际，进一步促进青台经济文化交流合作，率先同台湾同胞分享青岛发展机遇，逐步为台湾同胞在青岛学习、创业、就业、生活提供与本市居民同等的待遇，青岛市台办、市发展改革委经商市委组织部、市委宣传部，市中级法院、市政协办公厅，市总工会、团市委、市妇联，市经济信息化委、市教育局、市科技局、市民政局、市司法局、市财政局、市人力资源社会保障局、市城乡建设委、市国土资源房管局、市城市管理局、市交通运输委、市农委、市水利局、市海洋与渔业局、市商务局、市文广新局、市卫生和计生委、市环保局、市旅发委、市政府国资委、市金融工作办、市质监局、市税务局、市仲裁办、市住房公积金管理中心、青岛证监局、青岛银监局、青岛保监局、人民银行青岛中心支行等同意，提出以下措施。

一、促进青台经济交流合作方面

1. 市相关部门、区市在制定发展规划、扶持政策时，积极为台资企业、台湾同胞创造公平竞争环境，保障符合条件的台资企业和台湾同胞享有同等待遇。（市发展改革委、市经济信息化委、市科技局、市财政局、市人力资源社会保障局、市商务局、各区市政府按职责分工负责）

2. 支持台资企业和台湾资本参与实施推进《青岛市关于推进新旧动能转换重大工程实施意见》、《青岛市乡村振兴战略规划（2018—2022）》、《青岛市大力发展海洋经济加快建设国际海洋名城行动方案》。（市发展改革委、市农委、市海洋渔业局、各区市政府按职责分工负责）

3. 支持在青台资企业参与“一带一路”建设，完善银企合作平台、公共信息服务平台和风险保障平台。（市发展改革委、市商务局、青岛银监局按职责分

工负责）

4. 支持台资企业和台湾资本在青投资设立现代海洋、智能家电、轨道交通装备、汽车制造、现代金融、现代物流、现代旅游、商务服务、健康养老、信息技术、生物医药、高端装备、节能环保、文化创意等企业，享受税收、投资等相关支持政策。（市经济信息化委、市发展改革委、市财政局、市商务局、市卫生和计生委、市金融工作办、市农委、市税务局、各区市政府按职责分工负责）

5. 优先将符合条件的台资项目纳入全市新旧动能转换重大工程项目库、市级重点项目名单、蓝色经济重点项目库，优先向新旧动能转换基金推荐符合条件的台资项目。（市发展改革委负责）

6. 支持台资企业在青设立区域总部或研发中心等功能性机构，经有关部门认定后，按有关政策给予相应奖励。台湾企业在青设立的研发中心采购大陆设备享受全额退还增值税等税收优惠。发挥海峡两岸经贸交流协会海洋经济委员会的作用，开展青台经贸交流与合作项目对接。（市商务局、市财政局、市税务局按职责分工负责）

7. 在青台资企业被认定为国家高新技术企业和技术先进型服务企业的，所得税减按 15%征收。（市科技局、市税务局、市财政局按职责分工负责）

8. 支持台资企业以特许经营方式参与青岛市高速公路、轨道交通、港口运输、垃圾处理、污水处理、水利工程、燃气供应、市政公用等基础设施建设。（市发展改革委、市交通运输委、市城乡建设委、市水利局、市环保局、市城市管理局按职责分工负责）

9. 台资企业与青岛企业同等适用相关用地政策。对确定的优先发展产业且用地集约的台商投资工业项目，在确定土地出让底价时，可按不低于所在地土地等别相对应工业用地出让最低价标准的 70%执行。（市国土资源房管局、市城乡建设委、市财政局按职责分工负责）

10. 鼓励台湾科研机构、高等院校、企业来青设立研发中心、孵化器等各类创新平台，与在青科研机构、高等院校、企业进行联合研发。台湾科研机构、高等院校、企业在青注册的独立法人单位，可牵头或参与青岛市科技计划申报并享受与在青科研机构、高等院校、企业同等政策。受聘于在青注册独立法人的台湾地区科研人员，可作为项目负责人，享受与本市科研人员同等政策。（市科技局、市教育局、市人力资源社会保障局按职责分工负责）

11. 支持科技型台资企业参与本市“百千万”工程，推动企业成为高成长性高新技术企业、“千帆计划”企业，并享受相应扶持政策。在青台资企业被认定为重点高企和千帆企业的，享受青岛市企业研发投入奖励政策。（市科技局、市经济信息化委按职责分工负责）

12. 支持台资企业通过合资合作、并购重组等方式参与青岛市国有企业混合所有制改革。支持台湾民间资本与青岛国有资本共同设立股权投资基金、产业投资基金。（市国资委、市发展改革委按职责分工负责）

13. 符合资质要求的台资企业可以依法公平参与政府采购。（市财政局、各区市政府按职责分工负责）

14. 对台湾地区知识产权在青转化的，享受本市知识产权激励政策。（市科技局负责）

15. 支持台资企业在青投资旅游大项目，在土地利用、项目审批、基础设施配套等方面给予支持，符合条件的项目，给予补贴、奖励。（市旅发委、市财政局、市国土资源房管局按职责分工负责）

16. 鼓励台资企业参与青岛市酒店住宿业改造升级。对首次参与星级评定并评定为五星级、四星级、三星级的饭店，分别给予一次性 500 万元、100 万元和 30 万元奖励。对通过改造提升并评定为五星级的原低星级饭店，对新引进国际高端知名品牌冠名、合同在 3 年以上且相当于五星级饭店的项目，对获得国家级旅游机构或行业组织新评定的金鼎级和银鼎级文化主题旅游饭店，分别给予相应奖励。（市旅发委、市财政局按职责分工负责）

17. 鼓励台湾同胞在青培育文化创意鲜明、度假功能突出、服务品质较高的城乡民宿，对创建国家金宿级、银宿级的民宿，分别给予 30 万元、20 万元奖励。（市旅发委、市财政局按职责分工负责）

18. 支持台资企业在海峡两岸（山东平度）农业合作试验区、青岛海峡两岸文创产业园（城阳）投资，建设现代农业、乡村振兴、文化创意产业等项目。各区市可以设立各类专业性对台产业合作区、示范基地，制定发展规划，统筹财政、投资、税收、人才、产业、金融等政策。（市农委、市文广新局、各区市政府按职责分工负责）

19. 台湾同胞在青从事农业生产，投资构建现代农业产业体系、生产体系、经营体系及休闲农业等新业态，同等适用省、市各项惠农政策。支持台资农业企业申报农业产业化龙头企业、品牌农业企业及“三品一标”标志使用权，在发展休闲农业与乡村旅游、农产品加工、农机购置补贴等方面享受青岛市农业

企业同等待遇。（市农委负责）

20. 支持台资企业和组织机构投资乡镇商贸中心、村落公共生活空间，参与文旅类、产业类特色小镇建设，符合条件的享受相关专项资金和产业基金扶持。（市发展改革委、市商务局、市城乡建设委、市旅发委按职责分工负责）

21. 支持台资企业在青设立第三方检验检测、认证机构，参与标准化技术组织建设，依法开展计量、标准、检验检测、认证业务，支持台资企业参与国际、国家、行业标准和山东地方标准的制修订。在标准、质量、品牌等方面享受与本地企业同等的支持和奖励政策。（市质监局负责）

22. 支持台资企业“退城进园”，进入全市各经济开发区、高新技术产业开发区和台湾园区发展，切实保障台资企业搬迁中应享合法权益。（市发展改革委、市经济信息化委、市科技局、市商务局、市财政局、市国土资源房管局、各区市政府按职责分工负责）

23. 支持台资金融机构、商家与银联青岛分公司和本市非银行支付机构依法开展合作，为台湾同胞提供便捷的小额支付服务。（人民银行青岛市中心支行负责）

24. 通过山东省融资服务网络平台向台资银行推介青岛市新旧动能转换项目、重点项目和各类企业融资需求，增加台资银行获客渠道。支持台湾金融机构在青设立总部及分支机构，与大陆同业合作，通过银团贷款等方式推动金融更好服务全市涉台经济发展。（人民银行青岛市中心支行、青岛银监局、市金融工作办按职责分工负责）

25. 鼓励青台两地征信机构开展交流合作。支持台湾征信机构在青独资或合资设立子公司，开展服务。（人民银行青岛市中心支行、市金融工作办、青岛银监局按职责分工负责）

26. 支持台湾地区符合条件的保险机构，依规在青设立持股51%或以上的人身保险机构。（青岛保监局、市金融工作办按职责分工负责）

27. 积极为台湾地区来青投资科技企业提供专利权质押贷款保证保险等服务。（人民银行青岛市中心支行、青岛银监局、青岛保监局、市金融工作办按职责分工负责）

28. 支持符合条件的在青台资企业在大陆上市融资、在新三板市场挂牌。支持符合条件的台资企业利用债券市场融资。加强对拟上市台资企业的专业辅导，符合相关政策的给予财政补贴。（青岛证监局、市金融工作办、市财政局按

职责分工负责)

29. 支持台湾地区投资者在青合资（合作）设立医疗机构，享受相关优惠政策。(市卫生和计生委负责)

30. 支持台湾地区投资者独资或合资（合作）在青设立养老机构，享受本市养老机构同等政策。(市民政局负责)

二、促进青台文化教育交流方面

31. 支持台资企业依托本市文化资源，加快在文化产业领域投资和承接文化产业项目。台湾同胞在青投资创办各类文化企业，享受与本市文化企业同等产业政策。(市委宣传部、市文广新局、市商务局按职责分工负责)

32. 台湾文艺工作者可以进入青岛的文艺院团、研究机构任职或研学。鼓励台湾同胞参与市级、省级、国家级文学艺术评奖活动。鼓励台湾文化艺术界团体和人士参与在青举办的各类文化产业博览交易会。支持青台两地文化艺术界团体和人士开展交流活动。(市委宣传部、市商务局、市文广新局、市人力资源社会保障局按职责分工负责)

33. 鼓励台湾地区知名高校、研究机构高端人才来青开展传统文化研究和传播工作，符合条件的纳入全市人才引进、奖励、培养的支持范围，给予相应政策支持和待遇。(市委组织部、市教育局、市人力资源社会保障局、市文广新局按职责分工负责)

34. 鼓励青岛市电影发行放映机构、广播电视台、视听网站和有线电视网，根据国家有关规定引进或参与发行台湾地区生产的电影、电视剧。(市委宣传部、市文广新局按职责分工负责)

35. 鼓励台资企业和台湾同胞在青岛拍摄制作影视作品，对在青岛完成主要拍摄制作的优秀影视作品给予制作成本补贴。鼓励台资企业和台湾同胞在青从事电影后期制作服务，打造青台影视产业基地。(市委宣传部、市文广新局按职责分工负责)

36. 支持青台两地加强教育合作。鼓励具备资格的在青高校面向台湾地区招生。支持台湾优质职业院校与在青职业院校、职业教育机构加强交流合作，共同培养专业人才。支持本市中小学校与台湾同类学校建立友好关系，开展师生互访等多形式交流。鼓励扶持在青高校与台湾高校、企业、科研机构等共同申报研究生联合培养基地。(市教育局负责)

37. 协助台湾地区从事两岸文化、教育等民间交流的机构申请两岸交流基

金项目。(市台办负责)

38. 积极推荐在青台湾文化艺术界团体和人士参与大陆在海外举办的感知中国、中国文化年(节)、欢乐春节等品牌活动。邀请台湾新闻媒体人士来青参观体验，开展“感知青岛”交流活动。(市委宣传部、市文广新局按职责分工负责)

39. 鼓励台湾青少年来青开展研学旅游、夏令营、暑期见习营等各类青少年交流活动，提供相应的便利服务。(团市委、市旅发委、市教育局按职责分工负责)

40. 鼓励台湾同胞参与文化遗产保护、非物质文化遗产传承发展工程，参加“中华文化走出去”计划。台湾同胞申请文物保护工程从业资格，与本市居民享受同等待遇。支持青台间开展非遗保护交流活动。(市委宣传部、市文广新局按职责分工负责)

三、逐步为台湾同胞在青学习、创业、就业、生活提供同等待遇方面

41. 台湾同胞可按国家规定在青报名参加有关专业技术人员、技能人员职业资格考试和职称评审。台湾同胞没有个人履历档案的，可以使用台胞证、台湾居民居住证等其他证明文件代替。台湾专业技术人员在台湾地区取得的学术成果可以纳入工作评价体系。(市人力资源社会保障局、市教育局、市司法局、市卫生和计生委、市旅发委按职责分工负责)

42. 推荐在青创新创业的优秀台湾专业人士申报国家“千人计划”、“万人计划”和山东省泰山系列人才工程等。(市委组织部、市人力资源社会保障局按职责分工负责)

43. 鼓励台湾同胞在青发展精品乡村旅游项目，开发渔家风情、山林山岳、滨河生态、温泉养生、田园农耕、民俗节庆等乡村旅游产品，对创建符合条件的乡村旅游特色项目，给予10万元奖励。(市旅发委、市财政局按职责分工负责)

44. 鼓励支持在青工作的台湾同胞申报国家和省、市自然科学、社会科学、艺术等方面的基金项目。(市委宣传部、市教育局、市科技局、市文广新局按职责分工负责)

45. 在青台湾同胞子女就读幼儿园、义务教育阶段学校，由居住地所属区(市)教育行政部门统筹安排入学，入学条件、升学条件、毕业条件、收费等与居住地学生享受同等待遇。(市教育局负责)

46. 积极为台湾大学毕业生提供职业生涯规划和就业、创业指导，享受大学生创业扶持政策，优先入驻创业孵化基地、创业园区。（市人力资源社会保障局、市教育局、市财政局按职责分工负责）

47. 支持台湾青年来青创业，符合条件的给予一次性创业补贴、创业岗位开发补贴和创业担保贷款贴息。（市人力资源社会保障局、市财政局按职责分工负责）

48. 鼓励有条件的企事业单位，向台湾青年提供实习、就业岗位。（市人力资源社会保障局负责）

49. 支持台湾同胞在青参加医师资格考试。在大陆就读临床医学专业硕士学位的台湾学生，在参加研究生学习一年后，可按相关规定申请参加大陆医师资格考试，青岛考点设立服务咨询电话，为台湾学生提供政策咨询等帮助。（市卫生和计生委、市人力资源社会保障局按职责分工负责）

50. 支持取得大陆《医师资格证书》的台湾同胞按规定在青申请执业注册；符合条件的台湾医师，可按照《台湾地区医师在大陆短期行医管理规定》，在青申请注册短期行医。短期行医期满后重新办理注册手续时，无需重复提供仍然有效的证明材料。（市卫生和计生委、市人力资源社会保障局按职责分工负责）

51. 支持已获取相应资格的台湾同胞，按照国家规定在青申请证券、期货、基金从业资格。（青岛证监局负责）

52. 在青工作的台湾同胞可参评五一劳动奖章、劳动模范和先进工作者、青年五四奖章、三八红旗手、技术能手等称号。协助台湾同胞参评中华慈善奖、梅花奖、金鹰奖等经济科技文化社会领域各类评奖项目。（市委宣传部、市总工会、团市委、市妇联、市科技局、市民政局、市人力资源社会保障局按职责分工负责）

53. 鼓励台湾同胞加入青岛市经济、科技、文化、艺术类专业性社会组织、行业协会及青年联合会等组织。（市民政局、团市委按职责分工负责）

54. 鼓励台湾同胞参与扶贫、支教、公益、社区建设等基层工作。支持在青长期居住的台湾同胞受聘担任相关社会组织管理人员。（市民政局、市教育局、团市委按职责分工负责）

55. 在青台湾同胞职工同等参与工会开展的各类活动，符合条件的台湾同胞职工可参加劳动模范疗休养和职工疗休养活动。（市总工会负责）

56. 台湾同胞在青居住期间，可按规定参加各项社会保险，并享受相应社保待遇。（市人力资源社会保障局负责）

57. 支持符合条件的台湾同胞申请本市公共租赁住房，享受本市居民同等待遇。在青学习、就业、创业、生活的台湾同胞，按照政策规定购买自住商品房的首付比例、贷款申请、办理时限等享受本市居民同等待遇。（市国土资源房管局、人民银行青岛市中心支行按职责分工负责）

58. 在青就业的台湾同胞，可缴存住房公积金。缴存、使用住房公积金和申请住房公积金贷款，享受本市职工同等待遇。与用人单位解除或终止劳动关系并离开大陆的，可一次性提取个人住房公积金账户余额。（市住房公积金管理中心、市人力资源社会保障局按职责分工负责）

59. 在本市设立台湾同胞定点医疗服务机构，为台湾同胞提供医疗服务，并提供回台报销的医疗文书。完善预约诊疗等平台功能，为台湾同胞提供网上预约就医等医疗服务。（市卫生和计生委负责）

60. 在青居住的台湾同胞、台属可免费参观青岛市民俗博物馆举办的妈祖文化展览，参加青岛天后宫主办的两岸文化交流活动。（市文广新局负责）

61. 在青居住的台湾同胞，可依照规定程序担任青岛市政协港澳台侨事务顾问，并受邀列席青岛市政协会议。（市政协负责）

62. 在青居住的台湾同胞，符合条件的可选聘为特邀调解员、仲裁员，参与民商事案件的调解、仲裁工作。（市中级人民法院、市仲裁办按职责分工负责）

63. 在青年满 60 岁的台湾同胞，在交通出行、文体休闲方面与本市居民同等享受《青岛市优待老年人规定》的相关待遇。（市民政局负责）

64. 台湾同胞在青岛工作、居住，与本市居民享受同等的预防接种、健康教育、健康指导、慢病管理等服务，对特殊疾病患者享受国家规定的基本药品免费治疗政策。适龄儿童享受一类疫苗免费预防接种服务。（市卫生和计生委负责）

宁波市

宁波市台湾同胞投资保障条例

（1995年8月9日宁波市第十届人民代表大会常务委员会第十九次会议通过　1995年12月26日浙江省第八届人民代表大会常务委员会第二十五次会议批准　根据2010年4月28日宁波市第十三届人民代表大会常务委员会第二十三次会议通过　2010年7月30日浙江省第十一届人民代表大会常务委员会第十九次会议批准的《宁波市人民代表大会常务委员会关于修改〈宁波市台湾同胞投资保障条例〉的决定》第一次修正　根据2020年3月10日宁波市第十五届人民代表大会常务委员会第二十八次会议通过　2020年5月15日浙江省第十三届人民代表大会常务委员会第二十一次会议批准的《宁波市人民代表大会常务委员会关于修改〈宁波市台湾同胞投资保障条例〉的决定》第二次修正　2020年6月5日宁波市第十五届人民代表大会常务委员会公告第26号公布　自公布之日起施行）

第一条　为了保障和鼓励台湾同胞在宁波市投资，促进两岸经济的发展，根据《中华人民共和国台湾同胞投资保护法》和有关法律、法规的规定，结合宁波实际，制定本条例。

第二条　本条例所称台湾同胞投资是指台湾同胞在台湾地区或境外开设的公司、企业、其他经济组织或个人在宁波市的投资。

第三条　台湾同胞投资者在宁波市的投资、投资收益和其他合法权益依法受到保护。

台湾同胞投资者必须遵守法律、法规和本条例。

第四条　宁波市各级人民政府和各有关部门应当依法办理台湾同胞投资

事宜。

第五条　台湾同胞投资者可以委托亲友作为其投资的代理人，代理人应当持有具有法律效力的授权委托书。

第六条　台湾同胞投资，可以举办全部或者部分由台湾同胞投资者投资的企业（以下统称台湾同胞投资企业），也可以采取法律、行政法规或者国务院规定的其他投资形式。

第七条　举办台湾同胞投资企业，应当符合国家的产业政策，遵循负面清单管理制度，有利于国民经济的发展。鼓励台湾同胞投资者投资下列项目：

（一）能源、交通、码头等基础设施和重要原材料等基础工业；

（二）农业新技术、优良品种引进和农业综合开发；

（三）技术水平高、产品新颖、适应市场需求和增加出口的生产性项目；

（四）高新技术和新兴产业；

（五）资源综合利用和环境保护项目；

（六）改造现有工业企业；

（七）医疗、体育、教育、养老服务等公益事业；

（八）国家和省、市鼓励的其他项目。

第八条　台湾同胞投资者可以用可自由兑换的货币、机器设备或者其他实物、工业产权、非专利技术，以及从境内投资企业中分得的利润、股息或者其他合法收益等作为投资。

第九条　台湾同胞投资者可以按照规定在宁波市举办的各种展览中设立台湾产品展位，或在宁波市举办台湾产品展览、展销活动。

第十条　台湾同胞投资者按照法律、法规的规定，经相关金融监管部门批准，可以在宁波市设立金融机构。

第十一条　台湾同胞投资者办理企业的登记注册，由市场监督管理部门依法办理。

第十二条　台湾同胞投资企业经海关批准，可以设立保税工厂、保税仓库。

第十三条　台湾同胞投资企业可以在境内外聘用经营管理人员和招收员工。有关部门应当依法办理手续。

第十四条　台湾同胞投资企业可以向境内的金融机构借款，也可以向境外的金融机构借款，并可以本企业资产和权益抵押、担保。

第十五条　台湾同胞投资者依法获得的净利、股息、红利等投资收益、清算后的资金和其他合法收入，可以依法汇回台湾或者汇往境外。

受台湾同胞投资企业聘用的境外员工的工资及其他合法收入，可以依法汇往境外或按照规定携带出境。

第十六条　台湾同胞投资企业依照法律、法规和企业章程的规定进行经营管理，其依法享有的经营管理自主权，任何单位和个人不得干涉。

第十七条　台湾同胞投资者可以依法申请专利和办理其他专利事务，申请商标注册和办理其他商标事宜。

第十八条　除法律、法规另有规定外，任何部门或者单位不得对台湾同胞投资企业另列收费项目或者擅自提高收费标准。

第十九条　除法律、法规另有规定外，任何部门或者单位不得对台湾同胞投资企业进行检查，不得强制台湾同胞投资企业参加各类培训、评比、展览活动。

第二十条　依法设立的宁波市台湾同胞投资企业协会，其合法权益受法律保护。

第二十一条　台湾同胞投资者投资能源、交通等基础设施建设项目的，可以按照规定取得该项目的经营特许权或与该项目相配套的、补偿性的项目经营权。

第二十二条　台湾同胞投资者持《台湾居民来往大陆通行证》来往宁波市。

第二十三条　在宁波市投资的台湾同胞和其随行眷属以及受聘于台湾同胞投资企业的台湾员工（以下简称住甬台胞），在宁波市购房、住宿、医疗、交通、通讯等方面的生活消费享有与宁波市居民同等待遇。

第二十四条　住甬台胞子女需要在宁波市入读幼儿园、中小学的，可以按照有关规定入学，与所在地学生享有同等待遇。

第二十五条　住甬台胞在台湾地区取得有效机动车驾驶证的，可以按照有关规定，在所在地公安机关申请换领机动车驾驶证。

第二十六条　台湾同胞投资者在宁波与他方（含企业、事业单位和个人）在投资、贸易、借贷、租赁、房地产、知识产权、企业经营等经济活动中发生的纠纷，当事人可以通过协商、调解解决。

当事人不愿协商、调解的，或者协商、调解不成的，可以依据合同中的仲裁条款或者事后达成的书面仲裁协议，提交仲裁机构仲裁。

当事人没有在合同中订立仲裁条款，事后又没有达成书面仲裁协议的，可以向人民法院起诉。

第二十七条　宁波市人民政府设立投诉受理机构，接受台湾同胞投资者的投诉。台湾同胞投资者进行投诉应有书面的投诉材料，写明投诉对象、投诉请求、事实与理由等内容。

投诉受理机构行使下列职权：

（一）对投诉的事项进行调查；

（二）对侵害台湾同胞投资者合法权益的行为，组织协调有关部门处理；

（三）对侵害台湾同胞投资者合法权益的行政行为，建议有关主管部门对其负责人和直接责任人员追究行政责任；

（四）对侵害台湾同胞投资者合法权益的行为，应当由司法机关受理的，转由司法机关处理。

投诉受理机构受理投诉后，对当场能够办理的事项，应当当场办理；对需要调查、取证、协调的事项，应当在十五个工作日内将处理结果答复投诉人。

第二十八条　台湾同胞投资者合法权益受到侵害的，除向宁波市人民政府台湾同胞投资者投诉受理机构投诉外，可以直接向有关行政部门、司法机关投诉。

有关行政部门、司法机关对侵害台湾同胞投资者人身、财产合法权益的案件应当及时受理，认真调查，依法公正处理。

第二十九条　宁波市国家机关及其工作人员违法行使职权侵犯台湾同胞投资者的合法权益造成损害的，台湾同胞投资者可以依照《中华人民共和国国家赔偿法》的规定请求取得国家赔偿。

第三十条　本条例自公布之日起施行。

关于进一步深化甬台经济社会文化交流合作的若干措施

（2018 年 6 月 19 日）

为贯彻落实党的十九大精神和习近平总书记对台工作重要思想，进一步深化甬台经济社会文化交流合作，逐步为台湾同胞在宁波学习、就业、创业、生活提供与宁波居民同等待遇，促进台资企业在宁波持续健康发展，根据国台办、国家发改委《印发〈关于促进两岸经济文化交流合作的若干措施〉的通知》（国台发〔2018〕1 号）精神，结合宁波实际，现提出如下若干措施。

一、台湾同胞来甬投资方面

1. 鼓励台资企业和台湾同胞参与宁波“中国制造 2025”试点示范城市、“一带一路”建设综合试验区、国家跨境电子商务综合试验区、国家保险创新综合试验区、宁波保税区国家进口贸易促进创新示范区、临空经济示范区等平台建设，与大陆企业享受同等待遇。

2. 鼓励台资企业和台湾同胞参与宁波象山海峡两岸渔业交流合作基地、浙台（象山石浦）经贸合作区、象山海峡两岸交流基地、奉化雪窦山海峡两岸交流基地、东部新城门户区等涉台平台建设，与大陆企业享受同等待遇。

3. 支持台商来宁波投资符合“中国制造 2025”试点示范城市产业体系的先进制造业与现代服务业项目，支持台商设立各类创新中心、区域总部、研发中心，与大陆企业同等享受各类支持政策。对符合有关政策规定条件的特别重大台资项目，给予“一事一议”综合扶持政策。

4. 台资企业与宁波企业同等适用相关用地政策。对集约用地的鼓励类台商投资工业项目优先供应土地，在确定土地出让底价时，可按不低于所在地土地等别相对应大陆工业用地出让最低价标准的 70%执行。

5. 在符合规划、不改变土地用途的前提下，对台资企业存量工业用地扩产厂房及辅助设施提高容积率，不增收土地价款，免交增加建筑面积的城建配套费。台资企业利用存量土地用于鼓励类经营服务项目的，可实行按原用途和土地权利类型使用土地的过渡期政策，不再缴纳土地收益金，过渡期政策以5年为限，从不动产登记机构登记备案之日起计算并在不动产登记簿和证书中记载。

6. 鼓励台资企业在大陆主板、中小企业板、创业板上市，在新三板和宁波股权交易中心挂牌，支持利用非金融企业债务融资工具进行融资，允许符合条件的台资企业通过贷款、发行债券等形式从境外融入资金。

7. 符合条件的台资企业可依法享受高新技术企业减按15%税率征收企业所得税。

8. 台资企业可与大陆企业同等享受企业研发投入后补助和企业技术开发费150%所得税加计扣除的优惠政策。

9. 鼓励宁波台资企业申报宁波市“科技创新2025”重大专项并享受相关政策。

10. 鼓励台资企业在宁波建设或运营科技企业孵化器，对符合条件的科技企业孵化器给予建设经费资助。

11. 台湾创投基金企业可参与宁波创业项目辅导、孵化工作。

12. 支持台湾团队在宁波共建研究院所，在建设周期内直接用于科研、办公用房的建设经费以及开展研发创新所需的科研设备购置经费，按规定给予补助。

13. 台湾科研机构、高等学校、企业在宁波注册的独立法人，可牵头或参与国家及宁波市重点研发计划项目申报，享受与宁波科研机构、高等学校、企业同等政策。受聘于在宁波注册的独立法人的台湾地区科研人员，可作为国家重点研发计划项目（课题）负责人申报，享受与宁波科研人员同等政策。已在宁波注册落户的台资企业及台湾同胞在宁波的合资企业，其中台湾地区科技成果在宁波转化的，可享受宁波科技成果转化相关政策。符合条件的台湾技术转移机构，可享受大陆技术转移机构同等政策。

14. 宁波台资企业申请大陆发明专利并授权后，享受专利资助政策。

15. 宁波台资企业可按规定享受用人单位吸纳就业社保补贴和贷款贴息政策，可参与创业孵化示范基地和高校毕业生就业实践示范基地评选，获评示范基地的可按规定享受相应补贴。

16. 支持台资企业在宁波以特许经营方式参与能源、交通、水利、环保、市政公用工程等基础设施建设。支持台湾企业参与生活垃圾分类工作。

17. 支持台资企业公平参与宁波市的政府采购。

18. 支持台资企业通过合资合作、并购重组等方式参与宁波国有企业混合所有制改革。

19. 宁波台资企业在品牌培育、产品认证、卓越绩效先进管理模式导入及参与制修订国际标准、国家标准、行业标准等方面，与大陆企业享受同等政策。

20. 台湾同胞可依法在宁波设立第三方检验检测机构，与宁波同业开展质量、标准、认证等方面合作，参与检验检测高技术服务业集聚区建设。

21. 落户宁波的台资农业企业可与宁波农业企业同等享受农业扶持政策。

22. 支持台湾金融机构落户宁波，协助做好机构申报、办公场所购租、人员招募等方面服务工作，与大陆金融机构同等享受金融招商优惠政策。

23. 台资银行可与宁波同业协作，通过银团贷款等方式为实体经济提供金融服务。台湾金融机构、商家可与宁波银联依法合规开展合作，为台湾同胞提供便捷的小额支付服务。鼓励宁波金融机构优化台湾同胞金融服务，为台湾同胞办卡开户提供便利。

24. 鼓励台湾征信机构与宁波开展合作，为两岸同胞和企业提供征信服务。

25. 支持台资在宁波合资开设医疗机构，做好政策咨询服务，协助做好医疗机构设置申报，台资办医同等享受我市民间资本办医政策中相应优惠政策。

26. 台湾同胞在宁波投资养老服务业，享受与宁波民间资本投资养老服务业同等待遇。

27. 台湾大中专毕业生入职宁波养老服务机构，享受与宁波大中专毕业生同等入职奖励、特殊岗位津贴、创业补贴等待遇。

28. 台资企业和台湾同胞在宁波设立企业时可以选择使用人民币或美元等作为注册资本金。

29. 台湾同胞可在宁波依法设立个体工商户，从事经营活动。

30. 台资企业可享受宁波跨境贷款、跨境并购“并联管理”等政策，支持台资合格投资者申报合格境外有限合伙人（QFLP）等项目。

31. 高信用的台资企业可申报个案试点，获取更高便利程度的资本项目资金结汇和支付试点资格。

32. 台资企业在宁波可申请跨国公司外汇资金集中运营主办企业资格。

33. 鼓励宁波外汇指定银行通过贸易融资等形式对台资企业在转型升级发展中给予金融支持。

34. 鼓励台湾旅游企业参与中远程客源拓展专业代理体系建设，对达到相关要求的专卖店按层级标准给予政策资金支持。

35. 台湾知名会展机构注册落户宁波或设立分支机构的，2 年内在宁波举办贸易型展会或国家级、国际性会议（论坛）的，给予落地机构相应资助。

36. 符合条件的台湾同胞可在宁波开办旅馆。

二、甬台贸易方面

37. 采取“一站式检验检疫”“绿色通道”等便利化措施，支持台资企业生产的先进技术设备与关键零部件进口。

38. 台资企业在宁波保税区等海关特殊监管区可开展与货物贸易相关的研发、检测、维修、融资租赁、跨境电商等工作。

39. 在宁波出口加工区设立的台资企业可赋予增值税一般纳税人资格，可开展国际采购配送业务，可试点开展区外企业委托加工业务。

40. 来自台湾地区的入境特殊物品实施境外风险评估，符合卫生安全要求的，实现即报即批。

41. 推进“单一窗口”标准版试点，台资企业进出口可采取无纸化方式申报，提升台资企业在宁波口岸通关便利化水平。

42. 加强对重点台资企业的帮扶和信用培育，重点台资企业纳入宁波海关重点帮扶企业名单，引导台资企业提升海关信用管理等级。

对开展对台贸易的宁波外贸实效企业和重点企业，在信用评估基础上，可按相关规定自助签发《海峡两岸经济合作协议原产地证书》。

43. 对从事对台小额贸易的台湾企业，在风险评估基础上，给予相应便利措施。

三、甬台社会文化交流合作方面

44. 协助台湾地区从事两岸民间交流的机构申请两岸交流基金项目。宁波市财政对于符合相关条件的来宁波举办活动的两岸青年交流项目予以资助。

45. 鼓励台湾高水平名校名院名所落户宁波。鼓励在甬高校引进台湾专业相关科研、教学、专业技术人员，共建高水平学科和专业。鼓励台湾教师来宁波高校任教，在台湾地区取得的学术成果可以纳入工作评价体系。

46. 积极协助在宁波的台湾同胞申报国家自然科学基金、国家社会科学基金、国家杰出青年科学基金、国家艺术基金等各类基金项目。

47. 鼓励在宁波的台湾同胞参与中华经典诵读、文化遗产保护、非物质文化遗产传承发展等工程，共同传承发展中华优秀传统文化。支持在宁波的台湾文化艺术界团体和人士参与大陆在海外举办的感知中国、中国文化年（节）、欢乐春节等品牌活动，参加“中华文化走出去”计划。符合条件的甬台文化项目可纳入海外中国文化中心项目资源库。

48. 积极协助台湾同胞参与宁波广播电视节目和在宁波的电影、电视剧制作。鼓励并支持台湾同胞在宁波设立影视文化公司，拍摄制作优秀影视作品，积极协助台湾同胞及其在甬公司在宁波拍摄电影、电视剧。

49. 鼓励台湾同胞加入宁波经济、科技、文化、艺术类专业性社团组织、行业协会，参加相关活动。鼓励甬台教育文化科研机构开展中国文化、历史、民族等领域研究和成果应用。

50. 台湾文艺工作者可以进入宁波的文艺院团、研究机构任职或研学。

51. 加强甬台两地文化交流，积极引进台湾优秀文艺团体，协助办理相关手续。

52. 台湾同胞在宁波创办各类文化企业，享受和宁波文化企业同等文化产业政策。

53. 鼓励台湾文化艺术界团体和人士参与宁波国际文化贸易产业园建设，开展文化产品进出口业务。

54. 符合条件的台湾地区律师事务所可在宁波设立代表机构，为宁波台企、台商和台湾同胞提供各类专业法律服务。鼓励甬台民间调解组织合作，为在宁波的企业和个人提供调解服务。宁波遴选专家律师组建宁波台企台商法律服务团，为宁波台企台商提供优质法律服务。

四、台湾同胞在宁波学习实习就业创业方面

55. 台湾各类人才来甬就业创业同等享受宁波人才引进、培养和服务保障政策待遇。宁波每年为台湾同胞提供不少于1000个就业岗位。

56. 在宁波就业的台湾同胞可按规定参加各项社会保险。

57. 台湾高校毕业生来宁波就业创业同等享受社保补贴、岗位补贴、创业补贴、就业补贴、贷款贴息等宁波各项高校毕业生就业创业政策。

58. 积极协助推荐在宁波创业创新的台湾专业人才申报国家、省“千人计划”等重大人才工程，鼓励台湾同胞参评宁波市“3315计划”“泛3315计划”和“资本引才计划”。

59. 台湾青年来宁波海峡两岸青年就业创业基地创业，可享受免费一年期办公工位、创业服务绿色通道、园区政策申报、企业管理辅导等服务。

60. 宁波每年接收100名台湾大学生开展暑期实习活动。实习期间给予学生1000元/人实习补贴并承担在宁波期间的食宿、交通、参访、人身意外保险等费用。

61. 台湾籍适龄儿童少年在宁波接受义务教育享受市民待遇，由各区县(市)教育行政部门安排在公办学校就读，初中毕业可在本市参加中考，享受中考加分政策。

62. 设立台湾学生奖学金，为在宁波就学的优秀台湾大学生提供奖学金。

63. 在宁波工作的台湾同胞，纳入宁波市各类人才培养计划覆盖范围。符合条件的可申报参评，入选后享受宁波居民同等待遇。

64. 台湾同胞可按规定参加国家职业资格考试和各类职称评审。在宁波缴纳社保的台湾同胞可享受企业职工岗前培训、就业技能培训、岗位技能提升培训等职业技能培训补贴。

65. 积极协助在台湾地区已获得相应资格的台湾同胞在宁波申请大陆证券、期货、基金从业资格。

66. 协助符合条件的台湾学生参加大陆医师资格考试。协助取得大陆医师资格证书的台湾同胞，按照相关规定在宁波申请执业注册。支持符合条件的台湾医师，通过认定方式获得大陆医师资格。支持符合条件的台湾医师，按照相关规定在宁波申请注册短期行医，期满后重新办理注册手续。

67. 台湾同胞符合宁波高层次人才引进需求的，可参加事业单位公开招聘。

68. 鼓励台资企业依法组建工会组织，鼓励台湾同胞就业人员加入工会组织，享受与宁波现有工会组织及工会会员同等待遇，包括先进评比、职工医疗互助保障、困难职工补助、职工疗休养、5·1服务卡、职工经济政治权益维护和保障、技能培训和竞赛等。

五、台湾同胞在宁波居住生活方面

69. 积极协助在宁波的台湾同胞参评中华慈善奖、梅花奖、金鹰奖等经济科技文化社会领域各类评奖项目。在宁波工作的台湾同胞可参加宁波市杰出人才、市有突出贡献专家、劳动模范、五一劳动奖章、技术能手、三八红旗手等称号评选。

70. 在宁波的台湾同胞及其家属享有与宁波居民同等就医待遇。

71. 在宁波居住的台湾同胞，可申请旁听宁波市人民代表大会会议和宁波市人民代表大会常务委员会会议。

在宁波居住的台湾同胞，可依照规定程序担任宁波市政协港澳台侨事务顾问，并受邀列席宁波市政协会议。

72. 在宁波就业的台湾同胞可缴存和使用住房公积金，缴存基数、缴存比例、办理流程等与宁波职工保持一致。

73. 各级公共文化场馆免费向台湾同胞开放，台湾同胞享受与宁波居民同等公共文化服务待遇。

74. 台湾同胞可在宁波申请一次性台湾居民来往大陆通行证并当场取证；换（补）发五年期台湾居民来往大陆通行证，在 7 个工作日内办结。

75. 台湾同胞可在宁波所有合法经营的宾馆、酒店、家庭旅馆、房车等登记住宿。

76. 台湾同胞可在宁波办理机动车注册登记及其他机动车业务，享受绿色通道、优先办理。

77. 台湾同胞可在宁波申请办理初次或增驾机动车驾驶证、境外驾驶证更换及其他驾驶证业务。

78. 年满 70 周岁的台湾同胞，可享受乘坐宁波市内公共交通设施相关优惠。

79. 台湾同胞在宁波亡故，可参照宁波惠民殡葬政策，免除殡葬基本服务费用；留有孤儿且孤儿无法定监护人的，可参照宁波孤儿福利保障政策获得相关保障。

80. 台湾同胞享受与宁波居民同等景点游览优惠政策。

厦门市

厦门经济特区台湾同胞投资保障条例

（1994年9月29日厦门市第十届人民代表大会常务委员会第十次会议通过　2010年12月2日厦门市第十三届人民代表大会常务委员会第二十五次会议修订）

第一章　总　　则

第一条　为了鼓励台湾同胞在本市投资，保障台湾同胞投资者合法权益，促进海峡两岸经济合作与交流，遵循《中华人民共和国台湾同胞投资保护法》等有关法律、行政法规的基本原则，制定本条例。

第二条　本条例所称台湾同胞投资是指台湾地区的公司、企业、其他经济组织或者个人作为投资者在本市投资。

台湾同胞以其在港澳地区和外国投资的公司、企业、其他经济组织或者个人名义在本市的投资可视为台湾同胞投资。

第三条　台湾同胞在本市投资，享受居民待遇，并依照有关法律、法规和本条例规定享受优惠待遇。

第四条　台湾同胞投资者的投资、投资收益和其他合法收益受法律保护，任何机关、单位或者个人不得侵占、损害。

第五条　市、区人民政府应当加强对台湾同胞投资保障工作的领导，建立工作制度，完善协调机制，提供高效优质服务。

市、区人民政府台湾事务工作机构应当做好台湾同胞投资的法律宣传与咨询、投诉受理和纠纷解决等工作。

各有关部门应当按照各自职责，依法做好台湾同胞投资保障工作。

第二章 投资创业

第六条 台湾同胞投资者可以采取下列形式进行投资：

（一）设立合资经营企业、合作经营企业、独资经营企业、合伙企业（以下统称台湾同胞投资企业）；

（二）设立个体工商户；

（三）以他人名义委托或者信托方式投资；

（四）开展补偿贸易、加工装配、合作生产；

（五）购买股票、债券；

（六）购买、承包、租赁企业；

（七）购置房产；

（八）依法取得土地或者无居民海岛使用权，并按照规定开发经营；

（九）以租赁、股份合作等方式取得农村集体土地承包经营权，发展现代农业；通过土地市场依法受让取得农村集体经营性建设用地使用权，开发经营；

（十）参与基础设施项目建设并取得经营特许权；

（十一）法律、法规和规章规定的其他投资形式。

第七条 鼓励台湾同胞投资者对下列领域进行投资：

（一）先进制造业；

（二）现代物流业；

（三）金融保险业；

（四）旅游业；

（五）软件与信息服务业；

（六）服务外包业；

（七）商贸业；

（八）环保产业；

（九）现代农业；

（十）文化创意产业；

（十一）国家政策鼓励投资的其他产业。

第八条 台湾同胞投资者可以在下列领域，设立机构，开展活动：

（一）台湾地区的银行、证券、保险等金融机构可以申请设立分支机构或者代表处、投资入股金融机构以及合资、合作设立金融机构，从事两岸区域性金融业务活动；

（二）设立创业投资公司、担保公司、技术转移中心和会计服务等中介机构，从事投资、技术培训和管理咨询、会计服务等活动；

（三）建设、改造和经营饭店、餐饮设施，可以设立旅行社，开展两岸旅游合作，推动、建立旅游消费者的权益保障机制；

（四）台湾地区的科研机构、大专院校可以设立科研分支机构和科研示范基地，台湾地区的职业教育、学前教育机构可以申办设立职业教育、学前教育学校；

（五）台湾地区的经济行业公会以及公司、企业和其他经济组织，可以设立办事机构；

（六）台湾同胞投资者以及台湾同胞投资企业，可以参与台湾产品交易市场的经营活动。台湾地区的公司、企业、其他经济组织以及台湾同胞投资企业，可以组织举办台湾产品展览、展销活动；

（七）开展货代、仓储、海运、道路运输服务等投资活动；

（八）试点设立为厦门至台湾航线船舶经营者提供船舶代理服务机构；

（九）台湾同胞投资企业可以设立保税工厂、保税仓库。

第九条　台湾同胞投资者可以设立建筑设计服务、工程服务、城市规划和风景园林设计服务等专业服务企业，其出资比例不受限制。

第十条　台湾同胞投资者可以设立职业介绍所和人才中介机构，提供职业介绍和人才中介服务。

第十一条　台湾同胞投资者可以设立环保服务企业，提供环境保护服务。

第十二条　台湾同胞投资者可以设立汽车维修、驾驶培训企业，投资客货运场站项目。

第十三条　台湾同胞投资者可以设立医疗机构。

第十四条　台湾同胞投资者可以设立提供体育活动推广、组织和体育设施经营服务等企业。

第十五条　台湾同胞投资者可以新建、改建电影院，经营电影放映业务，发行国产影片，合拍电视剧，提供有线电视网络的专业技术服务。

第十六条　台湾同胞投资者设立企业，除法律法规规定应当取得批准文件和相关前置行政许可证之外，可以直接向工商行政管理部门办理设立登记。

台湾同胞投资者在本企业内部设立研发中心，有关部门可以按照增设分支机构或者增加经营范围的形式予以核准登记。

第十七条 台湾同胞投资者申办合伙企业、个体工商户，可以直接向工商行政管理部门办理设立登记。

第十八条 台湾同胞投资者在本市进行投资，属于本市审批权限范围的，有关部门应当按照规定予以审批；依照法律法规规定需要报国家、省有关部门审批的，有关部门应当予以支持和帮助。

第三章 保障与优惠

第十九条 对台湾同胞投资者的投资不实行国有化和征收；在特殊情况下，根据社会公共利益的需要，须进行征收的，应当经市人民政府批准，并依法给予相应补偿。

对台湾同胞投资者通过市场与公开竞价方式取得的土地使用权及其附着物进行征用、征收的，应当依法给予补偿，维护被征用人、被征收人的合法权益；征收个人住宅的，还应当保障被征收人的居住条件。

第二十条 除法律、法规、规章及省人民政府和市人民政府明文规定外，任何部门或者单位不得对台湾同胞投资企业另立收费项目或者提高收费标准。

违反前款规定的，台湾同胞投资企业有权拒交和举报。

第二十一条 除法律、法规、规章及省人民政府和市人民政府明文规定外，任何部门或者单位不得对台湾同胞投资企业进行检查，不得强制台湾同胞投资企业参加各类培训、评比活动。

第二十二条 依法设立的厦门市台商投资企业协会，其合法权益受保护。

支持台湾地区经贸社团在本市设立办事机构，依法开展活动。

第二十三条 市人民政府设立的各类扶持资金，应当积极支持台湾同胞投资企业的发展。

对台湾同胞投资的项目，在同等条件下予以优先提供所需的水、电、运输条件和通讯设施。

第二十四条 台湾同胞投资者来本市创业的，享有下列优惠条件：

（一）以其拥有的专利、专有技术等科技成果作价出资入股的，科技成果作价金额占注册资本的比例不受限制，但他方出资为国有资产的，应当按照国家有关国有资产管理的规定办理；

（二）经认定进入厦门留学人员创业园（台湾学者创业园）、厦门软件园孵化基地和厦门台湾科技企业育成中心创业的，享受厦门留学人员创业园的各项优惠待遇。符合条件的项目可以从财政专项资金中获得与留学人员创办项目相同的资助，享受一定面积的经营场地租金减免，获得留学人员创业扶持资金的股权投资支持；

（三）在本市设立工程技术研究中心、企业技术中心、工程研究中心、技术转移中心、重点实验室等技术研发、科技中介服务机构以及文化创意设计中心，经认定可以按照相关规定给予扶持；

（四）进入本市所属企事业单位博士后科研工作站从事博士后科研工作的博士，经人事行政部门核准享受相关补助经费；

（五）从事科研、技术改造、技术创新、高新技术成果转化和产业化活动，以及本市鼓励发展的新兴产业、具有技术领先和良好市场潜力的项目，可以申请科技创新与研发、技术改造等专项资金支持；

（六）符合本市优惠政策规定条件的，按照规定可以申请享受人才优惠待遇；

（七）银行等金融机构应当积极提供符合台湾同胞投资企业特点的多种信贷支持，逐步提高贷款比重。支持银行业金融机构增加台湾投资中小企业贷款，并享受本市中小企业贷款风险补偿政策。向银行等金融机构申请中小企业信贷融资时，符合担保条件的，在同等条件下可以优先获得信用担保机构的担保支持。对生产性企业和贸易性企业提供融资担保的信用担保机构，可以按照规定享受财政给予的风险补偿；

（八）依法享有市、区人民政府的其他创业优惠政策。

第二十五条　加强海峡两岸经贸文化往来与信息交流，促进相关产业协会、科研机构和科技园区的合作，鼓励多种形式开展产业交流与合作。

第二十六条　台湾同胞投资企业应当遵守劳动法律法规，保障企业员工的合法权益，支持企业员工依法组织和参加工会，为工会工作提供必要的条件。

第四章　入出境便利

第二十七条　市人民政府及其相关部门应当积极协调海关、检验检疫、边防检查、海事等口岸管理部门，为台湾同胞依法提供通关便利和优质服务。

第二十八条 台湾同胞凭《台湾居民来往大陆通行证》或者有效签注来往厦门。未办妥上述证件或者签注到达厦门口岸的，可以向口岸签证机关申请办理一次有效的《台湾居民来往大陆通行证》或者签注。台湾同胞需要延长停留期限的，可以按照规定申请办理延期手续。

第二十九条 在本市投资创业或者就业等需要长期居住的台湾同胞，可以向公安机关出入境管理部门申请五年有效的《台湾居民来往大陆通行证》及五年内有效的居留签注。

第三十条 台湾同胞需要多次从厦门口岸入出境的，可以向公安机关出入境管理部门申请办理多次有效的入出境签注。

第三十一条 厦门海关对厦门和台湾海运直航、空运直航采取便捷通关措施，完善台湾鲜活产品进口通关服务，加快台湾水果、农产品等货物的通关速度，为重大涉台经贸活动提供一站式、直通式等便捷通关服务。

第三十二条 支持厦门出入境检验检疫机关与台湾地区相关部门建立沟通协调工作机制，推进进出口货物流通的便捷化。

对台湾同胞投资按照同等优先、适当放宽的原则，建立便捷的检验检疫监管模式。

第三十三条 台湾渔民、船员随服务船舶进入本市，凭台湾地区渔民（船员）证及有效证件，在省人民政府批准的台湾船舶停泊点向公安边防或者公安边检部门申请办理登陆许可。因疾病等特殊原因不能随原船返台的，应当向出入境检验检疫机关申报，并向公安机关出入境管理部门申请办理《台湾居民来往大陆通行证》或者签注。

第五章 居民待遇

第三十四条 获得本市居留签注的台湾同胞，在生活消费与公共服务等领域享有与本市居民同等待遇。

第三十五条 在本市投资、就业的台湾同胞可以按照本市城镇职工标准参加社会保险。

第三十六条 在本市投资、就业的台湾同胞及其家属享有与本市居民同等的医疗卫生服务待遇。

医疗机构在按照规定书写和保存医疗文书的同时，还应当为就诊的台湾同胞提供符合台湾地区健保机构核退费用要求的医疗文书。

第三十七条　台湾同胞可以在本市申请职称评审和报名参加相关从业资格考试，有关部门应当为台湾同胞提供便利服务。

第三十八条　台湾同胞和台湾同胞投资公司、企业可以获得本市授予的荣誉称号。

在本市就业的台湾同胞可以参加劳动模范等称号的评选。

第三十九条　台湾同胞获得的合法收益及其他合法收入，可以依法汇回台湾或者汇往境外。

第四十条　台湾同胞投资者投资的财产、工业产权、股权和其他合法收益，可以依法转让和继承。

第四十一条　居住本市的台湾同胞，可以申请旁听市人民代表大会常务委员会会议。

经市人民代表大会常务委员会决定，可以邀请台湾同胞列席市人民代表大会。

居住本市一年以上的台湾同胞，在区、镇两级人民代表大会代表选举期间在本市的，可以依照选举法参加选举。

第四十二条　符合条件的台湾同胞可以受聘为厦门仲裁机构仲裁员。

第四十三条　居住本市的台湾同胞，可以按照程序受聘为本市行风评议代表。

第四十四条　台湾同胞学生在市、区教育部门的指导下进入本市所属各级各类学校就近入学就读。

在部分市属一级达标学校初中部每年预留一定名额用于招收台湾同胞学生。

台湾同胞学生在本市参加中考，经市人民政府台湾事务办事机构确认其身份后，可以享受教育部门规定的优惠政策。

第四十五条　在大陆高等院校就读毕业的台湾同胞学生以及取得大陆医师、律师等相关执业资格的台湾同胞，可以按照规定在本市就业，并按照规定办理就业手续。

第四十六条　持有台湾地区有效机动车驾驶证的台湾同胞，申请大陆机动车驾驶证，经市公安交通管理部门确认，可以核发大陆机动车准驾车型的驾驶证。

第四十七条　台湾同胞持台湾地区及其他国家、地区卫生检疫机关或者公立医院取得的有效健康证明，经厦门口岸出入境检验检疫机构确认，在其证明有效期内，可以免予健康检查；检查项目不齐全的，予以补检所缺项目。

第四十八条 台湾同胞捐赠公益事业实行自愿原则，任何单位和个人不得借捐赠名义向台湾同胞及其投资企业摊派、募捐。

台湾同胞及其投资企业的公益性捐赠，可以依法在个人所得税、企业所得税税前列支。

第六章 投诉受理

第四十九条 台湾同胞或者台湾同胞投资企业合法权益受到侵害的，可以依法选择下列途径解决：

（一）协商和解或者调解解决；

（二）向有关部门或者机构举报、投诉；

（三）申请行政裁决、行政复议；

（四）提交仲裁机构仲裁；

（五）向人民法院提起诉讼；

（六）向人民检察院提出申诉。

人民法院、仲裁机构及有关部门在处理涉台纠纷时，可以委托市台商投资企业协会协助调解。

第五十条 市人民政府设立台湾同胞投诉受理机构，受理台湾同胞的投诉，其日常工作由市人民政府台湾事务工作机构负责管理。

台湾同胞投诉事项重大或者投诉事项需由几个部门共同处理的，市人民政府应当及时组织协调处理。

第五十一条 市人民政府台湾同胞投诉受理机构应当履行下列职责：

（一）对投诉的事项进行调查；

（二）对侵害台湾同胞合法权益的行为，具体组织协调处理；

（三）对侵害台湾同胞合法权益的行政行为，建议监察部门或者有关主管部门依法对直接负责的主管人员和其他直接人员追究行政责任；

（四）对侵害台湾同胞合法权益行为涉嫌犯罪的，应当为受侵害的台湾同胞提供必要的支持和帮助。

第五十二条 市人民政府台湾同胞投诉受理机构受理投诉后，对涉及有关部门的投诉，可以与有关部门协调，依法办理；也可以交由有关部门依法办理，负责办理的有关部门应当在规定时间内将办理情况报市人民政府台湾同胞投诉受理机构。

各有关部门应当建立投诉处理制度，处理台湾同胞的投诉。

对台湾同胞的投诉应当在三十日内办结，并将处理结果答复投诉人。有关部门直接受理的投诉还应当将处理结果报市人民政府台湾同胞投诉受理机构备案。

投诉事项复杂，确需延长期限的，应当向投诉人说明情况。

第五十三条 行政部门及其工作人员违反本条例规定，监察机关或者有关主管部门应当依法追究有关直接负责的主管人员和其他直接责任人员的责任。

第七章 附 则

第五十四条 市人民政府根据本条例制定实施细则。

第五十五条 本条例自 2011 年 1 月 1 日起施行。

厦门经济特区促进两岸区域性金融服务中心建设条例

（2013年12月27日厦门市第十四届人民代表大会常务委员会第十四次会议通过　2013年12月31日厦门市人民代表大会常务委员会公告第12号公布　自2014年3月1日起施行）

第一章　总　　则

第一条　为了促进两岸区域性金融服务中心建设，优化金融发展环境，遵循有关法律、行政法规的基本原则，结合厦门经济特区实际，制定本条例。

第二条　两岸区域性金融服务中心建设的目标是促进两岸金融合作，完善金融市场体系，形成联结漳（州）泉（州）、辐射海西、服务两岸的金融集聚区、试验区和示范区。

建设两岸区域性金融服务中心应当坚持同等优先、适当放宽，统筹规划、先行先试，突出特色、风险可控的原则，坚持金融服务实体经济的本质要求，发挥市场配置金融资源的决定性作用。

第三条　市人民政府组织领导两岸区域性金融服务中心建设工作，履行下列职责：

（一）组织实施建设两岸区域性金融服务中心的国家战略；

（二）组织编制两岸区域性金融服务中心建设和发展规划；

（三）争取并落实国家、省有关支持两岸区域性金融服务中心建设的政策；

（四）组织制定促进两岸区域性金融服务中心建设的具体政策措施；

（五）协调、配合国家驻厦金融管理机构和金融机构推进两岸区域性金融服务中心建设，营造金融发展环境。

市人民政府有关部门在各自职责范围内，负责促进两岸区域性金融服务中心建设的相关工作。

区人民政府负责本行政区域内促进两岸区域性金融服务中心建设的有关

工作。

第四条 市人民政府设立的金融协调服务机构负责两岸区域性金融服务中心建设的组织规划、协调服务和指导促进工作，并履行下列职责：

（一）编制两岸区域性金融服务中心建设年度计划，并组织实施；

（二）研究促进两岸区域性金融服务中心建设的政策措施；

（三）开展两岸区域性金融服务中心建设协调服务工作；

（四）依法开展金融管理、监管工作；

（五）组织协调开展金融交流合作活动；

（六）市人民政府规定的其他职责。

第五条 市、区人民政府及其有关部门对在两岸区域性金融服务中心建设中成绩显著的单位和个人给予表彰和奖励。

第二章 金 融 市 场

第六条 市人民政府按照建设多功能、多层次金融市场体系的要求，制定金融市场发展规划，培育和发展金融市场与服务平台，完善金融市场体系。

第七条 鼓励和支持两岸金融机构创新金融产品和金融服务；鼓励两岸金融机构参与对方金融市场活动。

推动两岸货币的双向兑换和计价结算。

鼓励台湾地区及其他境外的人民币参加行在本市商业银行开设人民币代理清算账户，支持开展和扩大跨境人民币结算业务。

第八条 鼓励和支持在厦拓宽境外人民币资金回流渠道。

第九条 鼓励商业银行建立票据专营中心，增强票据融资服务功能。

第十条 培育和推动保险、再保险和保险中介市场的发展，鼓励引进外资保险专业中介机构，发展新型农村保险、责任保险和互联网保险业务，扩大保险覆盖面。

支持商业性保险机构参与全民医保和社会养老保障。

鼓励两岸保险机构在产品开发、渠道开拓和理赔服务等方面开展资源整合和业务合作。

第十一条 支持符合条件的本市企业发行债券和上市融资，鼓励本市上市公司通过配股、增发等方式再融资。

在符合国家有关规定的前提下，鼓励辖区内企业的境外关联机构在台湾地区发行人民币债券、投资台湾地区证券交易市场。

第十二条 推动辖区内的非上市股份有限公司进入全国中小企业股份转让系统，公开转让股份，进行股权融资、债权融资、资产重组等。

鼓励和支持本市非上市的中小企业到区域性股权交易市场挂牌。

支持建立产权交易平台，为非上市公司提供股权转让或相关融资服务，为风险投资、创业投资拓宽投资和退出渠道。

第十三条 市人民政府安排引导资金，引导民间资本参与组建产业投资基金、创业投资基金、并购基金等各类股权投资基金，促进金融服务实体经济。

第十四条 推动开展个人境外直接投资试点，探索建立规范便捷的直接投资渠道。

支持通过新设、并购、参股等方式开展个人境外直接投资，在境外设立非金融企业或取得既有非金融企业的所有权、控制权、经营管理权等权益。

第十五条 推动建立和完善适应离岸投资贸易业务发展的存贷款制度、税收制度、外债管理制度和外汇资金结算制度，建设对台离岸金融市场。

支持本市银行业金融机构开展离岸金融业务，推动具备离岸金融业务资格的商业银行在本市设立离岸业务分支机构。

鼓励台湾地区金融机构、企业和个人在本市银行业金融机构开立账户。

第十六条 支持建立各类专业交易平台，培育和发展跨区域金融要素市场，完善相关投融资服务体系和配套服务。

推动在本市建立商品期货交易市场，培育发展大宗商品现货交易市场，建立完善电子交易平台，增强其资金结算功能。

第十七条 鼓励发展互联网金融，促进形成互联网金融服务中心。

第十八条 鼓励本市第三方支付企业依法经营，拓展行业应用，开展各项业务创新。

鼓励第三方支付企业间资源整合，合理引导第三方支付企业间开展市场化兼并重组，促进第三方支付产业区域集聚。

鼓励传统产业、政府行政事业单位和公共服务等领域积极应用电子支付平台。

第十九条 支持金融机构开发符合两岸贸易投资结算需求的金融产品，完善对台资企业及台湾同胞的金融服务体系。

鼓励在厦金融机构、企业及其关联机构开展两岸融资担保业务。

第二十条 鼓励发展金融外包服务，支持金融软件开发、数据处理、客户服务、风险管理等金融配套服务机构开展经营活动，促进金融专业化服务产业发展。

第二十一条 鼓励两岸在科技企业信用保证、知识产权投融资、建立创业投资体系等方面开展合作和创新。

支持设立科技金融服务中心，推动银行、担保、保险、科技中介有机结合，鼓励开展知识产权质押、科技保险、高新技术企业集合债券等业务，畅通企业融资渠道，推进科技成果转化。

第二十二条 支持金融机构拓展航运、海洋、信息、旅游、文化、医疗等专业金融领域，开展相关金融业务。

第三章 金融机构

第二十三条 市人民政府应当整合相关公共资源，扶持金融机构发展壮大，逐步形成以大型金融机构为核心，以中小型金融机构、专业服务机构和配套服务企业为基础的金融市场主体格局。

第二十四条 支持各类金融机构在本市设立总部。

鼓励和支持金融机构在本市设立的分支机构升级为区域性总部或者注册为法人机构。

第二十五条 支持金融机构在本市设立法人机构、营业性分支机构、代表处，或者小企业服务中心、银行卡中心、票据中心、研发中心、灾备中心、防灾防损中心、客户服务中心、对台业务中心等金融专营机构或者后台服务机构。

第二十六条 支持境外金融机构在本市设立分支机构或者参股本市金融机构。

依照同等优先、适当放宽的原则支持台湾地区金融机构在本市设立法人机构、营业性分支机构或者代表处。

第二十七条 市人民政府应当通过引进战略投资者、改制改组、增资扩股、兼并整合等方式，支持地方金融控股平台发展。

地方金融控股平台应当通过拓展金融服务领域，完善金融服务功能。

第二十八条 支持在本市设立综合类证券公司、证券投资基金管理公司、金融租赁公司、消费金融公司、保险资产管理公司、信托公司、财务公司等金融机构。

第二十九条 鼓励和支持在辖区内设立融资租赁公司、小额贷款公司、融资性担保公司、典当行等具有融资功能的非金融机构。

第三十条 鼓励培育和引进各类财富管理机构，引导金融机构和金融组织开展高端金融业务，支持财富管理培训基地建设和财富管理人才的培养。

第三十一条 鼓励和支持民间资本进入金融业。

鼓励民间资本以入股等方式参与辖区内金融机构、金融配套服务机构、具有融资功能的非金融机构的设立、兼并重组和增资扩股。

支持具备条件的民间资本依法发起设立中小型银行等金融机构。

支持民间资本发起设立信用担保公司，完善信用担保公司的风险补偿机制和风险分担机制。

鼓励民间资本发起设立金融中介服务机构，参与证券、保险等金融机构的改组改制。

第三十二条 支持本市金融机构和具有融资功能的非金融机构增加注册资本、营运资金或发行上市。

鼓励符合条件的辖区内金融机构和具有融资功能的非金融机构异地设立分支机构，或者在台湾地区以及境外其他国家和地区开设营业性分支机构。

第四章 金 融 人 才

第三十三条 市人民政府及其有关部门应当制定金融人才发展规划，以及金融人才引进、培养等相关政策措施。

第三十四条 鼓励金融机构、具有融资功能的非金融机构以及其他用人单位利用市场机制，从境内外引进高层次、紧缺型金融人才。

有关部门应当按照规定为高层次、紧缺型金融人才提供财税扶持、人才培养、社会保险、医疗服务、子女教育、住房购置、出入境等方面的优惠政策措施。

第三十五条 支持金融机构、高等院校、研究机构在本市设立金融研究、教育和培训基地，并与台湾地区以及境外其他国家和地区的知名金融培训机构开展金融人才联合培训，推动金融人才交流。

第三十六条 推动持有台湾地区金融专业证照的台湾金融从业人员获得在本市从业的资格条件，简化办理程序。

加强两岸金融人才信息交流，推动开展两岸从业人才资格互认。

第三十七条 鼓励引进境内外优秀金融人才担任企事业单位，高校、科研机构中高层职务。

第三十八条 支持金融机构、具有融资功能的非金融机构加强金融从业人员的专业技能教育。

第五章 金融环境

第三十九条 本市设立两岸区域性金融服务中心金融产业集聚区，具体范围由市人民政府确定。

市人民政府有关部门应当会同市城乡规划主管部门组织编制金融产业集聚区空间布局规划，经依法批准后实施。

经批准的金融产业集聚区空间布局规划不得擅自变更，确需变更的，应当依法重新报批。

第四十条 市人民政府应当采取措施，鼓励银行、证券、期货、保险等金融机构和金融配套服务机构在金融产业集聚区集聚。

第四十一条 市、区人民政府安排金融发展专项资金，用于金融市场建设、金融机构、金融人才、金融创新的奖励以及与两岸区域性金融服务中心建设相关的其他扶持项目。

第四十二条 推动金融信息资源共享，建立健全适应两岸区域性金融服务中心建设需要的数据处理、互联互通等现代化金融支持体系。

第四十三条 鼓励资产评估、投资咨询、会计、审计、征信、法律服务等与金融相关的中介服务机构的发展，提升相关中介服务机构的专业水平和服务能力。

第四十四条 支持金融行业协会的发展。金融行业协会在相关行业主管部门的指导下，实行行业自律管理，维护金融机构及其从业人员的合法权益，促进金融行业有序发展。

第四十五条 本市仲裁机构应当依据法律、法规和国际惯例完善金融仲裁规则，提高金融仲裁专业水平和国际化程度。

第四十六条　推动地方信用体系和行业信用体系建设，支持建立健全征信体系。

市人民政府有关部门及司法机关应当建立信用信息共享机制，依法提供相关信用信息查询服务。

鼓励信用评级机构等信用服务机构依法收集处理信用信息、开发和提供信用信息产品，支持金融机构在金融业务活动中使用信用信息产品。

第四十七条　支持本市金融机构与台湾地区金融机构在金融市场建设、产品创新、风险防范、人才培养、信息共享等方面的优势互补和战略合作，开展金融产业的对接，促进两岸金融交流合作。

鼓励本市金融机构、高等院校、研究机构与台湾地区金融机构、高等院校、研究机构以高层论坛、专业交流、行业协会互访、学术研讨会等形式进行金融业务、学术交流。

第四十八条　市人民政府应当加强与漳州、泉州以及海峡西岸经济区其他城市在金融领域的相互协作，增强本市金融辐射功能，推动金融市场、金融机构为两岸区域性金融服务中心建设提供优良的金融服务。

支持本市与漳州、泉州三地金融机构建立区域性统一授信审批中心，加快推进金融市场建设、金融业务拓展、金融服务标准、金融产品定价、金融信息共享、金融人才交流、金融风险防控和金融监管协调等方面的同城化建设。

第六章　金融监管

第四十九条　市人民政府应当支持和配合国家金融监督管理机构建立健全金融监管协调和稳定机制，建立完善金融风险监测系统和评估机制，制定金融风险应急处置预案，完善金融风险防控体系，维护地方金融安全与稳定。

第五十条　市、区人民政府应当依法履行地方金融监管职责和风险处置责任，理顺监管体制，建立健全小额贷款公司、融资性担保公司等具有融资功能的非金融机构以及民间借贷的地方监管体系。

第五十一条　市、区人民政府财政、审计、监察等部门应当加强对金融发展专项资金使用情况的监督和评估，并及时向本级人民政府报告。

有关部门应当加强对金融发展专项资金的管理。申请人弄虚作假的，取消本次申请资格，且五年内不得申请；对已经取得金融发展专项资金的，应当及时收回。

第五十二条 市人民政府应当定期对两岸区域性金融服务中心建设情况进行评估，并及时向市人民代表大会常务委员会报告，接受监督。

第七章 附 则

第五十三条 市人民政府应当依据本条例制定促进两岸区域性金融服务中心建设的优惠政策、奖励措施及具体管理办法。

第五十四条 本条例自 2014 年 3 月 1 日起施行。

厦门经济特区两岸新兴产业和现代服务业合作示范区条例

（2014 年 8 月 29 日厦门市第十四届人民代表大会常务委员会第二十次会议通过　2014 年 9 月 2 日厦门市人民代表大会常务委员会公告第 16 号现予公布　自公布之日起施行）

第一章　总　　则

第一条　为了促进和保障两岸新兴产业和现代服务业合作示范区的建设和发展，遵循有关法律、行政法规的基本原则和国务院批复的《厦门市深化两岸交流合作综合配套改革试验总体方案》的有关规定，结合厦门经济特区实际，制定本条例。

第二条　本条例适用于在本市划定特定区域建设的两岸新兴产业和现代服务业合作示范区（以下简称示范区）。

第三条　示范区的规划、建设和管理应当坚持运作模式市场化、投资环境国际化、服务合作便利化和治理机制法治化的原则，建设立足两岸、面向国际的两岸交流合作的先行区、体制机制的创新区、两岸新兴产业和现代服务业深度合作的集聚区、低碳环保的生态新城区。

示范区重点发展新一代信息技术、高端装备制造、新材料新能源和节能环保等新兴产业和现代物流、商务服务、科技服务、文化创意、高端医疗及其他专业服务等现代服务业。

第四条　市人民政府组织制定示范区改革发展规划，按相关规定报批后实施。

第五条　示范区应当借鉴国际通行规则和国际惯例，进行开发建设、运营管理，探索两岸合作发展的新机制、新模式、新途径。

第二章 治理结构

第六条 设立示范区管理局（以下简称管理局），在市人民政府领导下开展工作。

管理局是实行企业化管理、履行相应行政管理和公共服务职责的法定机构，负责示范区的开发建设、运营管理、招商引资、制度创新、综合协调、保障服务等工作。

管理局履行下列职责：

（一）制定促进示范区建设和发展的具体办法；

（二）在投资立项审批方面行使计划单列市的管理权限；

（三）相对集中行使示范区有关行政许可权及受委托行使相应行政许可权；

（四）为示范区的组织和个人提供高效优质服务；

（五）市人民政府规定的其他职责。

第七条 市人民政府应当根据示范区开发建设、运营管理的实际情况，具体规定和调整管理局的行政管理职责、公共服务范围以及市有关行政管理部门、有关区人民政府在示范区行使职责的范围，并向社会公布。

市人民政府应当根据示范区建设发展需要，建立相应的协调保障机制，及时研究解决示范区的重大问题。

第八条 管理局局长由市人民政府任命，任期五年。管理局可以根据工作需要设副局长若干名，协助局长工作。副局长由局长提名，市人民政府按规定程序任命。管理局的高级管理人员可以从国（境）外专业人士中选聘。

第九条 管理局按照市人民政府确定的原则，可以自主决定机构设置、人员聘用和薪酬标准。

第十条 管理局应当每年向市人民政府报告工作，并将年度工作报告向社会公布。

第十一条 市人民政府应当依据本市国民经济和社会发展规划、土地利用总体规划、城市总体规划和海域功能区划，编制示范区总体规划并及时公布实施。

市规划主管部门应当会同管理局依据示范区总体规划，组织编制示范区控制性详细规划，并开展环境影响评价，报市人民政府批准后实施。

第十二条 市发展改革主管部门应当会同管理局在征求社会各方面意见的基础上，组织编制两岸新兴产业和现代服务业准入目录，报市人民政府批准后实施。

两岸新兴产业和现代服务业准入目录确需调整的，应当按照前款规定的编制程序予以调整。

进入示范区的企业或者项目，应当符合两岸新兴产业和现代服务业准入目录。

第十三条 设立示范区监督机构，独立行使监督权，依法对管理局开发建设、运营管理和服务活动进行监督。监督机构可以接受具有监督、监察等职责的单位的委托，行使相应的职权。监督机构的经费由市本级财政预算安排。

第十四条 监督机构有权查阅、复制管理局有关会议记录、合同文本、财务账簿和其他文件；有权要求管理局工作人员说明有关情况；有权要求示范区的企业和员工就有关事项作证；有权在示范区进行监督所需的其他调查活动。

监督机构接受的投诉事项及调查结果应当自作出调查结论之日起三个工作日内公开，但涉及国家秘密、商业秘密和个人隐私的除外。

监督机构有权就监督事项向管理局提出建议；或者向市人民政府审计、监察主管部门提出处理建议，由市人民政府审计、监察主管部门依法进行处理；涉嫌犯罪的，移送司法机关处理。

第十五条 创新对示范区的监督方式，提高监督参与度，推动形成行业自律、社会监督、公众参与的综合监督体系。

示范区应当建立科学、民主决策机制，实行决策公开制度。设立决策咨询委员会，决策咨询委员会委员中，台湾地区的专家、学者及行业代表的成员不少于三分之一，示范区的重大决策事项必须经过决策咨询委员会的论证和评估。

鼓励示范区的企业或者行业依法建立行业协会、商会等自律性组织，维护本行业的合法权益。管理局应当建立企业和相关行业协会、商会等代表组成的社会参与机制，引导企业和行业协会、商会等表达利益诉求、参与试点政策评估。

管理局建立公开信息平台，将有关政策、办事规则、服务指南、行政审批和行政处罚决定以及开发、建设、运营、管理、服务等工作情况向社会公开，方便企业和个人查询，接受社会监督。

第三章 开发建设

第十六条 示范区开发建设应当遵循整体规划、统筹推进、政府主导、市场运作的原则，坚持低碳环保绿色的理念，建设生态示范区。

第十七条 加强环境保护准入管理，严格执行环境影响评价分类管理的规定，提高环境保护管理水平和效率。鼓励示范区内企业申请国际环境和能源管理体系标准认证，采用先进清洁生产工艺和技术，节约能源，减少污染物和温室气体排放。鼓励示范区内企业与管理局签订改善环境行为的自愿协议。

第十八条 示范区应当按照市场化的运作方式，采用独资、合资、合作、特定项目租赁等形式进行开发。

鼓励台湾地区企业和个人参与示范区的开发、建设、招商及运营。

第十九条 示范区的土地利用应当符合示范区总体规划和产业发展的需要，以集约高效、满足长远发展为原则。

管理局应当建立土地节约、集约利用评价体系，对示范区内的土地节约、集约利用进行动态评估、动态监测。

第二十条 管理局根据市人民政府授权负责示范区土地的监督、管理、收储和开发。示范区土地出让收益应当用于示范区土地开发和基础设施建设。

示范区内国有土地使用权出让、转让和租赁的条件、标准和程序，由管理局制定报市人民政府批准后实施，并向社会公布。

管理局应当建立企业土地使用的退出机制，在国有土地使用权出让合同或者租赁合同中明确约定土地退出条件，当合同约定的情形发生时，管理局可以按照合同约定收回土地。

第二十一条 管理局负责编制示范区内土地房屋征收方案，经市人民政府批准后，示范区所在地的区人民政府依法组织实施土地房屋征收与补偿工作。

第二十二条 管理局对示范区内的海域使用实行统一管理，提高海域使用效率，保证海域有效利用并与环境保护相协调。

第二十三条 市有关行政管理部门和有关区人民政府与管理局应当互相配合，按照本市城乡规划的要求组织建设示范区及其周边地区的基础设施，并使其相互衔接。

示范区相邻区域一定范围内的建设项目可能造成环境污染的，有关行政管理部门在办理建设项目的项目选址、环境影响评价时，应当征求管理局的意见。

第四章 产业发展

第二十四条 示范区应当坚持体制机制创新、高端引领、优势互补、合作双赢、科学发展的原则，率先发展《厦门市深化两岸交流合作综合配套改革试验总体方案》确定的厦门可以先行先试的新兴产业和现代服务业。

第二十五条 鼓励在示范区开展新兴产业和现代服务业的创新业务，企业可以就其创新业务自主决定延伸、扩展、补充经营范围。国家另有规定的除外。

第二十六条 示范区可以划定区域，按照台湾科技园区的管理模式，由台湾地区企业和个人自主开发建设产业园区，吸引台湾地区具有先进技术的创新型企业入驻。

第二十七条 鼓励境内外知名企业在示范区设立总部、研发中心、运营中心、采购中心和物流中心等。

第二十八条 鼓励两岸科研机构、高等院校、企业共同设立两岸合作研发机构，联合建设重点实验室，开展基础研究、前沿技术和共性关键技术研究，联手培养研发团队和技术人才。

第二十九条 建设产业培育孵化平台和服务体系，构建技术研发、投资融资、人才培养等公共服务平台。

鼓励台湾地区相关机构在示范区内设立技术转移、技术培训、成果转化、企业孵化等科技中介机构。

第三十条 示范区安排研发创新专项资金，建立研究与开发扶持机制，鼓励两岸合作创新，支持构建技术转移平台及技术成果转移、转化。

第三十一条 经认定的技术先进型服务企业按百分之十五的优惠税率征收企业所得税，其发生的职工教育培训经费按不超过企业工资总额百分之八的比例在企业所得税税前扣除，超过部分，准予结转扣除。

市人民政府应当参考台湾地区相关税收政策，专项研究鼓励示范区发展的税收优惠政策，按照规定报国家有关部门批准后实施。

第三十二条 对示范区引进的高层次人才，市人民政府在财税制度框架下实行个人所得税优惠制度，在社会保险、医疗服务、子女教育、配偶安置、住房保障等方面实行有关优惠政策。

在示范区内工作的高层次人才和紧缺人才，在示范区缴纳的工资薪金所得个人所得税已纳税额超过工资薪金应纳税所得额的百分之十五部分，由市人民政府给予补贴。

对示范区建设作出突出贡献的高层次人才，管理局应当给予奖励。

第五章　便利措施

第三十三条　符合两岸新兴产业和现代服务业准入目录的，外商投资企业的设立和变更，除依照法律、行政法规规定须经国家有关部门批准的外，由管理局办理有关手续，报市外商投资主管部门备案。

放宽台湾地区企业在示范区从事新兴产业和现代服务业的资格限制、降低市场准入条件。管理局应当及时组织制定具体办法并公布实施。

第三十四条　示范区内投资者可以开展多种形式的境外投资。境外投资一般项目实行备案管理；境外投资开办企业实行以备案制为主的管理方式。境外投资项目和境外投资开办企业的备案办法，由市人民政府制定。

第三十五条　示范区建立便捷的税务服务体系，创新税务审批方式，缩短审批时限，逐步取消前置核查，推行先批后核、核批分离的工作方式。

示范区推行网上办税，提供在线纳税咨询、涉税事项办理情况查询等服务，逐步实现税务事项同城通办。

第三十六条　市人民政府及其有关部门应当会同海关、检验检疫等部门建立工作协调机制，推进通关便利化，并按照快捷便利、安全高效的原则，在示范区建立与国际贸易等业务发展需求相适应的监管模式。

第三十七条　市人民政府根据两岸对口业务部门的合作部署，推动厦门和台湾地区两地海关、检验检疫、食品安全、质量标准认证的合作，实现监管互认、执法互助、信息互换以及检测结果的比对。

第三十八条　市人民政府应当加强电子口岸建设，建立海关、检验检疫、边检、海事等部门统一的监管平台，实现口岸信息联网、数据共享。实行电子围网管理、无纸化、低风险快速放行和一次申报、一次查验、一次放行的通关模式，减少通关单证种类，实施进出口货物多点报检和口岸集中查验。

建立有利于第三方检验鉴定机构发展和规范的管理制度，按照国际通行规则，可以采信第三方检测结果。

第三十九条 示范区建立国际贸易单一窗口，形成区内跨部门的贸易、运输、加工、仓储等业务的综合管理服务平台，实现部门之间监管互认、执法互助、信息互换。

企业可以通过单一窗口一点接入、一次性递交各管理部门要求的标准化电子信息，处理结果通过单一窗口反馈。

第四十条 推进创新两岸人员往来管理机制，促进实施更加便捷的政策和管理办法，提高两岸人员往来的效率，建设两岸直接往来最便捷的通道。

第四十一条 市人民政府及其有关部门应当推动启用电子往来台湾通行证，推行电子验放、自助通关等便利化通关模式。

第四十二条 市人民政府应当加强出入境口岸和出入境服务场所的建设，完善相关配套设施，提升出入境服务水平和能力。

第四十三条 公安出入境管理部门应当简化手续，便利台湾同胞及其他境外人员来往示范区和在示范区居住、停留。

在示范区投资创业或者就业等需要长期居住的台湾同胞可以向公安机关出入境管理部门申请办理五年有效的《台湾居民来往大陆通行证》和五年内有效的居留签注。

对接受区内企业邀请开展商务贸易的外籍人员，符合过境免签和临时入境条件的，给予过境免签和临时入境便利。

对区内企业因业务需要经常出国、出境的中国籍员工，提供办理出国出境证件的便利。

第四十四条 推动两岸学历和技能人员职业资格互认，降低台湾地区专业人员执业准入门槛，简化执业许可审批手续，促进两岸人才互相流动。

推动两岸民间组织对技能人员职业资格的互认。

第四十五条 取得大陆法律职业资格的台湾居民可以在示范区申请律师执业。

第四十六条 取得台湾地区保险精算师资格的人员可以在示范区从业，可以按照规定担任总精算师或者精算责任人。

第四十七条 简化台湾金融业从业人员在示范区申请从业人员资格和取得执业资格的相关程序。

第四十八条 制定台湾地区医师在示范区执业注册便利化措施。

第四十九条　已取得台湾地区其他现代服务业执业资格的机构和人员，可以在示范区从事与资格相对应的专业服务活动。

第五十条　管理局根据示范区发展需要，认为本市有关行政管理部门实施的行政审批事项需要停止执行、行政收费事项需要减免的，报市人民政府批准后公布实施。法律、行政法规另有规定的从其规定。

管理局建立一表申报、一口受理的工作机制，统一接收相关行政审批事项的申请材料，统一送达有关文书。

前款规定的行政审批事项需经管理局之外的有关行政管理部门或者区人民政府审批的，由管理局提供代办服务。

第五十一条　示范区应当提供教育、医疗、社会保障等优质公共服务，为示范区内人员创造良好的工作和生活环境。

第六章　法 治 环 境

第五十二条　坚持运用法治思维、法治方式在示范区开展各项改革创新，为示范区建设营造良好的法治环境。

第五十三条　本市可以借鉴国（境）外法律中有关经济贸易、劳动就业、食品安全和产品质量等方面的法律制度，依法制定相关经济特区法规，适用于示范区。

第五十四条　本市制定的法规不适应示范区实际情况的，市人民政府可以提请市人民代表大会及其常务委员会就其在示范区的适用作出相应决定；本市制定的规章，管理局可以请求市人民政府就适用问题作出决定。

市人民政府为促进示范区新兴产业和现代服务业发展，在不与本市经济特区法规基本原则相违背的前提下，可以制定有关规章、决定和命令在示范区施行，并报市人民代表大会常务委员会备案。

第五十五条　除因紧急情况或者重大公共利益需要立即制定和施行外，本市制定的有关示范区的法规、规章、规范性文件应当主动公开草案内容，征求社会公众以及相关行业协会、商会、企业等各方面的意见。法规、规章、规范性文件公布后，应当对社会各方意见的处理情况作出说明。

第五十六条　示范区内各类市场主体的平等地位和发展权利，受法律保护。除法律、行政法规明确规定外，区内各类市场主体在监管、税收和政府采购等方面享有公平待遇。

第五十七条 在示范区内实行企业和劳动者集体协商机制，平等协商解决劳动报酬、劳动条件、争议纠纷等有关事项。健全公正、公开、高效、便民的劳动保障监察案件和劳动争议案件处理机制，保护劳动者和用人单位双方的合法权益。

第五十八条 鼓励纠纷调处机构、律师事务所、会计师事务所、报关报检机构、检验鉴定机构、认证机构、公证机构、司法鉴定机构等专业机构在示范区开展业务。

鼓励台湾地区律师事务所在示范区试点设立代表机构，为企业和个人提供涉及台湾地区法律适用的民商事法律服务，提供台湾地区法律咨询，接受大陆当事人或者大陆律师事务所的委托办理台湾地区法律事务，推动台湾律师事务所与大陆律师事务所建立多形式的业务合作关系。

鼓励两岸合作建立法律查明机制，为示范区商事活动提供境外法律的查明服务。

第五十九条 设立商事调解中心，可以聘请具有经贸、科技、法律等专门知识的台湾地区人士作为调解员，为示范区的企业和个人提供调解服务。商事调解中心可以创新调解机制，邀请国际调解机构提供调解服务。

鼓励两岸民间调解组织合作，为示范区企业和个人提供调解服务。

第六十条 示范区内涉台合同或者涉台财产权益纠纷的当事人，可以依照法律规定用书面协议选择台湾地区或者其他国家、地区仲裁机构进行仲裁。

鼓励台湾地区的仲裁机构在示范区设立联络点。

第六十一条 厦门仲裁委员会可以依照法律规定从具有经贸、科技、法律等专门知识的台湾地区人士中聘任仲裁员，并单独设立台湾仲裁员名册。涉台的民商事案件，可以由当事人自行确定仲裁员。涉台案件当事人可以选择适用台湾地区或者其他国家、地区实体法律作为仲裁的依据。法律另有规定的除外。

厦门仲裁委员会可以在示范区设立分支机构。

第六十二条 涉台合同的当事人可以依照法律规定明示选择台湾地区或者其他国家、地区的法律处理合同争议。

第六十三条 示范区内涉台合同或者其他涉台财产权益纠纷的当事人，可以依照法律规定用书面协议选择被告住所地、合同履行地、合同签订地、原告住所地、标的物所在地等与争议有实际联系的台湾地区或者其他国家、地区审判机关进行管辖。

第六十四条 台湾地区的仲裁裁决与民商事判决需要执行，被执行人住所地或者财产所在地在示范区范围内的，当事人可以根据海峡两岸签署的司法互助协议，申请本市审判机关予以执行。

第六十五条 自然人、法人和其他组织对管理局在行使行政职责时作出的行政行为不服的，可以依法向市人民政府申请行政复议或者向人民法院提起行政诉讼；对行政复议决定不服的，可以向人民法院提起行政诉讼。

第六十六条 在示范区实行改革创新未达到预期效果，但同时符合以下情形的，可以免于追究有关人员的责任：

（一）改革创新方案制定和实施程序符合有关规定；

（二）个人和所在单位没有牟取私利；

（三）未与其他单位或者个人恶意串通，损害公共利益的。

法律、行政法规另有规定的，从其规定。

第七章　附　　则

第六十七条 两岸区域性金融服务中心、东南国际航运中心和大陆对台贸易中心有关产业合作及其便利、保障措施参照适用本条例。

第六十八条 市人民政府根据本条例制定实施办法。

第六十九条 本条例自公布之日起施行。

厦门海沧台商投资区条例

（1998年9月25日厦门市第十一届人民代表大会常务委员会第七次会议通过）

第一条 为加快厦门海沧台商投资区的建设，促进厦门市经济的发展，推动台湾海峡两岸经济技术合作与交流，遵循有关法律和行政法规的基本原则，结合厦门市实际，制定本条例。

第二条 经中华人民共和国国务院批准，设立厦门海沧台商投资区（以下简称投资区）。投资区执行厦门经济特区的政策。

投资区范围包括杏林区的海沧镇、杏林镇的新安村与霞阳村、东孚镇的祥露村和厦门海沧农场。今后投资区范围的调整，由厦门市人民政府按照国务院批准的原则界定。

第三条 在投资区内从事投资、建设、管理、经营活动的法人、其他组织和个人必须遵守本条例。

厦门市人民政府的行政主管部门处理与投资区开发建设相关事务也必须遵守本条例。

第四条 投资区以吸引台商投资为主，鼓励港、澳、侨和外国投资者投资，也鼓励境内投资者投资。

第五条 投资区重点发展石油化工中下游工业和新型建材、精细化工等技术先进的工业；鼓励发展高新技术产业、第三产业和兴建港口、码头等基础设施；鼓励市区内符合投资区产业导向的工业企业向投资区迁移发展。

第六条 厦门市人民政府在投资区设立厦门海沧台商投资区管理委员会（以下简称管委会）。管委会根据本条例规定，统一领导和管理投资区的开发建设及相关行政工作。

第七条 管委会行使下列职权：

（一）组织本条例在投资区的施行；

（二）组织实施经厦门市人民政府批准的投资区总体规划、土地利用总体规划和经济社会发展规划；

（三）按照厦门市市一级经济管理权限审批或者审核在投资区内的投资项目，并报市有关行政主管部门备案。

按照规定需上报审批的投资项目，应当及时转报市有关主管部门，并协同做好报批工作；

（四）负责投资区建设项目的规划、用地、工程质量、安全等方面的管理工作；

（五）负责投资区内的土地开发和各项基础设施、公用设施的建设、管理；

（六）按照独立的财政体制，负责投资区的财政收支管理；

（七）负责投资区的国有资产、环保、劳动人事、统计等方面的管理工作；

（八）协调、检查市有关部门设在投资区分支机构的工作；

（九）协调国家、省有关部门设在投资区分支机构的工作；

（十）厦门市人民政府授予的其他职权。

行使上述职权涉及核发证照的，由市有关行政主管部门授权或委托管委会办理。

第八条 管委会应当按照精简、统一、效能的原则设立职能部门，建立办事高效、运转协调、行为规范的管理体制，为投资者提供优质服务。

厦门市人民政府有关行政主管部门应当支持和配合管委会的工作，加强对管委会职能部门的业务指导。

第九条 口岸监管机关可以在投资区设立分支机构，对投资区的有关事务实行监督管理。管委会应当为其提供必要的条件和服务。

本市行政部门在投资区设置分支机构，需经厦门市人民政府批准。

第十条 投资者在投资区投资需要用地的，应当向管委会提出用地申请，并由管委会统一办理有关用地手续。

投资区土地实行有偿有限期的使用制度，投资者在投资区依法通过出让方式取得的土地使用权及其建筑物，可以依法转让、出租、抵押。

第十一条 投资者在投资区内向管委会申办企业的，应当向投资区的工商、税务部门办理工商注册、税务登记等手续。

按照法律、行政法规规定，设立企业或者企业经营范围中的项目须报市有关行政主管部门审批的，由市相关行政主管部门授权或者委托管委会职能部门办理。

第十二条　投资者在投资区投资，可以享受下列优惠待遇：

（一）优先获得所需的土地使用权、水、电、运输条件和通讯条件；

（二）投资总额在一千万美元以上的，经批准可以降低注册资本占投资总额的比例，并优先获得配套的生活设施用地；

（三）产品出口的企业，依照税法规定免征、减征企业所得税期满后，凡当年出口产品产值达到当年企业产品产值规定比例的，按照国家相关的优惠税率征收企业所得税；

（四）先进技术企业，在依照税法规定免征、减征企业所得税期满后仍为先进技术企业的，可以按照税法规定的税率延长三年减半征收企业所得税；

（五）企业用地从投产之日起五年内免交土地使用费；

（六）国家、福建省和厦门市制定的其它有关优惠待遇。

第十三条　投资区内的企业应当按照国家和厦门市规定，实行职工劳动合同制、社会保险制度和最低工资保障制度。

第十四条　投资区内的企业引进国内中高级专业技术和经营管理人员，优先申办落户投资区的厦门市常住户口。

投资区内的企业引进境外专业技术和经营管理人员，按照厦门市有关优惠待遇执行。

第十五条　境内外的金融机构和其他投资者经中国人民银行批准，可以在投资区设立金融机构，开办金融业务。

经中国人民银行批准，新台币可以在投资区内指定的银行兑换。

第十六条　经海关批准，投资区可以设立保税仓库、保税工厂和保税生产资料市场。

第十七条　投资区内的文教卫生、计划生育、民政等社会事务，由投资区所在的区、镇人民政府负责管理，管委会应当在人力、物力、财力等方面予以协助，具体办法由厦门市人民政府决定。

第十八条　厦门市人民政府可以根据本条例制定或者授权管委会制定有关管理规定，在投资区施行。

第十九条　本条例的具体应用问题由厦门市人民政府负责解释。

第二十条　本条例自1998年10月1日起施行。

关于进一步深化厦台经济社会文化交流合作的若干措施

（2018 年 4 月 10 日）

为进一步贯彻落实党的十九大精神和习近平总书记对台工作重要思想，按照国台办、国家发改委《关于促进两岸经济文化交流合作的若干措施》文件精神，结合我市实际，现就进一步深化厦台经济社会文化交流合作，逐步为台湾同胞在厦门学习、创业、就业、生活提供与厦门居民同等待遇，促进台资企业在厦门更好更快发展，提出以下贯彻落实措施。

一、关于经济交流合作方面

1. 在厦门的台资企业参与“中国制造 2025”行动计划适用与大陆企业同等政策。鼓励台资企业和台湾同胞参与厦门两岸新兴产业和现代服务业合作示范区、两岸贸易中心、两岸区域性金融服务中心以及厦门国际航运中心的开发、建设。鼓励台资企业在厦门设立总部、研发中心、运营中心、采购中心和物流中心等。

市、区人民政府设立的各类扶持资金和出台的各项优惠政策，台资企业和台湾同胞享有同等待遇。

2. 帮助和支持符合条件的台资企业依法享受高新技术企业减按 15%税率征收企业所得税，研发费用加计扣除，在厦门的台资科研机构、研发中心采购大陆设备全额退还增值税等税收优惠政策。

3. 支持台资企业在厦门以特许经营方式参与能源、交通、水利、环保、市政公用工程等基础设施建设。

4. 支持台资企业公平参与厦门市、区政府采购。

5. 支持台资企业通过合资合作、并购重组等方式参与厦门市国有企业混合所有制改革。

6. 台资企业与厦门企业同等适用相关用地政策。对集约用地的鼓励类台商投资工业项目优先供应土地，在确定土地出让底价时，可按不低于所在地土地等别相对应厦门工业用地出让最低价标准的70%执行。

7. 台资企业和台湾同胞在厦门设立企业时可以选择使用美元或人民币作为注册资本金，在厦门经营活动中可以享有内资企业待遇。

台湾同胞来厦门创业，以其拥有的专利、专有技术等科技成果作价出资入股的，科技成果作价金额占注册资本的比例不受限制。

8. 支持台资企业和台湾同胞在中国（福建）自由贸易试验区厦门片区内设立独资国际船舶运输、国际船舶管理、国际海运货物装卸、国际海运集装箱站和堆场企业，支持以合资、合作形式从事国际船舶代理业务，台资持股比例放宽至51%。

9. 支持注册在中国（福建）自由贸易试验区厦门片区内的台资银行营业性机构经营人民币业务。

10. 台资企业和台湾同胞可以在中国（福建）自由贸易试验区厦门片区内以独资形式从事娱乐场所经营，可以设立独资演出经纪机构。

11. 取得台湾地区资质（资格）证书的台湾建筑业企业经批准可以在厦门从事相关建筑活动。

12. 大力推进海沧、杏林、集美台商投资区建设，鼓励在厦门的台资企业拓展内需市场和国际市场、共同参与“一带一路”建设，同等享受厦门在开拓市场、境外投资等方面出台的相关扶持政策。

鼓励对台海运快件业务发展，推动建设连接台湾与中亚、欧洲区域转运中心和陆海枢纽城市，融入“一带一路”建设。

13. 积极帮助台湾地区货物通过厦门港过境经中欧班列运输出口，按照过境货物监管模式操作，加快通关速度。

14. 在厦门开通两岸征信查询业务，推动两岸征信信息互联互通。成立中国（福建）自由贸易试验区厦门片区两岸信用服务中心，服务台资企业征信需求，为台商通过信用报告融资贷款提供便利，对区内台资企业信用融资贷款的利息或担保费用提供适当补贴。

15. 鼓励厦门台资银行与厦门同业协作，通过银团贷款等方式为厦门实体经济提供金融服务。

16. 台资企业和台湾同胞来厦门办展办会，同等享受厦门相关支持政策。

17. 台湾地区科研机构、高等学校、企业在厦门注册的独立法人，可牵头或参与国家重点研发计划项目申报，享受与厦门科研机构、高等学校、企业同等政策。受聘于在厦门注册的独立法人的台湾地区科研人员，可作为国家重点研发计划项目（课题）负责人申报，享受与厦门科研人员同等政策。对台湾地区知识产权在厦门转化的，可享有厦门知识产权激励政策。

支持台湾民间资本和机构参与“一带一路”知识产权运营投资基金、两岸知识产权银行、知识产权运营服务平台、知识产权经济协作区和知识产权新型智库等重大项目建设。鼓励台湾同胞参加大陆专利代理人资格考试，支持台湾同胞在厦门注册执业知识产权服务机构。

18. 推动实施“一市两标”，逐步实现大陆标准与台湾地区标准在厦门包容共存，在制定厦门地方标准时吸收采用台湾地区标准内容，特别是台湾地区标准高于大陆标准的可以直接采用。鼓励台湾地区标准更多地参与厦门产业、行业发展。

19. 台资企业和台湾同胞在厦门从事农业生产活动，同等适用厦门惠农政策。在厦门的台资企业农业项目直接用于或服务于农业生产的生产设施、附属设施用地，可以按设施农用地有关规定管理。

20. 鼓励、支持台资企业转型升级，提供帮扶资金和政策支持，推动台资企业“退城进园”。

21. 加快海峡旅游服务中心、厦门新机场、五通对金客运码头三期等建设，完善软硬件设施配套，建立更加便捷的厦台海、空直航运输体系，为两岸同胞往来提供安全便捷的通关环境。

22. 推动厦门和台湾地区两地海关、检验检疫、食品安全、质量标准认证的合作，逐步实现监管互认、执法互助、信息互换以及检测结果的比对。

实施“源头管理、口岸验放”的两岸商品快速验放模式，建立有利于第三方检验鉴定机构发展和规范的管理制度，扩大台湾地区进口商品第三方检测结果采信范围，推动两岸食品、农产品、消费品安全监管信息互换、结果互认。

简化台湾地区特殊物品入境审批手续，来自台湾地区的入境特殊物品实施境外风险评估，符合卫生安全要求的，实现即报即批。

23. 持续推进厦金两地深入合作，支持两地在相互转诊、应急事件处置、公共防疫、养老医疗、医学教育与培训等方面开展合作。

建设厦金检验检疫特殊监管区，对金门实施更加便利的检验检疫措施。

二、关于社会文化交流合作方面

24. 鼓励台湾青少年来厦门开展研学旅行，参加各类夏令营及青少年交流活动，对主办单位按以奖代补形式予以资助。积极协助台湾地区从事两岸民间交流的机构申请两岸交流基金项目。

25. 鼓励两岸科研机构、高等学校、企业共同在厦门设立两岸合作研发机构，联合建设重点实验室，开展基础研究、前沿技术和共性关键技术研究，联手培养研发团队和技术人才。

26. 鼓励在厦门的台湾同胞参与中华经典诵读工程、文化遗产保护工程、非物质文化遗产传承发展工程等中华优秀传统文化传承发展工程。支持在厦门的台湾文化艺术界团体和人士参与大陆在海外举办的感知中国、中国文化年(节)、欢乐春节等品牌活动，参加“中华文化走出去”计划。符合条件的厦台文化项目可纳入海外中国文化中心项目资源库。

台湾文艺工作者可以进入厦门的文艺院团、研究机构任职或研学，可以加入厦门的各类文艺社团。

鼓励台湾同胞参与闽南文化生态保护试验区建设，参与厦门的闽南文化遗产保护传承工作，申报市、区两级闽台非物质文化遗产项目代表性传承人，共同传承闽南文化及中华优秀传统文化。

27. 积极协助在厦门的台湾同胞申报国家自然科学基金、国家社会科学基金、国家杰出青年科学基金、国家艺术基金等各类基金项目。

28. 鼓励厦台教育文化科研机构开展中国文化、历史、民族等领域研究和成果应用。创新厦台合作办学模式，拓展厦台各级各类学校对口交流和校际协作。建立厦台人才培训合作机制，鼓励台湾优质职业院校与厦门职业院校、职业教育机构合作开展职业技能培训，合作培训专业人才。

29. 积极协助台湾同胞参与厦门广播电视节目和在厦门的电影、电视剧制作和相关手续办理。鼓励厦门广播电视台、视听网站和有线电视网引进更多台湾地区生产的电影、电视剧，并积极协助向上级部门申报审批。

30. 台资企业和台湾同胞在厦门可以独资民办非企业单位形式举办高端养老机构。

符合条件的台湾同胞在厦门可以独资形式申办个体诊所和医学检验实验室。

31. 鼓励台湾地区律师事务所在厦门设立代表机构。鼓励厦台合作建立法律查明机制，为相关商事活动提供境外法律的查明服务。

鼓励台湾地区的仲裁机构在厦门设立联络点。

鼓励厦台民间调解组织合作，为在厦门的企业和个人提供调解服务。

32. 鼓励台湾同胞加入厦门经济、科技、文化、艺术类专业性社团组织、行业协会，参加相关活动。支持台湾地区商协会、社团、行业协会等来厦门设立办事机构。

33. 鼓励台湾地区图书从厦门口岸进口并建立绿色通道，简化进口审批流程，优先办理相关手续。

三、关于台湾同胞在厦学习实习方面

34. 台湾学生在市、区教育部门的指导下统筹安排就学。

幼儿园、小学由居住地所属区教育局就近统筹安排就学。

在部分市属一级达标学校初中部每年预留一定名额用于招收台湾学生。

台湾学生在厦门市参加中考，成绩达到当年普通高中最低录取控制线，依据个人意愿可以选报厦门市省一级达标高中，录取时依据平行志愿投档录取。

35. 设立台湾学生奖学金、助学金。

在厦门中小学设立台湾学生奖学金。

在厦门各高校设立台湾学生助学金专门账户，接受社会捐赠，帮助家庭条件困难的在校台湾学生完成学业。

36. 鼓励企业提供更多岗位吸引台湾学生实习见习，并参照厦门生源毕业生职业见习补贴标准，给予台湾学生实习见习补贴和每月 500 元的租房补贴（限 1 年）。从境外首次到厦门参加实习见习（1 个月以上）的台湾学生，给予一次性交通费补贴 2000 元。

四、关于台湾同胞在厦就业创业方面

37. 鼓励台湾青年来厦门就业创业，市、区人民政府出台的各类创业项目扶持、融资支持、科技创新、市场开拓、生产经营场所和住房租金补贴等各项优惠政策，台湾青年同等享有。

台湾同胞可以在厦门设立个体工商户从事经营活动。

38. 厦门市每年为台湾同胞提供不少于 5000 个就业和实习岗位。台湾同胞享有市、区人民政府提供的就业补贴。新引进的具有全日制硕士研究生以上学历的台湾同胞，在厦门工作满一年后，按硕士（不超过 35 岁）每人 3 万元、博士（不超过 40 岁）每人 5 万元发放一次性生活补贴。

台湾同胞可以根据个人需要选择办理就业证。

39. 积极协助台湾专业人才申请参与国家“千人计划”。鼓励在厦门工作的台湾专业人才申请参与国家“万人计划”。鼓励台湾同胞参评厦门市的特聘专家或特聘专业人才。对台湾特聘专家聘期3—5年内按每年20万元、总计最高100万元给予补助，特别优秀的可以提高到每年30万元、总计最高150万元。鼓励厦门市重点产业、重点项目、重点学科聘用急需紧缺的台湾专业人才，年薪达到厦门市上一年度城镇单位在岗职工平均工资4倍以上的，按用人单位所支付年薪的25%、最高12万元标准给予补助，同一人才补助累计不超过5年。

简化职称评审手续，台湾同胞没有个人履历档案的，可以使用台胞证或其他证明文件代替。

40. 鼓励台湾同胞在厦门报名参加专业技术人员职业资格考试和技能人员职业资格考试。推动开展两岸从业人员执业资格互认。台湾同胞在台湾地区已经取得专业服务领域执业资格的，持台湾地区相关机构颁发的证书，经批准可以在厦门开展执业服务。

支持台湾导游领队在厦门换证执业。

积极协助在台湾地区已获得相应资格的台湾同胞在厦门申请大陆证券、期货、基金从业资格。

41. 协助符合条件的台湾学生参加大陆医师资格考试。协助取得大陆医师资格证书的台湾同胞，按照相关规定在厦门申请执业注册。支持符合条件的台湾医师，通过认定方式获得大陆医师资格。支持符合条件的台湾医师，按照相关规定在厦门申请注册短期行医，期满后重新办理注册手续。

42. 扩大台湾同胞报考厦门市事业单位编内工作人员范围。台湾同胞具备下列学历（位），并符合招聘岗位资格条件、招聘简章规定的，可以参加市、区所属事业单位补充编内工作人员招聘考试：

（1）在大陆取得国家承认的学历（位）；

（2）取得台湾地区硕士及以上学位并经国家教育部学历学位认证；

（3）取得国外及港澳地区学士及以上学位并经国家教育部学历学位认证。

43. 在台湾地区获得教师资格证的台湾教师可以通过特聘、购买服务、短期双向交流等方式，在厦门的幼儿园和普通高中从事音乐、体育、美术学科教学工作。

大力吸引台湾专家、学者、教师来厦门的高校、职业院校从事专业学科教学工作，在台湾地区取得的学术成果可以纳入工作评价体系。

五、关于台湾同胞在厦居住生活方面

44. 来厦门就业创业的台湾青年可以根据《台湾青年申请厦门市市级公共

租赁住房管理实施细则》，申请承租公共租赁住房。

45. 对无法识别、读取台胞证信息的系统设备限期进行完善升级，实现电子台胞证在厦门与大陆居民身份证同等使用。

46. 推动台资金融机构、商家与厦门银联加强合作，推动中国银联在厦门设立两岸业务合作专营机构。推动厦门非银行支付机构拓展互联网业务品种，加强与台资金融机构、商家业务合作。鼓励在厦门的金融机构优化台湾同胞金融服务，为台湾同胞办卡开户提供便利，方便台湾同胞在大陆使用电子支付服务。

47. 在厦门长期居住的台湾同胞可以依照规定程序担任市、区政协委员并参加会议，可以依照规定程序列席、旁听市、区人大、政协会议。

48. 积极协助在厦门的台湾同胞参评中华慈善奖、梅花奖、金鹰奖等国家经济科技文化社会领域各类评奖项目。台湾同胞和台资企业可以获得厦门授予的各项荣誉称号。

49. 鼓励台湾同胞在厦门担任调解员、仲裁员、陪审员、缓刑考察员、执行监督员、检察联络员、法律顾问等。

50. 在厦门居住的台湾同胞，纳入社区工作站公共服务代理代办项目服务对象。在台湾同胞人数较多的社区设立台湾同胞服务窗口，提供基本公共服务及惠台政策咨询。在台湾同胞聚集地区设立便利台湾同胞办理金融业务的绿色窗口。

51. 积极协助台湾同胞和相关社团在厦门参与扶贫、支教、公益、社区建设等基层工作。支持在厦门长期居住的台湾同胞参与厦门的社区建设和社区服务，受聘担任社区及相关社会组织负责人。鼓励台湾同胞参与组建社区志愿服务队，并担任负责人。有条件的社区可以建立以台湾同胞个人命名的社区服务工作室，纳入政府购买社区服务项目名录。

52. 在厦门居住满一年的台湾同胞在厦门购买商品房，在购房资格、按揭贷款、住房公积金使用等方面享受厦门居民同等待遇。

53. 台湾同胞在厦门居住期间参照厦门居民标准，可以个人身份参加职工基本养老保险或城乡居民养老保险。

在厦门的台湾同胞可以按照规定参加失业保险和工伤保险的，享受与厦门居民同等的保险待遇。

在厦门工作并缴交相应年份的社保后，因取得台湾地区户籍而放弃大陆户籍的大陆配偶，回厦门再就业时，可以将不同时段在厦门缴交的社保转移合并。

台湾同胞缴交的住房公积金、社保个人账户储存额，在其离开大陆时经个人申请可以一次性支取。

54. 在厦门的台湾同胞及其家属享有与厦门居民同等的医疗卫生服务待遇。

医疗机构在按照规定书写和保存医疗文书的同时，还应为就诊的台湾同胞提供符合台湾地区健保机构核退费用要求的医疗文书。

55. 长期在厦门生活的特困台湾同胞入住养老机构的，参照厦门特困老人给予特定服务对象补贴；在厦门亡故，按殡葬惠民政策减免五项基本丧葬服务费用，留有孤儿的，可以由市社会福利中心予以收养。给予突遭变故致生活困难的台湾同胞临时救助。

56. 在厦门长期居住的台湾同胞前往鼓浪屿，可以走厦门市民通道，直接从轮渡码头搭乘渡轮；年满 65 周岁的台湾同胞，参照厦门居民标准，可以享受乘坐市内公共交通设施相关优惠。

57. 台湾同胞可以在厦门所有合法经营的宾馆、酒店、家庭旅馆、房车等登记住宿。

58. 在厦门长期居住的台湾同胞可以办理厦门旅游年卡，享受前往指定景点一整年不限次数的入园游览服务。

59. 各级公共文化场馆免费向台湾同胞开放，在厦门的台湾同胞在各类公共文化服务场馆可以享受和厦门居民同等的公共文化服务待遇。

60. 设立台湾同胞服务中心，办公地点设于市台办，作为向台湾同胞提供服务的统一对外窗口，并开设热线电话（968820）和微信公众号（厦门台办）向台湾同胞发布政策信息和提供咨询，同时通过台胞驿站和其他区级服务窗口为台湾同胞提供各类帮助。

关于印发进一步鼓励和支持台湾青年来厦实习就业创业的若干措施的通知

（2021 年 1 月 29 日厦门市人民政府办公厅厦府办规〔2021〕1 号）

各区人民政府，市直各委、办、局，各开发区管委会，各有关单位：

《关于进一步鼓励和支持台湾青年来厦实习就业创业的若干措施》已经第 129 次市政府常务会研究同意，现印发给你们，请认真组织实施。

关于进一步鼓励和支持台湾青年来厦实习就业创业的若干措施

为切实发挥好台湾青年（指 18-45 周岁的台湾同胞，下同）在两岸交流交往中的生力军作用，全方位优化台湾青年在厦实习就业创业环境，进一步高起点、高质量建设台湾青年实习就业创业基地（简称“青创基地”），助力更多台湾青年来厦追梦、筑梦、圆梦，根据《福建省人民政府关于鼓励和支持台湾青年来闽创业就业的意见》（闽政〔2015〕28 号）以及本市有关深化厦台经济社会文化交流合作等文件精神，现就进一步鼓励和支持台湾青年来厦实习就业创业提出如下措施。

一、支持台湾青年在厦实习

（一）欢迎台湾青年来厦实习。为来厦实习的台湾青年提供一定的实习补贴。建立企业用人和台湾青年实习需求的常态化对接机制，努力为短期实习台湾青年提供住宿等生活便利。深化厦台“校企”“校产”“校地”合作办学机制，鼓励具备条件的企业或青创基地集中招募台湾青年来厦实习。支持提供台湾青年实习岗位的企事业单位参评福建省级台湾青年实习实训基地，获评单位由市财政一次性给予 20 万元奖励。

责任单位：市台港澳办、市教育局、市财政局、市人社局、市国资委、市

金融监管局、厦门银保监局

二、支持台湾青年在厦就业

（二）鼓励台湾青年在厦就业。推动在厦企事业单位开展面向台湾青年的定向招聘，或在招聘中按规定给予台湾青年适当政策倾斜。鼓励在厦国有企业、银行、医院、学校、商协会、民营企业、台资企业、青创基地每年给台湾青年提供一定比例的定向就业职位。积极开展对台招聘，依托招聘网站或社交媒体多渠道发布招聘信息，邀请台湾青年参加在厦举办的两岸各类人才对接活动。搭建高效、便捷的就业岗位信息发布平台，利用网站、社交媒体、商协会平台等渠道拓展台湾青年与职位对接机会。

责任单位：各区人民政府，市台港澳办、市教育局、市人社局、市建设局、市卫健委、市国资委、市金融监管局、市民营办，厦门银保监局

（三）建设市级台湾青年就业基地。对于本市吸纳就业满一年的台湾青年15人以上的企事业主体（单一法人企事业主体，不包括园区型主体），可以参评市级台湾青年就业基地，每一个获评单位由市级财政一次性给予20万元的奖励，在次年度予以拨付。已获评福建省级以上台湾青年就业创业基地不再参评市级台湾青年就业基地。

责任单位：市台港澳办、市财政局、市人社局

（四）简化执业资格准入程序。参照台湾医师在大陆短期执业的准入规范，推动简化导游、不动产估价师、地政士、房地产经纪专业人员、社会工作师、会计师等台湾专业人才在本市申请从业资格和取得执业资格的程序，鼓励台湾青年在大陆参考参评专业技术资格，推动更多台湾专业人士取得执业资格并在本市注册执业。

责任单位：市卫健委、市教育局、市民政局、市人社局、市建设局、市文旅局、市住房局

三、支持台湾青年来厦创业

（五）支持多种形式创业。支持台湾青年以独资、合资或合伙等形式创办企业。鼓励本市商协会、高校、科研机构、企业积极与台湾青年创办企业对接交流、共谋发展。

责任单位：各区人民政府，自贸委、火炬管委会，市台港澳办、市科技局、市工信局、市人社局、市农业农村局、市商务局、市市场监管局，团市委

（六）提供创业启动资金。对台湾青年创业项目的科技含量、规模、经济

社会效益、市场前景等进行评审，视情给予 5—15 万元创业启动扶持资金。

责任单位：各区人民政府，自贸委、火炬管委会，市台港澳办、市科技局、市财政局

（七）给予创业场所补贴。青创基地根据自身条件为台湾青年创业提供办公场所、厂房、门面等必要场地，自经营之日起 3 年内给予租金补贴。原则上，第一年给予全额租金补贴，第二、三年分别给予适当补贴。

责任单位：各区人民政府，自贸委、火炬管委会，市财政局

（八）加大创业辅导力度。支持青创基地设立创业辅导机构，为台湾青年创业提供项目对接、办公场所、资金扶持、贷款融资等服务。鼓励青创基地为台湾青年创业提供路演、投融资、管理咨询、市场拓展、团队建设等辅导服务。鼓励青创基地和台湾青年企业设立直播平台，依法开展各类营销活动。

责任单位：各区人民政府，自贸委、火炬管委会

（九）丰富创业金融服务。鼓励本市商业银行为台湾青年创办的企业提供信贷服务。支持社会资金依法成立创业投资基金，为台湾青年创业提供各类投融资服务。

责任单位：市金融监管局、人行厦门市中心支行、厦门银保监局、市台港澳办

四、建设有影响力的台湾青年实习就业创业基地

（十）建设实习就业创业基地。支持在厦设立更多各具特色的台湾青年创业基地或创客空间，对获得福建省级财政给予的台湾青年就业创业示范基地奖励资金的青创基地（示范点）营运机构，本市给予叠加奖励，奖励金额为其所获福建省级奖励金额的 50%，在省里奖励的下一个财政年度拨付。进一步优化申报程序，以省里相关评审结果及奖励资金文件为拨付依据，不再另行设定评审流程。

责任单位：各区人民政府，自贸委、火炬管委会，市台港澳办、市财政局、市人社局，团市委

（十一）创立有影响力的青创基地品牌。选择综合条件较好的青创基地，作为本市重点基地，集中力量给予扶持，争取国台办、团中央，省政府、省台港澳办等授牌或评级。鼓励本市青创基地参评国家级、省级众创空间，建成一批在两岸具有广泛影响力的青创基地。

责任单位：各区人民政府，自贸委、火炬管委会，市台港澳办、市人社局，

团市委

五、为台湾青年在厦生活提供便利

（十二）搭建更多成长平台。支持台湾青年参与评选在闽优秀台湾人才、厦门市“双百计划”、台湾特聘专家、台湾特聘专业人才等省市各类高层次人才。支持台湾青年参与在厦举办的经贸论坛活动。支持成立台胞驿站、设立微信公众号，便利台湾青年与大陆青年、在厦台胞等开展交流。

责任单位：各区人民政府，自贸委、火炬管委会，市台港澳办、市教育局、市科技局、市人社局、市国资委，团市委

（十三）提供居住用房或给予租房补贴。支持有条件的青创基地设立人才公寓，提供给来本市创业的台湾青年居住；对入驻创业基地自行租房的台湾青年，可享受期限最长不超过3年的租房补贴，补贴标准不超过2000元/月。符合条件的台湾青年可按规定申请本市市级公共租赁住房。

责任单位：各区人民政府，自贸委、火炬管委会，市人社局、市建设局、市住房局

（十四）鼓励和支持本市购房。在本市无房的台湾青年可购买一套商品住房，支持在本市缴存住房公积金以及申请公积金贷款。符合高层次人才政策规定情形的台湾青年，按就高原则享受相关住房补贴、补助政策。本人或配偶已在本市获得人才公寓的台湾青年，不再享受其他住房补贴、补助政策。

责任单位：各区人民政府，自贸委、火炬管委会，市财政局、市人社局、市住房局

（十五）便利台湾青年子女就学。台湾青年子女义务教育阶段就学由居住地教育行政部门统筹安排；小学或初中已在本市就读，报名升学时可以选报台生班。鼓励在厦大中专院校招收台湾学生，市财政按每个台湾学生每年1000元的标准补助给所在院校；由市财政设立奖学助学基金用于台湾学生一定额度的免息贷款支持。引进国际知名办学机构来本市办学，为在厦台湾青年子女就学提供更多选择。

责任单位：市教育局、市台港澳办，各区人民政府

（十六）满足社保需求。台湾青年在本市创业，本人及所聘用的台湾青年签订劳动合同并缴纳社会保险费的，可同等享受用人单位招收应届高校毕业生社会保险补贴政策。为入驻青创基地台湾青年提供基本养老、基本医疗、失业和工伤等保险服务，为未参保的台湾青年在本市就医后回台报销医疗费用提供

便利。

责任单位：市人社局、市医保局

（十七）给予通关便利。对台湾青年从境外运抵厦门的必要生产设备和生活必需品按规定予以通关便利等支持。

责任单位：市口岸办、市台港澳办

六、制度保障

（十八）落实主体责任。各区人民政府及自贸委、火炬管委会是本区域内青创基地的建设和管理主体，负责辖区内青创基地有关工作的组织实施。各青创基地申请授牌、评级、考核及各级奖励资金时，应当对其申报材料的真实性负责。所在区（开发区）负责对其申报材料进行把关、核实（其中市属基地由市台港澳办负责核实）。对拟向国台办及省、市申请台湾青年就业创业奖励资金的项目，先由各区、自贸委、火炬管委会对项目所属基地的申报材料进行把关、核实，再由市台港澳办会同市人社局、团市委按有关标准进行评定。

责任单位：各区人民政府，自贸委、火炬管委会，市台港澳办、市人社局，团市委

（十九）规范资金用途。青创基地所获得的国台办及省、市级财政奖励资金，应当用于基地基础设施建设、提供实习实训和就业创业服务等方面，各区人民政府以及自贸委、火炬管委会要加强对奖励资金使用情况的监管。

责任单位：各区人民政府，自贸委、火炬管委会，市台港澳办

（二十）实施分类指导。根据区位、规模、产业业态及发展规划等特点，对青创基地建设、运营和发展给予差异化指导，推动实现错位竞争、特色发展。

责任单位：各区人民政府，自贸委、火炬管委会，市台港澳办

本措施规定的相关奖励、补助、补贴政策，之前已经享受的，不再重复享受。

本措施配套的申报办法由市台港澳办另行制定。

本措施由市台港澳办负责解释，自发布之日起施行，有效期5年。

台湾青年来厦实习就业创业奖励资金申报管理规定

（2021年4月1日　厦门市人民政府台港澳事务办公室）

根据《厦门市人民政府办公厅关于印发进一步鼓励和支持台湾青年来厦实习就业创业的若干措施的通知》（厦府办规〔2021〕1号，以下简称《若干措施》）的相关要求，为进一步规范台湾青年来厦实习就业创业奖励资金的申请及办理流程，提升政策实效，特制定本规定。

一、厦门市级台湾青年就业基地申报办法

（一）申报主体

本市吸纳就业满一年的台湾青年15人以上的企事业主体可以申报，申报单位仅限单一法人企事业主体，即申报资料中所有台湾青年须受聘于同一企事业主体。申报单位可以在同一年度内同时参评厦门市级台湾青年就业基地和福建省级台湾青年就业创业基地，已获评福建省级以上台湾青年就业创业基地不再参评市级台湾青年就业基地。

（二）申报流程

厦门市级台湾青年就业基地每年评定一次，与有关省市级台湾青年就业创业基地奖励资金同步申报。各区（含自贸委、火炬管委会，下同）属申报单位向所在区申报，申报材料由各区台港澳办汇总后上报厦门市人民政府台港澳事务办公室（以下简称市台港澳办）；市属申报单位向市台港澳办申报。

（三）申报资料

申报厦门市级台湾青年就业基地需提供：

1. 申报单位的请示函件（包括申报单位基本情况、聘用台湾青年员工情况等）；

2. 申报单位聘用台湾青年员工统计表（见附件）；

3. 台湾青年员工台胞证（居住证）复印件；

4. 已满12个月的劳动合同；

5. 在厦 12 个月以上个税申报记录或社保缴交记录；

6. 申报单位台湾青年员工前 12 个月出入境记录，入境时间要求与福建省级台湾青年就业创业基地相关规定一致。

（四）组织评审

各区人民政府、自贸委及火炬管委会是辖区内申报单位的管理主体，对申报材料进行检查核实后，出具支持申报单位参评市级台湾青年就业基地的公文，附相关申报材料报送市台港澳办。市台港澳办会同市人社局、团市委根据相关文件标准进行评定。

（五）奖励资金

每一个获评单位由市级财政一次性给予 20 万元的奖励，在次年度拨付。

二、避免重复申领同类型的补贴

《若干措施》中规定的同类型的补贴在全市范围内只能按照“就高不重复”的原则申领，具体包括：

（一）创业启动资金

《若干措施》第（六）条规定的创业启动资金是一次性申请项目，台湾创业青年在厦门市范围内只能申请一次该项目补贴。

（二）按实际经营时间给予租金补贴

《若干措施》第（七）、（十三）条规定的租金补贴是指在全市范围内租赁办公和居住场所的补贴，累计补贴时间为三年（共计 36 个月），具体操作按各区的相关政策规定执行（部分区为台湾青年提供免费居住公寓，视同提供居住场所的租金补贴）。

（三）关于实习补贴与就业创业补贴

领取实习补贴资金的台湾青年，实习期间及实习结束当月内不能参与申请创业启动资金或各类办公场所、门面、厂房的租金补贴（是否提供免费住房或居住用房的租金补贴由各区自行确定）。申报前 12 个月内领取过厦门市台湾青年实习见习补贴的台湾青年，不能作为“入驻基地就业创业满一年”的台湾青年申报省市级青创基地相关奖励项目。

三、规范省市级奖励资金使用及监督检查

（一）省市级奖励资金的使用规定

台湾青年就业创业基地所获得的国台办及省、市级财政奖励资金应当用于基地基础设施建设、提供实习实训和创业辅导服务等方面，为台湾青年在厦实习就业创业提供更加便利的配套。省、市级财政奖励资金通常在资金到账后12个月内使用完毕，最长不超过24个月。获得奖补专项资金的台湾青年就业创业基地营运公司在资金到账后一个月内，区（包括自贸委和火炬管委会，下同）属台湾青年就业创业基地向所在区台港澳办上报奖励资金使用计划，区台港澳办在核定其资金用途符合相关规定后作出批复，调整奖励资金使用计划需另行报批；市属台湾青年就业创业基地直接向市台港澳办报批。

（二）省市级奖励资金的使用情况检查

各区要动态掌握各台湾青年就业创业基地的发展情况，指导并监督各基地按规定用足用好相关奖励资金。市台港澳办组织专业会计师事务所对已拨付专项奖补资金使用情况进行检查，对于检查结论为“符合规定”的基地，各区台港澳办再结合台湾青年就业创业基地资金使用计划及平时检查情况，作出是否符合规定的结论（市属基地由市台港澳办作出结论），检查结果作为下一年度考核奖励和资金拨付的重要依据。

本规定自印发之日起实施，有效期与《若干措施》相同，由市台港澳办负责解释。

附件：申报单位就业台湾青年员工统计表（略）

关于印发加快厦门同安闽台农业融合发展（种子种苗）产业园建设实施方案的通知

（2020年9月29日厦门市农业农村局、厦门市发展改革和改革委员会、厦门市财政局、中共厦门市委台港澳工作办公室、同安区人民政府厦农〔2020〕86号）

各有关单位：

《加快厦门同安闽台农业融合发展（种子种苗）产业园建设实施方案》已经市政府研究同意，现印发给你们，请认真贯彻执行。

加快厦门同安闽台农业融合发展（种子种苗）产业园建设实施方案

根据《福建省农业农村厅 中共福建省委台港澳工作办公室关于印发〈设立闽台农业融合发展产业园工作方案〉的通知》（闽农综〔2019〕156号），结合我市实际，在同安区五显镇设立厦门同安闽台农业融合发展（种子种苗）产业园（以下简称“产业园”），特制定本实施方案。

一、目标任务

以促进闽台农业种业融合发展为导向，按照“两岸种业创新中心”总体定位，以打造“种子种苗示范园，两岸种业融合发展先行区”为目标，推动种业研发、生产、经营和管理深刻变革，专注果蔬类种业产业发展，鼓励发展设施果蔬，注重提质增效、示范引领，建成一批高标准规模化种苗生产基地，育成一批优质新品种，培育一批种业大品牌，开展种质资源收集、保护和利用，加速育种新成果转化，形成品牌突出、业态合理、效益显著、生态良好的果蔬种业创研引领区。2020年，完成产业园区发展规划并启动具体项目；2021年，完成产业园起步区的建设，引进5家以上种子种苗及产业配套企业；2023年，完成产业园核心区建设，产业园企业总数超过10家，其中至少3家地区知名种子种苗企业；2025年，产业园企业总数超过20家，其中至少5家地区知名种子种苗企业，产业园基本建成；2030年，将产业园打造成两岸种子种苗企业聚集区、华南种业展示与交易中心。

二、发展模式

构建产业园一二三产业融合发展体系，将产业园区建设与种子种苗休闲旅游、物联网、电商等新业态融合发展，走种子种苗“生产+加工+科技+营销”的全产业链模式，挖掘农业生态价值、休闲价值、文化价值，推动种子种苗产业链、供应链、价值链重构和演化升级，将两岸种子种苗产业园打造成为一二三产业相互渗透、交叉重组的融合发展区。探索种子研发、智能生产、种子种苗销售全产业链一体化的发展模式。

三、工作要求

（一）坚持高起点规划。结合五显竹坝片区整体建设规划，依托厦门百利等重点种子种苗企业园区发展，科学规划产业园，突出闽台特色，前期规划1000亩左右起步区，重点打造产业园核心区域，着眼中长期发展目标和整体发展思路，一次规划、分期实施，建成两岸果蔬类种业企业总部、种业展示与交易中心、良种加工区、种子资源库，着力提升创新能力，形成两岸高端果蔬类种业公共服务中心、成果转化中心、创企孵化中心和研发示范中心，打造成海峡两岸乃至东亚重要种子种苗产业园区。

（二）坚持高标准建设。支持建设互联网平台，在生产管理、质量控制、市场营销、仓储物流等关键环节大力推进农业物联网、大数据、云计算等新技术应用。着力打造技术先进、装备现代、链条完整的现代特色种业，构建信息化、数字化、网络化、智能化现代种业产业园区。

（三）坚持高水平服务。注重体制机制创新，组建工作专班，制定完善相关配套政策，在项目用地、资金融贷、管理方式、科研立项、园区推荐等方面给予重点扶持；对国家、省级试点示范项目，符合产业园定位的优先予以安排落地。深入推进“最多跑一次”改革，重点培育育繁推一体化种子企业，支持产业园内企业通过上市、挂牌“新三板”等渠道融资，或到厦门两岸股权交易中心“台资板”展示交易。积极优化营商环境，强化各类要素保障；注重策划招商项目、细化招商目录、创新招商方式；推行政服务窗口前移，为台企和台商入园创业创新提供“一站式”服务。可依托区属国有企业，设置产业园区服务机构，强化人员力量配备，引进或培育第三方服务机构，为产业园区企业提供种子加工、检验检测、研发攻关、种质资源等方面服务。

四、保障措施

（一）加强组织领导。建立产业园建设工作协调机制，同安区成立厦门同安闽台农业融合发展（种子种苗）产业园工作领导小组，由同安区政府主要领导任组长，重点推进产业园规划建设，全面统筹产业园建设工作，协调推动解决重点难点问题。

（二）注重农业招商。加力推进现代农业的招商引资，不断发掘潜在投资意向，谋划招商项目，优质企业可实行“一事一议”，力促更多台资企业、种子种苗企业及相关产业企业签约落户产业园区。促进观光休闲农业、乡村旅游业，以及文化、教育、养生、科普等其他产业相结合的产业融合项目。

（三）加大资金投入。

1. 各有关部门要把产业园区的水、电、路等基础设施项目列入部门的专项（年度）建设计划；市财政预算内基建资金在高效节水灌溉、道路等基础设施方面以建设项目形式予以支持；公共服务平台（如办公、展示、交流、推广、交易等）项目可由区农业主管部门或国有企业负责建设运营。

2. 产业园区入驻企业实施土地整理、高标准农田建设、标准化大棚建设、节水灌溉等已有具体补助政策的建设项目，各有关部门要优先予以兑现相关补助资金。

3. 设立厦门同安闽台农业融合发展（种子种苗）产业园专项发展资金，由市、区财政共同投入，同安区统筹使用，市级补助资金不低于省级补助标准（其中2020年市级补助300万元），区级补助资金按不低于市级补助资金的2/3予以配套。专项资金可用于产业园区基础设施建设，基地、厂房建设（提升改造），台湾农业良种、技术、农资及设备的引进、合作开发及示范推广，产品研发、生产、加工、检测、储存设备购置，企业贷款贴息和保费补贴，两岸农业技术人才引进、交流、培训，发展休闲观光、精致设施、生态环保等特色现代农业，建设公共电子商务、市场服务及农业技术培训等平台及第三方审计验收等事项。

（四）强化用地保障。产业园区内直接从事或服务于农业生产的用地，符合设施农用地管理政策的，可按设施农业用地备案；生产设施用地和辅助设施用地按农用地管理，无需办理农用地转用审批手续。以出让方式供地的，属工业类项目且节约集约用地的，在确定土地出让底价时，可按不低于所在地土地等别相对应厦门工业用地出让最低价标准的70%执行。并经依法批准，可分期缴纳土地出让价款的期限延长至1年。

（五）引导企业聚集。规划企业总部区，鼓励企业入驻，获得种子种苗经营许可证的企业或服务种子种苗产业发展具有行业引领地位的企业首次购买产业园办公用房自用的，按其购房合同金额给予10%以内、最高不超过100万元的购房补贴，补贴资金按4∶3∶3比例分三年拨付。在项目建成前，新经济企业注册到产业园区并签订购房（购地）合同，且在同安区租用办公用房作为过渡使用的，前三年按每平方米最高20元/月给予企业补贴，过渡期（以签订购房合同时间起计算，含购房装修时间）原则上不超过三年，补贴面积不超过购房面积（办公用房建筑面积），三年补贴总金额不超过100万元。

（六）推广农业“五新”。鼓励和支持园内涉台农业生产经营组织、农民引进推广台湾农业新品种、新技术、新农药、新肥料和新机具。园内涉台农业生产经营组织，农民申请购置农机具时，按照《福建省农业机械购置补贴目录》及国家有关农业机械购置补贴政策规定，优先享受农机购置补贴优惠政策。

（七）支持品牌创建。鼓励台资农业企业创建品牌，园内台资农业企业在申报农业产业化龙头企业时，在同等条件下给予优先上报审批。已获得市级以上的农业产业化龙头企业，优先申报农业产业化专项补助和贷款贴息，积极扶持园内企业创建企业品牌，申请注册地理标志商标和农产品商标、申报无公害农产品，绿色食品和有机食品标志使用权。经认定或认证后享受省市区有关政策。

（八）创新金融服务。积极创新金融产品，为园内企业试点开办土地经营权和果树等抵押贷款业务，支持市农业担保机构为园内农业生产企业提供贷款担保业务，对提供担保的担保机构按年度担保额的1.5%给予风险补偿；对参加设施大棚蔬菜种植保险的主体，财政给予50%保费补贴；鼓励保险机构根据园内企业的自身特色、主导产业、生产需求，积极提供保险服务，减低企业生产经营风险。

（九）补助贷款贴息。对在产业园内注册登记并投资的台资农业企业（含台资50%及以上股份的农业合资企业，不含台农个体贷款）给予贴息补助，贴息补助按企业实际支付的银行利息申报，贴息补助标准依据申报情况，研究确定补助比例，单个企业最高补助限额封顶100万元。

（十）壮大人才队伍。新引进的农业产业创新、创业人才，符合条件的可按实际住房租金给予每人每月不超过2000元的租房补贴。农业产业创新、创业人才，2020年以后在同安区购房并实际居住的，符合条件的可给予安家补贴30万元，分5年按每年6万元在每年年底发放。安家补贴与住房租金补贴不可重复享受，申请安家补贴须扣除已享受的住房租金补贴金额。产业园区企业人才优先推荐参评各级劳动模范和五一劳动奖章、市区拔尖人才、农村实用人才等各类评选表彰。

（十一）奖励研发创新。鼓励企业自主研发种子种苗新品种，支持产业园区企业建设实验室、加快技术创新中心建设、鼓励创办新型研发机构、建立种质资源库。对符合《厦门市扶持蔬菜种子种苗产业发展措施》扶持措施的，给予优先支持，并上浮20%的奖励。

（十二）扩大对外交流。鼓励组建种子种苗行业协会（商会），搭建两岸种子种苗交流平台，建立常态化交流机制，举办海峡两岸种业论坛和品种展示观摩，促进区域性种业交流和品牌提升。探索建设两岸“院士”工作站，加强两岸农业人才交流，积极引导两岸种业协会双向交流（入会），定期举办农业专家线上线下面对面活动。

（十三）加大宣传引导。加大对产业园创建的宣传力度，利用各种媒体，全方位、多角度、立体化宣传创新示范工作，充分调动全社会积极性，营造产业园建设良好氛围。广泛吸引两岸种子种苗优秀企业和台商入园投资。及时总结好的经验做法，探索种业产业园推动乡村振兴发展模式，打造可推广样板。

五、其他事项

（一）入园企业实行动态管理，由区政府、产业园区管理运行方共同研究建立退出机制。落户产业园区内的企业须与同安区人民政府签订监管协议。

（二）享受本政策的企业若出现以下情形之一，停止兑现本政策，原已享受的奖励（补助）等应全额退还财政，并列入失信名单，由相关部门采取联合惩戒措施：1. 在厦经营期限不足10年即提前结业关闭、注销税务登记移往厦门市外；2. 抽逃资金空壳运转的；3. 采取弄虚作假等手段骗取本政策扶持资金。

（三）享受本政策扶持的企业，如与相关优惠扶持政策不一致的，按“就高、从优、不重复”原则执行。上述扶持措施，已有具体政策的，按原政策执行；未有具体政策的，由同安区制定具体实施细则后执行。

（四）本政策自发布之日起实施，有效期五年。扶持措施相应政策中有明确有效期的，按相应年限执行。

关于印发中国（福建）自由贸易试验区厦门片区进一步促进台湾青年创业就业的若干措施的通知

（2021年4月7日中国（福建）自由贸易试验区厦门片区管理委员会厦自贸委规〔2021〕2号）

各局、办，有关单位：

《中国（福建）自由贸易试验区厦门片区关于进一步促进台湾青年创业就业的若干措施》及其申报指南，已经管委会主任办公会研究通过，现予以印发，请遵照执行。

中国（福建）自由贸易试验区厦门片区关于进一步促进台湾青年创业就业的若干措施

为进一步贯彻落实中央、省、市对台工作指示精神，充分发挥福建自贸试验区厦门片区（以下简称“厦门自贸片区”）对台工作区位优势，推进台湾青年来厦创业就业，争当“台胞台企登陆第一家园”排头兵，特制定本措施。

一、扶持内容

1. 支持多种形式创业。支持台湾青年以独资、合资或合伙等形式创办企业，允许持大陆居住证台胞在区内申请注册内资企业，并在项目经营、资金进出、政策享受等方面给予便利支持。

2. 提供创业启动资金。对台湾青年创业项目，组织评审团队，根据项目科技含量、规模、经济社会效益、市场前景等给予最高15万元创业启动扶持资金。

3. 台资实际到资奖励。对青创企业台资实际到资的，给予台资部分实际到资金额30%奖励，最高20万元。

4. 给予创业场所补贴。对台湾青年创业项目在区内租用的办公场地，给予为期三年的租金补贴（每月租金最高不超过1万元）。其中，第一年给予实际租金100%补贴，第二年给予实际租金70%补贴，第三年给予实际租金50%补贴。对入驻区内市级（含）以上众创空间的，再给予经营场地装修费用50%补贴，最高1000元/平方米，补助面积不超过200平方米。

5. *给予居住用房租金补贴*。鼓励符合条件的台湾青年，按规定租住公共租赁住房和人才公寓，对入驻创业基地自行租房的台湾青年，按市级政策给予3年内，最高2000元/月租房补贴。对在税收收益归属厦门自贸片区管委会的企业就业的台湾青年，给予一年内1000元/月租房补贴。

6. *支持台企拓展大陆市场*。对入驻区内青创基地，通过电商平台、网络直播平台等从事网络销售的台湾青年企业，其单个自然年度内网络交易规模达500万元以上的，给予每500万元奖励5万元，每家企业最高50万元。交易规模达5000万元以上的，参照市级电商政策执行。

7. *给予个税差额补贴*。对入驻区内市级（含）以上众创空间的台湾创业青年，按照内地与台湾地区个人所得税税负差额部分，给予100%全额补贴。对在税收收益归属厦门自贸片区管委会的企业就业的台湾青年，给予一年内500元/月税费补贴。

8. *鼓励参加创业大赛活动*。鼓励台湾青年创业项目参加国家、省、市级创业大赛活动，对在活动中获奖且顺利运营满1年的项目，按照获奖等级分别给予50万元、30万元、10万元奖励。

9. *提供通关便利化服务*。对入驻区内青创基地的台湾创业青年，从境外运抵厦门的必要生产设备和生活必需品，由基地运营方提供报关服务，政府部门按规定予以通关便利支持。

10. *打造台青创业基地品牌*。支持辖区内青创基地申报国家、省、市级台湾青年就业创业示范基地，支持获省级（含）以上奖励资金的青创基地（示范点），向市台港澳办申请叠加50%资金奖励。鼓励青创基地为台湾青年创业项目提供路演、项目对接、投融资、管理咨询、市场拓展等辅导服务，根据平台运营成效和入驻企业满意度调查结果，给予基地每年最高50万元服务运营奖励。

二、相关说明

1. 本政策所指台湾青年，特指18—45周岁，来厦创业就业台籍人员。

2. 本政策适用于2021年1月1日起在厦门自贸片区注册且税收收益归属厦

门自贸片区管委会的企业，以及首次来厦就业台胞。申请政策企业，台资占比需大于50%。申请政策个人，需在厦依法纳税满6个月。申请创业基地品牌奖励的青创基地，需在厦门自贸片区管委会所辖园区范围内实际经营满一年。

3. 本政策所需资金由厦门自贸片区管委会承担。除已有明确外，若本政策相关条款与省、市、区其他扶持政策重复的，企业可按“就高不重复”原则申请兑现。

4. 企业（个人）于次年3月31日（含当日）前向厦门自贸片区管委会提交申报材料，厦门自贸片区管委会于次年6月30日（含当日）前完成审核并统一兑付。资金使用单位若有虚报、冒领、截留、挪用专项资金的，按照《财政违法行为处罚处分条例》等有关规定对违法行为予以处理，同时追回已拨付的资金，予以取消两年内享受专项资金补助的资格，将该单位及责任人列入不诚信名单；构成犯罪的，依法移送司法机关处理。

5. 本政策由厦门自贸片区管委会负责解释，自2021年1月1日起实施，有效期至2023年12月31日。

附件：中国（福建）自由贸易试验区厦门片区《关于进一步促进台湾青年创业就业的若干措施》扶持资金申报指南（略）

关于印发厦门市台湾中小学生奖助学金管理办法的通知

（2021 年 4 月 8 日厦门市教育局、厦门市财政局、厦门市人民政府台港澳事务办公室厦教规〔2021〕2 号）

各区教育局，各直属中小学（中职学校）：

为深入贯彻落实市委办公厅、市政府办公厅《关于进一步深化厦台经济社会文化交流合作的若干措施》有关精神，促进两岸文化交流融合，增强在我市中小学就读的台湾学生对祖国的认同感，激励他们勤奋学习，积极进取，同时帮助家庭经济确有困难的台湾学生完成学业，市教育局、市财政局、市人民政府台港澳事务办公室联合制定了《厦门市台湾中小学生奖助学金管理办法》，现印发给你们，请认真贯彻执行。

附件：

厦门市台湾中小学生奖助学金管理办法

第一章　总　　则

第一条　为了贯彻落实中共厦门市委办公厅、厦门市人民政府办公厅《关于进一步深化厦台经济社会文化交流合作的若干措施》，促进两岸文化交流融合，增强在我市中小学就读的台湾学生（以下简称“厦门市台湾中小学生”）对祖国的认同感，激励他们勤奋学习、积极进取，同时帮助家庭经济确有困难的台湾学生完成学业，特设立“厦门市台湾中小学生奖助学金”（以下简称奖助学金），并根据《台湾学生奖学金管理办法》，制定本办法。

第二条　本办法所称中小学，包括小学、初级中学（含九年一贯制学校）、高级中学（包括完全中学、十二年一贯制学校、中等职业学校）。

第三条 奖助学金由厦门市政府出资设立，用于奖励特别优秀的厦门市台湾中小学生，帮助家庭经济困难的厦门市台湾中小学生。

第二章 奖助学金等级、奖励标准和奖励比例

第四条 奖学金按照不超过我市台湾中小学生总人数的 10%核发。奖学金具体项目类别和等级如下：

（一）小学生项目

1. 特等奖，按不超过在厦门市小学就读台生总人数的 0.35%发放，奖学金为 2000 元/人/学年；

2. 一等奖，按不超过在厦门市小学就读台生总人数的 1.4%发放，奖学金为 1500 元/人/学年；

3. 二等奖，按不超过在厦门市小学就读台生总人数的 2.1%发放，奖学金为 1000 元/人/学年；

4. 三等奖，按不超过在厦门市小学就读台生总人数的 3.15%发放，奖学金为 500 元/人/学年。

（二）中学生项目（包括初级中学和高级中学）

1. 特等奖，按不超过在厦门市中学就读台生总人数的 0.7%发放，奖学金为 4000 元/人/学年；

2. 一等奖，按不超过在厦门市中学就读台生总人数的 2.8%发放，奖学金为 3000 元/人/学年；

3. 二等奖，按不超过在厦门市中学就读台生总人数的 4.2%发放，奖学金为 2000 元/人/学年；

4. 三等奖，按不超过在厦门市中学就读台生总人数的 6.3%发放，奖学金为 1000 元/人/学年。

第五条 助学金按照不超过我市台湾中小学生总人数的 2%核发，金额参照我市现行中小学助学金标准执行。

第三章 申请条件

第六条 奖学金项目的申请对象需同时符合以下条件：

（一）在我市中小学就读并持有《台湾居民往来大陆通行证》（以下简称台胞证）；

（二）认同一个中国，拥护祖国统一；

（三）遵守宪法和法律，遵守学校规章制度；

（四）诚实守信，有良好的道德修养；

（五）在校期间勤奋刻苦，成绩优秀，或在学科竞赛、文体比赛中成绩突出，或在厦门为学校和社会做出其他贡献，起到一定带动作用的。

第七条 助学金项目的申请对象需同时符合以下条件：

（一）在我市中小学就读并持有《台湾居民往来大陆通行证》（以下简称台胞证）；

（二）认同一个中国，拥护祖国统一；

（三）遵守宪法和法律，遵守学校规章制度；

（四）诚实守信，有良好的道德修养；

（五）学生家庭经济困难，生活俭朴。

第四章 申请、评审与发放

第八条 成立厦门市台湾中小学生奖助学金工作领导小组（以下简称“领导小组”），由厦门市教育局、厦门市财政局、厦门市人民政府台港澳事务办公室人员组成。领导小组下设办公室，设在市教育局，负责奖助学金申报和评审等日常工作。

第九条 奖助学金按学年申请和评审，每年4月开始受理申请，当年7月3日前评审发放工作结束。奖助学金每学年评审一次，符合条件的学生可连续申请。

第十条 奖学金申请材料一式两份，主要包括：

（一）《厦门市台湾中小学生奖学金申请表》；

（二）台胞证复印件；

（三）加盖学校公章的本学年学习成绩单复印件或为学校和社会做出贡献的材料；

（四）学生在各级各类比赛中获得的证书复印件；

（五）学生在本学年就读期间获得的其他奖励的证明材料复印件；

助学金申请材料一式两份，主要包括：

（一）《厦门市台湾中小学生助学金申请表》（加盖学校及居住地所在社区公章）；

（二）台胞证复印件；

（三）家庭经济困难说明材料；

所需表格在厦门市教育局网站下载，申请人所提交的申请材料无论批准与否均不予退还。

第十一条 奖助学金评审程序：

（一）申请人于每年4月20日前向就读学校提出申请；

（二）就读学校对申请材料进行初审，于每年5月1日前将初审通过的申请材料报送教育主管部门，区属学校报送区教育局，市直属学校报送厦门市教育局；

（三）区教育局对区属学校申请材料审核把关，厦门市教育局基础教育处对市直属学校申请材料审核把关，于每年5月10日将通过审核的申请材料报送领导小组；

（四）领导小组办公室按照公开、公平、公正、择优的原则组织对申请材料进行评审，于每年5月20日前拟定获得奖助学生名单，并于每年6月1日前公示，公示期不少于5个工作日；

（五）公示结束后，由领导小组根据公示情况确定获得奖助学生名单，并由厦门市教育局正式对外发布。

第十二条 奖助学金发放

厦门市教育事务受理中心（厦门市学生资助中心）按照程序于每年7月3日前一次性将奖助学金发放给获奖学生。

第五章 管理与监督

第十三条 各相关单位必须以高度的政治责任感做好台湾学生奖助学金有关组织工作，严格执行国家有关财经法规和本办法规定，加强资金管理，确保奖助学金全部用于符合条件的台湾学生。

第十四条 厦门市教育局负责奖助学金的评审组织和日常管理，按部门预算编制要求编制年度奖助学金经费预算；厦门市财政局负责根据预算做好资金保障并配合相关部门做好监督检查；厦门市人民政府台港澳事务办公室负责我市台湾中小学生身份认定等工作，会同教育部门对奖助学金使用情况开展绩效评价。厦门市教育事务受理中心（厦门市学生资助中心）负责具体的预算编制，并对奖助学金实行分账核算、专款专用，不得截留、挤占、挪用，同时主动接受财政、审计、纪检监察和领导小组的检查和监督。各学校按有关要求做好材料的初审工作，对申请材料的完整性、真实性及准确性负责。

第十五条　领导小组对奖助学金的管理、使用情况和使用效益进行监督和评估，并作为下一年度制定奖助学金名额分配方案的依据。

第十六条　对于获得奖助的台湾学生，学校应继续加强管理，如出现以下情况之一的，应取消其获得奖助资格并及时上报主管部门：

（一）有反对一个中国的言论或行为；

（二）违反国家法律、法规，参加非法社团组织；

（三）违反校规、校纪。

第十七条　学校及相关部门工作人员在奖助学金审核、分配等工作中，存在违反规定分配资金、向不符合条件的单位（或个人）分配资金，擅自超范围、超标准分配资金以及其他滥用职权、玩忽职守、徇私舞弊，或者未按本办法履行职责的，依法给予处分；涉嫌犯罪的，依法追究刑事责任。

第六章　附　　则

第十八条　本办法由厦门市教育局、厦门市财政局、厦门市人民政府台港澳事务办公室负责解释。

第十九条　本办法自印发之日起实施，原《厦门市台湾中小学生奖学金管理暂行办法》（厦教合〔2018〕2号）废止。

图书在版编目（CIP）数据

台湾事务法律文件选编：全2册 / 国务院台湾事务办公室法规局编．—2版．—北京：中国法制出版社：九州出版社，2022.7（2023.11重印）

ISBN 978-7-5216-2753-4

Ⅰ．①台… Ⅱ．①国… Ⅲ．①台湾问题-法规-汇编-中国 Ⅳ．①D922.109

中国版本图书馆CIP数据核字（2022）第119180号

责任编辑/王林林　　封面设计/杨泽江

台湾事务法律文件选编：全2册

TAIWAN SHIWU FALÜ WENJIAN XUANBIAN：QUAN 2 CE

编者/国务院台湾事务办公室法规局

经销/新华书店

印刷/北京虎彩文化传播有限公司

开本/710毫米×1000毫米　16开　　总印张/68.5　总字数/798千

版次/2022年7月第2版　　2023年11月第3次印刷

中国法制出版社　九州出版社　出版

书号 ISBN 978-7-5216-2753-4　　（全2册）定价：139.00元

北京市西城区西便门西里甲16号西便门办公区

邮政编码：100053　　传真：010-63141600

网址：http：//www.zgfzs.com　　**编辑部电话：010-63141672**

市场营销部电话：010-63141612　　**印务部电话：010-63141606**

（如有印装质量问题，请与本社印务部联系。）